"A relação compassiva consigo mesmo e com os outros está agora motivando práticas inovadoras voltadas a muitos problemas clínicos. Existe aqui uma riqueza de ideias teóricas e práticas que com certeza irão inspirar os clínicos que praticam ou se interessam pela terapia focada na compaixão."

Chris Brewin, Professor Emérito de Psicologia Clínica,
University College London

"Este livro é extraordinário, e todos aqueles interessados em um modelo biopsicossocial e na terapia focada na compaixão deveriam lê-lo. Ele traz uma gama incrível de conhecimentos teóricos, relacionados à ciência mais recente, e inclui exemplos de muitas apresentações clínicas, cada um sublinhando a importância e o potencial dessa abordagem. Este é um livro para saborear, ao qual sempre recorrer, e eu o recomendo fortemente."

Graham Music, clínico da Tavistock e autor de *Nurturing Natures: Attachment and Children's Emotional, Sociocultural and Brain Development*, Second Edition (Routledge)

"Este livro é uma pérola, com poderosas ferramentas para trauma, vergonha, depressão e ansiedade – e aplicações a uma grande variedade de contextos. Sua redação é clara e útil, e a ciência é sólida, com frequentes *insights* transformadores. É uma obra magistral, uma síntese madura e abrangente do que atualmente é a melhor integração de neurociência evolutiva, eficácia clínica e bondade profunda."

Rick Hanson, Ph.D., autor de *Neurodarma: ciência de ponta e sabedoria ancestral em 7 práticas para alcançar a felicidade máxima*

"O extraordinário florescimento e maturação da terapia focada na compaixão (TFC) nas duas últimas décadas está brilhantemente documentado neste livro. Os capítulos iniciais apresentam uma revisão de amplo alcance e profundamente esclarecedora do modelo biopsicossocial embasado pela evolução que fortalece a TFC, enquanto os capítulos subsequentes descrevem a aplicação da TFC a inúmeros problemas clínicos e não clínicos. A combinação de novos *insights* teóricos e a miríade de estratégias e táticas terapêuticas que estão firmemente integradas à teoria promete uma revolução no mundo fragmentado da psicoterapia e, mais amplamente, intervenções voltadas ao bem-estar. O livro é leitura obrigatória para todos os interessados em teoria, pesquisa ou tratamento que aborde o sofrimento e a psicopatologia humana."

David Zuroff, professor de Psicologia Clínica,
University of Montreal

"Este livro inspirador e de grande credibilidade estabelece a terapia focada na compaixão como um dos principais avanços terapêuticos do nosso tempo. Psicólogos de todas as escolas terapêuticas, iniciantes ou já experientes, serão enriquecidos pelos *insights* teóricos e práticos dessa abordagem. Um dos dez melhores livros sobre psicoterapia – um livro indispensável."

Professor Peter Fonagy O.B.E., FMedSci, F.B.A., FAcSS,
University College London

"Poucos livros em psicologia clínica iniciam com uma compreensão da natureza humana. Esta obra excepcional de Paul Gilbert, Gregoris Simos e um grupo internacional de estudiosos reconhecidos no campo da terapia focada na compaixão abrange quase todas as perspectivas imagináveis sobre o papel da compaixão e nos ajuda a entender o lado humano de ser humano. Começando pela extraordinária contribuição de Paul Gilbert e a compreensão da evolução da compaixão, os capítulos prosseguem explorando a ciência, a aplicação e o significado da compaixão. É difícil imaginar a vida sem compaixão, mas infelizmente muitas pessoas vivem essas vidas desoladoras. Todo clínico deve ler este livro não só pela ciência, mas pela humanidade que ele representa."

Robert L. Leahy, Ph.D., Diretor do American Institute for Cognitive Therapy,
autor de *Terapia do esquema emocional: manual para o terapeuta*

"Este livro incrível e abrangente contém um modelo biopsicossocial embasado pela teoria evolutiva. É um recurso importante, que explora sistematicamente a compaixão por muitos pontos de vista. Sem dúvida, ele me motivou a colocar um foco maior na incorporação dos princípios da teoria focada na compaixão à minha prática da terapia cognitivo-comportamental. Recomendo muito este livro!"

Judith S. Beck, Ph.D., Presidente do Beck Institute for Cognitive Behavior Therapy;
professora clínica de Psicologia, University of Pennsylvania;
autora de *Terapia cognitivo-comportamental: teoria e prática*

Terapia focada na compaixão

A Artmed é a editora oficial da FBTC

T315 Terapia focada na compaixão : aplicações e prática clínica / Organizadores, Paul Gilbert, Gregoris Simos ; tradução: Sandra Maria Mallmann da Rosa ; revisão técnica: Carolina Fischmann Halperin. – Porto Alegre : Artmed, 2024.
xxiii, 654 p. il. ; 25 cm.

ISBN 978-65-5882-169-4

1. Psicoterapia. 2. Terapia cognitivo-comportamental. 3. Compaixão. I. Gilbert, Paul. II. Simos, Gregoris.

CDU 615.851

Catalogação na publicação: Karin Lorien Menoncin – CRB 10/2147

Paul **Gilbert**
Gregoris **Simos**
(orgs.)

Terapia focada na compaixão

aplicações e prática clínica

Tradução
Sandra Maria Mallmann da Rosa

Revisão técnica
Carolina Fischmann Halperin
Primeira psicóloga brasileira com formação em Terapia Focada na Compaixão pela Compassionate Mind Foundation (UK) e pelo Center of Mindful Self-compassion (EUA). Psicóloga clínica, supervisora e professora convidada em diversos cursos de terapia focada na compaixão no Brasil e no exterior. Especialista em Terapia Cognitivo-comportamental pela Wainer Psicologia Cognitiva com formação e certificação internacional standard *em Terapia do Esquema (ISST-Wainer).*

Reimpressão

artmed

Porto Alegre
2024

Obra originalmente publicada sob o título
Compassion Focused Therapy: Clinical Practice and Applications, First Edition
ISBN 9780367476915

Gerente editorial
Letícia Bispo de Lima

Colaboraram nesta edição:
Coordenadora editorial
Cláudia Bittencourt

Editor
Lucas Reis Gonçalves

Capa
Paola Manica | Brand&Book

Preparação de original
Nathália Bergamaschi Glasenapp

Leitura final
Marcela Bezerra Meirelles e Gabriela Dal Bosco Sitta

Editoração
Ledur Serviços Editoriais Ltda.

GA EDUCAÇÃO LTDA.
(Artmed é um selo editorial do GA EDUCAÇÃO LTDA.)
Rua Ernesto Alves, 150 – Bairro Floresta
90220-190 – Porto Alegre – RS
Fone: (51) 3027-7000

SAC 0800 703 3444 – www.grupoa.com.br

IMPRESSO NO BRASIL
PRINTED IN BRAZIL

Organizadores

Paul Gilbert, OBE, é professor de Psicologia Clínica da University of Derby e, como professor convidado, já ministrou aulas em instituições do mundo todo. A partir de seu extenso trabalho clínico e acadêmico, desenvolveu a terapia focada na compaixão (TFC) para pessoas com transtornos mentais complexos. Em 2011, foi agraciado com a Ordem do Império Britânico (OBE) por sua contribuição para a área da saúde mental.

Gregoris Simos, M.D., é professor de Psicopatologia da University of Macedonia, Tessalônica, Grécia. Além de psiquiatra internacionalmente reconhecido, é referência no campo das psicoterapias contemporâneas. Também é membro fundador, diplomado e consultor/instrutor certificado na Academy of Cognitive and Behavioral Therapies e membro do Comitê Consultivo Internacional do Beck Institute for Cognitive Behavior Therapy.

Organizadores

Autores

Allison Kelly
Departamento de Psicologia
University of Waterloo
200 University Avenue West
Waterloo, ON N2L 3G1
Canadá
allison.kelly@uwaterloo.ca

Charles Heriot-Maitland
Balanced Minds
1 Hill Street
Edimburgo, EH2 3JU, UK
charlie@balancedminds.com
orcid.org/0000-0002-4770-6532

Chris Irons
Diretor, Balanced Minds, Londres
Balanced Minds
265 Upper Street
Londres, N1 2UQ, UK
chris@balancedminds.com
orcid.org/0000-0001-8004-1141

Cristina Ottaviani
Departamento de Psicologia
Faculty of Medicine and Psychology
Sapienza University of Rome
Via dei Marsi, 78, 00185
Roma, Itália
cristina.ottaviani@uniroma1.it
orcid.org/0000-0002-5240-4387

Daniel Rijo
Universidade de Coimbra
Faculdade de Psicologia e de Ciências da Educação
Centro de Investigação em Neuropsicologia e Intervenção Cognitivo-comportamental
Rua do Colégio Novo, 3001-802
Coimbra, Portugal
drijo@fpce.uc.pt
orcid.org/0000-0002-5368-0770

David M. Erekson
Brigham Young University
1500 WSC
Provo, UT 84602 USA
david_erekson@byu.edu
orcid.org/0000-0001-6214-485X

Deborah Lee
Berkshire Traumatic Stress & Veteran Services
Erlegh House
Whiteknights Campus
University of Reading
Earley Gate, Whiteknights Road
RG6 6BZ, UK
deborah.lee@berkshire.nhs.uk

Dennis Tirch
The Center for CFT, Nova York
116 W. 23rd St., 5th Floor
Nova York, NY 10011 USA
compassionfocused@gmail.com
orcid.org/0000-0002-9531-4058

Derek Griner
Brigham Young University
1500 WSC
Provo, UT 84602 USA
derek_griner@byu.edu
orcid.org/0000-0002-0378-6403

Diana Ribeiro da Silva
Universidade de Coimbra
Faculdade de Psicologia e de Ciências da Educação
Centro de Investigação em Neuropsicologia e Intervenção Cognitivo-comportamental
Rua do Colégio Novo, 3001-802
Coimbra, Portugal
diana.rs@fpce.uc.pt
orcid.org/0000-0002-3919-627X

Enzo Tagliazucchi
Facultad de Ciencias Exactas y Naturales
Universidad de Buenos Aires
Argentina
tagliazucchi.enzo@googlemail.com
orcid.org/0000-0003-0421-9993

Francis Gheysen
Cabinet de Psychiatrie
1, Avenue du 6 Juin 14000
Caen, França
Fgheysen@aol.com
orcid.org/0000-0002-9752-4737

Gary M. Burlingame
Brigham Young University
1082 KMBL
Provo, UT 84602 USA
gary_burlingame@byu.edu
orcid.org/0000-0002-8275-4118

Gregoris Simos
University of Macedonia
Departamento de Política Social e Educacional
156 Egnatia St., 54636
Tessalônica, Grécia
gsimos@uom.edu.gr
orcid.org/0000-0003-4033-2010

Hannah Gilbert
The Compassionate Mind Foundation
Office 29, Riverside Chambers
Full Street
Derby, DE1 3AF, UK
hannah.gilbert@compassionatemind.co.uk

James Bennett-Levy
University Centre for Rural Health
The University of Sydney
61 Uralba Street
Lismore, Austrália, NSW 2480
james.bl@sydney.edu.au
orcid.org/0000-0003-0998-116X

James N. Kirby
Diretor, Compassionate Mind Research Group
Escola de Psicologia
The University of Queensland
Brisbane, Austrália
j.kirby@psy.uq.edu.au
orcid.org/0000-0002-0703-1534

Jaskaran Basran
Centre for Compassion Research and Training
College of Health and Social Care Research
Centre University of Derby
Kedleston Road
Derby, DE22 1GB, UK
jaskaran.basran@compassionatemind.co.uk
orcid.org/0000-0002-8640-2953

Joanne Raven
The Compassionate Mind Foundation
Riverside Chambers
Full Street
Derby, DE1 3AF, UK
joanne.raven@compassionatemind.co.uk

Kara Cattani
Brigham Young University
1500 WSC
Provo, UT 84602 USA
Kara_Cattani@byu.edu
orcid.org/0000-0001-7127-8972

Kate Lucre
Specialist Psychotherapies Service
BSMHFT Callum Lodge
242, Lodge Road
Winson Green
Birmingham, B18 5SJ, UK
Katherine.lucre@nhs.net
orcid.org/0000-0003-4933-4741

Ken Goss
Coventry and Warwickshire NHS Partnership Trust
Coventry, UK
k.goss@sky.com

Lorena Llobenes
Motivación compasiva
Del carpincho 16, Nordelta
CP1670
Buenos Aires, Argentina
llobeneslorena@gmail.com

Maria Di Bello
Departamento de Psicologia
Faculty of Medicine and Psychology
Sapienza University of Rome
via dei Marsi, 78, 00185
Roma, Itália
maria.dibello@uniroma1.it

Marine Paucsik
Université Grenoble/Alpes
LIP/PC2S
1251, Avenue Centrale, BP 47
38040 Grenoble Cedex9 France
Marine.paucsik@gmail.com
orcid.org/0000-0002-9751-4985

Mark E. Beecher
Brigham Young University
1500 WSC
Provo, UT 84602 USA
mark_beecher@byu.edu
orcid.org/0000-0001-8312-0283

Natali Gumiy
Motivación compasiva
Moldes 2848
1428
Buenos Aires, Argentina
natali.gumiy@gmail.com

Nicola Petrocchi
Departamento de Ciências Sociais e Econômicas
John Cabot University
Via della Lungara, 233, 00165
Roma, Itália
npetropcchi@johncabot.edu
orcid.org/0000-0002-7210-2319

Pascal Delamillieure
Centre Hospitalier Universitaire de Caen Normandie
Avenue de la Côte de Nacre CS 30001
14033 Caen, França Cedex 9
delamillieure-p@chu-caen.fr
orcid.org/0000-0003-0215-2430

Paul Gilbert
Centre for Compassion Research and Training
College of Health and Social Care Research
Centre University of Derby
Kedleston Road
Derby, DE22 1GB, UK
p.gilbert@derby.ac.uk
orcid.org/0000-0001-8431-9892

Ptarmigan Plowright
College of Health, Psychology and Social Care
University of Derby
College of Health and Social Care Research Centre
Derby, DE22 1GB, UK
ptarmigan.plowright@compassionatemind.co.uk

Russell L. Kolts
Departamento de Psicologia
Eastern Washington University
Cheney, WA 99004 USA
rkolts@ewu.edu
orcid.org/0000-0002-1803-8002

Simone Cheli
The Center for Psychology and Health
Tages Onlus
via della Torretta 14, 50137
Florença, Itália
simone.cheli@unifi.it
orcid.org/0000-0002-0432-3769

Tara Hickey
Southern Synergy
Monash University
Dandenong Hospital
126-128 Cleeland St
Dandenong, Austrália, VIC 3175
tara.hickey@monash.edu

Tobyn Bell
University of Manchester
Departamento de Psicologia e Saúde Mental
School of Health Sciences
tobyn.bell@manchester.ac.uk
orcid.org/0000-0001-5535-551X

Desejo manifestar minha profunda gratidão em memória de Michael Foster, que faleceu em maio de 2021. Michael se interessou e publicou meu primeiro livro, *Depression from Psychology to Brain States*, em 1982, quando outros editores o haviam recusado. Ele então me orientou habilmente durante o processo de publicação e, em 1989, me incentivou a produzir *Human Nature and Suffering* (mesmo enquanto eu insistia em alterá-lo e fazer acréscimos). Em 1992, a Psychology Press, como veio a se chamar sua empresa, publicou *Depression: The Evolution of Powerlessness*. Esses três livros lançaram minha carreira e foram os alicerces para muito do que veio depois. O apoio, a sabedoria e o incentivo que me deu foram fundamentais para o desenvolvimento da terapia focada na compaixão. Sentimos muito a sua falta.

Aaron T. Beck (1921-2021) faleceu no dia em que nosso livro foi enviado para impressão. Ele foi um dos grandes inovadores da psicologia mundial, entusiasta das abordagens evolutivas e dedicou-se a auxiliar as pessoas a entenderem e ajudarem a si mesmas. Reconhecemos a grande dívida que temos com toda sua sabedoria e lembramos dele com afeição e imensa gratidão.

Paul Gilbert

Agradecimentos

Para concretizar um livro como este é preciso o apoio de inúmeras pessoas. Ao longo de muitos anos nos beneficiamos com o trabalho de diversos colegas que vêm se dedicando à terapia focada na compaixão (TFC), fazendo contribuições à sua ciência e implementação. Alguns desses colegas aparecem neste livro. Estendemos a todos nossa enorme gratidão por seus conhecimentos e nossa satisfação por sua amizade.

Paul é muito grato à Compassionate Mind Foundation. Jaskaran Basran é gerente da fundação e nossa coordenadora de pesquisa. Frequentemente desempenha o papel de minha assistente pessoal quando preciso de ajuda no computador ou de alguns documentos (e muito mais além disso). Sua extraordinária capacidade de organização contribui enormemente para o sucesso internacional da nossa fundação e de nossos *workshops* e conferências. Só Deus sabe o que faríamos sem ela. Tive a satisfação de poder receber na fundação minha filha, Hannah Gilbert, que tem um Ph.D. em antropologia e também é treinada como terapeuta. Ela trabalhou incansavelmente na construção de novos *websites* e na promoção da compaixão. Trouxe seu conhecimento antropológico para muitas discussões fascinantes, algumas das quais aparecem nos capítulos deste livro. Um agradecimento especial também à minha assistente pessoal, Michelle Rayner, que de alguma forma consegue suportar a minha incrível desorganização, o fato de eu não saber o que devo fazer de um dia para o outro e a dislexia, que promete criar uma nova linguagem. Agradeço também a Binita Shah, contadora da fundação, que trabalhou incansavelmente nos apoiando com um empenho cada vez maior, agora competentemente auxiliada por Sophie Prosay. Minha gratidão a Wendy Wood, que coordenou e orientou nossa formação de pós-graduação em TFC e atualmente está trabalhando com a fundação para desenvolver ainda mais nossos programas de treinamento. Obrigado a Jean, minha esposa, pelo apoio permanente, pelo chá e pelos sanduíches com ovo frito.

Gregoris é muito grato a seus professores e seus alunos. Meus ex-professores foram um incrível modelo, pela sua dedicação incansável ao aprendizado e pelo ensino de novos conhecimentos científicos. Já meus alunos quase sempre mantiveram uma curiosidade genuína e uma mente aberta para o progresso científico contemporâneo – e algumas vezes revolucionário, tornando-se assim um modelo mútuo para seus professores, inclusive eu. Obrigado a Hera, minha esposa, e Merkours e Meropi, meu filho e minha filha agora adultos, por sua paciência infinita pelo tempo que certa vez prometi compartilhar com eles algumas décadas atrás, mas que ainda não chegou de fato.

Por fim, mas não menos importante, *nós dois* demonstramos nossa imensa gratidão a Joanne Forshaw, da Routledge, que sempre foi uma inspiração e ofereceu apoio entusiástico à agenda da compaixão. Manifestamos nosso reconhecimento a todos os excelentes artigos e outras contribuições dadas por aqueles que fizeram e ainda fazem parte do fórum de discussão da Compassionate Mind Foundation ao longo de muitos anos e que tanto ensinaram a todos nós. Somos profundamente gratos por todo o trabalho árduo e pelo apoio da nossa revisora, Leigh Westerfield, neste projeto. Sua tarefa foi hercúlea. Agradecemos também à gerente de projeto Kanaga Thara, que acompanhou todo o nosso trabalho.

Não podemos esquecer dos muitos clientes que compartilharam suas histórias de sofrimento, confiaram em nós e nos guiaram no aprendizado de como ajudar mentes aflitas. Livros como este têm um grande débito com sua coragem e sua sabedoria.

Prefácio

A psicoterapia se assemelha a uma encruzilhada. Por um lado, temos um número crescente de diferentes escolas de psicoterapia e, por outro, uma "ciência biopsicossocial da mente" em rápida expansão, indicando a necessidade de um enquadramento multidisciplinar mais integrado para a terapia; um conceito que foi denominado consiliência. Cada vez mais, reconhece-se que é difícil compreender o funcionamento do corpo ou do cérebro humano sem o conhecimento das suas funções evolutivas. Além disso, agora conhecemos os principais impactos que nossas relações sociais podem exercer sobre nós, incluindo nossos perfis epigenéticos e a maturação de várias funções dos sistemas nervosos central e autônomo, o que dá origem a um senso de identidade e a uma mente que pode se direcionar para a benevolência ou a nocividade. Gradualmente, também estamos reconhecendo que as psicoterapias precisam se concentrar tanto nos processos fisiológicos quanto nos sociais, além dos psicológicos, para promover mudanças de longo prazo.

A terapia focada na compaixão (TFC) é uma terapia baseada em processos guiada por uma ciência biopsicossocial baseada no evolucionismo. Seu interesse particular é compreender as funções evolutivas das relações sociais, bem como as conexões de cuidado e suas habilidades de regulação fisiológica. Consequentemente, a TFC coloca a importância das relações de cuidado, compartilhamento e apoio no centro do processo terapêutico. Durante os últimos 20 anos, ocorreu uma rápida expansão na pesquisa e na compreensão de como o cultivo da compaixão modifica o cérebro, o corpo, os estados mentais e o comportamento social, bem como no uso dessa ciência para o desenvolvimento de terapias. Por isso, estamos muito satisfeitos por termos reunido um grupo de pesquisadores e clínicos renomados que estão explorando o impacto de colocar o cuidado e a compaixão como o foco central do esforço terapêutico. Ao darmos forma a esses esforços, construímos este livro em torno de três seções principais.

A ciência e os processos que fundamentam a TFC são consilientes, o que significa que são interdisciplinares e abrangem as principais funções da mente. Estas incluem motivações, emoções — que podem ser alvo de competências de intervenção — e comportamentos. Os capítulos sobre o processo, do 1 ao 9, são muito mais extensos do que os capítulos voltados à aplicação. Chegamos a discutir com os editores se deveríamos dividir o livro em dois, um com o foco na ciência e no processo e o outro, na aplicação. Embora mantê-los juntos tenha aumentado o volume do livro, o *feedback* que recebemos dos colegas é que ter tudo em um só lugar é muito conveniente. Portanto, essa foi a nossa decisão.

Seção I. Terapia focada na compaixão: uma abordagem biopsicossocial evolutiva. A TFC requer um entendimento das funções evolutivas e da ciência básica da mente, em rápido crescimento. Isso inclui o entendimento das interações entre motivações, emoções, competências e comportamentos e dos seus reguladores sociais e contextuais. A primeira seção, portanto, enfoca essa ciência e aborda conceitos básicos das abordagens do estado do cérebro social, a teoria da mentalização e a evolução e as propriedades psicofisiológicas organizadoras dos sistemas de motivação para cuidado e compaixão. Os capítulos sobre o processo são mais longos do que os outros porque exploram essa ciência em detalhes, pois nosso interesse é que os leitores tenham acesso tanto à ciência multiprocessual que fundamenta a TFC quanto a novas intervenções. Quanto mais os clínicos entenderem e fizerem relações entre a ciência, as funções e os processos que estão por trás das intervenções, mais hábeis eles serão na sua utilização e menos os empregarão mecanicamente.

A pesquisa em psicoterapia se dá de duas formas: processo e resultado. A TFC procurou ser forte na pesquisa dos processos. Isso significa que a terapia foca *processos transdiagnósticos* específicos, como variabilidade na frequência cardíaca, mentalização, vergonha e autocriticismo, comportamento pró-social e mudança motivacional. Essa seção também enfatiza como a TFC é ideal para a psicoterapia em grupo. Igualmente importante é uma justificativa do motivo pelo qual os terapeutas devem ter sua própria prática especificamente voltada para a terapia que estão usando. Em todos esses processos, há evidências crescentes de eficácia. Se a ciência nos mostrar que esses processos não são como acreditamos que sejam, ou se nossas intervenções estiverem tendo pouco impacto sobre eles, então precisamos mudar. No entanto, embora tenhamos nos concentrado mais no estudo de processos específicos, a revisão sistemática — que é, na verdade, o último capítulo dessa seção do livro — mostra que as evidências dos resultados obtidos com a TFC são crescentes e muito encorajadoras. Sempre tivemos o cuidado de não nos precipitarmos na pesquisa de resultados antes de termos evidências dos processos.

Seção II. Práticas e contextos da terapia focada na compaixão. Esta seção reúne escritos sobre diferentes processos terapêuticos específicos e a integração do treino da mente compassiva (TMC) à TFC e à jornada terapêutica. Juntamente com a importância da relação terapêutica, seus capítulos abordam o reconhecimento de que o que aparece na consciência está diretamente ligado aos padrões fisiológicos criados no cérebro e no corpo em um determinado momento. Logo, estamos começando a aprender mais sobre processos como a regulação do estado mental via sistema nervoso autônomo e, em particular, sobre processos como variabilidade da frequência cardíaca e circuitos neurológicos específicos. Estes podem se tornar alvos da terapia. A TFC está empenhada na psicoeducação das consequências de se ter uma mente evoluída e socialmente construída e conduz diretamente ao valor de "desenvergonhar", desenvolver consciência plena (*mindfulness*) e consciência mental e ver o sistema de motivação para o cuidado (mentalidade social) como tendo formas profundamente importantes de reorganização da mente. A TFC oferece educação guiada específica sobre a natureza de nossas mentes múltiplas, que podem gerar motivações e emoções complexas e conflitantes. Quanto a outras terapias, estas são concebidas para ajudar no processo de *diferenciação, tolerância das multiplicidades, integração* e *transformação.* Além disso, novos caminhos estão se abrindo na área dos psicodélicos, particularmente porque eles podem causar impactos fundamentais e de longo prazo na experiência de conectividade social e bem-estar mental das pessoas.

Seção III. Aplicações específicas. Esta seção se apoia na ciência das Seções I e II. Clínicos renomados mostram como aplicar os princípios da TFC a diferentes transtornos mentais.

Considerando-se que a TFC foi concebida *para* e *com* pessoas com dificuldades crônicas e complexas de saúde mental, é gratificante ver sua aplicação em áreas como trauma complexo, percepções auditivas anormais, transtornos alimentares e em contextos forenses, bem como a uma gama de transtornos mentais comuns e relacionados à parentalidade. Ao longo do livro, quando foi usado material clínico, os detalhes dos casos foram alterados para evitar identificação.

Estamos extremamente satisfeitos com os incansáveis esforços empreendidos pelos autores para oferecer capítulos esclarecedores e com o seu entusiasmo e trabalho inspirador voltados para essa terapia em rápida evolução. Em tempos de tragédia, com a covid-19 à nossa volta, uma coisa transparece: quando as pessoas se defrontam com o sofrimento de outras, pode ocorrer um derramamento de compaixão. Este livro reúne os mais atualizados conceitos e oferece uma compreensão da importância de dar continuidade à pesquisa e ao desenvolvimento clínico da TFC e, fundamentalmente, encaminhar o mundo para um lugar mais compassivo.

Paul Gilbert e Gregoris Simos

Figuras, quadros e tabelas

FIGURAS

QUADROS

TABELAS

Sumário

SEÇÃO II – Práticas e contextos da terapia focada na compaixão

SEÇÃO III – Aplicações específicas

SEÇÃO I

TERAPIA FOCADA NA COMPAIXÃO

Uma abordagem biopsicossocial evolutiva

Paul Gilbert

1

Definindo o cenário

A psicoterapia em uma encruzilhada e um caminho compassivo a seguir

Paul Gilbert

A emergência de uma ciência biopsicossocial da psicoterapia embasada pela evolução

Os nove primeiros capítulos deste livro oferecem uma descrição e um mapa da ciência básica da terapia focada na compaixão (TFC). A preocupação em integrar o conhecimento de diferentes disciplinas, da antropologia à genética, da filosofia à neurociência, é central para a TFC, pois o conhecimento da mente humana, e de como ajudá-la, não reside em uma única disciplina ou escola de terapia (Gilbert, 1989, 1995, 2019; Siegel, 2019). Wilson (1999) cunhou o termo *consiliência* para designar uma ciência integrativa entre as disciplinas. Na raiz dessa integração, está o reconhecimento de que somos uma espécie evoluída, como todas as outras espécies. Assim, podemos iniciar nossa jornada com outra citação de Wilson (1992), que estabelece o enquadramento para a TFC:

> Nossos problemas se originam do fato de que não sabemos o que somos e não podemos concordar quanto ao que queremos ser. A causa primária dessa falha intelectual é a ignorância das nossas origens. Não chegamos a este planeta como forasteiros. A humanidade é parte da natureza, uma espécie que evoluiu entre outras espécies. Quanto mais intimamente nos identificarmos com o resto da vida, mais rapidamente seremos capazes de descobrir as fontes da sensibilidade humana e adquirir o conhecimento sobre o qual poderá ser construída uma ética duradoura, um senso de direção escolhida (Wilson, 1992, p. 332).

Criando conexões de cuidado. Ken Bailey e eu usamos essa citação mais de 20 anos atrás para contextualizar nossa abordagem evolucionista da psicoterapia. Ela permanece sendo uma questão central para a psicoterapia (Gilbert & Bailey, 2000). Hoje estamos nos concentrando nas *fontes da nossa sensibilidade* que nos tornam humanos. Estamos reconhecendo que nossas mentes não são unidades autônomas, individualizadas, mas são evoluídas para ser sistemas de processamento complexos de interconectividade com outras mentes (Cozolino, 2014; Dunbar, 2014; Siegel, 2016, 2020). Como é observado no Capítulo 2, evidentemente nossa inteligência humana e nossas habilidades cognitivas são características humanas especiais, porém, mais do que qualquer outra coisa, é devido ao nosso interesse apaixonado, às nossas competências e à forma como *criamos conexões sociais de cuidado* que hoje vemos o cérebro humano como um cérebro essencialmente social (Dunbar, 2014; Lockwood, et al., 2020; Porcelli et al., 2019; Silston et al., 2018). Ocorreram adaptações importantes nos sistemas nervoso autônomo e imunológico, que regulam a saúde e a felicidade, como resultado da evolução das relações de proximidade (Cozolino, 2014; Haslam, Jetten, Cruwys, Dingle, & Haslam, 2018; Porges, 2007, 2017; Siegel, 2020). Atualmente, há evidências de que, quando estamos inseridos em relações próximas e acolhedoras, muitas funções fisiológicas, como os sistemas imunológico, cardiovascular e nervoso autônomo, juntamente aos principais neurocircuitos, o comprimento dos telômeros e os nossos perfis epigenéticos, são afetadas positivamente (para uma revisão abrangente, ver Slavich, 2020). Por outro lado, vergonha, intimidação e opressão, juntamente a solidão e desconexão social, e relações autocríticas hostis com nós mesmos, são prejudiciais para a saúde. Apesar das reivindicações neoliberais, não somos unidades autônomas, mas evoluímos para a vida social e prosperamos melhor em uma dieta de *conexões sociais de cuidado*, envolvendo o dar e o receber entre o indivíduo e os outros. Na medicina física, também há uma consciência crescente de que dificuldades como alterações na pressão arterial e outras condições de saúde crônicas se tornam muito piores no contexto de solidão e/ou relações hostis entre o indivíduo e os outros. A medicina comunitária está, portanto, concentrando-se cada vez mais em descobrir como construir comunidades sociais de cuidado integradas e está vendo quedas radicais nas admissões de emergência e crescimento no bem-estar geral (Abe & Clarke, 2020). No mundo todo, a saúde está sendo promovida pela facilitação das relações comunitárias de cuidado. Por exemplo, a promoção de grupos de apoio a mulheres reduz significativamente a depressão pós-natal e a mortalidade infantil e oferece muitos outros benefícios à saúde (Costello, 2018). Há crescentes evidências científicas da importância dessa abordagem social da saúde mental (Haslam et al., 2018, e veja a seguir). A TFC tem suas origens nas publicações sobre abordagens do estado cerebral (Gilbert, 1984) e motivações sociais, como *Human Nature and Suffering* (Gilbert, 1989). Ela está baseada no fato de que somos uma espécie social com motivações sociais complexas e, às vezes, diferentes e conflitantes, tanto úteis quanto não úteis. Embora a TFC tenha sido identificada como uma terapia cognitiva da terceira onda e como unicamente focada na autocompaixão, isso está incorreto. A essência da TFC é levar o indivíduo a criar conexões de cuidado e compaixão consigo mesmo e com os outros que recrutem os ingredientes fisiológicos do cuidado, para apoiar uma mente saudável e útil. Um indivíduo autocompassivo que não tem interesse ou capacidade de ajudar os outros ou ser ajudado pelos outros acabará com dificuldades e será problemático para sua comunidade.

Uma rápida olhada nos desafios atuais da psicoterapia e por que ela precisa ser socializada

O progresso da psicoterapia nos últimos 50 anos tem sido excitante, mas também uma jornada um tanto caótica. Diferentes terapias, enraizadas em diferentes concepções e focando diferentes micro-habilidades e intervenções, proliferaram em múltiplas direções ramificadas. Alguns compararam isso ao que acontece nas religiões (Epstein, 2006). Muitos reconhecem que há alguma coisa fundamentalmente preocupante no fato de termos mais de 400 escolas de psicoterapia diferentes, com frequência perseguindo temas ligeiramente (e, às vezes, não tão ligeiramente) diferentes, sem muita unidade na compreensão da mente com a qual estamos trabalhando (Norcross & Lambert, 2019; Zarbo, Tasca, Cattafi, &

Compare, 2016). De fato, muitos observaram que uma "crise de fragmentação" emerge quando não existe uma ciência consistente que permita que diferentes grupos se dividam em subgrupos para formar suas próprias tribos com seus próprios modelos, qualificações e identidades grupais (Gilbert, 1995, 2019; Gilbert & Kirby, 2019; Shamdasani & Lowenthal, 2020; Siegel, 2006). As "tribos" se transformaram em negócios com seus próprios treinamentos, acreditações, conferências e publicações científicas, oferecendo um sentimento de pertencimento e autoidentidade e competindo por financiamentos para pesquisa, frequentemente umas contra as outras (a TFC também). Norcross e Lambert (2019) chamam isso de guerra por território. Isso não é culpa de ninguém, porém muitos agora concordam que precisamos estudar os processos particulares que dão origem a *estados de sofrimento específicos* e adotar uma abordagem multifatorial para a intervenção e a prevenção. A raiz do problema é, como diz Wilson (1992), não conseguirmos concordar quanto a uma ciência básica, e isso explica outro problema, que é a eficácia das nossas psicoterapias.

Por mais inovadoras e válidas que muitas dessas abordagens possam ser, sejam elas específicas de uma tribo ou mais integrativas, as evidências da sua eficácia não são tão sólidas quanto esperávamos. Watkins e Newbold (2020) apontam que, embora certamente tenha sido feito progresso nas psicoterapias,

> Muitos pacientes não mantiveram a melhora, e os tratamentos precisam escalar para enfrentar a carga global da saúde mental [...]. Por exemplo, tratamentos psicológicos para depressão só atingem taxas de remissão de 30 a 40% e têm eficácia sustentada limitada (pelo menos 50% de recaída e recorrência) [...]. Além disso, estima-se que os tratamentos atuais, se aplicados de forma ideal, reduziriam a carga da depressão em somente um terço [...]. Como tal, os tratamentos psicológicos para depressão precisam ser significativamente melhorados (p. 2).

Isso novamente nos faz questionar se as abordagens sociais contextuais poderiam adicionar elementos cruciais aos pacotes de tratamento individualizados (Haslam et al., 2018; Smail, 2018). Basicamente, quanto mais tempo você acompanhar as pessoas, pior algumas delas vão se sair, *a menos que experimentem uma mudança social benevolente* (Brown, Adler, & Bifulco, 1988). Assim sendo, as terapias devem abordar questões comportamentais e psicossociais. As terapias mais recentes estão um passo adiante — mas não se trata de um passo gigante. Watkins e Newbold (2020) pedem uma maior ênfase na *pesquisa de processo*, sobre a qual dizem o seguinte:

> Para sermos claros, distinguimos entre os componentes ativos da terapia, operacionalizados como os elementos ou ingredientes ativos dentro de uma terapia que produzem benefício clínico, os quais poderiam ser baseados no terapeuta, atividades com o cliente, técnicas específicas, ou relacionados à estrutura e à aplicação da terapia, *versus* os mecanismos ativos da terapia, operacionalizados como processos subjacentes de mudança terapêutica que causalmente fundamentam o benefício terapêutico [...] (p. 2).
>
> É importante compreender os mecanismos ou os componentes ativos dos tratamentos psicológicos, pois isso potencialmente possibilita o desenvolvimento de tratamentos mais diretos, precisos, potentes, simples, breves e efetivos. *É necessário compreender os componentes ativos de uma terapia psicológica a fim de analisar e refinar a terapia para focar no que é mais atraente para os pacientes* (p. 2., grifo nosso).

Norcross e Lambert (2019) também examinam evidências consideráveis sobre os ingredientes ativos da psicoterapia. Eles são variados, mas incluem relação terapêutica, habilidades do terapeuta, fatores do cliente, fatores externos, remissão espontânea, apoio social e eventos fortuitos (p. 11). Modelos específicos explicam apenas uma pequena porcentagem da variância. Isso remete aos estudos comunitários que mostram que podemos ser levados à depressão por eventos adversos na vida e sair dela por meio de novos começos e eventos positivos (Brown, Adler, & Bifulco, 1988). Seja qual for a terapia que os indivíduos experienciam, o que cura é a maneira como ela pode ajudá-los a fazer mudanças reais em suas vidas, por exemplo, se afastar de relações tóxicas pessoais e na comunidade, adquirir confiança para encontrar um emprego melhor, estabelecer relações de acolhimento e se envolver em atividades significativas, como em instituições de caridade, onde as pessoas sentem que estão contribuindo com algo.

A TFC sempre foi uma terapia de processos que busca entender o processo antes de prosseguir para ensaios clínicos controlados randomizados dos resultados. Está muito claro agora que pacotes terapêuticos, abordando domínios de funcionamento limitados, só vão nos levar até esse ponto. O problema óbvio é que o resultado depende de quais processos estão sendo focados (Gilbert & Kirby, 2019). Freud reconheceu que precisamos relacionar os processos psicológicos com os fisiológicos (Ellenberger, 1970). No entanto, seu *projeto*, que procurava fazer isso, tornou-se impossível, em parte porque não havia ciência suficiente que o possibilitasse. Hoje existe (Cozolino, 2017; Hood, 2011; Schore, 2019a,b; Siegel, 2020). A dissociação entre mente e corpo foi um desastre para a ciência da saúde mental. Escrevendo no *British Journal of Psychiatry* 35 anos atrás, Eisenberg (1986) se referiu a esse problema como *ciência sem cérebro versus ciência sem mente*. A TFC sugere enfaticamente que os terapeutas se beneficiariam se tivessem uma compreensão mais abrangente da natureza do cérebro humano, para evitar que se perdessem em conceitos como ter um *self* real ou autêntico, em vez de entenderem que somos um conjunto de sistemas de processamento distribuídos, frequentemente concorrentes; *o self, por si só, é uma ilusão* (Hood, 2011).

A ausência de uma ciência biopsicossocial integrativa (Gilbert, 1984, 1989, 1995) pode muito bem explicar alguns dos achados decepcionantes observados por Watkins e Newbold (2020) (Gilbert & Kirby, 2019). Colocar pessoas em ensaios de pesquisa com base em um conjunto de sintomas rotulados como, digamos, depressão, quando há muito tempo é reconhecido que depressão é um transtorno altamente heterogêneo (Akiskal & McKinney, 1973; Fried & Nesse, 2015) e um estado final de uma gama de diferentes e complexos processos, está repleto de problemas. Por exemplo, terapias cognitivo-comportamentais podem ajudar pessoas cuja depressão, de fato, está sendo gerada ou mantida por processos cognitivos, mas, para algumas pessoas deprimidas, cognições negativas são sintomas, não causas. As intervenções cognitivas podem nos ajudar a manejar certos problemas, mas as terapias precisam abordar as causas. Por exemplo, considere aqueles indivíduos que têm problemas de saúde subjacentes, como testosterona baixa, problemas de tireoide, deficiências de vitaminas B12 e D e anemias, para citar alguns óbvios (veja Cowles, Pariante, & Nemeroff, 2009 para uma discussão detalhada). Mulheres na menopausa ou perimenopausa podem ter momentos deploráveis por causa disso. Os vírus, incluindo nossa mais recente e nociva covid-19, podem afetar o cérebro e o sistema imune e desencadear depressão. Parasitas no cérebro, como o que você pode pegar dos gatos, *Toxoplasma gondii*, podem desempenhar um papel em alguns estados mentais. O diagnóstico também se tornou mais complexo com a descoberta de que muitas pessoas deprimidas estão sofrendo de problemas inflamatórios, o que pode ser menos responsivo a qualquer intervenção de psicoterapia isolada (Bullmore, 2018). Pesquisas também sugerem que as pessoas querem trabalhar diretamente em seus estados psicológicos. Um grande estudo comunitário americano verificou que, entre aqueles que se "autodiagnosticaram" com depressão e ansiedade, 53,6% dos indivíduos com depressão severa e 56,7% dos indivíduos com ansiedade relataram o uso de medicina complementar e terapias alternativas para tentar tratar suas condições (Kessler et al., 2001). É importante observar que, para uma abordagem holística de longo prazo a problemas de saúde mental, bem como a dificuldades de saúde que requerem intervenção médica, recursos como dieta, exercício e suplementos podem ser úteis (Martinez-Cengottabengoa & Gonzalez-Pinto, 2017). A psicoterapia pode ajudar a lidar com as causas-raiz, mas também pode ajudar a gerenciar condições.

A biologia importa. Os sistemas fisiológicos, incluindo a epigenética, são modificados pelas experiências de vida para o bem e para o mal (Slavich, 2020). Considere pessoas que foram abusadas e podem ainda estar em relacionamentos abusivos. Os terapeutas que não avaliam ou não sabem como trabalhar com histórias de abuso podem ter dificuldades, particularmente com terapias de curta duração. Hoje, inúmeras barreiras artificiais foram colocadas em torno do "número de sessões que o cliente pode ter", não com base na necessidade, mas nas finanças. Considerando que os clientes podem ter muita vergonha de admitir essas histórias, e que poderá demorar algum tempo antes que seja estabelecida uma relação terapêutica segura para que consigam revelá-las, podemos entender o problema (Keller, Zoellner, & Feeny, 2010). Nordomo, Monsen, Hoglend e Solbakken (2020) destacaram o fato de que, quanto mais complexa for a dificuldade, mais longa precisará ser a terapia — em alguns casos, pelo menos 50 sessões. Além disso, as pesquisas estão revelando que temos que produzir mudanças psicofisiológicas em algumas pessoas, o que demanda tempo (Cozolino, 2017; Schore, 2019,a,b). Um dos maiores desafios é ajudar as pessoas a entenderem que psicoterapia *não é apenas* uma terapia pela fala, mas deve abordar questões de mudanças no sistema nervoso autônomo e no cérebro, por meio de processos como a neuroplasticidade. Se vamos ajudar as pessoas a equilibrar seu sistema nervoso autônomo, desenvolver seu nervo vago (Porges, 2011) ou "desenvolver" vários circuitos neurais (Cozolino, 2017; Mascaro & Raison, 2017; Schore, 2019a,b; Siegel, 2020; Singer & Engert, 2019; Vrtička et al., 2017; veja também o Capítulo 10), isso vai demandar tempo e o desenvolvimento de práticas específicas.

Contextos sociais importam. Temos ainda os conhecidos processos sociais como pobreza, isolamento e solidão, relações estressantes e intimidação, enfrentamento da morte e pais demandantes ou exigentes, que contribuem para problemas de saúde mental (Haslam et al., 2018). Quando a fonte da depressão é social, ela requer intervenções psicos*sociais* (Able & Clarke, 2020). De fato, a natureza contextual social da mente em si, e a forma como ela é corregulada por meio das relações sociais, é um foco importante para a ciência atualmente (Haslam et al., 2018; Music, 2017; Siegel, 2020; Slavich, 2020). Isso ocorre porque sabemos que as taxas crescentes de depressão e narcisismo, particularmente entre os jovens, se devem, em parte, a pressões dentro das sociedades neoliberais, que focam excessivamente em um senso do *self* como um agente competitivo. Essas pressões aumentam as vulnerabilidades à vergonha e à autocrítica (Curran & Hill, 2019; Gilbert, 2018) e se somam à epidemia crescente de problemas de solidão (Becker, Hartwich, & Haslam, 2021; veja também o Capítulo 4).

Os terapeutas estão preocupados com o foco excessivo nas mentes individuais como a fonte do problema, pois isso se alinha com o pensamento neoliberal, que enxerga os indivíduos como unidades autônomas concorrentes (Becker et al., 2021). Além disso, essa perspectiva pode levar à individualização e à medicalização da miséria humana, enquanto as empresas farmacêuticas buscam lucrar com a venda de curas para ela; afinal, há muita coisa envolvida nas dificuldades de saúde mental (Horwitz & Wakefield, 2007). A história contada é que, se estamos deprimidos ou ansiosos, ou não podemos ser uma "unidade produtiva", é porque há alguma coisa *errada conosco*. Precisamos de conserto. A insensibilidade do neoliberalismo, com suas economias de mercado do tipo "nadamos ou afundamos", foi claramente ignorada. A ideia de que devemos procurar não só melhores terapias pessoais, mas também melhores formas de *cuidar uns dos outros*, tem sido um sinal de alerta em abordagens mais radicais na psicologia clínica (Gilbert, 1995, 2018, 2020a,b; Haslam et al., 2018; Music, 2017; Siegel, 2020; Smail, 2018/1987).

As abordagens evolucionistas não negam a realidade do sofrimento individual nem a realidade de que cérebros e corpos podem gerar padrões que dão origem a sofrimento, ou a de que a dopamina pode estar baixa e o cortisol alto quando estamos em um estado da mente deprimido. No entanto, elas indicam que é o contexto em que as pessoas cresceram, ou em que estão vivendo agora, que está motivando o comportamento antissocial e os problemas de saúde mental (Gilbert, 1995, 2018; Music, 2017; Wilson & Hayes, 2018). Nossos cérebros podem estar funcionando de forma perfeitamente "normal", mas é a toxicidade do nosso ambiente que é o problema. Essas são mensagens difíceis porque elas implicam que estamos muito menos no controle de nossas mentes do que pensamos, que somos muito mais dependentes do nosso contexto social do que parece confortável, e que teremos que ser responsáveis uns pelos outros em vez de simplesmente cuidar de nós mesmos (Haslam et al., 2018; Smail, 2018; Siegel, 2020). Prevenção e alívio em uma escala internacional não vão ser encontrados em um frasco de comprimidos ou na tentativa de aumentar o acesso a algumas horas de psicoterapia (embora isso possa ser útil para alguns), mas na mudança social radical focada na compaixão para melhorias na igualdade social, na prevenção de abuso e na inclusão das pessoas em comunidades de cuidado (Eisler & Fry, 2019; Haslam et al., 2018). Essa mudança do individual para o social seria cara e politicamente contestada. Mas o fato é que muitos problemas de saúde mental e certamente problemas antissociais podem remeter a origens iniciais inseguras, assustadoras ou negligentes e às diferenças entre os ambientes modernos e os nossos ambientes de caçadores-coletores, que eram baseados em compartilhar e cuidar uns dos outros (Dunbar, 2014; Gilbert, 2021; Ryan, 2019; veja também os Capítulos 3-5). Ainda, atualmente, há uma onda crescente de problemas de saúde mental associados às experiências sociais da covid-19, incluindo solidão, desconexão social, estresse e conflitos familiares, e um aumento nos temores sociais de transmissão da infecção (Serafini et al., 2020). Apesar de existirem várias tribos na psicoterapia, as pesquisas ano após ano estão progressivamente destacando que a natureza da mente humana é altamente social *com necessidades sociais particulares*. Seremos mais capazes de abordar questões de pobreza, opressão, desconexão e abuso, que produzem tantos problemas de saúde mental e comportamentos antissociais, quando focarmos na criação de *conexões de cuidado*. Quando buscamos a compaixão, não é apenas para nós mesmos, mas também para estarmos abertos à compaixão dos outros e para sermos indivíduos que contribuem para o benefício dos outros. Usamos máscaras não só para nos protegermos, mas também para protegermos os outros.

A necessidade evoluída de conectividade social

Embora possamos entender a importância do contexto *social* na criação de problemas de saúde mental e comportamento antissocial, precisamos de uma compreensão *baseada na evolução* sobre o papel do contexto social e da conectividade na regulação de cérebros, corpos e mentes (Gilbert & Bailey, 2000; Gilbert, 2020b; Nesse, 2009; Capítulo 10 deste volume). Nós evoluímos os sistemas fisiológicos que monitoram e respondem de certas formas aos ganhos sociais e às perdas sociais (Panksepp, 1998; Gilbert, 1989, 2000). O contexto do amor e cuidado *versus* negligência ou abuso tem efeitos profundos nos muitos sistemas fisiológicos em maturação (Cozolino, 2014; Music, 2017; Slavich, 2020; Porges, 2007; Siegel, 2020). Nascemos com *necessidades* de relações sociais, e, se elas não são satisfeitas, nosso desenvolvimento pode ser muito distorcido. Assim, a razão de certos contextos serem tão importantes (e de precisarmos dar atenção a eles) é que a evolução estabeleceu esses potenciais. Isso não quer dizer que nossos genes ou contextos sejam o equivalente a destinos, pois temos muitas habilidades cognitivas para tentar entender o que está acontecendo, mas significa que precisamos refletir atentamente sobre a construção da mente e reconhecer que uma fonte fundamental para o florescimento é a *relação social afiliativa de cuidado* (Cozolino, 2014; Gilbert, 1989; Music, 2017; Porges, 2007, 2011; Siegel, 2020).

Essa não é uma ideia nova, mas foi um tema central para muitas tradições espirituais por milhares de anos na busca do bem comum e do bem-estar comum (Lampert, 2005). A criação de conexões de cuidado foi central para a emergência inicial de formas "terapêuticas" de ajudar pessoas com dificuldades de saúde mental. Considere a inovadora "terapia moral" de Tuke no Retiro de York, em 1796. Ela colocava a compaixão no seu centro. Concebido como uma comunidade terapêutica, o retiro tinha uma equipe e clientes que viviam em proximidade, e específica e deliberadamente buscavam criar relações afiliativas de cuidado. A terapia envolvia o uso mínimo de restrição, as formas iniciais da terapia comportamental (incluindo a programação de atividades) e um ambiente humano e cuidador que era único na época (Veale et al., 2015). O historiador médico Porter (2002) destaca o quanto isso foi inovador, uma vez que o retiro "abandonou os meios 'médicos' em prol dos meios 'morais', bondade, suavidade, razão e humanidade, todos dentro de uma atmosfera familiar — com excelentes resultados" (p. 104). A importância de promover conexões de cuidado e comportamento afiliativo também foi assumida pelo psiquiatra americano Harry Stack Sullivan (1892-1949; Sullivan, 2013), que defendia o conceito de *psiquiatria interpessoal*, argumentando contra o uso da expressão "entidades de doença mental" para dificuldades de saúde mental comuns. Ele defendia que não se pode entender as mentes humanas fora do contexto social em que elas estão inseridas. Também enfatizou a importância de *ter companheiros* e assinalou que são nossas interações e conexões de companheirismo uns com os outros, atualmente e durante o curso da nossa história, que determinam nosso sentimento de segurança, nossa autoidentidade e nossa vulnerabilidade a estados de estresse e sofrimento. Muitas das suas ideias precederam e claramente influenciaram a teoria do apego (Pincus & Hopwood, 2012), e também foram adotadas pelos terapeutas cognitivos (Safran, 1990). Esses são legados muito importantes a se ter em mente como fundamentos da TFC.

Integração com transformação?

Considerar que as mentes e os cérebros humanos são moldados pelas relações sociais tem implicações importantes para os alvos da terapia (Cozolino, 2017; Gilbert, 1989, 2020a; Music, 2017). Quando *tornarmos o cuidado um foco*, também seremos capazes de considerar a importância de cuidar de nossos corpos, relacionamentos sociais e ecologias, além de nossas mentes, como partes integrantes da psicoterapia. Por exemplo, integraremos melhor novas percepções referentes aos nossos corpos como ecossistemas, considerando que a nossa dieta, a ecologia dos intestinos e a exposição a micróbios e vírus podem desempenhar papéis importantes nos estados mentais (Lima-Ojeda, Rupprecht, & Baghai, 2017; Dunn, 2011). Isso porque há evidências crescentes de que as dietas e os estilos de vida modernos estão aumentando os processos inflamatórios que estão significativamente ligados à depressão (Bullmore, 2018). Aspectos das dietas modernas são muito nocivos para o cérebro, não só para o corpo. Embora os psicoterapeutas possam não ser aqueles que oferecem orientações *específicas* para reduzir inflamações, eles podem certamente chamar a atenção dos clientes para essas questões como parte de uma abordagem biopsicossocial e holística, e apoiar a mudança comportamental quanto à dieta e à realização de exercícios. Também há um interesse crescente na ideia de que ajudar as pessoas a interagirem com a natureza pode ter efeitos consideravelmente profundos no sentimento de conexão.

Cinquenta anos atrás, não possuíamos as tecnologias para ajudar as pessoas a terem consciência dos seus processos fisiológicos e de como mudá-los. Hoje temos, particularmente em relação ao funcionamento do sistema nervoso autônomo (Cozolino, 2017; Porges, 2011; veja também o Capítulo 10). Existem, por exemplo, formas pelas quais as pessoas podem agora monitorar seus processos fisiológicos, como a variabilidade da frequência cardíaca, e usar visualização, exercícios respiratórios e *biofeedback* para treinar a variabilidade da frequência cardíaca, o que tem efeitos multiplicadores para o comportamento pró-social e o bem-estar mental (Bornemann, Kok, Böckler, & Singer, 2016). Também sabemos agora que existem treinos específicos em *mindfulness*, empatia e compaixão que influenciam áreas cerebrais específicas (Favre, Kanske, Engen, & Singer, 2021; Singer & Engert, 2019). É importante mencionar que muitos dos sistemas fisiológicos que agora estão sendo identificados como alvos para a psicoterapia são aqueles que estão ligados a motivações de cuidado e a sentimentos de conectividade social. Assim sendo, estamos vendo movimentos voltados ao desenvolvimento de treinamentos únicos para impactar uma gama de processos psicológicos e fisiológicos específicos, particularmente aqueles associados a *mindfulness* e compaixão (Cozolino, 2017; Favre et al., 2021; Kim et al., 2020; Seppälä et al., 2017; Singer & Engert, 2019) e à relação terapêutica (veja o Capítulo 13; Schore, 2019a,b). Terapias integrativas estabelecidas dessa forma, que podem ser encontradas em abordagens como a abordagem neurobiológica interpessoal de Siegel (2006, 2019, 2020), requerem maior consciência dos aspectos neurológicos da terapia (Cozolino, 2017; Schore, 2019a,b) e das formas de afetar o sistema nervoso autônomo (Porges, 2007, 2011, 2017). Sabemos agora que viver sob estresse constante tem um impacto prejudicial nos sistemas nervoso central e autônomo e, em particular, em processos como a ligação cortisol-oxitocina e a variabilidade na frequência cardíaca, que podem se tornar alvos da investigação terapêutica (Thayer, Ahs, Fredrikson, Sollers, & Wager, 2012). É particularmente importante compreender que, quando não somos capazes de fugir (escapar ou controlar) de situações ameaçadoras, os sistemas de ameaça são superestimulados, com efeitos profundos no cérebro e no corpo (por exemplo, aumento do cortisol e manutenção de seu nível elevado) (Gilbert, 2020c). A crescente riqueza da nossa ciência da mente significa que os dias das terapias de processo único estão contados.

Assim, talvez tenhamos fechado um círculo completo, revisitando a ideia do projeto de Freud. Foram necessários mais de cem anos para entendermos os processos evolutivos da maneira como entendemos agora (Cozolino, 2017; Gilbert 1998b; Hood, 2011; Nesse, 2019; Schore, 2019a,b) e, em particular, para entendermos que a evolução de certos sistemas motivacionais (p. ex., cuidar e compartilhar *versus* competir, Gilbert, 2021) tem importantes propriedades fisiológicas e psicológicas organizadoras. Na época de Freud, havia muito pouco entendimento sobre o extraordinário poder das motivações de apego e cuidado; hoje esse conhecimento existe.

Sofrimento e compaixão

Antes de prosseguirmos para alguns elementos mais técnicos da TFC nos próximos capítulos, podemos explorar alguns temas essenciais mais existenciais que formam a textura da terapia. Embora haja algumas controvérsias em torno da natureza exata e da definição de compaixão, ela é tipicamente vista como uma motivação de cuidado e pode ser definida como uma *sensibilidade ao sofrimento próprio e dos outros, com um compromisso de tentar aliviá-lo e preveni-lo* (Gilbert, 2017). Convém mencionar que, nas tradições budistas, essa motivação é expandida de tal forma que se torna *o desejo profundo de que todos os seres sencientes sejam livres de sofrimento e das causas de sofrimento* (Gilbert & Choden, 2013; Ricard, 2015; Tsering, 2008). No entanto, se dissermos que "compaixão é lidar com o sofrimento", estamos de acordo quanto ao que entendemos por *sofrimento*? E isso significa que devemos procurar aliviar e prevenir *todos* os tipos de sofrimento ou apenas certos tipos? Essa é uma questão delicada. Explorando uma gama de dicionários ocidentais como Oxford, Cambridge e Collins, vemos que eles definem sofrimento como um estado de "dor mental e física". Sensky (2010) destaca o fato de que podemos experienciar dor em uma parte específica do corpo, mas sofrimento tem a ver com a pessoa como um todo, um estado da mente. Ele observa que dizemos "Tenho dor na minha perna quebrada", mas não dizemos "Minha perna quebrada está sofrendo"; em vez disso, dizemos "Estou sofrendo". Novamente, então, como observado no Capítulo 2, sofrimento e compaixão estão ligados devido à *percepção consciente*. Seu "corpo" pode estar enviando mensagens de dor para seu cérebro em uma mesa cirúrgica, mas, se você recebeu anestesia, você está sofrendo? Ainda, o contexto da dor interfere em *como sofremos*. Por exemplo, se você trabalha sentado junto a uma mesa e um computador, quebrar uma perna será muito diferente de como seria se você fosse um jogador de futebol e isso acabasse com sua carreira. Em segundo lugar, o contexto das causas de dor e sofrimento também é importante. Nosso sofrimento pode ser diferente se quebrarmos uma perna salvando alguém ou por uma briga, ou por simplesmente estarmos bêbados e cairmos. Os domínios cognitivo e contextual criam a textura da nossa experiência de sofrimento.

O budismo também distingue a dor do sofrimento com o conceito de *Dukkha*. A dor se origina da realidade do domínio biológico da existência, dos corpos que são construídos para sentir dor física, envelhecer, deteriorar-se e morrer, e da impermanência de todas as coisas, mas há também o *sofrimento como dor mental*, porque temos uma consciência que experiencia essas realidades — não somos robôs sem consciência (Tsering, 2005, 2008). Essa distinção é fundamental e crítica na TFC. Uma distinção diferente, mas relacionada, entre dor e sofrimento é representada no sutra das duas flechas; a primeira flecha causa dor, mas a segunda flecha é como reagimos a ela e o significado que lhe atribuímos (Gilbert & Choden, 2013). Isso é importante porque, quando usamos uma afirmação como "Que eu seja livre de sofrimento", isso não significa "Que eu seja livre de dor", em parte porque Buda considerava a dor e a perda inevitáveis, então esse seria um desejo impossível. Assim, quando os seguidores das tradições budistas focam nessa afirmação, ela na verdade significa "Que eu me torne suficientemente iluminado para ter percepção da impermanência de todas as coisas, ser livre de ilusões do ego, ter percepção da verdadeira natureza da mente e mudar a dor se eu puder e aceitá-la se eu não puder" (Tsering, 2005). Essas ideias encontram novas perspectivas e expressões nas tradições cognitivas que distinguem a avaliação primária (o significado de um evento), a secundária (o que podemos fazer a respeito), a sua interação (Lazarus & Smith, 1988), conceitos que são centrais na TFC. Entretanto, conforme explorado no próximo capítulo, na TFC, os *significados* que atribuímos aos eventos estão ligados à nossa orientação motivacional e ao estado atual do cérebro que guia a cognição.

A compaixão requer esforços para abordar e prevenir a *dor sabiamente e diretamente, e não apenas nossas reações (sofrimento)*, e isso envolve ciência. Os anestésicos são uma dádiva. Um antibiótico pode salvar uma vida! Em seu livro comovente sobre sofrimento, David Roland (2020) nos leva ao centro do seu próprio sofrimento depois do seu acidente vascular cerebral (AVC) e entrevista outros que tiveram tragédias na vida. Ele chega à mesma conclusão implicada no conceito de *Dukkha*. A natureza do sofrimento que experimentamos quando a tragédia ocorre depende de nossa capacidade de lamentar e sentir raiva pelas perdas, depois seguir em direção à tolerância e à aceitação perspicaz, com a terceira fase consistindo em ser capaz de recolher as peças fragmentadas das nossas vidas e remoldá-las em novas formas de viver. O óleo que pode suavizar as bordas afiadas e nos reagrupar é a compaixão.

Central para a compaixão é o reconhecimento de que luto e tristeza fazem parte do processo de viver e transformar o sofrimento (veja o Capítulo 9; Roland, 2020; Spelman, 1998). Os autores do importante livro de Harris (2011) destacam múltiplos domínios do sofrimento por perdas. Perda da saúde e de funções corporais, perda de relações e vínculos, perda de emprego e dinheiro, perda de significado, perda da esperança, perda da fé (religiosa) e, para todos nós, eventualmente, perda da nossa vida. Além disso, conforme observado a seguir, os indivíduos que chegam à terapia, especialmente aqueles provenientes de contextos inseguros, podem começar a experimentar a dor da perda mais profunda das necessidades arquetípicas de serem amados e protegidos, as quais nunca foram atendidas (veja o Capítulo 9). Esse é o sofrimento do anseio não satisfeito por amor, proteção, proximidade e conexão. Podemos experienciar um anseio profundo e luto pelo que nunca tivemos, e não só pelo que tivemos e perdemos (Gilbert, no prelo). Embora as mais recentes terapias tenham muito a oferecer, a TFC é contextualizada na realidade da fragilidade e das tragédias da vida (Gilbert, 2009). A frase de *marketing* "Pense bons pensamentos para se sentir bem" é uma triste simplificação do mais importante desenvolvimento da terapia cognitiva na história da psicoterapia. A forma como pensamos, raciocinamos, ruminamos e planejamos pode, na verdade, nos ajudar a lidar melhor com tragédias terríveis na vida, como a morte de pessoas amadas devido à covid-19, mas não nos ajuda a nos sentirmos bem. Sentir-se bem também requer todo um conjunto de condições sociais. Tais visões tendem a apoiar a visão neoliberal reluzente da vida, que nega a fragilidade e as tragédias da nossa existência, bem como nossa interdependência e nossa necessidade uns dos outros.

A *coragem* que trazemos para o sofrimento é crucial. Coragem não é uma forma de ausência de medo. É a habilidade de se manter firme na intenção de cuidado diante do medo. Assim sendo, uma abordagem corajosa e sábia do sofrimento também pode inspirar mudança, crescimento e desenvolvimento (Roland, 2020). E o sofrimento nem sempre está relacionado ao indivíduo. Por exemplo, Summerfield (2004) salienta que refugiados devastados pela guerra sofrem pela perda de suas comunidades e seus países, focando menos em si mesmos e mais no coletivo. Isso é importante também para uma compreensão mais profunda do conceito budista de sofrimento, porque, quando temos o desejo "Que eu seja livre do sofrimento", não estamos desejando aprender a nos dissociar do sofrimento de todos os outros. De certa forma, tornar-se mais compassivo, na verdade, *aumenta nossa experiência do sofrimento* daqueles à nossa volta, porque nos tornamos mais empaticamente sintonizados (Gilbert & Choden, 2013).

Existem complexidades relacionadas à questão do alívio da dor e do sofrimento, pois nossas lutas contra eles podem ter resultados imprevisíveis, como a construção de força e sabedoria. Alguns argumentaram que a medicalização excessiva de muitas formas de depressão e reação traumática, considerando-as "disfunções", em vez de reações "funcionais", naturais e evoluídas que exigem apoio cuidadoso e orientação, enfraquece seriamente a validação dos esforços das pessoas para usar experiências para o crescimento (Summerfield, 2004). Horwitz e Wakefield (2007) escreveram apaixonadamente sobre isso em seu livro denominado *The Loss of Sadness: How Psychiatry Transformed Normal Sorrow into Depressive Disorder*. No modelo médico, dor e sofrimento podem ser vistos como coisas das quais devemos "nos livrar", em vez de uma oportunidade para "crescer e mudar". Embora cirurgias e medicamentos possam salvar e mudar vidas, eles não fornecem *insights*, coragem ou sabedoria, não guiam as pessoas durante o luto ou o processo de crescimento, não desestigmatizam ou inspiram. Isso tem a ver com uma compreensão *biopsicossocial* da complexidade do sofrimento, como para pessoas com câncer terminal. Elas são extraordinariamente gratas pelas medicações para alívio da dor e pelas cirurgias. Assistir a meu pai morrer de câncer de pulmão me fez refletir sobre a agonia que as pessoas devem ter passado antes da invenção desses tratamentos. No entanto, pessoas que estão morrendo podem encontrar novo significado na vida, especialmente em um contexto de apoio social e cuidados (Spiegel, 2016), e os psicodélicos podem proporcionar experiências diferentes de *interconectividade e significado* (Carhart-Harris, Errtzoe, Hajen, Kaelen, & Watts, 2018; veja também o Capítulo 11). De fato, em muitas culturas e sociedades antigas, a cura da mente dependia de ajudar a pessoa a experienciar sentimentos de conectividade social e segurança (Gilbert & Gilbert, 2011). Assim sendo, a compaixão nem sempre consegue atenuar ou prevenir o sofrimento, mas nos ajuda a navegar nele. Feldman e Kuyken (2011) destacam as texturas multifacetadas da compaixão em relação ao sofrimento. Eles sugerem que:

> Compaixão é o reconhecimento de que nem toda dor pode ser "consertada" ou "resolvida", mas todo sofrimento pode se tornar mais abordável em um cenário de compaixão.
>
> Compaixão é uma resposta multitexturizada à dor, à tristeza e à angústia. Ela inclui bondade, empatia, generosidade e aceitação. Os fios da coragem, da tolerância e da igualdade são igualmente tecidos na malha da compaixão. *Acima de tudo, compaixão é a capacidade de se abrir para a realidade do sofrimento e aspirar a sua cura* (p. 143, grifo nosso).

Eles acrescentam:

> Compaixão é uma orientação da mente que reconhece a dor e a universalidade da dor na experiência humana e a capacidade de prestar atenção a essa dor com bondade, empatia, igualdade e paciência. Enquanto a autocompaixão se orienta para nossa própria experiência, a compaixão estende essa orientação para a experiência dos outros (p. 145).

Às vezes, então, o sofrimento não é algo de que se livrar ou (passivamente) aceitar, mas algo no que se engajar ativamente, e, no processo, ele pode revelar novos significados, reorganizar nosso padrão arquetípico interno e transformar nossas mentes (Roland, 2020). Podemos descobrir novas forças, aprender que podemos nos envolver mais no sofrimento, e não menos, e isso inclui nossa prontidão para sofrer em benefício de outros.

Sofrimento e nossas preocupações existenciais. Entender *que* sofremos é diferente das questões existenciais de *por que* sofremos. Temos explicações definitivas muito diferentes para o sofrimento (p. ex., religiosas *versus* científicas). Isso nos leva a todo um questionamento existencial de por que o universo existe e por que ele tem as leis que tem e por que existe o ácido desoxirribonucleico (DNA). O DNA é uma molécula complexa que contém as informações necessárias para construir e manter os organismos. Ele se replica e, ao fazer isso, cria todas as formas de vida (terrenas), o que podemos ver como um milagre ou uma maldição. Ele é responsável pela emergência das coisas vivas, das gramíneas aos dinossauros, dos vírus aos cérebros humanos, e algumas das suas criações foram verdadeiramente aterradoras e horrendas. Durante bilhões de anos, as presas tiveram que evoluir formas de se esconder e fugir, e os predadores, formas de detectar, capturar e devorar. O fato de que a mudança ocorre por meio de processos que promovem a sobrevivência (a curto prazo) e processos que acabam com ela mostra o lado obscuro da vida.

A evolução do comportamento de cuidado e cooperação ocorreu como parte da sobrevivência e do processo de replicação, e essas psicologias podem agora ser aproveitadas para abordar o sofrimento. Até a chegada dos humanos, com um novo tipo de consciência, não havia nada mais na vida, apenas um interminável ciclo de vida e morte, devorar ou ser devorado, com os vírus e parasitas usando corpos hospedeiros para sua própria sobrevivência e reprodução, mutilando, destruindo e causando grande dor no processo — sendo a covid-19 apenas um exemplo das suas formas malévolas. Todos nós desejamos uma saída rápida, porém muitos não conseguem. Lutamos contra doenças dolorosas e debilitantes, AVCs, cânceres, demências, a perda da visão e da audição, a perda da mobilidade e de outras funções. Enquanto alguns acreditam em um criador amoroso, outros se perguntam como as realidades duras e selvagens e as misérias da vida biológica poderiam ser uma criação intencional. Eu pertenço a esse último grupo.

A compaixão nos possibilita a coragem para sermos testemunhas das realidades do sofrimento em que estamos inseridos, procurarmos suas causas e construirmos uma ciência sábia para lidar com e, quando possível, prevenir o sofrimento. Isso não é fácil. Antes que conseguíssemos nos voltar para a ciência, criamos muitas formas de deuses como explicações e salvações, alguns deles muito aterrorizantes. Outras maneiras de lidar com a realidade das adversidades do mundo são dissociar e tentar não focar demais nisso, apenas sendo gratos por nossas bolhas de conforto e obsessão por riqueza. Mas, ao fazermos isso, corremos o risco de nos tornarmos insensíveis e indiferentes ao sofrimento à nossa volta. Na verdade, a busca pelo interesse próprio, para tornarmos nossas próprias vidas confortáveis, motivação tão alardeada pela direita neoliberal, depende de uma certa insensibilidade que não apenas permite, mas nos encoraja a nos apossarmos do que pudermos, independentemente do impacto sobre os outros. Essa também foi a base do colonialismo. E, só para se somar a essa cacofonia de realidades de sofrimento, os humanos foram e são uma das maiores fontes de sofrimento para outros humanos, para os animais e o ambiente. As mortes pela covid-19 empalidecem em significância se comparadas com as mortes e mutilações que os humanos têm causado a outros humanos e animais nos últimos milhares de anos. O famoso escritor existencialista Albert Camus, e muitos outros como ele, viam a vida como "um absurdo". O Buda não contextualizou o sofrimento desse modo, porém há muito no pensamento budista que combina bem com a abordagem evolucionista (Wright, 2017).

Também tragicamente, desde o advento da agricultura, construímos culturas e sociedades que revelaram o pior que existe em nós. Temos o potencial para os três grandes Cs: compaixão (*compassion*), insensibilidade (*callousness*) e crueldade (*cruelty*). Podemos ser *compassivos* e sensíveis ao sofrimento e querer fazer alguma coisa a respeito. Podemos ser *insensíveis* quando somos indiferentes ao sofrimento e podemos até mesmo causá-lo na busca do nosso próprio interesse. Podemos ser *cruéis* quando infligir sofrimento é o objetivo das nossas ações, e desfrutamos se isso satisfaz nosso desejo de poder, inveja ou vingança, ou se pode ser usado como forma de dissuasão. Muitas sociedades mostram algum grau de insensibilidade quando permitem grandes injustiças sociais e se tornam relativamente indiferentes aos danos que certas indústrias estão causando. Provavelmente uma das sociedades mais cruéis foi a romana. Esse foi um Estado terrorista em que o sofrimento era desfrutado nos "jogos", e o abuso de escravos, a tortura e a crucificação faziam parte da vida. Ainda hoje, o prazer do sofrimento causado, em filmes viris de vingança, pelos homens bons contra os homens maus satisfaz nossa necessidade de entretenimento. Talvez essas sejam distrações das nossas preocupações existenciais. Os escritores existencialistas (Yalom, 1980) nos dizem que nossas quatro principais preocupações existenciais são a busca pelo *sentido*, entremeada pelo confronto com a *morte* e a *solidão*, e lidando com a *liberdade*. A compaixão nos ajuda com todas as quatro. Embora elas sejam importantes, a TFC adota a visão budista de que uma busca básica dos humanos é compreender a natureza da mente e do sofrimento e descobrir o que fazer para promover *insight*, prosperidade e comportamento pró-social.

O pensamento budista tradicional sugere que nossas ilusões criadas por nosso sentimento de um *self* autônomo fazem parte das fontes de sofrimento, devido à forma como elas nos fazem agarrá-las e lutar para mantê-las (Hood, 2011; Wright, 2017). De forma um pouco diferente, Mark Leary (2004) também defende que algumas das coisas que desenvolvemos, como um senso de identidade, podem ser maldições, e não dons (Gilbert, 1998a,b). De fato, parte da meditação antiga e do treino de compaixão era fazer você se desligar da roda da vida para que não tivesse que voltar a "este lugar de sofrimento". O budismo não vê as pessoas se enfileirando para renascer como se estivessem vindo de férias. Como diz McMahon (2007), em suas fascinantes e importantes explorações multiculturais históricas sobre a procura da felicidade, a confrontação com o sofrimento e os nossos esforços para buscar a felicidade na expectativa de uma melhor existência pós-morte são muito antigos e, por vezes, desesperados.

O Buda sugeriu que, em vez de tentar fugir do sofrimento, procuremos entrar nele. *Mindfulness* e treino da mente eram, em boa parte, sobre lidar com *esta vida e este cérebro*, e ele não se deixaria envolver por quaisquer questões metafísicas sobre o que acontece posteriormente. Crucial para a condição humana é que, ao longo dos tempos, a busca tem sido por encontrar maneiras de confrontar o intenso sofrimento desta vida criada pelo DNA. Em última análise, somos parte de uma profissão que está envolvida com o sofrimento, somos confrontados regularmente pelas *tragédias das mentes em tormento e sofrimento* e precisamos de um modelo em nossas mentes para dar um sentido a tudo isso. Se nos dissociarmos da realidade de nossas tragédias e do lado obscuro da inerente severidade das formas biológicas de vida e das nossas mentes, então como poderemos nos sentar com as questões dos nossos clientes? A TFC ressalta o fato de que todos nós estamos na mesma jornada altamente vulnerável de curta duração, somos apanhados pelas mesmas tragédias e podemos oferecer ajuda uns aos outros da melhor forma possível. Os psicoterapeutas precisam ponderar essas questões existenciais para que consigam entrar no mundo do sofrimento mental. Ao trabalhar com mentes mais complexas em tormento, é preciso ter alguma habilidade para estar aberto, mas não ser arrebatado pelos horrores da vida, para poder manter uma conectividade empática com o sofrimento.

Alegrias. No entanto, é óbvio que a vida também tem muitas fontes de beleza, deslumbramento, prazeres e alegrias, mesmo que temporários. Temos a "alegria dos sentidos", as maravilhas da visão, da audição, do tato e do paladar, as maravilhas do movimento, pelo menos quando somos jovens e estamos em forma. Há as maravilhas da imensidão das montanhas e dos oceanos, as texturas das florestas, noites quentes, pores do sol, vinho tinto e sanduíches. E, é claro, há os sentimentos extraordinariamente poderosos e maravilhosos de afeto, conexão e pertencimento, amor e proximidade física. Os psicodélicos podem nos impelir ainda mais para o interior do mundo da conectividade, mas, se isso fala de algo transcendental ou é apenas mais uma manifestação da neuroquímica, ainda é objeto de acalorados debates (veja o Capítulo 11). Independentemente de vermos a consciência como uma propriedade do universo (o que sou inclinado a ver; Harris, 2019) ou não, podemos começar a valorizar o fato de termos mentes que podem criar padrões ondulatórios em campos de relações com outras mentes conscientes (Siegel, 2016). Isso porque a compaixão e as relações de cuidado são tão centrais para nossas habilidades de nos engajarmos nas lutas e nos sofrimentos da vida que elas podem ser a base para a psicoterapia.

Sofrimento, necessidades e bem-estar. Evidentemente, a compaixão também deve prevenir o sofrimento, e isso nos leva ao *processo* de prevenção. É por isso que a incluímos na definição (Gilbert & Choden, 2013). Prevenção não só envolve comportamentos que evitam danos, mas também comportamentos que promovem a prosperidade. Por exemplo, se os bebês não são alimentados, eles morrem; se não são mantidos aquecidos, eles morrem. Igualmente, se ninguém brinca com eles, e se eles não recebem comunicações afetivas, sua capacidade de tirar prazer da vida pode ser prejudicada (Music, 2017). Dito de forma simples, os bebês têm necessidades, e, se as necessidades não são satisfeitas, eles sofrem. Os humanos têm necessidades físicas, mas também psicológicas e sociais (veja o Capítulo 3 para ler sobre as necessidades de cuidado e conectividade). Essas necessidades foram particularmente destacadas no que ficou conhecido como a psicologia positiva (Bohlmeijer & Westerhof, 2020). Esses autores ainda destacam que a abordagem das necessidades básicas humanas — por exemplo, a necessidade de significado, esperança e um senso de contribuição, e, é claro, a necessidade de relações sociais de cuidado — também é um objetivo essencial na terapia. Portanto, na TFC, a construção de conexões de cuidado dentro do indivíduo (um *self* compassivo) e entre o indivíduo e os outros faz uma ponte entre dificuldades de saúde mental e bem-estar.

Uma das terapias cognitivo-comportamentais mais recentes que fez essa ponte com a psicologia positiva é a terapia de aceitação e compromisso (ACT) (Luoma, Hayes, & Walser, 2018). Hayes (2019) oferece uma introdução à ACT que é prática e muito fácil de entender. Como nas tradições budistas, a aceitação deve ser acompanhada de discernimento, pois não significa resignação ressentida ou rendição, e também não significa passividade. Se chove no dia do nosso casamento, obviamente ficaremos frustrados, mas, quanto mais rápido aceitarmos isso e focarmos no que será útil (pegar os guarda-chuvas), em vez de vociferar contra a situação, melhor vamos nos sentir. Aceitação não significa que vamos prosseguir de qualquer forma e acabar chegando à igreja ensopados! Nós mudamos nosso comportamento. Assim sendo, aceitação também tem a ver com *discernir o que é útil* do que não é útil. Essa é a base da sabedoria que também é central para a compaixão (veja o Capítulo 2). Alguns anos atrás, Tirch, Schoendorff e Silberstein (2014) apresentaram os conceitos da TFC à comunidade da ACT. Hill e Sorensen (2021) desenvolveram uma abordagem integrativa da ACT de autoajuda e baseada na compaixão. Embora as duas escolas difiram em seu modelo básico e sua filosofia (por exemplo, a ACT desenvolveu um enquadramento relacional, enquanto a TFC está enraizada no estado cerebral e na teoria da evolução e dos processos biopsicossociais), também há sobreposições e aprendizagem entre as duas. Muitos dos principais objetivos na terapia que a ACT destaca são muito importantes para a TFC e, de fato, para outras terapias também. Os temas principais são: aprender a ter consciência plena e consciência da mente; desenvolver competências de aceitação e tolerância, em vez de tentar se livrar ou se afastar; enfatizar que o cérebro humano cria todos os tipos de histórias sobre si mesmo de formas que outros animais não são capazes, mas podemos nos "fundir com elas" e assumi-las como algo sólido sobre o *self* (Hayes, 2019), quando, de fato, elas são algoritmos texturizando a consciência (Gilbert, 1998b; Hood, 2011). Isso lembra a noção de Leary (2004) da *maldição do self*, já que tomamos essas histórias para descrever quem somos, quando, de fato, elas são construções. Esse é um tema essencial na TFC, mas o vinculamos a como o cérebro evoluído cria uma noção de *self* para perseguir tarefas na vida. Daí a importância de recuar e observá-las como histórias criadas pelas experiências da vida. Isso é denominado desfusão. A ACT foca na desfusão das narrativas verbais, enquanto, na TFC, isso se dá a partir de algoritmos poderosos. Importante também é poder entender e viver de acordo com os próprios valores. A psicologia positiva indica como viver uma *vida significativa focada em valores*, que nos possibilite ser flexíveis na forma como respondemos aos seus desafios. A flexibilidade da função é importante para todos os "sistemas", incluindo nossa mente e nosso corpo.

Essencialmente, a maioria das terapias visa a desenvolver uma mente que não esteja em guerra consigo mesma, mas seja uma mente perspicaz, receptiva e tolerante. Embora a compaixão possa ser vista como um valor, na TFC, ela é uma motivação evolutiva. Motivações são diferentes de valores, no sentido de que as motivações, na TFC, têm histórias evolucionárias (são arquetípicas) e estão associadas a algoritmos e infraestruturas fisiológicas importantes (veja o Capítulo 2). Na TFC, estamos muito interessados em ajudar as pessoas a desenvolverem consciência mental e percepções da natureza evolutiva, complexa e complicada da mente humana (Hood, 2011) e a entenderem como desenvolver as arquiteturas fisiológicas que elas precisam para uma vida compassiva. Na TFC, em sintonia com os princípios do budismo Mahayana, colocamos as motivações compassiva e de cuidado como centrais para nossa identidade e nossa busca pelos objetivos de vida. Isso tem efeitos de longo alcance na organização psicofisiológica da mente, na promoção do bem-estar, no comportamento pró-social e na criação de comunidades de cuidado.

Minha jornada terapêutica até a terapia focada na compaixão: os três choques

Um dos caminhos até a valorização do estímulo ao cuidado e à compaixão partiu certamente das realidades do sofrimento, conforme mencionado anteriormente, e dos meus interesses budistas. Outro derivou da experiência clínica. Entre as modalidades dominantes em que fui treinado no final da década de 1970 e no início dos anos 1980, estava a terapia cognitiva de Beck, em rápido desenvolvimento (Beck et al., 1979), as terapias comportamentais mais antigas (p. ex., Rachman, 1990) e a terapia centrada na pessoa, de Rogers (Murphy & Joseph, 2016). Elas ofereciam muitas habilidades maravilhosas. Central para todas as três, e fundamental para a TFC, é a importância da descoberta guiada e de ajudar a pessoa a descobrir suas próprias sabedorias intuitivas, forças e soluções, e para a TCC, praticar as habilidades. Posteriormente, tive oportunidades de treino em outras modalidades, incluindo terapia psicodinâmica de grupo, e passei quatro anos trabalhando em um hospital-dia que segue a linha junguiana com supervisão regular. Muitas das *intervenções* da TCC são centrais para a TFC, embora, como você verá (Capítulo 2), em termos do seu modelo básico dos processos psicológicos, a TFC nunca se considerou uma abordagem de terceira onda da TCC, porque ela é um modelo evolucionista, biopsicossocial e consiliente, que integra as ciências básicas com outras terapias baseadas em evolução, como as arquetípicas, de apego e aquelas baseadas na posição social (Gilbert, 1984,

1989, 1992, 1995, 2009a). Em 2000, em nosso livro editado sobre abordagens evolucionistas da psicoterapia (Gilbert & Baley, 2000), explorei como integrar à TCC conceitos evolucionários sobre conflitos motivacionais e texturas focadas na compaixão (Gilbert, 2000). É extremamente importante distinguir modelos científicos básicos dos estados mentais de intervenções terapêuticas (veja o Capítulo 7). Diferentes modelos podem usar intervenções muito semelhantes em certos contextos, mas por razões diferentes. Assim sendo, meu livro de autoajuda sobre depressão é apoiado por intervenções cognitivo-comportamentais, mas contextualizado nos modelos evolucionista e da compaixão (Gilbert, 2009b). Igualmente, pude explorar como abordagens focadas na compaixão podem embasar e dar textura à TCC (Gilbert, 2010). Beck sempre foi claro ao dizer que, tendo apenas três conceitos, como pensamentos automáticos, crenças disfuncionais e esquema, nunca a intenção foi ser uma teoria do cérebro ou da mente, mas um conjunto de heurísticas úteis para guiar a intervenção terapêutica e possibilitar que as pessoas entendam e ajudem a si mesmas (ver Rosner, 2020 para uma discussão fascinante da história). Também é importante mencionar que Beck sempre foi interessado em modelos evolucionistas e que tivemos muitas discussões empolgantes. Além disso, a TFC evoluiu sobretudo sob a proteção da comunidade da TCC, que foi uma família extraordinariamente apoiadora, promovendo conferências e *workshops*, possibilitando seu crescimento e desenvolvimento. Muitos terapeutas hoje reconhecem que não precisamos nos apegar a esses rótulos tribais para que tenhamos um senso de pertencimento, mas precisamos ter um melhor conhecimento da nossa "ciência da mente" e ser habilidosos em nossas intervenções. Assim sendo, muitas terapias e terapeutas que se rotulam como "TCC" também estão integrando a teoria do apego, o psicodrama, o trabalho com cadeiras, a terapia focada na emoção, a terapia focada no corpo, a teoria polivagal e o ioga — estamos todos avançando na direção de uma ciência daquilo que ajuda as pessoas. De fato, mesmo na década de 1980, os terapeutas cognitivos reconheciam que pode haver uma defasagem entre cabeça e coração, no sentido de que as pessoas podem experenciar mudança cognitiva, mas não mudança emocional (Stott, 2007). Sabemos há algum tempo que os sistemas de motivação, emoção, cognição e comportamento não estão tão intimamente ligados e sincronizados como se supunha. Além disso, agora é geralmente aceito que os processos inconscientes, incluindo de necessidades não satisfeitas, são extremamente importantes para entender as manifestações de qualquer estado mental específico (Bargh, 2017).

Os clientes que me guiaram. Depois de concluir um doutorado (1975-1980) sobre depressão, meu interesse clínico especial passaram a ser as depressões crônicas e severas, particularmente as associadas a origens complexas. Eu estava trabalhando com uma mulher, a quem vou chamar ficticiamente de Kerry, também alterando alguns detalhes. Kerry foi adotada quando bebê e teve uma vida muito difícil na sua família adotiva. A adaptação psicológica à adoção apresenta suas próprias dificuldades (Schachter & Schachter, 2011). Ela sofreu de depressão severa e crônica de uma forma bipolar por muitos anos e passou por inúmeras tentativas de suicídio e internações hospitalares. Kerry tinha uma sensação interna muito forte de não ser desejada e de que não deveria ter nascido. No entanto, ela era uma pessoa cuidadora e tinha um bom relacionamento com seu marido e seus filhos, que estavam se saindo muito bem no trabalho e na escola. Ela também foi capaz de gerar crenças genuínas de que seu marido e seus filhos se importavam com ela. Ela tinha amigos e conseguia se manter nos empregos. Em um nível, ela acreditava nisso, mas sem nenhum impacto na sua depressão. Certo dia, tive a ideia de lhe pedir para expressar seus pensamentos de enfrentamento *como ela realmente os* *ouvia na sua cabeça*. Um tanto embaraçada inicialmente, ela então concordou, e *este foi meu primeiro choque* — o tom emocional era altamente agressivo e insolente, algo como: "Ah, qual é! Você está fazendo terapia cognitiva, então olhe as malditas evidências. Você sabe que seu marido e seus filhos amam você e que quando não está deprimida você também os ama. Você tem amigos que se preocupam com você", e assim por diante. Para um jovem terapeuta, aquilo foi um choque, e comecei a fazer a mesma pergunta a outros clientes. Percebi exatamente a mesma coisa em alguns deles, que a hostilidade nos esforços de enfrentamento era poderosa, mas *ocorria nos domínios motivacional e emocional*, e não nos cognitivos. As razões por trás disso são complexas, mas ninguém havia me dito para descobrir o *tom emocional* dos pensamentos de enfrentamento das pessoas, então eu vinha me concentrando na obtenção de evidências e fazendo experimentos comportamentais, e assim por diante.

A solução óbvia era tentar mudar *o tom emocional* de Kerry, para que ela pudesse desenvolver um tom emocional mais compassivo, cordial, bondoso, compreensivo e amistoso. Isso deu origem ao *meu segundo choque*, já que ela não só não conseguia fazer isso, mas também não o faria (não queria fazê-lo). Ela achava que a compaixão era fraca e inútil e não conseguia de forma alguma entender como é que isso poderia ser útil. Eu não havia previsto a resistência em criar motivação para compaixão e sentir compaixão. Hoje temos uma melhor compreensão e reconhecemos o quanto é essencial esclarecer as definições logo no começo da terapia (veja o Capítulo 6).

Meu terceiro choque aconteceu quando começamos a percorrer esse caminho. Olhando em retrospectiva agora, tenho que admitir que fui um pouco ingênuo, especialmente porque eu já havia trabalhado muito no condicionamento clássico. Sou um entusiasta do condicionamento clássico, precisamente porque ele conecta corpo e mente e não requer pensamento consciente. O que eu não havia previsto era que a ativação de um sistema motivacional de cuidado poderia ativar significativamente o sistema de ameaças, se houvesse ameaças codificadas dentro dele. Para explicar isso, imagine que você gosta de férias e espera ansiosamente por elas; os anúncios sobre férias desencadeiam alegria. Mas então, nas suas férias, você está se sentindo muito mal e acaba no hospital. O que acontece no seu corpo na próxima vez que você vê anúncios de férias? O que acontece com sua motivação para sair de férias? Ou, então, imagine que, cada vez que você tentou ser assertivo quando criança, você apanhou, foi constrangido e rejeitado. O que acontecerá no seu corpo quando você tentar ser assertivo posteriormente na sua vida? Independentemente de chamarmos isso de esquema ou (minha preferência) respostas classicamente condicionadas, o fato é que esse sistema motivacional (sair de férias) agora será tóxico se ele for "texturizado" com trauma. Portanto, se as pessoas tiverem traumas nos sistemas de apego e cuidado, quando você começar a trilhar o caminho da compaixão, vai começar a abrir sistemas de cuidado, e isso é o que vai atingi-las. E não é apenas o trauma, são também as *necessidades frustradas nesse sistema*. Por exemplo, se o trauma foi relacionado a determinado destino de férias, então poderíamos potencialmente evitar ir a esse lugar ou sair de férias, mas, se o trauma foi associado ao próprio sistema de cuidado, como poderemos evitar experiências de cuidado ou evitar um anseio inato de ser cuidado, protegido, amado e desejado, com o qual todos os humanos nascem (Gilbert, no prelo; veja também o Capítulo 9)? Logo nos primeiros meses da TFC, tornou-se evidente que a compaixão não seria uma simples questão de fazer alguns exercícios aqui e ali. Para os tipos de cliente que eu estava atendendo, seria necessário *um grande trabalho de reparo* no sistema de cuidado a fim de *desintoxicá-lo* antes que as pessoas pudessem usá-lo. Essa é uma mensagem que pode ser difícil de transmitir às pessoas que estão começando na TFC, e ainda hoje vemos o surgimento de trabalhos acadêmicos que apresentam apenas alguns exercícios de compaixão e questionam por que eles não funcionam tão bem. Essa é também a razão pela qual eu aviso que, se você quiser seguir nosso caminho na TFC, não bastará simplesmente adotar práticas budistas, por mais úteis e relevantes que elas sejam (Gilbert & Choden, 2013). Como discutido em outros capítulos, parte dessa desintoxicação dos sistemas de cuidado, para os casos mais crônicos e complexos, pode envolver o processo de luto intenso (envolvendo raiva, ansiedade e tristeza) e a reexperiência do anseio de ser amado, desejado e protegido (Gilbert, no prelo; veja também o Capítulo 9). Sentimentos profundos de solidão e desconexão também podem estar associados a uma raiva assustadora.

Compaixão pelo lado sombrio

Há outro aspecto na abordagem da compaixão que algumas vezes é esquecido. Algumas vezes, ao tentarmos aliviar o sofrimento mental, temos que nos embrenhar nos cantos mais obscuros da mente. Atualmente, muitos comentaristas, filósofos e outros estão reconhecendo que a humanidade precisa urgentemente começar a entender a si mesma, entender a natureza da sua mente, como ela foi criada, como foi programada, para o que foi projetada. Isso vai nos capacitar para cultivarmos o melhor, e não o pior de nós, deliberada e intencionalmente (Sapolsky, 2017). Tragicamente, nossa história de guerras, estupros, escravidão, motivações e formas de execução, e muito mais, mostra que vivemos por um longo tempo em Estados basicamente terroristas, em que as elites usaram opressão contra a maioria, e ainda fazem isso (Gilbert, 2021). Seja nas religiões que nos ameaçavam com o inferno, nas sociedades que nos crucificavam por crimes menores, ou até mesmo neste país (Reino Unido), em que, há apenas algumas centenas de anos, eram realizados enforcamentos por roubo de pães, estamos apenas começando a nos dar conta do quão anormais e destrutivos as sociedades agrícolas modernas nos tornaram (Gilbert, 2018). Apesar das muitas tradições espirituais que enfatizam a importância da compaixão como uma forma de lidar com o lado sombrio da mente, ela é frequentemente mal retratada nas mídias sociais. A ideia de que a compaixão é, de alguma forma, fraca ou simplesmente significa ser amável, agradável, carinhoso ou gentil *não compreende adequadamente a coragem, a sabedoria, a dedicação e o altruísmo da compaixão* (Gilbert, Basran, MacArthur, & Kirby, 2019; Ricard, 2015). Além disso, infelizmente, o uso da palavra "amor" em determinadas práticas introduziu problemas reais de definição e tradução dessa palavra. Assim como algumas línguas não têm nenhuma definição clara de compaixão e, às vezes, podem confundi-la com piedade, diferentes culturas definem o amor de maneiras muito diferentes. Se você procurar a palavra em qualquer dicionário de inglês, encontrará que ela envolve *gostar e querer estar perto e, às vezes, afeto*. A compaixão não precisa envolver isso. As pessoas que arriscam suas vidas para salvar pacientes da covid-19 poderiam até mesmo não gostar deles se os conhecessem, mas, ainda assim, arriscam suas vidas por eles. A crescente obsessão da classe média ocidental pelo autoamor é ainda pior. Parte do problema está em conceitos como amor-bondade, porque, na realidade, deveria ser *amabilidade benevolente*, que não requer que gostemos daqueles que queremos que não sofram. Na tradição budista Mahayana, a compaixão é claramente compreendida como amor *altruísta*, sendo que a palavra "altruísta" é essencial para destacar que o foco é abordar o sofrimento e as causas do sofrimento em todos os seres sencientes (Ricard, 2015). Há muito sobre mim que aceito e compreendo, mas não preciso amar este cérebro criado biologicamente. De fato, a compaixão é o mais difícil, moral, corajoso e sábio de todos os motivos humanos, precisamente porque ela vai nos ajudar a lidar com coisas que não gostamos ou não amamos, e até mesmo coisas que podemos temer. Imagine o que aconteceria se vivêssemos em um mundo onde todos os humanos fossem treinados e adotassem um modo de viver compassivo, entendendo que isso não significa que devemos estimar ou amar todas as pessoas, mas apenas ter um desejo genuíno de que elas não sofram, fazer o que podemos para prevenir o seu sofrimento e certamente não causá-lo insensivelmente.

Este livro

Juntamente aos editores, refletimos se os capítulos sobre a ciência básica deveriam ser um livro separado ou ser mantidos aqui para apoiar os capítulos sobre aplicabilidade clínica. Como os editores, nós queríamos que as coisas estivessem em um único lugar para as pessoas. Este capítulo contextualiza os capítulos seguintes em termos dos desafios que a nossa profissão enfrenta, o movimento em direção a uma abordagem biopsicossocial muito maior, focada em processos, para a qual muitas terapias agora estão se voltando, e a importância de compreender nossas necessidades básicas evolutivas de conectividade social, participação e cuidado. A TFC está preocupada com a dinâmica do sofrimento, o que o facilita, o que nos ajuda a passar por ele e o que nos coloca em becos sem saída nos quais ficamos presos. Este livro é um grande prazer para mim, por causa de todas as pessoas maravilhosas envolvidas que têm trabalhado para desenvolver a TFC e trazer a compaixão para a cura das mentes, entendendo a importância central do foco motivacional. No final deste livro, você poderá concordar conosco ou discordar da ideia de que estamos em uma encruzilhada em diversas áreas da nossa vida, não só em nossa psicoterapia, mas em nossa política, nossa economia e nossas culturas. A compaixão é o único processo de cura que pode nos mostrar um caminho a seguir.

Referências

Able, J., & Clarke, L. (2020). *The compassion project: A case for hope and human kindness from the town that beat loneliness*. Aster.

Akiskal, H.S., & McKinney, W.T. (1973). Depressive disorders: Toward a unified hypothesis. *Science, 182*, 20–29.

Bargh, J. (2017). *Before you know it: The unconscious reasons we do what we do.* Simon & Schuster.

Beck, A.T., Rush, A.J., Shaw, B.F., & Emery, G. (1979). *Cognitive therapy of depression*. Wiley.

Becker, J. C., Hartwich, L., & Haslam, S. A. (2021). Neoliberalism can reduce well-being by promoting a sense of social disconnection, competition, and loneliness. *The British Journal of Social Psychology*. (advance on line).

Bohlmeijer, E.T., & Westerhof, G.J. (2020). A new model for sustainable health integrating well-being into psychological treatment. In J. Kirby & P. Gilbert (Eds.). *Making an impact on mental health: The applications of psychological research* (pp. 153–188). Routledge.

Bornemann, B., Kok, B.E., Böckler, A., & Singer, T. (2016). Helping from the heart: Voluntary upregulation of heart rate variability predicts altruistic behaviour. *Biological Psychiatry, 119*, 54–63.

Brown, G.W., Adler, W.Z., & Bifulco, A. (1988). Life events, difficulties and recovery from chronic depression. *British Journal of Psychiatry, 152*, 487–498.

Bullmore, E. (2018) *The inflamed mind: A radical new approach to depression*. Short Books.

Carhart-Harris, R.L., Erritzoe, D., Haijen, E., Kaelen, M., & Watts, R. (2018). Psychedelics and connectedness. *Psychopharmacology, 235*(2), 547–550.

Costello, A. (2018). *The social edge: The power of sympathy groups for our health wealth and sustainable future*. Thornwick.

Cowles, M.K., Pariante, C.M., & Nemeroff, C.B. (2009). Depression in the medically ill. In C.M. Pariante, R.M. Nesse, D. Nutt, & L. Wolpert (Eds.). *Understanding depression: A translational approach* (pp. 7–16). Oxford University Press.

Cozolino, L. (2014). *The neuroscience of human relationships: Attachment and the developing social brain* (2nd ed.) (Norton Series on Interpersonal Neurobiology). W.W. Norton.

Cozolino, L. (2017). *The neuroscience of psychotherapy: Healing the* Social Brain (2nd ed.) (Norton Series on Interpersonal Neurobiology). W.W. Norton.

Curran, T., & Hill, A.P. (2019). Perfectionism is increasing over time: A meta-analysis of birth cohort differences from 1989 to 2016. *Psychological Bulletin, 145*(4), 410–429.

Dunbar, R. (2014). *Human evolution: A Pelican introduction*. Penguin UK.

Dunn, R. (2011). *The wild life of our bodies: Predators, parasites and partners that shape who we are today*. Harper.

Eisenberg, L. (1986). Mindlessness and brainlessness in psychiatry. *The British Journal of Psychiatry, 148*(5), 497–508.

Eisler, R., & Fry, D.P. (2019). *Nurturing our humanity: How domination and partnership shape our brains, lives, and future*. Oxford University Press.

Ellenberger, H.F. (1970). *The discovery of the unconscious: The history and evolution of dynamic psychiatry* (vol. 1, pp. 280–281). Basic Books.

Epstein, W. M. (2006). *Psychotherapy as religion: The civil divine in America*. University of Nevada Press.

Favre, P., Kanske, P., Engen, H., & Singer, T. (2021). Decreased emotional reactivity after 3-month socio-affective but not attention-or meta-cognitive-based mental training: A randomized, controlled, longitudinal fMRI study. *NeuroImage*, 118132 (advanced on line).

Feldman, C., & Kuyken, W. (2011). Compassion in the landscape of suffering. *Contemporary Buddhism, 12*, 143–155. https://doi.org/10.1080/14639947.2011.564831

Fried, E.I., & Nesse, R.M. (2015). Depression is not a consistent syndrome: An investigation of unique symptom patterns in the STAR* D study. *Journal of Affective Disorders, 172*, 96–102.

Gilbert, P. (1984). *Depression: From psychology to brain state*. Lawrence Erlbaum Associates.

Gilbert, P. (1989/2016). *Human nature and suffering*. Routledge.

Gilbert, P. (1992). *Depression: The evolution of powerlessness*. Lawrence Erlbaum Associates.

Gilbert, P. (1995). Biopsychosocial approaches and evolutionary theory as aids to integration in clinical psychology and psychotherapy. *Clinical Psychology and Psychotherapy, 2*, 135–156. https:// doi.org/10.1002/cpp.5640020302

Gilbert, P. (1998a). Evolution, suffering and psychotherapy. In C. Feltham (Ed.). *Witness and vision of the therapist* (pp. 94–122). SAGE.

Gilbert, P. (1998b). Evolutionary psychopathology: Why isn't the mind better designed than it is? *British Journal of Medical Psychology, 71*, 353–373.

Gilbert, P. (2000). Social mentalities: Internal 'social' conflicts and the role of inner warmth and compassion in cognitive therapy. In P. Gilbert and K.G. Bailey (Eds.). *Genes on the couch: Explorations in evolutionary psychotherapy* (pp. 118–150). Psychology Press.

Gilbert, P. (2009a). *The compassionate mind: A new approach to the challenge of life*. Constable & Robinson.

Gilbert, P. (2009b). *Overcoming depression: A self-guide using cognitive behavioural techniques* (3rd ed.). Basic Books.

Gilbert, P. (2010). *Compassion focused therapy* (The CBT Distinctive Features Series). Routledge.

Gilbert, P. (2017). Compassion: Definitions and controversies. In P. Gilbert (Ed.). *Compassion: Concepts, research and applications* (pp. 3–15). Routledge. Gilbert, P. (2018). *Living like crazy*. Annwyn House.

Gilbert, P. (2019). Psychotherapy for the 21st century: An integrative, evolutionary, contextual, biopsychosocial approach. *Psychology and Psychotherapy: Theory, Research and Practice, 92*, 164–189. https://doi.org/10.1111/papt.12226.

Gilbert, P. (2020a). Compassion: From its evolution to a psychotherapy. *Frontiers in Psychology, 11*, 3123. https://doi.org/10.3389/fpsyg.2020.586161

Gilbert, P. (2020b). The evolution of prosocial behavior: From caring to compassion. In L. Workman, W. Reader, & J.H. Barkow (Eds.). *Cambridge handbook of evolutionary perspectives on human behavior* (pp. 419–435). Cambridge University Press.

Gilbert, P. (2020c). Evolutionary functional analysis: The study of social mentalities, social rank and caring-compassion. In J.N. Kirby & P. Gilbert (Eds.). *Making an impact on mental health* (pp. 4–42). Routledge.

Gilbert, P. (2021). Creating a compassionate world: Addressing the conflicts between *sharing and caring* versus *controlling and holding* evolved strategies. *Frontiers in Psychology*. https://doi.org/ 10.3389/fpsyg.2020.582090

Gilbert, P. (in press). An evolutionary and compassion approach to yearning and grief for what one did not have. In D. Harris & A.H.Y. Ho (Eds.). *Compassion-based approaches to loss and grief*. Routledge.

Gilbert, P., & Bailey, K.G. (Eds.). (2000) Evolutionary psychotherapy: Principles and outline. In P. Gilbert & K.G. Bailey (Eds.). *Genes on the couch: Explorations in evolutionary psychotherapy* (pp. 3–27). Psychology Press.

Gilbert, P., & Choden. (2013). *Mindful compassion*. Constable Robinson.

Gilbert, P., & Gilbert, H. (2011). Spiritual healing in the context of the human needs for safeness, connectedness and warmth: A biopsychosocial approach In F. Watts (Ed.). *Spiritual healing: Scientific and religious perspectives* (pp. 112–127). Cambridge University Press.

Gilbert, P., & Kirby, J.N. (2019). Building an integrative science for psychotherapy for the 21st century: Preface and introduction. *Psychology and Psychotherapy: Theory, Research and Practice, 92*, 151–163. https://doi.org/10.1111/papt.12225

Gilbert, P., Basran, J., MacArthur, M., & Kirby, J.N. (2019). Differences in the semantics of prosocial words: an exploration of compassion and kindness. *Mindfulness, 10*(11), 2259–2271.

Harris, A. (2019). *Consciousness: A brief guide of the fundamental mystery of the mind.* New Harper.

Harris, D.L. (Ed.). (2011). *Counting our losses: reflecting on change, loss, and transition in everyday life.* Routledge.

Haslam, C., Jetten, J., Cruwys, T., Dingle, G., & Haslam, S.A. (2018). *The new psychology of health: Unlocking the social cure.* Routledge.

Hayes, S. (2019). *A liberated mind: The essential guide to ACT.* Random House.

Hill, D., & Sorensen, D. (2021). *ACT Daily Journal: Get unstuck and live fully with acceptance and commitment therapy.* New Harbinger.

Hood, B. (2011). *The self illusion: Why there is no 'you' inside your head.* Constable.

Horwitz, A.V., & Wakefield, J.C. (2007). *The loss of sadness: How psychiatry transformed normal sorrow into depressive disorder.* Oxford University Press.

Keller, S.M., Zoellner, L.A., & Feeny, N.C. (2010). Understanding factors associated with early therapeutic alliance in PTSD treatment: Adherence, childhood sexual abuse history, and social support. *Journal of Consulting and Clinical Psychology, 78*(6), 974–979.

Kessler, R.C., Soukup, J., Davis, R.B., Foster, D.F., Wilkey, S.A., Van Rompay, M.I., & Eisenberg, D.M. (2001). The use of complementary and alternative therapies to treat anxiety and depression in the United States. *American Journal of Psychiatry, 158*, 289–294.

Kim, J.J., Parker, S.L., Doty, J.R., Cunnington, R., Gilbert, P., & Kirby, J.N. (2020). Neurophysiological and behavioural markers of compassion. *Scientific Reports,* 10(1), 1–9.

Lampert, K. (2005). *Traditions of compassion: From religious duty to social activism.* Palgrave Macmillan.

Lazarus, R.S., & Smith, C.A. (1988). Knowledge and appraisal in the cognition–emotion relationship. *Cognition & Emotion, 2*(4), 281–300.

Leary, M.R. (2004). *The curse of the self: Self-awareness egotism and the quality of human life.* Oxford University Press.

Lima-Ojeda, J.M., Rupprecht, R., & Baghai, T.C. (2017). 'I am I and my bacterial circumstances': Linking gut microbiome, neurodevelopment, and depression. *Frontiers in Psychiatry, 8*, 153. https://doi.org/10.3389/fpsyt.2017.00153

Lockwood, P.L., Apps, M.A., & Chang, S.W. (2020). Is there a 'social' brain? Implementations and algorithms. *Trends in Cognitive Sciences, 24*(10), 802–813. https://doi.org/10.1016/j.tics.2020.06.011

Luoma, J.B., Hayes, S.C., & Walser, R.D. (2018). *Learning ACT: An acceptance & commitment therapy skills-training manual for therapists* (2nd ed.). New Harbinger.

Martínez-Cengotitabengoa, M., & González-Pinto, A. (2017). Nutritional supplements in depressive disorders. *Actas Españolas de Psiquiatría, 45*(1), 8–15.

Mascaro, J., &. Raison. C.L. (2017). The body of compassion. In P. Gilbert (Ed.). *Compassion: Concepts, research and applications* (pp. 89–104). Routledge

McMahon, D. (2007). *The pursuit of happiness: A history from the Greeks to the present.* Penguin.

Murphy, D., & Joseph, S. (2016). Person-centered therapy: Past, present, and future orientations. In D.J. Cain, K. Keenan, & S. Rubin (Eds.). *Humanistic psychotherapies: Handbook of research and practice* (pp. 185–218). American Psychological Association. https://doi.org/10.1037/ 14775-007

Music, G. (2017). *Nurturing natures attachment and children's emotional social cultural and brain development* (2nd ed.). Routledge.

Nesse, R.M. (2009). Explaining depression: Neuroscience is not enough, evolution is essential. In C.M. Pariante, R.M. Nesse, D. Nutt, & L. Wolpert (Eds.). *Understanding depression: A translational approach* (pp. 17–35). Oxford University Press.

Norcross, J.C., & Lambert, M.J. (2019). *Evidence-based psychotherapy relationships.* In J.C. & M.J Lambert (Eds.). *Psychotherapy relationships that work* (3rd ed., vol. 1) (pp. 1–23). Oxford University Press.

Nordmo, M., Monsen, J.T., Høglend, P.A., & Solbakken, O.A. (2020). Investigating the dose – response effect in open-ended psychotherapy. *Psychotherapy Research,* 1–11. https://doi.org/10.1080/10503307.2020.1861359

Panksepp, J. (1998). *Affective neuroscience.* Oxford University Press.

Pincus, A.L., & Hopwood, C.J. (2012). A contemporary interpersonal model of personality pathology and personality disorder. In T.A. Widiger (Ed.). *The Oxford handbook of personality disorders* (pp. 372–398). Oxford University Press. https://doi.org/10.1093/oxfordhb/ 9780199735013.001.0001

Porcelli, S., Van Der Wee, N., van der Werff, S., Aghajani, M., Glennon, J. C., van Heukelum, S., ... & Serretti, A. (2019). Social brain, social dysfunction and social withdrawal. *Neuroscience & Biobehavioral Reviews, 97*, 10–33.

Porges, S.W. (2007). The polyvagal perspective. *Biological Psychology, 74*(2), 116–143.

Porges, S.W. (2011). *The polyvagal theory: Neurophysiological foundations of emotions, attachment, communication, and self-regulation* (Norton Series on Interpersonal Neurobiology). W.W. Norton.

Porges, S.W. (2017). Vagal pathways: Portals to compassion. In E.M. Seppälä, E. Simon-Thomas, S.L. Brown, & M.C. Worline (Eds.). *The Oxford handbook of compassion science* (pp. 189–202). Oxford University Press.

Porter, R. (2002). *Madness: A brief history*. Oxford. University Press.

Rachman, S.J. (1990). *Fear and courage*. WH Freeman/ Times Books/Henry Holt.

Ricard, M. (2015). *Altruism: The Power of Compassion to Change Itself and the World*. London. Atlantic Books.

Roland, D. (2020). *The power of suffering*. Simon & Schuster.

Rosner, R. (2020). Manualizing psychotherapy: Aaron T. Beck and the origins of cognitive therapy of depression. In S. Shamdasani, & D. Loewenthal (Eds.). *Exploring transcultural histories of psychotherapies* (pp. 39–61). Routledge.

Ryan, C. (2019). *Civilized to death: The price of progress*. Avid Reader Press/Simon & Schuster. Safran, J.D. (1990). Towards a refinement of cognitive therapy in light of interpersonal theory: I. Theory. *Clinical Psychology Review, 10*(1), 87–105.

Sapolsky, M.R. (2017). *Behave: The biology of humans at our best and worst*. Vintage.

Schachter, S.R., & Schachter, J.A. (2011). Adoption: A life began with loss. In D.L. Harris (Ed.). *Counting our losses reflecting change loss and transition in everyday life* (pp. 75–91). Routledge.

Schore, A.N. (2019a). *Right brain psychotherapy*. Norton.

Schore, A.N. (2019b). *The development of the unconscious mind*. Norton.

Sensky, T. (2010). Suffering. *International Journal of Integrated Care, 10*, 66–68.

Seppälä, E.M., Simon-Thomas, E., Brown, S.L., Worline, M.C., Cameron, C.D., & Doty, J.R. (Eds.). (2017). *The Oxford handbook of compassion science*. Oxford University Press.

Serafini, G., Parmigiani, B., Amerio, A., Aguglia, A., Sher, L., & Amore, M. (2020). The psychological impact of COVID-19 on the mental health in the general population. *QJM: An International Journal of Medicine, 113*(8), 531–537.

Shamdasani, S., & Loewenthal, D. (Eds.). (2020). *Exploring transcultural histories of psychotherapies*. Routledge.

Siegel, D.J. (2006). An interpersonal neurobiology approach to psychotherapy. *Psychiatric Annals, 36*(4), 248–256.

Siegel, D.J. (2016). *Mind: A journey into the heart of being human*. Norton.

Siegel, D.J. (2019). The mind in psychotherapy: An interpersonal neurobiology framework for understanding and cultivating mental health. *Psychology and Psychotherapy: Theory, Research and Practice, 92*(2), 224–237.

Siegel, D.J. (2020). *The developing mind: How relationships and the brain interact to shape who we are* (3rd ed.). Guilford Press.

Silston, B., Bassett, D.S., & Mobbs, D. (2018). How dynamic brain networks tune social behavior in real time. *Current Directions in Psychological Science, 27*(6), 413–421.

Singer, T., & Engert, V. (2019). It matters what you practice: Differential training effects on subjective experience, behavior, brain and body in the ReSource Project. *Current Opinion in Psychology, 28*, 151–158.

Slavich, G.M. (2020). Social safety theory: A biologically based evolutionary perspective on life stress, health, and behavior. *Annual Review of Clinical Psychology, 16*, 265–295.

Smail, D. (2018). *Taking care: An alternative to therapy*. Routledge.

Spelman, E.V. (1997). *Fruit fruits of sorrow: Framing our attention to suffering*. Beacon Press.

Spiegel, D. (2016). Psilocybin-assisted psychotherapy for dying cancer patients–aiding the final trip. *Journal of Psychopharmacology, 30*(12), 1215–1217.

Stott, R. (2007). When the head and heart do not agree: A theoretical and clinical analysis of rational-emotional dissociation (RED) in cognitive therapy. *Journal of Cognitive Psychotherapy: An International Quarterly, 21*, 37–50. https://doi.org/10.1891/088983907780493313.

Summerfield, D. (2004). 12 Cross-cultural perspectives on the medicalization of human suffering. In G.M. Rosen (Ed.), *Issues and controversies*, (pp. 233–245). Wiley.

Thayer, J.F., Åhs, F., Fredrikson, M., Sollers III, J.J., & Wager, T.D. (2012). A meta-analysis of heart rate variability and neuroimaging studies: Implications for heart rate variability as a marker of stress and health. *Neuroscience & Biobehavioral Reviews, 36*(2), 747–756.

Tirch, D., Schoendorff, B., & Silberstein, L.R. (2014). *The ACT practitioner's guide to the science of compassion: Tools for fostering psychological flexibility*. New Harbinger.

Tsering, G.T. (2005). *The four noble truths: The foundation of Buddhist thought* (vol. 1). Wisdom Publications.

Tsering, G.T. (2008). *The awakening mind: The foundation of Buddhist thought* (vol. 4). Wisdom Publications.

Veale, D., Gilbert, P., Wheatley, J., & Naismith, I. (2015). A new therapeutic community: Development of a compassion-focussed and contextual behavioural environment. *Clinical Psychology & Psychotherapy, 22*(4), 285–303.

Vrtička, P., Favre, P, & Singer, T. (2017). Compassion and the brain. In P. Gilbert (Ed.). *Compassion: Concepts, research and applications* (pp. 135–151). Routledge.

Watkins, E.R., & Newbold, A. (2020). Factorial designs help to understand how psychological therapy works. *Frontiers in Psychiatry, 11*. https://doi.org/10.3389/fpsyg.2015.02021

Wilson, D.S., & Hayes, S.C. (2018). *Evolution and contextual behavioral science*. New Harbinger.

Wilson, E.O. (1992). *The diversity of life*. Penguin.

Wilson, E.O. (1999). *Consilience: The unity of knowledge* (vol. 31). Vintage.

Wright, R. (2017). *Why Buddhism is true: The science and philosophy of meditation and enlightenment*. Simon and Schuster.

Yalom, I.D (1989) *Existential psychotherapy*. Norton Book.

Zarbo, C., Tasca, G.A., Cattafi, F., & Compare, A. (2016). Integrative psychotherapy works. *Frontiers in Psychology, 6*. https://doi.org/10.3389/fpsyg.2015.02021

2

Terapia focada na compaixão

Uma abordagem biopsicossocial da psicoterapia embasada pela evolução: história e desafios

Paul Gilbert

Uma curta jornada pessoal de influências

Este capítulo descreve algumas das origens e dos desenvolvimentos da TFC e oferece uma visão geral do seu desenvolvimento e dos seus processos atuais (Gilbert, 2020a). Conforme descrito no primeiro capítulo, a TFC procura ser uma abordagem integrativa e consiliente da ciência da mente, dos problemas de saúde mental e de seu alívio e sua prevenção. Meu interesse na ciência integrativa na verdade começou em outra disciplina. A título de registro, achei que seria útil iniciar com um pequeno histórico da minha jornada na TFC. Minha primeira formação foi em economia. Essa formação me orientou para a construção de modelos de interações (por exemplo, as ligações entre os contextos sociais e políticos nas condições econômicas) que apelavam para o hemisfério direito do meu cérebro. Mas eu queria ser um psicólogo, então fiz o mestrado em psicologia experimental na Sussex (1973-1975), que envolvia um curso de neurofisiologia e teoria da aprendizagem — particularmente, condicionamento clássico. O condicionamento clássico permaneceu como um dos meus princípios orientadores porque conecta diretamente corpo e mundo externo. De fato, o interesse de Pavlov era entender como o ambiente externo pode mudar diretamente a fisiologia. Hoje, esses estudos são profundamente importantes porque mostram que nosso ambiente pode mudar nosso perfil genético e nossa arquitetura neurofisiológica (veja Coeans et al., 2016; e Slavich, 2020, para revisões).

Também trabalhei como assistente de enfermagem noturno em uma unidade de internação psiquiátrica para casos agudos a fim de ganhar dinheiro para meus estudos, e aprendi muito com as histórias e os ensinamentos dos pacientes e da equipe. Então cheguei ao meu Ph.D. (1975-1978), em uma unidade do Conselho de Pesquisa Médica em Edimburgo, para estudar a depressão, com um conhecimento do condicionamento clássico de como eventos externos podiam estimular mudanças fisiológicas. Consequentemente, fiquei muito interessado em discussões sobre se as mudanças físicas na depressão eram primárias (motivadas biologicamente) ou secundárias (modelo de reação) aos processos biológicos. Muitos dos meus colegas psiquiatras estavam mais focados no lado biológico da depressão, e tínhamos muitas discussões fascinantes e úteis. Eles faziam desenhos de mudanças sinápticas em guardanapos durante o almoço, e eu naturalmente fiquei fascinado pela importância da neurofisiologia. No entanto, adotei a visão de que muitas alterações fisiológicas (mas não todas) associadas a dificuldades de saúde mental podem muito bem ter como causa interações e processos biopsicossociais. As alterações fisiológicas, no entanto, não deveriam ser vistas apenas como subprodutos, pois são uma fonte de imenso sofrimento e precisam ser tratadas. Assim sendo, publiquei um livro em 1984 chamado *Depression: From Psychology to Brain State* (recentemente reeditado). O título revela o conteúdo. Logo, as abordagens dos estados do cérebro, que se concentram em como os estados do cérebro representam os padrões de interações entre diferentes motivações, emoções, competências e comportamentos, fundamentam a TFC.

Eu tinha um consultório na ala hospitalar de pesquisa que recebia os casos mais severos provenientes de toda a Escócia. O falecido professor George Ashcroft, famoso por seu trabalho sobre antidepressivos, foi um mentor clínico muito aberto, amistoso, sábio e apoiador, e, quando eu era estudante de doutorado, me encorajou a passar um tempo na enfermaria conversando com os pacientes. Minha supervisora, Ivy Blackburn, que fez o primeiro ensaio de terapia cognitivo-comportamental (TCC) na Grã-Bretanha, também foi imensamente apoiadora, aberta, entusiasmada e me encorajou a ouvir histórias de depressão em primeira mão. Ela me orientou sobre como me engajar em diálogos socráticos e na descoberta guiada, habilidades da terapia cognitiva que se revelaram valiosas e que são centrais para a TFC. Essas habilidades podem ser muito mais complexas e sutis do que as pessoas imaginam (Kazantzis et al., 2018). Tive a sorte de ser incluído em alguns dos treinamentos que Aaron Beck ministrou no fim da década de 1970 ao estabelecer a plataforma de pesquisa para a TCC (Beck, 1967; veja Rosner, 2020 para uma discussão fascinante desses dias iniciais da TCC e discussões sobre a manualização da terapia). Ele foi muito solidário com meus interesses evolutivos e escreveu um lindo depoimento para o meu primeiro livro.

Ao concluir meus estudos em Edimburgo em 1978, iniciei meu treinamento clínico em Norwich, onde as modalidades dominantes eram a terapia centrada no cliente, de Rogers, a terapia comportamental e a terapia de família. As micro-habilidades eram centrais. Posteriormente, tive a oportunidade de fazer dois anos de treinamento em terapia psicodinâmica de grupo. Ao sair de Norwich em 1978 para assumir um departamento em Derby, trabalhei por quase cinco anos em um hospital-dia junguiano, com supervisão regular. Desde a adolescência, sempre fui interessado nos conceitos de arquétipos; antes da minha graduação, tive a oportunidade de fazer um "estudo livre" na faculdade sobre "arquétipos na literatura". Examinamos representações de personagens como "heróis", "personas" e "sombras". Se você acompanha a história, descobrirá que esses conceitos foram centrais para George Lucas ao escrever os roteiros de filmes como *Guerra nas estrelas*. Acredito que provavelmente foi o conceito de arquétipos como formas universais de "encontrar sentido" que me encaminhou para a teoria da evolução (Gilbert, 1989). Assim sendo, em minhas discussões com os clientes, às vezes uso a linguagem dos arquétipos (Gilbert, 2009, 2017b). Por exemplo, associo nosso *arquétipo heroico* como subjacente ao processo de coragem. Podemos investigar áreas em que os indivíduos gostariam de *explorar seu processo heroico*. O processo arquetípico do herói nos ajuda a enfrentar os desafios da vida e pode guiar a assertividade. Ele pode fundamentar a coragem da compaixão. Por exemplo, considere aqueles que arriscam suas vidas para ajudar pacientes da covid-19. Philip Zimbardo (2019), famoso por seu trabalho que busca compreender como "pessoas boas podem fazer coisas más" (Zimbardo, 2007), enfatizou a importância de estimular *ações heroicas* na compaixão e fundou uma organização denominada Projeto Imaginação Heroica para levar compaixão ao mundo todo. Alguns clientes apreciam e se conectam com o conceito de esboçar e cultivar seu arquétipo heroico interno e outras forças arquetípicas e fontes de "sabedoria interior". Podemos discutir nossos arquétipos não como entidades específicas, mas como reflexos de processos psicológicos familiares a romancistas e poetas. Isso pode oferecer uma linguagem comum que conecta as pessoas aos significados históricos e culturais dos processos psicológicos. Muitas das diferentes variedades de "deuses" e bodhisattvas também foram consideradas representantes de processos arquetípicos (Leighton, 2003). Essa forma de pensar também ajuda os clientes a reconhecerem que temos esses diferentes potenciais dentro de nós e que o desafio da jornada da nossa vida é como cultivar e integrar esses potenciais.

Como terapeuta, o desafio era fazer uma ponte com essa forma de pensamento sobre a mente humana, em termos da riqueza da experiência que é fonte para nossas fantasias e narrativas, e ao mesmo tempo associá-la aos conceitos científicos da teoria e da pesquisa sobre a motivação e a emoção. Durante a década de 1980 e o início da década de 1990, tive a sorte de fazer parte de um grupo de discussão da evolução que envolvia etólogos, primatólogos, terapeutas junguianos e da teoria do apego, psicólogos, psiquiatras e praticantes de *mindfulness*. Dois membros, Anthony Stevens e John Price, escreveram uma integração das teorias evolucionista e dos arquétipos (Stevens & Price, 1996). Também me tornei amigo e aprendi muito com o falecido Michael McGuire, que foi professor de psiquiatria em Los Angeles e pioneiro em abordagens evolucionistas da psiquiatria (Gilbert & McGuire, 1998; McGuire & Troisi, 1998). Para um jovem terapeuta, essa foi uma época muito empolgante, e me senti privilegiado. Durante o percurso, meu interesse no budismo se aprofundou, pois ele abordava a questão sobre a qual muitos teóricos evolucionários refletem: a "natureza" é cruel e severa (Wright, 2017). Foi a partir de *insights* do sofrimento inerente da natureza, incluindo a morte de Emma, sua filha de 10 anos, que a fé religiosa de Darwin foi quebrada. Escrevo isso para ressaltar o fato de que a TFC tem uma dívida imensa com muitas pessoas. Ela é uma terapia de influências fortuitas e multivariadas.

Ouvindo histórias. Foi frequentando a ala de depressão em Edimburgo e explorando livremente junto aos pacientes que pude ouvir muitas histórias e tragédias de vida, algumas das quais poderiam fazer você chorar. Ouvi muitas narrativas que refletiam temas arquetípicos comuns sobre *as necessidades humanas, a natureza humana e o sofrimento humano* (Gilbert, 1989). Durante meus dois anos e meio, ouvi repetidamente sobre desamparo, sentimentos de profunda solidão, vazio e desconexão, sentimentos de vergonha e sensações de entorpecimento, desvalorização, derrota, falta de sentido e inutilidade. Havia temas relacionados a se defrontar a cada dia com o medo esperando ter a coragem para se matar, estando preso a ruminações repetitivas de vergonha, preocupação, pesar ou vingança e sentindo-se fisicamente muito doente. Uma pessoa disse: "Sinto que meu corpo está cheio de concreto". É fácil para os terapeutas esquecerem a *fisicalidade* das dificuldades de saúde mental como a depressão severa, em que algumas vezes as pessoas literalmente quase não se movem ou ficam muito inquietas e agitadas. Progressivamente, os psicoterapeutas estão reconhecendo a importância dos sistemas fisiológicos. Por exemplo, quando a fadiga faz parte da apresentação, devemos trabalhar com médicos para procurar cuidadosamente fatores fisiológicos (veja o Capítulo 1).

Além disso, muitos detestavam o "horror" de se sentir deprimidos e o modo como aquilo arruinava suas vidas e aqueles com quem se relacionavam. Eu não estava tentando ser um clínico, mas estava genuinamente fascinado e profundamente tocado pelas experiências que os haviam texturizado. Muito poucos gostavam de si mesmos (embora alguns gostassem). A maioria não gostava de si, algumas vezes intensamente, mas também de formas diferentes e por problemas distintos. Algumas vezes, havia preocupações ruminativas relacionadas à vergonha e a segredos não revelados, envolvendo abusos, casos amorosos ou desejos, derrotas e perdas na vida ou dúvidas sobre o futuro. Ingressei no treinamento clínico com questões sobre o que havia em comum entre esses temas e suas formas arquetípicas aparentes, especialmente os temas da "desconexão social e solidão interior profunda" e da "inutilidade, inferioridade e derrota", dois dos temas mais comuns. Eles permaneceram como preocupações centrais.

Modelos explanatórios. É incrível pensar que 50 anos atrás havia um reconhecimento geral de que a depressão era uma condição heterogênea com múltiplos caminhos comuns e uma resistência a tentar identificar entidades separadas (Akiskal & McKinney, 1973). De fato, atualmente se reconhece que há tanta heterogeneidade que agora há sérias preocupações sobre se essa é realmente uma categoria significativa. Por exemplo, Fried e Nesse (2015) mostram que as pessoas podem ter uma enorme variedade de diferentes tipos de sintomas. Em termos de modelos para as causas, havia inúmeros que associavam estresses psicossociais a mudanças fisiológicas. Um dos princípios pelos quais eles funcionam é via algoritmos, que são redes interconectadas que são sensíveis a diferentes *características* dos ambientes interno e externo e que desencadeiam diferentes *respostas*. Podemos comparar os algoritmos aos aplicativos que estão em nossos telefones celulares. Vamos examinar isso em detalhes mais tarde, mas, no momento, o conceito de algoritmos do tipo *se A, então B* é importante para esses modelos, pois eles refletem sistemas fisiológicos evoluídos que conectam o estímulo à resposta. Por exemplo, o algoritmo de regulação da nossa temperatura é: *se* a temperatura ficar muito alta, *então* transpire, mas, *se* for muito baixa, *então* tenha calafrios. A temperatura é claramente um algoritmo baseado no corpo, mas, como veremos mais adiante, existem muitos desses algoritmos também para eventos psicossociais. Um algoritmo de defesa contra ameaça é: *se* defrontado com um sinal de ameaça, *então* ative (por exemplo) o sistema nervoso simpático e a amigdala, para acionar comportamentos defensivos. Os três modelos principais (arquetípicos) em que foquei para explorar como (algoritmos para) estresses psicossociais produzem mudança fisiológica e por que a depressão é um estado de ameaça de "inoperância" foram: desamparo aprendido; separação social; e modelos de aprisionamento, de ameaça de baixo *status* e de derrota.

1. O *desamparo aprendido* (Seligman, 1975; Gilbert, 1992) destacava o impacto psicológico e fisiológico da falta de controle sobre o estresse e a ameaça. Quando uma ameaça aparece inicialmente, o algoritmo de resposta consiste em aumentar a atividade, resistir, fugir ou lutar. Entretanto, se isso não for possível ou aumentar a ameaça (p. ex., quanto mais você luta, mais é agredido de volta), então o algoritmo troca o padrão de resposta para desligar esses padrões de *ativação motora* e basicamente cessa a atividade do animal. Os estados de "inoperância" são algoritmos defensivos de "*Se* o estresse for incontrolável, *então*, para conservar os recursos e evitar o risco de lesão, cesse a atividade". Essas são defesas automáticas e (de modo usual) não escolhidas conscientemente ou deliberadamente. Por isso, como explicamos aos clientes, elas não são escolhidas e não são desejadas — e, portanto, "não são culpa de ninguém". Elas também foram referidas como *defesas aprisionadas* (Dixon, 1998; Gilbert, 2001a,b) e associadas a estados de aprisionamento (Gilbert, 1992; Gilbert & Allan, 1998).

2. O modelo de *perturbação do apego e perda* era um caso especial de desamparo. Ele destacava que a perda de relações de apego, particularmente para jovens mamíferos que podem se mover independentemente e, por isso, podem ser separados e perdidos, resulta em ativações defensivas urgentes. Primeiro, detectores de características que monitoram a proximidade alertam o jovem animal sobre a ausência de estímulos parentais, o que então ativa as respostas defensivas de procura, ansiedade e raiva, denominadas "protesto" (Bowlby, 1969, 1973, 1980). *Se* e quando esses comportamentos não funcionam para reunir o bebê ao genitor, *então* ele está com problemas sérios. Continuar a se *movimentar* pelo ambiente e expressar aflição aumentaria a probabilidade de se perder e atrair predadores. A melhor defesa é parar de operar os programas motores e o comportamento explorador e se esconder. Bowlby chama isso de "desespero" (Bowlby, 1969, 1973, 1980). Esse algoritmo básico (*se* for separado do apoio emocional e social, e os esforços para se conectar não funcionarem, *então* reduza a atividade e se desligue até ser reconectado) emerge comumente na depressão. Tenha em mente que essa é uma segunda defesa; a primeira são tentativas renovadas de se conectar ou controlar. Isso está refletido em pessoas deprimidas que se sentem vulneráveis, emocionalmente separadas dos outros, "como se houvesse uma barreira entre eu e elas", e podem se tornar ansiosas, procurando/ansiando e/ou querendo se esconder. Alguns clientes experienciam uma "vontade/espera de serem resgatados", o que faz parte do algoritmo defensivo. Eles podem até mesmo ser um tanto resistentes em ajudar a si mesmos. Eles não estão sendo inadequados. Trata-se de seus algoritmos de defesa do tipo "espere pelo resgate". É útil explorar essa experiência com eles (veja o Capítulo 3).

De modo geral, as defesas estão associadas à amigdala, ao eixo hipotalâmico-pituitário--adrenal (HPA) e ao sistema nervoso simpático, enquanto as defesas de desligamento, depois de esforços fracassados para lidar com a situação ou se reconectar, estão associadas a depleções neuroquímicas, à exaustão adrenal e ao vago dorsal. Os estados de desligamento diferem em termos de função. Por exemplo, o desligamento por ameaça de morte a curto prazo é diferente do desamparo aprendido, porque esse último envolve mudanças nos sistemas motores — particularmente, nos receptores de dopamina. A chave está no reconhecimento desses dois diferentes algoritmos defensivos de ativação e de desmobilização ou desligamento. Além disso, os estados de desligamento estão relacionados a experiências pessoais de *sensação de entorpecimento*, quando o interesse e a motivação estão embotados. Há diferentes tipos de "embotamento" (veja a seguir), que são discutidos mais detalhadamente nos Capítulos 8 e 9 deste livro, sendo o luto guiado frequentemente uma parte importante da recuperação.

3. *Status, derrota e desligamento*. Embora eu fosse entusiasta dos modelos do desamparo aprendido e da teoria do apego, particularmente em relação à importância de um senso interno de separação, isolamento, solidão e desconexão, o que era comum nas histórias de pessoas deprimidas, eu também estava regularmente me deparando com sentimentos de derrota, vergonha, subordinação involuntária, desvalorização, inferioridade e submissão na depressão. Estes se tornaram temas em meu livro de 1992, *Depression: The Evolution of Powerlessness*. Fiquei muito interessado na ideia de que, quando os animais estão estressados por serem socialmente derrotados, hostilizados ou intimidados, eles podem mostrar esses estados de desligamento. John Price escreveu sobre isso em 1972 e desenvolveu melhor o modelo com seu colega Leon Sloman (Price & Slo-

man, 1987), com quem desenvolvi uma amizade e editei um livro. John e Leon se tornaram grandes mentores (Price et al., 1994; Gilbert, Price, & Allan, 1995) e inspiração para boa parte da minha pesquisa posterior sobre a teoria do *status* social da depressão (para uma revisão, veja Gilbert, 2020b). Hoje, há evidências consideráveis para esse modelo (Gilbert, Allan, Brough, Melleu, & Miles, 2002; Taylor et al., 2011; Wetherall, Robb, & O'Connor, 2019). Sloman explorou a ideia de que uma de nossas estratégias para defesa em situações de conflito, quando a luta fracassa, é usar o que ele chamou de estratégia de derrota involuntária, ou EDI. Essa era uma estratégia evolutiva que literalmente dava fim ao conflito ou à luta, desligando o impulso e os sistemas exploradores (Sloman, 2000). Ela podia ser distinguida da estratégia de subordinação involuntária (ESI), que era mais a organização dos estados cerebrais que guiavam os animais para viver um estilo de vida "subordinado", não confiante e socialmente vigilante. A ideia básica então era que, na maioria das espécies que vivem em grupo, competição e conflito sobre os recursos são dinâmicas frequentes e centrais da organização social. Logo, dependendo de como os mamíferos que vivem em grupo, especialmente os primatas, são capazes de manejar conflitos hierárquicos, eles vão experienciar a ativação de diferentes algoritmos, estratégias e estados cerebrais. Os subordinados involuntários, em contraste com os indivíduos dominantes, estão em estados cerebrais diferentes e se engajam em comportamentos diferentes em situações de conflito e busca de recursos. Há evidências consideráveis de que estados cerebrais de subordinação involuntária estão ligados a estados deprimidos e socialmente ansiosos (Wetherall et al., 2019). No entanto, evidentemente, na subordinação *voluntária*, em que as pessoas se sentem apoiadas e cuidadas por aqueles mais capazes e poderosos, elas não estão estressadas e não estão sendo ameaçadas ou coagidas a se comportarem de forma contrária ao seu desejo. Na verdade, o mais poderoso pode construir a confiança do subordinado, e não o abater. O que é importante, então, é o grau de ameaça que mantém um indivíduo em uma posição subordinada *indesejada* vulnerável a ameaças. Apoiados nessas ideias, Sheri Johnson e seus colegas também exploraram e pesquisaram a mentalidade social competitiva, porém a denominaram "um sistema de motivação para dominância social". Eles também fornecem evidências de que essa mentalidade social pode estar subjacente aos transtornos do humor, a alguns de personalidade e a outras dificuldades (Johnson, Leedom, & Muhtadie, 2012; Tharp, Johnson, & Dev, 2021).

A "ausência de teorias de controle" da depressão, como o desamparo aprendido, não dá conta de explicar essas formas de cognição e comportamento *social*. Por exemplo, por que pessoas deprimidas se sentem inferiores e sem valor, especialmente em suas habilidades de competir por recursos, mas não se sentem inferiores quando se trata de cuidados, como serem confiáveis ou preocupadas com os outros (McEwan, Gilbert, & Duarte, 2012)? Por que as pessoas deprimidas tendem a ter um sentimento de vergonha, sentem que os outros as depreciam e se comportam de forma submissa (Gilbert, 1992; 2020b)? Por que elas experienciariam distanciamento emocional e separação dos outros? Os *caminhos e motivos* que levam a estados de desligamento podem ser cruciais para entender sua natureza, sua função e seu tratamento. Há muitas áreas da vida em relação às quais, se pudéssemos aceitar nossa falta de controle, não ficaríamos deprimidos, sendo nosso processo de envelhecimento e nossa eventual morte as mais sérias; mas a depressão não é inevitável.

Uma vez que são os problemas dentro da mentalidade social competitiva que dão origem ao processamento focado na posição social, as dificuldades de saúde mental e o comportamento antissocial também podem estar associados à *motivação para ascensão no status*. Anticompaixão e motivos competitivos podem ser desejos de controlar e inibir os outros em sua busca de recursos e *status*. De fato, para a maioria dos primatas, incluindo, às vezes, os humanos, o poder social envolve a inibição e o controle dos subordinados, e não a autopromoção (Gilbert 2000a; veja também o Capítulo 4). Existem agora boas evidências de que estar motivado para a dominância (e há diferentes estratégias e texturas para isso) é importante em transtornos bipolares, em formas de narcisismo, na ambição impiedosa e nos transtornos antissociais (Tharp et al., 2021).

Embora os modelos de desamparo nos contem sobre estados de desligamento (defensivos), a perda do controle mais comumente emerge de *ameaças sociais* (p. ex., intimidação, opressão, exclusão social) e perdas de *aportes sociais essenciais* (senso de conectividade) como formas de desamparo *social*. Esse modelo me chamou a atenção em parte por causa do meu histórico pessoal em internato, mas também porque era muito relevante para muitas das histórias que eu havia escutado. Sentimentos de inferioridade, desejo de se esconder socialmente e sentimentos de derrota estavam frequentemente associados à *intimidação interna* intensa por parte do próprio processo autocrítico do indivíduo (veja o Capítulo 4). Além disso, o modelo do *status* social tinha muitas implicações sociais e ajudou a explicar as variações na depressão por *status* social, *status* econômico e oportunidades sociais (Brown & Harris, 1978; Brown, Harris, & Hepworth, 1995). Ele abordou questões de opressão, o papel da emoção intensa expressa nas famílias e nos grupos, a injustiça social e as experiências precoces e tardias relacionadas a "ser subordinado", abusado ou negligenciado, que forçam as pessoas a posições, estratégias e estados cerebrais subordinados involuntários (Gilbert, 1992, 1995, 2018; Gilbert, Cheung, Wright, Campey, & Irons, 2003). Um sentimento de ser subordinado, marginalizado, rejeitado e derrotado pode se originar de muitas fontes, como ataques verbais ou, às vezes, físicos, perdas de oportunidades (como um emprego) ou rompimentos de relacionamentos e traições (quando o parceiro tem um caso). No entanto, nos primatas, mesmo que os indivíduos sejam hostilizados e tenham *status* baixo, se puderem obter apoio na forma de cuidados e conectividade com os outros no grupo, eles têm menos probabilidade de ficarem deprimidos (Abbott, Keverne, Bercovitch et al., 2003). Brown e Harris (1978) também demonstraram que um processo de proteção contra a depressão era o acesso a pelo menos uma pessoa apoiadora próxima, a quem eles chamaram de "confidente", alguém em quem confiar, que seria um suporte emocional e social. Como veremos repetidamente ao longo destes capítulos, descobrimos que conexões de cuidado atuam como proteção.

Abordagens evolucionistas

Anteriormente nos concentramos em especial nos estados cerebrais de desligamento associados a um sentimento de estar socialmente desconectado, derrotado e aprisionado. Eles podem ser analisados dimensionalmente, podendo ser de leves a severos, de curta duração a crônicos, e podem mudar em um indivíduo ao longo de um único dia. Eles são comuns nas dificuldades de saúde mental mais complexas. Fazer uma análise funcional evolucionista das enormes variações potenciais nos estados cerebrais é simplesmente fazer a seguinte pergunta: "Será que o cérebro pode entrar em certos tipos de estados porque a evolução tornou esses padrões possíveis por razões específicas?". Como observado, estados de desligamento tendem a estar associados e ser acionados por tipos particulares de ameaça constante e/ou perda. Isso não significa que a "depressão" hoje em dia seja adaptativa ou útil; em vez disso, podemos estudar a forma como a evolução moldou as funções cerebrais para dar origem a esses estados. Como mencionado anteriormente, as mudanças evolutivas recentes em nossas competências e funções cognitivas e as mudanças mais recentes nos contextos sociais (a perda dos estilos de vida do caçador-coletor, Narvaez, 2017, Ryan, 2019; e a intensificação da competição pelos recursos, Gilbert, 2021) podem ser justamente o que leva alguns desses estados cerebrais potenciais a se tornarem ciclos de manutenção e amplificação altamente desadaptativos dos estados depressivos. Ajudar os clientes a entender como seu cérebro pode ser configurado para impulsionar essas formas de sofrimento e angústia, e o que eles podem fazer para neutralizá-las, pode ajudar as pessoas a se despersonalizarem do sofrimento de estados cerebrais dolorosos (Gilbert, 1998a,b). De fato, *mindfulness* e consciência mental são especificamente concebidos para ajudar nos processos de desidentificação, descentralização e desenvolvimento de habilidades para observar e entender o que está acontecendo no próprio cérebro e corpo.

É claro que a tentativa de entender os problemas de saúde mental em relação às funções evolutivas não é algo novo. O conceito de Freud dos conflitos entre id e ego, o conceito de Jung dos arquétipos e o conceito de Adler dos complexos de inferioridade estão todos enraizados nas reflexões e explicações evolucionárias pós-darwinianas (Gilbert, 1992; Ellenberger, 1970). A abordagem do apego de Bowlby (1969, 1973, 1980) foi desenvolvida a partir de uma exploração dos processos evolutivos de sobrevivência do bebê e das necessidades e da maturação psicológica das crianças. Também podemos ver o apego como um processo arquetípico (Knox, 2003). Os modelos de apego geraram consideráveis pesquisas transespécies e transculturais sobre as raízes da saúde mental e das dificuldades de saúde mental (Cassidy & Shaver, 2016). A terapia cognitiva fundamenta sua abordagem em uma compreensão evolucionista da ansiedade (Beck et al., 1985), da depressão (Beck, 1987) e do transtorno da personalidade (Beck et al., 2015). A terapia focada na emoção vê as emoções como enraizadas em sistemas de informação-ação evoluídos (Greenberg, 2015). A terapia de aceitação e compromisso (ACT), enraizada no contextualismo comportamental (Wilson & Hayes, 2018), é apoiada por princípios evolucionistas. As terapias comportamentais, que também são abordagens transespécies, são fundamentadas em comportamentos evolutivos defensivos básicos, como formas de luta, fuga e imobilização, e comportamentos de submissão e prevenção de doenças (Marks, 2013; Nesse, 2019). Como muitas pessoas na psicologia e na biologia apontaram, o mundo vivo realmente não faz sentido fora de um modelo evolucionista.

A mente biopsicossocial

A TFC está contextualizada em uma abordagem biopsicossocial (Gilbert, 1989, 1995). Isso porque nossas disposições evolutivas funcionam psicologicamente e fisiologicamente de forma diferente em contextos sociais diferentes (Sapolsky, 2017; Siegel, 2020; Slavich, 2020). Há muitos modelos que são biopsicossociais informados pela evolução, destacando a importância da interação e da integração de múltiplos processos psicológicos, biológicos e sociais que criam certos estados de corpo e mente. Em seu modelo da *neurobiologia interpessoal*, Dan Siegel (2001, 2019, 2020) enfatiza o fato de que somos organismos processando e mandando informações uns aos outros, o que corregula nossos estados de psicofisiologia e maturação. É esse "fluxo de informações" entre nós que estimula trilhões de neurônios na atividade sináptica, os quais tecem a experiência e moldam os fluxos contínuos em uma relação recíproca dinâmica. Pense na interação dos *padrões fisiológicos* que nossa relação dinâmica recíproca provoca. As mentes emergem do interfluxo de informações com outras mentes (Siegel, 2016). Considere os estados cerebrais que estão sendo gerados como resultado de interações em famílias/comunidades apoiadoras, amigáveis, divertidas e amorosas, em contraste com as competitivas, exploradoras e hostis. Os estados cerebrais estão em estados constantes de fluxo e mudança socialmente contextualizados. De fato, podemos pensar nas comunidades como "comunidades de estados cerebrais de interação e corregulação" (Porges, 2007, 2017, 2021; Sapolsky, 2017; Siegel, 2019).

O aspecto principal da TFC consiste em ajudar os clientes a entenderem a natureza da sua mente evoluída e, em particular, o fato de que a evolução do cérebro humano configurou todos nós com uma gama de problemas muito complicados. Embora seja complexo, esse não é um "bom *design*". Ele é repleto de acordos, restrições, emoções e motivações conflitantes concomitantes (Gilbert, 1998 a,b; Nesse, 2019). Além disso, nossos ambientes sociais mudaram radicalmente desde o advento da agricultura, de tal forma que algumas das nossas necessidades básicas de conectividade, especialmente para a criação das crianças em famílias e comunidades de cuidado-compartilhamento, estão constantemente sendo frustradas (Narvaez, 2017, 2020; Ryan, 2019). Para muitos, em vez de crescerem em comunidades apoiadoras e de cuidado, é mais provável que operem em ambientes socialmente agressivos, hierárquicos, assustadores, competitivos, de vergonha e de rejeição (Music, 2017). A TFC ajuda os clientes a começarem a entender que todos nós nos encontramos aqui, com este cérebro construído por nossos genes, para realizar várias tarefas na vida, as quais nossos ambientes podem tornar relativamente simples ou muito difíceis — e que isso não é nossa culpa. A TFC tenta ajudar as pessoas a se tornarem mais *conscientes do cérebro*, de que temos cérebros que evoluíram, compostos de múltiplos e diferentes algoritmos interativos e concorrentes (somos multimentes), e de que o senso de *self* é a forma como o cérebro cria uma certa coerência em vez de caos (Huang & Bargh, 2014; Hood, 2011; Sapolsky, 2017).

Uma mensagem importante de muitos sociólogos médicos, psicólogos sociais e comunitários, neurocientistas, clínicos e da TFC é que nossas psicologias, incluindo os perfis epigenéticos, ao longo de todo o processo até a maturação do sistema nervoso autônomo, do sistema imune e do córtex frontal, que dão origem a estados mentais, são reguladas por meio das relações sociais (Cassidy & Shaver, 2016; Cowan et al., 2016; Gilbert, 1989; Haslam et al., 2018; Milkulincer & Shaver, 2014; Music, 2017; Siegel, 2019; Slavich, 2020). Sabendo disso, é útil termos em mente que vivemos em um mundo muito diferente do de nossos *ancestrais caçadores-coletores, compartilhadores e cuidadores* (Ryan, 2019). Eles eram mais apoiadores socialmente, mais focados nas crianças, passavam mais tempo socializando do que trabalhando e, provavelmente, eram mais felizes do que os humanos modernos (Narvaez, 2017, 2020; Ryan, 2019). Há muitas razões para que alguns dos nossos contextos sociais e ambientes familiares sejam terrenos férteis para problemas de saúde mental e comportamentos antissociais (Narvaez, 2017, 2020). Essas são questões importantes para qualquer terapeuta, pois tecem a forma como falamos com os clientes: não como indivíduos repletos de defeitos, disfunções e patologias, mas como pessoas tentando fazer o melhor que podem em circunstâncias frequentemente difíceis, em ambientes sociais aos quais elas não estão adaptadas (Gilbert, 2018, 2021), pessoas cujo cérebro e corpo podem se tornar hipersensibilizados à ameaça e subsensibilizados à segurança (Gilbert, 1993; veja também o Capítulo 3). Entretanto, evoluímos sistemas motivacionais que podem organizar nossa mente para gerar mais harmonia para nós mesmos e para os outros, e essas motivações são focadas no cuidado. A tarefa terapêutica consiste em entender como recrutar esses recursos para apoiar nossa mente, não apenas para lidar com o sofrimento e a angústia, mas também para promover o bem-estar e a relação pró-social (Bohlmeijer & Westerhof, 2020).

A Figura 2.1 oferece uma visão geral desses processos. No centro, estão as motivações e as necessidades, que são o foco da natureza humana e uma fonte de bem-estar ou sofrimento (Gilbert, 1989). Muitos psicólogos destacam o fato de que são nossos motivos e nossas necessidades que organizam boa parte do nosso comportamento (Baumeister, 2016; Deckers, 2014; Del Giudice, 2020). Por exemplo, atualmente há evidências consideráveis de que, em muitas espécies, o cuidado parental de má qualidade impacta a epigenética e uma gama de processos fisiológicos de maturação (Cowan et al., 2016; Music, 2017; Uomini, Fairlie, Gray, & Griesser, 2020). Atualmente, estamos começando a reconhecer que nossas relações são fontes de fluxos de informações que corregulam corpos, cérebros e genes (Hofer, 1984; Siegel, 2019, 2020; Slavich, 2020). A interação entre esses diferentes processos é apresentada na Figura 2.1.

O período do caçador-coletor: um elo perdido?

Uma das questões evolucionistas mais difíceis de trabalhar é o contexto social e ecológico em que a evolução de traços específicos ocorreu. Se não pudermos entender os desafios que enfrentaram as espécies em evolução, incluindo nossos ancestrais, será difícil entender por que nossos motivos e nossas emoções assumem essa forma. Esses são problemas incrivelmente complicados, porque muitos dos algoritmos que produzem problemas de saúde mental se devem, em parte, ao fato de estarmos tão distanciados socialmente do nosso ambiente de adaptação evolutiva (Gilbert, 2018; Li, van Vugt, & Colarelli, 2017). A visão atual é de que temos um cérebro altamente social porque a evolução encontrou novas estratégias para sobrevivência, reprodução e distribuição de recursos que apoiavam a cooperação, além de estratégias de "cuidado e compartilhamento" (Gilbert, 2021). Ela é chamada de *hipótese do cérebro social* (Dunbar, 2009, 2014; Porcelli et al., 2019). Essa é uma história complexa, mas sua essência é que houve uma transição das hierarquias de dominância agressiva típica dos primatas para grupos igualitários afiliati-

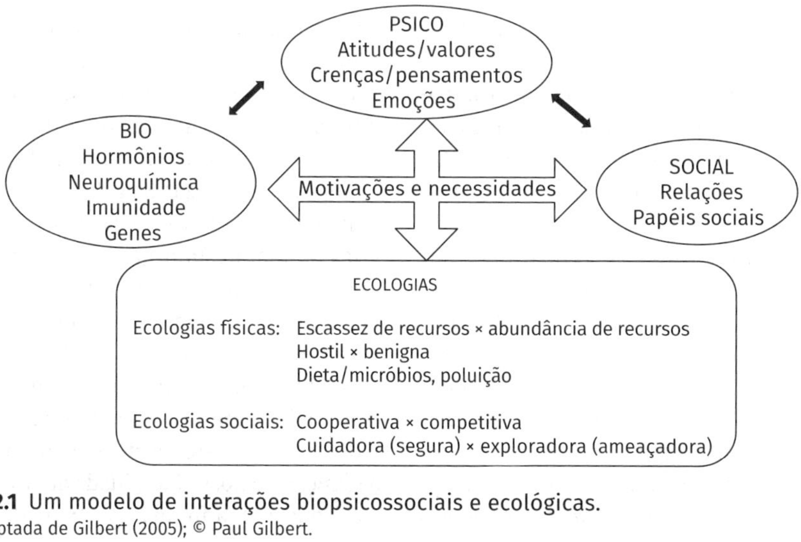

FIGURA 2.1 Um modelo de interações biopsicossociais e ecológicas.
Fonte: Adaptada de Gilbert (2005); © Paul Gilbert.

vos (Boehm, 1999). Os humanos desenvolveram formas cooperativas de adquirir e compartilhar recursos como um meio de lidar com as ameaças à sobrevivência, facilitando a reprodução e a criação dos filhos (Dunbar, 2014; Narvaez, 2017, 2020; Ryan, 2019; Spikins, 2017), e, ao contrário das sociedades neoliberais, suprimindo comportamentos egoístas autofocados (Boehm, 1999). Boehm (1999) argumentou que, por uma variedade de razões, os subordinados começaram a se unir contra indivíduos agressivos que buscavam a dominação e formaram alianças cooperativas para se livrarem deles ou subjugá-los.

Um evento natural também apresentou um efeito muito surpreendente de libertação dos machos dominantes agressivos. Robert Sapolsky e sua equipe (Sapolsky & Share, 2004) estavam estudando um grupo de babuínos quando alguns dos machos dominantes comeram de um descarte de lixo contaminado e morreram. Isso deixou o grupo com machos e fêmeas menos agressivos. Inesperadamente, talvez, os machos que sobraram não se tornaram subitamente mais dominantes, mas o grupo se estabeleceu em um estado muito mais relaxado, observado em padrões de higiene pessoal (compartilhamento) e níveis gerais de excitação (menor estresse). Isso foi mantido mesmo com outros machos migrando para o grupo. Além disso, um tipo diferente de chimpanzé do tipo *Pan troglodyte* mais comum, denominado *bonobo*, demonstra padrões de relacionamento social diferentes dos de outros primatas: o sexo é usado como um contato amistoso, e as fêmeas, e não os machos, são as mais dominantes.

Esses são indicativos de que grupos que pudessem criar um senso de segurança e abertura em suas interações uns com os outros forneceriam o contexto social para surgirem novos tipos de cérebros. Claro, isso é um pouco como o questionamento do que veio primeiro, o ovo ou a galinha. Para os caçadores-coletores, não apenas as relações iniciais de apego são importantes, mas também a experiência de cuidado da comunidade em que o indivíduo passará a sua vida toda. Como Dunbar (2009, 2014) demonstrou, essas comunidades incluíam desde relacionamentos relativamente estreitos e íntimos até relacionamentos mais distantes, mas ainda com membros conhecidos, abrangendo cerca de 150 pessoas.

A diversão é evidente em muitas espécies e foi e é fundamental para os humanos. Praticar esportes, tocar instrumentos musicais, pintar, ir ao cinema, aproveitar uma noite com amigos, contar piadas, engajar-se em diferentes tipos de atividades sexuais, sair de férias — todos esses podem ser exemplos de diversão, e geralmente são mais prazerosos e desejados entre amigos. Em uma grande revisão sobre a importância da diversão na construção de relações afiliativas em grupos de caçadores-coletores, Gray (2009) destaca que, embora existissem e existam diferentes tipos de caçadores-coletores, provavelmente aqueles que tiveram maior bem-estar e felicidade foram os que integraram comunidades mais apoiadoras, em que o lúdico, a cordialidade e as interações alegres e divertidas eram texturas importantes do grupo de trabalho. Além disso, como muitos outros antropólogos apontaram, esses grupos tinham uma abordagem muito permissiva e não agressiva na criação dos filhos (Narvaez, 2017, 2020; Ryan, 2019). Em outras palavras, as crianças cresciam sem temer os mais velhos ou umas às outras. A intimidação era evitada. Em comunidades mutuamente apoiadoras, os estados cerebrais são organizados de forma muito diferente (Gilbert, 2019. 2021; Siegel, 2020), e, é claro, atualmente algumas de nossas maiores alegrias se manifestam quando nos divertimos uns com os outros, saímos para restaurantes ou bares e festejamos. Quanto mais seguro você se sente com aqueles no seu grupo social, mais livre você é para se divertir e se sentir conectado. Uma das muitas tragédias da covid-19 são seus efeitos de desconexão social e a redução na nossa habilidade de "traquejo social", que é uma fonte importante de bem-estar psicofisiológico. É provável que muitas das adaptações que criaram relações íntimas entre mãe e bebê, como as alterações na ocitocina e no sistema nervoso autônomo, especialmente no nervo vago, tenham sido cada vez mais recrutadas nas relações de comunidade. É por isso que esses sistemas são tão sensíveis à cordialidade em geral (Gilbert, 1989; Porges, 2007; Slavich, 2020); eles indicam segurança. Portanto, como você verá, parte do que a TFC persegue são aqueles processos que nos desconectam, ativam sistemas de ameaça e desativam sistemas de segurança social (veja o Capítulo 3).

Essas adaptações também introduziram novos estímulos para o desencadeamento de estados de ansiedade, derrota e desligamento, como sinais que indicam desconexão social (p. ex., vergonha, depreciação social e rejeição; veja o Capítulo 4). Outro fator seria uma baixa taxa de estímulos socialmente positivos de cordialidade, receptividade e apoio (Gilbert, 1993), estímulos que mantêm a atividade saudável no sistema nervoso autônomo e no sistema de segurança (Brown & Brown, 2015; Porges, 2017, 2021). Há exceções óbvias, já que alguns indivíduos preferem a solidão ou o distanciamento, mas a maior parte das sociedades caçadoras-coletoras oferecia um domínio natural de conectividade constante. Na época em que este livro estava sendo publicado, Brisbane estava sediando uma conferência sobre as sérias reduções na experiência das crianças com o jogo social, resultantes de fatores como alta densidade demográfica, pais temerosos, pressões acadêmicas e, recentemente, é claro, os *lockdowns*. Se comparado com o dos caçadores-coletores, o jogo social de nossas crianças é significativamente limitado e é desviado para o entretenimento autofocado em iPads. Essa pobreza de "exploração e aprendizagem divertidas" e "jogo social agregador" está sendo associada à epidemia de solidão, à ansiedade social, à depressão e à vulnerabilidade a dificuldades de atenção. Como mencionado no Capítulo 1, há evidências crescentes de que, quanto mais pudermos ajudar as comunidades a trabalharem como esses grupos de caçadores-coletores, que mobilizavam apoio mútuo, cordialidade e ludicidade, maior será o impacto na saúde física e mental (Haslam et al., 2018).

Os domínios de ameaça e vulnerabilidade via fracassos competitivos, vergonha e exclusão social passaram a ser um problema muito sério em sociedades pós-agrícolas de megagrupos e elite. Eles mudaram a infraestrutura social e as estratégias para distribuição de recursos, indo de hierarquias cooperativas e compartilhadoras para hierarquias de controle agressivo (Gilbert, 2021). Nesses grupos, o indivíduo não poderia ter a garantia de uma comunidade apoiadora, de um fluxo constante de cordialidade, de "sinais de estimulação do vago", de ausência de intimidação ou de não ser marginalizado do acesso aos recursos (Gilbert, 2018).

Há muitas implicações da contextualização de uma compreensão do cérebro social evoluído e de como ele "funciona" nas culturas competitivas modernas (Li et al., 2017). Elas estimulam altas taxas de problemas de saúde mental e comportamento antissocial (Ryan, 2019). A ideia principal da TFC (e também de outras abordagens antropológicas da saúde mental) é que, se nossos estímulos naturais para a promoção de saúde mental são *conexões de cuidado*, então eles precisam ser ainda mais enfocados, com o intuito de ajudar as pessoas a desenvolvê-los para si mesmas e para os outros. Minha filha Hannah, que é antropóloga e terapeuta, assinalou que uma das razões pelas quais ficamos obcecados pelo autoaperfeiçoamento e por processos como *auto*estima, *auto*eficácia e *auto*compaixão é que estamos tendo que fazer por nós mesmos coisas que comunidades de cuidado fariam. Se eu sei que as pessoas à minha volta cuidam de mim e tenho prazer em compartilhar e cuidar, eu terei a necessidade de trabalhar a minha *auto*estima e a minha *auto*compaixão?

Outra implicação é que uma das formas pelas quais podemos ver a psicoterapia consiste em tentar recriar não só formas básicas de relacionamento seguro, como o apego, mas também o tipo de interação lúdica do caçador-coletor, para uma descoberta guiada e sem críticas. Essas texturas também são ideais para a terapia em grupo. Portanto, constantemente você notará essa questão do compartilhamento e, quando apropriado, da ludicidade na criação de uma base segura como central para a TFC.

Trabalhando com as funções básicas da mente

Motivações, emoções, competências e comportamentos

Funções evoluídas. A TFC está profundamente inserida na ciência evolucionista (Buss, 2019; Huang & Bargh, 2014; Nesse, 2019; Workman, Reader, & Barkow, 2020). A TFC usa a ciência básica da mente, segundo a qual as mentes evoluíram quatro funções básicas que possibilitam que os animais cumpram suas tarefas da vida. 1) *Motivações* básicas guiam as formas de vida que se movem em suas tarefas básicas da vida. 2) *Emoções* mudam estados corporais para perseguir motivos e possibilitar diferentes tipos de processamento e ação. 3) *Competências* possibilitam outras funções. Por exemplo, *competências* de raciocínio cognitivo facilitam a busca de uma motivação e a regulação de uma emoção. 4) *Comportamentos* dos sistemas psicomotores possibilitam o movimento no ambiente para cumprir as motivações e expressar emoções. Isso está representado na Figura 2.2.

Esses quatro domínios são o foco para a intervenção terapêutica. Portanto, a terapia pode ser orientada para ajudar as pessoas a entenderem seus motivos e cultivarem motivações como compaixão, ao mesmo tempo diminuindo o tom do autofoco mais narcisista. A terapia ajuda as pessoas a entenderem a ligação entre motivos e emoções e a compreenderem como estimular emoções úteis e trabalhar com as inúteis. As terapias ajudam as pessoas a entenderem e desenvolverem suas competências cognitivas, como tomada de perspectiva, raciocínio, empatia, mentalização e *mindfulness*. Crucialmente, também, a terapia ajuda as pessoas a se desenvolverem por meio da ex-

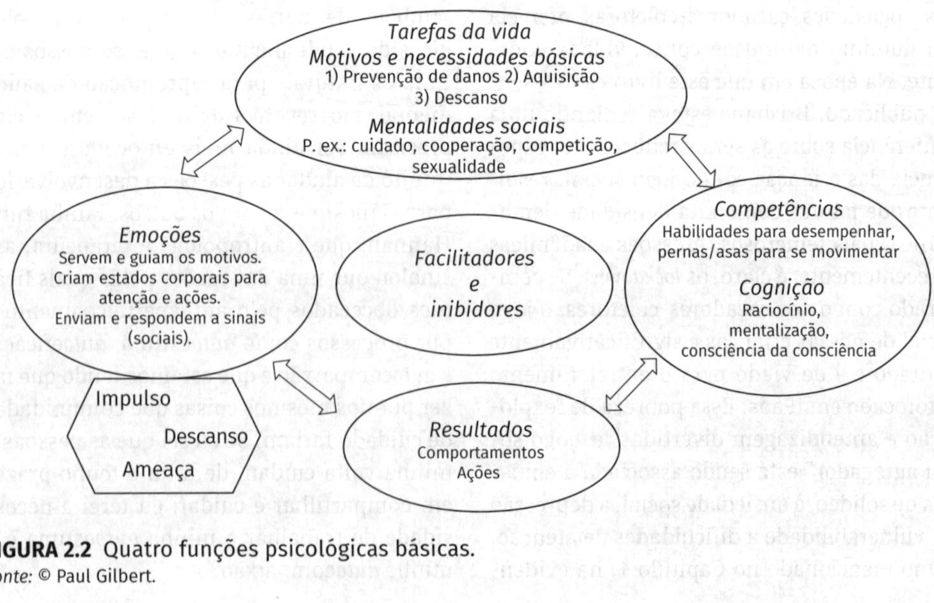

FIGURA 2.2 Quatro funções psicológicas básicas.
Fonte: © Paul Gilbert.

posição direta e de práticas comportamentais. Assim como não podemos aprender a dirigir um carro sem dirigi-lo, às vezes, a mudança requer o engajamento comportamental direto. O "como" da terapia depende da função com que estamos trabalhando. O centro da Figura 2.2 destaca que todas essas funções terão facilitadores *e* inibidores. Entender isso é essencial para a tarefa terapêutica.

Não existe uma única escola terapêutica que inclua toda a sabedoria. Diferentes abordagens de terapia podem nos ajudar com diferentes tipos de função. O terapeuta identifica com qual(is) função(ões) ele vai trabalhar e que habilidades de intervenção ele tem à sua disposição. Por exemplo, se estiver trabalhando com uma motivação, como para a compaixão, é preciso perceber se o cliente tem ou carece de competências fisiológicas (p. ex., tônus vagal) ou competências cognitivas (p. ex., mentalização) para a compaixão, ou se tem os motivos e as competências, mas não as práticas. Esses quatro domínios também são a base para a psicoeducação, o que facilita a *consciência mental do cliente*. Seja qual for a terapia que estiver sendo usada, é útil formular estas quatro perguntas: o que preciso saber *e* de que habilidades necessito para *traduzir meu conhecimento do processo* em engajamento terapêutico útil? O que meu cliente precisa saber e de que habilidades ele necessita para *traduzir seu conhecimento do processo* em engajamento em suas dificuldades, para crescer, mudar e prosperar?

Motivações e seus algoritmos. Motivos são as *razões* pelas quais pensamos, sentimos e fazemos coisas. Os motivos e seus algoritmos são os processos organizadores básicos da mente (Deckers, 2014; Heckhausen & Heckhausen, 2018; Huang, & Bargh, 2014). As emoções e competências evoluíram para apoiar as motivações e objetivos biossociais (Gilbert, 1989; Nesse, 2019). Baumeister (2016) defende que:

> A primazia da motivação enfatiza que cognição, emoção, ação e outros processos psicológicos existem para servir à motivação (p. 1).
>
> Os teóricos psicológicos devem, portanto, dedicar considerável respeito e atenção aos processos motivacionais. Teorias abrangentes que combinam múltiplos processos devem, em geral, dar prioridade à motivação como fundamental, pois a cadeia causal completa que conduz ao comportamento e além geralmente terá início com a motivação (p. 3).

Os motivos movem e direcionam as emoções. Os motivos são os principais impulsionadores da evolução fisiológica e da adaptação. Eles evoluem como e com algoritmos básicos de *se* A, *então* B. Todos os sistemas no universo operam segundo leis governadas pelo princípio *se-então*. No caso de organismos biológicos, isso possibilita que o clássico processo de estímulo-resposta evolua, o que começa como estímulos incondicionados e respostas incondicionadas. Os algoritmos evoluem *com os sistemas fisiológicos e detectores de características*. Assim, por exemplo, ao se defrontarem com as ameaças e os perigos em seus domínios de existência, os organismos precisam evoluir motivações para evitar danos e lesões. Isso requer que a evolução desenvolva *detectores de características*, para "detectar/notar" estímulos que poderiam ser prejudiciais e desenvolver *ações* defensivas. As plantas enrolam suas folhas quando estão sem água, e, para as espécies que se movem, têm-se os resultados de luta, fuga e desligamento e as expressões comportamentais do organismo. Nos mamíferos, por exemplo, a motivação de evitar danos evolui com processos fisiológicos específicos, como a amígdala e o eixo HPA, que possibilitaram o funcionamento dos algoritmos de resposta ao estímulo de ameaça (LeDoux, 2012). Danos a esses sistemas comprometem a habilidade de um animal de detectar ameaça e/ou responder apropriadamente. Pesquisas mostraram que podemos detectar ameaças e responder fisiologicamente a elas abaixo do nível da percepção consciente (Bargh, 2017).

Entretanto, os motivos são mais do que apenas algoritmos de estímulo-resposta, já que também guiam o *comportamento de procura*. Eles guiam os animais em suas tarefas básicas da vida, estabelecendo necessidades e desejos e orientando o comportamento explorador. Abrigo, calor, alimento e oportunidades sexuais que sustentam a vida e facilitam a reprodução precisam ser procurados. Claramente, se os animais não atenderem às suas necessidades de comer o suficiente, regular a temperatura corporal, encontrar abrigo ou parceiros sexuais, eles vão morrer e/ou sua representação genética na próxima geração vai falhar. Os algoritmos podem se tornar altamente estratificados, correguladores e muito complexos, criando "módulos especializados", como "aplicativos" que você pode ter em um telefone celular. A chave para eles, no entanto, é a detecção de características e a função de resposta.

As três tarefas de sobrevivência na vida. Todas as coisas vivas têm três tarefas de sobrevivência na vida e necessidades que são o fundamento para todas as outras motivações. O fracasso aqui põe fim às outras tarefas fundamentais na vida. As três tarefas principais na vida são: 1) detectar e lidar com as ameaças; 2) detectar e adquirir os recursos necessários para a sobrevivência e a reprodução; 3) detectar e responder a oportunidades de descanso e conexão, e inibir a ameaça e os sistemas de impulsos. Todos os seres vivos, incluindo organismos simples como as bactérias, vão se afastar do que é tóxico e prejudicial, vão avançar na direção do que os nutre e vão apresentar momentos em que estão inativos, descansando e digerindo.

1. *Prevenção de danos*. Nossa principal tarefa na vida é evitar e/ou responder a ameaças, lesões e perdas. Se não fizermos isso, o jogo termina. As ameaças podem ser sociais e não sociais. Elas podem estar ligadas a sinais imediatos de ameaça, como quando um predador aparece, mas também à falha em adquirir recursos — por exemplo, a ameaça de morrer de fome (o medo/ameaça de não comer o suficiente). Elas também podem estar associadas à perda de recursos importantes, como o bebê que perde contato com o genitor e vai experienciar um aumento no processamento da ameaça. Riskind, Rector e Taylor (2012) discutem como o processamento da ameaça está ligado ao que eles chamaram de *iminente*, que corresponde à aproximação e à distância da ameaça. Perder uma disputa por recursos obviamente também é uma ameaça. As ameaças podem ser processadas quanto à sua probabilidade, à sua frequência, ao tempo que podem durar, à sua seriedade e aos recursos que precisamos para lidar com a situação e nos recuperarmos. Ameaças sociais requerem defesas diferentes de outras ameaças. Submeter-se a outro indivíduo poderoso pode ser a salvação do indivíduo, mas se submeter a um leão que está avançando provavelmente não será!

   Os indivíduos podem desenvolver uma orientação crescente para a sensibilidade a ameaças por meio da padronização do sistema de ameaças desde a infância (p. ex., sensibilidade aumentada no eixo HPA e no sistema nervoso simpático), tornando-o facilmente acionado na forma de ansiedade e falta de confiança ou agressividade. Em espécies com comportamentos de cuidado, também há detecção de ameaças a outros indivíduos, como a prole, os parentes e o grupo a que pertence o indivíduo (Gilbert, 1989, 1993, 2005a; Gray, 1982; LeDoux, 2012; Panksepp, 1998).

   Há diferentes processos básicos de defesa, referidos como *pare-siga*, ou *ativação-desativação/inibição* (Gilbert, 1984, 1989, 1993; Gray, 1982). Eles podem ter compleições diferentes. As defesas do tipo "siga" ativadas envolvem realizar ações específicas que usualmente implicam *movimento aumentado*. As defesas que resultam em parada-inibição ocorrem quando a ativação e o movimento são perigosos ou não estão funcionando. Exemplos de defesas a curto prazo são imobilização e desmaio. Os estados de desligamento são estados de pare, inibitórios e do tipo "faça menos", que podem durar alguns dias ou mais. Estados de desamparo aprendido são as formas clássicas e de maior prazo de desmobilização e desligamento. A TFC explora as defesas básicas dos clientes — como elas emergiram desde a infância, como são levadas adiante e como se relacionam com ameaças externas (p. ex., periculosidade percebida dos outros) e ameaças internas (esquiva emocional) (veja o Capítulo 6). No caso dos estados de desligamento em depressões, tentamos descobrir qual é/era a ameaça que produziu desligamento e como é que agora ela está mantendo a pessoa nesse estado cerebral defensivo (Gilbert, 1993, 2001a,b). Todos os estados de ameaça, os quais podem ser muito estressantes, têm desencadeantes, intensificadores, mantenedores e atenuadores.

2. *Procura de recursos necessários para a sobrevivência e a reprodução.* Os animais precisam ser capazes de explorar o ambiente, procurando, obtendo e usando recursos para sobrevivência e reprodução, como abrigo, alimento e oportunidades sexuais (Deckers, 2014; Heckhausen & Heckhausen, 2018; Panksepp, 1998). Sem alimento ou água, a morte é relativamente rápida. Entre a maioria dos mamíferos, nos primeiros dias de vida, são os pais que procuram e fornecem recursos para a manutenção da vida da prole — o acesso ao *genitor é o recurso*. Na teoria do apego, dois importantes recursos *psicológicos* a serem fornecidos à criança são uma base segura e um porto seguro (Bowlby, 1969; Cassidy & Shaver, 2016; veja o Capítulo 3). Eles fornecem o contexto para a maturação epigenética e psicofisiológica (Cowan et al., 2016; Music, 2017; Siegel, 2020; Slavich, 2020). Posteriormente, compartilhamento e cuidado na comunidade mais ampla se tornam fontes notórias de apoio e conectividade (Narvaez, 2017, 2020; Spikins, 2015, 2017). As amizades com os pares também são muito importantes para a regulação do processamento das ameaças. Por exemplo, enquanto bebês e crianças assumirão riscos na presença de um dos pais, os adultos se voltam uns para os outros buscando apoio quando se defrontam com estressores. Portanto, a procura de recurso *social* é importante por si só *e* ajuda como um regulador das ameaças (Gilbert, 1989, 2009, 2020a; Music, 2017). Igualmente importantes, as relações sociais são a maior fonte de alegria, excitação, diversão, bondade e amor, e os terapeutas podem habilitar as pessoas a experienciá-las para cultivar saúde mental e bem-estar (Keltner et al., 2018).
3. *Descanso e conexão.* É importante que os animais "que se movem" e precisam procurar recursos sejam capazes de detectar quando as ameaças não estão presentes e eles têm recursos suficientes para descansar e digerir; eles estão seguros e satisfeitos, no sentido de que os esforços ou sistemas de busca podem ser desligados. Os estados de hibernação seriam um exemplo, mas a maioria dos mamíferos não hiberna, é claro. No entanto, eles precisam de períodos de regulação descendente da atividade, e o descanso ajuda a equilibrar o sistema nervoso autônomo e a apoiar o reparo do órgão. Ele está ligado à proteção e à segurança, que têm impacto fisiológico fundamental (Gilbert, 1989; Slavich, 2020; veja também o Capítulo 3). Atualmente há boas evidências de que o sistema nervoso autônomo, quando orientado para facilitar estados de descanso e contentamento, pode ter impactos profundos em múltiplos processos (Keltner et al., 2014; Porges, 2007, 2017, 2021). No caso da meditação, ela pode ser a base para diferentes tipos de *insights* em que o modo padrão da mente

é apaziguado (Ricard, 2015). Esse sistema responde a sinais de apoio e amizade, particularmente (mas não só) via nervo vago (Gilbert, 2020a; Music, 2017; Porges, 2007, 2017, 2021; veja também o Capítulo 10). Armstrong et al. (2020) revisaram evidências de que o que era indicado como segurança social e sentimentos de segurança (social), na verdade, pode ser um sistema de emoções separado. Aqui é importante distinguir entre segurança (*safety*) e proteção (*safeness*). Os indivíduos podem tentar criar um senso de segurança reduzindo a ameaça, e isso significa evitação, ao passo que a proteção (social) é a habilidade de se mover na direção daqueles que são úteis e apoiadores. Esses processos atuam por meio de sistemas fisiológicos diferentes, mas que interagem entre si (Gilbert, 2020a. Veja o Capítulo 3 para uma discussão detalhada).

Tarefas da vida e motivos sociais como mentalidades sociais

A TFC faz uma clara distinção entre processamento não social e social. A razão para isso é que o processamento social desenvolveu toda uma gama de heurísticas que funcionam com contextos e desafios sociais específicos (para discussões recentes, veja Lockwood, Apps, & Chang, 2020). Essas ideias já existem há algum tempo, algumas vezes postuladas com *módulos específicos* para desafios sociais evolutivos específicos, como para acasalamento, competição, cooperação e os desafios de cuidar de bebês (Buss, 2019; Workman et al., 2020). Minha preferência para uso clínico tem sido mais em termos de *mentalidades,* que são sistemas de processamento integrados que envolvem competências específicas e generalizadas (Gilbert, 1989). Por exemplo, o termo "cuidado" parece estar associado a formas específicas de processamento social afiliativo (Carter, Bartal, & Porges, 2017; Mayless, 2016), ao passo que empatia e mentalização são competências que podem ser usadas em muitos tipos de relação social, desde afiliativas até competitivas (Bloom, 2017; Luyten et al., 2020). Dito de outro modo, motivos sociais e algumas emoções (amor, vergonha e culpa) podem ser específicos, mas competências, como raciocínio, *mindfulness* e mentalização, não o são e podem ser recrutadas em diferentes tipos de relação social.

Diferentes mentalidades também estão enraizadas em diferentes infraestruturas fisiológicas. Por exemplo, mentalidades de cuidado estão associadas à evolução de partes do sistema nervoso autônomo denominadas nervo vago, que evoluíram com a função muito específica de facilitar o comportamento de apego e o "engajamento social" (Porges, 2007, 2017, 2021). O comportamento competitivo, no entanto, está arraigado por meio de sistemas fisiológicos mais antigos e diferentes. O interesse e a excitação sexual também têm suas próprias infraestruturas fisiológicas específicas e mais gerais. Como mencionado algum tempo atrás (Gilbert, 1989, 2000a), os problemas de saúde mental podem ter suas raízes em diferentes mentalidades sociais e seus padrões. Atualmente, a pesquisa sobre a abordagem do "cérebro social" aos problemas de saúde mental tem se desenvolvido de modo extraordinário, com sistemas fisiológicos cada vez mais claramente definidos que sustentam diferentes tipos de processamento social (Porcelli et al., 2019).

Tipos de mentalidade social. Há muitos tipos diferentes de *motivos sociais* que são texturizados pelas três tarefas da vida. Por exemplo, para cada um dos motivos sociais discutidos a seguir, considere o que poderia constituir uma ameaça e o que poderia constituir um sucesso ou uma recompensa, e ainda o que poderia ocasionar que esse motivo fosse frustrado ou satisfeito e elevasse ou reduzisse a sua ativação. A teoria da mentalidade social foi concebida para iluminar os *processos de interação* *dinâmicos e recíprocos* que são necessários para coconstruir certos papéis sociais. Os quatro principais que explorei na década de 1980 eram convencionais nas abordagens evolucionárias; eles são: prestar cuidados, receber cuidados, cooperar e competir (Gilbert, 1989, 2005, 2019). Uma mentalidade social precisa *coevoluir*. Isso significa que ela também deve evoluir de uma forma que facilite a *sincronia* para os participantes no papel. Por exemplo, a busca de cuidados só pode evoluir se houver evolução na prestação de cuidados. Portanto, a sincronia se dá quando o bebê envia sinais de aflição ou necessidade que acionam um prestador de cuidados receptivo. Os sinais de aflição/necessidade do bebê estimulam sistemas fisiológicos que ajustam a atenção e ativam o comportamento de cuidado do gestor. Reciprocamente, os comportamentos de cuidado impactam a fisiologia do bebê, de modo que as necessidades e o estresse são resolvidos, e o bebê se acalma e segue para o descanso, a digestão ou a exploração/jogo. O recebimento de cuidado e a prestação de cuidados utilizam sistemas fisiológicos sobrepostos como a ocitocina e o nervo vago.

Como outros exemplos de coevolução, o comportamento sexual requer sinalização complexa entre os padrões para estimular a *ativação sincrônica da excitação fisiológica (sexual) específica* e o engajamento. O comportamento competitivo nos grupos requer que os animais disputem os recursos com probabilidade de obtenção, mas recuem e se submetam diante de desafios que não poderão vencer ou contra os quais não conseguirão se defender — dando origem às clássicas relações dominante-subordinado que moldam as fisiologias dos padrões de interação (Gilbert, 2000a, 2019). Assim, as mentalidades sociais criam diferentes tipos de "dança" com seus próprios padrões de interação, enviando e recebendo sinais que levam à formação de papéis, seja um papel de cuidado, cooperativo-competitivo ou sexual. Capturando a mesma ideia de danças interpessoais reciprocamente dinâmicas, de um sistema mental e fisiológico com outro, Silston, Bassett e Mobbs (2018) apontam a importância da flexibilidade rápida no processamento. Eles dizem:

> Propomos que a interação social bem-sucedida é essencialmente dependente de um conjunto básico de centros altamente conectados que se acumulam dinamicamente e integram informações sociais complexas, e, ao fazerem isso, facilitam a sintonia social durante o discurso social momento a momento. Interações de sucesso, portanto, requerem flexibilidade adaptativa gerada por circuitos neurais compostos de centros altamente integrados que coordenam respostas apropriadas ao contexto (p. 143).

Diferentes mentalidades sociais têm diferentes detectores de características associados a diferentes algoritmos e sistemas fisiológicos. Por exemplo, a detecção daqueles que são amigáveis e cuidadores *versus* aqueles que são potencialmente hostis vai estimular perfis fisiológicos muito distintos e ativar diferentes manifestações não verbais de interação dinâmica recíproca. Muitas relações de papéis se revelaram fisiologicamente correguladoras. Por exemplo, mãe e bebê corregulam os sistemas parassimpático e neural um do outro e, desse modo, dão o tom para a maturação do sistema parassimpático e neural do bebê (Lunkenhemer, Tiberio, Skoranski, Buss, & Cole, 2018; Nguyen, Schleihauf, Kayhan, Matthes, Vrtička, & Hoel, 2020). Pesquisas também mostraram que, em relações cooperativas, há uma sincronia fisiológica que contribui para o desempenho na tarefa (Behrens, Snijdewint, Moulder et al., 2019). Na relação dominante-subordinado, a sincronia é mais em termos da luta/ameaça de um participante que estimula a fuga/submissão de outro. De fato, relação após relação, sejam parcerias românticas, relações pais-filhos, relações cooperativas, relações dominante-subordinado ou relações psicoterápicas, as pesquisas estão revelando a importância da sincronia da *corregulação fisiológica* (veja o Capítulo 13 deste volume; Mikulincer & Shaver, 2014). Isso pode ser integrado à nossa compreensão e às nossas intervenções terapêuticas.

A Tabela 2.1 destaca a questão da corregulação, ou seja, como cada papel evolutivo busca e responde ao modo como os outros se associam a ele na formação de papéis. Por isso, em qualquer formação de papel, o *self* é construído para desempenhar um aspecto do papel, e o parceiro, outro aspecto. Esses elementos formam os processos de relação dinâmicos e recíprocos do papel interativo.

A Tabela 2.1 explora as mentalidades sociais nucleares evoluídas que dão origem a *padrões de relacionamento* e formações de papéis que são interespécies (Gilbert, 1989, 1992). Minha visão, então, é de que as mentalidades sociais sempre "pressupõem e buscam contribuições de outros". Seja qual for a mentalidade social e o papel que estamos tentando formar, o modo como buscamos e experienciamos "o outro" é crucial para o nosso próprio senso interno de ameaça ou a nossa criação bem-sucedida do papel. Esse tipo de abordagem nos possibilita refletir sobre que mentalidade social estamos cocriando na terapia — às vezes intencionalmente, às vezes não. Algumas vezes essas cocriações são úteis, e outras vezes não. Parte da terapia também é explorar como os clientes estão cocriando papéis sociais importantes em suas vidas. Estes incluem seus motivos e suas competências para serem cuidadosos com os outros, estarem abertos à ajuda de outros, terem relações íntimas acolhedoras, serem amigáveis, cooperativos e apropriadamente assertivos. Os clientes podem variar ao longo das dimensões de se sentirem seguros e competentes ou inseguros e incompetentes em um papel. Enquanto alguns indivíduos têm fortes motivações de cuidado, outros, com temperamentos insensíveis ou psicopáticos, parecem ter pouco dessa mo-

TABELA 2.1 Um breve guia para as mentalidades sociais

	Self como	O outro como	Medos
Evocando/ buscando cuidados	Precisando de outro(s) para: cuidado, proteção, segurança, tranquilização, estimulação, orientação	Fonte de: cuidado, nutrição, proteção, segurança, tranquilização, estimulação, orientação	Deparar-se com outro(s): indisponível, desconectado, isolado, explorador, ameaçador, prejudicial
Prestando cuidados	Provedor de: cuidado, proteção, segurança, tranquilização, estimulação, orientação	Receptor de: cuidado, proteção, segurança, tranquilização, estimulação, orientação	Ver-se/sentir-se: sobrecarregado, incapaz de prover, focado na ameaça, culpado
Cooperando	Alguém: de valor para os outros, compartilhando, apreciando, contribuindo, ajudando	Fonte de: valorização da contribuição e compartilhamento, reciprocidade, apreciação	Sofrer com: trapaça, não apreciação ou não reciprocidade, rejeição/ vergonha
Competindo	Em algum lugar da hierarquia: inferior/ superior, mais/menos poderoso, prejudicial/ benevolente	Em outro lugar na hierarquia: inferior/ superior, mais/menos poderoso, prejudicial/ benevolente	Passar por: subordinação involuntária, vergonha, marginalização, abuso
Sexual	Eu sou: atraente/ desejável	O outro é: atraente/ desejável	Medo é ser: não atraente/ rejeitado

Fonte: Adaptada de Gilbert (1992).

tivação. Essas combinações não são de forma alguma exaustivas, e outras teorias sugeriram diferentes combinações e padrões de motivos (Buss, 2019; Workman et al, 2020). No entanto, a TFC está interessada na natureza da cocriação de papéis sociais, nos estilos de relação e em como eles organizam a mente.

As evidências que apoiam a teoria da mentalidade social podem também oferecer evidências quanto ao uso de técnicas como imagem mental compassiva, em que os clientes se *imaginam* formando relações com pessoas imaginadas especialmente para estimular sistemas fisiológicos. No caso da sexualidade, é óbvio que uma fantasia autogerada de relação com outros pode estimular sistemas fisiológicos. O mesmo processo ocorre quando alguém imagina se relacionar com outros indivíduos compassivos. Uma "imagem de uma pessoa compassiva se relacionando conosco" pode estimular sistemas fisiológicos de mentalidade social de cuidado (p. ex., Rockliff et al., 2008). Também há boas evidências de que a ativação de memórias compassivas impacta o modo como as pessoas lidam com o estresse (veja Gillath & Karantzas, 2019; Norman et al., 2015 para revisões).

Padrões na mente. As mentalidades sociais *organizam múltiplos processos*, desde atenção até ativação fisiológica, emoções, impulsos comportamentais e memória. A teoria da mentalidade social também defende que os estados cerebrais que passam a existir em algum ponto no tempo são resultado de *padrões de interações* entre diferentes motivos, emoções e sistemas cognitivos existentes naquele momento. Consequentemente, uma ou mais motivações ou emoções podem suprimir a expressão de outras. Por exemplo, estados da mente deprimidos suprimem ou desativam estados da mente alegres. Se estamos motivados por autointeresse competitivo narcisista, isso pode nos tornar insensíveis e indiferentes ao sofrimento e às necessidades de outros, que podem ser feridos por nossos interesses. Nossa empatia é desligada. Se estamos motivados por vingança, isso vai desligar a compaixão, e podemos usar nossa empatia para causar danos. Embora muitas terapias foquem em processos específicos, como um conjunto de crenças nucleares ou emoções, e a TFC possa fazer o mesmo, isso se dá no contexto de pensar nos *padrões* da mente e nos processos interconectados. Portanto, não importa apenas o que fazemos ou o que pensamos; são os motivos por trás do que fazemos e do que pensamos que são cruciais. Imagine que estou tentando mudar meus pensamentos negativos para não me sentir tão ansioso ou deprimido, ou que estou tentando aceitar e tolerar minha ansiedade. Qual é a diferença entre ter como motivação querer me livrar disso ou apenas mudar meus pensamentos e estar motivado a desenvolver uma orientação de cuidado e nutrição voltada para mim mesmo? Eu me conecto com minha mentalidade de cuidado e ativo aqueles processos psicofisiológicos que me apoiam a fim de desenvolver a força e a sabedoria para trabalhar com a minha ansiedade. Imagine que eu ajudo você porque quero que você goste de mim, ou porque tenho uma preocupação genuína com você e teria prazer em poder ajudá-lo. Os comportamentos podem parecer similares, mas os motivos que estão por trás podem ser bem diferentes.

A importância das interações é mostrada na Figura 2.3, para clarificação.

Como observado no alto da figura, esses domínios básicos variam em termos da natureza contextual da relação. Por exemplo, a forma como cuidamos, cooperamos, competimos ou fazemos sexo com pessoas de quem somos próximos é diferente da forma como isso ocorreria com estranhos ou pessoas de quem não gostamos. Considere também quem é o instigador do estilo de relação. Se você está buscando apoiar ou atrair sexualmente alguém, muito disso depende de como essa pessoa reage às suas aproximações. Igualmente, quando o instigador é "o outro", muito depende da sua avaliação desse indivíduo — se você gosta dele, confia nele, etc. Todas as emoções e todos os motivos têm um fluxo interpessoal. Por exemplo, posso es-

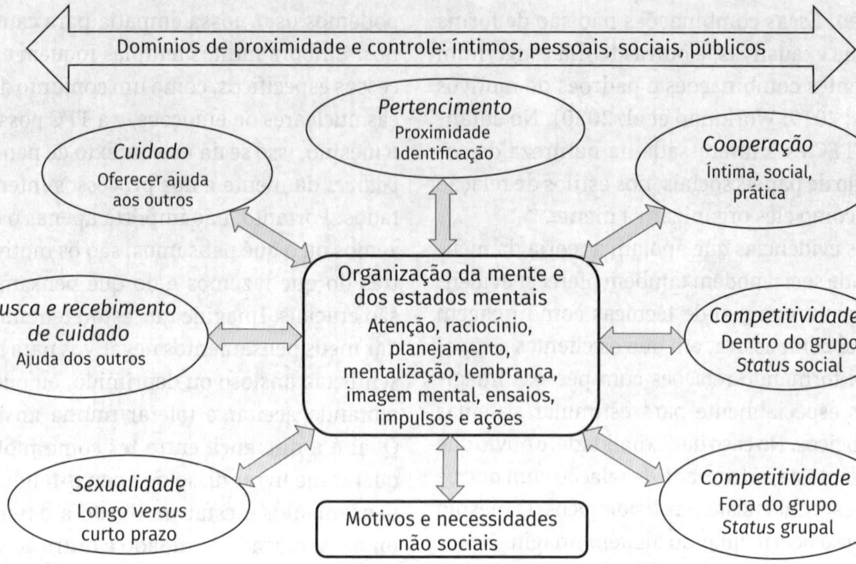

FIGURA 2.3 As funções organizadoras dos motivos e das mentalidades sociais.
Fonte: © Paul Gilbert.

tar zangado com você, você pode estar zangado comigo, posso estar zangado comigo mesmo e assim por diante. O interesse nesses tipos de dinâmicas de relação social obviamente não é novo, e vários modelos e dimensões foram propostos para descrevê-las (Birtchnell, 1993).

A teoria da mentalidade social também sugere que, se um ou mais desses sistemas motivacionais fica comprometido, talvez porque eles tenham sido frustrados ou associados a ameaças, então os *indivíduos podem compensar* com uma mentalidade social diferente. Um exemplo clássico é o de indivíduos que crescem em ambientes com poucos cuidados, que podem compensar com hiperativação da competitividade autofocada e prosseguem apresentando apego evitativo ou orientação para o poder (veja o Capítulo 3, Fig. 3.8). A tarefa terapêutica é explorar como os indivíduos experienciaram essas mentalidades sociais diferentes no passado e se tornaram confiantes, capazes e hábeis em relação a elas, ou inseguros e inábeis, subutilizando-as ou utilizando-as em excesso (Gilbert, 1989). Algumas pessoas procuram ser excessivamente assertivas e dominantes, enquanto outras são mais esquivas diante de confrontos assertivos. Alguns indivíduos são muito sensíveis às necessidades dos outros e são cuidadores, mas são temerosos e evitam pedir ou receber cuidados. Alguns indivíduos gostam de cooperação e jogos em equipe, enquanto outros sempre querem ser líderes e podem ter dificuldades para serem membros iguais aos outros ou membros cooperativos na equipe. Os indivíduos podem ser muito bons em empatizar e mentalizar em uma relação de papel, mas não em outra (Liotti & Gilbert, 2011). Jogadores de pôquer e jogadores de xadrez podem entrar em grande sintonia com os estados mentais dos oponentes, mas podem ter dificuldades para sintonizar com as necessidades emocionais daqueles que são próximos a eles (Liotti & Gilbert, 2011). A TFC procura ajudar as pessoas a harmonizarem múltiplos padrões de relação interpessoal, de forma que elas sejam competentes e motivadas para serem cuidadoras apropriadas, receptivas aos cuidados dos outros, quando necessário, capazes de serem apropriadamente confiantes, cooperativas, assertivas e membros que contribuem para o grupo.

Essas danças interpessoais complexas das mentalidades sociais são dependentes dos tipos e formas de comunicações. Sinais afiliativos indicam segurança por meio da estimulação (entre outras coisas) do nervo vago, usando tons de voz, expressões faciais, toque ou abraço e mensagens tranquilizadoras (Porges, 2017, 2021). Eles também podem estimular a ativação de emoções "felizes". Em contraste, comunicações e danças de disputa e competição têm um conjunto muito diferente de expressões faciais, tons de voz e mensagens que estimulam a amígdala e o eixo HPA. Em outras palavras, essas diferentes mentalidades de criação de papéis são abastecidas por diferentes motivos e algoritmos com suas próprias arquiteturas fisiológicas.

Emoções ou motivos? Maratos e Pessoa (2019) observam que estudos de busca visual (*visual searching*) estão frequentemente associados a emoções — por exemplo, à ansiedade. Entretanto, eles mostram que as emoções, por sua vez, estão associadas à "relevância motivacional", e são os motivos que estabelecem as prioridades de busca. Isso faz sentido do ponto de vista evolucionista, uma vez que motivações evolutivas guiam o comportamento de busca e pesquisa. As emoções surgem de acordo com o andamento dessas buscas. Um animal pode estar procurando comida e prestando atenção a estímulos que indiquem a localização do alimento. No entanto, um estímulo de um predador imediatamente redirecionará o foco do sistema motivacional para o de defesa e autoproteção, o que, no processo, vai desencadear ansiedade, que vai redefinir a atenção e a busca (agora do perigo, não mais do alimento). Na TFC, portanto, é importante explorar o(s) motivo(s) que está(ão) por trás das emoções. Também é importante ajudar os clientes a reconhecerem que, quando redefinimos nossos motivos (p. ex., do competitivo autofocado, ou focado no *status*, para o de cuidado), mudamos a organização da mente, incluindo tendências a gerar certas formas de estados cerebrais baseados na emoção.

Motivos ou crenças? Os terapeutas cognitivos sugerem que as crenças sobre os motivos são cruciais para a sua regulação (Beck et al., 1985). Por exemplo, se desenvolvo uma crença de que pessoas que vestem camisas com listras verdes não são confiáveis, então é improvável que eu me volte para elas em busca de cuidado. Portanto, é óbvio que as crenças *são reguladoras* de como os motivos são experienciados. Os motivos também podem ser regulados por meio de processos não conscientes, classicamente condicionados, e mudanças fisiológicas diretas. No entanto, embora haja *muitos* reguladores de motivações para cuidar, para competir ou para fazer sexo, as infraestruturas fisiológicas desses motivos têm milhões de anos de idade. Uma crença pessoal, não. O mesmo vale para conceitos como valores, que podem ser múltiplos, ao passo que a TFC está interessada nos motivos que evoluíram e em infraestruturas fisiológicas identificáveis. Beck et al. (1985) também deixaram claro que as cognições não criam as infraestruturas da mente, como a fisiologia do nosso sistema de ameaças e o potencial para ansiedade, mas devem ser vistas como reguladoras. Essa distinção é fundamental, e a falta dessa consciência pode levar os indivíduos a pensarem que, se você mudar a crença, mudará o motivo. Algumas vezes isso é verdade, mas, se a base fisiológica dos algoritmos de um motivo não estiver funcionando, ou se não tiver amadurecido em função de, digamos, experiências passadas (p. ex., se seu cliente tem fraco tônus vagal e, devido ao estresse no início da vida, tem dificuldades com os neurocircuitos relacionados, digamos, à empatia), isso é problemático e pode precisar ser trabalhado diretamente. Assim, a TFC procura trabalhar com esses algoritmos fisiológicos o mais diretamente possível, por meio de atividades como visualizações e práticas comportamentais concebidas para estimular diretamente competências psicofisiológicas apropriadas (veja os Capítulos 8 e 9).

Processamento inconsciente, estímulos incondicionados, neuropercepção e mentalidades sociais

Porges (2007, 2017, 2021) cunhou o termo "neurocepção" para indicar que temos uma gama de detectores de características para estímulos que operam fora da consciência. Eles têm ligações diretas com a fisiologia, especialmente nas dimensões de ameaça *versus* segurança (e o que a TFC chama de proteção; veja o Capítulo 3). É devido à neurocepção, ele sugere, que os bebês respondem diretamente a expressões faciais, tons de voz, toques e carícias. Outra forma de pensar nisso é considerar que os algoritmos são configurados com detectores de características para *estímulos incondicionados* que ativam respostas fisiológicas. É assim que eles evoluem desde o começo e são claramente centrais para todas as espécies. Um algoritmo óbvio são os feromônios sexuais, que podem ter efeitos profundos no comportamento. Em certa época do ano, as fêmeas do cabrito-montês de cornos longos secretam feromônios no ambiente, que alteram o comportamento dos machos, tornando-os hiperagressivos e sexualmente interessados. Os machos desenvolveram crânios incrivelmente espessos que lhes permitem que se choquem uns com os outros a uma velocidade de até 30 quilômetros por hora. Obviamente, não podemos conversar com um cabrito-montês de cornos longos, mas é evidente que ele não teria muita noção do que estava acontecendo. Esse é um exemplo muito simples de estímulos específicos que automaticamente acionam mudanças no estado cerebral e comportamentos motivados. Outro exemplo de estímulos incondicionados que geram processos biológicos é o tremor quando está frio e o suor quando está calor. Há também consideráveis evidências de que podemos ter nossas emoções e nossos motivos ativados e desativados por estímulos fora da consciência (Bargh, 2017; Bowlby, 1980; Porges, 2017, 2021). Tenha em mente também que há muitos sistemas de processamento diferentes que estão vigilantes e monitoram certos estímulos. Shore (2019) assinala que o hemisfério esquerdo e o direito monitoram estímulos diferentes, e os sistemas de ameaças podem operar por meio de sistemas acelerados dentro da amígdala. Além disso, como discutido no Capítulo 3, há muitas pesquisas agora sobre a ativação do apego, que pode, tanto conscientemente quanto fora da percepção consciente, ativar um senso de proteção que afeta o processamento de ameaças (veja Gillath & Karantzas, 2019 para revisões).

A teoria da mentalidade social sugere que, embora ameaça e proteção sejam sistemas centrais que têm seus próprios detectores de características (Gilbert, 1993), essas duas principais dimensões do processamento estão ligadas a diferentes mentalidades sociais, que têm seus próprios detectores de características, algoritmos e estímulos incondicionados (Gilbert, 1989). Por exemplo, nosso sistema que percebe ameaças, a amígdala, pode disparar se houver uma ameaça a alguém com quem nos importamos, ciúmes, uma ameaça competitiva ou uma traição por parte de um amigo. Do mesmo modo, podemos simplesmente ter sentimentos de ligação ou confiança em alguém puramente com base em sinais que essa pessoa está emitindo.

Isso direciona nossa atenção para a importância do rápido processamento não consciente, em que o cérebro toma uma decisão sobre alguns estímulos, e a consciência cria uma história coerente para dar sentido e justificar seu julgamento (Haidt, 2001). Bargh (2017) dá muitos exemplos fascinantes de ativação não consciente e de como as pessoas justificam o que estão sentindo de várias maneiras, as quais têm muito pouco a ver com a forma como o experimentador, desconhecido do sujeito, na verdade, ativou sua emoção. Embora possamos distinguir entre processos que estão genuinamente fora do alcance da consciência e aqueles a que simplesmente não prestamos atenção ou que não são notados, existem conceitos extraordinariamente importantes na terapia, e explicá-los aos clientes pode ajudá-los a compreender o valor de aprender a ir mais devagar, ser atento e investigar o que está acontecendo em seu corpo e sua mente, praticando a observação. Igualmente importante é que queremos criar estímulos (p. ex., imagens e pensamentos intencionais) que tenham acesso direto à mentalidade social de cuidado e estimulem as infraestruturas fisiológicas desse sistema, uma vez que elas estão associadas a habilidades para lidar com a ameaça e reorientam estados cerebrais dos estados de ameaça competitiva, por exemplo, para os de cuidado (veja o Capítulo 3).

Estímulos condicionados e detectores de características sensibilizadoras. O condicionamento clássico é bem conhecido. Segundo ele, um estímulo não condicionado ativa um algoritmo particular de respostas: o aroma ou a visão de um alimento ativa a salivação, e depois uma campainha associada ao alimento pode fazer o mesmo. O condicionamento clássico é profundamente importante na TFC, e apontamos isso para os clientes, explicando como todos os tipos de estímulos podem passar a ativar diferentes sistemas emocionais motivacionais e corporais. O que também é importante é como os genes e a experiência da vida podem sensibilizar detectores de características (Slavich, 2020). Por exemplo, imagine que temos um detector de características para, digamos, cobras, e então você tem algumas experiências ruins com cobras. Isso vai sensibilizar seus detectores de características, e você pode até ter a percepção de que está diante de cobras devido apenas a um leve movimento em algum lugar. Os detectores de características podem ser classificadores muito rudimentares do ambiente, mas poderosos estimuladores de emoções e motivos. Pessoas com transtorno dismórfico corporal têm detectores de características altamente sensíveis e sintonizados com possíveis falhas físicas, e podem checar constantemente a sua aparência. Pessoas socialmente ansiosas têm detectores de características altamente sintonizados com estímulos indicadores de uma possibilidade de criticismo ou rejeição. Quando os behavioristas falam de *dessensibilização*, também estão discutindo formas pelas quais dessensibilizamos os *detectores de características e perfis de resposta* para o estímulo em questão. Também sabemos que mudanças de estado fisiológico vão mudar a sensibilidade do detector de características. Baixos níveis de testosterona podem tornar algumas pessoas menos sensíveis a estímulos sexuais (e mais sensíveis com o aumento da testosterona). Estados cerebrais deprimidos, com níveis reduzidos de dopamina, podem nos deixar menos sensíveis a estímulos positivos e mais sensíveis a estímulos de ameaças.

Uma queixa muito comum de pessoas deprimidas é que elas ficaram *muito mais sensíveis* a, digamos, críticas ou ao sofrimento de outras pessoas. Mais uma vez, é muito útil explicar isso aos clientes, para que eles possam começar a entender como *seus corpos* podem reagir a estímulos de forma tão automática, e para que percebam que, algumas vezes, esses estímulos podem estar abaixo do nível da consciência; eles também podem ter *detectores de características sensibilizados*. Terapeuta e cliente podem, então, colaborar para explorar essa possibilidade, ajudando os clientes a terem consciência do próprio corpo, a desenvolverem a consciência interoceptiva como um processo para entrar em sintonia com seu sistema de detecção de características-resposta e a terem em mente que diferentes mentalidades sociais têm diferentes detectores de características que alertam para a ativação ou o desligamento de certos motivos e emoções. Podemos então explicar como a troca de estados motivacionais (p. ex., para motivos de cuidado) pode mudar esses processos de detecção de características-resposta.

As danças internas. A TFC sugere que as mentalidades sociais que evoluíram para as relações externas também podem ser usadas para as relações internas. Mais uma vez, o exemplo sexual é óbvio. Podemos gerar sinais (fantasias) a partir do interior do nosso cérebro, e eles então estimulam a excitação dentro do nosso cérebro e do nosso corpo. Isso também é verdadeiro para outras mentalidades sociais. Podemos ser sensíveis ao nosso próprio sofrimento, procurando aliviá-lo e trabalhar com ele (cuidado intrapessoal). Quando fazemos isso, estamos acessando os mesmos sistemas fisiológicos desenvolvidos para o cuidado interpessoal. Por exemplo, o traço mais alto de autocompaixão está associado à maior variabilidade na frequência cardíaca (Svendesen, Osnes, Binder et al., 2016). Entretanto, também podemos estar conscientes de nossas decepções, nossos reveses e nossas falhas e lançar ataques de baixo nível na forma de autocríticas hostis (veja o Capítulo 5). Quando fazemos isso, experienciamos as mesmas consequências que enfrentaríamos se houvesse outra pessoa nos depreciando; criamos um dominante hostil (atacando o *self*) e uma relação interna subordinada temerosa (Longe et al., 2010; veja também o Capítulo 5).

O processo crucial da CFT, então, é criar diferentes tipos de danças interpessoais e intrapessoais, de tal forma que possamos nos engajar em relações apoiadoras, úteis e cuidadosas com nós mesmos e com os outros, o que, por sua vez, vai orientar a mente e seus algoritmos fisiológicos de formas que conduzam ao bem-estar. Ou, mais simplesmente, um objetivo fundamental da TFC é *criar conexões de cuidado com o* self *e os outros e recrutar sistemas psicofisiológicos que nos ajudem a abordar as dificuldades e promovam bem-estar.*

Dimensões dos problemas de saúde mental?

Nos últimos anos, tem havido um interesse crescente na ideia de que muitos problemas de saúde mental podem estar ligados a um único processo, algumas vezes chamado de fator p (Caspi, Houts, Belsky et al., 2014). Essas abordagens procuram fugir das abordagens diagnósticas fragmentadoras e oferecer uma compreensão mais coerente dos processos básicos subjacentes. A TFC há tempos defende que existem algumas dimensões básicas subjacentes aos problemas de saúde mental (Gilbert, 1989, 1993). Muitos problemas de saúde mental refletem dificuldades com vários algoritmos *dentro do sistema motivacional e emocional de processamento de ameaças.* Em outras palavras, a maioria dos problemas de saúde mental está ligada a alguma dimensão da ameaça (Gilbert, 1989, 1993; Nesse, 2019). Ao ajudar as pessoas a abrandarem seu domínio de ameaça, a "se sentirem seguras" e a procurarem ser úteis e não prejudiciais a si mesmas e aos outros, você estará fazendo muito para ajudá-las. Esse é um objetivo crucial na TFC e direciona a atenção para formas muito diferentes pelas quais os sistemas de ameaça são regulados. Uma delas envolve recursos pessoais e eficácia para lidar com ameaças, enquanto a outra se relaciona à disponibilidade de apoio, cuidado e ajuda de outras pessoas. Tais recursos de enfrentamento podem se originar de vínculos e amizades muito próximos, ou ainda ser provenientes da nossa evolução a partir dos caçadores-coletores, das "comunidades de cuidado", das conexões sociais de cuidado e do que algumas vezes é referido como capital social. Não apenas as relações de cuidado são uma fonte de regulação de ameaças, mas a ausência delas ou o medo de desconexão social representam problemas. Essas são duas dimensões essenciais (recursos pessoais e recursos sociais) na TFC (veja o Capítulo 3). Ainda resta saber em que grau elas podem operar como "fatores p".

Três emoções funcionais das nossas três tarefas da vida

As motivações geram e guiam as emoções. A maioria dos teóricos e pesquisadores *vê as emoções* como algoritmos básicos que estimulam padrões fisiológicos que orientam a atenção e guiam os comportamentos (Greenberg, 2015; Keltner, Oatley, & Jenkns, 2018). Muitas *emoções de ameaça* surgem ativadas de forma relativamente espontânea pelo ambiente, porque um sistema de ameaça lento logo se extinguiria. Outras emergem lentamente e podem ser acentuadas ou atenuadas por eventos variáveis. Consequentemente, há muitas complicações para uma visão simples das emoções. Além disso, as emoções estão associadas a vários e complexos processos cognitivos e construções sociais (Keltner et al., 2018). No entanto, é clinicamente útil ter mapas do processo. O "mapa" da TFC agrupa as emoções em termos das *três tarefas básicas da vida mencionadas anteriormente*: 1) prevenção de danos e sensibilidade a ameaças; 2) procura de recursos para sobrevivência e reprodução; e 3) acomodação em estados de descanso e conexão. Uma ilustração diagramática é apresentada na Figura 2.4, algumas vezes referida como modelo de três círculos da regulação emocional.

Emergindo das *três tarefas básicas da vida*, estão os três tipos de emoção, que evoluíram primariamente para:

1. *Detectar e responder a ameaças e perdas.* As emoções do sistema de defesa incluem medo, ansiedade, raiva, aversão e "desligamento". Elas podem ter diferentes funções em diferentes contextos. Por exemplo, raiva frustrada é diferente de raiva vingativa ou raiva invejosa. A aversão originalmente se desenvolveu para expelir substâncias nocivas e proteger o indivíduo de contaminação por substâncias ou processos prejudiciais; também está associada àquilo de que desejaríamos nos afastar ou nos livrar (Rozin, Haidt, & McCauley, 2008). Também podemos rotular as pessoas como "nojentas". Tristeza é uma emoção associada à perda e está frequentemente vinculada a motivos e emoções de "anseio", embora o anseio não seja tão bem descrito na literatura.

Muitos pesquisadores sugeriram pelo menos três tipos de defesa *comportamental*, considerando que: 1) *ativação* é o sistema de luta-fuga; 2) inibição *comportamental* é ficar imobilizado, desmaiar ou se fingir de morto — ambas são preponderantemente respostas defensivas de curta duração; 3) *desmobilização-desligamento* está associada à perda do comportamento explorador (literalmente, ter menos mobilidade) e pode ter longa duração. Ameaças e perdas que não podem ser gerenciadas em curtos períodos de tempo e/ou indivíduos que estão presos em situações aversivas podem alterar a defesa de ativação para desmo-

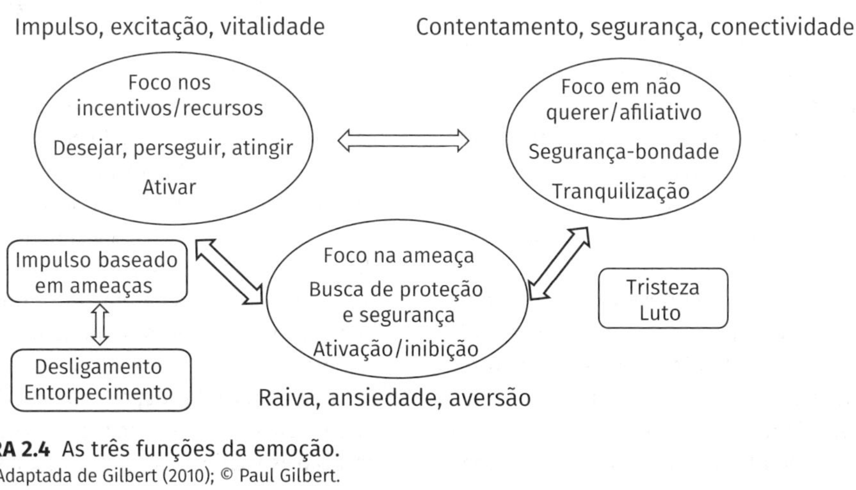

FIGURA 2.4 As três funções da emoção.
Fonte: Adaptada de Gilbert (2010); © Paul Gilbert.

bilização (como em estados de desamparo e derrota). Isso pode ser experienciado como estados de desligamento, com uma sensação de estar "entorpecido" e desconectado, e estados de perda de emoções positivas relacionadas à busca por recursos. Na TFC, a tristeza e o processo de luto, particularmente relacionados a danos no passado, podem, na verdade, desempenhar um papel central na recuperação (veja o Capítulo 9).

A ativação do sistema de ameaças pode interromper a busca por recursos e emoções positivas, apesar de a excitação ser uma forma de ameaça controlável. Um animal que procura alimento precisaria desistir disso muito rapidamente caso seu predador aparecesse. Primatas subordinados tentando relações sexuais precisarão desistir muito rapidamente se o dominante os ameaçar. O comportamento lúdico e explorador é encerrado diante de ameaça. Para muitos clientes, é o sistema de ameaças que pode estar mantendo os outros sistemas motivacionais e as emoções sob controle inibitório (Gilbert, 1993).

2. *Detectar e responder a oportunidades de aquisição de recursos.* As emoções aqui mantêm o *comportamento de aproximação,* bem como a aquisição e o controle dos recursos que promovem a sobrevivência e a reprodução — por exemplo, a procura e o consumo de alimento e o engajamento sexual. De modo geral, essas são consideradas recompensas positivas ou recursos associados à *ativação* de emoções positivas, como admiração, surpresa, alegria, prazer, orgulho e humor (Keltner et al., 2018). No entanto, alguns indivíduos podem temer certas emoções positivas (Gilbert, McEwan, Catarino, Baiao, & Palmeira, 2014). O processo de dessensibilização e engajamento gradual pode ser útil.

   É importante distinguir entre os diferentes tipos de emoções positivas, pois elas são fisiologicamente diferentes e requerem tipos diferentes de intervenções. Emoções hedônicas são primariamente aquelas focadas em prazeres sensoriais e ganhos. Se os clientes perderam a capacidade de experienciar prazeres sensoriais como comer, andar ou fazer sexo, eles podem se tornar um alvo para intervenções comportamentais conscientes. As pessoas também podem se tornar excessivamente focadas em desejar esses prazeres ou excessivamente hedonistas, só querendo desfrutar de bons momentos.

   Os prazeres sensoriais são diferentes daqueles decorrentes de *conquistas*, particularmente se houve dificuldades e o indivíduo sente que as superou. Essas emoções estão associadas a excitação, vitórias, ganhos, etc. Ligadas a elas estão as emoções associadas a adquirir, manter e controlar recursos. Elas podem ter curta duração, ser aditivas e ser a base do desejo e da ganância. Alguns clientes experienciam uma perda da habilidade de obter alegria com suas conquistas porque esse sistema é atenuado. Um terceiro tipo de prazer no comportamento de busca é denominado *eudemônico.* Ele está relacionado a fazer coisas que são significativas. Por exemplo, os últimos poucos quilômetros de uma maratona podem não ser nada agradáveis, mas a conquista é. Muitas experiências de "ação" não são agradáveis sensorialmente no momento de fazê-las, como fazer uma cirurgia intestinal ou mesmo psicoterapia (trabalhar com o sofrimento), mas elas nos proporcionam *emoções positivas* de satisfação, propósito e significado ao ajudarmos as pessoas. Portanto, a emoção de satisfação ou mesmo orgulho pode se originar de ações que não são necessariamente agradáveis "de fazer" nem ativam o vago (veja o Capítulo 10). Esse é outro exemplo em que distinguir emoção de motivo é muito importante.

3. *Detectar e responder a oportunidades de descanso e conexão.* Mais uma vez, não há uma emoção específica associada a esse sistema

de regulação emocional. Essas emoções tendem a ser vivenciadas como tranquilidade, calma, contentamento, paz, ludicidade e segurança social. Elas podem desligar o modo predefinido, o qual está primariamente focado no pensamento e na ação (Cordaro, Brackett, Glass, & Anderson, 2016). A evolução recrutou o sistema de descanso e conexão para muitas funções diferentes. Uma é a capacidade de ser acalmado pelos comportamentos de cuidado dos outros. Consequentemente, o sistema também fornece a fundamentação para uma base segura (veja o Capítulo 3) e, sobretudo, contribui para o desenvolvimento da coragem, pois mantém o sistema de ameaça administrável. Esse é um bom exemplo de como diferentes sistemas emocionais na verdade se misturam e corregulam uns aos outros.

Misturas. Embora sejam descritos como "entidades" separadas, eles são obviamente processos dependentes de redes neuronais complexas e interativas que se misturam e corregulam umas às outras. Por exemplo, estados de excitação estão parcialmente ligados à ansiedade gerada por ameaças controláveis e à "alegria". Os comportamentos lúdico e explorador estão parcialmente ligados ao impulso e à sensação de sentir-se seguro com curiosidade e alegria. Embora muitas das nossas emoções difíceis e relacionadas à ameaça não sejam experienciadas voluntariamente, dedicamos tempo planejando conscientemente fazer coisas que gerem emoções agradáveis, como satisfação, significado, alegria, diversão, prazeres sensoriais, excitação e um sentimento de sucesso.

Diferentes emoções acompanharão diferentes motivos e processos. Por exemplo, em sua maior parte, a aversão evoluiu para lidar com substâncias tóxicas, afastar-se delas e expeli-las, se ingeridas. A aversão não é uma emoção útil quando experienciamos um leão em ataque. Desejo e certos tipos de excitação corporal são ativados por sinais sexuais, e geralmente não por refeições *gourmet*. Portanto, embora existam três dimensões gerais das emoções, isso não impede que existam emoções específicas para motivos específicos, porque o contexto é central.

Conflitos motivacionais. Está claro que as diferentes tarefas da vida apresentam às formas de vida importantes conflitos entre aproximação e esquiva. Por um lado, os sistemas motivacionais para prevenção de danos ajustam a atenção e avaliam a ameaça, como lesão física, predação, ataques dominantes, perder-se, rejeição e, nos humanos, vergonha, enquanto os impulsos de procura e as tarefas da vida (e os sistemas emocionais funcionais) orientam os animais a correr riscos, sair e encontrar alimento, competir com outros e disputar o seu lugar social, formar laços afiliativos, procurar e se envolver com parceiros sexuais e cuidar da prole. Esses conflitos são vividos de formas muito sutis na vida cotidiana, conforme revelado por estudos sobre a aderência ao distanciamento social — o conflito entre duas motivações evolutivas básicas: as necessidades de afiliação, particularmente em momentos de estresse, e a prevenção da doença. Young, Brown e Sacco (2020) destacam a importância da compreensão desses conflitos motivacionais para o planejamento de abordagens baseadas em evidências voltadas à regulação do comportamento social para conter uma pandemia. Os conflitos motivacionais não são conflitos de escolhas apenas entre dois, mas entre múltiplos sistemas motivacionais — por exemplo: o grau em que o distanciamento social compromete as necessidades econômicas das pessoas; o grau em que as culturas são coletivas e a não conformidade está associada à vergonha; o grau em que os indivíduos dentro das culturas são antiautoritários e, por uma questão de princípios, vão escolher não obedecer às autoridades; e o grau em que os indivíduos não confiam nas autoridades, adotam uma posição antivacina e confiam em fontes de informação locais em vez de nas científicas. Também é importante o papel da influência social sobre os valores e a identificação grupal, bem como a criação de diferentes tipos e pressões nos conflitos motivacionais (Tunçgenç et al., 2021). Em séculos passados, as pandemias foram associadas com atos de Deus e costumavam levar as pessoas de volta à religião, evidenciando que as crenças culturais desempenham papéis importantes na forma como as pessoas percebem e respondem a várias ameaças (Phillips, 2020). Embora a pandemia também tenha gerado uma considerável demonstração de coragem compassiva para com familiares, amigos e estranhos, infelizmente os motivos sociais e as mentalidades tendem a ser contextuais, e não está claro se o aumento da compaixão no controle de doenças, na conscientização da nossa fragilidade e na necessidade de relações de cuidado se traduzirá no reconhecimento da necessidade de compaixão e cooperação em áreas como mudanças climáticas, justiça social, negócios e política (Gilbert, 2021). A lentidão do Ocidente para garantir que países menos desenvolvidos possam obter vacinas não é um bom sinal.

Trabalhando clinicamente, portanto, é sempre importante entender que as pessoas têm motivos múltiplos, motivos conflitantes e crenças, e que, às vezes, pode ser útil ajudá-las a abordar esses conflitos direcionando-se para uma posição compassiva e mais integrada. Portanto, os terapeutas ajudam os clientes a articularem a natureza e as formas de sua mente em conflito e a compreenderem que ter uma mente altamente conflituosa não é culpa deles, pois é assim que as mentes são constituídas (Gilbert, 2000b; Hood, 2011).

Observe também que o condicionamento clássico é um modelo muito importante para a compreensão do conflito emocional. Por exemplo, crianças que são punidas e então mandadas para ficarem sozinhas no seu quarto (esse comportamento é raro, se é que existe, nas sociedades caçadoras-coletoras) vão experienciar medo, rejeição e também solidão. Emoções que se ativam juntas permanecem juntas, de tal modo que o medo do conflito pode estar associado à solidão. Muitos behavioristas defenderam que, se as crianças são punidas por demonstrarem raiva, o que produz ansiedade e sofrimento, então, quando elas experimentarem sinais corporais de raiva, isso vai ativar a ansiedade e a antecipação da punição (para uma revisão, veja Gilbert, 1992). Destacar e identificar as possíveis raízes do condicionamento clássico no conflito emocional pode ser muito útil para os clientes, além de revelar claramente por que certas formas de tolerância e exposição podem ser úteis. A TFC sempre acrescenta que a exposição no contexto de uma relação apoiadora é mais fácil, em parte, porque é assim que os mamíferos evoluíram (com sistemas de apego) para regular o processamento de ameaças (Gilbert, 1989; veja também o Capítulo 2).

Um tipo diferente de mistura se dá entre prazeres e significado. Por exemplo, se você está ansioso para uma festa com amigos, mas então outro amigo liga claramente angustiado e pede para vê-lo, qual comportamento você escolhe? É possível que, seis meses depois, você fique satisfeito por ter desistido de sua noite prazerosa para ajudar seu amigo, porque agiu em sintonia com um valor mais elevado, não com um princípio de prazer. De fato, ao longo da vida, enfrentamos muitos conflitos e tomamos todo tipo de decisões que exigem que deixemos de lado alguns motivos e emoções. Às vezes, ignoramos emoções de ameaça (e corremos riscos), mas às vezes desistimos de prazeres e outras vezes desistimos de descansar e digerir, arriscando-nos a trabalhar até a exaustão para alcançar algum outro motivo ou objetivo. Essas nuances são resultado da necessidade de resolver conflitos e das diferentes forças que nos impulsionam a agir.

Uma maneira típica de ajudar os clientes a explorarem e trabalharem com conflitos é criar condições que facilitem sua clara diferenciação e discriminação. Aqui você pode organizar "diferentes cadeiras" para diferentes aspectos de um conflito. Por exemplo, para o conflito anterior, em uma cadeira, poderia estar a parte de você que quer ir à festa, e podemos examinar os sentimentos, os pensamentos, os comportamentos e as memórias. Em seguida, podemos trocar para a outra cadeira, onde está a parte que quer ajudar um amigo. A chave na TFC é usar uma cadeira de compaixão para reconhecer o conflito e ajudar na resolução da ação. Em essência, o *self* compassivo assume a perspectiva de uma terceira pessoa em relação ao conflito. Ajudar uma pessoa a adotar a perspectiva de uma terceira pessoa pode ajudá-la a se desidentificar do conflito, desenvolver sabedoria e gerar percepções mais úteis (Grossman et al., 2021).

Podemos ajudar os clientes a reconhecer que todos os dias estamos no processo de tomar decisões pequenas e grandes sobre conflitos: se devemos correr ou assistir à televisão, qual restaurante escolher, se devemos ir para a cama ou trabalhar em um projeto mesmo estando cansados. E então há os grandes conflitos, como ficar em um relacionamento ou sair dele, permanecer em um emprego ou pedir demissão, revelar vergonha ou mantê-la em segredo, ser assertivo, mas correr o risco de desafiar o relacionamento, ou ser submisso e correr o risco de não ser ouvido e ser marginalizado. Além disso, alguns dos conflitos têm origem no inconsciente (Bargh, 2017). Na maioria dos casos, no entanto, ser capaz de articular separadamente os dois lados do conflito e então se afastar dele na posição de uma terceira pessoa, como uma mente compassiva ou uma imagem compassiva, possibilita a emergência de novas perspectivas e apoia a integração. Na resolução do conflito, há sempre uma perda e uma minimorte. Se você escolhe se casar com Fred em vez de Tom, ou estudar música em vez de medicina, o potencial da vida não escolhida se tornou uma minimorte. Aceitar isso pode ser difícil para pessoas que se preocupam com cometer erros e viver com arrependimento. Já que caminhos diferentes não podem ser vividos e comparados, esse é um aspecto fundamental da nossa existência — não apenas a escolha do que viver, mas a escolha do que deixar de lado, o que deixar morrer. "Talvez eu devesse..." Assim, a terapia pode envolver ajudar as pessoas a entenderem que aceitar a perda de possibilidades é fundamental para viver. Também pode ser um domínio para ajudar as pessoas com compaixão no processamento da tristeza e do luto — quando elas se derem conta de que, de fato, algumas vezes, realmente tomam más decisões.

Tristeza, entorpecimento e desligamento. A Figura 2.4 foi adaptada das primeiras versões com a adição de duas diferentes dimensões centrais para a nossa experiência emocional: tristeza/luto e desligamento (associadas a estados de sentimentos como anedonia, entorpecimento e perda de sentimento positivo e interesse). Sempre foi um pouco complicado definir se a *tristeza* se enquadra no sistema de ameaças ou se está ligada ao sistema tranquilizador de descanso e conexão. Há defensores de ambas as posições. Isso é discutido mais detalhadamente no Capítulo 6. Parte da questão é que, às vezes, chorar e receber conforto cria uma mudança nos sistemas fisiológicos e pode ser experienciado como tranquilizador. Em outras palavras, as pessoas podem perceber que se acalmam e se acomodam depois que choraram, e saber que existe alguém com quem podemos chorar pode servir como um sinal de porto seguro. Luto é diferente de tristeza, pois é um processo que pode envolver as emoções de ameaça, como raiva e ansiedade, além da tristeza ao longo do tempo.

Esses estados emocionas (tristes) também são muito diferentes da perda dos sentimentos, "anedonia", em que o indivíduo entra em depressão relacionada a estados de desligamento, desamparo e derrota. Suas formas mais leves são descritas como *sentir-se entorpecido* ou ficar entorpecido depois de um período de estresse intenso. Em seu álbum *Fundamental*, a dupla musical The Pet Shop Boys escreve sobre "querer sentir-se entorpecido para escapar da dor, não tendo que sentir nada". Entorpecimento parece ser diferente de anedonia e tristeza. Conversando com veteranos de guerra e, mais recentemente, com a equipe clínica que vem trabalhando em enfermarias da covid-19, testemunhando muita morte e tragédia, percebo que a forma como eles discutem o entorpecimento e simplesmente querer "se desligar de tudo", ou sentir-se "esgotado", é diferente da desesperança ou do afastamento da depressão derrotada. Também não é como a dissociação, pois é um desejo ativo e consciente de fugir da dor. Diferentemente da tristeza, que pode ser um sentimento intenso, o entorpecimento é uma perda dos sentimentos. Isso significa que, às vezes, é importante sermos capazes de facilitar uma elaboração da tristeza e do luto (que também pode envolver raiva) *como uma forma de ajudar as pessoas a saírem do desligamento e do entorpecimento*. Isso porque uma perda não resolvida e a desconexão podem estar, em parte, motivando estados de desligamento. Os clientes e, algumas vezes, os terapeutas podem confundir sentimentos crescentes de tristeza, quando eles estão saindo de estados de desligamento, com "estar piorando". Na verdade, alguns diagnósticos psiquiátricos confundem tristeza com depressão.

Também é importante a identificação gradual de pequenas recompensas ou prazeres sensoriais que possam estimular o sistema de ação. Podemos trabalhar colaborativamente para desenvolvê-los, possibilitando ao cliente *insights* sobre como o sistema de acionamento funciona, como ele é estimulado e como ele é encerrado. Um cliente gostava de pintar, mas havia desistido. O primeiro passo foi simplesmente pegar algumas tintas e brincar com elas um pouco, sem fazer nenhuma pintura nem tentar gerar algum sentimento em particular, mas apenas ser observador e, então, gradualmente, pegar alguns pincéis e misturar algumas tintas. As hierarquias comportamentais do engajamento positivo podem ser extremamente úteis para alguns clientes, e, ao mesmo tempo, você estará ensinando habilidades de *mindfulness*. Como eles estão equipados com a psicoeducação dos três tipos de sistema emocional, que estão tentando mudar, isso dá uma orientação mais fisioterapêutica para o que estão fazendo.

Padrões emocionais e estados cerebrais. Os estados cerebrais representam mudanças na organização e na relação entre os diferentes processos biopsicossociais. A Figura 2.5 oferece uma representação esquemática de um estado cerebral deprimido. Depois que os clientes entenderem a natureza do modelo emocional dos três círculos, você pode mapear a sua experiência no modelo. Alguns

FIGURA 2.5 Estados cerebrais e padrões das funções associadas a estados depressivos.
Fonte: © Paul Gilbert.

clientes acham isso extremamente útil para compreender o que está acontecendo na sua mente. Você pode explorar tanto as razões evolutivas quanto as sociais para essas mudanças no estado cerebral. Com orientação, os clientes podem começar a pensar em como trabalhar com cada um dos diferentes sistemas de regulação emocional. Isso faz parte do que chamamos de *função de diferenciação e consciência da mente*.

É crucial trabalhar na inversão dessas flechas, para que as pessoas comecem a: 1) mudar a disposição para emoções de ameaça elevada; 2) aumentar as emoções positivas associadas à ativação de atividades prazerosas, gratificantes, agradáveis e significativas (como desenvolver melhores conexões sociais, focar em prazeres sensoriais conscientes, conquistas e criatividade); e 3) entender a natureza do sistema de tranquilização e ancoragem e sentir-se mais conectadas, de maneiras que estimulem e equilibrem o sistema nervoso autônomo e outros sistemas relevantes.

Funções, forma e contextos da emoção. As habilidades essenciais para qualquer terapeuta são *análise funcional e forma*. Elas são aplicadas a motivos, emoções e crenças, uma vez que cada uma terá funções e objetivos e pode ser expressa de formas específicas. Para exemplos, veja: Capítulo 4, Figura 4.4; Capítulo 5, Figura 5.3; e Capítulo 6, Figura 6.3. *A análise funcional é também a análise da motivação*, já que ela é uma exploração das razões pelas quais as pessoas pensam, sentem ou se comportam da forma como o fazem. A TFC usa a *análise funcional* para ajudar os clientes a obterem *insight* (consciência mental) das funções e dos contextos das suas emoções — por exemplo, *como* elas são experienciadas e expressas nas relações íntimas em contraste com, digamos, relações com estranhos. Para a raiva, ajudamos os clientes a distinguirem entre raiva frustrada, raiva vingativa, revolta, raiva por *status*, raiva invejosa, medo da raiva, etc. Isso porque a TFC examina os motivos por trás de *uma emoção*, que então se liga aos impulsos para ação (o que pode ser temido). Isso é semelhante para a ansiedade, embora as diferentes funções da ansiedade sejam muito mais pesquisadas e delineadas, como as funções da ansiedade social, da ansiedade hipocondríaca, dos transtornos compulsivos e assim por diante. A ansiedade, assim como a raiva, não é uma dificuldade única. Muitas terapias reconhecem que emoções evitadas causam problemas (Greenberg, 2015). Greenberg (2015) e Leahy (2019a,b) sugerem que, assim como as pessoas fazem interpretações de eventos externos, também fazem interpretações e têm crenças sobre eventos internos, especialmente emoções, fantasias e desejos. Na sua abordagem, há uma ênfase na validação, em dar sentido às emoções, normalizar as emoções, expandir e diferenciar as emoções, ligar emoções a significados, expandir significados, modificar crenças sobre a duração e a falta de controle das emoções e aumentar a aceitação de emoções mistas, conflitantes e misturadas (veja também o Capítulo 18). As terapias psicodinâmicas têm estruturas explanatórias um pouco diferentes, mas destacam as mesmas questões, que as pessoas podem ser altamente defensivas contra experienciar emoções, memórias e fantasias em função de como percebem seu significado, de como o ego as interpreta. O que distingue a terapia cognitiva da psicodinâmica é o grau de percepção inconsciente e como a terapia precisa trazer para a percepção consciente o que é inconsciente.

Em face da evitação e do medo, é importante especificar exatamente o que é evitado e por quê. Como muitos teóricos observam, frequentemente não é a emoção em si, mas as consequências associadas a uma emoção que são o problema. Elas podem ser classicamente condicionadas. Algumas pessoas temem experienciar ansiedade porque acham que isso as mataria, ou que perderiam o controle da ansiedade e seriam ridicularizadas. Uma pessoa que está preocupada com a ansiedade porque acha que isso poderia matá-la pode ficar ansiosa em qualquer contexto, particularmente se estiver sozinha. Um indivíduo que teme a ansiedade porque tem medo de perder seu controle intestinal pode sentir ansiedade apenas em um contexto social e *buscar* ficar sozinho quando ansioso. Outros temem a raiva porque se preocupam que possam se tornar perigosos ou antipáticos. Algumas pessoas ficam alarmadas com certas fantasias sexuais ou agressivas. Ajudar os clientes a entenderem por que e como o cérebro é enganoso e pode gerar essas emoções e fantasias sem a nossa concordância pode ser muito útil (Baer, 2002). É importante, portanto, distinguir entre o medo de experienciar e o medo de expressar uma emoção (Gilbert, McEwan, Catarino, & Baião, 2014).

Insight, "saber" e uma tríade de competências cognitivas humanas como modificadores do jogo evolucionário

Na terceira posição das principais funções psicológicas, temos as chamadas *competências*. Elas são habilidades para executar ações. Por exemplo, os pássaros precisam de asas para voar e um cérebro para navegá-las. Usamos nossas pernas para nos movermos, mas precisamos de um cérebro para movimentá-las com competência para não cairmos. Diferentes espécies apresentam diferentes formas de competências sensoriais. Os morcegos e os golfinhos têm a ecolocalização; nós não. O camarão mantis enxerga muito mais cores do que nós somos capazes de ver. Nós, no entanto, nos sobressaímos nas *competências cognitivas. Elas foram primariamente desenvolvidas pela evolução do neocórtex, que ocupa aproximadamente 70% do cérebro, e foram as modificadoras do jogo no processo da evolução.* Alguns algoritmos simples para o comportamento sexual em uma mente humana podem resultar na indústria da moda, na contracepção, nas agências de encontros e na pornografia. Quando *procuramos recursos*, nosso comportamento é governado por motivos altamente abstratos, como a busca de uma carreira, que depende da educação precoce, da habilidade de aprender conceitos complexos com os outros e de estudar, do apoio de professores e colegas e do tipo de aprendizado disponível na cultura. Física nuclear não era uma opção 500 anos atrás. Entretanto, embora os planos e os comportamentos reais sejam extraordinariamente complexos e possam operar durante a vida toda, o motivo ainda é, em grande parte, a *aquisição de recursos e status*. Para os humanos, há uma dimensão adicional da busca de significado.

Há evidências crescentes de que foi a evolução do *comportamento de cuidado* que estabeleceu as estruturas e plataformas para a evolução de algumas das nossas competências cognitivas complexas e da inteligência social (Uomini et al., 2020). Embora a evolução das nossas competências cognitivas seja diversa, uma heurística útil é agrupá-las em três grupos de competências cognitivas por função. Isso torna possível identificar tipos específicos de competências e combiná-los com tipos particulares de intervenções. Eles não visam a ser excludentes. A Figura 2.6 apresenta uma visão geral e indica como essas competências são direcionadas, mas também texturizadas e orientadas, por motivações e emoções básicas. Cada competência nomeada *representa agrupamentos de subcompetências*.

1. Raciocínio não social: há *tipos de raciocínio e imaginação* que nos possibilitam entender e ter *insights* sobre as causalidades complexas, as relações sistêmicas e "como as coisas funcionam". Somos um símio pensante (Byrne, 2016). Central para essa competência é a habilidade de criar representações mentais que oferecem oportunidades para a percepção das conexões entre as coisas. Por exemplo, em vez de comer as sementes, nós as plantamos para o ano seguinte. Byrne (2016) chama isso de *insight* e descreve como ele é fundamental para a inteligência. Podemos pensar sobre o passa-

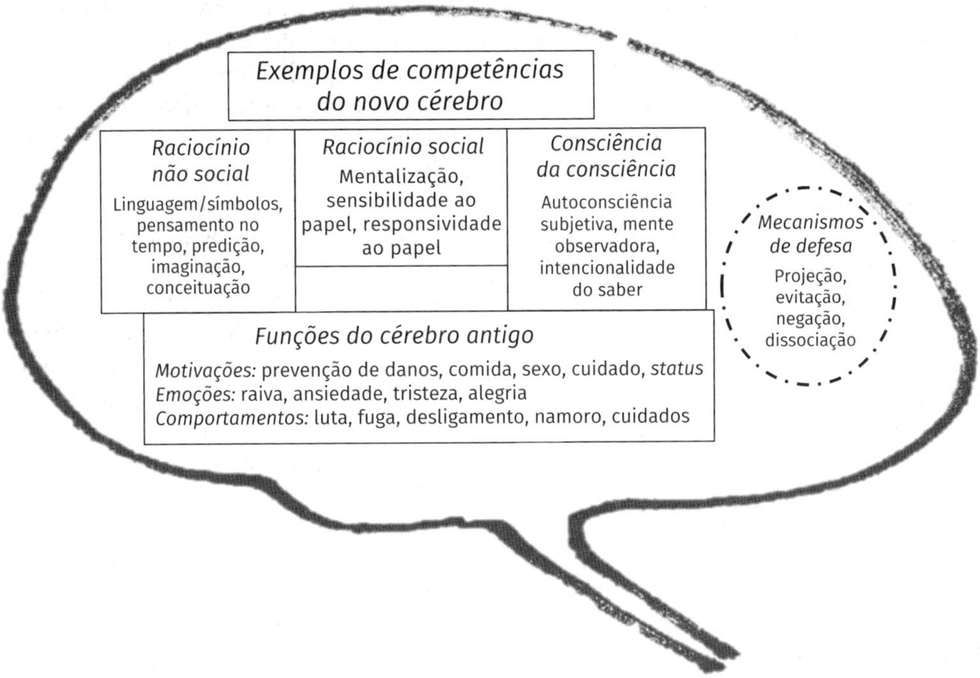

FIGURA 2.6 Exemplos de competências do novo cérebro interagindo com funções mais antigas.
Fonte: © Paul Gilbert.

do e o futuro e planejar não apenas dias, mas anos à frente (Suddendorf, 2018). Podemos imaginar e fazer simulações na nossa mente do tipo "e se...", "suponha que..." e "imagine isto...". Podemos ligar ações imaginadas a resultados imaginados em um *se* A, *então* B: se eu lascar esta pedra, então ela vai ficar afiada; se ela ficar afiada, então serei capaz de fazer uma lança, e então poderei caçar; se eu tiver sucesso, então vou alimentar minha família; se eu falhar, então minha família vai ficar com fome — portanto, preciso afiar esta pedra.

Steven Hayes, desenvolvedor da ACT, ficou fascinado com a evolução da linguagem como um processo crucial para a evolução do pensamento e do senso de "*self* e outro". Ele a denominou teoria das molduras relacionais (RFT, na sigla em inglês) (Hayes et al., 2006; De Houwer, Hughes, & Barnes-Holmes, 2016). Sua essência é que a linguagem e o uso de símbolos possibilitam um conjunto extraordinário de competências para criar e entender as relações entre processos, objetos, eventos, conceitos e períodos de tempo (Suddendorf, 2018). Também podemos discriminar entre o agora e o depois, o aqui e o lá. Já que temos palavras para (dizer) azul, maçã, graveto ou física nuclear, podemos discriminar entre eles e comunicar claramente as informações a seu respeito. Como os filósofos apontaram, a existência de substantivos, adjetivos e advérbios possibilita uma capacidade extraordinária para diferenciação de fenômenos no mundo e suas relações. Consequentemente, destaca Hayes, a linguagem oferece dimensões radicalmente novas de aprendizagem associativa de uma ordem muito superior.

Ao desenvolver seu influente modelo da teoria dos construtos pessoais, George Kelly (1963) enfatizou que a linguagem possibilita descritores ao longo de dimensões bipolares. Posso descrever meu comportamento ao longo das dimensões de, digamos, rápido-lento, entusiasmado-relutante, gentil-rude, interessado-negligente e incontáveis outras. Uma mente como essa pode criar mapas complexos de redes interconectadas de relações em torno de dimensões de descrição. Kelly (1963) e Hayes et al. (2006) destacaram que as redes complexas de associações nas molduras relacionais que construímos também podem ser uma fonte de dificuldades, porque elas emergem e são reguladoras de motivos básicos, necessidades e emoções. Em essência, respondemos a nossas criações a partir da linguagem, dos "construtos pessoais" e de crenças nucleares como se fossem reais (a denominada fusão).

Como observam Hayes et al. (2006) e outros, a evolução da linguagem foi um processo corregulado e coevoluído de apoio à cooperação e às novas formas de engajamento social. Portanto, uma função crucial da evolução da linguagem é *a comunicação social*. Nossas competências para "'usar a linguagem para pensar" dependem muito de como a linguagem é usada como um processo comunicativo, de como conversamos e sobre o que conversamos uns com os outros. Muitas espécies criam sinais de áudio para comunicação de informações, mas não conseguem criar os sons necessários para uma linguagem descritiva falada. De fato, a linguagem não dependeu apenas da evolução de processos corticais, mas também da evolução de mudanças complexas, por exemplo, na caixa de voz, indicando que foi a *produção de linguagem* para comunicação que foi crucial na sua evolução. A linguagem evolui porque apoia a comunicação social, e, em sua maior parte, a comunicação social apoia a cooperação e o compartilhamento de informações. Isso é importante porque é a comunicação que é central. Por exemplo, pessoas surdas têm habilidades cognitivas igualmente competentes e, quando têm um meio de comunicação compartilhado (linguagem de sinais), conseguem comunicar conceitos complexos sem jamais ouvir a linguagem falada. Aprendizagem e pensamento emergem como resultado de atos de comunicação cooperativos compartilhados que são comunicados. A linguagem possibilita o ensino e o compartilhamento com os outros, e não só para raciocínio interno. É uma base central de um cérebro social que possibilita o acúmulo de conhecimento geração após geração.

Nossa mente e nossos valores são socialmente construídos, e podemos nos assustar ou nos acalmar com o que dizemos. Podemos, por exemplo, inventar histórias sobre bruxaria e então ficar paranoides e procurar queimar as bruxas. A linguagem cria mundos imaginados que podem ser úteis ou aterrorizantes. No entanto, não é apenas o conteúdo que nos influencia emocionalmente. Os tons de voz, as expressões faciais e os gestos em torno da linguagem também são essenciais para comunicar significado e como experienciamos o que nos é dito. Isso levanta uma questão muito importante que se liga à *confiança social* e ao grau em que confiamos no que as pessoas nos dizem. Isso, por sua vez, depende de inúmeros fatores históricos (Fonagyy et al., 2019). Quando somos *autocríticos*, o tom da crítica é tão crucial quanto o que é dito para determinar como nos sentimos (veja o Capítulo 5). Quando nos engajamos em autodiálogo, estamos experienciando as interações de diferentes partes de nós mesmos se comunicando. Tirch, Schoendorff e Silberstein (2014) exploraram algumas das interações entre esses conceitos da ACT e a TFC.

Baron-Cohen (2020) sugere que nossas competências cognitivas para ver e criar conexões entre os processos não são passivas, mas que ativamente *procuramos* e criamos padrões e conexões entre as coisas. Algumas dessas conexões criativas não são reais, como ver um rosto em um conjunto de pontos aleatórios. Essa mente que gera padrões também pode ser uma fonte de dificuldades de saúde mental, porque podemos criar padrões ou significado a partir de configurações de estímulos que não são acurados; podemos literalmente ler coisas, por exemplo, em comentários das pessoas em relação a nós que não são reflexos da sua verdadeira intenção. Isso, algumas vezes, também é chamado de *projeção*. Pelo lado mais positivo, essas competências também embasam os motivos para criar algo novo (impulso para a criatividade e a inovação). É possivelmente aqui que tivemos uma vantagem sobre os neandertais. Não estamos esperando passivamente que as coisas ocorram conosco; ao contrário, estamos explorando o ambiente especificamente para descobrir conexões e conscientemente "experimentar", tentar as coisas; essa é a base da ciência, e um elemento da psicoterapia.

Depois que essa competência de "ver conexões" evoluiu e, junto com ela, a habilidade de representá-las internamente e experimentá-las, a aprendizagem e o conhecimento avançaram exponencialmente. Enquanto os chimpanzés conseguem trabalhar o uso de gravetos para pegar cupins ou varetas para arrastar na sua direção coisas que estão fora do alcance, nossos ancestrais passaram rapidamente das ferramentas de pedra para arcos e flechas até armas nucleares. Esse é o resultado de um cérebro pensante muito diferente, que pode acumular conhecimento a uma velocidade exponencial. Esse conhecimento é armazenado com complexidade avançada em uma *narrativa coletiva* que remonta a muitos séculos atrás. Essa é a base para o raciocínio da *mente científica* que colocou as pessoas na Lua e desenvolveu vacinas. Também é a base de histórias coletivas que são vistas como tradições às quais os indivíduos querem pertencer. Elas formam a base para a identidade de grupo (como as religiões) que as pessoas então defendem, mesmo indo para a guerra.

Nesse grupo também está a *imaginação*, que é essencial para a percepção, para a criatividade e para ajudar as pessoas a mudar (Hackmann, Bennett-Levy, Holmes, 2011). Imaginação e visualização são essenciais na TFC, em que as pessoas deliberadamente geram imagens para estimular os sistemas fisiológicos. A excitação sexual é uma imagem óbvia, mas visualizações de compaixão e raciocínio são fundamentais para a TFC. Meditações de amor-bondade dependem delas. Algumas pessoas podem não ser capazes de visualizar e podem experienciar o que é chamado de afantasia (Keogh & Pearson, 2018). Algumas vezes, pode ser útil perguntar "O que é um elefante? De que cor ele é? Quantas pernas ele tem? O que é uma bicicleta? Você poderia desenhá-los, mesmo que muito grosseiramente? O que um elefante tem que uma bicicleta não tem?", e assim por diante. Isso é lúdico, mas pode ajudá-las a explorar, e, caso não consigam visualizar, elas poderão ser capazes de gerar um *senso de alguma coisa*. Isso é algo dimensional, com algumas pessoas sendo melhores do que outras, mas a ideia é convidar as pessoas a explorarem se é útil "sintonizar" com uma sensação e um senso (corporal) impressionista. Assim como a imagem mental sexual, visualizações sem algum impacto "corporal" não são particularmente úteis.

É importante mencionar que, quando as pessoas são capazes de construir algum tipo de "sensação interna" de uma mente e um *self* compassivos, e consequentemente estados mentais/cerebrais, elas podem ter novas percepções da natureza de um problema ou uma questão, o que indica que diferentes *insights* e diferentes formas de consciência surgem em estados da mente compassivos (Gilbert & Bartan, 2018). É, portanto, o desafio terapêutico de criar os estados psicofisiológicos que possibilita *insights* importantes. O potencial terapêutico dos psicodélicos está abrindo novos horizontes para a psicoterapia nessa questão específica de alterar os estados cerebrais para obter novos *insights* (veja o Capítulo 12).

Terapeuticamente, essas competências são utilizadas nas tradições cognitivo-comportamentais de múltiplas maneiras, como para ajudar as pessoas a examinarem as formas pelas quais elas usam o raciocínio dedutivo e indutivo, o encadeamento de inferências e as metacognições, e para auxiliá-las a entender como a terapia pode envolver o direcionamento dos clientes para a observação de pensamentos, a reavaliação, a avaliação de evidências, o treino de atribuição, a solução de problemas e assim por diante. Importante, no entanto, é o fato de que parte do nosso processamento é não consciente, e o que se apresenta e se parece com raciocínio consciente pode ser um engano (Bargh, 2017). Podemos achar que chegamos a uma decisão com base no pensamento racional consciente, mas isso é uma ilusão; nossa mente racional está encontrando explicações de por que sentimos certas coisas como justificativas, e não causas (Haidt, 2001; Hood, 2011). O cérebro humano é um autoenganador (Bargh, 2017; Nesse, 2019). Os psicólogos sabem há muito tempo que, apesar das nossas incríveis habilidades para *insight*, as competências para raciocínio não levam automaticamente à sabedoria ou à racionalidade. De fato, atualmente, há evidências consideráveis de que as formas como "comumente" pensamos são enviesadas e irracionais e podem ser prejudiciais (Grimes, 2019). Uma das razões para isso é que a evolução nos constituiu de *algoritmos de raciocínio e heurísticas* que frequentemente tiram conclusões precipitadas, e, apesar de termos a sensação de que estamos sendo racionais e lógicos, na verdade estamos muito longe disso (Gilbert, 1998b; Hood, 2011). Repetidas vezes, vemos que a utilidade ou o potencial prejudicial de todas essas consequências *dependem dos motivos* que as guiam, dos propósitos aos quais elas são voltadas.

Foi esse domínio de funcionamento, "racionalidade e raciocínio lógico" que tanto os primeiros filósofos estoicos, como Epíteto e Sócrates, quanto os terapeutas cognitivos da atualidade focaram como processos de autorregulação e mudança. Estava muito claro para eles que *racionalidade e sabedoria* dependem de competências cognitivas, mas as pessoas frequentemente tinham que aprender como usá-las. Os primeiros terapeutas cognitivos, Beck, Ellis e Kelly, mudaram o foco da terapia dos conflitos inconscientes da persuasão psicodinâmica, e da criação das condições para mudança, como na tradição centrada na pessoa, para o rastreamento de fluxos conscientes de pensamentos (automáticos), estilos de raciocínio e crenças nucleares. Ellis, na verdade, chamou essa terapia original de *terapia racional emotiva* (posteriormente acrescentando "comportamental" a ela), com uma ênfase no conceito de racionalidade. No entanto, não somos telas em branco, e nossos motivos subjacentes e mentalidades sociais, particularmente para apego, *status*, competição social, pertencimento, tribalismo e sexualidade, é que são os alicerces da mente e podem sequestrar as competências do raciocínio para o bem e para o mal.

2. Raciocínio social/cognição: como mencionado anteriormente, existem agora evidências consideráveis de que o raciocínio social usa algoritmos especialistas diferentes dos utilizados pelo raciocínio não social. Considere como chegamos a decisões sobre nosso relacionamento social. Como raciocinamos quando se trata de atratividade sexual ou da probabilidade de gostarmos ou confiarmos em alguém? Como raciocinamos quando tentamos descobrir o que pode estar causando a aflição de alguém? O que é intuição? Os teóricos da evolução destacaram que essas formas de processamento social não seguem a racionalidade lógica, mas estão baseadas em heurísticas. O raciocínio social, portanto, abrange dois domínios básicos. Um é a interpretação das interações sociais, que pode ser relativamente automática e imediata e depende de estados cerebrais atuais. O outro é a compreensão de que a mente os gera, referida como *teoria da mente*. Ainda estamos começando a entender algumas das infraestruturas hormonais do raciocínio social, como o papel do hormônio ocitocina (Domes, Heinrichs, Michel, Berger, & Herpertz, 2007). A ocitocina não parece assim tão importante para o raciocínio não social. Evidentemente, o raciocínio social será central para a compaixão, e os terapeutas se beneficiarão amplamente ao se familiarizarem com esses domínios.

Raciocínio e compreensão social são explorados em diferentes literaturas do processamento racional. Eles são descritos, por exemplo, como *empatia e mentalização*, para distingui-los do raciocínio não social. A empatia é comumente definida como o compartilhamento e a compreensão da experiência ou do estado da mente de outra pessoa. Ela difere da simpatia, que é mais uma reação pessoal ao estado emocional de outra pessoa (Eisenberg, 2003). Empatia se refere primariamente a duas funções principais; uma delas é denominada *contágio emocional*, pelo qual podemos literalmente experienciar as mesmas emoções que outros. Essas conexões empáticas podem ser bloqueadas se ativarem emoções aversivas difíceis, talvez associadas a memórias traumáticas do receptor. Elas também podem ser bloqueadas se não nos identificarmos ou não gostarmos da pessoa (Hein et al., 2010). O segundo elemento da empatia é denominado *adoção de perspectiva*. Essa é uma dimensão cognitiva deliberada e intencional de tentar ver através dos olhos dos outros, literalmente adotando a sua perspectiva (Eisenberg, 2003). Conversando com minha filha Hannah (veja o Capítulo 13), discutimos que podemos ter *empatia passiva* quando apenas entramos em sintonia e, sem muito esforço, sentimos a mente do outro. Por outro lado, empatia ativa é quando não temos certeza sobre a mente do outro e temos que ativamente imaginar, explorar, fazer perguntas e descobrir. Como a empatia é uma competência, *e não um motivo primário*, ela pode ser usada por motivos úteis e prejudiciais (Bloom, 2017). As competências empáticas podem nos tornar competentes em sermos enganadores, manipuladores e, até mesmo, sádicos.

No entanto, a empatia há tempos tem sido associada a motivos e comportamentos pró-sociais, incluindo a compaixão (Eisenberg & Miller, 1987). A empatia é uma competência extremamente importante da *sabedoria da compaixão*. Podemos ter autoempatia, quando temos uma percepção da nossa mente, bem como empatia pelos outros. A empatia possibilita nos engajarmos e entendermos não só a natureza da nossa aflição e da aflição de outras pessoas, mas também o que provavelmente será útil. Essa é uma habilidade que pode ser cultivada, sendo também uma habilidade central na TFC (veja o Capítulo 8). Também estão se multiplicando as pesquisas sobre a neurofisiologia da empatia, especialmente sobre a importância dos neurônios-espelho como base para a criação de representações internas de outras mentes (Decety, Norman, Berntson, & Cacioppo, 2012). Os neurônios-espelho não parecem tão importantes para o raciocínio não social. O treino em empatia cria mudanças neurofisiológicas um pouco diferentes para treinamentos de *mindfulness* ou de compaixão (Singer & Engert, 2019).

Mentalização é um termo abrangente que inclui a teoria da mente, a empatia, a adoção de perspectiva, a metacognição, a intersubjetividade e a reflexão (Fonagy, Gergely, & Jurist, 2018; Kim, 2015; Luyten et al., 2020). Mais abrangente que a empatia e a intersubjetividade (significado compartilhado), a mentalização adota nossa compreensão científica sobre a natureza da mente para entender nossa mente. Daí a ênfase da TFC na psicoeducação. Fonagy (2006) diz:

> Definimos mentalização como uma forma de atividade mental imaginativa preponderantemente pré-consciente, ou seja, a interpretação do comportamento humano em termos de estados mentais intencionais (p. ex., necessidades, desejos, sentimentos, crenças, objetivos, propósitos e razões). Mentalizar é imaginativo, pois temos que imaginar o que outras pessoas podem estar pensando ou sentindo (p. 4).

Algumas pessoas podem ser cientistas brilhantes, mas não são muito boas em mentalização, e vice-versa. Pessoas com dificuldades relacionadas à síndrome de Asperger, por exemplo, podem ser boas em raciocínio não social, mas acham difícil entender as sutilezas da comunicação social (Baron-Cohen, 2011). Os evolucionistas enfatizaram isso para mostrar que temos diferentes *módulos de raciocínio*, que abordam diferentes tipos de desafios e processamentos *sociais*. Assim, para enfatizar, é por isso que é tão importante fazermos a distinção entre raciocínio social e não social (Gilbert, 1989). A mentalização ocorre quando reconhecemos que os estados mentais são algo que pode ser explorado e que eles têm suas próprias "regras", complexidades e causas.

Entretanto, como temos que usar nossas próprias mentes e nossos próprios sistemas de neurônios-espelho, a mentalização está sempre aberta aos problemas de projeção e negação (veja o Capítulo 4). Isso é especialmente difícil se (devido ao processamento do sistema de ameaças) "lemos" intenção hostil nos outros. Assim sendo, não se trata simplesmente de tentarmos entender a mente dos outros e o porquê de eles fazerem certas coisas, mas do grau em que estamos motivados para fazer isso e também do quão *precisos* somos, em vez de simplesmente projetarmos e fazermos falsas suposições. Essa é uma tarefa terapêutica crucial para muitos tratamentos. É também por isso que a mentalização frequentemente precisa ser ensinada e orientada, tendo se tornado uma terapia por si só (Fongay et al., 2018; Luyten et al., 2020). Pode haver situações em que não queremos mentalizar a intenção da pessoa ou reconhecer a *nocividade* dos outros. Por exemplo, pessoas que estão com raiva de alguém podem não ter muito interesse em tentar compreender mentalmente esse sujeito e suas necessidades. Um terapeuta pode se sentir confortável em mentalizar e entrar na mente de uma pessoa deprimida, mas não na de um pedófilo. Carl Jung associou nossa consciência e a aceitação das nossas sombras (as coisas de que temos medo ou repulsa em nós mesmos) com nosso engajamento no lado obscuro da mente dos outros. Mentalização competente, portanto, significa ser capaz de trabalhar com material da própria sombra sem identificação excessiva. Essa é uma forma de coragem compassiva. Uma forma diferente de *evitar pensar sobre a mente do outro* foi sugerida por Bowlby (1980), que a chamou de *exclusão defensiva*: uma criança se culpa pela raiva do genitor e exclui a informação de que o problema é a mente do cuidador, e não o comportamento do filho. Pode ser intolerável imaginar que esse cuidador é realmente nocivo e mau (veja o Capítulo 3). Esse também é um mecanismo que foi sugerido por certas crenças religiosas.

A mentalização é crucial para todas as mentalidades sociais. Liotti e Gilbert (2011) mencionaram que algumas pessoas podem mentalizar em uma mentalidade social, porém menos em outra. Por exemplo, jogadores de pôquer podem ser bons em certos tipos de consciência dos estados da mente (confiantes *versus* ansiosos) e das intenções de outros jogadores, mas não tão bons, digamos, com o sofrimento emocional em relações íntimas. Os desafios da mentalização, portanto, dependem de diferentes motivos e mentalidades sociais. Nossas habilidades de sermos efetivamente cuidadores dependem da nossa habilidade de sermos sensíveis, de mentalizar e compreender a natureza do sofrimento das pessoas e o que as ajudará. Isso, por sua vez, pode depender da nossa própria experiência. Por exemplo, a habilidade de mentalizar o racismo pode ser difícil se a própria pessoa não o experienciou. De fato, alguns podem propositalmente evitar mentalizar se eles mesmos forem racistas. Mentalizar também pode nos ajudar a reconhecer *quando somos uma fonte de dor para outra pessoa*. Isso pode nos tirar da indiferença insensível ou da inconsciência e ativar a mentalidade social de cuidado, o que, por sua vez, provoca culpa, remorso e desejos genuínos de reparar e evitar fazer de novo (veja o Capítulo 4).

Como indica o trabalho de Fonagy e colegas, há muitas maneiras de ajudar os clientes a *desenvolverem habilidades de mentalização* (Fonagy et al., 2018. Luyten et al., 2020). Diálogos socráticos e descoberta guiada são as mais óbvias, quando o terapeuta simplesmente direciona o cliente para pensar e refletir sobre o que poderia estar acontecendo na sua mente ou na mente de outros. Mas há também processos específicos. A atuação é um deles (veja os Capítulos 7 a 9), e o trabalho com cadeiras é outro (Capítulo 17). Na terapia de casal, podemos facilitar a escuta empática convidando as pessoas a ficarem frente a frente e silenciosamente ouvirem uma à outra por dois a três minutos, e então repetir exatamente o que ouviram e o significado que isso tem para seu parceiro. O parceiro então confirma se isso está de acordo ou não. Na TFC, você também pode convidar os indivíduos a inverterem os papéis (p. ex., em um relacionamento heterossexual), para que o homem assuma a posição da mulher e expresse suas preocupações e seus desejos (e vice-versa) (Yaniv, 2012). Então, depois de algum treino de compaixão, você pode pedir que cada um entre no estado mental compassivo e fale sobre o que gostaria de trazer para o relacionamento, como poderia lidar com os conflitos e como poderia ajudar e apoiar seu parceiro em sua jornada na vida. Quando um parceiro ouve o outro, expressando como genuinamente gostaria de ajudá-lo e apoiá-lo, isso pode produzir uma verdadeira mudança emocional. Os estados da mente compassiva facilitam a mentalização pró-social. Um elemento crucial da TFC é passar da necessidade de se sentir ouvido (autofocado) para a compreensão da natureza da interação das mentes (focado no relacional), e então desenvolver conexões de cuidado. Mais uma vez, vemos a importância da troca da motivação.

Muitas intervenções terapêuticas, como o trabalho com as cadeiras (veja o Capítulo 17) e as técnicas e práticas de atuação (McDonald, Goldstein, & Kanske, 2020), facilitam a automentalização e a compreensão da natureza de seus próprios motivos, emoções e pensamentos/crenças. Nas práticas de atuação, você convida as pessoas a criar e, em seguida, assumir e praticar estar em um papel específico. Assim, por exemplo, os indivíduos podem imaginar um *self* compassivo e, então, como atores, entrar nesse personagem e se transformar nele. Isso facilita a mentalização desse estado mental, mesmo que eles não estejam acostumados a estar nele. Eles podem *imaginar* o que uma mente compassiva poderia pensar ou querer como resultado. Ajudar as pessoas a elaborarem diferentes emoções, como no exercício dos múltiplos *selves* (veja o Capítulo 9), é também uma forma de praticar mentalização. Automentalização significa que começamos a nos entender como produtos de um cérebro evoluído e socialmente coreografado. O conhecimento básico da natureza da mente é claramente um auxílio para a mentalização e a consciência compassiva.

3. Consciência da consciência: nós nos denominamos *Homo sapiens*, sendo que a palavra *sapiens* vem do latim e significa "saber" ou "sábio". Algumas vezes nos chamamos de *Homo sapiens sapiens*, o que significa que *sabemos que sabemos*. Essa é nossa terceira competência, um novo tipo de *consciência da consciência*: podemos ter consciência e *saber* que temos consciência. Siegel (2016) chama isso de *consciência da consciência* e destaca que esse é um dos grandes enigmas sobre a natureza da própria mente. Ele também articula múltiplas formas pelas quais os terapeutas podem utilizar e ajudar os clientes a treinarem essa competência (Siegel, 2018). Vou me ater ao conceito de *consciência*, porque a conceituação e a exploração da consciência são um mistério de grande interesse científico. A consciência provém da, ou é uma propriedade da, consciência. A ligação entre *mindfulness* e consciência é complexa. Algumas abordagens a veem como uma qualidade emergente de sistemas neurofisiológicos complexos (Manuello, Vercelli, Nani, Costa, & Cauda, 2016). Gradualmente, a ciência também está oferecendo a possibilidade de que a consciência possa ser uma propriedade do universo, em vez de (apenas) uma produção da biologia (Harris, 2019). As tradições contemplativas podem ver a consciência como o "fundamento de todo o ser", aquilo que torna possível a forma, mas não tem forma em si mesmo. Isso também é referido como *pampsiquismo* (Seager, 2020). É a *consciência de (ser) consciente* que é profundamente misteriosa. E, independentemente de como isso surgiu, é crucial para a terapia. Ser consciente de ser consciente nos permite começar a ser "observadores conhecedores", capazes de tomar as rédeas da nossa mente. Assim, uma intervenção terapêutica inicial central é ensinar às pessoas como *se tornarem observadoras da sua própria mente*, se desembaraçarem do fluxo de pensamentos e sentimentos e observá-los com curiosidade, coragem e sabedoria (Brown, Creswell, & Ryan, 2015; Gilbert & Choden, 2013; Siegel, 2018). Os animais não são capazes de fazer introspecção ou refletir sobre o sentido da vida, explorar o que sentem e pensam, ou questionar o porquê, mas os seres humanos certamente podem fazer isso.

O *mindfulness* foi introduzido como uma forma de lidar com estresse e depressão e agora é aplicado em muitas áreas da saúde mental (Brown et al., 2015; Gilbert & Choden, 2013; Spjkerman, Pots, & Bohlmeijer, 2016). A TFC ensina como prestar atenção ao que está acontecendo em nossa mente, mas com a moldura de uma compreensão evolucionista dos seus produtos, para que possamos ter mais controle sobre seus resultados. Com esse tipo de consciência, podemos dar um segundo passo, que é a ação intencional. Em vez de sermos passivos e reativos ao que surge em nossa mente, somos proativos, guiados pela intenção de vivermos para sermos úteis, não prejudiciais. Cultivamos o que é útil e não agimos de forma prejudicial. A combinação de *mindfulness* com motivação para compaixão é agora uma parte crescente de algumas terapias (Germeer & Barnhofer, 2017; Germer & Siegel, 2012).

Coletivamente, essas competências *se apoiam e corregulam mutuamente*. Por exemplo, habilidades de mentalização podem nos ajudar a raciocinar e imaginar e podem guiar nossa consciência plena; da mesma forma, o raciocínio ajuda a mentalização, e assim por diante. Pesquisas recentes mostraram que habilidades de *mindfulness*, empatia e compaixão são treinadas diferentemente e influenciam diferentes sistemas cerebrais (Singer & Engert, 2019). Coletivamente, elas dão origem ao que podemos chamar de *intencionalidade do conhecimento* (Gilbert, 2018, 2020a). O saber emerge da consciência (Siegel, 2018). Portanto, a intencionalidade do saber também emerge do conhecimento consciente. Não se sabe se alguma outra espécie consegue se engajar em motivos conscientemente dessa maneira. Os leões têm claramente a intenção de caçar e matar sua presa, mas não com o *entendimento* consciente. Eles não conseguem repentinamente decidir *não* fazer isso, encarar isso como cruel, tornar-se vegetarianos ou ir treinar para perder peso. A *intencionalidade do conhecimento* é uma das competências humanas mais importantes, tendo impulsionado a ciência e construído as culturas que temos hoje.

Nenhum chimpanzé, até onde sabemos, é capaz de desenvolver conceitos sobre o tipo de chimpanzé que ele quer ser ou como ele quer viver sua vida, ou de escolher promover uma autoidentidade. Essas competências são modificadores profundos do jogo e nos tornam fundamentalmente diferentes de todas as outras espécies neste planeta (Leary, 2004). O maior desafio para a humanidade, no entanto, é que elas podem ser usadas para motivos úteis, mas também para muitos motivos antissociais. Os animais podem causar sofrimento imenso aos outros, mas, como o sofrimento não é uma intenção consciente, não o consideramos crueldade (Gilbert, 2005). Tragicamente, os humanos podem *consciente e intencionalmente* causar dano e dor aos outros. Os pensadores budistas, no entanto, argumentariam que isso se origina de uma certa ignorância da nossa interconectividade e da ilusão de um *self* separado — uma ausência do "verdadeiro conhecimento".

Defesas. A Figura 2.6 também ilustra o fato de que, porque temos essas competências, podemos deixar as coisas fora da mente, defender-nos contra elas, negá-las ou dissociar-nos delas. O domínio da *intencionalidade do conhecimento*, portanto, é também delicado, porque muitas das razões para nos comportarmos como nos comportamos são, em parte, inconscientes (Bargh, 2017; Huang & Bargh, 2014). Nenhum animal, até onde sabemos, entende que vai morrer. Os humanos, sim, mas, tanto quanto possível, podemos tentar manter isso fora da consciência. Nenhum animal é capaz de ter a percepção de que seu comportamento de coleta pode estar danificando a sua ecologia, ou de que ele está acima do peso e em risco de saúde, e escolhe negar isso! Nenhum animal tem medo ou vergonha dos conteúdos das fantasias da sua mente e tenta suprimi-las (ou o faz automaticamente). Esses são processos importantes na psicoterapia. Sermos honestos e tomarmos *conhecimento* do nosso potencial para intenções e desejos prejudiciais (p. ex., vingança, formas de sexualidade, uso de drogas, roubo, trapaça) pode ser difícil se os experienciamos como partes do nosso *self* sombrio a serem evitadas. Mas é igualmente importante saber não apenas *o que eles são*, mas *por que os experienciamos em termos das suas origens evoluídas não escolhidas*. É aí que a psicoeducação embasada pela evolução se torna tão importante.

Comportamentos e o sistema psicomotor

A quarta dimensão básica da psicologia humana é o comportamento. Comportamentos são os resultados de um sistema. Considere que a maioria das espécies não plantas precisam se mover. Os sistemas psicomotores que regulam, capacitam ou impelem o movimento têm implicações importantes para os estados mentais. A dopamina desempenha um papel fundamental em nosso sistema motor-ação. Em nossas explorações evolucionistas, particularmente em relação aos modelos de desamparo aprendido, apego-perda e derrota social, o *desligamento do movimento* é muito importante e comumente está associado à fadiga e ao sentimento de incapacidade de ser fisicamente ativo. Daí o foco no grau em que as pessoas sentem que podem agir ou não.

O sistema psicomotor pode estar sob o controle inibitório da ameaça, como em estados de desligamento deprimido, mas também pode estar atenuado. Considere as diferentes texturas quando nos sentimos seguros e calmos. Aqui o sistema psicomotor pode ser relativamente limitado. Quando estamos apenas sentados, desacelerando e sendo conscientes, um dos princípios básicos da meditação é a imobilidade (motora/movimento).

Assim sendo, o *mindfulness*, que envolve *ficar imóvel*, não está apenas afetando o modo cognitivo básico, mas é fundamental para o sistema psicomotor. Isso é algumas vezes chamado de *modo ser*, em oposição ao *modo fazer*. Às vezes, quando as pessoas tomam psicodélicos, elas podem ter uma experiência de simplesmente ser, não querer se mover, mas apenas ficar imóveis com a experiência. Essa desmobilização do sistema psicomotor pode muito bem ser um elemento de facilitação de experiências mais místicas ou espirituais. Outras drogas podem ajudar as pessoas a se sentirem seguras e conectadas, mas também a quererem agir/se movimentar — por exemplo, dançar a noite inteira, como no caso do *ecstasy*. Portanto, quando nos sentimos seguros, nossa atividade psicomotora pode ser desmobilizada (com uma sensação de tranquilidade, calma e abertura interna, além de conexão) ou ativada com sentimentos de conectividade e com o desejo por ações como brincar, dançar, celebrar, ter conversas divertidas ou fazer sexo. Os estados de desligamento são estados de inibição e são muito diferentes dos estados de calma do movimento reduzido.

Sob ameaça, quando há a possibilidade de que movimento e ação resolvam o estresse, passamos para o comportamento de luta-fuga, ou, algumas vezes, para o comportamento submisso. Nas teorias do apego, esses comportamentos seriam chamados de protesto (Bowlby, 1969; Music, 2017). Entretanto, se o sistema de luta-fuga for de alguma forma bloqueado (sem ter para onde fugir/aprisionado ou com medo de expressar raiva), isso é chamado de *defesas bloqueadas e impedidas* (Dixon, 1998; Gilbert, 2001a,b). Por exemplo, o desamparo aprendido basicamente diz respeito ao que acontece se os animais são impedidos de se mover e escapar da adversidade. Com base em alguns dos conceitos de Dixon (1998) de defesas impedidas, isso levou a um modelo de como as defesas impedidas (impulsos psicomotores bloqueados) estão ligadas a uma gama de dificuldades de saúde mental, incluindo a autolesão (Clarke, McEwan, Ness, Waters, Basran, & Gilbert, 2016; Forkmann, Teismann, Stenzel, Glaesmer, & De Beurs, 2018; Gilbert & Allan, 1998).

Quando os indivíduos estão altamente motivados para fugir de uma ameaça, mas são incapazes de fazê-lo, isso é chamado de *fuga impedida e aprisionamento* (Gilbert & Allan, 1998). Programas motores bloqueados e inibidos para o comportamento de fuga (aprisionamento) estão associados a uma gama de problemas de saúde mental — em particular, à depressão (Forkmann et al., 2018; Taylor et al., 2011; Wetherall et al., 2019) e ao suicídio (Clarke et al., 2016; Williams, 2014). Quando as pessoas dizem que se sentem desesperadas ou agitadas, elas estão *querendo fazer alguma coisa e se movimentar*. Assim sendo, um aspecto da TFC é liberar certos comportamentos defensivos da inibição e/ou encontrar substituições apropriadas. A TFC, portanto, utiliza intervenções comportamentais de ação. Mais uma vez, os terapeutas da TFC tentam fornecer aos clientes as informações sobre como seu sistema psicomotor funciona em condições de segurança *versus* ameaça e como e por que o movimento pode ser útil. Às vezes, ioga ou exercício (intenso) ajudam; em outros momentos, o terapeuta convida o cliente a refletir sobre o que ele *gostaria de fazer* se não estivesse deprimido e o que mais o impede além de se sentir deprimido. Onde estão suas armadilhas de vida "bloqueadoras do movimento"? Muitas terapias comportamentais focam em ações/comportamentos como meios para romper a inibição psicomotora e a depressão. Às vezes, quando as pessoas estão em estados deprimidos ou de raiva, caminhar, fazer agachamentos vigorosos, correr, cavar o jardim ou golpear um saco de pancadas é útil.

As múltiplas texturas dos estados cerebrais e o valor das explorações socráticas

Geralmente, terapias específicas voltam o olhar para funções psicológicas específicas (Gilbert & Kirby, 2019). Por exemplo, terapeutas cognitivos focam na cognição consciente, nas crenças e nos estilos de raciocínio, enquanto terapeutas focados na emoção estão mais interessados no processamento da emoção. Os comportamentalistas exploram as contingências comportamentais. A TFC sugere que podemos considerar as mentes multifuncionais. Portanto, quando exploramos um motivo, uma emoção, uma crença, um conflito ou uma dificuldade na vida, podemos convidar os clientes a investigarem as múltiplas dimensões disso. Por exemplo, imagine que estamos explorando a experiência de raiva de uma pessoa. Então podemos explicar a raiva como um estado cerebral e socraticamente explorar e mentalizar esse estado cerebral. Você pode pedir que essa pessoa se *transforme* em um ator e se torne seu *self* raivoso, conforme explorado em mais detalhes no Capítulo 9. Você pode convidá-la a refletir sobre sua raiva como se a observasse de fora. Se você explicar a essa pessoa o conceito de *estados cerebrais*, gerados pelo funcionamento integrado de motivos, emoções, cognições e competências, então poderá falar sobre o processo de descoberta guiada ao trabalhar com, digamos, um *self* raivoso, uma parte do *self*, uma emoção ou um estado cerebral raivoso. Eis um exemplo:

"O que sua raiva está querendo? O que está *motivando* sua raiva? O que ela está querendo e quais são seus medos e suas esperanças? A que sua raiva está prestando *atenção* e pelo que é desencadeada? Sobre o que seu estado raivoso está *pensando e raciocinando*, o que ele está antecipando e ruminando? Como é a sensação do seu estado raivoso em seu corpo? Para onde, em seu corpo, ele vai se expandir? Que parte do seu corpo parece a mais afetada pela raiva? O que seu estado raivoso quer fazer, que *ações* ele quer realizar? O que o impede? Que memórias são ativadas quando você entra no estado raivoso? O que você tenta fazer para sair de um estado raivoso? O que você acha que seria mais útil para você quando esse estado cerebral é ativado? Há algum aspecto do seu estado cerebral raivoso que você gosta ou que o preocupa? Qual? A assertividade o ajudaria?"

Essas explorações multifuncionais podem ser usadas de muitas formas diferentes, por exemplo, para ajudar as pessoas com dilemas na vida. Imagine que você está trabalhando com um conflito entre permanecer em um relacionamento ou sair dele. Convide o indivíduo a escolher cadeiras diferentes, representando aspectos diferentes do dilema. Então, por exemplo, trabalhando com o motivo "permanecer no relacionamento", você pode explorar aquilo no que essa parte está prestando atenção, como ela está pensando, quais são seus maiores medos e esperanças, como isso é sentido no corpo, o que ela quer fazer, quais são suas memórias, seus bons e seus maus resultados, etc. Em seguida, a pessoa muda para a outra cadeira, para a posição de "sair do relacionamento", e faz a mesma coisa. Depois, você pode trocar para um estado da mente compassiva e explorar e refletir sobre esse dilema (Gilbert & Baran, 2018). Considerando que todo dilema oferece uma oportunidade, mas também uma perda, a mente compassiva pode considerar quais são as perdas e como elas serão abordadas.

Esses são apenas exemplos que indicam que um estado cerebral tem múltiplas dimensões e que a exploração dessas dimensões pode ser muito útil para ajudar os clientes a terem mais consciência da mente. Além disso, elas oferecem ao terapeuta um grande leque de intervenções potenciais. Por exemplo, ao explorar o que é útil com seu cliente, você pode querer intervir no nível da atenção e considerar o *mindfulness*, ou pode querer intervir no nível da cognição por meio de uma caverna de Aladdin de intervenções cognitivas para reavaliação, reconhecimento da humanidade comum e mentalização. Você pode querer ajudar os clientes a reconhecerem quais motivos competitivos ou ameaçadores frequentemente incitam raiva — e, portanto, se mudarmos o motivo, podemos mudar a emoção. Na TFC, por exemplo, em uma discussão, podemos mudar a motivo de "Eu tenho que vencer" para "Quero tentar ser honesto e útil em uma situação difícil". Essa é uma intervenção tanto motivacional quanto cognitiva. Observe como a motivação é essencial para direcionar a mudança cognitiva. Você também pode querer trabalhar com a memória do trauma, porque memórias de traumas não resolvidos podem aumentar a agressividade ou o medo das pessoas. Ou, ainda, você pode querer trabalhar com o corpo, orientando as pessoas sobre como elas podem desacelerar e se ancorar usando várias técnicas respiratórias e de visualização. Ou você pode precisar ensinar assertividade habilidosa. Você pode ver, então, como a motivação da compaixão pode fundamentar todas essas intervenções.

A exploração colaborativa dos caminhos para a utilidade proporciona oportunidades para uma gama de intervenções de treino da mente compassiva (TMC). Se os clientes não estão motivados para perseguir o útil em vez do prejudicial, a terapia fica mais difícil, e essa questão precisa ser abordada. Isso também indica que os terapeutas podem explorar (sem ser críticos ou fazer julgamentos) como certos aspectos da nossa mente podem, de fato, querer ser prejudiciais. Isso nos leva até a psicoeducação do "cérebro difícil", explorada no Capítulo 6.

Questão central. Uma questão central para a TFC é que precisamos sentir afeto congruente para que nossos pensamentos sejam significativos para nós. Assim, as emoções "colocam etiquetas" de significado nas experiências. Para que sejamos tranquilizados por um pensamento, como "Eu mereço ser amado", esse pensamento precisa se ligar à experiência emocional de "ser amado" ou de ter, em algum momento, se "sentido amado". Se o sistema do afeto positivo para tal ligação não é ativado, se não experienciamos esse motivo na mente do outro sendo direcionado para nós, há pouco sentimento no pensamento. Pessoas que têm poucas memórias/experiências de ser amadas ou tranquilizadas podem, assim, ter dificuldade para *se sentirem tranquilizadas* e seguras, ou encorajadas por pensamentos alternativos. A TFC, portanto, foca a ativação da *motivação evolutiva de cuidados*, para ela ser mais prontamente acessível e usada para ajudar a regular emoções baseadas em ameaça, como raiva, medo, aversão e vergonha, e promover o bem-estar para si mesmo e para os outros. Como descrevem os capítulos deste livro, esse pode ser um importante esforço terapêutico. Em um primeiro momento, ele pode se basear na relação terapêutica e, então, na elaboração dos traumas.

A urgência de treinar a mente. Até aqui, foram destacadas as questões cruciais. Primeiro, nossa consciência da consciência é um modificador do jogo, porque somos a primeira espécie capaz de ter discernimento da natureza, das origens e das construções da nossa mente, e dos algoritmos e programas que podem operá-la de forma útil ou prejudicial. Segundo, como muitas das tradições contemplativas e filosóficas indicaram, uma mente não treinada, que não sabe como usar essas competências, pode significar um risco sério para o próprio indivíduo, para a humanidade e certamente para outras coisas viventes. As brutalidades da nossa história recente e a atual irresponsabilidade ambiental não deixam dúvidas sobre isso. Este é o maior desafio da humanidade: aceitar que somos seres biológicos programados por milhões de anos com motivos e emoções, alguns dos quais são agora potencialmente destrutivos, e que ainda assim nos sentiremos justificados em agir de acordo com eles, porque a evolução moldou nossa mente dessa forma. Terceiro, ao *cultivarmos* a mente, também cultivamos o corpo, o que pode mudar o cérebro e, possivelmente, até a epigenética. Quarto, seguir práticas mais profundas com consciência atenta pode nos proporcionar *insights* sobre a natureza da consciência. Portanto, uma mente treinada não é apenas uma mente que entende a si mesma e pode escolher valores morais e compassivos — é também uma mente que pode começar a explorar a natureza do que é experienciar a consciência. O futuro das psicoterapias, portanto, requer que os terapeutas não apenas estejam conscientes da programação que a evolução nos proporciona, mas também estejam "cerebralmente conscientes" das redes de ilusão e das falsas percepções que nosso cérebro tece para nós (Bargh, 2017; Cozolino, 2017; Grimes, 2019; Hood, 2011).

Replicação, a emergência das motivações de cuidado e as complexidades da compaixão

Ter uma visão geral e um mapa dos domínios básicos da psicologia humana nos dá uma base para considerarmos a emergência, a natureza e a função da compaixão. Para entender a compaixão como usada na psicoterapia, é importante compreender como esses domínios funcionam em relação à mentalidade social de cuidado, sem depender de simples definições.

Para além da tarefa de sobrevivência, a outra tarefa principal na vida é a de *replicação e reprodução*. Isso significa criar uma prole viável que vai sobreviver até a idade reprodutiva.

A evolução gerou duas estratégias básicas. Uma é chamada de *K*, em que os indivíduos produzem centenas de ovos, mas não oferecem nenhum cuidado. A outra é chamada de *r*, que envolvem poucos descendentes, mas formas gradualmente complicadas e sofisticadas de investimento parental (Geary, 2000; Gilbert, 2020a). Os algoritmos básicos do cuidado e da compaixão desenvolvem detectores de características como: *se* os descendentes apresentarem sinais de aflição ou necessidade, *então* escolha um comportamento de um *menu* de possibilidades para abordá-los. Isso significa saber quando alimentar, quando socorrer, quando regular termicamente. Brown e Brown (2015), Carter et al. (2017), Mascaro e Raison (2017), Porges (2007, 2017, 2021) e outros destacaram o fato de que a evolução do comportamento de cuidado teve impactos fundamentais na evolução de uma série de sistemas fisiológicos, que incluem hormônios como a ocitocina e a vasopressina, alterações no sistema nervoso autônomo, em particular numa parte do sistema parassimpático chamada nervo vago, e vários neurocircuitos, especialmente, mas não exclusivamente, o córtex frontal (Mascaro & Raison, 2017). Porges (2007) deixa claro que essas adaptações, particularmente o nervo vago, suprimem ativamente os aspectos de luta e fuga, possibilitando a "proximidade sem ameaça" e, certamente, a proximidade como recompensa positiva. As espécies sem apego se dispersam muito rapidamente depois de romperem os ovos e evitam os pais, alguns dos quais podem ser lesivos. Consequentemente, a mudança do comportamento de evitação para aproximação é a principal adaptação e facilita que os descendentes nasçam indefesos, sem a necessidade de movimento para fugirem e se esconderem. Em segundo lugar, isso permite que os bebês se tornem altamente dependentes do genitor para obter alimento e proteção, ao passo que os descendentes selecionados K não têm essa capacidade. Assim, ser capaz de se voltar, procurar e ser receptivo aos cuidados de outros também é programado nessa estratégia reprodutiva evolucionista.

Dois tipos de regulação da ameaça. Conforme é explorado nos próximos capítulos, sabemos que há duas formas muito diferentes de lidar com a ameaça e o estresse (Gilbert, 1989, 1993, 2020a; Porges, 2007). O primeiro sistema de detecção é regulado por meio do monitoramento e da detecção da *presença ou ausência de ameaça* via circuitos neurais específicos, como a amígdala, o eixo HPA e o sistema nervoso simpático. Esses sistemas estão preocupados com a segurança e com sair do caminho dos danos. Em contraste, o segundo sistema de regulação da ameaça está relacionado com a disponibilidade de outros indivíduos úteis e é regulado por meio de diferentes circuitos neurais, de hormônios como ocitocina e endorfinas e do nervo vago do sistema nervoso parassimpático, o qual faz a regulação descendente da excitação simpática (Brown & Brown, 2015; Carter et al., 2017; Cassidy & Shaver, 2016; Kim et al., 2020; Mayseless, 2016; Music, 2017; Capítulo 10 deste livro) (veja o Capítulo 3 deste livro). Esse sistema de *segurança* é regulado por meio do monitoramento e da detecção da *presença ou ausência de outros indivíduos úteis*. Um exemplo que usamos em nosso treinamento (veja o Capítulo 8) é o seguinte: imagine que você precisa ir ao hospital para uma cirurgia difícil com a qual está ansioso. Em que medida você considera essa situação uma ameaça quando precisa ir sozinho e como isso se compara à possibilidade de ter um parceiro amado ao seu lado? A disponibilidade de um outro cuidador regula significativamente seu manejo fisiológico e também psicológico da ameaça (Heinrichs, Baumgartner, Kirschbaum, & Ehlert, 2003).

O distanciamento social foi uma das tragédias da covid-19. Em diferentes domínios de relações, como pais e parentes, ou entre as gerações, os indivíduos foram privados dessas fontes tão importantes de conexão, segurança e conforto, além de alegria. Além disso, é importante ressaltar que indivíduos propensos à vergonha, que vêm de contextos difíceis, que apresentam dificuldades para confiar e, portanto, não conseguem se sentir regulados pela presença de pessoas que possam ajudar, estão em séria desvantagem. O reconhecimento dessas duas formas diferentes de regulação da ameaça é uma plataforma importante para a TFC. É por isso que não tentamos trabalhar apenas com o primeiro sistema de regulação da ameaça, explorando o enfrentamento focado *individual*, mas também trabalhamos no segundo sistema de regulação, que é a habilidade de regular processos de ameaça via sistema de segurança social.

Evidentemente, o cuidado não envolve apenas regulação emocional, mas oferece fontes muito práticas de ajuda e proteção (Cassidy & Shaver, 2016). Kessler (2020) sugere que cuidar de doentes e feridos pode levar a um caminho evolutivo diferente daquele de cuidar da prole e cita exemplos de como as formigas socorrem colegas machucadas. Além disso, podemos nos engajar na ação compassiva em diferentes contextos. Por exemplo, alguns indivíduos demonstram grande entusiasmo em cuidar de doentes e feridos ou socorrer pessoas, mas podem não ser tão bons em formas empáticas mais sutis de cuidado nos relacionamentos íntimos. Cuidado e compaixão evoluíram a partir de diferentes desafios evolutivos, e isso pode explicar por que algumas pessoas são capazes de arriscar suas vidas por outros quando o dano físico está em jogo, mas são menos cuidadosas quando se trata de compartilhar recursos com os pobres, por exemplo.

Do cuidado à compaixão

Embora a compaixão seja um conceito presente há milhares de anos, houve diferentes definições e formas ligeiramente distintas de conceituá-la (Gilbert, 1989, 2017a, 2020; Mascaro, Florian, Ash et al., 2020; Seppälä, Smon-Thomas, Brown, Worline, Cameron, & Doty, 2017). Ao longo dos anos, eu também defini a compaixão de formas um pouco diferentes e variadas, incluindo conceitos como bondade ou gentileza, mas essas são *formas de ser compassivo*, e não a compaixão propriamente dita (Gilbert, Basran, MacArthur, & Kirby, 2019). Então hoje refinamos esse conceito tentando nos manter próximos ao algoritmo (*se A, então B*) da mentalidade social de cuidado. Isso é um complemento das definições budistas tradicionais (Gilbert, 2017a,b). Logo, as características de cuidado da compaixão podem ser definidas como:

> *uma sensibilidade ao sofrimento próprio e dos outros, aliada a um compromisso de tentar atenuá-lo e preveni-lo.*

Igualmente importante, no budismo Mahayana (como duas das quatro "moradas divinas"), há uma clara distinção entre *maitrī/mettā*, que está associada à bondade amorosa, e *karuṇā*, que é a motivação de que "todos os seres sencientes estejam livres de sofrimento e das causas de sofrimento". Claramente, compaixão é uma forma especial de cuidado; caso contrário, seria considerado que qualquer genitor mamífero que cuidasse da sua prole estaria demonstrando compaixão. Um aspecto que diferencia a compaixão do cuidado é que a compaixão é reservada para seres sencientes. Podemos cuidar do nosso jardim ou do nosso carro, mas não teremos compaixão por eles caso sofram danos. Sofrimento se refere a uma experiência mental que requer uma "consciência do conhecimento" da natureza da "senciência" e do "sofrimento" (veja o Capítulo 1). A compaixão difere do cuidado porque ela utiliza as *competências do nosso novo cérebro. É a intencionalidade do conhecimento* que transforma os motivos básicos de cuidado em compaixão. Assim, podemos identificar alguns dos processos fisiológicos da mentalidade de cuidado, como o papel da ocitocina e das endorfinas, as mudanças no sistema nervoso autônomo e os vários circuitos neurais (Carter et al., 2017; Mascaro & Raison, 2017; Mayseless, 2016; Porges, 2017, 2021; Singer & Engert,

2019; veja também o Capítulo 10). Também podemos explorar mudanças nas funções e nas formas de cuidado que são possibilitadas pelas competências do nosso novo cérebro, conforme descrito na Figura 2.7.

Logo, muitos animais têm sabedoria inata ou tácita de como cuidar da sua prole e mesmo uns dos outros, mas eles não cuidam *conscientemente*, até onde sabemos. Eles não podem traçar planos e intenções de cuidar, não podem praticar comportamentos de cuidado e não são capazes de deliberadamente entender que, ao serem compassivos, podem melhorar a qualidade da sua vida social, física e mental (ou da vida de outros). Eles não podem desenvolver uma profissão chamada medicina. Portanto, as competências do novo cérebro são *profundos* modificadores do entendimento sobre a regulação de todos os motivos e emoções — especialmente da compaixão. Logo, a compaixão, na TFC, é quando *deliberadamente e intencionalmente* usamos competências do nosso novo cérebro para direcionar, aprimorar e guiar nossas mentalidades sociais de cuidado a fim de abordar o sofrimento e as necessidades.

Insensibilidade e crueldade. Como observado anteriormente, a teoria da mentalidade social defende que os estados cerebrais que começam a existir em um ponto no tempo são o resultado dos *padrões de interações* entre diferentes motivos, emoções e sistemas cognitivos naquele momento. Logo, um ou mais motivos ou emoções podem suprimir a expressão de outros. Por exemplo, quando estamos deprimidos, o padrão de alegria é suprimido ou está inativo. Quando estamos envolvidos em vingança ou violência tribal, e vemos o outro como um inimigo, então desativamos nossa compaixão por ele, usamos nossas competências de mentalização para decidir o que seria mais prejudicial para ele e podemos sentir prazer em ver como podemos prejudicá-lo. Há, portanto, dois contrastes do lado sombrio a se considerar em relação à compaixão (Gilbert, 2021; Sapolsky, 2017). O primeiro é a insensibilidade, que é uma *indiferença* ao sofrimento ou uma falta de motivação ou compromisso em ajudar. A insensibilidade tem muitas origens e pode se relacionar com muitos fatores, como dissociação ou negação, ou simplesmente dese-

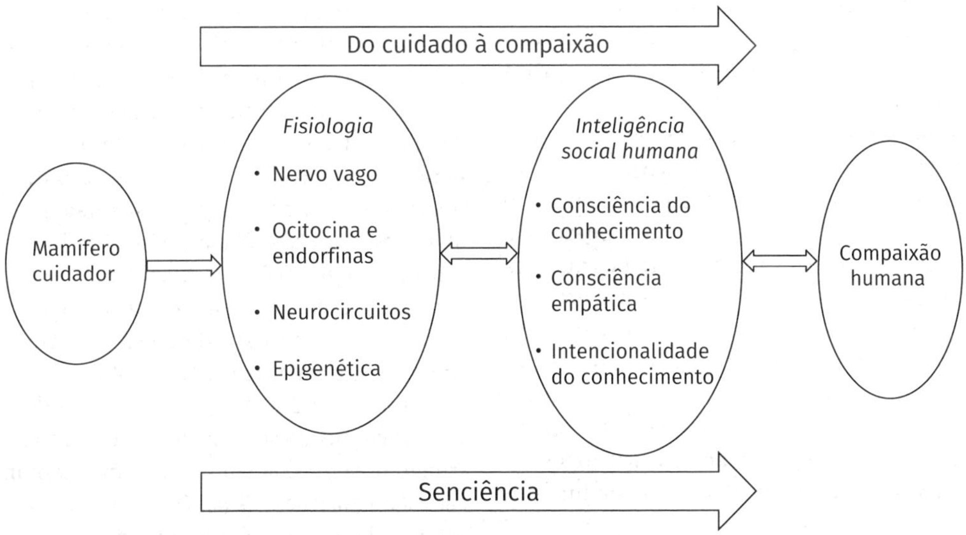

FIGURA 2.7 Do cuidado à compaixão.
Fonte: Adaptada de Gilbert (2018) com permissão da Annwyn House.

jo de perseguir o próprio interesse, independentemente do dano que isso possa causar a outros. Nós *não mentalizamos* o dano que causamos aos outros porque estamos separados. Os vegetarianos argumentam que aqueles que comem carne são insensíveis ao sofrimento de animais. Crueldade, no entanto, não é uma indiferença ao sofrimento — é *conscientemente e intencionalmente causar dor e dano*. Nesse caso, podemos usar nossas habilidades de mentalização para aumentar a dor. Como mencionado em outro lugar (Gilbert, 2005, 2018), os animais podem com certeza ser uma fonte de grande dor, mas causar dor não é a intenção do seu comportamento, ao passo que, em humanos, pode ser.

A seguir, examinamos a importância de ter a prevenção como parte da nossa definição de compaixão. Isso significa que precisamos abordar as dimensões tanto da insensibilidade quanto da crueldade, já que evidências sugerem que elas podem ser consequências de ambientes iniciais hostis e não cuidadores (Ribeiro da Silva, Rijo, & Salekin, 2015; Ribeiro da Silva, Vagos, & Rijo, 2019). A crueldade é o dano intencional e o prazer com o dano e pode ser usada para vingança, busca de poder e controle, dissuasão ou entretenimento (como os jogos dos gladiadores). Observe também que podemos ser insensíveis com nós mesmos quando nos comportamos de formas que sabemos que são prejudiciais, como fumar ou beber em excesso, mas fazemos vista grossa. Poucas pessoas usam o conceito de "autoinsensibilidade", porque ele parece um pouco rude ou extremo, mas, na realidade, isso é a psicologia em jogo (veja o Capítulo 5). Também podemos ser cruéis com nós mesmos nas formas de autocriticismo, auto-ódio e autolesão (veja o Capítulo 5). Assim sendo, a compaixão pode ser contextualizada em comparação com seus opostos, insensibilidade e crueldade, que são inibidores sérios da compaixão.

A importância da prevenção. Tenha em mente que o termo budista para compaixão é *karuṇā*, que é a motivação de que todos os seres sencientes "sejam livres de sofrimento e das causas de *sofrimento*". Por isso, Choden e eu (Gilbert & Choden, 2013) adicionamos o conceito de *prevenção* à definição, porque, embora ela esteja implícita na maioria dos conceitos de compaixão, era preciso que fosse exposta claramente em uma definição. Insensibilidade e crueldade estão entre as muitas causas de sofrimento que precisamos tentar prevenir. Adicionar prevenção também significa que a *compaixão deve abordar as necessidades*, pois, se as necessidades não forem consideradas, a consequência claramente será o sofrimento. Logo, a adição de "prevenção" à definição e ao conceito tem implicações importantes para a variedade de processos a que pode ser aplicada a compaixão. Essa clarificação também associa a compaixão muito claramente ao bem-estar e à psicologia positiva (Bohlmeijer & Westerhof, 2020). Por exemplo, se sabemos que "ter significado e ser capaz de dar uma contribuição" nos ajuda a prosperar, então igualmente "perder um senso de significado ou sentir que somos incapazes de dar uma contribuição e que não somos valorizados" seria uma fonte de sofrimento. Consequentemente, isso precisaria ser abordado para prevenir tal sofrimento. Assim, de certa forma, esses são processos complementares. Essa é outra razão pela qual nossas competências cerebrais são tão importantes para a compaixão, pois elas nos possibilitam uma compreensão dos processos não só de alívio, *mas também de prevenção*, e da importância de identificar e trabalhar com nossas necessidades básicas (e as dos outros) que nos ajudam (e aos outros) a florescer, crescer, ser pró-sociais e experienciar bem-estar.

Fundamentalmente, quando consideramos as causas do sofrimento e o alívio do sofrimento, vemos que um tema muito comum são as *conexões de cuidado*. Quando as pessoas são envolvidas em relações de cuidado, tanto íntimas quanto em comunidades, e quando elas são capazes de cuidar dos outros e têm um senso de propósito ao fazerem isso, é provável que tenham alto bem-estar. Quando estamos interessados em *prevenir sofrimento*, também estamos interessados em promover florescimento, e, de certo modo, a ausência de florescimento é uma forma de sofrimento.

Estar atento ao que pode causar dano (inclusive no futuro) e tomar medidas para preveni-lo são atos compassivos. Por isso, Choden e eu também queríamos destacar que a compaixão não é simplesmente reativa, pois também requer que pensemos antecipadamente. Por exemplo, políticos compassivos podem trabalhar incansavelmente na mudança climática para *prevenir danos no futuro*. Note também que atualmente falamos sobre *tentar* aliviar o sofrimento, porque, conforme mencionado no Capítulo 1, algumas realidades da vida, como decadência final e morte, não podem ser aliviadas — elas precisam ser vividas integralmente. Em definições anteriores, nos referimos a um *compromisso profundo*, mas, como colegas já questionaram, o que a palavra "profundo" realmente significa? É possível ter compaixão não profunda? Então, mais uma vez, retirei isso. E removemos o conceito de bondade, porque bondade (*mettā* no budismo) é diferente de compaixão, mas pode ser uma maneira de ser compassivo. Ela não é necessária no algoritmo básico ou na definição. Pesquisas mostram que as pessoas encaram a bondade de forma diferente de como encaram a compaixão (Gilbert, Basran, MacArthr, & Kirby, 2019). No entanto, você não pode, de fato, ter "compaixão não bondosa" — embora, quando damos um basta a comportamentos nocivos, ou colocamos limites nas pessoas, elas possam ver isso como cruel e não compassivo, é claro. Meu neto George achou que eu era a pessoa mais cruel do mundo por não permitir que ele comesse (mais) outro chocolate!

Há muitas discussões sobre se você pode ter pensamento e comportamento compassivos que não estejam necessariamente enraizados em motivação compassiva genuína. Curry et al. (2018) mencionam que comportamentos úteis e pró-sociais podem estar embasados em motivos como altruísmo dos parentes, mutualismo, altruísmo recíproco e altruísmo competitivo — esse último porque atrai as pessoas até você. Bockler, Tusche e Singer (2016) destacaram que as pessoas podem se comportar compassivamente por uma variedade de razões, algumas das quais são estratégicas, e outras, necessárias socialmente. Além disso, as pessoas podem se comportar de formas úteis e abnegadas porque temem ser rejeitadas e precisam ser vistas como "pessoas boas" (Catarino, Gilbert, McEwan, & Baião, 2014). Isso explica por que você não pode se basear no comportamento isoladamente para indicar o motivo. Trata-se de distinções importantes, complicadas pelo fato de que temos que ter em mente que algumas das nossas motivações são inconscientes (Bargh, 2017), e os motivos para muitas de nossas ações frequentemente são mistos.

A culpa é fundamental para a compaixão. Crucial para compreender a culpa é reconhecê-la como decorrente de diferentes mentalidades sociais além da vergonha (Gilbert, 2019). A vergonha emerge da mentalidade social competitiva e está focada em ameaças ao *self* como um agente social (Gilbert, 1998a). Isso será explorado em mais detalhes no Capítulo 4. Nossas capacidades para culpa, no entanto, evoluíram a partir da mentalidade social de cuidado. Comparada à vergonha, a culpa tem um foco de atenção diferente (dano ao outro), impulsos comportamentais diferentes (desejo de reparar), um senso de *self* diferente (o *self* não perde *status*, como na vergonha), emoções diferentes (tristeza e remorso) e circuitos neurofisiológicos diferentes (mas também sobrepostos) (veja o Capítulo 4). Nossa habilidade de experienciar e tolerar culpa é uma das emoções mais importantes que podem apoiar a compaixão e suprimir a crueldade. Para que o cuidado evolua, ações potencialmente prejudiciais precisam ser inibidas. Uma evolução fundamental do cuidado é não ver a própria prole como uma fonte de alimento. Em outras palavras, não devorar os filhos (como alguns peixes tendem a fazer). Algumas salamandras comem todos os seus irmãos até que reste apenas um ou dois. Quando o reconhecimento do parentesco começa a evoluir, e bebê e genitor vivem em estreita proximidade, o genitor não só se volta para as necessidades do bebê, mas também evita causar danos a ele. Se causa, então é necessária uma reparação. A culpa antecipada nos alerta para evitar danos e promover sua reparação caso tenham ocorrido. Atualmente há pesquisas consideráveis examinando como somos responsivos a sinais de aflição e sentimos culpa se a causamos (Gilbert, no prelo). Yu, Hu, Hu & Zhou (2014) mostraram que os sistemas neurofisiológicos para responder ao estresse também estão ligados aos desejos de compensar e reparar.

Claramente, então, há emoções importantes vinculadas à mentalidade de cuidado que possibilitam a prevenção de dano e geram um sentimento de remorso e arrependimento e o desejo de reparar o dano. Como mencionado anteriormente, a insensibilidade, quando o autointeresse prevalece sobre a preocupação pelos outros, pode desativar a culpa. Na insensibilidade, não prestamos atenção ao dano que causamos aos outros quando nosso comportamento nos beneficia. Muitos negócios exploradores — e, é claro, atividades criminosas como invadir contas bancárias ou casas e realizar fraudes — são insensíveis. O perpetrador está empaticamente desligado do sofrimento que ele pode causar à vítima. Às vezes, também podemos ser insensivelmente indiferentes ao dano que causamos a nós mesmos (veja o Capítulo 4). E, é claro, podemos ver insensibilidade em outros — por exemplo, os veganos percebem os comedores de carne como insensíveis ao sofrimento dos animais.

Uma das grandes tragédias da mentalidade social sexual é como algumas pessoas podem ser sexualmente excitadas pela violência sexual. Tragicamente também, em tempos de guerra, a crueldade é gravemente elevada, junto ao estupro, algumas vezes em uma escala massiva. Embora vingança e retaliação sejam provavelmente uma das formas mais comuns de promover a crueldade, tenha em mente que, em muitas espécies, a agressão é uma forma pela qual indivíduos dominantes exercem poder sobre os menos fortes. O poder é exercido por meio do medo. Se o dominante não conseguir induzir inibição temerosa no subordinado, suas estratégias de poder serão ineficazes. De fato, alguns primatas dominantes ocasionalmente, arbitrariamente e imprevisivelmente vão atacar os subordinados para constantemente testar o quanto eles o temem (Gilbert & McGuire, 1998; veja também o Capítulo 4). É provável, então, que a crueldade tenha *em parte* evoluído do fato de que o grande objetivo da agressão dominante é estimular o medo no subordinado, fazê-lo recuar e desistir dos recursos, e, na condição humana, impor a obediência e ver posturas submissas, conformidade e medo nos olhos do subordinado. Essa é uma estratégia competitiva que é inibida por meio do cuidado e da compaixão. Mas, se as crianças crescerem em ambientes abusivos, e, ao punirem seus filhos, os pais quiserem ver medo e aflição neles, em vez de desafio, então essa estratégia pode se tornar proeminente. Quando algumas dessas crianças crescem, sua habilidade de criar medo e sofrimento nos outros se torna uma das suas estratégias de poder e segurança. Na verdade, em algumas situações forenses, os prisioneiros podem admitir que só se sentem seguros se sabem que podem despertar medo nas pessoas (veja o Capítulo 4). A compreensão das raízes evolutivas desses inibidores trágicos da compaixão é essencial para o desenvolvimento de melhores intervenções. Pessoas feridas ferem pessoas, como dizem. Ao fim do dia, tudo se resume à capacidade da nossa mente de se sentir segura e de buscar o próprio interesse. Embora nosso desejo fosse que todas as pessoas experienciassem ambos na criação de conexões de cuidado, a evolução e o condicionamento social têm outras ideias.

A crueldade e a insensibilidade comprometem seriamente a motivação de cuidado, mas suas terapias são diferentes. A insensibilidade, por exemplo, pode às vezes ser abordada se as pessoas simplesmente são desengajadas ou não têm consciência. Algumas vezes, o treino de mentalização pode ser útil, além do engajamento focado na compaixão. Ajudar os indivíduos a processarem o dano que causaram a outros, reunindo perpetrador e vítima, pode às vezes ser útil (como na justiça restaurativa; Van Ness & Strong, 2014). Quando nos aproximamos de inibições de cuidado mais cruéis, vemos que elas mais tipicamente envolvem a compreensão do tema da vingança e o *desejo* de "ferir pessoas que ferem pessoas". Esse pode ser um esforço terapêutico muito mais complicado e frequentemente requer processamento profundo de traumas do início da vida (Gilbert, no prelo; veja também o Capítulo 4). Melhores distinções entre comportamento insensível e comportamento cruel nos ajudariam a desenvolver melhores intervenções terapêuticas, mas a TFC demonstra ser promissora (Ribeiro da Silva et al., 2020, 2021).

Duas qualidades essenciais da compaixão: sabedoria e coragem. Se quisermos ingressar no nosso próprio mundo de dor e sofrimento, e no de outras pessoas, precisamos construir nossa *coragem* para fazer isso. Um livro influente para mim foi o de Stanley Rachman, de 1990, chamado *Fear and Courage*. Eu era apenas um psicólogo jovem e fascinado quando ele veio a Sussex, na metade da década de 1970, para discutir algumas dessas questões. Ele destacou a importância da coragem no processo de engajamento com o medo na terapia comportamental e o que isso implica. Usou exemplos de como as pessoas na guerra fazem coisas que elas sabem que envolvem um alto risco de lesão ou morte movidas por motivos e valores como a proteção de seu país, seu grupo e suas famílias. Na verdade, motivos protetivos podem ser uma *fonte de grande coragem*. Embora o mesmo motivo possa levar à violência tribal, ele é um motivo muito poderoso para comportamentos dentro de grupos. Quando se trata de compaixão e cuidado com os outros, como na atuação de bombeiros ou trabalhadores nas enfermarias da covid-19, esses indivíduos estão arriscando suas vidas para ajudar outros, incluindo estranhos com quem poderão nunca mais se encontrar. Quando se trata de outras formas de medo, aquelas que assombram pessoas com problemas de saúde mental, diferentes tipos de construção de coragem são necessários. Eles podem ser um processo gradual de desenvolvimento de *insight* do valor da exposição e da construção de tolerância em contextos específicos. A TFC enfatiza que a coragem é mais fácil (mas não fácil) de construir com os processos de *segurança* e o apoio de outros, porque é assim que o sistema de apego evoluiu, visando a fornecer uma base segura pela qual a prole pode interagir com os riscos do mundo e aprender (veja o Capítulo 3). É por isso que sugerimos que os indivíduos construam uma orientação compassiva consigo mesmos (recrutando esses sistemas fisiológicos) como parte do processo de desenvolvimento da coragem. Não há nada de fraco na compaixão. Construir a coragem das pessoas se torna uma *tarefa muito central* da terapia, e o terapeuta é um grande apoiador e encorajador durante o processo. Em uma pesquisa recente, foi exatamente assim que um grupo de adolescentes percebeu os benefícios da TFC. Bratt, Gralberg, Stevenson e Rusner (2020) conduziram pesquisas em profundidade com adolescentes que haviam se submetido à TFC. Esses adolescentes relataram que a TFC os ajudou a desenvolver a coragem de se enxergarem e se aceitarem, além de construir confiança para serem mais assertivos e pedirem ajuda quando necessário. Nesse caso, percebe-se um processo arquetípico *heroico* e de validação dos pontos fortes do cliente. Compaixão não tem a ver com ser "acolhedor ou reconfortante"; ao contrário, é uma construção real de coragem para enfrentar o medo e o desespero.

Outra coisa que também é necessária é a *sabedoria*, já que muitos esforços de cuidado podem ser bem-intencionados, mas, se não forem sábios, poderão ser inúteis. E a sabedoria é claramente necessária não só para o alívio, mas para a prevenção. Pessoas que tentam ajudar a apagar um incêndio, mas não sabem o que estão fazendo podem ser mais um risco do que uma ajuda. De boas intenções o inferno está cheio, como dizem (melhor que as más, no entanto). As soluções de algumas pessoas são piores que o problema, e alguns clientes consideram as soluções compassivas (que podem envolver exposição ou trabalho de luto), de fato, piores que o problema. Muitas das formas como as pessoas tentam se ajudar com o sofrimento mental podem infelizmente se enquadrar nessa categoria de "bem-intencionadas, mas insensatas e inúteis" — por exemplo, a evitação experiencial. Quando se trata de ajudarmos a nós mesmos e aos outros, a sabedoria de como fazer isso da melhor forma claramente requer mentalização para fundamentá-la.

As pesquisas sobre sabedoria estão crescendo e, como no caso da compaixão, são contextuais. Podemos ter capitães de futebol, bombeiros ou conselheiros sábios, mas isso não significa que eles sejam sábios em todas as situações. A sabedoria também é vista como uma coleção de traços que podem envolver abertura à experiência, capacidades de regulação emocional, *mindfulness* como observador, busca e uso de conhecimento, aceitação da incerteza e desejo de resultados justos e pró-sociais (Jeste et al., 2019). Mais uma vez, eu sugeriria que a coragem é importante para a sabedoria: sem ela, será que você se lançaria na jornada de descoberta? Podemos lidar com os fracassos, sendo esse um processo tão importante para a aquisição da sabedoria? Grossman et al. (2021) exploram alguns aspectos da sabedoria que estão ligados a formas de metacognição, ao equilíbrio cognitivo, à habilidade de se afastar do e não ser controlado pelo processamento da ameaça e ao cultivo de um desejo geral de resolver conflitos ou problemas. Sua pesquisa também mostrou que, se você pensar em um conflito na terceira pessoa, isso oferece formas de distanciamento — em vez de "Estou me sentindo zangado e ansioso", seria "Paul está se sentindo zangado e ansioso". Isso pode ter um efeito significativo na habilidade das pessoas de elaborar alguns dos seus conflitos internos. Isso também é o que o *self* compassivo e a mente compassiva procuram fazer e introduzir na sabedoria da psicoeducação embasada pela evolução (Hood, 2011).

Coragem sem sabedoria e sabedoria sem coragem podem ser problemáticas. Quando desenvolvemos nossas medidas de compaixão, verificamos que *a sensibilidade ao sofrimento, por si só, está associada ao aumento da depressão e da ansiedade* (Gilbert et al., 2017). Unicamente ajudar as pessoas a se tornarem conscientes e "sensíveis ao sofrimento" é arriscado, porque uma ação sábia também é necessária. Di Bello et al. (2021) também mostram que o engajamento no sofrimento aumenta o processamento da ameaça e reduz a variabilidade da frequência cardíaca. A linha básica de variabilidade da frequência cardíaca indica o quanto as pessoas podem estar motivadas para se engajar, e também o quão rapidamente elas podem se recuperar (veja o Capítulo 10). É por isso que a TFC tenta construir as competências das pessoas para recrutar os "circuitos frontais-corticais da ocitocina-vago" (o segundo sistema de regulação de ameaça), que vão apoiá-las no engajamento em coisas que as ameaçam. Isso possibilita que as pessoas se engajem e aceitem o sofrimento, mas tenham o discernimento de uma ação sábia. Realizar ações sábias significa que *conscientemente e intencionalmente realizamos ações que acreditamos serem úteis.*

Os fluxos da compaixão. Como se trata de um processo social, há um *fluxo para a compaixão*. Isso vale para qualquer uma das nossas disposições psicológicas. Por exemplo, podemos estar ansiosos ou com raiva de outras pessoas, podemos achar que elas estão ansiosas ou com raiva de nós, e podemos nos sentir ansiosos e com raiva de nós mesmos. Portanto, podemos ser compassivos com os outros, ser abertos e responsivos à compaixão dos outros e ser compassivos com nós mesmos. Embora essas dimensões se sobreponham, elas também são diferentes. Diz-se, por vezes, que não podemos ser compassivos com os outros a menos que sejamos compassivos com nós mesmos, mas não há evidências disso. E, de fato, essa é uma opinião um tanto cruel, pois há muitas pessoas autocríticas perfeccionistas e deprimidas que são extremamente úteis para os outros (veja o Capítulo 5). No entanto, esses são processos interativos que podem apoiar e alimentar um ao outro. Temos tendência a ser mais compassivos com nós mesmos e com outros quando recebemos compaixão durante o crescimento.

São muitos os contextos sociais que influenciam os fluxos da compaixão e para quem eles se direcionam. Temos uma tendência maior de ser compassivos e receptivos à compaixão quando se trata de pessoas de que gostamos e que conhecemos, em comparação com pessoas de que não gostamos ou que não conhecemos. Os fatores contextuais também se relacionam a crenças e identificações religiosas e políticas, pares e oportunidades econômicas. É interessante observar as evidências de que, quando as pessoas ficam ricas em sistemas políticos como o neoliberalismo, elas, na verdade, se tornam menos compassivas (Piff, Kraus, & Keltner, 2018). Portanto, existem muitas influências nos fluxos de compaixão e, consequentemente, na complexa rede de relacionamentos que influenciam nossos estados fisiológicos. Elas são descritas na Figura 2.8.

Funções psicológicas e compaixão

Levando em consideração como vemos a compaixão, e considerando que precisamos conceituá-la em termos das quatro funções básicas da mente, podemos ilustrar a compaixão como na Figura 2.9. Os indivíduos podem ser bons em alguns aspectos dela, mas não em todos. Por exemplo, algumas mães podem ser muito motivadas a serem cuidadoras, mas têm dificuldades com habilidades de empatia, ou em desenvolver a confiança do seu filho. Outras podem ser muito motivadas a serem cuidadoras, mas têm dificuldades com habilidades de regulação emocional. Além disso, o contexto que requer ação compassiva impacta as emoções estimuladas. Por exemplo, um bombeiro não terá uma mente calma, mas vai precisar estar no controle de uma mente ansiosa, com a atenção focada em suas habilidades de combate ao fogo *e* alguma confiança em suas habilidades. Essas emoções e habilidades podem ser muito diferentes para um conselheiro na superação do luto ou alguém que luta contra a injustiça. Nosso bravo bombeiro e o defensor dos direi-

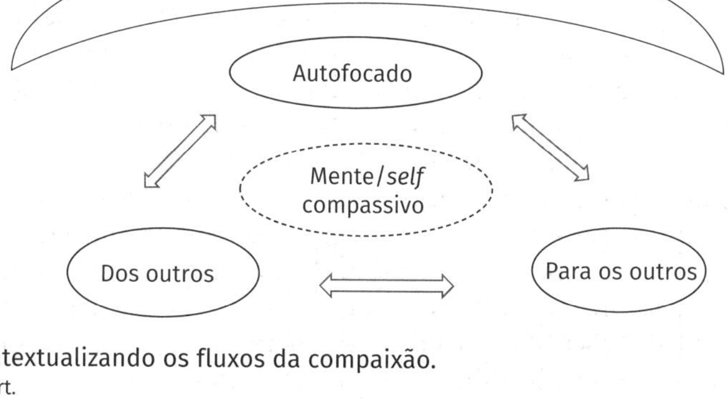

FIGURA 2.8 Contextualizando os fluxos da compaixão.
Fonte: © Paul Gilbert.

FIGURA 2.9 Múltiplos domínios da compaixão.
Fonte: © Paul Gilbert.

tos civis não formam a parceria íntima mais empática e compassiva.

Embora possamos ter diferentes emoções acionadas por diferentes tipos de sofrimento, o que une todas elas é *o motivação para ser sensível ao sofrimento e tentar aliviá-lo e preveni-lo*. Portanto, como descreve a Figura 2.9, a compaixão recruta diferentes emoções e competências com diferentes resultados e comportamentos em diferentes contextos. Além disso, podemos ver que não só o motivo propriamente dito, mas também algumas emoções e competências podem estar sob controle inibitório. Logo, a compaixão não é um processo único, e diferentes pessoas são sensíveis e corajosas de diferentes formas e em diferentes contextos. Depois que desenvolvemos a motivação para a compaixão, o que precisamos aprender depende muito do contexto.

Isso é importante porque estamos nos afastando da ideia de que o treino de compaixão na terapia é um treinamento básico. Em vez disso, estamos ensinando que há certos princípios básicos para a estimulação dessa mentalidade social, que se ligam aos sistemas fisiológicos, mas, depois disso, podemos precisar desenvolver *competências específicas para lidar com situações específicas*. Por exemplo, um cliente pode precisar desenvolver competências que apoiem o trabalho com uma memória do trauma, ou ser mais assertivo, ou menos narcisista, ou mais empático, indulgente ou generoso. Estamos avançando para o treinamento focado em habilidades específicas individualizadas. Singer e Engert (2019) mostraram que o treino de compaixão, o treino de *mindfulness* e o treino de empatia operam por meio de sistemas fisiológicos sobrepostos, mas também diferentes, e o treino de compaixão pode ser melhor que os outros dois para ajudar as pessoas a lidarem com situações em que se confrontam com o sofrimento (Favre, Kanske, Engen, & Singer, 2021).

Podemos observar também que qualquer um desses processos mencionados na Figura 2.9 pode ter facilitadores e inibidores. Há processos psicológicos que ajudam a trabalhar com a raiva ou a ansiedade, mas também as encerram. Alguns inibidores estão no contexto atual, mas outros são históricos e ligados a várias defesas, como dissociação, negação, etc. Há diferentes contextos que inibem a empatia, como os relacionados a pessoas que foram prejudiciais. Diferentes estados de humor podem tornar difícil resolvermos problemas racionalmente ou identificarmos nossos valores.

É importante dizer que, embora alguns indivíduos possam aprender a usar o sistema de "descanso e conexão" e os sistemas de segurança (social) e a equilibrar o sistema nervoso autônomo, a terapia também diz respeito a desenvolver confiança e coragem para interagir com a ameaça ou fazer sacrifícios em benefício de outros. É o equilíbrio entre, de um lado, ameaça, impulso e ação, e de outro, segurança, apoio ao *self* e apoio aos outros que é crucial para a jornada terapêutica. Alguns clientes vão precisar ser capazes de estar mais em contato com sentimentos temidos, como a raiva, e desenvolver a assertividade ou romper a tendência a serem submissos como uma forma de ficarem seguros. Em um importante trabalho intitulado "Compassion Is Not a Benzo", Di Bello et al. (2021) também destacam o fato de que o que realmente sentimos em um ato compassivo depende muito do que é esse ato. Portanto, algumas vezes, podemos estar em um estado de ameaça extrema se estivermos socorrendo alguém em uma situação perigosa (equipe de enfermaria da covid-19; compaixão heroica). Além disso, quando realizamos ações para abordar nosso sofrimento, podemos precisar ser mais assertivos ou revisitar nosso trauma. Embora o treino de compaixão não procure mudar nossa mente em certos aspectos, quando bombeiros estão aprendendo a combater incêndios e pacientes com trauma estão deliberadamente trabalhando com memória do trauma, temos formas de treino de compaixão que podem estar muito longe de envolver uma mente calma. O que uma mente compassiva faz com suas habilidades para recrutar vários processos (neuro)fisiológicos é fortalecer a coragem para enfrentar o sofrimento (veja o Capítulo 10). Às vezes, trata-se de aprender a tolerar uma mente intranquila (tolerância emocional), mas se manter na intenção, o que é crucial para a compaixão. Di Bello et al. (2021) também levantaram a questão de que a construção de uma mente compassiva ajuda a nos recuperarmos de estresses e ameaças. É um pouco como ficar fisicamente em forma. Isso não só permite que você corra mais rápido quando necessário, mas também que se recupere muito mais rapidamente do que se estivesse em má forma física, e que geralmente esteja em um estado de espírito mais agradável.

Os pesquisadores também estão interessados no que podem chamar de personalidade compassiva, que são indivíduos que têm uma orientação geral para serem úteis aos outros. Elas são claramente diferentes daquelas que podemos chamar de personalidades psicopáticas. Assim, além de habilidades específicas e sistemas fisiológicos específicos, há também esses *aspectos de temperamento*. Eles foram associados a vários sistemas fisiológicos, incluindo polimorfismos do gene receptor de ocitocina. Mas mesmo aqueles com personalidades do tipo compassivo podem não ser os mais heroicos. Portanto, voltamos ao ponto central de que a TFC não é um conjunto de técnicas ou traços. O que é central é a motivação que está por trás de um comportamento ou uma técnica e que acompanha a intenção de coragem e a sabedoria de viver para ser útil, e não nocivo.

Mapeamento da mente

Depois de termos descrito as quatro principais dimensões do funcionamento humano, a Figura 2.10 oferece um mapa panorâmico.

A Figura 2.10 é uma versão mais complexa da Figura 2.1. Ela sugere que temos uma variedade de motivos básicos e sociais. Os quatro principais (excluindo a sexualidade) são: prestação de cuidados; solicitação de cuidados; cooperação e contribuição; e asserção-competição. Os motivos recrutam diferentes emoções para preparar o corpo e orientar a atenção e o raciocínio para se engajar em ações que garantam o motivo e o objetivo. As competências possibilitam a sintonia fina entre a busca do motivo e a ação. Nos humanos, as autoidentidades emergem em torno da interação desses processos complexos (Leary, 2004). As autoidentidades surgem em função de como percebemos nossas interações sociais, que tipo de *self* queremos apresentar ao mundo, que tipo de realizações buscamos e onde vemos oportunidades *versus* ameaças. Um "senso de *self*" é basicamente um sistema construído para

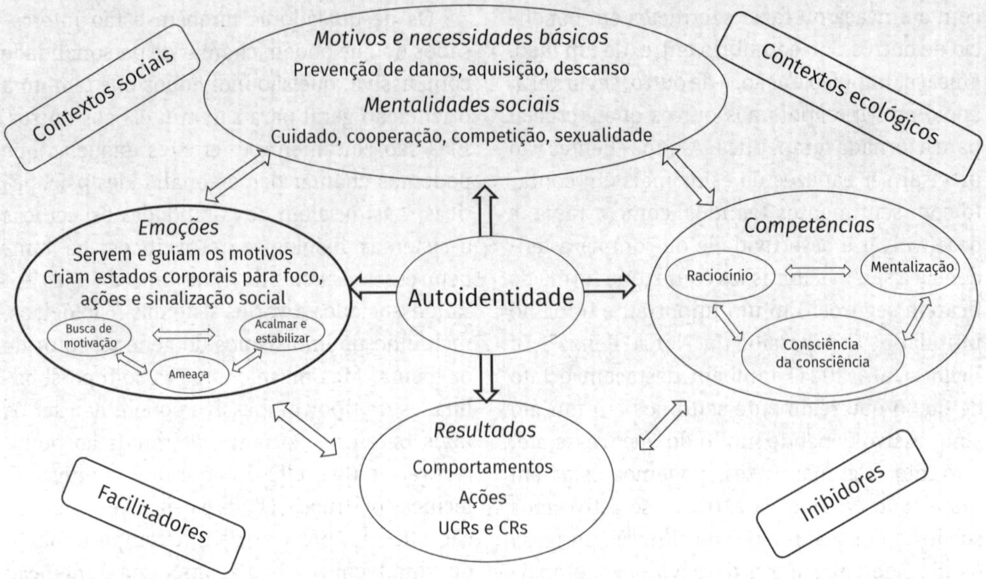

FIGURA 2.10 Mapeamento das funções da mente.
Fonte: Adaptada de Gilbert (2002a); © Paul Gilbert.

coordenar essa gama complexa de potenciais dentro de nós (Hood, 2011; Leary, 2004). As autoidentidades podem priorizar diferentes mentalidades sociais — por exemplo, a competitiva *versus* a cuidadora. Imagine um indivíduo que se identifica como de direita, que é competitivo e para quem o que importa é a sua própria jornada pessoal até a riqueza. Isso seria muito diferente de, digamos, uma pessoa cuja identidade gira em torno da expressão criativa, sendo um artista ou músico independentemente de riqueza. E considere ainda aqueles que estão seguindo a identidade compassiva de viver para serem úteis, não nocivos, para se tornarem iluminados quanto à natureza da sua mente. A TFC, portanto, não está unicamente interessada nos valores das pessoas, mas em suas identidades, porque as identidades organizam a mente.

Competição *versus* cuidado. Muitas terapias entendem que o problema essencial da mente humana é que ela é uma multimente cheia de conflitos. Essa era seguramente a proposição básica de Freud. Os behavioristas falam em termos de conflitos de aproximação-evitação. Na TFC, os conflitos entre *motivos* e autoidentidades construídas também são centrais (Gilbert, 2000b; Huang & Bargh, 2014). Um dos conflitos mais comuns se dá entre as mentalidades sociais de cuidado e as competitivas (Stevens & Price, 1996). Em muitas espécies, quando a mentalidade social competitiva é excessivamente estimulada, ela pode escolher uma entre duas estratégias (Del Giudice, 2020). Uma delas é a mais avessa a riscos e defensiva, que orienta a mente a adotar estratégias de prevenção de danos de *status* inferior. Essas estratégias sensibilizam o sistema de ameaças para as possibilidades de comparação social desfavorável (os outros são melhores, mais confiantes ou mais poderosos do que o indivíduo) — sentir-se inferior, precisar se provar autoaceitável e com valor, ter uma tendência ao autocriticismo elevado e demonstrar submissão. Elas estão fortemente associadas à ansiedade e à depressão (Wetherall et al., 2019).

Em ambientes competitivos, tem-se um conjunto muito diferente de estratégias, que são mais arriscadas, mas têm retornos potencialmente melhores: as estratégias de automelhoria narcisista. Nesse caso, os indivíduos são mais abertamente competitivos e presunçosos, culpam os outros em vez de se culparem, têm um senso exagerado da sua própria importância, são vulneráveis à arrogância e podem ser relativamente insensíveis na sua jornada para subir de *status*. Sheri Johnson e colegas (Johnson et al., 2012; Tharp et al., 2021) exploraram uma dimensão da mentalidade social competitiva (Gilbert, 1989) e a denominaram sistema de motivação da dominância social. Eles identificaram inúmeros problemas de saúde mental diferentes, desde transtornos afetivos bipolares até transtornos antissociais mais narcisistas, como os ligados à operação problemática do sistema de dominância social.

Outra dimensão da mentalidade social competitiva está ligada ao motivo de as pessoas quererem ganhar poder e acesso aos recursos. Em meu gramado, em uma determinada época do ano, surgem inúmeros pombos e outros pássaros, e costumamos lançar sementes. Os indivíduos dominantes passam muito mais tempo perseguindo os subordinados do que comendo. Um aspecto do comportamento competitivo é *a inibição dos outros* quanto às posições de poder ou aos recursos. Aqui o foco não é apenas promover a si mesmo, mas impedir os outros ou roubá-los. Pode haver muitas táticas, como *bullying* e intimidação, e obstáculos sutis se colocam no caminho das pessoas. Esse é um importante problema social associado à forma como as elites tentam suprimir, inibir e minar grupos subordinados, como os de diferentes gêneros e etnias.

Outras pessoas buscam o poder para usá-lo para serem úteis e ajudar outros a subirem de patamar. Assim, as mentalidades sociais se misturam de formas diferentes. Esses diferentes estilos vão aparecer na terapia, e as estratégias narcisistas podem ser particularmente difíceis, envolvendo baixos índices de compaixão pelos outros. Algumas vezes, experienciamos esses indivíduos como figuras muito desagradáveis e podemos não gostar deles, temê-los ou mesmo detestá-los, mas é importante lembrarmos que eles estão simplesmente executando os algoritmos (muito desagradáveis) que milhões de anos instalaram na nossa mente. Devemos ter compaixão com eles, ao mesmo tempo que tentamos prevenir seu caráter prejudicial, pois sabemos que eles nunca escolheram ter a mente de um psicopata ou um altruísta. Eles não acordaram em uma manhã de sábado para procurar um especialista em personalidade e decidir qual rumo de vida seguir. Essas duas formas estratégicas são representadas na Figura 2.11.

Essa abordagem, portanto, explora os processos motivacionais arquetípicos (mentalidades sociais) que moldam nossa mente e guiam as interações interpessoais. Quando visto dessa forma, o valor de conduzir as pessoas para um padrão diferente de mentalidades sociais se torna claro. Isso porque, embora possamos tentar recalibrar a mentalidade competitiva, a mentalidade de cuidado mudará a orientação de uma ampla gama de outros processos psicológicos (veja a Fig. 2.3). A troca do sistema motivacional muda os propósitos, os valores e os objetivos das pessoas, juntamente com sua atenção, suas emoções, suas formas de pensar sobre si mesmas e sobre os outros, seus comportamentos e suas fisiologias. Por exemplo, é difícil ajudar indivíduos narcisistas se eles não desenvolverem algum tipo de empatia e compaixão pelos outros. Para fazer isso, pode ser necessário que eles entrem em contato com suas próprias vulnerabilidades, que os levaram ao caminho do narcisismo em primeiro lugar. Isso pode ajudar os indivíduos que se sentem muito inferiores, subordinados e que são duramente autocríticos quando reconhecem a insensibilidade e o caráter prejudicial dessa orientação e tomam a decisão de adotar uma mentalidade social mais cuidadora na sua relação consigo mesmos (veja o Capítulo 5). A Figura 2.11 também indica algumas das medidas que podem ser usadas para socializar os clientes na terapia. Além disso, há um foco crescente em assegurar que nossas terapias produzam mudança fisiológica, porque, sem isso, a mudança pode ser frá-

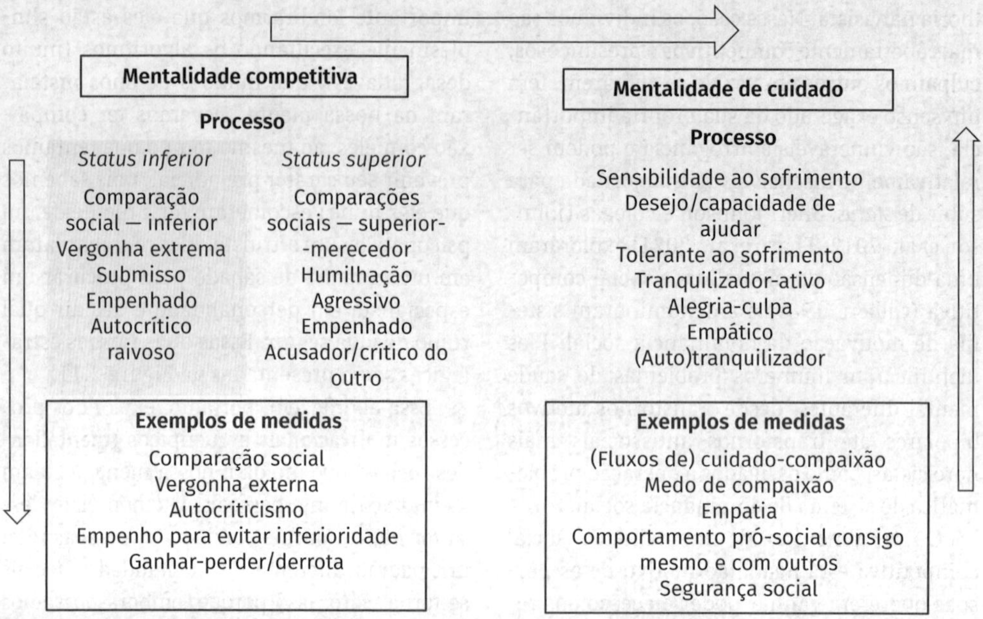

FIGURA 2.11 Troca de mentalidade social: de competitiva para compassiva.
Fonte: © Paul Gilbert.

gil e de curta duração (Cozolino, 2017; Schore, 2019; veja também o Capítulo 9).

Visão geral e conclusão

Dada a natureza multidimensional da TFC, a Figura 2.12 oferece um mapa preliminar e uma visão geral das dimensões básicas da TFC como um guia útil.

Ao longo dos anos, surgiram várias e diferentes formas de se pensar sobre, medir e cultivar a compaixão. Em geral, no entanto, a maioria das abordagens foca, em parte, a sensibilidade ao sofrimento e, em parte, a tomada de atitudes para abordá-lo (veja Gilbert, 2017a,b; Mascaro et al., 2020). A TFC traça as origens evolutivas da compaixão no algoritmo de estímulo-resposta, conforme apresentado na definição. Isso nos permite, então, delinear a evolução da infraestrutura fisiológica do comportamento de cuidado em processos que envolvem ocitocina e endorfinas (Brown & Brown, 2015; Carter et al., 2017), várias estruturas corticais (Cozolini, 2017; Schore, 2019; Singer & Engert, 2019) e o sistema nervoso autônomo (Porges, 2007, 2017, 2021; veja Mascaro & Raison, 2017, e o Capítulo 10, para perspectivas gerais).

Exploramos as diferentes emoções que podem estar em jogo em problemas de saúde mental e verificamos como a compaixão equilibra nossas emoções, em parte por meio da exposição, em parte entendendo os motivos que as impulsionam e em parte por meio do recrutamento dos sistemas de segurança social e de várias competências para ajudar na construção da compaixão. Podemos sugerir competências centrais que nos ajudam a enfrentar o sofrimento, avançar na sua direção e entendê-lo, e podemos identificar qualidades essenciais que nos ajudarão a ter uma resposta sábia. Isso nos proporciona 12 competências ao todo (p. ex., tolerância ao sofrimento, empatia, raciocínio), com intervenções terapêuticas específicas para desenvolvê-las (veja o Capítulo 7 e a Fig. 7.1).

A TFC foca nos fluxos da compaixão porque ter autocompaixão, ser compassivo com os

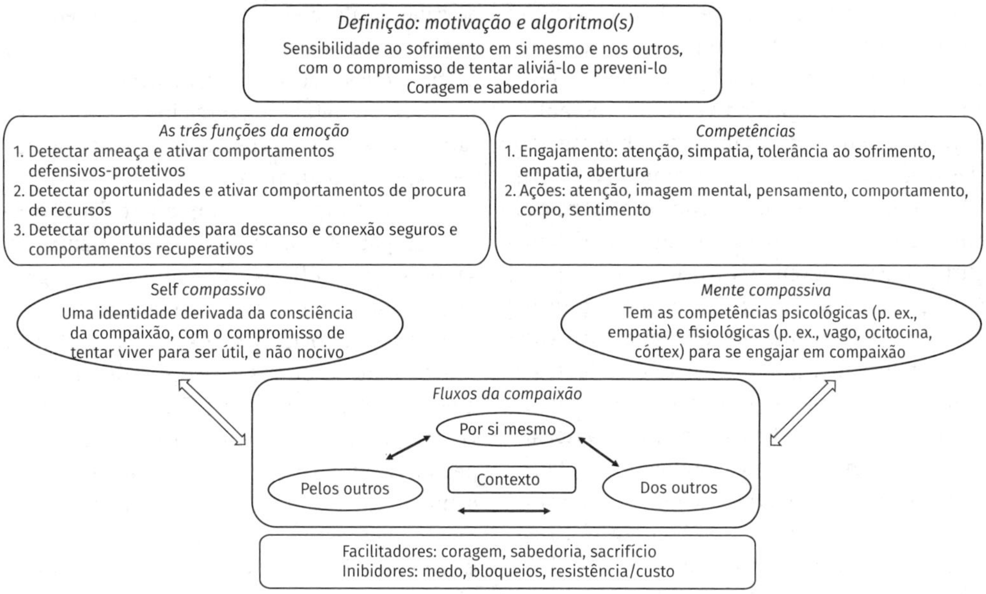

FIGURA 2.12 Visão geral dos processos centrais na TFC.
Fonte: © Paul Gilbert.

outros e estar aberto à compaixão dos outros nos desvia de ficarmos perdidos no lado sombrio do sofrimento e nos direciona para o bem-estar e o comportamento pró-social. O contexto social desempenha um papel nesses fluxos e é influenciado por dimensões de vínculos e confiança. Apresentamos maior tendência a sermos compassivos e abertos à compaixão em relação a pessoas de que gostamos e em quem confiamos do que em relação a pessoas de que não gostamos e em quem não confiamos. Para todos os motivos, emoções e competências, existem processos facilitadores e processos inibidores, e o mesmo vale para a compaixão (Gilbert & Mascaro, 2017); de fato, uma boa parte da TFC diz respeito a abordar os medos, os bloqueios e as resistências à compaixão.

Esses tipos de diagramas e mapas são heurísticas úteis para identificar processos nucleares dentro da terapia, mas eles também estão enraizados em múltiplas dimensões da ciência psicológica. Por exemplo, ao ajudar as pessoas a desenvolverem *mindfulness*, controle da respiração, mentalização, assertividade ou habilidades de reavaliação, pode-se recorrer a uma grande variedade de formas científicas baseadas em evidências para guiá-las. O que elas têm em comum é a clareza sobre a motivação para a compaixão e sobre como e por que essa mentalidade social organiza uma variedade desses processos. Em outras palavras, não estamos apenas tentando ser mais racionais, mais emocionalmente competentes ou "tornar conscientes nossos conflitos inconscientes". Estamos tentando nos conectar com a profunda e arquetípica motivação organizadora de mente-corpo do cuidado e da compaixão como "intenção e foco".

Conclusão

Levando em conta que existem diferentes abordagens da compaixão, e um número crescente de terapias que buscam cultivá-la (Kirby & Gilbert, 2017; Mascaro et al., 2020), este capítulo ofereceu uma visão geral da história e da estrutura atual da TFC. Desde os primórdios da teoria do estado cerebral para depressão, tenho me interessado por abordagens biopsicossociais informadas pela evolução. Foram necessários muitos anos e muitas mentes para desenvolver a teoria da mentalidade social e descobrir como o sofrimento gerado por usos problemáticos da mentalidade social competitiva, com seu foco na vergonha, no autocriticismo, no comportamento submisso, no senso de derrota e no aprisionamento (Gilbert, 2020b), pode ser compensado pela transição para mentalidades sociais de cuidado e compartilhamento. Com isso, ocorre a troca de uma gama de processos psicológicos e fisiológicos. No momento em que este livro está sendo publicado, minha colega, dra. Marcela Matos, está começando a coordenar estudos examinando as mudanças genéticas associadas ao treino da mente compassiva (TMC). Também estamos em vias de relatar um estudo pequeno, mas animador, sobre a troca da mentalidade social em clientes com dificuldades associadas ao transtorno afetivo bipolar de longa duração. Os dados qualitativos sugerem que a abordagem evolucionista da mente, com a compreensão da natureza da compaixão e do seu cultivo, foi inovadora e muito útil para eles.

Trabalhando com a depressão e outros tipos de dificuldades, nos deparamos com histórias repetidas. Havia muitas pessoas, provenientes de ambientes difíceis, com um senso de desconexão e com um anseio (temido) de conectividade, de se sentir seguras e se divertir, se sentir valorizadas e com valor, ter *status* e estar no controle do seu domínio interpessoal. Embora as terapias se preocupem adequadamente com o conceito de "consertar pessoas", também é importante destacar que nosso objetivo é auxiliar as pessoas a se organizarem de acordo com sua natureza, de forma a alcançarem seu funcionamento ideal, sentindo-se cuidadas e sendo cuidadosas com os outros. Evidências consideráveis apontam que esses processos impactam os nossos sistemas imune, cardiovascular e nervoso autônomo e afetam circuitos neurais importantes, todos os quais conduzem ao bem-estar físico e mental e a um comportamento pró-social (Mascaro & Raison, 2017; Music, 2017; Slavich, 2020). Somos uma espécie social, e hoje se sabe muito bem que as terapias precisam explorar esses sistemas. Assim como nosso corpo precisa de dietas saudáveis, com vitaminas, minerais e exercícios apropriados, também existem os equivalentes psicológicos para apoiar nossa mente.

A TFC é uma psicoterapia que foi desenvolvida para e *com pessoas* com problemas de saúde mental difíceis. Ela é uma abordagem que reconhece o terrível lado obscuro da mente humana, associado aos danos que podemos causar tanto a outras pessoas quanto a nós mesmos (Sapolsky, 2017; Zimbardo, 2007). De fato, o sofrimento que causamos a outras pessoas e outras espécies continua sendo chocante e trágico. Quando construímos uma mente compassiva, devemos ser sensíveis ao sofrimento dos outros e aos desafios com os quais nos defrontamos (Gilbert, 2021). A compaixão, portanto, é o veículo para nossa jornada corajosa e sábia até o núcleo do sofrimento e — ao prevenir o sofrimento e trabalhar as necessidades — a promoção do bem-estar.

Conceituação básica da abordagem da terapia focada na compaixão

A TFC é uma terapia multidimensional que trabalha com cognições, emoções, motivações, comportamentos, imagens mentais e estados fisiológicos. A seguir, apresentamos uma visão geral de *alguns* aspectos do processo terapêutico. Ela é apresentada por meio de um modelo de psicoterapia comumente utilizado, que envolve três temas centrais ligados a (1) desenvolver a relação terapêutica e a base segura como contexto para a terapia, depois (2) estabelecer a conceituação e a formulação dos problemas, indicando tarefas e práticas da terapia, e então (3) apontar os objetivos da terapia. Na TFC, o objetivo é desenvolver uma mente compassiva, que tenha a coragem e a sabedoria de viver para ser útil, e não nociva. (Veja a Tab. 2.2.)

TABELA 2.2 Uma visão geral da TFC

Vínculos e a relação terapêutica	Tarefas e práticas	Objetivos e resultados
• Criar uma relação terapêutica de base segura que conduza ao processo de descoberta guiada e mudança. **Micro-habilidades específicas** • Comunicação não verbal, expressões faciais, postura corporal • Uso habilidoso/consciência de expressões faciais, tons de voz e ritmo da fala • Perguntas socráticas abertas — e entendimento de seu propósito • Reflexão sobre o sentimento, reflexão sobre o significado • Habilidades que possibilitem silêncios para experiência e reflexão (não vergonha, autofoco) • Empatia preditiva e reflexiva • Resumir, parafrasear • Usar pressão apropriada (saber como, por que e quando) • Capacidade de resumir e formular usando desenhos e diagramas • Reconhecimento da base da transferência e da contratransferência • Capacidade de reconhecer/se engajar em rupturas terapêuticas e seu reparo • Não defensivo, mas curioso	• As tarefas da terapia são ajudar a pessoa a articular e entender as causas e os fatores de manutenção das suas dificuldades e ser capaz de enfrentá-las. • Desenvolver capacidade compassiva a fim de fortalecer habilidades para o envolvimento com as dificuldades, buscando mudar e crescer — construindo as versões compassivas do *self*. **Tarefas gerais** • Descoberta guiada quanto aos recursos e ao alívio das dificuldades • Envolver-se com questões temidas ou evitadas • Oferecer oportunidades para descoberta guiada e prática de resposta compassiva • Compaixão como fluxo: para os outros, dos outros para si • Ensinar compaixão não é (apenas) "bom", mas envolve coragem sábia para se engajar — compaixão como mergulho no sofrimento, e não evitação • Poder distinguir vergonha e culpa • Poder ligar o processo (como autocriticismo) a medos arquetípicos subjacentes, como o de rejeição	• Os objetivos da terapia são construir capacidade compassiva que possibilite e capacite os clientes na jornada terapêutica, além de a terapia ser um objetivo em si. • Ser capaz de usar uma mente compassiva para trabalhar de forma útil com várias dificuldades da vida. • Usar a psicoeducação para construir consciência mental do cérebro difícil e *mindfulness* do seu funcionamento. **Objetivos gerais** • Construir capacidade compassiva • Cultivar o *self* compassivo como um guia para a vida • Associar compaixão a valores e objetivos na vida • Desintoxicação, mentalidade social de cuidado e sistema de tranquilização afiliativo, se houver • Equilibrar os três sistemas de regulação do afeto • Reduzir a evitação experiencial • Melhorar a relação com o *self* (redução do autocriticismo hostil e aumento da autotranquilização) • Melhorar a relação com os outros • Melhorar o controle dos impulsos • Melhorar o bem-estar geral e florescer

(Continua)

TABELA 2.2 Uma visão geral da TFC *(Continuação)*

Vínculos e a relação terapêutica	Tarefas e práticas	Objetivos e resultados
Habilidades específicas da TFC • Poder explicar o conceito de compaixão conforme usado na TFC • Ter a capacidade de usar a psicoeducação para os quatro diferentes aspectos do modelo, incluindo o cérebro difícil e os diferentes sistemas de regulação emocional • Ter a capacidade de usar o modelo para "desenvergonhar" e mostrar ao cliente que suas estratégias de segurança "não são sua culpa", mas apresentam desvantagens • Construir a formulação, usando o modelo como estrutura, e organizar os motivos e os três sistemas de regulação emocional • Ter percepção da complexidade dos sistemas de regulação emocional e processamento incluído • Entender a complexidade do sistema de ameaças • Ajudar o cliente a reconhecer três importantes emoções de ameaça que podem surgir juntas (raiva, ansiedade e tristeza, ocasionalmente acompanhadas de aversão) • Entender a mente como uma "multimente" de conflitos • Ser capaz de usar "cadeiras" e outras técnicas de atuação para separar e diferenciar aspectos do *self* • Entender e poder se engajar em análise funcional — sempre que necessário	**Práticas de compaixão** • Ensinar e praticar ritmo respiratório de tranquilização (como ponto de desaceleração, paralisação-ancoragem) • Ensinar habilidades básicas de *mindfulness* — o *self* observador • Ensinar o monitoramento do pensamento, da emoção e da experiência corporal • Ensinar como praticar (p. ex., quando for fácil) • Ensinar e praticar *self* compassivo (p. ex., atuação e trabalho com cadeiras) • Ensinar e praticar imagem compassiva • Ensinar e praticar direcionamento do *self* compassivo/imagem para: 1) pessoa com quem se preocupa; 2) *self* e/ou aspectos/partes do *self* • Explorar resistências à autocompaixão • Ensinar e praticar sinais para memória (uso de pedra pequena, vela, aroma, etc.) • Ensinar e praticar escrita de carta compassiva • Ensinar e praticar comportamento compassivo • Ensinar e praticar pensamento compassivo (sempre que possível, com sentimento) • Fornecer materiais de leitura e prática • Escrita de carta compassiva	**Medidas úteis dos resultados (gerais)** • Escala de depressão, ansiedade e estresse; outras escalas de saúde mental • Escalas de regulação do afeto • Escalas de empatia e compaixão • *Mindfulness* • Medidas do bem-estar **Medidas dos resultados (TFC: todas disponíveis no *website* Compassionate Mind)** • Escala de autocriticismo e autotranquilização • Escalas de afeto positivo • Derrota e aprisionamento • Escalas de vergonha • Comportamento submisso • Escala de segurança social • Várias escalas de experiências no começo da vida • Esforço para evitar inferioridade • Medo da compaixão • Escalas de ação e engajamento em compaixão

(Continua)

TABELA 2.2 Uma visão geral da TFC *(Continuação)*

Vínculos e a relação terapêutica	Tarefas e práticas	Objetivos e resultados
• Ter uma compreensão clara de como estilos de apego e experiências iniciais podem perturbar o *self* e a regulação emocional • Ter consciência de como o estilo de apego pode ser reencenado na relação terapêutica • Explorar questões relativas à base segura e ao porto seguro **Construção de compaixão** • Ser capaz de entender a natureza multicomponentes da compaixão e como construir a capacidade compassiva **Habilidades reflexivas** • Entendimento de seus três próprios círculos; percepção do seu estilo terapêutico e de suas áreas de força e fraqueza • Preparação para praticar todas as intervenções da terapia (p. ex., *mindfulness*, *self* compassivo) e monitorar a prática com evidência de prática pessoal	• Rotina diária de comportamento de compaixão **Imagem mental** • Orientar quanto ao que é imagem mental e ao que não é • Ensinar o poder *fisiológico* da imagem mental ou "sensação sentida" — usar exemplos claros • Lugar seguro, com e sem outros • Cor • Imagem de compaixão para receber • *Self* compassivo **Usando compaixão** • Usar capacidades de compaixão para se relacionar com as questões temidas • Oferecer oportunidade para explorar multi-*selves* • Orientar quanto à diferença entre vergonha e culpa; a culpa frequentemente é importante tolerar, ao passo que a vergonha (autofocada e ameaçadora) pode ser tóxica e inútil • Orientar quanto às diferenças entre autocriticismo baseado na vergonha e autocorreção baseada na compaixão	**Processo geral da terapia** • Há muitas técnicas para construir a relação terapêutica e conduzir o trabalho terapêutico, como diálogo socrático, descoberta guiada, experimentos comportamentais, exposição gradual, trabalho com cadeiras, uso de imagem mental; todas essas facilitam processos *dentro do cliente*, particularmente a descoberta guiada e a prática guiada.

Referências

Abbott, D.H., Keverne, E.B., Bercovitch, F.B. et al. (2003). Are subordinates always stressed? A comparative analysis of rank differences in cortisol levels among primates. *Hormones and Behavior, 43*, 67–82.

Akiskal, H.S, & McKinney, W.T. (1973). Depressive disorders: Toward a unified hypothesis. *Science, 182*, 20–29.

Armstrong, B.F., III, Nitschke, J.P., Bilash, U., & Zuroff, D.C. (2020). An affect in its own right: Investigating the relationship of social safeness with positive and negative affect. *Personality and Individual Differences*, 168, 109670.

Baer, L. (2002). *The imp of the mind: Exploring the silent epidemic of obsessive bad thoughts*. Plume.

Bargh, J. (2017). *Before you know it: The unconscious reasons we do what we do.* Simon & Schuster.

Baron-Cohen, S. (2011). *Zero degrees of empathy: A new theory of human cruelty*. Penguin.

Baron-Cohen, S. (2020). *The pattern seekers: A new theory of human invention*. Penguin.

Baumeister, R.F. (2016). Toward a general theory of motivation: Problems, challenges, opportunities, and the big picture. *Motivation and Emotion, 40*(1), 1–10.

Beck, A.T. (1967). *Depression: Clinical, experimental and theoretical aspects*. Harper & Row.

Beck, A.T. (1987). Cognitive models of depression. *Journal of Cognitive Psychotherapy: An International Quarterly, 1*, 5–38.

Beck, A.T., Davis, D.D., & Freeman, A. (Eds.). (2015). *Cognitive therapy of personality disorders*. Guilford.

Beck, A.T., Emery, G., & Greenberg, R.L. (1985). *Anxiety disorders and phobias: A cognitive approach*. Basic Books.

Behrens, F., Snijdewint, J.A., Moulder, R.G., Prochazkova, E., Sjak-Shie, E.E., Boker, S.M., & Kret, M.E. (2019). Physiological synchrony promotes cooperative success in real-life interactions. *bioRxiv*, 792416.

Birtchnell. J. (1993). *How human relate: A new interpersonal theory*. Praeger.

Bloom, P. (2017). *Against empathy: The case for rational compassion*. Random House.

Böckler, A., Tusche, A., & Singer, T. (2016). The structure of human prosociality: Differentiating altruistically motivated, norm motivated, strategically motivated, and self-reported prosocial behavior. *Social Psychological and Personality Science*, 7(6), 530–541.

Boehm, C. (1999). *Hierarchy in the forest: The evolution of egalitarian behavior*. Harvard University Press.

Bohlmeijer, E.T., & Westerhof, G.J. (2020). A new model for sustainable health integrating well-being into psychological treatment. In J. Kirby & P. Gilbert (Eds.). *Making an impact on mental health: The applications of psychological research* (pp. 153–188). Routledge.

Bowlby, J., (1969). *Attachment and loss* (Vol. 1). Random House.

Bowlby, J. (1973) *Separation, anxiety and anger: Attachment and Loss* (Vol. 2). Hogarth Press.

Bowlby, J. (1980). *Loss: Sadness and Depression: Attachment and loss* (vol. 3). Hogarth Press.

Bratt, A., Gralberg, I.M., Svensson, I., & Rusner, M. (2020). Gaining the courage to see and accept oneself: Group-based compassion-focussed therapy as experienced by adolescent girls. *Clinical Child Psychology and Psychiatry, 25*(4), 909–921.

Brown, G.W., and Harris, T.O. (1978) *The social origins of depression*. Tavistock.

Brown, G.W., Harris, T.O., & Hepworth, C. (1995) Loss, humiliation and entrapment among women developing depression: A patient and non-patient comparison. *Psychological Medicine, 25*, 7–21.

Brown, K.W., Creswell, J.D., & Ryan, R.M. (Eds.) (2015). *Handbook of mindfulness: Theory, research, and practice*. Guilford Press.

Brown, S.L., & Brown, R.M. (2015). Connecting prosocial behavior to improved physical health: Contributions from the neurobiology of parenting. *Neuroscience and Biobehavioral Reviews, 55*, 1–17.

Buss, D.M. (2019). *Evolutionary psychology: The new science of the mind* (6th ed.). Psychology Press.

Byrne, R.W. (2016). *Evolving insight: How it is we can think about why things happen*. Oxford University Press.

Carter, S., Bartal, I.B., & Porges, E. (2017). The roots of compassion: An evolutionary and neurobiological perspective. In E.M. Seppälä, E. Simon-Thomas, S.L. Brown, M.C. Worline, C.D. Cameron, & J.R. Doty (Eds.). *The Oxford handbook of compassion science* (pp. 178–188). Oxford University Press.

Caspi, A., Houts, R.M., Belsky, D.W., Goldman-Mellor, S.J., Harrington, H., Israel, S., ... & Moffitt, T.E. (2014). The p factor: One general psychopathology factor in the structure of psychiatric disorders?. *Clinical Psychological Science, 2*(2), 119–137.

Cassidy, J., & Shaver, P.R. (2016). *Handbook of attachment: Theory, research and clinical applications* (3rd ed.). Guilford Publications.

Catarino, F., Gilbert, P., McEwan, K., & Baião, R. (2014). Compassion motivations: Distinguishing submissive compassion from genuine compassion and its association with shame, submissive behaviour, depression, anxiety and stress. *Journal of Social and Clinical Psychology, 33*, 399–412.

Clarke, M., McEwan, K., Ness, J., Waters, K., Basran, J., & Gilbert, P. (2016). A descriptive study of feelings of arrested escape (entrapment) and arrested anger in people presenting to an emergency department following an episode of self-harm. *Frontiers in Psychiatry, 7*, 155. https://doi.org/10.3389/fpsyt.2016.00155

Cordaro, D.T., Brackett, M., Glass, L., & Anderson, C.L. (2016). Contentment: Perceived completeness across cultures and traditions. *Review of General Psychology, 20*(3), 221–235.

Cowan, C.S.M., Callaghan, B.L., Kan, J.M., & Richardson, R. (2016). The lasting impact of early-life adversity on individuals and their descendants: Potential mechanisms and hope for intervention. *Genes, Brain and Behavior, 15*(1), 155–168.

Cozolino, L. (2017). *The neuroscience of psychotherapy: Healing the social brain* (2nd ed.). (Norton Series on Interpersonal Neurobiology). W.W. Norton.

Curry, O.S., Rowland, L., Van Lissa, C.J., Zlotowitz, S., McAlaney, J., & Whitehouse, H. (2018). Happy to help? A systematic review and meta-analysis of the effects of performing acts of kindness on the well-being of the actor. *Journal of Experimental Social Psychology, 76*, 320–329. http://doi.org/10.17605/OSF.IO/YTJ5S

Dana, D., & Porges, S.W. (2018). *The polyvagal theory in therapy: Engaging the rhythm of regulation*. Norton.

Decety, J., Norman, G.J., Berntson, G.G., & Cacioppo, J.T. (2012). A neurobehavioral evolutionary perspective on the mechanisms underlying empathy. *Progress in Neurobiology, 98*(1), 38–48.

Deckers, L. (2014). *Motivation: Biological, psychological, and environmental*. Routledge.

De Houwer, J., Hughes, S., & Barnes-Holmes, D. (2016). Associative learning as higher order cognition: Learning in human and nonhuman animals from the perspective of propositional theories and relational frame theory. *Journal of Comparative Psychology, 130*(3), 215–225. https:// doi.org/10.1037/a0039999

Del Giudice, M. (2020). Rethinking the fast-slow continuum of individual differences. *Evolution and Human Behavior, 41*(6), 536–549.

Di Bello, M., Ottaviani, C., & Petrocchi, N. (2021). Compassion is not a benzo: Distinctive associations of heart rate variability with its empathic and action components. *Frontiers in Neuroscience, 15*, 223. https://doi.org/10.3389/fnins.2021.617443

Dixon, A.K. (1998). Ethological strategies for defence in animals and humans: Their role in some psychiatric disorders. *British Journal of Medical Psychology, 71*, 417–445.

Domes, G., Heinrichs, M., Michel, A., Berger, C., & Herpertz, S.C. (2007). Oxytocin improves 'mind-reading' in humans. *Biological Psychiatry, 61*(6), 731–733.

Dunbar, R.I. (2009). The social brain hypothesis and its implications for social evolution. *Annuals of Human Biology, 36*, 562–572. https://doi.org/10.1080/03014460902960289

Dunbar, R.I. (2014). *Human evolution: A pelican introduction*. Penguin.

Eisenberg, N. (2003). *Prosocial behavior, empathy, and sympathy*. In M.H. Bornstein, L. Davidson, C.L.M. Keyes, & K.A. Moore (Eds.). *Crosscurrents in contemporary psychology. Well-being: Positive development across the life course* (pp. 253–265). Lawrence Erlbaum Associates.

Eisenberg, N., & Miller, P.A. (1987). The relation of empathy to prosocial and related behaviors. *Psychological Bulletin, 101*, 91–119.

Ellenberger, H.F. (1970). *The discovery of the unconscious: The history and evolution of dynamic psychiatry* (Vol. 1). Basic Books.

Favre, P., Kanske, P., Engen, H., & Singer, T. (2021). Decreased emotional reactivity after 3-month socio-affective but not attention-or meta-cognitive-based mental training: A randomized, controlled, longitudinal fMRI study. *NeuroImage, 237*, 118132.

Fried, E.I., & Nesse, R.M. (2015). Depression is not a consistent syndrome: An investigation of unique symptom patterns in the STAR* D study. *Journal of Affective Disorders, 172*, 96–102.

Fonagy, P. (2006). The mentalization-focused approach to social development. In F.N Busch (Ed.). *Mentalization: Theoretical considerations research findings and clinical implications*. The Analytic Press.

Fonagy, P., Gergely, G., & Jurist, E.L. (Eds.). (2018). *Affect regulation, mentalization and the development of the self*. Routledge.

Fonagy, P., Luyten, P., Allison, E., & Campbell, C. (2019). Mentalizing, epistemic trust and the phenomenology of psychotherapy. *Psychopathology, 52*(2), 94–103.

Forkmann, T., Teismann, T., Stenzel, J.S., Glaesmer, H., & De Beurs, D. (2018). Defeat and entrapment: More than meets the eye? Applying network analysis to estimate dimensions of highly correlated constructs. *BMC Medical Research Methodology, 18*(1), 16. https://doi.org/10.1186/ s12874-018-0470-5

Geary, D.C. (2000). Evolution and proximate expression of human parental investment. *Psychological Bulletin, 126*, 55–77.

Germer, C.K., & Barndofer, T. (2017). Mindfulness and compassion: Similarities and differences In P. Gilbert (Ed.). *Compassion: Concepts, research and applications*. (pp. 69–86). Routledge.

Germer, C.K., & Siegel, R.D. (2012). *Wisdom and compassion in psychotherapy: Deepening mindfulness in clinical practise*. Guilford Press.

Gilbert, P. (1984). *Depression: From psychology to brain state*. Lawrence Erlbaum Associates.

Gilbert, P. (1989/2016). *Human nature and suffering*. Routledge.

Gilbert, P. (1992/2016). *Depression: The evolution of powerlessness*. Lawrence Erlbaum Associates.

Gilbert, P. (1993). Defence and safety: Their function in social behaviour and psychopathology. *British Journal of Clinical Psychology, 32*, 131–153.

Gilbert, P. (1995). Biopsychosocial approaches and evolutionary theory as aids to integration in clinical psychology and psychotherapy. *Clinical Psychology and Psychotherapy, 2*, 135–156. https:// doi.org/10.1002/cpp.5640020302

Gilbert, P. (1998a). Evolutionary psychopathology: Why isn't the mind better designed than it is? *British Journal of Medical Psychology, 71*, 353–373.

Gilbert, P. (1998b). The evolved basis and adaptive functions of cognitive distortions. *British Journal of Medical Psychology, 71*, 447–463.

Gilbert, P. (2000a). Varieties of submissive behaviour: Their evolution and role in depression. In L. Sloman & P. Gilbert (Eds.). *Subordination and defeat. An evolutionary approach to mood disorders* (pp. 3–46). Lawrence Erlbaum Associates.

Gilbert, P. (2000b). Social mentalities: Internal 'social' conflicts and the role of inner warmth and compassion in cognitive therapy. In P. Gilbert & K.G. Bailey (Eds.). *Genes on the couch: Explorations in evolutionary psychotherapy* (pp. 118–150). Psychology Press.

Gilbert, P. (2001a). Evolutionary approaches to psychopathology: The role of natural defences. *Australian and New Zealand Journal of Psychiatry, 35*, 17–27.

Gilbert, P. (2001b). Depression and stress: A biopsychosocial exploration of evolved functions and mechanisms. *Stress: The International Journal of the Biology of Stress, 4*, 121–135.

Gilbert. P. (2005). Compassion and cruelty: A biopsychosocial approach. In P. Gilbert (Ed.). *Compassion: Conceptualisations, research and use in psychotherapy* (pp. 3–74). Routledge.

Gilbert, P. (2009). *The compassionate mind: A new approach to the challenge of life*. Constable & Robinson.

Gilbert, P. (2010). *Compassion focused therapy* (The CBT Distinctive Features Series). Routledge.

Gilbert, P. (2017a). Compassion: Definitions and controversies. In P. Gilbert (Ed.). *Compassion: Concepts, research and applications*. (pp. 3–15). Routledge.

Gilbert, P. (2017b). Compassion as a social mentality: An evolutionary approach. In P. Gilbert (Ed.). *Compassion: Concepts, research and applications* (pp. 31–68). Routledge.

Gilbert, P. (2018). *Living like crazy*. Annwyn House.

Gilbert, P. (2019). Psychotherapy for the 21st century: An integrative, evolutionary, contextual, biopsychosocial approach. *Psychology and Psychotherapy: Theory, Research and Practice, 92*, 164–189. https://doi.org/10.1111/papt.12226

Gilbert, P. (2020a). Compassion: From its evolution to a psychotherapy. *Frontiers in Psychology, 11*, 3123.

Gilbert, P. (2020b). Evolutionary functional analysis: The study of social mentalities, social rank and caring-compassion. In J.N. Kirby & P. Gilbert (Eds.). *Making an impact on mental health* (pp. 4–42). Routledge.

Gilbert, P. (2021). Creating a compassionate world: Addressing the conflicts between sharing and caring versus controlling and holding evolved strategies. *Frontiers in Psychology*, https://doi. org/10.3389/fpsyg.2020.582090

Gilbert, P. (in press). Caring and the evolution of guilt: A biopsychosocial approach to a prosocial emotion. In L. Al-Shawaf & T. Shackelford (Eds.). *The Oxford handbook of evolution and the emotions*. Oxford University Press.

Gilbert, P., Allan, S., Brough, S., Melley, S., & Miles, J.N.V. (2002). Anhedonia and positive affect: Relationship to social rank, defeat and entrapment. *Journal of Affective Disorders, 71*, 141–151.

Gilbert, P., & Allan, S. (1998). The role of defeat and entrapment (arrested flight) in depression: An exploration of an evolutionary view. *Psychological Medicine, 28*, 584–597.

Gilbert, P., & Basran, J. (2018). Imagining one's compassionate self and coping with life difficulties. *EC Psychology and Psychiatry*. Nov. 26. Open access.

Gilbert, P., & Choden. (2013). *Mindful compassion*. Constable Robinson.

Gilbert, P., & Kirby, J.N. (2019). Building an integrative science for psychotherapy for the 21st century: Preface and introduction. *Psychology and Psychotherapy: Theory, Research and Practice, 92*, 151–163. https://doi.org/10.1111/papt.12225

Gilbert, P., & Mascaro, J. (2017). Compassion: Fears, blocks, and resistances; An evolutionary investigation. In E.M. Seppälä, E. Simon-Thomas, S.L. Brown, M.C. Worline, L. Cameron, & J.R. Doty (Eds). *The Oxford Handbook of Compassion Science* (pp. 399–420). Oxford University Press.

Gilbert, P., & McGuire, M. (1998). Shame, status and social roles: The psychobiological continuum from monkeys to humans. In P. Gilbert & B. Andrews (Eds.). *Shame: Interpersonal behavior, psychopathology and culture* (pp. 99–125). Oxford University Press.

Gilbert, P., Basran, J., MacArthur, M., & Kirby, J.N. (2019). Differences in the semantics of prosocial words: An exploration of compassion and kindness. *Mindfulness, 10*(11), 2259–2271.

Gilbert, P., Catarino, F., Duarte, C., Matos, M., Kolts, R., Stubbs, J., Ceresatto, L., Duarte, J., Pinto-Gouveia, J., & Basran, J. (2017). The development of compassionate engagement and action scales for self and others. *Journal of Compassionate Health Care, 4*(1), 1–24. https://doi.org/ 10.1186/s40639-017-0033-3

Gilbert, P., Cheung, M., Wright, T., Campey, F., & Irons, C. (2003). Recall of threat and submissiveness in childhood: Development of a new scale and its relationship with depression, social comparison and shame. *Clinical Psychology and Psychotherapy, 10*, 108–115.

Gilbert, P., McEwan, K., Catarino, F., Baião, R., & Palmeira, L. (2014). Fears of happiness and compassion in relationship with depression, alexithymia, and attachment security in a depressed sample. *British Journal of Clinical Psychology, 53*(2), 228–244. https://doi.org/10.1111/bjc.12037

Gilbert, P., Price, J.S., & Allan, S. (1995) Social comparison, social attractiveness and evolution: How might they be related? *New Ideas in Psychology, 13*, 149–165.

Gillath, O., & Karantzas, G. (2019). Attachment security priming: A systematic review. *Current Opinion in Psychology, 25*, 86–95.

Gray, J.A. (1982). *The neuropsychology of anxiety*. Oxford University Press.

Gray, P. (2009). Play as a foundation for hunter-gatherer social existence. *American Journal of Play, 1*(4), 476–522.

Greenberg, L.S. (2015). *Emotion-focused therapy: Coaching clients to work through their feelings* (2nd ed.). American Psychological Association. https://doi.org/10.1037/14692-000

Grimes, D.R. (2019). *The irrational ape: Why flawed logic puts us all at risk and how critical thinking can save the world*. Simon & Schuster.

Grossmann, I., Dorfman, A., Oakes, H., Santos, H.C., Vohs, K. D., & Scholer, A. (2021). Training for wisdom: The distanced self-reflection diary method. *Psychological Science* (advanced on line) https://doi.org/10.1177/0956797620969170

Hackmann, A., Bennett-Levy, J., & Holmes, E.A. (2011). *Oxford guide to imagery in cognitive therapy*. Oxford University Press.

Haidt, J. (2001). The emotional dog and its rational tail: A social intuitionist approach to moral judgment. *Psychological Review*, 108, 814–834.

Harris, A. (2019). *Consciousness: A brief guide of the fundamental mystery of the mind*. HarperCollins.

Haslam, C., Jetten, J., Cruwys, T., Dingle, G.A., & Haslam, A.S. (2018). *The new psychology of health: Unlocking the social cure*. Routledge.

Hayes, S.C., Bunting, K., Herbst, S., Bond, F.W., & Barnes-Holmes, D. (2006). Expanding the scope of organizational behavior management: Relational frame theory and the experimental analysis of complex human behavior. *Journal of Organizational Behavior Management, 26*(1–2), 1–23.

Heckhausen, J., & Heckhausen, H. (Eds.). (2018). *Motivation and action* (3rd ed.). Springer.

Hein, G., Silani, G., Preuschoff, K., Batson, C. D., & Singer, T. (2010). Neural responses to ingroup and outgroup members' suffering predict individual differences in costly helping. *Neuron, 68*(1), 149–160.

Heinrichs, M., Baumgartner, T., Kirschbaum, C., & Ehlert, U. (2003). Social support and oxytocin interact to suppress cortisol and subjective response to psychosocial stress. *Biological Psychiatry, 54*, 1389–1398.

Hofer, M.A. (1984). Relationships is regulated: A psychobiologic perspective on bereavement. *Psychosomatic Medicine, 46*, 183–197.

Hood, B. (2011). *The self illusion: Why there is no 'you' inside your head*. Constable.

Huang, J.Y., & Bargh, J.A. (2014). The selfish goal: Autonomously operating motivational structures as the proximate cause of human judgment and behavior. *Behavioral and Brain Sciences, 37*, 121–175.

Jeste, D.V., Lee, E.E., Cassidy, C., Caspari, R., Gagneux, P., Glorioso, D., ... & Blazer, D. (2019). The new science of practical wisdom. *Perspectives in Biology and Medicine, 62*(2), 216–236.

Johnson, S., Leedom, L., & Muhtadie, L. (2012) The dominance behavioral system and psychopathology: Evidence from self-report, observational, and biological studies. *Psychological Bulletin, 138*, 692–743.

Kazantzis, N., Beck, J. S., Clark, D. A., Dobson, K. S., Hofmann, S. G., Leahy, R. L., & Wong, C. W. (2018). Socratic dialogue and guided discovery in cognitive behavioral therapy: A modified Delphi panel. *International Journal of Cognitive Therapy, 11*(2), 140–157.

Kelly, G.A. (1963). *A theory of personality: The psychology of personal constructs*. W.W. Norton.

Keltner, D., Oatley, K., & Jenkins, J. M. (2018). *Understanding emotions*. Wiley Global Education.

Keogh, R., & Pearson, J. (2018). The blind mind: No sensory visual imagery in aphantasia. *Cortex, 105*, 53–60.

Kessler, S.E. (2020). Why care: Complex evolutionary history of human healthcare networks. *Frontiers in Psychology, 11*, 199. https://doi.org/10.3389/fpsyg.2020.00199

Kim, S. (2015). The mind in the making: Developmental and neurobiological origins of mentalizing. *Personality Disorders: Theory, Research, and Treatment*, 6(4), 356–365.

Kirby, J., & Gilbert, P. (2017). The emergence of the compassion focused therapies. In P. Gilbert (Ed.). *Compassion: Concepts, research and applications* (pp. 258–285). Routledge.

Knox, J. (2003). *Archetype, attachment, analysis: Jungian psychology and the emergent mind*. Psychology Press.

Leahy, R.L. (2019a). Introduction: Emotional schemas and emotional schema therapy. *International Journal of Cognitive Therapy, 12*(1), 1–4.

Leahy, R.L. (2019b). *Emotional schema therapy: Distinctive features*. Routledge.

Leary, M.R. (2004). *The curse of the Self. Self-awareness, egotism, and the quality of human life*. Oxford University Press.

LeDoux, J.E. (2012). Evolution of human emotion: A view through fear. In *Progress in brain research* (vol. 195, pp. 431–442). Elsevier.

Leighton, T.D. (2003). *Faces of compassion: Classic Bodhisattva archetypes and their modern expression – an introduction to Mahayana Buddhism*. Simon & Schuster.

Li, N.P., van Vugt, M., & Colarelli, S.M. (2017). The evolutionary mismatch hypothesis: Implications for psychological science. *Current Directions in Psychological Science, 27*, 38–44.

Liotti, G., & Gilbert, P. (2011). Mentalizing, motivations and social mentalities: Theoretical considerations and implications for psychotherapy. *Psychology and Psychotherapy, 84*, 9–25.

Lockwood, P.L., Apps, M.A., & Chang, S.W. (2020). Is there a 'social' brain? Implementations and algorithms. *Trends in Cognitive Sciences, 24*, 802–824. https://doi.org/10.1016/j.tics.2020.06.011

Longe, O., Maratos, F.A., Gilbert, P., Evans, G., Volker, F., Rockliffe, H., & Rippon, G. (2010). Having a word with yourself: Neural correlates of self-criticism and self-reassurance. *NeuroImage, 49*, 1849–1856.

Lunkenheimer, E., Tiberio, S.S., Skoranski, A.M., Buss, K.A., & Cole, P.M. (2018). Parent-child coregulation of parasympathetic processes varies by social context and risk for psychopathology. *Psychophysiology, 55*(2), e12985.

Luyten, P., Campbell, C., Allison, E., & Fonagy, P. (2020). The mentalizing approach to psychopathology: State of the art and future directions. *Annual Review of Clinical Psychology, 16*, 297–325.

Manuello, J., Vercelli, U., Nani, A., Costa, T., & Cauda, F. (2016). Mindfulness meditation and consciousness: An integrative neuroscientific perspective. *Consciousness and Cognition, 40*, 67–78.

Maratos, F.A., & Pessoa, L. (2019). What drives prioritized visual processing? A motivational relevance account. *Progress in Brain Research, 247*, 111–148.

Marks, I.M. (2013). *Fears and phobias*. Academic Press.

Mascaro, J.S., Florian, M.P., Ash, M.J., Palmer, P.K., Frazier, T., Condon, P., & Raison, C. (2020). Ways of knowing compassion: How do we come to know, understand, and measure compassion when we see it? *Frontiers in Psychology, 11*, 547241. https://doi.org/10.3389/fpsyg.2020.547241

Mascaro, J. S., & Raison, C. L. (2017). The body of compassion. In P. Gilbert (Ed.). *Compassion: Concepts research and applications* (pp. 89–104). Routledge.

Mayseless, O. (2016). *The caring motivation: An integrated theory*. Oxford University Press.

McDonald, B., Goldstein, T.R., & Kanske, P. (2020). Could acting training improve social cognition and emotional control? *Frontiers in Human Neuroscience, 14*, 348.

McEwan, K., Gilbert, P., & Duarte, J. (2012). An exploration of competitiveness and caring in relation to psychopathology. *British Journal of Clinical Psychology, 51*, 19–36. https://doi.org/ 10.1111/j.2044-8260.2011.02010.x.

McGuire, M.T., Troisi, A., & Troisi, A. (1998). *Darwinian psychiatry*. Oxford University Press.

Mikulincer, M.E., & Shaver, P.R. (2014). *Mechanisms of social connection: From brain to group*. American Psychological Association.

Music, G. (2017). *Nurturing natures: Attachment and children's emotional, sociocultural and brain development* (2nd ed.). Routledge.

Narvaez. D. (2017). Evolution, child raising and compassionate morality. In P. Gilbert (Ed.). *Compassion:*

Concepts, research and applications (pp. 31–68). Routledge.

Narvaez, D. (2020). Ecocentrism: Resetting baselines for virtue development. *Ethical Theory and Moral Practice, 23*, 1–16. https://doi.org/10.1007/s10677-020-10091-2.

Nesse, R.M. (2019). *Good reasons for bad feelings: Insights from the frontier of evolutionary psychiatry*. Dutton.

Nguyen, T., Schleihauf, H., Kayhan, E., Matthes, D., Vrtička, P., & Hoehl, S. (2020). The effects of interaction quality on neural synchrony during mother-child problem solving. *Cortex, 124*, 235–249.

Norman, L., Lawrence, N., Iles, A., Benattayallah, A., & Karl, A. (2015). Attachment-security priming attenuates amygdala activation to social and linguistic threat. *Social Cognitive and Affective Neuroscience, 10*, 832–839.

Panksepp, J. (1998). *Affective neuroscience*. Oxford University Press.

Phillips, H. (2020). '17,'18,'19: religion and science in three pandemics, 1817, 1918, and 2019. *Journal of Global History, 15*(3), 434–443.

Piff, P.K., Kraus, M.W., & Keltner, D. (2018). Unpacking the inequality paradox: The psychological roots of inequality and social class. *Advances in Experimental Social Psychology, 57*, 53–124.

Porcelli, S., Van Der Wee, N., van der Werff, S., Aghajani, M., Glennon, J.C., van Heukelum, S., ... & Serretti, A. (2019). Social brain, social dysfunction and social withdrawal. *Neuroscience & Biobehavioral Reviews, 97*, 10–33.

Porges, S.W. (2007). The polyvagal perspective. *Biological Psychology, 74*(2), 116–143.

Porges S.W. (2017). Vagal pathways: Portals to compassion. In E.M. Seppälä, E. Simon-Thomas, S.L. Brown, & M.C. Worline (Eds.). *The Oxford handbook of compassion science* (pp. 189–202). Oxford University Press.

Porges, S.W. (2021). Polyvagal theory: A biobehavioral journey to sociality. *Comprehensive Psychoneuroendocrinology*, 100069 (Advance online).

Price, J., Sloman, L., Gardner, R., Gilbert, P., & Rohde, P. (1994). The social competition hypothesis of depression. *British Journal of Psychiatry, 164*, 309–315.

Price J.S., & Sloman, L. (1987). Depression as yielding behaviour: An animal model based on Schjelderup-Ebb's pecking order. *Ethology and Sociobiology, 8* (Suppl.), 85–98.

Rachman, S.J. (1990). *Fear and courage*. WH Freeman/Times Books/Henry Holt.

Ribeiro da Silva, D., Rijo, D., & Salekin, R.T. (2015). The evolutionary roots of psychopathy. *Aggression and Violent Behavior, 21*, 85–96.

Ribeiro da Silva, D., Rijo, D., Brazão, N., Paulo, M., Miguel, R., Castilho, P., ... & Salekin, R. T. (2021). The efficacy of the PSYCHOPATHY. COMP program in reducing psychopathic traits: A controlled trial with male detained youth. *Journal of Consulting and Clinical Psychology, 89*(6), 499–513. https://doi.org/10.1037/ccp0000659

Ribeiro da Silva, D., Vagos, P., & Rijo, D. (2019). An evolutionary model to conceptualize psychopathic traits across community and forensic male youth. *International Journal of Offender Therapy and Comparative Criminology, 63*, 574–596.

Ricard, M. (2015). *Altruism: The power of compassion to change itself and the world*. Atlantic Books.

Riskind, J.H., Rector, N.A., & Taylor, S. (2012). Looming cognitive vulnerability to anxiety and its reduction in psychotherapy. *Journal of Psychotherapy Integration, 22*(2), 137–162. https://doi. org/10.1037/a0028011

Rockliff, H., Gilbert, P., McEwan, K., Lightman S., & Glover, D. (2008). A pilot exploration of heart rate variability and salivary cortisol responses to compassion focused imagery. *Journal of Clinical Neuropsychiatry, 5*, 132–139.

Rosner, R. (2020). Manualizing psychotherapy: Aaron T. Beck and the origins of cognitive therapy of depression. In S. Shamdasani & D. Loewenthal (Eds.). *Exploring transcultural histories of psychotherapies* (pp. 39–61). Routledge.

Rozin, P., Haidt, J., & McCauley, C.R. (2008). *Disgust*. In M. Lewis, J.M. Haviland-Jones, & L.F. Barrett (Eds.). *Handbook of emotions* (pp. 757–776). The Guilford Press.

Ryan, C. (2019). *Civilized to death: The price of progress*. Avid Reader Press/Simon & Schuster.

Sapolsky, R.M. (2017). *Behave: The biology of humans at our best and worst*. Vintage.

Sapolsky, R.M., & Share, L.J. (2004). A pacific culture among wild baboons: Its emergence and transmission. *PLOS Biology, 2*, E106. https://doi.org/10.1371/journal. pbio.0020106

Schore, A.N. (2019). *Right brain psychotherapy* (Norton Series on Interpersonal Neurobiology). W.W. Norton.

Seager, W.E (2020). *The Routledge handbook of panpsychism*. Routledge.

Seligman, M.E.P. (1975). *Helplessness: On depression, development and death*. Freeman.

Seppälä, E.M., Simon-Thomas, E., Brown, S.L., Worline, M.C., Cameron, C.D., & Doty, J.R. (Eds.).

(2017). *The Oxford handbook of compassion science*. Oxford University Press.

Shirtcliff, E.A., Vitacco, M.J., Graf, A.R., Gostisha, A.J., Merz, J.L., & Zahn-Waxler, C. (2009). Neurobiology of empathy and callousness: Implications for the development of antisocial behavior. *Behavioral Sciences & the Law, 27*, 137–171.

Siegel, D.J. (2001). Toward an interpersonal neurobiology of the developing mind: Attachment relationships, 'mindsight' and neural integration. *Infant Mental Health Journal, 22*, 67–94.

Siegel, D.J. (2016). *Mind: A journey into the heart of being human*. Norton. Siegel, D.J. (2018). *Awareness. The science and practise of presence*. Tarcher.

Siegel, D.J. (2019). The mind in psychotherapy: An interpersonal neurobiology framework for understanding and cultivating mental health. *Psychology and Psychotherapy: Theory, Research and Practice, 92*(2), 224–237.

Siegel, D.J. (2020). *The developing mind: How relationships and the brain interact to shape who we are* (2nd ed.). Guilford Publications.

Silston, B., Bassett, D.S., & Mobbs, D. (2018). How dynamic brain networks tune social behavior in real time. *Current Directions in Psychological Science, 27*(6), 413–421.

Singer, T., & Engert, V. (2019). It matters what you practice: Differential training effects on subjective experience, behavior, brain and body in the ReSource Project. *Current Opinion in Psychology, 28*, 151–158.

Slavich, G.M. (2020). Social safety theory: A biologically based evolutionary perspective on life stress, health, and behavior. *Annual Review of Clinical Psychology, 16*, 265–295. https://doi.org/ 10.1146/annurev-clinpsy-032816-045159

Sloman, L. (2000). How the involuntary defeat strategy relates to depression. In L. Sloman & P. Gilbert (Eds.). *Subordination and defeat: An evolutionary approach to mood disorders and their therapy* (pp. 47–67). Lawrence Erlbaum Associates.

Sloman, L., & Gilbert, P. (Eds.) (2000). *Subordination and defeat. An evolutionary approach to mood disorders*. Lawrence Erlbaum Associates.

Spijkerman, M.P.J., Pots, W.T.M., & Bohlmeijer, E.T. (2016). Effectiveness of online mindfulness-based interventions in improving mental health: A review and meta-analysis of randomised controlled trials. *Clinical Psychology Review, 45*, 102–114.

Spikins, P. (2015). *How compassion made us human: The evolutionary origins of tenderness trust and morality*. Spear and Sword Books.

Spikins, P. (2017). Prehistoric origin: The compassion of distant strangers. In P. Gilbert (Ed.). *Compassion: Concepts, research and applications* (pp. 16–30). Routledge.

Stevens, A., & Price, J. (1996). *Evolutionary psychiatry: A new beginning*. Routledge.

Suddendorf, T. (2018). Two key features created the human mind: Inside our heads. *Scientific American, 319*(3), 42–47.

Svendsen, J.L., Osnes, B., Binder, P.E., Dundas, I., Visted, E., Nordby, H., ... & Sørensen, L. (2016). Trait self-compassion reflects emotional flexibility through an association with high vagally mediated heart rate variability. *Mindfulness, 7*(5), 1103–1113.

Taylor, P.J., Gooding, P., Wood, A.M., & Tarrier, N. (2011). The role of defeat and entrapment in depression, anxiety, and suicide. *Psychological Bulletin, 137*(3), 391.

Tharp, J.A., Johnson, S.L., & Dev, A. (2021). Transdiagnostic approach to the dominance behavioral system. *Personality and Individual Differences, 176*, 110778 (advanced).

Tirch, D., Schoendorff, B., & Silberstein, L. (2014). *The ACT practitioner's guide to the science of compassion*. New Harbinger.

Tunçgenç, B., El Zein, M., Sulik, J., Newson, M., Zhao, Y., Dezecache, G., & Deroy, O. (2021). Social influence matters: We follow pandemic guidelines most when our close circle does. *British Journal of Psychology, 112*, 763–780.

Uomini, N., Fairlie, J., Gray, R.D., & Griesser, M. (2020). Extended parenting and the evolution of cognition. *Philosophical Transactions of the Royal Society B, 375*(1803), 20190495.

Van Ness, D.W., & Strong, K.H. (2014). *Restoring justice: An introduction to restorative justice*. Routledge.

Wetherall, K., Robb, K.A., & O'Connor, R.C. (2019). Social rank theory of depression: A systematic review of self-perceptions of social rank and their relationship with depressive symptoms and suicide risk. *Journal of Affective Disorders, 246*, 30–39. https://doi.org/10.1016/j.jad.2018.12.045

William, M.J. (2014). *Cry of pain: Understanding suicide and the suicidal mind*. Piatkus.

Wilson, D.S., & Hayes, S.C. (2018). *Evolution and contextual behavioral science*. New Harbinger.

Workman, L., Reader, W., & Barkow, J.H. (Eds.) (2020). *Cambridge handbook of evolutionary perspectives on human behavior*. Cambridge University Press.

Wright, R. (2017). *Why Buddhism is true: The science and philosophy of meditation and enlightenment*. Simon & Schuster.

Yaniv, D. (2012). Dynamics of creativity and empathy in role reversal: Contributions from neuroscience. *Review of General Psychology, 16*, 70–77.

Young, S.G., Brown, M., & Sacco, D.F. (2021). Using psychological science to support social distancing: Tradeoffs between affiliation and disease-avoidance motivations. *Social and Personality Psychology Compass, 15*(5), e12597.

Yu, H., Hu, J., Hu, L., & Zhou, X. (2014). The voice of conscience: Neural bases of interpersonal guilt and compensation. *Social Cognitive and Affective Neuroscience, 9*(8), 1150–1158.

Zimbardo, P. (2007). *The Lucifer effect: Understanding how good people turn evil*. Rider. Zimbardo, P. (2019). Heroic imagination project. www.heroicimagination.org.

3

As funções evoluídas das conexões de cuidado

Como uma base para a compaixão

Paul Gilbert

Uma dinâmica central da espécie social é a necessidade de conexão. Viver em grupo é uma forma de garantir proteção, oportunidades para reprodução, cuidados da prole, cooperação com aliados e procura de alimento. Esses contextos evoluíram os processos arquetípicos das nossas motivações sociais e das nossas mentalidades sociais, que nos orientam a encontrar parceiros para cocriar papéis importantes (busca de *status*, cuidado, cooperação, acasalamento) para cumprir os objetivos sociais que respaldam a sobrevivência e a reprodução. Logo, como destacado no Capítulo 2, existe *atualmente uma vasta literatura* sobre a importância vital das relações sociais afiliativas para a nossa saúde física e mental (p. ex., Brown & Brown, 2015; Cassidy & Shaver, 2016; Cozolino, 2014; Depue & Morrone-Strupinsky, 2005; Gilbert, 2009; Hofer, 1984; Mayseless, 2016; Mikulincer & Shaver, 2014, 2014; Music, 2017; Porges, 2017, 2021; Siegel, 2012, 2020). Além do mais, foram o cuidado e a cooperação que impulsionaram nossa inteligência social (Dunbar, 2009, 2014). Quando as funções de procura e de conexão de uma mentalidade social são frustradas, seja porque parceiros potenciais não estão disponíveis ou porque eles não funcionam como coatores (conflito de interesses), ou têm poucas habilidades de relacionamento, isso estimula o sistema de ameaça. Por exemplo, imagine a experiência emergente de *oferecemos cuidado*, mas ele é rejeitado ou fracassa; se *buscamos cuidado* e apoio, mas somos rejeitados ou o cuidador nos fere; se procuramos *parceiros cooperativos* (amigos) e um senso de pertencimento, mas somos enganados ou rejeitados; se nossos esforços para competir no mundo por uma posição social segura fracassam e somos marginalizados, desvalorizados ou envergonhados; ou se procuramos uma conexão sexual, mas somos considerados indesejáveis. Como o sucesso dos nossos comportamentos sociais depende de atrairmos os outros para um relacionamento, a conexão é o centro da teoria da mentalidade social. Viver em grupos com uma sensação de estarmos rodeados por *conexões de cuidado* e colaboração é uma fonte importante de sentimentos de segurança social, prosperidade e bem-estar.

Conectividade do cuidado

As *conexões de cuidado* eram e são essenciais em muitas sociedades caçadoras-coletoras e embasam nosso senso de segurança e pertencimento (Cacioppo & Patrick, 2008; Mikulincer & Shaver, 2014; Narvaez, 2017, 2020; Ryan, 2019). Havia inúmeros caminhos diferentes de contribuição para a intensificação das conexões de cuidado como reguladores fisiológicos. Um deles foi andar na posição ereta, o que modificou o canal de parto feminino, tornando o nascimento mais doloroso e perigoso do que para qualquer outro primata e exigindo a ajuda de parentes (Hrdy, 2009). Em parte, por causa disso, nos tornamos uma espécie altamente adaptada para a *aloparentalidade*. Ou seja, desde o dia em que nascemos, outros (não pais) podem desempenhar um papel significativo nos nossos cuidados e na maturação fisiológica (Hrdy, 2009; Narvaez, 2017). A responsabilidade pelas crianças era compartilhada pela comunidade, em vez de ser atribuída apenas a famílias pequenas ou pais solteiros dentro de suas próprias casas, como acontece hoje. Os pais nem sempre sabiam quem eram seus filhos porque as relações sexuais eram menos controladas pelos homens e mais "igualitárias" (Diogo, 2019), embora os homens desempenhassem papéis cruciais na proteção, na educação, nas brincadeiras e nos cuidados com a criança. Somos uma espécie que forma laços afetivos com grande variedade de indivíduos, com e sem relação de parentesco (Bailey, 2002). Eu, como muitos outros atualmente, tenho a sorte de ter amigos no mundo todo em quem confio, com quem gosto de conviver e a quem procuro para diferentes tipos de ajuda. Essa é a psicologia da interconectividade. É provável também que essas relações tenham facilitado a evolução da mentalização, que, como descrito por Luyten, Campbell, Allison e Fonagy (2020), fornece uma dimensão essencial para o apego, e competências para cuidar e se voltar para outros cuidadores, estando associada à confiança social.

As múltiplas funções do cuidado. Na década de 1980, quando trabalhava na teoria da mentalidade social (Gilbert, 1989), me deparei com um capítulo de Fogel, Melson e Mistry (1986) e fiquei impressionado com o conceito de criação (*nurturance*). Eles definiam os elementos centrais da criação com cuidado como: "*a provisão de orientação, proteção e cuidado com o propósito de estimular a mudança desenvolvimental congruente com o potencial esperado para a mudança do objeto da criação*" (p. 55; itálicos acrescentados). Eles também sugeriram que a criação envolve a *consciência* da necessidade de ser acolhedor (*nurturing*), a *motivação* para acolher (*nurture*), a *expressão* de sentimentos de acolhimento, a *compreensão* do que é necessário para ser acolhedor e uma habilidade para combinar a criação (*nurturing*) *com o feedback do impacto* que isso tem no outro. Isso não está limitado às relações de apego primário. O cuidado está claramente envolvido em muitos tipos de relações, e o que nos distingue dos outros animais é justamente a nossa habilidade humana de tomar uma motivação como o cuidado e usá-la de diferentes formas. Por exemplo, o trabalho agrícola requer alguma noção de como cuidar das plantas e dos animais, mesmo que isso seja por interesse pessoal. A Figura 3.1 oferece uma visão geral das múltiplas funções que podem estar envolvidas em *qualquer* relação de cuidado em que um (ou mais) indivíduo(s) está apoiando outro, ajudando-o a lidar com fontes de dificuldades, sofrimento, aflição e necessidades, bem como a crescer e prosperar. No contexto de uma comunidade cuidadora, isso significa saber que os outros se preocupam com você, que se importam se você está enfrentando dificuldades ou se está precisando de ajuda, e que se você não voltar para o povoado em determinado horário, eles procurarão por você. O tema do resgate também é um arquétipo poderoso, muito bem descrito no filme *Perdido em marte* e discutido a seguir.

A Figura 3.1 destaca a *multiplicidade das funções* (p. ex., oferecer ajuda prática, compartilhar recursos, socorrer, acalmar, proteger,

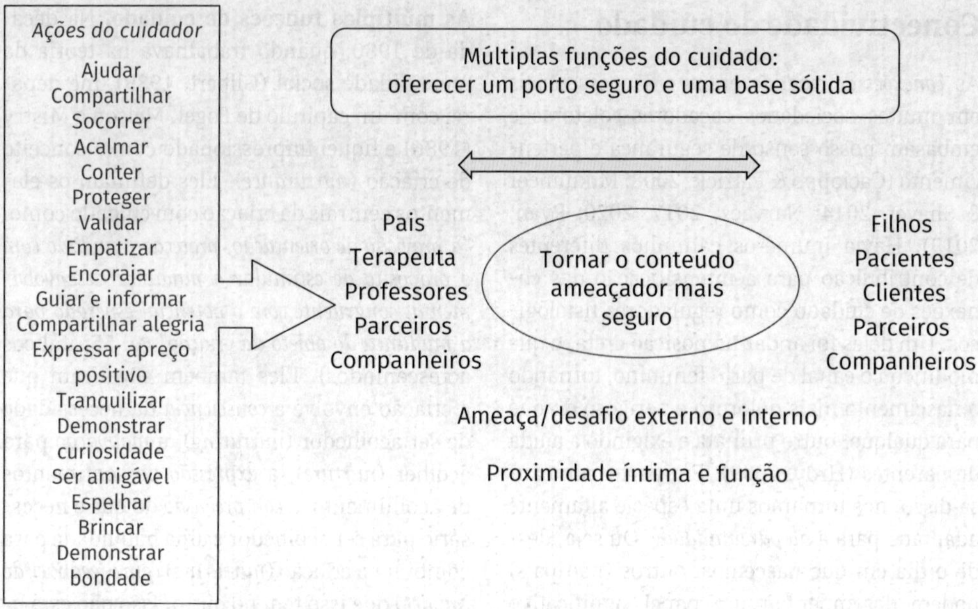

FIGURA 3.1 Múltiplas funções do cuidado.
Fonte: © Paul Gilbert.

encorajar, sentir prazer em, etc.) que têm lugar em diferentes tipos de relações de cuidado. Um tema comum para todas elas é a motivação para ser útil, além da noção de que elas criam uma experiência de segurança e regulação descendente do processamento da ameaça e apoiam a confiança (veja Armstrong I et al., 2020, para uma revisão). De fato, a disponibilidade e a possibilidade de recorrer a uma variedade de indivíduos para obter diferentes formas de ajuda e cuidado (em vez de depender de um ou dois), conforme a necessidade contextual, pode ser uma característica da segurança social. Esse cenário pode estabelecer os contextos sociais necessários para equilibrar o sistema nervoso autônomo e os circuitos neurais que sustentam o bem-estar. É por isso que desenvolvemos a escala de segurança social (Gilbert et al., 2009); há boas evidências do seu papel em problemas de saúde mental e bem-estar (veja Armstrong III et al., 2020; Kelly et al., 2012, para uma revisão).

Como pais, professores, terapeutas, amigos e colegas, podemos oferecer muitos comportamentos de cuidado, mas de diferentes formas. Assim como nossos filhos precisam de nós para valorizá-los e ter por eles consideração positiva, o mesmo se dá com nossos clientes; assim como nossos filhos às vezes precisam de tranquilização, nossos clientes também precisam; assim como demonstramos curiosidade e fascinação pela mente do nosso filho, também fazemos isso com nossos clientes (veja Capítulo 13). Obviamente, a *forma* como você valoriza seu filho ou seu parceiro íntimo será diferente de como valoriza seu cliente, mas você entendeu a ideia. Também está claro que cuidamos e demonstramos compaixão por muitas razões diferentes, algumas das quais são egoístas (Böckler, Tusche, & Singer, 2016; Catarino, Sousa, Ceresatto, Moore, & Gilbert, 2014), e elas influenciarão *a forma* como tentamos ser úteis na terapia (veja também a Fig. 3.6).

Apego e conectividade

A TFC associa a emergência e as nuances dos motivos da compaixão aos processos do desenvolvimento e, em especial, mas não unicamente, ao apego (Gilbert, 2013, 2020). A própria teoria do apego já passou por muitas mudanças, e agora abrange modelos diferentes (Cassidy & Shaver, 2016; Gilbert, 1989; Holmes & Slade, 2017; Music, 2017; Mikulincer & Shaver, 2017; Sjaver, Mikylincer, Sahdra, & Gross, 2016). Este capítulo explora apenas os aspectos básicos em termos da sua ligação com a compaixão (Mikulincer & Shaver, 2017). A premissa central é que cuidado e processos de apego regulam múltiplos sistemas psicofisiológicos de diferentes maneiras (Cassidy & Shaver, 2016; Music, 2017). A teoria do apego oferece importantes conceitos para compreender as *funções psicológicas evolutivas de cuidar e ser cuidado. Essas funções são centrais para o desenvolvimento de uma mente compassiva*. Vínculos iniciais fracos podem ter efeitos profundos na maturação posterior do comportamento social, em uma variedade de competências psicológicas, incluindo a regulação emocional, a autoidentidade e a empatia (para revisões, veja Cassidy & Shaver, 2016; Hardy, 2009; Kirby & Tellegen, 2020; Lippard & Nemeroff, 2020; Music, 2017; Narvaez, 2017, 2020), vários circuitos neurais (Cozolino, 2014; Depue & Morrone-Strupinsky, 2005; Schore, 2019), a organização do sistema nervoso autônomo e do sistema imune (Brown & Brown, 2015; Porges, 2007, 2017, 2021; Van der Kolk, 2015) e a epigenética (Cowan et al., 2016). Para ver como podemos utilizar a teoria do apego para construir mentes compassivas, precisamos explorar algumas das funções psicológicas do apego.

Funções evoluídas do apego como base para uma mente compassiva

A evolução da mentalidade social da prestação de cuidado forneceu muitos recursos para a prole, incluindo alimentação, proteção, regulação térmica e vários aportes de conectividade física, comunicação e diversão que estimulam o desenvolvimento do cérebro e a maturação das habilidades para funcionar quando adultos (Gilbert, 1989; Hofer, 1984; Mayseless, 2016; Music, 2017). A teoria do apego, conforme desenvolvida por Bowlby (1969, 1973, 1980) e Ainsworth (1969, 1991; Ainsworth et al., 1978), ofereceu uma análise funcional das relações de cuidado parental — no que se refere aos *processos psicossociais* e ao desenvolvimento do bebê/da criança. Eles descreveram as três funções básicas centrais para o desenvolvimento de uma mente com bom funcionamento: *proximidade, procura e manutenção de uma base segura e um porto seguro* (veja Cassidy & Shaver, 2016; Music, 2017, para revisões. Quando aplicada à TFC, veja Gilbert, 2020). Essas funções têm influência considerável na maturação dos estados cerebrais do bebê (Cozolino, 2014; Siegel, 2020).

Base segura. Depois de atender às necessidades físicas de alimento e regulação térmica, o cuidador deve se atentar à sobrevivência do bebê e protegê-lo de ameaças. Esse é o *cuidador como protetor*. Quando funciona bem, isso desenvolve confiança e um senso de segurança e proteção. Surgem problemas importantes quando os pais não são capazes ou não estão dispostos a proteger seus filhos das ameaças, ou quando eles próprios são ameaçadores/abusivos (Liotti, 2004, 2011; Lippard & Nemeroff, 2020; Music, 2019).

Além da proteção, uma *base segura* guia e *encoraja* o bebê na exploração do ambiente e no desenvolvimento de confiança, competência e habilidades necessárias para avançar para a idade adulta (Music, 2017). Um estudo clássico é o experimento do abismo visual de Joseph Campos, no qual as comunicações não verbais (sorrisos, acenos e encorajamento) de um genitor podem encorajar os filhos a se engajar e aprender a lidar com o risco (www.youtube.com/watch?v=p6cqNhHrMJA). Uma base segura também se origina da forma como os pais se comunicam com tons de voz "emocionalmente acolhedores", expressões faciais e expressões verbais de amor, afeição e orgulho, tendo alegria com "a essência do seu filho" e se encantando com suas conquistas. Atualmente, há evidências consideráveis de que pais que são acessíveis, empáticos e se engajam em interações divertidas, com brincadeiras e encorajamento, e estimulam motivações e emoções apropriadas (Cassidy & Shaver, 2016). Em muitos aspectos, a pesquisa do abismo visual é um espelho para alguns aspectos da psicoterapia, em que o terapeuta gradual e gentilmente encoraja seu cliente a correr riscos e explorar seus medos, suas fobias (Rachman, 1990) e seu ambiente interno (algoritmos estressantes e arquétipos da mente), e desenvolve sua confiança para navegá-los (Stevens, 1982).

Aqueles que desempenham o papel de uma base segura, como professores, amigos, parceiros e terapeutas, podem oferecer encorajamento e transmitir confiança para a criança, a pessoa ou o cliente, proporcionando oportunidades de prática guiada e reflexão. Além disso, as crianças observam o quanto seus pais são amistosos e socialmente engajados com os outros e aprendem sobre aceitação e apoio da família social e da comunidade mais ampla em que estão inseridas (Narvaez, 2017). Isso cria confiança e o desejo de desenvolver relações com os pares e o grupo comunitário, que desempenham papéis cruciais no desenvolvimento de um senso de identidade e se fundamentam em experiências de desenvolvimento anteriores (Farley & Kim-Spoon, 2014).

Tive a sorte de ter muitas conversas com os falecidos teóricos do apego Dorothy Heard e Brian Lake, que se associaram ao nosso grupo de discussão evolucionista da psicopatologia no final da década de 1980 e início dos anos 1990. Eles exploraram o desenvolvimento do apego como funções nas relações com os pares, a quem chamaram de companheiros. Quando os indivíduos desenvolvem suas amizades e seus relacionamentos, estes se tornam gradualmente importantes como reguladores emocionais para a saúde e o bem-estar (Heard & Lake, 1986; Heard, McCluskey, & Lake, 2018). A importância das *relações de companheirismo* está ligada ao sentimento de que o indivíduo está dando uma contribuição para o relacionamento e é valorizado, o que se relaciona ao conceito de pertencimento (Baumeister, 2011).

Tudo isso corrobora a experiência de que o mundo social imediato é seguro e apoiador. O senso de segurança social é um tema fundamental na TFC (Kelly et al., 2012; Armstrong III et al., 2020). Tanto as relações familiares quanto as de companheirismo apoiam a emergência de uma crença em si mesmo como uma pessoa que é amada e competente. A construção das representações internas que a criança tem de si como um agente positivo nas mentes dos outros desenvolve seu *potencial/poder de retenção de atenção social* (veja Gilbert, 1997, Capítulo 4).

Cortina e Liotti (2010) fazem distinção entre *as funções do apego e a intersubjetividade*. Eles sugerem que a intersubjetividade evoluiu mais sob as pressões da cooperação e a necessidade de entender os motivos e as intenções dos outros. Hrdy (2009) sugere que, em parte, isso também teve a ver com o fato de que os nascimentos humanos necessitavam de múltiplos cuidadores no começo da vida, requerendo que os bebês se tornassem sensíveis às (diferentes) mentes à sua volta. Seja qual for o motivo, está claro que uma das funções da aprendizagem inicial é cultivar empatia e habilidades de mentalização nas mentes dos outros, além da confiança social (Luyten, Campbell, Allison, & Fonagy, 2020). O cuidador também atua como um guia para a aprendizagem sobre emoções e relações sociais; emoções intensas podem ser trabalhadas, e comportamentos prejudiciais podem ser evitados. Quando tudo isso corre bem, a criança cresce e se transforma em um adulto competente, e assim consegue usar apropriada e adaptativamente qualquer mentalidade social. As mentalidades sociais são integradas e corregulam umas às outras. Por exemplo, podemos ser assertivos, mas não a ponto de magoar os outros. Podemos ser atenciosos, mas não a ponto de sermos submissos e explorados.

Porto seguro. A função de um porto seguro é literalmente atuar como "um refúgio de segurança". Ele fornece os sinais sociais e os aportes necessários para regular a ameaça e, às vezes, os sistemas de impulsos hiperativos, para tranquilizar, ancorar e acalmar. Atuando como um sinal de tranquilização, o cuidador está agindo como um *porto seguro, acalma a angústia* usando tons de voz, toque físico e tranquilização verbal, acessando (por exemplo) as redes vagal-oxitocina (Porges, 2017, 2021), o hemisfério cerebral direito (Schore, 2019) e as endorfinas (Depue & Morrone-Strupinsky, 2005). Esses elementos não só fornecem informações sobre segurança (ausência de ameaça) como também oferecem sinais de proteção social, de "Estou aqui para ajudar você" (Depue & Morrone-Strupinsky, 2005; Gilbert, 1989, 1993, 2020; Porges, 2007, 2017, 2021). A experiência de tranquilização também apoia a confiança, e a confiança apoia a preparação para aceitar o encorajamento dos pais/cuidadores/amigos e desenvolver comportamentos que parecem arriscados.

Calidez e confiança. Essencialmente, uma base segura e um porto seguro têm muito mais chance de serem efetivos quando texturizados por calidez, em vez de frieza. MacDonald (1992) enfatizou esta como uma dimensão específica e importante do cuidado íntimo. Logo, essa é a maneira como os pais (e outros mentores) se comunicam com seus filhos ou seus alunos, por meio de tons de voz, expressões faciais, toques e expressões verbais de amor, afeição, orgulho, "júbilo pela essência da criança/do aluno" e satisfação com suas conquistas. Elementos desses aspectos também são importantes na relação terapêutica, pois terapeutas tecnicamente competentes, mas frios, terão dificuldades em fornecer essas funções ao cliente (Capítulo 13). É por isso que humor apropriado e ludicidade podem estabelecer um tom emocional importante, que tem poderosos efeitos fisiológicos na criação de uma sensação de segurança. Isso não significa que os terapeutas tenham que "amar" seus clientes. Além do mais, há diferentes tipos de calidez que evoluíram inicialmente das relações íntimas (associados à evolução da regulação térmica parental, ou literalmente a manter o outro aquecido). Podemos expressar calidez, amabilidade e abertura para pessoas que não conhecemos ou amamos, que é diferente do que sentimos e expressamos para pessoas que "amamos", de quem somos próximos, com quem temos intimidade e queremos estar. O que os terapeutas têm é o desejo compassivo básico e budista de "ajudar a aliviar e prevenir o sofrimento de seus clientes", independentemente do quanto gostam deles.

Rohner (1986) desenvolveu o que chamou de teoria da aceitação-rejeição parental, que utilizei nas primeiras explorações (Gilbert, 1989, 1993). Com base na literatura disponível na época, podia-se associar a prestação de cuidado a uma gama de diferentes processos, sobretudo à sincronia das interações fisiológicas, e também à importância do calor e do toque. Rohner (1986) expôs importantes dimensões da *calidez*, distinguindo entre o calor físico e o calor verbal, ligados ao abraço, ao toque e ao elogio, e o calor emocional (amor), em contraposição a formas de hostilidade que fazem a criança se sentir indesejada e não amada. MacDonald (1992) enfatizou a distinção entre as funções de proteção e crescimento do apego, a partir dos aspectos de calidez do apego, uma vez que o calor estimula os sentimentos de afeição e amor, o que consolida os laços. A calidez que constrói o apego é comunicada por meio do toque e da intimidade, o que impacta uma gama de sistemas fisiológicos. Antes de conhecer o trabalho de Stephen Porges (2007, 2017, 2021), associei esses aspectos do sistema de tranquilização à calidez por meio do trabalho de Tiffany Field (2000). Ela descreveu o papel do toque e da musicalidade da voz em vários processos físicos e psicológicos (ver Gilbert, 2005). Alinhado com as ideias de que a ausência ou a remoção de sinais de segurança é prejudicial e libera (ativa) o sistema de ameaça, Sapolsky (1994) escreveu:

> O toque é uma das experiências centrais de um bebê, seja roedor, primata ou humano. Imediatamente pensamos em estressores como consistindo em várias coisas desagradáveis que podem ser feitas para um organismo. Algumas vezes, um estressor pode ser a *falha* em fornecer alguma coisa a um organismo, e a ausência de toque aparentemente é um dos estressores mais marcantes que podemos sofrer (p. 92).

Maratos, Durate, Barnes, McEwan, Sheffield e Gilbert (2017) exploraram o impacto do toque na forma de massagem com as mãos, comparado a segurar uma almofada, em pessoas com muita e pouca autocrítica. Exploramos as medidas da emoção, do cortisol e da alfa-amilase. A massagem manual foi dada com o uso de óleos, sendo um dos autores treinado em massagem com as mãos. Uma semana depois, também foi feita uma sessão com imagem visual de compaixão, para fins de comparação. A massagem com as mãos reduziu o cortisol de maneira significativa em *todos* os participantes (pessoas muito autocríticas e pouco autocríticas), com alterações significativas na resposta emocional refletida em melhorias no bem-estar em *todos* os participantes. Análises suplementares revelaram ainda redução na alfa-amilase na resposta à massagem manual, quando comparada com uma (posterior) intervenção com imagem visual de compaixão nos mesmos indivíduos (altamente autocríticos). Em outras palavras, a massagem com as mãos teve impacto positivo mais forte na alfa-amilase do que a imaginação visual compassiva isoladamente. Todos os participantes na massagem manual relataram aumento nos sentimentos de segurança e relaxamento, com reduzido afeto negativo. Em contrapartida, apenas segurar uma almofada estava associado a relaxamento, mas não a sentimentos aumentados de segurança.

A TFC enfatiza a importância do *calor nas relações íntimas* e a habilidade de desenvolver calor para si (Gilbert, 2000; Gilbert, Baldwin, Irons, Baccus, & Palmer, 2006). Desenvolvemos duas escalas para medir a lembrança das pessoas de sentimentos pessoais iniciais, dimensões de calor, segurança social ou ameaça: a Escala de Experiências Iniciais na Vida (Gilbert et al., 2003) e a Escala de Memórias Iniciais de Calor e Segurança (Richter, Gilbert, & McEwen, 2009). A Escala de Experiências Iniciais na Vida tem três fatores: 1) lembrança de sentimentos de ameaça (p. ex., "havia pouca coisa que eu podia fazer para controlar a raiva dos meus pais após eles ficarem zangados; eu experienciava meus pais como poderosos e opressores"); 2) sentir-se (des)valorizado e seguro (p. ex., "Eu me sentia muito confortável e relaxado quando estava perto dos meus pais; eu me sentia um membro em igualdade"); e 3) submissão (p. ex., "Muitas vezes eu tinha que ceder aos outros"). Os três fatores estavam significativamente correlacionados com a lembrança de comportamentos parentais de rejeição e superproteção, experiências atuais de vergonha, sentir-se inferior e depressão. No entanto, lembrar-se dos pais como calorosos estava negativamente correlacionado com essas variáveis. Para desenvolver melhor as pesquisas sobre as lembranças de calor e segurança social, desenvolvemos a Escala de Memórias Iniciais de Calor e Segurança com itens como: "Eu sabia que podia contar com a ajuda de pessoas próximas a mim quando estava infeliz"; "Eu me sentia cuidado"; "Eu tinha um sentimento de pertencimento"; "Eu me sentia amado" (Richter et al., 2009). Essas memórias estavam associadas a se sentir seguro e contente no presente, e a habilidades de se autoacalmar, e estavam negativamente relacionadas ao autocriticismo e, sem surpresa, à depressão, à ansiedade e ao estresse. Essas memórias também estavam altamente correlacionadas aos fatores da Escala de Experiências Iniciais na Vida. Calor e segurança são processos associados ao desenvolvimento do nervo vago (Porges, 2007, 2017, 2021), do lado direito do cérebro (Schore, 2019) e de outros circuitos neurais centrais (Cozolino, 2014; Depue & Morrone-Strupinsky, 2005). Por essas e outras razões, é importante distinguir essas dimensões das de segurança, como baixa ameaça ou ausência desta. Como descrito de maneira mais detalhada a seguir, os circuitos neurais para monitoramento da segurança são diferentes dos que monitoram a proteção. As crianças podem crescer em ambientes externos relativamente não ameaçadores, mas não necessariamente receber aportes de calor, afeição e várias dimensões de amor ou de se sentir estimado.

Naismith, Zarate Guerrero e Feigenbaum (2019) exploraram a relação entre inúmeros processos diferentes, incluindo a história de memórias iniciais de calor, apego e invalidação nos relacionamentos, em relação a medidas de autocriticismo, autocompaixão (itens positivos), autotranquilização e experiências adversas na infância. O grupo tinha 53 participantes com um diagnóstico de transtorno da personalidade. Eles constataram que memórias iniciais de calor prediziam unicamente autocompaixão. Em contrapartida, sentir-se inadequado era previsto por experiências invalidantes. Os *medos* da autocompaixão eram previstos por inúmeros eventos adversos na infância. Embora pequeno, esse estudo fascinante destaca a importância da precisão e da especificidade nesses processos.

Outra área em que a calidez é muito importante é na insensibilidade, a falta de preocupação cuidadosa ou de interesse no sofrimento dos outros. Existem pesquisas em curso examinando as interações entre os polimorfismos do gene da oxitocina e o calor materno como fonte de variação na compaixão, mas, até o momento, os dados são ambíguos. Wright, Hill, Sharp e Pickles (2018) mostraram que estresse, sensibilidade e calor maternos (mas não a segurança do apego) podem afetar traços insensíveis.

Impactos da calidez, de uma base segura e de um porto seguro, e o sistema de ameaça

A Figura 3.2 retrata como o calor, uma base segura e um porto seguro atuam para regular o processamento da ameaça. Esses processos equilibram o sistema nervoso autônomo da criança e estimulam os circuitos neurais para a exploração confiante, com competências para tranquilização, aterramento e regulação descendente dos sistemas de ameaça (Depue & Morrone-Strupinsky, 2005; Music, 2017; Porges, 2007). Pesquisas recentes também mostraram que a mãe e o bebê sincronizam os sistemas fisiológicos um do outro (Hofer, 1984; Lunkenheimer, Tiberio, Skoranski, Buss, & Cole, 2018). Com o tempo, eles são internalizados e, juntos, formam o que Bowlby e Ainsworth denominaram modelo interno de funcionamento (Music, 2017). Tais modelos internalizados do *self* e do outro, codificados fisiologicamente, darão origem a formas de pensar e crenças gerais sobre o *self*, o mundo e (a utilidade dos) outros. A criança é motivada a se engajar e *procurar* interações positivas com o genitor e experiencia essas interações como prazerosas e desejáveis, o que lança as bases para a confiança e o amor (Cassidy & Shaver, 2016; Depue & Morrone-Strupinsky, 2005; Mayseless, 2016; Music, 2017) e para a confiança social em relações posteriores com os pares (Farley & Kim-Spoon, 2014). O genitor é experienciado como um outro caloroso, afetivo, seguro, encorajador *e* excitante por meio do tom de voz, das expressões faciais e de abraços, e ao recompensar e reforçar comportamentos de exploração e conquista; (idealmente) os primeiros passos de um bebê são tipicamente recebidos com admiração parental e alegria e encorajamento. Quando o controle parental é necessário, por exemplo,

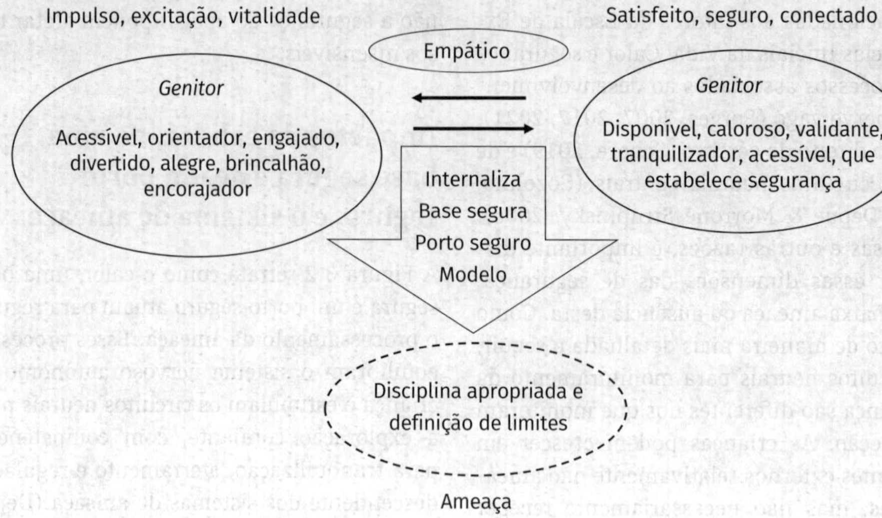

FIGURA 3.2 Internalizando uma base segura e um porto seguro empaticamente criados.
Fonte: © Paul Gilbert.

para correção do comportamento, a disciplina e a definição de limites são empáticas, e não impulsivas (veja o Capítulo 26).

A partir desses aportes, a criança está amadurecendo seu sistema nervoso autônomo e vários circuitos neurais para um senso de autoconfiança, alegria social e diversão e experienciando sentimentos positivos sobre si na mente do outro. Isso cria os *fenótipos* para viver e desfrutar das relações e de um estilo de vida de cuidado-compartilhamento. Segundo um ponto de vista evolucionista, então, essas experiências estão ajustando a epigenética e esculpindo o corpo e o cérebro para perseguir estratégias de vida não conscientes particulares, ao longo de dimensões de confiança social, compartilhamento e cuidado *versus* desconfiança, controle e contenção. Isso faz parte da função da base segura e constrói desejos de explorar com confiança. Em consequência, o sistema de ameaça está constantemente sendo suavizado (via processos vagais e do cérebro direito). Esses processos são representados na Figura 3.2.

A Figura 3.3 descreve o que acontece quando essas relações não funcionam tão bem, e, assim, a criança está no caminho para uma jornada maturacional fisiológica (Lippard & Nemeroff, 2020; Music, 2017; Van der Kolk, 2015) e fenotípica (Cowan et al., 2016) muito diferente, com processos de regulação da ameaça diferentes. Se os pais não são capazes de fornecer essas funções, então a confiança e a assertividade para procurar recursos (uma das nossas principais tarefas na vida) podem estar comprometidas. As relações são menos comumente experienciadas como fonte de alegria e prazer. Na falta de confiança internalizada e do senso de existir positivamente na mente dos outros, esses indivíduos são mais focados na ameaça e se orientam para um estilo de vida mais competitivo, que hiperestimula a mentalidade social competitiva. Isso é representado na Figura 3.3 como um sistema de ameaça maior, mais facilmente ativado e condicionado. Algumas pessoas passam a viver em uma espécie de "redução de danos", constantemente tentando minimizar a ameaça. Em uma comunicação pessoal sobre a discussão da TFC, Graham Music escreveu:

> Nascemos programados para manter proximidade com o nosso cuidador primário, mesmo que ele seja abusivo, e bebês de 3-4 meses se desligarão de

FIGURA 3.3 Internalizando uma base insegura e a falta de um porto seguro.
Fonte: © Paul Gilbert.

> comportamentos e sentimentos que seus pais não conseguem tolerar para permanecerem apegados, mesmo que o vínculo seja desorganizado, com medo, imprevisibilidade e hipervigilância na sua essência [...]. Um gesto agressivo de um cuidador primário assustador pode levar um bebê de 4 meses a fazer um "beicinho" inicialmente e então mudar para um sorriso apaziguador; eles não podem correr o risco de saber do seu desconforto, que é negado ou dissociado dele. A sobrevivência triunfa sobre tudo.

Ele prossegue com a metáfora de que "é melhor acreditar em um mundo mau, governado por um deus bom e amoroso, do que em um mundo bom governado pelo demônio". Quando exploramos o autocriticismo, vemos esse mesmo mecanismo, no qual algumas pessoas acham mais fácil culpar a si mesmas do que culpar outros poderosos de quem elas podem ser dependentes ou temer. Isso também ecoa a famosa máxima de Freud (1917), emprestada de Nietzsche, de que "ninguém acusa sem um desejo secreto de vingança", e que a raiva precisa ser desviada do objeto, se este for necessário ou assustador (Gilbert, 1992, veja também o Capítulo 5). Bowlby (1980) referiu-se a defesas similares como exclusão defensiva. O terapeuta comportamental Ferster (1973) enfatizou o fato de que, se as crianças são punidas por expressar raiva ou assertividade regularmente, ou se seus cuidadores se afastarem delas se fizerem isso, isso produzirá ansiedade e alarme. Os sinais corporais do surgimento de raiva, então, se tornam estímulos condicionados internos para a ansiedade e, consequentemente, para a inibição da raiva e dos impulsos agressivos. Em outras palavras, quando a criança começa a sentir raiva e impulso para lutar, ocorre uma troca imediata para a ansiedade. Com o tempo, os indivíduos podem ficar muito ansiosos com a própria raiva, sem perceberem que esta é uma resposta corporal condicionada. A raiva, e sua consciência corporal, podem até ser mantidas fora da consciência, inibindo a maturação da confiança e da assertividade e aumentando o risco de problemas de saúde mental (veja Gilbert, 1992, para uma revisão de abordagens do condicionamento). Parte da razão para mantê-las fora da consciência é que, se vierem à consciência, podem vazar e se infiltrar na comunicação, o que seria um sinal perigoso de se enviar (Nesse & Lloyd, 1992). Portanto, muitas terapias reconhecem que parte do trabalho terapêutico é com as emoções das quais as pessoas têm medo (Abbas & Town, 2013; Greenberg, 2015; Leahy, 2019; veja também o Capítulo 18). De maneira fundamental, os terapeutas podem explicar esses *processos de condicionamento* para o cliente, talvez com diagramas, indicando como seus corpos podem ficar atentos à sensação de ansiedade em contextos de conflito ou raiva, como a compaixão pode ajudar a desenvolver a coragem sábia e a consciência corporal e como praticar a assertividade compassiva.

Segurança *versus* proteção: uma distinção crucial

As Figuras 3.4 e 3.5 mostram formas de pensar sobre as distinções entre segurança (*safety*) e proteção (*safeness*). A segurança é sobretudo regulada pelo monitoramento de ameaças e pelo processamento da presença, da ausência e da controlabilidade das ameaças. Por exemplo, pense em alguém andando pela floresta e se mantendo atento à presença de cobras e predadores. Esse indivíduo se sentirá "suficientemente seguro" para continuar sua jornada, desde que não identifique sinais de ameaça iminente.

Desse modo, os comportamentos de segurança estão focados na *prevenção de danos*. A atenção está focada na detecção de sinais de ameaça e dano. O uso de cinto de segurança em um carro e os comportamentos de prevenção do cliente são esforços para evitar (exposição a) certos tipos de ameaças. Na Figura 3.4, a ausência de ameaça significa que o sistema de ameaça não está ativado, mas o sistema de ameaça e seus detectores se mantêm vigilantes à possibilidade de ameaça. Portanto, pode haver elevada excitação tônica ou na linha básica nesse sistema. A confiança que o indivíduo tem em seus comportamentos de segurança — por exemplo, um alpinista ou paraquedista que confia nas suas checagens de segurança do seu equipamento — pode facilitar uma mudança para a exploração e a excitação. No entanto, esses são comportamentos de segurança específicos, *para depois perseguir comportamentos positivos*. Nem todos os comportamentos de segurança são assim. Alguns deles fazem exatamente o oposto e

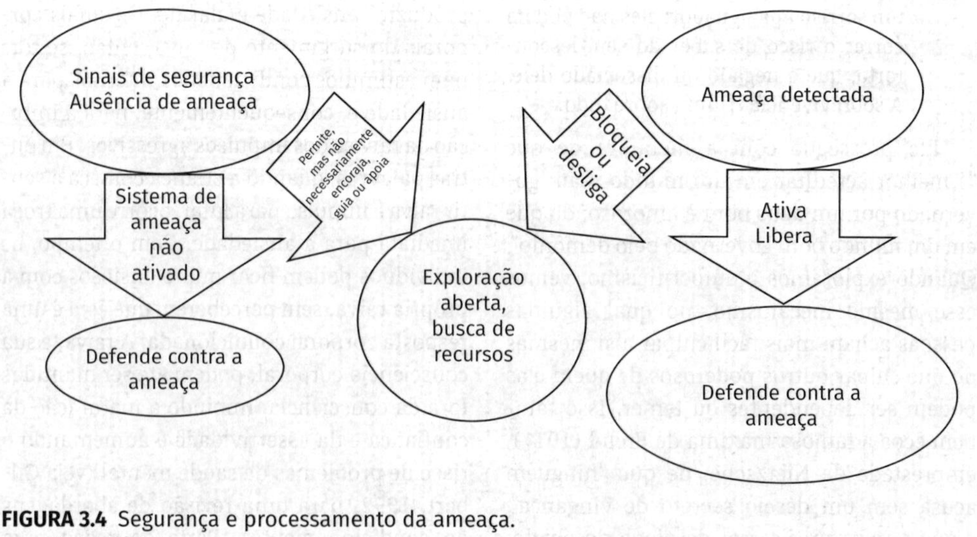

FIGURA 3.4 Segurança e processamento da ameaça.
Fonte: © Paul Gilbert.

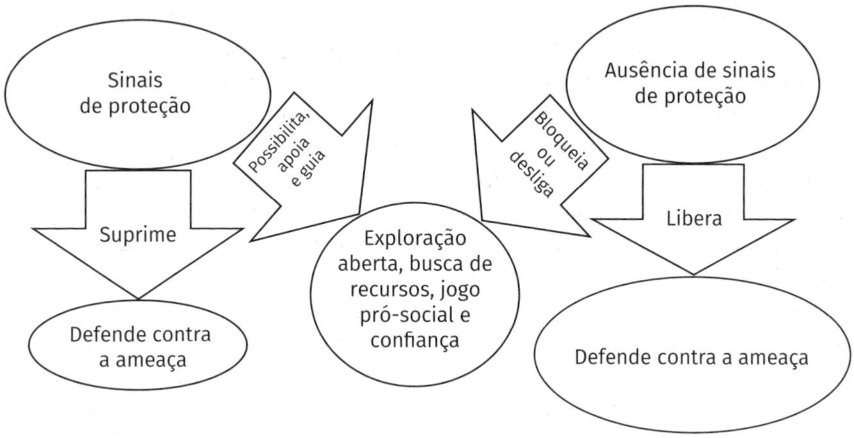

FIGURA 3.5 Proteção e processamento da ameaça.
Fonte: © Paul Gilbert.

encerram o comportamento explorador e as oportunidades para crescimento e aprendizagem. Logo, é importante *explorar as funções* dos comportamentos de segurança, pois algumas são úteis e outras não.

A simples ausência de ameaça não necessariamente estimula emoção positiva ou desejo de diversão e relações sociais prazerosas. Tampouco está associada a sentimentos de conectividade ou calor. Logo, a *segurança* é regulada pelo sistema de ameaça para proteção e prevenção de danos, sobretudo o sistema nervoso simpático e o eixo hipotalâmico-pituitário-adrenal (HPA).

Proteção e sinais de proteção são muito diferentes. Eles estão associados à detecção de *recursos de apoio e ajuda* e impactam o nervo vago, a oxitocina e vários circuitos neurais (Depue & Morrone-Strupinsky, 2005; Gilbert, 1993; Porges, 2017, 2021). Os estímulos de proteção *reduzem* emoções de ameaça, atenuam respostas de ameaça na amígdala (Norman, Lawrence, Iles, Benattayallah, & Karl, 2015), aumentam a atividade em regiões neurais associadas a sinais de proteção social, como o córtex pré-frontal ventromedial (Eisenberg et al., 2011), e facilitam a solução de problemas (Gillath & Karantzas, 2019). Estímulos que indicam fontes de apoio e ajuda são muito diferentes da ausência de ameaça, pois estão ligados à recompensa (endorfinas) *e* aos sistemas de tranquilização (Brown & Brown, 2015; Carter et al., 2017; Gilbert, 1989, 1993, 2005; Music, 2017; Porges, 2007, 2017, 2021). Não está claro se recursos não sociais estimulam o sistema parassimpático — por exemplo, o senso de proteção que sentimos quando ficamos estressados, mas podemos ir para casa. Suspeita-se que pode haver diferenças se vamos para uma casa vazia ou com outras pessoas amadas, no entanto são necessárias pesquisas sobre os sinais sociais e não sociais para esses sistemas. Essas distinções também foram tragicamente trazidas à tona durante a pandemia de covid-19. Okruszek et al. (2020) mostram que as recomendações de distanciamento social, como forma de se manter seguro (reduzir a ameaça), resultaram em famílias e amigos fisicamente afastados uns dos outros (sem visitas ou abraços) e foram fonte de aumento da solidão e de problemas de saúde mental.

Estimulação de apego e evidências do papel dos sinais de *proteção*

Como discutido há pouco e no Capítulo 2 (veja o Capítulo 10), há evidências consideráveis de sistemas psicológicos especializados de *proteção* que envolvem o nervo vago, hormônios como oxitocina e endorfinas e uma gama de circuitos neurais associados ao apego amoroso e à confiança social. Evidências adicionais dos processos descritos na Figura 3.5 estão documentadas em estudos sobre estimulação. Em sua revisão, Gillath e Karantzas (2019) apontaram diferentes metodologias relacionadas a indivíduos sujeitos subliminar e supraliminarmente a estimulações de cuidado. Estas incluem mostrar às pessoas fotos de mães abraçando os filhos ou pedir que as pessoas evoquem memórias de serem amadas ou observem cenários de afeição. Na TFC, estas serão *ativações para a mentalidade social de cuidado*. Essa revisão oferece evidências consideráveis de que essas ativações podem afetar o humor, várias formas de ansiedade, a habilidade de lidar com informações de ameaça — por exemplo, ser reprovado em um teste — e até valores políticos. Norman, Lawrence, Iles, Benattayallah e Karl (2015) mostraram aos participantes "48 imagens retratando comportamentos de cuidado e indivíduos desfrutando de relações íntimas de apego, como abraçando pessoas amadas" (p. 833). Aos sujeitos do grupo-controle, foram mostradas imagens de objetos domésticos. Estimular os sujeitos com relações de compartilhamento e cuidado atenuou as respostas da amígdala a estímulos de ameaça a partir de expressões faciais e na tarefa do paradigma *dot-probe*.* Eisenberg et al. (2011) identificaram que, quando as pessoas foram expostas a estímulos dolorosos e, ao mesmo tempo, receberam imagens de parceiros de apego, em comparação com aqueles que não receberam, elas demonstraram maior tolerância subjetiva à dor e diferenças em áreas do cérebro associadas à recepção da dor, incluindo o córtex pré-frontal ventromedial, associado à identificação de sinais de proteção.

Desse modo, há evidências crescentes de que a proteção social é um processo de regulação emocional separado, distinto de outros afetos de motivação positiva, e que difere do sistema de ameaça-segurança (Armstrong III et al., 2020; Gilbert, McEwan, Mitra, Franks, Richter, & Rockliff, 2008; Kelly et al., 2012). A implicação terapêutica para isso é a importância de *conversar com os clientes sobre as distinções* entre a segurança, a prevenção de dano, e o desenvolvimento de uma base segura e um porto seguro. O uso de diagramas e analogias para indicar que essas são funções essenciais do *self* e da mente compassivos possibilita que os clientes tenham "consciência mental" clara e entendam por que praticar a geração de imagens e a relação com imagens de compaixão pode ser útil e estimular sistemas corporais e cerebrais importantes.

Proteção e brincadeiras. Sinais que indicam proteção convidam à exploração aberta e ao brincar. Muitas formas de interações socialmente afiliativas e calorosas, como contar piadas e desenvolver outras interações prazerosas, podem ser vistas como maneiras de ludicidade apoiada pela proteção. Uma das qualidades centrais da ludicidade é também a criatividade; temos mais probabilidade de sermos abertos e criativos quando nos sentimos seguros e sabemos que os outros têm interesse em nossas criações.

Ajudar os clientes a pensar sobre experimentos comportamentais e testar as coisas, como um tipo de jogo — que, em parte, é o que uma base segura faz —, pode estabelecer um tom terapêutico importante, tendo em vista que a função evolutiva de brincar é experimentar as coisas, praticar, ensaiar e aprender com os outros *de maneira segura* (Pellegrini, Dupuis, & Smith, 2007). Quanto mais incluímos os clientes, ajudando-os a entender esses processos, mais eles colaborarão. Eles também passarão a usar a mesma estrutura de explanação. Por exemplo, um cliente pode tomar consciência e dizer "No momento, estou precisando prestar atenção às minhas es-

---

* N. de R.T. O paradigma *dot-probe* (do inglês, *dot probe task*) é uma testagem utilizada por psicólogos cognitivos para avaliar a atenção seletiva e o viés atencional.

tratégias de segurança", ou "Estou querendo desenvolver um senso de proteção e aterramento para ser capaz de seguir em frente", ou ainda "Eu gostaria de 'brincar' com essa ideia por um tempo; eu gostaria de jogar com esses comportamentos e tentar coisas diferentes". Também descobrimos que sentimentos de proteção e contentamento têm uma ligação mais poderosa com depressão e ansiedade do que conquistas ativadas e emoções energizadas (Gilbert, McEwan, Mitra, Franks, Richter, & Rockliff, 2008). Esses achados foram replicados em outros estudos. Com base em uma revisão da literatura e em seu próprio trabalho, Armstrong III et al. (2020) oferecem mais evidências de que a proteção social é um sistema separado por si só, em sintonia com os achados de outros pesquisadores (Depue & Morrone-Strupinsky, 2005).

Procura de proximidade. "Salve-me" como um anseio arquetípico. Uma das dimensões do apego é denominada *procura de proximidade ou manutenção da proximidade*. A essência disso é que, quando o jovem é separado ou está com problemas, ele procura o genitor, mas, se este não está disponível ou não responde aos chamados aflitos, então ele precisa se desmobilizar e se esconder e esperar que o genitor venha procurá-lo. Uma das razões para que o jovem apresente reações de desligamento na separação é porque pode ser perigoso para ele sinalizar aflição e falta de proteção em um mundo cheio de predadores. As crianças também podem fazer isso se seus pais forem perigosos para elas. Elas precisam "se agachar" e esperar serem resgatadas. A *necessidade de ser resgatada* é um dos principais temas arquetípicos humanos e provavelmente foi central nas sociedades de caçadores-coletores. O indivíduo podia confiar que outros viriam encontrá-lo se estivesse perdido ou ferido em algum lugar. O resgate do ferido é um processo arquetípico muito profundo, que alguns sugeriram ser um processo evolutivo separado (Kessler, 2020). Isso foi brilhantemente retratado no filme *Perdido em Marte*, com Matt Damon. Hoje vivemos em um mundo em que boa parte da nossa dor requer que sejamos resgatados pelos outros. Um exemplo é a profissão de medicina, em que somos totalmente dependentes de habilidades diagnósticas, farmacologia ou cirurgia para literalmente salvar nossa vida.

Ao longo dos anos, tenho visto repetidamente esse processo arquetípico encenado na terapia (veja o Capítulo 7). Os clientes podem achar difícil se engajar em autoajuda e parecem estar esperando que o terapeuta encontre o botão mágico. Eles parecem estar *esperando ser resgatados*, ser procurados e encontrados. Às vezes, quanto mais você tenta ajudar as pessoas a terem mais controle, piores elas ficam. Por isso, enfatizo com elas a questão de "esperar pelo resgate" como forma de sabedoria interna, um arquétipo que elas podem estar experienciando, e então explorar como manejar isso. Outra abordagem que está baseada em ideias de arquétipos e em como eles são representados na narrativa de histórias e mitos é o conto de fadas *A Bela Adormecida*. De fato, parece haver diferentes tipos de relações, incluindo pessoas que procuram parceiros duradouros, que estão na "expectativa de que alguém virá para resgatá-las". Assim, há alguns indivíduos que são *buscadores ativos*, e outros que esperam (expectativa) que outros venham e os encontrem. Validar esse anseio arquetípico profundo de ser resgatado e de alguém mais consertá-lo é muito poderoso, e, de fato, com a medicina moderna, isso acontece com frequência. Esse tema também está intimamente associado ao da solidão. É também interessante a forma como os roteiristas e os músicos conseguem, às vezes, explorar esses temas de esperar ser "encontrado, resgatado e ajudado". Um bom exemplo é a canção dos Beatles "Help". Se formos muito rápidos ao tentar persuadir algumas pessoas a se ajudarem, esse anseio arquetípico profundo "por resgate" pode ser perdido, mas trabalhar com ele pode ser muito produtivo. Certamente, se temos doenças físicas, queremos ser capazes de apenas relaxar e deixar que os profissionais (cirurgiões ou quem quer que seja) nos salvem. Saber que isso é possível e que podemos confiar nos "salvadores" é uma fonte de proteção. Isso também está ligado ao tema arquetípico de "render-se" aos cuidados de outro. Os clientes podem ficar aliviados quando isso é abordado.

Um breve exemplo de caso. Donna passou de terapeuta em terapeuta, mas se sentia insatisfeita com eles e não sabia exatamente por quê. Ela achava que eles eram atenciosos e agradáveis e queriam ajudá-la a examinar suas crenças, ou lhe fornecer um enquadre de aconselhamento, ou lhe mostrar como ser atenta ou trabalhar nas emoções, mas ela se sentia resistente a fazer qualquer uma dessas coisas. Ela atribuía isso ao fato de que talvez apenas não acreditasse nisso, ou talvez simplesmente não fosse boa nisso. Minha sugestão foi um pouco diferente e levantei as questões de *esperar pelo resgate*, validando-as como um arquétipo antigo e poderoso dentro de todos nós. Isso "pareceu ecoar" e fez sentido para ela. Então trabalhamos em como isso se ligava a algumas experiências iniciais na vida e memórias de apego de ser deixada sozinha. Isso produziu muito sofrimento (e raiva), o que abriu a porta para a mudança. Havia também um sentimento de que, se ela se ajudasse, então outras pessoas não se interessariam em ajudá-la. Essas podem não ser crenças profundamente escondidas, mas é certo também não estão na superfície; quando você atinge uma questão arquetípica, aquilo soa verdadeiro para os clientes, e eles conseguem se conectar com ela. Dizer a esses clientes "Não posso ajudá-lo, a menos que você tente se ajudar", ou "Isso depende de você", torna as coisas ainda piores e envergonha esses clientes. É muito melhor explorar as funções da dificuldade de ajudar a si mesmo e desenvolver uma análise funcional e histórica cuidadosa, apontando que "esperar pelo resgate" é um arquétipo natural e poderoso e explicando ao cliente como se pode considerar e estimular seu arquétipo do herói.

Resumo das funções de apego que apoiam a mente compassiva

A partir do que já foi dito, podemos ver que uma base segura e cuidadora e um porto seguro oferecem uma variedade de funções que ajudam a regular os motivos, os valores, as emoções e a autoidentidade da criança. A Figura 3.6 oferece uma visão geral de algumas dessas funções básicas. Consequentemente, uma base segura apoia o engajamento da criança no mundo para explorar, ser curiosa, correr riscos, aprender e, no processo, desenvolver sua sabedoria e sua coragem. O genitor também oferece uma relação validante e de mentalização que proporciona orientação para habilidades de espelhamento e emoção. A criança tem experiência dos cuidadores "tendo satisfação" com ela (amor), o que é internalizado como "Eu sou amada". Às vezes, as crianças podem achar que são amadas, mas não necessariamente que merecem amor. A alegria e a ludicidade da relação inspiram a criança e a ajudam no seu caminho para a individuação, que apoia o crescimento do bem-estar. As funções do porto seguro fornecem tranquilização, ancoragem, continência e conforto quando a excitação é muito alta ou aversiva. Esses estímulos ajudam a equilibrar o sistema nervoso autônomo. A experiência dessa conectividade calmante de um outro seguro também possibilita que a criança experiencie contentamento e abertura e, mais tarde na vida, apoia o *mindfulness*. Eu suspeito que, quando nos engajamos em *mindfulness*, são as funções do porto seguro que permitem nos sentirmos acomodados em nós mesmos. A consciência dessas funções variadas é importante porque elas são reencenadas na psicoterapia e *são os fundamentos para o desenvolvimento de um* self *compassivo e uma mente compassiva* (Gilbert, 2009). Uma mente compassiva é aquela que pode começar a executar essas funções para si mesma e ao ajudar os outros.

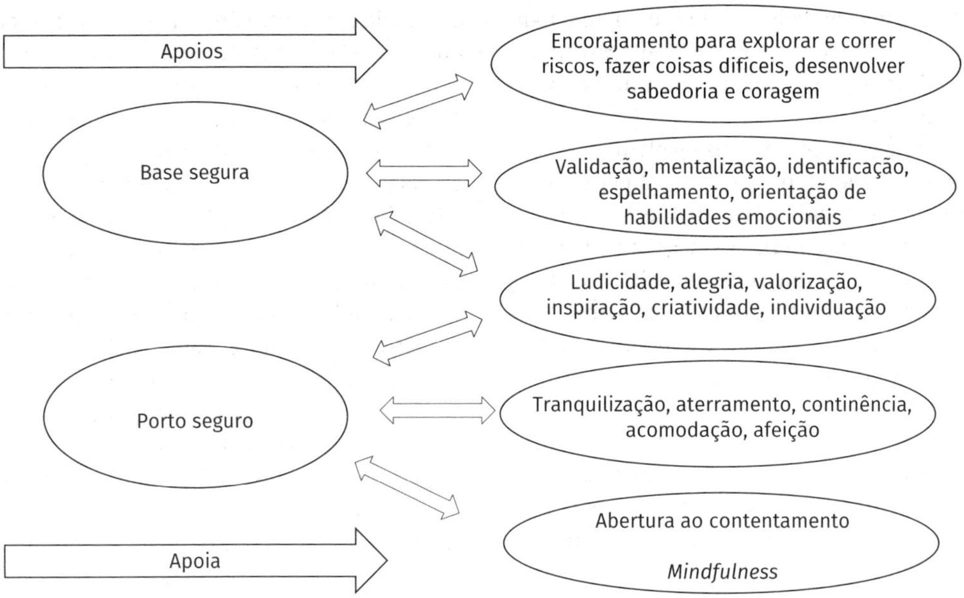

FIGURA 3.6 Descrição das funções típicas associadas a uma base segura e um porto seguro.
Fonte: © Paul Gilbert.

Conexões de (des)cuidado problemáticas

É importante destacar, mais uma vez, que compaixão requer coragem *e sabedoria*, e esta última pode ser especialmente importante na parentalidade. Os pais podem ter intenção dedicada de cuidar dos seus filhos, mas encontram dificuldades com algumas das sutilezas das habilidades para prover uma base segura e um porto seguro (Fig. 3.6). O controle excessivo pode inibir a confiança da criança, ao passo que pais muito ansiosos em seus cuidados podem transmitir isso aos filhos. Os próprios pais podem estar angustiados sem ter apoio à sua volta, o que é muito diferente das sociedades de caçadores-coletores e do que as mães precisam (Hrdy, 2009; Narvaez, 2017, 2020). Eles podem estar tendo dificuldades com suas próprias histórias de trauma não tratadas. Alguns estão confusos e podem se sentir envergonhados em suas habilidades como pais, em especial no controle comportamental (Kirby, veja o Capítulo 26). Crucialmente e sobretudo, os pais podem estar em ambientes muito anormais. Por exemplo, nas sociedades de caçadores-coletores, o cuidado das crianças era um evento da comunidade, e, desde o momento em que davam à luz, as mães estavam inseridas em redes de apoio familiar; certamente não havia a expectativa de que lidassem com a situação sozinhas, como principal fonte de cuidado, como é comum hoje em dia nas sociedades ocidentais (Narvaez, 2017, 2020; Ryan, 2019). Além disso, os machos humanos são uma das poucas espécies que estão envolvidas no cuidado dos filhos. Infelizmente, as sociedades ocidentais e as demandas de trabalho significam que os pais muito frequentemente são segregados das suas famílias, retornando para casa geralmente cansados e estressados. Uma das descobertas durante o *lockdown* causado pela pandemia de covid-19, para alguns pais, foi o quanto puderam aproveitar o tempo com seus filhos. Em contrapartida, em outras famílias, violência doméstica e estresse teceram a vida dos jovens. Assim sendo, existe um lado sombrio em todas as coisas, incluindo o cuidado. No que se refere a todas as mentalidades sociais, o cuidado *precisa estar engajado empática e sabiamente*; intenção não é suficiente.

Os psicólogos do desenvolvimento também destacaram o fato de que a perda de comunidades apoiadoras abertas, em que as pessoas eram "livres para se movimentar", e nas quais, por mais de um milhão de anos, a criança humana evoluiu, distorceu nosso entendimento do apego e a natureza do provimento de uma base segura e um porto seguro. Quando esses aspectos estão enraizados na segurança social da *comunidade*, eles fornecem a base para uma sintonia relacional flexível, o desenvolvimento de formas mais complexas de mentalização, a compreensão das diferenças individuais e a apreciação dos processos de reciprocidade, mutualidade, relações cooperativas igualitárias e cuidado mútuo (Narvaez, 2017, 2020).

O cuidador ameaçador. Fora do contexto da comunidade estendida do caçador-coletor, as crianças estão muito vulneráveis a pais problemáticos. Uma das principais razões para isso é que, no mundo moderno dos miniterritórios separados (casas e jardins individuais), as crianças podem agora ficar *presas sem alternativas*. Isso enfatiza mais uma vez por que o conceito de *armadilha*, retratado como a incapacidade de se *afastar* da ameaça e ir na direção da ajuda, é tão importante de entender no que se refere à saúde mental (Forkmann et al., 2018; Gilbert & Gilbert, 2003; veja também o Capítulo 2). Isso também ajudará os terapeutas a entender como e por que alguns clientes são muito motivados para a fuga nos relacionamentos. Por exemplo, Sally experienciava seus pais como ameaçadores. Sempre que se envolvia em uma discussão com seu parceiro (a quem realmente amava), ela se tornava agressiva, "ruminava incessantemente" e planejava como poderia fugir e viver sozinha, como uma "fuga para a segurança". A vulnerabilidade para experienciar esses impulsos relacionais de "fuga para a segurança" pode estar associada a relações controladoras, críticas ou nocivas, é claro, mas também pode ser ativada pela infância inicial, tornando esse algoritmo muito sensível em conflitos "normais". Isso pode interferir nas habilidades das pessoas de tolerarem conflitos e desenvolverem as intimidades desejadas. As fugas de Sally para fantasias de escape estavam associadas a um intenso sentimento de solidão porque, é claro, elas também eram fugas *para se afastar* da conectividade e, consequentemente, das fontes de proteção social. Ajudá-la a entender os mecanismos evoluídos do sistema de luta-fuga foi "desenvergonhante" para ela e envolveu rotular tais mecanismos com a afirmação de que "este é meu sistema de fuga *tentando me proteger*, porque, quando criança, ele só queria me afastar — mas eu posso revisitar esses vieses de resposta baseados no corpo". Sentar-se atenta e compassivamente com o sentimento do impulso de fuga no corpo ativou o pesar e o desenvolvimento de formas compassivas de tolerar e trabalhar com a ansiedade e a raiva.

Se os cuidadores são abusivos, ameaçadores e nocivos, o sistema de ameaça se torna severamente comprometido, de forma que o sistema motivacional biológico e de procura de cuidado se torna firmemente fundido com o sistema de ameaça. Atualmente, há evidências consideráveis quanto aos danos a longo prazo decorrentes disso (Cowan et al., 2016; Lippard & Nemeroff, 2020; Van de Kolts, 2015). Liotti (2000, 2004, 2011) descreveu isso em termos de um conflito entre os sistemas de ameaça e segurança (a TFC os chamaria de sistemas de *proteção*) e indicou que, quando um cuidador primário é uma ameaça, então os filhos experienciam *ameaça sem resolução*, pois somos biologicamente configurados para buscarmos ser infrarregulados pelo cuidado do outro, mas, *se o cuidador for a fonte da ameaça*, isso cria conflitos severos de aproximação-evitação. É quase impossível encontrar posições de estabilidade porque os sistemas se tornam inerentemente instáveis, oscilando entre dois pontos: procura de segurança (evitação da ameaça, afastamento) e procura de proteção (aproximar-se do outro cuidador para tranquilização). Quando você se aproxima de um, você cria medo no outro.

Tenha em mente, também, que as crianças trancadas nos lares modernos não conseguem ter nenhum distanciamento "físico" dos abusadores ou se esconder deles. Esse raramente seria o caso em sociedades de caçadores-coletores, em que as crianças podiam procurar outras pessoas úteis e regular sua distância de pessoas nocivas (Narvaez, 2017; Ryan, 2019). Além disso, não é apenas nessas dimensões que surgem problemas, pois também há o impedimento fundamental da procura (anseio) arquetípica inata, básica e profunda por amor, calor e proximidade, para se sentir "desejado e valorizado", com alto potencial/poder de retenção de atenção social (veja Gilbert, 1997; Heard & Lake, 1986; Capítulos 4, 8 e 9). Isso deixa as crianças e, posteriormente, os adultos com um profundo sentimento de baixa ou frágil percepção do *self* como socialmente desejável, além do sentimento de solidão. Na terapia, embora seja muito importante trabalhar essas fraturas, os clientes podem ser muito esquivos e agressivos (defesas do sistema automático de ameaça), pois, no momento em que começam a experienciar a necessidade de cuidado, isso também ativará as defesas básicas de medo e raiva e, às vezes, de desligamento. Esses são sistemas não cognitivos, classicamente condicionados (Gilbert, 2007).

Outra forma de pensarmos em *ameaça sem resolução* é por meio de pesquisas do que foi denominado *neurose experiencial*, usando paradigmas pavlovianos. Isso mostrou que, quando os animais recebem ao mesmo tempo dois estímulos incompatíveis, um para recompensa e outro para punição, isso produz medo consideravelmente elevado e comportamento desorganizado. Conflitos intensos de aproximação-fuga podem estar ligados a inúmeras defesas como dissociação e repressão. Tais conflitos também foram associados a percepções de previsibilidade e controlabilidade (Mineka & Kihlstrom, 1978). A questão crucial é o *conflito na resposta*. A tarefa terapêutica em tudo isso é a clara psicoeducação sobre como funciona o conflito na resposta. Elabore diagramas e discuta com o cliente como o abuso pode ter gerado conflitos quase impossíveis de serem resolvidos para ele; explore como ele pode ter bloqueado seus anseios por amor, calidez e proximidade, que trazemos desde o nascimento. Ele pode estar estabelecido em memórias de vergonha, que serão como fragmentos no sistema (veja Matos et al., 2020). Além disso, indique como poderosos conflitos de aproximação-fuga podem criar estados cerebrais desorganizados, mais uma vez destacando o fato de que *isso não é sua culpa*, é o que nossos cérebros fazem nesses contextos. É importante ressaltar que, ao discutir esses tipos de processos, devemos permitir um espaço para reflexão, talvez alguns minutos de silêncio, para que haja uma observação consciente de "como tais conflitos são sentidos no corpo". Então, devemos refletir juntos, deixando que esses *insights* sejam processados. Sem isso, os terapeutas correm o risco de pular de um *insight* para outro rápido demais. Preste muita atenção à reação, sobretudo à comunicação não verbal. Quando uma colega foi para uma academia nova, o instrutor passou algum tempo explicando seus sistemas musculares, como eles trabalham, por que certos exercícios poderiam ser úteis, mas somente se feitos de determinada maneira, como estar atentamente consciente do seu corpo ao executá-los e como e por que outros exercícios não seriam úteis. Ela achou essa abordagem muito mais útil do que quando apenas lhe mostravam os exercícios. O mesmo vale para a TFC.

Quanto mais o terapeuta entender esses conflitos de aproximação-fuga baseados no corpo e conseguir explicá-los para o cliente, melhor. Isso proporciona *consciência da mente e do corpo* e oportunidades para começar a monitorar esses conflitos (no corpo) e trocar para um estado mental compassivo quando ocorrerem. Também fornece uma base para *reduzir* a autoculpabilização e a vergonha. Os clientes percebem que estão aprendendo a observar sua própria programação. Consequentemente, tornam-se mais conscientes das suas reações à ameaça, dos seus conflitos de aproximação-fuga, dos seus comportamentos e de suas resistências que podem ser rotulados como "sabedorias internas de proteção".

Muito próximo e muito distante. Em qualquer sistema motivacional, sempre há uma dinâmica e dialética entre hábil e inábil, útil e inútil. Isso também vale para qualquer relação de cuidado em que os indivíduos podem oferecer muito pouco, mas também ser muito intrusivos e controladores. Alcançar esse equilíbrio na psicoterapia pode ser muito complicado. Ao trabalhar com o colega Peter Trower na década de 1980, e com seu interesse na construção do *self*, também me impressionou sua visão de que as ameaças sociais não são apenas ameaças à dinâmica das relações, mas também à autoconstrução que emerge das relações sociais. Portanto, quando experienciamos rejeição, podemos também experienciar a *nós mesmos como rejeitáveis*. É obviamente possível ser afligido pelo primeiro sem experienciar o último. Com base nessas ideias, e junto com o colega Dave Dugnan, desenvolvemos uma escala para explorar isso e identificamos duas dimensões básicas, as quais denominamos *self* engolfado e *self* inseguro (Dugnan, Trower, & Gilbert, 2002). O *self* engolfado tenta se defender do controle dos outros, que pode ser experienciado como intrusão prejudicial (ligada a experiências passadas). Os itens na escala incluem "Se eu recebo muita atenção, parece que estou sendo dominado; sinto que as pessoas estão invadindo meu espaço". Em contrapartida, o *self* inseguro tenta ter um senso de conectividade para compensar um sentimento de vazio interno ou mesmo de "realmente não existir". Isso inclui itens como "Ter uma relação segura me ajuda a sentir que eu existo; tenho que estar perto de alguém para ter uma noção de quem eu sou". Havíamos planejado prosseguir e fazer mais pesquisas, mas outros temas de pesquisa chamaram nossa atenção. Essa escala não foi planejada para explorar nenhuma categoria psiquiátrica específica, e você pode ver que alguns dos itens podem parecer ligeiramente paranoides, e outros sugerem sentimentos de despersonalização quando tomados de maneira isolada.

Cabe ressaltar que muitos outros terapeutas já falaram de dimensões similares, especialmente para indivíduos com dificuldades complexas. Isso foi capturado em um livro para o público em geral sobre personalidade *borderline* intitulado *I Hate You – Don't Leave Me*, um *insight* muito importante e útil (Kreisman & Straus, 2010). Esses indivíduos podem oscilar entre estar muito próximos e se sentirem invadidos e vulneráveis *versus* ficar muito distantes e se sentirem isolados e sozinhos. De certo modo, eles estão se deparando com os aspectos de ameaça de duas mentalidades sociais diferentes. Primeiro, temos a mentalidade competitiva de hierarquia social, que envolve a ameaça de ataques ou intrusões que podem levar a uma subordinação involuntária. À medida que tentam escapar dessa dinâmica, eles se deparam com a ameaça no sistema de apego e recebimento de cuidado, relacionada a se tornarem isolados e afastados de ajuda e de relações de cuidado para regulação emocional. Uma das razões para isso é sua falta de acesso ao seu sistema de segurança social e de tranquilização — e, na teoria do apego, a falta de senso internalizado de uma base segura e um porto seguro (veja a seguir). Esses elementos coordenam formas muito diferentes de se engajar em diferentes mentalidades sociais. Para alguns clientes, então, começar com um convite caloroso e aberto para explorar sua vida e sua mente pode ser experienciado como uma aproximação excessiva e ameaçadora (veja o Capítulo 5). Mais uma vez, explique esses conflitos entre as mentalidades sociais.

Explorando a história do apego

Há inúmeras entrevistas de apego que requerem treinamento e trabalho em diferentes formas em relação às perguntas diretas apresentadas a seguir. A entrevista de apego em adultos explora processos como coerência da memória e tem uma visão muito mais complexa do apego que a oferecida aqui (Hesse, 2016). Cassidy e Shaver (2016) fornecem excelentes capítulos com uma visão geral das diferentes formas de avaliação da dinâmica do apego. As ideias a seguir são apenas perguntas socráticas básicas a serem consideradas.

Procura de proximidade: Você teve cuidadores principais dos quais gostava de estar próximo? Como você se sentia estando próximo dos seus cuidadores principais? Você os procuraria se precisasse deles? Você sentia que eles poderiam zelar por você, como protegê-lo ou confortá-lo? E agora, quem desempenha esse papel para você? Como você cuida de si mesmo?

Base segura: Você teve cuidadores principais que você sentia que o apoiavam e o encorajavam a crescer? Como eles o guiavam e o apoiavam quando as coisas estavam difíceis? Como eles demonstravam interesse pelo seu desenvolvimento? Eles se interessavam em brincar com você e fazer coisas juntos? Eles pareciam orgulhosos de você? Eles se alegravam com seus sucessos e sua felicidade? Se você tinha um problema, podia conversar com eles? Como eles faziam você se sentir bem consigo mesmo? E agora, quem desempenha esse papel para você? Como você faz isso por si mesmo? Os pais podem ser amorosos, mas também exigentes e ter altos padrões de expectativa ou pressionar seus filhos a serem altamente competitivos. Essas crianças podem passar a ter medo de fracassar, precisam impressionar e, às vezes, são severas consigo mesmas e ambiciosas.

Porto seguro: Quando aflito, quem tranquilizava você? Essa pessoa parecia próxima ou distante? Seus cuidadores principais eram previsíveis ou imprevisíveis? Você os procurava se estivesse aflito ou ansioso? Você confiava que eles o entenderiam? Como eles o acalmavam — com contato físico ou comida, ou eram distantes? Você conseguia se sentir confortado/tranquilizado por eles? Quem faz isso por você agora? Como você faz isso para si mesmo?

Funções específicas

Ser entendido e mentalizado: Seus cuidadores principais entendiam seus sentimentos? Como eles demonstravam isso? Quem faz isso agora? Como você faz isso para si mesmo?

Validação e mentalização: Seus cuidadores principais ajudavam *você* a entender suas emoções e reconheciam seus sentimentos? Como eles o ajudavam a entender seus sentimentos? Quem faz isso agora? Como você entende seus sentimentos atualmente?

Amado e caloroso: Você sentia que seus cuidadores principais o amavam? Como eles demonstravam isso? Como eles demonstravam carinho por você? Quem faz isso agora? Como você cuida de si mesmo?

Confiança: Você sentia que seus cuidadores principais o valorizavam, o viam como capaz e o ajudavam a desenvolver confiança nas suas habilidades? Como eles demonstravam isso? Quem faz isso agora? Como você faz isso para si mesmo?

Essas perguntas também podem ser feitas sobre os parceiros: "Seu parceiro tem interesse e tenta entender seus sentimentos?". Ou companheiros: "Você tem amigos com quem conversa sobre seus sentimentos? E eles entendem você e suas necessidades?". Essas dimensões podem ser importantes para ajudar as pessoas a se sentirem socialmente seguras. Mesmo que as pessoas não tenham tido boas relações iniciais, se foram capazes de formar relações de apoio com companheiros e parceiros, estes podem contribuir muito para compensar as dificuldades iniciais. O que pode bloqueá-los, no entanto, são questões de medo de revelação e de ser conhecido intimamente, além da vergonha de ser revelado. Essas perguntas são apenas sugestões. O principal é ter clareza sobre a facilitação dos processos de descoberta guiada e compreensão compartilhada.

A importância da memória emocional

Dadas essas múltiplas experiências históricas que moldam nossa experiência de nós mesmos, é importante explorar a *sensação sentida do* self e entender como isso está ligado a memórias emocionais que formam a textura das representações cognitivas. Por exemplo, Gilbert (2003) sugeriu:

> Considere as experiências iniciais de como uma criança experiencia *as emoções dos outros* em uma interação, e estas se tornam os fundamentos para suas autocrenças. Uma crença positiva de "Sou uma pessoa competente, digna de ser amada" é, na verdade, uma forma abreviada de: "em meus sistemas de memória, há muitas experiências emocionalmente texturizadas de *ter provocado emoções positivas nos outros* e ser tratada de forma amorosa e como alguém competente — portanto, sou digna de ser amada". Suponha que os pais muitas vezes ficam irritados com um filho. Essa criança desenvolve crenças de que os outros não a veem positivamente, o que é uma forma abreviada para: "em meus sistemas de memória, há experiências emocionalmente texturizadas de *ter provocado raiva nos outros* e ser tratada como má — portanto, eu sou má". Suponha que os pais sempre demonstram desprezo ou negam seu amor e se afastam do filho. Não é a raiva que é internalizada, mas a perda ou o desprezo. Essa criança desenvolve crenças de que os outros a veem como alguém de quem devem se afastar, e ela acredita que não é digna de ser amada. Essa é uma forma abreviada de "em meus sistemas de memória, há experiências emocionalmente texturizadas *de ter provocado afastamento nos outros* e de ser tratada como indesejável — portanto, eu sou indesejável". Considere a criança que é sexualmente abusada. Isso pode se tornar: "em meus sistemas de memória, há experiências emocionalmente texturizadas de medo e aversão — portanto, eu sou repugnante e má". Tomkins (1987) defendeu que a vergonha (e outras emoções inseguras) são estabelecidas na memória como cenas e fragmentos de imagens de si nas relações. Essas cenas codificadas podem então se tornar "minicoordenadoras" da atenção, do pensamento, do sentimento e do comportamento — dando origem ao que Jung chamou de "complexos" (pp. 1221-1222; grifo do autor).

O ponto crucial é que essas memórias criam diferentes estados cerebrais e estados corporais de experiência, e não apenas representações cognitivas. A noção de Tomkins (1987) de experiências da vida sendo codificadas como "cenas" é muito importante porque é assim que elas são experienciadas. As pessoas não experienciam pensamentos ou crenças separadas. Por exemplo, um pensamento de que "fracassei em alguma coisa" não é experienciado apenas como um pensamento proposicional, mas como toda uma gama de implicações associadas a memórias emocionais de fracassar, sensações corporais e "coração apertado". Se as experiências de fracasso estão associadas a outras pessoas clementes ou carinhosas, então uma experiência de fracasso será muito diferente do que se estiver associada a cenas de vozes hostis e rostos com expressões críticas. Os terapeutas psicodinâmicos veriam esses processos como "*self*-objetos", os terapeutas cognitivos, como "*self*-esquemas", e os teóricos do apego, como modelos internos de funcionamento. O ponto principal é que, não importa como os chamamos, nossa percepção de nós mesmos emerge de interações entre o *self* e o outro, é codificada em diferentes mentalidades sociais e acompanha a experiência corporal (Van de Kolts, 2015). Brewin (2006) esclareceu um processo muito importante pelo qual nossos estados cerebrais são parcialmente ativados por memórias, e estas podem competir pela ativação. Por exemplo, às vezes, memórias baseadas na vergonha podem ser acessadas mais facilmente do que, digamos, memórias baseadas na compaixão. Uma implicação disso é como aumentar a acessibilidade das memórias codificadas em diferentes mentalidades sociais e ajudar as pessoas a, atentamente e com consciência, mudarem para o acesso a memórias e estados cerebrais de auxílio, cuidado e conexão.

Estilos de apego

Os estilos de apego são exemplos de formas fenotípicas de mentalidades sociais, pois são descrições da relação recíproca dos papéis. Os pesquisadores tipicamente descrevem quatro estilos: seguro, ansioso-inseguro, evitativo e desorganizado (Cassidy & Shaver, 2016; Music, 2017). Esses estilos "convidam" os terapeutas a se relacionarem com eles de diferentes maneiras, evocando diferentes qualidades do terapeuta relacionadas ao seu papel, bem como questões de transferência/contratransferência (Capítulo 13), e exigindo diferentes tipos de intervenção. Esses estilos apresentam diversos desafios na tentativa de fornecer uma base segura e um porto seguro. Como com a maioria dos processos psicológicos, é melhor vê-los de modo dimensional, em vez de categoricamente.

Apego ansioso-inseguro. Representa um estilo de relacionamento emocional em que os indivíduos têm medo de se desconectar, de serem criticados ou rejeitados, de não serem desejados, ou de serem traídos ou marginalizados em seus relacionamentos próximos. Eles podem desenvolver um estilo pegajoso, preocupado, muitas vezes monitorando o que os outros pensam sobre eles. Alguns querem ser protegidos e cuidados, e que os outros tomem decisões por eles. Outros se preocupam sobre serem vistos como chatos, inadequados, tendo pouco a oferecer — têm fraco senso de *self* e valor social (Gilbert, 1997). Há muitas fontes para apego ansioso. Os pesquisadores acreditam que isso possa estar conectado a relações iniciais com pouca sintonia, em que os cuidadores algumas vezes eram empáticos, outras não, produzindo um sentimento de imprevisibilidade da disponibilidade e do apoio por parte do cuidador, ou falta de espelhamento. O cuidador pode ter demonstrado necessidade de ser amado pela criança e/ou estar preocupado com sua carreira, sua própria saúde mental ou outros problemas, e, portanto, não estava frequentemente disponível física ou mentalmente para a criança, e esta experiencia o progenitor como desejado, mas emocionalmente indisponível, preocupado ou negligente.

Outra fonte de apego ansioso é o cuidador crítico. Você encontrará isso mais comumente naqueles indivíduos que têm medo de tomar decisões e fazer escolhas, que, em um relacionamento, preponderantemente deixarão para o outro tomar a decisão sobre onde ir, seja a um restaurante ou qualquer outro lugar. Esses indivíduos podem ser emocionalmente condicionados e achar que não podem tomar decisões porque serão criticados por elas, ou que suas falhas serão apontadas.

Apego evitativo. Há algumas evidências de que, em histórias de apego evitativo, os cuidadores eram distantes, emocionalmente frios e indiferentes. Eles podem humilhar ou rejeitar a expressão de emoções da criança ou de suas necessidades básicas de amor e cuidado, e encarar isso como fraqueza. Seu foco é a necessidade de a criança "saber se virar sozinha", andar com os próprios pés, ser resistente e independente, ser competitiva e ambiciosa. Em parte porque suas necessidades emocionais nunca foram consideradas, essas crianças podem se tornar insensíveis e indiferentes às necessidades dos outros, assim como às suas. Algumas se esforçam para obter reconhecimento e ser perfeccionistas. Elas não gostam de depender de ninguém, ou que outros dependam delas, e podem ter dificuldades com os sentimentos de intimidade, proximidade e os altos e baixos dos relacionamentos e dos conflitos. É importante distinguir esses clientes dos padrões de Asperger, o que pode ser complicado. Além disso, a sobreposição com traços narcisistas e psicopáticos é complexa (veja o Capítulo 4). Esses indivíduos também podem sofrer de variedades de alexitimia e têm pouca percepção dos seus impactos nos outros. Considerando que o cuidado de doentes e feridos e o resgate de outros indivíduos podem configurar um sistema de cuidados separado (Kessler, 2020), esses indivíduos podem ser atraídos para ocupações de cuidados que não requerem empatia emocional ou intimidade. Eles são propensos a buscar o poder, e alguns podem ser insensíveis e disruptivos nas organizações e na política, caso obtenham poder.

Apego desorganizado. Acredita-se que o apego desorganizado seja gerado menos por parentalidade negligente e mais por parentalidade hostil e abusiva, que gera alto grau de ameaça, conforme já discutido (Liotti, 2011). Esses indivíduos podem ter um sentimento intenso de solidão, vazio e falta de direção na vida e lutam com um senso de autoidentidade porque viveram com oscilações constantes entre estilos ambivalentes evitativos e ansiosos. Além disso, a teoria do apego enfatiza o fato de que eles não tiveram uma base segura calorosa e um porto seguro e, portanto, não tiveram oportunidades de brincar, e experienciar afeição e proteção. Com esses clientes, temos que dar atenção ao seu senso de segurança e não os sobrecarregar com um senso de conectividade, que pode ser assustador (Music, 2017; Van der Kolts, 2015). É útil explorar e explicar isso ao cliente, indicando como e por que ele pode ficar alarmado com a conectividade excessiva e pode ter um conflito de aproximação-fuga na relação terapêutica que absolutamente *não é sua culpa*. É um exemplo da sua programação. Se ele puder aprender a ficar atento à execução desses dois programas diferentes que nunca escolheu, isso pode ser útil para que não fique excessivamente absorvido neles. Observe a frequência com que tentamos abordar a questão de *não é sua culpa* e, sempre que possível, conectamos os clientes com a ciência psicológica básica (Hood, 2011).

Em termos de relacionamento entre terapeuta e cliente, a segurança está relacionada às questões de se você (como terapeuta) pode ser prejudicial, rejeitador, crítico, e assim por diante. Em outras palavras, ele pode confiar que você não vai feri-lo? Mais uma vez, valide o medo como perfeitamente compreensível, já que se trata de um programa dentro da mente tentando protegê-lo, e, no momento, *o programa* realmente não tem muitas informações, portanto, "melhor prevenir do que remediar". Às vezes, ele vai querer ter sua cadeira perto da porta, em vez de na sala. Se possível, valide porque ele pode achar você assustador, sem ser defensivo. Posteriormente, na terapia, você pode usar perguntas de mentalização para explorar suas projeções.

Em termos de proteção (*safeness*), ela está relacionada a como ele aprende que você é útil e tem as habilidades, a sabedoria, a coragem e as competências para ajudá-lo. Esclareça que a confiança é dimensional, e não "tudo ou nada", e que você pode ter graus dela que podem mudar até mesmo no dia a dia. Outra variante é que o cliente pode não o ver como uma ameaça, e sim como muito bondoso, mas igualmente considerar que você não é capaz, competente, corajoso ou sábio o suficiente para ajudá-lo com seu trauma. Ou que ele está além da possibilidade de ajuda e resgate (note, mais uma vez, a questão do resgate aqui). Ele pode se preocupar com a ideia de que, se ele "desmoronar", você também vai. Ele pode ter a preocupação de que você não é suficientemente resistente para ser capaz de tolerar ou lidar com as necessidades dele. Ele pode se preocupar que suas próprias emoções não controladas, incluindo raiva, vão prejudicar você ou afastá-lo, bem como pode se preocupar com a ideia de que, se você descobrir o que está acontecendo na mente dele, vai rejeitá-lo e não gostar dele. Às vezes, sobretudo com terapeutas mais jovens, o cliente pode ter a preocupação de que o terapeuta não seria capaz de lidar com as coisas sérias e sombrias que estão acontecendo com ele (veja o Capítulo 6). Mais uma vez, com esses clientes, é útil colocar tudo isso na mesa como coisas perfeitamente típicas que podem acontecer e que podemos entendê-las como os sistemas de ameaça que tentam nos proteger. Quando os indivíduos têm um medo, digamos, de revelação, podemos reconhecer possíveis questões que precisam ser abordadas — não necessariamente a revelação de fato, mas o medo da revelação.

Podemos ver, então, o quanto é importante manter claras essas distinções entre segurança (*safety*) e proteção (*safeness*), embora, na realidade, elas se sobreponham. Também já foi observado que qualquer um de nós pode derivar um pouco para esses estilos em diferentes tipos de relacionamentos. Por exemplo, pessoas com apego socialmente ansioso podem se tornar consideravelmente estáveis e tranquilas em relacionamentos de cuidado, mas ficam muito desestabilizadas caso se envolvam ou casem com indivíduos narcisistas. Em um estudo fascinante denominado "The Marriage of the Collapsible Man of Prominence", Bird, Martin e Schuham (1983) exploraram como figuras públicas masculinas com alto *status* podem usar seus casamentos como sustentação, e, quando suas esposas ficam fartas de ser usadas dessa forma e os deixam, esses homens desmoronam.

O lado obscuro do apego seguro

Na TFC, sempre estamos muito interessados no lado obscuro da nossa psicologia, incluindo, até mesmo, o apego seguro. Por exemplo, considere como crenças altamente disfuncionais são transmitidas por meio do apego seguro nas famílias, de modo que as crianças assumem e absorvem tradições e valores parentais. Como seria isso em uma sociedade asteca, em que uma criança podia ter apego forte e seguro e amor dos pais, e, no entanto, os pais transmitissem crenças associadas a, digamos, o sacrifício de humanos? Na verdade, isso pode acontecer com qualquer tradição religiosa que tenha crenças problemáticas e tribais associadas a ela. E o que dizer da doutrinação religiosa do medo do inferno? O que devemos fazer com uma filha que é muito apegada à mãe, mas sua mãe transmite a ideia de que as mulheres devem conhecer seu lugar na cozinha, que a sexualidade exploratória e lúdica é só para os homens, e então lhe ensina (crenças culturais) a ser altamente inibida com seu corpo ou mesmo a ter vergonha de algumas das suas funções? Ou que endossa pés de lótus (enfaixar os pés)? E o que dizer de homens jovens que são fortemente apegados aos seus pais e, assim, adotarão as mesmas tradições vingativas com outros grupos e prontamente concordarão com a violência tribal? Uma famosa declaração dos personagens da série de animação dos Simpsons diz algo como "crianças são ótimas porque você pode fazer com que odeiem todas as coisas que você odeia". Os pais podem estimular muito o conflito tribal, e, em um desejo desesperado de se identificar e ganhar a aprovação dos pais e do grupo, os filhos se tornam solícitos executores de violência e crueldade. Eidelson e Eidelson (2003) chamaram a atenção para o fato de que famílias e subgrupos podem perpetuar crenças extremamente prejudiciais, e as crianças vão adotá-las, em parte, por identificação e apego aos pais e aos grupos de pares. O pertencimento ao grupo pode estar enraizado em rituais para celebrar o ódio conjunto daquele que é estranho ao grupo. E o que dizer do fato de que, em famílias amorosas, as crianças ainda seguirão as tradições familiares, e desse modo, por exemplo, crianças da classe operária podem ter menos ambição ou crença em si mesmas quanto a conquistas do que crianças ricas? Quando o apego seguro e a lealdade se tornam disfuncionais porque são tão texturizados pela cultura em que todos nós estamos inseridos?

Quando uma criança ama um cuidador primário (ou grupo social), mas, ao mesmo tempo, esse cuidador (ou grupo) transmite crenças tóxicas, pode ser extremamente difícil e muito estressante para, mais tarde, esse adulto começar a romper com isso. Isso se reflete sobretudo em alguns cultos problemáticos, em que as pessoas entram porque acham que podem proporcionar um senso de pertencimento, uma base segura e companheirismo, porém, mais tarde, descobrem que essas emoções foram altamente manipuladas por líderes psicopatas. Refletindo sobre alguns dos clientes que vi ao longo dos anos, isso pode ser extremamente problemático em famílias muito religiosas que têm rígidos códigos de conduta e medos de punição. Em famílias em que existe comportamento disfuncional, rebelar-se contra esses comportamentos ou se posicionar contra esses valores pode gerar um forte senso de traição, de decepção nos pais, e a culpa e o medo podem ser profundos (Gilbert & Irons, 2005).

Embora pensemos na prevenção e na proteção como coisas boas, isso depende de como elas são feitas. Keller e Pfattheicher (2013) mostraram que indivíduos com alta compaixão *e* alta prevenção (comparados com aqueles com baixa prevenção) tinham hostilidade mais alta com aqueles que poderiam ser nocivos. De fato, eles podiam considerar muito legítimo matar aqueles que são ameaçadores, visando à prevenção de danos ao seu grupo. As pessoas frequentemente usam as noções de prevenção e proteção como razões para ir à guerra.

Apego e organização das mentalidades sociais

Há evidências consideráveis de que inúmeras de nossas competências psicológicas (e imunes) estão relacionadas ao que é estimulado em nós durante a infância. Uma das questões centrais é o princípio de "usar ou perder" (Hood, 2011; Music, 2017). A maturação das infraestruturas psicofisiológicas para cuidado e compaixão requer aportes que os estimulam, e, se esses aportes não forem dados (ou forem texturizados por ameaça), a criança não desenvolverá essas infraestruturas. Isso foi demonstrado repetidamente com estudos das mudanças cerebrais em crianças que foram abusadas e negligenciadas. É por isso que é tão importante que as psicoterapias considerem as competências psicofisiológicas das pessoas; isso também explica por que a TFC é uma forma de neuropsicofisioterapia. Estas se desenvolvem em estilos relacionais. A TFC está focada na natureza da *geração de padrões* na mente e em como os sistemas funcionam como sistemas integrados, em vez de unidades separadas. Os estados cerebrais emergem momento a momento dos padrões interativos complexos dos nossos motivos, das nossas emoções, dos nossos estilos de pensamento e das nossas disposições comportamentais. Histórias de apego influenciarão os estados cerebrais a qualquer momento porque elas tecem esses padrões e têm efeitos causais multiplicadores no desenvolvimento, na operação hábil, na corregulação e na integração de todas as mentalidades sociais. Isso é mostrado na Figura 3.7.

Há duas dimensões básicas da conexão social: sentir-se socialmente seguro e confiante *versus* sentir-se vulnerável, envergonhado e propenso a ameaça. Às vezes, elas são muito contextuais, e os indivíduos podem se sentir vulneráveis à rejeição nas relações íntimas, porém menos nas não íntimas. Uma pessoa com, digamos, um estilo de apego ansioso, que se preocupa com ser rejeitada, pode se tornar excessivamente atenciosa para que gostem dela. Ela pode ser muito adaptável sexualmente, em vez de ser sexualmente confiante. Apesar de ser talentosa, ela pode não ser capaz de assumir posições dominantes ou de liderança. Em contrapartida, alguém com um estilo de apego evitativo pode ser relativamente frio em formas sexuais e cooperativas de se

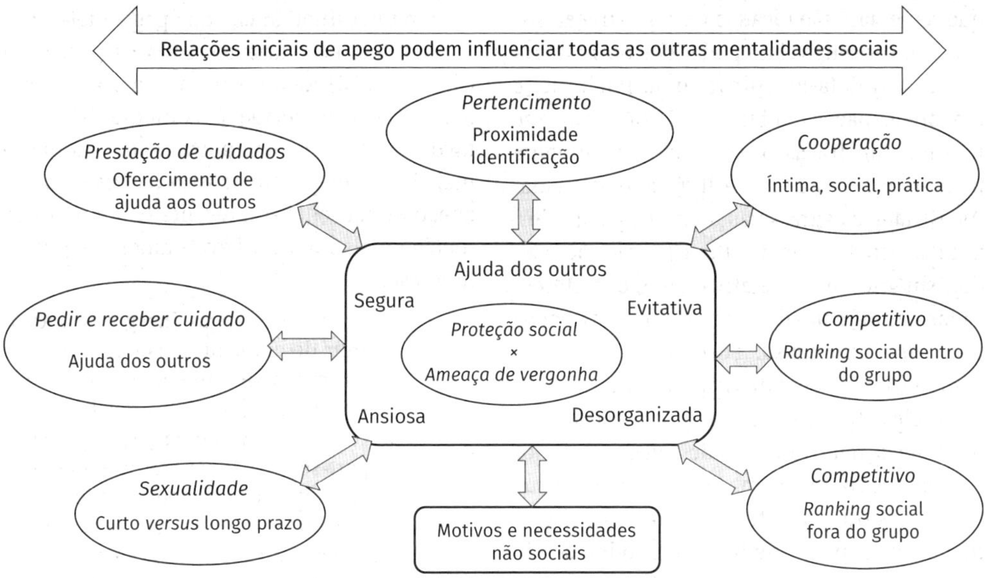

FIGURA 3.7 Estilos de apego, vergonha e as mentalidades sociais.
Fonte: © Paul Gilbert.

relacionar. Essas pessoas podem ser boas em cuidados práticos, como nos serviços de salvamento, e, portanto, não devem ser vistas simplesmente como não compassivas, mas pode haver áreas, sobretudo aquelas que requerem empatia ou ser tocado emocionalmente pelo sofrimento emocional dos outros, ou a intimidade, que representam uma dificuldade. Se elas procurarem posições de liderança, sua falta de empatia e sua competitividade podem ser problemáticas.

História do apego e a mentalidade social competitiva

Uma diferença entre a teoria da mentalidade social e a teoria do apego está na forma como as mentalidades sociais se desenvolvem em *padrões de interação e coordenação*. Por exemplo, quando os indivíduos não podem contar com os outros para serem apoiadores ou úteis, eles podem superdesenvolver sua mentalidade social competitiva. Essa mentalidade social organizará e recrutará competências como empatia e preocupação pelos outros de forma muito diferente do sistema de cuidado. Históricos problemáticos não só comprometem um senso de confiança interpessoal e proteção social como também podem inclinar as pessoas a verem os outros como "objetos de gratificação" a serem usados como um recurso, em vez de serem cuidados. Logo, os apegos problemáticos não podem ser entendidos apenas em termos de apego, pois, além desses podem ser entendidos em termos de como comprometeram ou influenciaram a forma como esse indivíduo amadurece e usa *alguma das suas mentalidades sociais* para cooperação, sexualidade e competitividade por *status*, poder e recursos. O comportamento sexual pode ser uma fonte de vínculo e afeição, mas, para outros, é mais autogratificante e, às vezes, agressivo-explorador (veja o Capítulo 4).

Muitas das dificuldades associadas à saúde mental estão ligadas à mentalidade social competitiva se tornando altamente focada na ameaça e/ou exploradora (veja Gilbert, 2020 para uma revisão, veja também o Capítulo 2, Fig. 2.11). As estratégias de "antes prevenir do que remediar" são focadas na comparação social, em ser sensível ao poder dos outros para aceitá-lo, validá-lo, aprová-lo ou rejeitá-lo, e em preocupações subjacentes com sentir-se inferior, um fracasso, sem valor, facilmente julgado como uma farsa e derrotado pela vida. As estratégias agressivas do *ranking* superior, por sua vez, tendem a ver o *self* como merecedor, superior, e são relativamente desinteressadas nas dificuldades que seu comportamento competitivo causa. Portanto, as pressões competitivas podem motivar duas orientações fenotípicas básicas. Uma é adotar estratégias defensivas relativamente de *ranking* inferior — o que se sobrepõe, mas não é o mesmo que apego ansioso. A outra é adotar estratégias de *ranking* superior de busca de poder, sendo propenso à ambição narcisista, controladora e implacável (Basran et al., 2019). Estas também são iluminadas em muitas dimensões diferentes, como a tríade sombria do maquiavelismo, do narcisismo e da psicopatia (Johanson & Krause, 2013). Ambas compartilham medo de inferioridade e rejeição (Basran et al., 2019). Isso é retratado na Figura 3.8.

Em um estudo inicial do apego adolescente em relação às variáveis do *ranking*, Irons e Gilbert (2005) identificaram que o apego seguro estava associado à comparação social favorável e a um comportamento submisso mais baixo, enquanto ocorria o oposto com o apego inseguro, que apresentava um perfil de *ranking* mais inferior. Levantamos a seguinte hipótese:

> No entanto, crianças inseguras podem emergir de ambientes sociais onde elas entraram em sintonia com o poder dos outros de envergonhá-las, rejeitá-las ou magoá-las e com quem não podiam contar para serem aliados confiáveis ou fontes de conforto. Em consequência, elas ingressam no mundo dos pares orientadas para nichos sociais mais severos (ou menos apoiadores), e assim podem ser mais sensíveis à ameaça e ao *ranking* social, com uma tendência a serem mais defensivas. Essas crianças podem se tornar excessivamente focadas em comparações sociais, se preocupar com rejeição e vergonha e se defender por meio de estratégias evitativas e/ou submissas (p. 335).

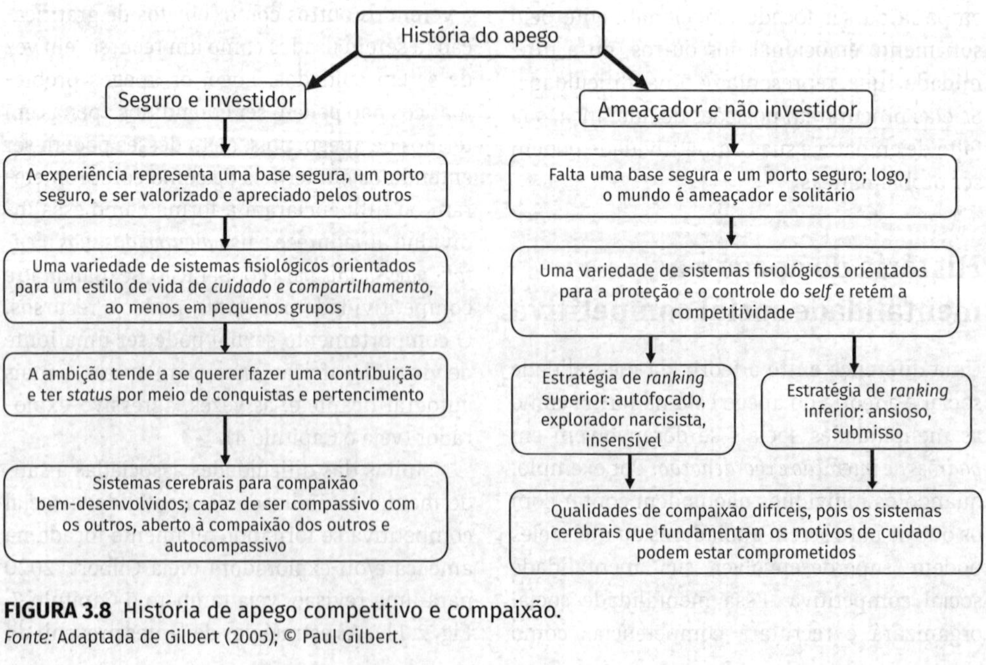

FIGURA 3.8 História de apego competitivo e compaixão.
Fonte: Adaptada de Gilbert (2005); © Paul Gilbert.

Algumas formas de narcisismo estão ligadas à grandiosidade, com senso de ser especial, de merecimento e de arrogância, mas outras formas estão associadas à vulnerabilidade, com medo de inferioridade e formas de agressividade (Krizan & Johar, 2015). Estes últimos buscam a dominância em parte como uma estratégia de segurança. Isso envolve ser capaz de amedrontar os outros. Em muitos primatas, os dominantes exercem o poder por meio da estimulação do comportamento *temeroso* nos subordinados. Isso significa que eles são motivados a amedrontá-los, e o comportamento submisso é um sinal de que tiveram sucesso, portanto, não serão desafiados. Alguns tipos de indivíduos narcisistas e com tendências psicopáticas têm muita semelhança com esse comportamento e só se sentem seguros caso sintam que os outros têm medo deles. Esses indivíduos especificamente têm probabilidade de serem intimidadores ou abusivos. Tenha sempre em mente que estas não são estratégias escolhidas, mas são programas que fazem parte do nosso potencial evolutivo. A grande questão é se você pode trocar este fenótipo de mais primitivo, agressivo, que busca a dominância, por uma forma mais cooperativa e integrativa de viver (veja o Capítulo 4 para uma discussão mais detalhada desses temas).

Desenvolvimento de traços psicopáticos. Há evidências crescentes de que traços narcisistas e psicopáticos estão fortemente ligados a ter que lidar com contextos severos e difíceis (Ribeiro da Silva et al., 2021; Ribeiro da Silva, Vagos, & Rijo, 2019). Isso se relaciona com a *vasta literatura* sobre o impacto de experiências adversas da infância (ACEs, do inglês *adverse childhood experiences*) na maturação (McLaughlin, Weissman, & Bitrán, 2019). A partir da perspectiva da história da vida, os genes nos configuram com (pelo menos) duas estratégias de vida potenciais para o enfrentamento de dois ambientes diferentes. Em ambientes amorosos e de cuidado, um conjunto específico de circuitos neurais e de epigenética será regularmente estimulado e nos orientará para as estratégias de cuidado e compartilhamento. No entanto, se eles não forem estimulados, e, em contrapartida, os outros (p. ex., os pais) forem fontes de ameaça, então o sistema de segurança calmante não amadurecerá (portanto, não pode ser usado como regulador da ameaça). Se esse for o caso, precisaremos de estratégias de vida diferentes. As estratégias de cuidado afiliativo e compartilhamento, tão úteis na vida da comunidade apoiadora do caçador-coletor, dão lugar a estratégias primatas mais primitivas, que envolvem simplesmente estabelecer o controle por meio da ameaça (Gilbert, 2021, veja também o Capítulo 4).

Terapeuticamente, então, sempre voltamos à mesma raiz fundamental de que, seja quais forem esses estilos, se pudermos ativar uma mentalidade social de cuidado compassiva, existe a possibilidade de que ela possa reorganizar as pessoas em suas relações consigo mesmas e com os outros. Há evidências de que a TFC pode ser efetiva com indivíduos com traços narcisistas e psicopáticos (Ribeiro da Silva et al., 2021). A TFC tenta trazer as pessoas para um senso de conectividade social mais seguro. Entretanto, fazer isso pode requerer esforço considerável para lidar com os medos, os bloqueios e as resistências à compaixão (veja o Capítulo 6) e trabalhar com as três grandes emoções de ameaça: raiva, ansiedade e tristeza/luto (veja o Capítulo 9). Para encurtar a história, precisamos realinhar as estratégias básicas da vida, de controle e domínio para cuidado e compartilhamento (Capítulo 8), que formam a base para a regulação da proteção-ameaça e (as alegrias do) engajamento social seguro.

Complexidades das fontes de mudança de uma base segura e um porto seguro

A fonte da nossa base segura e do nosso porto seguro muda à medida que amadurecemos e mudamos nossas relações, passando dos pais para os pares, os parceiros e o trabalho. Há muitas situações em que a natureza da nossa base segura e do nosso porto seguro pode mudar, em diferentes contextos, e, às vezes, radical e rapidamente, para melhor ou para pior. Por exemplo, pessoas que servem nas forças armadas e em áreas de combate podem experienciar a reprogramação dos seus três sistemas de regulação emocional, da sua base segura e dos seus sistemas de apego com seus "parceiros e companheiros". Quando voltam para casa, esses "companheiros", que eram muito importantes para propiciar sensação de proteção, tranquilização e pertencimento em situações de intensa excitação, já não estão mais disponíveis. A ausência desses sinais sociais nos sistemas fisiológicos que regulam uma base segura e um porto seguro pode, para alguns, resultar em reações de protesto à separação, que podem deixá-los confusos, sentindo-se agitados ou querendo estar com seus companheiros novamente, e com dificuldades para voltar a se integrar na família. A psicoeducação desses sistemas, incluindo a reorientação dos três sistemas de regulação emocional (veja o Capítulo 2, Fig. 2.4), pode ser útil tanto para eles quanto para seus parceiros e suas famílias. Ela oferece a compreensão de que não é sua culpa que sua base segura e seu porto seguro compreensivelmente tenham sido redirecionados e "reprogramados", e que suas reações não são sua culpa. Depois que os clientes (e os parceiros) obtêm a compreensão de que parte da sua agitação é porque sua base segura, seus sistemas de ameaça, seus impulsos e sua tranquilização foram "reprogramados" em contextos de ameaça militar e estão literalmente em busca de sinais (parceiros e pertencimento ao grupo) que agora não estão ali, isso os alivia da vergonha e torna mais fácil começar a abordar outras questões, como a regulação emocional ou o possível uso de álcool como um regulador da ameaça. Esses elementos podem ser acrescentados a outras intervenções terapêuticas, que podem, por exemplo, ajudar a abordar o trauma.

Há muitas variações no processo de mudança radical em uma base segura e um porto seguro que podem ser trágicas — por exemplo, como as pessoas se adaptam à morte dos pais ou parceiros que cumpriam essas funções. Isso nos ajuda a entender por que, quando perdemos alguém assim, não só sentimos tristeza, mas também podemos nos tornar ansiosos sobre o mundo. Considere crianças que foram criadas em lares de acolhimento e que frequentemente têm que deixar a casa quando se tornam maiores de idade. Elas não podem usar esse local da mesma maneira que a maioria dos filhos poderia usar a casa dos seus pais, para voltar no fim de semana ou ficar por algumas semanas caso tenham, digamos, terminado um relacionamento ou perdido o emprego, ou para onde telefonar para pedir conselhos e ajuda. Não há ninguém com quem compartilhar intimamente seus sucessos. Considere, também, prisioneiros que estão chegando ao fim do cumprimento de sentenças relativamente longas e estão institucionalizados. Eles podem aguardar com expectativa pela sua liberação, mas, ao mesmo tempo, experienciam alta ansiedade porque estão perdendo a segurança da vida institucionalizada.

Nos relacionamentos cotidianos, também, podemos ver que alguns indivíduos que começam com apegos inseguros podem encontrar parceiros que os ajudam a se tornar mais confiantes e seguros. Igualmente, indivíduos inseguros podem se apaixonar por parceiros que acabam sendo prejudiciais e incapazes de oferecer uma base segura ou um porto seguro. Alguns indivíduos ficam presos a relacionamentos abusivos, controladores, negligentes ou sem afeto e têm dificuldade para sair. Em contextos de trabalho, líderes e chefias podem ter um enorme impacto. Já trabalhei com pessoas que experienciaram uma mudança de chefia e passaram de um ambiente de trabalho seguro para um intimidador e ficaram deprimidas. Parte do que a terapia faz é tentar ajudar as pessoas a se adaptarem ou mudarem seu contexto social. Atenção ainda mais significativa precisa ser dada a como os ambientes de trabalho criam uma base segura e um porto seguro, em vez de um senso de ameaça que, com o tempo, debilitará a saúde mental e o bem-estar. Parte disso será atrair a atenção para essas questões, ensinando aos líderes, aos professores e às chefias as qualidades essenciais de como eles criam relações apoiadoras com aqueles por quem são responsáveis (veja a Fig. 3.6). Os terapeutas podem avaliar o grau em que os indivíduos estão experienciando o mundo externo com uma base segura e um porto seguro, mas também como eles podem criá-los dentro de si mesmos. Os elementos na Figura 3.6 podem ser compartilhados com os clientes como tarefas terapêuticas, sobre as quais pode haver discussão, reflexão, concordância e colaboração.

Podemos levar essa forma de pensar para clínicas que lidam com problemas complexos de longo prazo e para prisões, onde estamos pedindo a pessoas, que podem ter sido traumatizadas ou que não tiveram uma base segura ou um porto seguro, que reorganizem sua orientação fenotípica básica em relação ao mundo. Algumas terapias requerem aporte extenso para tentar reconstruir as infraestruturas fisiológicas que facilitam o comportamento de cuidado consigo e com os outros. Embora exista um desejo compreensível de criar terapias economicamente viáveis e oferecê-las ao maior número possível de pessoas, também há perigos nisso quando o tempo de terapia é "racionado", e a terapia foca apenas em uma gama estreita de processos. Algumas terapias levarão tempo, pois estamos reconstruindo ou construindo pela primeira vez inúmeros processos fisiológicos. Isso é um grande esforço e pode ser demorado. Por isso, precisamos de pesquisas focadas em como fazer isso mais eficientemente e efetivamente. A conclusão é que o cuidado evoluiu por centenas de milhões de anos e, tanto fisiológica quanto psicologicamente, passou a desempenhar um papel substancial na maturação de nossas mentes e na organização de nossos comportamentos. Daí a TFC.

Conclusões

Há muitos modelos de compaixão, alguns dos quais adotam conceitos e treinos das tradições budistas e os integraram a *insights* psicológicos e práticas terapêuticas modernas (Gilbert et al., 2017a; Mascaro et al., 2020; veja também o Capítulo 2). Na TFC, a compaixão está ligada à evolução do comportamento de cuidado (Brown & Brown, 2015; Carter et al., 2017; Depue & Morrone-Strupinsky, 2005; Gilbert, 1989, 2017a; Mayseless, 2016) e às funções evolutivas do comportamento de cuidado em termos de apoio no desenvolvimento de uma base calorosa e um porto seguro nos relacionamentos próximos. Estas desenvolvem empatia, emoção, autorregulação e confiança. É por isso que os terapeutas da TFC requerem *insight* da dinâmica e dos aspectos biopsicossociais da mentalidade social de cuidado (Depue & Morrone-Strupinsky, 2005; Mayseless, 2016; Porges, 2017, 2021), apego (Cassidy & Shaver, 2016) e como os mecanismos de apego funcionam na relação terapêutica (veja o Capítulo 13; Holmes & Sade, 2017; Music, 2017, 2019).

Este capítulo enfatizou o fato de que há muitas formas de conexões de cuidado, por exemplo, entre famílias, em relações com os pares, em grupos, em comunidades e, até mesmo, em sociedades (Bailey, 2002). Cada uma delas, de diferentes maneiras, pode criar contextos de ameaça, ou de base segura de conexões de cuidado mútuo, reduzindo, assim, os impulsionadores de dificuldades de saúde mental. A calidez tende a estar associada à proximidade, à afeição ou à vinculação; pode ser desejável, *mas não é necessária para a compaixão*. Podemos querer aliviar o sofrimento daqueles de quem não gostamos ou por quem não sentimos carinho. Logo, é muito importante não confundir essas diferentes dimensões. Amor, afeição, bondade, calor e sensibilidade *são formas de ser compassivo*, mas não são a compaixão propriamente dita e não devem ser confundidos com compaixão. Se usarmos esses conceitos de forma intercambiável, a compaixão pode passar a significar qualquer coisa que seja relativamente pró-social e perde sua especificidade. Na TFC, motivação, coragem e sabedoria são os processos que trabalhamos para o uso da base segura e do porto seguro. As texturas emocionais da compaixão, na verdade, dependem do contexto e da natureza do relacionamento.

O capítulo novamente destacou a importância de duas formas diferentes de regulação da ameaça, distinguindo a busca por segurança (presença ou ausência, ou proximidade ou distância da ameaça) da proteção (Guilbert, 1989, 1993). Elas operam por meio de sistemas psicofisiológicos diferentes. Ao construirmos os recursos internos para uma base segura e um porto seguro, também construímos sistemas de segurança e recursos para enfrentarmos os desafios da vida. As pesquisas agora estão explorando como o treino focado no corpo (veja o Capítulo 10) e as experiências psicodélicas (veja o Capítulo 11) também podem oferecer novas oportunidades para se começar a estimular os sistemas de conectividade social e dar um senso de proteção e pertencimento.

A essência da TFC é a mudança motivacional, o que, em muitos aspectos, também está na raiz das tradições contemplativas e espirituais. Enquanto os gregos (e a TCC) enfatizaram o fato de que o que importa são nossas crenças e a forma como interpretamos as coisas, outras tradições (como as tradições contemplativas) destacam que o que nos motiva é importante também. Além do mais, para produzir mudança duradoura, temos que mudar a organização dos motivos. Isso pode ser muito trabalhoso para algumas pessoas.

Estamos nos afastando da ideia de que os humanos são unidades autônomas autorreguladoras e nos voltando para uma compreensão muito mais integrada das funções sociais da mente humana. Tanto em nossas mentes quanto entre nossas mentes, a qualidade e a natureza das nossas interações são cruciais para a emergência do comportamento pró-social e do bem-estar.

Referências

Abbass, A.A., & Town, J.M. (2013). Key clinical processes in intensive short-term dynamic psychotherapy. *Psychotherapy, 50*(3), 433–437. https://doi.org/10.1037/a0032166

Ainsworth, M.D.S. (1969). Object relations, dependency, and attachment: A theoretical review of the infant-mother relationship. *Child Development, 40*, 969–1025.

Ainsworth, M.D.S. (1991). Attachments and other affectional bonds across the life cycle. In C.M. Parkes, J. Stevenson-Hinde, & P. Marris (Eds.). *Attachment across the life cycle* (pp. 33–51). Routledge.

Ainsworth, M.D.S, Blehar, M., Waters, E., & Wall, S. (1978). *Patterns of attachment*. Lawrence Erlbaum Associates.

Armstrong, B.F. III, Nitschke, J.P., Bilash, U., & Zuroff, D.C. (2020). An affect in its own right: Investigating the relationship of social safeness with positive and negative affect. *Personality and Individual Differences, 163*, 109670. https://doi.org/10.1016/j.paid.2019.109670

Bailey, K.G. (2002). Recognizing, assessing, and classifying others: Cognitive bases of evolutionary kinship therapy. *Journal of Cognitive Psychotherapy, 16*(3), 367–383.

Basran J., Pires, C., Matos, M., McEwan, K & Gilbert, P. (2019). Styles of leadership, fears of compassion, and competing to avoid inferiority. *Frontiers in Psychology, 9*, 2460. https://doi.org/10.3389/fpsyg.2018.02460

Baumeister, R. (2011). Need-to-belong theory. In P.A.M. Van Langr, A.W. Kruglanski, & T.E. Higgins (Eds.). *The handbook of theories of social psychology* (pp. 121–140). SAGE.

Bird, H.W., Martin, P.A., & Schuham, A. (1983). The marriage of the 'collapsible' man of prominence. *The American Journal of Psychiatry, 18*, 141–152.

Böckler, A., Tusche, A., & Singer, T. (2016). The structure of human prosociality: Differentiating altruistically motivated, norm motivated, strategically motivated, and self-reported prosocial behavior. *Social Psychological and Personality Science, 7*(6), 530–541.

Bowlby, J. (1969). *Attachment and loss* (Vol. 1: *Attachment*). Basic Books.

Bowlby, J. (1973). *Attachment and loss* (Vol. 2: *Separation, anxiety and anger*). Hogarth Press.

Bowlby, J. (1980). *Attachment and loss* (Vol. 3: *Sadness and depression*). Hogarth Press.

Brewin, C.R. (2006) Understanding cognitive behaviour therapy: A retrieval competition account. *Behaviour Research and Therapy, 44*: 765–784

Brown, S.L., & Brown, R.M. (2015). Connecting prosocial behavior to improved physical health: Contributions from the neurobiology of parenting. *Neuroscience and Biobehavioral Reviews, 55*, 1–17.

Cacioppo, J.T., & Patrick, W. (2008). *Loneliness: Human nature and the need for social connection*. Norton.

Carter, S., Bartal, I.B., & Porges, E. (2017). The roots of compassion: an evolutionary and neurobiological perspective. In E.M. Seppälä, E. Simon-Thomas, S.L. Brown, & M.C. Worline (Eds.). *The Oxford handbook of compassion science* (pp. 178–188). Oxford.

Cassidy, J., & Shaver, P.R. (2016). *Handbook of attachment: Theory, research and clinical applications* (3rd ed.). Guilford.

Catarino, F., Sousa, J., Ceresatto, L., Moore, R., & Gilbert, P. (2014). An exploration of different empathic competencies in submissive and genuine compassion. *Journal of Social and Clinical Psychology, 33*, 399–412.

Cortina, M., & Liotti, G. (2010). Attachment is about safety and protection, intersubjectivity is about sharing and social understanding: The relationships between attachment and intersubjectivity. *Psychoanalytic Psychology, 27*(4), 410–441. https://doi.org/10.1037/a0019510

Cowan, C.S.M., Callaghan, B.L., Kan, J.M., & Richardson, R. (2016). The lasting impact of early-life adversity on individuals and their descendants: potential mechanisms and hope for intervention. *Genes, Brain and Behavior, 15*(1), 155–168.

Cozolino, L. (2014). *The neuroscience of human relationships: Attachment and the developing social brain* (2nd ed.). (Norton Series on interpersonal neurobiology). W.W Norton.

Depue, R.A., & Morrone-Strupinsky, J.V. (2005). A neurobehavioral model of affiliative bonding. *Behavioral and Brain Sciences, 28*, 313–395.

Diogo, R. (2019). Sex at dusk, sex at dawn, selfish genes: How old-dated evolutionary ideas are used to defend fallacious misogynistic views on sex evolution. *Journal Social Science and Humanities*, 5, 350–367.

Dugnan, D., Trower, P., & Gilbert, P. (2002). Measuring vulnerability to threats to self-construction: The self and other scale. *Psychology and Psychotherapy: Theory Research and Practice, 75*, 279–294.

Dunbar, R. (2014). *Human evolution: A Pelican introduction*. Penguin UK.

Dunbar, R.I. (2009). The social brain hypothesis and its implications for social evolution. *Annals of Human Biology, 36*(5), 562–572.

Eidelson, R.J., & Eidelson, J.I. (2003). Dangerous ideas: Five beliefs that propel groups toward conflict. *American Psychologist, 58*(3), 182–192.

Eisenberger, N.I., Master, S. L., Inagaki, T. K., Taylor, S.E., Shirinyan, D., Lieberman, M.D., & Naliboff, B.D. (2011). Attachment figures activate a safety signal-related neural region and reduce pain experience. *Proceedings of the National Academy of Sciences, 108*(28), 11721–11726.

Farley, J.P., & Kim-Spoon, J. (2014). The development of adolescent self-regulation: Reviewing the role of parent, peer, friend, and romantic relationships. *Journal of Adolescence, 37*(4), 433–440.

Ferster, C.B. (1973). A functional analysis of depression. *American Psychologist, 28*(10), 857–870.

Field, T. (2000). *Touch therapy*. Churchill Livingstone.

Fogel, A., Melson, G.F., & Mistry, J. (1986). Conceptualising the determinants of nurturance: A reassessment of sex differences. In A. Fogel & G.F. Melson (Eds.). *Origins of nurturance: Developmental, biological and cultural perspectives on caregiving* (pp.). Lawrence Erlbaum Associates.

Forkmann, T., Teismann, T., Stenzel, J. S., Glaesmer, H., & De Beurs, D. (2018). Defeat and entrapment: More than meets the eye? Applying network analysis to estimate dimensions of highly correlated constructs. *BMC Medical Research Methodology, 18*(1), 1–9.

Freud, S. (1917). Mourning and melancholia. In *Complete psychological works* (Vol. 14) (standard ed.). Translated and edited by J. Strachey. Hogarth Press.

Gilbert, P. (1989/2016). *Human nature and suffering*. Routledge.

Gilbert, P. (1993). Defence and safety: Their function in social behaviour and psychopathology. *British Journal of Clinical Psychology, 32*, 131–153.

Gilbert, P. (1992/2016). *Depression: The evolution of powerlessness*. Lawrence Erlbaum Associates.

Gilbert, P. (1997). The evolution of social attractiveness and its role in shame, humiliation, guilt and therapy. *British Journal of Medical Psychology, 70*, 113–147.

Gilbert, P. (2000). Social mentalities: Internal 'social' conflicts and the role of inner warmth and compassion in cognitive therapy. In P. Gilbert & K.G. Bailey (Eds.). *Genes on the couch: Explorations in evolutionary psychotherapy* (pp. 118–150). Psychology Press.

Gilbert, P. (2003). Evolution, social roles, and differences in shame and guilt. *Social Research: An International Quarterly of the Social Sciences, 70*, 1205–1230.

Gilbert. P. (2005). Compassion and cruelty: A biopsychosocial approach. In P. Gilbert (Ed.).*Compassion: Conceptualisations, research and use in psychotherapy*. (pp. 3–74). Routledge.

Gilbert, P. (2007). *Psychotherapy and counselling for depression* (3rd ed.). SAGE.

Gilbert, P. (2009). *The compassionate mind: A new approach to the challenge of life*. Constable & Robinson.

Gilbert, P. (2013). Attachment theory and compassion focused therapy for depression. In A.N. Danquah & K. Berry (Eds.). *Attachment theory in adult mental health: A guide to clinical practice* (pp. 35–47). Routledge.

Gilbert, P. (2017a). Compassion as a social mentality: An evolutionary approach. In P. Gilbert (Ed.). *Compassion: Concepts, research and applications* (pp. 31–68). Routledge.

Gilbert, P. (2017b). Compassion: Definitions and controversies. In P. Gilbert (Ed.). *Compassion: Concepts, research and applications* (pp. 3–15). Routledge.

Gilbert, P. (2020). Compassion: From its evolution to a psychotherapy. *Frontiers in Psychology, 11*, 3123.

Gilbert, P. (2021). Creating a compassionate world: Addressing the conflicts between *sharing and caring* versus *controlling and holding* evolved strategies. *Frontiers in Psychology*. https://doi.org/10.3389/fpsyg.2020.582090

Gilbert, P., Baldwin, M., Irons, C., Baccus, J., & Palmer, M. (2006). Self-criticism and self-warmth: An imagery study exploring their relation to depression. *Journal of Cognitive Psychotherapy: An International Quarterly, 20*, 183–200.

Gilbert, P., Cheung, M., Wright, T., Campey, F. & Irons, C. (2003). Recall of threat and submissiveness in childhood: Development of a new scale and its relationship with depression, social comparison and shame. *Clinical Psychology and Psychotherapy, 10, 108–115*.

Gilbert, P., & Gilbert, J. (2003). Entrapment and arrested fight and flight in depression: An exploration using focus groups. *Psychology and Psychotherapy: Theory, Research and Practice, 76*(2), 173–188.

Gilbert, P & Irons, C. (2005). Focused therapies and compassionate mind training for shame and self-attacking. In, P. Gilbert (ed). *Compassion: Conceptualisations, Research and Use in psychotherapy*. (p. 263–325). Routledge.

Gilbert, P., McEwan, K., Mitra, R., Franks, L., Richter, A., & Rockliff, H. (2008). Feeling safe and content: A specific affect regulation system? Relationship to depression, anxiety, stress and self-criticism. *Journal of Positive Psychology, 3*, 182–191.

Gilbert, P., McEwan, K., Mitra, R., Richter, A., Franks, L., Mills, A., Bellew, R & Gale, C. (2009). An exploration of different types of positive affect in students and in patients with bipolar disorder. *Clinical Neuropsychiatry, 6*, 135–143.

Gillath, O., & Karantzas, G. (2019). Attachment security priming: A systematic review. *Current Opinion in Psychology, 25*, 86–95.

Greenberg, L.S. (2015). *Emotion-focused therapy: Coaching clients to work through their feelings* (2nd ed.). American Psychological Association. https://doi.org/10.1037/14692-000.

Heard, D., & Lake, B. (1986). *The challenge of attachment for caregiving*. Psychology Press.

Heard, D., McCluskey, U., & Lake, B. (2018). *Attachment therapy with adolescents and adults: Theory and practice post Bowlby*. Routledge.

Hesse, E. (2016). The adult attachment interview: Protocol, method, of analysis and selected empirical studies 1985–2015. In J. Cassidy & P.R. Shaver (Eds.). *Handbook of attachment: Theory, research and clinical applications* (3rd ed.). (pp. 553–597). Guilford.

Hofer, M.A. (1984). Relationships as regulators: A psychobiologic perspective on bereavement. *Psychosomatic Medicine, 46*, 183–197.

Holmes, J., & Slade, A. (2017). *Attachment in therapeutic practice*. SAGE.

Hood, B. (2011). *The self illusion: Why there is no 'you' inside your head*. Constable.

Hornstein, E.A., & Eisenberger, N.I. (2018). A social safety net: Developing a model of social-support figures as prepared safety stimuli. *Current Directions in Psychological Science, 27*(1), 25–31.

Hrdy, S.B. (2009). *Mothers and others: The evolutionary origins of mutual understanding*. Harvard University Press.

Irons, C., & Gilbert, P. (2005). Evolved mechanisms in adolescent anxiety and depression: The role of attachment and social rank systems. *Journal of Adolescents, 28*, 325–341.

Jonason, P.K., & Krause, L. (2013). The emotional deficits associated with the Dark Triad traits: Cognitive empathy, affective empathy, and alexithymia. *Personality and Individual Differences,* 55(5), 532–537.

Keller, J., & Pfattheicher, S. (2013). The Compassion-Hostility Paradox: The interplay of vigilant, prevention-focused self-regulation, compassion, and hostility. *Personality and Social Psychology Bulletin, 39*(11), 1518–1529.

Kelly, A.C., Zuroff, D.C., Leybman, M.J., & Gilbert, P. (2012). Social safeness, received social support, and maladjustment: Testing a tripartite model of affect regulation. *Cognitive Therapy and Research, 36,* 815–826. https://doi.org/10.1007/s10608-011-9432

Kessler, S.E. (2020). Why care: Complex evolutionary history of human healthcare networks. *Frontiers in Psychology, 11,* 199. https://doi.org/10.3389/fpsyg.2020.00199

Kirby, J.N., & Tellegen, C.L. (2020). Parenting, family environments and mental health and illness. In J.N. Kirby and P. Gilbert (Eds.). *Making an impact on mental health: The applications of psychological research* (pp. 71–96). Routledge.

Kreisman, J.J., & Straus, H. (2010). *I hate you – don't leave me: Understanding the borderline personality.* Penguin.

Krizan, Z., & Johar, O. (2015). Narcissistic rage revisited. *Journal of Personality and Social Psychology, 108*(5), 784–801. https://doi.org/10.1037/pspp0000013

Leahy, R.L. (2019). *Emotional schema therapy: Distinctive features.* Routledge

Liotti, G. (2000). Disorganised attachment, models of borderline states and evolutionary psychotherapy. In P. Gilbert and B. Bailey (Eds.). *Genes on the couch: Explorations in evolutionary psychotherapy* (pp. 232–256). Brunner-Routledge.

Liotti, G. (2004). Trauma, dissociation, and disorganized attachment: Three strands of a single braid. *Psychotherapy: Theory, Research, Practice, Training, 41*(4), 472–486. https://doi.org/ 10.1037/0033-3204.41.4.472

Liotti, G. (2011). Attachment disorganization and the controlling strategies: An illustration of the contributions of attachment theory to developmental psychopathology and to psychotherapy integration. *Journal of Psychotherapy Integration, 21*(3), 232–252. https://doi.org/10.1037/a0025422

Lippard, E.T., & Nemeroff, C.B. (2020). The devastating clinical consequences of child abuse and neglect: increased disease vulnerability and poor treatment response in mood disorders. *American Journal of Psychiatry, 177*(1), 20–36.

Lunkenheimer, E., Tiberio, S.S., Skoranski, A.M., Buss, K.A., & Cole, P.M. (2018). Parent-child co-regulation of parasympathetic processes varies by social context and risk for psychopathology. *Psychophysiology, 55,* e12985. https://doi.org/10.1111/psyp.12985

Luyten, P., Campbell, C., Allison, E., & Fonagy, P. (2020). The mentalizing approach to psychopathology: State of the art and future directions. *Annual Review of Clinical Psychology, 16,* 297–325.

MacDonald, K. (1992). Warmth as a developmental construct: An evolutionary analysis. *Child Development, 63,* 753–773.

Maratos, F.A., Duarte, J., Barnes, C., McEwan, K., Sheffield, D., & Gilbert, P. (2017). The physiological and emotional effects of touch: Assessing a hand-massage intervention with high self-critics. *Psychiatry Research, 250,* 221–227. https://doi.org/10.1016/j.psychres.2017.01.066

Mascaro, J.S., Florian, M.P., Ash, M.J., Palmer, P.K., Frazier, T., Condon, P., & Raison, C. (2020). Ways of knowing compassion: How do we come to know, understand, and measure compassion when we see it? *Frontiers in Psychology, 11,* 547241. https://doi.org/10.3389/fpsyg.2020.547241

Matos, M., Steindl, S., Gilbert, P., Pinto-Gouvia. J. (2020). Shame memories that shaped who we are. In J.N. Kirby and P. Gilbert (Eds.). *Making an impact on mental health: The applications of psychological research* (pp. 97–126). Routledge.

Mayseless, O. (2016). *The caring motivation: An integrated theory.* Oxford University Press.

McLaughlin, K. A., Weissman, D., & Bitrán, D. (2019). Childhood adversity and neural development: a systematic review. *Annual Review of Developmental Psychology, 1,* 277–312.

Mikulincer, M. E., & Shaver, P. R. (2014, ed). *Mechanisms of social connection: From brain to group.* American Psychological Association.

Mikulincer, M., & Shaver, P.R. (2017). An attachment perspective on compassion altruism. In P. Gilbert (Ed.). *Compassion: Conceptualisations, research and use in psychotherapy* (pp. 187–202). Routledge.

Mineka, S., & Kihlstrom, J.F. (1978). Unpredictable and uncontrollable events: a new perspective on experimental neurosis. *Journal of Abnormal Psychology, 87*(2), 256–271.

Music, G. (2017). *Nurturing natures: Attachment and children's emotional, sociocultural and brain development* (2nd ed.). Routledge.

Music, G. (2019). *Nurturing children: From trauma to growth using attachment theory, psychoanalysis and neurobiology.* Routledge.

Naismith, I., Zarate Guerrero, S., & Feigenbaum, J. (2019). Abuse, invalidation, and lack of early warmth show distinct relationships with self-criticism, self-compassion, and fear of self-compassion in personality disorder. *Clinical Psychology & Psychotherapy, 26*(3), 350–361.

Narvaez. D. (2017). Evolution, child raising and compassionate morality. In P. Gilbert (Ed.). *Compassion: Concepts, research and applications* (pp. 31–68). Routledge.

Narvaez, D. (2020). Ecocentrism: Resetting baselines for virtue development. *Ethical Theory and Moral Practice, 23*, 1–16. https://doi.org/10.1007/s10677-020-10091-2

Nesse, R.M., & Lloyd, N.T. (1992). The evolution of psychodynamic mechanisms. In J. Barkow, J.H. Cosmides & J. Tooby (Eds.). *The adapted mind: Evolutionary psychology and the generation of culture* (pp. 602–624). Oxford University Press.

Norman, L., Lawrence, N., Iles, A., Benattayallah, A., & Karl, A. (2015). Attachment-security priming attenuates amygdala activation to social and linguistic threat. *Social Cognitive and Affective Neuroscience, 10*(6), 832–839.

Okruszek, Ł., Aniszewska-Stańczuk, A., Piejka, A., Wiśniewska, M., & Żurek, K. (2020). Safe but lonely? Loneliness, anxiety, and depression symptoms and COVID-19. *Frontiers in Psychology, 11*, https://doi.org/10.3389/fpsyg.2020.579181

Pellegrini, A.D., Dupuis, D., & Smith, P.K. (2007). Play in evolution and development. *Developmental Review, 27*(2), 261–276.

Porges, S.W. (2007). The polyvagal perspective. *Biological Psychology, 74*(2), 116–143.

Porges S.W. (2017). Vagal pathways: Portals to compassion. In E.M. Seppälä, E. Simon-Thomas, S.L. Brown, & M.C. Worline (Eds.). *The Oxford handbook of compassion science* (pp. 189–202). Oxford University Press.

Porges, S.W. (2021). Polyvagal theory: A biobehavioral journey to sociality. *Comprehensive Psychoneuroendocrinology*, 100069 (Advance online)

Rachman, S.J. (1990). *Fear and courage*. WH Freeman/ Times Books/Henry Holt & Co.

Ribeiro da Silva, D., Rijo, D., Brazão, N., Paulo, M., Miguel, R., Castilho, P., ... & Salekin, R.T. (2021). The efficacy of the PSYCHOPATHY.COMP program in reducing psychopathic traits: A controlled trial with male detained youth. *Journal of Consulting and Clinical Psychology, 89*(6), 499–513. https://doi.org/10.1037/ccp0000659

Ribeiro da Silva, D., Vagos, P., & Rijo, D. (2019). An evolutionary model to conceptualize psychopathic traits across community and forensic male youth. *International Journal of Offender Therapy and Comparative Criminology, 63*, 574–596

Ricard, M. (2015). *Altruism: The power of compassion to change yourself and the world*. Atlantic Books.

Richter, A., Gilbert, P., & McEwan, K. (2009). Development of an early memories of warmth and safeness scale and its relationship to psychopathology. *Psychology and Psychotherapy: Theory, Research and Practice, 82*(2), 171–184.

Rohner, R.P. (1986). *The warmth dimension: Foundations of parental acceptance-rejection theory*. SAGE.

Ryan, C. (2019). *Civilized to death: The price of progress*. Avid Reader Press/Simon & Schuster.

Sapolsky, R.M. (1994). *Why zebras don't get ulcers: An updated guide to stress, stress-related disease, and coping*. Freeman.

Schore, A.N. (2019). *Right brain psychotherapy*. Norton.

Shaver, P.R., Mikulincer, M., Sahdra, B., & Gross, J. (2016). Attachment security as a foundation for kindness toward self and others. In K. Warren & M.R. Leary (Eds.). *The Oxford handbook of hypo-egoic phenomena* (pp. 223–242). Oxford Handbooks on Line.

Siegel, D.J. (2012). *Pocket guide to interpersonal neurobiology: An integrative handbook of the mind*. W.W. Norton.

Siegel, D.J. (2020). *The developing mind* (3rd ed.). W.W. Norton.

Stevens, A. (1982). *Archetype and natural history of the self*. Routledge.

Tomkins, S.S. (1987). Script theory. In J. Aronoff, A.I. Rubin, and R.A. Zucker (Eds.). *The emergence of personality* (pp. 147–216). Springer.

Van der Kolk, B.A. (2015). *The body keeps the score: Brain, mind, and body in the healing of trauma*. Penguin Books.

Wright, N., Hill, J., Sharp, H., & Pickles, A. (2018). Maternal sensitivity to distress, attachment and the development of callous-unemotional traits in young children. *Journal of Child Psychology and Psychiatry*, 59(7), 790–800.

4

Vergonha, humilhação, culpa e *status* social

O sofrimento e os danos da desconexão social

Paul Gilbert

Vergonha como desconector

A vergonha foi definida de muitas formas. Há muito tempo ela tem sido associada à ansiedade e a defesas de raiva, a uma gama de dificuldades de saúde mental, ao medo do fracasso e ao medo da avaliação negativa, com os quais ela se sobrepõe de maneira extensiva (Gilbert, 1998). Com base em uma revisão dessas evidências, (Gilbert, 1998) apresentei uma definição aproximada de vergonha como:

> uma experiência interna de si mesmo como agente social pouco atraente, sob pressão para limitar possíveis danos ao *self* por meio de fuga ou apaziguamento, que captura a vergonha mais de maneira mais íntima. Não faz diferença se o indivíduo é considerado não atraente pelas próprias ações ou as de outras pessoas; o que importa é o sentimento de falta de atratividade social — estar no mundo social como uma pessoa indesejada; alguém que ninguém deseja que esteja ali. A vergonha é uma resposta involuntária a uma consciência de que o indivíduo perdeu *status* e é desvalorizado (p. 2).

Considerando-se que o Capítulo 3 enfatizou a importância essencial das *conexões de cuidado* para uma gama de processos maturacionais, psicológicos e fisiológicos, incluindo a epigenética, fica evidente que a vergonha pode atravessar todos eles. De fato, a vergonha, e a defesa contra revelar e trabalhar com a vergonha, são alguns dos principais impedimentos à compaixão (Gilbert, 2009, 2011; Matos, Duarte, & Pinto-Gouveia, 2017). Estender a compaixão àqueles que são envergonhados ou estigmatizados em nossos grupos e às qualidades em nós mesmos das quais temos vergonha pode ser difícil (Gilbert, 2007, 2011). *A vergonha tóxica pode se originar da experiência de intimidação, humilhação, desconexão, desinteresse, separação e isolamento.* As consequências dessa vergonha-desconexão podem não somente ser fontes de depressão e ansiedade mas também de agressão, insensibilidade e crueldade. Um dos processos complexos que a TFC foi concebida para abordar é, de fato, a vergonha (Gilbert, 2000, 2010, 2011). Antes de explorarmos os detalhes da vergonha, é importante considerarmos como e por que a vergonha evoluiu e se transformou em uma experiência humana tão poderosa, na raiz de muitos problemas de saúde mental, agressões e suicídio. Devemos considerar a evolução da importância da conexão social, sobretudo, mas não apenas, a partir do nosso passado como caçadores-coletores.

Contextos do caçador-coletor e o problema da vergonha

Como foi introduzido no Capítulo 2, para a maioria das espécies sociais que vivem em grupo, a separação é uma ameaça séria, mas os humanos são especialmente sensíveis à desconexão. Um dos mais importantes desenvolvimentos sociais evolutivos para os humanos foi o movimento dos grupos de caçadores-coletores (Barkow, 1989; Boehm, 1999). Isso teve efeitos profundos nas mudanças evoluídas para os nossos cérebros, na nossa epigenética e na forma como as relações afiliativas regulam nossas mentes (Boehm, 1999; Narvaez, 2017; Ryan, 2019). Embora haja controvérsias quanto a como e por que isso aconteceu, o estilo de vida do caçador-coletor foi crucial para muitas das formas de inteligência social do nosso novo cérebro, bem como para as necessidades sociais e a extraordinária dependência uns dos outros (Dunbar, 2014). Evoluímos para uma espécie que se destacou na cooperação e no cuidado mútuo, incluindo quando estávamos doentes (Spikins, 2017). O compartilhamento e a cooperação, tanto práticos quanto afetivos, foram facilitados pela linguagem, o compartilhamento do conhecimento e o desenvolvimento da "intencionalidade coletiva" (Tomasello, Melis, Tennie, Wyman, & Hermann, 2012; veja também o Capítulo 2). Evoluímos fortes motivos para pertencimento (Baumeister & Leary, 1995; Mikulincer & Shaver, 2014). Nosso senso de autoconsciência recentemente evoluído e a necessidade de criar *personas* sociais foram particularmente úteis para a construção de relações e amizades (Leary, 2004, 2007). Nossos sistemas fisiológicos se tornaram cada vez mais regulados por meio de amigos, companheiros e pequenas comunidades (Narvaez, 2017; Ryan, 2019). Os múltiplos domínios da conectividade social eram tão importantes que nossas capacidades de apego, como a busca de proximidade e o alarme/sofrimento diante da separação, tornaram-se incorporadas em todos os principais relacionamentos (Mikulincer & Shaver, 2014). Laços fortes, a ponto de arriscar a própria vida pelo outro, podem ser desenvolvidos não só com base na relação genética mas também nas relações psicológicas que podem estar ligadas a um senso de comprometimento com essa relação. Bailey (2002) distingue parentesco biológico de parentesco psicológico.

Outro efeito fundamental dessa transição foi a forma como lidamos com conflitos sociais de interesse e estresse. Em vez de recorrermos à luta, à fuga e à submissão, nos voltamos para os outros, buscando apoio (procura de proteção social), usamos nosso segundo sistema de regulação de ameaça (Capítulos 2 e 3) e, graças à linguagem, podemos explicar nossos dilemas e nossas dificuldades, o que sentimos e do que precisamos. Somos muito sensíveis à comunicação não verbal, bem como à comunicação verbal que recebemos de volta, o que pode impactar nossa regulação fisiológica. Taylor (2006) chamou isso de *tend and befriend* (cuidar e criar laços), mas sou inclinado a me referir a isso como *cuidar e compartilhar*, ou criar conexões de cuidado (Bailey, 2002; Gilbert, 2021; Mikulincer & Shaver, 2014) — mas o princípio é o mesmo.

A "dor" da desconexão

O *Homo sapiens* se tornou extremamente vulnerável a perturbações no sentimento de conectividade, de tal modo que a desconexão e a rejeição social são ameaças arquetípicas. Isso significa que somos biologicamente sensíveis a elas e temos algoritmos para monitorá-las.

A desconexão social é a base da solidão, a qual tem inúmeros efeitos fisiológicos prejudiciais (Cacioppo & Patrick, 2008). A desconexão pode se dar em função de uma tragédia, como a morte ou a separação de pessoas que amamos, ou a perda do nosso emprego e do sentimento de conectividade com um estilo de vida e um grupo de colegas. Ela pode resultar da vivência de experiências que nos afastam de outros. Por exemplo, indivíduos que passaram por tragédias, como as equipes na linha de frente contra a covid-19, que testemunharam um grande número de pacientes morrendo, às vezes sentem que aqueles que não passaram por essa experiência têm dificuldade em compreendê-la. Veteranos, que passaram por experiências traumáticas de guerra, também podem ter um sentimento de desconexão com pessoas (não militares) que não tiveram essas experiências e só se sentem conectados com aqueles que tiveram. Quando deixam o serviço militar, sentimentos de solidão, luto e o desejo de se reconectar podem surgir. A vergonha, por sua vez, desconecta de forma diferente e pode encerrar os esforços de autorreparação ou de se conectar socialmente, devido ao medo de rejeição. Na verdade, a palavra "vergonha" (*shame*) vem de *sham*, que significa se esconder (Gilbert, 1989, 1998, 2007; Leary, 2007; Lewis, 1992; Tangney, Stuewig, & Mashek, 2007). A vergonha também pode nos deixar entorpecidos (veja o Capítulo 2).

Diferentemente de outras formas de desconexão, a vergonha antecipa um "desconector e um envergonhador", uma audiência julgadora que nos afastará. A primeira história do livro bíblico Gênesis é sobre vergonha e ser rejeitado e abandonado por um criador por desobediência. Como uma história arquetípica, ela diz muito sobre a condição humana e, em especial, sobre a questão da autoconsciência, de como existimos na mente dos outros e de como (pensamos, mentalizamos que) os outros nos julgam como merecedores de ajuda ou de afastamento e punição (Gilbert, 1992, 1998, 2007, 2018; Leary, 2004). A questão arquetípica de punir os subordinados (Adão e Eva) por desobedecerem ao macho dominante, para reivindicar recursos ou poder (nesse caso, o conhecimento), está muito clara também. A vergonha também restringe o interesse/desejo da pessoa em se conectar/apoiar/compartilhar conosco e substitui isso por afastamento, desvalorização e rejeição. O quanto queremos estar associados a pessoas que foram envergonhadas pelo nosso grupo por, digamos, crimes nefastos? Muitos psicoterapeutas, sobretudo aqueles da ala psicodinâmica, veem a vergonha como um dos nossos maiores desafios terapêuticos (DeYoung, 2015; Gilbert, 1998; Schore, 2019).

Ligada à vergonha, há uma vasta literatura sobre a sensibilidade à rejeição e as experiências profundamente disruptivas da rejeição e da desconexão social nos estados mentais (Eisenberger, 2015). Há evidências crescentes de que rejeição e desconexão social atuam por meio de sistemas similares à dor física e podem estar associadas a uma gama de efeitos fisiológicos problemáticos, como alterações nos sistemas imune, autônomo e nervoso central (Eisenberger, 2015, para uma revisão). Além disso, vergonha, criticismo social e rejeição afetam de maneira profunda o sistema de ameaça, conforme medido por alterações no cortisol (Dickerson & Kemeny, 2004). Além disso, Rohleder, Chen, Wolf e Miller (2008) mostraram que traços *versus* episódios agudos de vergonha podem afetar os sistemas fisiológicos de modos diferentes. Por exemplo, o traço da vergonha foi associado à excitação simpática elevada, mas não foi associado ao cortisol (regulado pelo HPA), já os episódios de vergonha foram. Isso faz sentido porque a vergonha aumenta um sentimento geral de desconexão social. Isso indica falta de proteção social e perda de estímulos sociais para regulação vagal do sistema de ameaça. No entanto, quando surge um traço *específico*, o indivíduo pode tomar ações defensivas específicas, o que envolve o aspecto hipotálamo-pituitária-adrenal (HPA) do sistema de ameaça. Considerando as Figuras 3.4 e 3.5 do Capítulo 3, podemos ver como a vergonha regulará o processamento da ameaça, incluindo várias formas de vigilância social. Um dos efeitos da compaixão é abordar isso especificamente *internalizando uma base segura e um porto seguro*, proporcionando experiências de "conexões de cuidado", em parte, por meio do treino da mente compassiva (TMC), e em parte, por meio da relação terapêutica. Estes ajudam a regular os sistemas de ameaça e melhoram processos como a variabilidade da frequência cardíaca. De fato, em um dos nossos estudos (Matos et al., 2017), mostramos que uma introdução de duas horas ao nosso modelo de TMC, seguida de duas semanas de prática, resultou em uma variedade de mudanças que incluíam aumento na compaixão, melhora na variabilidade da frequência cardíaca e *mudanças na vergonha e no autocriticismo*. Essas mudanças estavam correlacionadas.

Solidão e desconexão social. A desconexão social é uma das experiências transdiagnósticas mais comuns em problemas de saúde mental (Cacioppo, Capitanio, & Cacioppo, 2014). Se você perguntar a um cliente com pânico (quando ansioso), deprimido, paranoide ou com transtorno alimentar se ele se sente conectado e apoiado, ou sozinho e desconectado, a resposta quase sempre será a última. Atualmente, há evidências consideráveis de que a "solidão emocional" assombra muitas pessoas com problemas de saúde mental e é fisiologicamente muito desreguladora (Cacioppo, Capitanio, & Cacioppo, 2014). Cacioppo e Patrick (2008) identificaram especificamente a necessidade de conexão social em seu importante livro *Loneliness: Human Nature and the Need for Social Connection*. Cacioppo e Hawkley (2009) revisaram uma quantidade considerável de pesquisas sobre os efeitos negativos da solidão nos processos fisiológicos, psicológicos e sociais, enfatizando que a solidão é uma ameaça séria a todas as espécies sociais e que:

> pesquisas recentes sugerem que a dor social da solidão evoluiu como um sinal de que nossas conexões com os outros estão enfraquecendo e para motivar a reparação e a manutenção das conexões com os outros, necessárias para nossa saúde e nosso bem-estar e para a sobrevivência dos nossos genes (p. 447).

Infelizmente, o caminho para a reparação ou o desenvolvimento de conexões de cuidado é significativamente perturbado, ou bloqueado quando as pessoas estão capturadas na vergonha — sobretudo, mas não somente, a vergonha adquirida na infância (Sagan & Miller, 2017). Há poucas coisas sobre as quais não podemos ter vergonha, incluindo nossas histórias, nossas emoções, nossas fantasias, nossas crenças, nosso corpo, nossos comportamentos e nossas competências, ou a falta deles. Parte do efeito paralisante da vergonha é o sentimento de ser pessoalmente inadequado e culpado (Gilbert, 1998, 2007). Sagan (2017) destaca que um dos problemas da solidão é a forma pela qual as pessoas se envergonham, se culpam e, até mesmo, odeiam a si mesmas pela solidão. Uma das formas pelas quais a compaixão combate os problemas da vergonha é que ela troca as pessoas da mentalidade social competitiva para uma de cuidado. É difícil ajudar pessoas com vergonha se elas se mantêm presas na mentalidade social competitiva.

Competindo para ser querido *versus* ser temido

Uma das principais mudanças da organização social hierárquica dos primatas para a dos caçadores-coletores humanos foi uma mudança nas estratégias de distribuição dos recursos. Para encurtar a história, ocorreu uma mudança das hierarquias agressivas primatas comuns (em que os recursos tinham um fluxo ascendente para o mais dominante, em geral por meio de poder/ameaça) para o igualitarismo, em que as hierarquias eram criadas por meio de contribuição e ser "atrativo para os outros" (Barkow, 1989; Boehm, 1999; Narvaez, 2017; Tomasello et al., 2012). Essa transição não removeu nosso potencial de retornar a formas agressivas de controle social nem de ver os outros como recursos a serem controlados e manipulados para interesse próprio. Tampouco isso impediu desejos de enfraquecer os subordinados ou os competidores potenciais e suprimir seus comportamentos de procura de recursos. De fato, essas táticas de manipulação social, ameaça, intimidação e violência como um meio de controle social eram bem-aceitas em muitas sociedades. Até algumas centenas de anos atrás, na Inglaterra, era aceitável que os homens batessem em suas esposas, e que os pais batessem em seus filhos (Gilbert, 1994, 2005, 2018). E, é claro, grupos e "o Estado" há muito tempo usam agressão e medo para intimidar e controlar as populações. Desde o abuso doméstico até o *bullying* na escola, da tortura e da execução pelo Estado até o terrorismo religioso dos dias modernos, esses são todos reflexos vigentes de que a agressão permanece de forma muito presente como estratégia humana de controle social e poder. Dentre as grandes tragédias da violência doméstica, há o fato de que as mulheres podem ser assassinadas, feridas e tão ameaçadas e assustadas que não conseguem prover uma base segura e um porto seguro para si mesmas ou seus filhos. Violência doméstica e indução de medo são graves problemas de saúde e sociais.

Posteriormente, este capítulo explorará estratégias agressivas ligadas à vergonha, mas aqui observamos um tema levantado no Capítulo 3 de que, para a maioria dos primatas (menos os bonobos) que buscam a dominância, eles precisam dominar os competidores e intimidar os subordinados. Em outras palavras, os indivíduos dominantes procuram induzir medo nos subordinados e somente quando virem comportamento submisso temeroso é que vão encerrar um ataque. De fato, há boas evidências de que, por exemplo, se babuínos jovens não apresentarem comportamento submisso temeroso apropriado, eles podem ser mortos pelos mais dominantes (Higley et al., 1996). Intimidação, violência e ameaça de violência são todos parte das estratégias competitivas comuns de avanço. Portanto, é importante perceber o quanto tem sido fundamental que a evolução humana tenha subjugado essas estratégias de forma significativa, mas não inteiramente, mudando a dinâmica da competição de intimidação para atratividade (Barkow, 1989; Gilbert, Price, & Allan, 1995; Boehm, 1999).

Essa transição mesclou o comportamento competitivo com o comportamento de cuidado e cooperativo e criou o contexto em que a conectividade social e as motivações para ser valorizado e respeitado inibiriam de maneira significativa a agressividade e introduziriam uma nova dimensão de competitividade. Esse estilo de relação também passaria a compor a textura dos valores morais, usando competências do novo cérebro. O lado trágico disso, no entanto, é que, quando nossa experiência de conectividade social falha ou não se desenvolve apropriadamente, como discutido no Capítulo 3 (Fig. 3.8), ficamos abertos às estratégias mais antigas e mais sombrias baseadas no *ranking* que dão origem à ansiedade e à depressão (afastamento), ou a estratégias elevadas de intimidação. Além disso, o advento da agricultura, que tornou possível a organização em grandes grupos e tornou viáveis enormes volumes de recursos e riqueza, enfraqueceu alguns dos reguladores básicos do comportamento cooperativo, de cuidado e compartilhamento, e reintroduziu os humanos em uma ecologia social de competição intensa e frequentemente viciosa — daí nossa história de violência política, guerras tribais, tortura, genocídio e estupro (Gilbert, 2018, 2021). Diogo (2019) oferece *insights* antropológicos muito importantes sobre o fato de que os caçadores-coletores não eram especificamente monógamos e que a emergência do controle dos machos sobre a sexualidade motivou a misogamia (Gilbert, 2018).

Entretanto, foi o movimento para a *competição por meio da atratividade*, que Barkow (1989) tornou evidente, que foi tão vital para nossas formas de competição social e tornou a vergonha tão central para nosso senso de identidade e atratividade social (Gilbert, 1989, 1992, 1998a, 2007). Barkow (1989) explorou como essa competição mudou de intimidação para atratividade, em parte porque conectividade, inclusão e cooperação se tornaram mais bem-sucedidas como estratégias de sobrevivência e reprodução do que a dominância agressiva. Ser forte e poderoso não o ajudaria se os outros se voltassem contra você por causa disso. Uma das transições para os humanos foi que os subordinados se uniram contra, envergonharam, baniram, excluíram e até mataram os indivíduos dominantes que seriam agressivos (Boehm, 1999). No entanto, *passamos a competir por espaço positivo nas mentes dos outros*. Se pensarmos em nossos pais, nossos amigos, nossos amantes, nossos empregadores ou em nossas reputações como terapeutas, gostaríamos de que os outros nos vissem como talentosos, capazes e desejados, em vez de como indivíduos a quem obedecer porque somos assustadores. Também queremos existir em suas mentes mesmo quando não estivermos presentes; não seremos esquecidos. Imagine se seu amigo diz: "Quando não estou com você, nunca penso em você. É por isso que nunca lembro do seu aniversário". Infelizmente, como discutido anteriormente, há alguns indivíduos que não sentem que existem de maneira positiva nas mentes dos outros e, assim, não têm muito senso de conectividade social e proteção social.

No entanto, por trás dos desejos por conectividade pela atratividade, estão as estratégias agressivas que podem reacender se isso falhar. Considere os sentimentos que temos quando achamos que as pessoas não reconheceram nossos talentos ou pontos de vista ou nos "desvalorizaram": demos uma contribuição para o relacionamento, mas elas não nos valorizaram; um colega rouba suas ideias; a literatura acadêmica ignora nossa pesquisa; somos injustamente criticados em público (pelo nosso parceiro). A Tabela 4.1 esboça estas duas estratégias competitivas: "agressão e coação" *versus* "atratividade e sedução" para autoproteção e obtenção de controle sobre recursos e *status* social. Podemos classificá-las quanto: 1) às táticas usadas, 2) ao resultado desejado e 3) ao propósito/à função da estratégia.

Competindo para evitar inferioridade e exclusão

Enquanto as pessoas se empenham em competir para ter mais do que as outras, ou para controlar as outras (superioridade), a evitação da rejeição é tão importante que existe uma motivação diferente: *esforço para evitar a inferio-*

TABELA 4.1 Estratégias para obter e manter *status* social e conectividade

Estratégia	Agressão	Atratividade
Táticas usadas	Coercitiva Ameaçadora Autoritária	Mostrar talento Mostrar competência Afiliativa
Resultado/desejado	Ser obedecido Ser reconhecido Obter submissão	Ser valorizado Ser escolhido Receber espontaneamente
Propósito da estratégia	Inibir os outros Estimular o medo	Inspirar, atrair os outros Estimular afeto positivo

Fonte: Adaptada de Gilbert & McGuire (1998).

ridade e a consequente rejeição. O medo de inferioridade atentamente orienta o *sistema de ameaça* e aciona o empenho para evitá-la. Como um dos meus clientes disse: "*Se você não continua correndo e tenta acompanhar, rapidamente vai ficar para trás e será esquecido*". Dykman (1998) sugeriu duas motivações principais por trás do esforço pela conquista e pela competitividade, as quais denominou busca de crescimento *versus* busca de validação. Aqueles que buscam o crescimento gostam de desafios e são capazes de aprender e amadurecer com os desafios/erros. Aqueles que procuram validação, no entanto, sentem-se sob pressão constante para se provarem amáveis e aceitáveis para os outros. Ele também sugere que a busca de validação é uma estratégia de enfrentamento defensiva que se desenvolve no contexto da parentalidade crítica e perfeccionista. De forma semelhante, Dunkley et al. (p. ex. Dunkley, Zuroff, & Blankstein, 2006) exploraram várias medidas de perfeccionismo, e também sugeriram dois fatores subjacentes: o primeiro é estabelecer e lutar por padrões pessoais, o outro é lutar para evitar criticismo/rejeição dos outros, sendo denominado "preocupações avaliativas". Dunkley et al. (2006) identificaram que é a dimensão das preocupações avaliativas que está ligada a vários indicadores psicopatológicos.

Dado meu interesse em comportamento competitivo, em ser subordinado e derrotado, fiquei particularmente interessado na questão das dificuldades de saúde mental associadas a competir para evitar ser e se sentir inferior, marginalizado e envergonhado. Desenvolvemos as *medidas do empenho para evitar inferioridade* (Gilbert, 2007, 2009, 2011) e encontramos dois tipos de esforço, os quais nomeamos como empenho "seguro" e "inseguro" (Gilbert et al., 2007). Os "empenhados inseguros" endossaram itens como: *Para ser valorizado pelos outros, tenho que me empenhar em ter sucesso; eu me esforço para obter as coisas para que as outras pessoas não me menosprezem.* Além disso, eles acham que, se não continuarem se esforçando, vão fracassar, ficar para trás, perder o *status*, ser rejeitados, marginalizados, indesejados e lesados. Empenho inseguro e medos de fracassar também estão associados à hipercompetitividade e, sem surpresa, à medida de busca de validação de Dykman (1998). O empenho para evitar inferioridade está fortemente correlacionado com comparação social desfavorável, estresse, ansiedade e depressão. Em contrapartida, "empenho seguro" e "competição" foram tipificados por indivíduos que achavam que os outros os aceitavam independentemente dos seus sucessos ou fracassos. Eles tinham uma base segura interna e confiança social. Como observado no próximo capítulo (Capítulo 5), eles podiam ficar frustrados por falhar, mas não se autoatacavam nem temiam ser rejeitados. Seu empenho estava associado à valorização das suas realizações, à comparação social favorável e a menos estresse, ansiedade e depressão. Em outro estudo, Gilbert et al. (2009) constataram que os clientes deprimidos apresentavam as mesmas relações. O esforço para evitar inferioridade estava associado à alta vergonha externa (crenças de que as pessoas os menosprezavam), ao apego ansioso, ao estresse, à ansiedade e à depressão. Ferreira, Pinto-Gouveia e Duarte (2013) constataram que a motivação das mulheres pela magreza estava altamente correlacionada ao empenho para evitar inferioridade. Basran, Pires, Matos, McEwan e Gilbert (2019) também constataram que as medidas de narcisismo e hipercompetitividade estão significativamente correlacionadas ao empenho inseguro e ao medo de inferioridade. A partir de diferentes paradigmas, pessoas com o que Dunkley et al. (2006) chamaram de *preocupações avaliativas* e um medo de serem vistas como inferiores, menosprezadas ou envergonhadas por serem inadequadas são muito vulneráveis a diferentes tipos de problemas de saúde mental, incluindo traços narcisistas (Gilbert, 2020; Wetherall, Robb, & O'Connor, 2019).

Outro paradigma de pesquisa que explora as distinções entre os esforços competitivos e por conquistas baseados na ameaça e os mais positivos baseados na motivação é o *medo do fracasso*. Uma das minhas primeiras áreas de pesquisa e trabalho do PhD encontrou forte ligação entre depressão e medos de fracasso (Gilbert, 1984). McGregor e Elliot (2005) revisaram a longa história que mostra que atingir com sucesso uma realização está ligado a orgulho, ao passo que o fracasso em concluir ou o medo de (mais) fracasso está associado à vergonha. Conroy et al. (2002) desenvolveram uma escala de autorrelato para medo de fracasso e identificaram cinco fatores básicos associados: senso de vergonha e constrangimento; ter que baixar a própria autoavaliação; preocupações sobre o futuro; as pessoas perderem o interesse no indivíduo; e preocupação em incomodar pessoas importantes. Como você pode imaginar, todos esses estão ligados a questões de saúde mental. As sociedades neoliberais que elevam amplamente a competitividade em vez da cooperatividade, ou do cuidado e do compartilhamento, impulsionam o perfeccionismo, o medo do fracasso (Curran & Hill, 2019) e a solidão (Becker, Hartwich, & Haslam, 2021).

O medo do fracasso, tão comum em dificuldades de saúde mental, não é um medo passivo, já que as pessoas se *empenham em competir* pelo seu lugar social e evitar o fracasso e as suas consequências (Gilbert et al., 2007). Isso é o que chamamos de *impulso baseado na ameaça*, e você descobrirá que muitos clientes vulneráveis à depressão estão presos nessa armadilha. O que afeta nossos estados cerebrais não são apenas os valores que perseguimos, mas os motivos subjacentes de por que os perseguimos e como lidamos com fracassos e revezes (veja o Capítulo 5). Como frequentemente observado, *o segredo do sucesso é a habilidade de fracassar* (Gilbert, 2009). É a vergonha e a autoavaliação negativa associadas ao fracasso que podem causar dificuldades. Os clientes podem ficar confusos quando digo que vamos *explorar como fracassar*. Depois que você sabe que consegue lidar com o fracasso, está livre para tentar qualquer coisa (Gilbert, 2009).

Querer ter valor para os outros *versus* querer ser cuidado

Vergonha e suicídio. Questões de competição social e sentir-se derrotado ou incapaz de ter sucesso, com senso de vergonha, há tempos têm sido associadas a *suicídio*. Dentre muitos dos exemplos importantes que Williams (2014) apresenta em seu livro perspicaz *Cry of Pain*, ele observa que:

> A alta taxa de suicídio entre estudantes adolescentes no Japão está muitas vezes ligada à natureza altamente competitiva do sistema educacional. Os alunos de 12 anos geralmente frequentam "cursinhos" em uma tentativa de melhorar as notas, de modo que, eventualmente, consigam um emprego em uma empresa importante. Outra consequência de um ambiente de dominância-subordinação é a alta taxa de *bullying*, ou *ijime*, entre os alunos. Esse *bullying* é frequentemente o real precipitante de um suicídio (p. 140).

Williams prossegue, indicando que investigações durante a década de 1990 confirmaram que boa parte do problema era a natureza altamente competitiva do sistema educacional. De fato, ao longo desse excelente livro sobre suicídio, Williams destaca a questão de estar *em uma armadilha* de ambientes altamente competitivos, sujeito a preocupações com inferioridade e exclusão. Curran e Hill (2019) também defenderam que as taxas crescentes de perfeccionismo e dificuldades de saúde mental estão altamente ligadas à natureza competitiva do sistema educacional e das mídias sociais. Um dos processos que associa perfeccionismo a suicídio é a vergonha (Flett, Hewitt, & Heisel, 2014).

Do medo de agressão ao medo da falta de atratividade. A seguir, temos um exemplo que oferece uma compreensão dessa transição da ansiedade subordinada, relacionada ao medo de agressão por parte de um dominante, para a vergonha, que é o medo de marginalização e exclusão. Um conceito a se ter em mente, que pode ajudar, é o da competição pelos recursos. Alimento e acesso sexual são recursos que mantêm a sobrevivência e a reprodução, mas, nos humanos, o acesso a relações de alta qualidade é um recurso muito importante, que tem enormes impactos na fisiologia e nas oportunidades. A qualidade das relações que você tem com os outros pode literalmente salvar sua vida e pode ser a diferença entre uma vida saudável e feliz e uma não saudável e infeliz (Cacioppo & Patrick, 2008; Siegel, 2020; Spikins, 2017).

Este é o exemplo. Imagine que um primata chamado Rico quer obter o alimento que outros estão procurando. Quando se aproxima, ele precisa ser muito cauteloso em relação a como seu comportamento pode estar sendo interpretado nas mentes dos indivíduos mais dominantes (eles estão lançando olhares ameaçadores?). Rico está hesitante; sua atenção não está apenas na comida mas também na ameaça dos outros à sua volta. Em outras palavras, ele precisa monitorar a ameaça e também as oportunidades de obter um recurso (alimento) ao mesmo tempo, além de equilibrar os riscos e os benefícios. Alguns associaram isso a como os lados esquerdo e direito do cérebro estão monitorando diferentes estímulos e balanceando os diferentes motivos (Schore, 2019). Sinais de que um mais dominante vai impedi-lo de comer o alimento vão mudar o equilíbrio para a ameaça e levá-lo à ansiedade de escape. Esses processos estão ocorrendo por meio dos sistemas de processamento do estímulo direto e não requerem cognição complexa.

Richard é um humano adulto jovem que quer deixar sua marca como acadêmico (uma tentativa de ascensão para pertencer a esse grupo). Claramente associado à aquisição de recursos, não existe nada parecido em qualquer outra espécie. A natureza do seu sucesso é totalmente dependente de uma dimensão do comportamento socialmente construída e acordada. Ele precisa apresentar seu primeiro trabalho acadêmico. Ele está muito ansioso. Ele precisa estar vigilante ao seu comportamento, à apresentação *e* a como isso está se passando na mente dos indivíduos mais dominantes, que podem julgá-lo negativamente e relegá-lo a um nível inferior. Isso é muito mais complicado para os humanos, é claro, mas, enquanto Rico está preocupado com agressão em direção a um *ranking* inferior, Richard está preocupado com desvalorização social em direção a um *ranking* inferior, mesmo por pessoas potencialmente agradáveis. Logo, os antigos algoritmos defensivos que incluem defesas atentivas, cognitivas e comportamentais para *ranking* social e competição social não desapareceram, mas agora competimos por atratividade, pertencimento social e interconectividade. A natureza e a construção social das nossas competições são complexas, mas os motivos para competir por recursos sociais e outros recursos permanecem, e os sistemas fisiológicos subjacentes à competição estão bem conservados.

Muitos dos nossos clientes estão lutando com uma mentalidade social competitiva e um senso de ser pessoalmente insuficiente e vulnerável à rejeição, à exclusão e à depreciação social. Clientes com vergonha podem ter a preocupação de que, se você os conhecer ou souber o que realmente está se passando na sua mente, você poderá não gostar deles. Isso enfatiza mais uma vez porque a terapia precisa abordar a vergonha diretamente, mas também levar esses indivíduos de uma mentalidade social competitiva para uma de cuidado. O processo atencional cognitivo e os sistemas fisiológicos são muito diferentes. Por exemplo, imagine que Richard conhecia e confiava na sua plateia a ponto de que, se não se saísse tão bem, confiava que eles o apoiariam, o guiariam e o ajudariam a melhorar. Se ficasse evidente que ele não tinha talento suficiente, eles o ajudariam a encontrar seu lugar e a lidar com a decepção. Esse é o tipo de processo mais provável nas sociedades de caçadores-coletores, em que as pessoas simplesmente encontravam seu lugar (não quero romantizar os caçadores-coletores, pois alguns eram mais agressivos do que outros, mas, como princípio geral, esse parece ser o caso; Ryan, 2019; Narvaez, 2017), mas talvez esse não seja o caso para Richard. Se ele fracassar (digamos, nas suas provas), não se tornará membro desse grupo. Ele terá que encontrar outro grupo e lamentar a perda. Isso será mais fácil se ele tiver um grupo de apoio primário, talvez de familiares, à sua volta para passar pelos altos e baixos da vida, mas será muito mais difícil se não tiver. Independentemente do quanto você quer ser, digamos, um astronauta ou um cirurgião, se for reprovado nas provas, nunca fará parte desse grupo. Uma das razões por que pessoas (jovens) deprimidas são tão preocupadas com competição é porque, como mencionado anteriormente, elas não confiam em outras para apoiá-las se tiverem dificuldades e, portanto, temem ser marginalizadas. É muito menos provável que isso tenha acontecido nos grupos de caçadores-coletores, pois eles eram um tipo muito diferente de comunidade pequena, estável e interconectada (Narvaez, 2017; Ryan, 2019).

Diferentemente dos nossos ancestrais caçadores-coletores, as hierarquias de poder estabelecidas com a agricultura deram a vantagem da competição por recursos aos indivíduos narcisistas, mais agressivos e implacáveis. Imersos nesses grupos, estamos constantemente tendo que identificar em quais grupos estaremos bem, quais grupos (e círculos) nos aceitarão ou rejeitarão, às vezes, sentindo inveja quando não podemos fazer parte dos grupos de *status* que desejamos. Escritoras feministas há tempos argumentam que os homens constantemente erguem barreiras para que elas não se tornem membros igualitários de determinados grupos; lembre-se das lutas históricas pelo direito ao voto, para trabalharem como médicas e, mais recentemente, para se tornarem padres e bispos. Assim, estamos contextualizados em um mar de interações competitivas, até mesmo a nível de grupo. Constantemente nos deparamos com processos como a orientação para a dominância social, que visa a ser excludente e, às vezes, nociva para aqueles vistos como inferiores com base em aspectos como origem, raça, gênero e inteligência (Gilbert, 2021; Ho, Sidanius, Pratto et al., 2012). Esses aspectos são transformados em categorias para envergonhar e estigmatizar e, portanto, legitimar a exclusão e a exploração das pessoas (Gilbert, 2018; Ho et al., 2012). A compreensão das fontes de estigma, vergonha e exclusão culturalmente transmitidas (p. ex., racismo) é extremamente importante para os terapeutas e requer sensibilidade cultural (Edge & Lemetyinen, 2019). Evidentemente, sentir-se inserido em um grupo específico excluído ou estigmatizado terá um impacto no senso de identidade do indivíduo (Pinel, 1999). Parte disso também está relacionada a como as conquistas e, consequentemente, o senso de valor de diferentes grupos de gênero e étnicos têm sido excluídos do discurso e do reconhecimento social. Holding (2021) revisa muitos exemplos nos quais as descobertas e as contribuições de pessoas negras foram literalmente apagadas da história. Isso é semelhante para as mulheres. Os primeiros passos para trabalhar contra esse processo são aprender o valor uns dos outros, idealmente com "alegria empática" (para usar um conceito budista). Problemático, então, é que as "elites" só reconhecem a si mesmas, e isso assegura que possam continuar a se ver como merecedoras. Viver em uma sociedade com tendência consciente e inconsciente a julgar e "inferiorizar" as pessoas, de modo que elas possam ser marginalizadas ou excluídas de uma fatia justa dos recursos, não é a base para uma sociedade compassiva.

Querer ser cuidado e querer ser valorizado são mentalidades sociais diferentes. Ambas afetam um senso de conectividade. William James escreveu sobre nossa necessidade de nos sentirmos reconhecidos e o quanto é importante sentirmos que temos uma contribuição a dar, que somos valorizados, que importamos, que somos queridos e apreciados (Gilbert, 1989). Esse é um tema central de muitos clientes: *um senso de querer ser útil*. Percebi isso quando fazia treinamento em psicologia clínica e trabalhava em lares de acolhimento. Repetidamente, pessoas idosas deprimidas sugeriam que estavam no lar de acolhimento esperando morrer e que agora ninguém precisava delas; elas não podiam contribuir. Isso se mostrava mais agudo se suas famílias tinham se mudado para outras cidades. Em 1984, me referi a isso como a necessidade de ser uma "pessoa gratificante ou reforçadora"; é gratificante sentirmos que estimulamos emoção positiva na mente dos outros, "sendo desejados porque contribuímos e somos vistos como tendo talento e valor". Isso é capturado na Figura 4.1. Na época, eu tinha menos compreensão da evolução da competição pela atratividade; isso veio posteriormente.

É interessante e um tanto engraçado olhar para trás, há quase 40 anos, e ver a linguagem que estava usando para descrever processos que hoje podemos descrever simplesmente como se sentir gratificante para os outros, valorizado, estimado e "importante" (Gilbert, 1984, 1989). Naquele tempo, tudo era sobre contingências de reforçamento, e, assim, eu queria parecer científico. Recentemente, tomei conhecimento de uma área de pesquisa fascinante e relevante sobre *importar*, que parece ter sobreposições com esses conceitos (Elliot, Kao, & Grant, 2004; Flett, Burdo, & Nepon, 2020).

Os *rankings* sociais se formam em torno de múltiplos traços e atributos. Por exemplo, *rankings* sociais adolescentes podem se formar em torno de popularidade *versus* amabilidade, e eles não estão necessariamente correlacionados (Henricks, Pouwels, Lansu, Lange, Becker, & Klein, 2021). Se popularidade está ligada a poder social e ao grau em que as pessoas se alinham com você, isso é diferente de amabilidade; políticos, estrelas de cinema e estrelas do futebol "populares" e cobiçados não são necessariamente os mais amados.

A orientação para o cuidado *versus* a orientação competitiva é outra dimensão que está subjacente à conectividade social, à saúde mental e ao bem-estar. Em uma série de estudos importantes, Crocker e colegas (p. ex., Canevello & Crocker, 2017; Crocker & Canevello, 2012) focaram em dois sistemas motivacionais (mentalidades sociais) de *cuidado* (querer apoiar os outros e evitar ser prejudicial) *versus* ameaça autodefensiva competitiva (evitar demonstrar fraqueza e evitar o risco de erros). Esses últimos objetivos são altamente consistentes com sensibilidade à vergonha e

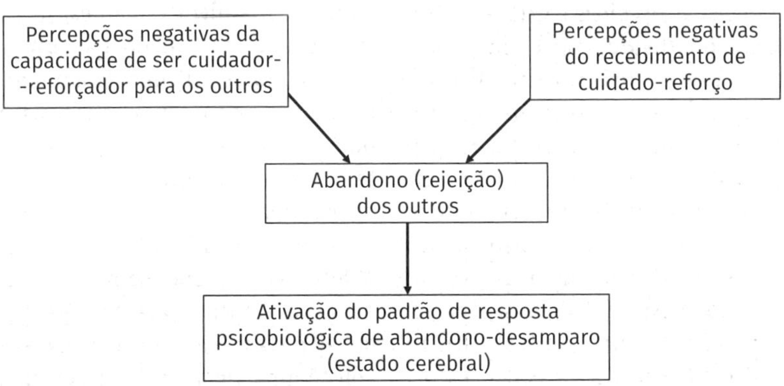

FIGURA 4.1 Percepções do reforço do cuidado.
Fonte: Gilbert (1984, p. 148); © Paul Gilbert.

evitação. Embora eles usem diferentes descritores dessas dimensões, os achados essenciais são que objetivos competitivos e de autoproteção têm impactos negativos no bem-estar e na construção de conexões sociais úteis, ao passo que objetivos de compaixão constroem relações apoiadoras e promovem bem-estar. Seus estudos fornecem evidências diretas da importância da compreensão dessas duas mentalidades sociais muito diferentes para o bem-estar e a criação de conectividade social, sobretudo o problema criado pela competitividade baseada em ameaça e pelos medos da vergonha.

A mentalidade social competitiva: *ranking* social, atratividade e vergonha

Enquanto estava muito interessado no que pode ser chamado de *estados cerebrais psicobiológicos de desamparo e abandono* (sim, confuso, eu sei), durante a década de 1980, fiquei interessado em como estados de desesperança (abandono) e estados de derrota (*ranking*) se sobrepõem, pois ambos são estados de desamparo (Gilbert, 1984, 1992). A questão principal era o desamparo para fazer (fugir) ou adquirir o quê? Abandono e desconexão no fim da infância e na idade adulta não eram apenas sobre ser cuidado mas também sobre deixar de se sentir valorizado, querido ou desejado, sobre sentir que suas opiniões e valores (não) importam e que o indivíduo não é um "agente" atrativo para os outros. Santor e Walker (1999) mostraram que a autoestima foca de maneira preponderante em ter atributos que achamos que *outras pessoas vão valorizar*. Ser bem-sucedido na competição para ser atrativo na aparência, ter talento e/ou ter personalidade tem compensações em muitas áreas da vida social (Etcoff, 1999). Na verdade, essas ideias já existem há alguns séculos (Dolezal, 2017). Os humanos "são escolhedores" e podem escolher com quem se associam, a quem apoiam e ajudam e com quem criam laços de amizade e formam casais. Agora, corremos o risco de ser derrotados porque, por uma razão ou outra, não somos escolhidos/desejados, e somos rejeitados ou marginalizados e excluídos. Para um cérebro evoluído como o nosso, quando este detecta essa ameaça, ele escolherá uma defesa.

A importância da nossa avaliação de "como existimos nas mentes dos outros" também foi enfatizada enquanto eu estava trabalhando em um modelo evolucionista da ansiedade social com Peter Trower, que estava muito interessado na teoria da identidade social (Trower & Gilbert, 1989). Ele me apresentou a uma das abordagens mais influentes da ansiedade social sobre o gerenciamento de impressões e à teoria da identidade social, apresentada por Schlenker e Leary (1982). Esse ainda é um grande trabalho. Não foi um grande salto passar de um conceito evolucionista usado na etologia para explorar o comportamento competitivo nos animais, denominado potencial/poder de retenção de recursos (RHP) (que é como um animal calcula sua habilidade para vencer uma luta), para uma adaptação desse conceito voltada à competição pela atratividade social (Gilbert, 1989, 1997; veja Gilbert & Basran, 2019 para uma visão geral recente).

Se este for o caso — que estamos competindo por *atenção e investimentos* dos outros para sermos escolhidos, valorizados, aceitos e desejados em algum tipo de relacionamento (com pais, amigos, amantes, merecendo ser ajudados e, no mundo moderno, empregados e tendo pertencimento a um grupo), com base no quanto somos atrativos e de valor para os outros —, então poderíamos nos referir à sua avaliação como *nosso senso sentido de potencial/poder de retenção de atenção social* (Gilbert, 1989, 1992, 1997; Trower & Gilbert, 1989). Isso também se relaciona com tentar dirigir a atenção para os aspectos positivos do *self* e afastá-la dos negativos. Leary desenvolveu uma ideia similar e a chamou de *sociômetro*, também sobre como pensamos que as outras pessoas nos avaliam, qual é a nossa posição social na mente dos outros (Leary & Baumeister, 2000). Na literatura de psicoterapia, o psicólogo do *self* Kohut (1977) destacou processos similares (veja Gilbert, 1992 para uma comparação de Kohut e Bowlby e outras abordagens para depressão). De maneira constante, estamos atentos, consciente e inconscientemente, a como existimos nas mentes dos outros como um ser valorizado ou desvalorizado. Outra forma de ver isso é com o conceito evolucionista de que as relações sociais estão enraizadas na *reputação*, e isso inclui *informações socialmente compartilhadas* sobre o indivíduo. Sznycer et al. (2016) demonstraram que a vergonha externa é um fenômeno importante para a reputação entre as culturas. Tenha em mente que a *vergonha social* também pode estar baseada em atribuir aos grupos certas reputações estigmatizadas. Outra dimensão central é denominada *respeito*. Respeito está ligado a *status*. As pessoas buscam ser respeitadas por seus esforços, suas contribuições, sua sabedoria, seus pontos fortes e seus talentos, mas também por "direitos". O respeito tem múltiplas dimensões para o *status*. Perceber desrespeito e falta de respeito são gatilhos muito comuns para raiva e agressão, já a perda do respeito pode estar ligada à vergonha.

Existe diferença entre o medo de ter os maus aspectos expostos e de ser visto como não tendo qualidades positivas desejáveis. Quando reprovamos em uma entrevista de emprego, pode não haver nenhuma razão negativa; pode ser que o indivíduo seja considerado "não suficientemente bom, comparado com outro candidato". Em psicoterapia, essa é uma distinção importante, pois as pessoas que sentem vergonha devido a coisas que têm medo de revelar são diferentes das pessoas que sentem vergonha porque acham que não têm valor suficiente para serem desejadas. Por exemplo, no caso do favoritismo, os filhos podem não pensar que seus pais os veem de forma negativa, apenas não tão bons quanto seu(s) irmão(s) (Gilbert & Gelsma, 1999). Como disse uma cliente que achava que não era tão atraente ou inteligente quanto sua irmã: "esta tem sido a minha vida. Sempre aquela que vem em segundo lugar, que não tem o que é preciso; sempre tentando me provar". Esses clientes podem ter problemas com raiva e inveja, além de confiança. Os grupos também podem ser altamente focados no favoritismo em função de classe, gênero ou etnia, e os indivíduos podem se sentir excluídos e sentir que precisam se esforçar muito mais para serem aceitos como tendo valor. Essa também é uma forma de experienciar vergonha externa em relação a estar localizado no "*ranking* inferior". Os terapeutas também devem observar que alguns clientes que têm um senso interno de vazio podem, algumas vezes, pensar que, a menos que tenham algum tipo de dificuldade psicológica, ninguém ficará interessado neles. Uma cliente mencionou que o principal assunto sobre o qual falava e pensava era a sua ansiedade. Ela achava que não havia muito mais do que isso para ela e que, se perdesse sua ansiedade, não saberia como ela era ou sobre o que falaria, e os amigos perderiam o interesse nela.

Distinguindo vergonha externa de interna

É devido à mudança da competição por meio da agressividade, da ameaça e da intimidação para a competição para ser valorizado, querido, estimado e visto como atrativo que *a vergonha se tornou uma experiência poderosa* para os humanos. Os animais expressarão comportamento submisso e perderão a confiança quando reconhecerem que estão sob o ataque de um mais dominante. Experienciamos vergonha quando reconhecemos que nosso *status* foi, de alguma forma, rebaixado ou desafiado. Quando o primeiro concerto de piano de Rachmaninov recebeu críticas ruins, ele ficou tão afetado que foram necessários mais de três anos para que recuperasse a confiança para começar a escrever obras importantes novamente. A percepção que temos de nós mesmos está intimamente ligada à nossa inclusão social, pois é nossa fonte de vergonha.

É clinicamente importante, então, distinguir o principal foco da vergonha e fazer distinções entre *vergonha externa e interna* (Gilbert, 1998, 2007; Gilbert, Pehl, & Allan, 1994; Goss, Gilbert, & Allan, 1994). Eu chamo isso de vergonha externa porque, assim como a "autoconsciência pública", o foco da atenção está fora do *self* e é direcionado a como influenciar a mente do outro. Nossos comportamentos de enfrentamento podem se basear em tentar mudar a visão que o outro tem de nós. Na TFC, vergonha externa é o processo central da vergonha, e as experiências pessoais de vergonha sempre iniciam no exterior. Essa é outra razão pela qual ajudar as pessoas a desenvolverem uma imagem compassiva pode ser tão útil, pois ela estimula o oposto dos *scripts* e das cenas de vergonha.

Uma das tragédias dos humanos é que faremos coisas prejudiciais para evitar sermos envergonhados e para mostrar que somos um membro do grupo, o que Kelman e Hamilton (1989) chamam de crimes de obediência. O mais sério é nos conflitos tribais (Hobfoll, 2018). Os humanos cometeram atrocidades terríveis, *em parte* devido ao medo de desobedecer a autoridade e também de se posicionar contra as imoralidades do seu próprio grupo. Há ampla literatura sobre o estudo da conformidade e os muitos e variados processos que a geram, mas o medo de ser externamente envergonhado e estigmatizado é um deles. Essas podem ser razões pelas quais os indivíduos se envolvem em abuso de substâncias para acompanhar o grupo. Além das pressões pela conformidade, a vergonha externa causa imenso sofrimento para pessoas que se sentem estigmatizadas devido ao seu peso, às suas dificuldades de saúde mental, às suas adições ou às suas preferências sexuais. O medo da vergonha externa pode acabar não só com nossa tomada de decisão moral mas também com nossa individualidade e nossa confiança.

Vergonha interna ou internalizada é quando internalizamos os julgamentos negativos dos outros e criamos um senso de identidade em torno desses julgamentos (veja o Capítulo 5). Por exemplo, os pais chamam um filho de "burro". Com o tempo, a criança acredita que é assim que os outros a veem e passa a se identificar com esse rótulo. Entretanto, há muitas formas pelas quais podemos passar a ter visões negativas de nós mesmos, e nem todas elas se originam na infância. Algumas decorrem de ser intimidado, outras, da ecologia social e da mídia social (Kaufman, 2004).

A Figura 4.2 oferece uma visão geral desses processos.

Começamos com o reconhecimento de que todos os humanos nascem buscando e precisando de aportes para apego seguro e posterior pertencimento ao grupo. Mesmo para os bebês, o compartilhamento de emoção positiva com os cuidadores é muito importante para a regulação psicofísica e emocional e a autoconsciência. Posteriormente, com a revelação de nossas competências de autoconsciência, experienciar a nós mesmos como alguém apreciado, amado e valorizado, e que cuida e valoriza os outros, torna-se especial para nos sentirmos seguros e desenvolvermos modelos positivos de nós mesmos. Muitas dessas necessidades se tornaram altamente evoluídas nas condições de caçadores-coletores (Narvaez, 2017; Ryan, 2019).

No entanto, no nível seguinte da figura, as *culturas* podem determinar as dimensões para julgamento. Por exemplo, algumas culturas têm sido muito pró-homossexualidade, enquanto outras envergonham e, até mesmo, matam esses indivíduos. Em algumas culturas, atratividade é ter um corpo super magro e usar salto agulha, ambos os quais podem ser prejudiciais. As pessoas podem se preocupar sobre serem estigmatizadas se tiverem um problema de saúde mental ou com álcool, uma desfiguração ou mesmo uma gagueira. Racismo é um problema cultural óbvio de desvalorização social. Escolas e ambientes

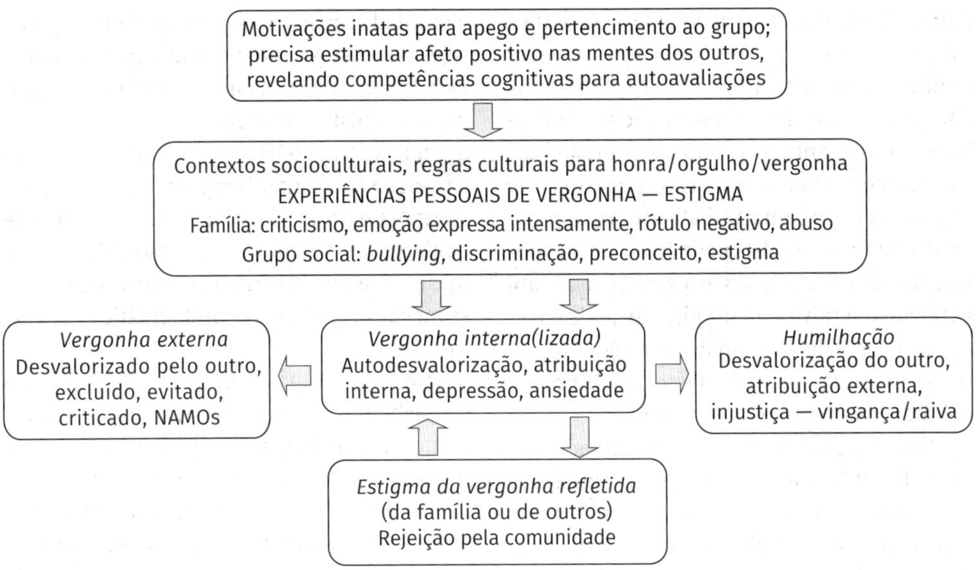

FIGURA 4.2 Distinguindo vergonha externa, interna e humilhação.
Fonte: Adaptada de Gilbert (2002); © Paul Gilbert.

de trabalho podem ser fontes de desvalorização social e *bullying*. Tudo isso leva à nossa experiência de como existimos na mente dos outros. É por isso que a *vergonha externa* está no centro do processo na TFC. Na vergonha externa, experienciamos o que chamamos de NAMO, que, em inglês, significa *afeto negativo na mente do outro* (*negative affect in the mind of the other*). Também podemos ver isso como potencial de retenção de atenção social negativa.

A vergonha externa e a evitação da vergonha externa podem ter consequências sociais úteis e também inúteis. A evitação da vergonha é uma fonte de conformidade social. Evitar a vergonha do fracasso pode nos inspirar a estudar arduamente ou nos aperfeiçoar em certos aspectos. Empresas podem ser envergonhadas pelo tratamento dos seus trabalhadores ou por suas práticas poluentes. Em termos de nossas reações pessoais à vergonha, podemos ignorá-la, negar a relevância da plateia que nos julga ou decidir melhorar. No entanto, muito disso também depende de quem está provocando a vergonha. Por exemplo, para muitos, roubar é vergonhoso, ao passo que, para os grupos de indivíduos que estão roubando, quanto mais o indivíduo rouba, mais prestígio ele tem! Competições de consumo de álcool entre estudantes (eu não era assim tão bom) seriam altamente vergonhosas em um grupo religioso que proíbe a ingestão de álcool.

Essenciais, então, são os significados, as implicações, as memórias emocionais ativadas e os nossos esforços para lidar com a vergonha, o que é crucial para o quanto isso será prejudicial ou útil para nós. Nesse contexto, há (entre outras) duas principais opções defensivas: luta e fuga. No caso da fuga, e da redução das chances de danos, a estratégia é a autodesvalorização submissa ligada à atribuição interna de culpa, à ansiedade e ao humor deprimido. Em contraste com uma resposta à vergonha externa de *fuga* fechada, submissa e direcionada para o interior, existe a opção de *luta* ou ataque. Isso é chamado de *humilhação*, que, reconhecidamente, está associada a uma atribuição externa (é culpa deles, eles são maus por me envergonhar) e à geração de raiva e até violência (Gilbert, 1998; veja a seguir). O importante é que vergonha externa e interna e humilhação (e, mais positivamente, orgulho) têm todas a mesma raiz no sistema competitivo social e de *ranking* social. Clinicamente, no entanto, elas não são mutuamente excludentes. Não é raro descobrir que, quando as pessoas começam a trabalhar uma resposta submissa de vergonha, pode haver raiva subjacente, ou que, quando as pessoas começam a trabalhar a raiva e a humilhação, pode haver uma história de autodúvida e vergonha, um senso inseguro das próprias competências e habilidades e um senso de solidão.

Um processo adicional, denominado *vergonha refletida*, é aquele em que sentimos que os outros provocaram vergonha em nós, ou nós neles. Por exemplo, há muitos anos, mulheres que ficassem grávidas fora do casamento eram expulsas como resultado da vergonha. Algumas eram forçadas a abrir mão dos seus bebês. Em algumas comunidades, a formação de "relações" fora da sua casta pode ser uma fonte de vergonha. Em alguns casos, a vergonha para uma família resultará em crime de honra. De igual modo, podemos ficar preocupados com a vergonha que podemos causar aos outros.

Duas metanálises que usaram nossa distinção descobriram que a vergonha externa tendia a ser mais altamente correlacionada com ansiedade e depressão do que a vergonha interna, embora ambas sejam importantes (Cândea & Szentagotai-Tătar , 2018; Kim, Thibodeau, & Jorgensen, 2011). De fato, em muitos estudos transculturais, problemas com reputação social, posição social e oportunidades de participar em relacionamentos vantajosos estão todos ligados à vergonha (Sznycer, Tooby, Cosmides et al., 2016).

Uma das razões pelas quais as pessoas podem nem mesmo vir para a terapia, e, se o fazem, não revelam as fontes principais da sua dor emocional, é o medo de como ela é interpretada na mente do terapeuta. Portanto, é muito importante que os terapeutas consigam mentalizar questões de vergonha. É ingenuidade esperar que clientes com vergonha sejam honestos conosco. Problematicamente, essa também é uma questão central nos próprios terapeutas, que podem ser muito frágeis quando se trata de lidar com a hostilidade ou a rejeição do cliente. Terapeutas que vêm para a terapia para serem salvadores, por causa de questões de vergonha não resolvidas em si mesmos, e que precisam se sentir bem sobre si mesmos, podem ser problemáticos (Capítulo 13).

No entanto, não é inevitável que, mesmo que achemos que os outros estão nos julgando negativamente, voltemos isso contra nós e internalizemos na forma de vergonha interna(lizada) (Kaufman, 2004). Isso seria uma autoavaliação pessoal negativa ou autocriticismo severo. Vergonha interna é quando *nós* sentimos que temos menos valor e somos indesejáveis para os outros e para *nós mesmos*. Estamos regulando nosso próprio sistema de *ranking* social a partir de dentro. Como mencionado, parte do sistema autoavaliativo é monitorar a conectividade social e o risco social — ou seja, o próprio *potencial de retenção de atenção social*. Quando essa avaliação é negativa, devido à nossa compreensão internalizada da dinâmica das relações sociais (o que provoca vergonha e o que provoca orgulho), carregamos essas avaliações dentro de nós (Gilbert, 1997). Vergonha interna é, então, experienciar que nós mesmos nos tornamos o *self* social indesejado (Ogilive, 1987). Explorando a ideia de que vergonha era sobre fracassar em atingir os padrões, Lindsay-Hartz, de Rivera e Mascolo (1995) encontraram o seguinte:

> Não nos causou surpresa que [...] a maioria dos participantes tenha rejeitado essa formulação. Ocorreu o oposto, quando envergonhados, os participantes falaram sobre ser quem eles *não* queriam ser. Ou seja, eles experienciavam a si como incorporando um anti-ideal, em vez de simplesmente não ser quem queriam ser. Os participantes disseram coisas como: "Sou gordo e feio", e não "Fracassei em ser bonito"; ou "Sou desa-

gradável e perverso", em vez de "Não sou tão bom quanto gostaria de ser". Essa diferença na ênfase não é simplesmente semântica. Os participantes insistiram que a distinção era importante (p. 277; grifo dos autores).

Embora as dimensões externa e interna da vergonha estejam correlacionadas e alimentem uma à outra, elas também são diferentes na sua fenomenologia básica e se ligam a processos como perfeccionismo, depressão, ansiedade social, paranoia e terapia (Gilbert, 2011; Goss et al., 1994; Matos, Pinto-Gouveia, & Gilbert, 2013) (veja a Fig. 4.3). Uma razão fundamental para o foco na vergonha externa é porque ela é uma ponte para o profundo senso de desconexão social e isolamento, que é um foco central na TFC. Note, também, que não se trata de fracassar em alcançar seus padrões; trata-se de se tornar o *self* indesejado, que é a chave para o medo de rejeição.

Enfrentando a vergonha

Considerando o que foi dito anteriormente, então, a vergonha é uma fonte central de um senso de *des*conexão social, separação e derrota social (DeYoung, 2015; Gilbert, 1998, 2007; Lewis, 1992; Matos, Steindl, Gilbert, & Pinto-Gouveia, 2020). Os bebês apresentam elementos de vergonha, retirada e resposta de afastamento quando os pais estão em má sintonia, desligados ou demonstram expressões faciais de desagrado ou medo (Schore, 2019). Ainda, há claras ligações entre vergonha, perda da confiança social e comportamento submisso, com cada um expressando evitação por meio do olhar e comportamento inibido (Keltner & Harker, 1998). Logo, a vergonha se sobrepõe a muitos outros construtos, como o medo de avaliação negativa, o conceito de Cooley do "*self*-espelho", formulado em 1902, o trabalho de Goffman sobre estigma na década de 1960 e o conceito do filósofo francês Jean-Paul Sartre do "eu como objeto do outro" e da necessidade de pertencer (veja Dolezal, 2017; Gilbert, Pehl, & Allan, 1994; Gilbert, 2007 para revisões). Dolezal (2017) oferece uma revisão importante da longa história de temas nos escritos filosóficos sobre a vergonha e a associa à conectividade social, à desejabilidade social e ao pertencimento social.

A Figura 4.4 esboça uma forma típica pela qual a TFC formula os problemas em termos das origens, dos gatilhos atuais, das formas, das funções e dos efeitos. Em processos como a vergonha, esta ajuda a pensar sobre como ela está *funcionando* para essa pessoa e sobre o *foco e a forma* que isso assume. Se você é novo na terapia, tenha em mente que você deve ten-

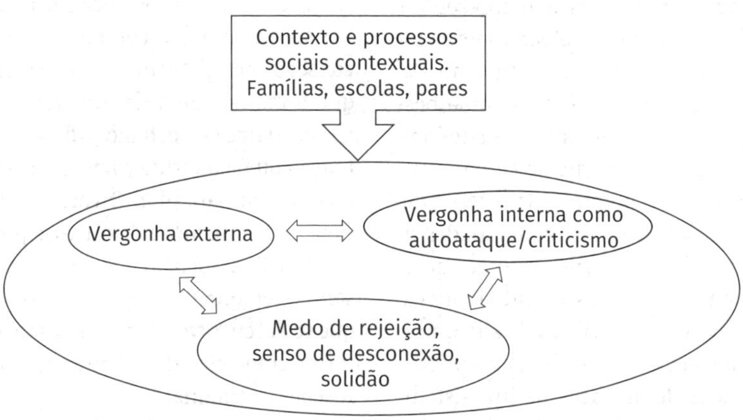

FIGURA 4.3 Ligações entre os tipos de contexto da vergonha e os medos de rejeição.
Fonte: © Paul Gilbert.

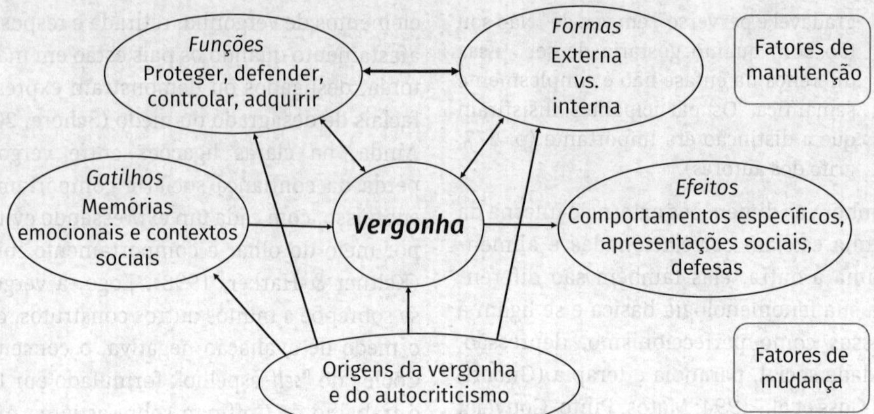

FIGURA 4.4 Esboço dos processos da vergonha.
Fonte: © Paul Gilbert.

tar entender as *funções e as formas* dos processos psicológicos que estiver explorando. Há também fatores de manutenção e fatores de mudança para a maioria dos processos, além de facilitadores e inibidores, ou ambos.

Trauma e vergonha

Atualmente, há uma vasta literatura sobre o papel das experiências de apego disruptivo (que incluem a *falta* de uma base segura e um porto seguro) e a *presença e vivência* de experiências adversas na infância (ACEs). As ACEs incluem negligência, abuso emocional, físico e sexual, e crescer junto a cuidadores que apresentam abuso de substâncias e/ou problemas de saúde mental importantes. Como discutido no Capítulo 3 (veja a Fig. 3.8), a falta de uma base segura e a presença de ACEs têm efeitos importantes no desenvolvimento do cérebro e na epigenética e inibem a maturação e o desenvolvimento psicofisiológico das mentalidades de cuidado social e do sistema de proteção social. Se não estiverem disponíveis, os indivíduos experienciam o mundo em termos de alta ameaça, junto com o acesso reduzido às propriedades de regulação de ameaças de um sistema tranquilizador de proteção social (McLaughlin, Sheridan, & Lambert, 2014; Slavich, 2020; veja também o Capítulo 3). Isso pode acarretar consequências severas para a posterior saúde física e mental da criança (Merrick et al., 2017) e o risco de desenvolver comportamento antissocial (DeLisi et al., 2019, veja a seguir).

Este capítulo, obviamente, não pode revisar essa extensa literatura do "trauma" e explora apenas a vergonha. A vergonha está associada à elevada excitação simpática, ao processamento do sistema de ameaça (Rohleder et al., 2008) e com circuitos neurais identificáveis distinguíveis da culpa (Bastin et al., 2016, veja também o Capítulo 2). Há muitas facetas diferentes da vergonha associadas ao trauma. Podemos nos sentir envergonhados por causa de um evento em si, ou de nosso comportamento, pois não conseguimos prevenir algum evento ruim, já que tomamos uma decisão ruim, pela forma como lidamos ou estamos lidando com uma situação ou pela forma como pensamos que isso nos mudou para pior. O veterano Kevin experienciava transtorno de estresse pós-traumático (TEPT) associado à vergonha mas também sentia vergonha do seu problema com álcool, que se desenvolveu como uma consequência da forma como ele estava tentando gerenciar suas reações ao trauma.

Trauma é uma fonte importante de inserção de vergonha em uma autoidentidade, com efeitos prejudiciais na maturação fisiológica (Schore, 2019). Há claras evidências de que histórias de negligência e abuso são estabelecidas como memórias de vergonha (veja Matos et al., 2020, para uma revisão). Harman e Lee (2010) e Lee (2012 e também o Capítulo 25) mostraram que, quando um trauma estava associado à vergonha e ao autocriticismo, estes desempenhavam um papel na manutenção da alta vigilância a ameaças e pioravam de maneira significativa a experiência. Andrews, Brewin, Rose e Kirk (2000) mostraram que vergonha e raiva desempenhavam papéis cruciais na predição de sintomas de TEPT decorrente de violência e abuso. Logo, memórias de trauma podem produzir vergonha, com *flashbacks* e hipervigilância (Matos et al., 2020). Parte do problema com vergonha pelo trauma é que ele tem efeitos poderosos, tanto na vergonha externa quanto na interna, que precisam ser claramente distinguidos.

Memórias de vergonha e defesas. As memórias de vergonha podem gerar *flashbacks*, tecer um senso de identidade como pano de fundo e ser mantidas escondidas, algumas vezes, durante a vida inteira (Matos et al., 2020). Como mencionado, a vergonha pode ser uma fonte importante para a autoagressão e o suicídio. Tragicamente, os clientes podem passar por terapia e nunca revelar as questões nucleares que estão lhes causando problemas por causa da vergonha. Essa é uma razão pela qual o abuso sexual levou tanto tempo para ser reconhecido como um problema fundamental em algumas formas de dificuldades de saúde mental. Portanto, é útil estar familiarizado com algumas das defesas comuns que aparecem em nossas clínicas, todas elas visando à defesa contra a exposição de um senso de identidade vulnerável.

Ocultação: esta defesa é para ocultar dos outros, e, algumas vezes, de si mesmo, aquilo que pode dar abertura ao criticismo e à rejeição e causar danos às próprias habilidades de se engajar de forma útil no tecido social da vida. Às vezes, isso pode estar ligado a segredos e dificuldades para revelar certas "verdades" na terapia. O lema é tipicamente *"se você chegar perto de mim, vai ver o mal em mim e vai querer me rejeitar"*. O problema aqui é que o medo da revelação significa que o cliente sabe que ele está sendo enganador, o que acentua sua vergonha e a dúvida de que possa melhorar. Um cliente que estava tendo um caso homossexual temia ir para o inferno, mas tinha medo de me contar, e sabia que ele não poderia melhorar até que encontrasse coragem para explorar seus sentimentos em torno desse relacionamento. Trabalhar com a vergonha é sempre uma empreitada corajosa para nossos clientes. Tragicamente, em terapias de tempo limitado, os clientes podem passar pela terapia sem que seus medos mais profundos sejam abordados, devido à vergonha.

Negação: é uma defesa comum quando os indivíduos não querem enfrentar as consequências do seu comportamento. Por exemplo, as pessoas negam que beber três garrafas de uísque por dia seja um problema ou que seu comportamento cause outras dificuldades. Os negacionistas das mudanças climáticas não querem ter que enfrentar o fato de que vão precisar mudar seu comportamento, fazer sacrifícios e abrir mão de coisas. Pessoas que causaram danos podem justificá-los para evitar experiências de vergonha e culpa. A negação, algumas vezes, usa o mecanismo cognitivo de minimização.

Evitação: alguns indivíduos que carregam profundo senso de vergonha, dano e vulnerabilidade podem se recusar a falar abertamente sobre questões de vergonha. Muitas terapias reconhecem a importância da evitação experiencial, mas pode haver dois aspectos nela.

O primeiro é a evitação da emoção ou da memória em si, mas há também a evitação da vergonha externa (como ocultação). De fato, a vergonha pode ser uma razão fundamental pela qual as pessoas nem mesmo buscam ajuda — por exemplo, pessoas que não informam sobre uma infecção sexualmente transmissível, impotência, problemas importantes de abuso de substâncias ou fantasias problemáticas. Os clientes podem temer descompensar e desmoronar na terapia. Um veterano admitiu que protelou a terapia porque estava muito ansioso sobre como ele ficaria na terapia (poderia desmoronar) e como o terapeuta (eu, nesse caso) o veria. Ele tinha a ideia de que: "Jamais vou querer chorar na frente de outro homem".

Distração: uma defesa comum é distrair a atenção de um tema de vergonha potencial, por exemplo, usando humor ou mudando de assunto. Considere a pessoa que faz piadas sobre seu peso para desviar a atenção da vergonha, mas, na verdade, ela carrega muita dor sobre suas dificuldades com seu peso. Na terapia, também não é incomum que os clientes não respondam perguntas ou desviem a atenção de temas que os envergonham.

Entorpecimento e dissociação: há muitas formas de nos sentirmos entorpecidos quando temos um senso profundo de vergonha, pois ela está associada a um sentimento doloroso e à desconectividade. Os clientes podem ficar entorpecidos pela sua dor da vergonha. Descrevi a vergonha como, algumas vezes, semelhante a um buraco negro que simplesmente suga tudo para dentro dele (Gilbert, 2007). Na terapia, quando tocamos em intensa vergonha, o cliente pode apenas parecer estar perdido ou imobilizado. Em um estado de vergonha, nossas mentes podem se fechar, não conseguimos pensar com clareza e a única coisa que queremos é nos esconder. Suspeita-se de que esse é o mesmo mecanismo do subordinado repentinamente confrontado por um dominante ameaçador iminente.

Compensação: estas são defesas em que as pessoas tentam desesperadamente compensar os déficits percebidos. Por exemplo, crianças provenientes de contextos em que não se sentiam valorizadas podem se tornar competitivas, esforçadas, perfeccionistas e muito sensíveis ao fracasso e a serem envergonhadas. Algumas vezes, essas compensações podem ser extremamente úteis para a reputação de ser uma ótima pessoa e trabalhadora incansável. Alguns clientes reconhecem que, devido à forma como se sentem, como terem excesso de peso ou serem tímidos, eles sempre tentam fazer coisas extras para serem valorizados e queridos, para compensar, sentindo que precisam fazer por merecer seu lugar e que ele não é dado de graça (Gilbert et al., 2014). Às vezes, as mulheres sentem que precisam trabalhar com esforço extra para serem aceitas nos grupos de trabalho masculinos e evitar serem subordinadas ou marginalizadas.

Projeção: às vezes, "melhor prevenir do que remediar" é uma defesa comum; é melhor assumir que as pessoas me veem de modo negativo e então ficar na minha do que arriscar enfrentar o criticismo social, a desconexão e a rejeição. O resultado é que os indivíduos projetam suas visões negativas (vergonha) de si mesmos e acreditam que os outros os veem como eles se veem.

Identificação projetiva: isto significa ter um senso não consciente ou não reconhecido de inferioridade ou fraqueza e atacar os outros em quem você (acha que) vê esses traços. Em vez de resolver a vergonha em nós, a atacamos nos outros. Isso frequentemente ocorrerá na terapia com clientes que são muito críticos com os outros, até com o terapeuta, pois isso é o que eles sentem sobre si mesmos. Guiar as pessoas gentilmente para reconhecer e suavizar suas projeções pode ser complicado, mas, se elas conseguirem notar seus medos e desenvolver mais compaixão por si mesmas, isso pode tecer as relações com os outros. Em outras palavras, o caminho para sair disso é indireto.

Agressão: embora a agressão em geral esteja ligada ao que é chamado de humilhação, a função da agressão é ameaçar qualquer possível envergonhante para que fique em silêncio ou recue. Exibições de agressão por machos dominantes podem assegurar que os subordinados nunca tentem apontar suas falhas ou seus déficits e envergonhá-los. Às vezes, a agressão é especialmente um problema na dimensão vergonha-honra, e aqui a agressão por vergonha pode ser muito vingativa.

Essas são as defesas mais comuns, mas há outras. Alguns indivíduos que carregam uma vergonha dolorosa podem ter raiva invejosa de outros que não têm. É importante, então, que o terapeuta tenha algumas ideias sobre a forma como as pessoas tentarão se defender contra danos por vergonha ao *self* social (DeYoung, 2015) e como e por que o cultivo de estados cerebrais compassivos vai ajudar na questão da vergonha. Depois dessa conscientização, podemos gentilmente orientar o questionamento socrático e a descoberta guiada de formas não envergonhantes. É quando não as percebemos que podem surgir problemas.

Vergonha e confiança. Gilbert, Allan, Brough, Melley e Miles (2002) mostraram que a vergonha externa está altamente correlacionada com depressão e senso de derrota em populações clínicas e não clínicas. Kim, Thibodeau e Jorgensen (2011) identificaram que a vergonha externa tinha maiores efeitos do que a vergonha interna em relação à depressão. Novamente, isso indica que é a dinâmica social, tanto quanto os autojulgamentos, que são importantes para a saúde mental.

Algumas crianças podem sentir que seus pais cuidam delas, mas não as veem como se tornando adultos capazes, que podem ser valorizados por seus talentos e suas habilidades. Um cliente disse: "Minha mãe era cuidadosa do seu jeito, mas ela sempre achava que eu não era realmente uma pessoa capaz ou talentosa e nunca seria tão boa quanto ela". Isso está ligado à ideia da psicologia do *self* de que as crianças precisam ser admiradas, ser "um brilho nos olhos dos pais", e não apenas ser cuidadas (Kohut, 1977). Pode ser demonstrada mais "admiração" pelo esforço da criança, e menos pelos resultados; caso contrário, a criança focará excessivamente na necessidade de ter sucesso, em vez de no esforço. Quando pessoas em terapia sentem que não serão capazes de desenvolver compaixão, ou que não estão à altura, não é incomum encontrar histórias que minaram sua confiança em si mesmas. Embora abuso e negligência sejam fatores de vulnerabilidade importantes, histórias que não facilitaram ou construíram confiança e crença em si mesmo também são prejudiciais. Elas interferem na confiança do indivíduo para ser um ator social competente em diferentes formas relacionais. A TFC deixa isso claro na psicoeducação e no trabalho colaborativo de como construir a coragem da autoconfiança.

Fracasso no papel. Outra dimensão da vergonha e da derrota é o *fracasso no papel*, ligado à ideia de que o indivíduo está fracassando em um papel ou em papéis sociais, ou é uma farsa e não está à altura do papel (Gilbert, 1992, 2009; Gilbert & McGuire, 1998). Pessoas deprimidas muitas vezes sentem que estão fracassando como mães, pais ou parceiras, ou em uma profissão, ou simplesmente na vida, e que não conseguem dar conta das demandas do papel comparadas a outras pessoas. Para crianças e adultos que passaram suas vidas tentando receber aprovação e apoio dos seus pais, mostrando competência ou sucesso, ou sendo "um reparador", sentir que estão fracassando pode ser devastador e pode reativar memórias e estados cerebrais em que se sentem "não suficientemente boas" e, novamente, com aquele vazio da desconexão. Assim sendo, minha pesquisa sobre depressão incluiu medidas de vergonha, comparação social, comportamento submisso e autocriticismo como essenciais para o complexo de inferioridade (veja Gilbert, 2020, para uma revisão). A competição pela atratividade social e para ser querido, e o medo de ser indesejado e desconectado, são uma ligação/ponte entre o modelo do *ranking* social e o modelo de abandono do apego.

Os indivíduos se preocupam com suas habilidades de parentalidade e, sobretudo, em comparação com os outros, com *serem vistos* como bons ou maus pais. Kirby (Capítulo 26) revisa pesquisas que mostram que a vergonha pode enfraquecer a confiança dos pais e também estar envolvida em parentalidade inapropriada e, algumas vezes, severa. Por exemplo, os pais podem ficar ansiosos e agressivos se acharem que seus filhos vão embaraçá-los em público (vergonha refletida, como na Fig. 4.2). O desenvolvimento de um programa de parentalidade focado na compaixão demonstrou abordar essas dificuldades (veja o Capítulo 26). Consequentemente, há muitos caminhos até um senso de vergonha que podem nos orientar para um senso de derrota social e desconexão e, desse modo, ativar esses estados de solidão e desligamento. De igual modo, a cura da vergonha é tipicamente um processo social e surge quando nos sentimos aceitos ou possivelmente perdoados e reintegrados às relações sociais para sermos valorizados; nosso isolamento é encerrado.

Múltiplos tipos de vergonha

Inúmeros autores enfatizaram o fato de que a vergonha não é um processo único, mas pode ser focada em diferentes domínios. Por exemplo, Andrews, Qian e Valentine (2002) sugeriram que podemos ter vergonha de nosso caráter, vergonha de nossos comportamentos e vergonha de nosso corpo.

Vergonha e o corpo. A vergonha do corpo comumente está ligada a abuso sexual (Andrews & Hunter, 1997) e a sentimentos de autoaversão (Gilbert & Miles, 2002). As pessoas podem sentir vergonha de uma disfunção corporal, como impotência e outras disfunções, de desfiguramentos ou de perdas de memória, como nos primeiros estágios da demência (Gilbert & Miles, 2002). Luto e vergonha podem estar associados à perda gradual das funções corporais devido ao envelhecimento, como a incapacidade de praticar um esporte ou tocar um instrumento musical quando essas foram fontes importantes de autoestima e conectividade social. Vergonha do corpo pode ser uma razão pela qual as pessoas não procuram ajuda médica (Gilbert, 2017a). Essas são áreas de vergonha que claramente não são nossa culpa, mas podemos ter um sentimento intenso de "ser julgado negativamente aos olhos dos outros". Vergonha do corpo pode ser um motivo pelo qual as pessoas não buscam ajuda para condições como câncer de intestino e outras condições embaraçosas, incluindo doenças sexuais (Gilbert, 2017a). Lazare (1987) defende que sofrer de uma doença pode se tornar um problema de vergonha e também de dignidade:

> Quando os pacientes discutem a importância de "morrer com dignidade", as indignidades a que se referem são a aparência alterada (edema, emaciação, deformidades, etc.), a diminuição da consciência, a incontinência, a necessidade de ser banhado e alimentado, a necessidade de pedir ou implorar por medicação para aliviar a dor, a necessidade de

usar uma comadre e a perda percebida de papéis sociais significativos e valor social (p. 1654).

A forma como os clínicos criam senso de segurança e de proteção compassivos e trabalham conosco em nossos estados de decadência, diarreia, vômitos, medo, choros de dor e morte é essencial para a maneira como lidamos com esses processos. Essa é outra área para reflexão sobre o fato de que somos altamente dependentes da compaixão dos outros em momentos de sofrimento e de que eles atravessem as barreiras da nossa vergonha (Gilbert, 2017a). A vergonha é uma razão pela qual devemos ser extremamente cautelosos no uso da linguagem e evitar conceitos como disfuncional, desadaptativo ou déficit.

Às vezes, você pode relacionar purga ou automutilação a um "desejo de se livrar de um senso de vergonha e maldade dentro de si, como se estivessem contidas no corpo". Uma cliente disse que se cortava como uma forma de limpeza interna, para "liberar e deixar sair o mal". Ao trabalhar na cura de certos tipos de vergonha, algumas pessoas podem experienciar mudanças corporais espontâneas, como náusea e até vômito. Para pessoas que sentem repulsa por seu corpo devido a abuso precoce, uma psicoeducação cognitiva ajuda a reconhecer que cada átomo/célula no seu corpo foi renovado nos últimos sete anos. Portanto, elas têm um corpo físico inteiramente diferente daquele que foi abusado. Uma visualização compassiva pode ser imaginar isso acontecendo — por exemplo, células velhas morrendo e sendo removidas, e novas células vibrantes sendo criadas.

Outra variante da "vergonha da contaminação" ocorre com pessoas que sentem que estão, de alguma forma, contaminadas por suas fantasias, sexuais ou agressivas, ou por comportamentos passados, que fazem com que não mereçam ser amadas ou que pareçam danificadas aos olhos de Deus ou dos outros (Gilbert, 1998, 2007; Matos et al., 2020). Esses indivíduos podem falar que se sentem *maculados, danificados ou arruinados*. Algumas vezes, você pode enfatizar o fato de que as plantas crescem com estrume (fezes), ou que, às vezes, é dito no budismo: "você não pode cultivar flores de lótus em mármore; sem lama não pode haver lótus". Não se trata da realidade das nossas "manchas e cicatrizes", mas de como elas nos ajudaram a crescer e desenvolver e gravaram sabedorias em nós. Assim, podemos perguntar diretamente: "que sabedorias e *insights* sua(s) cicatriz(es) lhe deu? Se você pudesse transportá-las para outra vida, como elas o guiariam"? Logo, procuramos criar uma imagem mental para construir a coragem para ver o lado obscuro, bem como a sua transformação.

Transtorno dismórfico corporal (TDC): o medo arquetípico da falta de atratividade. O TDC é uma preocupação angustiante e uma atenção excessiva a possíveis falhas na aparência física, as quais comumente os outros não conseguem perceber. Pessoas que sofrem desse transtorno podem passar um tempo considerável na frente de espelhos, ou os evitam completamente, ou vão de cirurgião plástico em cirurgião plástico. Embora algumas vezes as pessoas digam que não estão realmente pensando sobre o que as outras estão pensando delas, e que é mais como elas mesmas se sentem, uma questão central no TDC parece estar relacionada à aparência-ansiedade-vergonha (Allen et al., 2020; Veale, 2002; Weingarden, Renshaw, Davidson, & Wilhem, 2017) e à comparação social aumentada (Veale et al., 2014). Os algoritmos exatos que estão motivando essa condição ainda estão sob investigação, mas é sabido que os humanos monitoram outros humanos quanto a sinais de juventude, doença e atratividade física. Esses parecem ser temas associados a essa condição.

Ecoff (1999) chamou a competição pelo desejo de ser atrativo para os outros de "a sobrevivência do mais bonito". Apesar de a aparência física ser importante em muitas espécies como atrativo sexual, para os humanos que evoluíram para competir por meio da atratividade, preocupações com a aparência tecem muitos tipos de relações; de fato, sem ela, a indústria da moda não iria a lugar nenhum. Como em muitos problemas de saúde mental, os algoritmos que focam em várias formas de competição social (p. ex., atratividade) podem se tornar altamente hipersensíveis, desadaptativos e angustiantes (Veale & Gilbert, 2014). Os indivíduos podem até odiar sua aparência e odiar a si mesmos por serem tão autopreocupados e por causarem sofrimento a si mesmos e aos outros com quem se relacionam. Por isso, Veale e Gilbert observaram que:

> Pessoas com TDC podem achar difícil se engajar em terapia se não tiverem boa compreensão do contexto e da função dos seus comportamentos, e se as memórias de experiências aversivas do passado (p. ex., de rejeições e vergonha) não foram processadas emocionalmente. Ao abordar essas ameaças sociais, discutimos como as emoções dos mamíferos baseadas no apego e na afiliação precisam ser recrutadas como parte do processo terapêutico. Esses sistemas de processamento afiliativo são a base de uma orientação compassiva para trabalhar com pessoas com TDC e sua capacidade de se envolver no processo de mudança (p. 150).

Vergonha do próprio mundo interno. Outras fontes comuns de vergonha são pensamentos, emoções e fantasias intrusivos. Para pessoas com dificuldades obsessivas associadas à vergonha em relação às suas fantasias sexuais e agressivas, materiais de autoajuda podem ser extremamente benéficos porque rompem o segredo e o normalizam (Winston & Seif, 2017). Às vezes, quando os clientes revelam material do qual têm vergonha, eles podem ter medo de retornar na semana seguinte. Por exemplo, uma das minhas clientes que revelou estupro anal achou que seria muito difícil me ver na semana seguinte devido a "como eu a veria como uma mulher dessas" e disse: "Quando vejo você olhando para mim, sei que você sabe o que aconteceu comigo, e talvez na sua mente exista aversão". Em vez de se defender, o terapeuta mentaliza e, assim, se abre ao diálogo sobre o quão "solitário e angustiante isso deve ser" e explora em torno dessas questões. É a *forma* como fazemos isso, com nosso tom de voz e nossas expressões faciais, que gradualmente possibilitará que a cliente experiencie preocupação compassiva, e não julgamento. Simplesmente dizer à cliente que você "não sente aversão" não será suficiente, ou dizer à cliente que você sente raiva do abusador mais uma vez não aborda a questão de que a cliente está preocupada com a forma como você *a experiencia na sala neste momento*. É necessário validar de maneira compassiva o medo de ser vista como repugnante. Às vezes, no começo da terapia, pode ser importante evitar que as pessoas revelem coisas potencialmente vergonhosas e informar que esse pode ser um processo lento de construção de confiança. Mais uma vez, você faz isso de forma amistosa, e não como um "professor severo", reconhecendo o quanto ela provavelmente quer abrir seu coração e ser ouvida, mas com segurança.

Outros temas delicados podem surgir em relação a indivíduos que "não tiveram medo" da proximidade e da sexualidade envolvidas no abuso, mas têm vergonha de lhe dizer. Eles temem que que você os condene ou invalide sua experiência. Então, eles precisam representar um papel com você, demonstrando que se sentiram envergonhados com o que sentiram. Ou podem ter medo de lhe contar as vergonhosas e constantes fantasias masturbatórias ou vingativas. Um segundo nível de vergonha, então, é que eles sabem que estão mentindo e/ou ocultando e, portanto, sabem que você, na verdade, não sabe o que está causando sua vergonha. Quando as pessoas acabam revelando coisas "vergonhosas" sobre si, elas tentarão apresentá-las de forma que seja aceitável e, portanto, podem deixar detalhes de fora, distorcer um pouco as coisas ou minimizar. Não espere honestidade do cliente nessas áreas.

Um exercício útil para um terapeuta é passar algum tempo pensando em um dos seus próprios problemas muito vergonhosos e se imaginar falando com um terapeuta honestamente. Tente notar o que acontece em seu corpo, no que você pensa, com o que você se preocupa em termos do que ele pode pensar de você. Como você faria isso? Que detalhes você deixaria de fora? Reservar algum tempo para refletir empaticamente e compreender as dificuldades de revelar vergonha pode ser uma oportunidade de aprendizagem poderosa.

Vergonha é muito difícil de curar por meio dos nossos processos autônomos, e é muito mais fácil por meio de uma experiência de validação, empatia e aceitação de outro. Infelizmente, o medo da revelação, quando se está tentando curar a vergonha, é uma armadilha terrível. Novamente, pode ser útil, de uma forma gentil e aberta, sugerir que:

> Às vezes, pessoas que passaram pelos tipos de situações que você passou podem ter todos os tipos de sentimentos, mas têm medo de falar sobre eles. Algumas vezes, é porque elas se preocupam com a forma como o terapeuta vai vê-las. Em alguns casos de abuso, as pessoas tiveram medo, e em outros, não. Algumas vezes, as pessoas podem ficar incomodadas porque sentem que estão ocultando coisas do terapeuta. Assim, isso é só para que você saiba que eu sei que, às vezes, as pessoas têm esses dilemas penosos. Se e quando você quiser, e se sentir capaz, podemos explorar esses medos. O que você escolhe revelar depende de você. O mais importante é como você passa a ter compaixão pelo que está acontecendo na sua mente — porque, como humanos, temos mentes muito complicadas!

Outra forma de informar ao cliente que isso pode ser um problema e perguntar como ele gostaria de trabalhar com isso é simplesmente dizer que:

> Às vezes, quando as pessoas revelam coisas das quais têm vergonha, elas podem se preocupar muito sobre como o terapeuta as verá ou as julgará e então ruminam se retornam à terapia ou não. Se isso acontecesse com você, como gostaria que trabalhássemos com isso? (Veja também o Capítulo 6.)

O que todos os terapeutas devem ter cautela e aconselhar o cliente é que, se eles revelarem informações prejudiciais, por exemplo, a continuidade das ações de um agressor ou se eles próprios se envolverem em comportamentos prejudiciais a outros, existem requisitos legais complexos que o terapeuta deverá seguir. Podemos precisar buscar orientação profissional sobre esses assuntos.

A vergonha do caráter pode estar relacionada a avaliações de que algo está errado e falho em relação ao "nosso caráter" (Andrew et al., 2002). Às vezes, as pessoas sabem que são impulsivas, indelicadas ou facilmente conduzidas ou submissas. Às vezes, as pessoas se referem a si mesmas como sendo as "esquisitas" da família. Uma cliente se descreveu como: "quando Deus me fez, ele obviamente tinha esgotado as coisas boas". Outra cliente se descreveu como tendo um "senso geral de incorreção e 'nada agradável' sobre mim". É por isso que diagnósticos como transtornos da personalidade podem ser especialmente problemáticos, mas todos os tipos de rótulos, como impulsivo, ansioso, neurótico e desorganizado, carregam rótulos de vergonha potencial e podem começar com o pé errado no processo terapêutico. Embora alguns clientes gostem de um diagnóstico claro, como terapeutas, também podemos ser sensíveis à utilidade *versus* inutilidade disso.

Ferindo os outros e o lado obscuro da mentalidade social competitiva

Humilhação e a necessidade de amedrontar

É importante enfatizar regularmente o fato de que, embora compaixão seja sobre saúde mental e florescimento, também é muito sobre abordar o lado obscuro da humanidade, sobretudo nossos potenciais para nocividade, insensibilidade e crueldade (Gilbert, 2005, 2018; Capítulo 2). Como mencionado anteriormente e no Capítulo 3, há evidências consideráveis de que ACEs podem marinar o cérebro em maturação e desenvolvimento em estados cerebrais de alta ameaça *e* roubar das crianças os aportes de maturação cerebral necessários e cruciais, como uma base segura e um porto seguro, os quais são essenciais para a maturação das motivações/das mentalidades sociais de cuidado. A superestimulação do sistema de ameaça durante a maturação e a falta de estímulos sociais que ativem a maturação psicofisiológica desses sistemas cruciais deixam os indivíduos experienciando o mundo em termos de alta ameaça, pouco apoio social, desconfiança social e dinâmicas de poder hostis. Sob essas condições, os humanos podem se tornar *muito perigosos*. Se pensarmos nas defesas em termos de luta e fuga, então, uma ameaça de humilhação social e um senso de desconexão contra esses contextos podem gerar agressão intensa (veja a Fig. 4.2). Stuewig, Tangney, Heigel, Harty e McClosky (2010) começam seu trabalho intitulado "Shaming, Blaming and Maiming: Functional Links among the Moral Functions, Externalization of Blame and Aggression" com uma carta enviada a um jornal:

> AO EDITOR: O artigo de Dan Savage ["Fear the Geek"] provocou uma reação em mim. Eu fui um desses rejeitados que foram impiedosamente provocados [...] Na manhã seguinte ao tiroteio na Columbine High, li os perfis dos atiradores no *website* da CNN. Quando li os relatos sobre como eles eram "rejeitados" e como os outros os provocavam, isso me despertou muitas emoções fortes e memórias dolorosas dos meus anos escolares. Meu coração está com aqueles que foram mortos e feridos no tiroteio [...] Mas também posso me identificar com o opressivo sentimento de raiva e vergonha dos dois atiradores, e aparentemente esse foi o impulso por trás do que eles fizeram. Brian Heath, www.thestranger.com/seattle/Letters?issue=.

A literatura sobre vergonha nem sempre distingue entre vergonha submissa e a resposta de humilhação agressiva à vergonha externa (veja a Fig. 4.2). A TFC vê isso como fundamental (Gilbert, 1998). A psicologia, sobretudo em termos de atenção, estilo de atribuição (culpa a si mesmo *versus* o outro) e raiva internalizada *versus* externalizada, é bem diferente (Gilbert, 1998, 2005, 2019). Muitos anos atrás, realizamos um estudo examinando os padrões do olhar, pedindo que as pessoas recordassem situações de humilhação *versus* situações de vergonha. Quando discutiam vergonha, elas olhavam para baixo; quando discutiam humilhação, olhavam de um lado para outro, como se estivessem procurando um agressor. Infelizmente, nunca publicamos os dados, e eles foram perdidos, mas seria interessante retomar algum dia. No entanto, como a vergonha, a experiência social de humilhação é ativada no indivíduo ao ser socialmente desafiado, ameaçado, menosprezado, desvalorizado ou marginalizado de alguma forma — ou seja, vergonha externa (veja a Fig. 4.2). Entretanto, a emoção não é de ansiedade ou senso de derrota e de ocultação, mas de raiva e ataque.

A humilhação pode ser uma das experiências humanas mais perigosas porque pode promover (contra-)ataques viciosos. Quando eu estava em Edimburgo, lembro-me de um relato nos jornais de um ataque cruel a um estudante. O jornal revelou que o agressor achou que o estudante o "desprezou" quando passou por ele e, tomado pela raiva, o agrediu. Lembro-me de, quando estudante, certa vez, estar em um banheiro em um grande *pub* e acabar olhando para um rapaz claramente de um jeito errado, pois ele ameaçou "acabar comigo". Embora não tenhamos tempo para examinar isso aqui, há várias formas de paranoia que têm suas raízes no medo de que os outros os envergonhem ou os menosprezem, os vejam como aversivos ou possivelmente descubram coisas ruins sobre eles (Johson et al., 2014; Pinto-Gouveia et al., 2014). Focar na cura da vergonha também ajuda a paranoia (Brazão et al., 2020).

Formas de violência doméstica também podem ser assim. Alguns homens podem ser muito sensíveis a conflitos, recusas e perda do respeito e usam respostas agressivas. Muitas formas de *bullying* podem ser esforços para intimidar e criar medo nos outros (Gilbert, 2005). A tragédia de todos esses, assim chamados "homens difíceis", é que eles não têm a compreensão de que estão simplesmente executando algoritmos muito antigos, como fizeram bilhões de outros machos construídos socialmente e constituídos de genes. Sem algumas oportunidades para entender sua mente e orientação sobre como fazer escolhas, eles são marionetes dos seus genes, da química cerebral e da programação social — e muito perigosos também. As defesas desligam os sistemas de preocupação empática.

Líderes levaram seus países à guerra devido a sentimentos de terem sido humilhados, como foi o caso de Joseph Stalin, Adolf Hitler e Gengis Khan (Gilbert, 2021), três dos líderes mais destrutivos que causaram os maiores sofrimentos que o mundo já conheceu. Tragicamente, ainda hoje, muitos desses personagens prejudicados e prejudiciais obtêm posições de liderança. Aqueles vulneráveis a explosões de raiva podem ter tendências psicopáticas e/ou ser considerados como sofrendo de *raiva narcisista*. Krizan e Johar (2015) oferecem uma visão geral muito útil, explorando diferentes aspectos do narcisismo, como grandiosidade e vulnerabilidade. Os aspectos grandiosos do narcisismo estão relacionados a excesso de confiança, senso de direito, exploração, pressuposto de superioridade e insensibilidade; essas pessoas podem ser encantadoras, mas manipuladoras. Esses aspectos são, algumas vezes, associados ao que é chamado de síndrome da "criança malcriada", que emerge em filhos de pais ricos (que podem dar tudo o que querem), mas emocionalmente distantes. Eles podem aparecer em áreas de poder e são vulneráveis à arrogância (Owen, 2020). No entanto, *a dimensão de vulnerabilidade* do narcisismo é diferente. Krizan e Johar (2015) mostram que é principalmente a dimensão da vulnerabilidade que está ligada a disposições para *vergonha-raiva*, hostilidade, irritação, ruminação vingativa e desconfiança interpessoal. Uma combinação muito tóxica. A revisão de Krizan e Johar (2015) indica que diferentes modelos veem o narcisismo em termos de autoestima — muito baixa ou muito alta. Como esses autores também mencionam,

> as formas perigosas de narcisismo não são necessariamente aquelas que impõem sua dominância ou exibem arrogância, mas aquelas que se sentam silenciosamente no canto, prontas para o gatilho que liberará sua fúria (p. 797).

Para aqueles que prejudicaram outros

Pessoas machucadas machucam pessoas, como dizem. Atualmente, a TFC com indivíduos com estilos de relação externalizante, insensível e hostil está começando a revelar possibilidades animadoras. Tenho trabalhado com colegas em Portugal que estão integrando a TFC a um contexto e um programa forenses. Os resultados são muito promissores na redução de traços psicopáticos e na promoção de uma orientação mais compassiva (Ribeiro da Silva et al., 2021 e também Capítulo 21). Outros colegas, Jon Taylor e Kerensa Hocken, foram pioneiros da TFC nos serviços forenses no Reino Unido (Swaby et al., 2020; Taylor & Hocken, 2021; Taylor, Akerman, & Hocken, 2020; Hocken & Taylor, no prelo). Muitos desses indivíduos têm histórias de apego muito fragmentadas e altos níveis de ACEs, são socialmente desconfiados e impulsivos e podem não ser capazes de experienciar muito na forma de interesse com cuidado, culpa e remorso, ou gratidão. Há um reconhecimento crescente de que as pessoas não conseguem processar a dor que podem causar nos outros até que sofram e processem os traumas e a dor emocional que aconteceram com eles. Em uma importante revisão da neurofisiologia da empatia, Shirtcliff, Vitacco, Graf, Gostisha, Merz e Zahn-Waxler (2009) encontraram evidências que apoiam essa visão. Eles resumem seus achados dizendo:

> A revisão propõe que os prejuízos neurobiológicos em indivíduos que exibem pouca empatia não se devem necessariamente a uma habilidade reduzida de entender as emoções dos outros. Em vez disso, evidências sugerem que indivíduos que demonstram pouca excitação ao sofrimento dos outros, da mesma forma, apresentam excitação fisiológica reduzida ao seu próprio sofrimento; uma manifestação reduzida de reatividade ao estresse pode ser uma disfunção na empatia que apoia construtos como os psicopáticos (p. ex., insensibilidade) (p. 137).

Portanto, se o indivíduo não consegue processar o próprio sofrimento, então os mecanismos para empatia, como os neurônios-espelho, não vão funcionar (Shirtcliff et al., 2009). Pode ser por isso que algumas pessoas bloqueadas pela tristeza-culpa podem estar em risco de prejudicar os outros. Portanto, parte da sua terapia envolve trabalhar com suas histórias e facilitar seu processo de luto relacionado à sua vida inicial problemática, negligente e assustadora. Isso promove habilidades para estar mais em contato com o dano causado a esses indivíduos, o que, por sua vez, possibilita que os sistemas de cuidado estejam mais em contato com o dano que eles causam aos outros. Especialmente importante é o achado de que a TFC tem o potencial para mudar as pessoas da vergonha para a culpa (Taylor, 2021). Basicamente, até que as pessoas consigam processar o dano que foi causado a elas, no contexto de uma relação de cuidado, a mentalidade social de cuidado está fechada (veja o Capítulo 3, Fig. 3.8) e, portanto, está menos disponível como um inibidor do comportamento nocivo ou como um promotor do comportamento pró-social (veja o Capítulo 9). Como a TFC distingue sistemas motivacionais sociais evolutivos, com diferentes infraestruturas, podemos entender como e por que a mudança de vergonha para culpa é uma mudança tão fundamental no processamento da motivação interna. Na TFC, a mentalidade social orientadora é o processo regulador crucial. Ela é o alvo principal da intervenção terapêutica. Na TFC, então, uma alternativa para podermos ajudar pessoas com traços psicopáticos se dá se houver alguma forma de ativar a mentalidade de cuidado social com essas infraestruturas fisiológicas; caso contrário, é como tentar ensinar alguém que é daltônico para a cor vermelha a prestar atenção a objetos vermelhos.

Multiplicidade da mente. Basicamente, com algumas exceções, os primatas são primariamente narcisistas e autofocados e usam ameaça e intimidação para obter o que querem. Os bonobos são uma exceção, já que são matriarcais e usam sexo e afiliação para regular conflitos. No entanto, as formas de "narcisismo" devem ser vistas como uma estratégia evolutiva típica entre as espécies que pode variar com os contextos, em vez de unicamente como dimensão da personalidade. Precisamos de aportes de amor compassivo e cuidado, além do contexto de comunidades que cuidam e compartilham, para acionarmos estratégias de cuidado e compartilhamento (mentalidades sociais de cuidado) e reduzir ou suprimir motivos para narcisismo. No entanto, mesmo que as pessoas tenham tido históricos relativamente bons, em certos contextos, elas ainda podem acabar sendo muito prejudiciais para os outros (Zimbardo, 2007). No entanto, um dos grandes desafios terapêuticos é como a mentalidade social de cuidado, com suas características fenotípicas e epigenéticas, pode ser ativada para aqueles que não tiveram essas experiências no início da vida (Ribeiro da Silva et al., 2019a,b, 2021).

A TFC acrescenta uma dimensão diferente a esses problemas, de que o cérebro é formado por múltiplos sistemas motivacionais e mentalidades sociais e que temos que pensar sobre *os padrões e os estados cerebrais a partir desses padrões*. Você não pode analisar essas dificuldades *usando apenas uma mentalidade social*, pois elas não operam no cérebro como se estivessem encapsuladas e separadas de todos os outros processos cerebrais. Estamos lidando com sistemas complexos distribuídos. Portanto, quando o sistema de cuidado — que, para os humanos, é um sistema motivacional altamente evoluído que oferece estratégias de vida alternativas aos competitivos autofocados — não amadurece devido a abuso ou negligência, o sistema competitivo domina como a estratégia básica da vida e como coordenador das tarefas na vida (Capítulo 3, Fig. 3.8). Não é apenas uma questão de haver um excesso de uma mentalidade social; há também muito pouco da outra. Na TFC, então, a atenção está no desligar e ligar de diferentes mentalidades sociais, em parte porque elas corregulam umas às outras.

Como mencionado, então, para muitos animais, estratégias fisiologicamente apoiadas para dominância operam por meio da intimidação e da agressão (Sapolsky, 1990, 2017). O que o dominante quer ver — e tem sistemas cerebrais (algoritmos) evoluídos para procurar e responder a isso — é o *comportamento subordinado temeroso*. Isso significa induzir medo no subordinado (veja a Tab. 4.1). De fato, os primatas dominantes frequentemente ameaçarão os subordinados apenas para se assegurar de que eles ainda estão com medo (Gilbert & McGuire, 1998). Sapolsky (1990) observa como os babuínos dominantes inseguros muitas vezes provocarão brigas e lançarão ataques, ao passo que os animais dominantes mais seguros só respondem quando seu *status* ou seu poder é ameaçado. As personalidades de diferentes babuínos dominantes podem ter grande impacto no estresse geral no grupo. Os líderes humanos também são assim, infelizmente (Gilbert, 2018). Embora os humanos usem menos agressão física para enfraquecer, amedrontar e suprimir competidores potenciais, os atos de envergonhar, ridicularizar e rejeitar ainda fazem um trabalho muito bom de ativar defesas humilhadas subordinadas e, às vezes, agressivas.

Compreender essas estratégias filogeneticamente antigas é assustador mas também trágico. Algumas pessoas *só se sentem seguras* quando percebem que as outras pessoas as temem. Lembro-me de um cliente, no começo da minha carreira, que vinha de um ambiente muito abusivo e que, de fato, me assustava um pouco. Eu estava falando com ele sobre o desejo de ser valorizado e querido, e ele basicamente olhou para mim e disse: "Não dou a mínima para isso; as pessoas só precisam me respeitar, e preciso ver isso nos seus rostos. Eu lhe digo, Paul, 'se elas sentam, fazem m*' — e isso não vai acontecer!". Há muitas maneiras de você responder a isso, mas a minha foi algo como simplesmente reconhecer de forma amistosamente gentil: "*oh, há muitas maneiras de você me amedrontar, mas a minha preocupação é ajudá-lo, em vez de ter medo de você. Espero que esteja ok para você*". Você também pode falar sobre os dilemas de ser útil se o terapeuta estiver com medo e como resolver isso entre vocês. Afinal, ele estava ali em busca de ajuda. Minhas palavras fizeram com que ele esboçasse um leve sorriso, e talvez tenha começado a se desenvolver um senso de proteção entre nós, embora isso fosse bem complicado. Sempre que possível, tento explicar as estratégias evolutivas e ajudar as pessoas a verem quão frequentemente não estamos no controle dessas estratégias, a não ser que nos tornemos conscientemente atentos e possamos escolher mudar nossos motivos e, desse modo, os sistemas cerebrais.

Alguns clientes têm consciência de que, se conseguirem amedrontar o terapeuta, este não será capaz de ajudá-los, e então sentirão raiva do seu terapeuta — e se sentirão sozinhos, "indesejáveis" e, então, com mais raiva

—, criando um ciclo vicioso trágico. Se você perceber isso, simplesmente aponte ao cliente e veja o que ele pensa. Um cliente certa vez me sugeriu algo como:

> Eu estava com muita raiva, e era como querer estar em uma luta de boxe, em que você quer lutar com o máximo de energia possível, e, no entanto, na verdade, eu não queria vencer e ver você cair. Eu queria que você fosse forte o suficiente para ser capaz de dar conta de qualquer coisa que eu arremessasse contra você, então eu não teria que ficar assustado com a minha própria raiva. Não teria que ficar me preocupando se eu estava prejudicando você e se você não conseguiria lidar comigo.

Complicado. Minha resposta foi, com voz lenta e gentil: "Acho que você, na verdade, queria que eu visse sua dor enorme e o anseio por trás da sua raiva assustadora, e quer que foquemos nisso para que você não seja desviado do curso e fique sozinho novamente". Isso o tocou. No entanto, obviamente, no mundo exterior, isso seria algo pelo qual ele precisaria assumir responsabilidade, e exploramos essa questão. Tentamos ajudar os clientes a ver que as estratégias baseadas na indução de medo são estratégias humanas muito antigas. Logo, elas podem ser parte da forma como somos construídos. Nós não as escolhemos; ao contrário, elas são ativadas em nós, talvez porque, quando crianças, precisamos delas para encontrar uma forma de nos sentirmos seguros. "Não é sua culpa", o que é uma intervenção massiva de desenvergonhamento, "mas é *sua responsabilidade*". Ofereça (gentilmente) analogias como "não é sua culpa se você é atingido por uma nevasca ou avalanche, mas se não reconhecer rapidamente o que está acontecendo, e não souber o que fazer, você e seus passageiros vão sofrer um acidente e se machucar". Temos a escolha de sermos marionetes dos nossos algoritmos, programar ou decidir nos tornarmos mais conscientes e tomarmos as rédeas da nossa mente. Saber *por que experienciamos o que fazemos sem vergonha* é um primeiro passo para a atenção consciente a serviço da troca de mentalidades sociais e para assumir o compromisso de tentar, sempre que possível, viver para sermos úteis, e não prejudiciais.

Abordar o fato de que você não vai envergonhá-los, pois você os percebe como dominados pelos algoritmos que têm dominado os humanos ao longo da história (daí nossa história violenta e, às vezes, cruel e sádica), pode começar a abrir oportunidades para trabalhar gradualmente com alguns dos traumas que podem ter gerado essas estratégias de segurança. Em seguida, vem o processo de luto em relação à sensação de solidão que está por trás disso. A partir daí, pode ter início uma experiência de tristeza pelo dano que eles causaram, mas, como destacam meus colegas que trabalham em serviços forenses, para algumas pessoas, *essa pode ser uma longa jornada, se é que ocorre*. Ajudar aqueles que são responsáveis pelo financiamento desses serviços requer uma educação muito melhor sobre o que está realmente envolvido em ajudar essas pessoas. Obviamente, as questões de responsabilidade e a prevenção de danos são o núcleo para a jornada terapêutica (como a compaixão sempre é) e para libertar a pessoa desses estados cerebrais, algoritmos e programas mentais perigosos e isoladores (veja também Gilbert, 1989 [pp. 314-320], 2017a; Kolts & Gilbert, 2018; Ribeiro da Silva et al., 2019, 2021; Taylor & Hocken, 2021). Embora possamos ficar chocados com a ideia de que as pessoas só podem se sentir seguras ou excitadas se puderem deixar outras pessoas com medo delas, ou, algumas vezes, procuram adoração subserviente, isso ajuda a entendermos que, basicamente, se a mentalidade de cuidado social fracassa em amadurecer como um regulador (incluindo suas infraestruturas fisiológicas), as pessoas correm o risco de (re)ativar essas estratégias mais narcisistas de sobrevivência e reprodução (veja os Capítulos 2 e 3, Fig. 3.8). Os terapeutas da compaixão não são ingênuos em relação ao lado obscuro da mente humana, que se origina de uma longa história filogenética de estratégias de sobrevivência e reprodutivas, muitas das quais definitivamente não são compassivas — sendo uma delas a reprodução sexual.

Em inúmeras espécies, a reprodução é tensa e agressiva! Um colega e terapeuta de TFC forense, Jon Taylor (comunicação pessoal), observou que algumas pessoas que cometem agressões sexuais só conseguem se sentir seguras *e* excitadas se puderem ver medo no outro. Se você sugerir a elas o que aconteceria se elas vissem prazer ou afeição, elas vão admitir que isso seria "brochante". Algumas pessoas que não cometem crimes podem, no entanto, ficar sexualmente excitadas por descrições de violência sexual (p. ex., em pornografia). Há uma preocupação séria de que isso pode estar aumentando. Também temos que reconhecer que, na guerra, o estupro é *comum* e, algumas vezes, em alta escala. É por isso que enfatizamos continuamente o fato de que, na TFC, a compaixão é para o lado obscuro.

No entanto, não importa como chamamos esses problemas (raiva narcisista, estratégias agressivas de busca de dominância, sensibilidade à vergonha/humilhação, ou experiências iniciais na vida que podem tê-las ativado), se as pessoas simplesmente permitirem que esses programas controlem sua mente e seu comportamento, eles podem ser imensamente prejudiciais. Portanto, é importante pesquisar se e como a ativação da mentalidade social de cuidado pode possibilitar melhor autorregulação e maior senso de conectividade social e reduzir comportamentos prejudiciais (Taylor & Hocken, 2021). Em última análise, é como ajudar pessoas controladas por seus sistemas de ameaça, com os quais elas lidam criando medo no outro. Elas são capazes de desenvolver confiança social ou um senso de conectividade e seus reguladores fisiológicos? Elas estão destinadas a se sentir sozinhas e vulneráveis à vergonha e à humilhação? Inicialmente, os clientes podem rejeitar que se sentir conectado e valorizado seja importante para eles, mas um esforço gradual e repetido para estimular a mentalidade social de cuidado, constantemente enviando sinais até ela por meio da relação e das práticas terapêuticas (o que pode ser desafiador), *pode* começar a provocar mudanças (Ribeiro da Silva et al., 2021).

Para alguns, isso é assustador e devastador. Afinal, é quase impossível fazer o trabalho de luto se você não tem algum senso de uma base segura e um porto seguro, pois é muito assustador e arriscado. Uma cliente que, quando começamos a trabalhar com essas questões (provavelmente muito rapidamente), começou a entrar em contato com sua profunda solidão e dor e começou a chorar, olhou para mim e disse: "Você está me fazendo sentir coisas que eu não quero sentir. Você está me deixando triste. Não faça isso, ***; não faça isso, ***!". Eu obviamente me desculpei e simplesmente refleti: "Perdoe-me. Posso ver que você carrega muita dor". É importante oferecer essa conexão empática e deixar claro para o cliente que você entende de onde está vindo essa resistência e essa ruptura. Então, de forma a oferecer um porto seguro como intervenção, repetidamente diga, gentil e lentamente: "está bem, está bem. Podemos ir para onde você quer". Aquilo foi tenso, mas posteriormente ela percebeu que foi um momento importante. Como observado no Capítulo 2, se as pessoas têm sua própria dor sob controle rígido, tentar trabalhar com ela pode se tornar uma tarefa terapêutica, mas não há garantias.

Scheff (2000) resumiu a história de pensar sobre a ligação entre vergonha-humilhação, destacando que a vergonha não reconhecida, quando a pessoa não consegue reconhecer, processar ou tolerar sua vulnerabilidade e seu medo de rejeição, pode ser uma fonte de comportamentos prejudiciais comuns. Por exemplo, quando alguém é criticado pelo seu parceiro, em vez de ser capaz de processar a dor, o abalo e o senso de vulnerabilidade, ele ataca com raiva (narcisista) (veja o Capítulo 20). Para evitar sentir-se inferior, vulnerável e rejeitado, ele precisa que seu parceiro o tranquilize constantemente, fazendo o que ele pede e nunca o rejeitando ou criticando. Vulnerabilidade narcisista clássica. Pais assim também são problemáticos para seus filhos, pois conflitos ou algum desafio à sua autoridade podem ativar raiva muito rapidamente. Pode ser útil se você conseguir identificar a dor e a vulnerabilidade por trás da raiva. Você pode dizer algo como: *Entendo. Então, quando seu parceiro faz X ou não faz Y, isso é muito doloroso, e você sente aquele lampejo de raiva.* Muito sutilmente, você introduziu a ideia de que a primeira experiência *é de dor*, e a segunda é uma defesa, a raiva. Pode ser útil evitar que o cliente fale sobre a raiva e passe a falar sobre sua "dor" subjacente, o que pode levar à exploração dos medos (de não ser amado o suficiente), e você pode mostrar que tem empatia por isso, nomeando-os. Para alguns clientes, você poderia acrescentar: "*considerando seu histórico, isso deve ser muito difícil, solitário e triste para você*". Você então sutilmente mudou o foco para a tristeza e a perda e pode se engajar no trabalho de múltiplos *selves*. Na TFC, você está constantemente tentando guiar as pessoas para problemas dentro dos sistemas de cuidado. Se o treino de reavaliação funcionar, tudo isso será positivo, mas comumente descubro que, sem trabalhar na mentalidade social de cuidado e nas fraturas do apego, a terapia é difícil.

Outra área em que a raiva não processada é um problema sério é o que poderíamos chamar de *o cruzado da raiva*. Trata-se de indivíduos que "pegam carona" em lutas justificadas para botar para fora suas mensagens agressivas e suas motivações vingativas, com o desejo de atacar e envergonhar os outros. Eles argumentarão, é claro, que isso se dá porque eles se sentem passionais acerca de uma causa, mas logo fica evidente que estão mais interessados na luta do que na causa. Eles se associam para rotular e identificar grupos merecedores de vergonha e estigma. É interessante notar que muitas vezes eles são tolerados porque estão lutando na causa, mas são polêmicos. Exemplos extremos incluem assassinar médicos que realizam abortos; considere também os revolucionários que acreditam que os meios (violentos) justificam os fins.

Há também os indivíduos que inibem a raiva. São indivíduos provenientes de contextos de vergonha, sobretudo quando crianças, em que a expressão de raiva faria com que fossem feridos ou rejeitados. Eles aprenderam a suprimir sentimentos de raiva como uma defesa subordinada. Ao trabalhar com experiências de abuso, o cliente pode iniciar com um senso de vergonha, autoculpa e ocultação, com raiva suprimida (que pode ser assustadora), mas, à medida que progride na terapia, ele se torna seguro (o suficiente) para tolerar e trabalhar com sua raiva contra os abusadores e a falta de protetores. O estágio final pode ser o trabalho de luto pelo que foi perdido, e então um movimento gradual para uma forma de perdão que permita a cura da raiva (Worthington & Wade, 2019). Consequentemente, você o está guiando por meio de múltiplas texturas de diferentes estágios e emoções.

Outro foco de raiva pode ser a *raiva invejosa*. Embora a raiva invejosa tenha sido observada em outros primatas (Brosnan & de Wall, 2003), nos humanos, ela pode se associar ou ser acentuada por um senso subjacente de vergonha ligada à inferioridade. Raiva invejosa é o oposto do que algumas vezes é chamado de alegria empática. É diferente da alegria de ter alguém a quem copiar, como na identificação. Por exemplo, homens jovens podem idolatrar seus heróis do futebol e querer ser como eles (Gilbert, 1992). A inveja destrutiva orienta para o desejo de destruir o outro ou derrubá-lo e infelizmente é muito comum na nossa mídia ocidental, dando um mau exemplo para a moralidade social. Os clientes podem ter vergonha da sua raiva invejosa, porém, mais uma vez, ajudará se você simplesmente enfatizá-la como uma estratégia e indicar que se trata de aprender a entendê-la, ver de onde ela vem, desenvergonhá-la e, compassivamente, trabalhar com ela. Você pode explorar a vulnerabilidade subjacente à inveja hostil.

Às vezes, os clientes têm inveja do terapeuta porque acreditam que o terapeuta tem uma vida fácil comparada à deles. Esses temas podem ser fontes muito úteis para trabalhar e precisam ser discutidos aberta, e não defensivamente, como compreensíveis e básicos da nossa natureza. Com um cliente que estava me dizendo "isso é fácil para pessoas como você [eu], com seus *** PhDs, mas a minha vida foi um contínuo *** depois do outro", eu reconheci isso e acrescentei: "esses sentimentos de raiva compreensíveis devem deixar você se sentindo muito sozinho e isolado, às vezes". Em outras palavras, nos aproximamos do sentimento de solidão e isolamento que está por trás da raiva invejosa. Com alguns clientes, você pode empatizar e concordar que a vida é como um jogo de cartas. Alguns de nós recebem boas mãos, alguns recebem mãos ruins, portanto, trata-se da forma como jogamos nossa mão com a mente que temos. A outra questão que apresentei foi como ele poderia descobrir uma forma de usar a mim e aos meus anos de estudo. Ele poderia ficar com raiva de mim, mas isso poderia destruir o que poderia ser útil para ele. Foi uma discussão interessante! E, é claro, sempre exploramos se ele poderia trabalhar compassivamente com sua inveja e sua raiva e como isso o ajudaria. Isso seria algo que valeria a pena explorar? Ele estaria interessado em como a compaixão poderia ajudá-lo com a raiva invejosa? Demorou algum tempo, mas gradualmente ele começou a se engajar em compaixão e a explorar o que estava por trás do seu "exterior duro".

Então, torna-se muito sério reconhecer que, apesar das nossas novas capacidades para a compaixão, a natureza não removeu ou eliminou as estratégias que promovem o autointeresse insensível, narcisista e violento. Elas estão prontas para serem ativadas quando contextos específicos as favorecerem, e não as suprimirem. Também precisamos pensar sobre o fluxo de estratégias nas populações. Em outras palavras, as sociedades e as culturas podem pender para o autointeresse mais narcisista e criar condições para que essas estratégias floresçam. O neoliberalismo é um caso em questão.

Observe também que, em um nível cultural, a humilhação é profundamente problemática. A fúria humilhada pode emergir de humilhação passada, inveja e conflito tribal. Por exemplo, considere a forma como os nazistas queriam humilhar o povo judeu, fazendo com que comessem do chão, e assim por diante. Alguns sugeriram que, como os nazistas se sentiram muito humilhados por perder a Primeira Guerra Mundial, e como os aliados fizeram com que eles pagassem reparações e os empobreceram, eles precisaram de bodes expiatórios para quem voltar a sua fúria humilhada e a sua raiva invejosa. Hoje, embora possamos pensar que a necessidade de criar medo como uma estratégia de segurança se deve apenas a "pessoas más" que fazem coisas ruins, é recomendável lembrar que os humanos têm uma longa história de usar o medo como um controle social e por vingança (Zimbardo, 2007). Considere que algumas formas de punição (crucificação) e tortura podem envolver atos de aterrorizar e humilhar as vítimas. Mesmo hoje em dia, existem governos que só se sentem seguros se podem intimidar (com tortura e prisão) suas populações. Temos líderes mundiais que constantemente dizem aos seus eleitores que eles podem *ser grandes*, e é claro que, por trás disso, muitas vezes há uma história de humilhação e medo de serem diminuídos e se mostrarem impotentes na infância. Esses são líderes perigosos.

Vergonha e culpa: uma distinção crucial

As distinções evolucionárias entre vergonha e culpa são fundamentais para a abordagem da TFC para compreender e trabalhar com elas (Gilbert, 1998, 2010, 2019, no prelo, e também no Capítulo 2). Como discutido anteriormente, vergonha e humilhação são funções que emergem da mentalidade de competição social, mas são fundamentalmente diferentes das defesas da culpa. Em contrapartida, vergonha e culpa evoluíram a partir de diferentes mentalidades sociais. Uma das distinções cognitivas tradicionais entre vergonha e culpa é que a vergonha está focada na autoavaliação global, ao passo que a culpa está focada no comportamento. Atualmente, há muitos estudos que apoiam essa distinção (Tangney, Stuewig, & Mashek, 2007), embora Andrews et al. (2002) tenham constatado que podemos ter vergonha tanto de nossos comportamentos quanto do nosso caráter, ou ter um senso de *self* global. Medidas baseadas nessas distinções cognitivas mostraram que a vergonha, mas não a culpa, está associada à solidão, a problemas de saúde mental e, às vezes, a problemas antissociais (Cândea et al., 2018; Kim et al., 2011). A culpa está associada ao comportamento moral e pró-social de uma forma que a vergonha não está (Tangney et al., 2007, 2014).

Entretanto, na TFC, vergonha e culpa não são diferentes apenas no estilo de atribuição mas também estão enraizadas em mentalidades sociais evolutivas diferentes, com diferentes funções, focos de atenção, emoções, impulsos comportamentais e processos psicofisiológicos (Capítulo 2). Considerando-se as discussões já detalhadas, pode-se perceber que a vergonha é claramente um derivativo de questões de competição social que envolvem preocupações com o *ranking* social, o *status*, a depreciação social e a rejeição (Gilbert, 2007), e a culpa não se relaciona a nenhum destes. Culpa não envolve comportamento submisso, comparação social ou ocultação social. A culpa evoluiu da mentalidade social de cuidado como um algoritmo de evitação de danos (Gilbert, 2003, 2019, no prelo). Os algoritmos evoluídos de evitação de danos facilitaram que os pais ficassem atentos a possíveis danos à sua prole, que não os comessem, sufocassem ou mordessem e que colocassem as necessidades dos seus bebês antes das suas (trazer a comida para o ninho, em vez de comer tudo). É por isso que, algumas vezes, quando estamos trabalhando com a vergonha, ajudamos as pessoas a processar e *tolerar mais, e não menos* a culpa, sobretudo com aqueles que prejudicaram outros (Taylor, 2021). Ajudar os pais a estabelecer limites de cuidado apropriados pode, algumas vezes, significar que eles precisam lidar com o sentimento de culpa dizendo "não" e recusando pedidos dos seus filhos.

Portanto, o cuidado evoluiu com a consciência da necessidade da inibição do comportamento potencialmente prejudicial. Se um cuidador primário inadvertidamente prejudicou o bebê, ele precisa prestar atenção a isso, tentar remediar e reparar qualquer dano causado. Argumentos semelhantes podem ser apresentados para alianças e relações de cooperação, para evitar prejudicá-las e, dessa forma, perder a vantagem dessa relação. Embora haja várias complicações e variedades, a evitação de danos (aos outros) é o modelo básico da culpa. Embora a culpa envolva uma noção de causar dano a outro, ela precisa ser involuntária. Dano intencional seria vingança ou crueldade. É claro que é possível sentir culpa depois que cometemos um ato de vingança ou fomos intencionalmente lesivos em, digamos, uma discussão. Para os humanos, há *preocupação e sofrimento* empático pelo dano causado (Baumeister, Stillwell, Heatherton, & Parrott, 2001). Desconforto é importante porque, novamente, uma mera conexão empática por causar danos poderia ser associada a vingança ou sadismo. Blair (2017), por exemplo, mostrou que uma das distinções entre pessoas psicopatas e não psicopatas é menos pelo medo e mais pela sua indiferença aos sinais e às pistas de desconforto. É interessante também que, ao observar alguém experienciando dor, os indicadores fisiológicos de empatia tendem a ser desativados se essa pessoa é percebida como sendo um membro externo ao grupo (Hein, Silani, Preuschoff, Batson, & Singer, 2010). Isso levanta a questão de que parte do nosso potencial para prejudicar os outros e não sentir culpa é porque os vemos como estranhos ao grupo, e não como parte da nossa comunidade. Desse modo, o treino da compaixão deve romper essas barreiras tribais.

As emoções associadas à culpa tendem a ser de tristeza e remorso, e os comportamentos são orientados para a reparação do dano no outro. Ser capaz de entender e processar a culpa pode ajudar a construir relacionamentos (Baumeister et al., 1994). Para apresentar um exemplo prático, considere dois homens, Tom e Harry, que tiveram casos, e suas parceiras os descobriram. Tom tem uma resposta focada na vergonha. Ele tem um sentimento de desvalorização pessoal aos seus próprios olhos e aos dos outros; ele se torna autocrítico e se compara desfavoravelmente com os outros. Ele se preocupa que sua parceira deixe de ter consideração por ele agora ou que não se importe com ele, e também se sua parceira vai perdoá-lo, e como poderá reconstruir o relacionamento. Ele se preocupa que sua parceira conte a todos os seus amigos. Ele quer desesperadamente fazer reparações, mas *sobretudo para se sentir melhor, e busca o perdão da sua parceira para que possa se sentir amado e querido de novo*. Vergonha é: "Sinto-me mal em relação a mim mesmo e acredito que você também se sinta mal em relação a mim e, se as pessoas ouvirem falar de mim, também se sentirão mal em relação a mim". Tudo é sobre (um mau) "eu, eu, eu". Uma resposta de humilhação seria ficar com raiva e, digamos, culpar sua parceira por não ser suficientemente atraente, de tal forma que ele precisou ter casos, ou ter raiva da pessoa que revelou seu segredo. Outras respostas podem ser negação ou minimização, e assim por diante.

Por sua vez, Harry tem sobretudo uma resposta de culpa. Ele consegue reconhecer que sua parceira veria isso como uma traição e ficaria muito magoada. Ele pode mentalizar a mente da sua parceira em vez da sua. Harry pode não ser autocrítico. Ele fica menos preocupado consigo ou com sua reputação, e mais preocupado pelo abalo que causou à sua parceira. Ele tem um desejo genuíno de ajudar sua parceira a se sentir melhor e reparar o dano. Harry tentará ser honesto sobre seu comportamento e resolvê-lo a partir dali. Suas emoções principais são tristeza e remorso pela dor que sua parceira está enfrentando.

Embora vergonha e culpa tenham origem em sistemas motivacionais evoluídos diferentes, muitas vezes elas podem ocorrer juntas. O importante é que a vergonha de Tom não é útil, e, portanto, não tentaríamos aumentá-la terapeuticamente. Em contrapartida, a capacidade de sentir culpa é muito importante, e se Tom não for capaz de ser sensível ao sofrimento da sua parceira e só ficar autofocado, então precisaríamos trabalhar para ajudá-lo a se tornar tolerante à culpa, com a habilidade de sentir tristeza e remorso pelo que ele fez e reduzir o autofoco narcisista. Isso é importante porque seguramente, em contextos forenses, ainda há uma crença de que, ao envergonhar e ameaçar as pessoas, nós as ajudamos a assumir responsabilidade pelo dano que elas causaram. As evidências são que isso não funciona, mesmo que os governos e serviços acreditem que sim (Tangney, Stuewig, & Martinez, 2014). Ao trabalhar com casais, também, envergonhar e culpar normalmente os leva a um impasse, ao passo que aprender a reconhecer e trabalhar com a culpa genuína pode ser útil (veja o Capítulo 7 para uma discussão da tomada de perspectiva que pode ajudar a culpa). Considere, também, a diferença de experienciar vergonha pelo dano ancestral, como a escravidão, comparada com um sentimento de culpa. Na primeira, o problema é autofocado e pode até levar ao ocultamento defensivo, ao passo que, na última, isso requer que realmente nos imaginemos passando pela experiência e como isso seria. A culpa nos exige fazer uma jornada empática, trazendo à mente e imaginando a possibilidade de ser a *nossa* aldeia que foi saqueada e *nosso* parceiro e nossos filhos que foram acorrentados. Se fosse *nosso* amado parceiro que vimos sendo jogado ao mar para os tubarões por estar doente. Se fosse *nos-*

so amado parceiro e nossos filhos que vimos sendo espancados e sabíamos que não havia nada que pudéssemos fazer, e que suas vidas dali em diante seriam de miséria e sofrimento. A culpa ajuda a nos aproximarmos do outro; a vergonha nos afasta do outro e faz nos voltarmos para nós mesmos e para o autojulgamento ou a negação. Isso deveria ser fundamental para todos os treinos em escolas e certamente para a terapia, mas infelizmente não é. Tais manobras são a base da justiça restaurativa, com o reconhecimento de que a vergonha frequentemente não é útil para a transição para a compaixão. No entanto, como repetidamente mencionei, ajudar as pessoas que foram prejudiciais a experienciarem culpa, tristeza e remorso pode requerer que elas sejam capazes de experienciar tristeza pessoal (Shirtcliff et al., 2009).

Essas distinções também são importantes quando algumas pessoas deprimidas têm problemas com assertividade porque elas se preocupam com magoar os sentimentos das outras. Os indivíduos podem se sentir culpados por sair de uma relação tóxica se a outra pessoa expressar sofrimento ou, algumas vezes, intenção suicida (veja os Capítulos 6 e 7). A culpa, como qualquer outra emoção, precisa ser entendida de maneira sábia e tolerada apropriadamente; caso contrário, ela pode manter as pessoas presas em armadilhas, em posições não assertivas. No entanto, o que às vezes é sugerido como culpa, ao exame mais detalhado, se mostra ser vergonha, pois o foco é em "se sentir má pessoa por causar transtorno".

Um resumo dessas distinções é apresentado na Tabela 4.2. Como regra geral, para distinguir esses estados cerebrais sociais, você pode olhar para onde as pessoas estão alocando sua atenção, em que estão focadas em seus pensamentos e suas ruminações e o que querem fazer. Eles não são *mutuamente excludentes*, e várias combinações de cada um podem surgir e variar na terapia e no geral. A culpa ajuda a construir relações de formas que a vergonha não faz (Baumeister et al., 1994). Enquanto há muita discussão sobre tolerar tristeza, ansiedade e raiva, há poucas pesquisas sobre aprender a tolerar a culpa e como se comportar de maneira apropriada — mas isso é importante na TFC. A culpa é normal e natural e deve ser esperada, pois ninguém consegue passar pela vida sem ferir alguém algumas vezes.

Há algumas escolas de terapia que sugerem que a propensão à culpa e "o medo de machucar" os outros estão associados a algumas dificuldades de saúde mental (O'Connor et al, 2000). Pode haver culpa por se sair melhor do que os outros e a culpa do sobrevivente (O'Connor et al., 2000). Algumas formas de transtorno obsessivo-compulsivo (TOC) podem envolver preocupar-se com contaminar outros e ficar com remorso intenso. Trabalhar com algumas equipes na linha de frente de unidades da covid-19 revelou, às vezes, intensa tristeza e culpa pelos pacientes que morriam em alta escala, além da preocupação sobre se os profissionais fizeram tudo o que era possível, ou alguém cometeu um erro? Alguns experienciam estados de exaustão emocional intensa. Quando crianças e adultos são colocados nos papéis de cuidado (p. ex., de pais ou parentes), sentir culpa e vergonha pode estar associado a querer escapar desse papel. De fato, desejar fugir de papéis de cuidado quando se está cansado ou exausto ou ressentido pode ser muito difícil para as pessoas (Martin, Gilbert, McEwan, & Irons, 2006).

O treino profissional pode proporcionar oportunidades para a equipe clínica se familiarizar com esses estresses. Equipes em organizações como o National Health Service* muitas vezes enfrentam as pressões do tempo e acabam sentindo que não foram capazes de dar aos seus pacientes a gama total dos cuidados que poderiam ou gostariam de dar

* N. de R.T. National Health Service (NHS) é o serviço de saúde pública do Reino Unido.

TABELA 4.2 Breves distinções entre vergonha, humilhação e culpa

Vergonha *Mentalidade competitiva* *(defesa de ranking inferior)*	*Humilhação* *Mentalidade competitiva* *(defesa de ranking superior)*	*Culpa* *Mentalidade de cuidado*
Atenção: dirigida internamente para o dano ao *self* e à reputação. *Emoções*: ansiedade, paralisia, coração apertado, confusão, vazio, raiva/aversão autodirigida. *Pensamentos*: pensar que os outros o veem como diminuído e ver a si mesmo como socialmente diminuído. *Comportamentos*: submisso-apaziguador, retraimento, evitativo, deslocamento, ocultação, autoagressão. *Fisiologias*: sistema de ameaça, mas não empatia ou cuidado.	*Atenção:* dirigida externamente para a ameaça ao *self* pelo outro. *Emoções:* raiva, injustiça, vingança. *Pensamentos:* outros tentaram me diminuir ou me diminuíram/desrespeitaram, foco na injustiça dos outros, culpa das outras pessoas. *Comportamentos:* como se vingar e silenciar o outro, engajando-se em medidas para combater a vergonha e a humilhação. *Fisiologias:* sistema de ameaça, mas não empatia ou cuidado.	*Atenção:* dirigida externamente para a dor causada. *Emoções:* alarme, sofrimento, tristeza e remorso. *Pensamentos*: foco nos próprios comportamentos prejudiciais, "dano ao outro", resolver como reparar e ser útil. *Comportamentos:* focados em tentar reparar o dano, oferecendo desculpas genuínas, corrigindo e trabalhando para o benefício de outros. *Fisiologias:* sistema de ameaça, mas com empatia ou cuidado.

Fonte: Adaptada de Gilbert (2010).

(Brown, Crawford, Gilbert, Gilbert, & Gale, 2014). Exploramos um programa de treino da mente compassiva (TMC) para enfermeiros em duas unidades de internação e uma equipe de intervenção em crise, usando métodos qualitativos (McEwan, Minou, Moore, & Gilbert, 2020). Ao revisitarmos a equipe um ano mais tarde para explorar o impacto desse treino, verificamos redução na autocrítica dos profissionais e aumento na autocompaixão, o que se estendeu para aumento na autocompaixão e criticismo reduzido em relação aos colegas e aos pacientes. Além disso, eles aplicaram parte do que haviam aprendido para ajudar os pacientes a reduzir a vergonha e a autocrítica. Eles acreditam que esse tipo de treino deveria estar disponível para toda a equipe clínica, pois ajuda os clínicos a contextualizarem os tipos de estresses emocionais que eles provavelmente encontrarão e como trabalhar com eles.

Desafios terapêuticos

A vergonha gera muitos desafios terapêuticos (DeYoung, 2015; Kaufman, 2004; Lee, 2012). Como vergonha é o processo de desconexão, e por causa da forma como as pessoas ocultam questões de vergonha, ela pode tornar a relação terapêutica turbulenta. Quando os clientes têm receio de revelar sua vergonha, podem ter dúvidas sobre a capacidade do terapeuta em ajudá-los. É semelhante a irmos ao médico, mas não informarmos exatamente onde sentimos dor — isso diminui nossa confiança no diagnóstico ou tratamento. Essas questões precisam ser discutidas abertamente com os clientes. Isso não é de jeito algum uma forma de forçar a revelação, mas de alertar o cliente que isso pode ser um dilema e que você está ciente e compreende isso. É importante ter em mente que podem surgir situações (raras) em que, se o cliente compartilhar informações que violem a lei, você pode ter a responsabilidade legal de reportá-las.

Há muitas intervenções cognitivas que são úteis para as pessoas lidarem com emoções evitadas relacionadas à vergonha (Leahy, 2019) e se beneficiarem de um aterramento da mente compassiva (veja o Capítulo 8). Se eu suspeito de algum problema com vergonha, costumo explicar de maneira clara o que é a vergonha (oferecendo um pouco de informação) e sua história evolutiva. Falo sobre como a vergonha afeta nossa mente, os tipos de coisas pelas quais é provável que nos envergonhemos, especialmente questões sexuais ou agressivas, e a dor da vergonha relacionada à desconexão. Envolver os clientes com o conceito de um "cérebro complicado" que "não é culpa deles" pode iniciar um processo de desvergonhar que prepara o terreno para o trabalho terapêutico e a tomada de responsabilidade. No entanto, tenha em mente que, se um indivíduo causou danos, devemos ajudá-lo a trocar da vergonha para a culpa. Culpa é uma emoção muito importante do sistema de cuidado, mas pode ser preciso muito trabalho terapêutico sobre o dano que foi causado *a eles*, para que sejam capazes de processar o dano que causam aos outros (Shirtcliff et al., 2009). Importante, também, é que a vergonha pode envolver trabalho de luto e o reconhecimento do quanto o indivíduo ansiava por ser querido e cuidado, mas (talvez) nunca tenha sentido que era bom o suficiente. No caso de indivíduos que ficam com raiva rapidamente, mais uma vez, é preciso tentar encontrar por trás disso o senso de vulnerabilidade e solidão.

Na terapia de grupo, se os indivíduos começam a compartilhar coisas das quais sentem vergonha, isso pode ter efeito muito poderoso de dessensibilização e construção de coragem. No caso de indivíduos que têm preocupações obsessivas sobre fantasias sexuais ou agressivas, a terapia de grupo pode ajudá-los a compartilhar essas fantasias e atuar como uma forma de revelação e exploração. Meu colega David Veale, referência na área, me convidou para sua unidade de internação para TFC. Ele também me convidou para tomar parte em uma prática de "sussurros secretos", que facilita esse compartilhamento no grupo e apoia a construção do trabalho terapêutico comunitário baseado na compaixão (Veale, Gilbert, Wheatley, & Naismith, 2014; Veale, Miles, Naismith, Pieta, & Gilbert, 2016).

Há alguns casos em que os indivíduos podem aprender a ser assertivos e/ou fazer o trabalho da cadeira vazia com aqueles que os envergonharam. A assertividade pode ser especialmente útil quando os indivíduos experienciam submissão receosa devido a um senso de inadequação e vergonha (veja o Capítulo 7). Muitas vezes, explicamos aos clientes que, se sentimos que não conseguimos nos defender, o mundo, de fato, se torna um lugar ansioso. Portanto, em vez de lidar com a ansiedade de maneira específica, queremos ajudar as pessoas a se sentirem mais corajosamente assertivas, e isso envolve aprender a tolerar raiva intensa e a distinção entre assertividade atenciosa respeitosa e agressividade. Portanto, o treino da assertividade na TFC é contextualizado em uma abordagem compassiva, porque cria conectividade respeitosa saudável. Explicamos aos clientes que é difícil desenvolver compaixão a partir de uma posição temerosa e submissa.

Lee (2005, 2012) estudou como o desenvolvimento da mente compassiva pode atuar como um antídoto e compensar o trauma baseado na vergonha. Lawrence e Lee (2014) exploraram os problemas específicos que a vergonha pode apresentar na resistência à compaixão para pessoas traumatizadas e os estágios pelos quais elas tipicamente passam que facilitam o engajamento em compaixão e a cura. Boyer, Wallis e Lee (2014) oferecem um estudo de caso muito informativo. Além disso, como mencionado, na população geral, o TMC reduz a vergonha e o autocriticismo e melhora a variabilidade da frequência cardíaca (Matos et al., 2017). Podemos ter consciência das complexidades que a vergonha e o trauma pós-traumático podem apresentar para o trabalho com a compaixão (veja o Capítulo 7).

- Não raramente, vergonha, humilhação e culpa envolverão trabalho de luto.

Conclusão

Este capítulo sugere que vergonha e humilhação estão entre os desafios terapêuticos mais complicados e profundamente importantes.

- Evoluímos para ser uma espécie altamente social regulada pelos nossos relacionamentos. Vergonha é a experiência de ser ou se sentir desvalorizado como agente social.
- Temos senso de autoconsciência e capacidade de imaginar como existimos na mente dos outros. É por isso que a vergonha pode atingir profundamente nosso senso de ser e nosso senso de conectividade.
- Vergonha é o problema transdiagnóstico mais comum em terapia e, às vezes, o mais difícil. Por trás da vergonha, em geral há experiências antigas de um senso de separação e solidão.
- Na TFC, a vergonha está ligada à mentalidade social competitiva e, assim, a estratégias e defesas competitivas. A vergonha externa pode gerar defesas submissas, como culpa e ocultação, bem como humilhação, pois ambas funcionam de diferentes formas. Curá-las requer mudança da mentalidade social (mudar o estado cerebral) para cuidado e compartilhamento.
- Essas defesas submissas ou agressivas da mentalidade social competitiva de *ranking* social são muito diferentes da culpa, que está associada à mentalidade social de cuidado. O trabalho com a compaixão pode suavizar a vergonha, mas facilita a tolerância da culpa apropriada.
- O segredo do processo terapêutico é criar uma relação terapêutica com base segura (veja o Capítulo 13), o que possibilita a revelação (apropriada) empática gentil e o engajamento compassivo. A relação terapêutica pode ser uma fonte importante para curar a vergonha.

Referências

Allen, L.M., Roberts, C., Zimmer-Gembeck, M.J., & Farrell, L.J. (2020). Exploring the relationship between self-compassion and body dysmorphic symptoms in adolescents. *Journal of Obsessive-Compulsive and Related Disorders, 25*, 100535.

Andrews, B., & Hunter, E. (1997). Shame, early abuse, and course of depression in a clinical sample: A preliminary study. *Cognition & Emotion, 11*(4), 373–381.

Andrews, B., Brewin, C.R., Rose, S., & Kirk, M. (2000). Predicting PTSD symptoms in victims of violent crime: The role of shame, anger and childhood abuse. *Journal of Abnormal Psychology, 109*, 69–73.

Andrews, B., Qian, M., & Valentine, J.D. (2002). Predicting depressive symptoms with a new measure of shame: The Experience of Shame Scale. *British Journal of Clinical Psychology, 41*(1), 29–42.

Bailey, K.G. (2002). Recognizing, assessing, and classifying others: Cognitive bases of evolutionary kinship therapy. *Journal of Cognitive Psychotherapy, 16*(3), 367–383.

Barkow, J.H. (1989). *Darwin: Sex and status*. Toronto University Press.

Basran J., Pires, C., Matos, M., McEwan, K., & Gilbert, P. (2019). Styles of leadership, fears of compassion, and competing to avoid inferiority. *Frontiers in Psychology*, 9, 2460. https://doi.org/ 10.3389/ fpsyg.2018.02460.

Bastin, C., Harrison, B.J., Davey, C.G., Moll, J., & Whittle, S. (2016). Feelings of shame, embarrassment and guilt and their neural correlates: A systematic review. *Neuroscience & Biobehavioral Reviews*, 71, 455–471.

Baumeister, R.F., & Leary, M.R. (1995). The need to belong: Desire for interpersonal attachments as a fundamental human motivation. *Psychological Bulletin*, 117(3), 497.

Baumeister, R.F., Stillwell, A.M., & Heatherton, T.F. (1994). Guilt: An interpersonal approach. *Psychological Bulletin, 115*(2), 243–267.

Baumeister, R.F., Stillwell, A.M., Heatherton, T.F., & Parrott, W G. (2001). Interpersonal aspects of guilt: Evidence from narrative studies. In W.G Parrott, (Ed.). *Emotions in social psychology: Essential readings* (pp. 295–305). Psychology Press.

Beck, A.T. (1967). *Depression: Clinical, experimental and theoretical aspects*. Harper and Row.

Becker, J.C., Hartwich, L., & Haslam, S.A. (2021). Neoliberalism can reduce well-being by promoting a sense of social disconnection, competition, and loneliness. *British Journal of Social Psychology*. Advanced on line. https://doi.org/10.1111/bjso.12438

Blair, R.J.R. (2017). Emotion-based learning systems and the development of morality. *Cognition, 167*, 38–45.

Boehm, C., (1999). *Hierarchy in the forest: The evolution of egalitarian behavior*. Harvard University Press.

Boyer, L., Wallis, J., & Lee, D. (2014) Developing a compassionate mind to enhance trauma focused CBT with an adolescent female: A case study. *Behavioural Cognitive Psychotherapy, 42 (2)*, 248–254.

Brazão, N., Rijo, D., Salvador, M.D.C., & Pinto-Gouveia, J. (2018). The efficacy of the growing pro-social program in reducing anger, shame, and paranoia over time in male prison inmates: a randomized controlled trial. *Journal of Research in Crime and Delinquency, 55*(5), 649–686.

Brosnan, S.F., & de Wall, F.B.M. (2003). Monkeys reject unequal pay. *Nature*, 425, 297–299.

Brown, B., Crawford, P., Gilbert, P., Gilbert, J., & Gale, G. (2014). Practical compassion: Repertoires of practice and compassion talk in acute mental healthcare. *Sociology of Health & Illness*, 36, 383–399. https://doi.org/10.1111/1467-9566.12065

Cacioppo, J.T., & Hawkley, L.C. (2009). Perceived social isolation and cognition. *Trends in Cognitive Sciences, 13*(10), 447–454.

Cacioppo, J.T., & Patrick, W. (2008). *Loneliness: Human nature and the need for social connection*. Norton.

Cacioppo, S., Capitanio, J.P., & Cacioppo, J.T. (2014). Toward a neurology of loneliness. *Psychological Bulletin, 140*(6), 1464–1504. https://doi.org/10.1037/a0037618

Cândea, D.M., & Szentagotai-Tătar, A. (2018). Shame-proneness, guilt-proneness and anxiety symptoms: A meta-analysis. *Journal of Anxiety Disorders, 58*, 78–106.

Canevello, A., & Crocker, J. (2017). Compassionate goals and affect in social situations. *Motivation and Emotion, 41*(2), 158–179.

Conroy, D.E., Willow, J.P., & Metzler, J.N. (2002). Multidimensional fear of failure measurement: The performance failure appraisal inventory. *Journal of Applied Sport Psychology, 14*, 76–90.

Crocker, J., & Canevello, A. (2012). Consequences of self-image and compassionate goals. In P. Devine & A. Plant (Eds.). *Advances in Experimental Social Psychology*, 45, 229–277. https:// doi.org/10.1016

Curran, T., & Hill, A.P. (2019). Perfectionism is increasing over time: A meta-analysis of birth cohort differences from 1989 to 2016. *Psychological Bulletin, 145*(4), 410–429.

da Silva, D.R., Rijo, D., Salekin, R.T., Paulo, M., Miguel, R., & Gilbert, P. (2020). Clinical change in psychopathic traits after the PSYCHOPATHY. COMP program: Preliminary findings of a controlled trial with male detained youth. *Journal of Experimental Criminology, 17*, 397–421.

DeLisi, M., Drury, A.J., & Elbert, M.J. (2019). The etiology of antisocial personality disorder: The differential roles of adverse childhood experiences and childhood psychopathology. *Comprehensive Psychiatry, 92*, 1–6.

DeYoung, D.A. (2015). *Understanding and treating chronic shame. A relational/neurobiological approach*. Routledge.

Dickerson, S.S., & Kemeny, M.E. (2004). Acute stressors and cortisol response: A theoretical integration and synthesis of laboratory research. *Psychological Bulletin, 130*, 335–391.

Diogo, R. (2019). Sex at dusk, sex at dawn, selfish genes: How old-dated evolutionary ideas are used to defend fallacious misogynistic views on sex evolution. *Journal of Social Sciences and Humanities*, 5, 350–367.

Dolezal, L. (2017). Shame, vulnerability and belonging: Reconsidering Sartre's account of shame. *Human Studies, 40*(3), 421–438.

Dunbar, R. (2014). *Human evolution: A Pelican introduction*. Penguin UK.

Dunkley, D.M., Zuroff, D.C., & Blankstein, K.R. (2006). Specific perfectionism components versus self-criticism in predicting maladjustment. *Personality and Individual Differences, 40*(4), 665–676.

Dykman, B.M. (1998). Integrating cognitive and motivational factors in depression: Initial tests of a goal orientation approach. *Journal of Personality and Social Psychology, 74*, 139–158.

Eisenberger, N.I. (2015). Social pain and the brain: Controversies, questions, and where to go from here. *Annual Review of psychology, 66*, 601–629.

Elliott, G., Kao, S., & Grant, A.M. (2004). Mattering: Empirical validation of a social-psychological concept. *Self and Identity*, 3(4), 339–354.

Etcoff, N. (1999). *Survival of the prettiest: The science of beauty*. Doubleday.

Ferreira, C., Pinto-Gouveia, J., & Duarte, C. (2013). Drive for thinness as a women's strategy to avoid inferiority. *International Journal of Psychology and Psychological Therapy, 13*, 15–29.

Flett, G.L., Burdo, R., & Nepon, T. (2020). Mattering, insecure attachment, rumination, and self-criticism in distress among university students. *International Journal of Mental Health and Addiction, 19*, 1300–1313.

Flett, G.L., Hewitt, P.L., & Heisel, M.J. (2014). The destructiveness of perfectionism revisited: Implications for the assessment of suicide risk and the prevention of suicide. *Review of General Psychology, 18*(3), 156–172.

Gilbert, P. (1984). *Depression: From psychology to brain state*. Lawrence Erlbaum Associates.

Gilbert, P. (1989/2016). *Human nature and suffering*. Routledge.

Gilbert, P. (1992/2016). *Depression: The evolution of powerlessness*. Lawrence Erlbaum Associates.

Gilbert, P. (1994). Male violence: Towards an integration. In J. Archer (Ed.). *Male violence* (pp. 352–389). Routledge.

Gilbert, P. (1997). The evolution of social attractiveness and its role in shame, humiliation, guilt and therapy. *British Journal of Medical Psychology*, 70, 113–147.

Gilbert, P. (1998). What is shame? Some core issues and controversies. In P. Gilbert and B. Andrews (Eds.). *Shame: Interpersonal behavior, psychopathology and culture* (pp. 3–38). Oxford University Press.

Gilbert, P. (2000). Social mentalities: Internal 'social' conflicts and the role of inner warmth and compassion in cognitive therapy. In P. Gilbert & K.G. Bailey (Eds.). *Genes on the couch: Explorations in evolutionary psychotherapy* (pp. 118–150). Psychology Press.

Gilbert, P. (2003). Evolution, social roles, and differences in shame and guilt. *Social Research, 70*, 1205–1230.

Gilbert, P. (2005). Bullying in prisons: An evolutionary and biopsychosocial approach. In J.L. Ireland (Ed.). *Bullying in prisons: Innovations in theory and research* (pp. 176–190). Willan.

Gilbert, P. (2007). The evolution of shame as a marker for relationship security. In J.L. Tracy, R.W. Robins, & J.P Tangney (Eds.). *The self-conscious emotions: Theory and research* (pp. 283–309). Guilford.

Gilbert, P. (2009). *Overcoming depression: A Self-guide using cognitive behavioural techniques* (3rd ed.). Little Brown.

Gilbert, P. (2010). *Compassion focused therapy* (The CBT Distinctive Features Series). Routledge.

Gilbert. P. (2011). Shame in psychotherapy and the role of compassion focused therapy. In R.L.Dearing & J.P. Tangney (Eds.). *Shame in the therapy hour* (pp. 325–354). American Psychological Society. https://doi.org/10.1037/12326-014

Gilbert, P. (2017a). Shame and the vulnerable self in medical contexts: The compassionate solution. *Medical Humanities, 43*(4), 211–217.

Gilbert, P. (2017b). Exploring compassion focused therapy in forensic settings: An evolutionary and social-contextual approach. In J. Davies & C. Nagi (Eds.). *Individual psychological therapies in forensic settings* (pp. 59–84). Routledge.

Gilbert, P. (2018). *Living like crazy* (2nd ed.). Annwyn House.

Gilbert, P. (2019). Distinguishing shame, humiliation and guilt: An evolutionary functional analysis and compassion focused interventions. In C.-H. Mayer & E. Vanderheiden (Eds.). *The bright side of shame* (pp. 413–432). Springer.

Gilbert, P. (2020). Evolutionary functional analysis: The study of social mentalities, social rank and caring-compassion. In J.N. Kirby & P. Gilbert (Eds.). *Making an impact on mental health* (pp.4– 42). Routledge.

Gilbert, P. (2021). Creating a compassionate world: Addressing the conflicts between sharing and caring versus controlling and holding evolved strategies. *Frontiers in Psychology, 11*, 582090. https://doi.org/10.3389/fpsyg.2020.582090

Gilbert, P. (in press). Caring and the evolution of guilt: A biopsychosocial approach to a prosocial emotion. In L. Al-Shawaf & T. Shackelford (Eds.). *The Oxford handbook of evolution and the emotions*. Oxford University Press.

Gilbert, P., & Basran, J. (2019). The evolution of prosocial and antisocial competitive behavior and the emergence of prosocial and antisocial leadership styles. *Frontiers in Psychology, 10*, 610.

Gilbert, P., & Gelsma, C. (1999). Recall of favouritism in relation to psychopathology. *British Journal of Clinical Psychology*, 38, 357–373.

Gilbert, P., & McGuire, M. (1998). Shame, status and social roles: The psychobiological continuum from monkeys to humans. In P. Gilbert & B. Andrews (Eds.). *Shame: Interpersonal behavior, psychopathology and culture* (pp, 99–125). Oxford University Press.

Gilbert, P., & Miles, J. (Eds.) (2002). *Body shame: Conceptualisation, research & treatment*. Routledge.

Gilbert, P., Allan, S., Brough, S., & Melley, S., Miles J. (2002). Anhedonia and positive affect: Relationship to social rank, defeat and entrapment. *Journal of Affective Disorders, 71*, 141–151.

Gilbert, P., Broomhead, C., Irons, C., McEwan, K., Bellew, R., Mills, A., & Gale, C. (2007). Striving to avoid inferiority: Scale development and its relationship to depression, anxiety and stress. *British Journal of Social Psychology, 46*, 633–648.

Gilbert, P., McEwan, K., Bellew, R., Mills, A., & Gale, C. (2009). The dark side of competition: How competitive behaviour and striving to avoid inferiority, are linked to depression, anxiety, stress and self-harm. *Psychology and Psychotherapy, 82*, 123–136.

Gilbert, P., Pehl, J., & Allan, S. (1994). The phenomenology of shame and guilt: An empirical investigation. *British Journal of Medical Psychology, 67*(1), 23–36.

Gilbert, P., Price, J.S., & Allan S. (1995). Social comparison, social attractiveness and evolution: How might they be related? *New Ideas in Psychology, 13*, 149–165.

Gilbert, J., Stubbs, R.J., Gale, G., Gilbert, P., Dunk, L., & Thomson, L. (2014). A qualitative study of the understanding and use of 'compassion focused coping strategies' in people who suffer from serious weight difficulties. *Journal of Compassionate Health Care, 1*, 1–10.

Goss, K., Gilbert, P., & Allan, S. (1994). An exploration of shame measures – I: The other as shamer scale. *Personality and Individual differences, 17*(5), 713–717.

Harman, R., & Lee, D. (2010). The role of shame and self-critical thinking in the development and maintenance of current threat in posttraumatic stress disorder. *Clinical Psychology and Psychotherapy, 17*, 13–24.

Hein, G., Silani, G., Preuschoff, K., Batson, C.D., & Singer, T. (2010). Neural responses to ingroup and outgroup members' suffering predict individual differences in costly helping. *Neuron, 68*, 149–160

Henricks, L.A., Pouwels, J.L., Lansu, T.A., Lange, W.G., Becker, E.S., & Klein, A.M. (2021). Prospective associations between social status and social anxiety in early adolescence. *British Journal of Developmental Psychology*. Advanced online. https://doi.org/10.1111/bjdp.12374

Higley, J.D., Mehlman, P.T., Higley, S., Fremald, B., Vickers, J., Lindell, S.G., Taub, D.M., Suomi, S.J., & Linnoila, M. (1996) Excessive mortality in young free-ranging male nonhuman primates with low cerebrospinal fluid 5-hydroxyindoleacetic acid concentrations. *Archives of General Psychiatry, 53*, 537–543.

Ho, A.K., Sidanius, J., Pratto, F., Levin, S., Thomsen, L., Kteily, N. et al. (2012). Social dominance orientation: Revisiting the structure and function of a variable predicting social and political attitudes. *Personality and Social Psychology Bulletin, 38*, 583–606. https://doi.org/10.1177/ 0146167211432765

Hobfoll, S.E. (2018). *Tribalism: The evolutionary origins of fear politics*. Springer.

Hocken, K., & Taylor, J. (in press). Compassion focussed therapy as an intervention for sexual offending. *Forensic Interventions*.

Holding, M. (2021). *Why we kneel, how we rise*. Simon & Schuster.

Johnson, J., Jones, C., Lin, A., Wood, S., Heinze, K., & Jackson, C. (2014). Shame amplifies the association between stressful life events and paranoia amongst young adults using mental health services: Implications for understanding risk and psychological resilience. *Psychiatry Research, 220*(1–2), 217–225.

Kaufman, G. (2004). *The psychology of shame: Theory and treatment of shame-based syndromes*. Springer.

Kelman, H.C., & Hamilton, V.L. (1989). *Crimes of obedience: Toward a social psychology of authority and responsibility*. Yale University Press.

Keltner, D., & Harker, L.A. (1998). The forms and functions of the nonverbal signal of shame. In P. Gilbert & B. Andrews (Eds.). *Shame: Interpersonal behavior, psychopathology and culture* (pp. 78–98). Oxford University Press.

Kim, S., Thibodeau, R., & Jorgensen, R.S. (2011). Shame, guilt, and depressive symptoms: A meta-analytic review. *Psychological Bulletin, 137*(1), 68–82.

Kohut, H. (1977). *The restoration of the self*. International Universities Press.

Kolts, R., & Gilbert, P. (2018). Understanding and using compassion-focused therapy in forensic settings. In A.R. Beech, A. Carter, R.E. Mann, & P. Rothstein (Eds.). *The Wiley Blackwell hand-book of forensic neuroscience* (pp. 725–754). Wiley Blackwell.

Krizan, Z., & Johar, O. (2015). Narcissistic rage revisited. *Journal of Personality and Social Psychology, 108*(5), 784–801.

Lawrence, V.A., & Lee, D. (2014). An exploration of people's experiences of compassion-focused therapy for trauma, using interpretative phenomenological analysis. *Clinical Psychology & Psychotherapy, 21*(6), 495–507.

Lazare, A. (1987). Shame and humiliation in the medical encounter. *Archives of Internal Medicine, 147*(9), 1653–1658.

Leahy, R.L. (2019). Introduction: Emotional schemas and emotional schema therapy. *International Journal of Cognitive Therapy, 12*(1), 1–4.

Leary, M.R. (2004). *The curse of the self: Self-awareness, egotism and quality of human life*. Oxford University Press

Leary, M.R. (2007). Motivational and emotional aspects of the self. *Annual Review of Psychology, 58*, 317–344.

Leary, M.R., & Baumeister, R.F. (2000). The nature and function of self-esteem: Sociometer theory. In M.P. Zanna (Ed.). *Advances in Experimental Social Psychology* (Vol. 32, pp. 1–62). Academic Press.

Lee, D. (2005). The perfect nurture: A model to develop a compassionate mind within the context of cognitive therapy. In P. Gilbert (Ed). *Compassion: Conceptualisations, research and use in psychotherapy* (pp. 326–351). Routledge.

Lee, D.A. (2012). *Compassionate approaches to recovering from trauma and shame.* Robinson Publishing.

Lewis, M. (1992). *Shame: The exposed self.* The Free Press.

Lindsay-Hartz, J., de Rivera, J., & Mascolo, M.F. (1995). Differentiating guilt and shame and their effects on motivations. In J.P. Tangney and K.W. Fischer, (Eds.). *Self-conscious emotions: The psychology of shame, guilt, embarrassment and pride* (pp. 274–300). Guilford.

Martin, Y., Gilbert, P., McEwan, K., & Irons, C. (2006). The relation of entrapment, shame and guilt to depression, in carers of people with dementia. *Aging and Mental Health, 10*, 101–106.

Matos, M., Duarte, C., Duarte, J., Pinto-Gouveia, J., Petrocchi, N., Basran, J., & Gilbert, P. (2017). Psychological and physiological effects of compassionate mind training: A pilot randomised controlled study. *Mindfulness, 8*(6), 1699–1712.

Matos, M., Duarte, J., & Pinto-Gouveia, J. (2017). The origins of fears of compassion: Shame and lack of safeness memories, fears of compassion and psychopathology. *The Journal of Psychology, 151*(8), 804–819.

Matos, M., Pinto-Gouveia, J., & Gilbert, P. (2013). The effect of shame and shame memories on paranoid ideation and social anxiety. *Clinical Psychology and Psychotherapy, 20*, 334–349. https://doi.org/10.1002/cpp.1766

Matos, M., Steindl, S., Gilbert, P., & Pinto-Gouveia, J. (2020). Shame memories that shaped who we are. In J.N. Kirby and P. Gilbert (Eds.). *Making an impact on mental health: The applications of psychological research* (pp. 97–126). Routledge.

McEwan, K., Minou, L., Moore, H., & Gilbert, P. (2020). Engaging with distress: Training in the compassionate approach. *Journal of Psychiatric and Mental Health Nursing, 27*(6), 718–727.

McGregor, H.A., & Elliot, A.J. (2005). The shame of failure: Examining the link between fear of failure and shame. *Personality and Social Psychology Bulletin, 31*(2), 218–231.

McLaughlin, K.A., Sheridan, M.A., & Lambert, H.K. (2014). Childhood adversity and neural development: Deprivation and threat as distinct dimensions of early experience. *Neuroscience & Biobehavioral Reviews, 47*, 578–591.

Merrick, M.T., Ports, K.A., Ford, D.C., Afifi, T.O., Gershoff, E.T., & Grogan-Kaylor, A. (2017). Unpacking the impact of adverse childhood experiences on adult mental health. *Child Abuse & Neglect, 69*, 10–19.

Mikulincer, M.E., & Shaver, P.R. (2014). *Mechanisms of social connection: From brain to group.* American Psychological Association

Narvaez, D. (2017). Evolution, child raising and compassionate morality. In P. Gilbert (Ed.). *Compassion: Concepts, research and applications* (pp. 31–68). Routledge.

O'Connor, L.E., Berry, J.W., Weiss, J., Schweitzer, D., & Sevier, M. (2000). Survivor guilt, submissive behaviour and evolutionary theory: The down-side of winning in social competition. *British Journal of Medical Psychology, 73*: 519–530.

Ogilive, D.M. (1987). The undesired self: A neglected variable in personality research. *Journal of Personality and Social Psychology, 52*, 379–388.

Owen, D. (2020). *Hubris: The road to Donald Trump.* Methuen.

Pinel, E.C. (1999). Stigma consciousness: The psychological legacy of social stereotypes. *Journal of Personality and Social Psychology, 76*(1), 114–128.

Pinto-Gouveia, J., Matos, M., Castilho, P., & Xavier, A. (2014). Differences between depression and paranoia: The role of emotional memories, shame and subordination. *Clinical Psychology & Psychotherapy, 21*(1), 49–61.

Ribeiro da Silva, D., Rijo, D., & Salekin, R.T. (2015). The evolutionary roots of psychopathy. *Aggression and Violent Behavior, 21*, 85–96.

Ribeiro da Silva, D., Rijo, D., Brazão, N., Paulo, M., Miguel, R., Castilho, P., Vagos, P., Gilbert, P., & Salekin, R.T. (2021). The efficacy of the PSYCHOPATHY.COMP program in reducing psychopathic traits: A controlled trial with male detained youth. *Journal of Consulting and Clinical Psychology, 89*(6), 499–513. https://doi.org/10.1037/ccp0000659

Ribeiro da Silva, D., Vagos, P., & Rijo, D. (2019a). An evolutionary model to conceptualize psychopathic traits across community and forensic male youth. *International Journal of Offender Therapy and Comparative Criminology, 63*, 574–596.

Ribeiro da Silva, D., Vagos, P., & Rijo, D. (2019b). Conceptualizing psychopathic traits from an evolutionary-based perspective: An empirical study in a community sample of boys and girls. *Current Psychology, 40*, 3931–3943. https://doi.org/10.1007/s12144-019-00353-3.

Rohleder, N., Chen, E., Wolf, J.M., & Miller, G.E. (2008). The psychobiology of trait shame in young women: Extending the social self-preservation theory. *Health Psychology, 27*(5), 523–532. https://doi.org/10.1037/0278-6133.27.5.523

Ryan, C. (2019). *Civilized to death: The price of progress*. Avid Reader Press/Simon & Schuster. Sagan, O. (2017). Narratives of loneliness and mental illness health in a time of neoliberalism. In O.

Sagan & E.D. Miller (Eds). *Narratives of loneliness: Multidisciplinary perspectives from the 21st century* (pp.88–100). Routledge.

Sagan, O., & Miller, E.D. (Eds.) (2017). *Narratives of loneliness: Multidisciplinary perspectives from the 21st century*. Routledge.

Santor, D.A., & Walker, J. (1999). Garnering the interest of others: Mediating the effects among physical attractiveness, self-worth and dominance. *British Journal of Social Psychology, 38*(4), 461–477.

Sapolsky, R.M. (1990) Adrenocortical function, social rank, and personality among wild baboons. *Biological Psychiatry, 28*, 862–878

Scheff, T.J. (2000). Shame and the social bond: A sociological theory. *Sociological Theory, 18*(1), 84–99.

Schlenker, B.R., & Leary, M.R. (1982). Social anxiety and self-presentation: A conceptualization model. *Psychological Bulletin, 92*(3), 641–648.

Schore, A.N. (2019). *The development of the unconscious mind* (Norton Series on Interpersonal Neurobiology). W.W. Norton.

Shirtcliff, E.A., Vitacco, M.J., Graf, A.R., Gostisha, A.J., Merz, J.L., & Zahn-Waxler, C. (2009). Neurobiology of empathy and callousness: Implications for the development of antisocial behavior. *Behavior, Science and Law, 27*, 137–171. https://doi.org/10.1002/bsl.862

Slavich, G.M. (2020). Social safety theory: A biologically based evolutionary perspective on life stress, health, and behavior. *Annual Review of Clinical Psychology, 16*, 265–295.

Spikins, P. (2017). Prehistoric origins the compassion of far distant strangers. In P. Gilbert (Ed.). *Compassion: Concepts, research and applications* (pp. 16–30). Routledge.

Stuewig, J., Tangney, J.P., Heigel, C., Harty, L., & McCloskey, L. (2010). Shaming, blaming, and maiming: Functional links among the moral emotions, externalization of blame, and aggression. *Journal of Research in Personality, 44*(1), 91–102.

Swaby, H., Winder, B., Lievesley, R., Hocken, K., Blagden, N., & Banyard, P. (Eds.). (2020). *Sexual crime and trauma*. Palgrave Macmillan.

Sznycer, D., Tooby, J., Cosmides, L., Porat, R., Shalvi, S., & Halperin, E. (2016). Shame closely tracks the threat of devaluation by others, even across cultures. *Proceedings of the National Academy of Sciences, 113*(10), 2625–2630.

Tangney, J.P., Stuewig, J., & Martinez, A.G. (2014). Two faces of shame: The roles of shame and guilt in predicting recidivism. *Psychological Science, 25*(3), 799–805.

Tangney, J.P., Stuewig, J., & Mashek, D.J. (2007). Moral emotions and moral behavior. *Annual Review of Psychology, 58*, 345–372.

Taylor, J. (2021). Compassion in custody: Developing a trauma sensitive intervention for men with developmental disabilities who have convictions for sexual offending. *Advances in Mental Health and Intellectual Disabilities*. Advanced online.

Taylor, J., & Hocken, K. (2021). 'People hurt people': Reconceptualising criminogenic need to promote trauma sensitive and compassion focussed practice, *The Journal of Forensic Practice*. Advanced online. https://doi.org/10.1108/JFP-04-2021-0015

Taylor J., Akerman G., & Hocken K. (2020). Cultivating compassion focussed practice for those who have committed sexual offences. In H. Swaby, B. Winder, R. Lievesley, K. Hocken, N. Blagden, & P. Banyard (Eds.). *Sexual crime and trauma* (pp. 57–83). Palgrave Macmillan. https://doi.org/10.1007/978-3-030-49068-3_3

Taylor, S.E. (2006). Tend and befriend: Biobehavioral bases of affiliation under stress. *Current Directions in Psychological Science, 15*(6), 273–277.

Tomasello, M., Melis, A.P., Tennie, C., Wyman, E., & Herrmann, E. (2012). Two key steps in the evolution of human cooperation: The interdependence hypothesis. *Current Anthropology, 53*(6), 673–692.

Trower, P., & Gilbert, P. (1989). New theoretical conceptions of social anxiety and social phobia. *Clinical Psychology Review, 9*(1), 19–35.

Veale, D. (2002). Shame in body dysmorphic disorder. In P. Gilbert & J. Miles (Eds.). *Body shame: Conceptualisation, research and treatment* (pp. 267–283). Routledge.

Veale, D., & Gilbert, P. (2014). Body dysmorphic disorder: The functional and evolutionary context in phenomenology and a compassionate mind. *Journal of Obsessive-Compulsive and Related Disorders, 3*(2), 150–160.

Veale, D., Eshkevari, E., Kanakam, N., Ellison, N., Costa, A., & Werner, T. (2014). The Appearance Anxiety Inventory: Validation of a process measure in the treatment of body dysmorphic disorder. *Behavioural and Cognitive Psychotherapy, 42*(5), 605–616.

Veale, D., Gilbert, P., Wheatley, J., & Naismith, I. (2014). A new therapeutic community: Development of a compassion focused and contextual behavioural environment. *Clinical Psychology and Psychotherapy*. First view online, April 14, 2014. http://dx.doi.org/10.1002/cpp.1897

Veale, D., Miles, S., Naismith, I., Pieta, M., & Gilbert, P. (2016). Development of a compassion-focused and contextual behavioural environment and validation of the Therapeutic Environment Scales (TESS). *BJPsych Bulletin, 40*(1), 12–19. https://doi.org/10.1192/pb.bp.114.048736

Weingarden, H., Renshaw, K.D., Davidson, E., & Wilhelm, S. (2017). Relative relationships of general shame and body shame with body dysmorphic phenomenology and psychosocial outcomes. *Journal of Obsessive-Compulsive and Related Disorders, 14*, 1–6.

Wetherall, K., Robb, K.A., & O'Connor, R.C. (2019). Social rank theory of depression: A systematic review of self-perceptions of social rank and their relationship with depressive symptoms and suicide risk. *Journal of Affective Disorders, 246*, 30–39. https://doi.org/10.1016/j.jad.2018.12.045

William, M.J. (2014). *Cry of pain: Understanding suicide and the suicidal mind.* Piatkus.

Winston, S.M., & Seif, M.N. (2017). *Overcoming unwanted intrusive thoughts: A CBT-based guide to getting over frightening, obsessive, or disturbing thoughts.* New Harbinger Publications.

Worthington, E.V. & Wade, N.G. (Eds.) (2019). *Handbook of forgiveness* (2nd ed.). Routledge.

Zimbardo, P. (2007). *The Lucifer effect: Understanding how good people turn evil.* Rider.

5

Vergonha interna e autodesconexão

Do autocriticismo hostil à autocorreção e à orientação compassiva

Paul Gilbert

Autocriticismo como vergonha interna: uma análise funcional evolucionista

Assim como a vergonha externa pode nos dar um senso de desconexão, vulnerabilidade e solidão, podemos criar um senso interno de desconexão por meio da nossa própria hostilidade voltada para (partes de) nós. A ideia de que as pessoas podem ser críticas consigo mesmas de formas que podem motivar dificuldades de saúde mental tem uma longa história (Ellenberger, 1970). A importância de reconhecer formas hostis de autocriticismo como um processo patogênico é central para a maioria das psicoterapias, incluindo, no início, a psicanálise (Freud, 1917), e posteriormente as abordagens psicodinâmicas (Blatt et al., 1976; Blatt, & Zuroff, 1992), a terapia cognitiva (Beck, 1967), a terapia focada na emoção (Greenberg & Safran, 1987, Whelton & Greenberg, 2005) e as abordagens comportamentais (Rehm, 1989). Atualmente, há evidências consideráveis de que certas formas de autocriticismo desempenham um papel importante na vulnerabilidade, nos gatilhos, na formação de sintomas e na habilidade para se recuperar das dificuldades e dos problemas na vida (Dunkley, Sanislow, Grilo, & McGlashan, 2009; Shahar, 2015; Werner, Tibubos, Rohrmann, & Reiss, 2019). Há inúmeras e diferentes medidas de autorrelato para autocriticismo, conforme revisado por Rose e Rimes (2018). Algumas formas de autocriticismo afetam negativamente a psicoterapia (Löw, Schauenburg, & Dinger, 2020; Kannan & Levitt, 2013). Em um estudo usando medidas de variabilidade da frequência cardíaca e imagem por ressonância magnética funcional (fMRI, do inglês *functional magnetic ressonance imaging*), Kim et al. (2020) confirmaram que o autocriticismo estimulava inúmeras regiões cerebrais associadas ao processamento da ameaça e à variabilidade reduzida da frequência cardíaca (veja Halamová, Kanovský, & Króniová, 2019; Longe et al., 2010). O treino da mente compassiva (TMC) reduziu essa ativação e melhorou o tônus parassimpático conforme medido pela variabilidade da frequência cardíaca. Em um estudo de Matos et al. (2017, 2018), uma sessão de duas horas de psicoeducação e mais duas semanas de prática de TMC (comparada a um grupo-controle) apresentou reduções significativas na vergonha, no autocriticismo, nos medos de compaixão e no estresse, e melhora nas emoções positivas, na sensação de segurança e na variabilidade da frequência cardíaca. Em geral, então, o autocriticismo tende a estimular o processamento da ameaça, ao passo que a compaixão tende a regular e diminuir o processamento da ameaça, melhorar a variabilidade da frequência cardíaca e estimular um senso de *self* mais seguro (veja o Capítulo 3).

Se pudéssemos focar em apenas um alvo na terapia, na TFC, provavelmente seria ajudar as pessoas a trocarem do autocriticismo para o encorajamento apoiador, o aterramento e o estabelecimento da autocompaixão, e, ao fazer isso, criar um senso interno de base segura e porto seguro (veja o Capítulo 3). Embora a habilidade de ter consciência dos próprios erros e tentar melhorar seja importante, formas hostis de autocriticismo que podem se apresentar em dificuldades de saúde mental podem ser extremamente destrutivas. Muitos músicos, artistas, escultores e escritores destruíram seu próprio trabalho devido ao autocriticismo, à autodesvalorização, à insegurança sobre si mesmo e à depressão. Outros experienciaram extensos períodos de "bloqueios criativos" associados ao sentimento de que seu trabalho não é suficientemente bom. As pessoas podem se perder em drogas e álcool, engajar-se em automutilação e até mesmo se suicidar devido a sentimentos hostis voltados para si (Firestone, 1986). Considerando que a TFC distingue entre autocriticismo útil e prejudicial, este capítulo foca nas formas prejudiciais de autocriticismo e como trocar para a autocorreção compassiva.

Útil *versus* prejudicial e autocriticismo *versus* autoataque

Considerando processos como automonitoramento, autoculpa e autocriticismo, *cada um deles pode ser útil ou prejudicial*. De fato, a autocorreção compassiva está baseada no desejo/na abertura para ver o erro e as áreas a serem melhoradas no próprio funcionamento, e isso é algo a ser estimulado. A Figura 5.1 explora alguns desses processos que indicam a distinção entre aspectos úteis e prejudiciais do autocriticismo.

Automonitoramento. As mentalidades sociais estabelecem processos de monitoramento e focalização da atenção. Aquilo que uma pessoa está monitorando e prestando atenção, tanto consciente quanto inconscientemente, está associado aos principais medos, às preo-

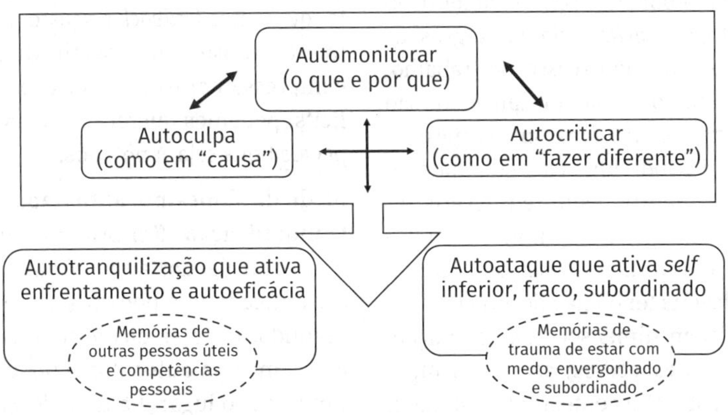

FIGURA 5.1 Processos de autoavaliação.
Fonte: © Paul Gilbert.

cupações atuais, aos desejos e às necessidades, e estes podem variar de uma mentalidade para outra. Algumas formas de criticismo estão baseadas na vergonha (mentalidade social competitiva) e focam no senso de um *self* inadequado, ao passo que outras estão baseadas na culpa e focam em comportamentos que foram prejudiciais para outros. Logo, distinguir entre elas é importante (Gilbert, 2009a,b, 2019, veja também o Capítulo 4). Isso significa que o autocriticismo relacionado a questões de *status* é diferente do criticismo relacionado à mentalidade social de cuidado ou cooperativa (veja Gilbert, 1989). Em sua maior parte, este capítulo foca no autocriticismo *baseado na vergonha*.

Autoculpa é simplesmente atribuir causalidade. Podemos ver a *nós mesmos como causa para as coisas* sem necessariamente sermos críticos. Eu posso me culpar por bons resultados e também por maus resultados. Quanto à causalidade e à culpa, é útil ajudar os clientes a considerarem que a maioria dos resultados tem múltiplas causas. Às vezes, você pode usar "gráficos em forma de *pizza* para culpa, causas e responsabilidades". Nesse caso, as pessoas desenham um círculo e então distribuem as "fatias" em termos das porcentagens para as diferentes causas que contribuem para um aspecto. Por exemplo, para o rompimento de um relacionamento, você poderia ter uma fatia da porcentagem atribuída a problemas com o parceiro, ao distanciamento, à interferência dos sogros, às pressões financeiras, ao excesso de trabalho, etc. Discussões em torno da multiplicidade são sempre importantes. Ao focar em si mesmo, que *aspecto* de si o indivíduo está culpando — por exemplo: comportamento (eu deveria ter ou não deveria ter feito isso); motivos (eu deveria ter ou não deveria ter desejado isso); ou emoções (eu deveria ter ou não deveria ter sentido isso). Existem dimensões da atribuição: global (eu) *versus* específica; estável (sempre assim) *versus* instável e contextual (isto, aqui, agora); interna (eu) *versus* externa (eventos externos). Quanto mais globais, estáveis e internas as atribuições forem para os resultados negativos, mais provavelmente os clientes terão dificuldades com o autocriticismo. Uma distinção muito comum é entre autoculpa comportamental *versus* caracterológica (Brewin, 1985). Logo, podemos ajudar os clientes a *diferenciar* variações sutis em dimensões de causalidade e culpa. É muito útil explorar com os clientes as dimensões de atribuição pelo fracasso ou por reveses, pois *o que e como* nos culpamos é a questão central. Por exemplo, nos culparmos por esquecermos de levar o carro na oficina é muito diferente de nos culparmos por abuso quando tínhamos apenas 7 anos, ou as razões pelas quais o pai saiu de casa.

Autocriticismo. Podemos nos culpar, mas não necessariamente ser prejudicialmente críticos. Por exemplo, sou reprovado em um teste, mas percebo que todos são reprovados nele na primeira vez. Considere o que torna o criticismo construtivo *versus* prejudicial e enfraquecedor. Se você está pagando um técnico para ajudá-lo a aprender uma habilidade (jogar tênis ou tocar piano), você quer que ele aponte seus erros. O que você sentiria se estivesse pagando, mas ele não quisesse dar um *feedback* honesto porque teme que você interprete isso como muito crítico? O criticismo construtivo normalmente é dado em um contexto de cordialidade e onde o destinatário reconhece que é *para seu benefício*. Quando o desejo é o autoaperfeiçoamento, queremos *feedback* honesto, mas dado com tom amistoso, e não hostil. Quando o desejo é impressionar os outros e ocultar nossos déficits, podemos querer que apenas nossos aspectos bons sejam notados.

Medo de si mesmo, autoataque *versus* autotranquilização. Em primeiro lugar, eles podem estar ligados a memórias emocionais de ser criticado que podem ser prejudiciais. Em segundo, trata-se das *texturas emocionais* que colocamos na autoculpa e no autocriticismo. Em terceiro lugar, há uma ligação com preocupações *motivacionais* (p. ex., necessidade de sucesso para evitar rejeição). Quando as coisas correm mal para nós, podemos focar em nossos fracassos e nossos reveses com frustração, com ou sem autocriticismo severo. Se as pessoas são autocríticas, convide-as a pensar sobre o tom emocional do seu autocriticismo *antes, durante o evento real* e *após o evento*. Por exemplo, ao ir para uma entrevista, os pensamentos internos autoavaliadores podem ser muito ansiosos: "oh, Deus, espero não estragar tudo. O que acontecerá se eles não gostarem de mim? Não sou bom em entrevistas". A textura emocional é de ansiedade. Após o evento, o autodiálogo pode assumir textura mais hostil: "oh, você realmente estragou tudo, não é?". Para alguns clientes, pode ser útil ajudá-los a notar a sutileza entre autodiálogo prejudicial, autodiálogo ansioso e autodiálogo hostil e como eles estão relacionados particularmente no tempo. Então, ajudamos os clientes a identificar "autocriticismo no momento" e "autocriticismo pós-evento". Planejar como desenvolver e usar a autotranquilização compassiva pode ser útil em ambas as fases. Em essência, você está orientando as pessoas a trocarem para as funções de base segura e porto seguro da mente compassiva como compensação para as formas prejudiciais de autocriticismo.

A Figura 5.2 sugere que automonitoramento, autoculpa e autocriticismo fazem parte do (potencialmente útil) automonitoramento e dos sistemas de correção. O fundamental é como eles estão ligados às mentalidades sociais básicas (p. ex., cuidado *versus* competitividade autofocada) e a seus sistemas de ameaça. A ligação com eles só pode ser determinada quando descobrimos as consequências percebidas pelo cliente do seu fracasso ou revés e suas possíveis memórias de vergonha. Por exemplo, imagine que um amigo aponta alguns erros neste capítulo (como aconteceu). Se eu me sinto seguro e confio em meu amigo, fico satisfeito, pois vejo formas de melhorar.

Em contrapartida, se estou inseguro, a mentalidade competitiva do *ranking* social é envolvida, e me preocupo com ser menosprezado, visto como menos inteligente do que a pessoa possivelmente pensava que eu era, e fico irritado comigo porque não vi os erros e agora me coloquei na situação de desvalorização potencial aos olhos do meu amigo. Note que a última cognição implica senso de

FIGURA 5.2 Ligação entre autocriticismo e os medos de rejeição e desconexão.
Fonte: © Paul Gilbert.

autoconfiança narcisista defensiva — de não precisar de ajuda porque não quero que as pessoas vejam meus erros ou minhas deficiências (me envergonhem). É por isso que a TFC considera as implicações arquetípicas de um estilo cognitivo comportamental; dessa forma, passaríamos menos tempo explorando as evidências de que alguém é inadequado ou não e muito mais analisando o medo de vergonha externa e rejeição. Há muitas coisas sobre as quais podemos nos sentir inadequados ou ter uma decepção, mas, como discutido no último capítulo, se não encararmos isso como resultando em consequências negativas, será menos preocupante. Eu sou completamente inútil quando se trata de computadores e eles param de funcionar, mas tenho uma colega maravilhosa, Jaskaran Basran, que sempre resolve tudo.

A ameaça arquetípica. É sempre útil ter em mente que evoluímos para interações sociais; existimos em um campo de mentes em interação que estão mutuamente se corregulando (Siegel, 2019, 2020). Assim sendo, para a TFC, muito do que acontece em nossas mentes, tanto as coisas que desejamos atingir quanto as coisas que desejamos evitar (além das ameaças da saúde física), são sobretudo sociais. Isso significa que nossas mentes estão constantemente monitorando o fluxo das relações em que nos encontramos (sobretudo nosso potencial/poder de retenção de atenção social; veja o Capítulo 4). Na TFC, são as implicações *competitivas* e nossa habilidade de ter uma posição social/um *status* no mundo que oferecem um sentimento de ser útil, desejado, querido e valorizado, com um senso de conectividade e fluxo de relacionamentos apoiadores, que é a ponte crucial (arquetípica) entre autocriticismo e problemas de saúde mental (veja o Capítulo 4). Dunkley et al. (2003) sugerem que perfeccionistas autocríticos experienciam disforia crônica "porque experienciam problemas menores em termos catastróficos e percebem os outros como condenando-os, relutantes ou indisponíveis para ajudá-los em situações de estresse" (p. 235). Isso é crucial. Como mencionado no Capítulo 3, uma das questões arquetípicas da conectividade é o resgate, que, nas sociedades de caçadores-coletores, era essencial. Um dos temas arquetípicos que surgem com temas autocríticos, que se ligam a Dunkley et al. (2003), é o resgate. Ao longo dos anos, como dizem Dunkley et al. (2003), muitos clientes indicaram que, como se sentem inadequados ou inúteis, sua preocupação era de que os outros seriam menos dedicados ou interessados em socializar ou ajudá-los (socorrê-los) se precisassem. Isso é o que descobrimos em nossa própria pesquisa sobre o *esforço para evitar inferioridade*, como discutido no Capítulo 4. Lembro de um cliente, muitos anos atrás, que usou o exemplo de que, se ele estivesse em um barco e alguém tivesse que ser jogado ao mar para salvar os outros, não havia dúvida (na sua mente) de que seria ele, pois não faria falta para ninguém. Portanto, pessoas autocríticas podem viver em um mundo interno de fragilidade social. Esses temas arquetípicos são centrais para a TFC e a razão pela qual exploramos questões de *medo de não ser suficientemente bom, valorizado ou querido*. Pode ser útil explorar isso simplesmente perguntando: "Se estiver com dificuldades ou precisando de ajuda, você acha que outras pessoas vão querer ajudá-lo ou vir socorrê-lo?". Para explorar temas arquetípicos, você poderia acrescentar: "que imagens vêm à mente quando você considera isso?".

Para que o indivíduo se veja como inferior, a pergunta é: inferior a que ou a quem? É preciso se comparar com outros. Como mencionado no último capítulo, Gilbert et al. (2007) descobriram que competir para evitar as consequências de ser inferior, como ser rejeitado ou ignorado, com um senso de solidão, era o que estava associado à depressão e à ansiedade. O autocriticismo está fortemente ligado a experiências de se sentir menosprezado e rejeitado pelos outros (Matos et al., 2020; Shahar, 2015). As falhas que não têm essas consequências são menos preocupantes. É por isso que a TFC explora o medo básico que está por trás do criticismo, que comumente está ligado a algum tipo de memória de vergonha e a um senso de ser indesejado, não querido, rejeitado, isolado, abandonado ou marginalizado. Como indicado em nossa pesquisa sobre o esforço para evitar a inferioridade, descobrimos que os empenhados seguros não se preocupavam com a ideia de serem rejeitados se falhassem (veja o Capítulo 4).

Perfeccionismo. Alguns anos atrás, Hewitt e Flett (1993, 2002, 2017) desenvolveram *insights* importantes sobre a natureza do perfeccionismo e sua ligação com problemas de saúde mental. Assim como a compaixão pode ter fluxo, o perfeccionismo também pode. Hewitt e Flett (1993) delinearam o perfeccionismo que exigimos de nós (perfeccionismo auto-orientado), o perfeccionismo que esperamos ou exigimos dos outros (perfeccionismo orientado para o outro) e o perfeccionismo e a busca pelos altos padrões que achamos que as outras pessoas esperam de nós (perfeccionismo socialmente prescrito). Tem havido pesquisas consideráveis sobre essas medidas e suas fortes ligações com problemas de saúde mental (Dunkley et al., 2003). O perfeccionismo socialmente prescrito está especialmente associado a problemas de saúde mental, o que apoia os processos descritos na Figura 5.2. Em um estudo com estudantes, examinando os estilos de perfeccionismo, autocriticismo e como as pessoas culpam a si mesmas ou aos outros por serem criticadas, Gilbert, Durrant e McEwan (2006) identificaram que o perfeccionismo socialmente prescrito estava associado a todas as formas de autocriticismo e depressão. No entanto, quando o autocriticismo era controlado, a ligação entre perfeccionismo e depressão desaparecia. Dunkley e Blankstein (2000) usam o termo "perfeccionismo autocritico", indicando que são os aspectos autocríticos do perfeccionismo que parecem estar associados ao desconforto no enfrentamento dos desafios da vida. Na verdade, certas formas de perfeccionismo podem ajudar a nos esforçarmos por altos padrões e podem ser úteis. Mas o que acontece quando temos dificuldades e fracassamos? Como mencionado anteriormente, Dunkley et al. (2003) indicaram que os perfeccionistas deprimidos são ameaçados pelo fracasso porque acham que os outros vão perder o interesse neles ou criticá-los ou rejeitá-los. Essa é exatamente a mesma questão do *esforço para evitar inferioridade*, que foi discutido no Capítulo 4. Esses achados apontam para os processos da Figura 5.2. As implicações clínicas são, primeiro, quando trabalhamos com perfeccionismo e autocriticismo, explorar suas funções e seus tipos. Em segundo lugar, a TFC tenta construir a mente compassiva, visando a alcançar e abordar os medos de rejeição arquetípicos. Algumas vezes, isso nos levará a traumas mais iniciais de rejeição passada e *bullying*, e isso, por sua vez, pode nos levar ao luto (veja o Capítulo 8).

Origens, formas e funções

Dunkley, Masheb e Griloe (2010) viram que o autocriticismo mediava inteiramente a ligação entre abuso e depressão em pessoas com transtornos alimentares. Zuroff, Koestner e Powers (1994) constataram que o grau de autocriticismo na infância é um preditor de adaptação posterior. Zuroff, Moskowitz e Cote (1999) descobriram que o autocriticismo está associado à depressão e a relações interpessoais pobres. A Figura 5.3 apresenta um panorama geral das formas de conceitualizar autocriticismo e compartilhar isso com os clientes. Em um estudo com 2.236 participantes que frequentavam grupos de apoio para regulação do peso, Duarte et al. (2017) constataram que vergonha, autocriticismo e comparação social estavam associados a afeto negativo e a inúmeras variáveis, como desinibição e suscetibilidade à fome. Em um subgrupo dessa população (974), vimos que um programa de treino da compaixão *on-line* reduziu o autocriticismo e a vergonha focados no peso, aumentou

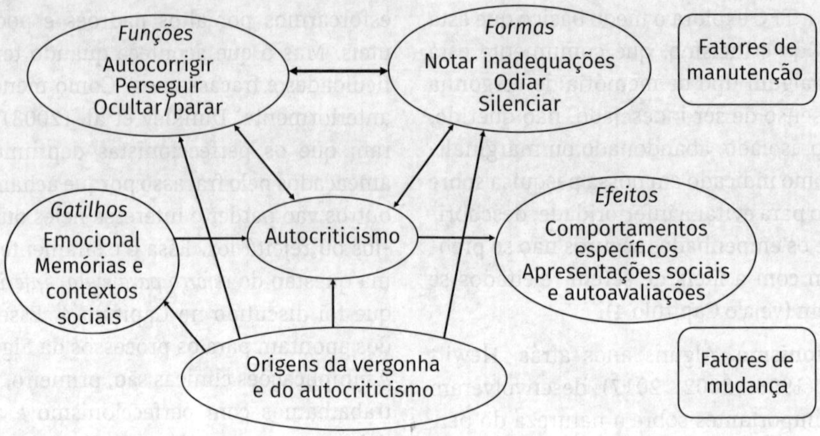

FIGURA 5.3 Modelo de processo de autocriticismo baseado na vergonha.
Fonte: Adaptada de Gilbert (2010); © Paul Gilbert.

a autotranquilização e a autocompaixão, que estavam associados à redução na compulsão alimentar, e ajudou na perda de peso (Duarte et al., 2019).

As origens de formas prejudiciais de autocriticismo estão normalmente em torno de experiências que resultaram em formas de vergonha, rejeição e exclusão social (Matos et al., 2020; Shahar, 2015). Crescer em famílias críticas, estar sujeito à "alta emoção expressa" e a várias formas de abuso emocional e outros tipos de abuso são fatores fortemente associados ao desenvolvimento de autocriticismo (Ammerman & Brown, 2018; Falgares et al., 2018; Matos et al., 2020). Alguns clientes sugerem que seus pais eram muito rápidos em apontar seus erros e lentos para reconhecer seus sucessos, um viés negativo na relação parental. Alguns pais têm inveja dos seus filhos e podem sutilmente menosprezá-los. Outros podem ser críticos com seus filhos devido ao medo de serem envergonhados, pois veem seus filhos como uma extensão da sua própria desejabilidade (Kirby et al., 2019; veja também o Capítulo 26). De igual modo, as relações com os pares, independentemente do criticismo parental, podem contribuir para a vulnerabilidade ao autocriticismo e problemas de saúde mental (Kopala-Sibley et al., 2013). Há evidências crescentes de que nossa ideia ocidental de "*self* como uma unidade autônoma responsável por seu próprio sucesso ou fracasso" que é promovida pelo foco competitivo neoliberal está aumentando o medo de ser desvalorizado e rejeitado, o perfeccionismo, o autocriticismo (Curran & Hill, 2019) e a solidão (Becker, Hartwich, & Haslam, 2021), sobretudo em coortes mais jovens.

Explorando as funções e as formas do autocriticismo. O autocriticismo está ligado ao monitoramento do "*self* em risco", normalmente em relação a algum tipo de reativação de uma memória de vergonha, potencial para vergonha e/ou exclusão ou rejeição (Driscoll, 1989; Matos et al., 2020). Como na terapia cognitiva, a TFC usa muitos diagramas para ajudar as pessoas a conceituar os processos psicológicos. É importante formular o autocriticismo em diagramas (como a Fig. 5.3), para que os clientes possam começar a entender as ligações entre as origens e as formas e funções do seu autocriticismo atual. Elas são discutidas com curiosidade proposital, não sendo identificadas como disfunções ou distorções, o que se soma à vergonha. A seguir, é descrita uma descoberta guiada funcional específica para autocriticismo, para ser trabalhada com os clientes e ajudá-los a contrastar autocriticismo baseado na vergonha com autocorreção compassiva ou culpa. Como observado a seguir, os indivíduos muitas vezes relutam em renunciar ao autocriticismo vergonhoso, algumas vezes porque acham que ele é útil ou merecido; daí a importância da análise funcional (veja a Folha de exercícios 5.1, neste capítulo). Como primeiro passo, a TFC sugere que o cliente pode manter seu autocriticismo se desejar, mas ele poderá achar que a autocorreção compassiva e a autotranquilização compassiva são mais úteis e o deixarão mais próximo dos seus objetivos. No entanto, tenha em mente que, no começo de uma terapia, as pessoas autocríticas podem ser muito céticas, até mesmo temerosas, em relação à autocompaixão (Capítulo 6). Como princípio geral, então, não é útil focar em se livrar do que são essencialmente estratégias de segurança do cliente; *em vez disso, trata-se de transformar o caminho em direção aos objetivos por ele almejados*. O desejo de se sentir valorizado e conectado pode ser um objetivo a ser trabalhado, mas não por meio de autocrítica constante ao fazer coisas que podem interferir nesse objetivo. Além disso, a TFC sempre estabelece o objetivo de "aprender a viver de forma útil, e não prejudicial", com uma compreensão do quanto é fácil ser prejudicial sem que seja nossa culpa.

Há inúmeras dimensões diferentes e uma gama de medidas diferentes de autocriticismo (Rose & Rimes, 2018). Derivadas de discussões sobre o autocriticismo com os clientes, Gilbert et al. (2004) desenvolveram duas escalas que verificam as formas e as funções. Identificamos duas funções. Uma foi chamada de "*self* inadequado" para indicar o autocriticismo que focava em um senso de inadequação pessoal e uma necessidade de melhorar e se sair melhor, associada a preocupações competitivas. A segunda foi associada ao ódio de si mesmo e ao desejo não de melhorar aspectos do *self*, mas de se livrar deles. Essa estrutura de fatores foi replicada em inúmeros estudos internacionais (Halamová, et al., 2018; Kanovský, et al., 2020). Esses estudos revelaram que alguns dos nossos itens são mais discriminatórios do que outros. Por exemplo, "Sinto-me derrotado por meus pensamentos autocríticos" e "Uma parte de mim sente que não sou suficientemente bom". Para o ódio de si mesmo, os melhores itens discriminatórios eram "Tenho um senso de aversão por mim mesmo" e "Não gosto de ser eu", enquanto "Eu me recrimino" era menos discriminatório. Isso significa que itens como "Mereço meu criticismo; eu me recrimino" podem operar em ambas as formas de autocriticismo.

As *formas* que o autocriticismo assume — ou seja, as *maneiras* como as pessoas expressam suas emoções associadas ao autocriticismo — variam de maneira significativa. Uma está ligada à baixa *tolerância à frustração*, em que as pessoas ficam zangadas, podendo até bater as mãos ou golpear coisas por frustração ao cometerem erros, mas podem não ter a sensação subjacente de uma visão inferior ou negativa de si. Algumas pessoas ficam ansiosas ou com raiva porque uma falha ou um revés ativa um sentimento subjacente de que elas podem (e devem) se sair melhor para que possam acertar. Elas acham que decepcionaram a si mesmas devido a, digamos, mau desempenho. O autocriticismo pode se tornar autoperpetuado quando as pessoas acreditam que é importante ser "duro com si mesmo" porque essa é a forma de se impulsionar para a frente. Esses clientes podem "gostar de si mesmos" e acreditar que merecem sucesso, mas que não podem decepcionar ou desapontar a si mesmos e aos outros. Isso, em parte, pode ocorrer porque suas expectativas e seus ideais podem ser muito altos (Curran & Hill, 2019; Dunkley, Zuroff, & Blankstein, 2006). Isso é típico de indivíduos que vivem em sociedades muito competitivas e/ou com pais com alto desempenho ou críticos e exigentes. Entretanto, como estão competindo para ser aceitos, no fundo, pode haver um profundo sentimento de solidão e vazio (veja os Capítulos 4 e 9). De fato, Besser, Flett e Davis (2003) mostram que o autocriticismo está ligado a níveis de solidão.

Blatt e Zuroff (1992) também conectaram o autocriticismo a motivações competitivas, à busca de conquistas e à esquiva do erro, *via perfeccionismo*. A TFC foca nas questões mal resolvidas de vergonha e medo de desconexão social que motivam o comportamento competitivo. Como mencionado em outro lugar (Gilbert, 2009a,b), mesmo que o autocriticismo perfeccionista orientado para conquistas seja bem-sucedido, o indivíduo pode sentir que, de alguma forma, *pagou para ter acesso* (p. ex., as pessoas só gostam de mim se eu tiver sucesso, portanto preciso *dos símbolos* do sucesso para que "me permitam entrar") e a qualquer momento ele pode perder novamente. *Ganhar* seu lugar no mundo, tendo que conquistar e impressionar, não é aceitação incondicional. Esse sentimento interno de insegurança é uma das principais questões existenciais na sociedade ocidental. Essa pressão é muito diferente da nossa vivência ancestral como caçadores-coletores (Narvaez, 2017; Ryan, 2019).

Auto-ódio. Uma forma muito diferente de autocriticismo está ligada a *não gostar e odiar a si mesmo,* e querer se machucar e se atormentar. Em que medida essa é a mentalidade social competitiva, ou uma mais preocupada com a proximidade-distância de um aspecto do *self* potencialmente prejudicial/contaminador, não está claro e exige mais pesquisas. O auto-ódio está ligado aos sentimentos de autoaversão, o que sugere uma mentalidade social diferente. Há certamente um sentimento de que ter aspectos em si mesmo que o indivíduo odeia (p. ex., marca de nascença, queimadura/desfiguração, forma do corpo, desejos sexuais, corpo que foi estuprado) e que o tornam indesejável para si mesmo e para os outros pode levar as pessoas para o domínio da desconectividade, mas não necessariamente para a competitividade *empenhada*.

Duas emoções diferentes são proeminentes. Uma é a raiva vingativa contra si, por se decepcionar de algum modo. A segunda é uma forma de autoaversão que é diferente da raiva vingativa. Aqui, as pessoas consideram aspectos de si mesmas como alheios ou "fora do grupo" e querem se livrar dessas partes: "Não quero melhorar essa parte de mim, quero me livrar dela, não a quero como parte de mim". Portanto, clinicamente é útil explorar a natureza da raiva contra si mesmo e, em especial, distinguir entre raiva frustrada, vingativa e aversiva (veja o Capítulo 2). O "ódio a si mesmo" é mais patogênico (Halamová, et al., 2018; Kanovský et al., 2020) e ligado a formas de abuso precoce (Andrews, 1995). Um senso de aversão e o sentimento de que um aspecto de nós nos estraga ou nos arruína não são incomuns quando focados na aparência física (odiar o próprio corpo; Gilbert & Miles, 2002). Portanto, o ódio de si mesmo é mais comum quando o corpo está envolvido.

Às vezes, pessoas com auto-ódio baterão em si mesmas e se machucarão de outras formas (Gilbert et al., 2010). Xavier, Gouvia & Cunha (2016) descobriram que vergonha externa, medos de autocompaixão e formas de auto-ódio relacionados ao autocriticismo estavam associados à autoagressão, sendo que o preditor mais forte era o auto-ódio. Ammerman e Brown (2018) descobriram que o autocriticismo mediava o papel entre criticismo parental e autoagressão. Em uma revisão importante, Werner et al. (2019) identificaram que o autocriticismo com auto-ódio era o mais patogênico e mais difícil de tratar.

Atacando formas de autocriticismo. Notamos, então, que as formas mais prejudiciais de autocriticismo *são baseadas na vergonha* e *focadas na vergonha* e comumente envolvem algum tipo de autovergonha e autodegradação interna associada a se sentir incompetente, não suficientemente bom e inferior, tornando-se o *self* indesejado (Ogilvie, 1987). Driscoll (1989) chamou isso de *autocondenação,* o que, de certa forma, é um termo melhor do que autocriticismo, mas este é o termo consolidado na literatura. Whelton e Greenberg (2005) mostraram claramente que os efeitos patogênicos do autocriticismo estão ligados *às emoções* do autocriticismo, sobretudo as agressivas e as desdenhosas, em que as pessoas sentem que não podem se defender contra ele, mas se sentem subordinadas e derrotadas por ele. Sturman e Mongrain (2008) viram que a depressão era mais provável quando as pessoas eram autocríticas sobre as derrotas que elas não podiam aceitar. O grau de hostilidade é refletido no que os clientes realmente pensam e dizem a si. Considere este exemplo de uma pessoa com transtorno alimentar, retirado da exploração de Tierney e Fox (2010) sobre a "voz anoréxica":

> quando me vejo no espelho eu choro porque a minha cabeça está gritando: "sua vaca gorda e suja... fracasso repugnante, você não é boa o suficiente, perca peso, porcaria patética, sem valor, idiota, inútil, não OUSE comer! Onde está o resto dos seus ossos? Não OUSE comer, sua gorda, DESPREZÍVEL, HORRENDA, desperdício de espaço" (p. 247).

Algumas formas de autocriticismo são literalmente uma forma de raiva. Não é incomum que as pessoas xinguem a si mesmas, usando termos como "inútil, fraude, patético, imbecil" (veja a Folha de exercícios 5.1). Mesmo assim, como Tierry e Fox (2010) mencionam, os clientes podem se vincular à sua "voz crítica" e temer perdê-la. Eles formam apegos submissos prejudiciais ao seu autocriticismo. É essencial ajudar as pessoas a explorarem a dimensão da hostilidade no processo crítico *versus* encorajamento e apoio (veja a Folha de exercícios 5.2).

Outra forma é com uma prática de "atuação" *para diferenciação*, que é nos tornarmos aquilo em que queremos focar (veja o Capítulo 9). Nessa exploração, você convida o cliente a entrar e se tornar justamente essa parte do *self* que é crítica, depois, sentar-se em uma cadeira e falar com uma cadeira vazia sobre o que ele (como o crítico) sente sobre o *self* (ou o aspecto que está sob criticismo). Ele pode ter um diálogo como: "*você não é bom, você não se esforça o suficiente, você estraga tudo*", e assim por diante. Se você perguntar ao crítico o que ele acha sobre essa parte de si que ele está criticando, ele frequentemente será muito hostil, vendo a parte criticada como patética ou inútil (veja o Capítulo 17). De fato, há muitas formas pelas quais você pode isolar o processo autocrítico e explorar seus motivos, seus pensamentos, suas emoções e suas ações desejadas, como o trabalho com a cadeira (Bell, Montague, Elander, & Gilbert, 2020a,b; Greenberg & Safran, 1987). Quando explorado dessas formas, as pessoas frequentemente ficam muito chocadas com a hostilidade e o desprezo do seu processo crítico interno (veja a seguir). Essa hostilidade é o motivo por que chamamos isso de *autoataque*, tanto quanto autocriticismo (Gilbert et al., 2004). É essencial, então, conduzi-las até o *self* compassivo e pensar sobre as ameaças e preocupações que seu *self* crítico está carregando. Explorarei isso com mais detalhes na segunda parte deste capítulo.

Parte da terapia é ajudar os clientes a reconhecer *o grau e a natureza da ameaça e, consequentemente, a emoção e a motivação* no processo crítico. É por isso que sugerimos não confundir processos de autoataque com autocriticismo útil, ou a ideia de que o criticismo vergonhoso está tentando ser útil quando, na verdade, ele se origina em um sistema de processamento muito diferente (ameaça competitiva) daquele do cuidado. A habilidade de ver como e por que um processo autocrítico *hostil* não é útil faz parte da terapia. Formas encorajadoras e úteis de autocriticismo raramente nos deixam ansiosos ou deprimidos, ao passo que as formas hostis podem fazer isso. Assim, tentamos ajudar o cliente a distinguir essas funções e as texturas emocionais. Enfatizamos que a chave é a motivação e a mentalidade social que movem o autocriticismo. Em outras palavras, o autocriticismo guiado pela mentalidade competitiva social e pelos processos de ameaça internalizada é muito diferente daquele guiado pela compaixão e pelo desejo de autoaperfeiçoamento (veja o Capítulo 3, Fig. 3.6). Essa compaixão está associada ao encorajamento, ao foco nos pontos fortes, à autotranquilização e a como vivemos para sermos úteis, e não nocivos. Deixar claras essas distinções entre as mentalidades sociais, de autocorreção baseada na ameaça *versus* cuidado e compaixão (base segura e porto seguro), é muito esclarecedor para os clientes. Não estamos tentando domar o autocriticismo hostil ou mudá-lo. Estamos trocando para uma mentalidade social muito diferente. É o mesmo caso de vivermos em uma casa com estrutura frágil, que está com infiltrações: não tentamos consertá-la; em vez disso, tentamos construir e viver em uma casa mais bem projetada. Quando se trata de trabalhar com autocriticismo, portanto, sempre nos aproximamos da ameaça e dos medos que estão subjacentes (Fig. 5.2). O *self* compassivo trabalha com ameaças e medos.

Se você captar raiva vingativa por trás do autocriticismo, tenha em mente a identificação original de Freud (1917) da raiva voltada para dentro na depressão (melancolia). Ele sugeriu que as pessoas ficam com raiva das outras, mas, como dependem delas, ficam com medo de um contra-ataque e, assim, voltam sua raiva para si mesmas. Freud tomou emprestada uma visão de Friedrich Nietzche de que *ninguém culpa a si mesmo sem um desejo secreto de vingança* (Ellenberger, 1970; Gilbert, 1992). Há algumas evidências para isso (veja Gilbert & Irons, 2005). Clinicamente, com alguns indivíduos com raiva vingativa autodirigida, quando começamos a trabalhar parte da raiva que eles sentem por aqueles que os feriram, sem se dissociarem da sua raiva, o autocriticismo desses indivíduos muda. Terapeutas psicodinâmicos como Abbass (2015) abordam essas questões de formas um pouco diferentes, mas com foco central nos medos dos clientes de trabalhar com emoções hostis temidas.

Silenciando o *self*, mantendo nossas cabeças baixas e não ficando acima da nossa posição. Como discutido posteriormente, o autocriticismo pode estar ligado a processos internos que nos mantêm em posições subordinadas e nos alertam sobre os riscos de nos promovermos. Assim, algumas *formas de autocriticismo inibem, subjugam e silenciam o self*. Embora Gilbert et al. (2004) tenham identificado funções de perseguição e autocorreção/autoaperfeiçoamento, há outra função que não foi avaliada pela nossa medida, que, em certos aspectos, é exatamente a função oposta ao autoaperfeiçoamento. Mencionamos observações feitas por Billy Connolly, um famoso comediante de Glasgow, durante uma entrevista com Tim Adams (Adams, 2001). Connolly se recorda de um *insight* importante que teve enquanto tentava relaxar em um tanque de flutuação. Ele tomou consciência de um tipo de voz interna que está ali quando ele faz planos para fazer as coisas. A voz interna diz: "Não, você jamais fará isso. Não, você não é suficientemente bom, nem suficientemente inteligente, você jamais chegará lá" (p. 9). Connolly relaciona "essa voz" com os muitos que o derrotaram e o envergonharam. No entanto, Adams (2001) diz o seguinte sobre Connolly: "ele faz piada disso agora, mas ele acredita também que a voz nunca vai realmente deixá-lo; ele vê sua vida como uma série de diferentes estratégias para aprender a conviver com isso". Firestone (1986) apresenta um exemplo similar de um diálogo interno de uma mulher deprimida suicida:

> Eu digo a mim mesma coisas como: "Apenas fique quieta. Não diga nada. Não incomode as pessoas com o que você tem a dizer. Apenas pare de falar. Cale-se. Não diga nada, OK? Apenas não me incomode, OK? Não quero ouvir nada de você" (p. 443).

Examinada pelas nossas lentes evolucionistas, essa é uma instrução clássica e um algoritmo que se desenvolve quando você foi severamente ameaçado/machucado para "viver como um subordinado e não se colocar em risco de ataque". Essa é uma dimensão importante que foi adotada de uma forma diferente por escritoras feministas como Jack (1999). Ela destaca as experiências sociais pelas quais as mulheres são socializadas para serem não dominantes, não empenhadas, não exigentes, não merecedoras — basicamente, para viverem a vida como subordinadas, alcançando papéis sociais determinados —, com medo de ultrapassar as fronteiras. Jack (1999) diz:

> Mulheres deprimidas descrevem como certas imagens de relacionamento — "unidade", "bondade", "autossacrifício", "agradar" — as direcionam para silenciar aspectos virtuais do *self* devido ao medo de que expressá-los seria ameaçar seus relacionamentos ou sua segurança. O autossilêncio contribui para uma queda na autoestima e um sentimento de perda do *self* (p. 225).

Na TFC, isso está intimamente ligado a uma vida defensiva submissa. Nossa escala do comportamento submisso (Allan & Gilbert, 1997) tem itens como: "Concordo que estou errado mesmo que eu saiba que não estou"; "Se tento falar e os outros continuam, eu me calo"; "Permito que os outros me critiquem ou menosprezem sem me defender"; "Faço coisas porque outras pessoas estão fazendo, e não porque quero fazer". Estudo após estudo, entende-se que o autocriticismo está altamente ligado ao comportamento submisso, e não ao comportamento assertivo (veja Gilbert & Irons, 2005; Gilbert, 2020a para revisões).

Assim, ao trabalhar com os efeitos prejudiciais do autocriticismo, estamos trabalhando com uma relação hostil consigo mesmo que cria uma divisão e um conflito interno e coloca um aspecto da mente contra outro aspecto da mente. É importante que os terapeutas reconheçam as complexidades e a natureza multitexturas do processo autocrítico e saibam como trazer a mentalidade social de cuidado (compaixão) para a textura desses processos. Isso também convida o terapeuta a ser curioso e a usar a descoberta socrática guiada nas texturas únicas e diferentes do cliente verificadas em seus relacionamentos consigo mesmos.

Armadilha. Outra dimensão importante, esclarecida por Sturman e Mongrain (2005), é a ligação entre se sentir em uma armadilha com suas comparações sociais desfavoráveis, seu autocriticismo e sua depressão. O conceito de armadilha é central na TFC (Forkmann et al., 2018; Gilbert & Allan, 1998; Gilbert, 2020b) porque muitas formas de dificuldade estão ligadas à inabilidade de escapar de relações ou situações aversivas: crianças que não conseguem escapar de pais nocivos, parceiros que estão presos em relacionamentos críticos ou abusivos, indivíduos que são incapazes de escapar de ambientes de trabalho dos quais não gostam, ou pobreza, doenças ou dores que transformam a vida. Sobretudo, considerando que nossos pensamentos internos, nossas fantasias e nossa dor podem estimular um leque de sistemas psicofisiológicos, não sermos capazes de escapar de nossos *pensamentos e nossas fantasias hostis internas* nos retém em ciclos disfuncionais, chamados de armadilha *interna* (Gilbert & Allan, 1998; Gilbert, 2020b para revisões). As armadilhas, tanto no mundo externo como em nosso espaço interno, nos retêm (aprisionam) em um processo de estimulação da ameaça sem resolução via escape. A maioria dos animais se distancia de outros ameaçadores. Os humanos (p. ex., crianças ou dependentes) muitas vezes não podem. É improvável que os animais queiram parar de pensar sobre si mesmos ou sobre seu futuro, ou escapar de pensamentos e fantasias negativas, da forma como os humanos claramente fazem. Um sentimento de estar preso às suas vozes hostis internas provou ser um processo fundamental da aflição e da depressão naqueles que ouvem vozes (Birchwood et al., 2002). É por isso que ensinamos os indivíduos a literalmente avançar para um território interno diferente; *não para* suprimir, argumentar ou lutar contra o processo crítico, mas para avançar para uma mentalidade social compassiva de cuidado, com processos que abordam os medos subjacentes de fracasso. O processo autocrítico hostil reage por medo de rejeição ou vergonha, enquanto o compassivo autodireciona essas questões.

Quem ou o que é o *self* do autocriticismo? Diferentes terapias focam na natureza especial de nossas habilidades para conceber um "*self* objetivo" e absorvê-lo em narrativas e definições como resultado das competências do novo cérebro (Leary, 2004), ou "*self* como contexto" — como a ACT se refere aos processos complexos (Luoma et al., 2018). Na TFC, não existe um *self* unitário, mas múltiplos "mini-*selves*" que compõem a textura da consciência (veja o Capítulo 8). Posso refletir sobre mim mesmo em múltiplos papéis sociais usando diferentes mentalidades sociais, como pai, amante, terapeuta, amigo, assertivo ou submisso. Temos um senso de *self* diferente, dependendo da mentalidade social em que estamos operando, com quem estamos e por quê. Nossos mini-*selves* nem mesmo precisam ser coerentes, e podemos experienciar o que é denominado dissonância cognitiva. Minha experiência de mim mesmo como uma pessoa cuidadora pode ser diferente da minha experiência de mim mesmo como uma pessoa competitiva. McEwan, Gilbert e Duarte (2012) mostraram que as pessoas podem se perceber muito negativamente quando se trata de competitividade, porém muito positivamente quando se trata de cuidar dos outros. A TFC tenta diferenciar e ser precisa sobre os diferentes aspectos do *self* com os quais os indivíduos sentem que estão tendo dificuldades.

Especificidade do domínio. O aspecto de vulnerabilidade patogênica do autocriticismo é normalmente atribuído a uma qualidade semelhante a um traço. Blatt e Zuroff (1992, p. 528) descreveram indivíduos altamente autocríticos como engajados em "constante e severo escrutínio e avaliação" e "tendo um medo crônico de ser desaprovados e criticados". O Questionário de Experiências Depressivas (QED; Blatt et al., 1976) é amplamente usado para avaliar o construto do autocriticismo de Blatt. No entanto, assim como a compaixão pode ser específica para a demanda (veja o Capítulo 2), o mesmo vale para a vergonha e o autocriticismo. Andrews, Qian e Valentine (2002) enfatizaram o fato de que podemos ser críticos e ter vergonha do nosso caráter, dos nossos comportamentos e dos nossos corpos. As pessoas podem ter vergonha, ou ser altamente autocríticas e ter auto-ódio do seu corpo, mas não necessariamente se verem como não merecedoras de amor em relação ao seu caráter. Elas podem achar, por exemplo, que são confiáveis e fazem boas amizades (McEwan et al., 2012). Zuroff et al. (2021) também sugerem que o autocriticismo pode estar relacionado a interações contextuais-pessoais complexas, o que eles chamaram de *assinaturas*. Eles exploraram o autocriticismo *versus* a autotranquilização nos seguintes domínios: desempenho, com amigos, aparência, família, finanças, colegas, saúde e intimidade. Foi observada considerável variação contextual e individual. Isso tem implicações quando trabalhamos clinicamente; podemos tentar identificar interações específicas pessoais-ambientais que ativam o autocriticismo, ajudar as pessoas a perceber que elas podem não ser autocríticas em todos os domínios e, então, destacar e dar voz a essas partes internas que *não são autocríticas*. Algumas vezes, você pode perguntar: "*O que a parte de você que não é autocrítica pensa e sente sobre isso?*". Isso pode ser muito interessante para entender como as pessoas trocam entre diferentes estilos de pensamento.

Autocriticismo e a mentalidade social competitiva

Automonitoramento e a relação dominante-subordinado. Todas as formas de vida precisam monitorar suas interações com o ambiente em termos das suas três principais tarefas da vida: reconhecer e lidar com a ameaça, obter recursos que propiciem a continuidade da sobrevivência e a reprodução e ter segurança e proteção para descanso e conexão (veja o Capítulo 2). Os animais monitoram seu comportamento e o modificam conforme a mudança das circunstâncias. Quando uma presa se esgueira para a esquerda, assim também fará o predador, mas outras espécies de animais não têm o senso de *self* que os humanos. Se o leão deixa escapar sua presa, (até onde sabemos) ele não se senta e se critica por estar acima do peso, por ser muito lento ou por não ser capaz de trazer comida para a sua família. Portanto, estritamente falando, eles não podem se criticar porque não há "nenhum *self*" para fazer a crítica ou responder ao ser criticado (Leary, 2004). "Fazer" a crítica e "responder" à crítica são exemplos de mentalidade social internalizada, ou seja, criamos sinais aos quais respondemos *como se* eles fossem de outros. O autocriticismo pode se tornar uma forma de autoassédio e autobullying (Gilbert et al., 2004). A mentalidade social que faz o ataque *e* responde a este é a mentalidade do *ranking* social competitivo. Ela usa a mesma psicologia e os mesmos sistemas neurofisiológicos envolvidos em ser realmente criticado pelo outro (Longe et al., 2010). Kim et al. (2020) revelaram que o autocriticismo estimula os sistemas de ameaça no cérebro, mas o TMC muda isso, acrescentando mais evidências quanto ao benefício de mudar as mentalidades sociais. Embora várias terapias sejam úteis e reduzam a autocrítica, Werner et al. (2019), em sua revisão, também mostram que terapias focadas na compaixão e na emoção podem reduzir o autocriticismo prejudicial.

Como mencionado no Capítulo 3, contextos problemáticos não amadurecem senso de confiança interpessoal e proteção social. Se a mentalidade de cuidado não foi cultivada e amadurecida, ela não estará disponível para facilitar uma "relação interna de cuidado-compassiva com o *self*". Em contrapartida, a mentalidade social que organiza estratégias na vida, na busca das tarefas da vida, é a *mentalidade socialmente competitiva* (Capítulo 2). O que é crucial para a maturação dessa mentalidade social é como a criança experiencia os outros *na posição dominante*; por exemplo, se o cuidador primário (dominante) é crítico, hostil e ameaçador, esta se torna a representação internalizada do "outro dominante prejudicial — e um *self* subordinado temeroso". Nessa representação, outros dominantes devem ser temidos ou apaziguados. Já se o cuidador é amoroso e gentil, essa se torna uma representação do "outro *dominante* cuidador — e preocupado com o *self* subordinado".

Cada mentalidade social tem seus próprios detectores de características e sistemas de processamento cognitivo que avaliam as situações em termos do progresso da mentalidade social (p. ex., sucesso, fracasso ou bloqueio). Os animais coevoluem suas relações, e uma das principais foi a relação dominante-dominado (desenvolvida durante milhões de anos em muitas espécies), que regula a competição pelos recursos (veja Gilbert & Basran, 2019, para uma revisão recente). Isso significa que os animais precisam decidir quando podem identificar oportunidades para avançar e desafiar os outros, mas também como *infrarregular o conflito e desativar a agressão* dos outros que os desafiariam ou ameaçariam por tal comportamento. Se um macho subordinado faz um movimento em direção a uma fêmea específica, o dominante vai atacá-lo. Igualmente, as fêmeas dominantes podem ser agressivas e procurar inibir o comportamento de busca dos subordinados. Evoluímos mecanismos em nosso cérebro que encenam esses dois padrões arquetípicos: basicamente, desafiar o mais fraco e se submeter ao perigoso.

É claro, há muitas texturas, variedades e dimensões desses dois padrões. Em alguns aspectos, *as coisas são muito piores na condição humana*. Isso porque os indivíduos dominantes humanos não só querem reprimir os subordinados mas também *querem forçar os subordinados a trabalhar pelos seus interesses*, a fazer o que eles querem que façam, a servi-los e, em casos extremos, a ser seus escravos. Essa é uma forma de submissão à autoridade muito diferente da que existe em qualquer outra espécie de mamíferos. As mães primatas não humanas certamente guiam seus bebês na sua aprendizagem e podem ameaçá-los, mas nada como ocorre com os humanos. Os pais constantemente dão instruções sobre como se comportar e corrigem ou punem o filho se ele não se comporta. As crianças aprendem rapidamente que precisam ser subservientes aos ditames parentais; elas não são agentes livres. Temos que comer determinados alimentos (não apenas batatas fritas e bolo), brincar de determinadas formas e em determinados espaços, ir à escola quando não queremos, parar de assistir à televisão quando queremos continuar. Somos aliciados para adotar crenças que podem ser muito prejudiciais, as quais jamais escolheríamos se fôssemos agentes livres (p. ex., crenças tribais e religiosas), e podemos passar anos tentando nos livrar delas. Durante boa parte do início da vida, estamos sob o controle de outros. A forma como experienciamos esse controle pode ser extremamente importante para como vamos nos relacionar conosco. A forma como experienciamos a "autoridade", como amistosa, hostil ou controladora, ou as regras do grupo, têm efeitos profundos para nossa experiência de nós mesmos como agentes sociais. É por isso que a comparação social e a autosubordinação, o autosilenciamento e a autoinibição são problemas tão sérios para nós. Em algumas formas de autocriticismo, estamos literalmente nos comportando como nosso "agressor dominante" interno e como o "outro atacado, temeroso, subordinado e derrotado".

Submissão. Cada mentalidade social tem detectores de características. Para o cuidado, pode ser captar sinais de sofrimento e necessidade; para a sexualidade, é detectar sinais de oportunidade sexual; para a cooperação, podem ser sinais de construção de amizade recíproca. Para coelhos, primatas e humanos, é a mesma coisa. A competição pelos recursos envolve a *mentalidade do ranking social competitivo*. Ao buscar recursos que outros podem considerar desafiadores, a maioria das espécies apresenta uma das duas estratégias de defesa. A primeira é desafiar e escalar a ameaça, intimidar e inibir os outros, mas essa pode ser uma estratégia perigosa e arriscada se o competidor for maior e mais poderoso do que você. Portanto, a maioria das espécies desenvolveu defesas para esse evento comum, que é tentar escapar ou, se isso não for possível, fazer o corpo parecer menor, evitar o olhar e cessar a emissão de sinais. A defesa visa a mudar o comportamento do agressor e desativar seu sistema de ataque. Além disso, o subordinado precisa parar de enviar qualquer sinal que possa sugerir ao agressor um comportamento de confiança, explorador e de procura de recursos, ou que indique que "assim que você der as costas, vou atrás dessa oportunidade (recurso) de novo". Isso é denominado *comportamento submisso involuntário*, ou subrotina de desistência do comportamento competitivo (Gilbert, 1992, 2000, 2020b; Gilbert & Basran, 2019; Price & Sloman, 1987). Uma estratégia diferente para a competição pelos recursos é cuidar e compartilhar, mas essa é a mentalidade social de cuidado, e não a competitiva (Gilbert, 2021).

Defesas subordinadas temerosas são comuns em problemas de saúde mental. Considere Judy, que tinha um pai crítico e uma mãe complacente. Ela aprendeu muito cedo a não desafiar seu pai e a sempre se desculpar, culpar a si mesma, monitorar seu comportamento para não o incomodar e se esforçar muito para agradá-lo e ganhar sua aprovação. Monitorar a mente do outro para danos potenciais e estar preparado para tomar uma ação defensiva, ao mesmo tempo tentando obter seu apoio, é comum em muitas pessoas que são vulneráveis a problemas de saúde mental. Esse é um tipo de mentalização temerosa (veja o Capítulo 2). Como mencionado no Capítulo 4, os intimidadores, por sua vez, assumem o comportamento defensivo oposto, em que precisam criar medo nos outros e constantemente testar que os outros não podem machucá-los, estimulando um comportamento submisso (Gilbert & McGuire, 1998; Sapolsky, 1990; veja também o Capítulo 4). A ameaça e a intimidação de primatas não humanos seguem a estratégia de: "se eu conseguir deixar você com medo de mim e puder ver os sinais de que você está com medo, então eu sei que você não vai me machucar/desafiar ou reivindicar mais recursos do que eu". Outro efeito crucial é que o intimidador tentará fazer o subordinado trabalhar para o seu interesse (do intimidador) e contra o dele e, até colocar o subordinado em risco. Você provavelmente pode ver para onde isso está se encaminhando, em termos do autocriticismo que está enraizado em antigos algoritmos.

Nem sempre apaziguador, e o papel da raiva

Embora o autocriticismo possa ser uma forma de relação hostil internalizada entre dominante-subordinado temeroso, isso não significa que pessoas autocríticas são sempre *externamente apaziguadoras*. Como estão operando por meio da mentalidade social competitiva focada na ameaça, elas podem ser muito competitivas com outras pessoas também. Ser crítico daqueles à sua volta também não promove relações harmoniosas. Santor e Zuroff (1997) descobriram que, quando mulheres recebiam *feedback* potencialmente desfavorável de amigos, as mulheres dependentes eram cordiais com seus amigos, mas as autocríticas contestavam os julgamentos e desafiavam seus amigos. Eles também constataram que algumas mulheres autocríticas tendiam a ser mais críticas em situações de conflito com os parceiros. Zuroff e Duncan (1999) exploraram como o autocriticismo interagia com as tentativas dos indivíduos de resolver um conflito com seus parceiros. Longe de serem apaziguadoras, algumas mulheres autocríticas eram mais competitivas, críticas, com hostilidade explícita com seus parceiros. De modo geral, há uma tendência para que algumas formas de autocrítica estejam associadas a apaziguar, mas outras formas estejam associadas a ser mais crítico em relação aos outros, criar relacionamentos menos harmoniosos e ter menos habilidade para lidar com conflitos (Shahar, 2015). Novamente, o que vemos aqui é a importância de distinguir estímulo e resposta no algoritmo. A ameaça social é o estímulo, mas a resposta pode ser uma defesa subordinada ou uma defesa ofensiva mais dominante. Elas não são mutuamente excludentes. As pessoas podem reconhecer que, algumas vezes, podem ficar com muita raiva se as pessoas as criticam porque, no íntimo, elas têm suas próprias autodúvidas e se sentem vulneráveis.

Os estilos autocríticos também precisam ser contextualizados em contraste com um senso geral de insatisfação na vida. Em terapia de casais, uma mulher comentando sobre seu marido autocrítico e outros membros da família disse: "Ele geralmente é bem rabugento, insatisfeito e se frustra fácil. Ele é uma daquelas pessoas que você acha que nunca estarão felizes consigo ou com qualquer outra coisa. Ele sempre foi uma pessoa que vê a metade do copo que está vazia!". E você pode imaginar a resposta dele: "Sim, é verdade, não há esperança de que eu veja o lado bom em nada!". Como sua parceira apontou, mesmo que as pessoas não estejam sendo críticas, a atmosfera geral de mau humor pode ser um tanto depressiva no ambiente familiar. Esse senso interno de autoinsatisfação pode impedir que as pessoas sejam capazes de gerar estímulos sociais como vozes amigáveis, sorrisos e brincadeiras, que são tão importantes para a estimulação do nervo vago e dos circuitos neurais afiliativos e para a construção de relações íntimas satisfatórias. Ele pode aprisionar as pessoas em formas de solidão.

Ampliando o escopo do autocriticismo

A dinâmica cultural e social do autocriticismo

Nascemos em um mundo no qual, desde o primeiro dia, somos muito dependentes de outros mais poderosos que nos ajudam a crescer, mas que, algumas vezes, nos machucam. Embora amor e bondade idealmente formem a textura da nossa experiência de poder e dinâmica do *ranking* social, esse nem sempre é o caso. Isso não vale apenas para o contexto familiar, mas também para o contexto social mais amplo. De fato, uma das tragédias dos humanos é o quanto temos existido sob o medo de autoridades punitivas, insensíveis e, às vezes, cruéis (Gilbert, 2021).

Considere os astecas. Essa foi uma sociedade que enfrentou muitas tragédias envolvendo estiagem, falta de alimentos, doenças, mortalidade infantil e conflitos tribais. Por razões complicadas, com o tempo, certos indivíduos começaram a sugerir histórias às suas comunidades sobre como esses eventos foram regidos *pelos deuses*. Algumas dessas experiências *podem ter sido* induzidas por substâncias psicodélicas (Carod-Artal, 2015). Sejam quais forem as origens, em todas as sociedades, ocorre uma emergência na crença em divindades (deuses), e, sendo esse o caso, surge a ideia de que, se tivermos os deuses do nosso lado, então talvez as coisas melhorem. Dadas as dificuldades e as tragédias da vida, as pessoas se desesperam e experimentam a crença. Não demora muito para que surjam as ideias de que os deuses criaram as pessoas e podem regular as estiagens, a falta de alimento, a fertilidade e o sucesso na guerra. Mesmo hoje, os exércitos procurarão a "benção de Deus" e acreditam que Deus os apoiará, mas você precisa comprar a proteção de Deus. Para alguns, pode ser com a obediência a um credo/leis ou a regras tribais, ou estar disposto a sacrificar alguma coisa importante para você. Em sociedades como os astecas, um sacrifício ideal era o de vidas humanas. Esses indivíduos sacrificaram não só milhares de prisioneiros de guerra mas até seus próprios filhos. A criação e o compartilhamento dessas crenças paranoides horrendas são um dos lados obscuros das competências cognitivas humanas. Os humanos podem ser estimulados a ter intensos temores arquetípicos da autoridade (preponderantemente) masculina dominante, com um desejo de apaziguá-la para prevenir a agressão a um *ranking* inferior e de facilitar a benevolência. Note que outra característica essencial é a armadilha. Você não pode fugir/escapar facilmente de um Deus punitivo. E não só isso, mas podemos *idealizar* líderes incrivelmente destrutivos, incluindo fantasias como deuses, sem percebermos os temores subjacentes que os movem (Lipman-Blumen, 2006).

Os astecas (e muitos outros grupos) passaram a experienciar o mundo como regulado por superseres poderosos que podiam ajudá-los ou prejudicá-los. Essa, é claro, também é a situação clássica entre pais e filhos. O ponto importante é que, se depois de muitos sacrifícios a estiagem se mantivesse severa (e acredita-se que as estiagens foram responsáveis pelo desaparecimento de algumas civilizações da América do Sul, como os maias), os sacerdotes não culpavam os deuses. Não há registro de nenhum sacerdote diante do altar ensanguentado agitando seus punhos aos céus, exigindo que eles enviem as chuvas, acusando os deuses de serem enganadores, de permitirem que muitos morram por causa das estiagens e de serem cruéis. Opostamente, as evidências mostram que, nessas circunstâncias de medo intenso, as pessoas se submetem e, ao fazerem isso, culpam a si e umas às outras (a busca pelos hereges, e matá-los para receber proteção). De fato, quando nos defrontamos com um outro poderoso e nocivo, e quando o comportamento submisso/apaziguador não está funcionando, podemos concluir que *não nos submetemos o suficiente*. Estamos apavorados demais para reexaminarmos nossas premissas para todo o sistema de crenças. Assim, para os astecas, houve uma escalada nos sacrifícios, sendo cada vez mais frequentes.

Quando Jeová aparentemente inundou o mundo e matou todos os seres vivos, exceto Noé e os casais de animais, nunca houve uma reclamação de que isso foi um comportamento ultrajante psicopata. Quando as religiões começaram a inventar os extraordinários conceitos sádicos de inferno, não houve forte reação religiosa. Na verdade, foi o oposto. Em vez disso, houve foco crescente no conceito de *pecado* e de que tudo isso é nossa culpa; merecemos ser punidos. A Inquisição achava que podia salvar nossas almas se queimasse as pessoas vivas, porque o fogo as purificaria. A TFC tenta localizar nossa compreensão da mente não só na ciência da psicopatologia, mas também na ciência da vida cotidiana porque, muito francamente, boa parte do nosso comportamento por milhares de anos tem sido extremamente absurdo, prejudicial e destrutivo (Gilbert, 2018).

A razão pela qual essas crenças muito destrutivas existem é o *medo arquetípico da autoridade dominante prejudicial, incluindo a parental* (Gilbert, 2018; Gilbert & Irons, 2005; Johnson, 2016). Essa é uma questão arquetípica entre as espécies que tem milhões de anos. Recebemos folhetos passados por baixo da nossa porta que diziam para *nos voltarmos para Deus* porque a covid-19 estava testando nossa fé. A ideia de que Deus mataria milhões de pessoas para testar a fé é claramente tão absurda quanto trágica, mas isso é o que acontece quando as pessoas estão muito amedrontadas. Em épocas de pandemias anteriores, como os anos 1340 a 1660, que ficaram conhecidos como a "era das pragas", envolvendo diversas pandemias, também houve excessivas alegações de que aquilo era punição de Deus e que era preciso voltar para a igreja. Reff (2004) defendeu que a adoção do cristianismo em áreas anteriormente pagãs, como Europa e México, foi de fato acelerada durante epidemias e que isso ofereceu um meio mais compreensível de entender e lidar com essa ameaça. Tudo isso é movido pelo medo, mas, nesse caso, a culpa subjacente e o "medo de que irritamos uma autoridade" são a chave para a questão. A confissão (como um sinal de submissão) foi outra invenção para tentar ajudar as pessoas a regular seu medo de ter incomodado a autoridade, aceitando a culpa, implorando pelo perdão, aceitando uma punição ou um ato de arrependimento e, assim, evitando a dor. Se unicamente pensarmos no autocriticismo como algum tipo de sistema de crenças distorcidas, deixaremos de ver os extraordinários padrões relacionais dominante-subordinado arquetípicos que estão subjacentes a ele.

Quando buscamos o perdão de um dominante (incluindo um cuidador primário) que nos machucou, isso precisa ser genuíno; deve haver um sentimento genuíno de que fizemos algo de errado, que devemos assumir a culpa e que entendemos que estamos merecendo criticismo e punição. Emergindo durante a infância, mas também ao longo de toda a vida, esses temas formam a textura do nosso senso de *self* e nosso autocriticismo. Isso tem sido um problema importante para os humanos. Quero insistir novamente que *as defesas submissas involuntárias* são fundamentais para nosso cardápio evoluído de defesas e tiveram alguns efeitos úteis mas também *muito prejudiciais para a humanidade* (Gilbert & Irons, 2005). Como mencionado anteriormente, a questão toda de se submeter a obedecer a uma autoridade é muito mais problemática nos humanos do que em qualquer outra espécie (Gilbert, 2018, 2021). Isso ocorre, em parte, porque podemos empregar as competências cognitivas do nosso novo cérebro em usos úteis ou prejudiciais. Oferecendo aos clientes *insights* sobre esses processos, podemos comunicar porque suas dificuldades (que não são sua culpa) podem ser tão intensas.

Despertando para o outro hostil internalizado. Quando uma criança pequena é atacada por um cuidador primário, é quase impossível que ela veja esse cuidador como irracional, instável e fora de controle, e ainda mais impossível que o enfrente. Minha geração teve mães e pais que claramente tinham um sério transtorno de estresse pós-traumático devido à Segunda Guerra Mundial, que afetou sua parentalidade. Meu internato na década de 1960 era adepto ao uso da vara e do chinelo. Bowlby (1980) assinalou que, quando temos medo das autoridades dominantes (pais), mas não podemos fugir deles (e o escape é um elemento crucial aqui), nos engajamos no que ele chama de exclusão defensiva, ou seja, ignoramos o comportamento do outro como prejudicial e tentamos contextualizá-lo de alguma outra forma *como resultado do nosso próprio mau comportamento*. Na verdade, para os pais manterem uma visão de si mesmos como bons pais, eles precisam localizar a maldade e a fonte da sua agressão no filho. Esses processos também estão envolvidos em certos estados paranoides e psicóticos.

Quando somos capturados na experiência de menosprezo hostil da qual não podemos nos defender ou escapar, a defesa submissa consiste em deixar guardados os comportamentos confiantes e exploradores, se automonitorar, se autoculpar e tentar evitar expressar comportamentos que poderiam provocar hostilidade no dominante. Um comportamento muito comum é também *apaziguar* e tentar agradar o dominante. Outra defesa é denominada *escape reverso* (Gilbert, 2000). Nessa defesa, os indivíduos que foram ameaçados ou machucados por um dominante fugirão por um curto espaço de tempo, mas então serão atraídos para retornar à fonte da ameaça e, em vez disso, tentar acalmar a raiva do dominante e obter apoio e ajuda. Em alguns primatas, o dominante afagará o subordinado ou simplesmente se afastará e o ignorará, sendo sinais de que o dominante não tem mais a intenção hostil com o subordinado.

Será que temos o mesmo tipo de relacionamento com nosso próprio sistema de autoataque hostil dominante interno? Como mencionado anteriormente, Tierney e Fox (2010) e outros observaram que as pessoas podem formar um vínculo com seu processo crítico e suas vozes internas hostis. Esse vínculo normalmente é de aceitação e conformidade com as regras e de submissão às demandas da voz crítica. Pesquisas em diferentes grupos de dificuldades de saúde mental sugerem que, mesmo que as pessoas achem seus pensamentos críticos e suas vozes hostis ameaçadores e desagradáveis, elas também podem ter medo de perdê-los, porque acham que perderão a direção ou mesmo um senso de identidade, ou que não se pode realmente perdê-los, pois eles estão sempre espreitando na sombra. Portanto, assim como as crianças formam relações de apego com aqueles que são prejudiciais, nós também podemos formar relações do tipo apego com nosso *self* autocrítico. Desse modo, vinculação e submissão a autoridades acusadoras e ameaçadoras consiste em um processo psicológico importante que está envolvido no autocriticismo.

Traição e rebelião

Como mencionado em outro estudo (Gilbert & Irons, 2005), quando as pessoas começam a perceber que o criticismo que internalizaram de, digamos, um dos pais não é razoável e que era esse cuidador quem estava errado, elas podem ter um sentimento de traição. Livrar-se dessas autovisões pode ser experienciado como um ato de rebelião. Quando essa é a questão, os clientes podem passar por uma série de estágios de, inicialmente, começar a duvidar do julgamento do cuidador, depois ativamente resistir e gerar alternativas e, então, agir contra isso. Orientar os clientes durante o processo de rebelião pode ser muito útil e pode envolver o trabalho com cadeiras. O mesmo processo pode ser observado com pessoas que deixam os cultos ou mudam as crenças religiosas rígidas. *Rebelião é um processo*, e coragem compassiva e sabedoria podem ser muito úteis para essa jornada. Embora a rebelião possa ser assertiva e envolver trabalhar emoções difíceis, ela também pode simplesmente ser uma forma de "escolher mudar".

Ambientes competitivos que geram autocriticismo

Este capítulo preparou o cenário para reconhecer que o autocriticismo é parcialmente tecido pela dinâmica de poder evolutiva e pela cultura praticadas nas famílias, nas escolas e nas oportunidades econômicas. Para satisfazer ao neoliberalismo, devemos ter um senso de *self* individualizado, competir uns contra os outros, ter inveja uns dos outros e acreditar que, se estivermos infelizes ou falharmos, isso tem a ver com inadequações dentro de nós. É a cultura de querer mais, precisar de mais, comprar mais. A TFC tenta inserir sua terapia na compreensão desses temas arquetípicos profundos e ricos, em vez de ver os indivíduos como "unidades autônomas sofrendo de patologias".

Considerando isso, a dinâmica competitiva de uma cultura pode superestimular e distorcer a mentalidade social competitiva que alimenta o automonitoramento temeroso, as comparações sociais desfavoráveis, a inveja e o autocriticismo. Nesse caso, não é com uma autoridade potencialmente prejudicial que nos preocupamos; é com a nossa aceitação geral nas mentes dos outros à nossa volta. Somos uma espécie que compete para ser escolhida. Curran e Hill (2019) conduziram uma metanálise importante de 41.641 sujeitos sobre as crescentes pressões de perfeccionismo entre 1989 e 2016. Eles descobriram que os níveis de perfeccionismo auto-orientado, perfeccionismo socialmente prescrito e perfeccionismo orientado para o outro aumentaram. Eles defendem que o que está por trás disso é, primeiramente, a emergência do neoliberalismo e do individualismo competitivo; em segundo lugar, a crença na meritocracia (que o sucesso depende de esforço e empenho competitivo); e em terceiro lugar, as influências da parentalidade ansiosa e controladora. Eles também se referem ao papel que as escolas desempenham no apoio aos ideais e esforços neoliberais, observando que "os indivíduos não conseguem evitar serem classificados, filtrados e ranqueados por escolas, universidades e locais de trabalho, e a meritocracia neoliberal coloca uma forte necessidade de esforço, desempenho e conquistas no centro da vida moderna" (p. 413). Parte dos problemas da meritocracia é apresentar às crianças expectativas irrealistas sobre o que é possível e o que elas devem procurar atingir, e um senso narcisista de merecimento e autocriticismo quando as coisas não dão certo (Curran & Hill, 2019; Twenge & Campbell, 2009).

Gilbert et al. (2020) examinaram as extensas pressões competitivas sobre as crianças que as tornam tão vulneráveis ao medo do fracasso, à vergonha, ao autocriticismo e às dificuldades de saúde mental. Kingsbury et al. (2020) examinaram as mídias sociais e constataram que ideação suicida e autoagressão não suicida estavam relacionadas à compaixão *versus* motivação competitiva. Quando as mídias sociais eram usadas ativamente para contatar e se relacionar com os amigos, elas tendiam a estar associadas a menores dificuldades, mas, quando eram usadas passivamente, desencadeando comparação social e um sentimento de ser inferior ou de estar sujeito à vergonha, então estavam associadas a um risco aumentado desses processos. Portanto, como em muitas coisas na vida, as mídias sociais podem apoiar o lado pró-social, mas também o competitivo e o desagregador.

As culturas competitivas criam ideais que os indivíduos devem copiar para sentir que são um membro de valor dessa comunidade. Elas estabelecem aspirações e prometem recompensas para tais esforços. Os clientes acham que, se puderem fazer X, ter Y ou ter sucesso em Z, então coisas boas vão acontecer. Isso pode envolver qualquer coisa, desde aprovação parental até aceitação social geral e pertencimento. O problema ocorre quando os indivíduos ficam aquém dos seus ideais, por alguma razão, e então apresentam uma "lacuna ideal *versus* real", o que gera medo e frustração. A forma como as pessoas lidam com isso é importante para o autocriticismo. Logo, há muitas formas pelas quais as culturas direcionam as pessoas a se tornarem autoagressivas, a se verem como pecadoras, inúteis, patéticas, fracas, sem talento, indesejáveis, "não estando à altura das expectativas". Muitas das competições de talento atualmente não são sobre celebrar os vencedores, mas focam constantemente naqueles indivíduos que não correspondem às expectativas, e então, como *voyeurs*, os assistimos tendo seus colapsos. A rejeição se tornou um esporte de espectadores. Muito embora nós, no Ocidente, vivamos com muito mais riquezas do que jamais vivemos, a hiperestimulação da competitividade também está nos levando a nos sentirmos mais sozinhos, irritados, merecedores, frustrados e autocríticos (Gilbert, 2021).

Engajando-se e trabalhando com o processo autocrítico

Tolerando decepção/ frustração sem autoataque

Uma das principais questões no trabalho com o autocriticismo é *como lidamos com a frustração*. Isso está associado às implicações da frustração. O que significa para nós se não formos aprovados em nossos exames, se não pudermos ter a forma corporal que queremos, se formos rejeitados para um emprego ou se a pessoa de quem gostamos não gostar de nós? Podemos aprender a tolerar frustrações, reveses e decepções sem autoataque e, em contrapartida, ser compassivos com essa decepção? A Figura 5.4 destaca como podemos esboçar os processos centrais com os clientes.

1. Distinguir entre ficar decepcionado/frustrado porque não podemos atingir nossos ideais e autocriticismo, que é uma reação à decepção. Podemos aprender a trabalhar com a decepção sem uma reação de autoataque. Importante aqui é o grau em que nossos ideais escolhidos são irrealistas e excessivamente exigentes. A exploração cuidadosa pode ajudar as pessoas a verem por que esse pode ser o caso e entenderem se mudar nossos ideais e nossa relação com eles é útil.
2. Altos ideais não são o problema em si, pois eles podem ser um guia para nós, mas é como lidamos com o fato de não nos aproximarmos deles o suficiente que nos deixa com esse senso de decepção e frustração. Às vezes, isso está na cultura. O terapeuta Albert Ellis, da *terapia racional-emotiva comportamental*, costumava falar em termos de "precisar" e "dever": "Eu *preciso* realizar isso para ser uma pessoa de valor". Ele defendia enfaticamente ajudar as pessoas a distinguir entre um resultado e um autojulgamento. Ele dizia com frequência que, "se vale a pena fazer uma determinada coisa, vale a pena fazê-la mal", porque podemos aprender. Outro *slogan* é "o segredo do sucesso é a habilidade de fracassar".
3. Quanto mais a decepção ativa medos arquetípicos de se tornar o *self* indesejado/envergonhado/rejeitável, mais problemas temos (veja a Fig. 5.2). Portanto, aqui o terapeuta explora as ligações atuais e históricas com episódios em que algum tipo de fracasso resultou em criticismo ou rejeição, ajudando os clientes a ver o papel da memória emocional.
4. Quanto mais o sistema de ameaça é ativado, porque a decepção está ligada à vergonha ou à antecipação de perda social ou econômica, mais intensos tendem a ser o autoataque e a condenação. O fracasso em situações que não têm muita consequência social ou econômica menos comumente estimula a autocondenação intensa.

Assim, a tarefa terapêutica é possibilitar que os clientes diferenciem, experienciem e tolerem a frustração sem o autoataque. Há muitas maneiras de fazer isso. Uma é convidá-los a trazer à mente sua decepção e então apenas

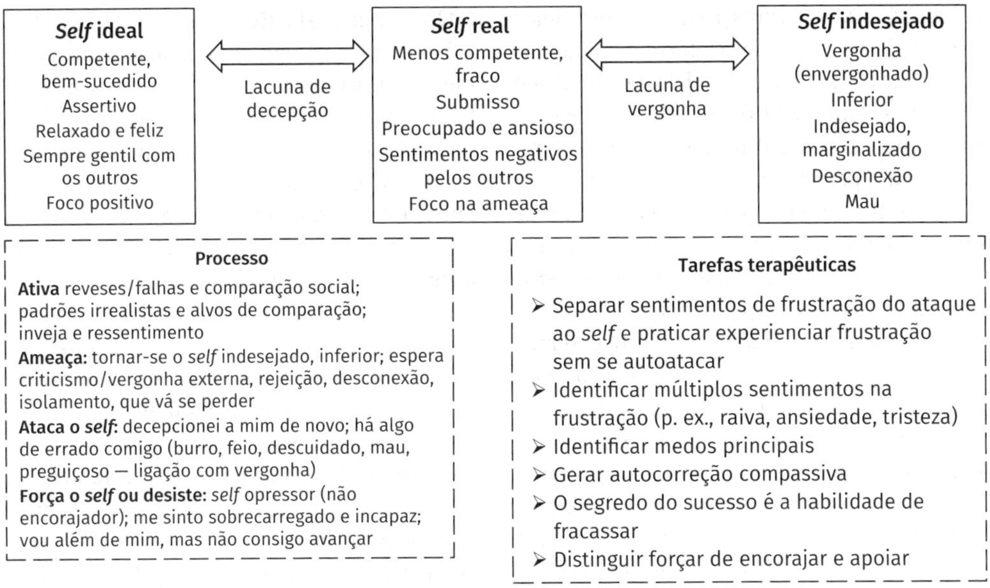

FIGURA 5.4 Lacuna de decepção e vergonha no autocriticismo.
Fonte: © Paul Gilbert.

focar nos sentimentos de decepção e deliberadamente notar, mas não se engajar, em algum processo de autojulgamento/ataque. Ajudar os clientes a ver que o autocriticismo pode ser separado dos sentimentos da frustração. Às vezes, também é muito útil ajudar os clientes a examinarem as *três emoções básicas de ameaça* em uma decepção, que podem ser raiva/frustração, ansiedade e também tristeza (veja o Capítulo 9). Comumente, os clientes não estão acostumados a pensar nas decepções como vinculadas a essas três emoções comuns. Além disso, o autocriticismo pode bloquear nossas habilidades de sermos sensíveis e processarmos nossas emoções associadas à decepção.

Santor e Yazbek (2006) verificaram que o autocriticismo estava associado à elevada comparação social, mas somente em condições de comparação desfavorável. Em outras palavras, indivíduos autocríticos são muito sensíveis a comparações que os mostrem como inferiores, em vez de iguais ou melhores. Em virtude disso, o autocriticismo pode ser associado à inveja. Phillips, Silvia e Paradise (2007) mostraram que eram as discrepâncias entre o *self* ideal e o indesejado, e não o *self* que deveria ser real, que melhor prediziam dificuldades com as emoções. Isso nos traz de volta à ideia de que o crucial é a questão da vergonha, bem como os medos subjacentes associados à vergonha.

É sempre útil ter esses diagramas à mão ou desenhá-los com seus clientes, pois as representações visuais dos processos psicológicos geralmente são mais fáceis de entender do que as descrições verbais. Eles podem se tornar um foco para discussão e exploração geral, possibilitando que o cliente inicie suas próprias descobertas guiadas em torno da natureza interconectada das diferentes texturas e temas do autocriticismo.

Lidando com a frustração: um alerta. Uma área sobre a qual precisamos ser um pouco cautelosos é que os indivíduos podem focar no autocriticismo *para evitar realmente lidar com as emoções de frustração ou perda.* Tim, por exemplo, iniciou muito rapidamente sua terapia falando sobre como se sentia mal com a morte precoce da sua mãe, pois poderia ter feito mais para ajudá-la. Ele havia se oferecido para pintar alguns cômodos da casa dela, etc., mas seu trabalho sempre lhe exigia tanto que ele ficava adiando. Havia outras coisas. Levei algum tempo para perceber que, na realidade, o foco no autocriticismo era para encobrir o fato de que ele, na verdade, não queria processar o luto pela perda da sua mãe e chorar na terapia. Explorei com ele que poderíamos colocar o autocriticismo de lado até que tivéssemos trabalhado com isso. Kerry falava muito sobre seu autocriticismo e de onde ele se originava. Ela se culpava por muitos dos problemas no seu casamento, mas, na verdade, não queria pensar muito profundamente que talvez aquele não fosse um bom casamento para ela, bem como começar a processar as emoções sobre o casamento real e, possivelmente, se separar. Assim sendo, tenha consciência de que o autocriticismo também pode ser uma obstrução ou um encobrimento para outras emoções em torno dos problemas na vida. De fato, como discutido anteriormente, tenha em mente que o autocriticismo pode ser defensivo (um comportamento de segurança). Nesse caso, é a compreensão de contra o quê o cliente está se defendendo de sentir ou reconhecer que pode ser a chave para a sua terapia. Se você tentar tratar isso confrontando, sem abordar sua questão subjacente, a terapia fica difícil.

Trabalhando com autocriticismo e incentivando a autocorreção compassiva

Assim como podemos estimular nossas próprias fantasias sexuais e ficar excitados, também podemos estimular nosso processo autocrítico e sentir-nos abatidos. Se fizermos isso, estamos estimulando os sistemas fisiológicos que foram concebidos para responder a ser menosprezado, criticado ou atacado. Isso inclui vários circuitos neurais e hormônios do estresse, como o cortisol (Kim et al., 2020; Longe et al., 2010; Rockliff et al., 2011). Whelton e Greenberg (2005) mostraram claramente que é quando não conseguimos nos defender contra nossos próprios ataques, principalmente devido à hostilidade neles, que então nos comportamos como um submisso temeroso, comumente perdendo a confiança e recuando; estamos literalmente executando nossos próprios programas de derrota. Crianças e adultos podem se acomodar ao seu *self* crítico de uma forma similar à que nos acomodamos a pais e chefes críticos ou deuses hostis. Fazemos acordos com eles de que, se nos comportarmos corretamente, eles não serão prejudiciais. É um pouco parecido com a síndrome de Estocolmo, em que os indivíduos desenvolvem laços ou sentimentos positivos em relação ao seu abusador/sequestrador. Isso se mostra em todos os tipos de situações, por exemplo, como mencionado por Tierney e Fox (2010). A questão da *armadilha* aqui também é muito importante porque, se não conseguirmos escapar do nosso processo autocrítico, estaremos constantemente estimulando nosso sistema de ameaça e teremos que nos acomodar a ele. Isso também é um pouco parecido com *lavagem cerebral*, em que, se você ouvir essas mensagens hostis na sua cabaça dia após dia, não vai conseguir evitar acreditar nelas. O autocriticismo funciona basicamente dessa forma. O fundamental na TFC é ir atrás da mentalidade social e da ameaça que está causando o problema, e então trocá-las para uma mentalidade focada na compaixão.

Distinguindo autocriticismo de um outro hostil identificado

Uma das principais tarefas terapêuticas é identificar se o automonitoramento hostil e o autoataque estão associados a um *outro hostil internalizado*, que pode ser identificado como *alheio ao senso de self*. Como outras terapias, nessas situações, a TFC externaliza essa voz, por exemplo, convidando o cliente a imaginá-la na cadeira vazia e então trabalhar seus sentimentos. Na TFC, os clientes são convidados a trabalhar o "grande trio", ou "*big three*", envolvendo a raiva, a ansiedade e a tristeza nessa relação (veja o Capítulo 9; veja a seguir). Os psicanalistas os chamam de "objetos internalizados", que são, na verdade, cenas codificadas na memória internalizada — por exemplo, de ser o alvo de ataques por outros dominantes e do *self* como temerosamente subordinado. Em outras palavras, trata-se do que é internalizado como *self* em uma relação de papéis, e não como um senso de *self* separado; um episódio relacional. Podemos formular estas questões: "*Quando você ouve pensamentos críticos na sua mente, eles o fazem lembrar de alguém? Você já recebeu esse tipo de mensagem antes? Até que ponto você acha que eles são seus próprios pensamentos ou alguma coisa que você assimilou de outra pessoa?*".

Você pode prosseguir com o questionamento socrático mais detalhado e a descoberta guiada, por exemplo, perguntando: "*Você pensaria assim se não fosse por essa pessoa? Se você pudesse remover a memória dela, você acha que ainda seria assim consigo mesmo?*".

Essas ideias ajudam o cliente a diferenciar os seus próprios domínios de decepção e a recordação de outra pessoa depreciando-o ou amedrontando-o. Há uma variedade de perguntas cognitivas e de mentalização, como: "*Quem deu a essa voz as credenciais para ser um crítico?*"; "*O que ela ganha ao ser crítica com você?*"; "*Por que seria útil para ela que você ficasse com medo dela?*"; "*Por que ela quereria manipular você a partir do medo?*"; "*Por que você pode querer continuar assustado e não se rebelar?*"; e assim por diante. Essas são perguntas do tipo mentalizante, para ajudar a pessoa a sair da sua orientação autofocada. Um segundo grupo de perguntas pode examinar o resgate, por exemplo, perguntando: "*Se houvesse alguém que pudesse ter interferido e ajudado você, o que essa pessoa teria feito?*"; "*O que ela teria dito?*"; "*Como você teria ficado com isso?*"; "*Isso é algo que você pode aprender a fazer por si mesmo hoje?*"; "*Qual seria seu maior medo de fazer isso?*". Às vezes, essas perguntas ajudam o cliente a reconhecer que, quando não houve/não há resgate, ele não teve/não tem escolha, a não ser se submeter e se automonitorar muito atentamente e então se autocriticar. Em termos dos próximos passos e do trabalho com esse outro internalizado, você pode explorar se o cliente quer trabalhar com isso diretamente e perguntar: "*Qual seria seu maior medo de não ter essa voz na sua cabeça, ou se voltar contra ela de uma forma que talvez você não conseguiu quando era criança?*". Às vezes, os clientes têm vários medos que podem ser trabalhados. Se um cliente gostaria de trabalhar com isso, então as necessidades precisam ser externalizadas. Explique ao cliente como isso funciona e que você lhe pedirá o seguinte: "*Imagine aquele indivíduo (p. ex., o pai) que foi crítico ou abusivo 'sentado em uma cadeira vazia'. No entanto, como estamos imaginando, e ele não está realmente aqui, tudo tem a ver com o que você gostaria que ele soubesse sobre você e seus sentimentos em relação a ele. O foco do exercício realmente é que você possa explorar e se expressar*".

Antes de se engajar no exercício real, certifique-se de que o cliente entende e concorda com o sentido do exercício, que é sobre consciência, diferenciação e, em parte, (construir) tolerância para expressar emoções difíceis. Embora alguns talvez foquem na expressão da raiva, a TFC adota uma perspectiva mais abrangente e convida o cliente a explorar os "*big three*" (raiva, medo ou tristeza pelo relacionamento) (veja o Capítulo 9) e, ocasionalmente, o desejo de amar e perdoar (p. ex., o pai). Nesse caso, é importante que o terapeuta entenda o que é realmente o perdão, que é sobre renunciar a raiva vingativa (McCullough et al., 2009; Worthington, 2007). As pessoas podem, ainda, não gostar nem um pouco do outro crítico, mas perdoá-lo é deixar ir; o perdão liberta o indivíduo das correntes da raiva para encontrar paz. Também podemos ajudar os clientes a obterem clareza sobre a complexidade das emoções, especialmente se o outro crítico for um cuidador primário que também era desejado (Gilbert & Irons, 2005). Nesse caso, a habilidade de experienciar raiva junto com outras emoções (ansiedade, tristeza ou esperança, ou mesmo amor) é parte de uma "multimente", o que possibilita o maior desenvolvimento do *self* compassivo para se colocar no lugar da voz parental. Isso é ensaiado e praticado.

Para ajudar os clientes a entender que, às vezes, o autocriticismo e um senso de vergonha e desvalorização pessoal são comportamentos defensivos classicamente condicionados e baseados no corpo, oriente-os com o uso de diagramas. Uma forma de fazer isso é trabalhar com um exemplo específico. A seguir, apresentamos John, uma pessoa autocrítica deprimida que achava que não conseguiria ter sucesso. Seu pai era extremamente volátil, e sua mãe tinha muito medo do marido, por isso, ela nunca conseguia intervir e salvar John. Convidá-lo a falar sobre um exemplo específico possibilitou explorar a Figura 5.5. A situação era que eles iam sair para algum lugar e ele estava vestindo roupas novas. Ele então pediu um suco de laranja antes de saírem, mas escorregou e o derramou na roupa. Seu pai "explodiu", gritando e xingando, falando palavrões e tirando suas roupas muito rudemente. Esses são exemplos de memória de trauma baseado na vergonha que podem estar subjacentes a algumas formas de autocriticismo (Kaufman, 2004; Matos et al., 2020). Podemos observar com John a complexa *natureza multitexturas* dessa experiência, em que ele experiencia uma emoção de ameaça muito intensa, um senso de confusão, estando muito preso a esse homem hostil (não consegue fugir) e sem salvadores. No estado de medo intenso, vergonha e motivação para fuga, ele está sendo claramente rotulado como inútil e um incômodo. Ele claramente experiencia as emoções e as motivações *na mente do pai* como perigosas, rejeitadoras e hostis. Igualmente importante é que é assim que ele existe na mente do outro, o que afeta como ele sente que existe como um agente social. É importante destacar a complexidade e a natureza multitexturas desses tipos de memórias baseadas no corpo, ligadas como "cenas na mente" da relação "*self*-*outro*", e como elas são prováveis de alimentar o medo e o autocriticismo (Kaufman, 2004). A questão é que, quando elas são ativadas, não é apenas o fluxo de pensamentos negativos que vai voltar, mas todas as outras experiências sentidas e imagens texturizadas baseadas no corpo, o que pode incluir medo e vergonha intensos, quase paralisantes, uma sensação de confusão, uma sensação de estar em uma armadilha, sem socorro ou apoio, um senso de

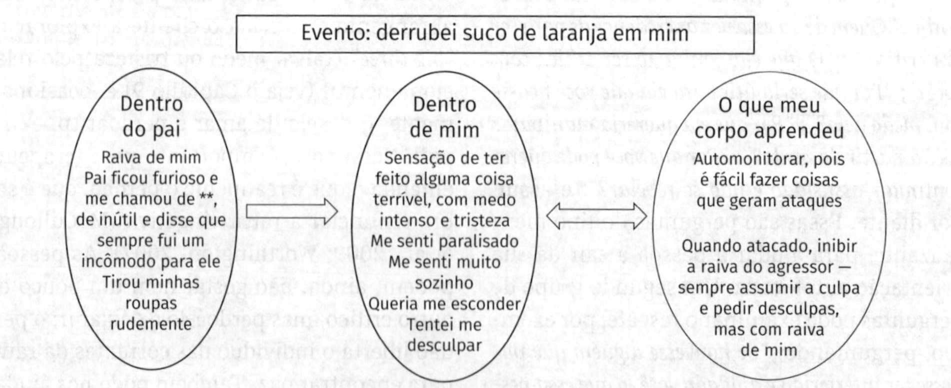

FIGURA 5.5 Representação do impacto de interações críticas hostis.
Fonte: © Paul Gilbert.

ser responsável e culpado, um senso de como o indivíduo existe na mente do outro como "um desconforto, inútil e um incômodo", e assim por diante. Estamos falando sobre nossos estados cerebrais novamente, padrões neurais integrados de acionamento que são ativados. Algumas vezes, *mindfulness* usa a linguagem de que "pensamentos são apenas pensamentos", mas, quando começamos a entender essas experiências, elas certamente *não são apenas pensamentos*, mas memórias emocionais ricamente texturizadas "relacionadas ao estado cerebral". É importante compartilharmos isso com os clientes.

Trabalhar de maneira compassiva possibilitou que John entendesse os detalhes do processo, como ele passou a experienciar a si mesmo por meio das reações e do estilo de relação do seu pai com ele e como o autocriticismo foi incorporado à sua programação. Fundamental para esse processo foi como isso estava ligado a cenas de vergonha (Kaufman, 2004). Portanto, parte da terapia foi mudar a defesa submissa involuntária. Isso envolveu trabalhar três emoções principais em relação a seu pai, que, na TFC, são raiva, ansiedade e tristeza, e construir um *self* interno compassivo que validasse e valorizasse. A voz interna compassiva é reconhecida como a *própria* voz "escolhida" do indivíduo. Ela trouxe um novo padrão de psicofisiologia para a memória.

Autocriticismo e *auto*ataque

Seja por meio de experiências no começo da vida, dos pares ou da cultura social, os indivíduos também reconhecem que há uma parte genuína de si mesmos que autocondena, mas a veem como útil e acreditam que precisam dela. Um dos problemas com que o terapeuta se depara é, primeiramente, que os indivíduos frequentemente não reconhecem a intensa hostilidade por trás do processo crítico (formas de insensibilidade e crueldade). Isso se dá por duas razões: primeiro, porque acreditam que, sem ele, vão cometer erros ou se tornarão negligentes ou preguiçosos. Em essência, eles acham que o processo autocrítico está mantendo seus padrões e prevenindo que fiquem envergonhados e sejam rejeitados. Segundo, porque as pessoas acham que, se não se autocriticassem, isso as deixaria sem vergonha e, portanto, seriam más pessoas. Além do mais, elas acham que frequentemente merecem esse criticismo, não importa o quanto seja hostil (veja o Capítulo 6). Esse conceito de merecer criticismo é uma posição defensiva subordinada clássica.

Fase 1. Uma das maneiras de iniciar o processo de trabalho com o autocriticismo é garantir que haja um entendimento estabelecido sobre porque isso será feito; caso contrário, você pode encontrar resistência. Pode ser útil discutir com os clientes se eles querem falar sobre isso como *o* self *crítico* ou se querem falar sobre isso como seu *processo autocrítico*. Enfatize o fato de que, embora possamos usar o conceito de um autocrítico como uma forma curta, o que na verdade estamos falando é da ativação de programas e algoritmos particulares na mente; são processos no cérebro "de avaliação e resposta" (Gilbert & Irons, 2005). Não existe um crítico real no cérebro!

A TFC tem um conjunto de descobertas guiadas para isso denominadas *análise funcional do autocriticismo*. Você inicia discutindo com seu cliente que ele pode querer conhecer seu processo autocrítico para entender como isso está realmente funcionando para ele. Depois que isso é combinado, você se engaja em uma abordagem analítica funcional muito comum. Você pode perguntar à pessoa diretamente sobre as funções de um determinado comportamento, ou forma de pensar, ou você pode lhe perguntar: "*qual seria seu maior medo se você abrisse mão disso ou perdesse isso?*". Essa é a melhor maneira de começar a análise funcional do exercício de autocriticismo. Pedimos que os clientes imaginem que, nesta terapia de hoje, vamos remover seu autocriticismo para que ele nunca mais "*fique com raiva de si mesmo ou se agrida*" novamente. Faça isso ludicamente, mas sempre acrescente essa questão de "se autoagredir ou ficar com raiva de si mesmo", porque você está querendo estimular o autocriticismo baseado na vergonha e porque, mais tarde, você vai distingui-lo da autocorreção compassiva (veja a Fig. 5.1). A Folha de exercícios 5.1 oferece um guia para o processo. Quando os clientes refletem sobre isso por algum tempo, eles tendem a apresentar ideias de que, se renunciassem ao seu autocriticismo, poderiam se tornar *preguiçosos, arrogantes, parariam de melhorar, seriam desagradáveis com as pessoas, deixariam seus padrões decair*. Às vezes, as pessoas também acrescentam que *ficariam sem direção, não saberiam quem elas eram, e isso seria muito estranho e alheio*. Dedique algum tempo realmente explorando esse medo de renunciar à autocrítica. A pergunta seguinte se refere ao medo arquetípico. A pergunta é: *"supondo que este fosse o caso, e você acabasse sendo arrogante ou preguiçoso, qual seria seu maior medo sobre isso?"*. Aqui, sem nenhuma surpresa, você vai descobrir os medos arquetípicos de ser rejeitado, marginalizado, criticado, indesejado, indesejável, etc. Você interliga esses aspectos para o cliente, dizendo algo como: *"Entendo, então parece que você sente que seu crítico está lhe ajudando a se comportar de formas que assegurem que você seja capaz de ser aceito e valorizado pelos outros?"*. Comumente, os clientes concordam, e isso é importante porque você pode dizer: *"então posso ver por que você ficaria preocupado em abrir mão disso"*.

De maneira significativa, você mostrará que essa é uma crença não útil associada a medos subjacentes. De fato, o autocriticismo severo nos enfraquece e não nos ajuda. É por isso que não apoiamos a ideia de que o autocriticismo severo está apenas tentando ajudar. Esses sistemas não têm essas intenções.

Isso completa a primeira parte do exercício, em que você estabeleceu as funções do autocriticismo e chegou até o medo de fracassar, associando as consequências de fracassar aos medos arquetípicos de desconexão social. Algumas vezes, os medos são mais sobre tirar o melhor proveito da própria vida, ou de perder o significado ou não prosperar. O mais importante é reconhecer que o processo autocrítico pode ser uma ponte para esses medos arquetípicos.

Fase 2. A próxima fase é convidá-lo para um passeio guiado pelo seu processo autocrítico. A TFC explora esse processo com uma variedade de perguntas socráticas e descobertas guiadas. Comece com: *"Então, já examinamos as funções do seu autocriticismo, mas agora pode ser útil realmente conhecê-lo e ver se ele está ajudando da forma que você acha que está. Tudo bem para você?"*. Às vezes, acrescento: *"Tenho uma teoria, mas posso estar errado, de que você pode ficar surpreso ao descobrir que ele, na verdade, não está fazendo o que você quer que ele faça; de fato, ele é mais prejudicial do que útil, mas vamos ver"*. Como ocorre em todas as descobertas guiadas, você sempre informa o cliente de que, se ficar um pouco opressivo, ele pode simplesmente desistir. Ocasionalmente alguns fazem isso, se começam a ativar memórias de trauma; nesse caso, você os tranquiliza e examina o autocriticismo de formas mais objetivas do que incorporadas. No entanto, presumindo que tudo se desenvolva bem, você começa com perguntas como: *"Você consegue pensar em alguma coisa sobre a qual você é crítico consigo, ou tende a sentir raiva ou ficar incomodado consigo?"*. Alerte que não deve ser nada tão importante para começo de assunto. Ele não precisa contar para você, mas apenas focar nisso por uns 20 segundos como estímulo.

Então o acompanhamos por meio dos quatro domínios básicos (veja a Folha de Exercícios 5.1). De certa forma, estamos mentalizando o processo crítico, explorando o que ele pensa, quais são seus motivos, o que ele sente e o que quer fazer. Ao usar a imagem mental, também estamos explorando processos arquetípicos. Exploramos:

1. sua aparência e sensação física,
2. suas mensagens específicas, seus ataques e suas reprimendas, incluindo seu tom de voz,

3. os sentimentos que ele carrega para si e
4. o que ele gostaria de fazer para ou com o *self* (comportamento).

O quinto estágio é lhe pedir para recuar, deixar de lado o crítico e refletir sobre o que está pensando e sentindo agora, incluindo no corpo, e o que está querendo fazer.

De modo geral, é melhor percorrer todos os domínios e então explorar suas experiências no final, em vez de examinar um domínio de cada vez. Recomende ao cliente que não responda às descobertas guiadas até chegar ao final. Se isso acontecer, pare e convide-o a simplesmente se ater ao que lhe ocorre enquanto vocês percorrem o exercício, e retornem juntos ao final. Esclareça que ele pode não ver ou ouvir nada claramente, mas apenas ter a sensação de alguma coisa. Comece pela aparência: "*Se você pudesse imaginar seu crítico (ou processo crítico) fora de você, como se pudesse tirá-lo da sua cabeça e olhar para ele, que forma ele poderia assumir? Qual seria sua aparência? Como ele apareceria para você? Que cores ou texturas você associaria a ele?*".

Dê à pessoa talvez uns 20-30 segundos, mas pode ser mais tempo ou menos, dependendo da pessoa (ou do grupo, se for o caso). Depois, mude para: "*Agora, sente-se em silêncio, ouvindo, e permita que seu crítico diga o que ele realmente pensa sobre você. Tente ouvir o que essa parte de você quer dizer. Não importa o quanto ele seja crítico, tente encontrar coragem para apenas ouvir seus pensamentos críticos. Novamente, se isso se tornar muito perturbador ou uma sobrecarga para você, podemos simplesmente parar.*"

A ideia é a descoberta guiada, e não que ela seja excessivamente angustiante para o cliente. Lembre-se de que, se ele de repente contatar a voz de um abusador, alerte-o de que isso não é autocriticismo; esse é um "outro internalizado sendo crítico". Encerre esse processo e convide-o a explorar por meio do trabalho com a cadeira. A pessoa pode, às vezes, reconhecer que são ambos e desejar continuar com isso como um processo de autoavaliação.

A seguir, explore os sentimentos que o crítico tem por ele: "*Enquanto você está aí sentado, ouvindo seu crítico, que emoções ele está dirigindo a você, o que ele realmente sente sobre você e em relação a você?*". Novamente, dê algum tempo para que ele realmente tenha percepção do sentimento do crítico.

Então, mude o foco para o comportamento, perguntando: "*Você já ouviu o que seu crítico pensa sobre você e sabe o que ele sente por você. O que ele gostaria de fazer para você ou com você?*".

A reflexão final é que ele note o que está sentindo agora. Também pode ser útil convidá-lo a prestar atenção ao corpo e à consciência interoceptiva do autocriticismo: "*OK, você foi incrivelmente corajoso e olhou para seu crítico, tirando-o de dentro do armário, por assim dizer, e realmente escutou o que ele pensa sobre você, notando o que ele sente sobre você e o que ele realmente quer fazer a você ou com você. Quando passa por isso, como isso faz você se sentir? O que acontece no seu corpo?*".

Obviamente, certifique-se de deixar espaços suficientes entre essas perguntas para permitir reflexão. Então, no final de toda a prática, convide-o a discutir sua descoberta guiada em relação a como o crítico se parece, o que estava dizendo, quais são os sentimentos dele em relação ao cliente e o que ele quer fazer para e com ele. Comumente, as pessoas dizem que se sentem deprimidas, arrasadas, sem esperanças, para baixo, confusas e com um pouco de raiva. Os clientes obtêm um *insight* do fato de que, usualmente, isso faz com que eles se sintam muito mal. Quando perguntamos "*o que acontece no seu corpo?*", as pessoas tipicamente notam uma tensão no corpo, como um aperto, talvez uma leve sensação de pânico. Mais uma vez, assegure-se de deixar tempo suficiente entre essas perguntas para permitir reflexão e resposta. Podemos fazer perguntas reflexivas, como: "*O que você notou ou o que você entendeu a partir disso, ou como isso lhe parece agora?*". Podemos fazer perguntas mais específicas, como: "*Você está surpreso com o quão desagradável ou mesmo cruel seu crítico foi? Você está surpreso com o quanto se sente humilhado, deprimido ou arrasado?"*. Pergunte: "*Quão poderoso você achou seu crítico? Seria fácil se erguer contra ele? O que acha que ele poderia fazer se você tentasse?"*. Isso pode ajudar a pessoa a reconhecer que isso não é sobre ter uma luta com o crítico; é sobre mudar a mentalidade social porque estamos trocando estados cerebrais.

Embora isso seja muito sutil, e não haja pesquisas a respeito, até onde tenho conhecimento, evidências pontuais de "o que seu crítico quer fazer a você?" podem indicar onde existe um elemento de querer destruir ou ferir o *self*, em vez de melhorá-lo. Isso realmente ajuda a esclarecer que o crítico não é simplesmente uma parte mal orientada de você que quer ajudar e se importa com você. A principal razão é que ele não é proveniente dessa mentalidade social de cuidado, portanto, não pode ser uma forma mal orientada de querer ser útil. É a mentalidade subordinada dominante.

Os clientes normalmente ficam muito chocados e surpresos quando percebem a genuína hostilidade no crítico em termos do que ele acusa o *self*, o que ele sente e também o que ele quer fazer. Seguramente, não é ser apoiador, encorajador e compreensivo. A questão de entender o que o crítico está fazendo é crucial, ou os clientes não se engajam realmente no processo porque ainda estão apegados à ideia de que ele é útil ou merecido. Greenberg e Safran (1987) capturam esse tema na descrição que um cliente faz de um evento terapêutico. Foi pedido que ele entrasse em detalhes sobre as imagens de um episódio de ansiedade social. O paciente diz:

> Quando descrevi o incidente, ele investigou as imagens e os sentimentos e me ajudou a reviver a experiência. As palmas das minhas mãos ficaram úmidas e comecei a perceber uma sensação de asfixia na garganta. Experienciei aquela sensação tão familiar de pânico e desespero que tão frequentemente me deixava paralisado. Tive essa imagem de mim como aquela pequena criatura patética, que só merecia desprezo. [...] Consegui verbalizar alguns pensamentos autocríticos dolorosos relacionados àquela imagem [...]. Pela primeira vez, tive percepção profunda e clara do que eu estava essencialmente fazendo comigo (pp. 5-6).

Como Greenberg e Safran (1987) indicam, esses exercícios são importantes porque facilitam *insights* poderosos sobre o grau de nocividade. Tenha em mente que não é apenas o desprezo do ataque, mas também a emoção e a hostilidade ou o desprezo que implicam a nocividade. Essa deve ser a chave para o *insight* do cliente (Whelton & Greenberg, 2005). Isso apoia o movimento de afastamento da aquiescência passiva ou mesmo da crença de que o indivíduo merece.

Insensibilidade e crueldade com o *self*. Como discutido no Capítulo 2, insensibilidade e crueldade são dois inibidores da compaixão. Isso pode parecer um choque, mas um choque útil, se você direcionar o cliente a pensar sobre isso. Você pode perguntar ao cliente: "*Até que ponto você acha que seu crítico ou seu processo crítico é indiferente ao estresse que ele causa em você?"*. Nesse caso, você está ajudando o cliente a reconhecer que o sistema de ataque não tem compaixão e não consegue realmente avaliar suas ações prejudiciais para o *self*. Ele não faz parte da mentalidade social de cuidado. Geralmente, essa não é uma pergunta sobre a qual ele já pensou antes, e ela pode revelar alguns *insights* muito interessantes. Você também pode perguntar até que ponto essa parte dele é, na verdade, muito cruel e quer causar danos e ser prejudicial. "*Até que ponto você acha que este autocrítico (ou processo crítico) na verdade quer que você fique angustiado e temeroso?"*. Isso é particularmente útil com o cliente que tem ódio de si mesmo e o ajuda a ver que a parte dele que está se odiando também quer que ele sofra e sinta angústia. Em outras palavras, isso é *autocrueldade*. Mais uma vez, ele pode não ter pensado sobre isso como autocrueldade, e esse pode vir a ser um *insight*. Tenha em mente que você não está culpando essas partes ou criticando-as, mas entendendo como elas fazem parte dos programas da nossa mente.

Fundamental para esse exercício é o reconhecimento de que experienciamos padrões internos de *self*-para-*self*, como um fluxo de diálogos animados entre partes de nós mesmos que têm motivação, intenção, emoção e impulsos comportamentais. Elas estão enviando e recebendo sistemas de processamento de uma mentalidade social. Portanto, quando experienciamos o autocriticismo gerado por ameaças, podemos criar dentro de nós padrões recíprocos e dinâmicos de relação e comunicação, pois eles fazem parte da mentalidade social da regulação dominante-subordinado. Na verdade, é exatamente assim que as pessoas o descrevem, que "*tem uma parte de mim que é hostil e crítica e outra parte de mim que se sente massacrada por ela*" (Gilbert et al., 2004). Como essa é uma relação interna, enraizada em uma mentalidade social, essa é uma razão pela qual a troca desse processo dialógico para uma mentalidade social diferente (i.e., compaixão) é tão fundamental. Procuramos mudar não só o conteúdo do pensamento, mas também os motivos e as emoções da nossa interação dinâmica recíproca interna de diálogos de *self*-para-*self*. De fato, para indivíduos que ouvem vozes e que podem sofrer de transtornos psicóticos, sua experiência não é um fluxo de pensamentos negativos, mas diálogos internos de algum(ns) "agente(s)" que tem intenção e emoção. Quando os clientes começam a ter essa compreensão, isso os ajuda a ver suas vozes pelo que elas são (veja o Capítulo 24). O terapeuta pode explicar ao cliente que nossas diferentes mentalidades sociais criam diferentes diálogos internos e estilos de relação. Quando estamos presos a mentalidades competitivas e baseadas na ameaça, podemos experienciar a parte de nós que está ameaçando e atacando e a parte de nós que se sente ameaçada e é submissa e defensiva. Entretanto, quando aprendemos a ativar mentalidades sociais de cuidado, criamos diferentes relações de *self*-para-*self*. O terapeuta está, assim, ajudando o cliente a entender o valor de mudar a forma como vemos nossas vozes hostis como sendo geradas pela mentalidade social competitiva e focada na ameaça, como *não lutar contra as vozes*, mas ver a ameaça por trás da voz e tentar engajar nossa mentalidade social de cuidado. Eleanor Langdon descobriu isso por si e fez uma excelente palestra TED sobre como aprendemos a fazer essa troca (www.ted.com/talks/eleanor_longden_the_voices_in_my_head?language=en). Os clientes podem aprender que, se eles se orientarem para a mentalidade de cuidado social, isso também criará diferentes padrões fisiológicos em seu corpo e seu cérebro (veja o Capítulo 24). Esses *insights* colaboram ainda mais para esclarecer como e por que o trabalho com a cadeira e a atuação em diferentes papéis podem ser tão fundamentais na TFC (veja o Capítulo 17).

Exemplo prático. A seguir, apresento um exemplo prático coletado de diferentes grupos para evitar a identificação. Independentemente de se fazer com indivíduos ou com grupos, o processo é muito semelhante, exceto que, em grupos, você convida a discutir sobre diferentes domínios. Além disso, você terá um quadro *flip chart*, com um formulário como este, e examinará os maiores medos dos indivíduos e escrevê-los antes que eles façam a parte da imagem mental. Então, em um grupo, no final, você escreve todas as respostas no *flip chart*, para que se torne uma discussão compartilhada posteriormente.

Os clientes podem nunca ter realmente dedicado tempo para trazer seu autocriticismo completamente à consciência ou explorar verdadeiramente os pensamentos e impulsos emocionais em torno de sua autocrítica. Tudo estava "no segundo plano". Às vezes, pessoas com impulsos suicidas podem começar a reconhecer que parte desse impulso está vindo do autocrítico — é um senso de *self* hostil ("você é tão inútil, você deveria se matar") (O'Neill et al., 2021). Lembre-se mais uma vez de, sempre que possível, ajudar as pessoas a tomarem consciência das mudanças corporais quando o criticismo está operando na mente. Eu costumo dedicar algum tempo para destacar as texturas emocionais da hostilidade, convidando a reflexões sobre isso, além do conteúdo.

Dessensibilização, validação e vínculos. Anotar essas questões em um *flip chart* ou em um pedaço de papel com seu cliente é um processo gradual de crescente consciência mental, mas também de dessensibilização. Isso ocorre, em parte, pela maneira como você fala sobre isso. Em grupos, os indivíduos podem ficar muito surpresos que outros no grupo têm imagens e tons de voz críticos hostis similares. Em um dos meus grupos para transtornos complexos, o crítico de uma cliente disse a ela que "você é um pedaço de m* e merece morrer". Outro membro do grupo se sentiu confortado com isso porque havia pensado que só ela tinha esses pensamentos intensos de auto-ódio sobre si mesma. Ademais, ver isso escrito no *flip chart* como uma declaração e pensar sobre suas origens e funções como um pequeno programa (complicado) na mente aliviou a carga para ela. Entretanto, sempre acrescentamos o elemento de que *deve ter sido muito difícil ter vivido com isso todos esses anos quando, na verdade, todos nós queremos nos sentir queridos e amados*. Para alguns clientes, essa pode ser uma grande mudança, ao passo que, para outros, pode-se ver que eles se defendem contra esse sentimento desde o início, mas o terapeuta e o grupo podem reconhecer "e mentalizar" o anseio, a tristeza e a solidão que está por trás desse processo crítico.

Trocando para o *self* e a mente compassivos: autocorreção compassiva

Há boas evidências de que a geração de uma mente compassiva infrarregula e reduz o autocriticismo prejudicial (Kim et al., 2020; Matos et al., 2017, 2018; Werner et al., 2019).

FOLHA DE EXERCÍCIOS 5.1 Análise funcional do autocriticismo

Maiores medos de renunciar a se criticar e se rebaixar: tornar-me arrogante, magoar outras pessoas, enlouquecer, nunca fazer nada, me embaraçar, ficar preguiçoso, virar um vagabundo, não ver onde estou errando, ficar para trás, ser criticado pelos outros, não ter amigos, ser um imbecil. **Medo arquetípico:** ser rejeitado, ser considerado esquisito, não ser querido, as pessoas vão se afastar de mim.			
Sua aparência:	***Diz para mim:***	***Sente sobre mim:***	***Quer me fazer:***
Self furioso, monstro com boca enorme e dentes afiados, uma coisa esverdeada pegajosa, cachorro latindo, uma sombra escura, dedo apontando, mãe furiosa, professor intimidador	Você é patético; você é sempre uma decepção; você é um fracassado; você não é bom; você é um covarde; você é desagradável; se as pessoas realmente o conhecessem, não gostariam de você	Raiva, desprezo, decepção, aversão, vergonha, rejeição	Calar a boca; me chutar; me sacudir até acordar; me assustar; gritar; desistir de mim; me silenciar
O que estou sentindo agora e pensando sobre mim: Tristeza, solidão, raiva, cansaço, exausto, traído, deprimido, devastado, perdido ***Onde sinto isso no meu corpo:*** tensão corporal, aperto no peito, dor no estômago, respiração parece acelerada			

Guiamos o cliente por um processo analítico funcional similar ao descrito anteriormente, para que ele mesmo possa experienciar isso. Informe o cliente de que agora você explorará seu *self* compassivo em relação à coisa sobre a qual ele pode ser crítico. Para começar, você pode fazer um alerta: "*Uma coisa a prestar atenção quando examinamos a mente e o* self *compassivos é a intrusão do crítico. Lembre-se de que o crítico pode ser um pouco intimidador, e ele simplesmente assume que tem o direito de comentar e minar. Se você tiver esses tipos de intrusões que estão lhe dizendo para não prestar atenção ao seu* self *compassivo, ou se ele disser muitos "sim, mas..." ou queixas, tente não se preocupar com isso. Elas são comuns. Apenas perceba e traga sua mente conscientemente de volta para a tarefa*".

Fase 1. Aqui, fazemos uma análise funcional positiva e convidamos o cliente a pensar sobre o que ele gostaria que sua mente e seu *self* compassivos o ajudassem a alcançar. Sugerimos que ele tenha em mente alguns dos temas em que o crítico focou em termos de não ser preguiçoso, ser esforçado, etc. O ponto crucial é que, muito frequentemente, os valores e objetivos das pessoas estão OK; o problema é a mentalidade social (hostil-competitiva baseada na ameaça *versus* compassiva baseada na segurança) que as está impulsionando. Enfatize como o estado corporal e mental compassivo vai gerar padrões que podem nos ajudar *com os mesmos objetivos* com os quais ele acha que o crítico o está ajudando; em outras palavras, não ser arrogante ou preguiçoso, ou não magoar as pessoas. Às vezes, isso ajuda a esclarecer que compaixão não é sobre ser preguiçoso, mas ter um desejo energizante de viver para ser útil, e não prejudicial, e isso inclui dar o melhor de si. Aspirações vingativas ou narcisistas obviamente não seriam endossadas. Assim, está claro para o cliente que ele está focando em compaixão e motivação — e *o que essa parte dele* quer para ele. Você pode então explorar as expectativas arquetípicas.

Fase 2. Normalmente, no momento em que chegamos a essa prática, o cliente já fez algumas práticas de mente compassiva associadas à respiração, ao aterramento corporal e ao foco nas qualidades da compaixão e estará familiarizado com isso. Essa indução é abordada no Capítulo 8. Tenha em mente que, quando trabalhar com o sistema do autocriticismo, você estará estimulando os sistemas cerebrais/corporais de ameaça, portanto, ao trocar para uma mente compassiva (mentalidade social), você quer ter ativada a psicofisiologia de uma base segura e proteção (Kim et al., 2020). Como sempre, antes da descoberta guiada, nós o acompanhamos por meio da indução de um corpo e uma mente compassivos, pois queremos ter engajados os "circuitos da compaixão". Passe um minuto ou mais ajudando seu cliente a colocar o foco no ritmo respiratório calmante, lembrando de manter o rosto e o tom de voz amistosos. Lembre-se do lema de *capacitar o corpo para suportar a mente*. Então, relembre e engaje a sabedoria de reconhecer que "todos nós temos um cérebro complicado", que toda coisa vivente se encontra aqui, tentando fazer o melhor que pode, com um corpo e um cérebro que ela não escolheu. Então, foque na *coragem*, no aspecto emocional da força relacionado a se sentar em uma posição que seja estável, segura e aterrada. Então, relembre e se conecte com o *compromisso* com a compaixão de *tentar ser útil, e não prejudicial*, relembrando porque esse é um compromisso valioso com a vida. Às vezes, você pode acrescentar a ativação da atenção, como trazer à mente uma situação em que o cliente foi muito útil para alguém, na qual ele sentiu que sua motivação era de cuidado.

Fase 3. Então, percorremos os mesmos quatro domínios do processo autocrítico. Isso inclui:

1. a aparência do seu *self* compassivo;
2. ouvir atentamente os pensamentos do seu *self* compassivo e notar o tom de voz;
3. relacionar-se com os sentimentos do seu *self* compassivo; e

4. entrar em sintonia com o que seu *self* compassivo quer fazer para ele e com ele.

Como ocorre com o autocriticismo/autoataque e a autoexploração, é melhor fazer a coisa toda e então voltar juntos para explorá-la. No entanto, para facilitar a explicação, abordarei os principais problemas em cada domínio enquanto prosseguimos — mas, na realidade, eles devem ser abordados ao final, quando então os exploramos.

Guie da seguinte maneira: "*A partir desta posição de postura de compaixão, padrões respiratórios para tranquilização e aterramento, com um desejo de ser útil e apoiador, imagine que você pudesse ver a sua parte compassiva fora de você. Que forma ela poderia assumir? Que aparência teria? Que cores e texturas essa parte de você teria?*".

Alguns indivíduos preferem usar sua imagem compassiva como uma imagem de um outro compassivo. Trabalhe colaborativamente com o cliente, pois, quando ele entender o propósito do exercício, da troca de mentalidades sociais e estados cerebrais, ele terá suas próprias ideias. Por exemplo, algumas vezes, as pessoas espontaneamente elaboram uma imagem pessoal como um urso sábio ou Aslan, das *Crônicas de Nárnia*, de C. S. Lewis. Quando trabalhamos com imagens, também estamos explorando os processos arquetípicos.

Dê ao cliente de 20 a 30 segundos ou mais para fazer isso. Mais tempo pode ser melhor até certo ponto, pois dá a oportunidade de realmente se engajar, mas, se o grupo/o cliente for muito distraído, você só poderá fazer a versão mais curta. Depois que ele estiver engajado, da melhor forma possível, prossiga para: "*Agora escute atentamente o que seu* self*/sua imagem compassivo quer dizer para você. O que você gostaria de ouvir que seria útil? Tente sentir o que seria útil para você, e não o que você acha que deveria dizer ou pensar. Tente sentir o que é útil e imaginar seu* self *compassivo tendo essa sabedoria para você*".

Tenha em mente que indivíduos submissos tentarão trabalhar o que é esperado/deveriam fazer, ou "o que é a forma certa de pensar", em vez de sentir do seu jeito o que é útil. Isso pode levar algum tempo. Novamente, é como a imagem mental sexual ou das férias: criar imagens que a pessoa acha que deveria ter não vai necessariamente movimentar o corpo. Tenha cuidado com lugares-comuns como "está tudo bem com você, você é adorável" e sempre prossiga com perguntas cognitivas de "*o quanto você acredita nisso?*". Se ele tiver uma declaração mais validante, como "*a vida é complicada, e isso tem sido muito difícil para você*", será mais provável que o cliente aceite isso e se conecte com o apoio emocional. De fato, os clientes descobrem que gerar experiências *genuinamente úteis* pode exigir alguma prática e empenho.

Após o trabalho de imagem mental sobre a aparência e os pensamentos, a próxima orientação é: "*O que sua mente e seu* self *compassivos sentem sobre você? Que emoções eles estão dirigindo para você e têm por você?*". Novamente, algumas vezes, o cliente pode ter resistência em permitir isso, porque o "algoritmo autocrítico" constantemente o enfraquece com pensamentos intrusivos como "*você não merece compaixão, você é uma fraude; você está inventando tudo isso*". Quando você está na parte da prática de reflexão, alerte o cliente que ele está observando os "algoritmos e a programação do seu *self* crítico" e para tentar não ser atraído para o programa. Apenas mencione mais uma vez o quanto o (programa) crítico pode ser insistente, porque é assim que ele é programado; tente se manter na tarefa. Algumas vezes, o cliente pode dizer "*meu self compassivo me ama*"; nesse caso, mais uma vez, verifique se ele realmente está sentindo isso, e não apenas dizendo. Às vezes, é melhor que ele reconheça que essa sua parte pode ter *preocupação genuína* com ele, e é a experiência da *preocupação genuína* que pode ser útil. Tenha em mente que *preocupação genuína não é preocupação ansiosa*, mas um desejo *genuíno* de ser útil, com um desejo compassivo básico de ajudar a abordar o sofrimento. Essas são distinções sutis, mas importantes. Tenha em mente que elas podem levar tempo para se desenvolver.

Então, prossiga para a última fase da exploração, que é: "*O que seu* self *e sua mente compassivos querem fazer com você e por você?*". Às vezes, podemos acrescentar: "*Como sua mente compassiva gostaria de ajudá-lo e apoiá-lo?*".

Por fim, peça-lhe reflita sobre como está se sentindo agora que interagiu com seu *self* compassivo. Ele também pode observar a diferença em seu próprio corpo, e isso ocorre em parte porque você o preparou para isso. Obviamente, a ideia é que ele experiencie elementos de base segura e porto seguro com *encorajamento* para alcançar seus valores e seus objetivos compassivos como muito diferentes do criticismo. Parte do que estamos fazendo é ajudar os clientes a verem que eles podem ser *motivados para se darem bem a partir de diferentes mentalidades sociais*. Em sua maior parte, o aspecto autocrítico é um sistema de automonitoramento localizado na mentalidade social de ameaça competitiva, e não da mentalidade de cuidado. Novamente, ao focarmos no corpo, contrastando as experiências corporais do criticismo com a compaixão, estamos oferecendo oportunidades para a consciência interoceptiva. Você também pode explorar com os clientes a força com que experienciam sua mente compassiva, o quão fácil seria ignorá-la e, então, o que seria necessário para fortalecê-la. Continue retornando à ideia de que eles estão fortalecendo esses estados cerebrais, aprendendo como usar padrões da mente compassiva para trabalhar o sistema de ameaça. A Figura 5.2 apresenta um exemplo trabalhado e baseado em grupo. É importante verificar se o(s) cliente(s) experiencia(m) os pensamentos de compaixão, as emoções e os comportamentos como úteis, e não como lugares-comuns ou facilmente ignorados. Portanto, você pode perguntar quão fácil é para eles ignorar seu autofoco compassivo.

Self compassivo com uma mente compassiva

FOLHA DE EXERCÍCIOS 5.2 Gerando autocorreção compassiva

Maiores desejos para mim:* voz de encorajamento** Ser menos egoísta, ser trabalhador, me sentir seguro, viver uma vida valorizada, ter humildade, fazer amigos, ser útil, ter esforço e intenção, ter coragem ***Expectativa arquetípica: viver uma vida valorizada, me sentir seguro, ser útil			
Sua aparência:	***Diz para mim:***	***Sente sobre mim:***	***Quer fazer por mim:***
Mãe Terra, borboleta, anjo, girassol, sol, ursinho gigante, avó bondosa	A vida é complicada; deve ser difícil para você; outras pessoas têm dificuldades; não é sua culpa; veremos o que podemos fazer. Lembre-se da intenção compassiva e que eu faço parte de você também. Você já passou por dificuldades antes. Isso é decepcionante, mas vamos resolver. Você tem um bom coração.	Cuidado, aceitação, conectado, amor, preocupado, apoiador, comprometido, confiável	Me apoiar; simplesmente estar ali; segurar minha mão; agir como um amigo; me encorajar; me ajudar a me estabelecer
O que estou pensando agora e sentindo sobre mim: leve, esperançoso, tranquilizado, não julgado, energizado, aceito **Corpo:** mais calmo, aterrado			

Reflexão sobre as diferenças entre autocorreção compassiva e criticismo baseado na ameaça da vergonha

Enfatizando a importância de contrastar diferentes motivos e estados cerebrais, podemos ser lúdicos e sugerir ao cliente que ele tem um filho amado e que ele vai levá-lo para a escola pela primeira vez. A primeira escola ensina com vergonha e criticismo. Enquanto atravessa a porta de entrada, o cliente vê, vindo pelo corredor (consulte a Folha de exercícios 5.1), suas imagens críticas, como o monstro que pode ser o diretor, ou aquela coisa viscosa que pode ser o professor de química. Eles lhe dizem: "*nos dê seu filho, e, quando ele fizer tudo errado, vamos lhe dizer que ele é inútil, não é bom, etc. Demonstraremos nossa raiva e nosso desprezo por ele e então vamos sacudi-lo e bater nele para garantir que melhore*".

Esse aspecto ligeiramente jocoso é outro processo que *pode gradualmente dessensibilizar e aliviar a carga hostil desses pensamentos*. Depois, oriente-o a ir para a escola de aprendizagem compassiva e, então, fazer exatamente o mesmo — imaginar como seria o diretor (p. ex., uma das imagens que ele gerou), o que ele diria à criança se ela cometesse erros, etc. Pergunte para qual escola ele mandaria seu filho e em qual escola ele acha que seu filho se sairia melhor. Depois diga: "*considerando que você sabe disso, fica claro que você tem muita sabedoria intuitiva sobre o que pode guiá-lo pela vida e por que é provável que isso seja muito mais efetivo do que intimidar e criticar*". Ajude a pessoa a perceber que, em certa medida, o autocriticismo é um mau hábito, e praticar *mindfulness* e cortar o mal pela raiz pode ajudar muito.

Ajude a pessoa a reconhecer que há distinção entre os valores e objetivos que queremos perseguir e a mentalidade social que a está perseguindo. Enfatize o fato de que em geral, mas nem sempre, a ameaça competitiva vem com o medo de fracassar e o medo de ser envergonhado e rejeitado. Em contrapartida, a mentalidade social focada no cuidado vem de uma posição muito diferente em nossas mentes (uma base segura; veja o Capítulo 3), tem impactos muito diferentes no corpo e responderá aos altos e aos baixos, aos sucessos e aos fracassos da nossa vida de formas muito diferentes.

Inibindo *versus* encorajando o *self*. É muito útil ajudar os clientes a reconhecerem a questão do silenciamento ou da inibição dos efeitos do autocriticismo hostil. Pode parecer paradoxal que isso tenha um aspecto tanto de motivação da pessoa para tentar ter sucesso quanto de inibição devido ao medo de não ser suficientemente boa. Convide o cliente a passar uns cinco minutos ou mais anotando as áreas da sua vida em que seu autocriticismo o impediu de tentar coisas devido ao medo de fracasso. É raro que as pessoas parem e pensem sobre esse aspecto de autoinibição do autocriticismo. *Do que seu autocriticismo faz você se desviar?* Então, é claro, vem o elemento contrastante de entender como a motivação para a compaixão tem uma base segura e uma função encorajadora para nos apoiar para experimentarmos coisas novas; para crescer, prosperar e lidar com os reveses e os fracassos. Você pode dizer: "*então você pode agora examinar essas coisas que o criticismo hostil o impediu de fazer, silenciando-o, e pensar sobre como seu* self *compassivo poderia, em vez disso, encorajá-lo e apoiá-lo para crescer e enfrentar os reveses*". Ele constrói coragem e procura sabedoria para enfrentar os desafios da vida, ao passo que o autocriticismo enfraquece a coragem e a sabedoria. Esses são pontos de aprendizagem muito importantes para seus clientes.

Lidando com a culpa. Como mencionado inicialmente, este capítulo é, em especial, sobre autocriticismo baseado na vergonha. Tenha em mente, no entanto, que, se nos comportamos de uma forma prejudicial, então a culpa (e não a vergonha) pode ser uma resposta apropriada, e nossa habilidade para entender e tolerar a culpa é importante (Gilbert, 2019, no prelo).

A grande diferença é que o autoataque baseado na vergonha usualmente gera emoções de raiva e desprezo, ao passo que a autoacusação baseada na culpa gera emoções de remorso e pesar. Culpa não é sobre humilhar, subordinar, inibir ou silenciar o *self*. É reconhecer a responsabilidade por causar dano, e esse é um ato corajoso. Portanto, nossa habilidade de assumir responsabilidade e reconhecer quando fomos prejudiciais faz parte da compaixão. Importante, contudo, é não mergulhar na culpa ou exagerá-la (p. ex., sentindo-se exageradamente responsável pelos sentimentos de outras pessoas), mas entender seu valor e seu uso. Às vezes, quando os indivíduos não conseguem tolerar a culpa, eles se tornam submissos ou agressivos. Por exemplo, os clientes podem ficar muito preocupados com magoar seus parceiros e, assim, tolerar relações muito tóxicas porque não conseguem lidar com a culpa de deixá-los. Estas podem ser formas de vergonha fundidas na culpa. De fato, algumas vezes, facilitamos capacidades para aumentar a habilidade de lamentar e sentir remorso e distinguir isso de autocriticismo e ataque baseados na vergonha.

Autoperdão. Pode haver situações em que o autoperdão é muito importante, mas que você pode se deparar com muitos bloqueios e resistências (Worthington, 2007; veja também o Capítulo 6). As pessoas podem ter ideias nada úteis sobre o que é e o que não é perdão e, portanto, é importante que examinem isso, pois é sobre deixar de lado nossas raivas e irritações (voltadas para nós). Aconselhamos os terapeutas da TFC a aprenderem sobre autoperdão e perdão ao outro. Às vezes, o autoperdão é um processo muito tocante, sobretudo quando está envolvido em coisas como trauma moral.

Usando o *self* compassivo para ajudar "o crítico"

Tenha em mente que, quando usamos termos como "mente compassiva", "*self* compassivo", "processo autocrítico" ou "o crítico", eles são apenas uma versão abreviada para a ativação de diferentes "sistemas/estados cerebrais/corporais e circuitos neurais" (Gilbert & Irons, 2005). Em algumas terapias, o crítico interno é visto como algo do que se livrar, ou como simplesmente uma forma mal-orientada de tentar ajudar o *self*. A TFC alerta contra isso. Em primeiro lugar, é importante distinguir entre um *outro perseguidor internalizado* e então trabalhar as emoções do outro, como mencionado anteriormente. O processo é bem diferente com o *auto*criticismo. Em segundo lugar, não queremos começar a ser críticos sobre ser crítico ou lutar contra isso. Não vale a pena discutir ou encontrar alternativas inteligentes, pois o processo crítico não está enraizado nesses tipos de sistemas cognitivos fundamentados. Mesmo que as pessoas pudessem vencer a discussão hoje, se ficarem deprimidas amanhã, esse processo crítico pode se tornar mais poderoso de novo. Na TFC, queremos fazer uma mudança motivacional. Precisamos sair completamente do sistema de ameaça competitivo. Logo, a parte seguinte do exercício convida o cliente a sentar-se com o *self* compassivo e então se imaginar vendo uma imagem do crítico fora de si mesmo. Lembre-se de iniciar as práticas de indução da mente compassiva primeiro engajando a mente compassiva e o corpo (respiração mais lenta e mais profunda, aterramento e lembrança de sabedoria), para criar um estado psicológico que tenha maior chance de ativar o vago e o córtex frontal, e assim por diante. Então, os clientes podem lembrar o que o crítico diz, sente e quer fazer.

A instrução para o cliente como *self* compassivo é focar no seu senso de estabilidade, sabedoria e coragem e então *ver por trás do crítico*; imaginar-se dando a volta por trás do crítico e tentando ver o que está gerando esses ataques hostis, tentando ver quais são os medos e as preocupações. Talvez seja um medo de ser intimidado ou rejeitado, ou visto como indesejado. Talvez perceba há quanto tempo ele está ali. *Qual é o maior medo do seu* self *crítico se as coisas não mudarem*? Nós não discutimos com o crítico ou o envolvemos em qualquer discussão. Como mencionado anteriormente, o autocriticismo está ligado ao automonitoramento, e precisamos saber o que esse algoritmo está "monitorando e por quê". Ao nos movermos em torno do crítico (como o cachorro Totó de Dorothy em *O Mágico de Oz*), podemos ver o que ele está monitorando, que normalmente é algum tipo de medo ou vergonha, além de memórias potencialmente desagradáveis em sua raiz. Então demonstramos compaixão pelos medos, pelo senso profundo de solidão ou pelos danos que estão por trás do crítico. A compaixão é direcionada aos motivadores (medos) do crítico, e não à agressão do próprio crítico. Quando tomamos conhecimento dos medos do crítico, isso pode revelar ansiedade e tristeza, o que nos traz de volta aos múltiplos *selves* (veja o Capítulo 9). Para auxiliar na exploração, os clientes podem escrever uma autobiografia como o crítico, e depois a partir da mente compassiva. Como parte disso, podemos praticar escrever uma carta compassiva para o *self* crítico, mostrando o máximo possível de compreensão empática. Aqui está um exemplo de uma carta curta para o *self* crítico interno, em que o tom e a gentileza são muito importantes:

> Entendo que você é a parte de mim que monitora a ameaça e fica frustrada muito rapidamente e incomodada se cometemos erros porque queremos tanto ser amados e valorizados, e você acha que, se fracassarmos, estragamos tudo. Essa é uma grande carga para você carregar, mas podemos enfrentar esses medos e essas frustrações e trabalhá-los, e simplesmente tentar fazer o melhor que pudermos. Vamos apenas dar um passo de cada vez e pensar no que será útil.

Às vezes, é útil avançar e recuar, constantemente trazendo o cliente para a solidão subjacente, o luto não processado ou o trauma (veja o Capítulo 9). Após praticar esses tipos de exercícios e descobertas guiadas, podemos fazer o trabalho preditivo. Por exemplo, podemos pedir que o indivíduo imagine que cometeu um erro e então pratique a predição de como seria o crítico. Então ela considera como experienciar as diferentes emoções de frustração *sem autocriticismo*. Depois, ela vê como o *self* compassivo a apoiaria. Você pode convidar o cliente a encenar isso, circulando pela sala como o crítico, e então convidando o cliente a mudar diretamente os estados cerebrais, possibilitando que ele pratique o engajamento compassivo. Por exemplo, ele pode dizer ao crítico: "*obrigado por me lembrar que eu fico ansioso e preocupado sobre ser rejeitado. Eu entendo isso, mas vou tentar tomar coragem e guiar meu caminho para passar por isso*". Há um maravilhoso desenho animado que foi desenvolvido para trabalhar com vozes críticas, o qual você pode acessar apenas digitando "compaixão por vozes" em uma ferramenta de busca na internet.

Nota sobre o trabalho com a cadeira. No trabalho com a cadeira, ocorre o mesmo processo (veja o Capítulo 17). Convidamos o cliente a ocupar diferentes posições em diferentes cadeiras (portanto, você precisará de cadeiras extras na sua clínica). Então, discuta com o cliente sobre o quê ele é crítico e por quê; depois o convide a sentar em uma cadeira *e se tornar o crítico*, imaginando o *self* criticado na outra cadeira. A orientação é a seguinte: *tente se sentir sendo uma parte crítica com um senso de incômodo ou o que quer que seja. Agora, diga a essa parte o que você pensa sobre ela.* Empregue talvez 15 a 20 segundos, não muito tempo, apenas o suficiente para obter os temas principais, pois a ideia não é se engajar nisso com muita ativação, mas como uma descoberta guiada no processo. Então, como na Folha de exercícios 5.1, convide o crítico a *lhe dizer o que pensa sobre você*. Depois, *lhe diga o que ele sente sobre você* e então pergunte ao crítico *o que ele gostaria de fazer com a parte de você que está sentada na cadeira oposta*. Em outras palavras, passe pelos mesmos processos que você fez com as folhas de exercícios e o exercício de descoberta guiada apresentado. Você convida o cliente a sentar-se na cadeira do criticado e a refletir sobre o que ele sente, que pensamentos está tendo e o que está acontecendo no seu corpo enquanto interage com seu *self* crítico. Por exemplo, o cliente pode dizer: *me sinto abatido, me sinto ansioso, só quero sair daqui*. Então, movimente-o mais uma vez de volta para a cadeira do crítico e convide o crítico (estado cerebral) a responder ao impacto que ele teve no *self* criticado. Em geral, o crítico não é particularmente empático com o sofrimento que causou e pode se tornar mais crítico. Por exemplo, o crítico pode dizer algo como: "*Eu sei que você se sente abatido e ansioso porque você é muito fraco*". A seguir, faça um curto retorno final para a cadeira do criticado e observe o quanto os algoritmos críticos e a programação *não são empáticos*. Novamente, a questão é não se engajar em emoção intensa nesse ponto, mas em mais descoberta guiada. Então, passe o cliente para a cadeira da compaixão. Pode ser a cadeira em que ele normalmente se senta quando está fazendo terapia, mas, agora, você vai encorajá-lo a engajar sua mente compassiva. Sempre passe pela indução básica da mente e do corpo compassivos, ou seja, reserve um tempo para a respiração mais lenta e profunda e para o aterramento do corpo, lembrando da sabedoria interior, da natureza dos algoritmos e programas da mente e do compromisso de usar a compaixão para ser útil. Isso porque o cliente estava no sistema de ameaça, que vai estimular o sistema nervoso simpático, entre outros, e você quer o apoio do "vago" e de outros sistemas psicofisiológicos. Então, convide o *self* compassivo a refletir sobre esse conflito interno (entre o crítico e o *self* criticado) e como ele gostaria de ajudar a trabalhar com ele. Você pode convidar o *self* compassivo a olhar para a cadeira do crítico e pensar sobre o que existe por trás dela, do que o crítico mais tem medo, quais foram as dores e as decepções ou a vergonha e as feridas que deram início a isso muitos anos atrás. O importante aqui é ajudar o *self* compassivo a reconhecer os medos por trás do processo autocrítico. Não nos engajamos em mais nenhum diálogo entre as diferentes partes (programas), pois o fundamental é que a compaixão se torne um processo integrado empaticamente consciente (veja o Capítulo 9).

Depois disso, podemos oferecer um tempo de reflexão e ajudar a pessoa a reconhecer que as respostas e reações autocríticas tendem a ser *respostas automáticas* que estão enraizadas no sistema de ameaça e estão associadas a medos subjacentes de rejeição ou algo parecido. Podemos ajudar a pessoa a reconhecer a distinção entre automaticidade e intencionalidade. O cliente se sentou e pensou consigo: "*Preciso praticar e desenvolver uma forma realmente hostil de ser crítico comigo?*"; "*Quais são as coisas mais desagradáveis de que posso me chamar?*"; "*Eu trabalhei como enfraquecer minha confiança?*"? Intencionalidade significa que trabalhamos para criar alguma coisa de propósito, e não apenas experienciamos alguma coisa automaticamente. Trazemos o cliente de volta à ideia básica de que esses são programas e algoritmos ativados na mente que não criamos intencionalmente, que não escolhemos, que geralmente não são particularmente úteis (como mencionado no exercício) e que não temos que aceitá-los. Embora algumas terapias foquem na aceitação, a TFC sugere que isso pode ser bom até certo ponto, mas qualquer tipo de intimidação é inaceitável, e, embora não se trate de se afastar ou lutar, é sobre trabalhar com isso e trocar os estados cerebrais.

Conhecendo o processo crítico. À medida que a terapia progride, desenvolvemos a curiosidade do cliente para entender "a vida do crítico" e talvez a biografia do crítico. Se ele fosse escrever a história da sua vida, como ela seria? Como ele começaria? Por que começou? O que a originou? Ele fez alguma outra coisa além de ser um crítico? Ele gostaria de ser um pintor? E, é claro, a pergunta comum é: "qual é seu maior medo?". Você está sempre focado nisso porque quer ajudar as pessoas a reconhecerem que o crítico é proveniente do *sistema de ameaça*. Algumas vezes, você pode pedir que a mente compassiva escreva a biografia do crítico. Todas essas intervenções são realmente sobre orientar os clientes a mudarem flexivelmente a mentalidade social que organiza a sua mente. Nesse processo, tente tecer suas descobertas guiadas com reflexões sobre as culturas em que vivemos. Apesar de assimilarmos muito do nosso autocriticismo em nossas famílias, nossas famílias também estão socialmente e culturalmente contextualizadas. Todos nós estamos vivendo em contextos muito diferentes do contexto do caçador-coletor, grupos mutuamente apoiadores dentro dos quais nossa mente social evoluiu (Narvaez, 2017; Ryan, 2019). As culturas variam enormemente no grau em que as pessoas são críticas ou têm autoaceitação. O autocriticismo é muito pior em sociedades competitivas (Curran & Hill, 2019). Uma razão para isso é que elas focam de maneira excessiva no conceito de um *self* individualizado, cuja felicidade ou dor é culpa do próprio indivíduo. Ao mesmo tempo, as culturas neoliberais nos dizem que devemos nos julgar e nos criticar, muitas vezes criando imagens "idealizadas". Pense em como mulheres e homens são bombardeados com imagens de como eles deveriam parecer e ser. O autocriticismo é encorajado pela estimulação de comparações sociais difíceis, alimentando a inveja, porque isso estimula as pessoas a quererem mais, e elas gastarão mais dinheiro para tentar "melhorar". Considere, por exemplo, pessoas que odeiam seus corpos devido ao seu peso. Elas não se sentiriam assim em culturas diferentes, em que o peso pode ser visto como um sinal de *status*, ou em que tipos corporais maiores são considerados socialmente desejáveis. Considere indivíduos que têm se atormentado e se odiado por sua sexualidade, sentindo que ela vai contra as normas sociais ou os ditames religiosos da heterossexualidade monogâmica. Eles evidentemente não experienciariam isso se tivessem crescido em, digamos, Esparta, há 2 mil anos. Repetidamente, portanto, é importante colocar as dificuldades psicológicas das pessoas no fluxo constante de fluxos culturalmente roteirizados de informações entre as pessoas que estão regulando os estados fisiológicos (Siegel, 2019, 2020).

Conclusão

Há muitas formas de se considerar o autocriticismo.

- O autocriticismo apresenta-se em diferentes formas e tem diferentes funções (motivos), como autoaperfeiçoamento, auto-ódio ou autossilêncio. Ele não pode ser tratado como um processo único.
- Ajude os clientes a distinguirem e serem capazes de trabalhar com decepções básicas e frustrações como um processo normal da vida, que não deve ser unido ao autocriticismo, um algoritmo diferente.
- O autocriticismo problemático está basicamente ligado ao automonitoramento enraizado na mentalidade social de ameaça competitiva e em processos arquetípicos de comportamento dominante-subordinado.
- Faça distinção entre um outro perseguidor internalizado, em que o cliente na verdade não ouve sua própria voz, mas a voz de outro. Este capítulo é principalmente sobre o *auto*criticismo.
- Ajude o cliente a ver que o autocriticismo pode ser útil (focado no cuidado) ou prejudicial (focado na ameaça), dependendo da mentalidade social. Isso pode ser determinado, em parte, pelo conteúdo e pela emoção do criticismo e se ele proporciona ou não sabedoria, coragem e apoio para enfrentar a dificuldade (p. ex., funções da base segura e do porto seguro).
- Faça uma análise funcional completa e ajude os clientes a ver a extensão e a natureza dos aspectos prejudiciais do autocriticismo baseado na vergonha. Quando úteis,

use o trabalho com a cadeira e a atuação para proporcionar maior engajamento emocional.

- Esclareça o processo em termos de algoritmos básicos da mente; a ideia é trocar as mentalidades sociais, os estados cerebrais e os algoritmos.
- Contraste o estado cerebral do autocriticismo hostil com a autocorreção compassiva. Possibilite que os clientes realmente tenham uma noção dessas diferentes texturas, de como trocar os estados cerebrais e de onde pode haver bloqueios e obstáculos.
- Desenvolva compaixão pelos "medos por trás do processo autocrítico", incluindo a escrita de biografias da compaixão e cartas compassivas para si.

Evidentemente, temos aqui uma gama significativa de ideias de como trabalhar com o autocriticismo. O terapeuta terá que escolher quais são as mais úteis para um cliente em específico. Muito vai depender da exploração colaborativa do que o cliente acharia útil. A TFC vincula o autocriticismo a uma variedade de formas de se relacionar que evoluíram no contexto da vida em grupo dos primatas, com relações de dominante-dominado. Podemos até identificar os sistemas cerebrais para detecção de erro no córtex frontal dorsal (Longe et al., 2010). Após a necessidade de autocorreção ser detectada, a ameaça associada ao "erro" ou ao descompasso entre o desejado e o real troca para um sistema de ataque dominante hostil, em vez de ser um guia benevolente sobre como melhorar. "*Quando os clientes conseguem entender que esses processos estão ligados à mentalidade social competitiva e podem trocar para uma mentalidade social de cuidado, o foco se concentra em como mudar a atenção para essa mentalidade social quando eles estão tendo dificuldades. O aspecto principal sobre a compaixão é que ela não é como um amigo presente apenas nos momentos bons. Podemos aprender e praticar como usá-la quando as coisas dão errado*".

Referências

Abbass, A. (2015). *Reaching through resistance: Advanced psychotherapy techniques.* Seven Leaves Press.

Adams, T. (2001, September 23). Connolly on the couch. *The Observer Magazine*, pp. 9–24.

Allan, S., & Gilbert, P. (1997). Submissive behaviour and psychopathology. *British Journal of Clinical Psychology, 36*, 467–488.

Ammerman, B.A., & Brown, S. (2018). The mediating role of self-criticism in the relationship between parental expressed emotion and NSSI. *Current Psychology, 37*(1), 325–333.

Andrews, B. (1995). Bodily shame as a mediator between abusive experiences and depression. *Journal of Abnormal Psychology, 104*(2), 277–285. https://doi.org/10.1037/0021-843X.104.2.277

Andrews, B., Qian, M., & Valentine, J.D. (2002). Predicting depressive symptoms with a new measure of shame: The Experience of Shame Scale. *British Journal of Clinical Psychology, 41*(1), 29–42.

Basran J., Pires, C., Matos, M., McEwan, K., & Gilbert, P. (2019). Styles of leadership, fears of compassion, and competing to avoid inferiority. *Frontiers in Psychology, 9*, 2460. https://doi.org/ 10.3389/fpsyg.2018.02460

Beck, A.T. (1967). *Depression: Clinical, experimental and theoretical aspects.* Harper and Row.

Becker, J.C., Hartwich, L., & Haslam, S.A. (2021). Neoliberalism can reduce wellbeing by promoting a sense of social disconnection, competition, and loneliness. *British Journal of Social Psychology* doi.org/10.1111/bjso.12438 [Epub ahead of print]

Bell, T., Montague, J., Elander, J., & Gilbert, P. (2020a). 'A definite feel-it moment': Embodiment, externalisation and emotion during chair-work in compassion-focused therapy. *Counselling and Psychotherapy Research, 20*(1), 143–153.

Bell, T., Montague, J., Elander, J., & Gilbert, P. (2020b). 'Suddenly you are King Solomon': Multiplicity, transformation and integration in compassion focused therapy chairwork. *Journal of Psychotherapy Integration.* Advanced online. https://doi.org/10.1037/int0000240

Besser, A., Flett, G.L., & Davis, R.A. (2003). Self-criticism, dependency, silencing the self, and loneliness: A test of a mediational model. *Personality and Individual Differences, 35*(8), 1735–1752.

Birchwood, M., Meaden, A., Trower, P., & Gilbert, P. (2002). Shame, humiliation and entrapment in psychosis: A social rank theory approach to cognitive intervention with voices and delusions. In A.P.

Morrison (Ed.). *A casebook of cognitive therapy for psychosis* (pp. 108–131). Brunner-Routledge.

Blatt, S.J., & Zuroff, D.C. (1992). Interpersonal relatedness and self-definition: Two prototypes for depression. *Clinical Psychology Review, 12*, 527–562.

Blatt, S.J., D'Afflitti, J.P., & Quinlan, D.M. (1976). Experiences of depression in normal young adults. *Journal of Abnormal Psychology, 85*(4), 383–389. https://doi.org/10.1037/0021-843X.85.4.383

Bowlby, J. (1980). *Loss: Sadness and depression* (Vol. 3: *Attachment and loss*). Hogarth Press.

Brewin, C.R. (1985). Depression and causal attributions: What is their relation? *Psychological Bulletin, 98*, 297–309.

Carod-Artal, F.J. (2015). Hallucinogenic drugs in pre-Columbian Mesoamerican cultures.*Neurología, 30*(1), 42–49.

Curran, T., & Hill, A.P. (2019). Perfectionism is increasing over time: A meta-analysis of birth cohort differences from 1989 to 2016. *Psychological Bulletin, 145*(4), 410–429.

Driscoll, R. (1989). Self-condemnation: A conceptual framework for assessment and treatment. *Psychotherapy, 26*, 104–111.

Duarte, C., Gilbert, P., Stalker, C., Catarino, F., Basran, J., Scott, S., ... & Stubbs, R.J. (2019). Effect of adding a compassion focused intervention on emotion, eating and weight outcomes in a commercial weight management programme, *Journal of Health Psychology, 26*(10), 1700–1715. https://doi.org/10.1177/1359105319890019

Duarte, C., Matos, M., Stubbs, R. J., Gale, C., Morris, L., Gouveia, J. P., & Gilbert, P. (2017). The impact of shame, self-criticism and social rank on eating behaviours in overweight and obese women participating in a weight management programme. *PLOS ONE, 12*(1), e0167571. https://doi.org/10.1371/journal.pone.0167571

Dunkley, D.M., & Blankstein, K.R. (2000). Self-critical perfectionism, coping, hassles, and current distress: A structural equation modeling approach. *Cognitive Therapy and Research, 24*(6), 713–730.

Dunkley, D.M., Masheb, R.M., & Grilo, C.M. (2010). Childhood maltreatment, depressive symptoms, and body dissatisfaction in patients with binge eating disorder: The mediating role of self-criticism. *International Journal of Eating Disorders, 43*(3), 274–281.

Dunkley, D.M., Sanislow, C.A., Grilo, C.M., & McGlashan, T.H. (2009). Self-criticism versus neuroticism in predicting depression and psychosocial impairment for 4 years in a clinical sample. *Comprehensive Psychiatry, 50*(4), 335–346. https://doi.org/10.1016/j.comppsych.2008.09.004

Dunkley, D.M., Zuroff, D.C., & Blankstein, K.R. (2003). Self-critical perfectionism and daily affect: Dispositional and situational influences on stress and coping. *Journal of Personality and Social Psychology, 84*, 234–252.

Dunkley, D.M., Zuroff, D.C., & Blankstein, K.R. (2006). Specific perfectionism components versus self-criticism in predicting maladjustment. *Personality and Individual Differences, 40*(4), 665–676.

Ellenberger, H.F. (1970). *The discovery of the unconscious: The history and evolution of dynamic psychiatry* (Vol. 1, pp. 280–281). Basic Books.

Falgares, G., Marchetti, D., Manna, G., Musso, P., Oasi, O., Kopala-Sibley, D.C., ... & Verrocchio, M.C. (2018). Childhood maltreatment, pathological personality dimensions, and suicide risk in young adults. *Frontiers in Psychology, 9*, 806. https://doi.org/10.3389/fpsyg.2018.00806

Firestone, R.W. (1986). The 'inner' voice of suicide. *Psychotherapy, 23*, 439–444.

Forkmann, T., Teismann, T., Stenzel, J. S., Glaesmer, H., & De Beurs, D. (2018). Defeat and entrapment: More than meets the eye? Applying network analysis to estimate dimensions of highly correlated constructs. *BMC Medical Research Methodology, 18*(1), 1–9.

Freud, S. (1917). Mourning and melancholia. In *Complete psychological works* (standard ed., Vol. 14). Translated and edited by J. Strachey. Hogarth Press.

Gilbert, P. (1989/2016). *Human Nature and Suffering*. London: Routledge.

Gilbert, P. (1992). *Depression: The evolution of powerlessness*. Lawrence Erlbaum Associates.

Gilbert, P., & Allan, S. (1998). The role of defeat and entrapment (arrested flight) in depression: an exploration of an evolutionary view. *Psychological Medicine, 28*, 584–597.

Gilbert, P. (2000). Varieties of submissive behaviour: Their evolution and role in depression. In L. Sloman & P. Gilbert (Eds.). *Subordination and defeat: An evolutionary approach to mood disorders* (pp. 3–46). Lawrence Erlbaum Associates.

Gilbert, P. (2009a). *The compassionate mind: A new approach to the challenge of life*. Constable & Robinson.

Gilbert, P. (2009b). *Overcoming depression: A self-guide using cognitive behavioural techniques* (3rd ed.). Basic Books.

Gilbert, P. (2018). *Living like crazy*. Annwyn House.

Gilbert, P. (2019). Distinguishing shame, humiliation and guilt: An evolutionary functional analysis and compassion focused interventions. In C.-H. Mayer and E. Vanderheiden (Eds.). *The bright side of shame* (pp. 413–432). Springer.

Gilbert, P. (2020a). Compassion: From its evolution to a psychotherapy. *Frontiers in Psychology, 11*, 582090. https://doi.org/10.3389/fpsyg.2020.582090

Gilbert, P. (2020b). Evolutionary functional analysis: The study of social mentalities, social rank and caring-compassion. In J.N. Kirby & P. Gilbert (Eds.). *Making an impact on mental health* (pp. 4-42). Routledge.

Gilbert, P. (2021). Creating a compassionate world: Addressing the conflicts between *sharing and caring* versus *controlling and holding* evolved strategies. *Frontiers in Psychology, 11*, 582090. https://doi.org/10.3389/fpsyg.2020.582090

Gilbert, P. (in press). Caring and the evolution of guilt: A biopsychosocial approach to a prosocial emotion. In L. Al-Shawaf & T. Shackelford (Eds.). *The Oxford handbook of evolution and the emotions*. Oxford University Press.

Gilbert, P., & Basran, J. (2019). The evolution of prosocial and antisocial competitive behavior and the emergence of prosocial and antisocial leadership styles. *Frontiers in Psychology, 10*. https:// doi.org/10.3389/fpsyg.2019.00610

Gilbert, P., & Irons, C. (2005). Focused therapies and compassionate mind training for shame and self-attacking. In P. Gilbert (Ed.). *Compassion: Conceptualisations, research and use in psychotherapy* (pp. 263-325). Routledge.

Gilbert, P., & Miles, J. (2002). *Body shame: Conceptualisations, research & treatment*. Brunner-Routledge.

Gilbert, P., Broomhead, C., Irons, C., McEwan, K., Bellew, R., Mills, A., & Gale, C. (2007). Striving to avoid inferiority: Scale development and its relationship to depression, anxiety and stress. *British Journal of Social Psychology, 46*, 633-648.

Gilbert, P., Clarke, M., Hempel, S., Miles, J.N.V., & Irons, C. (2004). Criticizing and reassuring one-self: An exploration of forms, styles and reasons in female students. *British Journal of Clinical Psychology, 43*(1), 31-50. https://doi.org/10.1348/014466504772812959

Gilbert, P., Durrant, R., & McEwan, K. (2006). Investigating the relationship between perfectionism, forms and functions of self-criticism and sensitivity to put-down. *Personality & Individual Differences, 41*, 1299-1308.

Gilbert, P., Matos, M., Wood, W., & Martos, F. (2020). The compassionate mind and the conflicts between competing and caring: Implications for educating young minds. In M.I. Coles & B. Gent (Eds.). *Education for survival: The pedagogy of compassion* (pp. 44-76). UCL IOE Press.

Gilbert, P., McEwan, K., Irons, C., Bhundia, R., Christie, R., Broomhead, C., & Rockliff, H. (2010). Self-harm in a mixed clinical population: The roles of self-criticism, shame, and social rank. *British Journal of Clinical Psychology, 49*(4), 563-576.

Gilbert, P., & McGuire, M. (1998). Shame, status and social roles: The psychobiological continuum from monkeys to humans. In P. Gilbert & B. Andrews (Eds.). *Shame: Interpersonal behavior, psychopathology and culture* (pp. 99-125). Oxford University Press.

Greenberg, L.S., & Safran, J.D. (1987). *Emotion in psychotherapy*. Guilford Press.

Halamová, J., Kanovský, M., Gilbert, P. et al. (2018). The factor structure of the forms of self-criticising/attacking & self-reassuring scale in thirteen distinct populations. *Journal of Psychopathology and Behavioral Assessment, 40*, 736-751.

Halamová, J., Kanovský, M., & Koróniová, J. (2019). Heart rate variability differences among participants with different levels of self-criticism during exposure to a guided imagery. *Adaptive Human Behavior and Physiology, 5*(4), 371-381.

Hewitt, P.L., & Flett, G.L. (1993). Dimensions of perfectionism, daily stress, and depression: A test of the specific vulnerability hypothesis. *Journal of Abnormal Psychology, 102*, 58-65.

Hewitt, P.L., & Flett, G.L. (2002). Perfectionism and stress processes in psychopathology. In G.L. Flett & P. L. Hewitt (Eds.). *Perfectionism: Theory, research, and treatment* (pp. 255-284). American Psychological Association. https://doi.org/10.1037/10458-011

Hewitt, P.L., Flett, G.L., & Mikail, S.F. (2017). *Perfectionism: A relational approach to conceptualization, assessment, and treatment*. Guilford Publications.

Jack, D.C. (1999). Silencing the self: Inner dialogues and outer realities. In T. Joiner & J.C. Coyne (Eds.). *The interactional nature of depression: Advances in interpersonal approaches* (pp. 221- 246). American Psychological Association. https://doi.org/10.1037/10311-008

Johnson, D. (2016) *God is watching you: How the fear of God makes us human*. Oxford University Press.

Kannan, D., & Levitt, H.M., (2013). A review of client self-criticism in psychotherapy. *Journal of Psychotherapy Integration, 23*, 166-178.

Kanovský, M., Halamová, J., Zuroff, D.C., Troop, N.A., Gilbert, P., Shahar, B., ... & Asano, K. (2020). A multilevel multidimensional finite mixture item response model to cluster respondents and countries. *European Journal of Psychological Assessment* (Advance online). https://doi.org/ 10.1027/1015-5759/a000631

Kaufman, G. (2004). *The psychology of shame: Theory and treatment of shame-based syndromes*. Springer.

Kim, J.J., Parker, S.L., Doty, J.R., Cunnington, R., Gilbert, P., & Kirby, J.N. (2020). Neurophysiological and behavioural markers of compassion. *Scientific Reports, 10*(1), 1–9.

Kingsbury, M., Reme, B.A., Skogen, J.C., Sivertsen, B., Øverland, S., Cantor, N., ... & Colman, I. (2020). Differential associations between types of social media use and university students' non-suicidal self-injury and suicidal behavior. *Computers in Human Behavior, 115*, 106614.

Kirby, J.N., Sampson, H., Day, J., Hayes, A., & Gilbert, P. (2019). Human evolution and culture in relationship to shame in the parenting role: Implications for psychology and psychotherapy. *Psychology and Psychotherapy: Theory, Research and Practice, 92*, 238–260.

Kopala-Sibley, D.C., Zuroff, D.C., Leybman, M.J., & Hope, N. (2013). Recalled peer relationship experiences and current levels of self-criticism and self-reassurance. *Psychology and Psychotherapy: Theory, Research and Practice, 86*(1), 33–51.

Leary, M.R. (2004). *The curse of the self: Self-awareness egotism and the quality of human life*. Oxford University Press

Lipman-Blumen, J. (2006). *The allure of toxic leaders: Why we follow destructive bosses and corrupt politicians – and how we can survive them*. Oxford University Press.

Longe, O., Maratos, F.A., Gilbert, P., Evans, G., Volker, F., Rockliffe, H., & Rippon, G. (2010). Having a word with yourself: Neural correlates of self-criticism and self-reassurance. *NeuroImage, 49*, 1849–1856.

Löw, C.A., Schauenburg, H., & Dinger, U. (2020). Self-criticism and psychotherapy outcome: A systematic review and meta-analysis. *Clinical Psychology Review, 75*, 101808.

Luoma, J.B., Hayes, S.C., & Walser, R.D. (2018). *Learning ACT: An acceptance & commitment therapy skills-training manual for therapists* (2nd ed.). New Harbinger.

Matos, M., Duarte, J., Duarte, C., Gilbert, P., & Pinto-Gouveia, J. (2018). How one experiences and embodies compassionate mind training influences its effectiveness. *Mindfulness, 9*(4), 1224–1235.

Matos, M., Duarte, C., Duarte, J., Pinto-Gouveia, J., Petrocchi, N., Basran, J., & Gilbert, P. (2017). Psychological and physiological effects of compassionate mind training: A pilot randomised controlled study. *Mindfulness, 8*(6), 1699–1712.

Matos, M., Steindl, S., Gilbert, P., & Pinto-Gouvia. J. (2020). Shame memories that shaped who we are. In J.N. Kirby and P. Gilbert (Eds.). *Making an impact on mental health: The applications of psychological research* (pp. 97–126). Routledge.

McCullough, M.E., Root, L.M., Tabak, B.A., & Witvliet, C.V.O. (2009). Forgiveness. In S.J. Lopez & C.R. Snyder (Eds.). *Oxford handbook of positive psychology* (pp. 427–435) (Oxford Library of Psychology Series). Oxford University Press.

McEwan, K., Gilbert, P., & Duarte, J. (2012). An exploration of competitiveness and caring in relation to psychopathology. *British Journal of Clinical Psychology, 51*, 19–36. https://doi.org/ 10.1111/j.2044-8260.2011.02010.x

Narvaez, D. (2017). Evolution, child raising and compassionate morality. In P. Gilbert (Ed.). *Compassion: Concepts, research and applications* (pp. 31–68). Routledge.

Ogilive, D.M. (1987). The undesired self: A neglected variable in personality research. *Journal of Personality and Social Psychology, 52*, 379–388.

O'Neill, C., Pratt, D., Kilshaw, M., Ward, K., Kelly, J., & Haddock, G. (2021). The relationship between self-criticism and suicide probability. *Clinical Psychology & Psychotherapy*. Advance online https://doi.org/10.1002/cpp.2593

Phillips, A.G., Silvia, P.J., & Paradise, M.J. (2007). The undesired self and emotional experience: A latent variable analysis. *Journal of Social and Clinical Psychology, 26*(9), 1035–1047.

Price, J.S., & Sloman, L. (1987). Depression as yielding behaviour: An animal model based on Schjelderup-Ebb's pecking order. *Ethology and Sociobiology, 8* (Suppl.), 85–98.

Reff, D.T. (2004). *Plagues, priests, and demons: Sacred narratives and the rise of Christianity in the Old World and the New*. Cambridge University Press.

Rehm, LP (1989). Behavioral models of anxiety and depression. In P.C Kendall & D. Watson (Eds.).

Anxiety and depression: Distinctive and overlapping features (p. 55–79). Academic Press.

Rockliff, H., Karl, A., McEwan, K., Gilbert, J., Matos, M., & Gilbert, P. (2011). Effects of intranasal oxytocin on compassion focused imagery. *Emotion, 11*, 1388–1396. https://doi.org/10.1037/ a0023861

Rose, A.V., & Rimes, K.A. (2018). Self-criticism self-report measures: Systematic review. *Psychology and Psychotherapy: Theory, Research and Practice, 91*(4), 450–489.

Ryan, C. (2019). *Civilized to death: The price of progress*. Avid Reader Press/Simon & Schuster. Santor, D.A., & Yazbek, A.A. (2006). Soliciting unfavourable social comparison: Effects of self-criticism. *Personality and Individual Differences, 40*(3), 545–556.

Santor, D.A., & Zuroff, D.C. (1997). Interpersonal responses to threats to status and interpersonal relatedness: Effects of dependency and self-criticism. *British Journal of Clinical Psychology, 36*(4), 521–541.

Sapolsky, R.M. (1990). Adrenocortical function, social rank, and personality among wild baboons. *Biological Psychiatry, 28*(10), 862–878.

Shahar, G. (2015). *Erosion: The psychopathology of self-criticism*. Oxford University Press.

Siegel, D.J. (2019). The mind in psychotherapy: An interpersonal neurobiology framework for understanding and cultivating mental health. *Psychology and Psychotherapy: Theory, Research and Practice, 92*(2), 224–237.

Siegel, D.J. (2020). *The developing mind: How relationships in the brain interact to shape who we are* (3rd ed). Norton.

Sturman, E., & Mongrain, M. (2005). Self-criticism and major depression: An evolutionary perspective. *British Journal of Clinical Psychology, 44*, 505–519.

Sturman, E.D., & Mongrain, M. (2008). The role of personality in defeat: A revised social rank model. *European Journal of Personality, 22*(1), 55–79.

Tierney, S., & Fox, J.R. (2010). Living with the anorexic voice: A thematic analysis. *Psychology and Psychotherapy: Theory, Research and Practice, 83*(3), 243–254.

Tirch, D., Schoendorrff, B., & Siberstein L.R. (2014). *The ACT practitioner's guide to the science of compassion*. New Harbinger.

Twenge, J.M., & Campbell, W.K. (2009). *The narcissism epidemic: Living in the age of entitlement*. Simon & Schuster.

Werner, A.M., Tibubos, A.N., Rohrmann, S., & Reiss, N. (2019). The clinical trait self-criticism and its relation to psychopathology: A systematic review – update. *Journal of Affective Disorders, 246*, 530–547.

Whelton, W.J., & Greenberg, L.S. (2005). Emotion in self-criticism. *Personality and Individual Differences, 38*(7), 1583–1595.

Worthington, E.L. Jr. (Ed.). (2007). *Handbook of forgiveness*. Routledge.

Xavier, A., Gouveia, J.P., & Cunha, M. (2016). Non-suicidal self-injury in adolescence: The role of shame, self-criticism and fear of self-compassion. In *Child & Youth Care Forum* (Vol. 45, No. 4, pp. 571–586). Springer US.

Zuroff, D.C., & Duncan, N. (1999). Self-criticism and conflict resolution in romantic couples. *Canadian Journal of Behavioural Science/Revue canadienne des sciences du comportement, 31*(3), 137–149. https://doi.org/10.1037/h0087082

Zuroff, D.C., Clegg, K.A., Levine, S.L., Hermanto, N., Armstrong III, B.F., Haward, B., & Thode, S. (2021). Beyond trait models of self-criticism and self-compassion: Variability over domains and the search for signatures. (advanced on line) *Personality and Individual Differences, 170*, 110429.

Zuroff, D.C., Koestner, R., & Powers, T.A. (1994). Self-criticism at age 12: A longitudinal study of adjustment. *Cognitive Therapy & Research, 18*, 367–385.

Zuroff, D.C., Moskowitz, D.S, & Cote, S. (1999). Dependency, self-criticism, interpersonal behaviour and affect: Evolutionary perspectives. *British Journal of Clinical Psychology, 38*, 231–250.

6

Formulação de caso e medos, bloqueios e resistências

Paul Gilbert

Formulação

A formulação de casos é um processo individualizado que procura entender a natureza, as origens, os fatores de manutenção e o alívio para as dificuldades das pessoas (Eells, 2011; Gilbert, 2015; Tarrier & Johnson, 2015). Muitos terapeutas reconhecem que a formulação de casos precisa estar inserida nos contextos do passado e do presente da pessoa. As diferentes psicoterapias formulam as dificuldades do cliente em termos do seu modelo de terapia. Por conseguinte, as terapias cognitivas formularão em termos das origens e da manutenção de crenças nucleares e esquema. Os behavioristas examinam as contingências comportamentais, os terapeutas focados na emoção levam em consideração os sistemas de processamento básico da emoção, e os terapeutas psicodinâmicos formulam em termos dos processos e conflitos inconscientes potenciais. Não causa surpresa, então, que a formulação da TFC seja construída em torno do modelo básico da TFC relacionado às mentalidades biopsicossociais e sociais e baseado na evolução. São muitos os elementos da formulação. Este capítulo oferece algumas orientações breves, incluindo que a formulação deve permanecer fluída e mudar durante a terapia, à medida que novas informações se tornam disponíveis e os clientes podem vincular suas experiências de vida aos seus estilos de vida atuais (veja Gilbert, 2007, 2015, para uma descrição da coleta de histórico estendida).

Avaliações básicas sempre precedem a formulação. Isso significa que os clínicos podem primeiro avaliar os diferentes tipos e formas de apresentação da fenomenologia mental (p. ex., humor, ansiedade, processos psicóticos, abuso de substâncias e várias características de personalidade, etc.). Em segundo lugar, é feita a avaliação do risco para si mesmo e os outros. Em terceiro lugar, está a obtenção de uma compreensão das funções básicas das motivações, das emoções, das competências e dos comportamentos da pessoa (veja Gilbert, 2007, Capítulo 2). É importante não confundir motivações com emoções e estados cerebrais gerais. Algumas vezes, é dito que pessoas deprimidas não têm motivação, mas isso depende do que entendemos por motivação. As pessoas deprimidas são muito motivadas no sentido de que *gostariam muito de* conseguir trabalhar, se sentir confiantes ou ter uma vida sexual prazerosa, mas o estado do seu cérebro e do seu corpo torna isso difícil para elas. É por isso que a TFC enfatiza dimensões como derrota e armadilha, que não reduzem a vontade ou mesmo os anseios da pessoa, mas reduzem a experiência de tentar e a habilidade de empreender esforços para a ação. Em quarto lugar, são avaliadas as competências da pessoa, como raciocinar, ter consciência mental, estar atento, empatizar e ter interesse compassivo. Essas competências abrangem múltiplas dimensões, incluindo espectro autista, personalidade, variação fenotípica (p. ex., traços insensíveis e psicopáticos), alexitimia, abuso de substâncias, dano cerebral mínimo, história de trauma, pressões sociais, além de muitas outras e suas combinações. Em quinto lugar estão as necessidades sociais e contextuais, e os fatores que podem facilitar ou inibir a mudança. Estes podem incluir pobreza, negligência social, solidão, relações hostis e falta de cuidadores. Portanto, você também está avaliando os recursos internos e externos da pessoa para a mudança.

Tais apresentações e processos clínicos são importantes porque cada um deles apresenta seus próprios desafios para a psicoterapia. Como muitos dos capítulos neste livro destacam, a TFC precisa ser desenvolvida e modificada para problemas específicos. Um tamanho único não serve para todos, e diferentes problemas apresentarão diferentes medos, bloqueios e resistências (FBRs, do inglês *fears, blocks and resistances*). Um serviço de saúde mental compassivo teria múltiplos serviços de especialistas informados pela ciência. Em geral, a formulação detalhada segue uma introdução inicial à natureza da compaixão e à TFC, pois contextualizamos a formulação dentro do modelo (veja o Capítulo 7).

A formulação pode assumir muitas *formas* diferentes, e isso, em boa parte, depende da *função* da formulação. A formulação pode explorar os quatro domínios principais do funcionamento (veja o Capítulo 2, Fig. 2.2). Todos eles são explorados usando diálogo socrático, discussões abertas, narração de histórias, reflexão e descoberta guiada. A ideia é ajudar a *mapear* a mente em termos da *interação* entre as motivações, as emoções, as competências e os comportamentos. Os clientes começam a entender que os motivos, as necessidades e os desejos dão origem a buscas e emoções (esperanças e medos), e que nossos processos cognitivos compõem sua textura.

Podemos explorar os motivos e as necessidades (não satisfeitas) básicas das pessoas, incluindo os motivos para vir para a terapia. Os motivos, nesse contexto, se ligam a valores e aspirações. No entanto, a teoria da mentalidade social sugere que precisamos ter alguma ideia de como as pessoas se engajam em suas tarefas básicas da vida e seus motivos sociais. Por exemplo, como o cliente *procura o cuidado* e a ajuda de outros? Ele é confiável, evitativo, aberto ou retraído por vergonha? Como ele presta cuidado aos outros? Ele é empático, impõe cuidado ou é relativamente desinteressado e narcisista? Como ele coopera em diferentes tipos de relacionamentos? Ele é capaz de se comprometer ou colaborar? Em termos de competitividade, o cliente é capaz de ser apropriadamente assertivo, ou ele é excessivamente submisso ou hostil (veja o Capítulo 4)? A forma como os indivíduos engajam suas motivações sociais básicas será refletida nas suas texturas de emoções em contextos sociais. Ao resumirmos, podemos chamar a atenção para o que é importante para a pessoa em cada uma dessas diferentes mentalidades sociais. Por exemplo, resumindo e discutindo certos temas, como a dificuldade para expressar emoções, podemos refletir sobre diferentes temas para diferentes pessoas, como:

> Então é importante para você não compartilhar demais suas emoções para que as pessoas não o critiquem? Então é importante para você tentar evitar conflito porque isso o sobrecarrega? Então é importante para você tentar ajudar os outros? Então é importante para você que as pessoas gostem de você, e se empenhará para garantir isso? Então é importante para você que as outras pessoas tenham medo de você, pois assim não vão machucá-lo?

Esses são exemplos em que a formulação identifica motivos e preocupações específicos ligados às mentalidades sociais que *se revelarão durante o curso da terapia*. A TFC ajuda as pessoas a ter compreensão clara e a equilibrar as relações sociais com formas apropriadas e úteis de engajar os outros em diferentes mentalidades sociais. Por exemplo, em um relacionamento íntimo, somos capazes de cuidar do nosso parceiro apropriadamente, de ser abertos e receptivos ao amor e aos cuidados do nosso parceiro, de colaborar, cooperar e nos comprometer, e, em situações de conflito, somos apropriadamente assertivos, clementes e receptivos, apologéticos, honestos e confiáveis, etc. Nosso comportamento sexual pode ser de abertura (não envergonhado), exploração, compartilhamento, mutualidade, diversão, respeito, amor ou vínculo. Colocado de outra forma, a TFC não só aborda sintomas específicos e estados mentais difíceis mas também procura *criar os fundamentos de estados mentais úteis, possibilitando que as pessoas entendam e trabalhem nos desafios das relações interpessoais e intrapessoais úteis e apropriadas.*

Distinguindo motivações de emoções, podemos mapear e formular a vida emocional das pessoas em termos dos três principais sistemas emocionais funcionais (veja o Capítulo 2, Figs. 2.4 e 2.5). Isso incluirá a compreensão dos facilitadores e inibidores de certas emoções das pessoas, aqueles que são problemáticos ou experienciados demais ou de menos (p. ex., Capítulo 2, Fig. 2.5, e Capítulo 18). É importante entender como as emoções estão ligadas aos motivos e aos processos cognitivos, como crenças e formas de raciocinar. As emoções podem estar ligadas a recompensas ou perdas e punições potenciais associadas às motivações nucleares das pessoas. Além dos motivos e das emoções, a formulação explora as competências cognitivas básicas das pessoas, como aquelas para raciocínio, mentalização e *mindfulness*, crenças básicas, expectativas e medos (veja o Capítulo 2, Fig. 2.6), e podemos explorar as funções e formas de comportamentos, como quais comportamentos, e por quais razões, são estimulados em quais contextos. Exemplos podem ser o grau em que as pessoas se engajam em comportamentos assertivos, submissos ou agressivos, em evitação em geral ou em persistência hábil. A TFC associa as disposições comportamentais aos motivos nucleares. Por exemplo, se alguém foi submisso ou agressivo, ou abusador de substâncias, explore o motivo por trás disso. O que ele estava querendo atingir? Que motivo ou desejo estava bloqueado? A razão para formular em termos das quatro diferentes funções da mente (motivações, emoções, competências e comportamentos) é porque a formulação indica a intervenção, e, na TFC, cada uma dessas quatro funções pode requerer intervenções específicas focadas na função.

O passado cria o presente. Uma razão pela qual o passado pode afetar o presente é porque ele cria *conflitos de aproximação-evitação* em relação a objetivos na vida evolutivamente importantes (Gilbert, 1993; veja também o Capítulo 2). Por exemplo, algumas pessoas com experiências adversas na infância querem encontrar amor e afeição, mas, quando entram nesses relacionamentos, é ativado o sistema de ameaça que estimula luta-fuga e desliga o sistema de proteção social. As pessoas querem ter sucesso e se sair bem, mas o sistema de ameaça entra em ação, e elas temem fracassar e ficar envergonhadas e acabam não tentando. As pessoas deprimidas querem socializar e prosseguir com sua vida, mas, quando começam a se engajar, o sistema de ameaça entra em ação e as conduz para a ansiedade e o desligamento. Portanto, uma das revelações centrais da formulação é ajudar as pessoas a entenderem a base dos seus *conflitos de aproximação-evitação* e como o sistema de ameaça passou a interferir em importantes objetivos evolutivos de vida, relacionados à busca de conectividade social e à capacidade de usar o sistema de proteção social como um regulador da ameaça. É evidente que há muitos outros objetivos em que o processamento da ameaça pode interferir, que podem ser um foco para a terapia. Porém, a TFC destaca a importância da busca de conectividade social e proteção social, pois elas têm efeitos biopsicossociais poderosos no funcionamento humano.

Podemos formular em torno de tarefas específicas na vida e das formas como os indivíduos se tornaram organizados em termos de detecção e evitação de ameaças, e detecção e aproximação de oportunidades de recursos em suas vidas. Embora possamos formular problemas no presente e não nos envolvermos muito na história, para trabalhar com as dificuldades mais complexas, a formulação é contextualizada historicamente. A formulação explora as formas pelas quais as *relações nucleares* e os eventos na vida moldaram suas três principais tarefas na vida (lidar com ameaças, adquirir recursos e descansar) e os sistemas de regulação emocional (veja o Capítulo 2). Ela pode esclarecer como as experiências na vida podem programar as pessoas para serem confiantes, amedrontadas ou evitativas em certas situações, ou abertas ou fechadas a engajamentos sociais de, digamos, confiança ou assertividade, ou exagero (p. ex., perfeccionismo e necessidade de conquistar, possuir). Além disso, pode mostrar como as experiências na vida moldaram sua orientação para seu mundo interno de emoções, desejos, motivos e fantasias, possibilitando confiança em si mesmo ou não. Ajuda a entender por que algumas pessoas ficam envergonhadas, amedrontadas ou curiosas sobre o que se passa em seu corpo e sua mente (Leahy, 2019a,b). Ao entrar na adolescência, uma pessoa pode considerar sua sexualidade emergente e suas mudanças corporais uma fonte de orgulho, curiosidade e diversão, ao passo que outra pessoa pode considerá-las uma fonte de embaraço e medo. Em outras palavras, esse é, novamente, um tipo de conflito de aproximação-evitação em que desenvolvimentos potencialmente excitantes estão acontecendo, mas o sistema de ameaça entra em ação para torná-los amedrontadores. Para a maioria das terapias, as formulações culturais e históricas nos ajudam a entender como um padrão específico de motivações e objetivos, emoções, competências e comportamentos se reúnem em padrões de ameaça *versus* segurança na busca de tarefas na vida e na criação de autoidentidades (Gilbert, 1993). Você pode usar exemplos para explorar com seu cliente como as autoidentidades são, em parte, socialmente construídas (p. ex., o quanto seriam diferentes seu cérebro, seu corpo, seus valores, suas preocupações e seu senso de identidade se você tivesse sido raptado quando era um bebê de três meses por uma gangue de drogas violenta; veja o Capítulo 7).

Uma das razões comuns pelas quais as pessoas têm dificuldades é porque a *tarefa de proteção e seus servos emocionais (p. ex., raiva, ansiedade, aversão)* se tornou inutilmente focada (Gilbert, 1989, 1993). Quando nossa orientação para a vida é tecida pelo sistema de ameaça, podemos ficar aprisionados no que é chamado de *viés negativo* como uma orientação geral de vida. Há boas evidências de que nossos cérebros evoluíram para ser mais atentos a sinais de ameaça do que a sinais positivos (Baumeister et al., 2001; Vaish et al., 2008). Podemos ser propensos a nos preocupar e ruminar, tender a antecipar o que poderia dar errado em vez do que poderia dar certo, ter a confiança abalada em torno de coisas novas, ser propensos à decepção, à vergonha e ao autocriticismo, nos tornar excessivamente perfeccionistas, ter dificuldades com confiança em nós mesmos ou nos outros e viver segundo regras de vida de *limitação dos danos* e *"melhor prevenir do que remediar"* (veja os Capítulos 4 e 5). A sensibilidade elevada à ameaça em um cérebro que já evoluiu para ser sensível à ameaça (mas que pode ser atenuado no contexto de uma história de amor e cuidado e em relacionamentos duradouros que amadurecem sistemas de segurança) significa que podemos estar vigilantes quanto à ameaça, prontos para mudar rapidamente para ansiedade, afastamento ou apaziguação, ou raiva e ataque, e demoramos para nos acalmar ou retomar o foco. A sensibilidade elevada à ameaça também pode tornar difícil confiarmos e nos deixar mais vulneráveis à vingança e menos fáceis de perdoar (Baumeister et al., 2001).

Além disso, se as pessoas experienciaram negligência, então a motivação e os sistemas de busca podem ser mal desenvolvidos, deixando-as sem preferências claras ou sem um senso de autodireção. Em relação ao sistema parassimpático de descanso e conexão, uma orientação para ameaça à vida também deixará os sistemas de segurança menos fáceis de engajar (veja os Capítulos 3 e 10). Embora você possa identificar crenças nucleares associadas a essas diferentes orientações para a vida, na TFC, vemos essa questão mais como uma organização estratégica e fenotípica "não escolhida" dos processos motivacionais e emocionais (p. ex., Del Giudice, 2020; Gilbert, 2019). O desafio é mudar o *padrão* das quatro funções da mente. A formulação pode ajudar os clientes a verem que, às vezes, a forma como eles vêm tentando se proteger — suas estratégias de segurança — teve, e ainda tem, consequências prejudiciais não intencionais.

Uma descrição desses processos é apresentada na Figura 6.1, a qual foca em quatro processos: 1) as experiências históricas que moldaram o senso de identidade, *o que conduz a* 2) o que foi "transportado no tempo" em termos de sensibilidades à ameaça no mundo externo e de sensibilidades à ameaça para seu mundo interno, *o que conduz à* 3) identificação das estratégias de proteção e de segurança externamente e internamente dirigidas que a pessoa usa para lidar com essas ameaças, *o que conduz a* 4) consequências não previstas e não intencionais do uso de estratégias de proteção e segurança (p. ex., veja Gilbert, 2010; Matos & Steindl, 2020). Muitas terapias têm algo similar a isso.

Formulação não é um processo único

A Figura 6.1 descreve o processo básico, e exploraremos esse exemplo em detalhes a seguir. A formulação não é um processo isolado, mas se desenvolve durante a jornada da terapia. A descrição de alguns passos recíprocos pode ser útil, mas eles não são passos rígidos, pois podemos recuar e avançar entre eles o tempo todo.

Primeiro passo. Explore a apresentação dos problemas e dos sintomas atuais e as razões para vir à terapia, juntamente com suas expectativas e seus medos da terapia. Valide e dê sentido às dificuldades atuais. Inicie a relação terapêutica e observe FBRs potenciais.

Segundo passo. Narre a história de vida e explore seus contextos cultural e histórico. Obtenha *insight* das principais experiências emocionais na vida e memórias da pessoa e do outro (representações *self*-outro nas diferentes mentalidades sociais). Se recomendável, conduza uma "coleta da história formal", examinando experiências com os pais, os irmãos, a escola, etc. (Gilbert, 2007). Há evidências crescentes de que diferentes tipos de história inicial problemática podem criar diferentes tipos de problemas na maturação do cérebro e, consequentemente, desafios terapêuticos (Cozolino, 2017; McLaughlin et al., 2014; Music, 2017; Schore, 2019). Estamos claramente à procura de experiências adversas na infância (ACEs), abusos, tipos de negligência sutis e, às vezes, não tão sutis. Você também pode encontrar exemplos de clientes que lembram dos seus pais como querendo cuidar, mas raramente disponíveis, como preocupados, como altamente críticos e que minavam a assertividade e a confiança, ou como extremamente ansiosos, superprotetores ou supercontroladores. As relações com os irmãos e os pares também podem ser extremamente importantes. Por exemplo, uma história envolvendo *bullying* na escola e solidão, ou ter pares apoiadores. Seja

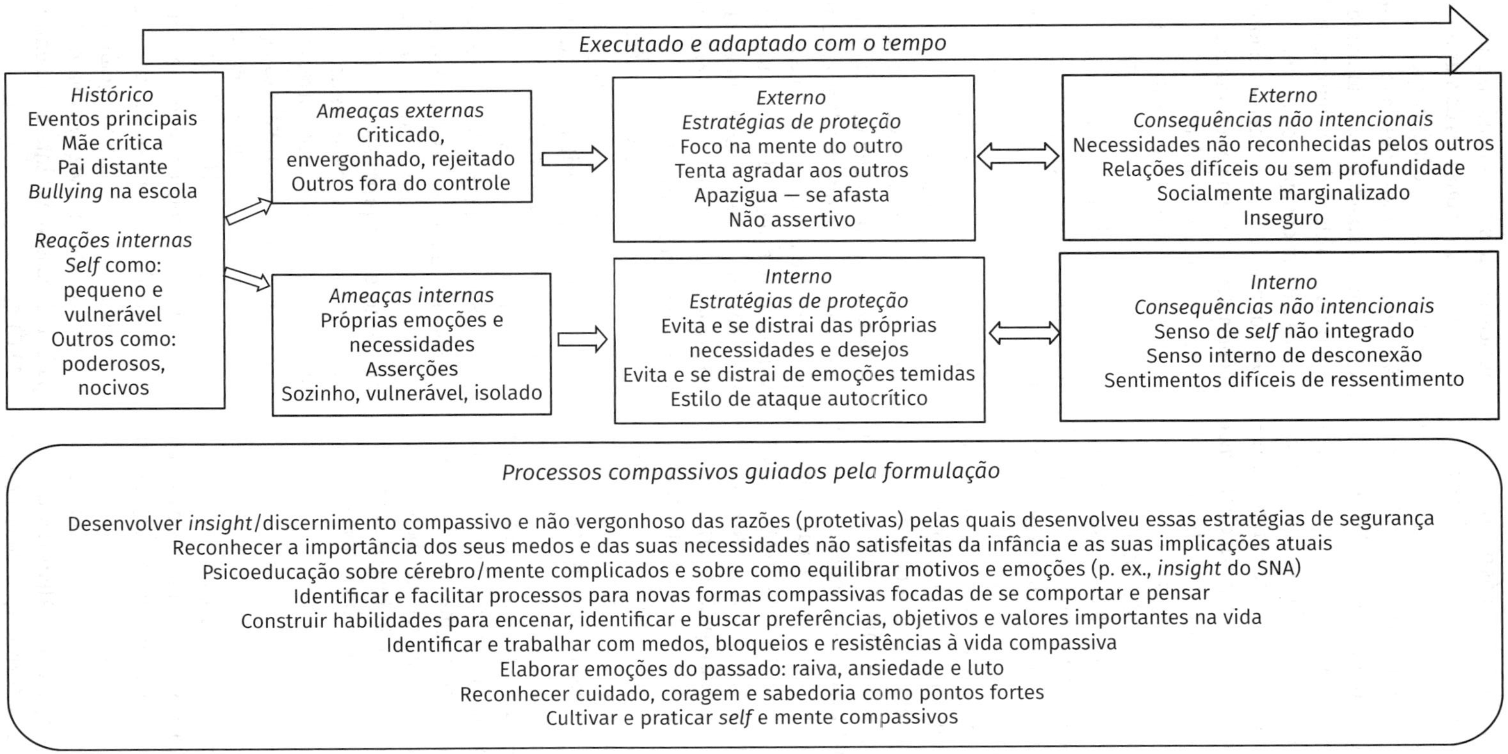

FIGURA 6.1 Visão geral de uma formulação.
Fonte: © Paul Gilbert.

qual for a história do cliente, nós o convidamos a refletir sobre o quanto essas experiências na vida influenciaram seu senso de identidade e sua orientação básica para a vida. Também podemos refletir sobre em que medida os próprios clientes percebem sua história de vida como tendo uma influência na sua jornada terapêutica. Você também pode perguntar diretamente: "*considerando as experiências na vida que discutimos, como você vê que elas influenciam suas dificuldades? O que você gostaria de obter ao vir para a terapia? Como você acha que suas experiências na vida podem influenciar sua jornada terapêutica?*". Você também pode perguntar coisas que ele acha que poderia querer desenvolver, habilidades que gostaria de aprender e estados da mente que quer cultivar. Esses tipos de perguntas (constantes) envolvem o cliente no seu processo de autodescoberta.

No entanto, tenha em mente que, com clientes traumatizados, eles podem ser muito resistentes a querer falar sobre seu histórico e ficar silenciosos e desengajados em relação a esse período, não sendo capazes de lhe contar muita coisa. Isso pode ocorrer porque estão experienciando memórias ou emoções desagradáveis durante a narrativa. Também pode ser porque ficaram anestesiados em relação a seus históricos e não conseguem lembrar de muita coisa, ou estão usando defesas como negação e dissociação. Algumas vezes, as pessoas vão sugerir que receberam muitos cuidados naquela época, mas posteriormente se torna evidente que não foi bem assim. Obter um conhecimento do histórico proporciona a compreensão de como a base segura e o porto seguro desse cliente se desenvolveram e funcionam agora (veja o Capítulo 3).

Terceiro passo. Identifique estratégias problemáticas específicas de regulação da segurança e do afeto, como as várias formas de evitação, ruminação, uso de substância, autoagressão, etc. Como discutido no Capítulo 5, o autocriticismo muitas vezes pode ser visto como comportamento de segurança. Além disso, você pode incorporar à formulação seus desejos nucleares, suas necessidades, seus impulsos e seus motivos, e o que lhes dá significado e prazer. Você também pode incorporar à formulação como as pessoas desaceleram, se sentem satisfeitas, relaxadas e socialmente seguras; como elas cuidam de si (autocuidado) e são capazes de se engajar no sistema de "descanso e conexão". Muitos clientes não têm consciência desse sistema e certamente não sabem como usá-lo de forma útil.

Uma das dimensões centrais para se ter em mente é sua capacidade de experienciar e criar conexões de cuidado consigo mesmo e com os outros. Você pode explicar por que isso é importante, mas evidentemente, na formulação, explore as pessoas que foram úteis e não úteis, a quem o cliente recorre agora, e que tipos de conexões de cuidado ele gostaria de criar. Nesse ponto, ocorre uma discussão e uma revisão com o cliente, e você pode adiar o desenvolvimento dos detalhes até uma sessão posterior. Tenha em mente que a formulação vai sendo desenvolvida — ela não precisa ser feita de uma vez só. Esse é um entendimento emergente, sobretudo com clientes mais complexos, com históricos difíceis.

Perceba, também, que é fácil focar na ameaça e em estratégias de segurança, mas, como a psicologia positiva nos mostrou, também é importante considerar os talentos, os pontos fortes e as habilidades das pessoas, o que lhes dá significado e propósito, como coisas nas quais se basear (Snyder, Lopez, Edwards, & Marques, 2020). A terapia de aceitação e compromisso (ACT) tem estado na vanguarda para trazer esses temas para a terapia, enfatizando a importância de ajudar as pessoas a identificar valores significativos e nucleares e a se comprometer em agir para buscá-los (Luoma, Hayes, & Walser, 2018). Embora a ACT seja considerada uma terapia cognitiva da terceira onda, se você pensar bem, tanto "compromisso" quanto "valores" são termos de motivação (veja o Capítulo 1, para a discussão das interações entre a ACT e a TFC).

A Figura 6.2 sugere algumas ideias básicas que se originam da psicologia positiva (Snyder et al., 2020), da ACT (Luoma et al., 2018) e das abordagens do apego na terapia (Music, 2017). A chave é ajudar as pessoas a distinguirem entre apoios e pontos fortes externos *versus* internos. Isso possibilita que as pessoas percebam que podem fazer coisas para ajudar a si mesmas, mas não ser compulsivamente autoconfiantes. Elas podem aprender a recorrer aos outros apropriadamente, ser capazes de confiar e ter um senso de conexão e apoio social.

O Capítulo 3 ofereceu algumas ideias para uma exploração focada no apego que fornece informações sobre as experiências das pessoas de uma base segura e um porto seguro. Para evitar um viés excessivamente negativo, você pode perguntar diretamente sobre experiências úteis: "*Você consegue pensar em pessoas na sua vida que foram úteis para você? Que ajuda elas lhe deram? Como foi isso? Você conseguiu confiar nelas, e como isso o ajudou?*". No entanto, garanta que o cliente ache isso útil e que você não esteja sutilmente lhe dizendo: "bem, as coisas não foram tão ruins afinal de contas".

Pessoas deprimidas e autocríticas podem achar difícil identificar qualidades positivas, ao passo que aquelas com problemas de narcisismo podem ter uma lista das suas boas qualidades. Já demonstramos, no entanto, que mesmo que as pessoas depressivas se vejam como fracassos, perdedoras ou inferiores (porque estão excessivamente inseridas na mentalidade social competitiva com viés de negatividade), elas ainda são capazes de reconhecer que têm qualidades positivas de cuidado (McEwan, Gilbert, & Duarte, 2012). Logo, você pode evocar essas qualidades positivas perguntando diretamente: "Você diria, em geral, que é uma pessoa honesta? De modo geral, se as pessoas lhe pedissem ajuda, você tentaria dar? Há outras coisas na sua vida que você está satisfeito por ter feito ou alcançado? Você mencionou que é perfeccionista, também; que pontos fortes *isso lhe proporcionou?*".

Quarto passo. É útil lembrar os clientes sobre o que é compaixão. Você terá abrangido os aspectos básicos nas suas primeiras sessões, e como fazer isso é explicado no Capítulo 7. Então, retome o fato de que você desenvolverá uma orientação compassiva para a formulação, e que muitos dos problemas que apresentamos não são problemas que nos sentamos e escolhemos ter — eles, de certa forma, emergiram sozinhos. Isso, em parte, se deve ao nosso "cérebro evoluído e à construção social do *self*" — portanto, um "cérebro complicado" (veja o Capítulo 7). Com alguns clientes, essa pode ser uma oportunidade para você explicar brevemente as três tarefas na vida e como elas estão ligadas aos tipos de emoção. Elas também podem ser examinadas historicamente como parte da formulação. À medida que a terapia se desenvolve, você pode retornar à base da sua formulação e trabalhá-la novamente, ou partes dela, para possibilitar que a pessoa entenda que "não é sua (nossa) culpa" que somos feitos da forma como somos. Isso também está ligado a consequências não intencionais. Assim, podemos entender e trabalhar com nossas mentes e as dificuldades não intencionais e não escolhidas, de forma a sermos úteis, e não prejudiciais. Assim você possibilita que as pessoas considerem como desenvolver uma orientação compassiva em relação a seu histórico.

Quinto passo. O quinto passo é ligar a formulação ao processo de pensar sobre a jornada terapêutica, como abordar trauma, vergonha e autocriticismo, desenvolver *mindfulness*, habilidades de raciocínio, empatia e tolerância ao estresse, cultivar uma mente compassiva e abordar os FBRs.

Desenvolva e escreva seu plano de terapia. Quando vocês estiverem prontos e concordarem quanto a um "esboço de uma formulação", e você tiver conduzido o cliente por meio de alguns aspectos básicos da TFC, descritos no Capítulo 7, você pode começar a escrever a formulação e um plano inicial provisório de

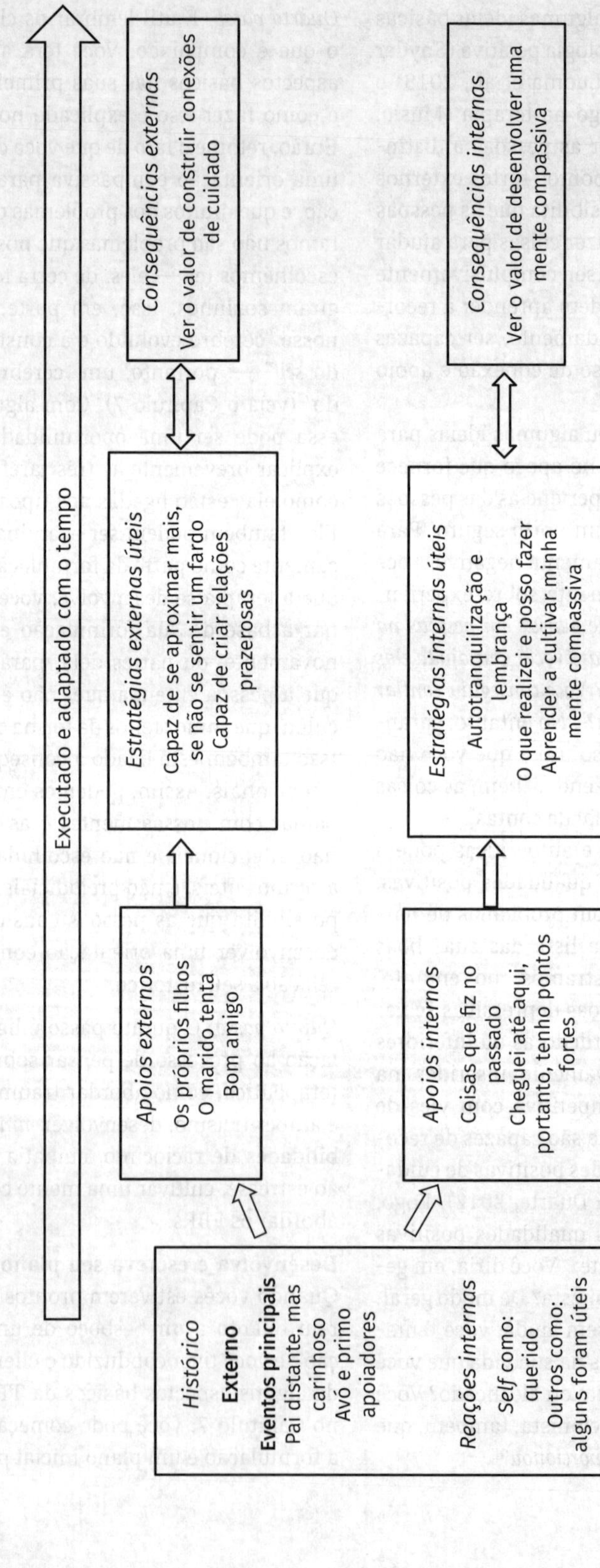

FIGURA 6.2 Visão geral das fomas de equilibrar a formulação, examinando os pontos fortes.
Fonte: © Paul Gilbert.

tratamento. Escreva uma carta para o cliente sobre a história dele, os temas principais que surgem dessa história e como isso está ligado aos problemas que ele está apresentando. Combinem algumas tarefas e objetivos terapêuticos iniciais, mas lembre-se de que vocês não podem combinar se livrar dos processos, apenas trabalhar com os processos. Por exemplo, na maioria das terapias, ao trabalhar com a ansiedade, não estabelecemos o objetivo terapêutico de *nos livrarmos da ansiedade*, mas de trabalhar com a ansiedade, entendê-la e tolerá-la. Se o cliente estiver tentando se livrar da ansiedade, ele monitorará constantemente o quanto está ansioso e se a terapia está funcionando. Desse modo, o objetivo de muitas terapias atualmente é desenvolver estratégias de enfrentamento para que as pessoas não precisem ter medo de ter medo.

Vocês podem escrever juntos uma carta sobre terem compartilhado seu entendimento sobre compaixão e como isso será incluído no plano de tratamento, com uma explicação de porque a compaixão é o foco. Este é apenas um esboço que você envia para o cliente inicialmente e pede que ele escreva o dele, o que pode ser feito no verso da sua carta. Enquanto ele faz isso, a ideia é gradualmente construir uma formulação colaborativa e o plano de terapia. Nada é definitivo, e as coisas podem mudar — e muitas vezes mudam.

Revisite regularmente as formulações anteriores à luz do progresso nas tarefas e de novas informações. Desenvolva e ajuste as tarefas terapêuticas e desenvolva e compartilhe as reformulações em termos da natureza dos problemas e da natureza das tarefas, colaborativamente. Explore como a formulação constante também aponta para o trabalho a ser realizado em conjunto e para além da terapia, definindo os comos e os porquês da prática de vida. Perto do fim da terapia — e, às vezes, incluída no início — está a consideração do processo de encerramento e o que pode precisar ser trabalhado.

Alguns aspectos da formulação só podem ocorrer depois de certos aspectos da psicoeducação. Por exemplo, é importante discutir os três tipos de emoção e, então, convidar o cliente a usá-los como uma estrutura da sua própria formulação. O cliente é convidado a pensar sobre cada tarefa de vida e cada círculo de emoções e refletir sobre como cada um funciona para ele. Ele pode desenhar cada um dos seus três círculos em termos do quanto operam dentro dele, o quanto são poderosos para ele ou o quão bem desenvolvidos eles são. Qual é o tamanho dos círculos que ele desenha em relação aos demais? Que outros fatores na vida influenciaram seu desenvolvimento? Os temas nucleares podem ser escritos no próprio círculo. Por exemplo, "meu sistema de ameaça foi sensibilizado pelos eventos X e Y. Neste momento, ele está sendo estimulado por ...". E também "meu comportamento defensivo típico é me tornar ansioso-afastado, ou externamente raivoso, ou silenciosamente ressentido, ou fechado". Como as diferentes tarefas de vida e emoções regulam umas às outras? Qual seria um melhor equilíbrio? Ajude o cliente a reconhecer que, algumas vezes, muitos dos seus impulsos são baseados na ameaça, e não baseados na alegria ou no prazer. O que aconteceria se ele procurasse emoções mais positivas no sistema de impulsos? Poderiam ser coisas como ver os amigos com mais frequência ou ter mais tempo livre para desfrutar de passatempos, como jardinagem ou pintura. Algumas dessas são intervenções comportamentais convencionais.

Fazer diagramas das coisas pode ser útil para oferecer *insight*, planejar intervenções terapêuticas e para a prática independente. Também ajuda a explorar e refletir juntos que talvez o sistema de ameaça e autoproteção tenha se tornado hiperdesenvolvido por razões compreensíveis. Ajude o cliente a refletir sobre a importância do impulso (alegria) e do sistema de descanso e conexão, dos quais ele pode não ter muita consciência. Você também pode examinar os FBRs, para inserir essas emoções na vida do indivíduo. Na verdade, o cliente pode ter um medo de emoções positivas, como alegria, ou medo de estar contente, o que pode passar despercebido (Gilbert et al., 2012, 2014). Isso é importante porque há evidências crescentes de que pessoas com depressão usam estratégias de enfrentamento que não promovem emoção positiva e podem evitá-la (Vanderlin et al., 2021). Às vezes, quando as pessoas notam que seu sistema de ameaça é maior do que seu sistema de impulso-prazer, ou contentamento/afiliativo e tranquilização, elas podem ver que usam conquistas e esforços para compensar as ameaças, em vez de criar alegrias e prazeres. A TFC chama isso de "impulso baseado na ameaça". Discussões em torno do "impulso baseado na ameaça" e de como trocar para "impulso mais baseado na alegria" podem ser muito úteis para os clientes.

Essas são obviamente apenas *orientações gerais* e não necessariamente se revelam nessa ordem de alguma forma mecânica linear, podendo haver inúmeras outras formulações. As pessoas podem passar pelos diferentes passos a diferentes velocidades e avançar e recuar. A questão é: a formulação é um processo contínuo que foca em diferentes elementos da jornada terapêutica (Eells, 2011). Também tenha em mente que, nesse processo, haverá variações na habilidade do cliente de mentalizar, dar um passo atrás e refletir sobre a sua história e a construção do *self* e da terapia. Essas variações nas competências de mentalização têm impacto na terapia.

Tenha também em mente a ligação entre as experiências iniciais na vida, que estabelecem uma biblioteca de memórias que, quando ativadas, geram comportamentos problemáticos ou sintomas. Assim, algumas vezes, você estaria fazendo formulações em torno de um conjunto específico de experiências. Lembre-se do caso de John no Capítulo 5, conforme representado na Figura 5.5.

Uma (outra) formulação diagramática. A TFC é muito interessada em diagramas e em encontrar diagramas que se adaptem às pessoas. Portanto, podemos certamente usar as folhas de exercícios já citadas no livro, mas também podemos ver como essas coisas se interligam por meio de um diagrama, como o da Figura 6.3. Você pode construí-lo com seu cliente.

Esses tipos de diagramas orientam as pessoas a pensar sobre a função das suas dificuldades. Algumas vezes, elas parecem não ter muita função. Elas podem ser apenas o resultado de extenso estresse. Mas, às vezes, podemos ver que uma depressão, por exemplo, impede que o indivíduo tome decisões muito difíceis, seja assertivo, deixe uma relação tóxica ou faça uma mudança na vida. De fato, defesas de luta e fuga bloqueadas e presas estão altamente associadas à depressão e à autoagressão (Clarke et al., 2016). Na TFC, algumas *formas* de dificuldades de saúde mental representam o trabalho inutilizado das funções de defesa. Isso ficará evidente com o exemplo prático a seguir.

História de caso

O exemplo prático da Figura 6.1 é autoexplicativo em um nível, porém mais complexo em outro. Vamos chamar essa pessoa do diagrama de Kerry (diferente do Capítulo 1). Obviamente, este é um nome diferente e com detalhes modificados para evitar identificação e também facilitar a explicação. Muitos terapeutas vão reconhecer esse tipo de dificuldade na vida.

Kerry tinha uma mãe muito crítica de quem tinha medo, e um pai tímido, mas carinhoso, porém muito distante, que não a protegia da raiva e dos criticismos da sua mãe, mas simplesmente a alertava: "tente não provocar sua mãe". Ele provavelmente também ficava ansioso em relação à sua esposa. Esse é o "pai amado, mas não protetor" que pode causar todos os tipos de dificuldades. Kerry achava que tinha herdado o temperamento tímido do seu pai. Além disso, ninguém a protegia do *bullying* na escola relacionado ao seu peso. Sua mãe não era especificamente validante e dizia: "a vida é dura. Você tem que aprender a se

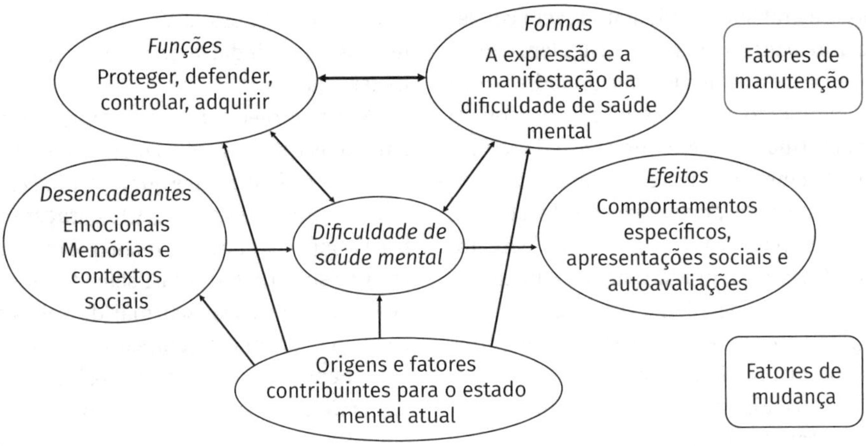

FIGURA 6.3 Formulação em termos dos desencadeantes: funções, formas e efeitos.
Fonte: © Paul Gilbert.

virar sozinha ou então perder peso". Algumas vezes, parecia que seus pais iam se separar, e que seu pai se mudaria, o que a assustava. Considere então a base segura e o porto seguro internalizados de Kerry e o que esse ambiente familiar teria feito a suas mentalidades sociais para criar conexões de cuidado, cooperação confiável aberta, assertividade confiante, competitividade e sexualidade — em outras palavras, uma gama de motivações, necessidades, objetivos e ambições.

Kerry cresceu com o sentimento de ser pequena e vulnerável aos outros e de que os outros eram muito fracos para apoiá-la/protegê-la, não interessados ou que, se recorresse a eles, eles seriam prejudiciais. Em suas relações com os pares e, em certa medida, na sua família, ela experienciou ser isolada e uma estranha, "não uma pessoa incluída". Isso tornou seu sistema de ameaça sensível a outros que se voltavam contra ela, a ignoravam ou "deixavam que se virasse sozinha". Portanto, parte das suas estratégias de proteção-segurança (não deliberadamente ou conscientemente escolhidas) envolviam a supressão do seu próprio desenvolvimento emocional. Elas a deixaram temerosa de ser assertiva, com um senso de solidão e vulnerabilidade e sendo o que ela chamava de "uma pessoa solitária sem qualquer importância". Em consequência de como experienciava seu mundo social, ela (não deliberadamente) desenvolveu uma gama de estratégias protetivas que eram predominantemente focadas em apaziguar e "estar presente para os outros", com estratégias de segurança de evitação de conflito. Algumas vezes, esses indivíduos são considerados "agradáveis", segundo as medidas de personalidade, mas essa agradabilidade é mais uma evitação de conflito do que compaixão genuína e empática (Gilbert, 2017; Kim, Gerrish, Gilbert, & Kirby, 2020). De fato, são necessárias pesquisas para distinguir quando a compaixão é genuinamente empaticamente gerada e quando está baseada em um desejo apaziguador de ser gostada, embora possa ser ambos (Böckler, Tusche, & Singer, 2016; Catarino, Sousa, Ceresatto, Moore, & Gilbert, 2014). Como não é incomum, fazer coisas que podem atrair atenção negativa, criticismo ou rejeição dos outros frequentemente ativava seu próprio autocriticismo. Parte do problema com a falta de uma base segura e um porto seguro (veja o Capítulo 3) é que pessoas como Kerry têm dificuldades para desenvolver um senso de *self* multitexturizado complexo, ou o que pode ser chamado de complexidade do papel (Gilbert, 1992).

Essas estratégias de vida produzem consequências não intencionais que prendem o indivíduo em um estilo de vida que prejudica o seu desenvolvimento como pessoa e o aprisionam em uma forma de viver e um senso de *self* subordinado defensivo. Em seu comportamento sexual, ela estava primariamente focada em agradar seu parceiro. No início, seu parceiro gostava disso, mas, gradualmente, começou a perceber que ele não conseguia identificar se ela *de fato o amava ou o desejava*, pois ela raramente tomava iniciativa no sexo ou fazia pedidos sexuais. Ela tinha medo de compartilhar fantasias sexuais ou guiá-lo sobre como ele poderia melhorar seu desempenho sexual, ou coisas que *ela* poderia explorar e gostar. Sua vida interior era muito fechada em si mesma. Como ele disse na terapia, "Kerry é gentil e carinhosa, mas, para ser honesto, eu na verdade não sei se ela realmente *me deseja*. Ela se importa comigo, mas ela me *ama*? Ela pode *precisar* de mim, mas ela me *quer*?". Kerry reconheceu que, algumas vezes, se sentia morta e perdida por dentro e, na verdade, não sabia o que queria. Podíamos ver isso como um sistema de busca por recursos e recompensas comprometido, bem como um problema de assertividade confiante. Kerry também reconheceu que, no trabalho, em geral ela era a pessoa quieta, que não expressava suas ideias quando as tinha, mas concordava com os outros. Para um jantar de Natal, ela achou que o restaurante que um casal de indivíduos dominantes no grupo escolheu estaria superlotado, agitado e barulhento, e um restaurante X diferente seria muito melhor, mas permaneceu em silêncio. Quando eles estavam saindo do restaurante realmente barulhento, um dos seus amigos disse: "Oh, eu queria ter ido ao restaurante X. Teria sido muito melhor, e pelo menos poderíamos ter ouvido uns aos outros". Kerry ficou zangada consigo mesma por não ter sido mais assertiva e invejou aqueles que eram. Esse é um exemplo em que ela ficou com raiva do seu *self* ansioso, e essa era uma experiência relativamente comum. Exercícios de múltiplos *selves* (veja o Capítulo 9, Fig. 9.2) podem ser usados para ajudar a explorar e abordar isso na terapia.

Kerry fornece uma imagem instantânea para pensarmos como as mentalidades sociais *se tornam padronizadas* e que a compaixão, para Kerry, era sobre desenvolver coragem e uma base segura para começar a explorar e experimentar suas preferências, seus desejos e suas aversões. Por sorte, seu marido foi capaz de participar do plano terapêutico e concordou em ser encorajador. Quando ela lhe pedia para tomar decisões sobre a qual restaurante ir ou a que filme assistir, ele a convidava para tomar a decisão. Os parceiros nem sempre são tão úteis, mas, se você puder recrutar pessoas que estão à volta do cliente para ajudar no seu desenvolvimento, sem que sejam controladoras, isso geralmente é útil. Encorajar Kerry a *participar* também era importante.

Na TFC e na terapia do apego (Music, 2017), a habilidade de estar em sintonia com as próprias necessidades emocionais e, de fato, ter um senso de *desejo* e querer amor pelo outro depende de ter tido uma base segura que possibilitou o crescimento (veja o Capítulo 3). Para clientes em que não é esse o caso, o acesso a suas emoções pode estar prejudicado, e, na verdade, com frequência, eles podem ficar perplexos com o que realmente sentem. Às vezes, eles acham que *deveriam sentir amor* por seus filhos e suas famílias, mas têm dificuldade e, então, obviamente se tornam autocríticos. Com esses clientes, deve-se evitar falar sobre "autoamor", pois isso vai confundi-los ainda mais. Essas são exatamente as emoções que eles não são capazes de sentir. Em vez disso, é importante focar no desenvolvimento da coragem e da sabedoria para amadurecer primeiro as próprias estratégias de procura e autodeterminação apropriada e validação e estratégias competitivas (úteis). O amor nasce da liberdade, e não do medo.

Para alguns clientes provenientes de contextos negligentes ou traumáticos, o terapeuta e o cliente formulam tarefas terapêuticas em contraste com esse contexto. Essas tarefas podem ser construir uma base segura e um porto seguro na terapia e dentro do cliente que sejam suficientes para reexperienciar as emoções desligadas — sobretudo o luto (e, algumas vezes, a raiva) — provenientes das experiências iniciais na infância relacionadas à solidão e ao medo. O problema é que esse grau de dor emocional pode ser muito ameaçador e estimula que o sistema de ameaça se feche. O luto na terapia pode ser experienciado como um senso de vulnerabilidade intensa e é confuso e assustador. Ao trabalhar o processo, em especial a raiva e o luto pelos pais que ela queria ter, mas não teve, Kerry mais tarde refletiu que começou a sentir coisas dentro dela que não percebia que existiam; ela começou a reconhecer um desejo diferente de conectividade de formas que não havia sentido antes e começou a experienciar alegria e raiva de uma forma que não tinha experienciado antes. Foi somente quando começou a lamentar a dor e a solidão da sua infância que se deu conta de que "não tinha sido capaz de sentir" (Gilbert & Irons, 2005; Harris, 2020). Uma pergunta de pesquisa importante é como esse luto atua em um processo terapêutico (veja o Capítulo 9). Além disso, desenvolver e encorajar uma base segura e um porto seguro dentro da relação terapêutica e do senso de *self* também permite o desenvolvimento de confiança, habilidades sociais, assertividade e cooperatividade. Em outras palavras, às vezes, todas as mentalidades estão se remodelando à medida que a terapia prossegue.

A formulação também introduz formas pelas quais o cliente não só conceitua algumas das suas dificuldades, mas também identifica formas de se engajar e mudar (como na caixa da compaixão). Por exemplo, ser capaz de desenvolver *insight* sobre porque *não foi culpa dela* ter acabado tendo um estilo de vida e uma mente como estes foi importante para descentralizar e se desarmar dessas "estratégias de vida". Além disso, ela desenvolveu *insight* de algumas das tarefas desenvolvimentais que poderia agora assumir em termos de desenvolver seu senso de autopreferência, valores, ideias e conectividade social. Para alguém como Kerry, oferecer resumos regulares e reflexões em torno do processo de "não é sua culpa" a ajudaria a reconhecer que boa parte de como respondemos ao mundo é automática; não nos sentamos e deliberadamente escolhemos nossas estratégias de segurança, como escolhemos nossas férias. Nesse sentido, você pode desenvolver discussões resumidas, alguma coisa como:

> Podemos apenas nos sentar e fazer um balanço, por um momento? Considerando o que vem acontecendo na sua vida, você consegue ver por que os problemas que você tem não são absolutamente sua culpa? (Kerry parece não ter certeza). Você concordaria comigo que os humanos são uma espécie social e que, desde o dia em que nascemos, precisamos do amor e da proteção daqueles mais fortes que nós — idealmente, pais amorosos? (Discussão curta). Se não recebemos o cuidado e a proteção que nosso cérebro está esperando, e se temos os tipos de experiências que você teve, isso coloca o cérebro e o sistema de ameaça em um dilema terrível, porque ele terá que fazer o melhor que pode para orientar você para a mais importante de todas as tarefas, que é a sobrevivência e a proteção (discuta com o cliente). Isso significa que, sem a sua escolha ou sem que você queira, seu sistema de ameaça se fechará para várias opções, para tentar garantir um caminho seguro na vida. Isso é chamado de *melhor prevenir do que remediar*. Seu sistema de ameaça fará o melhor que pode para mantê-lo longe do caminho dos danos. Você pode não ter dado permissão para ele fazer isso e pode não ter optado por isso, mas isso é o que o sistema de ameaça faz. Assim como não damos ao nosso corpo permissão para tremer quando estamos com frio ou para transpirar quando estamos com calor, isso é o que ele faz. O mesmo ocorre com nosso sistema de ameaça. Então ele lhe causou muito

problema a longo prazo, mas essa não era a sua intenção. Essas são consequências não intencionais. (Muito lenta e suavemente) Então você vê que seu sofrimento não é sua culpa (observe muito atentamente a comunicação não verbal, para ver como isso está se encaixando). Tudo bem para você se apenas sentássemos em silêncio por um tempo e verdadeiramente reconhecêssemos que muito do que você experienciou não é sua culpa e que, não de maneira intencional, isso lhe causou muita dor?

As chances são que surjam muitas resistências e retrocessos, portanto, espere e alerte o cliente que isso é possível. No entanto, o cliente experiencia você como tendo essa visão desestigmatizada dele, o que é muito importante. Evidentemente, seu tom de voz, a forma como você expressa isso e o grau em que você se engajou na psicoeducação, tudo isso afeta a ajuda ao cliente para chegar a essa posição. Na TFC, essa é uma textura importante da terapia porque, se os clientes carregam muita vergonha, culpa ou lutam contra si mesmos, a terapia fica mais difícil (veja o Capítulo 5). Além disso, eles podem ter conceitos excessivamente exagerados do que livre escolha realmente é. É por isso que evitamos patologizar a linguagem de "isso desadaptativo ou aquilo disfuncional" — em vez disso, falamos de como as estratégias adaptadas para ajudar o indivíduo a lidar com suas experiências iniciais na vida podem ter sido úteis na época, mas podem não ser tão úteis agora. Na minha opinião, todo o processo biológico da vida é disfuncional! O processo mais importante é desenvolver a *consciência mental* do cliente, o que inclui a natureza do cérebro evoluído e como todos nós estamos capturados em vidas que nunca escolhemos, com cérebros e circunstâncias no início da vida que nunca escolhemos.

O resultado com Kerry foi que, com seus filhos agora na escola, ela decidiu se preparar para ser enfermeira de berçário. Ela nunca havia pensado que se sentiria confiante para fazer isso. Assim como acontece com outras terapias, como a terapia cognitiva e a ACT, e também algumas das abordagens da psicologia positiva para destacar a terapia, é importante como as pessoas exploram novos padrões de motivações próprias, ações significativas e valores. O que também é importante e está enraizado na formulação é abordar as necessidades emocionais não satisfeitas, trabalhando anos de um senso de solidão e desconexão, trabalhando emoções difíceis e construindo um senso de um *self* compassivo que atuará como uma base segura e um porto seguro internos para a vida posterior. Em geral, a formulação tem uma estrutura, mas também é um processo em desenvolvimento de dar sentido à vida mental do cliente e às necessidades terapêuticas.

Depois de considerar esse caso, pode ser útil para terapeutas em treinamento pensar em um tipo muito diferente de formulação em torno, digamos, do desenvolvimento de problemas mais narcisistas. Por alguns anos, usamos vários videoclipes para apoiar o treinamento. Algumas vezes, mostramos os clipes de certos personagens, como pessoas agressivas ou em uso de substâncias, e então convidamos os aprendizes a desenvolverem uma formulação. Se você for um terapeuta em treinamento, será útil, enquanto estiver assistindo os filmes, pensar sobre o histórico dos personagens, o padrão das mentalidades sociais que eles estão encenando, e assim por diante. Os bons roteiristas têm uma compreensão intuitiva desses processos porque precisam ser observadores atentos e reflexivos das motivações arquetípicas das pessoas para criar personagens significativos. Pensar sobre possíveis histórias na vida que criam certos personagens também seria um bom hábito para os terapeutas. A história de Kerry é a da formação de um padrão particular de motivos, defesas e algoritmos básicos ativados e desativados. Além disso, pense sobre como há múltiplos domínios de conflitos entre *aproximação-evitação* em torno de tarefas e objetivos importantes na vida. Psicoterapia não é apenas mudar processos específicos, mas mudar o padrão e o funcionamento integrado das mentes. É por isso que, algumas vezes, um processo em que você não trabalhou muda sozinho.

Medos, bloqueios e resistências

A primeira coisa a dizer sobre os medos, bloqueios e resistências (FBRs, do inglês *fears, blocks and resistances*) é que eles são processos que podem afetar *qualquer* motivação ou emoção. As pessoas podem ter medo de sentir raiva, ansiedade, felicidade ou excitação sexual. As pessoas também podem ter medo de mentalizar e entender sua própria mente e a das outras pessoas. Estamos atualmente pesquisando os *medos de ter consciência*, alguns dos quais estão altamente correlacionados com depressão, ansiedade e medos de compaixão. Em segundo lugar, o conceito de FBRs como estratégias de segurança ou defesas está longe de ser novo. Eles eram a base da psicanálise freudiana e do reconhecimento da natureza e do papel dos mecanismos de defesa inconscientes (Ellenberger, 1970). Um conhecimento dos mecanismos de defesa é importante quando trabalhamos com os FBRs relacionados à compaixão (veja o Capítulo 4). Uma abordagem diferente dos conflitos que produzem FBRs tem sido com o conceito de dialética. Desde filósofos como Platão até Hegel e Marx, a dialética representa o processo em que duas posições contrastantes ou mesmo opostas (tese e antítese) podem encontrar uma síntese e uma nova organização. Um dos elementos cruciais da terapia comportamental dialética (DBT), desenvolvida por Linehan (2015; Swales, 2018), é reconhecer que, entre os indivíduos e dentro das mentes dos indivíduos, existem conflitos complexos que precisam encontrar uma síntese, em vez de tentar suprimir um ou outro — por exemplo, aceitar ou mudar, colocar as necessidades dos outros ou as próprias em primeiro lugar. Assim como os julgamentos morais, muitos desses conflitos na vida não podem ser decididos no pensamento dicotômico de sim/não, ou/ou e em termos de fazer/não fazer, mas precisam ser flexivelmente e contextualmente trabalhados. Entre os muitos conflitos potenciais da mente, a TFC foca nos *conflitos entre aproximação-evitação*, entre processamento da ameaça e impulsos positivos. Por exemplo, quero me aproximar das pessoas e sentir amor, mas também tenho muito medo de proximidade. Aproximar-se de alguém aumenta o medo, então se afaste. Afastar-se demais também aumenta o medo. Como na teoria da aprendizagem clássica (p. ex., neurose experiencial), ameaça-punição *versus* conflitos com recompensa podem produzir desorganizações sérias da mente (veja Gilbert, 1992 sobre fragmentação, p. 417). A integração envolve a criação de uma base segura *e* pode envolver coragem compassiva para tolerar o medo de conectividade e o medo de desconectividade. As forças não estão se separando, mas são sintetizadas em novos níveis de consciência e comportamento flexível útil. Portanto, uma forma de conceituar os FBRs é em torno desses tipos de processos dialéticos.

Há muitas formas de trabalhar com dilemas, dicotomias e dialéticas. Por exemplo, você pode convidar as pessoas a discutir ou escrever os prós e contras, ou as vantagens e desvantagens, de cada posição. Na TFC, achamos útil *incorporar* cada posição, transformando-se nessa posição. Assim, por exemplo, você pode convidar as pessoas a *se tornarem as razões para resistir* à compaixão, ou a *mente resistente*, em uma cadeira e explorar seus pensamentos, sentimentos, motivos e medos. Depois, troque para uma cadeira diferente, que poderia ser *as razões para não* resistir, ou mesmo uma cadeira da compaixão, e explore as razões para dar uma chance à compaixão (a ideia de "o que você tem a perder"). Mesmo que o cliente não tenha feito muito trabalho na mente compassiva, ele frequentemente consegue articular as ideias. Por exemplo, ele pode dizer: "embora eu não ache que posso ser compassivo comigo mesmo, suponho que se eu pudesse, então...", e você pode guiá-lo com o que ele poderia sentir e o que a compaixão poderia ajudá-lo a fazer. Na entrevista motivacional, isso é chamado de "conversa para mudança". Você pode perguntar as razões para experimentar compaixão a partir da cadeira da compaixão e refletir na cadeira da resistência, mas não se envolva em um debate como tal. Novamente, essas técnicas podem ajudar as pessoas a entenderem a importância de reconhecer que temos múltiplas mentes, frequentemente conflitantes. Se o cliente conseguir compreender que sua resistência é, de certa maneira, uma forma de proteção, isso pode ser muito útil e, de fato, você pode perguntar diretamente: "do que a mente resistente está protegendo você?". Então valide essa proteção. O que ajudaria a mente resistente? A principal intervenção terapêutica é ter alguma forma de possibilitar uma diferenciação e exploração (e, idealmente, transformação) dos dilemas internos e conflitos do cliente quando se trata dos FBRs (veja os Capítulos 8 e 9).

Outra fonte de FBRs é quando as pessoas ficam presas em situações. Há uma longa tradição de ponderar porque os humanos se aprisionam em situações que são prejudiciais para eles. Os humanos endossaram todos os tipos de crenças muito prejudiciais. A crença dos astecas na necessidade de sacrificar até mesmo os próprios filhos para seus deuses é apenas um dos muitos exemplos. Em 1941, o psicanalista alemão Erich Fromm escreveu seu famoso livro *Fuga da Liberdade* (posteriormente publicado em inglês como *Medo à Liberdade*), em que observou que existe *liberdade de* (p. ex., do controle de outra pessoa) e *liberdade para* (p. ex., para encontrar sua própria jornada de individuação) e apresentou ideias fascinantes de como podemos ter medo de nos libertarmos *de* relações persecutórias de famílias, religiões, grupos ou líderes e outras formas não úteis de viver. Também podemos ter medo *para* perseguir nossos próprios valores e nossa felicidade, em parte devido ao nosso medo de fracasso, vergonha, rejeição ou culpa. Há sempre uma tensão entre as buscas do indivíduo e a comunidade na qual ele está inserido. Os medos têm múltiplas razões, é claro, mas, às vezes, medos de compaixão podem também refletir medos de *liberdade de* e *liberdade para*. Podemos ter medo de abandonar nossas autoavaliações negativas ou renunciar à vergonha pelas razões descritas nos Capítulos 4 e 5. Gilbert e Irons (2005) ressaltaram que, às vezes, a coragem compassiva requer que nos *rebelemos*, usando o modelo de Milgram (1974) de submissão *versus* rebelião contra a autoridade para entender os estágios pelos quais as pessoas passam. Um estágio inicial é se tornar aberto, em vez de fechado, ao *insight* de domínios de nocividade. Isso abre oportunidades para começar a duvidar da sabedoria ou da legitimidade de uma autoridade (isso pode ser externo, ou também nosso próprio autoataque hostil). O estágio seguinte é focar nessas dúvidas, começar a expressá-las e internalizá-las. Em um terceiro estágio, podemos começar a nos alinhar com diferentes conjuntos de valores e sistemas de crenças, o que, na TFC, significa trocar para a mentalidade social de cuidado. No passo final, começamos a agir segundo novos motivos escolhidos pessoalmente e seus valores. Cada passo pode ser um passo de coragem. Como Milgram observou, parte dessa coragem pode ser conseguir lidar com um senso de "trair a causa", ser desleal com sua família ou seu grupo identificado, e pode estar associada a um senso de desconexão social e perda da identidade (Gilbert & Irons, 2005). Os estágios de rebelião também podem ser vistos como dimensões de assertividade (veja o Capítulo 8).

Assim, quando você estiver trabalhando com os FBRs da compaixão, tenha essas dimensões em mente para ver se você está ajudando seu cliente a usar compaixão para se libertar, digamos, de uma relação persecutória interna ou de relações externas e/ou se você está ajudando seu cliente a usar compaixão como uma base segura para se desenvolver e crescer, em que talvez exista um medo de mudar em termos de no que ele poderia se transformar. Você também pode ver isso como "abandonar" e "seguir em frente".

Junto com a natureza básica das dificuldades do cliente, a formulação se beneficiará do desenvolvimento de uma compreensão dos FBRs do cliente. Muitas terapias psicológicas os têm enraizados no seu centro. Por exemplo, a abordagem psicodinâmica freudiana estava baseada na ideia de que os clientes tinham múltiplas resistências para compreender o que estava se passando na sua mente, daí a geração dos conceitos de mecanismos de defesa. As terapias comportamentais tornaram a *evitação* central para seus modelos terapêuticos. Os terapeutas cognitivos também escreveram sobre os desafios e a resistência à mudança cognitiva (Leahy, 2001). Há claramente muitas formas diferentes de FBRs. É importante a forma como notamos e prestamos atenção aos seus efeitos algumas vezes sutis.

Considere que podemos gerar FBRs para qualquer desejo, motivo ou emoção. Você pode considerar seus próprios FBRs como terapeuta. Que tipo de clientes ou problemas você teria medo de ver ou não quer ver e tenta se desviar? Como para a maioria das intervenções psicológicas, precisamos de uma análise funcional 1) das causas e dos processos de manutenção dos FBRs e 2) das competências e sabedorias necessárias para a sua remediação. Como sugere a Figura 6.1, os FBRs às vezes requerem uma análise funcional detalhada e, por vezes, complicada das funções atuais *e passadas*, para ajudar os clientes a entenderem que seus FBRs relacionados à compaixão são (frequentemente) baseados em algum tipo de sabedoria sobre a necessidade de se protegerem do impacto da compaixão. Os FBRs não são sugeridos aos clientes como distorções cognitivas, desadaptações ou crenças disfuncionais — mesmo que, na realidade, esse possa ser o caso —, simplesmente porque isso estabeleceria a textura, o contexto social e a estrutura errados para a descoberta guiada e arriscaria envergonhar o cliente.

Em termos da análise funcional das causas, os *medos* usualmente estão relacionados ao processo do desenvolvimento da compaixão e às consequências percebidas de pensar, sentir ou se comportar de formas compassivas. Os *bloqueios* têm a ver com falta de informação, má interpretação ou falta de oportunidade. As *resistências* comumente estão baseadas no medo mas também podem ser devidas à má interpretação (a compaixão me deixará fraco ou baixará meus padrões) ou a considerar algo muito custoso. Por exemplo, não ajudamos os imigrantes não porque temos medo ou não sabemos o que fazer, mas porque achamos que nos custa muito (Gilbert & Mascaro, 2017).

Os fluxos da compaixão. Há diversos processos envolvidos nos FBRs ao ser compassivo consigo mesmo, compassivo com os outros e aberto à compaixão dos outros. Os FBRs, conforme medidos por nossas escalas, podem afetar todos os três fluxos da compaixão (Gilbert et al., 2011; Kirby, Day, & Sagar, 2019). Matos, Duarte e Pinto-Gouvia (2017) exploraram as origens do medo de compaixão em 302 participantes de uma comunidade. As análises de caminho revelaram que os medos de ter compaixão por si mesmo e de receber compaixão dos outros, mas não os medos de ter compaixão por e para os outros, mediavam os efeitos da memória traumática de vergonha, da centralidade da memória da vergonha e das memórias iniciais de calidez e segurança em sintomas depressivos, ansiosos e paranoides. Vergonha e falta de calidez no início da infância podem tornar os indivíduos temerosos de se aproximarem dos outros. As memórias de vergonha da infância estão significativamente ligadas a medo de compaixão (Matos, Steindl, Gilbert, & Pinto-Gouvia, 2020). O medo de ser compassivo com os outros está associado a traços como narcisismo, hipercompetitividade e autoambição implacável (Basran et al., 2019). Os medos de compaixão também demonstraram reduzir a expansividade moral (Crimston et al., 2021).

Em uma metanálise que reuniu 4.723 participantes, Kirby, Day e Sagar (2019) descobriram que o maior efeito em problemas de saúde mental era relacionado ao medo de autocompaixão, seguido de perto pelo medo de receber compaixão dos outros, e que o medo de dar compaixão estava muito menos associado a problemas de saúde mental. Em uma grande amostra de 400 adultos portugueses, Coelho et al. (2019) encontraram que a ligação entre eventos na vida e depressão era, em parte, mediada pela vergonha externa e pelo medo de receber compaixão dos outros, mas não pelos medos de autocompaixão. A vergonha e os medos de receber compaixão estão fortemente ligados. Carvalho, Pinto-Gouveia, Gillanders e Castilho (2019) também identificaram que medos de receber compaixão dos outros estavam associados à segurança social, mas, novamente, não tanto à autocompaixão. Já a vergonha, os medos de revelação e proximidade e o senso de "não merecer" são fortes fontes de medo de compaixão dos outros. Naismith, Kerr, Mwale e Feigenbaum (2019) também encontraram temas de desconfiança dos outros em alguns grupos de clientes. Em um estudo fascinante, Merritt e Purdon (2020) constataram que os medos de receber compaixão estavam ligados à ansiedade, ao passo que os medos de ser compassivo com os outros estavam ligados a transtornos obsessivo-compulsivos. Esse último é interessante porque esses clientes podem ter medo de contaminar os outros. Best et al. (2021) viram que os medos de receber compaixão dos outros estavam significativamente correlacionados negativamente a experiências de segurança social, e ambos estão ligados à solidão. Em um estudo internacional em 21 países, com 4.057 participantes, encontramos que medos de compaixão estavam significativamente ligados à depressão, à ansiedade, ao estresse e a medos da covid-19 (Matos et al., 2021).

Há dimensões óbvias e muito simples que podem afetar os FBRs. Por exemplo, é mais fácil ser compassivo com pessoas que conhecemos, gostamos e confiamos do que com pessoas por quem não sentimos isso, e evidentemente é muito mais fácil aceitar compaixão de pessoas que conhecemos, gostamos e confiamos. Ocorre o mesmo conosco. Quanto mais não gostarmos de nós, mais difícil pode ser ter compaixão por nós. Obviamente, também, se estamos procurando compaixão dos outros por sofrimento mental, isso pode exigir que estejamos abertos à revelação da vergonha. Aqui o grau em que confiamos nos outros com a revelação da nossa vergonha é importante. Indivíduos narcisistas podem ser agressivos quando começamos a explorar seus medos (algumas vezes, negados) de compaixão pelos outros.

Terapeutas novos na TFC podem ser dissuadidos quando se deparam com FBRs fortes, em vez de assumirem a posição mais comportamental, que é a de que essas são formas de evitação experiencial e devem ser tratadas como tal. De fato, para muitos dos clientes mais problemáticos, os *FBRs são o principal foco da terapia*. Fiquei surpreso quando terapeutas disseram que identificaram que os clientes tinham dificuldades com a compaixão e eram desdenhosos nos esforços para trabalhar com a compaixão e que, portanto, eles decidiram não buscá-la. Isso é quase como dizer que um cliente com pânico tem dificuldades com ansiedade, portanto, o terapeuta decide não se engajar ou não o ajudar a não sentir ansiedade. De fato, às vezes, em vez de se engajar em programas de exposição importantes, alguns terapeutas podem ficar ansiosos sobre engajar a ansiedade, a raiva ou o luto do cliente que pode emergir na jornada da compaixão. Os terapeutas podem não ter certeza de como colocar os FBRs no palco central e ajudar os clientes a entenderem que haverá razões funcionais para FBRs. Como explorado em mais detalhes a seguir, um FBR comum é interpretar mal e confundir compaixão com a necessidade de ser agradável, gentil e não poder ficar com raiva ou ter pensamentos e sentimentos vingativos ou certas fantasias sexuais.

A jornada até a compaixão

O que é descrito a seguir é principalmente para o tipo geral de FBRs comuns, mas, como mencionado no começo deste capítulo, indivíduos que estão, por exemplo, no espectro autista ou que têm problemas com abuso de substâncias, controle de impulsos e comportamento criminal precisarão de habilidades ou serviços de especialistas para sua TFC. Embora existam muitos estudos com autorrelato sobre FBRs, também há estudos examinando os processos de mudança da compaixão durante o curso da terapia. Lawrence e Lee (2014) exploraram o desdobramento do processo de experienciar compaixão na terapia do trauma focada na compaixão. Eles descobriram que, para alguns, a autocompaixão parecia alheia e, até mesmo, desagradável; que os clientes não conseguiam realmente ver como a compaixão ajudaria e pareciam um pouco sem esperança, não merecedores de compaixão e sendo mais dominados pelo autocriticismo. Perto do final da terapia, no entanto, eles tiveram uma maior consciência da natureza evolutiva mais profunda da compaixão, um senso de humanidade compartilhada e pertencimento, de ser capaz de desfrutar mais a vida e ser capaz de aguardar com expectativa pelo futuro. Crucial para o processo foi a relação terapêutica. Em um estudo inicial, quando trabalhava em um hospital dia, convidei os clientes para serem participantes em um grupo de TFC e contribuírem para a pesquisa. Dez clientes foram voluntários (Gilbert & Procter, 2006). Na verdade, conduzimos o grupo por alguns anos antes de 2006, mas alguns revisores de revistas científicas (para ser educado) não ficaram entusiasmados com a ideia da TFC. Muita coisa aconteceu em quase 20 anos.

Naquela época, as primeiras sessões em grupo foram marcadas por forte resistência. Houve resistência ao modelo, resistência ao conceito de compaixão, resistência ao que a compaixão "provocava" e resistência a algumas das práticas de compaixão, particularmente as práticas de respiração e visualizações. De fato, havia muito poucas coisas às quais os participantes não eram resistentes! Entretanto, o grupo foi conduzido de uma maneira amigavelmente colaborativa, e os participantes acharam que a TFC "era uma boa ideia, a princípio", mas não conseguiam imaginar como isso iria funcionar ou como iria ajudá-los. Eles ficaram muito animados por poderem nos dizer como poderíamos melhorar e onde estávamos errando! Eles ofereceram sugestões de melhorias. No final do grupo e no acompanhamento, os clientes consideraram que, embora já tivessem feito muita terapia no passado, isso foi revolucionário. No acompanhamento, um deles escreveu e leu para o grupo uma carta muito comovente, incluída no artigo de 2006.

Alison Kelly e colegas, que conduziram inúmeros estudos sobre TFC para transtornos alimentares, conduziram um estudo qualitativo dos FBRs, examinando os prós e contras percebidos de desenvolver autocompaixão (Kelly, Katan, Sosa Hernandez, Nightingale, & Geller, 2021). Eles apontam que esses clientes podiam ter medo de perder o autocriticismo e seu controle, um tema também identificado por Tierney e Fox (2010). Eles também se sentiam não merecedores e temiam revelar tristeza e vazio. Seu estudo recrutou 37 indivíduos por meio de anúncios na comunidade e no *campus* para pessoas com dificuldades alimentares que satisfaziam os critérios do DSM-5. Foi informado que seria um estudo examinando estratégias de autoajuda para estresse cotidiano. Eles receberam um guia em áudio com definições de autocompaixão e como ela pode ser útil. Os participantes escreveram suas reflexões. Surgiram 10 temas subordinados, abrangendo preocupações de que a autocompaixão poderia deixá-los pior de várias maneiras e que não era merecida. Em contrapartida, eles achavam que, se pudessem desenvolver autocompaixão, isso poderia melhorar sua saúde física e mental, sua confiança e seu crescimento pessoal.

Um tema muito comum para muitos tipos de clientes é que a autocompaixão, de alguma forma, fará com que percam a ambição e a motivação, e também com que piorem. Se você tem convivido com um intenso medo de fracasso e está tendo dificuldade para evitar a inferioridade que é focada na ameaça (veja o Capítulo 4), pode parecer muito estranho que você possa conquistar coisas ou mesmo querer conquistar coisas sem esse sistema motivacional "impelido pela ameaça". É por isso que é tão importante ter descobertas guiadas, como no Capítulo 5, para realmente considerar o fato de que a compaixão é o mais encorajador, corajoso, buscador de sabedoria e moral de todos os nossos sistemas motivacionais. É a mentalidade social que vai ajudá-lo a se erguer se você cair, e não vai chutá-lo quando as coisas derem errado, como o autoataque faz. Essa compreensão geralmente é crucial para os clientes. Outro tema central que eles observaram, que é comum e discutido no Capítulo 9 e a seguir, é que a compaixão abre a mentalidade social de cuidado e, portanto, abre as memórias difíceis que estão nessa mentalidade (veja o Capítulo 1, sobre os primeiros dias da TFC). Quando começamos a nos engajar no nosso sofrimento, em vez de evitarmos ou nos defendermos contra ele, o que emerge no primeiro caso pode não ser sentimentos calmantes, mas de tristeza, perda e, algumas vezes, raiva em relação a experiências passadas e situações atuais na vida. Kelly et al. (2021) também destacam o fato de que nos tornarmos compassivos nos deixa mais sensíveis não só ao nosso próprio sofrimento, mas também ao dos outros, e isso também pode ser doloroso. Esse foi um tema também discutido no Capítulo 1. Alguns colegas também observaram que as práticas da TFC os mudaram e os deixaram mais sensíveis ao sofrimento no mundo.

Mudando as mentalidades sociais. A TFC busca mudança radical na organização da mente, partindo da orientação para medo competitivo (rechaçante) de rejeição e um mundo humilhante, que temos que nos esforçar para acompanhar (veja o Capítulo 4), e chegando a uma mentalidade de cuidado e compartilhamento. Não é apenas como pensamos sobre nós mesmos, mas como nos contextualizamos em nossos ambientes sociais para nos sentirmos socialmente mais seguros e capazes de construir e valorizar conexões sociais de cuidado. Precisamos nos relacionar de forma diferente, não como submissos, agressivos ou distintos, mas como compartilhadores e cuidadores. Dada a ideia de uma reorganização radical das mentalidades sociais e as evidências de que terapias bem-sucedidas podem mudar os fenótipos (Kumsta, 2019), suspeitamos que esse pode ser o caso para a TFC, pelo menos para aqueles com problemas de saúde mental complexos e com históricos problemáticos. Minha colega Marcela Matos está realizando esse estudo. Isso será útil para os terapeutas, se eles reconhecerem que a TFC sempre foi uma abordagem baseada no estado cerebral (veja o Capítulo 2), e não apenas a oferta de alguns exercícios ou visualizações.

FBRs comuns

Já discutimos alguns deles, mas aqui eles são reunidos sob temas comuns.

Senso de merecimento. Sentir que não merecemos compaixão é uma questão muito comum que, algumas vezes, está ligada ao auto-ódio e a altos níveis de autocriticismo (veja os Capítulos 4 e 5). O problema aqui é que o auto-ódio não é simples e está ligado a conflitos tanto conscientes quanto inconscientes (veja o Capítulo 5). Pauley e MacPherson (2010) exploraram e identificaram inúmeras crenças básicas dos FBRs em clientes deprimidos, como:

- Sou o meu pior crítico. Posso compreender as coisas nas outras pessoas, mas não as aceitaria necessariamente em mim.

- Quando estou deprimido, realmente não gosto nem um pouco de mim, portanto, não tenho como sentir compaixão por mim.
- Conheço pessoas que são muito gentis consigo, são boas e cuidam de si, e acho que elas estão em muito melhor situação, mas acho que eu realmente nunca vou ser capaz de fazer isso.
- Quando me sinto deprimido, é quase impossível ser clemente comigo, pois, quando me sinto deprimido, acho que é minha culpa.

Em um estudo recente, Ashfield, Chan e Lee (2021) examinaram o processo de mudança em pessoas que estão tentando usar a TFC para TEPT complexo e, novamente, destacaram FBRs muito semelhantes. Por exemplo, um cliente mencionou que:

> Eu mereci tudo o que aconteceu comigo, então tudo o que aconteceu absolutamente mereci, pois sou patético, um fracasso, sou fraco [...] e tudo o que aconteceu é completamente minha culpa [...] esse foi o resultado, você sabe que foi, eu mereci isso, tudo isso (p. 6).

Esse é um tema comum (arquetípico) muito familiar no autocriticismo (veja o Capítulo 5). Para pessoas assim, é importante estabelecer o padrão do seu pensamento. Você pode refletir sobre o fato de que "*então você se sente assim porque se deu mal de alguma forma ou errou de alguma forma, não consegue ter compaixão; existe uma conexão entre se dar mal e não se permitir compaixão?*". Você pode convidar o cliente a refletir sobre a ideia de que "*então você acha que compaixão é algo que é bom ter, mas só pessoas boas podem ter?*". E depois: "*Entendo, isso é interessante. Podemos explorar de que forma você se sentiria mal se você tivesse alguma coisa que só pessoas boas poderiam ter?*". Note que você está se engajando em explorações cognitivas precisas de "de que forma você se sentiria mal?", e não simplesmente incluindo isso em uma generalidade de "sentir-se mal". Então, dependendo do cliente, você pode ajudá-lo a dar um passo atrás, dizendo algo como:

> OK, mas podemos fazer juntos um experimento de pensamento? Supondo que você começou a realmente pensar que parte do que aconteceu não foi sua culpa, por ter um cérebro complicado que você nunca escolheu, e devido a circunstâncias na vida que você nunca escolheu... Supondo que você começou a ver tudo isso, talvez apenas um pouquinho — como seria isso? Qual seria seu maior medo de começar a ver sua vida em termos de ser um ser humano que teve dificuldades e foi prejudicado por isso?

Você está tentando ajudar o cliente a explorar a resistência como baseada no medo e a mergulhar fundo nesse medo. Ele pode resistir a isso; nesse caso, você pode recuar um passo e ter uma discussão gentilmente amigável em torno de algo como:

> OK, posso ver que você está muito preocupado com lidar com o fato de ser um ser humano que apenas se encontra aqui, que não teve nenhuma escolha quanto a isso, nem quanto às experiências da vida, que foram bem difíceis e moldaram você.

Tenha em mente que o seu comportamento e o seu tom de voz definem a forma como o cliente realmente experiencia essas discussões. Agora, dependendo do cliente, posso acrescentar algo como "*talvez seja mais fácil ter essa raiva com você do que ter que enfrentar uma tristeza profunda e a solidão e o medo que podem estar por trás dela?*". Essas não são interpretações, mas são denominadas sondagens socráticas. Observe como elas se encaixam para o paciente. Para pessoas fechadas ou entorpecidas, elas vão ter um olhar quase vazio quando você disser isso. Você pode então acrescentar lentamente e gentilmente: "*Posso ver que essa ideia lhe deu meio que um branco, como se talvez fosse muito difícil pensar sobre isso neste momento?*". Para alguns clientes, você pode apresentar isso como uma pergunta, mas, para outros, será uma declaração da sua observação. Uma das razões para oferecer essas sondagens é oferecer consciência empática ao seu cliente, mostrar que você está em sintonia com as coisas das quais ele talvez esteja afastado por todos os tipos de razões. Quando ele ouve que você está em sintonia com ele, isso pode lhe dar uma sensação de alívio e uma base segura. Outros clientes têm muito medo dessas ideias, porque isso ressalta que temos muito menos controle do que pensávamos sobre o que somos e as versões do que nos tornamos. Para aqueles que estão tentando desesperadamente controlar suas vidas, essa pode ser uma ideia resistida. No entanto, novamente, você pode entrar em sintonia com isso e refletir sobre essa questão com eles:

> Se toda a nossa vida estivemos desesperadamente tentando manter o controle ou encontrar controle, então ter alguém como eu sugere que, na verdade, muito do que somos e nos tornamos não foi diretamente escolhido por nós, apenas nos encontramos aqui com um cérebro como este, e isso pode ser muito assustador, mas acho que a ideia é que, quando começamos a entender isso, começamos a ver formas de ter controle genuíno e de não sermos controlados pelo sistema de ameaça.

Novamente, essas são apenas ideias, e, na verdade, depende dos seus clientes como essas discussões socráticas se desenvolvem.

Merecimento e culpa. Uma manobra simples de descoberta guiada pode ser explorar:

> Qual seria seu maior medo de ter alguma coisa que você achava que não merecia? Você já teve experiências como essa no passado? Você se preocupa que as pessoas possam vê-lo como alguém que recebe coisas que não merece e menosprezem você, ou queiram tirá-las de você ou puni-lo por isso?

É óbvio que as pessoas podem se sentir culpadas se receberem coisas que acham que não merecem, mas, terapeuticamente, você pode investigar o que há por trás disso. Às vezes, o senso de merecimento gira em torno de como as pessoas sentem que há coisas que deveriam ter controlado e não controlaram. Não é tanto uma sensação de fazer coisas ruins, e sim de não impedir que coisas ruins aconteçam ou decepcionar as pessoas que lhes dá a sensação de não merecimento. Aqui pode ser muito importante distinguir vergonha de culpa (veja o Capítulo 4). Quando há culpa genuína, trata-se de ajudar a pessoa a elaborar isso e, particularmente, o *luto de reconhecer* que ela causou ou falhou em prevenir coisas prejudiciais. É evidente que, se as pessoas não tivessem culpa, essa questão específica de merecimento não surgiria. Se houver dano genuíno, não importa a razão, então o perdão não pode ocorrer até que a pessoa tenha lamentado e sido capaz de processar o remorso. Assim sendo, a compaixão pode ser complicada. No entanto, é construir sua mente compassiva o que os ajudará a enfrentar a culpa. Também podemos ajudá-los a reconhecer que o "não merecimento baseado na culpa" faz parte de um sistema de compaixão; é nos sentirmos mal sobre o sofrimento que revela nossa preocupação (compassiva) pelo outro. Apontar isso pode ser uma revelação. No entanto, a compaixão não é concebida como uma punição, como se, como acontece com as crianças, fossemos desobedientes e, por isso, não podemos assistir televisão. É um mal-entendido muito comum achar que a compaixão se torna um tipo de recompensa pelo bom comportamento e que não a permitir é uma punição merecida.

Além disso, às vezes, gostamos de assumir que temos mais controle do que realmente temos, ou que devemos ser menos vulneráveis a pressões sociais do que somos, e isso é particularmente importante quando estamos presos em situações prejudiciais. Considere alguém que foi agressivo ou mesmo violento. Coragem compassiva é reconhecer o abuso que o próprio indivíduo experienciou (p. ex., quando criança) e o medo, o luto e o desligamento das emoções que isso deixou nele e que o levaram erroneamente a ter o tipo de cérebro que pode ser prejudicial (veja o Capítulo 4). Quando conseguimos deixar de lado a vergonha e a culpabilização, estamos muito mais abertos ao engajamento honesto. A culpa nos possibilita fazer uma ponte empática até o dano que causamos. A troca da vergonha para a culpa nos faz sair da preocupação com o *self* e a autoapresentação e ingressar na mentalidade social de cuidado. Nessa mentalidade, podemos experienciar tristeza e pesar associados a remorso. Pesquisas sugerem que é difícil experienciar remorso triste se estivermos fechados em nossas emoções devido ao dano que nos foi causado, como já mencionado (veja o Capítulo 4).

A parte difícil é reconhecer que nenhum de nós é invulnerável à nossa história, e que, se eu cresci em um ambiente violento, posso ser violento também; se fui criado em uma sociedade romana, então também posso gostar de ter escravos e ir a jogos de gladiadores. Compaixão é a coragem de mergulhar na dor e no lado obscuro de ser humano. Precisamos ser cuidadosos com o narcisismo, que dita que *eu devo ser invulnerável às pressões que criam aqueles outros tipos de mentes que podem ter dificuldades de saúde mental ou fazer coisas prejudiciais a si mesmo e aos outros. Não sou como as outras pessoas e, diferentemente de outras pessoas, devo ser capaz de resistir às minhas construções biológicas e sociais.* Na verdade, é o oposto, é a consciência atenta a exatamente isso (nossa humanidade em comum) que nos coloca no caminho para a compaixão. Isso me possibilita abrir mão das ilusões narcisistas dessa versão do *self*, me tornar mais humilde e perceber que preciso entender e treinar minha mente. É por isso que pode ser útil compartilhar com alguns clientes o poema do monge budista Thich Nhat Hanh intitulado "Por Favor, Me Chame Pelos Meus Verdadeiros Nomes" (disponível em qualquer ferramenta de busca), que fala dessas questões. Assim, lamentamos não só o dano que causamos, mas também o fato de que, como espécie, podemos ser um absoluto terror, e que todas as vidas carregam as tragédias da impermanência. Como algumas vezes é dito: "ninguém sai daqui vivo". Os terapeutas, portanto, precisam ser claros sobre alguns desses processos, caso contrário, a compaixão pode se tornar simplista e ineficaz (veja o Capítulo 1).

Há, é claro, muitos tipos de culpa. A mãe de Julie era incapacitada e constantemente deprimida. Julie tinha fortes fantasias de que, se sua mãe morresse, ela poderia encontrar uma nova mãe. Viver com isso por muitos anos fez com que ela se sentisse indigna e não merecedora de compaixão. O marido de Sandra estava fora. Ela foi convidada para uma festa e fez sexo com um dos convidados. Algumas vezes, um senso de merecimento está ligado a um segredo e a um senso de *self* não revelados. Ainda, podemos sentir culpa e muita tristeza por acidentes genuínos (p. ex., de carro) e erros como uma gravidez indesejada.

Explorando o escondido. Como princípio geral, então, questões ligadas a merecimento estão centradas em questões de culpa e, em outras situações, *ao segredo não revelado*. Em alguns casos de abuso sexual, as pessoas podem ter vergonha de alguns dos sentimentos que tiveram. Algumas vezes, é difícil saber, mas se houver suspeita de segredos não revelados, você pode querer apenas abordar suavemente, como:

> Às vezes podemos afastar a compaixão devido a coisas que temos medo de reconhecer ou falar a respeito; talvez sobre alguma coisa que nos envergonha. Não estou dizendo que esse é o caso para você, mas eu gostaria que você soubesse que estou ciente de que, às vezes, esse pode ser um problema para as pessoas.

Algumas vezes, os clientes conseguem se dar conta de que sua resistência à compaixão é quase uma punição por manterem segredos. Uma questão importante aqui é sua comunicação não verbal. Tenha em mente alguns dos temas discutidos no Capítulo 4. Se o cliente indicar que esse pode ser o caso, então você pode explorar a mentalização, com uma pergunta como: "*você está preocupado sobre o que aconteceria na minha mente se você falasse sobre essas coisas?*". Ou "*o que você acha que eu sentiria e pensaria sobre você se me contasse o que está pensando?*". Se o cliente acenar com a cabeça ou concordar, e estiver preocupado com o que você pensará, você pode empaticamente fazer conexão com o fato de que "*essa deve ser uma posição solitária, assustadora*", mas não o pressione a revelar. Para começar, basta apenas reconhecer o dilema. Você pode perguntar gentilmente: "Sem me contar qual é o problema, qual é a sua preocupação sobre o que eu pensaria ou sentiria sobre você"? Então, não dê uma tranquilização superficial, mas apenas reconheça a dor do dilema e possibilite a exploração em torno dele. Você pode perguntar: "o que acontece no seu corpo se você falar sobre isso"? Compaixão, aterramento e coragem podem então ser úteis de explorar. Essa ponte empática pode ajudar o cliente. Jung frequentemente defendia que o segredo com culpa era uma fonte mais comum de sofrimento mental do que geralmente é reconhecido.

Às vezes, resistências escondem emoções ocultas não resolvidas (Leahy, 2019a,b; Irons, veja também o Capítulo 18), sobretudo quando há muito auto-ódio. Isso é explorado com mais profundidade nos Capítulos 4 e 5 em relação à vergonha e ao autocriticismo. Considere alguém que sente que não merece compaixão devido a abuso e porque odeia a si mesmo. Ele pode dizer: "por que eu iria querer compaixão por alguma coisa que odeio?". A habilidade é usar diálogos socráticos guiados para começar a revelar os segredos por trás disso. Você pode fazer várias sondagens no caso de um abuso, como: "*Muito embora fosse uma criança, sei que você sentia que, em parte, era culpado pelo que acontecia, mas e quanto à(s) pessoa(s) que lhe causou(aram) o dano? Quais são seus sentimentos em relação a ela(s)?*". Se o cliente se fechar em torno disso, então você pode suspeitar de que tem um medo da raiva em suas mãos que precisará ser trabalhado. Se, por outro lado, ele reconhecer a raiva (nem todos sentem raiva, alguns sentem mais tristeza ou medo), então você pode ir atrás disso. Por exemplo, você poderia dizer: "*embora você não sinta que merece compaixão, você sente que tem o direito de sentir raiva? Você já pensou que talvez a habilidade de sentir raiva pelo dano que foi feito a você é uma forma de posição compassiva?*". Considere que os clientes frequentemente encontram na internet que ser compassivo significa que você precisa ser gentil e bom. Discuta como sentir coisas é muito diferente de fazer coisas.

Para indivíduos que estão desesperadamente tentando encontrar uma base segura e algum tipo de sentimento relacionado à sua própria bondade e ao seu valor, eles podem "odiar sua própria raiva", ao passo que reconhecer isso lhes dá uma sensação de poder e proteção. Tanto a raiva escondida quanto a aberta podem ser um dos grandes FBRs. Como disse um cliente,

> Às vezes, tenho essas raivas e quero esmagar as pessoas ou simplesmente gritar o mais alto que puder. Às vezes, eu apenas me acordo e já existe raiva em mim, se espalhando. Eu me odeio quando estou assim. De jeito nenhum posso ser compassivo com isso. Se você realmente soubesse o que se passou na minha mente, não estaria sugerindo compaixão por mim.

Aqui, novamente, ajudamos o cliente a reconhecer que muitas vezes a raiva surge de um profundo sentimento de vulnerabilidade; que raiva e ódio são respostas não escolhidas a alguma coisa que tipicamente provém de ser machucado, e é para a dor que vai a compaixão; quanto maior a dor, maior a raiva. Use constantemente ideias desenvergonhantes de que a raiva é um algoritmo, um programa de proteção cujo volume é aumentado quando estamos feridos. Passo a passo, você convida o cliente a constantemente olhar por trás da raiva e tentar se perguntar: "de que forma estou machucado; de que forma me sinto vulnerável e perdido, decepcionado e desconectado?". Esse pode ser um processo lento e corajoso e, às vezes, pode liberar um sofrimento intenso, que pode dar início a outro processo dissociativo. A TFC foca nas *big three* (raiva, ansiedade e tristeza) e como elas podem estar em conflito e se virar umas contra as outras, suprimir umas às outras, causar dissociação ou negação umas nas outras (veja o Capítulo 9). Há muitas abordagens terapêuticas que abordam essas dificuldades. Construir uma mente compassiva possibilita que o cliente tente essas intervenções com uma fundamentação diferente.

Ajude as pessoas a reconhecerem que compaixão é auto-honestidade e coragem para enfrentar o lado obscuro. Você pode convidar os clientes a pensar: "*como você se sentiria se percebesse que sua mente compassiva queria ficar ao seu lado e entende completamente sua experiência de raiva — como isso soa para você?*". À medida que vai conhecendo seu cliente, às vezes, você pode usar empatia preditiva. Por exemplo, com uma cliente que tinha um histórico muito difícil e abusivo, que havia sido estuprada e que havia indicado que tinha fantasias agressivas temerosas e que "se eu soubesse o que passava na sua mente, acharia que ela não merece compaixão", mencionei que talvez ela tivesse fantasias de "querer cortar o genital dele e grudá-lo em algum lugar...". Ela esboçou um leve sorriso embaraçado como um tipo de reconhecimento, mas achou que isso não poderia fazer parte da TFC. Isso possibilitou que ela começasse a falar não só sobre o abuso ter sido angustiante, mas que parte do seu sentimento de "não merecer compaixão" estava em torno das suas fantasias sádicas que, às vezes, podiam fazer sombra às fantasias masturbatórias e a indignavam. Há também o senso do *self* que ela havia se tornado em vez do que ela poderia ter sido. "*A pessoa que eu poderia ter sido poderia merecer compaixão, mas não a pessoa que eu me tornei*". Reconheci o quanto isso é angustiante, mas também como podemos entender esses processos devido ao nosso cérebro complicado. Então, continuei discutindo que a compaixão é pelo lado obscuro; explorei o conceito de versões diferentes de nós mesmos e diferentes padrões dentro de nós, que todos nós estamos executando programas, e como podemos não nos identificar excessivamente com eles, entre outros assuntos. Ela reconheceu posteriormente que não tinha ideia de que a compaixão era sobre isso, sobre como se engajar no lado obscuro de uma forma que seja cuidadora e apoiadora e reconhecer a dor que dá origem a essas formas de sofrimento. Quando podemos ver uma fantasia como fantasia sem que ela nos defina, abandonamos a identificação excessiva com o lado obscuro. Ele é uma parte de nós, mas podemos criar outros padrões também. Saber onde está meu lado obscuro é saber onde coloco minha vela.

Portanto, as fantasias do lado obscuro, especialmente as agressivas, podem ser problemáticas. Embora convidemos as pessoas a explorá-las na sala de terapia, também somos claros sobre não as representarmos. Na verdade, para algumas delas, se fizéssemos isso, acabaríamos tomando muitos cafés da manhã nas prisões de sua majestade. Posteriormente, a cliente reconheceu que a TFC a ajudou a revelar e tolerar sua raiva sádica, e ainda se sentir compassiva consigo. O *self* compassivo alcança a dor por trás das fantasias sádicas e ali inicia o processo de luto. Algumas vezes, você não consegue obter os impactos mais profundos da compaixão, a menos que atravesse os portões da vingança, mas é claro que você não quer ficar emperrado ali. Sempre procure a mágoa e a dor que se escondem atrás dela. Outra cliente mencionou que, às vezes, tinha tanto ódio pelas pessoas que essa era uma razão fundamental porque achava que não queria ou não merecia compaixão. Novamente, o "truque" era aprender a ser compassiva com a dor que gerava a vingança. Ajude a reconhecer este lema comum, de que: "pessoas machucadas machucam pessoas" — não escolhemos ou planejamos ter cérebros que fazem isso, mas eles fazem.

Alguns clientes têm a visão de Groucho Marx de que "eu não seria membro de um clube que me aceitasse como membro". Um cliente disse que gostaria de sentir que poderia ser uma pessoa compassiva gostando de fazer parte daquele grupo, mas achava que, se estivesse mais conectado com o grupo, ele de alguma forma o contaminaria. Esses são indivíduos que têm crenças de que, de alguma forma, estão prejudicando as pessoas ou que as pessoas vão sofrer quando eles estiverem por perto. Assim, essas crenças precisam ser exploradas em detalhes funcionais — por exemplo, qual parte delas é contagiosa ou uma praga. Novamente, algumas vezes, é útil explorar uma possível raiva não reconhecida associada a esse tema.

Para outras pessoas, você pode perguntar: "*Que parte da definição você não merece — por exemplo, ser sensível ao seu sofrimento ou não desenvolver formas sábias de ser útil?*". Mais uma vez, você pode chamar atenção para o cérebro complicado e também para o fato de que, depois que ela tiver desenvolvido sua mente e seu corpo compassivos de uma forma específica, ela poderá escolher se os usa ou não. Tente se manter aberto e alegre, e não crítico.

Não merecimento baseado na vergonha. O não merecimento baseado na vergonha está mais relacionado a sentimentos de controle que não necessariamente envolvem machucar os outros, mas ser machucado. Por exemplo, a pessoa pode achar que não merece compaixão devido a coisas ruins que aconteceram a ela, como ser abusada ou terem lhe dito que era uma inútil. Aqui pode haver um sentimento de não merecer porque ela não controlou as coisas — por exemplo, parar o abuso — ou não recebeu apoio parental. No entanto, se controle for um problema, você pode sugerir:

> Quando tanta coisa à nossa volta parece fora de controle, incluindo outras pessoas, pode ser muito assustador acreditar que nós também não tivemos tanto controle, e acho que parte de achar que você não merece compaixão está lhe ajudando a se apegar a essa ideia de que aquilo estava no seu controle?

Você pode explorar: "o que você teria feito diferente para merecer compaixão?". E então convide-a a pensar sobre situações em que ela tentou ser útil. Para algumas pessoas, as implicações de renunciar a um sentimento de "não merecer compaixão" significam abrir mão de um senso de controle, e, portanto, as implicações parecem ser imensas. O que é importante é articular com ela essas implicações temidas — especialmente quando isso implica que podem acontecer conosco coisas sobre as quais não temos controle e simplesmente temos que tentar lidar com as consequências.

Autocriticismo e merecimento. Os Capítulos 4 e 5 exploram algumas das complexidades da vergonha e do autocriticismo. O autocriticismo também se liga a um senso de merecimento porque, de certa forma, eles são lados opostos da mesma moeda. Se carregamos crenças de que não temos valor e não somos suficientemente bons, o que está associado a estratégias defensivas submissas, então evidentemente essas estratégias vão manter nossa "presença discreta". Isso enfraquecerá nossa autoconfiança e nossa reivindicação de recursos, o que alimenta um sentimento de "não merecimento". É a defesa submissa subordinada que gera o sentimento de não merecimento, ou o direito a fazer reivindicações. Portanto, novamente, parte do processo de compaixão é explorar os medos subjacentes de desenvolver um senso de si como merecedor e se libertar de defesas subordinadas involuntárias. Abordar o autocriticismo pode ser um passo importante para abordar questões de merecimento, mas sempre procurando os medos e as funções de manutenção desse senso de *self*.

Sou bom porque sei que não mereço compaixão. Um tema relacionado ao que foi dito é denominado o *paradoxo do* self *bom-mau*

(Gilbert, 1992, p. 111). É quando a pessoa acha que deve ser um "pouco boa" porque ela sabe que está errada. Muitos anos atrás, uma cliente de origem muito pobre foi abusada por um quitandeiro. Ele lhe dava coisas da loja que ela usava para ajudar sua família, e então ela ia até ele intencionalmente. Ela ficou muito preocupada quando eu estava tentando ajudá-la a reduzir seu autocriticismo severo. Ela disse que devia ser "um pouquinho boa", pois sabia que estava errada em "levar adiante", mas, se ela se perdoasse, isso a livraria da responsabilidade e então ela estaria *realmente errada* e seria "nada além de uma vadia". É mais ou menos como "ao aceitar que estou errada e que pequei, posso merecer redenção". Note o tema subordinado nisso mais uma vez. Havia, é claro, muitas outras questões em torno da falta de proteção, etc., mas ser severamente autocrítica era (paradoxalmente, para ela) uma forma de tentar manter o que há de bom em si (veja também o Capítulo 4). Na verdade, o medo de que, de alguma forma, a compaixão "livrará a pessoa da responsabilidade" não é incomum. Isso está ligado a muitos outros processos, como o medo do perdão para si e para os outros. O autoperdão é extremamente importante em muitas terapias e, obviamente, na TFC, mas também pode ser intensamente resistido devido a essas questões.

Já trabalhei com clientes que tinham conflitos religiosos e acreditavam que haviam "nascido em pecado". Começar a examinar essa ideia era assustador. Eles podiam se sentir aceitos por Deus, contanto que percebessem que deveriam ser gratos por toda a compaixão que dessem, mas não tinham direito a receber porque tinham nascido em pecado. Os astecas também acreditavam que seu sacrifício era sinal de gratidão. Quando trabalhava em um hospital, eu tinha contato com um padre muito amável, Arthur Hawes, que era excelente com esses tipos de temores religiosos.

Tenha em mente que somos altamente orientados socialmente e, consciente e inconscientemente, muitas vezes temos "o outro julgador" no fundo de nossas mentes. Uma cliente, com forte senso de não merecimento, havia feito um aborto quando era adolescente e achava que "Deus desaprovava". Isso foi algum tempo antes de ela tomar consciência de que parte de se sentir "não merecedora" era a ideia de que achava que Deus ficaria aborrecido com ela por tentar ter compaixão, mas que Ele ainda podia se importar com ela se ela reconhecesse seu "pecado" e não pedisse compaixão. Às vezes, você pode perguntar: "*Imagine que ninguém jamais soubesse que você estava sendo compassiva consigo mesma, como isso mudaria as coisas para você?*". Para muitos, isso não mudaria nada, mas alguns tomam consciência do quanto eles têm uma plateia julgadora no fundo da sua mente quanto ao que lhes é permitido e o que não é.

A ligação entre "não merecer" e não receber ajuda. Como discutido no Capítulo 4, quando as pessoas recorrem aos seus deuses ou pais, e suas orações/solicitações não são respondidas (sem resgate, veja o Capítulo 3), elas ficam em uma situação muito difícil relacionada a atribuir as razões. Considere crianças que recorrem aos seus pais na busca de apoio, amor, atenção e bondade, e os pais parecem nunca ter tempo ou, na verdade, são negligentes ou abusivos. Como elas explicarão isso? Não é raro que as pessoas sugiram que é alguma coisa com elas que as torna não merecedoras da sua ajuda. Não apenas isso, mas quando um cuidador poderoso ou uma figura divina também pode nos prejudicar pela desobediência, certamente não queremos pensar em termos de merecimento ou fazer reivindicações. Afinal, se alguém o priva do que você acha que merece e precisa, o que isso o faz pensar? Como Freud destacou, se você está desesperado por ser amado, você pode ter medo de ter esses sentimentos hostis pelo outro porque eles podem fazer com que se sinta não merecedor de ser amado. De certa maneira, portanto, "não merecer compaixão" é outro reflexo de silenciar o *self*, manter a cabeça baixa, não ser excessivamente confiante e, certamente, não começar a pensar em termos de merecimento! O Capítulo 5 explorou como isso também pode ser o encobrimento de uma raiva intensa dirigida para autoridades nocivas e que, por si só, pode ser um bloqueio para experienciar compaixão por si mesmo.

Experienciar medo de uma autoridade punitiva, quando internalizado, pode influenciar seriamente nossa experiência de merecermos amor e compaixão. Para aqueles que são amantes da música, o *Requiem* de Mozart é basicamente uma súplica a Deus para não o ferir ou condenar enquanto ele reconhece seus pecados e seu *status* humilde. Há muitas crenças institucionalizadas de que Deus determina quem recebe o que, quem é privilegiado (nasce rei ou pobre), quem é (merece ser) salvo e quem não é salvo, quem merece compaixão e quem não merece. Existem discursos fortes que ainda são muito poderosos nas sociedades e arquétipos que internalizamos sem percebermos plenamente. Assim, a TFC tenta discutir essas questões com os clientes e examinar exemplos históricos de como as pessoas que têm medo de autoridades poderosas precisam manter suas cabeças baixas e achar que não merecem processos como perdão, compaixão e amor.

Sentimentos de compaixão. Se os clientes estão tendo dificuldades com sentimentos de bondade ou calidez, então (temporariamente) contorne-os, foque na criação de uma motivação e trabalhe os comportamentos. Por exemplo, mães deprimidas que perderam os sentimentos por seus filhos terão dificuldades se você tentar criar um *sentimento* de bondade ou compaixão, em vez de focar em "*se você pudesse ser a mãe compassiva que queria ser, o que você faria?*". Indique que elas podem ter valores e anseios compassivos, mas estão tendo dificuldades com sistemas de emoção atenuada (Cree, 2015). Quando algumas pessoas estão muito fechadas ou enraivecidas, elas ainda podem dizer que genuinamente não se importam ou que nunca quiseram filhos, que isso foi um erro. Novamente, é importante uma avaliação cuidadosa, porque esse último tipo de problema é diferente daqueles que previamente tinham o sentimento, mas o perderam. Como na ACT (Luoma et al., 2018), o foco em comportamentos que movem as pessoas na direção dos seus valores pode ser extremamente útil. Então simplesmente desvie do sentimento e dos problemas de bondade, porque eles podem ser deixados para depois — mas esse é um adiamento, e não uma evitação.

Não conseguir suportar o sofrimento. Para indivíduos que têm vivido em um mundo de vergonha, com sentimentos de solidão, afastamento, não ter muito senso de segurança ou proximidade e ter medo de se aproximar das pessoas, o início da jornada da compaixão pode lançar luz sobre um sofrimento enorme. A mera possibilidade de poder ser cuidado abre as feridas da profunda solidão. Isso pode ser extremamente tocante na terapia, tanto para o cliente quanto para o terapeuta, e o terapeuta deve estar seguro de si para ser capaz de manter esse nível de dor intensa sem sentir que ele deve se apressar no resgate, o que poderia aprisionar essa dor. Por fim, isso se resume à questão da tolerância e da transformação. Nessa dor intensa também pode haver outras emoções, como raiva ou medo. É improvável que os clientes se engajem nessa jornada se não se sentirem seguros. Isso provavelmente não é adequado para terapias de curta duração.

Memória do trauma

Certos tipos de trauma podem produzir fortes FBRs (Matos et al., 2020). Como mencionado anteriormente, parte disso pode ser consequência da forma como o trauma pode ativar medo, vergonha, emoções vingativas, altos níveis de culpa e/ou a incapacidade de processar dor e tragédia. A ativação da mentalidade social de compaixão estimula a memória aversiva (veja o Capítulo 25). É importante discutir de maneira clara a memória emocional com os clientes. Imagine uma pessoa crescendo em uma comunidade de extrema direita a quem é dito que homossexualidade é um pecado contra Deus e que ela vai para o inferno. Imagine o que acontece quando essa pessoa começa a experienciar sua sexualidade. Quando os indivíduos têm trauma na mentalidade social de cuidado, quando começam a abri-la com exercícios de compaixão, o que pode emergir *não são* sentimentos de tranquilização, mas exatamente o oposto: memórias traumáticas e necessidades bloqueadas associadas à história do seu sistema de cuidado. Um cliente explicou que havia ido a um grupo de compaixão e, quando tentou trabalhar com compaixão, ele simplesmente paralisou e começou a dissociar, mas não sabia por que, e então foi embora. Em alguns grupos e para alguns clientes, esse potencial é discutido antecipadamente, e um conjunto de passos colaborativos é elaborado. Se os clientes sabem o que está acontecendo sem sentirem vergonha por isso, eles têm muito mais chance de se manterem abertos.

Ebert, Edel, Gilbert e Brüne (2018) exploraram memórias da infância, medos da compaixão (FOC) e níveis de oxitocina no sangue (OT) em grupos controle e pessoas com transtorno da personalidade *borderline* (TPB). Resumindo, escrevemos o seguinte:

> No grupo com TPB, os escores da escala de FOC, "medo da compaixão dos outros", estavam significativamente correlacionados com os níveis de OT. Além disso, a lembrança de "calidez emocional" dos seus pais durante a infância estava positivamente relacionada com os níveis plasmáticos de OT dos sujeitos com TPB. Essas relações não foram encontradas no grupo-controle (p. 50).

Também descobrimos que algumas pessoas têm reações solitárias e depressivas à oxitocina nasal (Rockliff et al., 2011). Estávamos examinando como a oxitocina intranasal comparada com placebo teve impacto nos efeitos de imaginar outra mente sendo compassiva com o indivíduo. Em geral, a oxitocina aumentou a facilidade com que as pessoas conseguiam se imaginar sendo cuidadas e os sentimentos associados a isso. Entretanto, alguns indivíduos que apresentaram pontuação baixa em se sentir socialmente seguro e conectado, pontuação baixa em autotranquilização e pontuação mais alta em autocriticismo tiveram algumas experiências negativas com a oxitocina, incluindo raiva e frustração, uma sensação de tristeza e acharam "um pouco assustador". Bartz et al. (2010) viram que, quando era administrada oxitocina, os indivíduos menos ansiosamente apegados recordaram da sua mãe como mais próxima e mais carinhosa. Em contrapartida, os indivíduos mais ansiosamente apegados recordaram da sua mãe como menos próxima e menos carinhosa. Isso talvez em parte porque, se o trauma é codificado no sistema de cuidado, então é isso que começa a voltar se esse sistema for ativado. A questão é que isso também *revela o que a mentalidade social está procurando* e gera a experiência de solidão, desconexão e anseio profundo (Holmes, 2001). Não é raro que, quando alguns clientes começam a se engajar na mentalidade social de cuidado, eles se descobrem chorando e olham para o terapeuta perplexos: "Por que estou chorando? O que está acontecendo comigo?".

Alguns anos atrás, me perguntei se a oxitocina poderia, para algumas pessoas, ser experenciada negativamente e se poderia estar ligada à depressão pós-natal. Se a oxitocina fosse ativada no nascimento, para algumas mulheres, isso desencadearia essas reações. Até o momento, não conseguimos fazer os estudos apropriados. Entretanto, atualmente, há evidências suficientes para sugerir que a oxitocina é um hormônio complicado que nem sempre gera sentimento afiliativo. Na TFC, quando é acionada ou ativada uma mentalidade social, muito depende de quais memórias estão codificadas nessa mentalidade e qual é a sua história de funcionamento. Por outro lado, também descobrimos que a maioria das pessoas em nosso estudo, na verdade, teve uma experiência melhorada de imagem mental de compaixão quando recebeu oxitocina comparada a placebo. O melhoramento da terapia com oxitocina está atualmente sendo pesquisado (Zilcha-Mano et al., 2020). Muitas vezes é útil compartilhar essas informações com os clientes para que eles possam encontrar sentido em suas experiências e ter uma percepção dos passos que podem precisar ser dados para desintoxicar a mentalidade social de cuidado.

A Figura 6.4 apresenta uma visão geral. Como mencionado em capítulos anteriores, experienciar profundo pesar e dor pode ser uma das primeiras experiências de movimento em direção à compaixão. Para alguns clientes, a dor das perdas e das rupturas é devastadora e, sem uma base segura, muito assustadora. Mais uma vez, desenhar diagramas como esse pode ser extremamente útil para nossos clientes, pois eles oferecem uma ilustração para a compreensão de representações mentais complexas. Enquanto vocês estão desenhando juntos, o cliente também está comentando e desenvolvendo uma narrativa em torno desse modelo/diagrama particular. Talvez ele esteja sugerindo que, para ele, a questão da negligência é um grande problema e que, quando começa a praticar a compaixão, ele tem um "sentimento de vazio". Outros podem mencionar que, quando começam a treinar compaixão, eles podem ver o quanto ela estimula muitos sentimentos hostis neles. É por isso que é importante explorar o que está codificado na mentalidade de cuidado social. Para outros, a compaixão, na verdade, começa a "silenciar o *self*" de diálogos e experiências internos (veja o Capítulo 5).

O engajamento terapêutico aqui é para esclarecer a natureza dos FBRs, vê-los como uma *sabedoria de proteção* e então trabalhá-los. Podemos explorar *qual* defesa está sendo usada, como desligamento, evitação ou agressão, e *o que* está sendo protegido. Podemos também considerar a necessidade de construir as infraestruturas fisiológicas de cuidado e proteção.

Embora, algumas vezes, seja sugerido que os FBRs podem ser comparados à propagação do fogo, como ocorre ao abrirmos a porta em um incêndio, somos *contra* o uso dessa comparação e analogia quando trabalhamos clinicamente, porque, para alguns clientes, essa é uma imagem assustadora de algo que já é assustador. Na realidade, o que eles estão evitando é o que, no final, vai curá-los, ao passo que incêndios nunca curam alguém. Uma analogia melhor seria abrir uma porta em um tanque de água que apagará um incêndio, mas você não quer abrir toda ela de uma vez e ser levado pela enxurrada de água pelo corredor. Todas essas analogias e metáforas só serão úteis se ajudarem o cliente a se dessensibilizar e descentralizar, para que possa começar a se engajar no que pode ser um material assustador.

Trabalhando os próprios FBRs do terapeuta

Bell, Hickey e Bennet-Levy (veja o Capítulo 12) destacam a importância de os terapeutas usarem seus modelos e suas práticas de terapia em si mesmos. Isso requer que também tenhamos a honestidade de admitir que nós, como todos os outros seres humanos, temos um cérebro complicado, com um lado obscuro, e que precisamos sustentar isso compassivamente. Assim, reserve um tempo para pensar sobre essas partes de si mesmo que você considera como lado obscuro e, desse modo, não pode sentir compaixão. Passe um tempo pensando sobre como esses aspectos do seu lado obscuro podem interferir na sua habilidade de ser compassivo consigo. Experimente se você consegue se afastar deles e manter sua sabedoria compassiva, em vez de personalizar. Tenha em mente que todos nós nos encontramos aqui com um cérebro complicado. O que estamos chamando aqui de lado obscuro faz parte da nossa humanidade e do

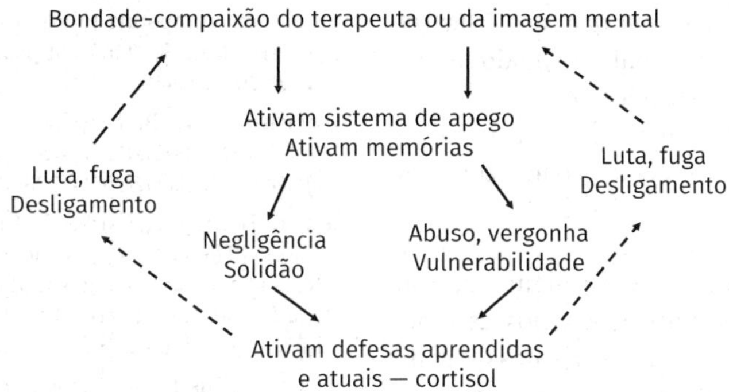

FIGURA 6.4 Medos, bloqueios e resistências.
Fonte: Gilbert (2009); © Paul Gilbert.

que Jung chamou de "sombra". Nessa forma de terapia, conhecer, reconhecer e usar "nossas sombras" é importante para a individuação e o crescimento. Quanto mais o terapeuta estiver em contato com seus lados sombrios potenciais e reconhecer que esse é um aspecto importante da coragem compassiva, mais fácil será se engajar nos FBRs. Quanto mais o terapeuta estiver tentando evitar ou se livrar do seu lado obscuro e só quiser as emoções afiliativas, mais difícil a TFC pode se tornar. Quando nos deparamos com pessoas que foram prejudiciais, é sábio lembrar de que elas não escolheram ter um cérebro assim e que podemos ter gratidão por não termos um cérebro como esse. No entanto, como não temos esse cérebro, temos a responsabilidade de ajudá-las da melhor forma possível a desenvolverem suas próprias mentalidades sociais de compaixão que podem estar ofuscadas ou sepultadas. Conversando com meus colegas em serviços forenses, essas são habilidades especializadas que não servem para todos os terapeutas. Ao trabalhar com esses colegas que me ensinaram tanto, vejo que sua coragem e sua sabedoria são extraordinárias.

Conclusão

Alguns dos temas principais deste capítulo incluem:

- Reconhecer a importância da *avaliação* da natureza das dificuldades que estão sendo apresentadas e as competências dos clientes antes da exploração de uma formulação orientada para a terapia.
- Como explorar as origens e a natureza das dificuldades de saúde mental das pessoas e as tarefas da terapia dentro do modelo da TFC. As questões nucleares se relacionam à ativação do sistema de ameaças em diferentes domínios de funcionamento e diferentes mentalidades sociais.
- A necessidade de esclarecer os pontos fortes e as sabedorias e orientar na direção dos principais valores e objetivos significativos, incluindo a construção de uma mente e uma autoidentidade compassivas.
- Ao fazer a formulação, sobretudo com traumas mais complexos e dificuldades adversas ligadas à infância, antecipar e discutir FBRs potenciais e, com o tempo, inseri-los na formulação a ser abordada.
- Explorar possíveis FBRs ao usar as mentalidades sociais de cuidado e se sentir socialmente seguro e conectado como talvez parte do problema para esse cliente.
- É útil destacar os FBRs como possíveis sabedorias de proteção, para evitar vê-los como obstáculos, ou sobrecarregados e bloqueados, em vez de como desafios e a essência do trabalho.

- Ajudar os clientes a ver que seus FBRs podem estar ligados a mal-entendidos e a fatores históricos e fisiológicos.
- Tenha em mente que vergonha e processos (segredos) não revelados podem ser parte dos FBRs.

Este livro sugere que ter algum tipo de mapa das nossas motivações, nossas emoções, nossas competências e dos nossos comportamentos evolutivos nos permite ver padrões repetitivos. Por exemplo, começamos a ver como vergonha, autocriticismo e medos da compaixão podem estar ligados entre si como parte e parcela de relações subordinadas temerosas. De fato, existem no momento muitos estudos mostrando isso (Matos et al., 2020). Podemos certamente entender esses processos como ligados a crenças nucleares e esquemas, conflitos inconscientes ou emoção não processada, mas também precisamos ter uma visão das nossas necessidades humanas arquetípicas. Portanto, os FBRs são profundamente importantes porque inibem o acesso aos próprios processos que curam — o acesso à mentalidade social de cuidado. É por isso que muitos problemas de saúde mental estão associados a um profundo sentimento de solidão e desconexão e que a TFC coloca o recrutamento dos sistemas cerebrais para criação de conexões de cuidado com o *self* e os outros no palco central da terapia.

Referências

Ashfield, E., Chan, C., & Lee, D. (2021). Building 'a compassionate armour': The journey to develop strength and self-compassion in a group treatment for complex post-traumatic stress disorder. *Psychology and Psychotherapy: Theory, Research and Practice, 94*, 286–303. https://doi.org/ 10.1111/papt.12275

Bartz, J.A., Zaki, J., Oshsner, K.N., Bolger, N., Kolvezon, A., Ludwig, N., & Lydon, J.E. (2010). Effects of oxytocin on recollections of maternal care and closeness. *Proceedings of the National Academy of Sciences, 107*, 21371–21375.

Basran J., Pires, C., Matos, M., McEwan, K & Gilbert, P. (2019). Styles of leadership, fears of compassion, and competing to avoid inferiority. *Frontiers in Psychology, 9*, 2460. https://doi.org/ 10.3389/fpsyg.2018.02460

Baumeister, R.F., Bratslavsky, E., Finkenauer, C., & Vohs, K.D. (2001). Bad is stronger than good. *Review of General Psychology*, 5(4), 323–370.

Best, T., Herring, L., Clarke, C., Kirby, J., & Gilbert, P. (2021). The experience of loneliness: The role of fears of compassion and social safeness. *Personality and Individual Differences, 183*, 111161. Advance on line. https://doi.org/10.1016/j.paid.2021.111161

Böckler, A., Tusche, A., & Singer, T. (2016). The structure of human prosociality: Differentiating altruistically motivated, norm motivated, strategically motivated, and self-reported prosocial behavior. *Social Psychological and Personality Science*, 7(6), 530–541

Carvalho, S. A., Pinto-Gouveia, J., Gillanders, D., & Castilho, P. (2019). Obstacles to social safeness in women with chronic pain: The role of fears of compassion. *Current Psychology*, 1–10.

Catarino, F., Sousa, J., Ceresatto, L., Moore, R., & Gilbert, P. (2014). An exploration of different empathic competencies in submissive and genuine compassion. *Journal of Social and Clinical Psychology, 33*, 399–412.

Clarke, M., McEwan, K., Ness, J., Waters, K., Basran, J., & Gilbert, P. (2016). A descriptive study of feelings of arrested escape (entrapment) and arrested anger in people presenting to an emergency department following an episode of self-harm. *Frontiers in Psychiatry, 7*, 155. https://doi. org/10.3389/fpsyt.2016.00155

Coelho, H.L., Trindade, I.A., Mendes, A.L., & Ferreira, C. (2019). The mediating role of shame and fear of compassion on the relationship between major life events and depressive symptoms. *Current Psychology*, 1–10.

Cozolino, L. (2017). *The neuroscience of psychotherapy: Healing the social brain* (2nd ed.). (Norton Series on Interpersonal Neurobiology). W.W. Norton.

Cree, M. (2015). *The compassionate mind approach to postnatal depression: Using compassion focused therapy to enhance mood, confidence and bonding*. Little Brown

Crimston, C. R., Blessing, S., Gilbert, P., & Kirby, J. N. (2021). Fear leads to suffering: Fears of compassion predict restriction of the moral boundary. *British journal of social psychology*. (Advanced on line). doi. org/10.1111/bjso.12483

Del Giudice, M. (2020). Rethinking the fast-slow continuum of individual differences. *Evolution and Human Behavior, 41*(6), 536–549.

Ebert, A., Edel, M.A., Gilbert, P., & Brüne, M. (2018). Endogenous oxytocin is associated with the experience of compassion and recalled upbringing in Borderline Personality Disorder. *Depression and Anxiety, 35*(1), 50–57.

Eells, T.D. (Ed.). (2011). *Handbook of psychotherapy case formulation*. Guilford Press.

Ellenberger, H F. (1970). *The discovery of the unconscious: The history and evolution of dynamic psychiatry*. Basic Books.

Fromm, E. (1987). *Fear of freedom*. Routledge.

Gilbert, P. (1989/2016). *Human nature and suffering*. Routledge.

Gilbert, P. (1992/2016). *Depression: The evolution of powerlessness*. Lawrence Erlbaum Associates.

Gilbert, P. (1993). Defence and safety: Their function in social behaviour and psychopathology. *British Journal of Clinical Psychology, 32*, 131–153.

Gilbert, P. (2007). *Psychotherapy and counselling for depression* (3rd ed.). SAGE.

Gilbert, P. (2009). Evolved minds and compassion focused imagery in depression. In L. Stopa (Ed.). *Imagery and the threatened self: Perspectives on mental imagery in cognitive therapy* (pp. 206– 231). Routledge.

Gilbert, P. (2010). *Compassion focused therapy* (The CBT Distinctive Features Series). Routledge.

Gilbert, P. (2015). A biopsychosocial and evolutionary approach to formulation. In N. Tarrier (Ed.). *Case formulation in cognitive behaviour therapy: The treatment of challenging cases* (2nd ed.) (pp. 50–89). Wiley.

Gilbert, P. (2017). Compassion as a social mentality: An evolutionary approach. In P. Gilbert (Ed.). *Compassion: Concepts, research and applications* (pp. 31–68). Routledge.

Gilbert, P. (2019). Psychotherapy for the 21st century: An integrative, evolutionary, contextual, biopsychosocial approach. *Psychology and Psychotherapy: Theory, Research and Practice, 92*, 164–189. https://doi.org/10.1111/papt.12226

Gilbert, P., & Irons, C. (2005). Focused therapies and compassionate mind training for shame and self-attacking. In P. Gilbert (Ed.). *Compassion: Conceptualisations, research and use in psychotherapy* (pp. 263–325). Routledge.

Gilbert, P., & Mascaro, J. (2017). Compassion: Fears, blocks, and resistances: An evolutionary investigation. In E.M. Seppälä, E. Simon-Thomas, S.L. Brown, M.C. Worline, L. Cameron, & J.R. Doty (Eds.). *The Oxford handbook of compassion science* (pp. 399–420). Oxford University Press.

Gilbert, P., & Procter, S. (2006). Compassionate mind training for people with high shame and self-criticism: A pilot study of a group therapy approach. *Clinical Psychology and Psychotherapy, 13*, 353–379.

Gilbert, P., McEwan, K., Catarino, F., Baião, R., & Palmeira, L. (2014). Fears of happiness and compassion in relationship with depression, alexithymia, and attachment security in a depressed sample. *British Journal of Clinical Psychology, 53*(2), 228–244. https://doi.org/10.1111/bjc.12037

Gilbert, P., McEwan, K., Gibbons, L., Chotai, S., Duarte, J., & Matos, M. (2012). Fears of compassion and happiness in relation to alexithymia, mindfulness, and self-criticism. *Psychology and Psychotherapy: Theory, Research and Practice, 85*(4), 374–390.

Gilbert, P., McEwan, K., Matos, M., & Rivis, A. (2011). Fears of compassion: Development of three self-report measures. *Psychology and Psychotherapy, 84*, 239–255. https://doi.org/10.1348/147608310X526511

Harris, D.L. (2020). Non-death loss and grief: Laying the foundation. In D. Harris (Ed.). *Non-death loss and grief: Context and clinical implications* (pp. 7–16). Routledge.

Kelly, A., Katan, A., Sosa Hernandez, L., Nightingale, B., & Geller, J. (2021). Why would I want to be more self-compassionate? A qualitative study of the pros and cons to cultivating self-compassion in individuals with anorexia nervosa. *British Journal of Clinical Psychology, 60*(1), 99–115.

Kim, J.J., Gerrish, R., Gilbert, P., & Kirby, J.N. (2020). Stressed, depressed, and rank obsessed: Individual differences in compassion and neuroticism predispose towards rank-based depressive symptomatology. *Psychology and Psychotherapy: Theory, Research and Practice*. https://doi.org/10.1111/papt.12270

Kirby, J.N., Day, J., & Sagar, V. (2019). The 'flow' of compassion: A meta-analysis of the fears of compassion scales and psychological functioning. *Clinical Psychology Review, 70*, 26–39.

Kumsta, R. (2019). The role of epigenetics for understanding mental health difficulties and its implications for psychotherapy research. *Psychology. Psychotherapy, 92*, 190–207. https://doi. org/10.1111/papt.12227

Lawrence, V.A., & Lee, D. (2014). An exploration of people's experiences of compassion-focused therapy for trauma, using interpretative phenomenological analysis. *Clinical Psychology & Psychotherapy, 21*(6), 495–507.

Leahy, R.L. (2001). *Overcoming resistance in cognitive therapy*. Guilford.

Leahy, R.L. (2019a). Introduction: emotional schemas and emotional schema therapy. *International Journal of Cognitive Therapy, 12*(1), 1–4.

Leahy, R.L. (2019b). *Emotional schema therapy: Distinctive features*. Routledge.

Linehan, M. (2015). *DBT Skills training manual*. Guilford Publications.

Luoma, J.B., Hayes, S.C., & Walser, R.D. (2018). *Learning ACT: An acceptance & commitment therapy skills-training manual for therapists* (2nd ed.). New Harbinger.

Matos, M., & Steindl. S. (2020). You are already all you need to be: A case illustration of compassion-focused therapy for shaming perfectionism. *Journal of Clinical Psychology, 76*, 2079–2096.

Matos, M., Duarte, J., & Pinto-Gouveia, J. (2017). The origins of fears of compassion: Shame and lack of safeness memories, fears of compassion and psychopathology. *The Journal of Psychology, 151*(8), 804–819.

Matos, M., McEwan, K., Kanovský, M., Halamová, J., Steindl, S. R., Ferreira, N., ... & Gilbert, P. (2021). Fears of compassion magnify the harmful effects of threat of COVID-19 on mental health and social safeness across 21 countries. *Clinical Psychology & Psychotherapy*. (Advanced on line).doi.org/10.1002/cpp.2601

Matos, M., Steindl, S., Gilbert, P., & Pinto-Gouvias, J. (2020). Shame memories that shaped who we are. In J.N. Kirby and P. Gilbert (Eds.). *Making an impact on mental health: The applications of psychological research* (pp. 97–126). Routledge.

McEwan, K., Gilbert, P., & Duarte, J. (2012). An exploration of competitiveness and caring in relation to psychopathology. *British Journal of Clinical Psychology, 51*, 19–36. https://doi.org/10.1111/j.2044-8260.2011.02010

McLaughlin, K.A., Sheridan, M.A., & Lambert, H.K. (2014). Childhood adversity and neural development: Deprivation and threat as distinct dimensions of early experience. *Neuroscience & Biobehavioral Reviews, 47*, 578–591.

Merritt, O.A., & Purdon, C.L. (2020). Scared of compassion: Fear of compassion in anxiety, mood, and non-clinical groups. *British Journal of Clinical Psychology, 59*, 354–368. https://doi.org/ 10.1111/bjc.12250 (Advanced).

Milgram, S. (1974). *Obedience to authority*. Harper & Row.

Music, G. (2017). *Nurturing natures: Attachment and children's emotional social cultural and brain development* (2nd ed.). Routledge.

Naismith, I., Kerr, S., Mwale, A., & Feigenbaum, J. (2019). A thematic analysis of compassion-focused imagery for people with personality disorder: inhibitors, facilitators and clinical recommendations. *Clinical Psychologist, 23*(3), 213–224.

Pauley, G., & McPherson, S. (2010). The experience and meaning of compassion and self-compassion for individuals with depression or anxiety. *Psychology and Psychotherapy: Theory, Research and Practice, 83*(2), 129–143.

Rockliff, H., Karl, A., McEwan, K., Gilbert, J., Matos, M. & Gilbert, P. (2011). Effects of intranasal oxytocin on compassion focused imagery. *Emotion, 11*, 1388–1396. https://doi.org/1037/ a0023861

Schore A.N. (2019a). *Right brain psychotherapy*. Norton.

Snyder, C.R., Lopez, S.J., Edwards, L.M., & Marques, S.C. (Eds.). (2020). *The Oxford handbook of positive psychology*. Oxford University Press.

Swales, M.A. (Ed.). (2018). *The Oxford handbook of dialectical behaviour therapy*. Oxford University Press.

Tarrier, N., & Johnson, J. (Eds.). (2015). *Case formulation in cognitive behaviour therapy: The treatment of challenging and complex cases*. Routledge.

Tierney, S., & Fox, J.R. (2010). Living with the anorexic voice: A thematic analysis. *Psychology and Psychotherapy: Theory, Research and Practice, 83*(3), 243–254.

Vaish, A., Grossmann, T., & Woodward, A. (2008). Not all emotions are created equal: the negativity bias in social-emotional development. *Psychological Bulletin, 134*(3), 383–403.

Vanderlind, W.M., Everaert, J., & Joormann, J. (2021). Positive emotion in daily life: Emotion regulation and depression. *Emotion*. Advance online. https://doi.org/10.1037/emo0000944

Zilcha-Mano, S., Shamay-Tsoory, S., Dolev-Amit, T., Zagoory-Sharon, O., & Feldman, R. (2020). Oxytocin as a biomarker of the formation of therapeutic alliance in psychotherapy and counseling psychology. *Journal of Counseling Psychology, 67*(4), 523–535.

SEÇÃO II

PRÁTICAS E CONTEXTOS DA TERAPIA FOCADA NA COMPAIXÃO

Paul Gilbert

7

Introduzindo e desenvolvendo as funções e as competências da terapia focada na compaixão

Paul Gilbert

Começando pela definição

Há diferentes conceitualizações e definições de compaixão (Gilbert, 2017 a,b, 2020; Jinpa, 2015; Mascaro et al., 2020; Ricard, 2015; Seppälä et al., 2017), algumas da quais foram desenvolvidas para a *psicoterapia* (Kirby & Gilbert, 2017). O cerne da TFC está na definição e na compreensão da compaixão em relação aos seus algoritmos básicos e às suas funções de estímulo-resposta *se A, então B* (veja o Capítulo 2). Assim, o terapeuta guia o cliente para obter *insight* da compaixão como (A) ser sensível e capaz de desenvolver a coragem e a sabedoria para enfrentar a dor, o sofrimento, a angústia e as necessidades, e (B) *então*, ou em paralelo, desenvolver a coragem e a sabedoria para tentar descobrir como ser útil *e* fazer isso. Ambos são centrais porque, como Poulin (2017) assinala, as pessoas podem estar motivadas e até saber o que fazer, mas, na verdade, não executam com ações. Crucial para esses esforços terapêuticos é o desenvolvimento de uma compreensão compartilhada da compaixão; a incompreensão aqui pode interferir seriamente na terapia. O processo de compreensão compartilhada começa com perguntas socráticas e descoberta guiada. Os clientes são convidados a falar sobre o que acham que é compaixão e as dúvidas que têm a respeito. Isso muitas vezes provoca incompreensões e uma indicação inicial de possíveis FBRs, do inglês *fears, blocks and resistances*; (veja o Capítulo 6). Assim, informamos aos clientes que a TFC tem uma visão muito específica sobre compaixão e enfatizamos que ela precisa de dois aspectos principais: a capacidade de se voltar para o sofrimento e compreendê-lo, e também descobrir como ser útil. Para explorar isso, eles são convidados a trabalhar com um exemplo. Sugira que eles já têm muita *sabedoria intuitiva* sobre a abordagem da TFC para compaixão e que você vai ajudá-los a descobrir isso. Esse tema de ajudar os clientes a descobrir suas próprias *sabedorias internas, sua coragem e sua força* é desenvolvido durante toda a terapia.

Para essa descoberta guiada, convide os clientes a primeiro pensar em um amigo próximo. Estimule isso por 30 segundos ou mais, perguntando o que eles gostam nessa pessoa, focando em seus sentimentos e, então, considerando o seguinte cenário: *Certo dia seu amigo lhe telefona choroso para dizer que precisa ir para o hospital fazer uma cirurgia, mas ele é altamente fóbico de operações. Ele está muito angustiado.* Com questionamento socrático, podemos explorar os domínios comuns da TFC, que são as motivações, os sentimentos, os pensamentos e as ações. Estas são as possíveis perguntas socráticas com as quais você poderia começar. Uma pergunta mentalizante poderia ser: "*O que você acha que está se passando na mente do seu amigo? Por que ele está experienciando isso?*". Mais tarde, você poderá retornar a esse exemplo, explicando que isso é denominado empatia ou mentalização, e que ele conseguiu fazer isso.

Então, troque para o próprio cliente: "*Quando você escuta as ansiedades do seu amigo, o que acontece dentro de você?*". Perguntas sobre motivações: "*Como você gostaria de ser com seu amigo?*". Perguntas sobre sentimentos: "*O que você está sentindo em relação a ou pelo seu amigo?*". Perguntas sobre pensamentos: "*Que pensamentos passam pela sua mente?*". Perguntas sobre competências: "*Como você ouviria seu amigo? Como seria seu tom de voz? O que você diria e como diria isso?*". Perguntas sobre comportamentos/ações: "*O que você gostaria de fazer para ajudar seu amigo?*". Tendemos a usar a ideia de "o que você *gostaria* de fazer", em vez de "o que você faria", pois, às vezes, as pessoas dizem: "*Eu gostaria de ir ao hospital com ele, mas também ficaria muito ansioso*". A resposta é: "*mas você entende o valor de estar com seu amigo, mesmo que não consiga colocar em prática, e isso pode acontecer conosco às vezes*".

Uma das principais habilidades do diálogo socrático é guiar seus clientes para explorarem seus motivos, seu fluxo de emoções, seus impulsos para ação, suas inferências e suas formas de raciocinar. Note, também, que usamos essa forma multifacetada de perguntas socráticas em muitos domínios. Por exemplo, ao explorar por que alguém se casou ou se divorciou, ou como ele está experienciando a terapia, etc. Na TFC, isso é chamado de *mapeamento mental*, pois estamos literalmente mapeando as multiplicidades nos quatro domínios de funcionamento (motivações, emoções, competências e comportamentos; veja o Capítulo 2). Assim o cliente pode encontrar inúmeros motivos diferentes para ajudar seu amigo e uma gama de diferentes emoções e ideias para ajudar.

Vamos presumir que o cliente diz que ele se sentiria interessado, preocupado ou perturbado pelo seu amigo. Assim, você o guiaria, dizendo: "*Você ficaria muito sensível e compreensivo com o medo e a ansiedade dele?*". Normalmente, ele responderá "sim" e pode acrescentar que "*isso é perfeitamente natural*". Então, você pode dizer: "*Realmente, e essa é a sua sabedoria. Um aspecto importante da compaixão é que nos tornamos sensíveis à dor e ao sofrimento das pessoas*". Deixe claro que essa é a *sabedoria dele*, pois você não lhe disse isso. A seguir, você pode direcioná-lo para o fato de que ele tem inúmeros pensamentos passando pela sua mente sobre *como ele poderia ser útil*. Indique, novamente, que se trata *da* sabedoria intuitiva *dele* de usar sua mente para *tentar descobrir* o que fazer. Então, ele pode dizer que iria ao hospital com o amigo, e você pode explorar "*por que é útil ter alguém que ofereça apoio e encorajamento — que diferença isso vai fazer?*". Oriente-o para o fato de que, às vezes, para que tenhamos a coragem de enfrentar coisas difíceis, precisamos de uma fonte de apoio, compreensão e cuidado. Isso é importante porque o prepara para o modelo da TFC. Normalmente, você observa que o cliente não seria crítico nem ficaria com raiva de seu amigo, mas você nunca pode descartar a possibilidade de que algumas pessoas digam que sim! E elas também podem ter pensamentos críticos. Se esse for o caso, simplesmente diga: "*OK, então você pensa criticamente, mas não age em conformidade?*", mas isso é raro.

O próximo passo é focar na *alegria compassiva*, como ele se sentiria se *conseguisse acompanhar seu amigo ao hospital* e seu amigo tivesse uma cirurgia bem-sucedida, se sentisse muito bem depois da recuperação, pelo que se sentiria muito grato. Isso direciona a pessoa para a *alegria de ser útil*. É claro, algumas vezes isso não funciona (longe de nós ele morrer na mesa cirúrgica!), mas a ideia de que a compaixão é sobre o sofrimento, e não sobre o *significado ou o prazer de ajudar*, é um equívoco que deve ser avaliado. Além disso, ajude a pessoa a ver a diferença entre os tipos de emoção positiva e como a compaixão, algumas vezes, prepondera sobre um conflito. Por exemplo, *imagine que, naquele dia, você foi convidado a ir a uma festa e estava ansioso por ela. Você desistiria da festa para levar seu amigo ao hospital? Seis meses depois, ao olhar para trás, o que lhe daria mais senso de prazer ou senso de satisfação: ter ido à festa e não ter se incomodado com seu amigo, ou ter desistido da diversão da festa para ajudar seu amigo?* Você não está tentando induzir culpa, mas simplesmente permitir a descoberta guiada do cliente. Ele pode lamentar por não ir à festa, mas aceitar o custo para ajudar seu amigo. Isso é chamado de *altruísmo* básico ou autossacrifício da compaixão (Ricard, 2015). Você pode levantar a questão de que, às vezes, mesmo que as coisas possam ser difíceis, elas podem nos dar mais significado a longo prazo, e nem sempre se trata apenas de fazer coisas que nos dão prazer em nossas vidas. Novamente, destaque as sugestões do cliente como parte da sabedoria *dele* de que, algumas vezes, fazemos sacrifícios pelos nossos valores. A questão da compaixão altruísta, às vezes envolvendo sacrifícios e perda, é extremamente importante para filtrar nossas discussões de modo gradual.

Dessa maneira, enfatize e se concentre na definição da TFC de compaixão que você usará na terapia como *sensibilidade ao sofrimento em si e nos outros, com um compromisso de tentar aliviá-lo e preveni-lo*, e relacione isso ao exemplo. Tenha essa definição por escrito em uma ficha para que ele possa levar para casa. Verifique o que ele pensa sobre isso e eventuais "sim, mas...". Destaque o fato de que, quando se trata do sofrimento do amigo, ele tem motivações, sentimentos e pensamentos em relação ao amigo, e todos eles fazem parte de como respondemos a situações como essa. Nossa mente tem todas essas diferentes partes. A compaixão resulta dos nossos motivos de cuidado que dirigem essas diferentes partes. Você está lançando as sementes para pensarmos em nossas mentes como *multimentes* (diferentes motivações), para o trabalho posterior sobre diferenciação. Reflita com ele sobre o que ele entende que seria percorrer o cenário da descoberta guiada.

De certa forma, isso é o "pacote completo", e, é claro, na realidade, você pode fazer versões reduzidas disso, pois a chave é guiar seu cliente para a definição e a clareza sobre o que é compaixão na TFC. Além disso, após usar um exemplo como esse, você pode voltar a ele repetidamente, quando necessário. Por exemplo, suponha que você está trabalhando com abuso sexual. Assim, novamente, você pode lembrar o cliente do exemplo do amigo que vai ao hospital que vocês discutiram no começo da terapia e então dizer: "*podemos usar a mesma abordagem aqui*". Lembre-o do processo pelo qual ele passou quando estava pensando em ajudar o amigo a ir para o hospital. Você poderia dizer: "*Suponha que você descobriu que seu amigo teve na vida as mesmas experiências difíceis que você teve, como você gostaria de estar com ele?*". Examine novamente as diferentes funções sobre como ele estaria motivado a ajudar, o que ele poderia pensar, quais seriam seus sentimentos e seu tom de voz quando falasse com o amigo sobre isso, etc. Novamente, você está extraindo os temas principais de ter sabedoria intuitiva sobre ser sensível e querer ajudá-lo. Às vezes, também será útil ajudar o cliente a pensar sobre o que seria inútil. Então, você ajuda o cliente a dirigir para si mesmo esses mesmos processos de desenvolvimento da coragem e da sensibilidade para enfrentar o sofrimento e encontrar a sabedoria para a cura. Quando se trata de engajamento e cura, ele pode precisar trabalhar as três grandes emoções (*big three*): raiva, ansiedade e tristeza (veja o Capítulo 9). A partir daí, você explora os FBRs que fazem com que ele trate a si mesmo de forma diferente da que tratou alguém com quem se importa. Isso é comum. O segredo é guiá-lo por meio das suas próprias sabedorias intuitivas até a definição. Esta se torna a definição combinada e compartilhada, enfatizando que a compaixão não é fraca ou suave. Verifique se ele entende isso agora.

Recebendo compaixão. Compaixão é sempre sobre o fluxo de dar e receber. Então você pode perguntar: "*Como você se sentiria se a situação fosse invertida, e fosse você quem estivesse com dificuldades, e seu amigo estivesse querendo ajudá-lo? Como você é em relação a pedir e receber ajuda?*". Explore com o cliente se ele é alguém aberto à ajuda ou se tende a enfrentar a dificuldade sozinho. Aqui, você pode apenas abordar gentilmente os FBRs, perguntando com o que ele ficaria mais preocupado ao pedir ou receber compaixão. Há pontos de reflexão aos quais você voltará posteriormente (veja o Capítulo 6). Para indivíduos com dificuldade para estar abertos à compaixão, considere as possibilidades de: 1) resistência baseada na vergonha (não quero que as pessoas saibam que estou com dificuldades ou com o que estou lutando); 2) desconfiança (os outros não são úteis ou me decepcionarão); 3) inabilidade (os outros gostariam de me ajudar, mas eles não são fortes o suficiente ou não sabem o suficiente); 4) medo de ser um fardo. Esses são apenas exemplos. Neste ponto, você simplesmente menciona essas questões nas quais trabalhará durante o curso da terapia. Você pode mencionar que há boas razões para que o cliente seja resistente a receber ajuda das pessoas. Você pode simplesmente fazer a pergunta: *Por que você acha que é difícil para você estar aberto às pessoas e deixar que elas o ajudem? Como você aprendeu a não ser aberto à ajuda de outras pessoas?* Conforme as respostas, você pode discutir seus FBRs como as formas como ele tenta se proteger e como possíveis conflitos de aproximação-evitação.

Compaixão por si mesmo. Isso significa usarmos nossa mentalidade social de cuidado para trabalharmos com nossa própria mente, especificamente os sistemas de ameaça. Em outras palavras, quando trazemos a coragem e as sabedorias empáticas da compaixão para *nossa própria mente*, isso organizará e padronizará a relação interna das nossas motivações, das nossas emoções, das nossas competências e dos nossos comportamentos (veja o Capítulo 9, Fig. 9.3). Podemos sugerir ao cliente que transformamos nossa capacidade de cuidado no condutor da orquestra da mente. Explore como seria se ele aplicasse a si mesmo e ao seu próprio sofrimento esses mesmos tipos de motivações, pensamentos e sentimentos que teve por seu amigo que precisava ir para o hospital. Você já estava denominando-os sabedorias o tempo todo, então você pode se referir a eles como sabedorias: "*Como seria aplicar essas sabedorias a si mesmo?*". Explore onde ele acha que podem estar seus pontos delicados, onde ele acha que poderá precisar de mais coragem ou mais sabedoria. Enfatize o fato de que os FBRs podem apontar para as *sabedorias de proteção* (um conceito que usamos muito e que também está ligado ao que alguns terapeutas chamam de estratégias de segurança; veja o Capítulo 6). Os FBRs podem exigir trabalho extenso, mas, no momento, você pode apenas tocar nesses temas. Então, você pode acrescentar algo como:

> OK, então você vê como a compaixão funciona para seu amigo quando ele estava com dificuldades, mas você acha que aplicar essas mesmas ideias a si mesmo seria complicado? Isso às vezes pode acontecer porque, quando começamos a nos tornar autocompassivos, reconhecemos feridas e dificuldades não processadas que queremos afastar.

Às vezes, mas nem sempre, é útil explicar certas questões em torno dos FBRs. Se a pessoa acha que não merece compaixão, você pode perguntar: "*Então que parte da definição você não merece? É sobre aprender a ser sensível e corajoso com a sua dor ou é sobre desenvolver sabedoria do que seria útil para você?*". Exploramos as resistências no Capítulo 6, mas, nesse momento inicial, você pode, às vezes, acrescentar:

> Algumas pessoas acham que não merecem compaixão, mas você sabe que compaixão não é como receber alguma coisa boa, como um aumento de salário por bom comportamento. Assim como ajudar seu amigo, é sobre desenvolver sabedoria e coragem para abordar o sofrimento. Algumas pessoas acham que não serão capazes de fazer isso, ou que isso não será útil para elas. É por isso que fazemos uma abordagem gradual. Você já demonstrou que tem sabedoria sobre compaixão, portanto, é sobre dar a si uma chance e ver como você pode usar sua coragem e sua sabedoria consigo. Às vezes, nossos medos da compaixão são a raiz da nossa dor.

Se ele ainda continuar a ver a compaixão como potencialmente uma fraqueza, ofereça exemplos nos quais é evidente que ela se trata de coragem. Convide o cliente a pensar sobre que qualidades um bombeiro precisaria ter para se arriscar e entrar em uma casa em chamas para salvar alguém. Novamente, possibilite que ele gere percepções de que *coragem e sabedoria* são realmente cruciais em uma situação como essa; coragem sem sabedoria significa que o bombeiro, na verdade, não saberia o que fazer, mas "sabedoria sem coragem" significa que ele pode saber o que fazer, mas não é capaz de fazer. Então, para algumas pessoas, discuta as diferenças entre coragem física e coragem emocional, e, quando se trata do *self*, enfatize a coragem de ter que enfrentar uma cirurgia, o que remete ao seu exemplo e à dor mental.

Diferentes habilidades da compaixão. Outro elemento crucial para se tentar transmitir é que a compaixão é frequentemente contextual. Podemos ter um desejo geral de abordar o sofrimento onde o encontramos, mas, além disso, precisamos de habilidades particulares, sabedorias e encorajadores para problemas particulares. Por exemplo, ajude o cliente a reconhecer e refletir sobre como as habilidades para compaixão de um bombeiro são diferentes das de um conselheiro e talvez diferentes das de um pai ou de uma mãe. Um cuidador primário compassivo pode não ser o melhor bombeiro, e um bombeiro pode não ser o cuidador mais empático. Ajude o cliente a reconhecer que ele pode muito bem ter habilidades gerais para compaixão, mas pode precisar trabalhar com *tipos particulares* de habilidades ou aplicações. Portanto, como terapeutas, temos que ter conhecimento do contexto e sermos específicos ao ajudarmos os clientes a entender que eles podem precisar desenvolver habilidades específicas para problemas específicos. Clientes submissos podem precisar da coragem para desenvolver assertividade, ao passo que clientes agressivos podem precisar da coragem para trabalhar com vulnerabilidade e luto. Alguns indivíduos podem precisar de ajuda com *mindfulness* ou mentalização e/ou hierarquias de exposição. O mesmo vale para os terapeutas. Alguns terapeutas podem ter muita habilidade para trabalhar com, digamos, a depressão tradicional, mas podem ter dificuldade com clientes agressivos ou narcisistas. As habilidades para compaixão são multifacetadas segundo o contexto e não há uma abordagem do tipo "tamanho único".

É evidente que o foco dessas discussões depende da habilidade do seu cliente para entender esses conceitos, mas também dos estados mentais em que ele se encontra. Trabalhando com veteranos e começando a entender essa distinção entre coragem física e emocional, eles reconheceram que, para ter coragem física, tiveram que controlar e suprimir suas emoções, "trancafiá-las", como alguns disseram. Outros disseram que "tinham uma preparação para morrer, mas não para chorar". Consequentemente, eles podem sentir que suas emoções são como uma caixa de Pandora, o que é assustador.

Complexidades da compaixão. As diferentes abordagens da compaixão a definem de diversas formas, focam em diferentes atributos e desenvolveram diferentes medidas para sua avaliação (veja Gilbert, 2020; Kirby & Gilbert, 2017; Mascaro et al., 2020; veja também o Capítulo 2). Tenha em mente também que esses diversos modelos de compaixão têm raízes muito diferentes, sugerem diferentes processos subjacentes e podem ter implicações terapêuticas sobrepostas, mas também distintas em termos de formulação e intervenção. As medidas da compaixão na TFC (Gilbert et al., 2017) se apoiam no modelo biopsicossocial informado pela evolução descrito ao longo deste livro. Busca-se identificar os elementos cruciais e as competências que facilitam o engajamento corajoso com o sofrimento, o que pode ser separado da coragem e da sabedoria de tomar uma ação para aliviar e prevenir o sofrimento (veja o Capítulo 2, Fig. 2.2; e Fig. 7.1, a seguir). A abordagem da TFC tenta usar uma compreensão científica dos "algoritmos mentais" para distinguir claramente entre diferentes: 1) processos que criam vulnerabilidade e dificuldades de saúde mental; 2) processos que promovem florescimento social e pessoal e bem-estar; e 3) processos que criam coragem focada na compaixão e sabedoria para abordar o sofrimento. Eles estão em dimensões diferentes, mas que interagem entre si (Lamers, Westerhof, Glas, & Bohlmeijer, 2015). Desse modo, também podemos separar a natureza e as funções evolutivas de conceitos como amor e bondade, o que, às vezes, pode ser confuso para os clientes.

Uma confusão comum pode ser com o conceito de amor, que pode ter diferentes significados em diferentes culturas e pode fazer parte da textura da compaixão em relações íntimas, mas não é necessário para a compaixão. Se clientes do Ocidente viram na internet que, para serem compassivos, eles precisam ser capazes de "amar a si mesmos e aos outros", você vai ter problemas (FBRs; veja o Capítulo 6). Ajude o cliente a reconhecer que compaixão não é o mesmo que amor, mas uma dedicação para abordar o sofrimento. Amor *nos dicionários ocidentais* é outra coisa, tipicamente definido como gostar e querer estar perto de alguém, ou até fundir-se com alguém. Não precisamos ter esses sentimentos por nós ou pelos outros para querermos trabalhar para que eles estejam livres de sofrimento e das causas do sofrimento. Infelizmente, alguns aspectos do movimento de autoajuda arriscam se perder no narcisismo e na autopreocupação. Afinal, essa era a definição original de narcisismo. Autoamor é diferente de autoaceitação ou autocuidado (Campbell, Foster, & Finkel, 2002).

Embora modelos muito diferentes possam promover o autoamor, o programa de Autocompaixão Consciente (MSC, do inglês Mindful Self-Compassion) (Neff & Germer, 2017) e a TFC abordam o autocriticismo e a autovergonha, enfatizando a importância de *mindfulness* e humanidade compartilhada. Para clientes que foram bloqueados pelo conceito de autoamor, fico feliz em confirmar para eles que há muitos aspectos de mim *que eu aceito* porque fazem parte do meu cérebro e do meu corpo evoluídos pelo DNA, mas que particularmente não gosto deles. Podemos brincar com essas ideias. Diarreia é um mecanismo de defesa muito importante para liberar toxinas, e fico feliz que meu corpo faça isso, mas não adoro ter diarreia. Tenho uma capacidade para a ansiedade, às vezes entrando em pânico ou tendo raiva frustrada elevada porque esses aspectos estão incorporados em mim, mas particularmente não gosto deles. Eu tento aceitá-los sem vergonha e tento estar consciente para que possa regulá-los e não ser prejudicial. Em qualquer um desses casos, o que este "*self*" deveria amar? Se você segue uma tradição budista, o *self* é uma ilusão, e agora existe ciência considerável para apoiar a ideia de que o *self* é uma ilusão criada por um cérebro biológico para que ele possa desempenhar funções evolutivas importantes (Hood, 2011). Então destacamos a autoaceitação, mas também a habilidade de ter *prazer* no que o *self* pode fazer e experienciar. Ter *prazer* e querer respeitar, tomar conta e cuidar de si é muito diferente de autoamor. É por isso que associamos a compaixão às funções evoluídas de *cuidado*, o que inclui criar uma base segura (encorajadora) e um porto seguro com a intenção de "cuidar de" (veja o Capítulo 3).

Outro aspecto confuso é a ideia de que a bondade é idêntica à compaixão. Elas se sobrepõem, mas também são diferentes. A bondade não requer a coragem e o autossacrifício que a compaixão requer. Bondade é uma forma de ser compassivo, mas não é compaixão (Gilbert et al., 2019). Certa vez me disseram em uma conferência que a TFC não promove especificamente bondade. Fiquei desconcertado, para ser honesto. A bondade, como forma de ser compassivo, muitas vezes fará parte da textura da compaixão e pode ser central para criar felicidade e construir relações amistosas, de cuidado, prazerosas e amorosas. A TFC *procura fortemente promovê-la na terapia, por muitas razões*. Entretanto, na tradição Mahayana e na TFC, bondade (*mettā*) e compaixão (*karunā*) são diferentes e tecem a terapia de formas únicas e distintas (Gilbert, 2017b, c). Já mostramos que as pessoas entendem bondade e compaixão como processos diferentes (Gilbert et al., 2019).

Além disso, algumas vezes, você lerá na internet que você não pode ser compassivo com os outros até que seja compassivo consigo. Isso não é nada útil nem compassivo, e não há evidências quanto a isso. As abordagens budistas tipicamente começam com a habilidade de ter consciência da nossa interdependência e da compaixão pelos outros e dos outros. Atualmente, há evidências consideráveis de que autocompaixão e compaixão pelos outros estão apenas fragilmente associadas (Bayir-Toper, Sellman, & Joseph, 2020, para revisões; Gilbert et al.,). Mesmo que um cliente seja muito autocrítico, ele ainda pode ser interessado em ajudar os outros, como ir ao hospital com um amigo amedrontado. Sugerir o oposto é simplesmente nocivo e prejudicial. Lembro-me de uma mulher autocrítica deprimida muito abalada por ter lido que você não pode ser compassivo com os outros a menos que seja compassivo consigo mesmo, e ela estava se perguntando se sua compaixão por seus amigos e sua família era, portanto, falsa. Há muitas pessoas deprimidas e muitos perfeccionistas que não são muito compassivos consigo mesmos, mas dariam suas vidas por você. Por muitos anos trabalhei com a Medical Defence Union e com médicos estressados, e havia muitos exemplos de pessoas que eram ansiosas, autocríticas e perfeccionistas, mas absolutamente dedicadas a cuidar dos outros. Há diversas pessoas narcisistas que são muito autoindulgentes e egoístas e que alegam autocompaixão, mas que claramente não são compassivas com os outros.

Como terapeutas, então, precisamos ter clareza sobre essas questões, pois elas são muito confusas para os clientes que agora navegam na internet na busca por informações. Engajar-se com os clientes sobre a natureza da compaixão e como ela pode ser um alicerce para a automudança pode levar tempo, mas vale muito a pena. Gentilmente, você está ajudando-os a obter *insight* para o fato de que eles podem trocar da mentalidade competitiva para a de cuidado (veja o Capítulo 2, Fig. 2.11).

Explicando o modelo da evolução e o cérebro complicado

O próximo aspecto importante da TFC é explicar a natureza biopsicossocial baseada na evolução da mente humana. Por milhares de anos, desde a ciência contemplativa e filosófica e agora, mais recentemente, a ciência psicológica e as tradições terapêuticas, reconhecemos que a *mente humana muitas vezes é trágica e prejudicialmente irracional*. Isso foi se tornando cada vez mais central para compreender os desafios e os problemas que todos nós enfrentamos (Bargh, 2017; Gilbert, 1998, 2018, 2021; Grimes, 2019; Hood, 2011; Nesse, 2019). A TFC é especificamente focada nessas questões e no que chamamos de *cérebro complicado e mente complicada*, pois isso é exatamente o que temos. Poucos de nossos clientes terão alguma percepção ou terão sido informados sobre o fato de que o cérebro humano é realmente complicado e tece todos os tipos de ilusões e distorções como parte das suas funções naturais (Gilbert, 1998; Hood, 2011; Nesse, 2019). Essa percepção, por si só, pode ser muito profunda para algumas pessoas. Ela as ajuda a desenvergonhar, descentralizar e desfusionar. Parte da descentralização é a habilidade de trocar para a posição de nosso auto-observador e reconhecer que os eventos mentais são, em parte, construções, não necessariamente reflexos acurados da realidade: eles vêm e vão (Bennett et al., 2021). A TFC tem uma forma específica de explorar isso porque ela também indica por que tantos dos nossos problemas *não são nossa culpa*, mas estão enraizados no *design* do cérebro evoluído e em versões socialmente coreografadas do *self* (veja o Capítulo 2).

Entretanto, isso acarreta considerável responsabilidade ao usarmos as competências do nosso novo cérebro de forma sábia e corajosa e praticar como viver para sermos úteis, e não prejudiciais. Novamente, use exemplos, como convidar as pessoas a refletirem sobre o que acontece à nossa atenção, às nossas emoções, ao nosso pensamento e ao nosso comportamento se estivermos em uma autoestrada e, de repente, nos depararmos com uma nevasca. Discuta como podemos reconhecer que não somos responsáveis pela nevasca, mas que é preciso haver uma mudança radical em nossa atenção, nosso pensamento e nosso comportamento se formos atingidos por uma. Se não reduzirmos a velocidade e dirigirmos com cuidado, poderemos nos tornar prejudiciais para nós mesmos e para os outros. A covid-19 é outro caso em que claramente não somos responsáveis por criar o vírus, mas precisamos ser responsáveis pelo nosso comportamento, para protegermos a nós e aos outros. Essas analogias para nos desenvergonharmos e não nos culparmos pelo que nossas mentes são capazes — embora tentando, do melhor modo possível, encontrar formas de "cultivar o útil" — são centrais para a TFC.

O momento e a forma como você começa a introduzir o modelo de psicoeducação dependerá do seu cliente, do grau de depressão, ansiedade ou hostilidade e de sua abertura. No começo da terapia, seu cliente pode preponderantemente estar precisando contar a sua história, narrar suas dificuldades e começar a desenvolver uma base segura com você (veja o Capítulo 13), mas, em algum ponto, você deve introduzir a psicoeducação sobre o cérebro complicado, e geralmente é bom que isso seja o mais cedo possível, pois ajuda da seguinte forma:

1. Desenvolve a relação terapêutica, guiando a consciência do cliente de como você o vê — não como disfuncional, mas como um ser humano que está enfrentando os desafios, as tragédias e as dificuldades da vida e lutando com uma *versão específica* de si que ele nunca escolheu.
2. Inicia o processo de ajuda ao cliente para que ele entenda que tudo no universo é uma questão de *padrões de relacionamento*. Partículas subatômicas dão origem a átomos, que dão origem a moléculas, que dão origem ao DNA, que dá origem a formas biológicas, que dão origem a mentes, que dão origem a relações que se conectam mutuamente com outras mentes, e assim por diante. Tudo nasce a partir de relações, desde as menores, e de forma ascendente. Ocorre basicamente o mesmo em nosso cérebro e uns com os outros.
3. Dá início ao processo de desfusão e descentralização, relaxando o senso de autoidentidade do indivíduo e as possibilidades de mudar as identidades e as versões do *self*. Somos todos produtos da nossa programação genética e social. Não existe um *self* real ou autêntico, apenas uma mente consciente que está experienciando o fluxo e o refluxo de uma mente biológica (rede de ativação neuronal eletroquímica) trabalhando de um momento para outro — trilhões de células sendo ativadas em múltiplas combinações de padrões. Tomar

consciência nos permite tentar observar esses padrões em mudança e o que aumenta ou diminui o sofrimento.

4. Inicia o processo de desenvergonhar o cliente em relação às expectativas, incluindo o perfeccionismo. Isso, em parte, embasa o conceito de "não é nossa culpa". Nossas mentes são como são, mas é nossa responsabilidade nos tornarmos *conscientes da mente* e não prejudiciais no comportamento. Além disso, chamamos atenção para o fato de que, se não cultivarmos nossa mente, ela pode se desenvolver de formas que não são propícias ao nosso bem-estar ou ao comportamento útil.
5. Inicia o processo de desenvolvimento da sabedoria de *por que e como assumir responsabilidade* pelo nosso comportamento e o cultivo intencional de nossa mente e nosso corpo.
6. Desenvolve diferentes tipos de empatia (mentalização) pelas dificuldades de todas as coisas vivas, incluindo outros seres humanos, para tentar prosperar e não sofrer, e pelos problemas que temos *como espécie*.
7. Lança as bases para entender como e por que o foco em uma motivação específica (mentalidade social de cuidado) apoia e molda o corpo e o cérebro.

Para todos os seres humanos, há uma questão existencial maior sobre a relação entre a consciência e a nossa mente biológica (veja o Capítulo 1). Não podemos nos aprofundar aqui na natureza da consciência, pois alguns acreditam que ela é um epifenômeno das nossas mentes biológicas (materialistas), ao passo que outros veem a consciência como outra coisa (Harris, 2019). O conhecido monge budista Matthieu Ricard me esclareceu que na tradição budista, a mente é como a água. Ela é clara e pura. Muitas coisas podem ser dissolvidas nela. Ela pode conter um veneno ou um remédio, mas não é nenhum deles. A confusão se dá se a água pensar que ela é o que ela contém.

Somos pontos de consciência que existem somente no momento presente, mas somos constantemente preenchidos com a programação biológica e socialmente construída de um cérebro evoluído. Dan Siegel (2016) também explorou algumas dessas questões em detalhes. Alguns cientistas defendem que as mentes biológicas distorcem a realidade e que mesmo as experiências de tempo e espaço podem ser uma criação biológica, e não "real" (Campero, 2019). Está claro que experiências no campo da consciência mudam conforme a neuroquímica, como as drogas psicodélicas e aqueles que meditam há anos mostraram claramente (veja o Capítulo 11). A TFC nos ajuda a usar nossa mente biológica para criar estados que conduzem ao bem-estar do indivíduo e dos outros. Outras formas de meditação (*Vipassanā*) visam a obter conhecimento dos níveis mais profundos de consciência. Embora esse não seja o foco da TFC, para aqueles que o perseguem e são guiados, isso pode ser revelador. No entanto, estados de meditação profunda sobre a natureza da interconectividade, em contraste com o trabalho com sistemas motivacionais biologicamente baseados, são abordagens muito diferentes da compaixão e não devem ser confundidos entre si, embora possam reforçar um ao outro.

O conhecimento profundo dos *problemas da construção biológica e social evolutiva* da mente humana ajuda a entender por que precisamos de coragem e sabedoria para lidar com o que se passa em nosso cérebro e nossa mente, pois eles são complicados. Você pode sugerir ao cliente: "*Suspeito que ninguém nunca lhe explicou isso*". Na TFC, isso é considerado um dos maiores pontos cegos terapêuticos, e em nossos estabelecimentos educacionais também: não é ensinado às crianças que o cérebro humano está repleto de problemas potenciais e é a fonte de desejos e ações potencialmente prejudiciais (Gilbert, 1989, 1998; Nesse, 2019). Essa é uma razão pela qual podemos ser uma espécie tão desagradável e viciosa, com um lado obscuro e tão vulnerável a problemas de saúde mental. Como o Buda reconheceu, sem *insight* ou consciência, nossa mente biológica e socialmente construída comanda o espetáculo. Bem, ele não usou essa linguagem, mas falou mais em termos dos "demônios das paixões", mas a ideia é a mesma! Você não se surpreenderia se essas ideias criassem problemas para pessoas com fortes crenças religiosas, como as de que fomos criados e concebidos por Deus para seguir as intenções de Deus. A sabedoria e a compaixão aqui se resumem na ideia de que não podemos fazer de conta que o cérebro é bem projetado, porque ele não foi projetado (Gilbert, 1998; Nesse, 2019). Na verdade, se acreditarmos que um Deus criou este mundo com todas as suas estratégias predatórias de sobrevivência, tais que todas as formas de vida precisem devorar outras para sobreviver, precisem enfrentar dor e medo da decadência e da morte e ser vulneráveis a um número verdadeiramente vasto de doenças (incluindo esta terrível covid-19, que causou tanto sofrimento), essa seria uma crença *muito* aterrorizante. Se nos depararmos com isso, precisamos ser honestos sobre nossas opiniões, mas também sugerir que talvez não seja necessário pensar sobre como essas coisas surgiram, mas que *podemos* explorar como elas funcionam agora. Por exemplo, podemos dizer aos clientes que eles provavelmente estão cientes de que têm um coração para bombear sangue, um sistema digestivo para absorver nutrientes e rins para filtrar líquidos. Portanto, é possível entender como o corpo é constituído e como ele funciona sem necessariamente respondermos a perguntas de como ele acabou sendo como é. Às vezes, os clientes escolherão procurar terapia em outro lugar, com terapeutas que tenham crenças mais em sintonia com as suas. Evidentemente, é importante sermos respeitosos com essa sensibilidade e essa diversidade cultural. De igual modo, não devemos tentar ocultar das pessoas o fato de que existe ciência por trás do nosso modelo. Você pode começar com algo como:

> Você sabe como falamos sobre como podemos nos tornar compassivos com nossa dor e nosso sofrimento? Se você concordar, podemos examinar por que podemos com tanta facilidade ficar presos à dor emocional, embora não seja nossa culpa? Afinal, não foi por culpa do seu amigo que ele precisou daquela cirurgia, e não foi culpa dele ter tido um ataque de pânico diante da ideia de ir para o hospital. Isso não é uma coisa que ele teria escolhido, não é?

Reflita novamente que podemos ter essas emoções muito dolorosas e difíceis que não são escolhidas, mas que nos causam muitos problemas (veja o Capítulo 18). Você pode acrescentar que:

> talvez seu amigo preferisse estar confiante, passar com facilidade pela cirurgia e se recuperar perfeitamente bem; ele não escolheu ter pânico. (discuta). Isso é algo que aconteceu contra a vontade dele, mas, com a sua ajuda, seu amigo pode aprender a enfrentar a situação. Então veja, nem sempre escolhemos o que se passa e o que entra na nossa mente, e isso pode ser muito difícil, às vezes, mas não é nossa culpa. Eu gostaria de compartilhar uma coisa com você que poderia ajudá-lo a entender por que nossos cérebros são complicados sem que seja nossa culpa e por que e como a compaixão pode nos ajudar.

Após o cliente dar permissão, você esclarece que, durante os próximos minutos, você oferecerá psicoeducação. Então prossiga, ajudando-o a explorar seu cérebro complicado. Chame a sua atenção ao fato de que *nenhum ser vivo* escolheu estar aqui. Nenhuma árvore escolheu ser uma árvore, uma cobra uma cobra, uma girafa uma girafa, um hipopótamo um hipopótamo, um leão um predador e uma zebra sua presa. Nenhum humano escolheu ser um humano, um homem um homem, uma mulher uma mulher, ou o tempo e a cultura em que eles nasceram. Tampouco escolhemos nossas vulnerabilidades genéticas a problemas de saúde física e mental, à decadência e à morte. Todas as coisas vivas emergem no fluxo da vida criado por seus genes, e elas passam a existir e deixam de existir. Nenhuma coisa viva escolhe o que é ou como é sua existência. Agora, seja o mais lúdico possível, pois, para algumas pessoas, isso é uma revelação. Você pode pedir que o cliente passe algum tempo pensando sobre isso. Quase todas as terapias reconhecem que não estamos particularmente preparados para a racionalidade. Nossas mentes estão repletas de vieses de motivos e disposições emocionais orientados para a sobrevivência; a racionalidade é algo como um desafio (Hood, 2011). Além disso, o processamento de uma quantidade considerável de informações não é consciente para nós (Bargh, 2017). A TFC sugere que, quanto mais pudermos compartilhar informações científicas com nossos clientes, às quais eles nao teriam tido o privilégio de ter acesso, melhor. Ter tido uma oportunidade de treinar como terapeuta é uma posição muito privilegiada, e a maioria das pessoas está tateando no escuro com suas mentes porque ninguém as guiou. No meu tempo de escola, não havia ensino sobre consciência da mente. Aprendi muito sobre matemática, história e geografia, mas nada sobre a natureza das minhas emoções, motivações ou vieses. Atualmente, as escolas ainda não ensinam às crianças a coisa mais essencial, que é como seu cérebro e sua mente funcionam, por que eles são complicados e por que será útil se puderem praticar certas habilidades de *mindfulness* e compaixão (Gilbert, Matos, Wood, & Martos, 2020; Matos et al., 2021). Você pode compartilhar isso com os clientes — isto é, que eles nunca tiveram a chance de entender essas coisas.

Após ter discutido a questão geral da evolução como fluxo da vida, você poderá passar a explorá-la com eles como indivíduos. "*Você sabe que, assim como qualquer outro animal, nós também simplesmente nos encontramos aqui? Então vamos dar uma olhada nisso, pois isso é importante para como vamos trabalhar com nossas mentes*". Você faz isso de forma lúdica. "*OK, agora tudo o que você precisa fazer é erguer a mão se a resposta a alguma das minhas perguntas for sim — tudo bem?*" (mantenha-se lúdico e, se estiver fazendo isso em um grupo, dirija-se a todo o grupo; espere cada resposta).

> Vocês escolheram nascer um humano? Vocês escolheram ter dois braços e duas pernas (pausa); vocês escolheram ser homem ou mulher? (pausa) Vocês escolheram ter um corpo no qual precisam colocar comida em uma extremidade e ela sai na outra? (mantenha-se lúdico; pausa). Vocês escolheram respirar a cada poucos segundos para se manter vivo? (pausa). Vocês escolheram ter uma cabeça em cima dos ombros? (pausa) OK, não vi nenhuma mão erguida (sorria). Agora, vocês escolheram ter um cérebro que é capaz de raiva, ansiedade, agressão, amor, ódio, medo, cansaço — todas essas experiências humanas que temos? Então, o fato é que temos um cérebro e um corpo que foram construídos para nós por nossos genes, e não por nós.

Você pode convidá-los a simplesmente se levantarem e movimentarem seus braços e suas pernas e pensarem nesse corpo como sendo construído para eles. Como teria sido ter asas em vez de braços? Você pode sugerir que *se vocês estão andando pela rua e alguém salta na sua frente com uma arma, vocês escolheriam que seu coração acelerasse e sentisse terror? Isso simplesmente acontece conosco, não é? Ou temos ansiedade quando temos que fazer um teste de direção ou vamos a uma entrevista de emprego? Preferiríamos ser confiantes sem ter aquela náusea!* Podemos usar muitos desses exemplos ao ajudar os clientes a reconhecerem que essas coisas simplesmente ocorrem sem que precisemos escolhê-las. Esses estados podem emergir sem que desejemos e afetam a atenção, os estilos de pensamento, a ativação fisiológica e os impulsos comportamentais. Ninguém escolhe ficar deprimido, ter ataques de pânico ou acordar no meio da noite se preocupando sobre X ou Y. Explicar isso estabelece um contexto importante para pensar sobre a mente e esclarece como o treino da mente pode nos ajudar.

Ajudar as pessoas a entender a espontaneidade de muitas das nossas experiências emocionais ajuda a enfraquecer um senso de autoculpa e vergonha. Diferentes terapeutas têm diferentes formas de falar sobre como essas respostas são provocadas — por exemplo, o conceito de esquema específico ou de conflitos inconscientes, ou, na TFC, a programação de nossas mentalidades sociais e sistemas emocionais. Essa é uma questão importante, porque esse "conhecimento" pode ser a chave para facilitar o trabalho (posterior) em *mindfulness*. Isso nos ajuda a tomar consciência do que está entrando na consciência, o que está produzindo conteúdo e, então, descentralizar-nos e desfusionar-nos dos "programas e algoritmos da nossa mente" (Bennett et al., 2021; Hood, 2011). De fato, a descentralização tem uma longa história, tanto na psicologia budista (Wright, 2017) quanto na ocidental (Kross & Ayduk, 2017). Para apoiar esses processos de atenção e desfusão, a TFC convida as pessoas a tomar consciência de que estão experienciando programas e algoritmos da sua mente que criam estados cerebrais. Então, em algum ponto no tempo, não estamos apenas experienciando um pensamento, mas também o estado do nosso sistema nervoso autônomo, o que está acontecendo em nosso cérebro, nossos intestinos, nossa pressão arterial etc. Em determinado momento no tempo, o que parece ser uma experiência consciente é multifatorial e se apoia em uma gama de processos não conscientes (Bargh, 2017). Podemos aprender a trocar para um estado mental/cerebral compassivo e tentar ativar os motivos, os pensamentos, os comportamentos e os circuitos fisiológicos de cuidado e compaixão que podem ajudar a equilibrar os processos de ameaça. Então, introduzimos esta ideia:

> Não só temos um corpo e um cérebro que nunca escolhemos, e eles podem nos dar todos os tipos de sentimentos difíceis e problemas que nunca escolhemos, como também somos uma versão de nós mesmos que nunca escolhemos. Se você concordar, posso compartilhar isso com você? Olhe para mim e pense em como seria se eu tivesse sido raptado com três dias de idade por uma gangue violenta de traficantes? Olhe para mim e pense sobre como eu teria me desenvolvido se tivesse sido violentado quando criança?

Mantenha-se amistoso, pois isso pode ser muito complicado. Convide o cliente a realmente pensar a respeito e lhe dizer de maneira direta como isso seria. Convide-o a pensar sobre como suas emoções funcionariam, como seriam seus valores, que tipo de corpo você teria. A probabilidade é que eu seria muito agressivo e sem compaixão em grande medida — mas então acrescente: "*OK, mas como não escolhi ser uma versão masculina e não escolhi ser raptado quanto tinha três anos de idade, onde isso me levaria?*". Tudo isso é sobre ajudar as pessoas a se descentralizarem e desfusionarem da identificação excessiva com sua programação social e biológica.

A partir disso, você ajuda o cliente a reconhecer que, embora não seja nossa culpa, podemos ser prejudiciais a nós mesmos e aos outros. Ajude o cliente a reconhecer que ele pode não ter tido uma chance de realmente desenvolver os sistemas de compaixão em seu cérebro ou saber como usá-los. A TFC tentará abordar esse problema. A ideia é ficar atento à nossa programação sem sentir vergonha e, igualmente, não ficar preso a ela ou simplesmente ser uma marionete dela. Às vezes, com emoções fortes, a mente é como um rio em rápido movimento, e nós simplesmente nos apressamos para acompanhá-lo. Esse exercício de descoberta guiada pode ser muito profundo para algumas pessoas. Possibilite que a pessoa tenha algum tempo para reflexão silenciosa. Às vezes, nesses momentos de silêncio, você pode dizer muito gentil e suavemente: "*Você entende? Boa parte do que se passa na sua mente, muito da sua dor, não é sua culpa. Não é sua culpa — você nunca escolheu isso, você não quer isso, é uma mente complicada*". Ocasionalmente, encontro clientes que choram neste momento, pois dizem que sempre acharam que havia algo de errado com eles, que tinham um "sistema disfuncional de emoções ou pensamentos" ou que eram "falhos", um "ovo podre". Como já mencionado, um cliente disse: "Eu pensava que, quando Deus me fez, estava em falta de coisas boas", e essa é uma expressão da profunda vergonha e das fraturas que as pessoas sentem em seu senso de *self* (veja os Capítulos 4 e 5). Você tenta encontrar uma forma de estar presente de modo pleno, e emocional e gentilmente se engaja nessas revelações. É evidente que, em sentido emocional, isso é diferente de ensinar habilidades práticas. Mais tarde, com alguns clientes, você pode acrescentar a importância dos contextos sociais mais amplos, como se tivéssemos nascido em um mundo romano ou asteca (em que eles sacrificavam seus próprios filhos), o que teríamos achado aceitável provavelmente nos aterroriza agora. Na nossa sociedade, as pressões sociais podem ser mais sutis. A colunista do *Guardian*, Elle Hunt (2020), escreveu como descobriu a TFC e começou a perceber que seu vício em trabalho não era sua culpa. Ela escreveu:

> Gilbert explicou como a mesma mentalidade competitiva que me empurrava para o excesso de trabalho também sustentava uma cultura que equacionava trabalho com identidade e autovalor, e não como um meio para um fim, e uma economia que diz que mais é melhor. Isso era o que eu precisava ouvir para juntar os pontos entre o pessoal e o político.

Ajudar as pessoas a contextualizar seus problemas nas anormalidades das culturas ocidentais, que são muito diferentes da cultura dos caçadores-coletores, não é uma ideia nova (Gilbert, 2018, 2021; veja também o Capítulo 2; Narvaez, 2017). Alguns anos atrás, David Smail (1987/2018) enfatizou essas questões para os terapeutas, argumentando que, em vez de focar nos indivíduos, deveríamos estar ajudando as famílias e as comunidades a cuidar umas das outras. Isso é adotado por aqueles que defendem uma compreensão muito melhor da contextualização social da nossa construção de nós mesmos e a organização das nossas mentalidades sociais (Costello, 2018; Haslam et al., 2018; Ryan, 2019; e veja o Capítulo 2). O neoliberalismo quer que sintamos que somos unidades competidoras autônomas, responsáveis por nós mesmos, e os únicos a ser responsabilizados se tivermos dificuldades (Becker et al., 2021).

Essas descobertas guiadas fornecem a plataforma e o enquadramento de por que precisamos entender nossa programação, e também de como podemos começar a nos reconectar e nos reprogramar usando sistemas de mentalidades sociais diferentes (Favre et al., 2021), aprendendo como usar o corpo para apoiar a mente, como podemos nos conectar com os outros de tal forma que possamos procurar o cuidado dos outros e ter interesse em agir pelo bem-estar deles (Ricard, 2015). Simplificando, é como criar conexões de cuidado conosco e com os outros. Independentemente do papel em que nos encontramos, seja ensino, policiamento, governo, parentalidade ou como clínicos, buscamos o caminho compassivo.

Intervenções e processo

A TFC utiliza técnicas únicas e específicas, mas também recruta múltiplas intervenções baseadas em evidências de muitas outras abordagens terapêuticas. Tanto o terapeuta quanto o cliente estão engajados em tentar criar e construir uma base segura e um porto seguro focados na compaixão entre eles e dentro deles. Algumas dessas múltiplas qualidades são apresentadas na Figura 3.6 do Capítulo 3. Em termos das reais intervenções e dos processos da terapia, há uma gama de técnicas para se adequar às necessidades do cliente que não são únicas da TFC:

Processo terapêutico. Há muitos elementos comuns entre as terapias relacionados ao processo terapêutico. Eles incluem elementos importantes, como relação terapêutica, colaboração, descoberta guiada, significado pessoal, diálogos socráticos, reflexões e refletir, formulação compartilhada, cadeias de inferência (resultado final/catástrofe/medo principal/ameaça), exposição, maturação da consciência, análise funcional (de motivações, emoções e crenças), análise em cadeia, escrita expressiva, atuação, trabalho com as cadeiras e muitos outros.

Não conscientes. A TFC também considera muito importante que os terapeutas tenham conhecimento operacional de conceitos psicodinâmicos dos mecanismos de defesa internos. Eles assumem as formas de evitação experiencial, como dissociação, negação, projeção e identificação projetiva, bem como o conceito (não psicodinâmico) de supressão/inibição emocional (não consciente) classicamente condicionada. Atualmente, há evidências consideráveis de que o processamento não consciente pode afetar poderosamente os estados mentais. Terapeutas sem esse conhecimento operacional podem ter dificuldade com casos complexos e com algumas das rupturas que podem surgir na relação terapêutica.

Consciência da mente. A maioria das terapias procura fornecer aos clientes algum tipo de consciência da mente. Por exemplo, as terapias cognitivas ensinam as pessoas a prestar atenção à sua corrente de pensamentos automáticos e à sua ligação com crenças subjacentes. Outras oferecem informações sobre o próprio corpo, como a natureza do sistema nervoso autônomo, o valor de trabalhar com o nervo vago e melhorar a consciência interoceptiva. A TFC também oferece muita educação sobre a natureza do "cérebro complicado evoluído". Os clientes também podem receber informações sobre necessidades desenvolvimentais como a natureza do apego e uma base segura e um porto seguro, para que tenham uma estrutura operacional de compreensão das suas mentalidades sociais e dos seus estilos de conexão social.

Mudança pela prática. Cada vez mais, as psicoterapias também procuram *ensinar habilidades aos clientes* e ajudá-los a desenvolver/cultivar na sua mente e no seu corpo. Considerando a plasticidade do nosso corpo e do nosso cérebro, a psicoterapia é um tipo de academia para o corpo-mente, e alguns aspectos da psicoterapia podem ser vistos como uma forma de *neurofisioterapia*. Eles podem incluir práticas ligadas ao vago, como respiração e aterramento, ioga e exercícios, e práticas de meditação, como *mindfulness* e "bondade amorosa". Há experimentos comportamentais, práticas para desenvolvimento de tolerância emocional, mentalização/treino de empatia, imagem mental guiada, criação de segurança, reestruturação, geração de pensamentos alternativos, treino de habilidades assertivas e sociais, exposição a medos e ameaças, e muitos outros. Estas podem ser fontes de prática independente fora da sessão.

Mudança e autoidentidade. Como discutido no Capítulo 2, Figura 2.10, a TFC trabalha com os padrões das nossas motivações, das nossas emoções, das nossas competências e dos nossos comportamentos conforme desempenhados nas relações sociais, que criam nossa autoidentidade e um senso da pessoa que somos, almejamos ser e não queremos ser (veja o Capítulo 4). McGregor e Marigold (2003) apontaram que, em uma mente autoconsciente simbolizante, com teoria da mente e metacognição, e que consegue regular uma grande variedade de desejos e papéis possíveis, *não* ter uma autoidentidade simplesmente criaria *flexibilidade excessiva* e possibilidades concomitantes para pensamentos e ações. Ela seria uma mente no caos. É por isso que diferentes contextos podem criar diferentes versões de nós, pois eles coordenam essas funções de formas diferentes para adequar a diferentes nichos sociais. Logo, a criação de uma autoidentidade é, em parte, um processo de coordenação desses múltiplos processos interativos para se adequar ao seu ambiente.

Uma autoidentidade me guia para o que eu valorizo e aspiro, mas isso está muito situado culturalmente e socialmente. Crescer em um lar violento *versus* um lar amoroso, como um escravo romano ou um budista himalaio, criaria autoidentidades diferentes. O que é novo para a era moderna é que não precisamos obter nossas identidades aspiradas da religião ou da cultura, mas (permitindo a conformidade social até certo ponto) podemos começar a aspirar a uma identidade que tenha base científica por trás, em termos do que cria bem-estar mental e físico e promove comportamento pró-social, que cria comunidades saudáveis de cuidado. Na TFC e nas tradições budistas, o indivíduo aspira à identidade de ser uma pessoa que vive para ser útil, e não prejudicial, e desenvolve consciência atenta e mental para perseguir esse objetivo (denominado *Bodhicitta*). Essas considerações também reforçam o fato de que, em certa medida, como a psicoterapia mudará esses processos e suas interações, isso pode ter uma influência profunda em uma experiência de *self* e identidade. Para alguns indivíduos, isso por si só pode ser um desafio.

Intervenções específicas

É importante contextualizar a TFC quanto às tragédias e às realidades do sofrimento, para evitar que as terapias se transformem em técnicas a serem aplicadas mecanicamente a grupos diagnósticos (veja o Capítulo 1). Cada história humana é, em alguns aspectos, uma versão da humanidade compartilhada, já que enfrenta as dificuldades da sua jornada arquetípica na vida e, em alguns aspectos, um padrão único. Começando pela definição básica de compaixão em termos do seu algoritmo, *como sensibilidade ao sofrimento em si e nos outros, com um compromisso de tentar aliviá-lo e preveni-lo*, podemos articular as competências que facilitam nossa habilidade para *avançar, engajar, tolerar e dar sentido ao sofrimento* e as nossas competências para dar um passo atrás, elaborar *ações sábias e executá-las*. Ao ler meu capítulo de 2005 (Gilbert, 2005), um colega, o falecido professor Tom Dowd, que era famoso por seu trabalho em terapia cognitiva e hipnose e interessado pelo budismo, chamou a atenção de que eu havia articulado o domínio do engajamento, porém menos claramente o domínio da ação, o qual estava mais espalhado nos escritos. Graças ao empurrão de Tom e muito trabalho posterior com colegas, isso resultou nas 12 competências, como na Figura 7.1, com seis para engajamento e seis para ação (Gilbert, 2009). Devo mencionar, também, que nomeei essas competências de forma um pouco diferente nas versões anteriores, chamando-as de habilidades e atributos (Gilbert, 2009), e então, mais tarde, de "primeira e segunda psicologias" (Gilbert, 2017c), mas, com o tempo, reconhecemos que esses termos não eram claros ou úteis. Então, ao me acordar certa manhã, me dei conta (ah-ah!) de que podemos simplesmente seguir o próprio algoritmo e chamá-las de engajamento (estímulo) e ação (resposta).

Engajamento sábio e corajoso

As seis competências que apoiam nossa habilidade de nos engajarmos em vez de nos desligarmos do sofrimento estão representadas no círculo interno da Figura 7.1. Ao considerar essas competências, note também que elas têm um fluxo (veja o Capítulo 2, Fig. 2.8). Portanto, elas podem estar centradas no nosso próprio sofrimento, em como nos engajamos no sofrimento de outras pessoas e também em como sentimos que as outras pessoas se orientam na nossa direção (p. ex., que os outros são sensíveis, empáticos, etc., à nossa dor). Essas competências são medidas com a Escala de Engajamento e Ações Compassivos (Gilbert, Catarino, Duarte et al., 2017).

Cuidado com o bem-estar. A jornada até a compaixão começa ajudando o cliente a en-

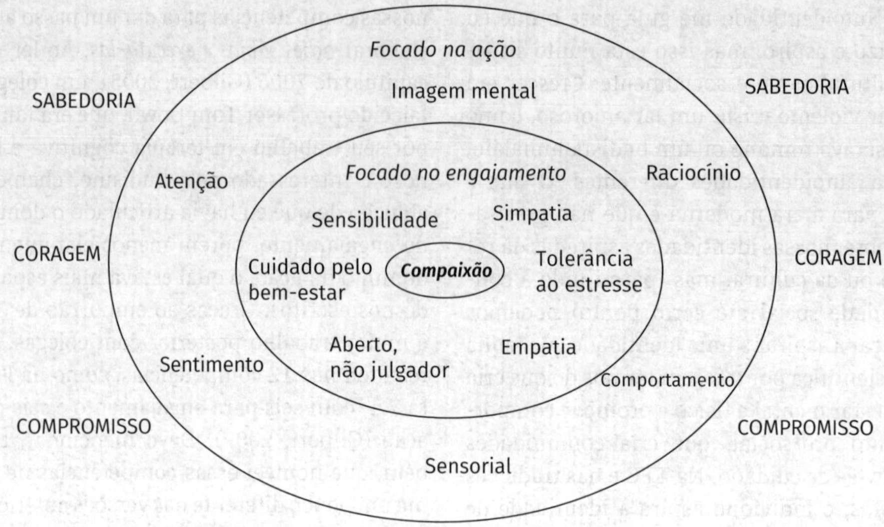

FIGURA 7.1 Domínios para o processo terapêutico.
Fonte: Adaptada de Gilbert (2009), *The compassionate mind*, com permissão da Little, Brown.

tender a natureza do uso da descoberta guiada, tal como ajudar um amigo a ir para o hospital, para assegurar clareza na compreensão dos processos de compaixão a serem usados na terapia.

Sensibilidade. Por meio da formulação e de outros processos, ajuda o cliente a considerar a questão do desenvolvimento de *sensibilidade* ao seu sofrimento. Com o tempo, isso envolverá inúmeros processos como consciência atenta aos desencadeantes, pensamentos ativados, respostas corporais (consciência interoceptiva) e impulsos para ação.

Simpatia. Quando nos tornarmos *sensíveis ao nosso sofrimento* e nos voltarmos para ele, teremos uma reação emocional a ele que é denominada *simpatia*. Como pode haver confusão acerca da simpatia, a TFC acompanha a extensa pesquisa de Nancy Eisenberg e equipe, que dizem que:

> A simpatia pode ser definida como sentir pesar ou preocupação por um outro aflito ou necessitado com base na compreensão do estado do outro ou informações sobre o estado ou a condição do outro. Diferentemente da empatia, ela não consiste em sentir a mesma emoção (ou uma emoção muito semelhante) que a outra pessoa está experienciando ou é esperado que experiencie. Simpatia envolve a percepção e a identificação do estado emocional e/ou da necessidade do outro e frequentemente pode se originar de empatia afetiva, mas também pode resultar do acesso a informações relevantes na memória (Eisenberg, VanSchyndel, & Hofer, 2015, p. 7).

Mindfulness também sugere que as pessoas podem começar a tomar consciência do fluxo da sua mente e nomear suas reações: "Notei que estou ficando ansioso, ou noto meu corpo ficando tenso ou relaxando". Nossas habilidades são importantes para sermos empática e emocionalmente tocados pelo nosso sofrimento e o de outras pessoas, mas a simpatia é uma reação automática, relativamente indiferenciada, associada a uma gama de processos, como experiências prévias de sofrimento, intensidade e severidade. A simpatia é vulnerável à projeção e à suposição. Ela não pretende ser acurada, mas representa resposta autêntica *pessoalmente sentida* (veja o Capítulo 13). É um erro de intepretação se as pessoas acham que a simpatia não é importante para a compaixão ou a terapia. Ela é, mas precisa ser entendida. Imagine-se trabalhando com um terapeuta que não teve nenhuma reação *pessoal* ao seu sofrimento. Considerando que uma reação de simpatia pode ser pessoalmente angustiante (p. ex., "Quando penso no meu trauma [ou de outros], minha adição, minha depressão ou minha ansiedade e o que isso fez à minha vida [deles], me sinto sobrecarregado; não quero pensar nisso"), oriente o cliente para formas de compreender o que são e por que as reações de simpatia ocorrem e como trabalhar com elas. Aqui poderíamos dizer ao cliente que "*sua sensibilidade ao seu sofrimento mostra alto grau de simpatia pela dor que está sentindo, portanto, é compreensível que queira se fechar em torno disso. Então o que seria útil para você nesses momentos de angústia?*" e explorar as opções. Exemplos podem ser respiração e aterramento, redirecionar o foco, gerar formas compassivas de pensar, trazer à mente e ter diálogos imaginários com uma imagem compassiva ou imaginar o que o terapeuta diria. Discuta que a ideia é estar compassiva e sabiamente engajado, mas não sobrecarregado.

Tolerância ao estresse. Para mantermos nossas reações simpáticas, e não as dissociar, negar, distorcer ou evitar, temos que ser capazes de *tolerar* o que surge quando nos engajamos em estresse. Em sua revisão clássica, Hayes et al. (1996) destacaram o fato de que ajudar as pessoas a desenvolverem tolerância à frustração é provavelmente o principal foco terapêutico de quase todas as psicoterapias. Toda a base das terapias psicanalíticas iniciais era facilitar a habilidade das pessoas de experienciar, tolerar e conhecer desejos, emoções e memórias que elas achavam opressoras e haviam reprimido, negado ou dissociado. Posteriormente, as terapias mais novas tendiam a derrubar os conceitos psicanalíticos e exploraram várias abordagens contextuais multifatoriais e sociais com o conceito mais genérico de *evitação experiencial* (Boulanger, Hayes, & Pistorello, 2010). A TFC sugere que ajudar as pessoas a reconhecerem e trabalharem as defesas inconscientes pode ter um papel vital na compreensão das raízes do estresse, assim como da tolerância e da transformação. Descobertas guiadas específicas como a análise funcional do autocriticismo (Capítulo 5) e os múltiplos *selves* (Capítulo 9) podem ajudar esse processo. Muitas terapias têm sabedorias importantes para a tolerância ao estresse. A seguir, descrevemos seis dimensões estabelecidas da tolerância ao estresse.

Primeiro, trata-se de aprender a tolerar o estresse, gradualmente se dessensibilizando dele. Em geral, isso é facilitado por várias formas de exposição gradual associada a habilidades de refletir e reestruturar. As exposições podem ser desafiadoras, mas não opressoras. Se o cliente se sentir oprimido, poderá desanimar e perder a confiança. É por isso que a contextualização das exposições passo a passo, com um terapeuta oferecendo uma base segura e um porto seguro, é importante (Gilbert, 1989; veja também o Capítulo 13). Em segundo lugar, estão as estruturas cognitivas, em que reconhecemos que algumas formas de estresse estão sendo geradas pela forma como estamos pensando acerca de uma situação. Logo, mudar como pensamos significa que não precisamos experienciar estresse. Aprender que um aumento na frequência cardíaca *não é* evidência de um ataque cardíaco significa que podemos tolerar a frequência cardíaca aumentada. Aprender que quando fracassamos em alguma coisa não precisamos lançar mão de autocriticismo severo significa que podemos tolerar melhor o fracasso (veja o Capítulo 5). O falecido Albert Ellis chamou atenção para o fato de que podemos piorar o estresse dizendo a nós mesmos que ele é horrível e insuportável, em vez de desagradável e difícil, mas viável. Leahy (2019) descreve inúmeras crenças problemáticas que podem tornar a consciência, a sensibilidade e a tolerância às emoções mais difíceis e assustadoras do que elas precisam ser. Há muitas técnicas cognitivas que as pessoas podem usar para capturar seus pensamentos automáticos e reavaliá-los enquanto os estão experimentando. A TFC enfatiza a importância da motivação e o tom emocional quando as pessoas fazem isso.

Em terceiro lugar, estão a descentralização, a desfusão e o autodistanciamento, que são formas pelas quais podemos experienciar emoções estressantes sem sermos atraídos por elas ou reagirmos a elas. Bennett et al. (2021) e Bernstein et al. (2015) oferecem um panorama geral excelente das muitas abordagens da descentralização. Outra abordagem ligada à descentralização é assumir a perspectiva de uma terceira pessoa ao estresse, como "*Paul está se sentindo ansioso neste momento porque tem que terminar este livro no prazo e deu ao revisor muito trabalho extra!". As ansiedades de Paul são muito compreensíveis porque ele investiu muita esperança, tempo (anos) e energia...* (Wallace-Hadrill & Kamboj, 2016). Novamente, essas técnicas podem ser texturizadas com uma abordagem validante motivacional da compaixão. Considere também que, se pudermos ver as emoções difíceis ou os impulsos como relacionados a algoritmos evolutivos que não são nossa culpa, teremos mais chance de sermos tolerantes e trabalharmos com eles do que se pensarmos que *eles são* nossa culpa, e temos vergonha deles. O enquadramento evolucionista dá às pessoas aterramento para despersonalizar, desfusionar, descentralizar e distrair.

Uma quarta fonte de tolerância ao estresse é usar várias estratégias de enfrentamento para lidar com o estresse quando ele surgir. Essas estratégias podem envolver o uso de técnicas de respiração e aterramento, como sentir os próprios pés no chão ou tocar os próprios pulsos, gentilmente puxar as próprias orelhas, etc. Podemos redirecionar nossos sentidos, como ouvir música com volume alto ou outras distrações. Podemos usar ação vigorosa como caminhada rápida ou pular. Porges e Dana (2018) oferecem um leque de estratégias baseadas na teoria polivagal. A escrita de uma carta compassiva pode ser útil em alguns contextos.

Em quinto lugar, para a TFC, um processo central de tolerância ao estresse é acessar o sistema de proteção social por meio da geração de conexões de cuidado (veja o Capítulo 3). Isso pode ser feito por meio da conexão com nossa imagem compassiva ou nosso *self* compassivo. Primeiro, trata-se de fazer um esforço deliberado para criar um estado cerebral compassivo por meio da respiração e da focalização sábia e então se imaginar experienciando apenas a presença da imagem compassiva. Isso também pode ajudar a criar um diálogo interno, explicando e discutindo nosso estresse para nossa imagem compassiva. Alguns clientes podem fazer seu próprio trabalho com a cadeira, em que falam com uma cadeira vazia sobre seu estresse e então imaginam sua imagem compassiva falando de volta com eles, ou se sentando na cadeira e se tornando o *self* compassivo, respondendo ao *self* estressado. Os clientes são guiados até as funções psicológicas primárias da compaixão, que atuam como uma base segura, com validação e encorajamento, e também um porto seguro, como um processo de aterramento e acomodação. Deborah Lee (veja o Capítulo 25) sugeriu que as pessoas podem praticar a geração da sua imagem compassiva e associá-la a um aroma favorito (p. ex., creme para as mãos, um perfume ou lavanda) para tranquilização. Quando estressadas, elas podem gerar a imagem e usar o aroma, o que tem efeitos fisiológicos diretos. Em um estudo inicial (Gilbert & Procter, 2006), nossos clientes escolheram segurar uma bola de tênis, que servia como um objeto transicional que elas associavam com o trabalho de aterramento, tranquilização e compaixão.

Em sexto lugar, essencialmente, podemos também reconhecer que, de longe, a maneira mais comum como os mamíferos e, especialmente, os humanos toleram o estresse — e têm feito isso há milhões de anos — é procurando consolo, conforto, apoio e orientação dos outros. Durante a maior parte da evolução, a tolerância ao estresse não foi um processo individual, mas social. Ajudar os clientes a aprenderem a recorrer a outros apropriados para obterem ajuda é importante. De fato, o medo de receber compaixão está significativamente ligado a dificuldades de saúde mental (veja os Capítulos 3 e 8). No Ocidente, *mindfulness* se tornou um tipo de busca pessoal, mas, nas tradições budistas, ele sempre foi contextualizado na comunidade (*sangha*). Portanto, a compaixão é o equilíbrio sábio entre autorregulação e a abertura para a ajuda de outros.

Empatia. A próxima (quinta) competência na Figura 7.1 é a empatia. Há diferentes aspectos na empatia (Decety & Ickes, 2011), um deles é a conectividade emocional, sentir o que os outros estão sentindo em certa medida, embora isso sempre seja texturizado pelas nossas experiências pessoais. Além disso, podemos não sentir exatamente o que o outro está sentindo (por exemplo, homens entendendo como é ter ciclos menstruais ou dar à luz), mas, ainda assim, podemos estar muito motivados para tentarmos ser úteis. Um segundo aspecto é denominado tomada de perspectiva, que é um *insight* mais cognitivo não só do que alguém está pensando, mas do porquê ele pode estar pensando e sentindo isso. Empatia por si só não garante motivação para compaixão (Bloom, 2017; Loewenstein, & Small, 2007). Crueldade e vingança podem usar empatia. Revisitaremos o conceito de empatia na seção sobre habilidades clínicas logo a seguir.

Se não conseguirmos tolerar o estresse e continuarmos dissociando-o ou bloqueando-o, então será muito difícil desenvolver um *insight* empático e uma compreensão sobre ele. Quando conseguimos tolerar o estresse e mantê-lo em nossas mentes, ele se torna aberto para exploração e exame. Isso permite "mentalizarmos" a nós e aos outros e começarmos a desenvolver *empatia* focada na compaixão para a nossa dor (ou dos outros). Há *muitos* processos que apoiam a ajuda aos clientes para mentalizarem o *self* e os outros (Decety & Ickes, 2011; Luyten et al., 2020). Descritas nos capítulos ao longo deste livro, encontram-se formas de descoberta guiada cognitiva, experimentos comportamentais, trabalho com as cadeiras (Capítulo 17), análise funcional (p. ex., do autocriticismo, Capítulo 5), atuação e múltiplos *selves* (Capítulo 9) e regulação emocional (Capítulo 18). Todas essas são formas de habilitar as pessoas a explorar as multitexturas de sua própria mente.

Aberto, não julgador. A última competência na Figura 7.1 aborda as questões de tentar estar aberto, receptivo e não julgador e não afastar estados mentais difíceis. Aceitação é importante, mas é uma aceitação com discernimento. Aceitação não significa passividade; significa não condenar e não lutar contra si mesmo. A psicoeducação do cérebro complicado desempenha um papel importante aqui, porque não é apenas a intensidade ou a adversidade de uma experiência, mas também o grau em que nos sentimos envergonhados dela, que pode nos levar a tentar fechá-la. Quando nos tornamos atentos e sensíveis, tolerantes e sabiamente empáticos, também estamos aprendendo a *observar nossa programação* que não escolhemos, mas queremos tentar gerenciar. Logo, essa competência também ganha com os processos de descentralização mencionados anteriormente.

Visão geral. Colocar essas competências em um círculo como esse não é sugerir linearidade, mas mostrar que elas apoiam umas às outras em interações complexas. Todas essas seis competências de engajamento, juntamente com as de ação, são correguladoras. Por exemplo, quanto mais tolerantes conseguimos nos tornar, mais sensíveis podemos nos tornar. Igualmente, quanto mais *compassivamente* conscientes, sensíveis e atentos nós somos, mais abertos e empáticos podemos nos tornar.

Ações sábias e corajosas

É importante mencionar que sensibilidade aumentada e engajamento no sofrimento *por si só* podem estar associados a aumento no estresse e na depressão (Gilbert et al., 2017). Assim, se estivermos usando *mindfulness*, temos que fazer mais do que apenas ensinar habilidades de sensibilidade ou observacionais. É o que fazemos e como gerenciamos essas experiências de sofrimento que é crucial. Se você vai ao hospital com uma perna quebrada, é bom ter um médico empático sensível, mas você também quer que ele saiba como ajudá-lo. As funções de ação e resposta estão relacionadas a não ficar afundado unicamente nos aspectos experienciais do sofrimento, mas ser capaz de explorar o que e como ser útil. Este, novamente, é um desafio *empático*. Quando os clientes iniciam a terapia, eles com frequência genuinamente não sabem o que será útil para eles e certamente não têm conhecimento sobre a evolução da mente ou "a maldição do *self*" (veja o Capítulo 2), a psicofisiologia do cuidado, o nervo vago, como equilibrar o sistema nervoso autônomo ou infrarregular a amígdala, como trabalhar com o trauma com segurança, e assim por diante. Assim sendo, a psicoeducação desempenha um papel importante, junto com todos os diferentes domínios de treinamento, incluindo corpo, *mindfulness*, prática cognitivo-comportamental, etc. O círculo externo representa as seis competências que apoiam respostas e ações sábias e corajosas.

Atenção. Trocar nosso estado cerebral na direção de ações para abordar o sofrimento significa lembrar de trocar a *atenção* e engajar nossos estados mentais compassivos; literalmente procurar e sabida e intencionalmente engajar esses estados cerebrais internos. Isso pode significar parar, tomar fôlego, desacelerar e engajar a mente compassiva, trazendo à mente nossos *insights* e nossas sabedorias evolutivas, *lembrando* do nosso compromisso de tentarmos ser úteis; não ter culpa ou vergonha, mas estar abertos e realizar o que seria útil. De certa maneira, essa é uma forma de (*proximidade*) procura do que é útil (veja o Capítulo 3).

Imagem mental. Embora alguns humanos possam ter dificuldades com imagem mental (veja o Capítulo 8), é importante que os clientes entendam o que imagem mental é e o que não é. Alguns indivíduos são muito mais capazes de usar imagem mental em torno de processos sensoriais do que outros (veja o Capítulo 8). Há muitos domínios nos quais a imagem mental pode ser incrivelmente útil, não só para a solução de problemas e o trabalho do pensamento do tipo "*se..., então...*", mas também para a ativação de estados fisiológicos. Por exemplo, podemos ativar nossa imagem compassiva e criar um diálogo compassivo em nossas cabeças. Podemos imaginar cenários úteis de "se eu fizer isso, pode ser útil, mas, por outro lado, se eu fizesse aquilo, as coisas talvez fossem melhores". E há muitas imagens que podemos praticar que, com o tempo, nos ajudam em nossa tolerância ao estresse e nosso engajamento empático — por exemplo, lugar seguro ou imagem mental em cores, imagem mental de autodiálogo compassivo, variações sobre o que é chamado de imagem mental de Tonglen e outras práticas contemplativas (Rinpoche & Mullen, 2005; e veja o Capítulo 8).

Raciocínio. Em relação ao raciocínio, evidentemente, há *muitas* ideias cognitivas para intervenção derivadas das terapias cognitivas, mas só podemos explorar algumas aqui. Portanto, usamos *muito* do que alguns denominaram "primeira, segunda e terceira onda da TCC". Você pode convidar os clientes a criar um estado mental compassivo e então, a partir desse estado mental, explorar possíveis formas úteis de pensar e os passos futuros (Gilbert & Basran, 2018). Isso pode, às vezes, ser lento, mas pode ser muito útil se você persistir, pois alguns clientes acham que não têm isso dentro deles para descobrir o que é útil.

Portanto, você está mostrando que tem crença neles de uma forma que talvez outras pessoas não tenham tido no passado.

Identificando e trabalhando com ciclos autorreforçadores. Um dos processos importantes na terapia cognitiva é ajudar as pessoas a reconheceram como pensamento e emoção podem ficar aprisionados em ciclos não úteis. Por exemplo, você pode ajudar o cliente a explorar todos os vieses cognitivos que Beck et al. (1979) identificaram, como a forma como somos propensos a ter atenção tendenciosa, hipergeneralizar, personalizar, tirar conclusões apressadas e pensar em termos dicotômicos sim/não, ou/ou, e não em termos de fazer/não fazer. Como Salkovskis (1996) deixa claro, (contrário a como algumas vezes é retratada) a TCC *não é* sobre mostrar às pessoas que elas estão sendo irracionais ou errôneas em seu pensamento, mas como e onde elas ficaram presas e encurraladas em formas compreensíveis, mas não úteis de tentar, da melhor forma possível, encontrar sentido em seus problemas e obter (ou se manter em) segurança ou se sentir melhor. Ele aponta que as pessoas frequentemente desenvolvem crenças em torno de comportamentos de segurança que as fortalecem, em vez de testá-las ou enfraquecê-las. Por exemplo, um cliente em pânico pode se sentar porque ele acha que poderia ter um ataque cardíaco. Quando o ataque cardíaco não acontece, ele não atribui a ausência de um ataque cardíaco à sua crença errônea, mas ao fato de ter se sentado. O comportamento obsessivo de toque é clássico a esse respeito. Os comportamentos de segurança, portanto, se tornam arraigados por 1) benefícios/reforçadores experienciados a curto prazo (p. ex., alívio) e 2) crenças que os mantêm. Os comportamentos e as estratégias de segurança visam a evitar ameaças/danos tanto *externos* quanto *internos* e são, portanto, *importantes reguladores do (sistema) de ameaça-autoproteção.* Uma pessoa socialmente ansiosa pode monitorar sua expressão verbal, falar pouco para evitar parecer burra e constantemente tenta descobrir como é vista pela mente das outras pessoas. Isso é para evitar a ameaça externa de rejeição, exclusão ou humilhação. Para controlar sua ameaça *interna* de surgimento da ansiedade, e se sentir mal, ela pode consumir álcool.

Esses exemplos deixam claro como os sistemas de ameaça suprimem, abordam e guiam comportamentos em florescimento. Quanto mais o sistema de ameaça entra em ação, menos flexível se torna o pensamento. A Figura 7.2 apresenta um processo simples em que ajudamos o cliente a ver os diferentes ciclos que podem ocorrer na mente. A TFC usa muito os diagramas (veja Gilbert, 2009 para exemplos), então exploramos como um

FIGURA 7.2 Identificando os ciclos não úteis e a mente compassiva.
Fonte: © Paul Gilbert.

estado mental compassivo pode ajudar com nossa intenção, atenção, emoções, pensamentos e comportamentos. Por exemplo, no caso apresentado, pode ser muito útil sair da cama e fazer alguns alongamentos simples e exercícios de ioga, deliberadamente criar uma voz amistosa para validar o quanto a pessoa se sente mal, dialogar com a própria imagem compassiva, lembrar que ninguém escolhe a depressão, que não é sua culpa, e ficar atento à ruminação autocrítica. Então, deve-se ponderar: "então, considerando meu sofrimento, o que seria útil para mim?". Essa é uma prática de atenção essencial. Para alguns clientes, é importante focar no *comportamento* compassivo (como na terapia comportamental) e explicar aos clientes por que isso é assim. Sempre verifique os FBRs para algumas dessas manobras, especialmente em situações de problemas com a raiva (p. ex.: Por que eu tenho que fazer essas coisas? Não quero fazer! Só não quero ser incomodado!). Nessas situações, é importante possibilitar que o "*self* raivoso" revele em detalhes seus *motivos* e também seus pensamentos (veja o Capítulo 9). Em outras palavras, embora essa pareça uma intervenção simples, há muitos processos que a acompanham. Pensar sobre o que deve ser útil e o que *realmente é* útil não é a mesma coisa. Às vezes, é útil também identificar o que *seria não compassivo e não útil* e contrastar os dois. Você está ajudando os clientes a verem que eles estão desenvolvendo sua coragem e sua sabedoria para trabalhar com o que pode ser estados mentais assustadores e estressantes.

As perguntas socráticas podem ser "*Considerando que você está nesse ciclo compreensível, o que seria útil para você?*". Então, gradualmente, foque-as no *que seria uma intenção útil; o que seria útil para você prestar atenção e trazer à mente; o que seria uma forma útil de pensar sobre as coisas; que coisas seria útil fazer; talvez fazer alguns alongamentos; que tom de voz seria útil criar na sua cabeça; se você puder se imaginar falando com seu* self *ou imagem compassiva, como seria a conversa?* Tenha em mente que o foco é sempre criar uma motivação para a compaixão e ser orientado para a coragem e a sabedoria compassivas, em vez da racionalidade *per se*. Além disso, como muitas terapias ressaltam, existe um equilíbrio entre aceitação e mudança.

Escrita de uma carta compassiva. Alguns anos atrás, Pennebaker (1997; Pennebaker & Chung, 2007) destacou a importância da escrita de uma carta como forma de explorar as próprias emoções e as experiências na vida. A TFC a adaptou e utiliza a escrita expressiva a partir de uma posição compassiva. Em outras palavras, se um cliente vai escrever sobre uma situação difícil ou um trauma na vida, ele é convidado a primeiro se engajar no estado mental compassivo (usando um ritmo respiratório calmante e visualizações) e, a partir do estado mental compassivo, escrever uma carta para a parte dele que experimenta angústia. Como tal, ajudamos os clientes a pensar na escrita como base segura que oferece mensagens de apoio e encorajamento, e também um porto seguro que oferece mensagens que são de aterramento, validantes e tranquilizantes. A carta também deve valorizar questões como o cérebro difícil e focar no que é útil, sem oferecer conselhos. Convide o cliente a realmente pensar sobre o que seria útil para ele se ele tivesse alguém que realmente se importasse com ele, e o que gostaria que essa pessoa dissesse, e então peça que escreva isso para si mesmo. O terapeuta pode então convidar o cliente a ler a carta para ele, e depois o terapeuta a lê para o cliente com texturas compassivas genuínas na voz. Então o orientamos a se afastar dos chavões, que nos primeiros dias são comuns, e realmente focar nos detalhes da ajuda e como eles são experienciados no corpo. É muito importante orientá-los quanto ao tom de voz, porque as pessoas podem ler suas cartas de compaixão em um tom de voz muito frio ou até mesmo áspero.

Clareza quanto ao que é útil. A escrita de uma carta junto com muitos outros processos da TFC é sobre *o que é sentido como útil* e sobre reconhecer que muitas coisas que achamos que devem ser úteis não necessariamente são. Por exemplo, um cliente pode dizer: "bem, eu posso me tratar como um amigo", mas, quando você investiga isso melhor, descobre que ele não pode fazer isso devido a várias resistências (veja o Capítulo 6). Ou o cliente é muito bom em gerar ideias alternativas racionais, mas elas, na verdade, não funcionam para ele (veja o Capítulo 1), e então ele se torna autocrítico porque elas não funcionam. Então, nesse caso, você identifica uma ideia do que ele *deveria ver como útil* e *o que ele sente como útil*. Nos treinamentos, Beck enfatizava isso. Isso algumas vezes pode conduzir a discussões importantes sobre o que devemos pensar e o que realmente é útil, particularmente com clientes que são submissos e sempre tentam elaborar a "resposta correta" e não são capazes de *se sentir em um processo*. Essas discussões também começarão a revelar FBRs sutis. Às vezes, manter a exploração de uma forma lúdica, em vez de "Eu *tenho* que encontrar algo que seja útil", pode aliviar a pressão que ele coloca sobre si mesmo para "ter sucesso", o que vai bloquear a experiência de ajuda.

Comportamento. O quarto conjunto de competências para tomar uma ação diz respeito, obviamente, às comportamentais. Novamente, há muitas e diferentes abordagens excelentes para intervenções comportamentais. De fato, é sabido que, em muitos contextos, é *o fazer* que nos ajuda a aprender e a nos tornarmos habilidosos. Não importa o quanto sabemos sobre dirigir, se você realmente não dirigir um carro, não vai ficar melhor nisso. Note também que as intervenções comportamentais apoiam processos como empatia e tolerância ao estresse. Quanto mais praticamos a condução de veículos, mais confiantes ficamos — e, portanto, menos ansiosos. Logo, durante o curso da terapia, dependendo do contexto, os clientes podem precisar de muitas oportunidades diferentes para aprender e praticar *diferentes tipos de comportamento*. Por exemplo, eles podem precisar de coragem para aprender assertividade, se defender contra intimidadores, sair de relacionamentos tóxicos, mudar sua dieta ou aprender comportamentos de prevenção. Muitos aspectos da terapia envolvem exposições comportamentais conforme a natureza do medo ou a habilidade a ser aprendida. Os clientes podem precisar fazer mais exercícios ou aumentar positivamente (busca da motivação) comportamentos gratificantes que gerem emoção positiva. Eles podem precisar fazer menos, e não mais, e podem precisar reconhecer que, se estiverem exaustos, precisam fazer uma pausa e descansar. Pessoas que ficam emocionalmente exaustas podem confundir isso com depressão.

Também há muitas práticas comportamentais de compaixão, como andar pela rua com uma expressão no rosto e orientação amistosas; esforçar-se para ter interesse em outras pessoas; começar cada dia com o que chamamos de "dois minutos debaixo do edredom", que é entrar em sintonia com o próprio corpo e realmente focar no tipo de pessoa compassiva que você quer ser hoje (Gilbert, 2009). Escolher trabalhar com instituições de caridade e explorar o significado e a satisfação de ajudar os outros podem ser outra prática comportamental.

Sensorial. A quinta competência é chamada de sensorial (consciência e foco), e há dois aspectos dela aqui. Uma é literalmente usar nossos sentidos para nos aterrarmos em uma forma de *mindfulness* típica, prestando atenção à respiração, colocando os pés no chão ou fazendo exercícios de apoio. Os clientes também podem praticar o *corpo em ação*, como se ficassem com raiva ou ansiosos, para então se engajar em uma caminhada rápida, agachamentos ou movimentos de ioga e alongamento. Eles estão conscientemente prestando atenção à experiência do corpo em ação sendo incorporada.

Sentimentos. A sexta competência de ação na Figura 7.1 é o reconhecimento de que podemos ter emoções complexas associadas ao engajamento, mas também a realização das ações. Quando os clientes começam a abordar as fontes do seu sofrimento, eles podem precisar se engajar em exposição ou aprender comportamentos diferentes que podem levá-los até emoções mais complexas e difíceis, com as quais podem aprender como trabalhar e experienciar. A compaixão oferece uma estrutura para ajudar a *tolerar as emoções geradas pelas ações para mudança*. Portanto, tenha em mente o importante trabalho de Di Bello, Ottaviani e Petrocchi (2021), "Compassion Is Not a Benzo" (veja os Capítulos 2 e 10). Como mencionado anteriormente, se estivermos arriscando nossa própria vida, como um bombeiro, as emoções com as quais precisamos trabalhar podem ser ansiedade, mas se estivermos lutando contra injustiça social, pode ser raiva, e se estamos trabalhando com a morte, pode ser uma grande tristeza. Logo, as emoções de engajamento são muito contextuais. Alguns indivíduos podem ser capazes de lidar com a raiva em seus papéis de salvamento, mas não com a tristeza em estados de luto. Trata-se de ver que há emoções diferentes ligadas ao *engajamento* no sofrimento e então *entrar em ação*.

Evidências para as competências e modelo dos processos. As motivações de cuidado, como todas as motivações, são apoiadas por múltiplas competências e processos. As 12 competências e os processos sugeridos aqui foram derivados de anos de experiência clínica, sugestões de clientes e pesquisa básica em psicoterapias em múltiplas áreas como empatia, tolerância ao estresse, *mindfulness* e mudança cognitiva e comportamental. Eles têm a finalidade de serem guias e heurísticas, e *não fatos exaustivos*. Em um teste direto da abordagem das 12 competências, Sommers-Spijkerman et al. (2020) analisaram 625 mensagens de *e-mail* de 87 participantes e seus conselheiros durante nove semanas de uma intervenção de autoajuda de TFC. Eles identificaram que, na sua maior parte, essas competências funcionaram como o modelo sugerido. Além disso, eram as mudanças nessas competências que estavam ligadas à mudança clínica. A partir dos seus dados, eles sugeriram um conjunto simplificado de cinco processos de engajamento de cuidado para bem-estar, sensibilidade, empatia, tolerância ao estresse e humanidade compartilhada, e quatro processos de ação de atenção compassiva, raciocínio, comportamento e sentimento/sensação. No modelo original, temos competências baseadas no corpo concebidas para desenvolver os processos psicofisiológicos da compaixão. Logo, a terapia da TFC utiliza uma variedade de competências para o desenvolvimento de habilidades em múltiplos domínios.

Habilidades clínicas. Um breve olhar

Como todas as terapias, são inúmeras as habilidades clínicas importantes na TFC. Elas incluem a construção de uma relação terapêutica que crie uma base segura e um porto seguro, a formulação e a passagem por diferentes estágios da terapia. Crucial para o desenvolvimento de uma terapia é reconhecer *que a mudança não é linear*. Quando as pessoas começam a se engajar em suas dificuldades — por exemplo, trabalhar com suas depressões ou seu trauma —, elas podem ter um aumento nas três grandes emoções de raiva, ansiedade e tristeza (veja o Capítulo 9). Se a tristeza for confundida com depressão, então o pesar elevado e a tristeza podem ser vistos como uma piora do cliente, ao passo que este pode ser um estágio em que ele pode melhorar. Além disso, os clientes podem passar por estágios de compreensão "intelectual" dos processos de compaixão, mas, com tempo para praticar compaixão, eles se tornam mais internalizados, disponíveis e uma fonte de autoidentidade. Alguns clientes também vão trabalhar os FBRs (veja o Capítulo 6). Como outras terapias, a TFC usa micro-habilidades gerais, como perguntas fechadas e abertas, parafrasear, resumir, formular, reflexão empática e proporcionar silêncios para *insight* (Gilbert, 2007; veja também o Capítulo 13). Muitas vezes, durante treinamentos de TFC, observamos que os terapeutas podem ter considerável conhecimento sobre uma terapia, mas suas micro-habilidades clínicas poderiam (falando de maneira educada) ser desenvolvidas.

Quando eu estava fazendo um treinamento psicodinâmico, o terapeuta treinador perguntou a nós, jovens aprendizes, se éramos *voyeurs* e estaríamos interessados no que se passa nas casas dos nossos amigos. Não gostamos do termo "*voyeur*", e isso nos deixou perplexos. Aquilo foi jocoso, mas ele acrescentou algo como:

> Se vocês não forem um *voyeur* mental, fascinados pelo que se passa na mente, pelos segredos e pelo que está nas sombras do que é temido, por favor não venham para a terapia, pois se vocês não têm curiosidade básica sobre o que se passa atrás dos olhos, se vocês não têm interesse em coisas que as pessoas podem ter medo de lhes revelar, vocês não são adequados para terapia. Vocês precisam ter curiosidade profunda e fascinação pelo funcionamento da mente de uma pessoa; caso contrário, se tornarão um tecnocrata.

Aquilo tocou fundo, assim como um dos trabalhos atuais sobre a natureza da *admiração como empatia*, de Margulies (1984). Quando perguntamos a terapeutas em treinamento hoje em dia porque procuraram a terapia como profissão, eles geralmente dizem que é "porque querem ajudar as pessoas", mas eles poderiam ter escolhido ser um bombeiro ou um membro de muitas outras profissões de ajuda. Por que terapia? Algumas vezes, é porque eles mesmos estão resolvendo problemas. O que você está idealmente esperando é que eles tenham escolhido a terapia em vez de alguma outra profissão de ajuda devido à sua fascinação pela psicologia e pela mente; eles são, de fato, fascinados pelas mentes e idealmente estão interessados nas ciências da mente.

A abordagem socrática. Sócrates foi um filósofo grego que convidava as pessoas a explorar a base de alguns dos seus conceitos, como justiça, beleza, liberdade e coragem, por meio de processos de questionamento e diálogo. Entendemos a maioria dos conceitos relacionando-os a outros conceitos, e, portanto, o significado emerge da *interconexão de diferentes conceitos*. Por exemplo, arriscar sua vida por outra pessoa pode ser visto como um exemplo de coragem, mas, e se você tivesse câncer e soubesse que ia morrer nos próximos dias? Todos os exemplos são, em certa medida, contextuais. São as interconexões entre os conceitos, além das emoções, dos motivos e dos pensamentos, que os diálogos socráticos visam a revelar. Algumas vezes, o questionamento socrático vai envolver oferecer contraexemplos. Essa abordagem é central para a TCC e a TFC, mas sua complexidade e sua sofisticação nem sempre são apreciadas. O diálogo socrático é central para o que é chamado de descoberta guiada, que é ajudar as pessoas a conectarem condições superficiais ou emoções com processos motivacionais mais profundos, medos arquetípicos ou necessidades bloqueadas. Ele convida os clientes a explorarem as *implicações* de um "produto" psicológico. Também ajuda a articular as crenças funcionais do cliente e a variedade do significado. Considere, por exemplo, o amigo que estava com medo de ir para o hospital para uma cirurgia. A menos que exploremos, na verdade, não saberemos do que se trata esse medo. Pode haver muitas razões; ele pode ter medo de morrer porque quer aproveitar a vida, ou pode dizer: "não é tanto por morrer, mas é *a forma* de morrer o que me assusta", ou "não sou tão preocupado comigo, mas não consigo suportar a ideia de deixar minha família e meus filhos, ou me sentir preso no hospital, ou tenho medo da dor, etc.". Pode haver muitos diferentes temas de medo.

A exploração do significado e a natureza interconectada do raciocínio podem focar em quase tudo, desde notar um aumento na frequência cardíaca, que leva a uma série de pensamentos que se conectam com o medo da morte, até ter fantasias sobre fazer sexo com o vizinho da porta ao lado, como um pecado, até se defender dos próprios pais, até o dilema de trocar de emprego. As conversas socráticas em geral são em torno de perguntas do tipo *o que* ou *suponha que...* e *então o que...* Menos comumente, são perguntas do tipo *por que* ou *como*. As explorações podem ser:

> Então você teve essa(e) fantasia/desejo/pensamento/emoção/impulso comportamental, o que você achou disso? Como você viu isso; o que isso significou para você? O que isso o levou a pensar, sentir ou querer? O que você pensou sobre si mesmo? O que você achou que estava passando na mente do outro? Quais você acha que foram suas razões, suas esperanças, seus medos? Qual foi seu maior medo? Qual foi sua maior esperança? E se "esse" fosse o caso, então qual seria seu maior medo ou esperança?

Considerando-se desse modo, há uma infinidade de possibilidades, sobretudo de processamento da ameaça e necessidades frustradas.

Esses tipos de conversas podem ser muito estruturados, mas também podem ser livres e exploratórios. Elas são centrais para o cliente experienciar uma curiosidade genuína e fascinação da nossa parte sobre ele e seu mundo interno. Elas também fornecem a base para mentalização, pois você e seu cliente estão obtendo *insight* da sua mente e como os diferentes medos estão ligados entre si. Em outras palavras, as conversas socráticas não são diagnósticas, mas reveladoras. A formação de uma conexão empática depende da "descoberta" do que está acontecendo na mente do cliente. As conversas socráticas também ajudam o cliente a começar a explorar sua própria mente de uma forma que não havia feito antes (Waltman et al., 2020). Algumas vezes, dizemos às pessoas que, quando se trata da nossa mente, isso é um pouco como se estivéssemos voando; nós temos uma noção do que está acontecendo, mas só depois que chegamos ao solo, caminhamos lentamente e visitamos as coisas em detalhes é que realmente conhecemos o território. Por exemplo, um indivíduo pode temer um aumento na frequência cardíaca, mas a consequência é porque ele acha que isso vai matá-lo — ou seja, ele teme a morte, mas, como mencionado anteriormente, isso pode estar ligado a diferentes medos (p. ex., deixar seus filhos). Na TFC, há um número relativamente limitado de consequências, ou o que chamaríamos de medos arquetípicos. O dano físico é obviamente um deles, mas o dano social é muito importante na forma de desvalorização social, rejeição e desconexão social (veja o Capítulo 5, Fig. 5.2). Em outras palavras, o questionamento socrático pode revelar níveis mais profundos de medos arquetípicos, necessidades não satisfeitas e anseios (veja o Capítulo 9).

O uso da empatia e da mentalização. Já nos referimos a elas no Capítulo 2. Há muitos usos da empatia e da mentalização, como sintonia com experiências emocionais e tomada de perspectiva (Decety & Ickes, 2011; Luyten, Campbell, Allison, & Fonagy, 2020; Margulies, 1984). A terapia é interacional, tal que há consciência da mentalização empática que o terapeuta tem pelo cliente, mais a empatia sobre como apresentar essa informação de forma útil. Depois, há a experiência do cliente e as respostas às comunicações empáticas do terapeuta. No entanto, a mentalização terapêutica também tem duas outras funções. Uma é ficar por trás das apresentações superficiais, e a segunda é perceber ou sentir coisas que talvez o cliente não sinta. Por exemplo, um cliente se apresenta irritado na terapia, dizendo que está tentando a terapia e parece não estar chegando a lugar algum. Um terapeuta empático entende que é importante *não* reagir defensivamente nem dar garantias superficiais, mas validar e refletir. O terapeuta pode refletir: "*Entendo que essa é uma dificuldade e que é muito frustrante quando você está querendo progredir e melhorar*", mas ele também pode ficar *atrás* e sugerir que "*vir para a terapia e sentir que parece que não estamos evoluindo tão bem deve ser* *muito assustador e preocupante para você"*. Qual dessas você usará depende de como você mentaliza esse cliente em específico, pois uma delas pode ser útil, ou nenhuma. Às vezes, com um cliente com raiva, começamos validando e encontrando alguma coisa com a qual concordamos. A partir dali, usamos empatia preditiva para refletir com o cliente que ele tem uma percepção da dor, da vulnerabilidade, do medo e/ou do pesar que está por trás da raiva. Para raiva de alguém, poderia ser: "*Quando ele fez aquilo, isso deve ter lhe machucado tanto a ponto de você querer machucá-lo de volta*", ou para uma pessoa com raiva e deprimida, poderia ser: "*Quando ele fez aquilo, isso deve ter deixado você se sentindo muito sozinho e isolado*". O que é crucial é a sua própria percepção empática e como o cliente então responde a essa conexão. Mentalizar e fazer uma ponte não é apenas sobre se conectar com o que o cliente realmente diz, mas também se conectar com a sua mente e ser sensível à linguagem corporal, aos tipos específicos de pausas, às expressões faciais e aos tons de voz. É ser empático com o que *ele não está dizendo*.

Podemos usar empatia e mentalização para refletir o tom emocional. Por exemplo, uma pessoa pode dizer: "*Quando eu estava saindo do restaurante, Sally/Jon pegou na minha mão e me convidou para ir ao seu apartamento*". Para uma declaração simples como essa, considere quantas reflexões emocionais diferentes pode haver, dependendo de como ela é dita. O terapeuta diz: "*Parece que isso a deixou com raiva*", e a cliente responde: "*Sim, ele sabe que eu não gosto dele, mas tentou fazer com que eu me sentisse culpada*" ou "*Ele sabe que eu me acordo cedo de manhã*". Ou o terapeuta poderia refletir: "*Parece que esse é um sinal um pouco confuso para você*". Empatia é acompanhar as texturas emocionais do conteúdo. A empatia preditiva também é muito útil para construir a relação terapêutica. Como outro exemplo, se um cliente que você conhece diz que está pensando em deixar seu emprego, você pode lhe perguntar o que está se passando na sua mente, mas, algumas vezes, a empatia preditiva é melhor porque desenvolve o seu relacionamento: *Entendo que essa seria uma posição muito difícil para você, porque, como já disse, você gosta do seu emprego, ele lhe dá segurança, mas, por outro lado, ele não está realmente lhe testando ou desafiando. Então isso é complicado, não é?*

A habilidade fundamental, que não é fácil, é mesclar todos esses diferentes aspectos, como questionamento socrático, descoberta guiada, sondagem da sabedoria, parafrasear, resumir e empatia acurada e preditiva. O espaço terapêutico também tem oportunidades para silêncio e reflexão.

Tenha em mente, também, que seus clientes estarão monitorando diferentes aspectos de você. Alguns podem vê-lo como empático, mas não necessariamente competente para ajudá-los, ou não completamente confiável. Eles podem ter muitas experiências de transferência com você (veja o Capítulo 13). Eles podem vê-lo como empático, mas o que realmente precisam é experienciar a *sua motivação para ser útil*. De fato, com algumas pessoas, um terapeuta empático que parece estar em sintonia com o cliente, mas não é experiente como compassivo, é assustador. Portanto, alguns clientes vão monitorar a *sua intenção compassiva* — ou seja, em que medida eles acham que você pode julgá-los, e se isso é "só um trabalho para você", e não apenas sua empatia.

Raiva na terapia e com o terapeuta. Como já observado, a maioria das pessoas se especializa em psicoterapia porque deseja ajudar as pessoas e, na maioria dos casos, espera interações úteis com indivíduos talvez levemente deprimidos ou ansiosos, e não discussões agressivas. Quando comecei, eu não tinha muita ideia sobre clientes que poderiam ser muito hostis. Entretanto, para os clientes com históricos difíceis, os detectores de características do sistema de ameaça de luta-fuga podem ser extremamente sensíveis. Às vezes, os clientes podem ficar com raiva do terapeuta devido à transferência. Esse é um conceito complicado, mas também pode ser pensado em termos do condicionamento clássico, em que surgem na interação sinais sutis que ativam a excitação defensiva. Algumas vezes, é bom checar isso com o cliente.

> Percebo que, algumas vezes, eu digo coisas ou faço coisas que parecem incomodá-lo e me pergunto se isso é porque estou ativando alguma coisa ou lembrando você de alguém ou alguma coisa que lhe aconteceu? É claro, também pode ser que eu tenha me enganado.

Rupturas terapêuticas, se trabalhadas, podem ser muito úteis (Katzow & Safran, 2007). Os teóricos do apego também destacaram o fato de que interrupções na terapia podem estimular medo de abandono e, consequentemente, "protesto" (raiva e ansiedade). Um cliente pode mencionar: "Detesto quando você tira férias e me deixa sem ajuda". Com esses tipos de situações, vale a pena explorar os *big three* da raiva, ansiedade e tristeza (veja o Capítulo 9). É importante validar essas emoções e refletir empaticamente: "*O fato de eu me afastar deixa você ansioso (ou com raiva)*" ou "*O fato de eu me afastar pode fazê-lo se sentir triste, solitário ou esquecido*". Existem, então, formas gentis pelas quais você pode ajudar os clientes a considerarem que, em vez de lidarem com ansiedade e tristeza, eles trocam para o ódio e só trabalham com a raiva.

É provável que interações raivosas nos afetem fisiologicamente. Nessas situações, nossa habilidade para sermos conscientes, equilibrarmos nosso sistema nervoso autônomo, nos recuperarmos e sermos não defensivos e exploradores é importante. O que pode ajudar a mudança fisiológica é o aterramento do corpo, abrandar nossa respiração, não tomar isso como um ataque pessoal. Tentamos ver por trás da raiva, comumente, um senso profundo de solidão e desconexão ou dor pelos outros. Isso leva tempo. Há muitos obstáculos nos quais ficar de olho. Por exemplo, uma cliente que estava com raiva, e com quem tentei ser empático, disse posteriormente:

> Você realmente me tirava do sério, a forma como você aceitava a minha raiva, porque eu saía daqui pensando que você a tolerava apenas por ser seu trabalho, mas você me odiava por isso, embora tivesse medo demais de mim para dizer algo.

Clientes como esse nos ensinam muito! Respondi que eu achava que aquela era uma observação muito perspicaz, mas que eu não estava muito certo do que fazer com ela e, sim, eu concordava que algumas vezes ela me provocava taquicardia; eu estava em uma posição difícil. Então perguntei o que teria sido útil? Ela olhou para mim e disse: "Como é que eu deveria saber, **? Você que é o *** terapeuta" — e nós dois rimos. Gradualmente, ela se aproximou da ideia de que eu via a dor e a solidão por trás da raiva e muitas vezes a guiava para ter consciência disso. Havia muitas questões passadas, também, como você pode imaginar.

A questão nessa curta apresentação é reforçar o fato de que podemos identificar as 12 competências, mas elas sempre são apresentadas e contextualizadas na relação terapêutica (veja o Capítulo 13). Temos compaixão não pelas coisas fáceis, mas pelas coisas difíceis. O que importa é termos compaixão por nossos clientes quando eles estão atacando, sobretudo se eles são um tanto assustadores. Pode ser muito difícil descobrir como ter conversas honestas e estabelecer limites terapêuticos apropriados. Portanto, às vezes, é importante ter colegas e supervisores com quem trocar ideias e compartilhar sua própria turbulência emocional. De fato, assegurar supervisão apropriada e apoio faz parte do autocuidado e do profissionalismo. Há um antigo ditado que diz que "a mente é um lugar perigoso. Eu não entraria lá sozinho". Costumo usar isso para estimular os terapeutas que treinamos a garantirem seus próprios apoios emocionais e de supervisão. Nossa compaixão terapêutica requer, portanto, que tenhamos apoio apropriado à nossa volta e não lutemos sozinhos.

Conclusão

Este capítulo descreveu:

- como guiar os clientes para entender a conceituação da TFC de compaixão, pois há muitos conceitos na internet e em outros lugares, alguns dos quais não são tão úteis como um processo de terapia. Durante a terapia, a descoberta guiada é um processo muito importante, sobretudo para as dinâmicas da sabedoria e da coragem na compaixão.
- como apresentar psicoeducação sobre a natureza do cérebro complicado evoluído. Embora a maioria das terapias reconheça a irracionalidade de alguns dos nossos algoritmos e vieses, a TFC guia os clientes para entenderem que eles têm um cérebro biologicamente criado e socialmente coreografado que foi construído para eles, e não por eles, e que pode ser extremamente complicado, *embora não seja culpa deles.*
- que há muitos processos na vida que são complicados ou perigosos e que nós não causamos, mas temos que tomar atitudes para prevenir danos. Portanto, devemos enfatizar que aprender sobre as competências da compaixão é uma forma de obter *insight* da própria mente para agir para ser útil, e não prejudicial.
- como a compaixão desenvergonha e desfusiona as pessoas dos conteúdos de um cérebro biológico, texturizando a mente consciente.

Após, exploramos as competências para o engajamento compassivo e a ação compassiva. Elas são mutuamente apoiadoras. Exploramos brevemente as competências do terapeuta. Há muitas e diferentes habilidades e sabedorias terapêuticas em diferentes terapias que são centrais para apoiar o processo da TFC. O cliente realmente não se importa de qual tribo de terapia uma intervenção provém, apenas se há uma base científica que a apoie e que o ajude. É por isso que repetidamente falamos sobre a TFC como terapia *focada* na compaixão, e *não* terapia da compaixão, pois estamos aprendendo uns com os outros o tempo todo, integrando novos *insights* e manobras terapêuticas em múltiplos domínios de funcionamento. Isso é o que uma comunidade científica apoiadora faz.

Referências

Bargh, J. (2017). *Before you know it: The unconscious reasons we do what we do.* Simon & Schuster.

Beck, A.T., Rush, A.J., Shaw, B.F. and Emery, G. (1979). *Cognitive therapy of depression.* Wiley.

Becker, J.C., Hartwich, L., & Haslam, S.A. (2021). Neoliberalism can reduce well-being by promoting a sense of social disconnection, competition, and loneliness. *The British Journal of Social Psychology* (Advance online). https://doi.org/10.1111/bjso.12438

Bennett, M.P., Knight, R., Patel, S., So, T., Dunning, D., Barnhofer, T., Smith, P., Kuyken, W., Ford, T., & Dalgleish, T. (2021). Decentering as a core component in the psychological treatment and prevention of youth anxiety and depression: a narrative review and insight report. *Translational Psychiatry, 11*, 288 (Open access).

Bernstein, A., Hadash, Y., Lichtash, Y., Tanay, G., Shepherd, K., & Fresco, D.M. (2015). Decentering and related constructs: A critical review and metacognitive processes model. *Perspectives on Psychological Science, 10*(5), 599–617.

Bloom, P. (2017). *Against empathy: The case for rational compassion.* Random House.

Boulanger, J.L., Hayes, S.C., & Pistorello, J. (2010). Experiential avoidance as a functional contextual concept. In A.M. Kring & D.M. Sloan (Eds.). *Emotion regulation and psychopathology: A transdiagnostic approach to etiology and treatment* (pp. 107–136). The Guilford Press.

Brenner, R.E., Heath, P.J., Vogel, D.L., & Credé, M. (2017). Two is more valid than one: Examining the factor structure of the Self-Compassion Scale (SCS). *Journal of Counseling Psychology, 64*(6), 696–707. https://doi.org/10.1037/cou0000211

Campbell, W.K., Foster, C.A., & Finkel, E.J. (2002). Does self-love lead to love for others? A story of narcissistic game playing. *Journal of Personality and Social Psychology, 83*(2), 340–354.

Campero, A. (2019). *Genes vs cultures vs consciousness: A brief story of our computational minds*. Independently published.

Coles, M.I., & Gent, B. (Eds.) (2020). *Education for survival the pedagogy of compassion*. UCL IOE Press.

Costello, A. (2018). The *social edge: The power of sympathy groups for our health wealth and sustainable future*. Thornwick.

Decety, J., & Ickes, W. (Eds.). (2011). *The social neuroscience of empathy*. MIT Press.

Di Bello, M., Ottaviani, C., & Petrocchi, N. (2021). Compassion is not a benzo: Distinctive associations of heart rate variability with its empathic and action components. *Frontiers in Neuroscience, 15*, 223.

Eisenberg, N., VanSchyndel, S.K., & Hofer, C. (2015). The association of maternal socialization in childhood and adolescence with adult offsprings' sympathy/caring. *Developmental Psychology, 51*, 7–16. https://doi.org/10.1037/a0038137

Favre, P., Kanske, P., Engen, H., & Singer, T. (2021). Decreased emotional reactivity after 3-month socio-affective but not attention-or meta-cognitive-based mental training: A randomized, controlled, longitudinal fMRI study. *NeuroImage*, 118132 (advanced on line).

Gilbert, P. (1989/2016). *Human nature and suffering*. Routledge.

Gilbert, P. (1998). Evolutionary psychopathology: Why isn't the mind better designed than it is? *British Journal of Medical Psychology, 71*, 353–373.

Gilbert, P. (2000). Social mentalities: Internal 'social' conflicts and the role of inner warmth and compassion in cognitive therapy. In P. Gilbert & K.G. Bailey (Eds.). *Genes on the couch: Explorations in evolutionary psychotherapy* (pp. 118–150). Psychology Press.

Gilbert. P. (2005). Compassion and cruelty: A biopsychosocial approach. In P. Gilbert (Ed.). *Compassion: Conceptualisations, research and use in psychotherapy*. (pp. 3–74). Routledge.

Gilbert, P. (2007). *Psychotherapy and counselling for depression* (3rd ed.). SAGE.

Gilbert, P. (2010). *Compassion focused therapy* (The CBT Distinctive Features Series). Routledge.

Gilbert, P. (2017a). Compassion: Definitions and controversies. In P. Gilbert (Ed.). *Compassion: Concepts, research and applications* (pp. 3–15). Routledge.

Gilbert, P. (2017b). *Compassion: Concepts, research and applications*. Routledge.

Gilbert, P. (2017c). Compassion as a social mentality: An evolutionary approach. In P. Gilbert (Eds.). *Compassion: Concepts, research and applications* (pp. 31–68). Routledge.

Gilbert, P. (2018). *Living like crazy*. Annwyn House.

Gilbert, P. (2020). Compassion: From its evolution to a psychotherapy. *Frontiers in Psychology, 11*, 3123.

Gilbert, P. (2021). Creating a compassionate world: Addressing the conflicts between sharing and caring versus controlling and holding evolved strategies. *Frontiers in Psychology, 11*, 582090. https://doi.org/10.3389/fpsyg.2020.582090

Gilbert, P., & Basran, J. (2018). Imagining one's compassionate self and coping with life difficulties. *EC Psychology and Psychiatry*, November 26 (Open access) www.ecronicon.com/ecpp/ pdf/ECPP-07-00367.pdf

Gilbert, P., & Choden (2013). *Mindful compassion*. Constable & Robinson.

Gilbert, P., & Mascaro, J. (2017). Compassion: Fears, blocks, and resistances: An evolutionary investigation. In E.M. Seppälä, E. Simon-Thomas, S.L. Brown, M.C. Worline, C.D. Cameron, & J.R. Doty (Eds.). *Handbook of compassion* (pp. 399–420). Oxford University Press.

Gilbert, P., & Procter, S. (2006). Compassionate mind training for people with high shame and self-criticism: Overview and pilot study of a group therapy approach. *Clinical Psychology & Psychotherapy, 13*(6), 353–379.

Gilbert, P., Basran, J., MacArthur, M., & Kirby, J.N. (2019). Differences in the semantics of prosocial words: An exploration of compassion and kindness. *Mindfulness, 10*(11), 2259–2271.

Gilbert, P., Catarino, F., Duarte, C., Matos, M., Kolts, R., Stubbs, J., Ceresatto, L., Duarte, J., Pinto-Gouveia, J., & Basran, J. (2017). The development of compassionate engagement and action scales for self and others. *Journal of Compassionate Health Care, 4*(1), 1–24. https://doi.org/ 10.1186/s40639-017-0033-3

Gilbert, P., Matos, M., Wood, W., & Martos, F. (2020). The compassionate mind and the conflicts between competing and caring: Implications for educating young minds. In M.I. Coles & B. Gent (Eds.). *Education for survival: The pedagogy of compassion* (pp. 44–76). UCL IOE Press.

Grimes, D.R. (2019). *The irrational ape: Why flawed logic puts us all at risk and how critical thinking can save the world*. Simon & Schuster.

Harris, A. (2019). *Consciousness: A brief guide of the fundamental mystery of the mind*. New Harper.

Haslam, C., Jetten, J., Cruwys, T., Dingle, G.A., & Haslam, A.S. (2018). *The new psychology of health: Unlocking the social cure*. Routledge.

Hayes, S.C., Wilson, K.G., Gifford, E.V., Follette, V.M., & Strosahl, K. (1996). Experiential avoidance and behavioral disorders: A functional dimensional approach to diagnosis and treatment. *Journal of Consulting and Clinical Psychology, 64*(6), 1152.

Hood, B. (2011). *The self-illusion: Why there is no 'you' inside your head.* Constable.

Hunt, E. (2020, December 30). This year I finally learned that work alone is not enough to sustain me. *The Guardian.* www.theguardian.com/commentisfree/2020/dec/30/this-year-work-burnout-misery

Jinpa, T. (2015). *A fearless heart: Why compassion is the key to greater well-being.* Little Brown.

Katzow, A.W., & Safran, J.D. (2007). Recognising and resolving ruptures in the therapeutic alliance. In P. Gilbert & R.L. Leahy (Eds.). *The therapeutic relationship in cognitive behavioural psychotherapies* (pp. 90–105). Routledge.

Kirby, J., & Gilbert, P. (2017). The emergence of the compassion focused therapies. In P. Gilbert (Ed.). *Compassion: Concepts, research and applications* (pp. 258–285). Routledge.

Kross, E., & Ayduk, O. (2017). Self-distancing: Theory, research, and current directions. In *Advances in experimental social psychology* (Vol. 55, pp. 81–136). Academic Press.

Kumlander, S., Lahtinen, O., Turunen, T., & Salmivalli, C. (2018). Two is more valid than one, but is six even better? The factor structure of the Self-Compassion Scale (SCS). *PLOS ONE, 13*(12), e0207706.

Lamers, S.M., Westerhof, G.J., Glas, C.A., & Bohlmeijer, E.T. (2015). The bidirectional relation between positive mental health and psychopathology in a longitudinal representative panel study. *The Journal of Positive Psychology, 10*(6), 553–560.

Leahy, R.L. (2019). *Emotional schema therapy: Distinctive features.* Routledge.

Loewenstein, G., & Small, D. A. (2007). The scarecrow and the tin man: The vicissitudes of human sympathy and caring. *Review of General Psychology, 11*, 112–126. https://doi.org/10.1037/1089-2680.11.2.112

López, A., Sanderman, R., Smink, A., Zhang, Y., Van Sonderen, E., Ranchor, A., & Schroevers, M.J. (2015). A reconsideration of the Self-Compassion Scale's total score: Self-compassion versus self-criticism. *PLOS ONE, 10*(7), e0132940.

Luyten, P., Campbell, C., Allison, E., & Fonagy, P. (2020). The mentalizing approach to psycho-pathology: State of the art and future directions. *Annual Review of Clinical Psychology, 16*, 297–325.

Margulies, A. (1984). Toward empathy: The uses of wonder. *The American Journal of Psychiatry, 141*(9), 1025–1033. https://doi.org/10.1176/ajp.141.9.1025

Mascaro, J.S., Florian, M.P., Ash, M.J., Palmer, P.K., Frazier, T., Condon, P., & Raison, C. (2020). Ways of knowing compassion: How do we come to know, understand, and measure compassion when we see it? *Frontiers in Psychology, 11*.

Matos, M., Albuquerque, I., Palmeira, L., Cunha, M., Lima, M. P., Maratos, F., & Gilbert, P. (2019). Building compassionate schools: Pilot study of a compassion based intervention to promote teachers' well-being, professional satisfaction and emotion regulation skills. *Mindfulness.* doi. org/10.1007/s12671-021-01778-3.

McGregor, I., & Marigold, D.C. (2003). Defensive zeal and the uncertain self: What makes you so sure? *Journal of Personality and Social Psychology, 85*, 838–852.

Neff, K., & Germer, C. (2017). Self-compassion and psychological well-being. In E.M. Seppälä, E. Simon-Thomas, S.L. Brown, M.C. Worline, L. Cameron, & J.R. Doty (Eds.). *The Oxford handbook of compassion science* (pp. 371–386). Oxford University Press.

Nesse, R.M. (2019). *Good reasons for bad feelings: Insights from the frontier of evolutionary psychiatry.* Dutton.

Pennebaker, J.W. (1997). *Opening up: The healing power of expressing emotions.* Guilford Press.

Pennebaker, J.W., & Chung, C.K. (2007). *Expressive writing, emotional upheavals, and health.* In H.S. Friedman & R.C. Silver (Eds.). *Foundations of health psychology* (pp. 263–284). Oxford University Press.

Poulin, M.J. (2017). To help or not to help: Goal commitment and the goodness of compassion. In E.M. Seppälä, E. Simon-Thomas, S.L. Brown, M.C. Worline, L. Cameron, & J.R. Doty (Eds.). *The Oxford handbook of compassion science* (pp. 355–367). Oxford University Press.

Rinpoche & Mullen. K. (2005). The Buddhist use of compassionate imagery in mind healing. In P. Gilbert (Ed.). *Compassion: Conceptualisations, research and use in psychotherapy* (pp. 218– 238). Routledge.

Ryan, C. (2019). *Civilized to death: The price of progress.* Avid Reader Press/Simon & Schuster. Salkovskis, P.M. (1996) The cognitive approach to anxiety: Threat beliefs, safety-seeking behavior, and the special case of health anxiety and obsessions. In P. M.

Salkovskis (Ed.). *Frontiers of cognitive therapy* (pp. 48–74). Guilford Press.

Seppälä, E.M., Simon-Thomas, E., Brown, S.L., Worline, M.C., Cameron, C.D., & Doty, J.R. (Eds.). *Handbook of compassion* (pp. 399–420). Oxford University Press.

Siegel, D. J. (2016). *Mind: A journey into the heart of being human*. Norton.

Smail, D. (2018). *Taking care: An alternative to therapy*. Routledge.

Sommers-Spijkerman, M., Elfrink, T.R., Drossaert, C.H., Schreurs, K.M., & Bohlmeijer, E.T. (2020). Exploring compassionate attributes and skills among individuals participating in compassion-focused therapy for enhancing well-being. *Psychology and Psychotherapy: Theory, Research and Practice*, 93(3), 555–571.

Wallace-Hadrill, S., & Kamboj, S.K. (2016). The impact of perspective change as a cognitive reappraisal strategy on affect: A systematic review. *Frontiers in Psychology*, 7, 1715. https://doi. rog/10.3389/fpsyg.2016.01715

Waltman, S. H., Codd III, R. T., McFarr, L. M., & Moore, B. A. (2020). *Socratic Questioning for Therapists and Counselors: Learn How to Think and Intervene Like a Cognitive Behavior Therapist*. Routledge.

Wright, R. (2017). *Why Buddhism is true: The science and philosophy of meditation and enlightenment*. Simon & Schuster.

8

Treino da mente compassiva
Temas principais

Paul Gilbert

A TFC distingue os aspectos terapêuticos (construir uma relação terapêutica, desenvolver formulação, combinar tarefas e objetivos) de aspectos do treino da mente (e do corpo) compassiva (TMC). Este capítulo explora alguns TMCs, mas pode ser encontrado muito mais no *website* Compassionate Mind e em outros capítulos deste livro. As intervenções discutidas estão ligadas às 12 competências apresentadas no Capítulo 7, Figura 7.1. Atualmente, há uma grande variedade de livros de *autoajuda* para mente compassiva, abordando problemas de saúde mental específicos listados no *website* Compassionate Mind. Gilbert e Choden (2013), Welford (2016) e Irons e Beaumont (2017) desenvolveram livros de exercícios gerais de TMC. Van der Brink e Koster (2015) desenvolveram o TMC, criando o que chamaram de um programa de *vida compassiva baseada em* mindfulness. Além disso, há um número crescente de diferentes abordagens para nos treinarmos para a compaixão (Condon & Makransky, 2020; Gilbert, 2009a; Jazaieri, Jinpa, McGonigal et al., 2013; Mascaro, Negi, & Raison, 2017; Neff & Germer, 2018; veja Kirby & Gilbert, 2017 para uma revisão). Os clientes podem ser convidados a examiná-las e explorar o que é útil para eles.

O *self* compassivo está associado ao conceito de uma autoidentidade (*Bodhicitta*), um *self* no qual procuramos nos transformar e pelo qual viver (Dalai Lama, 1995; Ricard, 2015). Além disso, as práticas de TMC são concebidas para construir funções internas de base segura e porto seguro de tal forma que os clientes tenham formas de apoiar, tranquilizar e encorajar a si mesmos e formas de regulação emocional, aterramento, acomodação e tranquilização (veja o Capítulo 3, Fig. 3.6). A intenção é "viver para ser útil, e não prejudicial". Parte da coragem e da sabedoria da compaixão é o reconhecimento de que, em determinados contextos, somos potencialmente uma espécie muito insensível e cruel com nós mesmos e com os outros (Gilbert, 2018, 2021). Portanto, a TFC desenvolve a coragem e a sabedoria para abordarmos nosso lado obscuro — essas partes de nós mesmos que podem ser involuntariamente (mas, às vezes, intencionalmente) prejudiciais para nós ou para os outros. À medida que a ciência se expande em torno desses processos, ano após ano, estamos desenvolvendo práticas diferentes e mais variadas. O TMC é uma parte essencial da TFC, porque muitos clientes podem não ter os *insights* psicológicos, as competências ou as infraestruturas necessárias para progredir para a "estabilidade mental" e o bem-estar. A TFC e outras terapias estão cada vez mais discutindo a psicoterapia como formas de *neu-*

ropsicofisioterapia (Cozzolino, 2017; Gilbert, 2010, 2017a, 2019; Porges, 2007, 2017; Siegel, 2016, 2018, 2020; Singer & Engert, 2019). A Figura 8.1 oferece breve visão geral das ligações entre a TFC e o TMC, mas essas ligações não são rígidas, e essas abordagens se apoiam de maneira mútua.

O treino da compaixão de várias formas produz mudanças no sistema nervoso autônomo, conforme medido pela variabilidade da frequência cardíaca (Di Bello et al., 2020; Kim, Parker, Henderson, & Kirby, 2020a; Matos, Duarte, Duarte et al., 2017; Steffen, Fox, Cattani, Alldredge, Austin, & Burlingame, 2020), no sistema imune (Pace, Negi, Adame et al., 2009) e em vários circuitos neurais (Favre, Kanske, Engen, & Singer, 2021; Kim, Parker, Doty, Cunnington, Gilbert, & Kirby, 2020; Singer & Engert, 2019; Weng et al., 2013, 2018). Embora o TMC envolva muitas competências, incluindo *mindfulness*, treino da empatia e treinos específicos de cuidado, Singer e colegas demonstraram que tipos específicos de intervenção, como *mindfulness*, empatia e compaixão, estimulam diferentes sistemas neurofisiológicos (p. ex., Singer & Engert, 2019; Favre et al., 2021). Logo, diferentes intervenções são necessárias para ajudar a desenvolver diferentes competências (veja o Capítulo 9). Um dos processos terapêuticos mais importantes, mas também complexo, é integrar a TFC e o TMC. Alguns clientes precisam de considerável contribuição terapêutica e da gentil introdução ao TMC, ao passo que outros podem se engajar no processo terapêutico sem fazer muito TMC, e vice-versa. Uma dificuldade comum é quando o TMC não está integrado à terapia, mas é um tipo de "apêndice". Um exemplo clássico é tentar ajudar alguém com aterramento e respiração com ritmo calmante para ansiedade quando, subjacente à ansiedade, encontra-se medo da raiva e assertividade (veja o Capítulo 9, Folha de exercícios 9.1).

Treino da atenção e *mindfulness*

Nossa habilidade de sermos conscientes e observarmos a mente é possível somente porque evoluímos uma nova competência que outros animais provavelmente não têm. Isso é chamado de *consciência de ser consciente* (veja o Capítulo 2). Siegel (2018) chama isso de consciência da consciência. Enquanto as tradições contemplativas veem a consciência como "a base de todo o ser" (Austin, 2009), os neurofisiologistas tentam identificar sistemas cerebrais específicos dos quais ela pode depender (Manuello, Vercelli, Nani, Costa, & Cauld,

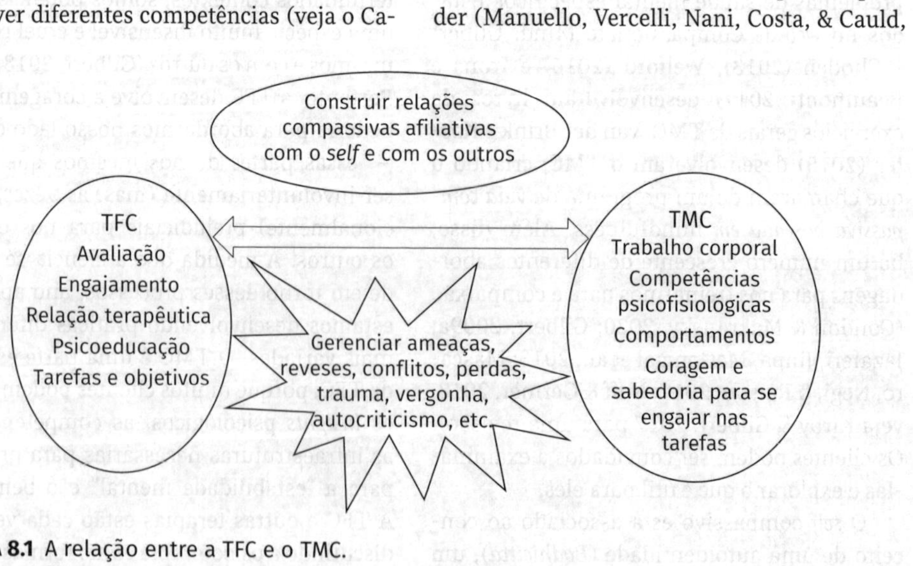

FIGURA 8.1 A relação entre a TFC e o TMC.
Fonte: © Paul Gilbert.

2016). Essas perspectivas não são tão incompatíveis quanto podem parecer, pois, assim como nosso sistema visual cria experiências de cor, ele é capaz de fazer isso só porque tem detectores de características para frequências de energia que não são geradas pelo cérebro. Talvez, em alguns aspectos, a consciência da consciência seja parecida. Enquanto essa averiguação científica se desenrola, como as tradições contemplativas reconheceram, precisamos treinar como usar essa nova competência — caso contrário, nossa consciência pode ser sequestrada por nossos mais prejudiciais algoritmos, programação e motivos subjacentes. Com *mindfulness*, podemos ter a percepção do quanto ser *consciente de ser consciente* é um potencial modificador de como vivemos nossa vida e cultivamos nosso cérebro e nossa mente. A maioria das pessoas não tem muita ideia de como elas podem treinar sua "consciência da consciência".

Embora o desenvolvimento e o uso de *mindfulness* para desenvolver a *consciência da mente* tenha milhares de anos e tenha emergido nas tradições contemplativas, o progresso científico no estudo de *mindfulness* é novo e frenético (Brown, Creswell, & Ryan, 2015; Siegel, 2018), incluindo o desenvolvimento e a aplicação de formas seculares de *mindfulness* (Alidina, 2020) e sua aplicação a problemas de saúde mental (Didonna, 2008; Coronado-Montoya, Levis, Kwakkenbos, Steele, Turner, & Thombs, 2016; Segal, Williams & Teasdale, 2018). Goleman e Davidson (2017; e veja Favre et al., 2021) revisam o crescente corpo de evidências de como a meditação — e o *mindfulness*, em especial — pode criar mudanças fundamentais em uma variedade de sistemas (neuro)fisiológicos e motivações básicas. Uma pesquisa rápida na internet revelará muitos artigos de pesquisa e textos excelentes sobre os diferentes tipos de *mindfulness* e livros de "como fazer". Atualmente, há uma publicação específica dedicada ao estudo de *mindfulness*. Refinando parte dessa complexidade (veja Favre et al., 2021; Goleman & Davidson, 2017; Manuello et al., 2016; Siegel, 2018), a Figura 8.2 oferece uma visão geral muito breve para enfatizar que *mindfulness* é um processo multifacetado e é usado de formas diferentes na psicoterapia (Germer & Barndofer, 2017; Germer & Siegel, 2012; Gilbert & Choden, 2013) e em formas mais profundas de *iluminação* (Austin, 2009). O processo começa

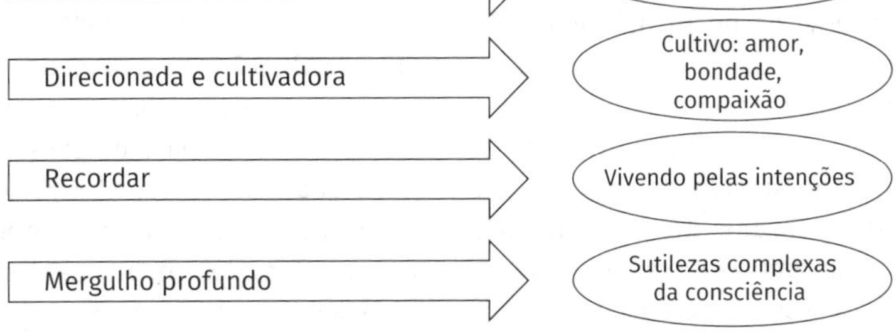

FIGURA 8.2 A natureza multifacetada do *mindfulness*.
Fonte: © Paul Gilbert.

simplesmente convidando as pessoas a se sentar em silêncio e prestar atenção às sensações da sua respiração. Isso revela rapidamente que temos uma mente que o tempo todo se volta para tudo o que está à nossa volta e que manter a atenção até na respiração é complicado. Isso é denominado dispersão da mente, ou "mente do macaco", e está ligado ao modo padrão. Certamente, não é por intenção escolhida consciente. A consciência da dispersão da mente *não intencional* conduz a práticas focadas, como aprender a repetidamente trazer a atenção para um ponto fixo ou concentrado. Pode ser a respiração, o corpo ou um som. A ideia é ajudar a criar estabilidade na mente e sermos capazes de nos aterrarmos no momento presente. Por exemplo, se estressadas, as pessoas podem trazer a atenção para a sua respiração, ou para a sensação dos seus pés no chão, ou fazer um exercício de flexão dos braços. *Mindfulness* também é usado para aumentar a consciência atencional intencional para "explorar e experienciar". Um exemplo pode ser explorar uma fruta em detalhes para observar suas texturas, cheirar, degustar, ver como é sua sensação na boca. Na verdade, qualquer processo de centralização focado no sensorial pode ser um foco para abrirmos nossa mente a uma gama mais ampla de consciência sensorial do que normalmente prestamos atenção (Goleman & Davidson, 2017; Kabat-Zinn, 2005; Siegel, 2018). Esse também é um processo de desfrute e que apoia a consciência aberta sobre o momento (Hanson, 2020).

Outra competência central é o *mindfulness* aberto. Trata-se de nossa habilidade de prestar atenção aos padrões em mudança da nossa mente biológica, de notar pensamentos, emoções e desejos quando eles surgem e diferenciá-los, talvez nomeando-os em voz alta: "Estou tendo um pensamento de que... esta emoção que está surgindo é de raiva...". Quanto mais os clientes desenvolverem consciência mental e diferenciação, por exemplo, usando um exercício de múltiplos *selves* (veja o Capítulo 9), mais abertos eles poderão ser. Além disso, *mindfulness* ajuda as pessoas com a consciência corporal e interoceptiva (Manuello et al., 2016).

Também podemos nos engajar em várias formas de *cultivo da mente*, particularmente a compaixão. Aqui, *mindfulness* é usado para nos ajudar a manter o foco e uma intenção específica, que pode ser de bondade amorosa, por exemplo, ou uma imagem mental compassiva. Podemos aprender a cultivar atenção às qualidades positivas da vida e notar nosso viés de negatividade. Será difícil cultivar compaixão por meio de visualização e meditação se nossas mentes estiverem constantemente se dispersando. Tanto o *mindfulness* como a compaixão requerem que lembremos da nossa intenção em vez de nos perdermos na automaticidade dos algoritmos e da nossa programação enquanto vivemos nossas vidas (Germer & Barndofer, 2017). Logo, em qualquer situação, *mindfulness* nos ajudará a lembrar de "notar e estar consciente" ao que está formando a textura da nossa consciência e gerando estados cerebrais específicos de pensamentos e impulsos comportamentais. Isso nos possibilita lembrar de não os seguir ou ativar automaticamente, mas manter a intenção de *viver para ser útil, e não prejudicial*.

Entretanto, embora o *mindfulness* possa ser usado para ajudar uma pessoa a se tornar mais auto-observadora, gerenciar sua mente e descentralizar e se desfusionar dos seus conteúdos, uma das intenções originais cruciais do treino de *mindfulness* era fazer um mergulho profundo na natureza da própria consciência (Austin, 2009; Tsering, 2005). Isso é denominado meditação *vipassana*, que significa *ver as coisas como elas realmente são*, não o mundo material, mas a "base da consciência" a partir da qual ela emerge. A *vipassana* em geral se inicia pela observação do processo da respiração. Quando a mente se desliga dos seus estados cerebrais normais de flutuação constante de pensamentos e emoções, ela começa a experienciar níveis sutis de consciência, uma sensação única de paz e a conectividade de todas as coisas. Esses *insights*, entretanto, normalmente derivam da prática a longo prazo e estão menos integrados ao *mindfulness* secular. Além disso, a *vipassana* pode ser difícil para algumas pessoas, permitindo que surjam dificuldades, traumas e memórias não processadas ou material arquetípico inconsciente. Enquanto alguns consideram que a compaixão emerge automaticamente se aquietamos a mente, outros, como na tradição Mahayana, sugerem que a compaixão requer práticas e foco específicos, e evidências corroboram isso (Favre et al., 2021). Importante aqui é a distinção entre um senso de compaixão que obtemos por meio do trabalho com os sistemas biológicos, que é diferente de um senso de compaixão que obtemos experienciando as formas mais sutis de consciência e a natureza da interconectividade. No TMC, trata-se do primeiro.

Na TFC, *mindfulness* é essencial para o treino da consciência mental sobre o quanto é complicado nosso cérebro evoluído, mas é também um *veículo para o cultivo de uma mente compassiva e uma vida compassiva* (Dalai Lama, 1995; Germer & Barndofer, 2017; Germer & Siegel, 2012; Gilbert & Choden, 2013; Ricard, 2015). A TFC, então, está focada no treino da atenção que apoia a *consciência mental* das flutuações variáveis nos estados cerebrais e os algoritmos e programas que geram nossos desejos, nossas emoções, nossos pensamentos e nossos impulsos comportamentais.

Atenção. Parte do *mindfulness* é o treino da atenção e o reconhecimento do poder da atenção sobre os estados mentais e corporais (Goleman & Davidson, 2017; Segal et al., 2018). Uma das competências principais do TMC é ajudar as pessoas a entenderem a natureza da atenção e do *mindfulness*. O terreno da atenção em várias formas, incluindo *mindfulness*, é agora central para muitas terapias, e há muito a se ganhar fazendo cursos de *mindfulness* (veja o Capítulo 14; Sears, Tirch, & Denton, 2011). Após introduzir o modelo sobre o "cérebro complicado", então naturalmente você pode discutir com os clientes porque é útil perceber aquilo que nossa mente (nossos programas internos), deliberadamente ou não, está focando, pois corpo e atenção estão ligados. Podemos aprender *consciência da atenção e mindfulness*.

A TFC explica, primeiro, que *mindfulness* nos ajuda com nossos impulsos comportamentais. Um exemplo que o Dalai Lama deu certa vez é que, quando jovem, enquanto consertava um lindo relógio, ele derrubou um parafuso no mecanismo e, em um lampejo de frustração (o impulso comportamental), pegou um martelo e destruiu o relógio. Naquele momento, ele nos disse, seu cérebro (complicado) havia feito *exatamente o oposto da sua verdadeira intenção*. Sua verdadeira intenção era criar alguma coisa bonita, e agora ele havia destruído qualquer possibilidade disso. Essa é uma das principais razões para nos tornarmos atentos e termos consciência mental, pois isso permite *nos mantermos fiéis à nossa intenção*. Isso é como dirigir: a intenção guia a atenção. Ela mantém nossos olhos na estrada para nunca desviarmos da pista ou passarmos do local para retorno. Diferentes motivos e sistemas emocionais guiam a atenção para fora da nossa consciência plena. Por exemplo, enquanto dirigimos, nossa atenção pode estar em ouvir uma música ou desfrutar de uma conversa com nosso passageiro/amigo, mas, no momento em que alguma coisa potencialmente perigosa entra no nosso campo atencional, o sistema de ameaça assume o controle da atenção com a intenção de *dirigir em segurança*. Diferentes detectores de características podem estar monitorando o ambiente ao mesmo tempo, como a nossa direção, a redução de marchas ou o acionamento dos freios. As ações dependem do contexto. Nesse caso, a sensibilidade à ameaça está a serviço da direção segura. Um motivo de cuidado também pode ser estimulado para problemas potenciais, e acendemos nossas luzes de alerta para prevenir os outros. Esses exemplos ajudam os clientes a entender as funções e os propósitos do treino de *mindfulness* e que muitas vezes temos que prestar atenção aos motivadores do sistema de ameaça (evitar uma colisão!) — e, de igual modo, se o sistema de ameaça for excessivamente ativado, podemos absolutamente não dirigir.

Quem ou o que controla a atenção? Há três formas básicas em que a atenção é ativada: 1) por estímulos no mundo externo; 2) por estímulos no mundo interno (intrusões, dispersão da mente ou mudanças no estado); 3) deliberadamente. Diferentes sistemas motivacionais têm suas próprias antenas/detectores de características para captar sinais que são relevantes para esse sistema motivacional. Se surge uma ameaça a um motivo, a atenção troca para o processamento da ameaça; se surge uma oportunidade de garantir um recurso/uma recompensa, então a atenção se volta para os passos para atingir isso. Em outras palavras, há uma constante subcorrente de atenção e monitoramento multimotivacional.

Em uma abordagem funcional diferente, Baer, Smith, Lykins et al. (2008) sugeriram cinco dimensões de *mindfulness*: não reatividade à experiência interna; observar/notar; agir com consciência; descrever e não julgar as experiências. Guiar os clientes para essas diferentes habilidades possibilita que eles se tornem mais "conscientes da mente", e então trabalhem com seus estados mentais angustiantes de formas novas, compassivas e úteis, em vez de ficarem presos a padrões de respostas automáticas, ascendentes, impulsionadas, habituais ou ruminativas.

Guiando *insights* para os efeitos da atenção. A TFC começa demonstrando a competência central da ligação entre atenção-consciência. Convidamos o cliente a sentar-se confortavelmente em uma cadeira (ou ficar em pé) e focar no seu pé esquerdo (por cerca de 10 segundos), depois trocar para seu pé direito e então para seus dedos. Após disso, pedimos que relate sua experiência. Então o direcionamos para considerar três questões. Primeiro, enquanto sua atenção estava no pé esquerdo, ele se tornou mais consciente de sensações das quais não tinha consciência antes de se concentrar? Discuta como ele pode reconhecer que a atenção é como uma *lente de zoom* — aquilo em que focamos fica maior em nossa mente. Segundo, ele pode mudar sua atenção segundo sua vontade. Terceiro, quando estava focando no seu pé esquerdo, não estava consciente dos seus dedos. Em outras palavras, a atenção consciente é apenas uma fatia estreita da atividade mental. Como uma tela de computador, você só pode ver certas coisas de cada vez. Portanto, o que está na nossa atenção consciente pode, às vezes, *expulsar da mente coisas que são úteis*. Desenvolver consciência mental é ser capaz de trazer a atenção para o que é útil (Hanson, 2009, 2020). Veremos isso novamente logo em seguida, quando examinarmos o exemplo dos compradores de Natal.

O próximo passo é mostrar as ligações entre atenção, corpo e memória. Convidamos o cliente a lembrar de uma situação feliz em que ele estava rindo. Depois de um minuto, o convidamos a trazer à mente uma pequena discussão recente e focar nisso. Depois de um minuto fazendo isso, ajude-o a refletir sobre as duas lembranças e as mudanças corporais. Ele notou o que acontecia no corpo e nas expressões faciais para a memória feliz? Ele notou que estava sorrindo novamente e com um leve sentimento positivo? Então o que aconteceu quando a discussão foi trazida à mente? Compare as diferenças no corpo, no rosto e a sensação das texturas a partir da memória. Então reflita sobre o processo do poder da atenção, destacando o quanto mudar a atenção deliberadamente gerou experiências corporais diferentes. Ajudar o cliente a tomar consciência de como mente/atenção e corpo estão ligados é importante durante o treinamento. Convidar o cliente a gerar várias fantasias (p. ex., sair de férias, ou entrar em uma discussão) e notar o que acontece no seu corpo é outro exercício poderoso de descoberta guiada. Terceiro, as coisas entram e saem da atenção, e, às vezes, é importante dar um passo atrás e considerar o *que saiu, ou foi mantido fora da mente e da atenção,* e que seria útil retomar. Isso fica claro no exemplo dos compradores de Natal.

Os compradores de Natal e a atenção enviesada. Como discutido em outros capítulos, temos um viés negativo incorporado, e o *mindfulness* nos ajuda a identificá-lo. Você pode ter se referido a esse exemplo anteriormente, mas, se não o fez, use o exemplo de sair para as compras de Natal. Convide o cliente a se imaginar fazendo as compras de Natal e indo a nove lojas, onde ele tem uma experiência muito boa. Durante boa parte do dia, ele está feliz com suas compras e com o quanto os vendedores foram prestativos, mas então, quase no fim da sessão de compras, ele entra em uma loja e o vendedor é muito rude, o deixa esperando por um bom tempo enquanto conversa com um amigo, parece desinteressado em atendê-lo e, quando finalmente lhe dá atenção, não o atende bem. O cliente sai dessa loja se sentindo desrespeitado, com raiva e frustrado. Convidamos o cliente a pensar sobre quem ele ruminaria no caminho para casa e sobre quem falaria com a sua parceira. Pedimos que ele pense sobre o que estaria acontecendo em suas emoções e seu corpo enquanto estivesse fazendo isso. O que aconteceria no corpo e na mente da sua parceira quando ouvisse essa história? Embora possa haver um efeito recente, destacamos que é assim que o sistema de ameaça funciona. Mesmo não querendo ir para casa ruminando e estimular sensações empáticas de raiva em nosso parceiro (ao tomarmos uma decisão *deliberada* de ruminar a raiva), a menos que notemos o que está acontecendo (executando nosso programa interno de raiva) e, com *reconhecida intencionalidade,* tomemos a decisão de fazer alguma coisa a respeito, isso continuará.

Rick Hanson (2009, 2020, comunicação pessoal) enfatiza que o viés de negatividade envolve: 1) rastrear má notícia, 2) focar excessivamente nela, 3) reagir exageradamente a ela, 4) priorizá-la na memória implícita, somática e emocional e 5) tornar-se cada vez mais sensibilizado (por meio da ação do cortisol na amígdala e no hipocampo) a experiências estressantes ou perturbadoras, todas as quais tendem a alimentar ciclos viciosos de negatividade na vida de uma pessoa. Ele oferece muitas intervenções para ajudar a compensar o viés de negatividade.

Então, convide o cliente a ver o que teria acontecido se, em vez disso, ele tivesse *escolhido deliberadamente* focar nas nove experiências relevantes — que, afinal de contas, foram 90% da sua experiência? Permita algum tempo para que ele reflita e mentalize. Traga sua atenção para as situações em que ele comprou presentes com os quais ficou muito feliz. Reflita sobre os sentimentos que ele teve em relação ao vendedor que o ajudou e os sentimentos que teve dentro de si com isso, e assim por diante. O essencial é ressaltar como podemos trocar a atenção intencionalmente quando estamos conscientemente atentos. Porém, mais uma vez, é importante enfatizar que isso se trata de aceitação, tanto quanto em uma situação em que você está dirigindo e de repente nota que está desviando para a pista errada. Simplesmente notamos que não estamos onde queremos estar e, de maneira gentil, nos guiamos na direção que queremos ir.

Nesse exercício, ao destacar como podemos intencionalmente trocar nossos estados cerebrais com a reorientação do foco atencional, estimulamos os *insights* das pessoas de por que trocar a atenção seria útil e no que focar. Não se trata de trocar a atenção porque não podemos tolerá-la (evitação), e não é sobre "não aceitação", mas sobre reconhecer que pode não ser útil para a mente ou o corpo permanecer em estados cerebrais aversivos. Infelizmente, estados cerebrais baseados na ameaça podem ser "complicados" e queremos continuar atraindo a atenção de volta para eles porque é para isso que eles foram projetados. Como Hanson (2020) diz, nossas mentes são velcro para o negativo e *teflon* para o positivo.

Não é nossa culpa — e explicamos isso cuidadosamente, além de como praticar a troca da atenção. Sempre que você tem oportunidade de ajudar o cliente a reconhecer a automaticidade da nossa programação (ameaça) e que o *mindfulness* nos permite perceber e trocar, você está constantemente construindo essas habilidades. É para combater diretamente esse viés que podemos, de maneira deliberada e com intenção, orientar, estar atentos, praticar, ensaiar e ruminar as experiências positivas, não importando o quanto sejam pequenas. Assim como o foco negativo afeta o cérebro e o corpo, o mesmo ocorre com o foco positivo (Hanson, 2020). O TMC também está interessado no florescimento e no fortalecimento. Considerando que temos o conceito de *prevenção do sofrimento* na definição, então, se não formos capazes de florescer e de nos fortalecer, vamos sofrer. Além disso, o afeto positivo tende a estar associado ao bem-estar e ao altruísmo. Portanto, focar no positivo faz parte do TMC. De fato, muitas terapias comportamentais para depressão utilizam tipos similares de intervenções com uma intenção específica de estimular sistemas de recompensa positiva.

A roda da consciência. Siegel (2018) oferece uma roda de práticas interconectadas inovadora e integrativa com sete raios. Ela começa com 1) atenção à respiração, por meio de uma forma tradicional de *mindfulness*. 2) Então, trazemos a atenção para os cinco sentidos, explorando cada um em detalhes. 3) É um tipo de varredura corporal para se tornar consciente das experiências de ter um corpo físico e das sensações no corpo, talvez relaxado ou com um pouco de tensão ou indigestão. 4) Assim, podemos prestar atenção ao conteúdo da consciência, que tem a ver com atividades mentais como pensamentos, memórias, imagens e como elas atuam na consciência. 5) Trata-se de nos tornarmos conscientes de que temos conhecimento consciente e de trazer nossa atenção diretamente para essa "consciência de ser consciente", que só existe no momento presente. 6) É estender nossa consciência para o fato de que somos seres corporificados marinados em um mar de relações e ecologias sociais. Aqui deliberadamente prestamos atenção à experiência de existirmos em uma teia de interações. 7) É trazer consciência para nossas intenções e deliberadamente criar bondade. Na TFC, no entanto, bondade e compaixão são diferentes (Gilbert et al., 2019). Bondade, como ludicidade e afabilidade, são centrais para a TFC. No entanto, como uma *abordagem clínica*, temos que focar na importância de abordar o sofrimento, sobretudo a criação de coragem e sabedoria para nos engajarmos e prevenirmos o sofrimento. A bondade pode certamente construir conexões de cuidado, mas não requer coragem ou sacrifício altruísta. Ainda, Siegel fornece acesso fácil a vídeos do YouTube e de treinamentos para praticar a roda da consciência. Basta digitar "*roda da consciência*" em uma ferramenta de busca na internet. Essa é uma abordagem passo a passo muito útil e sistemática, e você pode ajudar os clientes a construir um oitavo raio, se quiser, que é construir uma mente compassiva, descrita a seguir.

***Mindfulness* apoia a mente e a autoconsciência.** Parte do desenvolvimento de uma mente compassiva consiste em desenvolver competências de *mindfulness* que apoiam a consciência mental, o *insight* pessoal e as habilidades de automentalizar e de se autorregular (Goleman & Davidson, 2017; Luyten, Campbell, Allison, & Fonagy, 2020; Siegel, 2018). Talvez uma das recomendações filosóficas mais antigas seja "conhece a ti mesmo". Com um cérebro complicado e multimente, e muita coisa acontecendo fora da consciência, essa não é uma tarefa fácil, e não é específica da psicoterapia. Considere o conselho do *coach* de atuação Cannon (2012) aos atores:

> Acredito fortemente como ator que você deve trabalhar em si o tempo todo, desenvolvendo suas habilidades, cultivando a si e entendendo o que o motiva. Por exemplo, o que deixa você feliz, triste,

> com raiva, perturbado, com amor, melancólico, com ciúme, amargo, imaturo, infantil, inseguro, agressivo, feminino, um macho? Você deve, com o tempo, não só ser capaz de responder a essas perguntas mas também ser capaz de acessar esses sentimentos e essas emoções quando necessário. Como ator, você deve ter acesso a todas as áreas. Acredito que você precisa se conectar emocionalmente com seus sentimentos, você deve ter uma forte determinação para ter sucesso, não só na sua vida diária mas também como ator (p. 19).

Poderíamos dizer exatamente o mesmo, tanto para clientes quanto para terapeutas em desenvolvimento (veja o Capítulo 13). O TMC facilita a compreensão dos múltiplos programas que a natureza e o nosso condicionamento social instalaram nos nossos cérebros (veja o Capítulo 9).

Observação *versus* absorção/fluxo. Uma das habilidades cruciais para o *mindfulness* é a observação. Por exemplo, você pode convidar as pessoas a trazerem à mente um filme recente que assistiram e os sentimentos que tiveram sobre ele; então, convide-as a *se observarem trazendo à mente um filme* e experienciando e recordando seus sentimentos. Em outras palavras, podemos executar uma ação ou evocar uma memória, mas também podemos ter consciência de realizá-la. Isso significa observar a mente em ação e, na TFC, se torna *observar os algoritmos e os programas que estão sendo executados na sua mente e no seu corpo.* Ofereça vários exercícios para que os clientes possam ver a diferença entre ter experiências (estando nelas) e *saber conscientemente* (observar) que estamos tendo experiências. Esses são dois domínios de experiência bem diferentes.

Ajude o cliente a fazer distinção entre *mindfulness* útil e *mindfulness* não útil. Por exemplo, se você vai ao cinema e se senta ali simplesmente estando com atenção consciente de que está assistindo a um filme, assistindo aos atores e notando como nossas emoções estão mudando segundo a ação e a música (p. ex., *Tubarão!*), infelizmente é provável que não vá gostar tanto assim do filme. É melhor estar absorvido no filme *sem uma consciência do* self. Isso também é chamado de *estar no fluxo* (Nakamura & Csikszentmihalyi, 2014). Nesse caso, temos uma *experiência* como uma consciência, mas sem a consciência de ser um *self* nem os aspectos avaliativos que tornam um senso de *self* uma maldição (Leary, 2004). De fato, em alguns aspectos, diferentes treinos em *mindfulness* nos ensinam a ficarmos absorvidos, para podermos estar totalmente presentes no momento, sem os processos problemáticos evoluídos, de monitoramento e avaliativos que muitas vezes estão envolvidos em torno de um senso de *self*; estamos absorvidos na própria experiência consciente. O que é diferente de estar absorvido em um filme é que, de certa forma, ficamos desatentos, ao passo que, no *mindfulness* deliberado, estamos completamente conscientes de estarmos conscientes. Essa é uma técnica mais avançada no conhecimento do conhecimento e na consciência da consciência, e nos ajuda a entender e experienciar os níveis sutis da consciência.

Treinamento de *mindfulness* e as mudanças flutuantes do estado cerebral. Como mencionado, há muitas práticas para ajudar as pessoas a desenvolverem *mindfulness* e consciência mental (Austin, 2009; Brown, Creswell, & Ryan, 2015; Gilbert & Choden, 2013; Germer & Siegel, 2012; Goleman, & Davidson, 2017; Neff & Germer, 2018; Sears et al., 2011) e a usá-los terapeuticamente. Elas incluem as práticas da terapia de aceitação e compromisso (Luoma et al., 2017), da terapia comportamental dialética (Linehan, 2015), do treino de compaixão na abordagem cognitiva (Mascaro, Negi, & Raison, 2017) e da terapia cognitiva baseada em *mindfulness* (Crane, 2017; Segal et al., 2018). Cada uma tem sabedorias importantes.

A atenção aberta tem duas dimensões principais. A primeira é ter percepção consciente do *fluxo de motivos, sentimentos, pensamentos e impulsos comportamentais quando eles surgem momento a momento,* sem ficar apegado aos não inúteis, mas mudando para os mais úteis. O segundo nível de *mindfulness* aberto é a consciência *do que* está entrando na nossa mente e pode estar nos atraindo para certos comportamentos contra a nossa intenção de compaixão na vida de "vivermos de forma útil". É por isso que, na TFC, é crucial não estar atento apenas aos pensamentos, mas também a todas as quatro dimensões do funcionamento e, às vezes, a impulsos comportamentais, que podem ser especialmente prejudiciais se não forem regulados. Em terceiro lugar, a TFC tende a *não* usar a ideia de que *pensamentos são apenas pensamentos*, porque esse simplesmente não é o caso. Você não pode simplesmente ter um pensamento, porque o cérebro não trabalha assim. Se você tem um *flashback* de um trauma, isso não é apenas um pensamento. Temos estados cerebrais flutuantes dos quais os pensamentos são uma manifestação. Como mencionado repetidamente, o que chamamos de pensamentos são muitas vezes a ponta de um *iceberg* de "cenas internas" que são multitexturizadas. Múltiplos sistemas podem ser estimulados, incluindo emoções no sistema de ameaça, múltiplos processos corporais, etc. Enquanto fazia uma prática de *mindfulness* alguns anos atrás, de repente tive o seguinte pensamento: "Eu tinha que ter ligado para um cliente sobre um assunto importante e me esqueci". Aquele não era apenas um pensamento; na verdade, era um miniataque de pânico, seguido de uma rápida mudança para irritação pessoal comigo mesmo e preocupação pelo cliente. Tentei notar a complexidade desses padrões de mudança em meu corpo, em meus pensamentos, em meus sentimentos e em meus impulsos comportamentais. O cérebro cria padrões complexos de ativação neural que vão dar origem a pensamentos (processamento consciente e inconsciente) e também vão oscilar em outros sistemas. Assim, somos atentos e observadores do fluxo dos estados cerebrais. Preferimos que os clientes entendam bem essa ideia de ativação dos padrões dentro de si e a execução de programas complexos de pensamentos integrados, sentimentos, motivos e comportamentos. Temos consciência das texturas emergentes e das variáveis dos padrões cerebrais e dos estados cerebrais.

Como mencionado, um conjunto diferente de práticas (do tipo porto seguro) ajuda a acomodar a mente por meio da atenção focada. Uma forma típica é convidar o cliente a simplesmente sentar e focar nas sensações de cada respiração, com o ar entrando e saindo do corpo. Essas práticas também podem aumentar a percepção interoceptiva (Weng, Lewis-Peacock, Hecht et al., 2020). Ao fim de dois ou três minutos, ele estará consciente de que tem uma mente muito dispersa, pois a mente naturalmente desvia o foco, estando consciente do afastamento subjacente dos diferentes sistemas motivacionais, planos, preocupações, esperanças, alegrias, medos e expectativas, como uma "mente ocupada". Explique que isso é natural e que uma mente dispersa pode ser criativa também. Outro exemplo é que a mente é como a superfície do mar em constante movimento, com ondas se erguendo e quebrando. As ondas são criadas em parte pela atração gravitacional nas marés, em parte pela superficialidade ou profundidade e pelas texturas do leito do mar e em parte pelos ventos — como nossas mentes, elas são multicausais —, mas, quanto mais fundo você penetra, mais parado e extenso tudo se torna. O truque é apenas perceber e trazer a mente de volta para o foco, assim como você perceberia se seu carro estivesse desviando para a esquerda ou direita e suavemente o traria de volta para a pista. O que denominamos *mindfulness* são as repetições de "perceber (a mente dispersa) e retornar ao foco", perceber e retornar, perceber e retornar (Austin, 2009; Goleman & Davidson, 2017). Quando estamos dirigindo, estamos constantemente fazendo movimentos de ajuste fino no controle do volante. Quando realizarmos alguma tarefa, vamos experienciar a mente se dispersando como um fenômeno natural, mas podemos gentilmente trazê-la de volta para a tarefa.

Ressalte que *mindfulness não é focado no resultado*. É focado no processo, um ato de perceber e focar — repetidamente perceber quando a mente se afasta do seu foco e delicadamente e gentilmente trazê-la de volta novamente. Quando as pessoas dizem que não são boas em *mindfulness*, você diz: "*A única razão pela qual você diz isso é porque tem essa percepção (está atento)*!". Obviamente, nesta curta seção, não podemos abranger as incríveis variações e sabedorias do treinamento *mindfulness*, portanto, aconselhamos fortemente que os terapeutas de TFC se beneficiem desse treinamento, pois muitas das tarefas convencionais e compassivas de treino da mente são mais bem realizadas com consciência atenta. Além disso, esteja ciente de que alguns dos treinamentos *mindfulness* seculares são um pouco diferentes dos budistas mais tradicionais e devem ser discernidos do seu treinamento.

Foco sensorial. O desenvolvimento de *mindfulness* focado pode ocorrer por meio do desenvolvimento sensorial e da consciência interoceptiva, o que, para alguns clientes, é muito útil para aprenderem a estar em contato com seus corpos. Entretanto, clientes com traumas podem ser particularmente desligados e temerosos de "sentir o interior" do seu corpo. A questão geral é que só existimos neste momento, não no momento que está por vir nem no momento que acabou de passar. No entanto, muitas vezes nossa mente não está focada aqui, pois nosso cérebro novo está em constante movimento, pensando, planejando, antecipando, desejando. É útil ensinar *mindfulness* focando em nossos sentidos — por exemplo, comer com atenção plena, focando nos sentidos do paladar, na textura, na cor, no olfato e na deglutição. Você pode preparar algumas práticas, como ouvir atentamente sua música favorita, caminhar ou notar as sensações de tomar um banho. É por isso que Jon Kabat-Zinn (2005) intitulou um dos seus livros como *Coming to Our Senses*. Aprendemos a caminhar atentamente, a ouvir música ou conversar atentamente, a "amar" atentamente — tudo isso significa estar "presente" nesse momento, absorvendo a riqueza (aromas, cores e texturas) desse momento, e não pensando em todo o resto. Como mencionado, há muitas práticas disponíveis para explorar e introduzir na sua terapia. Você pode oferecê-las como experimentos comportamentais, mas também encorajar os clientes a fazerem suas próprias explorações. Importante também é aprendermos a prestar atenção ao que é útil e "degustar" o que é agradável para nós (Hanson, 2020).

Uso e problemas com a imagem mental. Kosslyn, Thompson e Ganis (2006) sugerem que imagem mental são representações mentais sem aporte sensorial externo. Muitas terapias, treinadores esportivos e meditadores budistas usam a visualização para apoiar processos de mudança (Hackmann, Bennett-Levi, & Holmes, 2011). Quando os autores escrevem suas novelas, eles estão esperando criar "cenas na mente do seu leitor". Imagem mental e visualizações podem ser usadas para estimular o cérebro e o corpo por muitas razões diferentes, com a fantasia sexual sendo um exemplo facilmente compreendido. Atualmente, há evidências consideráveis a partir da neurociência de que várias formas de "imagens de cuidado" estimulam sistemas de cuidado no cérebro e no corpo (veja o Capítulo 10). A TFC tem muitos domínios de visualizações, como lugar seguro, cor compassiva, outro/imagem compassiva e *self* compassivo, e vários cenários. Para todo o trabalho de imagem mental e visualização, é importante que os clientes entendam o que imagem mental é e o que não é. Não se trata de criar imagens claras do tipo polaroide na mente, mas, mais comumente, impressões fugazes.

Às vezes, as pessoas dizem que não conseguem "fazer" imagem mental. Em 2015,

Zeman, Dewar e Sala identificaram e nomearam uma condição que denominaram *afantasia*. Ela é derivada da palavra grega que literalmente significa *sem a habilidade de fantasiar*. Esse trabalho ainda é relativamente novo, mas atualmente existem inúmeros vídeos muito interessantes na internet sobre essa condição para os clientes explorarem. De modo geral, essa condição parece estar em um espectro que afeta pessoas com diferentes tipos de dificuldades de saúde mental e em que algumas pessoas não têm literalmente nenhuma habilidade para visualizar, ao passo que, para outras, a habilidade é limitada (Dance et al., 2021). Pessoas com essa condição relatam memórias menos ricas, menor capacidade de imaginar o futuro e sonhos menos vívidos, e há um debate sobre em que medida esses processos protegem contra problemas como transtorno de estresse pós-traumático (Dawes et al., 2020). Para pessoas que estão tendo dificuldades, ressalte que podemos usar uma imagem mental que não seja tão visual. Antes de a afantasia ter sido identificada como uma condição, a TFC reconhecia que algumas pessoas têm dificuldades com imagem mental e precisam de ajuda para pensar sobre quais mecanismos elas seriam capazes de usar para isso. Você pode fazer perguntas como: *"Podemos explorar o que acontece na sua mente quando você tenta trazer certas coisas à mente?"*. Se o cliente concordar, como mencionam Kosslyn et al. (2006), você pode fazer perguntas como: *"quantas pernas tem um elefante? Quantas pernas tem uma galinha? Quantas pernas tem uma aranha?"* e assim por diante. Ou

> O que é uma bicicleta? O que você pode fazer com uma bicicleta que não consegue fazer com um elefante? Qual é a cor das suas cortinas? Em que aspectos o som de um violão é diferente do de um piano, ou o som de um trovão é diferente do de um carro? Como o toque do veludo é diferente de fazer fricção com uma lixa, e o de andar sobre o vidro é diferente de andar sobre a grama?

Estes são domínios sensoriais diferentes. Isso é lúdico, e em nenhuma circunstância deve ser tomado como tentar contradizer o cliente. Convide as pessoas a serem fascinadas pelas suas mentes, e não críticas delas. Convide-as a explorar vídeos sobre afantasia, sc isso for útil. Discuta que, se elas têm a capacidade de responder a essas perguntas, é possível que estejam usando impressões sensório-motoras em vez de um sistema visual. Elas podem realmente não "ver" nada, mas têm um senso de alguma coisa. O importante, no entanto, é informar o cliente sobre essas questões e que ele explore por si mesmo e trabalhe colaborativamente o que é útil. Trata-se de imaginar "um senso de compaixão" que pode ser útil.

Qual é o objetivo? Atravessando todas essas práticas está a clareza sobre o objetivo de desenvolver nossa *consciência da consciência* para nos tornarmos conscientes da mente e observadores da mente. Somos capazes de recuar para nos afastarmos do fluxo da mente, nos distanciarmos um pouco e a observarmos. Isso ajuda na desidentificação com algum conteúdo particular (programa) na direção de um senso de um *self* real ou permanente. Consciência é observar os padrões mutáveis da experiência (fluxo do estado cerebral). Isso é o que possibilita que as pessoas reconheçam que podem experienciar raiva ou ansiedade, mas não se identificar com esses programas. De fato, podemos aprender a vê-los *como programas*, com sua própria ativação neuronal e padrões de ativação corporal, pensamentos, impulsos e assim por diante.

Em segundo lugar, *mindfulness* é importante porque nos ajuda a nos mantermos apegados à intenção (Austin, 2009; Ricard, 2015). Quanto mais atentos formos ao que está acontecendo em nossa mente, mais provavelmente poderemos manter nossa intenção de viver para sermos úteis, e não prejudiciais. Às vezes, você pode perguntar ao cliente como ele consegue dirigir até uma cidade em segurança. Ele faz isso atentamente, prestando constante atenção, e todo o tempo ajustando o volante, as marchas e os freios para garantir uma viagem segura. Uma forma de *mindfulness* é o equivalente a "dirigir" a mente, não tirando as mãos do volante. Outras formas são proporcionar *insight*. Por exemplo, a meditação com *insight* pode (com muita prática) revelar quatro questões: 1) a *impermanência* de todas as coisas e a natureza do fluxo e refluxo constante em todas as coisas e processos; 2) a *interdependência* de todas as coisas — cada momento é criado pelas relações de todos os momentos prévios; 3) ligada à interdependência e à natureza da consciência está a consciência das *ilusões de um ego separado* e individualizado; 4) a natureza inerente *da dor e do sofrimento* na vida. *Mindfulness*, portanto, aborda tanto o místico, em relação à natureza da consciência, como também o biológico em termos dos impulsos e do empenho com os quais nascemos e amadurecemos.

Usando o corpo para apoiar uma mente compassiva

Há agora *muitas terapias* desenvolvidas nos últimos 20 anos que são focadas em trabalhar diretamente com o corpo e seus sistemas regulatórios fisiológicos. Elas incluem a abordagem com trauma de Van der Kolk (2014), Rothschild (2017) e Lee (veja o Capítulo 25) e a perspectiva de Ogden, Minton e Pain (2006) sobre abordagens sensório-motoras. A terapia polivagal informada oferece muitas práticas baseadas no corpo para construir tônus vagal e apoiar o equilíbrio do sistema nervoso autônomo que pode apoiar a compaixão (Porges & Dana, 2018). Faye (2018) indicou que práticas como ioga, particularmente quando associadas à compreensão do apego, podem ser formas poderosas de apoiar o corpo para desenvolver as infraestruturas para a compaixão. Há evidências crescentes da eficácia da ioga (Crews, Stolz-Newton, & Grant, 2016; Jonsson, Franzén, Nyström, & Davis, 2020). De fato, muitos terapeutas reconhecem que recorrer a discursos verbais para mudar as pessoas é limitado e que os terapeutas devem ser capazes de utilizar uma variedade de práticas que focam as multidimensões do funcionamento das pessoas (Fiskum, 2019).

Há poucas coisas na vida que podemos fazer sem treinar. Se quisermos escalar montanhas ou praticar um esporte, temos que estar fisicamente em forma; precisamos do corpo para sustentar a ação. Se quisermos tocar piano, precisamos desenvolver habilidades de coordenação fina nos dedos que mudam o cérebro. Intervenções psicológicas conduzem a impactos fisiológicos e vice-versa (Cozolino, 2017; Schore, 2019). Há múltiplos sistemas complexos tanto no sistema nervoso autônomo quanto no central que executam os algoritmos da mentalidade social de cuidado, e, se estes não estiverem funcionando, então a compaixão pode fraquejar (Thayer, Hansen, Saus-Rose, & Johnsen, 2009). Há um conjunto de práticas corporais que visam a estimular esses sistemas focados no cuidado subjacentes às mentalidades sociais.

Depois que nosso cliente já tem alguma compreensão sobre o *valor de usar o corpo para apoiar a mente*, essa é nossa plataforma para então lhe mostrarmos muitas formas pelas quais ele pode equilibrar seu sistema nervoso autônomo (veja Dana, 2018; e o Capítulo 10). Este capítulo curto não pode explicar em detalhes todos esses processos, mas há muitos treinamentos excelentes, trabalhos acadêmicos e vídeos no YouTube abrangendo abordagens como a teoria polivagal e outras práticas baseadas no corpo, e também na área Membros do *website* Compassionate Mind Foundation.

Postura e respiração. Ofereça ao seu cliente uma visão geral gentil e facilmente compreendida de como a respiração e outras práticas são concebidas para ajudar a equilibrar o sistema nervoso autônomo (Nestor, 2020). Há duas maneiras de fazer isso. Meu colega Nico Petrocchi (veja o Capítulo 10) sugere que você pode ensinar práticas de respiração e, posteriormente, explicar sobre o sistema nervoso autônomo e a respiração, ou você pode ensinar sobre a ligação entre a respiração e o nervo vago, e então ensinar os exercícios. Muito dependerá do seu cliente, mas, independentemente do que você fizer, quanto mais seu cliente entender sobre o que é o treinamento, mais colaborativo ele será. Portanto, explique que ele aprenderá um padrão respiratório denominado ritmo respiratório calmante (RRC),* com evidências quanto ao equilíbrio do sistema nervoso autônomo (Lin, Tai, & Fan, 2014; Streeter et al., 2012). Se não explicou muito sobre a ligação entre a respiração e o corpo, você pode simplesmente dizer: "a respiração afeta o corpo". Há vários padrões respiratórios diferentes que envolvem a extensão da nossa respiração. O oferecido aqui é um padrão básico para prosseguir, mas, se o cliente encontrar outros padrões que o ajudem mais ou que ele prefira, tudo bem. Steffen et al. (2021) recentemente compararam seis respirações por minuto com o RRC, que é um pouco mais lento, e viram que ambos melhoraram significativamente a variabilidade da frequência cardíaca e auxiliaram na recuperação de um teste autocrítico. Você obviamente terá que adaptar isso para pessoas que têm problemas com, digamos, asma e outras dificuldades. Além disso, esteja ciente de que alguns indivíduos que foram traumatizados podem ter problemas particulares com RRC. Pesquisas estão começando a examinar a ligação entre trauma e dificuldades como asma (Hancox, Morgan, Dickson et al., 2020; veja a seguir).

Começamos com a postura, convidando o cliente a sentar confortavelmente em uma cadeira. Então, ele ergue os ombros suavemente e para trás, para ter o tórax aberto e uma curva côncava nas costas. Você pode convidá-lo a se inclinar para a frente e curvar o corpo como se estivesse sentado ao computador ou sob ameaça e notar a diferença. Quando sob ameaça, os ombros se curvam para dentro. É impossível fazer RRC com um corpo completamente fechado. Posturas abertas levantam o diafragma, o que torna os efeitos vagais mais disponíveis. Ajude o cliente a notar isso.

Tudo deve estar alinhado, ombros, quadris, joelhos e pés, com as mãos repousando gentilmente no colo. Depois, convide-o a explorar o RRC, colocando uma mão sobre o diafragma e percebendo-o se elevando e abaixando com a respiração. Convide-o a inspirar completamente e expirar completamente. Ajude-o a entender a ideia. Então, foque nas três coisas principais, que são: a profundidade da respiração, o ritmo/a frequência da respiração e a suavidade da respiração. Então peça que ele estabeleça um padrão respiratório de cinco segundos, inspirando pelo nariz, segurando por dois ou três segundos e notando o auge da respiração, e então, gentilmente, permita-o expirar por cerca de cinco segundos, com alguns segundos na base da respiração. Note a quietude e então recomece o ciclo. Para começar, você pode contar, aumentando gradualmente até respirações de cinco segundos (*inspira, 2, 3, pausa, expira, 2, 3, pausa, inspira, 2, 3, 4, pausa, expira, 2, 3, 4, pausa, inspira, 2, 3, 4, 5, pausa, expira, 2, 3, 4, 5*). Ele pode contar se quiser, mas não é necessário. Aconselhe-o a explorar seu próprio ritmo de aprofundamento e desaceleração da respiração. Às vezes, ajuda focar na centralização em algum ponto no plexo solar. Algumas vezes, com *mindfulness*, a intenção é apenas trazer a atenção para a experiência da respiração entrando e saindo do corpo repetidamente. O RRC é diferente porque tem um objetivo específico de estimular o vago e criar uma experiência do corpo e da mente desacelerando e aterrando. Às vezes, você pode convidar o cliente a hiperventilar e notar as diferenças entre a experiência corporal de hiperventilação e o RRC.

Em seguida, introduzimos um mantra na expiração, dizendo de forma muito lenta mentalmente: "*mente desacelerando*"; e então, na expiração alternada, "*corpo desacelerando*".

---

* N. de R.T. Em inglês, *soothing breathing rhythm* (SBR).

Esclareça que isso não é relaxante no sentido de o corpo ficar relaxado, pois o corpo está sentado ereto e alerta. Isso é sobre desacelerar, *mas com atenção alerta e focada*. Depois de cerca de dois minutos, convide o cliente a perceber uma possível sensação de estar ligeiramente mais pesado na cadeira (mas obviamente não se ele tiver questões de peso; então use a palavra "estabilidade"). Convide-o a permitir que a cadeira "segure seu corpo" e sinta seu peso (estabilidade) na cadeira sem colapsar, apenas se acomodando na cadeira. Parte da respiração parassimpática é ter a sensação de estar mais pesado (ou mais estável ou aterrado), *sentado como uma montanha — estável, aterrada e enraizada no chão*.

Como mencionado, alguns indivíduos acham isso difícil, sobretudo se foram traumatizados. Logo, isso se torna uma fonte de discussão em que ele pode colaborar com você para encontrar formas úteis de trabalhar com seu corpo. Para os clientes que acham isso difícil, você pode convidá-los a erguer os braços enquanto inspiram e abaixá-los enquanto expiram, ou apenas a girarem os pulsos para dentro e para fora. Alguns exercícios de Qi Gong também podem ser úteis. Há muitas práticas simples na internet atualmente. Em nossos estudos iniciais, alguns clientes não gostaram de focar no corpo. Fazendo um *brainstorm* colaborativamente, eles tiveram a ideia de segurar bolas de tênis enquanto estavam fazendo o RRC (Gilbert & Procter, 2006). Esse é um exemplo de colaboração em que, quando os clientes têm clareza sobre o propósito de praticar ritmos respiratórios, eles podem gerar suas próprias ideias, se estiverem tendo dificuldades. Quando o cliente se familiarizar com esse "trabalho corporal", convide-o a praticá-lo tantas vezes quanto possível durante o dia. Isso é, em parte, um exercício de *mindfulness* para chamar a atenção para o corpo e o aterramento no corpo (consciência interoceptiva), mas também uma boa prática para ajudar a equilibrar o sistema nervoso autônomo.

Expressões faciais. Porges (2007, 2017) e outros ressaltaram a importância dos mecanismos fisiológicos dos músculos faciais em relação ao nervo vago e a outros sistemas de processamento central. Expressões faciais amistosas podem ativar o nervo vago e apoiar a emoção congruente. Assim, o cliente é convidado a se engajar em RRC, primeiro com uma expressão facial neutra e então trocar para uma face amistosa, tentando criar a emoção como se estivesse cumprimentando um amigo querido ("imagine-se olhando para o rosto/nos olhos do seu amigo e sentindo sua amizade"). Comumente, os clientes reconhecem que isso gera experiências corporais um pouco diferentes e, algumas vezes, ficam surpresos com a diferença. Explique que isso, em parte, ocorre porque as expressões faciais têm circuitos de retroalimentação no cérebro e no nervo vago. Quando os clientes estão praticando diferentes tipos de compaixão, como na assertividade, ou consolando ou se sentindo satisfeitos por ajudar outra pessoa, o terapeuta pode guiá-los na exploração de expressões faciais associadas a esses atos compassivos. Assim sendo, aconselhamos que a prática regular de RRC seja com expressões faciais amistosas e aumentando a intencionalidade da compaixão para ser amistoso, útil e apoiador. Na meditação da bondade amorosa, o foco pode se localizar em querer que uma pessoa seja livre de sofrimento ou seja feliz. Na TFC, o foco é (também) fazer isso com amabilidade.

Tom de voz. O próximo foco é no tom de voz interior. Como mencionado no Capítulo 1, um dos indicadores originais para TFC era que, quando as pessoas estavam tentando gerar pensamentos racionais de enfrentamento, o tom emocional em que os ouviam em suas mentes era agressivo ou desrespeitoso. Assim, inicialmente, apenas tentei criar um tom amistoso orientado para a compaixão para experienciar pensamentos alternativos. Novamente, Porges (2007; Porges & Dana, 2018) enfatizou a importância dos tons de voz para o sistema nervoso autônomo. Tenha em mente que, na teoria da mentalidade social, ser o receptor de um tom de voz amistoso e ser o criador de um tom de voz amistoso operará por meio dos mesmos sistemas ou de sistemas sobrepostos. Se conseguimos criar um tom de voz amistoso conosco, então nos tornamos tanto o remetente quanto o destinatário.

A cor da compaixão. Uma visualização que algumas pessoas acham muito útil é imaginar uma cor compassiva que é inspirada e expirada. Focamos na ideia de que essa cor tem uma propriedade ou intenção, que é curá-lo e equilibrá-lo. Praticamos nos permitir estar abertos a essa experiência. "*Como é sentir/imaginar essa cor em seu corpo, procurando equilibrá-lo e curá-lo?*". Em visualizações mais avançadas, as pessoas podem usar variações do que é denominado Tonglen. Podemos nos visualizar inspirando uma luz brilhante e nos tornando um corpo de luz. Podemos imaginá-la como uma energia curadora de compaixão. Uma variação consciente disso que aprendi com Tom Brown e Pat Gerbarg (www.breath-body-mind.com) para ajudar a estabilizar a mente é imaginar uma bola de luz na base da coluna, que sobe pela coluna até a cabeça na inspiração e que então gentilmente desce e se acomoda na base da espinha na expiração.

Ampliando o repertório do treinamento em competências de compaixão

Estabilidade. Muitas terapias chamam a atenção para o fato de que, quando as pessoas ficam altamente excitadas, se puderem encontrar algum grau de estabilidade ou aterramento, isso pode ser útil. Isso pode incluir trazer a atenção para seus pés no chão, para a respiração, ou tocar o pulso logo abaixo do polegar, puxar gentilmente o lobo da orelha, cantar, cantarolar, chupar uma bala forte de hortelã e usar água fria (Dana, 2018; Porges & Dana, 2018). Novamente, discuta isso muito abertamente com o cliente como formas possíveis de ajudar a estabilizar os estados corporais e cerebrais e resolvam de maneira colaborativa o que ele acharia útil. Você também pode treinar as pessoas para usarem ativadores sensoriais para a ativação da mente compassiva e o aterramento. Por exemplo, fazer os exercícios respiratórios e focados na compaixão segurando uma pedra semipreciosa que a pessoa pode carregar com ela como lembrete. Deborah Lee convida as pessoas a trazer uma fragrância que gostam e que lhes proporciona um sentimento reconfortante (p. ex., creme para as mãos ou óleo de lavanda) e então a praticar os exercícios de compaixão com a fragrância. Posteriormente, quando quiser ativar compaixão, ela se engaja na respiração e em imagens e usa as fragrâncias como um estímulo classicamente condicionado.

Imagem mental de um lugar seguro. Em termos de exploração de uma base segura e um porto seguro, uma prática da TFC é desenvolver uma imagem mental de um lugar seguro e praticar a relação com ele. Tenha em mente que você deve informar ao cliente o que é imagem mental e o que não é, para evitar o monitoramento excessivo das dificuldades a serem visualizadas (veja a discussão anterior sobre afantasia). Então, convide-o a pensar sobre como seria um lugar seguro. Você pode guiá-lo com generalidades como: "*Você gostaria que seu lugar seguro fosse quente ou frio, tivesse um clima agradável ou nublado, ou que estivesse nevando? Como você está entendendo essas diferenças?*". Ele pode reconhecer que imediatamente imaginou como seria um lugar frio ou quente. Mais uma vez, seja lúdico. Então, quando você avançar para a imagem de um lugar seguro, tenha em mente a distinção entre segurança e proteção. A segurança é monitorada pelo sistema de ameaça, ao passo que os estímulos para proteção são monitorados quanto à disponibilidade de recursos sociais úteis (veja o Capítulo 3). Um lugar seguro pode começar como um lugar de *segurança*, "se escondendo do perigo", como um dos meus clientes disse. Ele usou uma imagem de um abrigo subterrâneo com câmeras e metralhadoras no alto. O abrigo era um "local luxuoso", mas ninguém sabia que ele estava ali. Então um lugar de segurança também pode ser secreto. Entretanto, explore gradualmente e explique que segurança pode ser um começo útil, mas também pode ser uma armadilha, pois você não pode sair dela sem ficar assustado. Portanto, explore a diferença entre segurança e ter um senso de proteção e abertura. Você pode perguntar: "*Como você poderia expandi-lo e transformá-lo em uma grande área e então em um distrito inteiro, uma floresta ou uma praia, ou alguma outra coisa?*". Isso começa a conectar um senso de segurança, não relacionado a confinamento e ficar "trancado e afastado", mas com um senso de liberdade. Por fim, para estimular as funções de base segura e porto seguro, a *liberdade* se torna um elemento essencial. Por fim, você pode começar a explorar como podemos nos sentir seguros mesmo com outros à nossa volta e que tipo de pessoas quereríamos em um lugar seguro; por exemplo, pessoas confiáveis com quem interagir. De maneira gradual, "socializa" um lugar seguro para evitar que ele simplesmente seja um escape em vez de uma abertura (liberdade da mente). Se o cliente não conseguir obter uma imagem, caso você esteja trabalhando em grupos, as pessoas compartilham as imagens. Também convidamos as pessoas a talvez olharem algumas revistas para terem ideias, se iriam preferir áreas internas ou externas, praias ou florestas, no alto de montanhas ou perto de rios? Com todas essas práticas, as pessoas podem ter mais de uma ideia.

É muito comum que, quando as pessoas começam a criar um lugar seguro, elas criem um lugar onde estão sozinhas e não refletem muito sobre o fato de que proteção também pode ser decorrente de estar com pessoas confiáveis, de ter um *senso interno de um self socialmente conectado*. Podemos então explorar porque isso pode ser assim e as diferenças entre um lugar seguro onde estamos sozinhos e um que tenha pessoas, e que tipo de pessoas elas seriam, que nos ajudariam a nos sentir seguros e conectados. Proteção não é apenas como as pessoas se relacionam conosco, mas é também como nos relacionamos com os outros. Isso está associado à confiança social, que, por sua vez, está ligada à nossa base segura interna e ao nosso porto seguro. Isso pode ser relacionado aos estados cerebrais. Por exemplo, uma cliente notou que, quando não estava deprimida, ela era sociável e gostava de estar com os amigos, mas, quando ficava deprimida, se sentia desconfortável e insegura com eles.

Aprendendo a brincar. Pesquisas recentes mostraram que a brincadeira e suas emoções positivas associadas reforçam os vínculos e são importantes para os mamíferos. Exploramos a importância da brincadeira no Capítulo 2, refletindo sobre como ela era provavelmente um elemento importante nas sociedades dos caçadores-coletores para os laços do grupo e para a regulação emocional e porque ela é tão importante para a conectividade e a criatividade humana. A criação de estados cerebrais de ludicidade é importante na TFC não só na interação terapêutica, mas também como parte do TMC. O cliente é convidado a refletir sobre *o que ele gostaria de fazer* no seu lugar seguro, possibilitando que o terapeuta introduza o conceito de brincadeira como exploração e florescimento. Uma das minhas clientes (de grupo) sempre achou que era necessário estar calmo e relaxado em um lugar seguro, mas, introduzindo a ideia de brincadeira, ou o que fazemos quando nos sentimos seguros, ela imaginou que estava na sua motocicleta em uma estrada reta que desaparecia na distância e sobre o horizonte em um país quente. Ali ela podia simplesmente dirigir para longe, com o vento tocando seus cabelos. Depois de trabalhar nisso, outra cliente voltou ao grupo e disse que gostaria de voar e de poder sobrevoar as florestas e montanhas. Os participantes do grupo discutiram várias coisas lúdicas que gostariam de fazer se pudessem criar um lugar onde estivessem seguros.

Se o indivíduo tem intrusões, como a imagem de vulcões, terremotos ou terroristas aparecendo de repente, recomendamos que fique atento e informamos que esse é um exemplo do sistema de ameaça tentando lembrá-lo de "ter cuidado", que ele (o sistema de ameaça) ainda está em guarda. Então podemos gentilmente agradecer ao sistema de ameaça por essa intrusão e preocupação, mas, no momento, estamos no nosso lugar seguro. O essencial é não tentar inibir as intrusões, mas trabalhar com elas.

Para criar proteção (e não segurança), convidamos o cliente a imaginar que, como esse é "seu lugar", esse lugar deve sua existência a ele e lhe dá as boas-vindas; o lugar fica feliz por ele estar ali. Como ele se sentiria sobre isso? Como ele se sentiria se, quando estivesse na floresta, as árvores o acolhessem; se, andando pela praia ou nas montanhas, houvesse uma alegria geral por ele estar ali para desfrutar da praia ou das montanhas? Para alguns clientes que não tenham tido muito senso de segurança ou de serem acolhidos e conectados, imaginar um sentimento de ser bem-acolhido pode ser uma experiência importante. Alguns clientes podem então prosseguir imaginando como seria se, digamos, sua imagem compassiva se juntasse a eles em seu lugar seguro e começassem a explorar esse processo. O elemento crucial é apoiar o cliente em um processo colaborativo, curioso e aberto, sem certo ou errado, apenas observando atentamente e com curiosidade o que acontece na sua mente quando está engajado nessas descobertas e práticas guiadas.

Um foco na ludicidade fora da sessão de terapia também é muito útil para alguns clientes, sobretudo aqueles que foram negligenciados e cujos sistemas de busca por recursos não estão focados. Pode levar algum tempo antes que eles se habituem a isso. Parte da ideia é ajudar os clientes a fazerem coisas pelo prazer de fazê-las, cultivando e focando em estímulos e ações que promovem estados cerebrais de processos exploratórios de afeto positivo (Hanson, 2020). Isso pode ser muito complicado para alguns clientes.

Cuidado e compaixão pelo corpo. Para um equilíbrio a longo prazo, considere a *dieta*. Há indícios crescentes de que o intestino e o nervo vago estão ligados (Breit, Kupferberg, Rogler, & Hasler, 2018). Como psicólogo, informo ao cliente que não sou um dietista qualificado, mas tenho conhecimento de evidências sobre o nervo vago e dieta e exercícios, e talvez ele pudesse procurar orientação dietética, sobretudo para reduzir açúcares e excesso de carboidrato. Um bom ponto de partida é a dieta mediterrânea, que ele pode explorar por conta própria. Ele também deve tentar reduzir o consumo de álcool. Há evidências crescentes de que o exercício físico é muito benéfico para todos os tipos de problemas de saúde mental, em parte devido a como ele afeta vários sistemas fisiológicos, incluindo o sistema dopaminérgico e as endorfinas. Essas discussões ajudam seu cliente a reconhecer que ele pode pensar em si holisticamente.

Há diferentes tipos de tranquilização — incluindo ativação. Há algumas condições em que é útil reconhecer que a tranquilização, no sentido de conter e tolerar uma emoção difícil, pode *envolver o sistema* drive, *a ativação e mesmo a atividade vigorosa*. A DBT sugeriu que, quando os indivíduos estão se engajando em trauma, pode ser útil que façam atividade física, como pular ou fazer agachamentos ou alongamento; quando as pessoas estão com raiva, pode ser útil subir e descer escadas correndo, fazer uma caminhada rápida, dançar, cavar o jardim, estando o máximo possível *atentas e focadas na atividade*, em vez de fazerem a atividade, mas ainda ruminando (Linehan, 2015). Essas "ações" podem ser calmantes, no sentido de que possibilitam que a emoção se acomode, mas por meios diferentes dos já mencionados. Você está tentando ajudar o cliente a se libertar dos ciclos de atenção, pensamento e consciência corporal que estão intensificando o afeto.

Para indivíduos que se desligaram e ficaram entorpecidos, embora a tranquilização possa algumas vezes ser útil, também é importante tentar ativar o sistema *drive* e aumentar o comportamento de reforço positivo. É útil trabalhar gentilmente para ajudar a pessoa a encontrar coisas que ela pode achar (mesmo marginalmente) excitantes/prazerosas, particularmente se isso estiver associado a *mindfulness*. Por exemplo, você pode ajudá-la a pensar na música que gosta e compará-la com música que não gosta. Então, convide-a a começar a deliberadamente escolher tocar a música que gosta. O mesmo vale para comida e qualquer outra atividade: observando e trabalhando com as preferências. Por exemplo, um cliente e sua parceira pensaram em ir a um restaurante e então conscientemente prestaram atenção à qualidade do restaurante, ao ambiente, às toalhas das mesas, à iluminação, aos aromas, ao burburinho, ao cardápio, às atitudes da garçonete, à comida e assim por diante. Além disso, eles prestaram atenção em onde estava focada a sua atenção. O experimento comportamental também era focar nas coisas que eles gostavam e ignorar as coisas que não gostavam, como desenvolver viés atencional positivo em vez de negativo (Hanson, 2020).

Conceitualizando e cultivando *self* e mente compassivos (estado cerebral)

Como mencionado previamente, em seu trabalho "Compassion Is Not a Benzo", Di Bello, Ottaviani e Petrocchi (2021; e veja o Capítulo 10) destacam que o engajamento no sofrimento pode aumentar emoções de ameaça. Compaixão não é acalmá-las, afastando-se, mas ser capaz de *deliberadamente entrar nelas e tolerá-las* para perseguir a intenção compassiva. Portanto, a habilidade de trabalhar e direcionar a ameaça e dirigir a excitação é extremamente importante para a compaixão. É como um treino físico que nos ajudará a nos sentirmos em forma e saudáveis para que, quando precisarmos correr, ficaremos sem fôlego e nossa frequência cardíaca aumentará, mas não vamos desabar como um velho gordinho como eu. Se estivermos em forma, seremos capazes de suportar exercícios extenuantes. Se estivermos fora de forma, não. É o mesmo com a compaixão. Se tivermos uma mente que tem a coragem e sabedoria para a compaixão, com um sistema nervoso autônomo equilibrado, por exemplo, é maior a probabilidade de sermos capazes de trabalhar com emoções difíceis; caso contrário, isso será difícil. Igualmente importante, poderemos nos recuperar mais rapidamente.

O Capítulo 7 (veja a Fig. 7.1) indicou seis competências para engajamento e seis para ação. Lembre-se de que elas são apenas heurísticas. Elas contribuem para as três qualidades essenciais, que são *sabedoria, coragem* e *compromisso*, como indicado ao longo destes capítulos. Assim como podemos discutir o que é boa forma física e que exercícios a desenvolvem, podemos discutir o que é "boa forma" na compaixão e as competências que a desenvolvem. Tenha em mente, no entanto, que compaixão não é *uma única coisa* e muitas vezes depende do contexto. Um bombeiro pode precisar de imensa coragem além de sabedoria no combate ao fogo, ao passo que um conselheiro pode precisar de habilidades empáticas e paciência. Podemos precisar de habilidades de compaixão diferentes para trabalhar com trauma, ou trabalhar com autocriticismo e vergonha, assertividade, pesar, lidar com a culpa e assim por diante. Igualmente, podemos precisar de habilidades diferentes para diferentes aspectos do comportamento compassivo. Portanto, ajude o cliente a reconhecer que existem diferentes domínios da compaixão e as competências para desenvolvê-los.

Escolhendo competências. Quando começamos a ajudar as pessoas a pensarem sobre a natureza do seu *self* compassivo como se fosse um personagem em uma história ou um filme e como uma versão específica de si mesmas que elas querem cultivar, iniciamos esta descoberta guiada convidando-as a pensar sobre suas próprias ideias de como seria uma pessoa compassiva. Você pode lembrá-las do exercício que fizeram ao se imaginarem ajudando um amigo a ir para o hospital (veja o Capítulo 7) e das duas questões centrais sobre como ser sensível e adquirir sabedoria. As pessoas tipicamente vão elaborar uma lista com itens como atencioso, bondoso, paciente, bom ouvinte, empático, inteligente, amistoso, compreensivo, corajoso, cuidadoso. Para uma abordagem mais detalhada, oriente-as a pensar em termos de função. "*O que motivaria sua mente e seu* self *compassivos? Que talentos eles teriam? O que eles gostariam de fazer? Como eles gostariam que as pessoas os vissem?*". Explore como elas entendem as qualidades da compaixão e destaque sua sabedoria intuitiva. Então, convide-as a pensar sobre como seria imaginar que *elas também* têm essas qualidades dentro de si, mesmo que "apenas um pouco", e que elas pudessem aprender a entrar em sintonia com essas qualidades. Como seria isso? Você pode perguntar aos clientes se houve alguma época na vida em que eles demonstraram uma ou várias dessas qualidades. Quais qualidades e competências em particular eles gostariam de desenvolver? Como seria viver de acordo com elas? Os clientes podem ser convidados a andar pela sala imaginando que estão encenando algumas delas e então passar algum tempo todos os dias entrando nesses estados. Por meio do vídeo que está facilmente acessível na internet denominado "Compaixão pelas vozes", você pode convidar os clientes a verem como isso funciona. A TFC usa muitas técnicas de atuação para ajudar as pessoas a praticarem vários elementos de uma mente compassiva e um *self* compassivo (Cannon, 2012; Chubbuck, 2005; Moss, 2005).

Então convidamos o cliente a considerar as três qualidades principais do TMC, sabedoria, coragem e compromisso, ligadas à definição, conforme apresentada no Capítulo 2. Para *sabedoria*, convidamos o cliente a lembrar da sabedoria de que todos nós, seres vivos, incluindo os humanos e incluindo você e ele, nos encontramos aqui como somos. Ninguém escolhe estar aqui; todos nós temos cérebros que são construídos para nós, e não por nós, e eles podem ser muito complicados. Nosso cérebro é construído a partir de múltiplos algoritmos e motivações conflitantes que dão origem às nossas emoções e aos nossos desejos. Esse é um foco consciente. Sempre que iniciamos a ativação de uma mente compassiva, recordamos que estamos basicamente trabalhando com nossa *programação não escolhida (p. ex., para raiva, depressão)*. Temos a sabedoria de que muitos fatores moldaram nosso corpo, nosso cérebro, nossos valores, nossas crenças e nossa autoidentidade, sobre os quais não tivemos nenhum controle. Isso flexibiliza a (às vezes narcisista) sobreidentificação. Todos nós somos versões de muitas possibilidades potenciais, de acordo com nossa jornada na vida. Muitos escritores de ficção científica exploraram isso de formas fascinantes, sobre existirmos em diferentes universos como diferentes personalidades e assim por diante. Nossa tarefa é fortalecer nossas habilidades para trabalhar com as versões que somos, para que possamos começar a moldá-las para *vivermos para ser úteis*. Nossa mente compassiva começa a partir desse ponto de *insight* sábio.

A segunda qualidade na qual convidamos os clientes a focar é a *coragem*. Mutas psicoterapias, especialmente aquelas que focam na exposição direta ao que é temido, ajudam o cliente a desenvolver coragem (Rachman, 1990). A TFC se soma a elas, enfatizando os *dois tipos diferentes de regulação da ameaça*, um diretamente por meio do sistema de ameaça e o outro pelo sistema de proteção social (veja o Capítulo 3). Eles apoiam um ao outro. Também discutimos como coragem é algo que construímos por meio da prática e da exposição. Podemos usar autotranquilização ao lembrar de como lidamos com dificuldades anteriormente, desviando do autocriticismo e reforçando nossa humanidade compartilhada. O que quer que o cliente sinta que construa seu senso de sabedoria, coragem e tolerância diante das dificuldades é útil.

A terceira qualidade é o *compromisso* de desenvolver compaixão. Nas tradições budistas, o compromisso com a prática da compaixão e a vida é muito importante. Isso algumas vezes é direcionado para o que é chamado de caminho óctuplo. Técnicas de entrevista motivacional podem ser muito úteis aqui também. Você pode convidar o cliente a especificar quais elementos da mente compassiva ele praticará em determinado momento. Subdividir as habilidades em elementos compreensíveis e gerenciáveis é muito útil. A ideia é construir as habilidades pouco a pouco. É como aprender a tocar piano: primeiro aprendemos as escalas e os nossos movimentos dos dedos, e não tentamos praticar um concerto de Rachmaninov a partir do primeiro dia. Com o tempo, as habilidades apoiam umas às outras, se mesclam e nos transformam.

Criando estados mentais. Imaginar criativamente uma versão de si mesmo e explorar o impacto que isso tem no enfrentamento já foi explorado em outros paradigmas. Há evidências de que imaginar a si mesmo no seu "melhor *self* possível" e engajar-se em várias questões da vida está relacionado à mudança emocional e ao aumento no otimismo (Meevissen, Peters, & Alberts, 2011; Peters, Flink, Boersma, & Linton, 2010). Osimo, Pizarro, Spanlang e Slater (2015) criaram um cenário de realidade virtual em que os participantes levantavam uma questão pessoal e então lhes davam conselhos como eles mesmos ou como um Sigmund Freud (virtual). Aconselhar a si mesmos "como Sigmund Freud" reduziu significativamente os sentimentos de depressão, mais do que como eles mesmos. Igualmente, a prática de autoimaginação positiva de recordar uma situação em que o indivíduo se sentiu relaxado e positivo foi relacionada com autoestima e redução da ansiedade em resposta a vinhetas que despertavam ansiedade (p. ex., encontrar os pais do seu parceiro pela primeira vez; Stopa, Brown, & Hirsch, 2012). Arimitsu e Hofmann (2017) utilizaram aspectos do TMC e compararam a reavaliação cognitiva com a geração de uma perspectiva da mente compassiva. As instruções para foco na compaixão eram:

> *Vamos criar um pensamento alternativo de forma compassiva, em vez de autocrítica. Pense nas qualidades que você valoriza na compaixão e se transforme nelas enquanto se imagina no papel. Por favor, imagine e tente ouvir vozes gentis pela perspectiva de um self compassivo que seja compreensivo, apoiador, bondoso e encorajador para você.*

Trocar para um estado mental compassivo foi efetivo na redução das emoções negativas nas condições manipuladas comparadas com a reavaliação. A TFC também inclui preparação corporal para a mente compassiva, para facilitar uma troca múltipla para um sistema motivacional compassivo.

Exploramos o impacto de uma sessão de duas horas de TMC sobre a compaixão seguida por duas semanas de práticas de TMC, envolvendo práticas corporais e práticas focando na mente compassiva (Matos et al., 2017, 2018). Vimos que, quanto mais as pessoas praticavam e usavam a mente compassiva em geral e para trabalhar com dificuldades na vida, maior a mudança nas variáveis do estudo (Matos et al., 2018). Além disso, o grau em que as pessoas incorporavam essas práticas estava relacionado a todas as variáveis do estudo, incluindo aumento na compaixão por si mesmo e pelos outros, ser mais autotranquilizador e menos crítico, sentir-se mais seguro e ter mais objetivos compassivos na vida. Os nossos e outros estudos também mostram que o treinamento da compaixão melhora a variabilidade da frequência cardíaca (veja também Kim et al., 2020; Singer & Engert, 2019).

Trocando estados mentais para enfrentamento. Uma descoberta guiada útil é explorar e discutir uma dificuldade na vida na emoção da dificuldade e refletir sobre o enfrentamento. Então, convide a pessoa a trocar para um estado mental compassivo, usando técnicas de respiração e visualizações, imaginando-se tendo as qualidades compassivas previamente acordadas e, então, examinando o mesmo problema, mas pela perspectiva da mente compassiva. Os clientes tipicamente geram novos *insights* e ideias para si, o que denominamos sabedoria interna. Isso estará disponível para eles se puderem criar o estado mental compassivo. Fazendo isso em um grande grupo, mostramos que, quando trocavam para um estado mental compassivo, as pessoas se sentiam mais empáticas, obtinham *insight* útil da dificuldade, se sentiam mais capazes de lidar com a dificuldade e se sentiam mais encorajadas para o futuro (Gilbert & Basran, 2018).

Considerando que a compaixão é multitexturizada, James Kirby (comunicação pessoal) convidou os clientes a examinarem as dificuldades, mas usando qualidades específicas da compaixão. Eles examinaram as dificuldades por meio de uma qualidade mental da *sabedoria*, e então a qualidade da *coragem*, e finalmente a qualidade da *bondade*. James me contou que os clientes tiveram experiências muito diferentes quando faziam isso. Novamente, isso enfatiza a importância das sutilezas da diferenciação e da discriminação no processamento mental. Como mencionado, vale a pena examinar com seus clientes se eles gostariam de focar em uma qualidade de cada vez, em vez de uma combinação. Temos a expectativa de que o futuro oferecerá oportunidades de pesquisa para explorar isso em mais detalhes, particularmente para direcionar melhor e adaptar as intervenções para os clientes.

Base segura e porto seguro

Como discutido ao longo deste livro, a mente compassiva se liga a *funções de cuidado* específicas que incluem agir como uma *base segura e um porto seguro internos* (veja o Capítulo 3, Fig. 3.6). Logo, o estágio seguinte é explorar como sua mente compassiva atua para validar, encorajar, apoiar e entender (base segura) e tranquilizar, acomodar e aterrar (porto seguro). Como mencionado, muitas vezes, as funções psicológicas focadas no cuidado são multidimensionais. Isso significa que uma função específica pode ser diferenciada em seus subcomponentes. Por exemplo, a mente raivosa (estado cerebral) é *motivada* para certos desfechos, presta *atenção* a certas coisas, *raciocina* de certas maneiras, afeta o *corpo* de certas formas, quer se comportar e guiar a *ação* de certas formas. O mesmo vale para nossa mente compassiva. Ela também é um estado cerebral específico que organiza esses componentes em padrões particulares. É útil então discutir com o cliente quais são as funções da base segura e do porto seguro (veja a Fig. 3.6). Algumas vezes, você pode voltar ao exemplo de como ele ajudou um amigo a ir para o hospital e indique como ele estava encorajando, apoiando e também tranquilizando (veja o Capítulo 7 deste volume). Como revisado em outro lugar (Gilbert e Basran, 2018), atualmente há boas evidências de que, quando praticamos nos colocarmos em um tipo particular de estado mental, isso muda como raciocinamos, obtemos *insights* e abordamos as dificuldades da vida.

A Figura 8.3 oferece algumas ideias sobre como você pode diferenciar os subcomponentes de um estado mental, incluindo uma mente compassiva e, no processo, diferenciar as funções da base segura e do porto seguro. Esse processo será revisitado no Capítulo 9. Se pudéssemos nos imaginar em nosso estado mental compassivo, quando se trata de nos encorajar e nos validar, a que prestaríamos atenção? Como pensaríamos? Quais seriam as formas úteis de pensar? Como poderíamos ajudar nosso corpo a apoiar nossas mentes? Que ações e comportamentos seriam úteis? Ou como enfrentaríamos uma situação desafiadora?

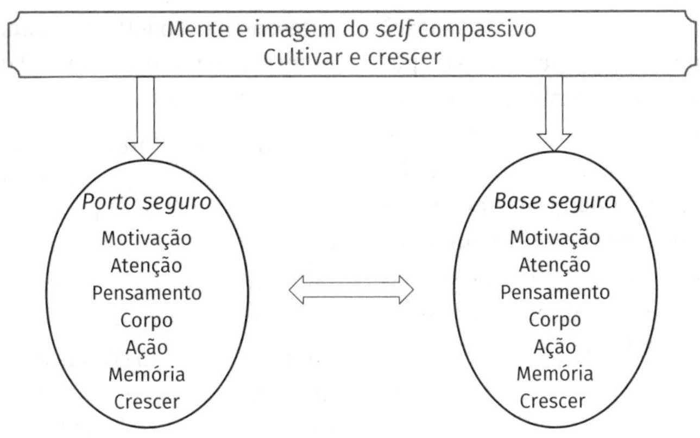

FIGURA 8.3 Subcomponentes de uma base segura e de um porto seguro.
Fonte: © Paul Gilbert.

Que tipos de prática diária seriam úteis? Podemos nos lembrar de situações em que fomos encorajadores e validantes? Os mesmos processos podem ser engajados para um porto seguro, em que a intenção desta vez é aterrar, acomodar e tranquilizar. O que é crucial é aumentar a precisão sobre a função e suas subcompetências. Tenha em mente que elas apoiam umas às outras, de modo que nossas habilidades para aterrar e tranquilizar se somam à nossa capacidade para coragem e tolerância, o que nos possibilita enfrentar os desafios.

A base segura. É útil revisitar a motivação repetidamente para que o cliente veja a razão para desenvolver e trabalhar com a criação de uma base segura interna, para deliberadamente ser encorajador, validante e apoiador. Há muitos tipos diferentes de *intervenções de terapia cognitiva* que apoiam as funções de uma base segura. Estas incluem ideias de uma humanidade compartilhada, ou como eu ajudaria um amigo, ou como eu pensaria se estivesse no meu eu compassivo mais sábio? Minha área de pesquisa tem sido a autotranquilização (Gilbert et al., 2004). Esta, assim como autovalidação, assertividade, autoperdão e bondade, *são formas de ser compassivo* (Gilbert, Catarino, Duarte et al., 2017), em vez de compaixão propriamente dita. Os esforços deliberados para ser apropriadamente autotranquilizador também utilizam a memória de esforços passados e habilidades, vários pesos e contrapesos cognitivos, e lembrar de estar atento a um possível viés de negatividade. Logo, as habilidades de autotranquilização apoiam as funções da base segura e do porto seguro e a *intenção* da compaixão. Também podemos criar um sentimento de uma base segura nas relações que formamos com os outros; *não são apenas nossos processos internos*. Nossa mente compassiva pode nos dar a coragem para buscarmos a ajuda *dos outros*. Vir para a terapia pode ser dado como um exemplo de outros (o terapeuta) ajudando o cliente a desenvolver sua base segura e seu porto seguro internos e uma mente compassiva. Fundamentalmente, trabalhamos com o cliente colaborativamente para começar a lançar mão das sabedorias sobre o que o ajudaria a ser autoencorajador, apoiador e tranquilizador e a desenvolver sua base segura interna.

Porto seguro. Essa função pode apoiar um senso de estar socialmente conectado, seguro e satisfeito. Em momentos de sofrimento emocional, essa parte de nós procura tolerar e, quando apropriado, aterrar e focar. Garanta que seu cliente não esteja tentando "se acalmar inutilmente se afastando" ou "se livrando de", em vez de *aterrar, conter e tolerar*. Algumas vezes, uma palavra preferível é "acomodação", que foi sugerida por um cliente. Por exemplo, um bombeiro não está se acalmando e afastando a ansiedade, mas contendo a ansiedade para facilitar a ação. O uso desses exemplos pode ser útil. Você pode perguntar ao cliente como ele poderia se aterrar ou se acomodar o suficiente de modo que pudesse então fazer X ou Y mesmo que estivesse experienciando emoções negativas difíceis. Como mencionado, ao lidar com emoções intensas, em vez de se acalmar, atividades psicomotoras como correr, movimentos de ioga ou cavar o jardim podem ser melhores (veja o Capítulo 18).

As funções do porto seguro também estão associadas ao equilíbrio do sistema nervoso autônomo e à estimulação do funcionamento do cérebro direito. Vale a pena repetir então que, embora existam exercícios respiratórios e corporais que podem fazer isso, também é fato que expressões faciais autotranquilizadoras e tons de voz têm qualidades calmantes. Como mencionado previamente (Capítulo 2), se usarmos intervenções cognitivas, mas nosso tom de voz interno for frio ou severo, isso não ajudará. Então, quando praticamos os aspectos de raciocínio compassivo da nossa mente compassiva, praticamos essas qualidades sensoriais também.

O que foi dito representa discussões sobre as diferentes funções de uma mente compassiva. Como mencionado anteriormente, você pode convidar as pessoas a imaginarem as qualidades de uma mente e um *self* compassivos e então "se transformarem neles", como um ator que entra no papel de um personagem, pensando nas qualidades específicas que um indivíduo compassivo teria e então imaginando que as possuem. Isso encoraja as pessoas a praticar se imaginando como um personagem compassivo, a explorar seu tom de voz interno e o que elas fariam, sentiriam e quereriam fazer. Elas podem praticar isso todos os dias. Assim, poderão começar a explorar como podem se encorajar diante da dificuldade, como podem se validar, como podem se identificar e desengajar do autocriticismo e como podem se tornar mais conscientes. Tudo isso reforça a função da base segura.

Ativando o estado mental compassivo. O cliente será equipado com *insights* do que ele está tentando fazer e do tipo de funções psicológicas que ele está trabalhando para cultivar. Fundamentalmente, você guia o cliente a lembrar de que, sempre que ele quiser entrar em um estado mental compassivo para passar um momento ou dois em aterramento, e com RRC, se possível, ele se lembre do cérebro complicado e tente criar uma expressão facial e um tom de voz amistosos. Com a intenção de ser útil em circunstâncias difíceis, talvez, se engaje nos processos úteis de imagem mental e cognitivo-comportamentais.

Há muitas formas de praticar isso com o cliente. Por exemplo, você pode usar o trabalho com as cadeiras para separar as diferentes funções. Tenha uma cadeira como "base segura" que seja a cadeira validante, empática ou encorajadora. Convide-o a fazer uma indução de compaixão e então a se imaginar como uma base segura, um *self* encorajador e apoiador, e a falar com uma cadeira vazia, em que ele imagina que está sentado o *self* que tem o problema. Reflita sobre essa experiência com ele, ajudando-o a diferenciar as funções de uma base segura interna. Então, tenha uma segunda "cadeira de porto seguro" que ofereça apoio em termos de tranquilização e acomodação. Você pode realizar esses processos com alguma função específica. Você pode ter uma cadeira da coragem, ou uma cadeira da sabedoria, e assim por diante. Quanto mais formos capazes de ajudar as pessoas a discriminar, diferenciar e praticar a *precisão das funções*, mais fácil se torna para os clientes entenderem suas mentes e as práticas. Isso não é diferente de qualquer outro treinamento. Para usar novamente uma analogia com a música, eu costumava ensinar violão. Eu ensinava a estrutura básica do violão, como colocar as cordas e afinar um violão, as escalas, os exercícios com os dedos para a mão esquerda e direita para melhorar a coordenação e como tocar os acordes. Importante também é como a nota soa, a "consciência da nota" — ela é nítida ou é difusa? Se esse processo multidimensional é importante no ensino do violão, pense no quanto é importante ao ajudar as pessoas a entenderem suas mentes (consciência da mente)! Ao trabalhar em grupos, essas distinções podem ser extremamente úteis. O grupo pode considerar quando ele está funcionando como uma base segura, quando eles estão validando uns aos outros, quando estão encorajando uns aos outros e quando estão tranquilizando uns aos outros e atuando como um porto seguro uns para os outros.

Prática comportamental. Você pode ajudar o cliente a desenvolver uma gama de minipráticas que podem ser usadas de diferentes formas em diferentes momentos do dia. Algumas práticas podem ser usadas para começar o dia, como a ideia de passar dois minutos na cama antes de se levantar, apenas focando no trabalho corporal e no *self* que ele quer trazer para o dia; chama-se "dois minutos debaixo do edredom" (Gilbert, 2009a). Para ajudar a desenvolver regimes de prática pessoal, convide o cliente a imaginar ser seu personagem compassivo em diferentes contextos. Por exemplo, ir a uma reunião e deliberadamente e intencionalmente se aterrar na sua mente compassiva. Andar pela rua e deliberadamente e intencionalmente tentar apresentar uma face e uma presença amistosa enquanto se movimenta e olha para as pessoas. Você e seu cliente podem gerar ideias para oportunidades específicas em que ele pode praticar fazer coisas específicas em um estado compassivo.

Com poucas exceções, não há, de fato, muitas pesquisas sobre como o treinamento da compaixão se traduz em comportamento compassivo "real" para os outros, como talvez se tornar mais sensível a questões políticas ou se envolver com instituições de caridade ou ser um pai ou uma mãe melhor (veja o Capítulo 26). Lim, Condon e DeSteno (2015) identificaram que um treinamento de três semanas de compaixão, comparado ao treinamento combinado com TCC, teve impacto na disposição das pessoas para ceder um assento em uma sala de espera, mas o aumento foi moderado (23%) e não foi mediado por empatia. Isso pode estar em consonância com o achado de Singer e Engert (2019) de que *mindfulness* e compaixão têm efeitos neurofisiológicos diferentes. Além do mais, nem todos os treinamentos da compaixão são equivalentes. Há diferenças importantes entre eles que ainda precisam ser apropriadamente investigadas. Por exemplo, meditações da bondade amorosa para promover compaixão são diferentes do TMC, conforme descrito aqui. Além do mais, na TFC, o TMC precisa abordar medos, bloqueios e resistências (FBRs, do inglês *fears, blocks and resistances*) (veja o Capítulo 6). Portanto, é importante que os terapeutas incluam habilidades e desafios comportamentais claros.

Trocando as perspectivas

Como mencionado anteriormente (p. 291), as pessoas podem obter novos *insights* quando trocam os estados mentais para lidar com a dificuldade na vida (Gilbert & Basran, 2018). Outra forma mais corporificada de troca mental é convidar o cliente a pensar em uma dificuldade na vida transformando-se nela, em uma cadeira particular, e conversar com o terapeuta sobre ela na emoção da dificuldade. Por exemplo, se a dificuldade for principalmente em torno de alguma coisa sobre a qual o cliente, digamos, está ansioso, então o convidamos a tentar entrar nesse estado mental ansioso e pensar sobre o problema enquanto o experiencia. E ele pode gentilmente falar sobre o que está se passando na sua mente, a que ele está prestando atenção, qual é a sensação disso no seu corpo, etc. Qual é a questão, a necessidade ou o motivo mais importante para esse estado mental (veja o Capítulo 9)? Então, convide o cliente a passar para uma cadeira diferente e deliberadamente ativar seu estado mental compassivo, com exercícios respiratórios (RRCs) e foco na sabedoria. Dê um minuto ou dois para realmente permitir que a pessoa experiencie o aterramento no corpo, o senso de desaceleração e as preocupações amistosas do tom de voz interno. Após ter focado nas emoções de ameaça ao falar sobre a dificuldade, queremos reequilibrar o sistema nervoso autônomo e outros circuitos neurais para um estado mental compassivo. Depois, queremos considerar o mesmo problema, mas dessa vez pelas lentes da mente compassiva. Qual é a coisa mais importante para a mente compassiva? Um cliente pode dizer: "oh, como mente compassiva, eu veria desta forma". Após exercício, convide-o à reflexão e à mentalização dos dois estados em que ele estava.

Escrevendo sobre si mesmo. Para explorar melhor isso, quando no estado mental compassivo, ele pode reservar um tempo para escrever uma carta compassiva para si mesmo na sala de terapia sobre a dificuldade na vida. Você pode sair da sala por cinco minutos para que ele faça isso. Então, ele lê a carta para você, com tom de voz compassivo. Você pode refletir sobre o grau de compaixão. Algumas vezes, as cartas compassivas não são assim tão compassivas e são sobretudo lugares-comuns de conselhos óbvios do tipo "você deveria". Portanto, guie o cliente para mentalizar melhor como uma mente compassiva. Isso pode requerer algumas tentativas para que ele perceba se o que está escrevendo é genuinamente sensível às suas dificuldades e ao seu estado emocional, se é genuinamente validante, empático, apoiador, apropriadamente encorajador, tranquilizador e se promove aterramento. Depois que ele tiver uma carta compassiva que apresente esses elementos, depois que ele ler a carta para você em um tom de voz compassivo, você pode ler essa carta para seu cliente na sua voz compassiva. Isso pode ser muito tocante para os clientes.

Vinculado a isso, você também pode convidar o cliente a escrever biografias compassivas. Talvez ele escreva a história da sua vida (embora longa, ele pode querer fazer) segundo o ponto de vista da mente compassiva. Um cliente se interessou tanto por isso que quase escreveu um livro, mas achou a experiência altamente reveladora e muito útil. Ele pode escrever autodescrições compassivas. Você convida o cliente a testar o que escreveu, pensando sobre "*como é a sensação no corpo, em que medida ele se sente tranquilizado, encorajado ou aterrado?*". Basicamente, o terapeuta está tentando de maneira constante mostrar que os estados mentais compassivos experienciam e veem o mundo de formas diferentes dos, digamos, estados raivosos ou estados ansiosos. Esses estados mentais são ativados muito facilmente, frequentemente sem a nossa concordância ou aprovação, e, portanto, temos que trabalhar para estarmos conscientes deles e praticarmos a criação de estados mentais que provavelmente sejam mais úteis para nós. Constantemente você deve enfatizar a importância da prática.

Outras intervenções cognitivas que podem ser úteis aos clientes são anotar pensamentos difíceis e praticar a geração de alternativas (compassivas). Você pode capturá-las em um *flash card*, em que os principais pensamentos úteis são anotados em um cartão postal, algumas vezes com uma foto atraente, para que o cliente possa praticar e ensaiar. O cliente pode gravar a si mesmo em seu telefone celular como o *self* compassivo, podendo reproduzir quando necessário. Tons de voz validantes e gentis são o segredo. Alguns clientes farão essa gravação e descobrirão que isso, na verdade, não os ajuda quando eles querem. Assim, clientes e terapeutas trabalham juntos para elaborar a mensagem, o que pode tomar algum tempo. Pode haver diferentes mensagens no telefone para diferentes contextos. O terapeuta pode fazer uma prática específica de visualização ou meditação para o cliente. Muitas dessas intervenções são variações das abordagens básicas da TCC, e os clientes podem ler mais sobre elas em Gilbert (2009b).

As artes expressivas. Em muitas práticas de cura tradicionais, entoar, cantar e dançar são importantes para ajudar pessoas com dificuldades de saúde mental, sobretudo quando isso é conduzido em um contexto comunitário e social. Em um estudo fascinante, James Bennett-Levy e colegas (Bennett-Levy, Roxburgh, Hibner et al., 2020) exploraram como ajudar povos aborígenes usando a TFC em grupos. Os primeiros esforços foram francamente mistos ou deficientes, em parte porque as abordagens ocidentais da terapia não se adequavam, de fato, a suas formas culturais de pensar e de se expressar emocionalmente. Os pesquisadores trabalharam de perto com os grupos e os consultores e desenvolveram uma *forma de arte para TMC*. Aqui, os participantes podiam explorar seus motivos, seus desejos e os três sistemas de regulação do afeto por meio da arte. Eles observaram o seguinte:

> A análise qualitativa dos dados das entrevistas identificou que dois processos principais — a criação de uma atmosfera grupal positiva e a canalização do treinamento de habilidades de compaixão por meio das artes visuais — conduziu a quatro desfechos positivos para os participantes: plantar as sementes de novas compreensões, incorporar as habilidades da compaixão, fortalecer as relações com os outros e desenvolver uma relação mais autocompassiva (p. 1).

Desenvolvimentos fascinantes e excitantes estão acontecendo nas terapias pela arte (Haeyen & Heijman, 2020). Essas abordagens expressivas também estão trabalhando com processos arquetípicos, explorando a construção de significado por meio da criatividade das pessoas.

Além disso, a música é bem conhecida pela sua ativação emotiva. Imagine o que seria dos filmes (*Tubarão!*) sem música. Muitos músicos já expressaram e exploraram estados da mente por meio da música. A TFC está sendo explorada em musicoterapia de formas fascinantes (Binnie, 2019). Alguns clientes também gostam de praticar meditações da compaixão e visualizações com música. Nesse caso, o terapeuta os convida a explorar a música que lhes dá um sentimento calmante ou um senso de encorajamento ou alegria e ter uma curiosidade sobre como a música afeta seus humores. A TFC está começando a desenvolver meditações com peças musicais específicas para gerar diferentes estados emocionais. Os efeitos da música provavelmente são muito pessoais, e é por isso que é útil encorajar os clientes a trabalharem com suas próprias preferências. Embora alguns tenham sugerido que música triste pode aumentar a depressão, outros questionam isso e sugerem uma variação individual importante (Yoon et al., 2020). Há evidências, por exemplo, de que pessoas deprimidas podem preferir música triste porque podem achá-la calmante e mais em sintonia com o que sentem (Yoon et al., 2020). Lembro-me de uma cliente me dizendo que, às vezes, ouvia músicas tristes porque pelo menos então ela podia sentir alguma coisa, em vez de se sentir entorpecida. Já convidei os clientes a trazerem peças de música, às vezes tristes, às vezes inspiradoras, e a explorarem o que acontece no corpo e que associação isso tem para eles.

A música também pode ser usada para ajudar as pessoas a se aprofundarem ou se conectarem com sentimentos trancados, como a tristeza. Por exemplo, em retiros para treinamento pessoal, algumas vezes conduzimos as pessoas pelo que é chamado de *meditação do fluxo da vida*, sobre as tragédias da vida biológica e a morte, com um tipo de música que promova uma conexão empática com o sofrimento. Muitos anos atrás, em 1995, no 50º aniversário do fim da Segunda Guerra Mundial, fiquei absorvido em um longo documentário da BBC sobre os horrores e as crueldades do Holocausto. O documentário era acompanhado pela *Terceira Sinfonia* de Henry Gorecki. Com a música, e pensando nos meus filhos e na minha família, achei aquilo tão opressivo que chorei por um longo tempo. Dada a minha visão de que os processos sociais criam estados cerebrais que podem ser prejudiciais ao *self* e aos outros, e os meus interesses em como diferentes motivos suprimem outros motivos (Gilbert, 1989; Zimbardo, 2007), aquela foi uma das experiências que desenvolveu ainda mais meu compromisso com a pesquisa da compaixão. Ficou absolutamente claro que, em alguns contextos, os humanos são, de fato, potencialmente uma espécie muito cruel, insensível, aterrorizante, perigosa e profundamente trágica. E, é claro, ainda vemos o mesmo lado obscuro do conflito tribal em tantas áreas do mundo, o que causa imenso sofrimento hoje em dia. Se nossas motivações para cuidado e compaixão forem desativadas, podemos criar (e realmente criamos) terror e profundo desespero uns nos outros. Parece claro, então, que a intenção, a coragem e as sabedorias da compaixão são (como, de fato, muitas tradições espirituais sugeriram) a coisa principal que se coloca entre nós e o lado obscuro. Esse é o nosso maior desafio, individualmente, mas também como espécie (Gilbert, 2009, 2021).

Métodos de ação. Há muitas intervenções novas e em desenvolvimento que ajudam os clientes a incorporarem e encenarem certos estados da mente. Clapton e Hiskey (2020) chamam muito a atenção ao fato de que o treinamento da compaixão não ocorreu só por meio da meditação, mas que também há uma longa tradição das artes marciais. Esses treinamentos foram especificamente concebidos para ajudar as pessoas (particularmente homens jovens) a serem atentamente conscientes dos seus corpos e a estarem no controle das suas emoções para ações focadas. O fundamental era como não ser regulado pelos "venenos mentais da raiva ou do medo". A essência do treinamento era desenvolver uma mente capaz dos princípios morais mais elevados, o que, como Hackney (2011) observou, está relacionado à sabedoria, à coragem e à compaixão. Clapton e Hiskey (2020) oferecem discussões importantes sobre como ampliar o "treinamento da mente compassiva" com ação controlada.

Outros métodos baseados na ação estão ligados à atuação e a descobertas guiadas do tipo psicodrama. Estas podem ser feitas em grupos também. Você convida os clientes a andarem pela sala em, digamos, um estado mental socialmente ansioso, focando na sua incerteza sobre as pessoas com quem estão. Aconselhe-os a notarem como é a sensação da ansiedade no corpo, o que ela pensa, o que ela quer olhar. Então convide-os a se engajarem em uma indução da mente compassiva. Sentindo seus pés tocando o chão, posicionando-se confiantemente com os ombros para trás, sentindo o corpo aterrando por meio da respiração, criando uma intenção compassiva. Convide-os a considerar que todas as pessoas na sala estão na mesma jornada e que estamos aqui para ajudar uns aos outros da melhor forma possível. Se alguns clientes disserem que isso é difícil, aconselhe-os a apenas tentarem e fazerem de conta.

Usando esses tipos de troca mental, os clientes podem ficar muito surpresos com o grau em que conseguem *deliberadamente trocar os estados cerebrais* e conseguem começar a reconhecer que diferentes estados cerebrais têm certa atração para eles. Estes são frequentemente denominados métodos de ação. Há muitas variações, algumas ligadas a métodos de psicodrama (Yani, 2018). Na verdade, a TFC atualmente está explorando as crescentes sobreposições com psicodrama porque o psicodrama ajuda a ativar processos corporais e a troca de estados mentais (McDonald, Goldstein, & Kanske, 2020). Lawrence (2015) oferece uma visão geral muito útil de inúmeras práticas de psicodrama para evocar traços de autocompaixão.

Os terapeutas podem também se engajar nisso usando empatia. Por exemplo, às vezes, eu me sentava na cadeira do meu cliente um pouco antes de ele chegar e imaginava que eu era ele. Eu tentava entrar em sintonia com seus anseios e temores, me imaginava olhando para mim mesmo. Muito embora essa empatia seja limitada, pois você só consegue entrar parcialmente na história da vida de outra pessoa, mesmo assim o esforço de troca mental da "minha" mente como terapeuta para a mente do cliente pode ser útil.

Construindo e se relacionando com memórias compassivas e imagens fantasiadas

Aberto à compaixão dos outros. Como destacado no Capítulo 2 (veja a Fig. 2.8), embora algumas vezes vista como terapia da *auto*compaixão, a TFC foca nos *fluxos interdependentes da compaixão, não só para o self* (Siegel, 2019). É sabido há muitos séculos que recorrer aos outros para ajuda e apoio e ser capaz de *responder* à solicitude dos outros é crucial para o bem-estar. De fato, há uma vasta literatura sobre as diferentes dimensões e efeitos *do apoio social*. Esses "fluxos da compaixão" são interdependentes. Em um teste da teoria da mentalidade social, Hermanto et al. (2016) mostraram como diferentes orientações da compaixão estão relacionadas. A alta prestação de cuidado, juntamente com a habilidade de receber cuidado, prediziam a autocompaixão, ao passo que a alta prestação de cuidado, com a *baixa* procura de cuidado (ser menos aberto e receptivo à compaixão), prediziam fraca autocompaixão. Isso se ajusta às noções de Bowlby da prestação de cuidado compulsiva e de que a prestação de cuidado pode ser defensiva e submissa (Catarino et al., 2014). Gilbert et al. (2011) também encontraram que os medos de receber compaixão estavam fortemente associados a medos e resistências a ser autocompassivo, porém muito menos a ser compassivo com os outros. Esses achados atualmente já foram replicados em inúmeros estudos (Kirby, Day, & Sugar, 2019).

Em nosso desenvolvimento do engajamento na compaixão e das escalas de ação (Gilbert, Catarino, Duarte et al., 2017), também encontramos que as capacidades para receber compaixão estavam negativamente associadas a sintomas de depressão, ansiedade e estresse. Hermanto e Zuroff (2016) também encontraram que estar aberto à compaixão dos outros amortece o efeito do autocriticismo na depressão. Tais dados ressaltam o fato de que precisamos focar nas duas competências, para dar e também para receber compaixão, como uma mentalidade social. Estudos destacam mais uma vez que as abordagens da compaixão para *terapia* não podem ser focadas apenas no *self*. Um aspecto de ser aberto à solicitude dos outros, de ser capaz de buscar apropriadamente e responder à ajuda, é a habilidade de experienciar *gratidão*. Boa parte da relação terapêutica consiste em um processo de possibilitar que os clientes se sintam cuidados e experimentem as qualidades da base segura e do porto seguro de uma relação (veja o Capítulo 13). Assim sendo, é interessante notar como os clientes podem ser alegremente gratos, ressentidamente gratos ou ter uma atitude de que "como terapeuta, você só está fazendo seu trabalho, por isso não há nada por que ser grato". Os indivíduos que não são capazes de expressar reconhecimento e gratidão por aqueles que os ajudam terão dificuldades em suas relações sociais, e, portanto, isso precisa ser percebido e explorado. Esse pode ser um problema com alguns casais. É importante, portanto, descobrir mal-entendidos sobre gratidão. Ajude as pessoas a explorar a gratidão como prazerosa e como isso impactaria a solicitude da própria pessoa. Gratidão ressentida é quando realmente não queremos reconhecer a utilidade de alguém, talvez porque estamos com raiva deles, somos invejosos, não gostamos deles ou temos medo de reconhecer os outros. Práticas que promovem a compreensão dos benefícios sociais e para a saúde da gratidão podem ser extremamente valiosas (p. ex., Emmons, Froh, & Rose, 2019).

Ajudar os clientes a estarem abertos à compaixão dos outros pode ser um esforço importante, sobretudo para aqueles provenientes de contextos difíceis, negligentes ou prejudiciais, com alta vergonha e *falta de con-*

fiança social. Nesse caso, os terapeutas podem precisar se engajar em muitas intervenções terapêuticas diferentes, que ajudem as pessoas a desenvolverem confiança interpessoal, como entender que podemos ter graus de confiança e desenvolver mentalização e, às vezes, assertividade (veja o Capítulo 2). Algumas pessoas sentem que só podem confiar em seus animais de estimação, mas essa pode ser uma base para começar a trabalhar com a mentalidade social de cuidado. Outra maneira é por meio da imagem mental. Muito da nossa imagem mental no dia a dia é de nós em relação às outras mentes. Há diferentes formas de usar a imagem mental relacional compassiva. Uma delas é a estimulação da memória; outra é a estimulação da imaginação; ambas são exploradas a seguir.

Estimulação da memória. Como mencionado no Capítulo 3, há bons indícios de que imaginar "ser relacionado com um outro compassivo" pode ser fisiologicamente potente. Estimular nossas mentes com memórias, imagens e visões de outras pessoas úteis nos possibilita lidar melhor com as dificuldades (veja Gillath & Karantzas, 2019 para uma revisão; mas tenha em mente que algumas pessoas podem ter dificuldade com graus de afantasia). Norman, Lawrence, Iles, Benattayallah e Karl (2015) mostraram que ser estimulado com compartilhamento e relações de cuidado atenuava as respostas da amígdala a estímulos de ameaça de expressões faciais e em uma tarefa *dot-probe*. Kumashiro e Sedikides (2005) mostraram que as pessoas tinham muito mais probabilidade de se engajar e ser curiosas sobre o *feedback* negativo em uma tarefa se previamente tivessem sido estimuladas a trazer à mente relações íntimas positivas. Hornstein e Eisenberg (2018) encontraram que sinais de segurança social (na TFC, é proteção) tinham impactos poderosos na aquisição e na extinção do medo.

A revisão de Gillath e Karantzas também indica que os efeitos da estimulação são afetados por apego inseguro, especialmente evitativo. Bryant e Hutanamon (2018) mostram que, em indivíduos com apego seguro, o estímulo com figuras de apego impactava o grau de afeto negativo com maior variabilidade da frequência cardíaca em relação a um teste de pressão a frio. Em contrapartida, aqueles com apego evitativo não apresentaram esse efeito. Isso abre possibilidades para inúmeras perguntas de pesquisa. Por exemplo, se alguém não tem memórias positivas de figuras de apego, então há pouco a estimular, ou o indivíduo inadvertidamente estimula memórias negativas. O estímulo depende da memória associada aos sistemas fisiológicos. Sobretudo, o efeito pode ser mais poderoso para algumas pessoas se dado de forma subliminar, em vez de ser solicitado que lembrem de outros cuidadores, pois elas podem ter defesas contra isso. Muito também depende de como a estimulação é feita. Por exemplo, Baldwin, Bandarian-Balooch e Adams (2020) observaram que indivíduos com apego inseguro tipicamente apresentam respostas de ameaça aos primeiros esforços para gerar imagem mental compassiva. No entanto, eles identificaram que, se estimulassem os participantes a focarem *especificamente* em "alguém que os faz sentir seguros e os encoraja" (p. ex., alguém que funciona como uma base segura), a trazerem à mente *exemplos reais* e a refletirem sobre eles, isso reduzia de maneira significativa a resposta de ameaça à imagem mental compassiva. Tais dados sugerem a importância da ativação de memórias específicas que possivelmente estimulam os componentes fisiológicos da mentalidade social de cuidado.

Imagens arquetípicas e culturais. Os humanos há muito tempo fantasiam outros arquetípicos com os quais eles imaginam se relacionar (Stevens, 2000, 2002). Um exemplo é o uso religioso da oração. Ashbrook e Albright (1997) oferecem uma discussão fascinante sobre o vínculo entre o apego, o uso de imagens religiosas fantasiosas para a autorregulação e a regulação emocional e a mudança fisiológica. Eles relatam que, mesmo que as pessoas não acreditem em Deus, o ato de imaginarem se relacionando com um "outro amoroso", como na oração, ainda pode ser observado em estudos com fMRI. No budismo, existe uma gama de imagens arquetípicas representando figuras compassivas femininas e masculinas (*bodhisattvas*) que o indivíduo imagina e com quem se relaciona (veja o lindamente ilustrado Vessantara, 1993). Devido ao seu significado histórico, cultural e arquetípico, isso algumas vezes é visto como uma forma de estimular esses processos da compaixão dentro de si (Leighton, 2003). Há também várias práticas de imagem mental budistas em que o indivíduo se imagina recebendo compaixão do Buda, fundindo-se com o Buda e então se tornando igual a um Buda, tendo o desejo profundo de que todos os seres sencientes sejam livres de sofrimento e das causas de sofrimento (Ringu Tulku Rinpoche & Mullen, 2005). É claro, seja cauteloso quanto ao uso de alguns ícones religiosos se eles também puderem ser associados a julgamentos não úteis. Garanta que as imagens dos clientes sejam pessoalmente geradas e livres de qualquer forma de julgamento negativo.

Imaginando "sua própria" mente do outro compassivo. A estimulação dos sistemas de cuidado pode surgir da habilidade de criar imagens de ser compassivamente relacionado, ser cuidado, mentalizado, encorajado e aterrado, que estimulam essas mentalidades de cuidado básicas. Ao criarmos um cenário interno em que nós interagimos com outra mente que "nos contém em sua mente com intenção compassiva", estimulamos sistemas fisiológicos. Uma fantasia sexual tem que "tocar nosso corpo". Não importa o quanto uma imagem é boa visualmente, se ela não tiver uma ressonância fisiológica, não será útil. O mesmo pode ser verdadeiro com a imagem mental compassiva. Por exemplo, muitos anos atrás, uma das minhas clientes criou uma imagem compassiva de uma deusa da terra como um Buda, que ela achava que era tanto masculina quanto feminina (alguns dias parecia mais masculina, alguns dias, mais feminina). No entanto, estava claro para ela que nunca poderia realmente visualizar essa imagem, apenas uma impressão passageira. Entretanto, quando tentou trazê-la à mente, ela a sentiu como uma "*presença calorosa, apoio e tranquilização*".

Você pode explicar aos clientes que a forma como nos imaginamos interagindo com os outros é fisiologicamente poderosa. Por exemplo, pergunte à pessoa o que acontece se ela imaginar certos tipos de interações. Você pode elaborar seus próprios exemplos, mas alguns podem ser: *O que aconteceria em seu corpo se você se imaginasse se defendendo de um chefe intimidador e criasse cenários na sua mente sobre como essa interação ocorreria? O que ele lhe diria? O que você diria a ele? O que aconteceria na sua mente e no seu corpo se você se imaginasse indo a um primeiro encontro amoroso e como essa interação ocorreria? O que aconteceria no seu corpo se você se imaginasse tendo uma interação erótica?* Você poderia fazer o mesmo para se imaginar saindo de férias com seu melhor amigo. Você quer comunicar a ideia de que podemos estimular nosso corpo imaginando *cenas de interação*. De fato, na vida cotidiana, sabemos que muito da nossa imagem mental é adotada com a imaginação de interações sociais; elas são como nossas novelas internas, em que somos os atores. Você terá discutido com eles o que é imagem mental e o que não é, e que o aspecto dessa prática que tentamos ativar é o baseado no corpo.

O processo de exploração conjunta das dimensões e das possibilidades de como seria(m) sua(s) imagem(ns) de compaixão pode, por si só, ser muito importante, pois é uma descoberta guiada. Certificando-se de que o cliente entende o que imagem mental é e o que não é (como visto anteriormente), convide-o a imaginar outra mente tendo intenção compassiva por ele. Como ele *gostaria* que essa mente fosse? Algumas vezes, você pode ser mais específico sobre certas qualidades: como *ele gostaria que ela fosse*? Note a diferença entre perguntar "*como ela seria?*" e "como você *gos-*

taria que ela fosse?". Isso combate problemas que, às vezes, você pode encontrar quando o cliente tenta criar imagens que ele acha que *deveriam* ser compassivas, e não iniciar a partir de uma posição do seu próprio querer e gostar, criando sua própria versão, suas cores, seus estilos, etc. Você pode perguntar se essas imagens seriam humanas ou não humanas. Algumas pessoas, sobretudo com históricos abusivos, preferem começar com animais, como ursos protetores ou mesmo árvores, como um carvalho. Seriam do sexo masculino ou feminino? Que idade elas teriam? Se humanas, ele poderia imaginar uma expressão facial, um tom de voz, como estariam vestidas? Como ele iria querer se relacionar com sua figura fantasiada? Como ele iria querer que sua imagem se relacionasse com ele? Outra forma de discutir isso (especialmente para clientes mais jovens) é que é como criar um personagem em um jogo de computador que vai acompanhá-lo nas etapas do *game* (a jornada da vida). Encontre as metáforas e analogias que funcionam para essa pessoa. Convide o cliente a imaginar uma imagem ideal que seria capaz de fornecer uma base segura e um porto seguro. Você pode examinar essas funções com ele: "*como você gostaria que a sua imagem o encorajasse quando as coisas estivessem difíceis? Como você gostaria que a sua imagem o entendesse? Como você gostaria que a sua imagem ajudasse a aterrá-lo e tranquilizá-lo, etc.?*". Essas perguntas focam no que o cliente realmente pensa que quer. Lee (2005) nomeou esse processo como "um provedor perfeito". Ela considera isso como *perfeito* no sentido de que é tudo o que você quereria ou precisaria; é perfeito para você. Outros se referem a isso como um amigo perfeito, guardião, mentor ou "*self* superior". O essencial é ajudá-lo a pensar a respeito e criar sua imagem e seu personagem compassivo único, e então praticar a experiência da interação. Algumas vezes, as pessoas também pensam em pertencer a uma comunidade de cuidado apoiadora (Sangha), em vez de se relacionar com um indivíduo específico.

Alguns indivíduos focarão em proteção, alguns em validação, alguns em receber mentoria ou ser como um guru, outros em companheirismo. As pessoas podem ter mais de uma imagem para diferentes problemas. Assim como para a imagem mental sexual, você não tem a mesma o tempo todo, e muito disso depende de como essas imagens estão atuando no corpo em um dia específico. Uma cliente tinha um tipo diferente de imagem quando estava menstruando e quando não estava. Portanto, é interessante que, às vezes, as pessoas reconheçam que uma imagem não é para todas as situações e todas as necessidades, mas que queremos diferentes qualidades de diferentes imagens em diferentes momentos. Algumas focarão em um senso de calidez, pois estes outros imaginados não são frios e distantes. Outras podem achar a experiência de calidez muito complicada e que pode demandar tempo (Gilbert, 2000). Você pode usar o trabalho com as cadeiras em formas lúdicas de atuação, como convidar o cliente a falar sobre uma dificuldade na vida; então ele se levanta da cadeira, se transforma na sua imagem compassiva e se senta em uma cadeira diferente. Agora, se essa imagem compassiva se transforma em um grande urso negro, ele terá que se imaginar como um grande urso negro sentado na cadeira compassiva e conversar com seu *self* em dificuldade. Obviamente, muito dependerá do seu cliente, mas o que tentamos mostrar é que nossas mentes não são fixas; as versões de nós não estão cimentadas no concreto. Podemos *mudar nossos estados cerebrais deliberadamente, redirecionando o foco* da nossa perspectiva, e, como atores, entramos em diferentes personagens e exploramos esses personagens como "versões do *self*".

Brown, Waite, Rovira, Nickless e Freeman (2020) ofereceram um exemplo excelente do uso de imagens compassivas *in vivo*. Eles exploraram o impacto de desenvolver e se relacionar com uma imagem compassiva interna e autogerada para pessoas com crenças paranoides. Eles usaram a realidade virtual de entrar em um elevador e um trem tubular enquanto imaginavam estar acompanhados por seu *coach* compassivo imaginado. Quando à CFT, eles indicam:

> O objetivo é aproveitar a experiência de ser cuidado e por fim internalizá-la, de modo que seja criada uma memória nova e distinta que possa ser facilmente acessada. Um *coach* compassivo pode ter qualquer identidade, mas precisa incorporar todas as qualidades da compaixão, incluindo força, calidez, sabedoria e bondade, e deve encorajar o indivíduo a ser bondoso consigo (p. 2).

Os pesquisadores enfatizaram o fato de que as imagens de um "*coach* compassivo" são usadas para imaginar outra mente, estando altamente focada no cuidado e no apoio ao participante. As práticas de imagem mental da compaixão também podem ser vistas como imaginar uma "mentalização de outra mente". Isso significa nos imaginarmos existindo na mente de outra pessoa como empaticamente cuidados e valorizados, sendo ela dedicada a abordar nosso sofrimento. Nós a mentalizamos nos mentalizando. Isso nos permite explorar se as pessoas têm FBRs sobre serem mantidas compassivamente na mente de outra pessoa. Por uma perspectiva da TFC, um *coach* compassivo atua como gatilho para os processos psicofisiológicos da mentalidade social de cuidado e, portanto, atua como uma base segura e um porto seguro internos (veja o Capítulo 3). Embora não discutido por Brown et al. (2020), essas duas funções são evidentes no uso da imagem mental compassiva. Sua intervenção resultou em aumentos significativos na autocompaixão e em reduções na experiência paranoide. Esse é outro bom exemplo de evidências do valor de usar imagem mental de cuidado interpessoal para deliberadamente trocar as mentalidades sociais das pessoas de estados cerebrais baseados na ameaça para estados cerebrais estimulantes de conexões de cuidado. Como temos um cérebro (mentalidade) social, se nos apresentamos com informações úteis em uma estrutura relacional, isso pode ter mais impacto.

Evidentemente, entender quais tipos de imagem mental e estilos de relação provavelmente serão úteis em determinada situação requer alguma empatia quanto à necessidade. Uma das coisas a serem discutidas com os clientes é se eles estão imaginando processos que *são realmente úteis*, e não o que eles acham que deveria ser útil. Por exemplo, uma cliente que estava com raiva e achava "uma p* injustiça" ter recebido trabalho extra quando outros não receberam tentou imaginar sua imagem compassiva falando com ela gentilmente, tentando ser tranquilizadora. No entanto, quando lhe perguntei se isso era realmente o que ela queria naquele momento, ela reconheceu que provavelmente não. O que ela queria *primeiro* era que alguém a entendesse, fosse empático, validante e refletisse essa *emoção* com ela. Então, quando ela se permitiu imaginar sua imagem compassiva sendo "preocupada e comovida" e dizendo "oh, que f* para você", isso pareceu ter mais ressonância e "solidariedade com ela". Um senso de *ressonância, compreensão* e *solidariedade* com o cliente é muito importante (assim como na relação terapêutica). Isso oferece o *insight* terapêutico de que, quando estamos, digamos, com raiva, muitas vezes queremos que alguém escute, se identifique e nos valide, e não necessariamente tente "nos acalmar". A tranquilização vem mais tarde, *depois* que experienciamos congruência e validação. Ela precisava que sua imagem compassiva empatizasse com a mágoa que ela sentia. Ela começou a reconhecer que a compaixão é validante, desenvergonhante e apoiadora, mas que também a protege de agir de modo prejudicial.

Fundamentalmente, a compaixão sempre se direciona para o comportamento útil, não prejudicial. Podemos sentir raiva, mas, quando nos sentimos compreendidos, a compaixão nos ajuda a encontrar a sabedoria e a coragem para sermos assertivos, mas não prejudicialmente agressivos. Em outras palavras, considerando que a situação pode, de fato, ser uma "p* injustiça", qual seria a coisa mais útil a se focar? Tenha em mente, então, que um processo de compaixão é *um processo*, e não um único e rápido encontro isolado (embora também possa ser assim, dependendo do contexto). De fato, quando procuramos apoio compassivo, esse é tipicamente um processo não linear. A cliente teve diversos diálogos com sua imagem compassiva ao longo do tempo. Quando estamos incomodados e conversamos com alguém confiável e amado, essa discussão passa por estágios de validação, conexão e engajamento empático, podendo acabar em um abraço e tranquilização. Podemos revisitar o problema em ocasiões posteriores e transformá-lo com o tempo.

Atualmente, precisamos de pesquisas sobre as qualidades que aqueles com diferentes tipos de apego inseguro desejam de sua imagem compassiva (p. ex., proteção-segurança, mentoria, companheirismo, validação, encorajamento) e, em segundo lugar, sobre como a imagem mental de compaixão *que as próprias pessoas criam, praticam e sobre as quais refletem* funciona para aqueles com apego inseguro e especialmente evitativo. Minha experiência clínica sugere que é no processo de pensar sobre *o que eles iriam querer* de um cuidador ideal (portanto, a nova criação da imaginação) que irá revelar com o tempo o que está internalizado e o que é mais útil. Alguns clientes começam com "Eu realmente não sei", portanto, abordar abertamente bloqueios como esse durante o caminho pode ser útil. Mesmo que os clientes tenham dificuldades nos primeiros dias, a prática pode ajudar. Por exemplo, nos primeiros esforços de compaixão, a imagem mental pode ser experienciada negativamente, como em indivíduos com alto autocriticismo, mas com treino e prática eles mudam (McEwen & Gilbert, 2016).

Diferentemente das habilidades para imaginar (veja sobre a fantasia apresentada), essas práticas de imagem mental guiada podem revelar FBRs importantes. Por exemplo, algumas pessoas podem sugerir que nunca poderiam imaginar outra mente compassiva sendo compassiva com elas. Alguns têm o lema de Groucho Marx de que "Eu não desejaria ter uma imagem compassiva que fosse compassiva com alguém como eu" (veja o Capítulo 6). Alguns acham quase impossível se imaginar confiando que uma imagem compassiva não os trairia ou não os decepcionaria. Às vezes, os indivíduos podem imaginar um dos gêneros como um outro compassivo para eles, mas não o outro gênero. Trabalhar gentilmente com visualizações pode, algumas vezes, ajudar o cliente a examinar essas questões. Algumas pessoas descartam isso como não real e, portanto, não útil, ou como algo que só faz com que se sintam mais sozinhas. Algumas vezes, isso está ligado a um senso de vergonha e desconexão, e então a questão é como elas gostariam que sua imagem ajudasse com a vergonha e o medo de proximidade. Às vezes, quando os terapeutas se deparam com essas questões muito complicadas, eles se tornam coniventes com a evitação, em vez de verem esses FBRs *em ação*, a serem tratados como um tipo de evitação experiencial.

É importante que as imagens compassivas não sejam seres incorpóreos e distanciados. Em algumas das tradições budistas que usam imagem de *bodhisattva*, acredita-se que uma pessoa se tornou um *bodhisattva* como resultado de muitas encarnações. Em outras palavras, ela já foi o homem e a mulher, já foi o assassino e o assassinado, já foi o viciado em drogas e o médico. Como mencionado no Capítulo 6, há um poema poderoso de Thich Nhat Hanh, intitulado "Por Favor, Me Chame Pelos Meus Nomes Verdadeiros", que captura essas crenças. Esse foi um exercício poderoso para mim anos atrás, pensando que minha imagem compassiva talvez fosse um psicopata em uma vida e um santo em outra, um homem em algumas vidas e uma mulher em outras — todas construções de mentes biológicas. Algumas práticas vão ainda mais longe e imaginam encarnações anteriores como animais. Também podemos imaginar isso para nós mesmos — que fomos indivíduos diferentes em encarnações diferentes. Considero essa uma forma muito útil de romper com a identificação com uma versão de mim mesmo e para treino de empatia. Crucial nessa tradição é a competência para que o *bodhisattva* tenha profundo engajamento empático com a realidade da existência humana, de que todos nós nos encontramos como versões particulares de uma infinidade de possibilidades.

Como mencionado repetidamente, os conceitos de nossas mentes sendo, em parte, entendidas em termos de conjuntos de algoritmos e programas que são refinados pelo ambiente estão se tornando centrais para a neurociência social e tecendo fascinantes conceitos e enredos de ficção científica (por exemplo, *Westworld*). Aparentemente, estamos a ponto de começar a reconhecer que a consciência é capturada nesses programas biologicamente criados e socialmente coreografados que adotamos como "*selves*" (Hood, 2011). Em certo sentido, podemos explorar imagens compassivas como outras pessoas imaginadas que "já passaram por isso". Compaixão não é julgar, mas entender essa multiplicidade de potenciais em todos nós, incluindo o lado obscuro. Na TFC, essa é uma dimensão importante para evitar que as imagens de compaixão sejam um pouco diferentes ou incorpóreas, ou não tendo realmente experienciado sofrimento ou impulsos e lados obscuros.

Em suma, ajudamos os clientes a reconhecer a importância de como nós naturalmente desenvolvemos em nossas mentes cenários sociais lembrados, ansiados e fantasiados; essas são nossas novelas internas com impactos fisiológicos. Logo, podemos deliberadamente começar a criar uma interação imaginada com um outro compassivo. Quando estressados, e em outros momentos, podemos praticar a troca da nossa atenção para imaginar um diálogo interacional com nossa imagem de compaixão. O foco nesses cenários imaginários pode operar como estímulos de apego (o que foi já foi discutido neste capítulo e no Capítulo 3), pois essa prática estará estimulando os sistemas (neuro)fisiológicos da mentalidade de cuidado social, incluindo, por exemplo, o nervo vago, etc.

Quando os clientes começam a desenvolver o uso da imagem mental interna e formas dialógicas de construir uma base segura e um porto seguro internos, eles podem querer ouvir as diferentes gravações que vocês fizeram na terapia colaborativamente. É evidente que há muitas gravações na internet de todos os tipos de práticas de imagem compassiva. Eu mesmo uso algumas, mas alguns clientes gostam de ter suas próprias gravações para orientá-los nas práticas, ou gravações feitas por você, que eles podem usar para a prática regular. De fato, alguns clientes gostam de gravar sessões inteiras para que possam ouvi-las novamente. O *website* Compassionate Mind também tem muitas práticas que as pessoas podem ouvir, incluindo imagens de compaixão. Estamos tentando aperfeiçoá-las o tempo todo. Como mencionado, no entanto, com alguns clientes, os terapeutas devem estar preparados para trabalhar algumas resistências e medos e, algumas vezes, a tristeza e a raiva que as imagens de compaixão podem provocar (veja os Capítulos 6 e 9).

A multiplicidade de intervenções de compaixão

Em sua revisão de práticas, Lucre e Clapton (2020) consideram algumas das muitas e diferentes intervenções e processos que os clientes aprendem para apoiar o desenvolvimento de uma base segura e um porto seguro e que ajudam a criar "estabilidade" em tempos de crise. Eles se referem a isso como um "kit *de utensílios compassivos*" (que não deve ser visto como uma caixa de ferramentas para "conserto", de forma mecânica). Eles revisam inúmeros processos, como o uso de objetos transicionais, e enfatizam a utilidade potencial do uso de processos multissensoriais para estimulação e aterramento das pessoas em uma base segura e um porto seguro. Isso pode incluir (como mencionado) o uso de objetos, como carregar consigo uma pedra semipreciosa como lembrete, o uso de certas fragrâncias associadas a imagens de compaixão, o uso de música e outros sons, o uso de toque, respiração e práticas de visualização. Os *kits* de utensílios podem ser altamente individualizados e desenvolvidos durante o curso da jornada terapêutica.

> Um *Kit* de Utensílios Compassivos provavelmente conterá diversos objetos e itens sensoriais que podem ser formas não verbais poderosas e rápidas de acessar e estimular estados de proteção (e, assim, compaixão), com o duplo propósito de autotranquilização e estimulação da coragem. É digno de nota que o *kit* de utensílios também contém objetos que representam processos ou atributos imaginários. Fundamentalmente, o *Kit* de Utensílios Compassivos permite que cliente e terapeuta aproveitem toda a gama de formas de cultivar a compaixão. Isso é especialmente importante para indivíduos cronicamente traumatizados que muitas vezes têm dificuldades com práticas típicas e fundamentais do TMC, como respiração e imagem mental (Naismith et al., 2018), e assim está mais em sintonia com o nível de desenvolvimento emocional e as competências desse grupo de clientes (Pascual-Leone, Gillespie, Orr, & Harrington, 2016).

Em um grupo inicial, Gilbert e Procter (2006) identificaram que os clientes com dificuldades com RRC discutiram entre si as soluções e tiveram a ideia de segurar bolas de tênis como um foco sensorial. Uma pessoa vestia meias específicas para frequentar o grupo, e elas se tornaram suas meias da compaixão.

Compaixão pelos outros

Ajudar as pessoas a desenvolver compaixão pelos outros requer uma variedade de processos cognitivos, incluindo habilidades de mentalização (veja o Capítulo 2, Fig. 2.6; Luyten et al., 2020), mas o essencial é a motivação para a compaixão. Sem essa motivação, as habilidades cognitivas e de empatia podem ser usadas para fins tanto prejudiciais quanto úteis. Nas tradições budistas, compaixão pelos outros é o *foco principal no treinamento* para *bodhicitta*. Tsering (2005) esclarece o significado de *bodhicitta*:

> *Bodhicitta* é a essência de toda a prática budista. A palavra *bodhicitta* explica muito: *bodhi* é sânscrito para "acordado", ou "acordar", e *citta*, para "mente". Como a iluminação é o estado de estar plenamente despertado, a mente preciosa do *bodhicitta* é a mente que está começando a se tornar completamente despertada para beneficiar todos os outros seres. *Há dois aspectos dessa mente: a aspiração de beneficiar os outros e o desejo de obter iluminação completa para fazer isso mais habilmente* (p. 1, grifo nosso).

Parte desse cultivo envolve o caminho óctuplo que é muito sobre viver para ser útil, e não prejudicial, prestando atenção às nossas intenções, a como falamos e pensamos sobre os outros, e assim por diante. A ciência agora revela que indivíduos que cultivam a compaixão pelos outros lidam melhor com o estresse e são mais capazes de evocar e aceitar compaixão (Condon & Makransky, 2020; Cosley, McCoy, Saslow, & Epel, 2010). Pesquisas sobre "bondade amorosa" quase sempre envolvem visualizar e desejar bem-estar para os outros. Weng et al. (2013; 2018) mostraram que essas práticas de meditação mudaram a sensibilidade ao sofrimento e na amígdala em resposta aos sinais de ameaça. Com abordagem similar a Gilbert (1989, 2005) de examinar os benefícios e problemas de prestar cuidado e receber cuidado, Crocker, Canevello e Brown (2017) oferecem uma revisão importante dessas dimensões. Evidentemente, algumas formas de cuidado involuntário (ter que cuidar de parentes com demência) não são úteis. Na maior parte das vezes, o cuidado deve ser um ato escolhido, e não imposto (Gilbert, 1989, 2005), mas, quando ele é escolhido, é muito benéfico psicofisiologicamente (Crocker et al., 2017).

As práticas de cuidar dos outros podem ser incorporadas ao treinamento com meditações de bondade amorosa tradicionais, mas também com tarefas muito simples para começar. Estas podem ser a consciência das próprias expressões faciais e dos tons de voz, bem como expressar um semblante amistoso enquanto andamos pela rua, ter interesse em cumprimentar os outros ou ter uma conversa amigável em uma loja. Ter a consciência de que, se oferecemos uma rápida saudação e colocamos um sorriso no rosto de alguém por quem passamos, estamos estimulando, mesmo que levemente, afeto positivo nessa pessoa. Essa pode ser uma coisa prazerosa de fazer, sobretudo quando estamos plenamente conscientes do que estamos fazendo. Nós assumimos a responsabilidade de que seremos um indivíduo que traz amabilidade para o mundo. Telefonar para um amigo e perguntar como ele está passando e se há alguma coisa que você pode fazer para ajudá-lo é outra forma de fazer isso. Para algumas pessoas, aprender a ser voluntário e se envolver em causas que são significativas para elas é poderoso. Elas podem escolher uma instituição de caridade e ter interesse em apoiá-la. Informar as pessoas que escolher ajudar os outros é bom para o *self* pode ser revelador, especialmente se você pede que a pessoa elabore um plano comportamental de como desenvolver isso. Como mencionado no Capítulo 4, vivemos em uma sociedade que facilmente nos descontextualiza de nos sentirmos capazes de ser úteis e valorizados, e tendemos a focar em relações competitivas, socialmente comparativas, autofocadas e desagregadoras, sem conexões de cuidado, que estão na base do nosso bem-estar. Precisamos trabalhar para criá-las contra a ofensiva neoliberal.

Alertas sobre a autocompaixão. Não há dúvida de que aprender a ser autotranquilizador e trazer para si as sabedorias e a coragem da compaixão é imensamente benéfico. Neff e Germer (2018) desenvolveram muitas práticas baseadas em evidências especificamente concebidas para aumentar a autocompaixão em populações não clínicas; os clientes podem visitar seu *website* e ver como são imensamente úteis. Cultivar autocompaixão sábia é importante para desconectar vergonha e autocriticismo severo (veja os Capítulos 4 e 5). Entretanto, também precisamos reconhecer porque às vezes precisamos trabalhar arduamente na autocompaixão. Parte da razão é porque podemos ter sido "prejudicados" pelos tipos de ambientes em que crescemos. Quando Dalai Lama veio ao Ocidente, ele realmente não conseguiu entender os problemas com autocriticismo ou a necessidade de se treinar a autocompaixão. Viver em comunidades apoiadoras, como as dos caçadores-coletores, reduzia o senso de um *self* individual, e o cuidado era um fluxo natural (Narvaez, 2017, 2020). Precisamos ter precaução para que o foco excessivo *no self* não se torne mais uma preocupação neoliberal, inútil e narcisista (Condon & Makransky, 2020). A autocompaixão não deve ser uma tarefa na vida sobre autopreocupação. O propósito da autocompaixão é abordar o dano dos apegos prejudiciais, dos sistemas econômicos nocivos e do autocriticismo focado na vergonha e prejudicial, e as tragédias da vida, mas o treino da compaixão também precisa ajudar as pessoas a desenvolver confiança social e gratidão, a estar abertas à compaixão dos outros e a serem compassivas com os outros. Às vezes, é nesse fluxo que ocorre a cura do *self*. É por isso que o treino da compaixão deve focar no desejo de *desenvolver conexões de cuidado*, em que você pode estar aberto ao cuidado dos outros e estar comprometido com o cuidado aos outros. Aí reside o significado de sustentação.

Conclusão

Este capítulo descreveu diversas dimensões não excludentes dos domínios terapêuticos do treinamento. Estas incluem:

1. Usar o corpo para apoiar a mente: postura, respiração, movimento, ioga, acupuntura, dieta, preparo físico, aterramento e acomodação.
2. Usar as novas competências do cérebro: há práticas que apoiam a consciência da mente, como *mindfulness*, mentalização e pensamento racional (útil) (veja o Capítulo 2, Fig. 2.6).
3. Há práticas de aterramento, como lugar seguro e imagem mental de cores, e estas podem ser praticadas por meio de música, arte e poesia e tendo contato com a natureza. Crucial para essas práticas é estimular um senso de ludicidade e a exploração curiosa aberta, com prazer pelo processo.
4. Consciência da compaixão: há práticas para refletir sobre as principais qualidades da compaixão e se imaginar tendo-as, incorporando-as, regularmente lembrando-se atentamente de se sintonizar com elas e praticar o pensamento e a ação a partir desse padrão de *self* (mente compassiva).
5. Fluxo: entender os fluxos da compaixão, sobretudo a habilidade de estar aberto e receptivo à compaixão. Criar imagens compassivas com quem dialogar e se relacionar emocionalmente.
6. Prática comportamental: identificar e se engajar em formas de pensar e em comportamentos compassivos todos os dias. Os clientes podem manter um diário das suas práticas comportamentais e de como eles as realizaram. Isso pode incluir fazer um esforço deliberado de andar pelas ruas com semblante amistoso, deliberadamente pensar sobre como você pode ser útil para as pessoas a cada dia, tentando pensar em um ato útil para si e para os outros.
7. Práticas de reflexão: após alguma prática importante, como aterramento do corpo, atuar como o *self* compassivo ou o trabalho com as cadeiras, é importante convidar os clientes a refletir sobre seus *insights* a partir dessa prática. Além disso, há intervenções como a escrita de uma carta, ouvir as próprias mensagens compassivas no seu telefone celular ou pedir que alguém que se importe com você grave uma mensagem no telefone para você. Os clientes podem refletir de maneira regular sobre a sua utilidade ou sua inutilidade.
8. Abordar os FBRs: eles não devem ser vistos como obstáculos, mas muitas vezes são o principal desafio terapêutico (veja o Capítulo 6). É importante ter ideias gerais dos tipos de FBRs que podem surgir, sobretudo aqueles ligados a problemas de mal-entendidos sobre as várias práticas e intervenções descritas neste capítulo.

Em todas essas práticas, após clientes e terapeutas observarem sua função, eles podem colaborar para explorar caminhos. Isso também pode ser lúdico, envolvendo curiosidade e experimentos comportamentais com reflexões. O TMC é uma parte fundamental da TFC. Por três mil anos ou mais, inúmeras visualizações e práticas comportamentais foram desenvolvidas para promover o "treino da mente sobre e para a compaixão". Treinamentos da mente compassiva de diferentes formas estão agora começando a circular por diversos domínios da vida social e pessoal. Encontrar formas de usar nossa intencionalidade sábia e conhecedora de forma atenta e compassiva é um caminho para o florescimento e o bem-estar de todos.

Referências

Arimitsu, K., & Hofmann, S.G. (2017). Effects of compassionate thinking on negative emotions. *Cognition and Emotion, 31*(1), 160–167.

Ashbrook, J.B., & Albright, C.R. (1997). *The humanising brain where religion and neuroscience meet.* Ohio Pilgrim Press.

Austin, J.H. (2009). *Selfless insight: Zen and the transformation of consciousness*. MIT Press.

Baer, R.A., Smith, G.T., Lykins, E., Button, D., Krietemeyer, J., Sauer, S., ... & Williams, J.M.G. (2008). Construct validity of the five facet mindfulness questionnaire in meditating and nonmeditating samples. *Assessment, 15*(3), 329–342.

Baldwin, S., Bandarian-Balooch, S., & Adams, R. (2020). Attachment and compassion-threat: Influence of a secure attachment-prime. *Psychology and Psychotherapy: Theory, Research and Practice, 93*(3), 520–536.

Bennett-Levy, J., Roxburgh, N., Hibner, L., Bala, S., Edwards, S., Lucre, K., ... & Gilbert, P. (2020). Arts-Based Compassion Skills Training (ABCST): Channelling compassion focused therapy through visual arts for Australia's Indigenous peoples. *Frontiers in Psychology, 11*, 3397.

Binnie, K. (2019). Exploring the 'thin place' between life and death: Compassion-Focused Relational Music Therapy (CRMT) for terminal agitation in advanced cancer in a hospice setting. *Approaches: An Interdisciplinary Journal of Music Therapy, 11*(1), 75–86.

Breit, S., Kupferberg, A., Rogler, G., & Hasler, G. (2018). Vagus nerve as modulator of the brain–gut axis in psychiatric and inflammatory disorders. *Frontiers in Psychiatry, 9*, 44.

Brown, K.W., Creswell, J.D., & Ryan, R.M. (Eds.) (2015). *Handbook of mindfulness: Theory, research, and practice*. Guilford Press.

Brown, P., Waite, F., Rovira, A., Nickless, A., & Freeman, D. (2020). Virtual reality clinical-experimental tests of compassion treatment techniques to reduce paranoia. *Scientific Reports, 10*(1), 1–9.

Bryant R.A., & Hutanamon, T. (2018). Activating attachments enhances heart rate variability. *PLOS ONE, 13*(2), e0151747. https://doi.org/10.1371/journal.pone.0151747

Cannon, D. (2012). *In depth acting*. Oberon Books.

Catarino, F., Gilbert, P., McEwan., K., & Baião, R. (2014). Compassion motivations: Distinguishing submissive compassion from genuine compassion and its association with shame, submissive behaviour, depression, anxiety and stress. *Journal of Social and Clinical Psychology, 33*, 399–412.

Chubbuck. I. (2005). *The power of the actor: The Chubbuck technique*. Gotham Books.

Clapton, N., & Hiskey, S. (2020). Radically embodied compassion: The potential role of traditional martial arts in compassion cultivation. *Frontiers in Psychology, 11*. https://doi.org/10.3389/fpsyg.2020.555156

Condon, P., & Makransky, J. (2020). Sustainable compassion training: Integrating meditation theory with psychological science. *Frontiers in Psychology, 11*, 2249. https://doi.org/10.3389/fpsyg.2020.02249

Coronado-Montoya, S., Levis, A.W., Kwakkenbos, L., Steele, R.J., Turner, E.H., & Thombs, B.D. (2016). Reporting of positive results in randomized controlled trials of mindfulness-based mental health interventions. *PLOS ONE, 11*(4), e0153220.

Cosley, B.J., McCoy, S.K., Saslow, L.R., & Epel, E.S. (2010). Is compassion for others stress buffering? Consequences of compassion and social support for physiological reactivity to stress. *Journal of Experimental Social Psychology, 46*(5), 816–823.

Cozolino, L. (2017). *The neuroscience of psychotherapy: Healing the social brain* (2nd ed.) (Norton Series on Interpersonal Neurobiology). W.W. Norton.

Crane, R. (2017). *Mindfulness-based cognitive therapy: Distinctive features*. Routledge.

Crews, D.A., Stolz-Newton, M., & Grant, N.S. (2016). The use of yoga to build self-compassion as a healing method for survivors of sexual violence. *Journal of Religion & Spirituality in Social Work: Social Thought, 35*(3), 139–156.

Crocker, J., Canevello, A., & Brown, A.A. (2017). Social motivation: Costs and benefits of selfishness and otherishness. *Annual Review of Psychology, 68*, 299–325.

Dalai Lama. (1995). *The power of compassion*. Harper Collins.

Dana, D.A. (2018). *The polyvagal theory in therapy: Engaging the rhythm of regulation* (Norton Series on Interpersonal Neurobiology). W.W. Norton.

Dance, C. J., Jaquiery, M., Eagleman, D.M., Porteous, D., Zeman, A., & Simner, J. (2021). What is the relationship between aphantasia, synaesthesia and autism? *Consciousness and Cognition, 89*, 103087.

Dawes, A.J., Keogh, R., Andrillon, T., & Pearson, J. (2020). A cognitive profile of multi-sensory imagery, memory and dreaming in aphantasia. *Scientific Reports, 10*(1), 1–10.

Di Bello, M., Ottaviani, C., & Petrocchi, N. (2021). Compassion is not a benzo: Distinctive associations of heart rate variability with Its empathic and action components. *Frontiers in Neuroscience, 15*, 617443. https://doi.org/10.3389/fnins.2021.617443

Di Bello, M.D., Carnevali, L., Petrocchi, N., Thayer, J.F., Gilbert, P., & Ottaviani C. (2020). The compassionate vagus: A meta-analysis on the connection between compassion and heart rate variability. *Neuroscience Biobehavioral Review*, 116, 21–30. https://doi.org/10.1016/j.neubiorev.2020.06.016

Didonna, F. (Ed.) (2008). *Clinical handbook of mindfulness*. Springer.

Favre, P., Kanske, P., Engen, H., & Singer, T. (2021). Decreased emotional reactivity after 3-month socio-affective but not attention-or meta-cognitive-based mental training: A randomized, controlled, longitudinal fMRI study. *NeuroImage*, 118132 (Advance online).

Fay, D. (2018). *Attachment-based yoga & meditation for trauma recovery: Simple, safe, and effective practices for therapy*. W.W. Norton.

Fiskum, C. (2019). Psychotherapy beyond all the words: Dyadic expansion, vagal regulation, and biofeedback in psychotherapy. *Journal of Psychotherapy Integration, 29*(4), 412–425.

Germer, C.K., & Barndofer, T. (2017). Mindfulness and compassion: Similarities and differences. In P. Gilbert (Ed.). *Compassion: Concepts, research and applications* (pp. 69–86). Routledge.

Germer, C.K., & Siegel, R.D. (2012). *Wisdom and compassion in psychotherapy: Deepening mindfulness in clinical practise*. Guilford Press.

Gilbert, P. (1989/2016). *Human nature and suffering*. Routledge.

Gilbert, P. (2000). Social mentalities: Internal 'social' conflicts and the role of inner warmth and compassion in cognitive therapy. In P. Gilbert & K.G. Bailey (Eds.). *Genes on the couch: Explorations in evolutionary psychotherapy* (pp. 118–150). Psychology Press.

Gilbert, P. (2005). Compassion and cruelty: A biopsychosocial approach. In P. Gilbert (Ed.). *Compassion: Conceptualisations, research and use in psychotherapy*. (pp. 3–74). Routledge.

Gilbert, P. (2009a). *The compassionate mind: A new approach to the challenge of life*. Constable & Robinson.

Gilbert, P. (2009b). *Overcoming depression* (3rd ed.). Little Brown.

Gilbert, P. (2010). *Compassion focused therapy* (The CBT Distinctive Features Series). Routledge.

Gilbert, P. (2017a). Compassion as a social mentality: An evolutionary approach. In P. Gilbert (Ed.). *Compassion: Concepts, research and applications* (pp. 31–68). Routledge.

Gilbert, P. (2017b). *Compassion: Concepts, research and applications*. Routledge.

Gilbert. P. (2018). *Living like crazy* (2nd ed.). Annwyn House.

Gilbert, P. (2019). Psychotherapy for the 21st century: An integrative, evolutionary, contextual, biopsychosocial approach. *Psychology and Psychotherapy: Theory, Research and Practice, 92*, 164–189. https://doi.org/10.1111/papt.12226

Gilbert, P. (2020). Compassion: From its evolution to a psychotherapy. *Frontiers in Psychology, 11*, 3123.

Gilbert, P. (2021). Creating a compassionate world: Addressing the conflicts between sharing and caring versus controlling and holding evolved strategies. *Frontiers in Psychology, 11*, 3572.

Gilbert, P., & Basran, J. (2018). Imagining one's compassionate self and coping with life difficulties. *EC Psychology and Psychiatry*. Nov. 26 (Open access)

Gilbert, P., & Choden. (2013). *Mindful compassion*. Little Brown.

Gilbert, P., & Procter, S. (2006). Compassionate mind training for people with high shame and self-criticism: Overview and pilot study of a group therapy approach. *Clinical Psychology & Psychotherapy, 13*(6), 353–379.

Gilbert, P., Basran, J., MacArthur, M., & Kirby, J.N. (2019). Differences in the semantics of prosocial words: An exploration of compassion and kindness. *Mindfulness, 10*(11), 2259–2271.

Gilbert, P., Catarino, F., Duarte, C., Matos, M., Kolts, R., Stubbs, J., Ceresatto, L., Duarte, J., Pinto-Gouveia, J., & Basran, J. (2017). The development of compassionate engagement and action scales for self and others. *Journal of Compassionate Health Care*, 4(1), 1–24. https://doi.org/ 10.1186/s40639-017-0033-3

Gilbert, P., Clarke, M., Kempel, S. Miles, J.N.V. & Irons, C. (2004). Criticizing and reassuring one-self: An exploration of forms style and reasons in female students. *British Journal of Clinical Psychology, 43*, 31–50.

Gilbert, P., McEwan, K., Matos, M., & Rivis, A. (2011). Fears of compassion: Development of three self-report measures. *Psychology and Psychotherapy, 84*, 239–255. https://doi.org/10.1348/ 147608310X526511

Gillath, O., & Karantzas, G. (2019). Attachment security priming: A systematic review. *Current Opinion in Psychology, 25*, 86–95.

Goleman, D., & Davidson, R.J. (2017). *Altered traits: Science reveals how meditation changes your mind, brain, and body*. Penguin.

Hackmann, A., Bennett-Levy, J., & Holmes, E.A. (2011). *Oxford guide to imagery in cognitive therapy*. Oxford University Press.

Hackney, C. (2011). *Martial virtues: Lessons in wisdom, courage, and compassion from the world's greatest warriors*. Tuttle Publishing.

Haeyen, S., & Heijman, J. (2020). Compassion focused art therapy for people diagnosed with a cluster B/C personality disorder: An intervention mapping study. *The Arts in Psychotherapy*, 69, 101663.

Hancox, R.J, Morgan J., Dickson N. et al., (2020). Rape, asthma and dysfunctional breathing. *Euro-*

pean Respiratory Journal, 55, 1902455 https://doi. org/10.1183/13993003.02455-2019

Hanson, R. (2009). *Buddha's brain*. New Harbinger.

Hanson, R. (2020). *Neurodharma: 7 steps to the highest happiness*. Random House.

Hermanto, N., & Zuroff, D.C. (2016). The social mentality theory of self-compassion and self-reassurance: The interactive effect of care-seeking and caregiving. *Journal of Social Psychology, 156*(5), 523–535. https://doi.org/10.1080/00224545.2015 .1135779)

Hermanto, N., Zuroff, D.C., Kopala-Sibley, D.C., Kelly, A.C., Matos, M., & Gilbert, P. (2016). Ability to receive compassion from others buffers the depressogenic effect of self-criticism: A cross-cultural multi-study analysis: *Personality and Individual Differences, 98*, 324–332. https://doi. org/10.1016/j.paid.2016.04.055

Hood, B. (2011). *The self illusion: Why there is no 'you' inside your head*. London. Constable.

Hornstein, E.A., & Eisenberger, N.I. (2018). A social safety net: developing a model of social-support figures as prepared safety stimuli. *Current Directions in Psychological Science, 27*(1), 25–31.

Irons, C., & Beaumont, E. (2017). *The compassionate mind workbook: A step-by-step guide to developing your compassionate mind*. Little Brown.

Jazaieri, H., Jinpa, G.T., McGonigal, K., Rosenberg, E., Finkelstein, J., Simon-Thomas, E., ... Goldin, P.R. (2013). Enhancing compassion: A randomized controlled trial of a compassion cultivation training program. *Journal of Happiness Studies, 14*, 1113–1126. https://doi.org/10.1007/ s10902-012-9373-z

Jonsson, G., Franzén, L., Nyström, M.B., & Davis, P.A. (2020). Integrating yoga with psychological group-treatment for mixed depression and anxiety in primary healthcare: An explorative pilot study. *Complementary Therapies in Clinical Practice, 41*, 101250.

Kabat-Zinn, J. (2005). *Coming to our senses: Healing ourselves and the world through mindfulness*. Hachette UK.

Kim, J.J., Parker, S.L., Doty, J.R., Cunnington, R., Gilbert, P., & Kirby, J.N. (2020). Neurophysiological and behavioural markers of compassion. *Scientific Reports, 10*(1), 1–9: 6789. https://doi.org/ 10.1038/ s41598-020-63846-3

Kim, J.J., Parker, S., Henderson, T., & Kirby, J.N. (2020a). Physiological fractals: Visual and statistical evidence across timescale and experimental states. *Journal of the Royal Society Interface*. (Early access) http://dx.doi.org/10.1098/rsif.2020.0334

Kirby, J., & Gilbert, P. (2017). The emergence of the compassion focused therapies. In P. Gilbert (Ed.). *Compassion: Concepts, research and applications* (pp. 258–285). Routledge.

Kirby, J.N., Day, J., & Sagar, V. (2019). The 'flow' of compassion: A meta-analysis of the fears of compassion scales and psychological functioning. *Clinical Psychology Review, 70*, 26–39.

Kosslyn, S.M., Thompson, W.L., & Ganis, G. (2006). *The case for mental imagery*. Oxford University Press.

Kumashiro, M., & Sedikides, C. (2005). Taking on board liability-focused information: Close positive relationship as a self-bolstering resource. *Psychological Science, 16*, 732–739.

Lawrence, C. (2015). The caring observer: Creating self-compassion through psychodrama. *The Journal of Psychodrama, Sociometry, and Group Psychotherapy, 63*(1), 65–72.

Leary, M.R. (2004). *The curse of the self: Self-awareness egotism and the quality of human life*. Oxford University Press.

Lee, D. (2005). The perfect nurturer: A model to develop a compassionate mind within the context of cognitive therapy. In P. Gilbert (Ed.). *Compassion: Conceptualisations, research and use in psychotherapy* (pp. 326–351). Routledge.

Leighton, T.D. (2003). *Faces of compassion: Classic bodhisattva archetypes and their modern expression – an introduction to Mahayana Buddhism*. Simon & Schuster.

Lim, D., Condon, P., & DeSteno, D. (2015). Mindfulness and compassion: An examination of mechanism and scalability. *PLOS ONE, 10*(2), https://doi. org/10.1371/journal.pone.0118221

Lin, I.M., Tai, L.Y., & Fan, S.Y. (2014). Breathing at a rate of 5.5 breaths per minute with equal inhalation-to-exhalation ratio increases heart rate variability. *International Journal of Psychophysiology, 91*(3), 206–211.

Linehan, M. (2015). *DBT: Skills training manual* (2nd ed.). Guilford Publications.

Lucre, K., & Clapton, N. (2020). The Compassionate Kitbag: A creative and integrative approach to compassion focused therapy. *Psychology and Psychotherapy: Theory, Research and Practice, 94*, 497–516. e12291. https://doi.org/10.1111/papt.12291

Luoma, J.B., Hayes, S.C., & Walser, R.D. (2017). *Learning act: An Acceptance and Commitment Therapy skills training manual for therapists* (2nd ed.). Context Press.

Luyten, P., Campbell, C., Allison, E., & Fonagy, P. (2020). The mentalizing approach to psycho-pathology: State of the art and future directions. *Annual Review of Clinical Psychology, 16*, 297–325.

Manuello, J., Vercelli, U., Nani, A., Costa, T., & Cauda, F. (2016). Mindfulness meditation and consciousness: An integrative neuroscientific perspective. *Consciousness and Cognition, 40*, 67–78.

Mascaro, J., Negi, L.T., & Raison, C. (2017). Cognitively based compassion training. Gleaning generalities from specific biological effects. In E.M. Seppälä, E. Simon-Thomas, S.L. Brown, M.C. Worline, L. Cameron, & J.R. Doty (Eds.). *The Oxford handbook of compassion science* (pp. 247– 257). Oxford University Press.

Matos, M., Duarte, C., Duarte, J., Pinto-Gouveia, J., Petrocchi, N., Basran, J., & Gilbert, P. (2017). Psychological and physiological effects of compassionate mind training: A pilot randomised controlled study. *Mindfulness, 8*(6), 1699–1712.

Matos, M., Duarte, J., Duarte, C., Gilbert, P., & Pinto-Gouveia, J. (2018). How one experiences and embodies compassionate mind training influences its effectiveness. *Mindfulness, 9*(4), 1224–1235.

McDonald, B., Goldstein, T.R., & Kanske, P. (2020). Could acting training improve social cognition and emotional control? *Frontiers in Human Neuroscience, 14*, 348.

McEwan, K., & Gilbert, P. (2016). A pilot feasibility study exploring the practising of compassionate imagery exercises in a nonclinical population. *Psychology and Psychotherapy, 89*, 239–243.

Meevissen, Y.M., Peters, M.L., & Alberts, H.J. (2011). Become more optimistic by imagining a best possible self: Effects of a two week intervention. *Journal of Behavior Therapy and Experimental Psychiatry, 42*(3), 371–378.

Moss, L. (2005) *The intent to live: Achieving your true potential as an actor*. Bantam Books.

Nakamura J., & Csikszentmihalyi, M. (2014). The concept of flow. In M. Csikszentmihalyi (Ed.). *Flow and the foundations of positive psychology* (pp. 239–263). Springer. https://doi.org/10.1007/ 978-94-017-9088-8_16

Naismith, I., Mwale, A., & Feigenbaum, J. (2018). Inhibitors and facilitators of compassion-focused imagery in personality disorder. *Clinical Psychology & Psychotherapy, 25*, 283–291. https://doi.org/10.1002/cpp.2161

Narvaez. D. (2017). Evolution, child raising and compassionate morality. In P. Gilbert (Ed.). *Compassion: Concepts, research and applications* (pp. 31–68). Routledge.

Narvaez, D. (2020). Ecocentrism: Resetting baselines for virtue development. *Ethical Theory and Moral Practice, 23*, 1–16. https://doi.org/10.1007/s10677-020-10091-2.

Neff, K., & Germer, C. (2018). *The mindful self-compassion workbook: A proven way to accept yourself, build inner strength, and thrive*. Guilford Publications.

Nestor, J. (2020). *Breath: The new science of a lost art*. Penguin.

Norman, L., Lawrence, N., Iles, A., Benattayallah, A., & Karl, A. (2015). Attachment-security priming attenuates amygdala activation to social and linguistic threat. *Social Cognitive and Affective Neuroscience, 10*(6), 832–839.

Ogden, P., Minton, K., and Pain, P. (2006) *Trauma and the body: A sensorimotor approach to psychotherapy*. Norton.

Osimo, S.A., Pizarro, R., Spanlang, B., & Slater, M. (2015). Conversations between self and self as Sigmund Freud – a virtual body ownership paradigm for self-counselling. *Nature Scientific Reports, 5*, 13899. https://doi.org/10.1038/srep13899

Pace, T.W., Negi, L.T., Adame, D.D., Cole, S.P., Sivilli, T.I., Brown, T.D., ... & Raison, C.L. (2009). Effect of compassion meditation on neuroendocrine, innate immune and behavioral responses to psychosocial stress. *Psychoneuroendocrinology, 34*(1), 87–98.

Pascual-Leone, A., Gillespie, N.M., Orr, E.S., & Harrington, S.J. (2016). Measuring subtypes of emotion regulation: From broad behavioural skills to idiosyncratic meaning-making. *Clinical Psychology & Psychotherapy, 23*(3), 203–216.

Peters, M.L., Flink, I.K., Boersma, K., & Linton, S.J. (2010). Manipulating optimism: Can imagining a best possible self be used to increase positive future expectancies? *The Journal of Positive Psychology, 5*, 204–211.

Porges, S.W. (2007). The polyvagal perspective. *Biological Psychology, 74*(2), 116–143.

Porges, S.W. (2017). Vagal pathways: Portals to compassion. In E.M. Seppälä, E. Simon-Thomas, S.L. Brown, & M.C. Worline (Eds.). *The Oxford handbook of compassion science* (pp. 189–202). Oxford University Press.

Porges, S.W., & Dana, D.A. (2018). *Clinical applications of the polyvagal theory: The emergence of polyvagal-informed therapies* (Norton Series on Interpersonal Neurobiology). W.W. Norton.

Rachman, S.J. (1990). *Fear and courage*. WH Freeman/ Times Books/Henry Holt.

Ricard, M. (2015). *Altruism: The power of compassion to change yourself and the world*. Atlantic Books.

Ringu Tulku Rinpoche, & Mullen, K. (2005). The Buddhist use of compassionate imagery in mind healing. In P. Gilbert (Ed.). *Compassion: Conceptualisations, research and use in psychotherapy* (pp. 218–238). Routledge.

Rothschild, B. (2017). *The body remembers* (Vol. 2: *Revolutionizing trauma treatment*). W.W. Norton.

Schore, A.N. (2019). *Right brain psychotherapy*. Norton.

Sears, R.W., Tirch, D.D., & Denton, R.B. (2011). *Mindfulness in clinical practice.* Professional Resource Press/Professional Resource Exchange.

Segal, Z.V., Williams, M., & Teasdale, J. (2018). *Mindfulness-based cognitive therapy for depression.* Guilford Publications

Seppälä, E.M., Simon-Thomas, E., Brown, S.L., Worline, M.C., Cameron, C.D., & Doty, J.R. (Eds.). *Handbook of compassion science* (pp. 399–420). Oxford University Press.

Siegel, D.J. (2016). *Mind: A journey into the heart of being human.* Norton.

Siegel, D.J. (2019). The mind in psychotherapy: An interpersonal neurobiology framework for understanding and cultivating mental health. *Psychology and Psychotherapy: Theory, Research and Practice, 92*(2), 224–237.

Siegel, D.J. (2020). *The developing mind: How relationships in the brain interact to shape who we are* (3rd ed.). Norton.

Singer, T., & Engert, V. (2019). It matters what you practice: Differential training effects on subjective experience, behavior, brain and body in the ReSource Project. *Current Opinion in Psychology, 28*, 151–158.

Steffen, P.R., Bartlett, D., Channell, R.M., Jackman, K., Cressman, M., Bills, J., & Pescatello, M. (2021). Integrating breathing techniques into psychotherapy to improve HRV: Which approach is best? *Frontiers in Psychology, 12*, 191.

Steffen, P.R., Foxx, J., Cattani, K., Alldredge, C., Austin, T., & Burlingame, G.M. (2020). Impact of a 12-week group-based compassion focused therapy intervention on heart rate variability. *Applied Psychophysiology and Biofeedback, 46*, 61–68 .

Stopa, L., Brown, M.A., & Hirsch, C.R. (2012). The effects of repeated imagery practice on self-concept, anxiety and performance in socially anxious participants. *Journal of Experimental Psychopathology, 3*(2), 223–242.

Streeter, C.C., Gerbarg, P.L., Saper, R.B., Ciraulo, D.A., & Brown, R.P. (2012). Effects of yoga on the autonomic nervous system, gamma-aminobutyric-acid, and allostasis in epilepsy, depression, and post-traumatic stress disorder. *Medical Hypotheses, 78*, 571–579.

Thayer, J.F., Hansen, A.L., Saus-Rose, E., & Johnsen, B.H. (2009). Heart rate variability, prefrontal neural function, and cognitive performance: The neurovisceral integration perspective on self-regulation, adaptation, and health. *Annals of Behavioral Medicine, 37*(2), 141–153.

Tsering, G.T. (2005). *The four noble truths: The foundation of Buddhist thought* (Vol. 1). Wisdom Publications.

Van der Brink, E., & Koster, F. (2015). *Mindfulness-based compassionate living.* Routledge. (Veja também o Capítulo 14).

Van der Kolk, B. (2014). *The body keeps the score: Mind, brain and body in the transformation of trauma.* Penguin UK.

Vessantara (1993). *Meeting the Buddhas: A guide to Buddhas, bodhisattvas and tantric deities.* Windhorse Publications.

Welford, M. (2016). *Compassion focused therapy for dummies.* Wiley.

Weng, H.Y., Fox, A.S., Shackman, A.J., Stodola, D.E., Caldwell, J.Z., Olson, M.C., ... & Davidson, R.J. (2013). Compassion training alters altruism and neural responses to suffering. *Psychological Science, 24*(7), 1171–1180.

Weng, H.Y., Lapate, R.C., Stodola, D.E., Rogers, G.M., & Davidson, R.J. (2018). Visual attention to suffering after compassion training is associated with decreased amygdala responses. *Frontiers in Psychology, 9*, 771.

Weng, H.Y., Lewis-Peacock, J.A., Hecht, F.M., Uncapher, M.R., Ziegler, D.A., Farb, N.A., ... & Gazzaley, A. (2020). Focus on the breath: Brain decoding reveals internal states of attention during meditation. *Frontiers in Human Neuroscience, 14*, 336.

Yaniv, D. (2018). Trust the process: A new scientific outlook on psychodramatic spontaneity training. *Frontiers in Psychology, 9*, 2083.

Zeman, A., Dewar, M., & Della Sala, S. (2016). Reflections on aphantasia. *Cortex, 74*, 336–337. https://doi.org/10.1016/j.cortex.2015.08.015

Zimbardo, P. (2007). *The Lucifer effect: Understanding how good people turn evil.* Rider.

9

Enfrentando os desafios de uma multimente e o papel do luto

Paul Gilbert

Trabalhando com as multiplicidades da mente via internalização de uma base segura e um porto seguro

Como mencionado em outras publicações (Gilbert, 1997, 2000, 2005), um senso de *self* unificado é como uma ilusão e é parcialmente criado porque a mente é repleta de múltiplos potenciais para pensamento e ação (Hood, 2011; Taylor, 1989). É fácil para nós sermos atraídos para uma visão de que existe um *self* real ou um *self* autêntico. No entanto, se você lembrar do exemplo de ser raptado quando bebê com três dias de vida por uma quadrilha de traficantes, essa versão do *self* seria muito diferente do que crescer em uma família amorosa (veja o Capítulo 7). Então, qual é o *self* real (Leary, 2004)?

A resposta é que todos somos uma das múltiplas versões possíveis do padrão de algoritmos.

Talvez um dos *insights* mais notáveis sobre a multiplicidade da mente provém de estudos de pacientes que tiveram seu corpo caloso seccionado devido à epilepsia. Essas pessoas podem experienciar seu cérebro esquerdo e direito processando as informações de forma diferente e tomam decisões diferentes sobre eventos e ações, incluindo o que vestir (Schore, 2019). Os indivíduos também podem sofrer de um dano neurológico chamado *disforia de integridade*, em que sentem que partes do seu corpo não pertencem a eles. Pessoas com certos transtornos dissociativos podem parecer compostas por *selves* muito distintos separados (Dell & O'Neil, 2009). Essa ideia de que somos uma multimente, cheia de motivos, desejos, pensamentos e emoções diferentes e, às vezes, conflitantes, está longe de ser nova. Ela perpassa os textos budistas e é encontrada em tratados filosóficos ocidentais. Platão reconheceu isso, e você pode seguir essa tradição de pensamento desde Immanuel Kant até a descrição dos arquétipos de Carl Jung (Ellenberger, 1970), o importante livro de Ornstein (1986) chamado *Multimind* e as descrições evolucionistas mais recentes (Huang & Bargh, 2014). Ornstein (1986) defendia que:

> A longa progressão na nossa autocompreensão provém de uma visão simples e normalmente "intelectual" para a visão de que a mente é uma estrutura mista, pois ela contém um conjunto complexo de "talentos", "módulos" e "políticas"

dentro de si [...] Todos esses componentes gerais da mente podem atuar de maneira independente do outro e podem ter prioridades diferentes.

A descoberta da crescente complexidade e da diferenciação ocorreu em muitas e diferentes áreas de pesquisa [...], no estudo das funções e localização no cérebro; nas concepções da natureza da inteligência; em testes de personalidade; e em teorias das características gerais da mente (p. 9).

Um livro-texto popular de graduação em psicologia tenta estimular o interesse dos estudantes com a seguinte declaração (Coon, 1992, p. 1):

> Você é um universo, uma coletânea de mundos dentro de mundos. Seu cérebro é possivelmente o mecanismo mais complicado e incrível na existência. Por meio da sua ação, você é capaz de música, arte, ciência e guerra. Seu potencial para amor e compaixão coexiste com seu potencial para agressão, ódio... Assassinato?

Tanto Coon quanto Ornstein estão oferecendo uma exposição moderna da natureza arquetípica da mente humana. Jung sugeriu que, dadas tais multiplicidades, a integração e a totalidade são feitos psicológicos e conquistas maturacionais. A integração dos arquétipos (nossos diferentes motivos), a habilidade de conter o lado obscuro dos arquétipos e a emergência da sabedoria é um processo complexo e complicado, sobretudo se somos oriundos de ambientes inseguros e prejudiciais. O reconhecimento do conflito interno entre o que poderia e não poderia entrar na consciência, o que poderia e não poderia ser tolerado, foi a base da psicanálise de Freud e da importância dos mecanismos de defesa (Ellenberger, 1970). Hoje, os mecanismos de defesa são entendidos de formas diferentes (Bargh, 2017), mas essa questão da evitação de emoções, pensamentos, desejos, fantasias ou memórias traumáticas é central para muitas dificuldades psicológicas. O desafio de como integramos nossas multimentes é central para a TFC e é o foco deste capítulo.

Complexidades de uma multimente: explorando as emoções

Clientes provenientes de contextos difíceis, que são algumas vezes rotulados como *borderline*, podem facilmente ser sobrecarregados por múltiplas emoções que os arrastam em todas as direções. Isso em parte se explica porque eles podem experienciar estados dissociativos e mudança caótica das emoções (Dell & O'Neil, 2009; e veja os Capítulos 16, 18 e 25). Ajudar as pessoas a entenderem e elaborarem suas emoções é central para muitas abordagens, mas sobretudo para as terapias focadas na emoção (Greenberg, 2015; Leahy, 2019). As terapias focadas na emoção apoiam, guiam e encorajam as pessoas a se engajar, experienciar, tolerar, entender e integrar emoções difíceis, usando a relação terapêutica, a exposição básica e o trabalho com as cadeiras (Greenberg, 2015, 2017; Leahy, 2019). A TFC segue os mesmos princípios, mas acrescenta a essas intervenções um conjunto estruturado de descobertas guiadas para compreensão da multiplicidade e das interações entre as emoções e promove a sua integração por meio do seu processamento com uma mente compassiva (veja as Figs. 9.4 e 9.5).

Este é um exemplo de uma pessoa que chamaremos ficticiamente de Sally (com detalhes alterados). Sally veio para nosso grupo das manhãs de segunda-feira para problemas complexos. Procurávamos ter esses grupos na segunda-feira porque, então, podíamos saber o que havia acontecido com as pessoas durante o fim de semana. Ela havia tido um fim de semana ruim com seu parceiro. Eles tiveram uma discussão que desencadeou uma torrente de emoções. Ela começou dizendo simplesmente que se sentia uma "m*". Para ela, e para trabalhar com o grupo a exploração do conceito de multiplicidade da mente, perguntei se ela gostaria de trabalhar o que significava "se sentir uma m*". Ela concordou e o grupo concordou, pois isso é algo que eles também sentiam com frequência. Trabalhar com a experiência de uma pessoa pode, às vezes, ser um veículo para os outros explorarem seu próprio processo (Cattani et al., 2021; e veja os Capítulos 15 e 16). Fiz um círculo no *flip chart* e, no centro dele, escrevi "sentindo-se uma m*", e então continuei procurando explorar a gama das diferentes emoções e motivos que estavam texturizando esse estado de sentimentos.

A conversa prosseguiu assim: *Percebo pela forma como você está falando e se responsabilizando, parece que você está com muita raiva, então isso é parte de se sentir uma m*, talvez?*". Sally concordou e passou a falar sobre algumas das coisas que a deixavam frustrada e com raiva, e também que havia dito coisas das quais agora se arrependia. Outros concordaram que eles também haviam feito isso. Assim, estes se tornaram temas denominados vergonha e culpa. Então, quando exploramos os pensamentos sobre o relacionamento, Sally admitiu que estava ansiosa sobre o relacionamento e sobre o que aconteceria com ela se eles rompessem. Então a ansiedade foi para o alto do *flip chart*. Outras perguntas de descoberta guiada (a TFC as chama de perguntas para mapeamento da mente) foram: "*Que outros sentimentos estavam ocorrendo com você? O que mais estava acontecendo com você?*". Sally conseguiu articular lentamente que, devido à "sua condição" e às suas dificuldades, ela se sentia um fardo para os outros. Então isso foi para o alto do gráfico. Ela conseguiu notar como "se sentir uma m*" estava ligado a refletir sobre seu comportamento e a sentir que ela era uma *m**. Alguns clientes têm dificuldades para diferenciar entre "sensação sentida no corpo" e "sensação sentida no *self*", e isso precisa ser explorado. Ela também reconheceu que, quando entra nesses estados, se torna nociva para si mesma e nos mostrou alguns cortes em seu braço.

Suas diferentes emoções gradualmente foram aparecendo no *flip chart*. A Figura 9.1 apresenta um panorama geral do exercício estruturado. A descoberta guiada durou cerca de 20 minutos, com observações dos outros membros do grupo que estavam assistindo, relacionando consigo mesmos e acrescentando suas observações. Eles validaram e ofereceram apoio compassivo a Sally, concordando sobre o quanto é difícil quando você está nesse estado, com tantas coisas em alvoroço na sua cabeça. O grupo achou que se ver representado como um diagrama externalizado dessa forma foi útil e facilitou a identificação. Então fizemos um *brainstorm* com o grupo sobre o que poderia ser útil quando entramos nesse tipo de estado. Convidamos os clientes a descobrirem o que seria útil para eles nesses momentos,

FIGURA 9.1 Exemplo do trabalho com as multiplicidades da mente.
Fonte: © Paul Gilbert.

para podermos incluir isso nas preparações comportamentais (veja também os Capítulos 7, 8, 15, 16, 17, 18, 19, 20 e 23). Foi sugerida uma variedade de atividades, como se engajar na respiração e no trabalho corporal, fazer uma pausa, dar uma corrida, fazer ioga, ligar para um amigo, escrever uma carta compassiva, ter uma conversa com a própria imagem compassiva, tocar uma música e se engajar em práticas de visualização compassiva, cantar, usar água fria (veja também Dana & Porges, 2018), explicar ao seu parceiro que, por trás da raiva, existe o medo de abandono, se impor, mas também se desculpar apropriadamente, e perdoar apropriadamente. O importante é lembrar da sabedoria compassiva de não se autocriticar severamente, mas aceitar os reveses (cérebro complicado) e assumir a responsabilidade. Isso a ajudou a distinguir entre se sentir uma m* sem *ser uma m**. Crucial também foi ajudá-la a *estar atenta à sua multiplicidade mental* e, quando possível, desacelerar, validar e reconhecer isso, e então gerar várias reestruturas de compaixão para formas de atenção, pensamento e comportamento.

Muitas terapias têm formas diferentes de trabalhar com esse processo. Por exemplo, na terapia de aceitação e compromisso, ele é chamado de desfusão e "*self* como contexto". A terapia racional emotiva comportamental se concentra em ajudar os clientes a distinguirem autoavaliação de avaliação dos resultados e do comportamento. A TFC foca em ideias do cérebro complicado (Gilbert, 1998). O grupo discutiu esta questão em detalhes: que, quando nos sentimos muito mal, é difícil apenas ter esses sentimentos sem experimentar o *self* como mau em alguns aspectos (veja o Capítulo 4). Importante também é o fato de os desencadeantes de eventos na vida também poderem ativar memórias que podem ser descarregadas pelo corpo, tornando difícil a discriminação e a diferenciação do que podem ser múltiplos motivos, emoções, impulsos e correntes de pensamento. Pode ser útil, portanto, realizar práticas específicas em que guiamos o cliente a explorar um revés ou uma frustração e, então, deliberada e intencionalmente, manter o foco na consideração dos múltiplos sentimentos de frustração (p. ex., possível raiva, ansiedade e tristeza) e não ser arrastado para o autocriticismo severo (veja o Capítulo 5 para exemplos). Depois desses exercícios, ajudamos os clientes a se lembrarem de estar atentos ao fato de que muitas vezes temos sentimentos contraditórios e de cuidar deles, como a captação de pensamentos na TCC.

Exercício: explorando "múltiplos *selves* e estados cerebrais"

A TFC tem práticas formais específicas de descoberta guiada para a multiplicidade da mente, como retratado na Figura 9.2. Ela apresenta uma visão geral de um processo de descoberta guiada na TFC denominado múltiplos *selves*/estados mentais/cerebrais. Chamar de um estado cerebral ou de um tipo de *self* realmente dependerá da linguagem que seu cliente prefere. Como somos multimente, a TFC destaca o fato de que raramente fazemos coisas por um único motivo ou experienciamos uma única emoção ou temos um único fluxo de pensamentos. Mais comumente, experienciamos combinações em que alguns são mais dominantes do que outros (Keltner, Oatley, & Jenkins, 2018). Por exemplo, se um indivíduo acabou de ser diagnosticado com câncer, perdeu o emprego ou um relacionamento foi rompido, ou se ele é assombrado por um abuso, é provável que haja graus oscilantes de raiva, ansiedade/medo e tristeza, entre outros (veja a Fig. 9.2). Uma forma de trabalhar para ajudar a consciência, a diferenciação, a tolerância, a integração e a transformação (veja, mais adiante, a Fig. 9.3) é explicar ao cliente diretamente que, em todos os tipos de situações, podemos ter múltiplos motivos, emoções e crenças (veja o Capítulo 2). Eles podem ser ativados juntos, tornando-se (e o estado cerebral) muito complicados de reconhecer ou de se trabalhar.

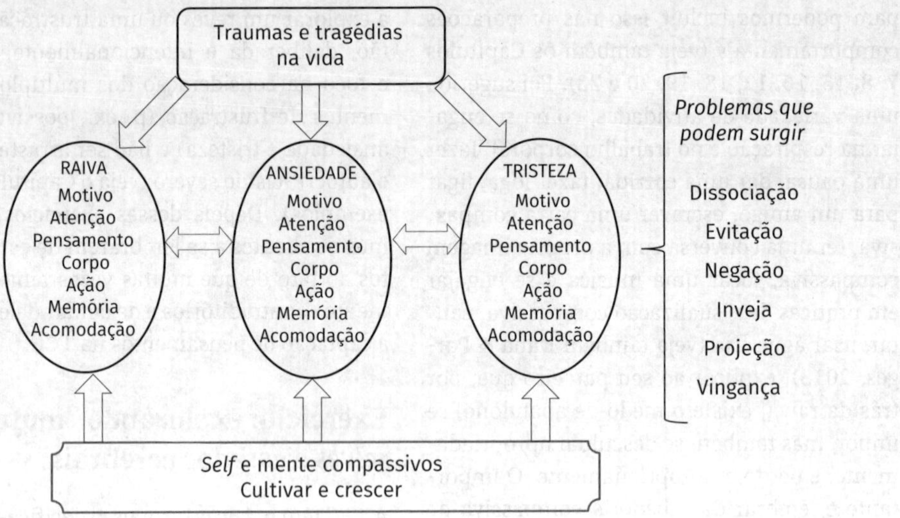

FIGURA 9.2 Explorando diferentes sistemas emocionais e suas relações.
Fonte: © Paul Gilbert.

Esse exercício de descoberta guiada desenvolvido pela TFC possibilita que você trabalhe com todos os tipos de múltiplos processos conflitantes, incluindo motivações e crenças. As crenças conflitantes são chamadas de dissonância cognitiva. O exemplo presente explora as emoções. O terapeuta e o cliente refletem sobre o problema da multiplicidade e como algumas emoções são mais fáceis do que outras de experienciar e expressar (Gilbert, McEwan, Catarino, & Baião, 2014). O terapeuta então convida o cliente para uma jornada de exploração e transformação. Quando as pessoas estão tendo dificuldades com emoções complexas indiferenciadas, você explica:

> o que algumas vezes nos ajuda é se desaceleramos as coisas e apenas olhamos para uma emoção de cada vez, em detalhes, e então passamos para uma emoção diferente, e então vemos como essas diferentes emoções se relacionam entre si. Às vezes, podemos sentir raiva sobre as coisas, mas, em contrapartida, podemos ficar ansiosos sobre estarmos com raiva, ou, algumas vezes, podemos ficar com raiva por estarmos ansiosos ou tristes por estarmos ansiosos, portanto, nossas mentes podem parecer um emaranhado. Isso lhe soa familiar? Então pode ser útil apenas desacelerar tudo e conhecer melhor cada emoção e nossa mente. Você gostaria de explorar isso? (Veja também os Capítulos 17 e 18.)

O Capítulo 2 discutiu como podemos usar perguntas socráticas para trabalhar com nossa multimente, olhando para a atenção, o pensamento, a experiência corporal e os impulsos para comportamentos, memórias e enfrentamento. Um exemplo prático com os formulários que usamos para este exercício é apresentado na Folha de exercícios 9.1.

Fase um: evocando a multiplicidade. O cliente é convidado a trazer à mente uma questão específica em que diferentes emoções potencialmente conflitantes eram prováveis. Para ajudá-lo a entender, primeiro sugira que se recorde de um *conflito com alguém que ele ama* como um cenário básico com o qual trabalhar, pois se tem mais controle sobre o processo. Tais conflitos comumente têm misturas de raiva, ansiedade e tristeza, mas não sugira nada tão intenso para começar. O exercício pode ser feito usando papel e lápis

FOLHA DE EXERCÍCIOS 9.1 Exemplo de múltiplos *selves* (estados cerebrais)

Exercício dos múltiplos *selves*/padrões Apoia: diferenciação, tolerância, integração, transformação *Os enunciados em itálico são exemplos de descrições reais de clientes*	
***SELF* RAIVOSO (transgressão)**	***SELF* ANSIOSO (ameaça)**
OBSERVE que estes são motivos, emoções e padrões ativadores e emanam do sistema de ameaça. Tende a haver dois focos de raiva: raiva autofocada e raiva focada no outro. Esta descoberta guiada é para raiva externa, e não raiva dirigida ao *self*. Se a raiva pelo *self* se tornar o foco, explique que isso é autocriticismo e não é o foco deste exercício. Raiva e ansiedade também podem estar relacionadas a quem instigou a discussão.	OBSERVE que estes são motivos, emoções e padrões ativadores e emanam do sistema de ameaça. Tende a haver dois focos de ansiedade: ansiedade autofocada e ansiedade focada no outro. Uma é a ansiedade de sermos impulsivos ou prejudiciais, sobre o que mais tarde vamos lamentar ou ficar ansiosos e não pensar claramente. A outra está relacionada à incerteza ou mesmo à desconfiança de se o seu parceiro continuará a se importar se você tiver raiva.
Motivos: *Quero vencer, quero fazer com que me escutem, quero lhes ensinar uma lição, quero que eles parem de me ignorar.* Os motivos são os "Eu quero", em geral em torno de querer ser ouvido, ajudado, respeitado. Distinguir frustração (quero mais de...) de vingança retaliatória ou, ocasionalmente, inveja. Às vezes, pode parecer uma grande necessidade de "vencer".	***Motivos:*** *Quero que a discussão pare, quero que ela vá embora. Quero que isso seja resolvido rapidamente, quero ser tranquilizado.* Em geral, em torno de querer se tranquilizar/se acalmar/se retirar da discussão.
Atenção: Normalmente, à ameaça não verbal, como tons de voz, expressões faciais e ao próprio conteúdo verbal da discussão. Há uma divergência entre o que era esperado (ideal) e desejado e o que é real. Sentir-se invalidado, rejeitado ou subordinado são gatilhos típicos.	***Atenção:*** *O tom de voz do outro é agressivo, depreciativo, desdenhoso.* Normalmente, à ameaça não verbal, como tons de voz, expressões faciais e ao próprio conteúdo verbal da discussão; a ansiedade tende a acompanhar a ameaça, experienciada como não útil, prejudicial ou tem consequências nocivas.
Pensamentos: *Você não me escuta, você é ignorante, bem, vá se f*...! Por que estou com você, cretino?* Normalmente, são uma visão negativa do outro de que ele não está ouvindo, não está interessado, etc. Isso pode ser acompanhado por rótulos de que o outro é um X, e então f*-se! Tente facilitar pensamentos reais por meio dos sentimentos, pois não precisamos "sanitizar" as expressões dos clientes em terapia. Isso facilita a dessensibilização, a abertura e o processo de desenvergonhar.	***Pensamentos:*** *Por que isso está acontecendo de novo? O que há de errado conosco? Tem algum problema no nosso relacionamento? Eu fiz alguma coisa? Talvez ele não se importe tanto assim.* Tendem a se referir a duas dimensões, que são: 1) confiança e vergonha externa — medo do que o outro pensará e pode querer fazer (rejeitar); 2) preocupação de ser irracional ou de perder o controle e ser prejudicial e, mais tarde, lamentar, ou "dar um branco" e ter argumentos fracos.

(Continua)

FOLHA DE EXERCÍCIOS 9.1 Exemplo de múltiplos *selves* (estados cerebrais) *(Continuação)*

Exercício dos múltiplos *selves*/padrões Apoia: diferenciação, tolerância, integração, transformação *Os enunciados em itálico são exemplos de descrições reais de clientes*	
Corpo: *Coração acelerado, ombros tensos, sinto como se minha cabeça fosse explodir, cara de bravo. Quente e ruborizado.* Ajude a cliente a explorar a natureza corporal da raiva, da tensão e da rigidez e como isso sobe pelo corpo. Convide a cliente a acompanhar o que acontece no corpo à medida que passamos de não raiva para raiva, até aumentar a raiva. Enfatize mais uma vez isso como um programa corporal.	***Corpo:*** *Coração acelerado, sinto náusea, corpo tremendo, voz trêmula, rosto ansioso.* Ajude a cliente a reconhecer que o corpo ansioso tem características sobrepostas, mas também é diferente do corpo com raiva. Ele tem sensações mais fracas e trêmulas nos músculos e desce pelo corpo — p. ex., pode ter náusea e pernas moles. Mencione que podemos ter essa sensação para diferentes tipos de ansiedade, pois esse é um programa corporal.
Ações (impulsos): *Quero gritar/vociferar, sacudir, bater em alguém, ter um rompante.* Ajude a cliente a reconhecer diferentes tipos de ações, desde a ativação de gritar, bater, até o desligamento pelo afastamento, tendo um rompante, se recusando a se engajar; agressão passiva, como ao concordar, mas de forma ressentida ou amuada. Convide-a a pensar em suas ações típicas. Ajude a cliente a distinguir entre raiva baseada na frustração e raiva vingativa.	***Ações (impulsos):*** *Quero sair de perto, mudar de assunto, me desculpar e adiar para depois.* Os diferentes tipos de comportamentos podem ser evitar, se fechar ou fugir. Alguns clientes podem notar que têm uma ativação rápida muito forte de uma vontade de se desculpar e tentar acalmar a situação; às vezes, apresentam uma defesa submissa, em especial se a discussão gera medo, em vez de frustração.
Memórias: *Meus pais não me ouviam; era acusada de coisas que não foram minha culpa. Esperavam demais de mim, minhas opiniões não importavam.* Podem ser rastreados os relacionamentos, mas também a infância e o sentimento de impotência frustrada quando os outros não o escutavam ou não tinham interesse nele — você *não* se aprofundará nas memórias, apenas terá contato com elas, pois, nesse momento, é uma descoberta guiada, e não uma exposição. É uma consciência mental de que nossas emoções têm histórias, e essas histórias podem afetar os gatilhos e a intensidade das emoções.	***Memórias:*** *Pais irracionais; me sentindo incompreendida; a mãe fica emburrada após uma discussão; sinto que a incomodei e fiz alguma coisa de errado.* Rastreie os relacionamentos, mas também a infância e um senso de desamparo temeroso quando outros a amedrontavam quando ela discutia, e, às vezes, ela era deixada com uma sensação de culpa.
Tranquilização: *Bebo um pouco de vinho, como chocolate, jogo no computador; não me tranquilizo, rumino.* Faça distinção entre formas úteis e não úteis de enfrentamento, caracterizando a ingestão de álcool, cortar-se, etc., como não úteis. Com raiva intensa, os comportamentos úteis podem ser sair para uma caminhada rápida ou fazer alguma coisa ativa; algumas pessoas acham ioga útil. Algumas pessoas acham útil conversar com um amigo.	***Tranquilização:*** *Bebo um pouco de vinho, como chocolate, tento não pensar, falo com uma amiga, converso sobre isso com meu parceiro mais tarde.* Faça distinção entre formas úteis e não úteis de enfrentamento, caracterizando a ingestão de álcool, cortar-se, etc., como não úteis. Em geral, há conteúdo não verbal, como tons de voz, expressões faciais e conteúdo verbal da discussão.

(Continua)

FOLHA DE EXERCÍCIOS 9.1 Exemplo de múltiplos *selves* (estados cerebrais) *(Continuação)*

<table>
<tr><td colspan="2">Exercício dos múltiplos selves/padrões
Apoia: diferenciação, tolerância, integração, transformação
Os enunciados em itálico são exemplos de descrições reais de clientes</td></tr>
<tr><td>Várias das TCCs têm formas muito úteis de ensinar habilidades de regulação emocional.</td><td>Como com estados cerebrais de raiva, você está trabalhando com a cliente para desenvolver um cardápio de formas úteis de enfrentamento desse estado cerebral.</td></tr>
<tr><td>SELF TRISTE (perda)</td><td>SELF COMPASSIVO</td></tr>
<tr><td>OBSERVE que, enquanto raiva e ansiedade são (preponderantemente) emoções ativadoras, a tristeza é mais complicada, pois envolve diferentes estados corporais; algumas vezes, é depois que os indivíduos ficaram tristes ou choraram que eles podem abordar a situação de uma nova maneira.
O mais importante é distinguir tristeza de depressão/afastamento, pois muitos clientes contornam a tristeza e passam direto para estados depressivos (que também terão desesperança e, algumas vezes, autocriticismo associado). A habilidade de tolerar e trabalhar a tristeza pode ser um processo muito curativo.</td><td>OBSERVE que os outros selves/estados mentais fazem parte do sistema de ameaça, portanto, certifique-se de trocar para as funções da "base segura/porto seguro", com ritmo respiratório calmante, aterrando o corpo e ativando sabedorias compassivas.
Self/mente compassiva lembra o problema do cérebro complicado. Portanto, é preciso uma posição de observador atento aos outros estados cerebrais — entendendo, validando e não criticando ou condenando, mas guiando formas de pensar, prestar atenção e agir para ser útil, e não prejudicial. Dessa forma, esses estados cerebrais podem ser integrados. Logo, o processo terapêutico de mudança, como abordar crenças menos úteis, é feito na posição da mente compassiva.</td></tr>
<tr><td>Motivos: Quero que o meu incômodo seja reconhecido. Quero conforto. Quero tranquilização. Quero espaço. Quero ficar sozinha.
Reconhecer a perda, algumas vezes (mas nem sempre) querendo reencontro. Às vezes, querendo conforto; às vezes, querendo ficar sozinha por algum tempo para se reorganizar.</td><td>Motivos: Quero encontrar formas de ser útil e justa e regular emoções que não são úteis.</td></tr>
<tr><td>Atenção: Em geral, à comunicação e ao conteúdo não verbal, mas também à disparidade entre o que era esperado (ideal) e desejado e o que é real. Às vezes, podemos permitir que a tristeza nos ajude a reconhecer que podemos aprender a aceitar e tolerar a decepção.</td><td>Atenção: Às áreas para colaboração; ter em mente as coisas que você gosta/ama na pessoa. Focar no que está por trás da raiva sobre questões na outra pessoa. Estabilizar a atenção, como a consciência da respiração ou a sensação dos pés no chão.</td></tr>
<tr><td>Pensamentos: Eu esperava que isso estivesse resolvido, talvez isso signifique que não somos tão próximos quanto eu pensava; sentimento de separação entre nós agora. Por que meus relacionamentos são arruinados?</td><td>Pensamentos: Nós dois estamos atrapalhados; os dois estressados, isso pode levar tempo para ser resolvido, sobretudo para ficarmos bem. Ver a discussão como envolvendo duas pessoas e, portanto, mentalizar ambos. Nós dois temos um cérebro complicado!</td></tr>
</table>

(Continua)

FOLHA DE EXERCÍCIOS 9.1 Exemplo de múltiplos *selves* (estados cerebrais) *(Continuação)*

<table>
<tr><th colspan="2">Exercício dos múltiplos selves/padrões
Apoia: diferenciação, tolerância, integração, transformação
Os enunciados em itálico são exemplos de descrições reais de clientes</th></tr>
<tr><td>Centrados em torno de pensamentos de perda e desconexão e possibilidades de reconexão ou afastamento completo (ir embora). Novamente, os pensamentos podem focar na defasagem entre o desejado e o real.</td><td>Reconhecimento de que conflitos fazem parte da vida e podem ser perturbadores para todos. O que dizemos a nós sobre conflitos nos ajudará ou nos prejudicará. Notar compassivamente pensamentos e impulsos menos úteis para tolerá-los sem atuá-los.</td></tr>
<tr><td>Corpo: Só quero me encolher, ficar sozinha, chorar. Ficar anestesiada. Perder a energia.
O corpo perde a tensão muscular, um tipo de colapso interno, e pode envolver choro. São essas experiências corporais de não conseguir enxergar ou respirar e perder o tônus muscular que, para algumas pessoas, são muito assustadoras, pois elas se sentem indefesas.</td><td>Corpo: Não necessariamente calmo, mas mais aterrado. Estável, tranquilo, aberto e confiante.
É importante checar se a pessoa realmente tem uma experiência de estado corporal mudado para estados cerebrais de ameaça. O estímulo da mente compassiva foca em desacelerar, aterrar (relacionado ao vago) e, portanto, esses estados corporais são um impacto direto dessa estimulação.</td></tr>
<tr><td>Ações: Quero ficar sozinha. Acho que quero buscar um abraço e tranquilização. Fazer alguma coisa que faça eu me sentir mais feliz de novo, preparar um bolo, não pensar nisso.
As pessoas variam, algumas vezes, com o desejo de se aproximar, outras vezes, querendo se afastar, ficar sozinhas — tentando processar o sentimento de perda. Às vezes, esse é um estilo típico, e às vezes está ligado ao contexto e à extensão dos sentimentos de perda. Observe a diferença entre ficar sozinho para processar os sentimentos e eventos e ficar sozinho como evitação.</td><td>Ações: Ir mais devagar, me acalmar, me lembrar do que realmente quero — reconhecer que os relacionamentos podem ser complicados e que conflitos fazem parte também dos bons relacionamentos. Posso precisar sair desse relacionamento — praticar assertividade amistosa, porém firme.
Pode ser preciso uma pausa e o uso estratégico da tranquilização: convide o parceiro para uma discussão amigável, destacando a importância do relacionamento — iniciando pela valorização do relacionamento. No entanto, se o relacionamento for mais tóxico, então talvez esteja na hora de partir, e a compaixão pode ajudá-lo com a coragem, algumas vezes aprendendo assertividade amistosa, e, às vezes, aprendendo desculpas apropriadas e perdão.</td></tr>
<tr><td>Memórias: Discussões na infância muitas vezes faziam com que eu me sentisse sozinha, escondida em meu quarto.
Faça um rastreamento dos relacionamentos, mas também da infância e do sentimento de impotência frustrada quando os outros não a escutavam ou não tinham interesse nela — você não se aprofundará nas memórias, apenas terá contato com elas, pois, nesse momento, é uma descoberta guiada, e não uma exposição.</td><td>Memórias: Situações de reconciliação, situações em que estava proveitosamente perdoando ou sendo assertiva.</td></tr>
</table>

(Continua)

FOLHA DE EXERCÍCIOS 9.1 Exemplo de múltiplos *selves* (estados cerebrais) *(Continuação)*

<table>
<tr><th colspan="2">Exercício dos múltiplos selves/padrões
Apoia: diferenciação, tolerância, integração, transformação
Os enunciados em itálico são exemplos de descrições reais de clientes</th></tr>
<tr><td>Acomodação: Distinguir entre formas úteis e menos úteis, com não útil sendo ingerir álcool, se cortar, etc. Útil é quase sempre trabalhar compassivamente, algumas vezes compartilhando e se conectando com os amigos.</td><td>Crescimento: pratique, pratique, pratique!</td></tr>
</table>

com um formulário definido. Há quatro quadros, para raiva, ansiedade, tristeza e compaixão. Cada quadro abrange os diferentes domínios de funcionamento. Um exemplo prático é dado na Folha de exercícios 9.1. A TFC também usa o trabalho com as cadeiras (veja o Capítulo 17). No trabalho com as cadeiras, informe ao cliente que ele explorará emoções individuais em cadeiras separadas. No fim da exploração de cada emoção, ele se levanta, se livra da emoção e passa para outra cadeira para explorar outra emoção. O terapeuta então explora as motivações e foca na atenção, nos estilos de raciocínio, nos sentimentos no corpo, nas ações ou nos impulsos, na sua história e em como essa emoção se acomoda (Fig.9.2). Essa descoberta guiada até o interior da natureza multidimensional da emoção ajuda na diferenciação dos subcomponentes de cada emoção (p. ex., pensamentos, comportamentos, memórias). Os subcomponentes podem ser diferenciados uns dos outros — por exemplo, os subcomponentes do *self* ansioso *versus* do *self* triste. Como a consciência do corpo é contextualizada com os outros processos, como pensamentos e atenção, esses exercícios são muito úteis para o desenvolvimento da interocepção, que reconhecidamente é um processo evidente em dificuldades de saúde mental (Khalsa, Adolphs, Cameron et al., 2018).

Tipicamente começamos pela raiva, porque ela tende a ser a mais ativadora. Além disso, realmente não queremos terminar na ativação da emoção de ameaça antes de passarmos para o estado mental compassivo. Exatamente o mesmo processo transcorrerá com a ansiedade e, depois, com a tristeza. Após você trabalhar uma emoção, convide a cliente a se levantar e se livrar dessa emoção, e então convide-a a tirar alguns minutos para se reengajar na memória da discussão, mas, dessa vez, focando em aspectos sobre os quais ela está ansiosa ou triste. Se usar cadeiras, passe a cliente para outra cadeira. A cliente pode então explorar e diferenciar os subcomponentes dessas emoções. Tenha em mente que essa é uma técnica de descoberta guiada e, depois que estiver familiarizado com ela, você pode usá-la para muitos tipos diferentes de processos e muitos tipos diferentes de emoção, motivos ou crenças. Diferenciar os subcomponentes de uma emoção e um motivo e a relação entre seus subcomponentes os torna mais gerenciáveis, contribui para a consciência mental e facilita o *mindfulness* das multiplicidades das nossas mentes. Como todas essas funções estão interconectadas, sempre que começar, você pode explorar as emoções, os motivos, as experiências corporais, os pensamentos, os comportamentos e as memórias.

A primeira parte da prática envolve trazer à mente o evento real, entrar na memória e novamente estimular esses sentimentos por cerca de 30 segundos. Então sugira: "*Você consegue sentir uma parte de si que pode ter ficado com raiva? Podemos examinar isso?*". Há duas formas de fazer isso. Uma é ser o *self* observador, e a outra é o *self* incorporado. Para o primeiro, a investigação socrática poderia ser: "*Quando você está com raiva, o que seu* self *raivoso quer, presta atenção, pensa, sente no corpo, quer fazer?*", e assim por diante. Quando se torna corporificado, o cliente literalmente tenta reentrar nesse estado e se tornar a raiva. Aqui, o diálogo socrático é: "*Como* self *raivoso (ou mente, ou estado mental), o que a está motivando? O que você quer ou o que você espera atingir?*". Tenha em mente que, para alguns indivíduos, ter raiva ligada à frustração e querer que alguém mude seu comportamento é diferente de querer ser vingativo. A distinção entre esses dois é muito importante porque, mais tarde, você examinará a motivação e orientará para um processo assertivo mais útil, validando, mas também desviando as pessoas da vingança. Então, prossiga com "*Como* self *raivoso, a que você está prestando atenção?*". Continue com "*o que está se passando na sua mente? O que você está pensando ou ruminando?*". Aqui, prestamos atenção aos processos cognitivos que podem estimular raiva e manter a ruminação. Isso pode ser algo que precisará de atenção posterior, mas, no momento, este exercício está ajudando a pessoa a explorar seu "fluxo de pensamentos raivosos" e a não se engajar na análise detalhada ou em mudar processos. Essa é uma descoberta guiada sobre diferenciação das multiplicidades da mente. Então, a direcione para prestar atenção ao corpo: "*Onde você está (com raiva) em seu corpo? Como você muda o corpo? Onde é essa mudança? O que acontece em seu corpo se você se tornar mais forte e mais intensa?*". Posteriormente, mas não sendo necessário como parte desse exercício nesse momento, você também pode convidar o indivíduo a se engajar em uma emoção específica e então rastrear os vários processos corporais com mais profundidade, como: *(quando) no estado raivoso (ou algum outro), o que está acontecendo no seu peito, nas suas pernas, nas suas expressões faciais ou nas suas mãos? Onde no seu corpo você sente seus impulsos agirem? O que acontece à sua respiração, à sua postura e ao seu tom de voz?* Entretanto, em relação a esse exercício específico, após trabalhar com o corpo, você pode explorar os impulsos para ação: "*Sem se preocupar com as consequências, o que você (como* self *e estado cerebral raivoso) quer fazer, quais são seus impulsos para ação?*". Aqui, você pode ficar atento aos comportamentos ativados, como elevar a voz, criticar, por meio de gritos, por meio de comportamentos mais físicos, como atirar coisas, atacar ou mesmo se tornar violento. Encoraje o cliente a explorar as fantasias, mesmo que ele saiba que não as colocaria em ação. Isso ajuda a pessoa a reconhecer que todos temos um lado obscuro que podemos reconhecer, mas não atuar. Outro comportamento pode ser o comportamento de escape, como sair andando e encerrar a interação, denominado "corte". Isso pode ser sábio se a emoção for intensa, mas alguns indivíduos usam o "corte" para evitar ter que trabalhar um conflito, ou, algumas vezes, em uma discussão, eles se fecham — algumas vezes por medo, e outras porque não conseguem regular sua raiva e têm medo dela. Uma terceira resposta é a agressão passiva, como ficar amuado e, posteriormente, sabotar. A compreensão dos processos de agressão passiva pode ser muito útil na terapia. Como mencionado, aqui, novamente, você pode distinguir entre as funções de um impulso comportamental como a frustração, que é diferente da vingança; algumas vezes, é útil perguntar sobre o motivo do comportamento: "*O que você está querendo com suas ações?*".

Também é útil examinar a conexão da pessoa com o passado, com uma pergunta como: "*Considerando o que ativou seu* self *raivoso, que memórias você tem? Esta situação a faz lembrar de alguma coisa ou de situações anteriores como esta?*". Por exemplo, uma pessoa que muitas vezes se sentia ignorada ou rejeitada quando criança pode ter emoção mais intensa em uma discussão, ao passo que aqueles indivíduos que foram ameaçados e mandados para seu quarto podem querer se esconder ou se fechar. Você pode discutir isso em termos do condicionamento clássico e também em termos cognitivos, de que *nossos corpos* são estimulados por certas ações em certos contextos, segundo nossas histórias, mas este não é o momento de entrar em memórias detalhadas. Apenas toque no assunto brevemente para observar uma conexão que pode ser mencionada mais tarde. Este exercício é principalmente de descoberta guiada para apoiar o *insight* e a diferenciação, em vez de exposição da emoção, embora haja uma sobreposição a isso. Por fim, você pode explorar como as pessoas lidam com essas emoções intensas, fazendo perguntas como: "*Como você lida ou como você se tranquiliza ou como você poderia se tranquilizar?*". Aqui, você pode investigar formas úteis e não úteis de lidar com emoção intensa (veja os Capítulos 18, 19, 20 e 23). As formas não úteis podem ser sobre o uso de álcool, comer em excesso, autoagressão ou descontar nos outros. Então, convide-o a refletir sobre os *múltiplos* aspectos da emoção.

Você basicamente examina os mesmos processos para a ansiedade, e então passa para a tristeza. Logo, seu cliente está engajado em detalhes em três emoções diferentes para o mesmo evento (veja a Folha de Exercícios 9.1). No fim do trabalho, passando pelas três emoções básicas (que a TFC chama de *big three*: raiva, ansiedade e tristeza), você pode então pedir que o indivíduo reflita sobre o que ele percebe, quão diferentes são esses estados mentais e qual é a sua relação. Você pode ludicamente refletir:

> Você notou que, quando fica com raiva, seu corpo fica tenso porque ele está pronto para lutar, mas, quando você fica ansioso, ele fica mais trêmulo e seus músculos afrouxam? Se você fica absolutamente aterrorizado, você pode "se borrar" — mas é muito improvável que você diga para alguém: "oh, meu Deus, fiquei com tanta raiva de você e agora, olhe só, eu me borrei". Isso porque a raiva e a ansiedade estão usando sistemas corporais sobrepostos, mas diferentes.

Observe a orientação da interocepção. A ideia aqui é *ludicamente* enfatizar como nossos corpos e cérebros são programados, e, depois que esses sistemas são ativados, é essa a aparência do programa para essa emoção ou estado cerebral específico. Essa ludicidade cria um senso de uma base segura e ajuda a criar um certo distanciamento, uma desfusão e um desengajamento da emoção intensa.

Um cliente pode então reconhecer que ele pode querer trabalhar em determinada emoção e no motivo que tende a gerar a emoção, ou talvez no que ele presta atenção, ou como ele está pensando quando se encontra nessa emoção, ou em seu comportamento (por exemplo, no caso de ansiedade por conflito, ele pode querer aprender assertividade), ou em reconhecer que ele está sendo ativado por memórias difíceis não processadas. Emoções fortes podem ativar diferentes comportamentos de enfrentamento, alguns dos quais são úteis, e outros não. Mais uma vez, o cliente pode querer explorar essas opções.

Fase dois. As relações entre as emoções. Nesta fase, convide o cliente a refletir sobre as relações *entre as emoções*. Você faz perguntas como: "*O que seu* self *raivoso pensa e sente sobre seu* self *ansioso? O que seu* self *raivoso gostaria de fazer para seu* self *ansioso?*". Ou, se ele estiver trabalhando para ser mas corporificado, convide o cliente a retornar a um estado mental raivoso, depois se imagine olhando para seu *self* ansioso e tendo uma percepção dessa relação. Você pode fazer isso com todas as combinações. Não raramente, as pessoas reconhecem que o *self* raivoso vê o *self* ansioso como fraco e quer suprimi-lo ou torná-lo mais rígido. Uma pergunta para o *self* raivoso, "*você gosta do* self *ansioso?*", pode ser muito reveladora. Essa pergunta pode ser feita para todas as diferentes emoções que você está explorando. Por exemplo, você pode entrar em detalhes sobre exatamente de qual aspecto do *self* raivoso esse *self* ansioso tem medo — ou, às vezes, desdenha. Ocasionalmente, o *self* raivoso tem medo do *self* triste porque parece que, se o *self* triste assumir o controle, ele entrará em colapso. Com o risco de me repetir, os pontos de aprendizagem crucial são que as emoções são um fenômeno multitexturizado que acompanha os motivos, as formas de prestar atenção, pensar e raciocinar, as experiências corporais, as urgências comportamentais, os impulsos e as memórias e frequentemente estão em conflito.

Em segundo lugar, as pessoas conseguem ver que a mente é composta de "mini-*selves*" e "estados cerebrais mutáveis", e que eles têm sua própria assinatura do estado cerebral e, às vezes, podem parecer independentes. Na verdade, isso é o que constitui a dissociação; alguns indivíduos são tão oprimidos pela complexidade que literalmente criam identidades separadas em torno dos estados cerebrais, das emoções ou dos motivos (Dell & O'Neil, 2009). Em terceiro lugar, não raramente, como revelado neste exercício, as emoções e os seus motivos subjacentes podem estar em conflito entre si. Por exemplo, você não pode estar em luta e fuga ao mesmo tempo, e experienciar esse conflito pode ser muito desestabilizante e produzir trocas repentinas de estado, com algumas semelhanças com o que era chamado de neurose experiencial na década de 1940 (veja o Capítulo 3). Dixon (1998) oferece um excelente modelo animal dos efeitos desses conflitos de luta-fuga. Ajude o cliente a reconhecer que essa é, em parte, a forma como o cérebro é, e, em parte, é por isso que raiva e ansiedade podem tentar suprimir uma à outra. A habilidade é ser capaz de ter consciência disso e manejar os diferentes motivos e emoções conflitantes que entram na mente ao mesmo tempo. Como muitos terapeutas psicodinâmicos sugerem, o *insight* sobre esses conflitos pode ser essencial para compreendermos como nossa mente funciona (Gilbert, 2000). Logo, normalizar o conflito e ajudar o cliente a diferenciar os processos em uma emoção e entre uma emoção pode ser extremamente benéfico.

Fase três. A mente compassiva integradora. Após explorar as complexidades e inter-relações dentro e entre (estados cerebrais) as emoções no sistema de ameaça, e os conflitos inerentes entre as emoções de ameaça, o terapeuta convida o cliente a trocar para um estado mental compassivo. Se usar cadeiras, há uma cadeira separada para isso; se não, apenas convide o cliente a ficar em pé e se livrar da última emoção, e então faça uma indução mental compassiva. É muito importante não abreviar essa indução, pois o cliente recém se encontra no sistema de ameaça, portanto, você precisa ativar o vago, o córtex frontal, etc. Tenha em mente como usamos o corpo para apoiar a mente. Isso significa que você deve ajudar o cliente a focar na postura básica da compaixão e então a se engajar no ritmo respiratório calmante (veja o Capítulo 8). Foque a atenção na *experiência de aterramento e desaceleração do corpo*. Então, traga à mente a sabedoria compassiva do cliente, incluindo o cérebro complicado e os outros aspectos da sabedoria (como muito do que somos estava fora de controle; construído para nós, e não por nós). Então traga à mente do cliente sua coragem e depois seu compromisso com a motivação compassiva. Após o cliente conseguir sentir uma troca de estado, convide-o mais uma vez a trazer à mente a discussão com a pessoa importante para ele, mas, dessa vez, olhando para a discussão por meio da mente compassiva. Então, empregue exatamente o mesmo conjunto de perguntas.

Embora os clientes fiquem melhores nisso quanto mais fizerem o treino da mente compassiva (TMC), não é raro que as pessoas, no começo, questionem como uma mente compassiva poderia lidar com um conflito e as emoções que surgem. Por exemplo, alguns podem precisar ser estimulados a pensar sobre a discussão como bilateral, e não unilateral. Em outras palavras, eles são guiados a *mentalizar a discussão*. Às vezes, isso pode surgir espontaneamente, e o cliente dirá que está pensando sobre a mente do outro, mas, com outros, pode não ser assim. Você pode apontar que *selves* raivosos, ansiosos e tristes não mentalizam especificamente bem porque eles não são criados para isso. O *self* raivoso em geral quer vencer (algumas vezes, é sobre vingança e ter de volta o que é seu), o *self* ansioso quer evitar ser machucado, ao passo que o *self* compassivo é focado na sabedoria e na solicitude, tem diferentes texturas, motivos e formas de pensar e de prestar atenção e quer fazer coisas diferentes. Comumente, nosso *self* compassivo (estado cerebral) pode (com a prática) mentalizar e é motivado a encontrar uma reconciliação ou aprofundar o conhecimento sobre a discussão. A compaixão parece diferente no corpo, com diferentes impulsos comportamentais e diferentes memórias, e, em vez de tranquilização, o *self* compassivo procura crescer e se desenvolver por meio da prática. O terapeuta reflete que essas mudanças (sabedorias) se originam de dentro do cliente ao trocar para um estado mental compassivo.

Anteriormente você ajudou o cliente a reconhecer que as emoções de ameaça frequentemente estão em conflito entre si. Por exemplo, o *self* raivoso pode tentar suprimir o *self* ansioso, e vice-versa. Entretanto, o *self* compassivo é mais como uma figura parental interna, em parte porque ele está em um *sistema motivacional diferente, com uma arquitetura fisiológica diferente*. Ele é o motivo "para cuidar", para oferecer uma base segura e um porto seguro, que evoluiu parcialmente para regular o processamento da ameaça. Para ajudar o cliente a obter *insight* sobre isso, exploramos a relação da mente compassiva com outros estados mentais. Então, depois de ter examinado como uma mente e um *self* compassivos se engajariam e refletiriam sobre uma discussão, as próximas explorações guiadas são perguntar o que a mente e o *self* compassivos sentem sobre o *self* raivoso, o *self* ansioso e o *self* triste. Tipicamente, quando em seu estado mental compassivo, eles reconhecem que cada um tem "um ponto de vista e uma voz". Assim, o *self* e a mente compassivos podem ouvir as preocupações dos *selves* raivoso, ansioso e triste, mas não deixam que eles comandem o espetáculo ou controlem o pensamento ou o comportamento. Além disso, há formas úteis e não úteis de manejar essas emoções (veja os Capítulos 18, 19 e 20). Em outras palavras, *a mente compassiva é o estado cerebral que mentaliza as outras partes de nós e pode mantê-las em uma base segura* (veja os Capítulos 2 e 7). O estado mental compassivo fornece as funções de base segura e porto seguro para trabalhar com emoções de ameaça.

Isso também se manifesta em *mindfulness*, em que as pessoas tomam ciência desses diferentes algoritmos nos estados cerebrais dentro de si, pois elas "os conheceram em seu trabalho de descobertas guiadas dos múltiplos *selves*". Elas podem se familiarizar com suas multivariadas texturas de pensamentos, motivos, impulsos, etc. Quando as pessoas têm estados mentais difíceis, elas são mais capazes de ficar atentas, procurar e prestar atenção à multiplicidade, em vez de ficarem presas a uma linha de sentimento ou pensamento.

A importância da tristeza. No extraordinário filme da Disney *Divertida Mente*, os personagens, representando diferentes partes da mente (raiva, alegria, ansiedade, tristeza e medo), decidem que, embora a tristeza faça parte do time, eles querem se livrar dela. Então, depois de bani-la, eles precisam embarcar em uma jornada para encontrá-la, pois descobrem que ela é a parte mais importante, que lhes permite a conciliação com mudanças dolorosas. Esse é um filme brilhante para balancear nossa compreensão de que a tristeza apropriada é muito importante para nós. Ela não precisa manchar nossas satisfações dos sentidos e afetos da vida. A TFC, no entanto, também incluiria uma função integradora da compaixão.

Pesquisas estão desenvolvendo nossa compreensão de algumas das funções evolutivas e dos mecanismos fisiológicos envolvidos na tristeza, sobretudo quando a tristeza é adaptativa e sobre o que acontece se ela for bloqueada (Arias, Williams, Raghvani et al., 2020; veja o Capítulo 8). Quando trabalhar com clientes que estão entorpecidos, ajudá-los a se engajar nas três emoções de ameaça, sobretudo tristeza, pode ser muito importante. Nesses clientes *entorpecidos* (veja a seguir), constatei que a tristeza pode ser uma emoção especialmente difícil. De fato, em um estudo com pacientes deprimidos, encontramos que, entre raiva, ansiedade e tristeza, a tristeza era a emoção mais difícil e a mais associada à depressão (Gilbert et al., 2014). No exercício dos múltiplos *selves*, não é raro que as pessoas desviem da tristeza e passem direto para estados de entorpecimento e de desligamento anedônico. Às vezes, isso pode ser verificado porque, quando elas começam a falar sobre tristeza, passam imediatamente para a desesperança ou para visões negativas de si mesmas. A tristeza não tem nada disso. É fundamental ajudar as pessoas a entenderem as diferenças entre entorpecimento, desesperança, armadilha, depressão e tristeza. Por exemplo, você pode convidá-las a pensar sobre o que sentem se assistem a um "filme triste" em comparação com um filme deprimente. Convide-as a dar exemplos e a observar a diferença. Além disso, ajudar certos clientes a experienciarem tristeza e pesar, em vez de entorpecimento, pode ser um passo importante para desbloquear e aliviar entorpecimento e (algumas formas de) anedonia.

Trabalhando com estados de desligamento. Várias formas de "desligamento", sobretudo dos dois sistemas de emoção positiva de *drive* e tranquilização, são comuns em pessoas com certos tipos de problema de saúde mental. Às vezes, os clientes reconhecem que se desligaram porque estão em intenso conflito interno. Para atingir e ajudar clientes muito desligados, precisamos simplesmente "estar presentes" para que o cliente possa começar a experienciar algum grau de segurança nesse estado (Greenberg, 2015). A terapia envolve conversas muito gentis em torno de experiências atuais, esperanças e desejos dos clientes. Podemos nos engajar em conexão empática, como: "*Percebo que seu corpo está se fechando para protegê-lo de alguma coisa*" ou "*Percebo que você está se sentindo muito desconectado e em um estado de desligamento*". Nosso corpo não responde assim tão rapidamente para sair do desligamento, a menos que ele esteja identificando sinais de base segura e porto seguro. Isso pode ser apoiado pelas formas como você usa gentilmente seu tom e seu ritmo de voz.

Como mencionado, trocar o indivíduo de desligamento *para tristeza* pode ser uma mudança terapêutica importante. No momento apropriado, podemos fazer várias sondagens com os clientes, como: *Percebo que seu corpo está se fechando porque há uma dor muito profunda em você. Talvez seu corpo sinta isso, e que seria devastador se engajar nela neste momento; ele está lhe protegendo de sentir isso*". Seu cliente pode ou não lhe responder, mas você estabeleceu um claro marcador empático. Dependendo do seu cliente e da sua experiência clínica, você pode dar um tempo para reflexão em silêncio e então perguntar: "*Há quanto tempo você carrega essa dor profunda/essa solidão/esse sentimento de desconexão e anseio por conexão?*". Novamente, você pode ter pouca resposta e precisará aguardar por algum tempo. Como mencionado, em termos da terapia comportamental, o que pode estar na base do desligamento são conflitos de evitação da aproximação. Por exemplo, pode haver um sentimento de desconexão, solidão e anseio por conexão, mas também um grande medo de proximidade ou raiva intensa por magoas prévias. Se você perceber isso, poderá gentilmente examinar que "*algumas vezes, entramos em estado de desligamento porque, por dentro, sentimos tanta raiva que poderíamos explodir e não sabemos o que fazer, e isso pode ser muito assustador*". Ou se você percebesse uma questão diferente, poderia dizer: "*podemos sentir tanta dor que, se começássemos a chorar, nunca iríamos parar, e temos medo de desmoronar*". Mais uma vez, precisamos de uma conectividade empática e mentalizada para tecer essas questões de formas que sejam úteis.

A mente compassiva como uma mente integradora

Uma mente compassiva para o trabalho da multimente. Uma das características da TFC é que a mente compassiva (estado cerebral) cria uma base segura interna e um porto seguro suficientes para começar a se engajar na multiplicidade da mente. Algumas das suas funções foram descritas no Capítulo 3, Figura 3.6. Elas possibilitam que se desenvolvam vários processos importantes. Eles incluem aprender a ficar atento, diferenciar, tolerar, integrar e transformar nossas motivações, nossas emoções ou nossas crenças. Como mencionado em outros capítulos, há boas evidências de que a criação de uma mente compassiva influencia a variabilidade da frequência cardíaca (Steffan et al., 2021; veja o Capítulo 10) e muda os sistemas neurofisiológicos (Singer & Engert, 2019; Kim et al., 2020) que apoiam esses processos. Eles estão descritos na Figura 9.3, que apresenta três domínios diferentes. Primeiro, tem-se a consciência de uma, digamos, memória ou situação difícil e de emoções associadas (estado cerebral). Isso desencadeia uma "procura interna" para ativar um estado cerebral de compaixão do que é útil (uma forma interna de procura de proximidade — PP). O cliente pode parar um momento para respirar ou aterrar no corpo e lembrar das suas sabedorias e intenções da compaixão. Em essência, isso não é diferente de criar deliberadamente um estado cerebral — por exemplo, se quiséssemos criar excitação sexual, procuraríamos deliberadamente imagens internas que produzissem excitação. Quando trocamos para um estado cerebral compassivo, podemos tentar gerar encorajamento e validação como uma base segura (BS) e calma e tranquilização como uma função do porto seguro (PS). Isso traz competências para *mindfulness*, empatia, mentalização e raciocínio, que constroem coragem e sabedoria. Como parte da ativação de uma mente compassiva, vários sistemas psicológicos que evoluíram com a mentalidade

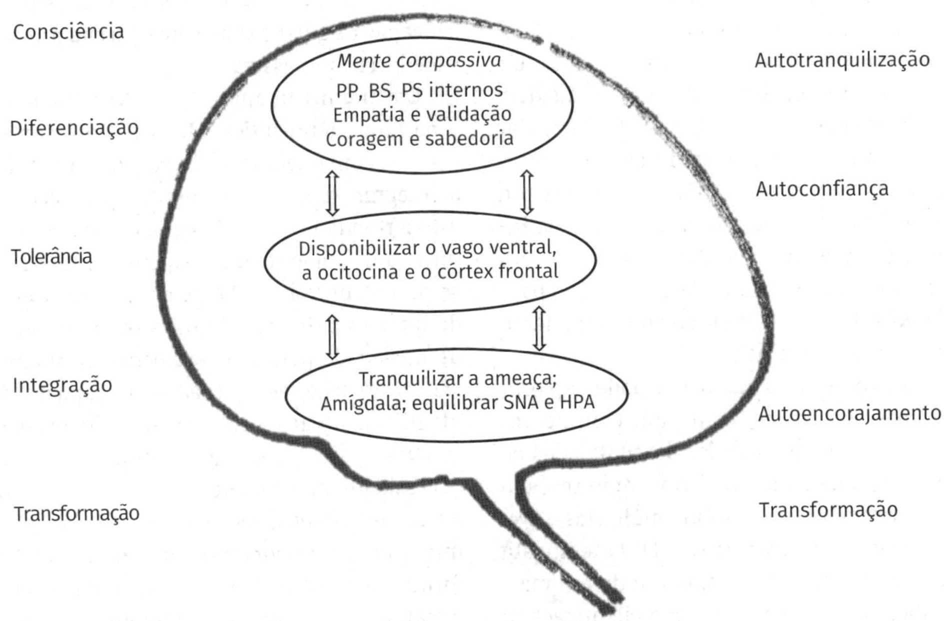

FIGURA 9.3 As funções multifacetadas de uma mente compassiva.
Fonte: © Paul Gilbert.

social de cuidado se tornam disponíveis (Singer & Engert, 2019; e veja o Capítulo 10). Essas reações são muito diferentes das que podem acentuar um senso de ameaça, tal como tentarmos evitar nossas emoções, nos sentirmos confusos ou sobrecarregados, nos tornarmos autocríticos ou atuá-las de forma prejudicial.

A Figura 9.3 descreve como a mentalidade social compassiva é capaz de executar funções essenciais. Começando pelo lado esquerdo da figura, a mentalidade social da compaixão facilita o potencial para *mindfulness* e *consciência* mental. Além disso, como provedora de uma base segura interna e um porto seguro, ela possibilita avançar e diferenciar experiências internas na consciência (não crítica). Usando a afirmação de Dan Siegel, começamos a experienciar a mente menos como uma batida e mais como uma salada de frutas. Portanto, as pessoas estão aprendendo a trabalhar com diferentes emoções, motivações ou crenças independentemente e a explorar como elas se relacionam entre si. Esse é o sentido do exercício dos múltiplos *selves*. Isso aumenta a consciência, a diferenciação, a tolerância e a capacidade para integração. Como a maioria das terapias, a TFC procura trabalhar com os aspectos úteis das emoções e regular os não úteis. Considere um cliente que acha muito difícil diferenciar as diferentes emoções e conflitos emocionais em certas situações, ou talvez que seja um pouco alexitímico ou sobrecarregado pela intensidade de emoções conflitantes. As funções da compaixão convidam à desaceleração para a descoberta guiada, e então ao engajamento controlado e à ação útil.

Para começar, o terapeuta pode explorar situações específicas, como um conflito recente, e examinar as várias possibilidades de diferentes emoções, conforme representado no exercício anterior sobre múltiplos *selves* (veja a Folha de exercícios 9.1). O terapeuta pode prosseguir com isso, entrando em mais detalhes sobre a emoção que o cliente achou difícil de lidar. Para possibilitar maior exploração corporificada, o terapeuta pode promover uma encenação na sala, em que o cliente atua "como se..." estivesse experienciando uma emoção específica, percebendo sua sensação no corpo, seus pensamentos e seus impulsos comportamentais, mas também como um observador de que "este é seu algoritmo ou estado mental de raiva". Às vezes, é útil criar contraste, praticando a imaginação e, como um ator, assumindo, digamos, um estado ansioso e andando pela sala tentando se sentir dentro dele. Então, peça que ele pare e faça uma curta indução mental compassiva típica e ande pela sala com posturas corporais e expressões faciais compassivas e com uma textura calorosa em relação ao pensamento, focando nos seus pensamentos como um *self* e uma mente compassivos. Essas técnicas de atuação podem ajudar o cliente a reconhecer que podemos trocar para diferentes estados cerebrais deliberadamente e que não temos que ficar presos a um em específico (Cannon, 2012). Quando ele tomar mais consciência de que pode experienciar raiva "como um programa específico na mente", poderá começar a *permiti-la e tolerá-la*. Para fazer isso, ele pode ser capaz de guiar a si mesmo com sua própria sabedoria compassiva.

Em muitas terapias, "*permitir e tolerar*" é uma tarefa terapêutica. Mas não para por aí, porque, com o tempo, o cliente pode aprender a integrar, digamos, a raiva ou a ansiedade à assertividade apropriada, sem que esse se torne um estado mental vergonhoso, temeroso ou descontrolado. Logo, a *transformação* se dá quando passamos da raiva ou da inibição da ansiedade para a assertividade confiante. Nessa situação, as pessoas serão capazes de identificar situações em que estão bloqueadas, frustradas ou desafiadas, estimulando uma necessidade de autodefesa ou autopromoção, e sentem raiva ou ansiedade, mas persistem na intenção de se impor ou se apresentar de certas formas, em que o foco é ser útil, e não prejudicial, e certamente não ser submisso. Igualmente, às vezes, quando as pessoas se engajam em assertividade não útil, elas podem trocar para se tornarem exigentes e não sensíveis ao outro. A transformação deve ter uma sabedoria e uma sensibilidade "com o outro".

No lado direito da Figura 9.3, encontram-se os processos que estão acontecendo no do *self*. Isso propicia a habilidade de se autotranquilizar, que é a habilidade de manter seus sucessos passados, suas sabedorias, suas forças e sua coragem e não ser arrastado por uma ameaça, um viés de negatividade, desejos ou autocriticismo não úteis (veja o Capítulo 5). O campo da psicologia positiva tem muito a oferecer aqui (veja Ivtzan et al., 2016). Autoencorajamento é a habilidade de querer se engajar, crescer e prosperar, o que então produz uma transformação da experiência do *self*, do que o *self* é capaz de fazer. Os clientes trabalham em suas próprias versões do que eles podem experienciar como encorajador e validante. Com o tempo, eles podem transformar os valores do *self*. Isso foi discutido no Capítulo 5 a respeito da autocorreção compassiva e da promoção de uma base segura interna e um porto seguro.

A Figura 9.4 apresenta uma forma diferente de pensar sobre como as funções e uma mente compassiva podem nos ajudar a mentalizar, tolerar, validar e regular nossas emoções baseadas na ameaça. Assim, podemos ver como diferentes práticas, como as apresentadas na Folha de exercícios 9.1 e na Figura 9.4, são diferentes reflexões sobre os mesmos temas de desenvolvimento da consciência mental, autorregulação e motivos compassivos. Esses exercícios revelam que não estamos tentando nos livrar das emoções, mas conter, diferenciar e aprofundar nossa compreensão e nossa habilidade de tolerá-las e, portanto, transformá-las e integrá-las à coragem e à sabedoria da mentalidade social da compaixão. Esses exercícios são úteis para trabalhar em várias defesas que podem bloquear a exploração emocional. O foco nos detalhes pode ser útil para pessoas que experienciam alexitimia.

Em relação à coragem, a mente compassiva pode ajudar os indivíduos a perceberem que talvez um relacionamento seja realmente tóxi-

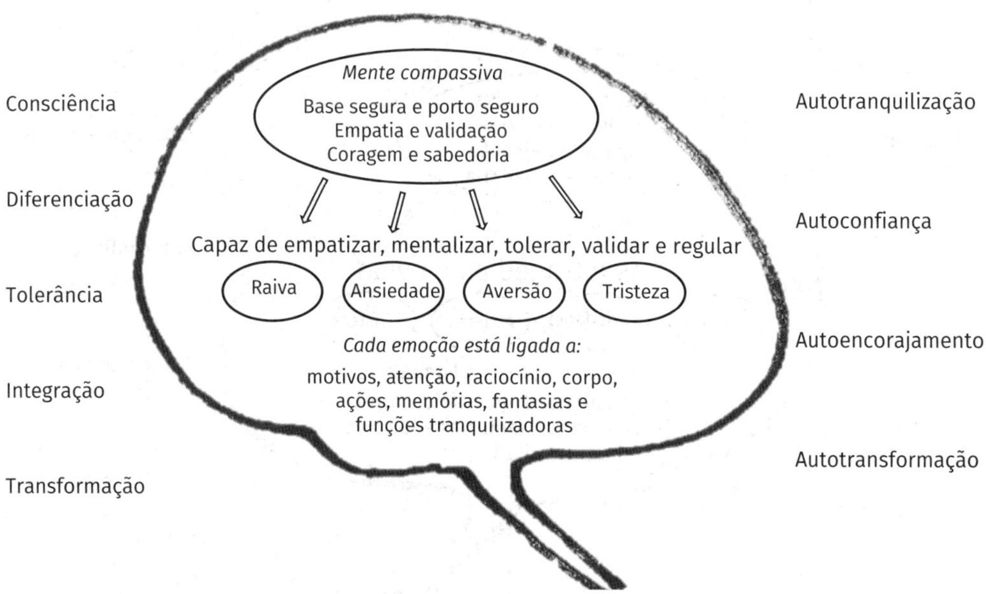

FIGURA 9.4 Engajamento compassivo com multimente.
Fonte: © Paul Gilbert.

co, ou seguiu seu curso, e está na hora de seguir adiante. Compaixão nunca é submissão, subserviência ou apaziguamento, com o que às vezes é confundida, nem simplesmente fazer o que o outro quer. Ela pode ajudar as pessoas a aprenderem a tolerar a culpa também; caso contrário, podemos permanecer presos a um relacionamento nocivo. Essa é outra razão pela qual enfatizamos a importância da coragem como central para a compaixão; coragem para nos defrontarmos com nós mesmos e com nosso lado sombrio, e coragem para abordar isso também no mundo exterior.

A multiplicidade das reações a traumas e tragédias

A Figura 9.5 descreve a situação de ser atingido por traumas e tragédias na vida que podem ser devastadores, em parte devido às texturas multifatoriais desses estados cerebrais. Como mencionado anteriormente, quando um trauma nos atinge, podemos ser inundados por raiva, ansiedade, tristeza e confusão. Ser capaz de se envolver com o trauma e a tragédia, distinguindo-os e olhando para esses processos separadamente, pode ser muito útil.

Há muitas abordagens excelentes para o trabalho com pessoas que experienciaram trauma, mas não podemos examinar tudo aqui (veja os Capítulos 16 e 25). A contribuição da TFC é sugerir que, quando trabalhamos com pessoas que experienciaram traumas como abuso, pode ser útil ajudá-las a explorar os *big three* da ameaça: a *raiva* que eles sentem do abuso ou do abusador, o *medo e a ansiedade* que experienciaram, e também a *tristeza e o luto*. Esse último, em especial, é importante devido à perda de um senso de confiança e de apoio e seus efeitos na jornada da vida do indivíduo. Aceitar um cuidador primário abusivo, por exemplo, também revela as necessidades arquetípicas (bloqueadas e presas) de querer ser amado, cuidado, visto como especial e apreciado. Trabalhei com clientes que passaram por outras terapias em que trabalharam o abuso de, digamos, um cuidador, mas não fizeram o luto pelo profundo anseio de ser amados e cuidados e percebidos como especiais por um pai "amoroso", mas já nascemos

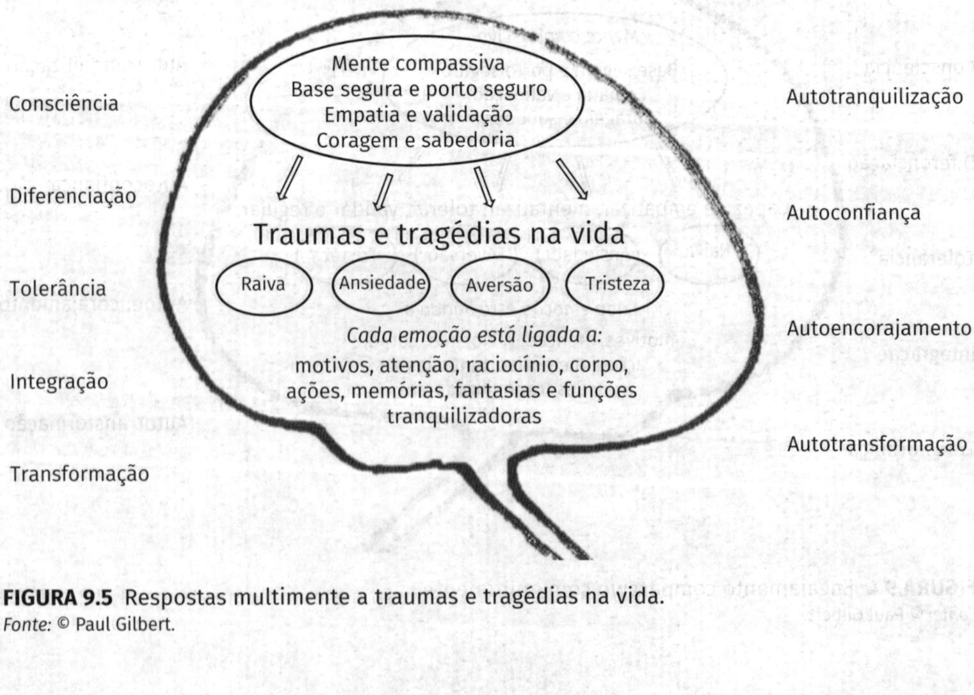

FIGURA 9.5 Respostas multimente a traumas e tragédias na vida.
Fonte: © Paul Gilbert.

com essas necessidades arquetípicas (Stevens, 2000, 2002). É importante mencionar que, em muitas sociedades de caçadores-coletores, não eram apenas os pais que participavam e tinham prazer nas brincadeiras e nas interações com a criança — era toda a comunidade (Narvaez, 2017; Ryan, 2019). Muitas vezes, subestimamos muito essas necessidades humanas básicas das comunidades de cuidado que a parentalidade e a vida moderna podem não reconhecer ou fornecer. Receber essas contribuições de cuidado e valorização quando crianças nos possibilita desenvolver segurança, confiança e a capacidade de ter prazer nos relacionamentos. Nessas comunidades, as crianças não ficariam presas em lares com pais abusivos dos quais não poderiam escapar (Ryan, 2019). Elas teriam outras fontes de conforto e protetores como tias, tios, avós e membros da comunidade. Parte da gravidade do abuso é a armadilha a longo prazo em que as crianças ficam presas (veja o Capítulo 2) e a ausência de redes mais amplas e apoiadoras de sustentação emocional (Narvaez, 2017).

Encontro consigo mesmo e mentalização. Esses exercícios de descoberta guiada também apoiam a automentalização. Você convida o cliente a pensar sobre (por exemplo) a discussão que ele teve e os processos do (por exemplo) *self* raivoso. Então, convide-o a imaginar que ele é uma mosca na parede e está se observando discutindo, prestando atenção ao que está dizendo, a como ele está dizendo, aos tons de voz e talvez às suas expressões faciais. Convide-o a *se tornar um observador atento* dos próprios comportamentos. Além disso, ele pode se imaginar *como o parceiro*, olhando as expressões faciais do seu *self* raivoso, os tons de voz e o que está sendo dito e percebendo o que ele sentiria como destinatário. O importante não é criar um senso de vergonha, mas melhorar a autoconsciência. Convide-o a refletir sobre se o *self* raivoso realmente o ajuda a atingir seus objetivos de influenciar a mente do outro das formas que ele quer. Pergunte ao cliente o quanto ele seria influenciado pela raiva e pela ameaça. Talvez haja outras habilidades que poderiam ajudá-lo a atingir suas necessidades ou seus objetivos.

Casais. Múltiplos *selves* podem ser usados também para casais. Você pode sugerir aos casais que, quando as coisas não estão indo bem, frequentemente temos mais de um tipo de sentimento. Podemos ficar com raiva, frustrados ou desapontados; podemos ficar ansiosos sobre como o relacionamento está evoluindo; e podemos nos sentir tristes se o relacionamento não estiver tão próximo quanto gostaríamos. Às vezes, é útil convidar o cliente a identificar o mais forte dos três, mas também enfatizar que todos os três podem precisar de atenção. Às vezes, embora o casal esteja discutindo, eles podem reconhecer que, no desapontamento, também há tristeza.

Um procedimento típico para ajudar os casais a desenvolverem melhor a mentalização compassiva é convidá-los a *genuinamente ouvir* um ao outro. Sugira que, quando entramos em conflitos, o sistema de ameaça é ativado, que é um sistema de resposta rápida procurando ataque e defesa. Assim, podemos ouvir apenas por alguns segundos antes de nos engajarmos em oposição. Uma forma de ajudar as pessoas a desacelerarem e apoiarem a mentalização foi apresentada no Capítulo 2. Lá mencionamos que você pode convidar o casal a trocar os papéis. Em uma parceria de marido e mulher, o marido pode se tornar a esposa, e a esposa, o marido, com ambos tentando realmente entrar nesse estado mental e então discutir seus problemas a partir dessas posições trocadas. Convide-os a explorar a relação *por meio de diferentes estados do* self. Assim, por exemplo, eles falam sobre o relacionamento em termos da sua raiva, depois, da ansiedade, e então, da tristeza, e veem como eles são *diferentes* um do outro. Ressalte que a importância da conversa é informar, e não envergonhar. Então eles podem trocar para o *self* compassivo e tentar esclarecer quais são os pontos fortes do relacionamento, as alegrias no relacionamento, como eles querem contribuir para o relacionamento e como eles gostariam de ver o relacionamento crescer. Dependendo dos seus clientes, você pode convidá-los a pensar como eles poderiam criar as funções de uma base segura e um porto seguro um para o outro. A TFC aponta a importância de receber e dar cuidado, compaixão, bondade e, idealmente, calidez e afeição um pelo outro, como um "fluxo", e como responder se este parecer interrompido. A maioria dos terapeutas de casais reforçará o fato de que os relacionamentos crescem devido à forma como são alimentados, e isso geralmente requer cuidado e atenção conscientes. Explore a linguagem de afeição que eles podem usar e o grau em que se complementam. Tenha em mente vários estilos de relação complexos, como perseguidor e perseguido, apego ansioso com apego evitativo, estilo não empático com dependente, e a atuação de problemas no início da vida não resolvidos. Além disso, lembre-se de que, algumas vezes, os relacionamentos são prejudiciais. Logo, a ajuda será com a separação.

A habilidade do luto pelas tragédias da vida e perdas arquetípicas

Considerando o tipo de clientes que a TFC foi concebida para ajudar, o luto tem grande papel na TFC. Harris (2011, 2020) chamou a atenção para o fato de que muitas pessoas entram na terapia com dificuldades com perdas não relacionadas à morte, tanto no momento atual quanto no passado. Como muitos autores deixam claro, essas perdas podem estar relacionadas a muitos diferentes domínios da vida, incluindo luto pela perda da esperança, fantasias e ideais. Por exemplo, Jackie e seu parceiro estavam esperando ansiosos pela sua aposentadoria para viajar, o que ambos adoravam. Eles economizaram dinheiro e desenvolveram muitos planos sobre quais países visitar primeiro, a Índia sendo o favorito. Após dois meses de aposentados, seu parceiro sofreu um ataque cardíaco massivo e ficou incapacitado. Jackie ficou muito deprimida e achava difícil lidar com os sentimentos complexos em torno da sua raiva, a grande tristeza por seu marido e pelo seu relacionamento, o medo pela morte dele, mas também um luto pela sua vida futura potencial perdida. Kevin estava rumo a uma excelente carreira como jogador de futebol, mas então quebrou a perna e lesionou o joelho em uma disputa grave e não pode mais jogar competitivamente. Aquilo foi não só a perda de jogar, mas também a perda da vida que ele teria tido e do grupo social com o qual ele se identificava e ao qual queria pertencer. Essas foram perdas múltiplas. Todas as fantasias e esperanças que ele teve em sua mente por anos desmoronaram naquele momento da fratura. Ele chegou próximo ao suicídio. Há muitas coisas na vida que podem simplesmente esmagar as esperanças e os planos e nossa construção de nós mesmos e de nossas identidades e nos colocam em um novo curso de vida completamente indesejado. Às vezes, as pessoas crescem com as transições às quais foram forçadas; outras vezes, acabam se sentindo deprimidas, impotentes, amargas e ressentidas. Estas são transições importantes que nos exigem que deixemos ir e lamentemos o que agora não será mais. Algumas vezes, é útil fazer ao cliente uma pergunta simples: "*Houve alguma decepção importante na sua vida?*". Você pode então explorar quais foram as mudanças e como o cliente se adaptou a elas. Às vezes, as pessoas estão carregando experiências semelhantes a traumas, ou, como eu as chamaria, "reações angustiantes a tragédias". Para pessoas como Jackie e Kevin, essas perdas são, de fato, *tragédias pessoais*. Eles podem ter características do transtorno pós-traumático (TEPT), com intrusões e mudança de estados. Embora o evento em si não tenha sido o trauma principal para Kevin, as implicações foram. No caso de Kevin, foi só depois do diagnóstico que a realidade se estabeleceu.

O próprio envelhecimento pode ser um processo de luto pela perda de habilidades e funções. Considere as esperanças e os planos frustrados de pequenos negócios e novos empregos e as esperanças de vida que a covid-19 ceifou. Novamente, podemos ver isso como gerando "reações à tragédia" que podem ser intensas e penosas. Estranhamente, o conceito de *"reação a tragédias"* não é um termo comum em psicoterapia, mas descobri que alguns clientes preferem esse tipo de linguagem. Ao conversar com equipes na linha de frente da covid-19, constatei que eles achavam que o conceito de uma "reação à tragédia" explora a sua experiência e a normaliza. As tragédias pode ser traumas, e vice-versa, mas a *linguagem* da tragédia nos leva imediatamente a um senso de humanidade compartilhada e pesar, de uma forma que o termo "trauma" pode não fazer. Estamos atualmente envolvidos em um projeto de pesquisa sobre isso. Os terapeutas, nos próximos meses e anos, terão muito trabalho de luto a fazer associado às vastas tragédias da covid-19. Será muito importante normalizar, não patologizar, e guiar as pessoas por meio das três grandes emoções do luto. Novamente, múltiplos *selves* podem ser muito úteis aqui. Em algum momento, todos nós teremos que aceitar o envelhecimento, a nossa morte e a daqueles que amamos. Porém, nas sociedades ocidentais, quase escondemos a importância de promover o luto como um processo terapêutico (Harris, 2010, 2020; Horwitz & Wakefield, 2007, Capítulo 1).

Luto por necessidades arquetípicas não satisfeitas. Entretanto, há um tipo diferente de luto que está ligado ao luto pelas relações arquetípicas que eram necessárias, mas nunca aconteceram. A TFC foi originalmente desenvolvida para pessoas provenientes de contextos inseguros e difíceis, que tinham um frágil senso de *self*, frequentemente repleto de vergonha e autocriticismo. Essas pessoas, algumas vezes, tinham anseios reconhecidos, mas algumas vezes não reconhecidos, por um senso de conectividade social, de proteção e de serem queridas e amadas (Gilbert, 1989, 1993, 2020, no prelo, veja também o Capítulo 3). Essas não são ideias novas, pois também estão estabelecidas nas abordagens da terapia do apego — por exemplo, no livro de Jeremy Holmes, *Search for a Secure Base* (e veja Music, 2017) — e também em abordagens dos arquétipos (Stevens, 2000, 2002). A TFC também destaca o fato de que apegos problemáticos podem deixar as pessoas com anseios arquetípicos de conectividade, os quais elas podem tentar resolver tornando-se excessivamente focadas na dinâmica competitiva da vida, especialmente a necessidade de alcançar sucesso e perfeccionismo (como discutido nos Capítulos 3, 4 e 5).

Os nutrientes em falta para a mente. Os capítulos anteriores estabeleceram que mentes e cérebros não se desenvolvem sozinhos, mas precisam de contribuições muito importantes de outros cuidadores. Uma forma de olharmos para algumas formas de dificuldades de saúde mental é que as pessoas estavam famintas por nutrientes importantes (estimuladores neurais) para uma mente sadia. Sabemos muito tragicamente, a partir de exemplos, como o das crianças de orfanatos da Romênia, que, sem aportes sociais, o cérebro simplesmente não amadurece de uma forma que seja propícia para o florescimento, a felicidade, o bem-estar e o comportamento pró-social. Atualmente, há uma *vasta literatura* sobre os danos psicológicos e neurofisiológicos que a falta de aporte social apropriado gera no cérebro da criança (Music, 2017; Siegel, 2020). Não é um grande avanço então considerar que, como esses aportes são tão importantes para o funcionamento de um cérebro, a evolução tenha construído *sistemas de procura* para constantemente tentar garanti-los. Na TFC, esse sistema de procura é experienciado como anseio. Algumas pessoas vivem com um sentimento de anseio por muito tempo; isso parece normal, e elas se tornam "inconscientes" do sistema de procura como pano de fundo (Music, 2017). As pessoas podem se tornar emocionalmente anoréxicas, precisando desesperadamente encontrar alimento e se alimentar emocionalmente, mas são incapazes disso, temem, têm vergonha, são altamente resistentes ou sentem raiva dessa necessidade. Algumas podem acabar tendo orgulho da sua autossuficiência compulsiva e do seu desapego emocional. Isso não é raro em homens agressivos. Então, um dos processos principais para nossos clientes com problemas complexos de saúde mental é se conectar com esse anseio profundo e elaborá-lo. Uma clara previsão testável seria que clientes com problemas de saúde mental complexos, ligados a contextos problemáticos, e que reconhecem e lamentam o amor que nunca tiveram (e isso significa elaborar a tristeza e a raiva), têm maior probabilidade de melhorarem e de se manterem melhores, se comparados com clientes que não o fazem. O tempo e as pesquisas dirão.

Dito de outra maneira, para indivíduos que provêm de contextos complexos e difíceis, a TFC adota a visão arquetípica junguiana. Essa perspectiva é a de que sempre temos dois pais (e representações parentais) dentro de nós (Stevens, 2002, 2016): um que fomos biologicamente orientados para entrar em sintonia e preparados para procurar, e que teria sido carinhoso, protetor, admirado e amoroso; e outro que, na verdade, acabamos tendo, que pode ter sido negligente ou abusador. Esse último representa uma frustração e uma intoxicação da intenção e da necessidade arquetípicas e da mentalidade social de cuidado (Stevens, 2000, 2002). Mesmo que tenhamos sucesso na desintoxicação dos efeitos do pai abusivo, ela pode não abordar a subjacente busca arquetípica, a necessidade e o anseio por um outro amoroso, cuidador e mais poderoso, ou uma comunidade de proximidade. Às vezes, as pessoas desligam completamente essa mentalidade de procura de cuidado e apresentam apego evitativo. Às vezes, elas o deslocam para as religiões ou outros tipos de relações; algumas vezes, elas se enfurecem e, se obtêm poder, podem se tornar extremamente perigosas, como infelizmente muitos líderes ao longo da história demonstraram tão claramente (veja o Capítulo 4; Gilbert, 2021). Esses são outros padrões que revelam que a raiz para a dor emocional é o anseio frustrado por conectividade com cuidado (Capítulo 5, Fig. 5.2). Cabe observar que uma das experiências que os psicodélicos podem proporcionar às pessoas é um sentimento de interconectividade e cuidado-pertencimento (veja o Capítulo 11).

Jim, um empresário exigente e trabalhador, contou que seu pai era muito frio com ele, preocupado com a própria carreira e frequentemente crítico, fazendo Jim achar que nunca seria bom o suficiente. Fiz o comentário de que "*isso deve ter lhe deixado com um profundo anseio pelo amor de um pai que realmente o quisesse como seu filho*". Ele ficou em silêncio, mas, algumas semanas mais tarde, reconheceu que o comentário o estava assombrando e que começou a experienciar "sentimentos que pipocavam na sua mente". Ele começou a falar sobre seu senso de desconectividade dos outros porque, no fundo, tinha uma sensação de que as pessoas o viam como "não suficientemente bom", apesar de todo o seu sucesso. Diferentes terapeutas vão interpretar isso de formas diferentes, por exemplo, em termos de esquema *self*-outro ou objetos internalizados, ou modelos operacionais internalizados de apego e relação. Além disso, a TFC vê isso como uma procura-anseio frustrada no sistema de cuidado. Assim, minha reflexão repetida era simplesmente que "*isso deve ter lhe deixado se sentindo muito sozinho e isolado, e com muito sofrimento*". Embora ele repetidamente achasse que, como um homem adulto, deveria ter superado o desejo por essas coisas, ele lentamente começou a lamentar o pai que não teve, mas desejava, e como ele tinha vivido "sua vida a uma distância dos outros", com a sensação de que, de alguma forma, se as pessoas se aproximassem dele, "achariam que ele não era nada do que eles queriam". Independentemente de você chamar isso de esquema, objetos internalizados ou modelos operacionais internos, isso não é tão importante quanto reconhecer que a terapia precisa se aproximar da necessidade não satisfeita e elaborar as diferentes emoções de luto. Para esse cliente, aquele foi um percurso difícil e acidentado, mas ele saiu da terapia se sentindo mais centrado, confiante, mais aberto com sua esposa sobre seus sentimentos e capaz de desfrutar das férias e simplesmente se divertir com sua família. Entre seus pensamentos na partida, ele disse que se sentia muito menos intenso sobre a vida, mais próximo das pessoas, e que agora conseguia "simplesmente se divertir". Toda a sua conduta era diferente. Quando nossos clientes conseguem ser mais abertos e honestos sobre seus sentimentos, respeitosos e cuidadosos com os outros, e começam a ter alegria na vida, esses podem ser sinais importantes de mudança duradoura.

Anseio e tristeza. Não há um termo emocional padrão para descrever o que foi dito anteriormente, portanto, o melhor termo emocional que eu sugeriria é "anseio". Anseio é uma mistura de motivação e emoção que acompanha a tristeza. Quando abrimos o sistema de cuidado, algumas pessoas começam a tomar consciência do quanto se sentiam sozinhas, isoladas, desconectadas ou desprotegidas, especialmente na infância. Embora haja uma quantidade considerável de trabalhos sobre ativação e regulação das emoções de ameaça, a tristeza tem atraído menos atenção e é uma emoção fundamental para o processo na TFC (Harris, 2011, 2020; Horowitz, & Wakefield, 2007). Trabalhamos com ela de uma forma diferente da raiva e da ansiedade, em parte porque ocorre um processo de mudança na jornada do luto.

Boucher, Lecours, Philippe e Arseneault (2013) identificaram que a forma como os pais socializam a habilidade dos filhos para experienciar e trabalhar com a tristeza afeta a vulnerabilidade à depressão. Para algumas crianças, a tristeza é uma emoção perigosa, que precisa ser suprimida. Em nossa pesquisa sobre o medo de experienciar e expressar emoção, foram os medos da tristeza (nem tanto da raiva e da ansiedade) os mais correlacionados com a depressão (Gilbert et al., 2014). Curiosamente, também, Arnone et al. (2012) encontraram que pessoas deprimidas, mas não as não deprimidas, respondiam a expressões faciais tristes com ativação da amígdala, sugerindo uma resposta de medo à tristeza. Eles sugerem que isso pode ser parte do problema depressivo. Boucher et al. (2013) notam que alguns teóricos veem a depressão como uma forma de tristeza maligna, ao passo que outros veem tristeza e depressão como diferentes, com raízes e funções evoluídas muito diferentes. Boucher et al. (2013) também escrevem o seguinte:

> Segundo Arieti e Bemporad (1978), a depressão pode ser vista como o fracasso do trabalho reparador da tristeza. Além das hipóteses biológicas, ou seja, que a depressão seria o resultado de um defeito químico no cérebro, esses autores propõem que "o processo reparador (trabalho de luto) não pode acontecer porque a pessoa não está psicologicamente equipada para isso" (p. 128).

Derivada do trabalho de Arieti e Bemporad (1978), essa tem sido a minha visão também (veja Gilbert, 1992) e está em conformidade com as visões de Horwitz e Wakefield (2007). Há evidências de que nossa habilidade para lidar com a tristeza intensa está associada ao funcionamento parassimpático (Rash & Prkachin, 2013). Precisamos de um sistema parassimpático em funcionamento para nos engajarmos no processo reparador do luto. Igualmente importante é sermos capazes de experienciar tristeza intensa em uma relação de cuidado, em vez de termos que nos isolar e ocultar nossos sentimentos. Freed e Mann (2007) ressaltam o fato de que os terapeutas trabalham com a tristeza de diferentes maneiras. Ainda há muito a explorar sobre o processo potencial de cura, a fisiologia e a neurobiologia da tristeza e do luto (Arias, Williams,

Raghvani et al., 2020), como processos importantes nas adaptações cotidianas a perdas importantes e privações, e na psicoterapia (Harris, 2011). Freed e Mann (2007) discutem um caso em que o terapeuta escolheu apenas apoiar o luto e a tristeza para que se desenvolvessem sem intervenção e encaram isso como um processo normal de recuperação e transicional. Eles usam esse e outros exemplos para sugerir que a depressão está ligada a problemas relacionados a uma necessidade de sentir apropriadamente tristeza e luto. Embora possa ser verdade, isso não faz da depressão um transtorno da tristeza. Infelizmente, os sistemas diagnósticos psiquiátricos muitas vezes confundem tristeza e depressão. No entanto, assim como a raiva e a ansiedade podem ser elevadas na depressão, o mesmo pode ocorrer com a tristeza, e algumas depressões são texturizadas por pessoas que, de fato, se sentem muito tristes, vazias e chorosas. Assim, as texturas dessas diferentes emoções diferem em variados tipos de depressão, indicando mais uma vez que o conceito de "depressão" provavelmente sobreviveu à sua utilidade como uma categoria.

A TFC enfatiza o fato de que a normalização do processamento do luto (às vezes, profundo) pelas perdas e tragédias da vida, incluindo relacionamentos que o indivíduo queria ou precisava, mas não teve, é muito importante. Isso pode levar algum tempo e, no processo, ativa emoções e memórias muito poderosas. Obviamente, os clínicos vão precisar distinguir entre necessidades baseadas em arquétipos e outras formas de luto mais narcisista por simplesmente não termos o que queremos. Entretanto, mesmo a síndrome da "criança mimada" pode ser produto de uma necessidade mais profunda de conectividade.

Como mencionado no Capítulo 1, uma das primeiras clientes que tive na TFC, que tinha sido adotada por uma família difícil e desenvolveu problemas de saúde mental complexos, com tentativas de suicídio, achou a compaixão muito difícil inicialmente. Quando ela começou a experienciar compaixão, isso trouxe um profundo processo de luto e a revelação de que, durante boa parte da sua vida, ela tinha ansiado que sua mãe biológica "lá fora" a encontrasse e a resgatasse. Permaneci sentado em silêncio, fazendo algumas observações e validando a coragem do processo que ela estava permitindo. Parecia claro que tolerância emocional seria muito importante, além do trabalho com algumas das memórias não processadas e o emaranhado complexo de emoções. Foram necessárias algumas semanas para que se revelasse uma dor emocional intensa. Já tendo feito muita terapia antes, ela achava que sua habilidade de lamentar profundamente e experienciar um nível de dor não reconhecido era importante para a sua recuperação. Posteriormente, de maneira gentil concordou que a entrevistássemos, e ainda usa seus *insights* para treino 25 anos depois! Hoje ela já é avó. Ela é uma daquelas clientes pelas quais um profissional é muito grato pela coragem e pela aprendizagem que lhes proporcionaram como terapeuta.

Outra cliente, Jenny, tinha uma relação muito próxima com seu pai, que era um homem muito carinhoso e gentil e muito engraçado, mas ele era um cirurgião muito comprometido, trabalhava por longas horas e, às vezes, desaparecia para ir a conferências. Na terapia, ela falou sobre como passava muito tempo ansiando que ele voltasse para casa e que, quando ele realmente chegava em casa, geralmente estava cansado, e ela sentia que não podia pedir que ele brincasse ou ficasse com ela. Ela se sentia incapaz de sentir raiva sobre isso porque sabia que ele estava "salvando pessoas". Um pouco depois que se aposentou precocemente devido a problemas de saúde, ele morreu. Ela lamentava pelo pai que poderia ter tido se ele não fosse tão focado em seu trabalho, mas também lutava contra um sentimento de culpa por colocar suas necessidades acima das dos doentes e temia e não gostava da sua própria raiva. Esse é um exemplo do pai amoroso, mas que abandona, o que pode criar sérios conflitos para as pessoas. Esses conflitos podem ser representados claramente em um diagrama elaborado com o cliente.

Alguns clientes, sobretudo aqueles que foram rotulados como *borderline*, mesmo que tenham passado por terapia prévia, podem estar em estados profundos, mas suprimidos de anseio por serem amados e queridos, mas aterrorizados por reconhecerem isso, e ainda mais por sentirem isso. Eles estão desesperadamente procurando uma base segura e um porto seguro, mas também têm medo de se aproximarem disso (veja o Capítulo 3). Na verdade, essa consciência foi até mesmo traduzida em autoajuda (Kreisman & Straus, 2010). Ela é, em termos comportamentais, o clássico conflito doloroso entre aproximação-evitação. Afinal, se proximidade sinaliza abusividade, por que você iria querer ficar emocionalmente próximo? O entendimento *lógico* de que você tem um cérebro evoluído, que é configurado para procurar por conectividade, precisa estar conectado com o trabalho de regulação da ameaça e inibição da conexão de cuidado (veja o Capítulo 6). Embora eu tenha poucas evidências além de relatos e experiência pessoais, meu sentimento é que os terapeutas que guiam os clientes por meio da jornada do luto apropriado e da tolerância do anseio por amor, conectividade e pertencimento produzem mudança radical. As evidências para isso, no entanto, são poucas, porque isso não foi investigado — o que, por si só, já nos diz alguma coisa. Clientes que já passaram por esse processo, às vezes, dizem que, olhando para trás, era como se seus mundos fossem em preto e branco, e agora eles experimentam a cor. Obviamente, algumas formas de choro e luto não são úteis e indicam áreas de bloqueio. Portanto, essa diferenciação é importante.

Gilbert e Irons (2005) discutiram como alguns clientes, especialmente aqueles com históricos assustadores, frequentemente se sentem paralisados na sua procura de cuidado e, às vezes, de emoções de prestação de cuidado. Essas emoções podem ser assustadoras porque, quando ativadas, e se isso envolver choro, eles podem se sentir muito inseguros diante do terapeuta. Eles podem se preocupar em perder a dignidade, sobretudo quando o choro se transforma em soluço. Com o choro também podemos nos sentir intensamente vulneráveis porque, quando choramos, não podemos ver ou respirar com facilidade e perdemos o tônus muscular. Também notei isso em certos homens agressivos que ficam muito assustados ao chorar, pois se sentem fisicamente vulneráveis e expostos. Como mencionado anteriormente, quando trabalhei com grupos de veteranos com a colega Deborah Lee (veja o Capítulo 25), um veterano, revelando dolorosas experiências de guerra, disse: "Eu sempre tive coragem para morrer, mas não para chorar". Aquela era uma reflexão que muitos deles compartilhavam. Portanto, o terapeuta precisa estar preparado para o fato de que, às vezes, a dor profunda do anseio por ser amado pode ser intensa. Na supervisão, algumas vezes acho que os terapeutas também podem ficar temerosos desses sentimentos profundos de dor e luto, assim como o cliente, às vezes porque eles mesmos têm esses sentimentos, e outras vezes porque querem resgatar o cliente. Em outras situações, quando estão tentando seguir os manuais, eles podem ter a ideia de que estão fazendo algo errado, ou que não estão fazendo algo certo, e que o cliente não deveria precisar passar por esse grau de dor. O segredo é ajudar o cliente a tolerá-la e trabalhá-la, reconhecendo-a como um processo de reorganização na mente.

Entorpecimento, emoções positivas e abertura à tristeza

Muitos dos nossos clientes têm problemas com o sistema *drive* e exploratório e podem ter dificuldade para gerar e manter emoção positiva (Hanson, 2020; Vanderlind, Everaert, & Joormann, 2021). Alguns clientes temem e evitam emoção positiva, e o medo da emoção positiva está fortemente ligado a medos da compaixão e da conectividade social (Gilbert et al., 2013, 2014). Como mencionado anteriormente e em outro lugar (Gilbert & Irons, 2005), os problemas na habilidade para gerar e manter emoção positiva podem estar ligados a luto não processado e anseio.

Há muitos tipos diferentes de problemas de *drive*. Alguns indivíduos oriundos de contextos negligentes podem achar o interesse geral e a excitação difíceis. Eles experienciaram pouca diversão ou interesse e entusiasmo parental, e isso é levado para a vida adulta. Eles podem falar sobre se sentirem um pouco entorpecidos, distanciados ou como um estranho e parecem ter baixa curiosidade exploradora e baixa excitação. Outras formas de entorpecimento estão relacionadas a trauma (p. ex., TEPT). Às vezes, é como se o *drive*, a procura de recurso e recompensa e as emoções positivas (p. ex., alegria, excitação e admiração) estivessem sob controle inibitório porque o mundo é (ou se tornou) muito perigoso para explorar e se engajar (com alegria). Um terceiro tipo de entorpecimento está relacionado a experiências de choque, por exemplo, quando recebemos notícias que são impactantes e ameaçadoras, como quando nós ou alguém que amamos tem um câncer grave, ou uma condição dolorosa a longo prazo. Uma perda importante e um choque nos deixam entorpecidos de outras formas. Os trabalhadores em uma grande fábrica falaram que se sentiram "entorpecidos" quando ficaram sabendo, inesperadamente, que sua fábrica ia fechar um pouco antes do Natal e que não haveria chance de emprego em nenhum outro lugar. Um cliente disse que passou o Natal completamente desligado, como que em um sonho. Um quarto tipo de entorpecimento está ligado à exaustão emocional. Por exemplo, alguns indivíduos que haviam trabalhado por longas horas em enfermarias da covid-19 me contaram que, às vezes, se sentiam *emocionalmente entorpecidos*, inclusive em casa. O entorpecimento pode estar associado a sentimentos de raiva da doença, do sistema e das constantes tragédias terríveis, à tristeza pelas muitas mortes e ao sentimento de que as demandas constantemente excediam o que eles podiam fazer. Algumas vezes, eles podiam apenas "soluçar" em casa. Um quinto tipo de entorpecimento pode surgir muito rapidamente nos estados de luto, sobretudo quando ocorreu um choque, como a morte de uma criança ou um parceiro. As formas crônicas de entorpecimento podem estar ligadas a sentimentos gerais de estar sobrecarregado pelas dificuldades, decepções e perdas e a um senso geral de desconectividade. Pink Floyd (confortavelmente entorpecido) e os Pet Shop Boys (entorpecidos) lançaram canções interessantes sobre sentir-se "entorpecido" e *procurar/desejar* o entorpecimento como uma forma de fugir da dor. De fato, os clientes frequentemente falam de querer "anestesiar" a dor. Pode ser importante recomendar canções como as do Pet Shop Boys e despatologizar essas experiências profundamente estressantes. Um sexto tipo de entorpecimento também pode ser uma parte da depressão na forma de anedonia. Um sétimo tipo de entorpecimento é muito assustador e ocorre quando as pessoas só ficam excitadas se conseguem amedrontar ou machucar outras; exploramos esses problemas no Capítulo 4. A crueldade se torna uma fonte de prazer. Culturas inteiras, como os jogos de gladiadores romanos, estavam baseadas na excitação ao assistir o sofrimento de outros. Na Idade Média, acreditava-se que um dos prazeres do paraíso era ser capaz de olhar do alto para aqueles que estavam no inferno. Outras formas de entorpecimento podem gerar adições a substâncias e sexo. Elas podem estar ligadas a incapacidades das pessoas para experienciar prazer genuíno e significado de outras fontes. Novamente, eu levantaria a hipótese de que há muito luto não processado por trás disso.

Sabe-se há muito tempo que perdas importantes e luto têm efeitos muito sérios na saúde física e mental, até mesmo potencialmente fatais, por meio do seu impacto em uma gama de sistemas fisiológicos que incluem sistema imune, cortisol e variabilidade da frequência cardíaca (Fagundes, Murdock, LeRoy et al., 2018). É bem conhecido que depressões que incluem perda de emoções positivas estão associadas a cortisol elevado, o que afeta os sistemas de *drive*. Richardson, Bennett, Carr et al. (2015) mostram que, em estados de luto, o *amortecimento* está ligado a cortisol elevado. Logo, um dos fatores comuns em todos esses estados de entorpecimento pode ser o cortisol elevado, que está suprimindo os sistemas de *drive*, além da baixa variabilidade da frequência cardíaca, que está ligada a um senso de desconectividade. Seja qual for a fisiologia resultante, os indivíduos que se sentem "entorpecidos" perdem o interesse em perseguir atividades prazerosas, se sentem desligados e são desmotivados mesmo para coisas que lhes teriam dado prazer (p. ex., socialização ou sexo). Isso tem implicações importantes para a terapia, porque considera o luto apropriado *como um potencial para uma reinicialização importante das mentalidades sociais de cuidado/apego e dos objetivos significativos e "prazerosos" que as pessoas desejam e se sentem capazes de perseguir.*

Uma nota para o futuro. Vivemos em um mundo de brilho e efervescência, em que jamais tivemos tanta riqueza material e conforto, e, portanto, deveríamos ser felizes — ou assim pensamos! As ilusões neoliberais da competição espalham uma rede complexa que associa riqueza à felicidade. Estudos após estudos mostram que, depois de um certo ponto, isso é uma ilusão, e o materialismo está associado à infelicidade (Becker et al., 2021; Gilbert, 2021). Não há dúvida de que, quase por definição, pessoas felizes estão em estados fisiológicos e psicológicos muito melhores do que pessoas infelizes e acham a vida mais significativa. As pessoas felizes têm maior probabilidade de serem úteis, menos autocríticas, menos propensas à vergonha e mais confiantes. Em um estudo transcultural, Rhodes, Gunter e Ryan (2021) encontraram que os fatores culturais que aumentavam um senso de saúde e riqueza apoiavam o bem-estar subjetivo, que, por sua vez, estava associado ao comportamento altruísta.

Embora, é claro, a pobreza não conduza à felicidade, uma das fontes mais importantes de felicidade são as conexões de cuidado. Portanto, um toque de cautela é necessário para aqueles que colocam a busca da felicidade *pessoal* como seu objetivo. Precisamos estar alertas para que um foco na felicidade pessoal não seja outra sedução neoliberal que nos impeça de reconhecer as realidades do sofrimento da vida biológica e uma das nobres verdades mais importantes de Buda, de *que a vida é sobre sofrimento*. Em vez de orientar as pessoas a acreditarem que a busca da felicidade é um objetivo principal na vida (e eu gosto de ser feliz), o foco poderia ser nos contribuintes para a felicidade, como cuidar dos outros (Condon & Makransky, 2020). Ao contrário das tradições neoliberais que sugerem que a busca da felicidade pessoal não precisa levar em conta o impacto nos outros — sendo por isso que, em última análise, ela pode ser uma busca egoísta e insensível —, o entendimento budista e outros entendimentos espirituais da felicidade são muito diferentes. As fontes mais importantes de felicidade são bondade e compaixão (Ricard, 2015).

Entretanto, como tudo isso é texturizado com nossa habilidade de sermos sensíveis à dor, precisamos nos abrir para sermos capazes de ficar profundamente tristes. Chorar pela dor em nossas vidas e na daqueles à nossa volta, sobretudo agora que tantas pessoas têm sofrido com este vírus miserável, pode ser essencial. E, é claro, há tantas outras fontes de sofrimento por doenças, pobreza, fome e pelas insensibilidades e brutalidades humanas. Crucial, então, é aprender a não se afogar no sofrimento e, ao mesmo tempo, não o negar ou dissociar, nem transformar nossa dor pelo sofrimento ao nosso redor em uma anormalidade a ser medicalizada ou tratada com terapia. É nos permitindo sermos tocados pelo sofrimento à nossa volta que somos motivados a fazer alguma coisa a respeito. Embora estejamos, é claro, dispostos a ensinar *mindfulness* e competências de felicidade aos nossos filhos, para que possamos ensinar empatia pelo sofrimento, também precisaremos ensinar aos nossos filhos *como ficar tristes e como chorar juntos, como os gregos sabiam*! Como frequentemente foi dito ao longo da história, "como pode minha alma estar feliz quando sei que outras almas estão em sofrimento?".

Nas tradições budistas, a habilidade de ficar comovido pela imensa tristeza e chorar pela dor do mundo está na essência da motivação para libertar os outros do sofrimento. Isso está refletido na famosa história de Chenrezig, que é uma manifestação de Avalokiteshvara, o *bodhisattva* da compaixão (Gilbert, 2017; Gilbert & Choden, 2013. Sou grato a Choden por me guiar nessa tradição). Quando Chenrezig testemunha todo o sofrimento do mundo causado pelos seres sencientes que se encontravam na armadilha da ignorância e da cegueira mental, sem consciência e sem iluminação, ele soluça. Suas lágrimas manifestam a energia feminina da compaixão, que emerge como Tara Verde e Branca. Esses *bodhisattvas* podem ser um foco de meditação por si só porque carregam energias particulares e significado arquetípico (eles podem se tornar uma imagem compassiva, se você quiser); uma resposta feminina à dor e ao sofrimento. Elas são diferentes, mas também têm alguma sobreposição com a *bodhisattva* feminina chinesa Guanyin (Kwan-yin), que era destinada ao nirvana, mas então escuta o choro e vê as lágrimas do mundo e precisa voltar para ajudar.

Todas essas histórias arquetípicas estão enraizadas em nossa habilidade de ficar tristes e chorar pela dor do mundo. Às vezes, essas compreensões mais profundas estão ausentes nas abordagens seculares da compaixão. Hoje podemos fantasiar que, se Chenrezig e as Taras voltassem, eles ficariam igualmente tristes pela forma como nossa consciência está tão aprisionada em programas biológicos e moldados socialmente, dos quais temos muito pouca percepção e executamos uns nos outros. Hoje, a iluminação não se dá apenas por meio da meditação sobre a natureza da consciência, mas pela compreensão científica da natureza de uma mente biológica como um DNA e uma criação socialmente contextualizada.

Em minha exploração dos suportes na internet para a covid-19, encontrei poucas falas sobre a importância de compreender, tolerar e trabalhar a tristeza, o choro, os anseios e a raiva do luto pelo que nós e os outros perdemos e pelo que ansiamos, como uma resposta natural. Alguns estão se apressando em nos rotular com TEPT devido às nossas intrusões, em vez de ver que estamos mergulhados na tragédia, e essas são *reações compartilhadas* à tragédia intensa. A partir da nossa tristeza e do reconhecimento das nossas vulnerabilidades mútuas e da necessidade uns dos outros, podemos chegar a um compromisso real de unir o mundo. Uma busca neoliberal da felicidade pessoal individualizada não fará isso (e, é claro, os pesquisadores da felicidade sabem disso). Nossa habilidade para tolerarmos a tristeza profunda é nos erguermos, sermos humanos e cultivarmos o desejo profundo de que todos os seres sencientes sejam livres de sofrimento e da causa do sofrimento. Aí reside a alegria, a verdadeira felicidade e o desafio para a humanidade. Muitos compartilham esse objetivo.

Conclusão

Este capítulo examinou alguns estilos e intervenções da TFC. Ele abordou quatro temas principais:

- Primeiramente em relação às multiplicidades da nossa multimente.
- Em segundo lugar, a importância de facilitar a consciência, a diferenciação, a tolerância, a integração e a transformação por meio do uso de estados mentais compassivos como uma base segura e um porto seguro. Como apresentado na Figura 9.3, essas

são fortes qualidades fisiológicas reguladoras da ameaça, e não apenas psicológicas.

- Em terceiro lugar, temos o reconhecimento de que nascemos com necessidades arquetípicas de nos sentirmos amados, queridos e conectados, e, quando essas necessidades não são satisfeitas, isso distorce a posterior organização da mente e a redireciona para adotar estratégias para um nicho social mais hostil. (Re)engajar as mentalidades sociais de cuidado e possibilitar que elas funcionem da forma para a qual foram concebidas tem o potencial para uma transformação profunda.
- Em quarto lugar, a busca da felicidade pode significar coisas diferentes para diferentes pessoas. Nas tradições budistas, a compaixão (juntamente com a bondade, a alegria empática e a igualdade) é a raiz da felicidade, mas requer que sejamos capazes de nos comover, tolerar e entender a natureza da tristeza e do luto, junto com outras fontes de sofrimento. Hoje em dia, muitas pessoas no Ocidente acreditam que, se não estão felizes (no sentido ocidental da palavra), ou se sentem tristes, então há algo de errado com elas, e elas podem se culpar por não estarem felizes. Compaixão é a coragem e a sabedoria para entender por que esse não é o caso.

Uma jornada terapêutica da TFC é facilitada pela criação de uma relação terapêutica que forneça uma base segura e um porto seguro externos, com orientação específica, treino, práticas e cultivos para obter *insight* da natureza de um cérebro evoluído e complexo, mas também problemático, e sua padronização por meio da sua inserção social. Inicialmente, podemos nos tornar observadores dos dramas que tecem um cérebro evoluído para gerar comportamentos que apoiam a sobrevivência e a reprodução. Mas também podemos aprender a ser compositores e maestros desse cérebro. Quando tentamos organizar nossas mentes para tocar as sinfonias da compaixão, temos mais chances de criar condições para a nossa felicidade pessoal e a dos outros, além de cuidar do mundo em que vivemos e daqueles que vivem nele. Embora a relação terapêutica seja uma fonte importante de cuidado internalizante, há muita coisa que os clientes podem fazer por si mesmos para aprender a tocar suas próprias sinfonias da compaixão.

Visão geral dos capítulos básicos

Este capítulo é o último dos nove capítulos básicos que descrevem os principais processos da TFC, que contextualizam nossa curta jornada como formas de vida biológica em um enquadramento evolucionista, no qual o sofrimento está no âmago dessa jornada, mas também há oportunidades para significados profundos, compartilhamentos, cuidado e alegria. Os capítulos restantes neste livro exploram como aplicar a compaixão a diferentes condições e problemas. Estas são algumas das mensagens centrais para prosseguir na sua leitura:

1. A motivação e a mentalidade social de cuidado são sustentadas por algoritmos transespécies, com detectores de caraterísticas de "*se* houver sinais de estresse ou necessidade, *então* responda procurando aliviá-los e preveni-los" (Capítulo 2).
2. A compaixão está enraizada na mentalidade social de cuidado, mas é mais do que "cuidado", pois requer que usemos nossas competências cerebrais para abordar o sofrimento e as causas do sofrimento deliberada e sabiamente (Capítulo 2).
3. O algoritmo básico da compaixão envolve a *coragem* para se voltar para o sofrimento, a dor e a dificuldade, e a *sabedoria* para descobrir como ser útil (Capítulo 2). A medicina é um exemplo da busca e acumulação de sabedoria durante muitas gerações para curar.
4. Há muitas funções evolutivas de cuidado (p. ex., fornecer recursos aos outros), mas

duas funções *psicológicas* centrais são fornecer uma base segura e um porto seguro (Capítulo 3).

5. A compaixão pode ser confundida com *formas de ser compassivo*. Logo, compaixão (na TFC) é diferente de bondade, amor, afeição, ternura e calidez. Embora essas possam ser texturas importantes da compaixão, sobretudo em relações próximas, não são essenciais para ela, e, na verdade, demonstrar compaixão por pessoas de quem não gostamos pode ser uma das manifestações mais corajosas e sábias (Capítulo 3).
6. A mentalidade social de cuidado e a compaixão requerem importantes aportes durante a infância para desenvolver e estabelecer as infraestruturas psicofisiológicas para a compaixão — um tipo de "use ou perca". Se os aportes de cuidado apropriados não forem fornecidos, ou forem substituídos por ameaça, a maturação e as funções da mentalidade social de cuidado podem não estar disponíveis para regular o processamento da ameaça da pessoa e suprimir nossas estratégias de sobrevivência e reprodutivas mais primitivas (Capítulo 3).
7. A compaixão muitas vezes está associada à tranquilização e ao aterramento, mas, embora isso seja importante em alguns contextos, como mencionado ao longo dos capítulos, a compaixão não é uma pílula mágica (Capítulos 2 e 8). A compaixão precisa fazer o "levantamento de peso" quando se trata de sofrimento; ela tem que fazer o trabalho!
8. As competências e as emoções associadas à compaixão dependem do contexto. Às vezes, a compaixão pode ser associada à ansiedade, à raiva ou à tristeza; outras vezes, ela é feliz, energizante e excitante (as pessoas que descobriram vacinas para a pandemia da covid-19 ficaram muito satisfeitas e excitadas). O senso de conectividade que obtemos por meio da compaixão pode ser uma fonte de satisfação.
9. A vergonha externa é muitas vezes um inibidor da compaixão e uma fonte de humilhação e vingança, o que pode estar subjacente à hostilidade com o *self* e com os outros. Desenvolver compaixão nessas situações pode ser um dos mais difíceis apelos à coragem e à sabedoria da compaixão (Capítulos 4 e 5).
10. O maior desafio na TFC é trabalhar os medos da compaixão das pessoas, os bloqueios e as resistências devido a memórias tóxicas na mentalidade social de cuidado (Capítulo 6).
11. Como psicoterapia, a TFC faz distinção entre os processos científicos básicos subjacentes aos modelos "da mente" e a múltipla variedade de intervenções possíveis. Logo, espera-se que a TFC continue a aprender com outros modelos de terapia, mas contextualize o processo de mudança no sistema motivacional compassivo para os indivíduos que não têm essa mentalidade social disponível.
12. A TFC pode ser considerada uma forma de neuropsicofisioterapia que procura trabalhar com múltiplos níveis de diferentes estados cerebrais e corporais.

Assim, podemos encerrar com o desejo *bodhicitta* de nos dedicarmos a abordar o alívio do sofrimento e as causas do sofrimento em todos os seres sencientes.

Referências

Arias, J.A., Williams, C., Raghvani, R., Aghajani, M., Baez, S., Belzung, C., ... & Kemp, A.H. (2020). The neuroscience of sadness: A multidisciplinary synthesis and collaborative review. *Neuroscience & Biobehavioral Reviews, 111*, 199–228.

Arieti, S., & Bemporad, J.R. (1978). *Severe and mild depression: The psychotherapeutic approach*. Basic Books.

Arnone, D., McKie, S., Elliott, R., Thomas, E.J., Downey, D., Juhasz, G., ... & Anderson, I.M. (2012). Increased amygdala responses to sad but not fearful faces in major depression: relation to mood state and pharmacological treatment. *American Journal of Psychiatry, 169*(8), 841–850.

Bargh, J. (2017). *Before you know it: The unconscious reasons we do what we do.* Simon & Schuster.

Becker, J.C., Hartwich, L., & Haslam, S.A. Neoliberalism can reduce well-being by promoting a sense of social disconnection, competition, and loneliness. *British Journal of Social Psychology*. (Advance online). https://doi.org/10.1111/bjso.12438

Boucher, M.E., Lecours, S., Philippe, F.L., & Arseneault, S. (2013). Parental socialization of emotion and depression in adulthood: The role of attitudes toward sadness. *European Review of Applied Psychology, 63*(1), 15–23.

Cannon, D. (2012). *In-depth acting*. Oberon Press.

Cattani, K., Griner, D., Erekson, D.M., Burlingame, G.M., Beecher, M.E., & Alldredge C. (2021). *Compassion focused group therapy for college counselling centres*. Routledge.

Condon, P., & Makransky, J. (2020). Sustainable compassion training: Integrating meditation theory with psychological science. *Frontiers in Psychology, 11*, 2249. https://doi.org/10.3389/fpsyg.2020.02249

Coon, D. (1992) *Introduction to psychology: Exploration and application* (6th ed.). West Publishing Company.

Dana, D.A. (2018). *The polyvagal theory in therapy: Engaging the rhythm of regulation* (Norton Series on Interpersonal Neurobiology). W.W. Norton.

Dell, P.F., & O'Neil, J.A. (2009). *Dissociation and the dissociative disorders: DSM-V and beyond*. Routledge.

Dixon, A.K. (1998). Ethological strategies for defence in animals and humans: Their role in some psychiatric disorders. *British Journal of Medical Psychology, 71*, 417–445.

Ellenberger, H.F. (1970). *The discovery of the unconscious: The history and evolution of dynamic psychiatry*. Basic Books.

Fagundes, C.P., Murdock, K.W., LeRoy, A., Baameur, F., Thayer, J.F., & Heijnen, C. (2018). Spousal bereavement is associated with more pronounced ex vivo cytokine production and lower heart rate variability: Mechanisms underlying cardiovascular risk? *Psychoneuroendocrinology, 93*, 65–71.

Freed, P.J., & J.J. Mann (2007). Sadness and loss: Toward a neurobiopsychosocial model. *American Journal of Psychiatry, 164*(1), 28–34.

Gilbert, P. (1989/2016). *Human nature and suffering*. Routledge.

Gilbert, P. (1993). Defence and safety: Their function in social behaviour and psychopathology. *British Journal of Clinical Psychology, 32*, 131–153.

Gilbert, P. (1997). The biopsychosociology of meaning. In M. Power & C. Brewin (Eds.). *The transformation of meaning in psychological therapies: Integrating theory and practice*. (pp. 33–56). John Wiley & Sons.

Gilbert, P. (1998). Evolutionary psychopathology: Why isn't the mind better designed than it is? *British Journal of Medical Psychology, 71*, 353–373.

Gilbert, P. (2000). Social mentalities: Internal 'social' conflicts and the role of inner warmth and compassion in cognitive therapy. In P. Gilbert & K.G. Bailey (Eds.). *Genes on the couch: Explorations in evolutionary psychotherapy* (pp. 118–150). Psychology Press.

Gilbert, P. (2005). Compassion and cruelty: A biopsychosocial approach. In P. Gilbert (Ed.). *Compassion: Conceptualisations, research and use in psychotherapy*. (pp. 3–74). Routledge.

Gilbert, P. (2020). Compassion: From its evolution to a psychotherapy. *Frontiers in Psychology, 11*, https://doi.org/10.3389/fpsyg.2020.58616

Gilbert, P. (in press). An evolutionary and compassion approach to yearning and grief for what one did not have. In D. Harris & A.H.Y. Ho. (Eds.). *Compassion-based approaches to loss and grief*. Routledge.

Gilbert, P., & Basran, J. (2018). Imagining one's compassionate self and coping with life difficulties. *EC Psychology and Psychiatry*. Nov. 26 (Open access)

Gilbert, P., & Choden (2013). *Mindful compassion*. Little Brown.

Gilbert, P., & Irons, C. (2005). Focused therapies and compassionate mind training for shame and self-attacking. In P. Gilbert (Ed.). *Compassion: Conceptualisations, research and use in psychotherapy* (pp. 263–325). Routledge.

Gilbert, P., McEwan, K., Catarino, F., & Baião, R. (2014). Fears of negative emotions in relation to fears of happiness, compassion, alexithymia and psychopathology in a depressed population: A preliminary study. *Journal of Depression and Anxiety*. (Open access). http://dx.doi.org/10.4172/ 2167-1044.S2-004

Gilbert, P., McEwan, K., Catarino, F., Baião, R., & Palmeira, L. (2014). Fears of happiness and compassion in relationship with depression, alexithymia, and attachment security in a depressed sample. *British Journal of Clinical Psychology, 53*(2), 228–244. https://doi.org/10.1111/ bjc.12037

Gilbert, P., McEwan, K., Gibbons, L., Chotai, S., Duarte, J. & Matos, M. (2013). Fears of compassion and happiness in relation to alexithymia, mindfulness and self-criticism. *Psychology and Psychotherapy, 84*, 239–255. https://doi.org/10.1348/147608310X526511

Greenberg, L.S. (2015). *Emotion-focused therapy: Coaching clients to work through their feelings* (2nd ed.).

American Psychological Association. https://doi.org/10.1037/14692-000

Greenberg, L.S. (2017). Emotion-focused therapy of depression. *Person-Centered & Experiential Psychotherapies, 16*(2), 106–117, https://doi.org/10.1080/14779757.2017.1330702.

Hanson, R. (2020). *Neurodharma: New science, ancient wisdom, and seven practices of the highest happiness*. Harmony.

Harris, D.L. (2020). Non-death loss and grief: Laying the foundation. In D. Harris (Ed.). *Non-death loss and grief: Context and clinical implications* (pp. 7–16). Routledge.

Harris, D.L. (Ed.) (2011) *Counting our losses: Reflecting on change, loss, and transition in everyday life*. Routledge.

Holmes, J. (2001). *The search for the secure base: Attachment theory and psychotherapy*. Psychology Press.

Horwitz, A.V., & Wakefield, J.C. (2007). *The loss of sadness: How psychiatry transformed normal sorrow into depressive disorder*. Oxford University Press.

Huang, J.Y., & Bargh, J.A. (2014). The selfish goal: Autonomously operating motivational structures as the proximate cause of human judgment and behavior. *Behavioral and Brain* Sciences, *37*, 121–175.

Ivtzan, I., Lomas, T., Hefferon, K., & Worth, P. (2016). *Second wave positive psychology: Embracing the dark side of life*. Routledge.

Keltner, D., Oatley, K., & Jenkins, J.M. (2018). *Understanding emotions*. Wiley Global Education.

Khalsa, S.S., Adolphs, R., Cameron, O.G., Critchley, H.D., Davenport, P.W., Feinstein, J.S., ... & Zucker, N. (2018). Interoception and mental health: a roadmap. *Biological Psychiatry: Cognitive Neuroscience and Neuroimaging, 3*(6), 501–513.

Kim, J.J., Parker, S.L., Doty, J.R., Cunnington, R., Gilbert, P., and Kirby, J.N. (2020). Neurophysiological and behavioural markers of compassion. *Science Reports, 10*, 3. https://doi.org/10.1038/ s41598-020-63846-3

Kreisman, J.J., & Straus, H. (2010). *I hate you – don't leave me: Understanding the borderline personality*. Penguin.

Leahy, R.L. (2019b). *Emotional schema therapy: Distinctive features*. Routledge.

Leary, M.R. (2004). *The curse of the self: Self-awareness egotism and the quality of human life*. Oxford University Press.

Music, G (2017). *Nurturing natures: Attachment and children's emotional social cultural and brain development* (2nd ed.). Routledge.

Narvaez. D. (2017). Evolution, child raising and compassionate morality. In P. Gilbert (Ed.). *Compassion: Concepts, research and applications* (pp. 31–68). Routledge.

Ornstein, R. (1986). *Multimind: A new way of looking at human beings*. Macmillan.

Rash, J.A., & Prkachin, K.M. (2013). Cardiac vagal reactivity during relived sadness is predicted by affect intensity and emotional intelligence. *Biological Psychology, 92*(2), 106–113.

Rhoads, S.A., Gunter, D., Ryan, R.M., & Marsh, A.A. (2021). Global variation in subjective well-being predicts seven forms of altruism. *Psychological Science* (Advance online). https://doi.org/10.1177/0956797621994767

Richardson, V.E., Bennett, K.M., Carr, D., Gallagher, S., Kim, J., & Fields, N. (2015). How does bereavement get under the skin? The effects of late-life spousal loss on cortisol levels. *Journals of Gerontology Series B: Psychological Sciences and Social Sciences, 70*(3), 341–347.

Ryan, C. (2019). *Civilized to death: The price of progress*. Avid Reader Press/Simon & Schuster. Schore, A.N. (2019). *Right Brain Psychotherapy*. Norton.

Siegel, D.J. (2020). *The developing mind: How relationships in the brain interact to shape who we are* (3rd ed.) Norton.

Singer, T., & Engert, V. (2019). It matters what you practice: Differential training effects on subjective experience, behavior, brain and body in the ReSource Project. *Current Opinion in Psychology, 28*, 151–158.

Steffen, P.R., Bartlett, D., Channell, R.M., Jackman, K., Cressman, M., Bills, J., & Pescatello, M. (2021). Integrating breathing techniques into psychotherapy to improve HRV: Which approach is best? *Frontiers in Psychology, 12*, 191.

Stevens. A. (2000). Jungian analysis and evolutionary psychotherapy and integrative approach. In P. Gilbert & K.G. Bailey (Eds.). *Genes on the couch: Explorations in evolutionary psychotherapy* (pp. 93–117). Psychology Press.

Stevens, A. (2002). *Archetype revisited: An updated natural history of the self*. Routledge.

Stevens, A. (2016). *Living archetypes: The selected works of Anthony Stevens*. Routledge.

Taylor, C. (1989). *Sources of the self: The making of the modern identity*. Cambridge University Press.

Vanderlind, W.M., Everaert, J., & Joormann, J. (2021). Positive emotion in daily life: Emotion regulation and depression. *Emotion* (Advance online). https://doi.org/10.1037/emo0000944

10

Terapia focada na compaixão e o corpo

Como as bases fisiológicas da pró-socialidade fundamentam a prática clínica

Nicola Petrocchi, Maria Di Bello, Simone Cheli e Cristina Ottaviani

Ao longo dos séculos, muitos sistemas médicos tradicionais, desde a medicina chinesa até os médicos da Grécia Antiga, passando pelo Ayurveda, a medicina islâmica tradicional e os métodos terapêuticos naturalistas de Asclepíades, em Roma, consideravam as intervenções baseadas no corpo como pilares centrais no tratamento de vários transtornos psicológicos (Tarsha et al., 2020). No momento, o amplo reconhecimento da base evolutiva dos processos psicológicos (Nesse, 2019; Workman et al., 2020), juntamente com nosso entendimento atual dos mecanismos epigenéticos (Kumsta, 2019), deixam claro como o ambiente físico e social e os processos neurais estão profundamente interligados e nos impelem a adotar uma abordagem biopsicossocial para entender a mente e a vulnerabilidade a problemas de saúde mental (Gilbert, 2019, 2020, veja também o Capítulo 2). A abordagem biopsicossocial embasada pela evolução da TFC, pela sua forte ligação com a neurociência afetiva e social e seu foco na neurofisiologia do cuidado (tanto dar quanto receber), oferece aos clínicos um enquadramento integrado para entender melhor a justificativa e as modalidades de muitas intervenções baseadas no corpo que parecem tão diferentes e distantes umas das outras. Este capítulo primeiro examina como a variabilidade da frequência cardíaca (VFC) é um índice para a regulação parassimpática do coração (via nervo vago) e um elemento central das bases fisiológicas da segurança inter e intrapessoal e da socialidade, com importantes implicações para a saúde mental. As principais práticas baseadas no corpo que atualmente estão sendo usadas em intervenções focadas na compaixão para facilitar a emergência da proteção e aumentar a regulação do vago são revisadas. Concluímos sugerindo alguns novos caminhos potenciais para a maior integração das práticas baseadas no corpo à TFC.

"Mamíferos no divã" — segurança e variabilidade da frequência cardíaca

Os humanos evoluíram na linha mamífero-primata como uma espécie altamente social. As motivações de cuidado e afiliativas estão profundamente arraigadas na natureza humana e inseridas nos sistemas cerebrais evolutivamente desenvolvidos que compartilhamos com outros mamíferos (Brown & Brown, 2015; Gilbert, 1989, 2015; Mayseless, 2016; Panksepp, 1998). Desde o nascimento, as relações sociais afiliativas têm propriedades emocionais e autorreguladoras e operam por meio de diferentes sistemas biológicos no corpo, desde o musculoesquelético até o neuroendócrino, o imunoinflamatório e o metabólico. Em especial, a evolução do cuidado e as tendências "hiperafiliativas" dos humanos foram acompanhadas pela emergência de um ramo do sistema parassimpático, o nervo vago mielinizado, que inibe comportamentos de ameaça defensivos guiados pelo simpático (p. ex., luta-fuga) e a atividade do eixo hipotalâmico-pituitário-adrenal e promove estados fisiológicos calmos, que possibilitam afiliações sociais, cuidado e compartilhamento (Porges, 2007). Isso está refletido no equilíbrio dinâmico dos sistemas nervosos simpático e parassimpático que dá origem à VFC.

Gilbert (1989, 1993, 2020) sugeriu que a regulação da ameaça ocorre por meio de dois processos. O sistema de ameaça monitora a presença ou ausência de estímulos de ameaça e, na ausência de ameaça (definida como *segurança*), facilita o comportamento explorador para recursos. No entanto, o sistema de tranquilização (sistema de descanso e conexão) avalia o grau em que as necessidades são satisfeitas e, em animais sociais, a presença de outros apoiadores benevolentes (definida como *proteção*). Assim, é importante distinguir *segurança*, ou seja, a ausência de ameaça, de *proteção*, que implica a presença de outros úteis, como no caso do cuidador primário que funciona como uma base segura para o bebê. Na ausência de ameaças percebidas, mas mais fortemente em condições de proteção interpessoais (e, posteriormente, intrapessoais) percebidas, o nervo vago atua como um "freio" para desacelerar a frequência cardíaca (suavizando o processamento da ameaça), resultando em VFC mais alta e aumento na inibição da amígdala pelo córtex pré-frontal. Em condições de ameaças percebidas e proteção reduzida, o freio do vago é desativado (i.e., VFC reduzida), e áreas críticas do córtex pré-frontal se tornam hipo-ativas, "permitindo" e não "causando" a ativação da amígdala e a resposta à ameaça (Brosschot et al., 2018; Thayer & Lane, 2009). Desse modo, tanto a ausência de ameaça quanto a disponibilidade de proteção percebida estão associadas à VFC mais alta e a maiores habilidades para regular estresse e excitação (Petrocchi & Cheli, 2019). Segundo sua perspectiva evolucionista, a TFC afirma que é essencial inserir o senso de proteção e seus marcadores psicofisiológicos (p. ex., VFC aumentada) no contexto das mentalidades sociais — ou seja, o que torna o mundo interno e externo seguro para os humanos. De fato, certas orientações motivacionais com foco pró-social, como a compaixão, são propícias a um senso de proteção social percebida e, assim, a um aumento na regulação emocional e à inibição da resposta predefinida à ameaça (Gilbert et al., 1995, 2015).

Além disso, nossa mente humana evoluída é capaz de criar não só relações com os outros mas também relações "internas" com nós mesmos (podemos nos sentir apoiadores, indiferentes ou hostis em relação a nós mesmos), que estão conectadas com nossos estilos de apego e podem gerar um senso de proteção ou desproteção intrapessoal (Kim et al., 2020a). Por conseguinte, uma metanálise recente encontrou uma associação positiva significativa entre compaixão (tanto por nós mesmos quanto pelos outros) e VFC do tamanho do efeito médio ($g = 0,54$; Di Bello et al., 2020), mesmo que estudos recentes estejam sugerindo que é simplista ligar a compaixão à VFC mais alta, destacando a importância da adoção de perspectiva mais matizada à regulação fisiológica complexa subjacente à resposta compassiva ao sofrimento. De fato, compaixão não deve ser simplesmente confundida com emoções positivas calmantes:

para se engajar em ações que visam a aliviar o sofrimento (próprio e dos outros), a dor deve ressoar, e a sensibilidade empática deve ser experienciada primeiro. Bello et al. (2021) recentemente constataram que a compaixão abrange o aumento na sensibilidade à dor emocional, que está naturalmente associada à mais baixa VFC mediada pelo vago, e a ação para aliviar o sofrimento de outros, o que, em última análise, está associada à VFC aumentada. Outros estudos também mostraram que o cultivo da compaixão não estava apenas associado ao aumento na resposta parassimpática mas era capaz de trocar um subgrupo de participantes clinicamente em risco (i.e., com resposta parassimpática reduzida) para um de resposta parassimpática aumentada (Kim et al., 2020b). De fato, uma intervenção de 12 semanas de TFC administrada em formato de grupo produziu um aumento significativo na VFC apenas em participantes que apresentaram aumento confiável na autocompaixão. Além disso, mudanças confiáveis na autocompaixão prediziam reatividade aumentada da VFC a tarefas escritas de autocrítica e autocompaixão após a intervenção, sugerindo que a autocompaixão não é uma estratégia de evitação (que tenta gerar um senso de segurança livre de ameaça), mas, por meio da *proteção* aumentada, conduz a maior habilidade de se engajar (em vez de evitar) em emoções difíceis na psicoterapia (Steffen et al., 2020). Além disso, a imagem guiada compassiva (proteção aumentada) demonstrou produzir maior aumento na VFC, se comparada com a imagem mental guiada autoprotetiva (segurança aumentada; Halamová et al., 2019). Fundamentalmente, o coração e o cérebro estão conectados de modo bidirecional: vias eferentes do cérebro afetam o coração, e o fluxo aferente do coração afeta o cérebro (Thayer & Lane, 2009). O vago é um componente central desse sistema coração-cérebro, e a TFC usa muitas práticas baseadas no corpo que visam ao aumento na VFC como forma de melhorar o senso de proteção e facilitar a emergência de uma orientação focada na compaixão ao abordar nossos mundos interno e externo.

"Traga a sua mente de volta para o seu corpo" — ritmo respiratório calmante

Em uma intervenção típica de TFC, a primeira técnica focada na compaixão baseada no corpo que ajuda o cliente a experimentar a conexão entre seu corpo, suas emoções e seus processos mentais e regular sua excitação corporal é o ritmo respiratório calmante. Depois de sentada confortavelmente, com postura ereta, ombros alinhados com os quadris, peito aberto para erguer o diafragma e pés apoiados no chão, a pessoa é guiada para a respiração diafragmática, ou seja, respirar um pouco mais profundamente e lentamente do que o normal e procurar um ritmo de respiração que a ajude a sentir que está desacelerando (veja Gilbert, 2010 para detalhes). Na verdade, a respiração profunda ou respiração abdominal é a forma mais simples de aumentar a VFC. Além de ser uma troca de energia humana primária com o ambiente, a respiração equilibra e harmoniza a digestão, a circulação, os sistemas neuroquímico e endócrino e as divisões central, periférica e autônoma do sistema nervoso (Lehrer & Gevirtz, 2014). Com esse método de respiração, a frequência respiratória é diminuída, e a quantidade de gases no sangue é maximizada pela contração do diafragma, pela expansão do abdômen e pelo aprofundamento da inspiração e da expiração. Até mesmo uma única prática respiratória reduz de maneira significativa a pressão sanguínea e aumenta a VFC e a oxigenação. Dados mostram que temos a capacidade de melhorar nosso estado emocional e nossos processos cognitivos por meio do controle voluntário da respiração (Jerath et al., 2015). De fato, é essencial que o cliente experiencie que o ritmo respiratório calmante não é simplesmente uma forma de "relaxar", mas, o que é mais importante, é uma forma poderosa de ativar seu sistema tranquilizante e infrarregular o sistema de ameaça.

Benedetta estava preocupada com sua prova de matemática no dia seguinte. Ela não conseguia se acalmar, e era difícil para ela até sentar-se na cadeira e interagir com o terapeuta. Ela já havia tentado algumas técnicas de reestruturação cognitiva de descatastrofização aprendidas em uma terapia anterior, mas achou que não foram eficazes na redução do senso de ameaça. Foi solicitado que ela avaliasse a intensidade do medo e o quanto estava insegura em relação ao seu preparo. Ela então foi guiada em uma prática de ritmo respiratório calmante de oito minutos (cerca de cinco a seis respirações por minuto, com tentativas graduais de expirações mais longas, para prolongar a secreção de acetilcolina mediada pelo vago, que desacelera o coração durante essa fase da respiração). Ela foi convidada a imaginar que a respiração tinha uma intenção calmante em relação a ela, e que a envolveria gradualmente e acalmaria todas as tensões e a ansiedade com gratidão ("Sei que você está tentando me proteger, mas não é necessário agora... estamos seguras"). Após alguns minutos, ela relatou ter "uma mente mais calma e um corpo mais pesado", mas também uma sensação de calor geral envolvendo seu coração e seu estômago. Ela se deu conta de que esses sentimentos aconchegantes de estar mais desacelerada e mais aterrada estavam, de algum modo, conectados com a redução do medo e a clareza e a autoeficácia aumentadas (é como dirigir o carro... quando vou mais devagar, me sinto mais segura... quando respiro lentamente, também me sinto mais segura e vejo as coisas com mais clareza; quando respiro rápido, é como estar cega ou dirigindo muito rápido... você só vê a ameaça na sua frente, e o resto é apenas um borrão, você se sente sozinha).

A mudança cognitiva produzida pelo ritmo respiratório calmante não é surpreendente, já que maior VFC foi associada a um viés de negatividade reduzido (a tendência a priorizar a informação negativa sobre a positiva), à maior disposição para abordar a novidade e à extinção mais rápida em um paradigma de condicionamento de medo (veja Petrocchi & Cheli, 2019 para uma revisão narrativa). Mather e Thayer (2018) propuseram recentemente uma explicação plausível para os efeitos da respiração lenta nas emoções e no bem-estar por meio de mudanças na VFC. Os autores oferecem evidências de que a respiração lenta aumenta a amplitude das oscilações da frequência cardíaca e isso, por sua vez, pode modular a atividade oscilatória no cérebro em regiões cerebrais associadas à regulação emocional. Desse modo, mesmo um simples treino da respiração pode ativar episódios diários de atividade sincronizada nessas redes, em última análise, levando à conectividade funcional fortalecida nas redes cerebrais e contribuindo para a regulação emocional efetiva e menos processamento cognitivo focado na ameaça.

Corporificando a compaixão

Alinhada com a teoria do apego, a TFC destaca que a evolução da parentalidade forneceu uma base segura e um porto seguro (Gilbert, 1989; veja também o Capítulo 3). Assim sendo, os pais fornecem uma fonte de proteção social, e a proteção social posteriormente é associada à experiência de conectividade social e benevolência social (Armstrong et al., 2020; Gilbert, 1989, 2020; Kelly, & Dupasquier, 2016). Na TFC, após explorar os efeitos reguladores do ritmo respiratório calmante, é essencial que os clientes experienciem diretamente a conexão entre a modulação voluntária do seu sistema de proteção social (expressões faciais, tom de voz, postura, olhar) e sua capacidade de gerar uma sensação de proteção, com a resultante regulação emocional aumentada e um processamento menos focado na ameaça. As técnicas corporais na TFC são usadas principalmente para gerar um estado corporal de proteção interna e para facilitar a emergência de um estado *motivacional* pró-social que pode orientar a interação conosco e com os outros.

Usando o rosto. Quando se engajam em ritmo respiratório calmante, os clientes podem ser convidados a comparar e contrastar, criando uma expressão facial amistosa, imaginando--se cumprimentando um amigo e experienciando essa emoção no rosto em alternância com uma expressão facial neutra, e notando a diferença entre os estados emocionais evocados. De fato, a experiência da emoção dos indivíduos é influenciada pelo *feedback* dos seus movimentos faciais. Uma metanálise recente de Coles e colegas (2019) mostrou que expressões faciais podem iniciar e modular a experiência emocional e influenciar relatos específicos e dimensionais das emoções. Na verdade, a criação de um sorriso amistoso parece ser efetiva para influenciar respostas cardiovasculares e afetivas ao estresse. Um estudo muito conhecido de Kraft e Pressman (2012) mostrou que participantes sorridentes, independentemente de estarem conscientes de sorrir, tinham uma frequência cardíaca mais baixa durante a recuperação de um estressor. Contudo, uma investigação recente mostrou que a *intenção consciente* de criar uma expressão facial amistosa é crucial, não só porque produz níveis mais altos de ativação muscular do zigomático maior (~ 40%) e do orbicular do olho (~ 15%) do que sorrisos induzidos por equipamentos (i.e., pauzinhos de *hashi*), mas também porque gera níveis mais altos de afeto positivo e níveis mais baixos de afeto negativo (Cross et al., 2019). Isso é fundamental, considerando-se que Johnson e colegas (2010) relataram que a geração de sorrisos genuínos não só está correlacionada com a emergência de emoções positivas específicas mas também prediz a amplitude atencional aumentada em uma tarefa de processamento visual global-local. Assim, os clientes na TFC são estimulados a experienciar como a ativação do sistema de ameaça produz não só sentimentos negativos mas também a típica "visão de túnel" que mantém a psicopatologia, e como a ativação do sistema de tranquilização, via criação voluntária de uma expressão facial amistosa, pode ajudar a ver o mundo por uma perspectiva mais equilibrada, integrativa e mais sábia de modo geral (Gilbert, 2010).

O conhecimento de como uma expressão facial amistosa impacta nossa psicofisiologia pode também apoiar os terapeutas na manutenção do seu próprio estado fisiológico na janela de tolerância e facilitar a emergência de uma "dança motivacional" útil (i.e., focada na compaixão) na interação terapeuta-cliente. A intenção compassiva é comunicada com o rosto, mas é crucial que o terapeuta não a confunda com as expressões gerais de amizade, afiliação ou bondade (Gilbert, 2019). Essas últimas expressões faciais podem comunicar abertura, não julgamento e aproximação (todos elementos importantes para a compaixão), mas podem ser confundidas com felicidade, o que, na presença de estresse, pode ser experienciado como invalidante e aversivo, especialmente quando o cliente apresenta estilos de apego evitativos ou desorganizados. Em vez disso, um estudo recente encontrou que uma expressão de compaixão empática (que expressava também elementos de tristeza, medo e preocupação) era percebida pelos participantes como melhor representando a definição geral de compaixão, pois ela reflete sensibilidade e disponibilidade para ser tocado pelo estresse do outro (e não o evitar), junto com manifestações de tolerância apropriada ao estresse e intenção de aliviar o sofrimento (Falconer et al., 2019).

Na prática clínica, experienciamos diariamente o quanto expressões verbais e não verbais diversas e inesperadas podem transmitir compaixão. Quando lidamos com clientes extremamente inibidos socialmente, que passaram toda a sua vida "se defendendo dos outros", uma expressão aparentemente simples e minimalista de validação pode ser uma fonte mais fácil de compaixão inicial. Assim sendo, a expressão da compaixão é dependente do contexto. De fato, uma relação terapêutica focada na compaixão é, *per se*, fisiologicamente reguladora. Quando terapeuta e cliente interagem, aspectos importantes da sua fisiologia podem ser sincronizados, lançando nova luz sobre a relação (ou aliança) terapêutica e seu papel na psicoterapia. Considerando que nossas mentes evoluíram para corregular umas às outras, uma relação terapêutica caracterizada por interações compassivas (que os terapeutas iniciam na direção do cliente e de si mesmos) é um agente terapêutico ativo essencial que ajuda o cliente a adquirir maior regulação emocional (Gilbert, 2007). Isso é confirmado por estudos sobre a ligação entre o tônus vagal de um cliente (VFC) e a formação de uma aliança terapêutica (AT) durante a psicoterapia (veja Koole & Tschacher, 2016; Petrocchi & Cheli, 2019).

Atuação. Na TFC, o olhar, a expressão facial, a postura e o tom de voz se tornam formas de facilitar a emergência da mente compassiva. De fato, o campo da cognição corporificada propõe que pensamento e comportamento são propriedades do organismo humano como um todo, e que corpo, cérebro e cognição estão "situados" — motivacionalmente engajados no ambiente social circundante (Tversky, 2019). Experiências sensoriais e motoras formam os fundamentos neurais para as emoções e cognições, e esse *insight* apoia o uso de técnicas de atuação na TFC, em que o corpo inteiro é intencionalmente moldado para "encarnar" um personagem compassivo e experienciar suas qualidades emocionais, cognitivas e motivacionais "de dentro para fora" (Gilbert, 2010).

Sammy, uma estudante universitária de 19 anos, era constantemente dominada por uma dúvida obsessiva dramática: e se, ao atravessar a rua segurando uma faca, ela percebesse que queria cometer suicídio? E se ela ficasse tão deprimida que tivesse que se matar para aliviar a dor? Ela tinha muita certeza de que não queria morrer, mas e se estivesse enganada sobre como realmente se sentia? Isso seria um absurdo! Seus pais ficariam destruídos para sempre, e ela seria a causa disso. Por isso, ela se forçava em tentativas extenuantes e, por fim, fracassadas de evitar cada elemento do seu mundo interno (pensamentos, emoções, imagens) e externo (sacadas, facas, etc.) que a deixariam mais próxima de cometer suicídio. Ela se tornou muito deprimida, severamente limitada por esses pensamentos duvidosos, por suas tentativas de suprimi-los e por seus autoataques viciosos, por ser tão tola e deixar que essas dúvidas malucas a habitassem. O terapeuta perguntou a Sammy como seria se ela estivesse experienciando compaixão por suas dúvidas e por si mesma naquele momento. Ela foi convidada a fechar os olhos e se imaginar se expandindo, como se estivesse se tornando uma Sammy mais velha, mais sábia, mais forte — um ser compassivo, com um profundo desejo de aliviar o sofrimento, produzir mudança e prosperar. Como esse ser forte e compassivo trataria seu self *"duvidoso" assustado? Como seria para ela acolher os pensamentos duvidosos com uma expressão facial compassiva, com uma voz mais calma e uma postura magnânima de coração aberto, que faria essa parte se sentir menos indesejada e mais "compreendida"? Ela foi convidada a andar pela sala como a Sammy compassiva faria, oferecendo seu braço majestoso compassivo para o* self *duvidoso, assustado e assustador. Inicialmente, Sammy ficou cética, mas, então, após alguns minutos, ficou mais calma — ela parecia gostar do processo. Quando foi solicitado que refletisse sobre o que havia experienciado, ela se deu conta de que "a parte duvidosa está muito assustada e está se sentindo sozinha e tratada como se ela fosse alguma coisa monstruosa e anormal. Se eu parar de lutar contra ela, nós duas ficaremos menos assustadas — com essa postura, é difícil sentir que ela é tão perigosa".*

De fato, Carney e colegas (2010) identificaram que posturas expansivas, abertas (de grande potência) causam um aumento na testosterona e um decréscimo nos níveis de cortisol e fazem com que os participantes se sintam subjetivamente mais potentes. No entanto, a motivação ativa na mente da pessoa é essencial (o poder pode ser usado com a intenção de dominar, explorar e exercer controle sobre alguém, ou, com autoridade e sabiamente, ajudar alguém). De fato, uma investigação recente mostrou, diferentemente das expectativas dos pesquisadores, que essa postura de alto poder levava a uma *redução* na VFC (autorregulação fisiológica reduzida; Laborde e colegas, 2019). Alinhados com a teoria da mentalidade social (Gilbert, 2014), tais resultados provavelmente se devem ao fato de que a indução de alto poder estava, na realidade, tirando proveito de uma indução motivacional de "*rank* superior" ("*Eu gostaria que você imaginasse que está de pé na entrada de uma grande festa e você tem o poder de decidir quem tem permissão de entrar e quem não tem*".). Estudos futuros terão que testar se assumir uma posição física de poder no contexto de uma motivação compassiva, em vez de no contexto de uma motivação de *rank* competitivo, produzirá o aumento esperado na VFC, como sugerem estudos prévios sobre o efeito da motivação compassiva na resposta do cortisol a um estresse social (p. ex., Abelson et al., 2014). É por isso que a TFC sempre enfatiza a motivação como o princípio organizador de todos esses processos.

Estudos com realidade virtual confirmam que a corporificação imersiva virtual de um "*self* compassivo mais sábio", em que a qualidade da força está mesclada com as da sabedoria e da disposição para ajudar, é capaz de promover uma mudança cognitiva e emocional nos praticantes, que tendem a relatar autocriticismo reduzido, autocompaixão aumentada e sentimentos de estar seguro. Por exemplo, três repetições de um cenário por oito minutos, em que indivíduos com depressão praticaram a entrega de compaixão em um corpo virtual e depois experienciaram recebê-la de si em outro corpo virtual, levaram a reduções significativas na severidade da depressão e no autocriticismo, além de um aumento significativo na autocompaixão, desde a linha básica até o *follow-up* de quatro semanas (Falconer et al., 2016). A corporificação de um *self* compassivo, facilitada pela realidade virtual imersiva, também demonstrou aumentar de maneira significativa a compaixão e a autocompaixão e reduzir a paranoia em indivíduos não clínicos com escore alto para o traço de paranoia (Brown et al., 2020).

Ioga não é um exercício físico, é um exercício interno (Rolf Gates)

Formas especiais de práticas baseadas no corpo, como ioga e *tai chi*, são usadas em sessões de TFC e retiros experienciais como formas de aumentar o "aterramento" e a proteção interna e possibilitam a emergência de uma orientação compassiva voltada para nós mesmos e para os outros. Em ambas, a respiração controlada e as instruções para cultivar uma atitude aberta e receptiva voltada para as "mensagens" provenientes dos músculos, dos ossos, do coração e da mente ajudam os indivíduos a descobrir que pode haver uma forma compassiva de se relacionar com seus "panoramas internos". Assim, uma abordagem de ioga e *tai chi* focada na compaixão enfatiza o sistema motivacional que está ativo na mente enquanto se faz um movimento ou um *asana* ("Estou fazendo isso para me superar, para estender meus limites e sentir orgulho de mim, ou para descobrir quais partes do meu corpo estão doendo e precisam da minha atenção cuidadosa e de encorajamento?"). Os efeitos dessas práticas na VFC começaram a atrair atenção, como uma revisão da literatura sugerindo que a VFC aumenta durante práticas de ioga e *tai chi* (Zou et al., 2018), mesmo que a fragilidade metodológica dos estudos existentes precise ser apropriadamente tratada em investigações futuras. No entanto, estudos sugerem que essas práticas baseadas no corpo, e a ioga em especial, podem, de fato, contribuir para o desenvolvimento de uma atitude mais compassiva consigo e com os outros. Por exemplo, sabemos que a prática de ioga está associada a melhoras em sintomas de transtornos alimentares (TAs) e insatisfação com o corpo, e um estudo recente de um curso de ioga de oito semanas para estudantes universitários apontou que ela foi eficaz para aumentar a autocompaixão e reduzir a insatisfação com o corpo e a patologia de TA

(Kramer & Cuccolo, 2020). Cabe mencionar que um programa de ioga de 12 semanas implementado em uma escola de baixo nível socioeconômico na Colômbia se mostrou eficaz não só na prevenção de depressão e ansiedade, mas também na melhora das competências socioemocionais (especificamente empatia, gerenciamento da raiva e pró-socialidade; Velásquez et al., 2015).

Na verdade, as origens lendárias da ioga destacam a função de "integração" que essa prática tem no corpo, cujos processos são modulados por mentalidades sociais frequentemente conflitantes. No Bhagavad-Gita, Krishna pede que Arjuna não seja nem um monge nem um guerreiro, não persiga uma vida cética nem uma secular. O deus acredita que a ioga é uma forma de Arjuna resolver seu dilema existencial. Krishna atua como um terapeuta sábio, mostrando que, usualmente, os polos contrastantes do nosso dilema refletem nossa incapacidade de integrar a experiência (Hinkle, 2000). Técnicas corporais, como ioga e *tai chi*, representam uma estratégia terapêutica eficaz para perseguir três objetivos progressivos interligados. Primeiro, elas apoiam uma atitude não julgadora, calmante e compassiva para experimentalmente investigarmos dentro de nós (*Posso ter um olhar descentralizado para mim mesmo e meus motivos conflitantes.*). Segundo, ao fazer isso, elas podem criar um espaço relacional seguro na terapia para narrativamente explorar e elaborar esses motivos e estados. Terceiro, elas podem promover um processo de integração.

Práticas baseadas no corpo, como ioga e *tai chi*, podem auxiliar no cultivo de intenções pró-sociais para nós mesmos e os outros via atividade vagal e autorregulação aumentadas (Sullivan et al., 2018), mas também por meio da melhora na autoconsciência e na "percepção interna". A detecção das sensações corporais internas que surgem de processos homeostáticos no corpo (p. ex., mudanças na frequência cardíaca, excitação, temperatura, fome, tato, coceira, motilidade intestinal), um processo conhecido como *interocepção*, está fundamentalmente relacionada à experiência consciente do afeto e pode guiar a compreensão empática das emoções dos outros (e de nós mesmos). Curiosamente, a *acurácia interoceptiva* (acurácia objetiva da percepção dos sinais corporais — p. ex., frequência cardíaca) provou ser distinta de *sensibilidade interoceptiva* (tendência a focar em sinais corporais internos) e *consciência interoceptiva* (consciência metacognitiva dos sinais corporais). É especificamente a *acurácia interoceptiva*, sobretudo em conjunto com a *consciência interoceptiva*, que demonstrou correlação com empatia, sensibilidade interpessoal e comportamento altruísta (Garfinkel et al., 2015).

Toque. Outra forma de "treinar" interocepção e, via atividade vagal aumentada, fortalecer o sistema tranquilizante é o autotoque compassivo. O cliente pode ser convidado a gentilmente acariciar seus próprios braços ou tocar a área do seu coração ou seu rosto, "imaginando que sua mão tem a intenção de lhe dar conforto/ajuda/encorajamento". Ou podemos perguntar: "Como você imagina que seria um toque compassivo neste exato momento? Que parte do seu corpo mais precisaria disso?". Ele então é convidado a explorar as propriedades autorreguladoras da sua própria intenção compassiva comunicada por meio da estimulação tátil. O que torna o toque "compassivo"? Foi sugerido que o toque compassivo afiliativo está associado à estimulação de fibras aferentes periféricas não mielinizadas de baixo limiar (toque C ou fibras CT). Essas fibras respondem preferencialmente a toques gentis, lentos, semelhantes a uma carícia, em temperaturas próximas à da pele humana. Sobretudo, a ativação de CT está ligada a afeto positivo e regulação vagal aumentada (Triscoli et al., 2017) e ressalta o potencial do toque demorado para melhorar a resposta psicofisiológica nos clientes, sobretudo quando eles apresentam altos níveis de autocriticismo (Maratos et al., 2017).

Direções futuras no uso do corpo na TFC: EMDR focada na compaixão e toques em pontos de acupuntura

Outras formas de práticas baseadas no corpo, como estimulações bilaterais (BLSs — que podem envolver observar uma mão alternando da esquerda para a direita, ou ouvir sons que se alternam entre os lados esquerdo e direito da cabeça) ou o toque sequencial de pontos de acupuntura específicos (Bach et al., 2019), têm sido progressivamente investigadas pela comunidade científica e podem ser usadas para facilitar processos terapêuticos focados na compaixão. A dessensibilização e o reprocessamento por meio do movimento dos olhos (EMDR) são um tratamento baseado em evidências para problemas relacionados a trauma (Shapiro, 2018). Ela foi desenvolvida para processar memórias perturbadoras via BLS (movimento dos olhos e toque bilateral), para facilitar conexões entre as redes neurais e para promover o processamento adaptativo da informação. De fato, há agora indícios crescentes de que BLSs usadas em EMDR aumentam o tônus vagal, como indexado pelo aumento da VFC e pela reduzida excitação geral relatada pelos clientes durante a BLS (p. ex., Schubert et al., 2011). Os clientes tratados com EMDR apresentam VFC aumentada na linha básica e durante a recuperação do trauma, sugerindo que um dos possíveis "ingredientes ativos" da EMDR é a atividade aumentada do sistema parassimpático e a integração neurovisceral melhorada, com a concomitante maior capacidade para regulação emocional, consciência metacognitiva, integração e empatia. Curiosamente, as BLSs demonstraram facilitar a emergência de aspectos compassivos mais adaptativos do *self*, e muitas experiências traumáticas, quando totalmente "dessensibilizadas e reprocessadas" via BLS, são descritas pelos clientes com atitude menos autocrítica e mais compassiva (Shapiro, 2018). Os mecanismos psicofisiológicos (VFC aumentada e senso experienciado de "aterramento" e proteção) que embasam a EMDR e a TFC parecem se sobrepor de maneira parcial, e vários autores sugeriram que eles poderiam ser integrados (Beaumont e Martin, 2013; Kennedy, 2014; Petrocchi, 2020). Por exemplo, BLSs mais lentas e mais curtas são geralmente usadas em EMDR para aumentar a força, a vividez e a recuperabilidade futura de material positivo (memória, imagens e sensações físicas), que atuam como recursos internalizados para os clientes. De fato, a BLS durante a recuperação de uma memória agradável demonstrou produzir aumento significativo na concentração de hemoglobina oxigenada (um índice sensível da atividade cerebral), no sulco temporal superior direito, sugerindo que a BLS pode ajudar a recordar o material agradável mais representativo, aumentando sua acessibilidade e facilitando a emergência de uma sensação mais vívida de agradabilidade e relaxamento (Amano & Toichi, 2016). Assim, as BLSs podem ser usadas durante visualizações focadas na compaixão (lugar seguro e imagem compassivos, o *self* compassivo) para fortalecer as capacidades regulatórias da emoção desse trabalho com imagem mental.

Rodolfo foi guiado a visualizar sua imagem compassiva com todas as qualidades de sabedoria, não julgamento, força e compromisso em relação a ele. Depois de estar diante da sua criatura compassiva (um grande cão branco protetor), foi pedido que ele identificasse onde em seu corpo ele estava "sentindo" a presença compassiva dessa criatura. Ele foi solicitado a tirar uma foto do melhor momento desse "encontro compassivo" e detectar os sentimentos corporais gerados pelo foco na imagem. Então, foi pedido que ele acompanhasse com os olhos os dedos do terapeuta se movendo lentamente à sua frente por breves lapsos de 10 segundos, deixando a imagem mudar "como ela quisesse mudar". Uma sequência de imagens crescentemente confortantes penetradas por compaixão emergiu à consciência de Rodolfo, pousando sobre duas memórias que ele achou que tinha esquecido completamente: seu amado avô cochilando no sofá durante as tardes da sua infância no começo da primavera, e sua avó, que costurava em frente a uma grande janela ensolarada, abrindo um sorriso de pura alegria cada vez que o via. Quando foi pedido que Rodolfo capturasse em palavras o que essa memória dizia sobre ele, respondeu: "Eu era extremamente amado... Eu sou amável. Houve um momento na minha vida em que havia paz e normalidade — não é minha culpa se meu pai foi embora, eu era inocente", por fim sentindo esse pensamento como profundamente incrustado no tecido do seu ser emocional.

Estudos futuros terão que confirmar a eficácia do uso de BLS e outras formas de estimulação corporal que demonstraram aumentar a VFC, como toques em pontos de acupuntura (Feinstein et al., 2012) e estimulação transcraniana por corrente direta (p. ex., Petrocchi et al., 2017), como forma de fortalecer a diferenciação e o efeito integrador de muitas práticas de TFC, como o exercício dos múltiplos *selves* e a análise funcional do autocriticismo (Gilbert, 2010).

Ambientes compassivos

A exposição a altos níveis de partículas finas de poluição do ar (p. ex., PM2.5) não só está associada à fisiopatologia humana (como transtornos autoimunes e câncer de pulmão), mas também, via aumento da inflamação cardiopulmonar e estresse oxidativo, a alterações no funcionamento do sistema nervoso autônomo e da microbiota intestinal, com resultante frequência cardíaca elevada, pressão arterial aumentada e VFC reduzida (Pope et al., 1999; Salim et al., 2014). Considerando a ligação discutida previamente entre VFC e regulação psicofisiológica, não causa surpresa descobrir que a exposição a longo prazo à poluição ambiental do ar pode ser um fator de risco independente para transtornos de saúde mental, variando desde estresse subjetivo até ideação suicida, também ao controlar potenciais variáveis de confusão (Shin et al., 2018). Assim, como sugerido pela teoria da insegurança generalizada do estresse (GUTS; Brosschot et al., 2018), um ambiente poluído pode ser percebido pelo nosso organismo como inseguro — ou seja, capaz de ativar o sistema de ameaça, sobretudo quando já superestimulado (como em condições de depressão ou ansiedade preexistente). Um estudo recente mostrou que adolescentes que residem em áreas altamente poluídas demonstraram maior reatividade autônoma (indexada por VFC mais baixa e nível da condutância da pele mais alto) em resposta a estresse social, quando comparados com aqueles que vivem em áreas menos poluídas, também quando se controlam estritamente outras variáveis, como fatores socioeconômicos (Miller et al., 2019). Em contrapartida, uma revisão recente da literatura feita por Kotera e colegas (2020) apoia os benefícios abrangentes para a saúde da exposição à natureza e a ambientes verdes nos sistemas humanos, em especial em processos psicofisiológicos que são alvos de intervenções psicoterápicas. Pesquisas sobre banho de floresta, que envolve imersão na natureza usando atentamente todos os cinco sentidos, demonstraram de forma consistente a produção de melhorias na depressão, na ansiedade, no estresse, na ruminação e, fundamentalmente, na VFC. Até simplesmente tocar a madeira com a palma da mão, em comparação com tocar outros materiais como mármore, azulejo e aço inoxidável, demonstrou induzir aumento na atividade nervosa parassimpática. Na verdade, visitas frequentes à natureza também parecem estar relacionadas ao aumento na coesão social e a mais comportamentos pró-sociais de ajuda (Richardson et al., 2016). O efeito positivo da natureza na nossa psicofisiologia não é necessariamente mediado pela consciência e já foi associado às propriedades intrínsecas de estímulos naturais indutores de proteção baseados na evolução. Durante dois milhões de anos de história humana, passamos a maior parte do tempo na natureza, e paisagens específicas podem evolutivamente ter fornecido sinais de segurança (lugares para se esconder) e recursos como comida e água. Curiosamente, como sugerido pela teoria da insegurança generalizada do estresse (GUTS; Brosschot et al., 2018), os ambientes construídos, sobretudo urbanos, tendem a ser, em grande parte, a propriedade de outros desconhecidos (estranhos, empresas, autoridade pública impessoal), que podem indiretamente ativar um senso de exclusão, alienação e desconexão, ao passo que ambientes naturais parecem gerar um senso de "inclusão vibrante". Não raro, o contato com a natureza é uma prática doméstica muitas vezes sugerida em tratamentos de TFC, e pesquisas futuras devem focar nas variáveis da floresta (composição de espécies de árvores, densidade das árvores) e nas características das visitas (p. ex., duração e frequência das visitas, tipos de práticas focadas na compaixão usadas durante a visita), visando fornecer diretrizes robustas para a terapia florestal focada na compaixão.

Microbioma, comida e psicodélicos: apoiando a emergência de um superorganismo compassivo

Os humanos são colonizados por muitos microrganismos que residem nos ou dentro dos tecidos humanos e biofluidos: esse precioso agregado é denominado microbioma humano. Uma estimativa recente relata uma proporção de 1,3 célula bacteriana para cada célula humana (Gilbert et al., 2018). Se considerarmos ainda os vírus e os fagos presentes em vários ambientes do corpo, o que emerge claramente é a surpreendente diversidade da vida microbiana que nos habita, que enriquece o corpo humano com uma estimativa de 2 milhões de genes, cem vezes a cifra dos aproximadamente 20 mil genes "puramente humanos". Segundo uma perspectiva da TFC, achados sobre o microbioma sugerem que o que podemos chamar de "*self*" é, na verdade, a soma de relações cooperativas e compassivas entre parceiros interdependentes, sejam eles "*selves*" emocionais ou microrganismos físicos.

Vários estudos sugerem o papel dos microrganismos simbióticos, sobretudo da microbiota que reside no sistema gastrintestinal, influenciando o cérebro e o comportamento. A microbiota intestinal pode até ter influenciado a rápida evolução do cérebro altamente social dos mamíferos (Stilling et al., 2014). Como sugerido por uma revisão recente (Zhang et al., 2020), indivíduos em fortes interações afiliativas (sejam eles parceiros, membros da família ou amigos) apresentam maior diversidade e riqueza de espécies microbianas intestinais que indivíduos sem essas relações, afetando de maneira positiva seu *status* geral de saúde. Em contrapartida, pacientes com transtorno do espectro autista, esquizofrenia, depressão maior, doença de Alzheimer, doença de Parkinson e esclerose múltipla parecem ser caracterizados por reduzida riqueza e diversidade na microbiota intestinal. Além disso, ao se transferir a microbiota intestinal desses pacientes para outros animais, muitos dos sintomas começam a emergir. De fato, a administração de probióticos pode reduzir o nível de estresse subjetivo em voluntários saudáveis e pode aliviar sintomas de ansiedade e depressão (Zhang et al., 2020). Mesmo que haja a necessidade de mais evidências clínicas para apoiar o uso de probióticos em contextos clínicos, é possível levantar a hipótese de que a administração de probióticos pode promover o cultivo de uma orientação pró-social voltada para nós e os outros, sendo o principal objetivo da TFC. Essa hipótese se torna especialmente plausível se considerarmos que o nervo vago, que conecta os órgãos viscerais e o cérebro, é o caminho de comunicação crucial para a microbiota intestinal influenciar o cérebro e o comportamento, e que a administração de probiótico provou melhorar a VFC em mulheres hipertensivas (Zhang et al., 2020).

Além dos efeitos dos suplementos específicos de probióticos no aumento da VFC, o campo emergente da *psiquiatria nutricional* tem apontado que vários aspectos da dieta provaram beneficiar a VFC de maneira aguda e a longo prazo (restrição calórica moderada; suplementação com ômega 3; preparações com multivitaminas e minerais; iogurte enriquecido com lactoalbumina, peptídeos bioativos e vitaminas B; nozes; e vinho tinto enriquecido com polifenol; para uma revisão, veja Bear et al., 2020). Estudos futuros devem investigar se certos tipos de suplementos, alimentos e substâncias, ao aumentarem a VFC e reduzirem a inflamação sistêmica crônica, geram sinais de segurança baseados no corpo que infrarregulam a atividade do sistema de ameaça, facilitando a emergência de uma orientação menos defensiva e mais pró-social voltada para o mundo e reforçando os efeitos de intervenções focadas na compaixão.

Psicodélicos. Dentre as "substâncias" que merecem mais exploração científica como ferramentas poderosas potenciais para acelerar processos focados na compaixão, devido aos seus efeitos empatogênicos e pró-sociais únicos, estão os psicodélicos e, em especial, a MDMA (Kirkpatrick et al., 2014). A anfetamina análoga 3,4-metilenodioximetanfetamina (MDMA, ou "*ecstasy*") é conhecida por aumentar os sentimentos de empatia, sociabilidade e proximidade interpessoal, e foi testada como um adjuvante da psicoterapia para TEPT (Motta, 2020). De fato, a MDMA provou induzir um robusto aumento nas concentrações sanguíneas de ocitocina e um aumento nos sentimentos pró-sociais subjetivos, e as variações nesses sentimentos estavam mais fortemente correlacionadas com os níveis de variação na ocitocina do que com variações nos níveis de MDMA no sangue (Dumont et al., 2019). Isso sugere que a ocitocina aumentada pode ser sobretudo responsável pelos efeitos empatogênicos e pró-sociais do MDMA, que também demonstrou aumentar a preocupação empática e o comportamento pró-social (Hysek et al., 2014). Na verdade, a similaridade entre os estados relacionados à compaixão e os efeitos pró-sociais da MDMA não passou despercebida, e estudos começaram a testar o efeito potencializador da MDMA em práticas focadas na compaixão. Kamboj e colegas (2015) testaram usuários de MDMA (*ecstasy*) antes e depois do uso dessa substância e, então, após a técnica de imagem mental compassiva, e encontraram efeitos aditivos da imagem mental compassiva e do *ecstasy* na autocompaixão e no autocriticismo. Estudos controlados futuros são necessários para determinar a utilidade combinada dessas abordagens na promoção da emergência de autoatitudes compassivas em contexto terapêutico.

Conclusões

A TFC é altamente focada nos processos fisiológicos evolutivos subjacentes aos estados mentais. Este capítulo explorou apenas algumas das práticas baseadas no corpo que podem ser usadas em intervenções focadas na compaixão para facilitar a emergência de proteção e, via aumento da regulação vagal, promover a mudança clínica. No entanto, acreditamos que uma perspectiva moderna da integração neurovisceral, combinada com a consciência dos fortes efeitos moduladores que as mentalidades sociais têm em nosso corpo e nossa mente, nos ajudará a desenvolver abordagens biopsicossociais cada vez mais efetivas para prevenir e aliviar o sofrimento humano.

Referências

Abelson, J.L., Erickson, T.M., Mayer, S.E., Crocker, J., Briggs, H., Lopez-Duran, N. L., & Liberzon, I. (2014). Brief cognitive intervention can modulate neuroendocrine stress responses to the Trier Social Stress Test: Buffering effects of a compassionate goal orientation. *Psychoneuroendocrinology, 44*, 60–70. https://doi.org/10.1016/j.psyneuen.2014.02.016

Amano, T., & Toichi, M. (2016). The role of alternating bilateral stimulation in establishing positive cognition in EMDR therapy: A multi-channel near-infrared spectroscopy study. *PLOS ONE, 11*(10), e0162735. https://doi.org/10.1371/journal.pone.0162735

Armstrong, B.F., Nitschke, J.P., Bilash, U., & Zuroff, D.C. (2021). An affect in its own right: Investigating the relationship of social safeness with positive and negative affect. *Personality and Individual Differences, 168*, 109670. https://doi.org/10.1016/j.paid.2019.109670

Bach, D., Groesbeck, G., Stapleton, P., Sims, R., Blickheuser, K., & Church, D. (2019). Clinical EFT (emotional freedom techniques) improves multiple physiological markers of health. *Journal of Evidence-Based Integrative Medicine, 24*. https://doi.org/10.1177/2515690X18823691

Bear, T., Dalziel, J.E., Coad, J., Roy, N.C., Butts, C.A., & Gopal, P.K. (2020). The role of the gut microbiota in dietary interventions for depression and anxiety. *Advances in Nutrition, 11*(4), 890–907. https://doi.org/10.1093/advances/nmaa016

Beaumont, E., & Martin, C.J.H. (2013). Using compassionate mind training as a resource in EMDR: A case study. *Journal of EMDR Practice and Research, 7*(4), 186–199. https://doi.org/ 10.1891/1933-3196.7.4.186

Bornemann, B., Kok, B.E., Böckler, A., & Singer, T. (2016). Helping from the heart: Voluntary upregulation of heart rate variability predicts altruistic behavior. *Biological Psychology, 119*, 54–63. https://doi.org/10.1016/j.biopsycho.2016.07.004

Brosschot, J., Verkuil, B., & Thayer, J. (2018). Generalized unsafety theory of stress: Unsafe environments and conditions, and the default stress response. *International Journal of Environmental Research and Public Health, 15(3)*, 464. https://doi.org/10.3390/ijerph15030464

Brown, P., Waite, F., Rovira, A., Nickless, A., & Freeman, D. (2020). Virtual reality clinical-experimental tests of compassion treatment techniques to reduce paranoia. *Scientific Reports, 10*(1), 1–9. https://doi.org/10.1038/s41598-020-64957-7

Brown, S.L., & Brown, R.M. (2015). Connecting prosocial behavior to improved physical health: Contributions from the neurobiology of parenting. *Neuroscience and Biobehavioral Reviews, 55*, 1–17.

Carney, D.R., Cuddy, A.J., & Yap, A.J. (2010). Power posing: brief nonverbal displays affect neuroendocrine levels and risk tolerance. *Psychological science, 21*(10), 1363–1368. https://doi.org/10.1177/0956797610383437

Coles, N.A., Larsen, J.T., & Lench, H.C. (2019). A meta-analysis of the facial feedback literature: Effects of facial feedback on emotional experience are small and variable. *Psychological Bulletin, 145*(6), 610–651. https://doi.org/10.1037/bul0000194

Cross, M.P., Gheorma, L., & Pressman, S.D. (2019). Contrasting experimentally device-manipulated and device-free smiles. *Frontiers in Psychology, 10*, 2297. https://doi.org/10.3389/fpsyg.2019.02297

Di Bello, M., Carnevali, L., Petrocchi, N., Thayer, J.F., Gilbert, P., & Ottaviani, C. (2020). The compassionate vagus: A meta-analysis on the connection between compassion and heart rate variability. *Neuroscience and Biobehavioral Reviews, 116*, 21–30. https://doi.org/10.1016/j.neubiorev.2020.06.016

Di Bello, M., Ottaviani, C., & Petrocchi, N. (2021) Compassion is not a benzo: Distinctive associations of heart rate variability with its empathic and action components. *Frontiers of Neuroscience*, 15, 617443. https://doi.org/10.3389/fnins.2021.617443

Dumont, G.J.H., Sweep, F.C.G.J., van der Steen, R., Hermsen, R., Donders, A.R.T., Touw, D.J., van Gerven, J.M.A., Buitelaar, J.K., & Verkes, R.J. (2009). Increased oxytocin concentrations and prosocial feelings in humans after ecstasy (3,4-methylenedioxymethamphetamine) administration. *Social Neuroscience, 4*(4), 359–366. https://doi.org/10.1080/17470910802649470

Falconer, C.J., Lobmaier, J.S., Christoforou, M., Kamboj, S.K., King, J.A., Gilbert, P., & Brewin, C.R. (2019). Compassionate faces: Evidence for distinctive facial expressions associated with specific prosocial motivations. *PLoS ONE, 14*(1). https://doi.org/10.1371/journal.pone.0210283

Falconer, C.J., Rovira, A., King, J.A., Gilbert, P., Antley, A., Fearon, P., Ralph, N., Slater, M., & Brewin, C.R. (2016). Embodying self-compassion within virtual reality and its effects on patients with depression. *BJPsych Open, 2*(1), 74–80.

Feinstein, D. (2012). Acupoint stimulation in treating psychological disorders: Evidence of efficacy. *Review of General Psychology, 16*(4), 364–380. https://doi.org/10.1037/a0028602

Garfinkel, S.N., Seth, A.K., Barrett, A.B., Suzuki, K., & Critchley, H.D. (2015). Knowing your own heart: Distinguishing interoceptive accuracy from interoceptive awareness. *Biological Psychology, 104*, 65–74. https://doi.org/10.1016/j.biopsycho.2014.11.004

Gilbert, J.A., Blaser, M.J., Caporaso, J.G., Jansson, J.K., Lynch, S.V., & Knight, R. (2018). Current understanding of the human microbiome. *Nature Medicine, 24*(4), 392–400. https://doi.org/ 10.1038/nm.4517

Gilbert, P. (1989). *Human nature and suffering*. Lawrence Erlbaum Associates.

Gilbert, P. (2007). Evolved minds and compassion in the therapeutic relationship. In P. Gilbert & R.L. Leahy (Eds.). *The therapeutic relationship in the cognitive behavioral psychotherapies* (pp. 106–142). Routledge/Taylor & Francis Group.

Gilbert, P. (2010). *Compassion focused therapy distinctive features*. Routledge.

Gilbert, P. (2014). The origins and nature of compassion focused therapy. *British Journal of Clinical Psychology, 53*(1), 6–41. https://doi.org/10.1111/bjc.12043

Gilbert, P. (2015). Affiliative and prosocial motives and emotions in mental health. *Dialogues in Clinical Neuroscience, 17*, 381–389.

Gilbert, P. (2019). Psychotherapy for the 21st century: An integrative, evolutionary, contextual, biopsychosocial approach. *Psychology & Psychotherapy: Theory, Research & Practice, 92*(2), 164–189. https://doi.org/10.1111/papt.12226

Gilbert, P. (2020). Compassion: From its evolution to a psychotherapy. *Frontiers in Psychology, 11*, 586161. https://doi.org/10.3389/fpsyg.2020.586161

Gilbert, P., Allan, S., & Trent, D.R. (1995). Involuntary subordination or dependency as key dimensions of depressive vulnerability? *Journal of Clinical Psychology, 51*, 740–752.

Halamová, J., Kanovský, M., & Koróniová, J. (2019). Heart rate variability differences among participants with different levels of self-criticism during exposure to a guided imagery. *Adaptive Human Behavior and Physiology,* 5, 371–381. https://doi.org/10.1007/s40750-019-00122-3

Hinkle, D.N. (2000). *Burning point.* Alamo Square Distributors.

Hysek, C.M., Schmid, Y., Simmler, L.D., Domes, G., Heinrichs, M., Eisenegger, C., Preller, K.H., Quednow, B.B., & Liechti, M.E. (2014). MDMA enhances emotional empathy and prosocial behavior. *Social Cognitive and Affective Neuroscience,* 9(11), 1645–1652. https://doi.org/ 10.1093/scan/nst161

Jerath, R., Crawford, M.W., Barnes, V.A., & Harden, K. (2015). Self-regulation of breathing as a primary treatment for anxiety. *Applied Psychophysiology and Biofeedback, 40*(2), 107–115. https:// doi.org/10.1007/s10484-015-9279-8

Johnson, K.J., Waugh, C.E., & Fredrickson, B.L. (2010). Smile to see the forest: Facially expressed positive emotions broaden cognition. *Cognition and Emotion, 24*(2), 299–321. https://doi.org/10.1080/02699930903384667

Kamboj, S.K., Kilford, E.J., Minchin, S., Moss, A., Lawn, W., Das, R.K., Falconer, C.J., Gilbert, P., Curran, H.V., & Freeman, T.P. (2015). Recreational 3,4-methylenedioxy-n-methylamphetamine (MDMA) or 'ecstasy' and self-focused compassion: Preliminary steps in the development of a therapeutic psychopharmacology of contemplative practices. *Journal of Psychopharmacology, 29*(9), 961–970. https://doi.org/10.1177/0269881115587143

Kamboj, S.K., Walldén, Y.S.E., Falconer, C.J., Alotaibi, M.R., Blagbrough, I.S., Husbands, S.M., & Freeman, T.P. (2018). Additive effects of 3,4-methylenedioxymethamphetamine (MDMA) and compassionate imagery on self-compassion in recreational users of ecstasy. *Mindfulness,* 9(4), 1134–1145. https://doi.org/10.1007/s12671-017-0849-0

Kelly, A.C., & Dupasquier, J. (2016). Social safeness mediates the relationship between recalled parental warmth and the capacity for self-compassion and receiving compassion. *Personality and Individual Differences, 89*, 157–161

Kennedy, A. (2014). Compassion-focused EMDR. *Journal of EMDR Practice and Research, 8*(3), 135–146. https://doi.org/10.1891/1933-3196.8.3.135

Kim, J.J., Kent, K.M., Cunnington, R., Gilbert, P., & Kirby, J.N. (2020a). Attachment styles modulate neural markers of threat and imagery when engaging in self-criticism. *Scientific Reports, 10*(1), 13776. https://doi.org/10.1038/s41598-020-70772-x

Kim, J.J., Parker, S.L., Doty, J.R., Cunnington, R., Gilbert, P., & Kirby, J.N. (2020b). Neurophysiological and behavioural markers of compassion. *Scientific Reports, 10*(1), 6789. https://doi.org/10.1038/s41598-020-63846-3

Kirkpatrick, M.G., Lee, R., Wardle, M.C., Jacob, S., & de Wit, H. (2014). Effects of MDMA and intranasal oxytocin on social and emotional processing. *Neuropsychopharmacology, 39*(7), 1654–1663. https://doi.org/10.1038/npp.2014.12

Koole, S.L., & Tschacher, W. (2016). Synchrony in psychotherapy: A review and an integrative framework for the therapeutic alliance. *Frontiers in Psychology,* 7. https://doi.org/10.3389/fpsyg.2016.00862

Kotera, Y., Richardson, M., & Sheffield, D. (2021). Effects of shinrin-yoku (forest bathing) and nature therapy on mental health: A systematic review and meta-analysis. *International Journal of Mental Health and Addiction, 18*, 1770. https://doi.org/10.3390/ijerph18041770

Kraft, T.L., & Pressman, S.D. (2012). Grin and bear it: The influence of manipulated facial expression on the stress response. *Psychological Science, 23*(11), 1372–1378. https://doi.org/10.1177/ 0956797612445312

Kramer, R., & Cuccolo, K. (2020). Yoga practice in a college sample: Associated changes in eating disorder, body image, and related factors over time. *Eating Disorders, 28*(4), 494–512.

Kumsta, R. (2019). The role of epigenetics for understanding mental health difficulties and its implications for psychotherapy research. *Psychology and Psychotherapy: Theory, Research and Practice, 92*(2), 190–207

Laborde, S., Strack, N., & Mosley, E. (2019). The influence of power posing on cardiac vagal activity. *Acta Psychologica, 199*, 102899. https://doi.org/10.1016/j.actpsy.2019.102899

Lehrer, P.M., & Gevirtz, R. (2014). Heart rate variability biofeedback: How and why does it work? *Frontiers in Psychology,* 5. https://doi.org/10.3389/fpsyg.2014.00756

Maratos, F.A., Duarte, J., Barnes, C., McEwan, K., Sheffield, D., & Gilbert, P. (2017). The physiological and emotional effects of touch: Assessing a hand-massage intervention with high self-critics. *Psychiatry Research, 250,* 221–227. https://doi.org/10.1016/j.psychres.2017.01.066

Mather, M., & Thayer, J. (2018). How heart rate variability affects emotion regulation brain networks. *Current Opinion in Behavioral Sciences, 19,* 98–104. https://doi.org/10.1016/ j.cobeha.2017.12.017

Mayseless, O. (2016). *The caring motivation: An integrated theory*. Oxford University Press.

Miller, J.G., Gillette, J.S., Manczak, E.M., Kircanski, K., & Gotlib, I.H. (2019). Fine particle air pollution and physiological reactivity to social stress in adolescence: The moderating role of anxiety and depression. *Psychosomatic Medicine, 81*(7), 641–648. https://doi.org/10.1097/ PSY.0000000000000714

Motta, R.W. (2020). MDMA ('ecstasy') for PTSD. In *Alternative therapies for PTSD: The science of mind-body treatments* (pp. 163–178). American Psychological Association. https://doi.org/10.1037/0000186-010.

Nesse, R.M. (2019). *Good reasons for bad feelings: Insights from the frontier of evolutionary psychiatry*. Dutton.

Panksepp, J. (1998). *Affective neuroscience: The foundations of human and animal emotions*. Oxford University Press.

Petrocchi, N. (2020). Compassion focused EMDR with children and adolescents. In A. Verardo & G. Lauretti (Eds.). *Repairing childhood trauma* (pp. 104–115). Giovanni Fioriti Editore.

Petrocchi, N., & Cheli, S. (2019). The social brain and heart rate variability: Implications for psychotherapy. *Psychology & Psychotherapy: Theory, Research & Practice, 92*(2), 208–223. https:// doi.org/10.1111/papt.12224

Petrocchi, N., Piccirillo, G., Fiorucci, C., Moscucci, F., Di Iorio, C., Mastropietri, F., Parrotta, I., Pascucci, M., Magrì, D., & Ottaviani, C. (2017). Transcranial direct current stimulation enhances soothing positive affect and vagal tone. *Neuropsychologia, 96,* 256–261.

Pope, C.A. 3rd, Verrier, R.L., Lovett, E.G., Larson, A.C., Raizenne, M.E., Kanner, R.E., Schwartz, J., Villegas, G.M., Gold, D.R., & Dockery, D.W. (1999). Heart rate variability associated with particulate air pollution. *American Heart Journal, 138*(5 pt 1), 890–899.

Porges, S.W. (2007). The polyvagal perspective. *Biological Psychology, 74(2),* 116–143. https://doi.org/10.1016/j.biopsycho.2006.06.009

Richardson, M., McEwan, K., Maratos, F., & Sheffield, D. (2016). Joy and calm: How an evolutionary functional model of affect regulation informs positive emotions in nature. *Evolutionary Psychological Science, 2*(4), 308–320. https://doi.org/10.1007/s40806-016-0065-5.

Salim, S.Y., Kaplan, G.G., & Madsen, K.L. (2014). Air pollution effects on the gut microbiota: A link between exposure and inflammatory disease. *Gut Microbes,* 5(2), 215–219. https://doi.org / 10.4161/gmic.27251

Schubert, S.J., Lee, C.W., & Drummond, P.D. (2011). The efficacy and psychophysiological correlates of dual-attention tasks in eye movement desensitization and reprocessing (EMDR). *Journal of Anxiety Disorders, 25*(1), 1–11. https://doi.org/10.1016/j.janxdis.2010.06.024

Shapiro, F. (2018). *Eye movement desensitization and reprocessing (EMDR) therapy: Basic principles, protocols, and procedures* (3rd ed.). Guilford Press.

Shin, J., Park, J.Y., & Choi, J. (2018). Long-term exposure to ambient air pollutants and mental health status: A nationwide population-based cross-sectional study. *PloS One, 13*(4), e0195607. https://doi.org/10.1371/journal.pone.0195607

Steffen, P.R., Foxx, J., Cattani, K., Alldredge, C., Austin, T., & Burlingame, G.M. (2020). Impact of a 12-week group-based compassion focused therapy intervention on heart rate variability. *Applied Psychophysiology and Biofeedback.* https://doi.org/10.1007/s10484-020-09487-8

Stilling, R.M., Bordenstein, S.R., Dinan, T.G., & Cryan, J.F. (2014). Friends with social benefits: host-microbe interactions as a driver of brain evolution and development? *Frontiers in Cellular and Infection Microbiology, 4,* 147. https://doi.org/10.3389/fcimb.2014.00147

Sullivan, M.B., Erb, M., Schmalzl, L., Moonaz, S., Noggle Taylor, J., & Porges, S.W. (2018). Yoga therapy and polyvagal theory: The convergence of traditional wisdom and contemporary neuroscience for self-regulation and resilience. *Frontiers in Human Neuroscience, 12.* https:// doi.org/10.3389/fnhum.2018.00067

Tarsha, M.S., Park, S., & Tortora, S. (2020). Body-centered interventions for psychopathological conditions: A review. *Frontiers in Psychology, 10.* https://doi.org/10.3389/fpsyg.2019.02907

Thayer, J.F., & Lane, R.D. (2009). Claude Bernard and the heart-brain connection: Further elaboration of a model of neurovisceral integration. *Neuroscience and Biobehavioral Review, 33*, 81–88. https://doi.org/10.1016/j.neubiorev.2008.08.004

Triscoli, C., Croy, I., Steudte-Schmiedgen, S., Olausson, H., & Sailer, U. (2017). Heart rate variability is enhanced by long-lasting pleasant touch at CT-optimized velocity. *Biological Psychology, 128*, 71–81. https://doi.org/10.1016/j.biopsycho.2017.07.007

Tversky, B. (2019). *Mind in motion: How action shapes thought*. Basic Books.

Velásquez, A.M., López, M.A., Quiñonez, N., & Paba, D.P. (2015). Yoga for the prevention of depression, anxiety, and aggression and the promotion of socio-emotional competencies in school-aged children. *Educational Research and Evaluation, 21*(5–6), 407–421.

Workman, L., Reader, W., & Barkow, J.H. (2020). *The Cambridge handbook of evolutionary perspectives on human behaviour*. Cambridge University Press.

Zhang, N., Zhang, Y., Li, M., Wang, W., Liu, Z., Xi, C., ... & Zhai, S. (2020). Efficacy of probiotics on stress in healthy volunteers: A systematic review and meta-analysis based on randomized controlled trials. *Brain and Behavior, 10*(9), e01699. https://doi.org/10.1002/brb3.1699

Zou, L., Sasaki, J.E., Wei, G.-X., Huang, T., Yeung, A.S., Neto, O.B., Chen, K.W., & Hui, S. S.-C. (2018). Effects of mind-body exercises (tai chi/yoga) on heart rate variability parameters and perceived stress: A systematic review with meta-analysis of randomized controlled trials. *Journal of Clinical Medicine, 7*(11). https://doi.org/10.3390/jcm7110404

11

Psicodélicos, conectividade e compaixão

Enzo Tagliazucchi, Lorena Llobenes e Natali Gumiy

Após décadas de estagnação, há um interesse renovado no uso de substâncias psicodélicas, à medida que evidências do seu potencial terapêutico crescem continuamente na literatura (Sessa, 2012; Sessa, 2018). O volume de pesquisas científicas conduzidas sobre essas substâncias se expandiu drasticamente durante a última década, levando à possibilidade da sua aprovação para uso clínico nos próximos dez anos (Nutt & Carhart-Harris, 2020). Embora psicodélicos sejam usados há séculos em contextos de rituais, comunais e espirituais, hoje provavelmente estamos no auge do nosso interesse e nosso conhecimento científicos sobre essas drogas (Escohotado, 2002).

Como uma abordagem biopsicológica embasada pela evolução focada na neurofisiologia do cuidado, a TFC pode se beneficiar com nosso conhecimento dos mecanismos biológicos subjacentes aos efeitos dos psicodélicos e de como eles podem ser usados como ferramentas potenciais para acelerar ou facilitar os processos de compaixão (Gilbert, 2014). Neste capítulo, exploramos nosso conhecimento atual sobre os mecanismos de ação das substâncias psicodélicas pela perspectiva da empatia, da cognição e do comportamento social, relevante no contexto da TFC. Após apresentarmos brevemente os psicodélicos serotonérgicos e seus mecanismos de ação moleculares e em nível de sistema, revisamos a literatura de como essas substâncias podem exercer mudanças na autoexperiência, no processamento emocional e na cognição social. Quando discutimos os mecanismos de ação, abordamos separadamente as dimensões subjetivas (p. ex., fatores contextuais) e objetivas (p. ex., ação farmacológica direta). Esses efeitos podem levar à proteção social, à conectividade e ao comportamento pró-social e podem, portanto, facilitar a troca da mentalidade competitiva para a mentalidade de cuidado, um dos princípios gerais da TFC (Gilbert, 2014; Gilbert, 2020). Encerramos este capítulo discutindo algumas das implicações clínicas desses efeitos e como eles podem ser incorporados à TFC no futuro.

O que são os psicodélicos e como eles agem?

Os psicodélicos serotonérgicos podem ser classificados em duas categorias principais de alcaloides naturais e sintéticos. As triptaminas estão mais próximas dos análogos estruturais da serotonina e incluem moléculas como psilocibina, dimetiltriptamina (DMT) e dietilamida do ácido lisérgico (LSD). As fenetilaminas são análogos da anfetamina e incluem moléculas como mescalina e as famílias sintéticas 2C-x e DOx, entre outras (Nichols, 2016; Zamberlan et al., 2018). Como evidenciado por um grande número de experimentos com humanos e animais, e também por simulações *in silico*, tanto as triptaminas quanto as fenetilaminas psicodélicas atuam por agonismo no receptor 2A da serotonina (também conhecido como receptor 5-HT_{2A}). No entanto, as triptaminas tendem a mostrar ação menos específica, com agonismo significativo em outros subtipos de receptores de serotonina (Nichols, 2016). Como a vasta maioria dos estudos contemporâneos tem sido conduzida com triptaminas (sobretudo psilocibina, LSD, DMT, além de DMT combinada com betacarbolinas, na infusão amazônica conhecida como *ayahuasca*), de agora em diante, limitaremos nossa discussão a essa classe de moléculas.

Após se ligarem ao receptor 5-HT_{2A}, os psicodélicos aumentam a excitabilidade da célula. Na escala molecular, os efeitos dos psicodélicos são mediados pela seletividade funcional, em que a cascata de mensageiros intracelulares ativada pela molécula de ligação depende da conformação final do complexo molécula-receptor (González-Maeso et al., 2007; Carhart-Harris et al., 2014). Em outras palavras, a forma da própria célula é importante para determinar o efeito funcional no neurônio, o que pode explicar as diferenças entre os efeitos dos psicodélicos, certos agonistas de 5-HT_{2A} sem efeitos psicoativos (p. ex., lisurida) e a própria serotonina. As propriedades psicoativas dos psicodélicos também estão relacionadas à estimulação de um complexo receptor de serotonina-glutamato (5-HT_{2A}-mGlu2) (González-Maeso et al., 2008); as substâncias que não estão ativas nesse complexo podem não provocar efeitos psicodélicos típicos (Nichols et al., 2016). Os receptores de serotonina 5-HT_{2A} são expressos mais ricamente em células corticais de camada profunda (sobretudo a camada V) (Xu & Pandey, 2000), que são abundantes em projeções corticais e subcorticais de longo alcance e podem exercer uma função inibitória indireta, ativando interneurônios inibitórios (Rockland, 2019). Foi empregada tomografia por emissão de pósitrons (PET) para mostrar que a densidade dos receptores 5-HT_{2A} é especialmente rica em áreas sensoriais (principalmente o córtex visual) e em redes corticais transmodais e integrativas, incluindo o pré-cuneo, o tálamo, a junção temporoparietal e o lobo frontal (Beliveau et al., 2017). Considerando-se essas observações, é de se esperar que os psicodélicos tenham capacidade de modificar profundamente a consciência e a cognição.

A distribuição dos receptores 5-HT_{2A} é consistente com os efeitos conhecidos das substâncias psicodélicas; entretanto, ainda falta uma compreensão mecanicista de como a ativação de 5-HT_{2A} por psicodélicos provoca mudanças profundas na percepção consciente. É difícil distinguir mudanças na natureza da experiência da própria consciência das mudanças nos conteúdos da consciência. Um dos correlatos neurais do estado psicodélico mais robustamente reproduzidos é a supressão de banda larga das oscilações cerebrais quando registradas por eletroencefalografia (EEG) e magnetoencefalografia (MEG) (Muthukumaraswamy et al., 2013; Valle et al., 2016; Carhart-Harris et al., 2016; Pallavicini et al., 2019). Essas oscilações emergem como o deslocamento coordenado das correntes de grandes agregados neurais que são simultaneamente despolarizados através do córtex, com diferentes bandas de frequência desempenhando papéis funcionais distintos. Os psicodélicos suprimem essas oscilações mais fortemente na banda alfa (8-12 Hz), uma oscilação que foi repetidamente associada a um estado inerte ou de repouso do cérebro e à supressão ativa de atividade cerebral irrelevante para a tarefa (Jansen & Mazaheri, 2010). O ritmo alfa também está diminuído quando os sujeitos abrem os olhos ou se engajam em cognição que requer esforço, sugerindo que os psicodélicos são capazes de desligar os mecanismos que impedem o acesso global da atividade cerebral espontânea com os olhos fechados. Essa perda da inibição cortical está diretamente relacionada à ativação de 5-HT_{2A} (Valle et al., 2016), e pode explicar algumas das impressionantes distorções visuais geométricas típicas do estado psicodélico (Bressloff et al., 2001).

A amplitude do ritmo beta (12-2 Hz) também é prejudicada pelos psicodélicos, o que implica a desativação da rede em modo predefinido do cérebro, pois experimentos combinados de EEG e ressonância magnética funcional (fMRI, do inglês *functional magnetic ressonance imaging*) mostram que o ritmo beta está positivamente correlacionado à atividade hemodinâmica dentro dessa rede (Laufs et al., 2003). Como demonstrado por Carhart-Harris et al. (2012), esses efeitos agudos da psilocibina resultam em atividade cerebral reduzida nos principais nós da rede do modo padrão, o que pode estar relacionado à redução do pensamento autorreferencial e das ruminações característica dos efeitos agudos dos psicodélicos (Carhart-Harris et al., 2012). Essas substâncias têm a capacidade de induzir estados de *dissolução do ego* e um *sentimento oceânico de ausência de limites*, em que o *self* sai do foco dos processos de pensamento espontâneo e então entra em um sentimento de unidade com o ambiente físico, biológico e social (Milliere, 2017). Esses processos parecem ser mediados pelo aumento na conversa cruzada entre regiões da rede no modo padrão (ativadas durante o pensamento autorreferencial) e os principais córtices sensoriais (ativados durante a percepção do mundo externo) (Tagliazucchi et al., 2016). A conectividade funcional aumentada por todo o cérebro é uma característica das drogas psicodélicas (Nichols, 2016; Tagliazucchi et al., 2016) e pode também estar subjacente a outros efeitos relacionados à sobreposição aumentada entre informações que usualmente são processadas ao longo de transmissões separadas, como diferentes formas de sinestesia (p. ex., quando perceptos de uma modalidade sensorial são evocados por uma modalidade diferente, como a percepção de cores ou sabores associados a diferentes sons).

Apesar do nosso conhecimento altamente incompleto de como os psicodélicos agem no cérebro, várias versões teóricas foram apresentadas, tentando fornecer explicações abrangentes. A hipótese do cérebro entrópico, oferecida por Carhart-Harris e colegas, sugere que os psicodélicos atuam aumentando o volume do transtorno ou a entropia medida nos sinais de atividade cerebral (Carhart-Harris et al., 2014; Carhart-Harris, 2018). Esse aumento da entropia é o equivalente objetivo da experiência subjetiva durante o estado psicodélico, percebido como mais rico e mais surpreendente. Carhart-Harris e Friston também formularam uma explicação conhecida como "crenças relaxadas sob o efeito de psicodélicos" (REBUS), baseada no princípio de que a entropia aumentada relaxa a precisão de crenças prévias de nível superior, aumentando o fluxo de informações ascendentes no cérebro (Carhart-Harris & Friston, 2019). Por fim, Vollenweider e colaboradores focaram no papel do tálamo na experiência psicodélica (Preller et al., 2019). O modelo do filtro talâmico sugere que os efeitos principais dos psicodélicos podem resultar de déficits no portão talâmico, resultantes do processamento fragmentado da informação nos ciclos de *feedback* córtico-estriado-tálamo-cortical. Essas teorias são, de modo geral, consistentes com os efeitos dos psicodélicos na cognição, que podem ser resumidos como bloqueio aprimorado de informações sensoriais, simultâneos a funções cognitivas prejudicadas sobretudo no domínio da atenção e tomada de decisão (Bayne & Carter, 2018).

Psicodélicos, conectividade e pró-socialidade

Embora a maioria dos estudos até o momento tenha focado nos efeitos dos psicodélicos na consciência (i.e., relatos de percepção e autoconsciência alteradas), está cada vez mais evidente que os psicodélicos são capazes de induzir efeitos a longo prazo no comportamento social. É possível que um dos sistemas evolutivos essenciais que essas substâncias acessam seja o *sistema de proteção social* (veja os Capítulos 2 e 3). Ele agora foi identificado como um sistema de regulação emocional potencialmente distinto (Armstrong, Nitschke, Bilash, & Zuroff, 2020). Uma ligação causal é sugerida por experimentos duplo-cego e controlados com placebo usando LSD, mostrando que a droga é capaz de induzir um estado de felicidade, com aumento na confiança e sentimentos de conexão com os outros, simultâneos a uma maior empatia emocional e um reconhecimento prejudicado de rostos tristes ou assustados (Dolder et al., 2016). De forma geral, o LSD melhorou o comportamento pró-social e o desejo de estar na companhia de outros, ao passo que um estudo diferente também reportou que o LSD melhorava medidas autorrelatadas de altruísmo (Schmid & Liechti, 2018). Uma configuração experimental similar estabeleceu que a psilocibina pode aumentar a empatia emocional (mas não a cognitiva)[1], com essas alterações estando correlacionadas com mudanças no significado dos perceptos; por sua vez, a tomada de decisão moral não foi afetada pela droga (Pokorny et al., 2017). Isso pode estar associado ao fato de que a empatia emocional como "contágio" é evolutivamente antiga, ao passo que a tomada de perspectiva é mais recente e provavelmente requer o modo padrão. Os psicodélicos estão suavizando esse processo mais recente de "pensamento-raciocínio" na consciência. Esses efeitos foram diretamente ligados à ativação de 5-HT_{2A}, pois eles são suprimidos pelo pré-tratamento com a cetanserina 5-HT_{2A} (Kometer et al., 2012). Sobretudo, alguns desses efeitos podem se manifestar mesmo na fase subaguda: um estudo conduzido durante e após a retirada de psilocibina mostrou que a empatia emocional foi aumentada durante a experiência e que essas melhoras persistiram mesmo após uma semana de uma dose única de psilocibina (Mason et al., 2019). Além disso, os efeitos dos agonistas de 5-HT_{2A} no comportamento social são manifestados durante interações diretas entre os indivíduos. Tanto a psilocibina quanto a 2,4 metilenodioximetanfetamina (MDMA, uma substância conhecida como empatógeno e com um mecanismo de ação diferente) mudaram de maneira significativa o comportamento no jogo do ultimato, com essas mudanças sendo indicativas de pró-socialidade aumentada (Gabay et al., 2018).

Duas dimensões devem ser simultaneamente consideradas para entender como os psicodélicos podem exercer essas mudanças na empatia e no comportamento pró-social: a natureza da experiência subjetiva durante os efeitos agudos e a ação farmacológica objetiva da molécula no cérebro. Os psicodélicos são substâncias únicas, no sentido de que resistem à análise redutiva baseada unicamente em considerações neurocientíficas. Seus efeitos estão muito longe de serem deterministas e dependem essencialmente de variáveis contextuais, conhecidas como o estabelecido (o estado mental do usuário anterior à experiência) e o contexto (o ambiente em torno do usuário) (Carhart-Harris et al., 2018). Por sua vez, as consequências comportamentais a longo prazo depois de uma única dose de uma droga psicodélica se relacionam com a natureza da experiência evocada, com certos tipos de experiências (conhecidas como experiências de "pico" ou "tipo místico") sendo especificamente ligadas a resultados positivos em ensaios clínicos para o uso de psicodélicos no tratamento de depressão, ansiedade e transtornos por abuso de substância (Johnson et al., 2019). A intensidade dessas experiências pode ser determinada por questionários como o Questionário de Experiência Mística (MEQ), que pontua dimensões como conectividade e sentimentos de unidade, sentimentos de êxtase e felicidade, sacralidade e propósito elevado, inefabilidade e caráter noético (Johnson et al., 2019). Fortes evidências apoiam as formas de proteção social de conectividade como um fator que conduz ao aumento do humor por substâncias psicodélicas (Carhart-Harris et al., 2018; Forstmann et al., 2020) e ao aumento na natureza das relações — ou seja, um direcionamento para uma atitude mais pró-ambiental (Forstmann & Sagioglou, 2017). Isso sugere impactos na regulação emocional (p. ex., proteção *versus* ameaça), e também na motivação para compaixão (p. ex., estar/sentir-se conectado e útil, e não prejudicial).

Quanto à primeira dimensão, podemos levantar a hipótese de que empatia e comportamento pró-social aumentados estão relacionados a fortes sentimentos de conectividade que podem caracterizar uma experiência psicodélica. Deve ser enfatizado que o construto da "conectividade" transcende a dimensão social e abrange fortes sentimentos de unidade indicativos de dissolução do ego ou sentimento oceânico de ausência de limites; a relação entre conectividade social e conectividade entendida nesses termos mais gerais ainda precisa ser investigada. Os psicodélicos também podem exercer mudanças no comportamento social, modificando os traços de personalidade dos usuários. Foi repetidamente demonstrado que o uso de psicodélicos está ligado à maior abertura à experiência, um traço de personalidade do modelo da personalidade Big Five, abrangendo imaginação ativa, sensibilidade estética, atentividade aos sentimentos internos, preferência por variedade e curiosidade intelectual (Bouso et al., 2018). Embora ligações diretas entre abertura e comportamento pró-social sejam escassas (elas tendem a depender de outro traço Big Five conhecido como agradabilidade), podemos especular que melhoras induzidas por psicodélicos no comportamento tolerante e de aceitação são mediadas por mudanças na abertura (Butrus & Witenberg, 2013).

Mecanismos cerebrais que apoiam os efeitos dos psicodélicos no comportamento social

Estudos de neuroimagem podem ser conduzidos para avaliar os mecanismos objetivos subjacentes aos efeitos de substâncias psicodélicas na cognição e no comportamento social. Com base em uma vasta literatura, usando técnicas como fMRI e EEG para inferir as regiões anatômicas cuja ativação está correlacionada com diferentes faces da cognição social, os pesquisadores podem fazer inferências sobre as causas no comportamento social ativadas por experiências psicodélicas. Um estudo transversal randomizado equilibrado investigou o processo de interação social e sua relação com os efeitos agudos do LSD (Preller et al., 2018). Os participantes completaram uma tarefa dentro de um *scanner* de fMRI, envolvendo a iniciação de interações sociais. O LSD produziu ativação nas regiões cerebrais implicadas no autoprocessamento, sugerindo um deslocamento da atenção para outros indivíduos que fazem parte da interação. Esse autofoco reduzido é consistente com estudos iniciais que mostram desativação da rede no modo padrão sob uma dose de psilocibina (Carhart-Harris et al., 2012). Um estudo recente com EEG, seguindo um *design* experimental análogo, forneceu resultados convergentes, estabelecendo que a psilocibina modula a autoexperiência, em particular, alterando a fase dos potenciais evocados de resposta (PREs), codificando a autodistinção, com as mudanças localizadas sobretudo no cingulado anterior supragenual e no córtex insular direito (Smigielski et al., 2020).

Embora devam ser conduzidos mais experimentos para entender a base neurobiológica das mudanças induzidas por psicodélicos na cognição e no comportamento social, a maioria das evidências disponíveis sugere modulação no nível de estruturas corticais relacionadas ao processamento autorreferencial. Isso é consistente com essas mudanças serem uma consequência do fenômeno muito mais amplo de conectividade aumentada durante o estado psicodélico. Alguns relatos mostraram modulações da reatividade da amígdala como uma consequência da ativação de 5-HT_{2A}, o que pode estar subjacente à diferença sistemática entre empatia emocional (aumentada pelas substâncias) e empatia cognitiva (que não é) (Kraehenmann et al., 2015; Kraehenmann et al., 2016). O processamento autorreferencial reduzido pode estar subjacente a muitas das mudanças revisadas no comportamento social evocado por psicodélicos; além disso, uma vez que muitas regiões envolvidas em autocognição estão em sobreposição direta com regiões que apresentam uma alta densidade de receptores de 5-HT_{2A}, e muitos desses efeitos são bloqueados pela cetanserina, é razoável assumir uma ligação causal direta da estimulação entre 5-HT_{2A}. Essa ligação não impede, no entanto, a possibilidade de que outros subtipos de receptores da serotonina também estejam envolvidos, o que precisa ser investigado pelo bloqueio dos receptores correspondentes e avaliando-se as mudanças comportamentais, ou usando-se substâncias psicodélicas com especificidade mais alta para receptores 5-$HT_{2A,}$ como as fenetilaminas.

Compaixão como autoidentidade

A compaixão, na abordagem da TFC, pode ser descrita como um processo multifacetado que considera cinco componentes: reconhecer o sofrimento e compreender a sua universalidade; sentir empatia; ter empatia ou preocupação por aqueles que estão sofrendo (ressonância emocional); tolerar o estresse associado a testemunhar sofrimento; ter motivação para ação ou agir para aliviar o sofrimento (Strauss et al., 2016; Gilbert, 2017, 2020).

A TFC foi desenvolvida com e para pessoas com dificuldades de saúde mental, sobretudo aquelas que não haviam respondido a outras terapias, que tinham problemas com autocriticismo, vergonha e trauma (Gilbert, 2000, 2010; Gilbert e Choden, 2013). Quando a compaixão se torna um foco para a identidade do *self*, desenvolvemos a ideia de sermos úteis, e não prejudiciais a nós mesmos e aos outros (Gilbert, 2020; Gilbert & Choden, 2013). Viver essa identidade requer uma mente e um corpo capazes de suportá-la adequadamente, portanto, a TFC descreve quatro domínios de funcionamento que se tornam o foco da intervenção: motivações, emoções, competências (raciocínio, empatia, consciência de saber) e comportamentos.

Em sociedades competitivas, ou seja, naquelas com indivíduos altamente motivados para competir, a mente se organiza no sentido de um "*self* individualizado", desenvolvendo uma tendência à autoatenção focada, à comparação social, à inveja e à vergonha, ao esforço por mais e melhor e ao autocriticismo por fracassos. Esse aumento na competitividade ocorreu à custa de outras motivações pró-sociais e é associado à maior vulnerabilidade a problemas de saúde mental (Gilbert, 2020).

No treino da mente sobre os *insights* e as competências da compaixão, podemos repadronizá-la de formas mais propícias para lidar com o sofrimento e promover o bem-estar (Gilbert, 2020). Isso inclui gerenciar a ameaça, o que é sempre um fator essencial em uma terapia. Nesse sentido, a TFC distingue claramente entre segurança e proteção como duas formas diferentes de regular a ameaça (Armstrong et al., 2020). O foco da segurança é prevenir o dano e, em especial, operar por meio da fisiologia do sistema de ameaça (eixo hipotálamo-adrenal e sistema nervoso simpático), que é alvo de muitas intervenções farmacológicas. A proteção representa outra dimensão para a regulação da ameaça, que é ativada pela ausência de sinais indicando ameaça e a presença de sinais indicando outros (indivíduos) apoiadores e úteis. Esses sinais de segurança social podem desativar os sistemas de defesa da ameaça por meio de um processo fisiológico completamente diferente: o circuito parassimpático ocitocina-opiáceo, com qualidades calmantes, afiliativas e/ou encorajadoras.

TFC e psicodélicos

> *É uma "graça gratuita", que não é necessária nem suficiente para a salvação, mas que, se usada de maneira apropriada, pode ser enormemente útil para aqueles que a receberam.* (Aldous Huxley, *Drogas que Moldam as Mentes dos Homens;* grifo do autor).

Kamboj et al. (2015) examinaram os efeitos do uso recreativo de MDMA e os efeitos da imagem mental compassiva (IC) sobre autocriticismo e autocompaixão. Eles compararam os efeitos da IC e do MDMA, isoladamente e em combinação, e encontraram maior decréscimo no autocriticismo quando ocorria imagem mental compassiva após o uso de MDMA. Houve efeito adicional semelhante, embora menos pronunciado, do MDMA na autocompaixão. Curiosamente, esses efeitos foram moderados pelas características de apego adulto, de modo que os participantes com evitação relacionada a maior apego pareciam apresentar autocompaixão aumentada depois do MDMA e da IC posterior.

Como já discutido, diversos estudos atuais demonstraram que os psicodélicos são capazes de induzir os seguintes efeitos, todos os quais podem facilitar os processos na TFC: redução no pensamento autorreferencial; dissolução do ego; empatia emocional aumentada; troca no viés emocional para emoções positivas; efeitos pró-sociais subjetivos e comportamentais; aumento no pensamento divergente e convergente; o que pode melhorar a flexibilidade psicológica, permitindo que os indivíduos gerem estratégias novas e mais eficazes que facilitem interpretações adaptativas e habilidades de enfrentamento (Forgeard & Elstein, 2014); e senso de conectividade, com três aspectos principais distinguíveis — conexão com o *self*, com os outros e com o mundo em geral (Watts, 2017). A conectividade revelou ser um mecanismo-chave subjacente à recuperação da saúde mental e do bem-estar psicológico após o tratamento com psicodélicos (Leamy et al., 2011). Como discutido anteriormente, esses efeitos são mediados por mudanças neurofisiológicas que foram medidas e quantificadas por meios objetivos.

Desse modo, os psicodélicos podem promover e facilitar a troca motivacional de uma motivação autocentrada competitiva sensível à ameaça para uma motivação de cuidado sensível à proteção, desse modo, gerenciando o sistema de ameaça e promovendo proteção e conectividade. Esse mecanismo pode ser complementado por outros fatores positivos, como consciência aumentada dos processos de pensamento, descentralização, regulação emocional e tolerância ao estresse.

Conclusão

As raízes científicas da TFC podem ser rastreadas até o reconhecimento de que são os estados cerebrais que dão origem a diferentes experiências e potenciais de ação (veja o Capítulo 2). Logo, a TFC procura estimular mecanismos psicofisiológicos ligados a motivações centrais e sistemas de regulação emocional que dão origem à conectividade, ao bem-estar e ao comportamento pró-social. Atualmente, há evidências consideráveis de que a proteção é um processo crucial que regula muitos dos sistemas psicofisiológicos relativos à saúde (Armstrong et al., 2020; Slavich, 2020). Concluímos que as triptaminas psicodélicas clássicas (sobretudo psilocibina, devido ao seu excelente perfil de segurança e duração ideal dos efeitos subjetivos) têm potencial como adjuvantes na TFC porque proporcionam experiências diretas para esses estados cerebrais. O paradigma atual da terapia com psicodélicos está baseado na intervenção mínima do terapeuta (p. ex., caso o paciente esteja sofrendo alguma forma de estresse) e em uma preparação detalhada do contexto (estabelecido e configurado), para facilitar a indução de certas experiências desejadas (i.e., experiências do tipo místico). Após os efeitos agudos, é essencial que os pacientes se submetam a uma sessão integrativa com o terapeuta, em que a experiência e seus *insights* potenciais são revisitados e discutidos (Garcia-Romeu & Richards, 2018). O uso de psicodélicos como adjuvantes na TFC, sobretudo para pessoas que podem ter dificuldades para acessar experiências de proteção social e conectividade, pode ser adaptado para esse paradigma, ou novas possibilidades podem ser exploradas, como o uso de doses de psilocibina abaixo do limiar (também denominadas "microdoses"), cujos efeitos são suficientemente leves para permitir uma interação de conexão entre paciente e terapeuta (Anderson et al., 2019). Isso sugere um programa de pesquisa sobre o efeito dos psicodélicos em processos como vergonha, uma das fontes mais poderosas do senso de desconexão, isolamento e desconfiança. Experiências prévias de ficar envergonhado também podem estar associadas a comportamento antissocial, por isso, qualquer intervenção que possa suavizar a vergonha seria útil. Até onde temos conhecimento, ainda não foram feitos estudos explorando esses processos.

Pesquisas futuras podem examinar os efeitos combinados da TFC e dos psicodélicos, seja pelo uso de doses únicas padrão ou mesmo microdoses. Apesar de evidências promissoras mostrarem que os psicodélicos podem induzir um estado da mente ideal para a TFC, é necessário trabalho adicional para determinar qual protocolo é mais adequado para diferentes condições de saúde mental, além de elucidar os mecanismos psicológicos e neurobiológicos subjacentes aos benefícios observados.

Nota

1 A empatia cognitiva refere-se à habilidade de adotar e entender o estado mental ou emocional de outra pessoa, sem necessariamente compartilhar o estado emocional; a empatia emocional refere-se à habilidade de compartilhar o estado emocional de outra pessoa.

Referências

Anderson, T., Petranker, R., Rosenbaum, D., Weissman, C.R., Dinh-Williams, L.A., Hui, K., ... & Farb, N.A. (2019). Microdosing psychedelics: Personality, mental health, and creativity differences in microdosers. *Psychopharmacology, 236*(2), 731–740.

Armstrong III, B.F., Nitschke, J.P., Bilash, U., & Zuroff, D.C. (2020). An affect in its own right: Investigating the relationship of social safeness with positive and negative affect. *Personality and Individual Differences, 168*, 109670.

Bayne, T., & Carter, O. (2018). Dimensions of consciousness and the psychedelic state. *Neuroscience of Consciousness, 2018*(1), niy008.

Beliveau, V., Ganz, M., Feng, L., Ozenne, B., Højgaard, L., Fisher, P.M., ... & Knudsen, G.M. (2017). A high-resolution in vivo atlas of the human brain's serotonin system. *Journal of Neuroscience, 37*(1), 120–128.

Bouso, J.C., dos Santos, R.G., Alcázar-Córcoles, M.Á., & Hallak, J.E. (2018). Serotonergic psychedelics and personality: A systematic review of contemporary research. *Neuroscience & Biobehavioral Reviews, 87*, 118–132.

Bressloff, P.C., Cowan, J.D., Golubitsky, M., Thomas, P.J., & Wiener, M.C. (2001). Geometric visual hallucinations, Euclidean symmetry and the functional architecture of striate cortex. *Philosophical Transactions of the Royal Society of London. Series B: Biological Sciences, 356*(1407), 299–330.

Butrus, N., & Witenberg, R.T. (2013). Some personality predictors of tolerance to human diversity: The roles of openness, agreeableness, and empathy. *Australian Psychologist, 48*(4), 290–298.

Carhart-Harris, R., Leech, R., & Nutt, D. (2014). How do hallucinogens work on the brain? *Journal of Psychophysiology, 71*(1), 2–8.

Carhart-Harris, R.L. (2018). The entropic brain-revisited. *Neuropharmacology, 142*, 167–178.

Carhart-Harris, R.L., & Friston, K.J. (2019). REBUS and the anarchic brain: Toward a unified model of the brain action of psychedelics. *Pharmacological Reviews, 71*(3), 316–344.

Carhart-Harris, R.L., Erritzoe, D., Haijen, E., Kaelen, M., & Watts, R. (2018). Psychedelics and connectedness. *Psychopharmacology, 235*(2), 547–550.

Carhart-Harris, R.L., Erritzoe, D., Williams, T., Stone, J.M., Reed, L.J., Colasanti, A., ... & Hobden, P.

(2012). Neural correlates of the psychedelic state as determined by fMRI studies with psilocybin. *Proceedings of the National Academy of Sciences, 109*(6), 2138–2143.

Carhart-Harris, R.L., Leech, R., Hellyer, P.J., Shanahan, M., Feilding, A., Tagliazucchi, E., ... & Nutt, D. (2014). The entropic brain: A theory of conscious states informed by neuroimaging research with psychedelic drugs. *Frontiers in Human Neuroscience, 8*, 20.

Carhart-Harris, R.L., Muthukumaraswamy, S., Roseman, L., Kaelen, M., Droog, W., Murphy, K., ... & Leech, R. (2016). Neural correlates of the LSD experience revealed by multi-modal neuroimaging. *Proceedings of the National Academy of Sciences, 113*(17), 4853–4858.

Dolder, P.C., Schmid, Y., Müller, F., Borgwardt, S., & Liechti, M.E. (2016). LSD acutely impairs fear recognition and enhances emotional empathy and sociality. *Neuropsychopharmacology, 41*(11), 2638–2646.

Escohotado, A. (2002). *Historia general de las drogas*. Espasa.

Forgeard, M.J., & Elstein, J.G. (2014). Advancing the clinical science of creativity. *Frontiers in Psychology, 5*, 613. https://doi.org/10.3389/fpsyg.2014.00613

Forstmann, M., & Sagioglou, C. (2017). Lifetime experience with (classic) psychedelics predicts pro-environmental behavior through an increase in nature relatedness. *Journal of Psychopharmacology, 31*(8), 975–988.

Forstmann, M., Yudkin, D.A., Prosser, A.M., Heller, S.M., & Crockett, M.J. (2020). Transformative experience and social connectedness mediate the mood-enhancing effects of psychedelic use in naturalistic settings. *Proceedings of the National Academy of Sciences, 117*(5), 2338–2346.

Gabay, A.S., Carhart-Harris, R.L., Mazibuko, N., Kempton, M.J., Morrison, P.D., Nutt, D.J., & Mehta, M.A. (2018). Psilocybin and MDMA reduce costly punishment in the Ultimatum Game. *Scientific Reports, 8*(1), 1–9.

Garcia-Romeu, A., & Richards, W.A. (2018). Current perspectives on psychedelic therapy: use of serotonergic hallucinogens in clinical interventions. *International Review of Psychiatry, 30*(4), 291–316.

Gilbert, P. (2000). Social mentalities: internal 'social' conflicts and the role of inner warmth and compassion in cognitive therapy. In P. Gilbert & K.G. Bailey (Eds.). *Genes on the couch: Explorations in evolutionary psychotherapy* (pp. 118–150). Psychology Press.

Gilbert, P. (2010). *Compassion focused therapy* (The CBT distinctive features series). Routledge. Gilbert, P. (2014). The origins and nature of compassion focused therapy. *British Journal of Clinical Psychology, 53*(1), 6–41.

Gilbert, P. (2020). Compassion: From its evolution to a psychotherapy. *Frontiers in Psychology, 11*, 586161.

Gilbert, P., & Choden (2013). *Mindful compassion*. Constable Robinson.

González-Maeso, J., Ang, R.L., Yuen, T., Chan, P., Weisstaub, N.V., López-Giménez, J.F., ... & Gingrich, J.A. (2008). Identification of a serotonin/glutamate receptor complex implicated in psychosis. *Nature, 452*(7183), 93–97.

González-Maeso, J., Weisstaub, N.V., Zhou, M., Chan, P., Ivic, L., Ang, R., ... & Sealfon, S.C. (2007). Hallucinogens recruit specific cortical 5-HT2A receptor-mediated signaling pathways to affect behavior. *Neuron, 53*(3), 439–452.

Jensen, O., & Mazaheri, A. (2010). Shaping functional architecture by oscillatory alpha activity: gating by inhibition. *Frontiers in Human Neuroscience, 4*, 186.

Johnson, M.W., Hendricks, P.S., Barrett, F.S., & Griffiths, R.R. (2019). Classic psychedelics: An integrative review of epidemiology, therapeutics, mystical experience, and brain network function. *Pharmacology & Therapeutics, 197*, 83–102.

Kamboj, S.K., Kilford, E., Minchin, S., Moss, A., Lawn, W., Das, R., Falconer, C., Gilbert, P., Curran, V. & Freeman, T. (2015). Recreational 3,4-methylene-dioxy-N-methylamphetamine (MDMA) or 'ecstasy' and self-focused compassion: Preliminary steps in the development of a therapeutic psychopharmacology of contemplative practices. *Journal of Psychopharmacology, 29*(9) 961–970.

Kometer, M., Schmidt, A., Bachmann, R., Studerus, E., Seifritz, E., & Vollenweider, F.X. (2012). Psilocybin biases facial recognition, goal-directed behavior, and mood state toward positive relative to negative emotions through different serotonergic subreceptors. *Biological Psychiatry, 72*(11), 898–906.

Kraehenmann, R., Preller, K.H., Scheidegger, M., Pokorny, T., Bosch, O.G., Seifritz, E., & Vollenweider, F.X. (2015). Psilocybin-induced decrease in amygdala reactivity correlates with enhanced positive mood in healthy volunteers. *Biological Psychiatry, 78*(8), 572–581.

Kraehenmann, R., Schmidt, A., Friston, K., Preller, K.H., Seifritz, E., & Vollenweider, F.X. (2016). The mixed serotonin receptor agonist psilocybin reduces threat-induced modulation of amygdala connectivity. *NeuroImage: Clinical, 11*, 53–60.

Laufs, H., Krakow, K., Sterzer, P., Eger, E., Beyerle, A., Salek-Haddadi, A., & Kleinschmidt, A. (2003). Electroencephalographic signatures of attentional and cognitive default modes in spontaneous brain activity fluctuations at rest. *Proceedings of the National Academy of Sciences, 100*(19), 11053–11058.

Leamy, M., Bird, V., Le Boutillier, C., Williams, J., & Slade, M. (2011). Conceptual framework for personal recovery in mental health: systematic review and narrative synthesis. *British Journal of Psychiatry, 199*(6): 445–452. https:/doi.org/ 0.1192/bjp.bp.110.083733. PMID: 22130746

Mason, N.L., Mischler, E., Uthaug, M.V., & Kuypers, K.P. (2019). Sub-acute effects of psilocybin on empathy, creative thinking, and subjective well-being. *Journal of Psychoactive Drugs, 51*(2), 123–134.

Milliere, R. (2017). Looking for the self: phenomenology, neurophysiology and philosophical significance of drug-induced ego dissolution. *Frontiers in Human Neuroscience, 11*, 245.

Muthukumaraswamy, S.D., Carhart-Harris, R.L., Moran, R.J., Brookes, M.J., Williams, T.M., Errtizoe, D., ... & Feilding, A. (2013). Broadband cortical desynchronization underlies the human psychedelic state. *Journal of Neuroscience, 33*(38), 15171–15183.

Nichols, D.E. (2016). Psychedelics. *Pharmacological reviews, 68*(2), 264–355.

Nutt, D., & Carhart-Harris, R. (2020). The current status of psychedelics in psychiatry. *JAMA Psychiatry, 78*(2), 121–122. https://doi.org/10.1001/jamapsychiatry.2020.2171

Pallavicini, C., Vilas, M.G., Villarreal, M., Zamberlan, F., Muthukumaraswamy, S., Nutt, D., ... & Tagliazucchi, E. (2019). Spectral signatures of serotonergic psychedelics and glutamatergic dissociatives. *NeuroImage, 200*, 281–291.

Pokorny, T., Preller, K.H., Kometer, M., Dziobek, I., & Vollenweider, F.X. (2017). Effect of psilocybin on empathy and moral decision-making. *International Journal of Neuropsychopharmacology, 20*(9), 747–757.

Preller, K.H., Razi, A., Zeidman, P., Stämpfli, P., Friston, K.J., & Vollenweider, F.X. (2019). Effective connectivity changes in LSD-induced altered states of consciousness in humans. *Proceedings of the National Academy of Sciences, 116*(7), 2743–2748.

Preller, K.H., Schilbach, L., Pokorny, T., Flemming, J., Seifritz, E., & Vollenweider, F.X. (2018). Role of the 5-HT2A receptor in self-and other-initiated social interaction in lysergic acid diethylamide-induced states: A pharmacological fMRI study. *Journal of Neuroscience, 38*(14), 3603–3611.

Rockland, K.S. (2019). What do we know about laminar connectivity? *Neuroimage, 197*, 772–784.

Schenberg., E.E. (2021). Psychedelic drugs as new tools in psychiatric therapeutics. *Brazilian Journal of Psychiatry,* 43(2). https://doi.org/10.1590/1516-4446-2020-0012

Schmid, Y., & Liechti, M.E. (2018). Long-lasting subjective effects of LSD in normal subjects. *Psychopharmacology, 235*(2), 535–545.

Sessa, B. (2012). *The psychedelic renaissance: Reassessing the role of psychedelic drugs in 21st century psychiatry and society*. Muswell Hill Press.

Sessa, B. (2018). The 21st century psychedelic renaissance: Heroic steps forward on the back of an elephant. *Psychopharmacology, 235*(2), 551–560.

Slavich, G.M. (2020). Social safety theory: A biologically based evolutionary perspective on life stress, health, and behavior. *Annual Review of Clinical Psychology,* 16, 265–295.

Smigielski, L., Kometer, M., Scheidegger, M., Stress, C., Preller, K.H., Koenig, T., & Vollenweider, F.X. (2020). P300-mediated modulations in self–other processing under psychedelic psilocybin are related to connectedness and changed meaning: A window into the self–other overlap. *Human Brain Mapping, 41*(17), 4982–4996.

Strauss, C., Taylor, B.L., Gu, J., Kuyken, W., Baer, R., Jones, F. et al. (2016). What is compassion and how can we measure it? A review of de nitions and measures. *Clinical Psychology Review, 47*, 15–27. https://doi.org/ 0.1016/j. cpr.2016.05.004

Tagliazucchi, E., Roseman, L., Kaelen, M., Orban, C., Muthukumaraswamy, S.D., Murphy, K., ... & Bullmore, E. (2016). Increased global functional connectivity correlates with LSD-induced ego dissolution. *Current Biology, 26*(8), 1043–1050.

Valle, M., Maqueda, A.E., Rabella, M., Rodríguez-Pujadas, A., Antonijoan, R.M., Romero, S., ... & Feilding, A. (2016). Inhibition of alpha oscillations through serotonin-2A receptor activation underlies the visual effects of ayahuasca in humans. *European Neuropsychopharmacology, 26*(7), 1161–1175.

Watts, R., Day, C., Krzanowski, J., Nutt, D., & Carhart-Harris, R. (2017). Patients' accounts of increased 'connectedness' and 'acceptance' after psilocybin for treatment-resistant depression. *Journal of Humanistic Psychology,* 57(5), 520–564. https://doi.org/10.1177/ 0022167817709585

Xu, T., & Pandey, S.C. (2000). Cellular localization of serotonin2A (5HT2A) receptors in the rat brain. *Brain Research Bulletin, 51*(6), 499–505.

Zamberlan, F., Sanz, C., Martínez Vivot, R., Pallavicini, C., Erowid, E., & Tagliazucchi, E. (2018). The varieties of the psychedelic experience: A preliminary study of the association between the reported subjective effects and the binding affinity profiles of substituted phenethylamines and tryptamines. *Frontiers in Integrative Neuroscience, 12*, 54.

12

Treinamento de autoprática/ autorreflexão (AP/AR) para terapeutas focados na compaixão

Tobyn Bell, Tara Hickey e James Bennett-Levy

Algum tempo atrás, uma das principais treinadoras em terapia cognitiva, Christine Padesky, escreveu: “Para compreender completamente o processo da terapia, não há substituto para o uso dos métodos da terapia cognitiva em nós mesmos” (Padesky, 1996, p. 288). Essa declaração é especialmente aplicável à TFC. De fato, podemos ir mais longe e sugerir que a prática pessoal da TFC é *essencial* para terapeutas de TFC, para que possam integrar plenamente, incorporar a terapia e, assim, maximizar o potencial dos seus clientes.

Neste capítulo, defendemos fortemente a inclusão da prática pessoal como elemento fundamental no treinamento em TFC, com base em recentes desenvolvimentos teóricos e empíricos e reconhecendo a longa história das práticas experienciais nas tradições contemplativas. Após, fazemos a seguinte pergunta: que práticas pessoais provavelmente serão mais eficazes em nosso desenvolvimento como terapeutas de TFC? Nesse momento, sugerimos que o treino da autoprática/autorreflexão (AP/AR) parece ser a abordagem mais promissora. Após uma discussão dos achados de pesquisa da AP/AR, examinamos os pontos fortes e as limitações de duas formas diferentes de AP/AR — programas *on-line* e *workshops* — e fornecemos exemplos que esperamos que possam auxiliar os terapeutas a fazerem escolhas. Na parte final do capítulo, fornecemos ilustrações e orientações para uma estratégia específica de AP/AR que antevemos que seja útil para todos os terapeutas de TFC: o desenvolvimento do nosso supervisor compassivo interno. Concluímos com uma sugestão de como poderia ser a melhor prática de AP/AR no futuro.

Por que prática pessoal?

Por mais de cem anos, a forma dominante de prática pessoal para os terapeutas foi a terapia pessoal (Geller, Norcross, & Orlinsky, 2005). Tinha-se a crença arraigada de que, se você mesmo tivesse experienciado as nuances sutis da terapia, isso o tornaria um terapeuta melhor. Embora a base de evidências para a terapia pessoal como uma estratégia de treinamento do terapeuta permaneça fraca (Moe & Thimm, 2021; Chigwedere, Bennett-Levy, Fitzmaurice, & Donohue, 2021), a terapia pessoal ainda tem fortes componentes e continua a desempenhar um papel central no treinamento de alguns psicoterapeutas (p. ex., psicanalistas), mas não de outros (p. ex., terapeutas de TCC) (Bennett-Levy, 2019).

Desde o início do século XXI, emergiram novas formas de prática pessoal para terapeutas. Aquelas com a base de evidências mais forte são programas de AP/AR e meditação. Associando as pesquisas sobre AP/AR (Gale & Schröder, 2014; McGillivray, Gurtman, Boganin, & Sheen, 2015) e programas de meditação (Davis & Hayes, 2011; Lomas, Medina, Ivtzan, Rupprecht, & Eiroa-Orosa, 2018) com a pesquisa da terapia pessoal (Edwards, 2018; Moe & Thimm, 2021; Murphy, Irfan, Barnett, Castledine, & Enescu, 2018), há convergência nos achados entre as práticas pessoais que sugere que a prática pessoal pode ter um papel único a ser desempenhado no treinamento de psicoterapeutas. Convém salientar que a TFC tem tradição estabelecida de oferecer retiros para prática pessoal com base no modelo da mente compassiva, sendo recomendada para treinamento dos profissionais nessa abordagem (Gilbert & Choden, 2013).

Com base na pesquisa empírica, o modelo da prática pessoal (Bennett-Levy & Finlay-Jones, 2018), apresentado na Figura 12.1, ilustra as relações presumidas entre a prática pessoal e as competências e os atributos do terapeuta. O modelo sugere que a prática pessoal tem um impacto potencial em cinco domínios: desenvolvimento pessoal e bem-estar, autoconsciência, crenças/atributos/competências interpessoais, habilidades reflexivas e habilidades conceituais/técnicas (Bennett-Levy, 2019). Estudos empíricos recentes indicam que as competências e os atributos do terapeuta em cada um desses cinco domínios estão associados a resultados positivos com os clientes (Barkham, Lutz, Lambert, & Saxon, 2017; Bennett-Levy, 2019; Castonguay & Hill, 2017; Cologon, Schweitzer, King, & Nolte, 2017).

O modelo reforça o papel da reflexão no desenvolvimento das habilidades do tera-

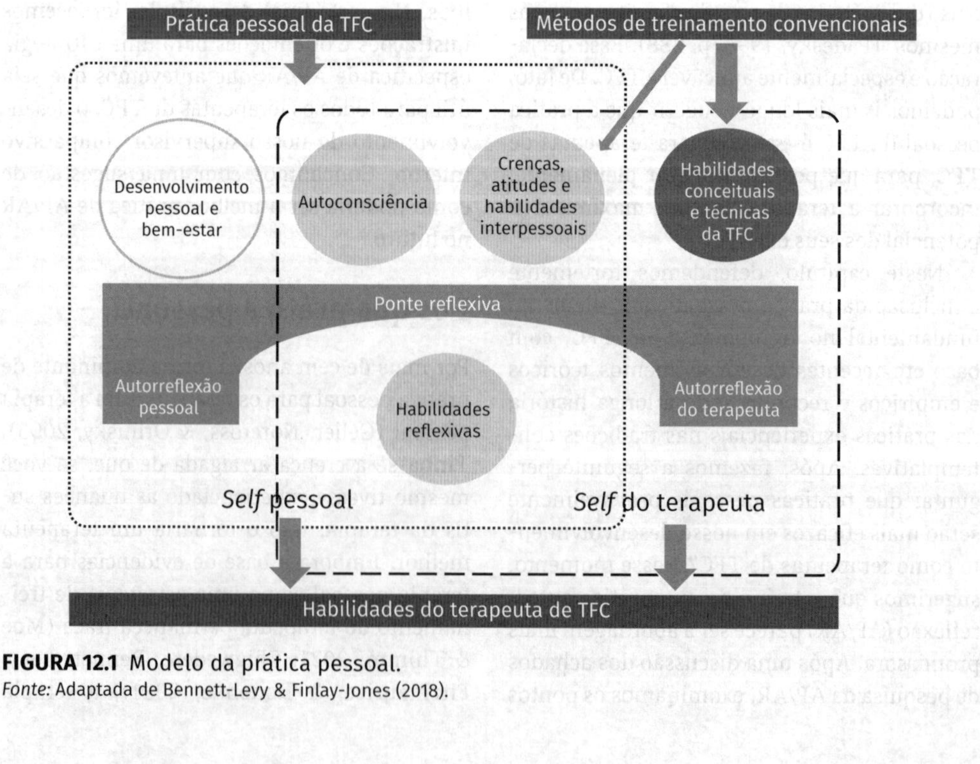

FIGURA 12.1 Modelo da prática pessoal.
Fonte: Adaptada de Bennett-Levy & Finlay-Jones (2018).

peuta. Depois que as habilidades básicas de uma terapia foram aprendidas, a reflexão se torna o motor da aprendizagem permanente (Bennett-Levy, 2006; Skovholt & Rønnestad, 2001), possibilitando que os terapeutas continuem a desenvolver atributos e habilidades pessoais e profissionais, assim como aprendam quais habilidades aplicar, com quem, em que ponto da terapia e para que tipo de problema. Uma previsão específica a partir do modelo é que, para uma prática pessoal melhorar as competências conceituais e técnicas (bem como os atributos pessoais), os terapeutas precisarão "cruzar a ponte reflexiva" da autorreflexão pessoal para a autorreflexão do terapeuta — em outras palavras, para refletir não só sobre as implicações da prática pessoal para si mas também sobre as implicações da sua experiência pessoal para seu trabalho terapêutico com os clientes (Bennett-Levy, 2019; Bennett-Levy & Finlay-Jones, 2018).

O *feedback* dos terapeutas indica que métodos de treinamento convencionais, como o ensino didático, a leitura de livros e de artigos, a modelagem e a dramatização, são, sobretudo, adequados para o treino de habilidades conceituais e técnicas (Bennett-Levy, McManus, Westling, & Fennell, 2009) — veja a Figura 12.1. A capacidade dos métodos de treinamento convencionais sem um componente de prática pessoal para melhorar o bem-estar pessoal, a autoconfiança, as habilidades interpessoais e as habilidades reflexivas parece ser distintamente limitada. Em um estudo que pediu que 120 terapeutas experientes avaliassem a eficácia de diferentes métodos de treino, a aprendizagem autoexperiencial e a prática reflexiva foram classificadas como muito mais efetivas do que a leitura, as aulas expositivas, a modelagem e a dramatização para melhorar as habilidades interpessoais e reflexivas (Bennett-Levy et al., 2009). De igual modo, é difícil imaginar que algum desses métodos de treinamento convencionais vá melhorar o bem-estar pessoal ou a autoconsciência de forma significativa. Portanto, aparentemente, há um papel importante e distintivo para a prática pessoal no treinamento de terapeutas de TFC — sobretudo porque existe essa ênfase da TFC nos elementos relacionais da terapia, na autoconsciência, na reflexividade e na modelagem do *self* compassivo (Gilbert, 2010, 2014, 2017).

Por que autoprática/ autorreflexão?

Dentre as três principais formas de prática pessoal, qual delas provavelmente será de maior benefício para terapeutas de TFC? Sugerimos que cada uma pode ter valor em diferentes momentos no desenvolvimento de um terapeuta de TFC. Contudo, pelas razões a seguir, sugerimos que a AP/AR é a estratégia de treinamento mais visada para terapeutas de TFC.

A AP/AR é uma estratégia de treinamento experiencial em que os terapeutas praticam estratégias de TFC em si e depois refletem sobre a experiência (Bennett-Levy et al., 2001; Kolts, Bell, Bennett-Levy, & Irons, 2018). Algumas vezes, os programas de AP/AR são guiados por um livro de exercícios de TFC (Kolts et al., 2018), outras vezes, são oferecidos como *workshops* (Bennett-Levy & Bell, 2015). Tipicamente, os programas com livros de exercícios são oferecidos durante várias semanas. Após praticarem uma estratégia particular, os participantes são primeiramente guiados por perguntas reflexivas para refletirem por escrito sobre como experienciaram a estratégia pessoalmente (autorreflexão pessoal) e, então, sobre as implicações para a sua prática clínica e a sua compreensão da terapia (autorreflexão do terapeuta). A AP/AR, portanto, dirige os terapeutas de modo intencional para "cruzarem a ponte reflexiva do *self* pessoal para o *self* do terapeuta" (Bennett-Levy & Finlay-Jones, 2018). Desse modo, tanto a autoconsciência pessoal quanto a autoconsciência do terapeuta são melhoradas. Os participantes de AP/AR em programas estendidos compartilham então suas reflexões, postando-as em um fórum de discussão *on-line*, e convidam a reflexões adicionais pelos outros membros do grupo. Essa distinção entre o *self* pessoal e o do terapeuta, e o engajamento explícito de ambos no processo de AP/AR, é uma das características da AP/AR; isso a diferencia de outras práticas pessoais.

A AP/AR tem crescente base de evidências a partir de estudos com terapeutas de TCC (Bennett-Levy & Finlay-Jones, 2018; Gale & Schröder, 2014; Thwaites, Bennett-Levy, Davis, & Chaddock, 2014) e alguns estudos equivalentes com terapeutas de ACT (Pakenham, 2015, 2017). Em suma, os terapeutas relatam impactos positivos de AP/AR em seu *self* pessoal e no *self* do terapeuta (Thwaites et al., 2014). Especificamente, eles relatam mudanças nas habilidades interpessoais (p. ex., empatia aumentada, melhor sintonia), na autoconsciência e nas habilidades reflexivas. Também relatam fortalecimento das suas habilidades conceituais e técnicas como uma das consequências de experienciar estratégias terapêuticas de dentro para fora e cruzar a ponte reflexiva (Gale & Schröder, 2014). Além disso, os participantes relatam mudanças significativas em suas vidas pessoais, incluindo melhora das habilidades de autocuidado (Pakenham, 2017) e reduzida vulnerabilidade a *burnout* (Scott et al., 2021). Embora, até o momento, não haja estudos publicados sobre AP/AR com terapeutas, parece provável, a partir de um estudo naturalista da prática pessoal em terapeutas de TFC, que eles produzirão resultados equivalentes (Gale, Schröder, & Gilbert, 2017).

Comparando a AP/AR como estratégia de treinamento com as duas outras melhores práticas pessoais pesquisadas — terapia pessoal e programas de meditação —, sugerimos que, como prática pessoal fundamental, a AP/AR pode ser mais adequada para atender às necessidades de treinamento dos terapeutas de TFC. Sua vantagem em relação à terapia pessoal é que o foco não é apenas no bem-estar pessoal; em vez disso, o objetivo da AP/AR é aprofundar o conhecimento e as competências de TFC nos domínios pessoal, interpessoal, conceitual e técnico — especificamente, cruzar a ponte reflexiva para refletir sobre o *self* pessoal e o *self* do terapeuta (Chigwedere et al., 2021). Igualmente, a vantagem da AP/AR sobre programas de meditação é que seu foco é mais especificamente nas competências da TFC. Certamente, acreditamos que existe lugar para ambos — terapia pessoal e programas de meditação — em diferentes momentos do desenvolvimento dos terapeutas. A terapia pessoal pode ser especialmente útil para abordar problemas pessoais, lidar com *burnout*, construir resiliência e facilitar o crescimento pessoal (Bennett-Levy, 2019; Orlinsky, Schofield, Schröder, & Kazantzis, 2011), ao passo que programas de meditação podem ser muito valiosos para melhorar o *mindfulness* e a presença terapêutica e abordar o estresse (Bennett-Levy, 2019; Lomas et al., 2018), mas nenhum deles foi especificamente concebido para melhorar habilidades de TFC. A AP/AR foi concebida tendo em mente a construção de habilidades, utilizando a reflexão sobre o *self* pessoal e o do terapeuta como mecanismo essencial.

Variedades de programas de AP/AR

Nesta seção, focamos em duas formas contrastantes pelas quais oferecemos AP/AR, programas de AP/AR *on-line* e *workshops* presenciais e damos exemplos de cada um. Nosso objetivo é orientar os leitores que podem querer ter acesso a uma dessas formas de treinamento, organizar um programa de AP/AR por conta própria ou se submeter à AP/AR com um colega ou sozinhos.

Tanto para as formas *on-line* quanto para os *workshops* de AP/AR, há alguns pré-requisitos. Os programas de AP/AR não são planejados para ensinar TFC; eles são concebidos para experienciar e incorporar processos da TFC. Consequentemente, há uma exigência de que os participantes tenham bom conhecimento operacional dos principais conceitos da TFC. Além disso, tanto para os programas *on-line* quanto para os *workshops*, a preparação é essencial. A justificativa para a AP/AR precisa ser explicada de maneira detalhada em uma reunião pré-programa ou no início de um *workshop*, e devem ser implementados processos para assegurar aos participantes confidencialidade e segurança.

A seguir, descrevemos brevemente cada tipo de programa e destacamos as vantagens e os benefícios, as dificuldades possíveis e as limitações de cada um (Tab. 12.1).

TABELA 12.1 Vantagens e limitações dos programas *on-line* e dos *workshops* de AP/AR

Programa *on-line* de AP/AR da TFC usando o manual de AP/AR	*Workshops* intensivos presenciais de AP/AR da TFC
Vantagens	**Vantagens**
***Self* pessoal**	***Self* pessoal**
• O participante que usa o manual de AP/AR sozinho tem a segurança de controlar a exposição. • Usando habilidades de TFC, tem-se uma oportunidade de explorar questões pessoais com alguma profundidade por um período estendido. • Experiência de como os componentes da terapia se desenvolvem com o tempo — p. ex., respiração com ritmo calmante, formulação, crescimento do *self* compassivo. • Percepção das variações na própria experiência (p. ex., dos fluxos da compaixão) em diferentes dias. • Experiência de mudanças no senso de proteção ao longo do tempo: p. ex., de proteção/ameaça — assegurando segurança (p. ex., confidencialidade) no grupo — para tranquilização/conexão — experienciando proteção no grupo.	• Experiência "*in vivo*" de estar na cadeira do cliente, incluindo experiência corporal, emoções, pensamentos e medos, bloqueios e resistências à compaixão. • Experiência do fluxo da compaixão do outro e compaixão pelo *self* como cliente. • Experiência de práticas encenadas de TFC, como trabalho com as cadeiras, em que corporificação, movimento e uso do espaço são valorizados. • Experiência de proteção relacional juntos, usando uns aos outros para apoio, proteção, encorajamento e regulação emocional. • Experimentar, observar e refletir sobre a natureza corporificada das interações sociais (contato visual, tom de voz, expressão facial).
***Self* do terapeuta**	***Self* do terapeuta**
• Construir habilidades de TFC com o tempo. • Experimentar diferentes versões das práticas — p. ex., diferentes formas de respiração com ritmo calmante. • Tempo para "cruzar a ponte reflexiva", extraindo implicações para o *self* do terapeuta a partir da experiência do *self* pessoal. • Tentar novas práticas de TFC com os clientes durante o programa.	• Oportunidade de praticar habilidades de TFC com o outro, recebendo *feedback*. • Oportunidade de praticar o oferecimento de compaixão pelo outro — e de compaixão pelo *self* como terapeuta.

(Continua)

TABELA 12.1 Vantagens e limitações dos programas *on-line* e dos *workshops* de AP/AR *(Continuação)*

Programa *on-line* de AP/AR da TFC usando o manual de AP/AR	*Workshops* intensivos presenciais de AP/AR da TFC
Reflexão • Construir habilidades reflexivas em profundidade, usando reflexões por escrito. • Refletir sobre as reflexões uns dos outros *on-line*, incluindo semelhanças e diferenças na experiência dos diferentes participantes no mesmo módulo.	**Reflexão** • Experienciar o valor do espaço reflexivo imersivo silencioso. • Experienciar reflexões verbais imediatas dos outros para comparar com a própria experiência.
Possíveis problemas e limitações • Requer comprometimento ao longo do tempo. • Eventos na vida podem atrapalhar o engajamento no programa. • Sozinho, as práticas só podem ser feitas superficialmente. • Sozinho, não é possível experienciar os três fluxos da compaixão "*in vivo*" com outro.	**Possíveis problemas e limitações** • Pode se sentir exposto em ambos os papéis — como cliente e como terapeuta. • Nem sempre é fácil para o treinador monitorar problemas individuais no contexto grupal, incluindo terapeutas insensíveis ou não competentes. • Pode ser difícil "cruzar a ponte reflexiva" do *self* pessoal para o *self* do terapeuta com exercícios e tempo de reflexão breves.

Programas de AP/AR *on-line*

Os programas de AP/AR *on-line* que já promovemos se estenderam por oito semanas e foram realizados em grupo, tipicamente com 10 a 16 participantes, via Zoom. Depois de uma reunião inicial para apresentar o programa, os participantes então se encontram *on-line* para discussões nas semanas 2, 4, 6 e 8, para refletir pessoalmente sobre a sua experiência. Se o grupo for grande (p. ex., mais de oito), os participantes podem se reunir durante uma parte da sessão subdivididos em grupos menores (p. ex., quatro pessoas), para possibilitar reflexões mais profundas e construir confiança e proteção. Esses programas usam os módulos de *Experiencing Compassion-Focused Therapy from the Inside Out: A Self-Practice/Self-Reflection Workbook* (Kolts et al., 2018) como exercícios principais de AP/AR. Os módulos são predefinidos (tipicamente, dois por semana). Os participantes os executam sozinhos. Após concluir os módulos da semana por três dias, eles postam suas reflexões por escrito em um fórum de discussão *on-line*; então, refletem sobre as reflexões dos outros durante os três dias seguintes, antes de prosseguir para os módulos da próxima semana.

Pesquisas prévias (Thwaites et al., 2014) e reflexões por escrito dos participantes postadas nos fóruns de discussão *on-line* permitiram identificar benefícios nos programas de AP/AR *on-line* (veja a Tab. 12.1). Discutimos estes agora, junto com exemplos ilustrativos, a partir das reflexões por escrito dos participantes.

Um benefício prático dos programas estendidos de AP/AR *on-line*, comparados com um *workshop*, é a oportunidade de praticar entre as sessões. A prática entre as sessões possibilita que as habilidades da TFC evoluam e sejam incorporadas à vida diária como hábitos que se tornam mais firmemente estabelecidos. Uma participante comentou que, devido à sua prática contínua entre as sessões, "minha consciência e meu uso ativo de sensibilidade, simpatia, tolerância ao estresse, empatia, não julgamento e cuidado com o bem-estar estão se desenvolvendo com maior requinte".

Um programa estendido de AP/AR promove não só a oportunidade de praticar sozinho com segurança e compartilhar as reflexões no seu próprio ritmo, mas também o acesso ao apoio constante de uma comunidade coletiva *on-line* (Bennett-Levy & Lee, 2014). Os participantes muitas vezes reconhecem que compartilhar requer coragem para se permitir ser vulnerável, mas isso também é acompanhado de recompensas. Como disse um participante: "sinto um profundo senso de apreciação por [outros participantes] terem entrado tão prontamente em espaços de vulnerabilidade que reforçaram as oportunidades de refletir e crescer". Com frequência, foram o apoio do grupo, a experiência direta de conexão e o fluxo da compaixão dos outros que fizeram a diferença — "não é só a reflexão compartilhada — é a conexão compartilhada que, para mim, fez uma grande diferença".

A participação em um programa de AP/AR *on-line* que envolve a postagem escrita de reflexões em um fórum de discussão *on-line* oferece oportunidades para reflexão compassiva sobre as reflexões uns dos outros, incluindo semelhanças e diferenças experienciadas entre os participantes que completam o mesmo módulo. Isso está refletido no comentário de um participante, que compartilhou o seguinte: "Apreciei muito as suas palavras sobre vulnerabilidade e sua honestidade sobre os sentimentos de decepção e carências. Fico feliz em saber que não estou sozinho ao ter esses sentimentos".

Os terapeutas frequentemente relatam que o engajamento em reflexão por escrito lhes possibilita refletir em maior profundidade (Kolts et al., 2018). Por exemplo, uma participante observou como ela "estava interessada em como me senti durante a experiência da reflexão por escrito, com muito mais profundidade emocional, em comparação com a experiência de reflexão incidental em que muitas vezes me envolvo". Igualmente, os terapeutas com frequência comparam a AP/AR com sua experiência de ensino teórico, observando que a AP/AR facilita a compreensão mais profunda sobre a terapia (Bennett-Levy et al., 2001). Por exemplo, uma participante de AP/AR da TFC revelou que estava "obtendo uma compreensão muito mais profunda do funcionamento da minha mente e da minha formulação 'a partir de dentro', em vez da apreciação mais cognitiva que eu tinha antes", e outra comentou que "Teoricamente, eu conheço esses fatores, mas agora tenho um conhecimento sentido". Para muitos, foi o formato estruturado da própria prática o que ajudou: "esse processo enfatiza que eu preciso ser mais estruturado nas minhas reflexões e desenvolver uma rotina melhor".

Os participantes *on-line* frequentemente descobrem novos *insights* que, pelo menos em parte, parecem emergir devido à oportunidade estendida de praticar. Um participante refletiu o seguinte:

> Percebi que, nos últimos anos, percorri um longo caminho, descobrindo em particular que monitorar meu tom de voz interno foi muito transformador [...]. Ficou muito claro que, em geral, tenho muito pouca percepção disso, tenho ficado preso na armadilha da narrativa.

Os participantes também têm a oportunidade não só de experimentar versões diferentes das práticas (p. ex., diferentes formas de ritmo respiratório calmante com diferentes narradores) e notar as variações na própria experiência em dias diferentes mas também de experimentar práticas semana a semana com os clientes. Os benefícios da AP/AR podem resultar em mudanças não só no *self* pessoal, como pode ser visto no último exemplo, mas também nas habilidades do *self* do terapeuta ao longo do tempo. Uma participante comentou sobre a prática que concluiu e trouxe para o contexto da terapia:

> Fiz isso [formulação histórica] após uma sessão com uma cliente que apresentou

> muito pouca mudança observável. Eu estava me sentindo emperrada e frustrada [...]. Percebi que dei um passo atrás nesse bloqueio e a vi de uma forma nova, uma forma muito mais compassiva.

Como era de se esperar, aumentar a própria capacidade de compaixão por si mesmo e pelos outros, muitas vezes, com clientes difíceis, era uma experiência comum entre os participantes — "Aprendi a estender a compaixão para mim mesmo e aumentar minha capacidade de estender compaixão para os outros". A AP/AR fez um participante se dar conta de que, "refletindo sobre esse processo e o meu trabalho com os clientes, reconheço que às vezes estou errado ao usar tanta teoria para informar o cliente e reconheço que preciso apenas estar mais com o cliente e facilitar a sua jornada", novamente enfatizando a importância da corporificação e da reflexão sobre a prática da TFC. Com a prática e o apoio do grupo, os participantes muitas vezes destacam um aumento na confiança em suas competências de TFC e, às vezes, na própria TFC, com um participante comentando: 'Minha experiência pessoal da TFC de dentro para fora foi desafiadora, mas muito útil e oportuna. Em termos do trabalho com os clientes, definitivamente há aspectos e exercícios com os quais agora me sinto mais confortável para trabalhar". Outro participante percebeu que: "se eu posso ter esse avanço por meio dessa prática, eles [os clientes] também podem — é gratificante!". Para muitos, um programa *on-line* pode ajudá-los a perceber e redescobrir a importância de se comprometer com uma autoprática diária e dedicar tempo a uma prática estruturada de autorreflexão. Outra vantagem dos programas *on-line*, não listada na Tabela 12.1, é que eles podem ser oferecidos com baixo custo para participantes de regiões muito afastadas ou de outros países.

As limitações dos programas *on-line* estão relacionadas a alguns dos elementos dos benefícios. O comprometimento com um tempo estendido e a intensidade de um programa *on-line* podem ser um problema para alguns participantes, sobretudo quando eventos na vida se colocam no caminho. Comparados com os *workshops* presenciais, há também algumas limitações no formato do livro de exercícios. Por exemplo, a ausência de um "coterapeuta" pode significar que as práticas não são experienciadas tão intensamente quanto seriam de outra forma. Como um exemplo, os programas *on-line* não oferecem a mesma oportunidade que os *workshops* de experienciar os fluxos da compaixão do *self* para o outro, e do outro para o *self*. Por outro lado, para algumas pessoas, praticar sozinhas com um livro de exercícios significa maior proteção e lhes permite ir mais fundo do que iriam em um contexto de "coterapia". Assim sendo, a definição de qual tipo de programa de AP/AR é mais adequado, e para quem, pode ser uma questão de fazer escolhas particulares para casos particulares.

Workshops de AP/AR

Os *workshops* presenciais de AP/AR que promovemos foram tipicamente de dois dias, com autoprática e autorreflexão focadas nas habilidades básicas da TFC, como formulação, análise funcional, fluxos da compaixão, construção do *self* compassivo, trabalho com as cadeiras, múltiplos *selves* e escrita de uma carta compassiva. Um *workshop* de AP/AR segue uma estrutura distintiva de aprendizagem experiencial: uma tarefa da terapia é introduzida; a tarefa é praticada individualmente ou em pares de "coterapia limitada", usando material pessoal; uma reflexão por escrito é completada em um livro de exercícios fornecido, provocada por perguntas estruturadas para fazer uma ponte entre a experiência pessoal e a prática clínica; em seguida, tem-se uma discussão em pares e/ou em grupo para continuar o processo reflexivo. As reflexões por escrito em geral não são tão extensas nos programas *on-line*, nem há a oportunidade de refletir sobre as reflexões escritas pelos outros.

Em vez disso, as reflexões escritas fornecem um ponto de partida para reflexões verbais em pares e no grande grupo.

O formato dos *workshops* de AP/AR facilita e complementa muitos dos processos nucleares e dos objetivos conceituais da TFC. Os *workshops* de AP/AR são focados relacionalmente de maneira intrínseca e requerem que os participantes alternem entre os papéis de cuidador e recebedor de cuidados, de forma que ative e vise aos múltiplos fluxos da compaixão e aos medos, bloqueios e resistências (FBRs, do inglês *fears, blocks and resistances*) relacionados, para acessar as mentalidades sociais relacionadas ao cuidado (Gilbert, 2010; Gilbert, McEwan, Matos, & Rivis, 2011). Desse modo, os participantes podem experienciar diretamente e refletir sobre os três fluxos da compaixão com seu colega, sentando-se nas cadeiras do cliente e do terapeuta.

As reflexões em grupo e em pares nos *workshops* de AP/AR também oferecem ricas oportunidades para habilidades e competências compassivas, como escuta empática, tomada de perspectiva e o compartilhamento de experiências comuns. Gilbert (2014) há muito tempo enfatizou o papel da proteção interna e interpessoal na criação dos tipos de contextos fisiológicos, psicológicos e sociais que facilitam a compaixão e as capacidades relacionadas de reflexão, mentalização e flexibilidade psicológica. O contexto grupal de *workshops* de AP/AR proporciona uma área interpessoal ideal para os terapeutas experienciarem e explorarem proteção interna e externa, ao mesmo tempo focando ativamente e aprimorando as capacidades reflexivas pré-frontais que são apoiadas por essa proteção e relação afiliativas (Geller & Porges, 2014; Gilbert, 2017). Além disso, suspeitamos que estar na cadeira do cliente em *workshops* muitas vezes pode conduzir a uma experiência mais corporificada da terapia do que a experienciada quando praticada em si mesmo (Matos, Duarte, Duarte, Gilbert, & Pinto-Gouveia, 2018). Por exemplo, os *workshops* possibilitam experiências diretas de interações sociais e os sutis, mas importantes sinais sociais (tom de voz, expressão facial, contato visual), tão importantes na promoção de um senso de proteção relacional (Geller & Porges, 2014).

Os *workshops* de AP/AR da TFC tipicamente incluem exercícios em grupo concebidos para introduzir os conceitos básicos da TFC por meios experienciais, em vez de didáticos (Bennett-Levy & Bell, 2015). Esses exercícios utilizam as características do trabalho em grupo/com cadeiras e a dimensão interpessoal que ele possibilita (veja o Capítulo 15). Um exemplo é uma extensão da escrita de uma carta compassiva (Gilbert, 2010). Nesse caso, os participantes de cada par primeiro criam um estado mental compassivo e então escrevem uma carta compassiva sobre uma dificuldade na vida por cerca de cinco minutos. Cada um lê sua carta para seu parceiro, e então eles trocam as cartas e leem a carta do outro para aquele que a escreveu. Eles podem experimentar um tom e um ritmo vocal para aprofundar a experiência de dar e receber cuidado.

Outro exercício no *workshop* procura fortalecer a corporificação da compaixão na vida cotidiana (com base nos achados de Matos et al., 2018), "levando seu *self* compassivo para uma caminhada" pelo local, com uma ênfase na corporificação compassiva e na dramatização (p. ex., postura, expressão facial e comportamento). A adaptação da AP/AR do exercício dos "múltiplos *selves*" para incluir escrita expressiva a partir de cada *self* emocional baseado na ameaça (Kolts et al., 2018) também provou ser uma forma potente de integrar os benefícios psicoterápicos da escrita sobre experiências emocionais (Pennebaker, 2004). Os participantes acharam útil a escrita desses "múltiplos *selves*" no processamento de reações complexas, contraditórias e frequentemente indesejadas voltadas para os clientes e a exploração de problemas relacionados com a transferência. Um exemplo é um terapeuta que aplicou o exercício à sua raiva pela depressão e pela desesperança do seu cliente;

durante o processo de escrita dos "múltiplos *selves*", o terapeuta foi capaz de expressar sua própria ansiedade relacionada à experiência de tristeza e a sua evitação do luto e da perda do cliente.

Um benefício relevante para participantes no *workshop* de AP/AR foi a maior apreciação pessoal e profissional dos FBRs para compaixão. Um exercício em grupo, para evocar e explorar os FBRs para compaixão, requer que os participantes fiquem frente a frente, em pares: um como o "focalizador" e o outro como "receptor". Os receptores devem fechar os olhos, enquanto o focalizador é orientado a gerar atenção cuidadora e cognições voltadas para o outro (em silêncio). Os papéis são então invertidos, e o exercício é repetido. Para suas autorreflexões por escrito, os participantes são solicitados a comparar e contrastar o processo de dar e receber. Esse exercício frequentemente gera altos níveis de emoção e evitação experiencial, surpreendendo os terapeutas que previamente haviam declarado sua abertura à compaixão quando discutida verbalmente. A experiência coletiva "ao vivo" dos FBRs também possibilita a oportunidade de abordá-los comunitariamente, pois os terapeutas são capazes de entender e gerar compaixão por seus próprios FBRs quando generalizados e externalizados para outros no grupo.

Os *workshops* tipicamente incluem múltiplas formulações, oferecendo aos participantes meio direto e pessoal de associar a teoria da TFC à sua própria experiência vivida. Isso inclui o uso da estrutura do "antigo cérebro, novo cérebro" para explorar os "ciclos" entre pensamento, emoção e motivação em reação a um evento específico. A mensagem "não é sua culpa" pode, então, ser aplicada à natureza automática dessas interações, ao passo que o *feedback* em grupo enfatiza a "humanidade compartilhada" dentro da experiência individual. O modelo dos três sistemas da emoção (Gilbert, 2010) também inclui (em termos de frequência da ocorrência, força da experiência ou influência) perguntas reflexivas focadas nos gatilhos para cada sistema e sua corregulação/ativação potencial (veja também Kolts et al., 2018). Em um contexto grupal, os participantes podem ser encorajados a desenhar seus círculos em escala em termos da sua experiência do grupo. Igualmente, uma formulação longitudinal completa da ameaça pode ser desenvolvida em estágios (Kolts et al., 2018), com *insights* aplicados "ao vivo" ao contexto grupal. Com base em tais formulações, os participantes podem elaborar experimentos comportamentais para serem praticados com outros membros do grupo. Exemplos desses experimentos podem envolver a redução da evitação social baseada na vergonha durante o intervalo para o café ou a prática de habilidades de assertividade ao expressar preferências ou limites durante os exercícios.

Os *workshops* de AP/AR em geral são mais ativadores pessoalmente (sendo comum de formas positivas) do que os *workshops* de treinamento mais tradicionais. Entretanto, mesmo com combinações claras, os participantes podem ocasionalmente se sentir expostos no papel do cliente se o exercício os levar a um lugar que não tenham previsto. Aqueles que estão no papel do terapeuta podem se sentir igualmente expostos pelas suas inadequações percebidas. Como treinadores, pode ser difícil monitorar tudo o que está acontecendo na sala. Mesmo que os *workshops* sejam tipicamente executados com ritmo mais lento do que os *workshops* tradicionais baseados em habilidades, para possibilitar a autorreflexão, geralmente há menos tempo disponível para reflexões por escrito do que em programas *on-line* estendidos, o que pode diminuir a capacidade dos participantes de fazer a ponte entre o *self* pessoal e o do terapeuta.

O supervisor compassivo interno

Esta seção oferece uma oportunidade para uma experiência direta de AP/AR. O treino da mente compassiva provou facilitar a compaixão pelo *self* e pelos outros em prestadores de cuidados à saúde e psicoterapeutas em treinamento (Beaumont, Irons, Rayner, & Dagnall, 2016; Beaumont & Hollins Martin, 2016). Aqui, focamos em um exercício para melhorar o apoio para nosso *self* do terapeuta e nosso *self* pessoal: criar um "supervisor compassivo interno" (Bell, Dixon, & Kolts, 2016).

O exercício do supervisor interno compassivo foi adaptado e modificado a partir da imagem mental do "outro" compassivo (Gilbert, 2010; Lee, 2005). O método envolve a criação imaginária de uma figura supervisora compassiva ideal, seguida de imagem mental guiada e folhas de exercícios por escrito para utilizar a voz, o ponto de vista e a postura relacional do supervisor, para trabalhar com dificuldades profissionais como autocriticismo, evitação e estresse emocional.

Você pode agora experimentar o processo de AP/AR para si. Uma versão curta da indução do supervisor é apresentada a seguir, seguida de uma lista de perguntas autorreflexivas. Antes de iniciar o exercício, pode ser útil anotar as qualidades e características específicas que você almejaria em um supervisor compassivo ideal em relação à sua prática clínica atual.

Orientação para a indução

1. Comece adotando uma postura que seja ereta, aberta e merecedora. Feche os olhos (ou abaixe o olhar), relaxe o rosto e permita que sua boca forme um sorriso caloroso. Passe um minuto praticando seu ritmo respiratório calmante.
2. Traga sua mente para um lugar seguro confortável onde gostaria de encontrar seu supervisor compassivo.
3. Imagine seu supervisor aparecendo diante de você. Visualize a aparência dele: sua expressão facial compassiva, sua postura e seus movimentos. Imagine ouvir seu tom de voz compassivo (talvez dizendo seu nome de forma carinhosa). Visualize seu supervisor sentado ou de pé ao seu lado. Focalize como você se sentiria na presença dessa pessoa verdadeiramente compassiva, permitindo-se estar aberto à sua atenção carinhosa e ao seu interesse.
4. Imagine seu supervisor incorporando todas as qualidades compassivas que seriam ideais para você e seu trabalho como terapeuta. Passe o próximo minuto imaginando como seu supervisor se expressaria e lhe demonstraria essas qualidades e como você se sentiria recebendo essa compaixão.
5. Agora, vamos focar em qualidades e atributos específicos do supervisor e a relação que eles têm com você em seu papel como terapeuta.

Sabedoria — Imagine que seu supervisor compassivo tem sabedoria profunda sobre a natureza da vida e do sofrimento. Imagine que ele se tornou sábio a partir das suas próprias experiências de dor e sofrimento e se desenvolveu como terapeuta por muitos anos. Seu supervisor compreende as dificuldades que você experiencia como terapeuta e sempre vai lhe ajudar a assumir uma perspectiva compassiva sábia.

Força e coragem — Imagine que seu supervisor também incorpora maturidade, confiança e força. Seu supervisor não está oprimido pelos medos, pelas frustrações e pelas dificuldades que você experiencia com seus clientes. Imagine-se sentindo a confiança de seu supervisor em você e na sua capacidade de abordar e trabalhar justamente as coisas que você acha difíceis na terapia.

Calidez e comprometimento cuidadoso — Seu supervisor também terá um cuidado incondicional com você e está comprometido em apoiar a sua prática e o seu desenvolvimento. Imagine como seria se sentir aceito e apoiado na presença do seu supervisor (não se preocupe se você se sente ou não seguro e aceito, o importante no exercício é imaginar como seria *se* você se sentisse assim). Se surgirem bloqueios e dificuldades, imagine que seu supervisor está comprometido em entendê-los e vai lhe apoiar para trabalhar com eles.

6. Passe algum tempo percebendo como você se sente em seu corpo e como você está experienciando emocionalmente esse cuidado e apoio.
7. Imagine seu supervisor falando com você com uma voz calorosa e apoiadora, transmitindo seu cuidado e seu compromisso com você da seguinte forma:
   - votos tradicionais, como "que você encontre paz";
   - votos baseados nas qualidades que você imaginou, como "que você tenha força para trabalhar com suas dificuldades";
   - votos baseados na sua necessidade atual, como "que você tire um tempo para si".
8. Quando você estiver pronto, permita que a imagem do seu supervisor se dissipe. Encerre o exercício reconectando-se com seu ritmo respiratório calmante. Abra os olhos e se readapte à sala.

Perguntas para autorreflexões por escrito:

- Como foi sua experiência de desenvolver seu supervisor compassivo interno? Houve alguma surpresa?
- Você experienciou alguma dificuldade ao criar a imagem ou ao experienciar o cuidado do seu supervisor imaginado? Se sim, como você entendeu ou trabalhou com essas dificuldades?
- O exercício ressaltou alguma coisa sobre você como terapeuta ou sobre o que você precisaria no seu papel profissional?
- Com base nas suas experiências do exercício, quais seriam alguns dos benefícios a longo prazo de desenvolver um supervisor compassivo interno? Como isso o ajudaria como alguém que ajuda os outros?

Pesquisas preliminares sugeriram benefícios específicos com a prática (Bell et al., 2016). Os participantes experienciaram a imagem como um modelo para sua própria atuação compassiva como terapeutas, e, com a prática diária, a capacidade reflexiva e relacional do supervisor imaginado se tornou facilmente acessível e internalizada como deles mesmos. A experiência de receber sua própria compaixão por meio de uma forma imaginária externalizada foi usada clinicamente para equilibrar o automonitoramento focado na ameaça e no criticismo e para aprofundar a compaixão pelos clientes. Os participantes também identificaram mudanças em como eles usavam a supervisão clínica: trazendo casos e sujeitos que tinham evitado, sendo mais receptivos ao apoio e usando a supervisão para desenvolvimento, em vez de tranquilização.

Conclusão

Este capítulo oferece uma fundamentação para o papel principal da AP/AR no treinamento em TFC. O capítulo fornece ilustrações de duas formas diferentes de oferecer AP/AR e, adicionalmente, oferece um exemplo de um processo de AP/AR, o do supervisor compassivo interno, que pode ser benéfico para todos os terapeutas.

Até o momento, não há evidências que indiquem qual método de execução, *on-line* ou *workshop*, é mais benéfico para o desenvolvimento pessoal e profissional. Os profissionais provavelmente vão escolher de qual programa participar com base na acessibilidade e na preferência pessoal. São necessárias pesquisas futuras para explorar e comparar os pontos fortes e as limitações de cada uma dessas abordagens.

Em um mundo ideal, talvez a melhor maneira de oferecer programas de AP/AR seria uma combinação das duas formas apresentadas aqui. Devido à sua natureza relacional, a abordagem da "coterapia limitada" usada em *workshops* de AP/AR pode ser o meio preferido para a exploração dos fluxos da compaixão do *self* pelos outros e dos outros pelo *self*. *Workshops* caracterizados por "coterapia limitada" podem ser oferecidos quinzenalmente por cerca de 16 a 20 semanas, permitindo que cada habilidade da TFC, a partir de um manual de AP/AR, seja praticada pessoalmente tanto na cadeira do cliente quanto na do terapeuta. As reflexões por escrito seriam compartilhadas entre as sessões. Esses *workshops* podem acontecer pessoalmente para os profissionais locais ou por teleconferência para terapeutas espalhados geograficamente. Entretanto, também reconhecemos que o processo envolveria um significativo compromisso de tempo, o que pode não ser viável para todos.

Em conclusão, sugerimos que a prática pessoal tem um papel importante e específico no treinamento em TFC, um papel que não é cumprido pelas estratégias de treinamento convencionais. Nossa experiência é a de que a AP/AR pode render uma aprendizagem incrível, que possibilita que os terapeutas incorporem seus *selves* compassivos mais plenamente — tanto para seu *self* de terapeuta quanto para seu *self* pessoal.

Referências

Barkham, M., Lutz, W., Lambert, M.J., & Saxon, D. (2017). Therapist effects, effective therapists, and the law of variability. In L.G. Castonguay & C.E. Hill (Eds.). *How and why are some therapists better than others? Understanding therapist effects* (pp. 13–36). American Psychological Association.

Beaumont, E., & Hollins Martin, C. (2016). A proposal to support student therapists to develop compassion for self and others through compassionate mind training. *The Arts in Psychotherapy, 50*, 111–118.

Beaumont, E., Irons, C., Rayner, G., & Dagnall, N. (2016). Does compassion focused therapy training for healthcare educators and providers increase self-compassion, and reduce self-persecution and self-criticism? *The Journal of Continuing Education in the Health Professions, 36*, 4–10.

Bell, T., Dixon, A., & Kolts (2016). Developing a compassionate internal supervisor: Compassion focused therapy for trainee therapists. *Clinical Psychology and Psychotherapy, 24*, 632–648.

Bennett-Levy, J. (2006). Therapist skills: A cognitive model of their acquisition and refinement. *Behavioural and Cognitive Psychotherapy, 34*, 57–78.

Bennett-Levy, J. (2019). Why therapists should walk the talk: The theoretical and empirical case for personal practice in therapist training and professional development. *Journal of Behavior Therapy and Experimental Psychiatry, 62*, 133–145.

Bennett-Levy, J., & Bell, T. (2015, October). *Experiencing compassion focused therapy from the inside out: A self-practice/self-reflection (SP/SR) workshop for therapists*. Workshop, Manchester, UK.

Bennett-Levy, J., & Finlay-Jones, A. (2018). The role of personal practice in therapist skill development: A model to guide therapists, educators, supervisors and researchers. *Cognitive Behaviour Therapy, 47*, 185–205.

Bennett-Levy, J., & Lee, N. (2014). Self-practice and self-reflection in cognitive behaviour therapy training: What factors influence trainees' engagement and experience of benefit? *Behavioural and Cognitive Psychotherapy, 42*, 48–64.

Bennett-Levy, J., McManus, F., Westling, B., & Fennell, M.J.V. (2009). Acquiring and refining CBT skills and competencies: Which training methods are perceived to be most effective? *Behavioural and Cognitive Psychotherapy, 37*, 571–583.

Bennett-Levy, J., Turner, F., Beaty, T., Smith, M., Paterson, B., & Farmer, S. (2001). The value of self-practice of cognitive therapy techniques and self-reflection in the training of cognitive therapists. *Behavioural and Cognitive Psychotherapy, 29*, 203–220.

Castonguay, L.G., & Hill, C.E. (2017). *How and why are some therapists better than others? Understanding therapist effects*. American Psychological Association.

Chigwedere, C., Bennett-Levy, J., Fitzmaurice, B., & Donohoe, G. (2021): Personal practice in counselling and CBT trainees: the self-perceived impact of personal therapy and self-practice/self-reflection on personal and professional development. *Cognitive behaviour therapy, 50*, 422–438.

Cologon, J., Schweitzer, R.D., King, R., & Nolte, T. (2017). Therapist reflective functioning, therapist attachment style and therapist effectiveness. *Administration and Policy in Mental Health and Mental Health Services Research, 44*, 614–625.

Davis, D.M., & Hayes, J.A. (2011). What are the benefits of mindfulness? A practice review of psychotherapy-related research. *Psychotherapy, 48*, 198–208.

Edwards, J. (2018). Counseling and psychology student experiences of personal therapy: A critical interpretive synthesis. *Frontiers in Psychology, 9*, 1732.

Gale, C., & Schröder, T. (2014). Experiences of self-practice/self-reflection in cognitive behavioural therapy: A metasynthesis of qualitative studies. *Psy-*

chology and Psychotherapy: Theory, Research and Practice, 87, 373–392.

Gale, C., Schröder, T., & Gilbert, P. (2017). Do you practice what you preach? A qualitative exploration of therapists' personal practice of compassion focused therapy. *Clinical Psychology and Psychotherapy, 24*, 171–185.

Geller, J.D., Norcross, J.C., & Orlinsky, D.E. (Eds.). (2005). *The psychotherapist's own psychotherapy: Patient and clinician perspectives*. Oxford University Press.

Geller, S.M., & Porges, S.W. (2014). Therapeutic presence: Neurophysiological mechanisms mediating feeling safe in therapeutic relationships. *Journal of Psychotherapy Integration, 24*, 178–192.

Gilbert, P. (2010). *Compassion focused therapy: Distinctive features*. Routledge.

Gilbert, P. (2014). The origins and nature of compassion focused therapy. *British Journal of Clinical Psychology, 53*, 6–41.

Gilbert, P. (2017). *Compassion: Concepts, research and applications*. Routledge.

Gilbert, P., & Choden (2013). *Mindful compassion: Using the power of mindfulness and compassion to transform our lives*. Robinson.

Gilbert, P., McEwan, K., Matos, M., & Rivis, A. (2011). Fears of compassion: Development of three self-report measures. *Psychology and Psychotherapy: Theory, research and practice, 84*, 239–255.

Kolts, R., Bell, T., Bennett-Levy, J., & Irons, C. (2018). *Experiencing compassion-focused therapy from the inside out: A self-practice/self-reflection workbook for therapists*. Guilford.

Lee, D. (2005). The perfect nurturer: A model to develop compassionate mind within the context of cognitive therapy. In P. Gilbert (Ed.), *Compassion: Conceptualisations, research and use in psychotherapy* (pp. 236–251). Routledge.

Lomas, T., Medina, J.C., Ivtzan, I., Rupprecht, S., & Eiroa-Orosa, F.J. (2018). A systematic review of the impact of mindfulness on the well-being of healthcare professionals. *Journal of Clinical Psychology, 74*, 319–355.

Matos, M., Duarte, J., Duarte, C., Gilbert, P., & Pinto-Gouveia, J. (2018). How one experiences and embodies compassionate mind training influences its effectiveness. *Mindfulness, 9*, 1224–1235.

McGillivray, J., Gurtman, C., Boganin, C., & Sheen, J. (2015). Self-practice and self-reflection in training of psychological interventions and therapist skills development: A qualitative meta-synthesis review. *Australian Psychologist, 50*, 434–444.

Moe, F.D., & Thimm, J. (2021). Personal therapy and the personal therapist. *Nordic Psychology, 73*, 3–28.

Murphy, D., Irfan, N., Barnett, H., Castledine, E., & Enescu, L. (2018). A systematic review and meta-synthesis of qualitative research into mandatory personal psychotherapy during training. *Counselling and Psychotherapy Research, 18*, 199–214.

Orlinsky, D.E., Schofield, M.J., Schroder, T., & Kazantzis, N. (2011). Utilization of personal therapy by psychotherapists: A practice-friendly review and a new study. *Journal of Clinical Psychology: In Session, 67*, 828–842.

Padesky, C.A. (1996). Developing cognitive therapist competency: Teaching and supervision models. In P.M. Salkovskis (Ed.). *Frontiers of Cognitive Therapy* (pp. 266–292). Guilford.

Pakenham, K.I. (2015). Effects of Acceptance and Commitment Therapy (ACT) training on clinical psychology trainee stress, therapist skills and attributes, and ACT processes. *Clinical Psychology and Psychotherapy, 22*, 647–655.

Pakenham, K.I. (2017). Training in acceptance and commitment therapy fosters self-care in clinical psychology trainees. *Clinical Psychologist, 21*, 186–194.

Pennebaker, J. (2004). *Writing to heal: A guided journal for recovering from trauma and emotional upheaval*. New Harbinger.

Scott, J., Yap, K., Bunch, K., Haarhoff, B., Perry, H., & Bennett-Levy, J. (2021). Should personal practice be part of cognitive behaviour therapy training? Results from two self-practice/self-reflection cohort control pilot studies. *Clinical Psychology & Psychotherapy, 28*, 150–158.

Skovholt, T.M., & Rønnestad, M.H. (2001). The long, textured path from novice to senior practitioner. In T.M. Skovholt (Ed.). *The resilient practitioner: Burnout prevention and self-care strategies for counselors, therapists, teachers, and health professionals* (pp. 25–54). Allyn and Bacon.

Thwaites, R., Bennett-Levy, J., Davis, M., & Chaddock, A. (2014). Using self-practice and self-reflection (SP/SR) to enhance CBT competence and meta-competence. In A. Whittington & N. Grey (Eds.). *How to become a more effective CBT therapist: Mastering metacompetence in clinical practice* (pp. 241–254). Wiley-Blackwell.

13

A relação terapêutica na terapia focada na compaixão

Hannah Gilbert

Há pesquisas consideráveis mostrando que a relação terapêutica é *o fator mais significativo*, responsável pela maior variação no resultado da psicoterapia, e que ela transcende amplamente a modalidade psicoterapêutica (p. ex., Ardito & Rabellino, 2011; Horvath et al., 2011; Lambert & Barley, 2001; Norcross, 2002; Saxon, Firth & Barkham, 2017). Embora existam variações em como ela é construída e usada, a relevância da relação terapêutica é reconhecida pela maioria das terapias (Gilbert & Leahy, 2007). Wolfe e Goldfried (1988) sugerem que a relação terapêutica é a "variável integrativa por excelência", com sua importância reconhecida como uma âncora que fornece uma base relacional para diferentes maneiras de envolver os outros psicoterapeuticamente. Além disso, Castonguay, Constantino e Holtforth (2006) observam que "a relação terapêutica não pode ser vista como variável inespecífica que é meramente auxiliar para outros componentes ativos do tratamento" (p. 277). Embora esteja na essência da psicoterapia e, sem ela, seja improvável um desfecho bem-sucedido, ela também é texturizada pelos outros "componentes ativos".

Nessa concordância geral, então, há discordâncias sobre o *que* na relação terapêutica é tão central. Zilcha-Mano (2017) observa que muitos terapeutas cognitivo-comportamentais sugerem que é a confiança geral e o acolhimento do terapeuta que possibilitam que o cliente se engaje em mudar suas condições e seus comportamentos, e é esse último que produz mudança. Nesse caso, a relação terapêutica não é tanto um agente de mudança em si, mas um facilitador da mudança; isso é chamado de abordagem dos *componentes semelhantes a traços*. No outro lado, estão os que acreditam que a aliança propriamente dita, e as experiências que acontecem entre o terapeuta e o cliente, são o que é terapêutico. Isso é denominado abordagem dos *componentes semelhantes a estados*. Evidentemente, o treinamento específico do terapeuta e no que ele foca afetará esses dois componentes. Como sugere Zilcha-Mano (2017), muito depende de para onde o terapeuta está orientado:

> Embora a aliança seja uma parte integrante de praticamente todas as psicoterapias, ela pode desempenhar papéis diferentes em cada uma, como manifestado na importância relativa dos componentes semelhantes a traços *versus* semelhantes a estados nas várias formas de terapia. Por exemplo, uma questão que

> está em aberto para pesquisas futuras é se na TCC os componentes semelhantes a traços podem ter um efeito maior no desfecho do que componentes semelhantes a estados, ao passo que, em tratamentos que focam na aliança terapêutica como curativa, os componentes semelhantes a estados podem ter um efeito maior no desfecho (Zilcha-Mano, 2017, p. 321).

As evidências são de que ambos são importantes, e, de fato, a TFC assume essa posição ao enfatizar dois domínios principais: as estruturas da terapia (TFC) e a importância do treino da mente compassiva (TMC), que oferece aos clientes um conjunto de *insights* e habilidades para se engajar em suas dificuldades (veja os Capítulos 5 a 9). A TFC sugere que a aliança, a psicoeducação e a aprendizagem da "consciência mental", juntamente com habilidades especificas aprendidas nas condições de uma base segura, contribuem para o resultado e provavelmente são sinérgicas. Assim sendo, a TFC requer que os terapeutas tenham uma gama de micro-habilidades pessoais que facilitem a confiança, a exploração e novas aprendizagens, ao mesmo tempo experienciando e usando a própria relação como reveladora e curativa. De fato, como observado posteriormente, sabemos agora que processos como a sincronia terapêutica, que envolve a sincronia psicológica, mostram claramente que a relação terapêutica por si só é poderosa (Koole & Tschacher, 2016).

A questão da sincronia também dirige a atenção para outra questão relacionada aos previsores e moderadores da relação terapêutica e, em particular, as personalidades do cliente e do terapeuta. Liotti (2007) destaca o valor da familiaridade dos terapeutas com a teoria do apego e, de maneira específica, como os diferentes tipos de insegurança no apego se apresentarão na terapia. Isso terá implicações para a formulação da facilidade ou da dificuldade com a qual as pessoas se engajarão na compaixão. Em um estudo com 157 pacientes deprimidos e 27 terapeutas de diferentes modalidades, Zuroff, Shahar, Blatt, Kelly e Leybman (2016) encontraram que a personalidade do cliente (paciente), em específico a alta autocrítica, atenuava os efeitos das qualidades terapêuticas humanísticas. Aqueles com autocrítica mais baixa, com dependência mais adaptativa, e aqueles que antecipavam que seu terapeuta seria acolhedor e apoiador experienciaram níveis mais elevados de qualidades humanistas em seus terapeutas. Em outras palavras, precisamos reconhecer que a relação terapêutica é uma relação *dinâmica e variável, recíproca e cocriada*, em que o terapeuta é convocado a exercer múltiplas funções, tanto na construção da aliança quanto no treino específico, como no TMC.

Além do que os terapeutas são capazes de fornecer aos seus clientes, as qualidades do próprio terapeuta são importantes, indo muito além do conhecimento clínico das técnicas (Hardy et al., 2007). Em uma revisão sistemática de 11 estudos, Degnan, Seymour-Hyde, Harris e Berry (2016) identificaram que o estilo de apego do terapeuta afeta o resultado. Não causa surpresa, talvez, que terapeutas com estilo de apego inseguro tenham tendência a ter resultados piores. Estilos de apego ansioso e apego evitativo no terapeuta criam diferentes tipos de problemas para a terapia e o cliente. Assim, eles defendem que os terapeutas e, na verdade, aqueles que os selecionam e treinam, devem prestar muito mais atenção ao estilo de apego do terapeuta. Os estilos de apego podem afetar a habilidade do terapeuta de ser capaz de tolerar o sofrimento (às vezes, intenso) dos seus clientes, lidar com as projeções e transferências dos clientes, estar atento aos próprios processos durante as interações momento a momento (Siegel, 2010) e estar consciente das rupturas terapêuticas (Katzow & Safran, 2007). Os graus de competência empática podem variar também.

Os terapeutas também devem estar conscientes de que a projeção é muito comum, mesmo quando se está tentando ser empático. Logo, há sempre dois elementos para nosso engajamento no sofrimento: a conectividade emocional imediata, que é denominada *reação simpática*, e nossa habilidade de estarmos empaticamente sintonizados com as emoções *reais* do cliente e sensíveis às motivações *reais* por trás delas. Elas formam uma interação complexa, e ambas podem estar vulneráveis à projeção. Por exemplo, um cliente diz que teve uma semana ruim e estressante porque precisou enterrar seu pai. Com o que pretendia ser um ato de conexão empática e validação, o terapeuta responde: "Oh, lamento muito, é muito triste e doloroso quando perdemos um pai". O cliente balança a cabeça: "Absolutamente não. Eu o odiava; isso só me trouxe de volta muitas memórias ruins, e foi muito estressante de resolver". Ou considere uma situação em que o cliente fala de abuso, e o terapeuta diz algo como: "quando escuto o que você passou, isso me deixa com muita raiva por você ter tido que suportar isso", e o cliente responde: "Oh, sim, mas já superei isso agora. Já não sinto mais tanta raiva".

Também é importante proporcionar oportunidade para o *feedback* do cliente sobre o que funciona para ele, para influenciar a pesquisa e a prática e personalizar seu processo terapêutico (veja Norcross & Cooper, 2021). Esse tipo de reflexividade, que empodera a experiência do cliente como influente no processo terapêutico, também permite a acomodação das diferentes necessidades dos clientes. Por exemplo, alguns clientes podem principalmente precisar de validação e da experiência de uma relação cordial e apoiadora, em que eles possam explorar seus pensamentos e sentimentos, e na qual receber empatia e compreensão será suficiente, ao passo que outros clientes podem estar procurando mais orientação e instrução.

Por essas e outras razões, a TFC contextualiza a construção da relação terapêutica em termos da teoria do apego (veja o Capítulo 3). Especialmente importantes são as habilidades terapêuticas e a construção de uma base segura e um porto seguro via relação terapêutica (Holmes & Slade, 2017; Mikulincer, Shaver & Berant, 2013; Music, 2019). Sobretudo, a relação terapêutica é uma construção conjunta entre o que o cliente traz, o que o terapeuta traz e as suas interações (Hardy, Calhill, & Barkham, 2007), e isso inclui processos inconscientes dos dois lados (Miranda & Anderson, 2007; Bargh, 2017). Pesquisas recentes feitas por Schermuly-Haupt, Linden e Rush (2018) demonstraram que 43% de sua amostra de clientes que receberam tratamento de TCC relataram efeitos colaterais negativos, mas observaram também que cerca de 74% dos terapeutas desconheciam esses efeitos colaterais. A maioria desses efeitos colaterais estava relacionada a estresse emocional extremo ou a problemas com relações interpessoais. Isso pode sugerir que terapeutas que têm maior consciência do potencial para que dificuldades emocionais surjam como parte do processo terapêutico podem ser mais capazes de apoiar e guiar seus clientes quando isso surgir.

Considerando que a TFC é um modelo biopsicossocial informado pela evolução, ela é idealmente adequada para entender esses múltiplos níveis de interação terapêutica. Este capítulo explora algumas das formas como a TFC atua por meio da relação terapêutica, com um foco nos vínculos, nas tarefas e nos objetivos, e como o cultivo de uma mente compassiva, tanto em nós mesmos quanto em nossos clientes, pode ser tão importante (veja também Gilbert, 2007a). Como vamos explorar, o foco específico no cultivo de uma mente compassiva compõe a textura da própria relação terapêutica, fornecendo um meio para experiências emocionais positivas que contribuem para a mudança.

A estrutura da relação terapêutica

Há muitos modelos referentes à natureza e aos processos que estão envolvidos na relação terapêutica. Diferentes abordagens psicoterápicas se concentraram em diferentes aspectos dela e correspondem a diferentes modelos de terapia. A TFC destaca que comportamentos de cuidado são múltiplos e multitexturizados, e o terapeuta pode se encontrar em muitos papéis diferentes em diferentes momentos ao longo da jornada terapêutica (veja o Capítulo 3, Fig. 3.1). Em outras palavras, algumas vezes eles estarão fornecendo encorajamento e torcida, em outras, conexões e reflexões empáticas, e, em outras ocasiões, oportunidades de psicoeducação para descoberta guiada e tranquilização, etc.

No que tange aos modelos que oferecem perspectivas do processo terapêutico, um comumente usado é o de Bordin (1970). Ele sugeriu que deve ser dada atenção a três processos principais: a criação de *laços* na natureza da relação; os *objetivos* combinados da terapia; e as *tarefas* por meio das quais esses objetivos serão atingidos. As rupturas terapêuticas muitas vezes podem ser rastreadas até um desses processos. A perturbação na relação terapêutica pode se dar a partir de laços frágeis, como falta de confiança, objetivos mal sintonizados ou problemas no cumprimento de tarefas. Muitos dos princípios da relação terapêutica concordam que os tipos de objetivos e tarefas na terapia terão claramente um impacto na natureza da relação terapêutica. Diferentes terapias, por exemplo, vão gerar diferentes relações de transferência e contratransferência (Miranda & Andrews, 2007). No entanto, a qualidade e a natureza do relacionamento na relação terapêutica, chamada de "laços", relaciona-se com uma habilidade de cocriar uma base segura e um porto seguro para os clientes se engajarem em um trabalho frequentemente difícil (Holmes & Slade, 2017).

Embora todas as psicoterapias agora concordem que os terapeutas devem ser empáticos e cuidadores, elas diferem sobre como isso pode, ou deve, ser facilitado, pois diferentes modalidades oferecem diferentes ênfases em qualidades particulares. A TFC segue orientação evolucionista (Gilbert, 2007a, 2007b) que enfatiza a natureza multifatorial de qualquer tipo de relação de ajuda (incluindo a terapêutica). É aí que o terapeuta tem múltiplos papéis em termos de ser um mentor, um guia, um encorajador e um descobridor compartilhado.

As pesquisas sugerem, então, que é a *qualidade* da relação que é fundamental. Quando os clientes se sentem seguros e protegidos com seus terapeutas, eles são mais capazes de se engajar em experiências dolorosas e/ou vergonhosas (Holmes & Slade, 2017; Mikulincer, Shaver, & Berant, 2013; e veja o Capítulo 3). Como tal, qualidades interpessoais relacionais e micro-habilidades como as endossadas por Carl Rogers (1951), que incluem empatia, congruência e consideração positiva incondicional, provaram ser importantes para uma *aliança* de trabalho bem-sucedida entre terapeuta e cliente (Burns & Auerbach, 1996; Elliot, Bohart, Watson, & Greenberg, 2011; Kirschenbaum & Jourdan, 2005), apoiada pelas pesquisas da experiência do cliente (Elliot & Williams, 2003; Sherwood, 2001).

Embora as qualidades relacionais do terapeuta — como empatia, congruência e assim por diante — sejam as ações básicas da terapia, a TFC também enfatiza outros aspectos e funções psicológicas essenciais do cuidado fornecidos na terapia pela sua incorporação da teoria do apego (Holmes & Slade, 2017; Music, 2017, 2019). As funções evolutivas do cuidado são físicas e psicológicas. As físicas envolvem fornecimento de recursos como proteção, alimento, calor e abrigo. As psicológicas fornecem aportes para a regulação e o desenvolvimento da mente. Bowlby (1969, 1973, 1980) defendeu que há três funções que o genitor fornece ao bebê, e os terapeutas sugerem que também há funções básicas que o terapeuta cria conjuntamente com o cliente:

1. *Uma fonte de proximidade*, no sentido de que o objeto cuidador (normalmente a mãe) se torna o foco da atenção e do interesse. Se o acesso ao objeto cuidador é perturbado, isso ativa o sistema de ameaça, o qual pode, então, ser desativado com o retorno

dele. Em termos da relação terapêutica, o desejo de utilizar o terapeuta como o outro apoiador e útil faz parte da procura de proximidade.

2. *Uma base segura* oferece um ambiente de relativa segurança e livre de ameaça, que ajuda a desenvolver a confiança da criança para explorar, correr riscos e adquirir o conhecimento necessário para amadurecer. Essa função também é extremamente importante na relação terapêutica. Se os clientes não se sentem seguros com seus terapeutas, e se o terapeuta não é capaz de guiá-los para correrem riscos, explorando situações, emoções ou memórias dolorosas ou difíceis, então a terapia será inibida.
3. *Porto seguro* se refere à habilidade do objeto cuidador de atuar como agente tranquilizador no contexto de estresse ou excesso de excitação. Novamente, no processo da terapia, a habilidade do terapeuta para atuar como um porto seguro é essencial e contribui para a experiência do terapeuta como uma base segura. Ajudar os clientes a regular sua própria excitação estressante por si e por meio da relação é essencial (veja também Holmes, 2001).

Mikulincer, Shaver e Berant (2013) contextualizam a relação terapêutica dentro dos termos do apego como exposto. Eles sugerem que, em uma fase posterior da vida, qualquer um pode atuar potencialmente como uma figura de apego, se essa pessoa fornecer certas qualidades na relação:

> Os humanos de todas as idades tendem a procurar e desfrutar da proximidade com suas figuras de apego em situações de necessidade e a experienciar sofrimento ao se separar delas. Em segundo lugar, figuras de apego fornecem um porto seguro físico e emocional; elas facilitam o alívio do estresse e são uma fonte de apoio e conforto. Terceiro, figuras de apego fornecem uma base segura a partir da qual as pessoas podem explorar e aprender sobre o mundo e desenvolver suas capacidades e sua personalidade. Segundo essa perspectiva, a relação cliente-terapeuta pode ser conceitualizada como envolvendo um laço de apego; o terapeuta pode se tornar um porto seguro e uma base segura para o cliente, desse modo, aumentando o senso do cliente de segurança do apego, o que, por sua vez, pode facilitar a regulação emocional sadia e a exploração de novas possibilidades, o que contribui para a saúde mental (Mikulincer, Shaver, & Berant, 2013, p. 607).

Como os clientes levarão considerável estresse emocional para a sala de terapia, é vital que os terapeutas sejam capazes de guiar seus clientes em como experienciar uma base segura e um porto seguro na sala de terapia e, com o tempo, internalizar esses processos para que eles mesmos possam regular seu sistema de ameaça. Também é importante que os terapeutas entendam o quanto esses processos são poderosos e como eles influenciam a fisiologia do cliente. Uma das distinções culturais de que os terapeutas devem ter consciência é a distinção entre segurança e proteção. A segurança está associada ao monitoramento de ameaças e à consciência da presença ou ausência de ameaça, ao passo que a proteção diz respeito ao monitoramento da disponibilidade de outras pessoas ou processos apoiadores úteis. Elas operam por meio de sistemas fisiológicos muito diferentes (veja Gilbert, 2020, e Capítulo 3, para revisões). É bem possível que seu cliente não o veja como uma ameaça, mas, ao mesmo tempo, não o veja como fonte de proteção e ajuda. Há muitas razões para isso que podem estar ligadas a problemas de transferência e a percepções da competência, da força, da validação e da aceitabilidade do terapeuta — por exemplo, o cliente será capaz de confiar que, com um material vergonhoso, o terapeuta não vai rejeitá-lo?

Apesar de não usarem esses conceitos como formas de facilitar uma base segura e um porto seguro, Geller e Porges (2014) destacam a importância de entender a regulação interpessoal do sistema nervoso autônomo.

Porges (2011) sugeriu que o corpo e, em particular, o sistema nervoso autônomo têm neuropercepção, que se refere a formas não conscientes de monitorar o grau de segurança (e a TFC sugeriria proteção) que está disponível. Ele destaca como os indivíduos podem se sentir confortáveis ou desconfortáveis na presença de outros sem serem realmente capazes de dizer o motivo. Em sua revisão das experiências do cliente, Elliot e James (1989) observaram que os clientes frequentemente têm uma "sensação" de que é difícil para eles se expressarem claramente.

Sabemos agora que boa parte do processamento pode ser processamento não consciente (Bargh, 2017). Geller e Porges (2014) destacam a importância de como monitoramos a comunicação não verbal, como o tom de voz, a expressão facial, a postura geral, o ritmo da comunicação e assim por diante, de formas não plenamente conscientes. Além disso, há muitos estudos do processamento subliminar que revelam o quanto somos sensíveis a sinais de proteção ameaçada. Alguns indivíduos transmitem um senso de proteção muito mais facilmente do que outros, mas, certamente, uma consciência de como corporificamos certas qualidades, como amizade básica, calidez, abertura, ludicidade, não julgamento, aceitação e empatia, é importante — por exemplo, uma expressão facial amistosa tem maior probabilidade de refletir proteção do que uma expressão neutra, ansiosa ou desinteressada. Isso corresponde ao trabalho que encorajamos nossos clientes a se engajarem — ou seja, cultivar uma voz interna amistosa, refletindo sobre como é adotar uma expressão facial neutra *versus* amistosa.

Autoconsciência no terapeuta. Muito já foi escrito sobre a importância do desenvolvimento de autoconsciência atenta. Bell e Bennett-Levy (neste livro) destacam a importância de os terapeutas serem capazes de usar seu próprio modelo para desenvolver seus próprios *insights* com a prática pessoal e, se possível, envolver-se com o apoio do grupo de pares. Isso dirige a atenção para a forma como os terapeutas precisam estar autoconscientes do processo que se origina dentro e durante as interações terapêuticas e se relaciona aos sinais que eles estão enviando (Siegel, 2010). A TFC enfatiza que os terapeutas devem ser capazes de usar práticas reguladoras do vago, como ritmo respiratório calmante, dentro da relação terapêutica, para poderem manter a regulação do seu sistema nervoso autônomo. Práticas como *mindfulness* (Germer, Siegel & Fulton, 2013), ritmo respiratório calmante e aterramento também podem ajudar o terapeuta a estar "presente" e conectado (veja também Wegela, 2009). Geller e Porges (2014) afirmam que:

> Terapeutas especialistas relataram que a experiência da presença terapêutica envolve concomitantemente: (a) estar aterrado e em contato com o próprio *self* integrado e sadio; (b) estar aberto, receptivo e submerso no que é tocante no momento; e (c) ter um senso maior de espaço e expansão da consciência e da percepção. Essa consciência aterrada, submersa e expandida também ocorre com (d) a intenção de estar com e pelo cliente a serviço do seu processo de cura. Estando aterrado, submerso e ampliado, com a intenção de estar com e pelo outro, o terapeuta convida o cliente a entrar em um estado mais profundo e compartilhado de presença terapêutica relacional (Geller & Porges, 2014, p. 179).

A influência das ciências biológicas tem sido instrumental para aprofundar nossa compreensão de como os terapeutas podem conectar e influenciar seus clientes em um nível mais profundo, psicologicamente sensível e responsivo. Durante os últimos 20 anos, obtivemos mais *insight* de como e por que as relações são tão significativas, de como elas podem influenciar nossos processos fisiológicos e das formas pelas quais nossas experiências de vida, por sua vez, influenciam isso. Por exemplo, sabemos agora que nossas experiências de vida afetam nossos perfis epigenéticos e a maturação de múltiplos sistemas fisiológicos (Hofer, 1984), incluindo o sistema nervoso autônomo (SNA) (como descrito por Porges, 2011, e outros, p. ex., Cozolino, 2017). De fato, agora está bem compreendido que os humanos, em específico, evoluíram como uma espécie altamente social, e que processos como a ocitocina e a variabilidade da frequência cardíaca são regulados por meio das relações de cuidado e afiliativas que temos uns com os outros (Porges, 2011). Além disso, os indivíduos regulam uns aos outros por meio de relações em múltiplos níveis (Hofer, 1984; Cozolino, 2014). No que se refere à relação terapêutica, isso é chamado de sincronia terapêutica, e pode ser associado à forma como terapeuta e cliente regulam o sistema nervoso autônomo um do outro (Koole & Tschacher, 2016) ou o funcionamento do cérebro direito (Schore, 2019). Isso oferece uma estrutura para a compreensão de como e por que os terapeutas precisam prestar atenção aos seus próprios estados fisiológicos, como o uso do ritmo respiratório calmante para manter o equilíbrio autônomo.

A TFC recomenda que os terapeutas pratiquem ritmo respiratório calmante e aterramento antes e durante sua psicoterapia, para entrar em sintonia com seu sistema nervoso autônomo. O atendimento apressado de um cliente para o próximo, como algumas vezes é esperado em alguns serviços, não é propício à prática terapêutica. Quando o terapeuta tira um tempo para desacelerar e aterrar e passa algum tempo trazendo à mente o próximo paciente a ser atendido, até mesmo se sentando um pouco na cadeira do paciente antes da sua chegada, isso pode proporcionar formas mais profundas de engajamento empático. Esse "aterramento no corpo" pode ajudar os terapeutas que têm dificuldades com questões como clientes raivosos, clientes excessivamente submissos e silêncio em situações de desesperança. Em vez de automaticamente ou "descuidadamente" seguir seu desejo de oferecer soluções e tentar escapar desses momentos, ou de resgatar o cliente, o terapeuta aterrado visa a estar — ou ser capaz de estar — "presente na experiência" e corajoso, e tenta encorajar a sabedoria da mudança no cliente, em vez de se tornar um provedor de soluções. Esse desejo de resgatar nossos clientes é compreensível, mas, para alguns terapeutas, particularmente aqueles com estilos de apego inseguro, a urgência de "ajudar, consertar e organizar" pode não ser uma motivação compassiva genuína, servindo mais para experienciar os sentimentos positivos de ser alguém que socorre. A adoção de posição de resgate pode (mas nem sempre) desapoderar os clientes e pode demonstrar que não acreditamos que eles sejam capazes de apoiar a si mesmos. É necessário *insight* terapêutico para ter consciência de quando os clientes *realmente precisam de resgate* — por exemplo, se estão dissociando ou perdidos em uma lacuna de vergonha. Isso contrasta com possibilitar silêncio para a autorreflexão do cliente ou a descoberta guiada para o interior da sua própria sabedoria. Portanto, cultivar sabedoria compassiva é reconhecer que querer ajudar nossos clientes é compreensível, mas também precisamos da coragem e da sabedoria de como fazer isso da melhor forma, pois nem sempre está claro, e diferentes clientes podem precisar de coisas diferentes. Isso também se refere a como podemos trabalhar com, e não contra, nossas próprias experiências difíceis como terapeutas — em vez de nos sentirmos envergonhados ou constrangidos com nossas disposições ou vulnerabilidades. Por exemplo, podemos nos orientar para elas como fontes de conhecimento e talvez como um caminho para sermos capazes de nos conectar mais profundamente com os clientes. O estudo de Adams (2013), sobre terapeutas refletindo sobre suas próprias dificuldades pessoais, sugere que é muito útil ser capaz de ver essas experiências como valiosas para o aprofundamento de uma conexão com os clientes, mas mantendo os limites necessários para prevenir que suas dificuldades fiquem emaranhadas no espaço do cliente. Ela questiona a ideia do "terapeuta sem problemas" como um ideal. Assim, essas questões também se relacionam com o motivo pelo qual há uma ênfase explícita na TFC para que os terapeutas trabalhem em sua própria mente compassiva (veja Gale, Schröder, & Gilbert, 2017; Kolts, Bell, Bennett-Levy, & Irons, 2017) e usem sua prática como meio de se relacionar com seus clientes e entendê-los melhor. Isso também apoia a posição da humanidade compartilhada de que o sofrimento é universal e que o cultivo da própria mente compassiva é também um benefício pessoal para o bem-estar do terapeuta. Isso está correlacionado a uma tendência contemporânea que foca no autocuidado, com um entendimento de que a terapia pode trazer desafios específicos ao bem-estar do terapeuta, como *burnout* e trauma indireto (Rothschild & Rand, 2006).

Muitas abordagens contemporâneas tendem a esperar que seus terapeutas também se submetam à terapia (e frequentemente ela faz parte do caminho do treinamento), embora as razões para isso algumas vezes estejam em conexão com questões mais técnicas ou práticas, como evitar transferência desnecessária ou autoexposição. No entanto a TFC, como as abordagens humanistas, identifica que o sofrimento é uma experiência humana universal e, como tal, encara a terapia como um processo colaborativo, embora não envolva a psicoeducação, o terapeuta conduzindo a descoberta guiada e assim por diante. Esse é um equilíbrio difícil, pois, às vezes, simplesmente estar com um cliente pode ser insuficiente para a mudança, e práticas guiadas e orientação são essenciais. Nas terapias comportamentais, por exemplo, os terapeutas serem vistos como acolhedores e apoiadores é um ingrediente necessário para ajudar a guiar e apoiar os clientes no que podem ser exposições muito assustadoras sobre coisas que os deixam ansiosos — por exemplo, aranhas, elevadores ou revisitar traumas. A confiança do terapeuta para se engajar nessas práticas pode ser essencial para ajudar o cliente a experienciá-las a partir de uma base segura para engajamento. Também é importante a disponibilidade potencial do terapeuta de participar — por exemplo, com terapeuta e cliente se engajando em práticas meditativas no espaço terapêutico, de modo que o cliente não fique em uma posição em que sente como se estivesse sendo observado ou analisado. Esse compartilhamento da experiência é importante para ajudar a promover proteção para o cliente, mas também atua para enfatizar que a terapia é um encontro colaborativo, em que os terapeutas não vão pedir que os clientes façam coisas que eles mesmos não fariam. Isso também é importante para a tolerância ao estresse — terapeutas que ficam facilmente alarmados pela estimulação de emoções difíceis em seus clientes podem evitar justamente as áreas da terapia que precisam ser abordadas. A habilidade do terapeuta de ser capaz de conter e apoiar (tolerar) o estresse do seu cliente e de demonstrar tolerância ao estresse pode ajudar o cliente a ganhar confiança em suas próprias habilidades para fazer isso. Terapeutas que ficam excessivamente ansiosos sobre o estresse do seu cliente podem sinalizar para o cliente que seu estresse é opressor, e então levam o cliente a ficar ansioso por perturbar seu terapeuta. É muito importante que o terapeuta crie segurança e confiança na relação terapêutica, demonstrando ao seu cliente acreditar no seu potencial para crescimento e que é capaz de trabalhar com as dificuldades.

Estágios, micro-habilidades e processos

Muitas terapias descrevem diferentes estágios do processo terapêutico, incluindo a TFC (Gilbert, 2010). Em geral, eles estão relacionados com o desdobramento do processo; por exemplo, seus primeiros estágios são conhecer um ao outro e facilitar que o cliente narre a história, oferecendo *insights* sobre suas dificuldades e como ele as vê nas texturas de sua vida. A comunicação não verbal e as micro-habilidades são muito importantes. O ambiente é importante, também, para que a terapia possa estar em algum lugar onde os clientes possam se sentir compreendidos e seguros e experienciem basicamente um lugar amistoso. O segundo estágio tende a ser em torno do estabelecimento da estrutura para o trabalho a seguir. Na TFC, isso nos leva aos elementos de psicoeducação do cérebro complicado, tarefas da vida, sistemas de regulação emocional e um pouco sobre o sistema nervoso autônomo. Esses componentes da consciência mental possibilitam o entendimento de porque algumas práticas como respiração, postura, dieta, e assim por diante, podem ser úteis. Um terceiro estágio é começar a se engajar com os clientes. Por exemplo, quando ensinar o ritmo respiratório calmante, faça a prática *com ele* e discuta as experiências de ambos com o exercício. Esse compartilhamento das tarefas é muito importante na construção das relações terapêuticas. Às vezes, com clientes severamente deprimidos ou perturbados, a melhor coisa a fazer é sair para uma caminhada. Os terapeutas comportamentais frequentemente defendem isso. Para pacientes socialmente ansiosos, isso pode envolver ir a lojas e fingir escorregar no piso, ou derrubar algumas latas — e o terapeuta faz isso com o cliente. Em pacientes com transtornos obsessivos-compulsivos, o terapeuta pode tocar um vaso sanitário, o chão ou seu sapato com o cliente; isso não só está servindo como modelo mas também cria uma tarefa compartilhada e um vínculo. Para uma pessoa preocupada com tossir em público, o terapeuta e o cliente podem ir a uma cafeteria e tossir juntos. O quarto estágio seria algo como usar habilidades da mente compassiva para se engajar em dificuldades específicas, como trauma ou outras áreas, trabalhando na construção da relação e na construção da confiança, enfrentando a dificuldade mental particular, como transtorno obsessivo-compulsivo ou processos como vergonha e autocriticismo. Um quinto estágio seria apoiar o cliente no uso da sua mente compassiva como hábito de viver e construir, com experimentos comportamentais e repertórios a serem usados além do processo terapêutico. Ao longo desse processo, o terapeuta tem prazer genuíno com o progresso do cliente.

O conhecimento de micro-habilidades específicas progrediu de maneira significativa nos últimos 10 anos. Atualmente, há muitos procedimentos de treinamento importantes e materiais que focam no desenvolvimento do elemento de micro-habilidade da construção da relação terapêutica e dos processos de mudança. Um dos trabalhos mais conhecidos foi o de Egan (2017), sobre o que ele chama de "ajudante habilidoso", cujos exemplos incluem os apresentados na tabela a seguir.

Exemplos centrais de micro-habilidades em TFC	
Perguntas abertas e fechadas	Facilitar as funções reflexivas
Reconhecer tom e ritmo da voz	Cultivar a mentalização
Valor das comunicações não verbais	Facilitar o silêncio
Diálogo socrático	Construir a relação terapêutica
Descoberta guiada	Reconhecer e trabalhar com a transferência e a contratransferência
Análise funcional básica e complexa	Reconhecer e lidar com rupturas
Mapear e focalizar a mente	Facilitar a prática
Reflexão empática	Estimular a motivação para mudar
Empatia preditiva	Abordar "dificuldades" e medos, bloqueios e resistências
Parafrasear, resumir	

Outro conjunto central de habilidades se relaciona aos processos de narração e discussão. É assim que o terapeuta promove a descoberta guiada e demonstra curiosidade e fascinação pela mente do cliente — em essência, o terapeuta está levando o cliente em uma jornada para dentro da sua mente e tem muitos meios potenciais para fazer isso.

Diálogos socráticos e descoberta guiada

Micro-habilidades básicas — diálogos socráticos e descoberta guiada		
• Exploração básica — narração • Flecha descendente — *laddering* • Encadeamento — sequenciamento • Diagramas • Reflexão — dar sentido	• Formular perguntas — *imagine que*; *suponha que*; *se, então?* • Mapeamento da mente — múltiplos domínios — multimente • Revelação de conflitos (p. ex., de motivações, valores, aspirações)	• Mentalização • Trazer "para a percepção consciente" • Entrevista motivacional • Revelar forças internas e sabedorias

Micro-habilidades básicas — diálogos socráticos e descoberta guiada		
As perguntas dos diálogos socráticos e as indagações curiosas procuram:		
• oferecer espaço e orientação para exploração interna (portanto, dê espaço — não seja tagarela!) • sondar a natureza interconectada das motivações, das emoções e dos comportamentos • entender o significado implícito • ver o valor dos comportamentos de segurança e os problemas com eles (consequências não intencionais)	• distinguir medos internos e comportamentos de segurança dos dirigidos externamente • correr riscos (p. ex., exposição, tentar o novo) e sobrepor-se aos comportamentos de segurança • entender o mundo interno da sua mente • diferenciar os processos na sua mente	• comunicar seu mundo interno com outra mente • mentalizar • ouvir reflexões empáticas guiadas (p. ex., do terapeuta) • ter novos *insights* por meio da narrativa e da orientação empática do terapeuta • se sentir ouvido e compreendido

Parte da relação terapêutica também é transmitir conhecimento que facilite a consciência da mente e que, por sua vez, aponte para áreas de mudança.

Psicoeducação

Psicoeducação e processos de mudança	
Psicoeducação	**Processos de mudança**
• Oferecer clareza sobre o que é compaixão e o que não é • Enfatizar as dimensões da coragem e da sabedoria, e as ligações com o desenvolvimento de uma base segura e um porto seguro na terapia • Proporcionar *insight* sobre a natureza da "mente complicada" como construída pelos genes e socialmente criada • Cérebro antigo e novo cérebro — e ciclos de amplificação, intensificação e prolongação • Compaixão como uma motivação fisiológica evolutiva — e organizador principal —, o condutor • Condicionamento clássico e aprendizagem corporal	• Mudança de perspectiva • Sondar os pontos fortes e *insights* • Identificar sabedorias intuitivas • Explorar as soluções do cliente • Cultivo da mente compassiva (e sua base fisiológica) • Abordar as dificuldades pelos olhos da mente compassiva • Incorporar motivos para compaixão à autoidentidade • Prática regular de compaixão e comportamentos de mudança • Práticas comportamentais nucleares • Práticas básicas para cultivar e usar na vida diária

Um dos aspectos cruciais da TFC é a psicoeducação, sobretudo do modelo evolutivo. Isso já foi explicado nos Capítulos 7 a 9. A forma como o terapeuta ajuda o cliente a experienciar a realidade de ser um ser biologicamente criado, que não escolheu grande parte do que se passa na sua mente, é essencial para seu impacto emocional. Possibilite espaço e momentos de silêncio para reflexão, porque isso pode ter um impacto fundamental. Prepare o cliente para começar a ver o valor de estarmos *atentos à nossa própria programação*, um conceito-chave em TFC. A habilidade do terapeuta é ajudar o cliente a reconhecer que essa não é uma abdicação da responsabilidade pelo comportamento — longe disso. Em vez disso, quando reduzimos a vergonha e a culpa por coisas sobre as quais nos sentimos mal, podemos então desenvolver a curiosidade sobre a fonte dessas dificuldades, desenvolver um desejo de trabalhar com elas compassivamente e estar mais no controle de nossos comportamentos. As implicações para a relação terapêutica, no entanto, são significativas, pois os clientes devem idealmente experienciar o terapeuta como um companheiro de viagem nesta jornada complexa chamada vida. O terapeuta não está ali para consertar problemas ou abordar as categorias diagnósticas dos transtornos, mas para promover os estados cerebrais compassivos do próprio cliente. Essa abordagem sobre *como reconhecer e abordar o sofrimento das mentes* cria um tipo particular de vínculo com base na humanidade compartilhada. Todos nós somos vulneráveis a sofrimento, perdas, revezes, doenças, lesões e doença.

Portanto, em parte, é papel do terapeuta inspirar o cliente a ter interesse na sua própria mente, sem culpar ou envergonhar suas descobertas, mas com foco em como fortalecer as qualidades na mente que são propícias ao bem-estar e ao comportamento pró-social. Aqui, os praticantes da TFC podem se apoiar em práticas baseadas em *mindfulness* que, em primeiro lugar, ajudam os clientes a perceberem suas experiências corporais, seus padrões de atenção, etc. (Germer et al., 2013). Em segundo lugar, as práticas baseadas em *mindfulness* podem ser usadas como parte da descoberta guiada, com base nas habilidades imaginativas dos clientes, para estimular certos sistemas fisiológicos com tranquilização e imagem mental focada na compaixão, como por meio de um outro compassivo, ou imaginando a si mesmo no melhor da sua compaixão (veja o Capítulo 8). É importante apoiar esses exercícios com uma atitude de curiosidade, em vez de não julgamento, e o terapeuta pode ajudar a endossar isso demonstrando essa atitude em relação à experiência do seu cliente. A TFC recomenda que os terapeutas ajudem seus clientes a acessar seu *self* compassivo no começo da terapia, pois isso pode se tornar um recurso que vai apoiar e, esperamos, nutrir os clientes por meio da sua jornada terapêutica. Explicar o aspecto corajoso do engajamento em nosso sofrimento também é importante.

Transferência e contratransferência: a essência da relação terapêutica

A transferência pode estar ligada às relações parentais iniciais, e os terapeutas estarão atentos ao que surgir dentro do cliente como resultado da interação. A interação precisa ser vista como um processo dinâmico, recíproco, flutuante e contínuo. O terapeuta precisa estar consciente de que o cliente estará monitorando a mente do terapeuta em certa medida, o que vai afetar a sua disposição para compartilhar ou esconder. Na transferência, haverá certos tipos de criações relacionais, como ver ou projetar:

Os terapeutas conforme vistos ou experienciados em diferentes papéis — logo, o terapeuta como:	
• outro desejado, mas abandonador • objeto julgador crítico — julgador exigente • vergonhoso • outro desdenhoso/desinteressado • bem-intencionado, mas fraco ou temeroso • outro invejado • um amigo substituto • cultural ou historicamente muito diferente de mim • fonte de confiança epistêmica	• amistoso, mas incompetente • um salvador • previsível ou inconfiável • facilmente sobrecarregado pelo material do cliente • seguindo rigidamente sua própria técnica/manual • relacionando-se à distância — desligado • bom para mim na superfície, mas, no fundo, realmente não gosta de mim • alguém que não gostaria de mim se soubesse o que se passava na minha mente

Há muitas outras possibilidades, portanto essas são apenas algumas das dinâmicas transferenciais típicas que os terapeutas podem encontrar. Elas podem mudar de tempos em tempos, e o que pode começar como uma projeção muito idealizada pode rapidamente se transformar em uma projeção desvalorizada. É importante ter em mente como você está experienciando seu cliente, o tipo de transferência em que você pode estar envolvido e o fato de que você está em um tipo de dança que se altera. Todas as terapias têm algum grau de treino da consciência da transferência. A TFC tenta monitorar as interações atentamente — mesmo coisas sutis como a expressão facial ou os tons de voz podem ter um impacto.

A contratransferência do terapeuta está ligada à transferência. Por exemplo, um cliente exigente, um cliente submisso ou um cliente agressivo vai estimular diferentes processos dentro do terapeuta. A forma como o terapeuta reage às projeções pode desempenhar um papel importante sobre como essas interações interpessoais são entendidas e trabalhadas.

É por isso que é tão importante que os terapeutas estejam atentos às experiências momento a momento do que está surgindo nos clientes por meio do processo interacional. O terapeuta focado na compaixão está constantemente procurando a ameaça por trás do processo e dirige a atenção do cliente para essa ameaça. Assim, por exemplo, com um cliente hostil, qual é a ameaça para o cliente se ele tiver boas relações com o terapeuta? Isso pode ameaçar seu senso de autonomia e ativar sentimentos de desconfiança, dependência ou necessidades emocionais não satisfeitas que produzem solidão ou luto insuportáveis ou inibem seu senso de poder por meio da raiva. Qual é a ameaça para o cliente invejoso (que ele nunca será capaz de alcançar seus ideais ou se sentir tão bem quanto imagina que o terapeuta se sinta)? Qual é a ameaça para o cliente submisso (que se ele for assertivo na terapia, ou raivoso com o terapeuta, o terapeuta vai rejeitá-lo ou não gostar dele)? Muitos clientes têm um lema: "se você se aproximar de mim, vai descobrir coisas sobre mim de que não vai gostar; se eu me aproximar de você, vou descobrir coisas sobre você de que não vou gostar".

A hostilidade não processada na sala de terapia pode ser problemática, e, portanto, os terapeutas devem estar atentos aos medos do cliente de lidar com sentimentos hostis. Igualmente, sentimentos não processados de uma necessidade de conectividade podem surgir em clientes hostis. O terapeuta focado na compaixão fica de olho na dinâmica da vergonha, que pode ser disruptiva para a relação terapêutica e para a estrutura da compaixão que você está tentando criar. Sobretudo, sempre que possível, você deve oferecer *feedback* sem julgamento sobre o impacto que o cliente está tendo em você — desde que você esteja familiarizado com a experiência da sua própria contratransferência. Por exemplo, quando um cliente constantemente ameaça suicídio, você pode indagar: *Como você gostaria que eu escutasse essa mensagem e lhe respondesse? Como você acha que estou respondendo a você? Por que seria assim?* e assim por diante. Também podemos oferecer um *feedback* muito direto, por exemplo, sugerindo que "*obviamente, quando eu escuto isso, me preocupo com você*". Coisas a se ter em mente são que você não deseja reforçar e recompensar esse comportamento, dando-lhe muita atenção compassiva, ao mesmo tempo que não o ignora simplesmente e aborda questões de mentalização que direcionam o cliente para o impacto de seu comportamento e como ele acredita que isso se desenrola na mente dos outros.

O que é importante mencionar aqui é que a forma como os terapeutas veem seus clientes é importante e pode estar relacionada à ansiedade sobre o desenvolvimento de uma relação com um cliente que pode se revelar problemático. Na TFC, o foco é sempre em ser útil, e não prejudicial, portanto, é útil estar atento a esses processos, mas também desafiar como eles podem afetar nossos clientes. Terapeutas que têm ansiedade sobre a ideia de os clientes ficarem apegados "demais" a eles, por exemplo, podem refletir sobre como eles influenciam a forma como a relação se desenvolve durante o curso da terapia. Pope, Sonne e Greene (2006) chamaram a atenção para aspectos da experiência do terapeuta com os clientes e/ou a terapia que quase nunca são falados e, embora não sejam culpa ativa do terapeuta, mesmo assim são classificados como tabu — por exemplo, fantasias sexuais sobre clientes. A questão que eles levantam é que tentar ignorar essa área, não importa o quanto ela seja desconfortável, significa que ela nunca poderá ser plenamente abordada e conduz a um sufocamento de certos aspectos da experiência. A questão é como trabalhar eticamente com os dilemas que surgem de uma forma que não envergonhe, mas também não prejudique.

O cliente pode nunca ter reconhecido que pode deixar seu terapeuta ansioso, ou que seu terapeuta se importaria tanto com ele de uma forma ou de outra. Para um cliente hostil, o terapeuta pode dizer "*Por que você quereria tentar me voltar contra você ou me fazer ter medo de você?"*, e assim por diante. Se o cliente dissesse "Bem, porque acho que você não gosta de mim", o terapeuta diria: "*Por que seria do meu interesse não gostar de você? Por que eu quereria ser um terapeuta que anda por aí não gostando das pessoas?*" ou "*Qual seria seu maior medo se descobrisse que isso não é verdade?*". Lembre-se de que o tom de voz é essencial para a forma como essas perguntas socráticas são formuladas. Procure encontrar sua própria maneira de abordar esses processos, para dar ao cliente a oportunidade da descoberta guiada — usando a relação. Esteja preparado porque, às vezes, você pode se desafinar empaticamente; portanto, perceber e reparar é importante, particularmente se o terapeuta puder evitar ser defensivo.

Em termos da teoria do apego, você está constantemente tentando criar uma base segura e um porto seguro — e os clientes têm maior probabilidade de experienciar isso se você for o mais honesto possível com eles (congruência) e lhes der um *feedback* empático acurado, que não seja julgador. Assim, os clientes podem vir a confiar em você porque você não precisa evitar situações difíceis, e eles sabem que, quando você diz alguma coisa, está sendo sincero no que diz e não está apenas tentando parecer um terapeuta "bom" e "gentil", que os clientes vão gostar.

Questões culturais. Não só as experiências no início da vida contribuem para a transferência e a contratransferência, mas também as experiências em curso na vida, e é importante considerar o papel e a influência da cultura, além das nossas experiências de estarmos dentro (ou fora) de grupos sociais. Isso é muito importante para entender a diversidade, que tem sido pouco considerada como um fator que influencia a terapia em boa parte da terapia tradicional, que ainda é amplamente dominada por profissionais e teóricos brancos ocidentais. Pesquisas sugerem que certos grupos de clientes que experienciaram estigma social (e, portanto, se sentiram excluídos ou desprezados por grupos sociais dominantes), como indivíduos com problemas de saúde mental, problemas de peso, dependência de drogas e álcool, e também aqueles que sofreram opressão como racismo e outras formas de discriminação, podem ser sensíveis à discriminação antecipada de seus terapeutas, que podem representar o mundo social mais amplo que foi experienciado como rechaçante (p. ex., Moodley & Palmer, 2006; Shelton & Delgado-Romero, 2011). Quando o mundo dos nossos clientes é altamente focado na ameaça, e quando os outros são frequentemente vistos como veículos potenciais da ameaça que eles antecipam, os terapeutas podem precisar trabalhar para reconhecer a validade disso (portanto, não "explicando" ou encontrando desculpas para as experiências de preconceito, mas aceitando o que nossos clientes nos contam, sem julgamento ou discussão). Também devem trabalhar contra isso — ou seja, validando e legitimando as experiências e ansiedades do cliente, demonstrando apoio e consideração positiva incondicional (estando do lado do cliente), mas também, talvez, estando comprometidos com o ativismo social que procura abordar o preconceito e a discriminação. Algumas vezes, aspectos das nossas culturas são tão "complicados" como nosso cérebro — e, é claro, culturas e cérebros são influenciados entre si.

Tarefas e objetivos

As tarefas e os objetivos da terapia são delineados em muitos outros capítulos neste livro e aqui não são discutidos em detalhes. O objetivo da TFC é possibilitar que os clientes desenvolvam uma compreensão de como suas mentes funcionam, explorando as influências biopsicossociais na sua experiência e no seu senso de *self*, com a facilitação da mente compassiva como um meio de ajudar a trabalhar com áreas de sofrimento. Esses objetivos estão ligados ao trabalho com motivações de cuidado e suas fisiologias para melhor estimular processos específicos que apoiarão isso.

De maneira essencial, um objetivo central se refere a ajudar nossos clientes a estarem atentos e motivados para saber como viver para serem úteis, e não prejudiciais. A relação terapêutica não só proporciona os contextos para isso e a orientação com psicoeducação mas também, na própria relação, promove experiências interpessoais essenciais de base segura e porto seguro. Como parte do processo colaborativo, o terapeuta expressa claramente as tarefas e os objetivos da terapia, guiando o cliente passo a passo.

Conclusão

Para os praticantes da TFC, a relação terapêutica é o alicerce da terapia e o veículo pelo qual as tarefas e os objetivos são trabalhados e uma mente compassiva é cultivada. A TFC coloca muita atenção nos aspectos fisiológicos da experiência humana e em como eles influenciam a psicologia e a experiência vivida e sentida, o que inclui a forma pela qual as pessoas constroem significado em torno de si e em seus relacionamentos. Essa é uma abordagem informada pela teoria do apego e por formas de se relacionar com o cliente baseadas na abordagem humanista, mas também salienta o aspecto da humanidade compartilhada do sofrimento. O cliente experiencia o processo terapêutico como uma jornada com um ser humano companheiro, trabalhando da melhor forma possível com mentes complicadas para abordar o sofrimento e viver para ser útil, e não prejudicial.

Agradecimentos

Embora a relação terapêutica seja minha própria área de interesse, eu gostaria de agradecer o amplo apoio do meu pai (PG) no preparo deste capítulo.

Referências

Adams, M. (2013) *The myth of the untroubled therapist: Private life, professional practice*. Routledge.

Ardito, R.B., & Rabellino, D. (2011). Therapeutic alliance and outcome of psychotherapy: Historical excursus, measurements, and prospects for research. *Frontiers in Psychology, 2*, 270.

Bargh, J. (2017). *Before you know it: The unconscious reasons we do what we do*. Simon & Schuster.

Bordin, E. (1979). The generalizability of the psychoanalytic concept of the working alliance. *Psychotherapy: Theory, Research and Practice, 16*, 252–260.

Bowlby, J. (1969). *Attachment and loss*. Random House.

Bowlby, J. (1973). *Separation, anxiety and anger*. Hogarth Press.

Bowlby, J. (1980). *Loss: sadness and depression*. Hogarth Press.

Burns, D.D., & Auerbach, A. (1996). Therapeutic empathy in cognitive-behavioral therapy: Does it really make a difference? In P.M. Salkovskis (Ed.). *Frontiers of Cognitive Therapy* (pp. 135–164). The Guilford Press.

Castonguay, L.G., Constantino, M.J., & Holtforth, M.G. (2006). The working alliance: Where are we and where should we go? *Psychotherapy: Theory, Research, Practice, Training, 43*(3), 271– 279.

Cozolino, L. (2014). *The neuroscience of human relationships: Attachment and the developing social brain* (2nd ed.). W.W. Norton.

Cozolino, L. (2017). *The neuroscience of psychotherapy: Healing the social brain*, (2nd ed.). W.W. Norton.

Degnan, A., Seymour-Hyde, A., Harris, A., & Berry, K. (2016). The role of therapist attachment in alliance and outcome: A systematic literature review. *Clinical Psychology & Psychotherapy, 23*(1), 47–65.

Egan, G. (2017). *The skilled helper* (2nd ed.). Cengage.

Elliot, M., & Williams, D. (2003). The client experience of counselling and psychotherapy. *Counselling Psychology Review, 18*(1), 34–38.

Elliott, R., & James, E. (1989). Varieties of client experience in psychotherapy: An analysis of the literature. *Clinical Psychology Review, 9*, 443–468.

Elliott, R., Bohart, A.C., Watson, J.C., & Greenberg, L.S. (2011). Empathy. *Psychotherapy, 48*(1), 43–49.

Gale, C., Schröder, T., & Gilbert, P. (2017). 'Do you practice what you preach?' A qualitative exploration of therapists' personal practice of compassion focused therapy. *Clinical Psychology & Psychotherapy, 24*(1), 171–185.

Geller, S.M., & Porges, S.W. (2014). Therapeutic presence: Neurophysiological mechanisms mediating feeling safe in therapeutic relationships. *Journal of Psychotherapy Integration, 24*(3), 178–192.

Germer, C.K., Siegel, R.D., & Fulton, P.R. (2013). *Mindfulness and psychotherapy*. The Guilford Press.

Gilbert, P. (2007a). Evolved minds and compassion in the therapeutic relationship. In P. Gilbert & R. Leahy (Eds.). *The therapeutic relationship in the cognitive behavioural psychotherapies* (pp. 106–142). Routledge.

Gilbert, P. (2007b). The evolution of shame as a marker for relationship security. In J.L. Tracy, R.W. Robins, & J.P. Tangney (Eds.). *The self-conscious emotions: Theory and research* (pp. 283–309). Guilford.

Gilbert, P. (2010). *Compassion focused therapy* (CBT Distinctive Features Series). Routledge.

Gilbert, P. (2020). Compassion: From its evolution to a psychotherapy. *Frontiers in Psychology, 11*, 3123.

Gilbert, P., & Leahy, R.L. (Eds.) (2007). *The therapeutic relationship in the cognitive behavioural psychotherapies*. Routledge.

Hardy, G., Cahill, J., & Barkham, M. (2007). Active ingredients of the therapeutic relationship that promote client change: A research perspective. In P. Gilbert and R.L. Leahy (Eds.). *The therapeutic relationship in the cognitive behavioural psychotherapies* (pp. 24–42). Routledge.

Hofer, M. (1984). Relationships as regulators: A psychobiologic perspective on bereavement. *Psychosomatic Medicine, 46*, 183–197.

Holmes J. (2001). *The search for the secure base: Attachment theory and psychotherapy*. Routledge.

Holmes, J., & Slade, A. (2017). *Attachment in therapeutic practice*. SAGE.

Horvath, A.O., Del Re, A.C., Flückiger, C., & Symonds, D. (2011). Alliance in individual psychotherapy. *Psychotherapy, 48*(1), 9–19.

Katzow, A.W., & Safran, J.D. (2007). Recognising and resolving ruptures in the therapeutic reliance In P. Gilbert and R.L. Leahy (Eds.). *The therapeutic relationship in the cognitive behavioural psychotherapies* (pp. 90–105). Routledge.

Kirschenbaum, H., & Jourdan, A. (2005). The current status of Carl Rogers and the person-centered approach. *Psychotherapy: Theory, Research, Practice, Training, 42*(1), 37–51.

Kolts, R.L., Bell, T., Bennett-Levy, J., & Irons, C. (2018). *Experiencing compassion-focused therapy from the inside out: A self-practice/self-reflection workbook for therapists*. Guildford Press.

Koole, S.L., & Tschacher, W. (2016). Synchrony in psychotherapy: A review and an integrative framework for the therapeutic alliance. *Frontiers in Psychology, 7*, 862.

Lambert, M.J., & Barley, D.E. (2001). Research summary on the therapeutic relationship and psychotherapy outcome. *Psychotherapy: Theory, Research, Practice, Training, 38*(4), 357–361.

Liotti, G. (2007). Internal working models of attachment in the therapeutic relationship. In P. Gilbert and R.L Leahy (Eds.). *The therapeutic relationship in the cognitive behavioural psychotherapies* (pp. 143–162). Routledge.

Mikulincer, M., Shaver, P.R., & Berant, E. (2013). An attachment perspective on therapeutic processes and outcomes. *Journal of Personality, 81*(6), 606–616.

Miranda, R., & Andersen. S.M. (2007). The therapeutic relationship implications from social cognition and transference. In P. Gilbert and R.L. Leahy (Eds.). *The therapeutic relationship in the cognitive behavioural psychotherapies* (pp. 63–89). Routledge.

Moodley, R., & Palmer, S. (Eds.). (2006). *Race, culture and psychotherapy: Critical perspectives in multicultural practice*. Routledge/Taylor & Francis Group.

Music, G. (2017). *Nurturing natures: Attachment and children's emotional, sociocultural and brain development* (2nd ed.). Routledge.

Music, G. (2019). *Nurturing children: From trauma to growth using attachment theory, psychoanalysis and neurobiology*. Routledge.

Norcross, J.C. (2002). *Psychotherapy relationships that work: Therapist contributions and responsiveness to patients*. Oxford University Press.

Norcross, J.C., & Cooper, M. (2021). *Personalising psychotherapy: Assessing and accommodating patient preferences*. American Psychological Association.

Pope, K.S., Sonne, J.L., & Greene, B. (2006). *What therapists don't talk about and why: Understanding taboos that hurt us and our clients*. American Psychological Association.

Porges, S. (2011). *The polyvagal theory: Neurophysiological foundations of emotions*. W.W. Norton.

Rogers, C.R. (1951). *Client-centered therapy: Its current practice, implications and theory*. Houghton Mifflin.

Rothschild, B., & Rand, M. (2006). *Help for the helper: The psychophysiology of compassion fatigue and vicarious trauma*. W.W. Norton.

Saxon, D., Firth, N., & Barkham, M. (2017). The relationship between therapist effects and therapy delivery factors: Therapy modality, dosage, and non-completion. *Administration and Policy in Mental Health, 44*, 705–715.

Schermuly-Haupt, M.L., Linden, M., & Rush, A.J. (2018). Unwanted events and side effects in cognitive behavior therapy. *Cognitive Therapy and Research, 42*(3), 219–229.

Schore A.N. (2019). *Right brain psychotherapy*. Norton.

Shelton, K., & Delgado-Romero, E.A. (2011). Sexual orientation microaggressions: The experience of lesbian, gay, bisexual, and queer clients in psychotherapy. *Journal of Counseling Psychology, 58*(2), 210–221.

Sherwood, T. (2001). Client experience in psychotherapy: What heals and what harms? *Indo-Pacific Journal of Phenomenology, 1*(2).

Siegel, D.J. (2010). *The mindful therapist: A clinician's guide to mindsight and neural integration* (Norton Series on Interpersonal Neurobiology). W.W. Norton.

Wegela, K.K. (2009). *The courage to be present: Buddhism, psychotherapy, and the awakening of natural wisdom*. Shambhala.

Wolfe B.E., & Goldfried M.R. (1988). Research on psychotherapy integration: recommendations and conclusions from an NIMH workshop. *Journal of Consulting and Clinical Psychology, 56*, 448–451.

Zilcha-Mano, S. (2017). Is the alliance really therapeutic? Revisiting this question in light of recent methodological advances. *American Psychologist, 72*(4), 311–325.

Zuroff, D.C., Shahar, G., Blatt, S.J., Kelly, A.C., & Leybman, M.J. (2016). Predictors and moderators of between-therapists and within-therapist differences in depressed outpatients' experiences of the Rogerian conditions. *Journal of Counseling Psychology, 63*(2), 162–172.

14

Um programa de grupo de *mindfulness* e terapia focada na compaixão

Francis Gheysen, Marine Paucsik e Pascal Delamillieure

Este capítulo explora como combinamos práticas de *mindfulness* tradicionais em um prelúdio e uma base para a TFC. Esta ideia nasceu de dois encontros quase simultâneos: primeiro, o encontro de Paul Gilbert e Choden em 2008, em Holy Island, para uma conferência internacional e um retiro explorando compaixão e neurociência, organizados pela comunidade budista de Samye Ling; pouco tempo depois, dois dos três coautores (F. Gheysen e P. Delamillieure) iniciaram juntos um treino de *mindfulness* em um programa oferecido pela Mindfulness Association, localizada no monastério budista de Samye Ling, no Reino Unido. Paralelamente a isso, viemos ao Reino Unido para inúmeros *workshops* sobre TFC e convidamos Paul e Choden para realizarem *workshops* na França. Essa foi nossa jornada para o desenvolvimento de nossas 24 sessões de treinamento que constituem o programa de *mindfulness* baseado em compaixão e *insight* (MBCI), descrito ao seguir. Também apresentamos os resultados de um estudo-piloto realizado em contexto hospitalar.

Mindfulness e compaixão sempre foram vistos como dependentes um do outro (Dalai Lama, 1995; Gilbert & Tirch, 2009; Gilbert & Choden, 2013; Germer & Siegel, 2012; Germer e Barnhofer, 2017). *Mindfulness* sem compaixão não necessariamente conduz a comportamento ético. Na verdade, ela pode ser usada para buscar muitos motivos diferentes, incluindo o autointeresse. A intenção de compaixão sem *mindfulness* pode ser uma dificuldade, pois as pessoas não têm uma percepção da natureza flutuante da mente. Alguns defendem que o *mindfulness* sempre esteve profundamente inserido no caminho óctuplo (*mindfulness* correto), o que, em essência, é como trazer compaixão para aspectos da nossa vida (Van Gordon, Shonin, Griffiths, & Singh, 2015). Logo, a TFC sempre teve treinos básicos que associam *mindfulness* com compaixão (Gilbert & Choden, 2013). Os outros capítulos deste livro focam preponderantemente na integração de diferentes técnicas terapêuticas à compaixão. Aqui focamos em *mindfulness*.

O *mindfulness* já foi descrito de muitas maneiras. Kabat-Zinn (1990) sugere sua descrição como: "a consciência que surge ao se prestar atenção intencionalmente no momento presente e sem julgamento". Uma definição mais curta foi sugerida por Germer (2009, p. 9): "a consciência da experiência presente com aceitação". Adotamos a definição e as práticas fundamentais do Mindfulness Based

Living Course (MBLC) (Choden & Regan-Addis, 2018, p. 21), prestando especial atenção aos componentes de *insight*. Há inúmeras práticas diferentes que estão incluídas no âmbito de *mindfulness*. No entanto, tem havido muitos estudos sobre o impacto do *mindfulness* em uma variedade de processos psicológicos (Luberto et al., 2018) e na saúde mental (Williams et al., 2014).

O programa

O MBCI foi concebido para trabalhar com pacientes ambulatoriais com diferentes tipos de dificuldades psicológicas. A prática de *mindfulness* possibilita que paciente e terapeuta cultivem juntos várias atitudes que encorajam a observação de sensações físicas, sentimentos, emoções e pensamentos (sem ficar muito apegada à narrativa), ao mesmo tempo, cultivando a aliança terapêutica. Como em todas as terapias baseadas no grupo, os terapeutas apresentam uma visão geral da natureza da abordagem e combinam alguns objetivos comuns, regras e as relações esperadas entre os membros, (p. ex., as compassivas) (veja o Capítulo 15). Em nosso programa, o paciente e o terapeuta podem desenvolver juntos a mente do iniciante que está descobrindo as coisas pela primeira vez com franqueza (Kabat-Zinn, 2012, p. 9), tendo a intenção e a motivação para praticar exercícios de meditação de maneira regular (Pepping, Walters, Davis, & O'Donovan, 2016), dando atenção ao processo em andamento (Lutz et al., 2009), explorando a experiência interna, conectando-se com o mundo com curiosidade, abertura e aceitação, e aprendendo ou reaprendendo a paciência. Um dos princípios de *mindfulness* é que só existimos no momento presente e, no entanto, nossa mente está constantemente vagando no tempo até o passado e para o futuro, ativando diferentes sistemas dentro de nós. Nosso processo constante de pensamento, preocupação e planejamento pode ser fonte de sofrimento porque criamos ciclos não úteis entre pensamento e sentimento. De fato, foi esse reconhecimento que tornou o *mindfulness* atrativo para os terapeutas cognitivos (Williams et al., 2014).

Processo de mindfulness. Há muitos processos diferentes em *mindfulness* (Brown, Creswell, & Ryan, 2015). Por exemplo, um dos processos envolve atenção focada, que pode ser em um objeto, uma ação (comer, andar ou pintar) ou um processo, como a respiração. A ideia é permitir que a mente se acomode em um foco de atenção "no aqui e no agora" e aterrar a mente nesse foco. Outra forma de *mindfulness* é denominada *mindfulness aberto*, quando a mente não está focada, mas está em um modo observador, consciente do que está surgindo de dentro. Ambas as dimensões de *mindfulness* são utilizadas em nosso programa, como regularmente trazer nossa atenção para as sensações físicas presentes no corpo, como a respiração, e o foco mais profundo nas sensações corporais. Isso possibilita tomarmos conhecimento do fluxo permanente dos nossos pensamentos que ocorre espontaneamente e nos desvia do nosso foco. A qualidade essencial de *mindfulness* não é esvaziar a mente ou manter o foco, mas notar quando a mente se desviou e gentilmente trazê-la de volta para o foco. O segundo aspecto aqui é notar se temos um julgamento sobre essa perda do foco atencional e nos tornamos autocríticos, por exemplo. Desse modo, também notamos nossa reação ao fato de termos perdido o foco. Isso também pode ser um ponto de discussão posterior sobre como frequentemente somos críticos quando não conseguimos fazer as coisas acontecerem do jeito que queremos.

Quando se fala de *mindfulness* aberto, trata-se do *mindfulness* sem foco, simplesmente observando-se a mente em ação e o fluxo dos pensamentos, dos desejos e das emoções momento a momento; algumas escolas ensinam os pacientes a *ver os pensamentos como apenas pensamentos*. A TFC adota uma abordagem muito diferente, pois ajuda as pessoas a verem que o que temos na mente é construído para nós, e não por nós, e é acompanhado de toda uma gama de potenciais para diferentes emoções, desejos e assim por diante. Todos esses são baseados no corpo. Assim, por exemplo, se um cliente tem um *flashback* repentino com ansiedade intensa, isso dificilmente será *apenas um pensamento*. Entretanto, é possível assumirmos uma posição de observador, vermos que o que está surgindo faz parte da nossa programação e voltarmos a nos aterrar no momento presente, focando na respiração, nos pés tocando o chão, ou nos sentando em uma cadeira. Nesse caso, podemos usar *mindfulness* para perceber, mas também para mudar nossa mente para prestar atenção ao que é útil. Portanto, o objetivo do *mindfulness* é entrar em sintonia com nosso programa, para que possamos experienciar as emoções e os desejos no corpo pelo que eles são: padrões fisiológicos ativados.

Há muitas terapias que atualmente combinam *mindfulness* com intervenções terapêuticas — por exemplo, a terapia cognitiva baseada em *mindfulness* (Williams et al., 2014) e a redução de estresse baseada em *mindfulness* (Brown et al., 2015). A seguir, descrevemos as sessões de MBCI. Nossa abordagem lida com as tradições e também oferece uma visão geral de uma forma de combinar essas duas abordagens (Germer & Barnhofer, 2017). Os grupos de MBCI consistem em dois ciclos de 12 sessões de duas horas e meia cada (Gheysen & Delamillieure, 2020). Portanto, nossa abordagem é um tanto diferente das abordagens da TFC mais tradicional, no sentido de que usamos mais do primeiro ciclo, focando no treino de *mindfulness*.

Descrição das 24 sessões de MBCI

Sessão 1. A primeira sessão foca na psicoeducação sobre o que é MBCI e TFC, sobre a natureza complexa da nossa mente evoluída, a definição de compaixão e a importância de ter compaixão por esta nossa mente complicada. Então focamos no que é *mindfulness*, na importância da prática regular e na postura. Essa última, com sua humildade, dignidade e estabilidade, é um sinal da nossa atenção e da nossa motivação para nos juntarmos ao mundo da meditação. Então, encerramos a sessão com um primeiro exercício curto de cerca de 10 minutos (denominado mente instável). Essa prática é de *mindfulness* aberto, envolvendo sentar-se em postura ereta e não fazer nada, e então tomar consciência do fluxo de pensamentos que constantemente entram na nossa mente. O objetivo é começar a ter um vislumbre do fato de que nossa mente vagueia de um pensamento para outro, como uma borboleta, constantemente ativa e raramente em repouso espontâneo. Em outras palavras, essa prática oferece uma forma simples de se observar a mente em ação. Para concluir essa sessão introdutória, recordamos as principais regras operacionais do grupo: prática regular, interações, aprender uns com os outros e confidencialidade. Durante o programa, cada sessão começa com um tutorial prático sobre a prática do dia e termina com um relatório, em que os participantes podem evocar sua experiência, começando com as sensações sentidas no corpo, as emoções e os pensamentos e terminando com as surpresas e descobertas. Também nos certificamos de deixar muito espaço para diálogo entre os participantes, cada um aprendendo com o outro, e vice-versa.

Sessão 2. Esta sessão, denominada ritmo respiratório calmante, mostra às pessoas uma forma importante de respirar. Isso envolve o uso da respiração como um suporte, uma âncora e uma base de operação. Sugerimos que os participantes que desejarem contem enquanto respiram, deixando que a expiração seja um pouco mais longa do que a inspiração, para liberar a ação do sistema parassimpático. Assim, quando emoções difíceis estão presentes, sempre é possível encontrar refúgio na própria respiração. Esse é um aspecto de como usamos de modo intencional nosso corpo para apoiar nossas mentes. Isso também está associado ao que chamamos de aterramento do corpo; ocorre uma sensação em que o corpo está descansando no chão, e a mente está descansando no corpo.

Sessão 3. Esta sessão foca em uma varredura corporal. Essa é uma forma focada de *mindfulness* em que usamos o corpo como o foco. Essa prática consiste simplesmente em voltarmos nossa atenção para as diferentes partes do nosso corpo, com uma atitude aberta e confiante, cheia de curiosidade. Tipicamente, podemos começar pelos pés, e, então, gradualmente, prestamos atenção a diferentes partes do corpo, subindo pelo corpo. Simplesmente trazemos a atenção para essas partes e observamos algum sentimento nelas. A ideia é notar e aceitar o que sentimos nesse momento, sem tentar mudar ou afastar. É possível aprender aqui que não há formas boas ou ruins de sentir, mas simplesmente estamos conscientes do que está presente no momento. Assim, o corpo se torna um lugar para estar e descansar enquanto meditamos.

Sessão 4. Esta sessão traz o *mindfulness* para outro sentido: o da audição e o de usar os sons como foco, aterramento e suporte. Também é uma forma de considerar como diferentes meios, sentidos e atividades ajudam nossa mente a aterrar, desacelerar e acalmar. De fato, inicialmente, algumas pessoas podem ficar desconfortáveis com as sensações da respiração ou as percebidas em seu corpo, devido a uma falta de experiência ou a possíveis antecedentes traumáticos. Os sons também permitem que a experiência seja externalizada, possibilitando que o indivíduo gradualmente se familiarize com o processo de meditação. Essa meditação também tem a vantagem de nos ajudar a ter consciência de que somos um ser com sons, como todos os fenômenos à nossa volta, e que esses sons podem fazer vibrar o ser humano total que somos.

Sessão 5. Esta sessão usa os pensamentos como apoio para a meditação e para observar a ocorrência de pensamentos na mente, momento a momento. Aqui aprendemos a observar o caminho desses pensamentos, sua conexão com o passado, o presente e o futuro, sem julgar, e reconhecendo que nossos pensamentos não são nossos inimigos (Tolle, 2000, p. 7). Não buscamos ter uma mente vazia ou nos livrarmos de nossos pensamentos, mas simplesmente estar atentos ao momento em que os pensamentos ocorrem, tornando-nos assim conscientes da natureza de nossa mente, que, de modo natural, está pensando constantemente. Assim como não podemos impedir que nossos pulmões e nosso coração funcionem, também não podemos pedir que nosso cérebro pare de pensar.

Sessão 6. Esta sessão nos permite descobrir que é possível meditar em movimento. Enquanto andamos, prestamos a mesma atenção ao nosso corpo que prestamos durante a varredura corporal, seja por meio da caminhada meditativa ou de movimentos de *mindfulness* (inspirados por ioga ou *chi gong*). Desse modo, somos gradualmente capazes de sentir que tudo é espaço, abertura e vibração, tanto dentro quanto fora do corpo. O andar é lento e permanece o mais suave e tranquilo possível, nos permitindo abandonar o lado utilitário da caminhada ao abrirmos mão de ir até um destino específico. Assim, nos tornamos conscientes de que muitas vezes estamos com pressa, ou mesmo em uma mentalidade social competitiva.

Sessão 7. Esta sessão oferece oportuna revisão dos fundamentos da meditação, na metade do primeiro ciclo, ao mesmo tempo explorando o fenômeno da distração, o principal desafio para todo aquele que deseja meditar. Assim, sempre que percebemos que divagamos em nossos pensamentos, podemos nos congratular por essa percepção, pois esse é um momento genuíno de consciência (Gilbert & Choden, 2013, p. 115).

Sessão 8. Esta sessão foca a atenção em uma forma de mente aberta a uma corrente contínua de pensamentos, sentimentos, emoções, imagens e memórias, fluindo como um rio logo abaixo do nosso nível normal de consciência. A segunda parte dessa meditação consiste em apenas sentar e "não fazer nada" além de observar o que surge na mente, observando esse fluxo constante de pensamentos, desejos, sentimentos e memórias, sem julgar ou se apegar ao que é agradável ou rejeitar o que é desagradável.

Sessão 9. Esta sessão lida com a aceitação de emoções difíceis após um processo denominado RAIN (do inglês *recognize, allow, investigate, nurture* — ou reconhecer, permitir, investigar, nutrir) (Brach, 2019, p. 4). Assim, primeiro tentamos reconhecer o que está surgindo dentro de nós (R), como desejos ou emoções como medo, raiva e tristeza, permitindo a sua presença (A), prestando atenção específica a onde elas se manifestam no corpo (I) e, por fim, tentando não nos identificar com elas, permitindo certo grau de desfusão (N).

Sessão 10. Esta sessão é sobre bondade amorosa consigo e com os outros e marca um passo importante, pois essa é a primeira vez que um tema de bondade amorosa focada na compaixão é introduzido explicitamente. Dar bondade amorosa a si e aos outros pela primeira vez é um aquecimento da experiência de meditações prévias, que podem ter sido um tanto neutras emocionalmente, em alguns casos. De fato, para Chris Germer (Germer, 2009, p. 81), a bondade amorosa traz calidez para a experiência de meditação ao deliberadamente trazer calma, conforto, atenção acolhedora e uma certa forma de tranquilidade. Assim, uma meditação que evoca um sentimento de calidez, bondade ou mesmo felicidade pode ser considerada meditação da bondade amorosa, que será transformada em compaixão por meio do contato com o sofrimento e a motivação para permanecer com ele. Na prática, essa meditação é muito simples. Colocamos as duas mãos na região do coração, descansando na postura com o ritmo respiratório calmante, e, então, pronunciamos mantras tradicionais para os outros e para nós — por exemplo, "Que você esteja em paz e permaneça em paz, que eu esteja em paz e permaneça em paz".

Sessão 11. A 11ª sessão usa a imagem mental de um lugar seguro, combinando o ritmo respiratório calmante com a imagem mental. Essa prática, muito conhecida, consiste em imaginar um lugar onde nos sentimos seguros, em uma base segura, um porto seguro, um refúgio de paz. Após a decantação favorecida por essa série de exercícios no primeiro ciclo, permitindo a distinção entre pensamentos, sentimentos e emoções, essa prática é bem-vinda para permitir que o sujeito experiencie um momento de bem-estar autêntico, possibilitando que ele realmente se tranquilize e desfrute da experiência, enquanto, talvez pela primeira vez, recebe bem o fato de que alguma coisa ou alguém está se alegrando com a sua presença. É essencial estar atento a como essa proposta é vivida pelo sujeito. Na verdade, um certo medo de existir de maneira positiva na mente de outra pessoa pode começar a se manifestar neste momento, com um sentimento de desconforto, tensão no corpo ou um tom emocional desagradável, que é importante notar, e possivelmente está ligado a um medo de aceitar compaixão voltada para si.

Sessão 12. Após sermos bem-vindos pelo porto seguro e tendo explorado nossos sentimentos quando o lugar se alegra com a nossa presença dentro dele, a cor compassiva nos permite dar mais um passo na direção da exposição à compaixão, imaginando que uma cor compassiva envolve nosso corpo, e então se espalha dentro dele. Essa cor que evoca compaixão pode então ser absorvida por todas as células do nosso corpo, com todas as suas qualidades: maturidade e experiência, força da coragem, calidez e bondade, sabedoria e disposição para se comprometer. Quando o medo da compaixão surge, ele se manifesta mais fortemente na segunda fase desse exercício, pois a cor permanece na superfície do corpo e tem dificuldade para penetrar nele. Assim, conseguimos verificar a validade da proposta de Gilbert (2010) de iniciar a exposição à compaixão usando primeiro situações com objetos, para, então, usar imagem mental com o olhar e a presença humana em uma segunda fase.

Sessão 13. A 13ª sessão é inspirada em Chris Germer (Germer, 2013) e é denominada "Suavize, acalme e possibilite". Essa prática nos permite conhecer sensações físicas dolorosas, como tensão ou dor muscular, além das emoções desagradáveis que frequentemente as acompanham. Essa é uma forma de entrar em contato com um desconforto físico ou uma emoção desagradável, sem julgar, dando a nós compaixão. O exercício nos possibilita estarmos conscientes da tendência natural do nosso corpo a ficar tenso e resistir a emoções delicadas e, até mesmo, dolorosas. Ele nos oferece a oportunidade de usá-las como um ponto de ancoragem e nos dá a possibilidade de sentir que elas mudam, assim como as sensações físicas que as acompanham ou estão subjacentes a elas.

Sessão 14. Esta sessão oferece a varredura corporal compassiva, que proporciona a oportunidade de revisitar a experiência adquirida com a varredura corporal clássica (veja a Sessão 3), imaginando, desta vez, que uma lâmpada colorida quente, acolhedora e amistosa ilumina nosso corpo com uma luz suave e compassiva do exterior para o interior. Ela nos possibilita abordar diferentes medos, bloqueios e resistências (FBRs, do inglês *fears, blocks and resistances*), que muitas vezes se manifestam na forma de tensões musculares ou respiratórias. Esse exercício também torna possível explorar de maneira direta regiões aparentemente silenciosas do nosso corpo (região abdominal ou genital), o que pode ser observado no caso de um antecedente de traumas como abuso sexual. Após abordar e suavizar os FBRs com os dois exercícios anteriores, agora será possível dar um passo adiante, imaginando, pela primeira vez, que a compaixão é direcionada para nós por um olhar humano, e não mais por um lugar ou uma cor.

Sessão 15. Esta sessão trata de criar, imaginar e sentir o outro compassivo ideal. As pessoas são guiadas a focar em todas as qualidades ideais (compreensão profunda, encorajamento empático, validação) que elas desejariam em outro cuidador ideal para elas. Alguns participantes podem ter dificuldades para encontrar uma figura humana e podem escolher um animal ou um fenômeno físico, como um raio de luz ou energia. O desenvolvimento de uma mente compreensiva e tolerante é essencial para explorar nossas experiências de receber compaixão, o que, algumas vezes, pode estar bloqueado.

Sessão 16. Esta sessão está relacionada à corporificação da compaixão e ao cultivo da própria mente compassiva interna. Ela visa a corporificar a compaixão, imaginando que somos uma pessoa profundamente compassiva, usando técnicas de atuação (Kolts et al., 2018). Em vez de discutirmos de modo interminável se somos ou não compassivos, imaginamos que realmente somos, imaginando como andaríamos, qual seria nosso tom de voz e os tipos de coisas que diríamos se estivéssemos impregnados com todas as qualidades da compaixão. Assim, praticamos regularmente que somos essa versão de nós todos os dias, por exemplo, fazendo uma coisa compassiva por nós e pelos outros todos os dias e inserindo compaixão aos hábitos de vida.

Sessão 17. Esta sessão é denominada círculo de aliados e visa a nos ajudar a sentir o que acontece no corpo quando nos aproximamos de outros. Para essa prática, o grande grupo é dividido em pequenos grupos de quatro pessoas, no qual cada participante primeiro imagina um círculo de amigos compassivos à sua volta lhe desejando pensamentos compassivos, e então cada pessoa aborda e recebe intenções e sentimentos de compaixão dos membros do pequeno grupo do qual fazem parte. Essa prática é concebida para permitir que cada participante sinta os diferentes fluxos da compaixão de forma muito palpável em seu corpo.

Sessão 18. Esta sessão é denominada "O ônibus da compaixão". Ela envolve imaginar a jornada de um ônibus metafórico em que o motorista é o próprio sujeito, e os passageiros são partes dele que estão amedrontadas, bloqueadas ou resistentes à compaixão. Esse exercício é convenientemente precedido pelo desenho de um ônibus com personagens que representam as diferentes partes bloqueadas do sujeito, emoções difíceis ou pessoas com quem ele pode estar em conflito. O exercício também permite explorar de uma forma diferente os bloqueios à compaixão do indivíduo pelos outros, dos outros por ele e dele consigo mesmo.

Sessão 19. Esta sessão é chamada de *self* compassivo ideal e nos oferece a oportunidade de *re*visitar uma parte do corpo profundamente dentro de nós, em torno do coração e na região abdominal, onde, firmemente enraizados em nossa postura e descansando em nossa respiração, podemos sentir calma, tranquilidade e silêncio, para além das palavras, das ações e dos pensamentos que constantemente nos agitam. É simplesmente uma questão de estar ali, ouvindo, aceitando,

> no centro de nós, como se estivéssemos no centro da nossa própria mandala banhada em um oásis interno, as emoções perturbadoras em redemoinho na periferia, a percepção das sincronicidades nos permitindo sentir a presença de um espaço infinito (Gheysen & Delamillieure, p. 195).

Dessa forma, é mais fácil na vida cotidiana termos a motivação de nos recolocarmos nessa parte do nosso corpo para encontrarmos de novo essa assinatura sensorial que permite nos reconectarmos mais facilmente com nosso *self* compassivo, como em um trabalho com as cadeiras virtual.

Sessões 20 e 21. Estas sessões focam em uma capacidade florescente de se conectar com o *self* compassivo e trabalhar com os *selves* crítico e raivoso, respectivamente. Esse é o trabalho com as cadeiras clássico, na forma de meditações. Esses dois exercícios — que podem, é claro, também ser feitos com os *selves* ansioso e triste — possibilitam abordar diretamente o *self* envolvido, fazendo perguntas específicas a ele. Por exemplo, será possível abordar diretamente o *self* crítico e sentir nas profundezas qual era a sua função, do que ele queria nos proteger e que medos estavam por trás dele. Outro exemplo, trabalhando com o *self* raivoso, nos permitirá identificar mais cedo manifestações de raiva, antes que seja tarde demais ou isso nos sobrecarregue (Kolts, 2016). Esses exercícios mais complexos para serem realizados em um grupo serão convenientemente precedidos por um lembrete de psicoeducação sobre a teoria dos *selves* e a integração das emoções pelo *self* compassivo.

Sessão 22. Esta sessão complementa as práticas anteriores com uma meditação de gratidão, o que nos ajuda a focar nossa atenção nas coisas positivas em nossas vidas e sermos gratos por elas (Wood et al., 2010), como estarmos vivos, apreciando nossas qualidades, nos tornando conscientes da nossa interdependência e nos descentralizando para nos abrirmos para uma relação cordial com o mundo e com os outros.

Por fim, as sessões 23 e 24 são dedicadas a Tonglen, inspiradas pelo budismo tibetano: Tonglen pelo *self* e Tonglen pelos outros, respectivamente. Essa é uma das práticas dedicadas ao desenvolvimento da compaixão como o caminho supremo para a iluminação, que é denominado *Bodhicitta*. O exercício está essencialmente baseado na respiração. Sempre que experienciamos sofrimento em nós ou nos outros, inspiramos com a intenção de senti-lo completamente, aceitando-o e transformando-o, e, então, expiramos com bondade, compaixão e abertura para nós e os outros.

Esse é o caminho que geralmente seguimos no programa de MBCI, mas que também pode ser seguido em um arranjo diferente, para se adaptar à pessoa que o percorrer.

O estudo-piloto dos grupos de MBCI no centro hospitalar da Universidade de Caen

Avaliamos o MBCI para a ansiedade, com os critérios de inclusão sendo pacientes entre 18 e 65 anos (inclusive), com um transtorno de ansiedade generalizada, que nunca se beneficiaram de uma intervenção baseada em *mindfulness*. Esses pacientes podiam apresentar transtorno comórbido: transtornos de ansiedade social, transtorno bipolar ou transtorno depressivo recorrente clinicamente estabilizado (ausência de modificação terapêutica por mais de dois meses ou ausência de uma recrudescência da sua sintomatologia residual). Essa pesquisa foi aprovada por um comitê de ética local. Incluímos 70 sujeitos de 22 a 65 anos que participaram das 24 sessões de duas horas e meia do programa de MBCI.

Os pacientes foram avaliados pelo exame de estado mental MINI (Lecrubier et al., 2015). Conduzimos avaliações antes de iniciar o programa, entre o primeiro e o segundo ciclo, e, no final do segundo ciclo, após um ano de prática, com os seguintes instrumentos:

- Inventário de Ansiedade Traço-Estado (STAI Y-A e B, do inglês State-Trait Anxiety Scale, versão francesa, instrumento amplamente utilizado para medir os componentes da ansiedade; Gauthier & Bouchard, 1993);
- Escala de Depressão (BDI-EN, do inglês Beck Depression Inventory [Inventário de Depressão de Beck], versão francesa; Byrne, Baron, & Campbell, 1994);
- Escala de Ansiedade Social (SAS, do inglês Social Anxiety Scale, versão francesa; Yao et al., 1999);
- Escala de Mindfulness (MAAS, do inglês Mindful Attention Awareness Scale [Escala de Consciência e Atenção Plenas], versão francesa; Jermann et al., 2009);
- Escala de Flexibilidade Psicológica (AAQ-II, do inglês Acceptance and Action Questionnaire [Questionário de Aceitação e Ação], versão francesa; Monestès, Villatte, Mouras, Loas, & Bond, 2009);
- Escala de Supressão do Pensamento (WBSI — Inventário de Supressão do Urso Branco, do inglês White Bear Suppression Inventory; Schmidt et al., 2009);
- Escala de Autoestima (SES, do inglês Self-Esteem Scale; Rosenberg, 1979);
- Escala de Autocompaixão (SCS, do inglês Self-Compassion Scale; Neff, 2003);
- Escala de Vergonha (OAS, do inglês Other As Shamer scale [Escala de Vergonha Externa]; Goss, Gilbert, & Allan, 1994).

Como os dados atualmente estão sendo analisados e um artigo está em preparação, apresentaremos aqui apenas alguns resultados preliminares a partir da análise entre t_0 (antes da participação no programa) e t_1 (final das primeiras 12 sessões do primeiro ciclo — isto é, seis meses).

Há decréscimo significativo na ansiedade residual, na ansiedade social e nos sintomas depressivos e uma melhora em *mindfulness*, com um decréscimo nas tentativas de suprimir os pensamentos. Os resultados também revelam melhora na autoestima, um decréscimo no autocriticismo e na vergonha e um aumento na autocompaixão. Esses resultados foram muito positivos ($p < 0,0005$, ou mesmo $p < 0,0001$ depois da correção, considerando-se o número de testes estatísticos). Os escores estavam correlacionados com os escores em *mindfulness* e compaixão. Esses resultados foram consistentes com as metanálises de Kirby et al. (2017) e Ferrari et al. (2019), que apresentaram um efeito de *mindfulness* e compaixão sobre a ansiedade e a depressão, e também com outros estudos que serão considerados posteriormente no capítulo.

Apesar das limitações desse estudo, sobretudo da ausência de um grupo-controle, os resultados são promissores. Os participantes ficaram muito satisfeitos com o programa, e, algumas vezes, foi difícil para eles deixarem as sessões no fim do programa. Estamos seguindo nossa pesquisa para refinar nossa compreensão da eficácia desse programa.

Discussão da literatura de estudos sobre *mindfulness* e compaixão

Com o crescente interesse em intervenções baseadas em *mindfulness*, muitos pesquisadores também ficaram interessados nos processos de eficácia dessas intervenções para desenvolver melhor compreensão delas. Assim, muitos estudos enfatizaram o papel da autocompaixão e da compaixão mais em geral na eficácia das suas intervenções no bem-estar e em sintomas ansiodepressivos (Kuyken et al., 2010; Rowe, Shepstone, Carnelley, Cavanagh, & Millings, 2016; Van Dam, Sheppard, Forsyth, & Earleywine, 2011). Desse modo, a compaixão parece desempenhar um papel fundamental na eficácia das práticas de *mindfulness* (Roca, Diez, Castellanos, & Vazquez, 2019). De fato, a autocompaixão é um preditor mais forte de bem-estar, felicidade, satisfação na vida, depressão e ansiedade do que a regulação atencional, um processo básico de *mindfulness* (Baer, Lykins, & Peters, 2012; Woodruff et al., 2014).

Assim, autocompaixão e *mindfulness* parecem estar relacionados, mas são conceitos distintos que se influenciam (Dreisoerner, Junker, & Van Dick, 2020) e influenciam uma gama de dimensões intimamente relacionadas à saúde mental (Frostadottir & Dorjee, 2019; Makadi & Koszycki, 2020). Nesse sentido, estudos mostram que intervenções de *mindfulness* podem levar à maior compaixão por si ou pelo mundo (Frostadottir & Dorjee, 2019; Lim, Condon, & De Steno, 2015), mas isso também é verdadeiro na outra direção (Frostadottir & Dorjee, 2019).

No entanto, a prática implícita da compaixão em práticas de *mindfulness* não parece ser suficiente. De fato, o estudo de Hildebrandt et al. (Hildebrandt, McCall, & Singer, 2017) mostra que, embora a prática de *mindfulness* realmente aumente as habilidades atencionais, somente práticas explicitamente baseadas na compaixão podem cultivar qualidades éticas e motivacionais como compaixão e, mais especificamente, autocompaixão (Hildebrandt et al., 2017). Outro estudo de Brito-Pons e colegas (Brito-Pons, Campos, & Cebolla, 2018) também corrobora esses achados. Seu estudo comparou os efeitos de um programa de redução do estresse baseado em *mindfulness* (MBSR) e um programa de treinamento do cultivo da compaixão (CCT). Os resultados apresentam efeitos similares de ambas as intervenções no bem-estar psicológico, no cuidado e na compaixão, embora o programa de CCT tenha apresentado um dos aumentos mais fortes em compaixão, incluindo empatia e um senso de humanidade compartilhada. Portanto, intervenções de *mindfulness* e intervenções compassivas parecem ser complementares, e muitos pesquisadores estão agora procurando combinar as duas práticas para maximizar seus benefícios (Augusta et al., 2019). Esse é notadamente o caso do programa de Autocompaixão Consciente (MSC, do inglês Mindful Self-Compassion) de Kristin Neff e Chris Germer (Neff & Germer, 2013). Esse programa coloca a prática de *mindfulness* e o treino em apaziguamento e conforto no centro do programa. Há também o programa de qualidade de vida baseada em *mindfulness* (MBCL) (Van den Brink & Koster, 2015), que é realizado em oito estágios, durante os quais práticas de *mindfulness* e compassivas são experienciadas; o treinamento do cultivo da compaixão (CCT, Jinpa, 2010), um programa de oito sessões que combina práticas de *mindfulness* e compassivas; e o programa de MBCI de Francis Gheysen e Pascal Delamillieure, apresentado neste capítulo. Embora essas intervenções sejam muito recentes, os resultados de estudos avaliando a eficácia desses programas são promissores.

Por exemplo, observamos resultados em transtornos alimentares, como no estudo conduzido por Pinto-Gouveia e colegas (2017). Sua equipe avaliou a eficácia de uma intervenção de 12 sessões de duas horas e meia de psicoeducação, *mindfulness*, prática compassiva e práticas de ação centrada em valores com pessoas diagnosticadas com bulimia. Os resultados apresentaram uma diferença significativa na bulimia e na redução da vergonha, da rigidez psicológica, da fusão cognitiva com a imagem corporal e do autocriticismo (Pinto-Gouveia et al., 2017).

Outra pesquisa também mostra que suas intervenções podem reduzir ansiedade e sintomas depressivos em populações clínicas (Gaiswinkler et al., 2020; Guo, Zhang, Mu, & Ye, 2020; Johnson et al., 2018). Por exemplo, um estudo de Schuling et al. (2020) conduziu um ensaio controlado randomizado, em que eles avaliaram o programa de MBCL com pessoas que sofriam de depressão severa e persistente. Os resultados mostraram redução significativa nos sintomas depressivos comparados com a condição de controle e a manutenção aos seis meses após o término da intervenção.

A integração de intervenções de *mindfulness* e compassivas em intervenções futuras é, portanto, promissora (Augusta et al., 2019). Embora cada vez mais estejam emergindo estudos, ainda serão necessários ensaios controlados randomizados com amostras grandes e populações variadas para refinar nosso conhecimento dessas intervenções e para identificar processos específicos e transdiagnósticos da eficácia, que permitirão que os clínicos guiem apropriadamente aqueles que podem se beneficiar delas. Esse é notadamente o caso de um estudo que hoje estamos conduzindo na França, que está avaliando os processos de eficácia de um programa de 12 sessões baseado em compaixão e *mindfulness* em uma população subclínica.

Conclusão

Ao chegarmos ao fim deste capítulo, e conforme olhamos para trás nesta década, percebemos que percorremos um longo caminho. Tem sido uma bênção compartilhar essas experiências e todas essas descobertas com as pessoas que cuidamos ou treinamos: o que conseguimos trazer para elas, o que trouxemos de nosso treinamento na Inglaterra ou nos Estados Unidos e o que elas nos ensinam em troca. Esse diálogo revigorante e instrutivo ajudou a mudar a nossa forma de ser, permitindo-nos sentir intuitivamente dentro de nós que todos temos o mesmo cérebro, que somos todos interdependentes, reduzindo assim progressivamente a distinção entre cuidadores e cuidados, aquele que deveria saber e sair ileso e aquele que deveria não saber e está sofrendo. Essa mudança de postura para os clínicos que fomos e ainda somos hoje é experienciada com grande alívio por pessoas com problemas de saúde mental. Tranquilizar, desacelerar, meditar juntos e descobrir os benefícios da aplicação da compaixão ao campo da psiquiatria e da psicologia permite que as pessoas de quem cuidamos e nós mesmos alcancemos juntos o equivalente a uma pequena revolução copernicana no campo do cuidado. Também poderíamos nos questionar, juntamente com François Cheng (2016), um escritor e poeta sino-francês, se, ao vermos "obscuramente" por meio dessa parte de nós mesmos que nos ajuda a desenvolver a compaixão, podemos perceber a marca d'água de uma entidade muito antiga, quase esquecida, que costumávamos chamar de Alma...

Referências

Augusta, S., Møller, Q., Sami, S., Medicine, S., Møller, S.A.Q., Shapiro, S.L., ... Liang Ooi, S. (2019). Health benefits of (mindful) self-compassion meditation and the potential complementarity to mindfulness-based interventions: A review of randomized-controlled trials. *Integrative and Complementary Medicine,* 4(1). https://doi.org/10.21926/obm.icm.1901002

Baer, R.A., Lykins, E.L.B., & Peters, J.R. (2012). Mindfulness and self-compassion as predictors of psychological wellbeing in long-term meditators and matched nonmeditators. *Journal of Positive Psychology, 7*(3), 230–238. https://doi.org/10.1080/17439760.2012.674548

Brach, T. (2019). *Radical compassion: Learning to love yourself and your world with RAIN*. Penguin.

Brito-Pons, G., Campos, D., & Cebolla, A. (2018). Implicit or explicit compassion? Effects of compassion cultivation training and comparison with mindfulness-based stress reduction. *Mindfulness,* 9(5), 1494–1508. https://doi.org/10.1007/s12671-018-0898-z

Brown, K.W., Creswell, J.D., & Ryan, R.M. (Eds.) (2015). *Handbook of mindfulness: Theory, research, and practice*. The Guilford Press

Byrne, B.M., Baron, P., & Campbell, T.L. (1994). The Beck Depression Inventory (French version): Testing for gender-invariant factorial structure for nonclinical adolescents. *Journal of Adolescent Research,* 9(2), 166–179. https://doi.org/10.1177/074355489492003

Cheng, F. (2016). *De l'âme: Sept lettres à une amie*. Albin Michel.

Choden, & Regan-Addis, H. (2018). *Mindfulness based living course: Eight week mindfulness course*. O Books.

Dalai Lama. (1995). *Awakening the mind, lightening the heart*. Harper Collins.

Dreisoerner, A., Junker, N.M., & van Dick, R. (2020). The relationship among the components of self-compassion: A pilot study using a compassionate writing intervention to enhance self-kindness, common humanity, and mindfulness. *Journal of Happiness Studies, 22*, 21–47. https://doi.org/10.1007/s10902-019-00217-4

Ferrari, M., Hunt, C., Harrysunker, A., Abbott, M.J., Beath, A.P., & Einstein, D.A. (2019). Self-compassion interventions and psychosocial outcomes: A meta-analysis of RCTs. *Mindfulness, 10*, 1455–1473. https://doi.org/10.1007/s12671-019-01134-6

Frostadottir, A.D., & Dorjee, D. (2019). Effects of mindfulness based cognitive therapy (MBCT) and compassion focused therapy (CFT) on symptom change, mindfulness, self-compassion, and rumination in clients with depression, anxiety, and stress. *Frontiers in Psychology, 10*, 1099. https://doi.org/10.3389/fpsyg.2019.01099

Gaiswinkler, L., Kaufmann, P., Pollheimer, E., Ackermann, A., Holasek, S., Kapfhammer, H.P., & Unterrainer, H.F. (2020). Mindfulness and self-compassion in clinical psychiatric rehabilitation: A clinical trial. *Mindfulness, 11*(2), 374–383. https://doi.org/10.1007/ s12671-019-01171-1

Gauthier, J., & Bouchard, S. (1993). Adaptation Canadienne-Française de la forme révisée du State-Trait Anxiety Inventory de Spielberger. *Canadian Journal of Behavioural Science, 25*(4), 559–578. https://doi.org/10.1037/h0078881

Germer, C.K. (2009). *The mindful path to self-compassion: Freeing yourself from destructive thoughts and emotions*. The Guilford Press.

Germer, C.K. (2013). Mindfulness – What is it? What does it matter? In C.K. Germer, R.D. Siegel, & P.R. Futon (Eds.). *Mindfulness and psychotherapy* (2nd ed.) (pp. 2–35). The Guilford Press.

Germer, C.K., & Barnhofer. T. (2017). Mindfulness and compassion: similarities and differences. P. Gilbert (Ed.). *Compassion: Concepts, research and applications* (pp. 69–86). Routledge.

Germer, C.K., & Siegel, R.D. (2012). *Wisdom and compassion in psychotherapy: Deepening mindfulness in clinical practice*. The Guilford Press.

Gheysen, F., & Delamillieure, P. (2020). *Pratiquer la Mindfulness basée sur la Compassion et l'Insight (MBCI) en 34 fiches*. Elsevier.

Gilbert, P. (2010). *Compassion focused therapy: Distinctive features*. Routledge.

Gilbert, P., & Choden, K. (2013). *Mindful compassion*. Little Brown.

Gilbert P., & Tirch, D. (2009). Emotional memory, mindfulness and compassion. In F. Didanno (Ed.). *Clinical handbook of mindfulness* (pp. 99–110). Springer.

Goss, K., Gilbert, P., & Allan, S. (1994). An exploration of shame measures-I: The other as Shamer scale. *Personality and Individual Differences, 17*(5), 713–717. https://doi.org/10.1016/ 0191-8869(94)90149-X

Guo, L., Zhang, J., Mu, L., & Ye, Z. (2020). Preventing postpartum depression with mindful self-compassion intervention: A randomized control study. *Journal of Nervous and Mental Disease, 208*(2), 101–107. https://doi.org/10.1097/NMD.0000000000001096

Hergueta, T., Sheehan, D.V., Lecrubier, Y., Weiller, E. (2015, August). Mini international neuro-psychiatric interview. French current DSM-IV. https://doi.org/10.13140/RG.2.1.2792.9440

Hildebrandt, L.K., McCall, C., & Singer, T. (2017). Differential effects of attention-, compassion-, and socio-cognitively based mental practices on self-reports of mindfulness and compassion. *Mindfulness,* 8(6), 1488–1512. https://doi.org/10.1007/s12671-017-0716-z

Jermann, F., Billieux, J., Larøi, F., d'Argembeau, A., Bondolfi, G., Zermatten, A., & Van der Linden, M. (2009). Mindful Attention Awareness Scale (MAAS): Psychometric properties of the French translation and exploration of its relations with emotion regulation strategies. *Psychological Assessment, 21*(4), 506–514. https://doi.org/10.1037/a0017032

Jinpa, T. (2010). Compassion cultivation training (CCT): Instructor's manual (Unpublished). Stanford.

Johnson, S.B., Goodnight, B.L., Zhang, H., Daboin, I., Patterson, B., & Kaslow, N.J. (2018). Compassion-based meditation in African Americans: Self-criticism mediates changes in depression. *Suicide and Life-Threatening Behavior, 48*(2), 160–168. https://doi.org/10.1111/ sltb.12347

Kabat-Zinn, J. (1990). *Full catastrophe living: Using the wisdom of your body and mind to face stress, pain, and illness*. Dell Publishing.

Kabat-Zinn, J. (2012). *Mindfulness for beginners: Reclaiming the present moment and your life*. Sounds True.

Kirby, J.N., Tellegen, C.L., & Steindl, S.R. (2017, November 1). A meta-analysis of compassion-based interventions: Current state of knowledge and future directions. *Behavior Therapy, 48*, 778–792. https://doi.org/10.1016/j.beth.2017.06.003

Kolts, R.L. (2016). *CFT made simple: A clinician's guide to practicing compassion-focused therapy*. New Harbinger.

Kolts, R.L., Bell, T., Bennett-Levy, J., & Irons, C. (2018). *Experiencing compassion-focused therapy from the inside out*. Guilford Press.

Kuyken, W., Watkins, E., Holden, E., White, K., Taylor, R.S., Byford, S., ... & Dalgleish, T. (2010). How does mindfulness-based cognitive therapy work? *Behaviour Research and Therapy, 48*(11), 1105–1112. https://doi.org/10.1016/j.brat.2010.08.003

Lim, D., Condon, P., & De Steno, D. (2015). Mindfulness and compassion: An examination of mechanism and scalability. *PLOS ONE, 10*(2). https://doi.org/10.1371/journal.pone.0118221

Linardon, J. (2020, July 1). Can acceptance, mindfulness, and self-compassion be learned by smartphone apps? A systematic and meta-analytic review of randomized controlled trials. *Behavior Therapy, 51*, 646–658. https://doi.org/10.1016/j.beth.2019.10.002

Luberto, C.M., Shinday, N., Song, R., Philpotts, L.L., Park, E.R., Fricchione, G.L., & Yeh, G.Y. (2018). A systematic review and meta-analysis of the effects of meditation on empathy, compassion, and prosocial behaviors. *Mindfulness, 9*(3), 708–724.

Lutz, A., Slagter, H.A., Rawlings, N.B., Francis, A.D., Greischar, L.L., & Davidson, R.J. (2009). Mental training enhances attentional stability: Neural and behavioral evidence. *Journal of Neuroscience, 29*(42), 13418–13427. https://doi.org/10.1523/JNEUROSCI.1614-09.2009

Makadi, E., & Koszycki, D. (2020). Exploring connections between self-compassion, mindfulness, and social anxiety. *Mindfulness, 11*(2), 480–492. https://doi.org/10.1007/s12671-019-01270-z

Monestès, J.L., Villatte, M., Mouras, H., Loas, G., & Bond, F.W. (2009). Traduction et validation française du questionnaire d'acceptation et d'action (AAQ-II). *Revue Europeenne de Psychologie Appliquee, 59*(4), 301–308. https://doi.org/10.1016/j.erap.2009.09.001

Neff, K.D. (2003). Self-Compassion Scale. *Self and Identity, 2*, 223–250. https://doi.org/10.1080/15298860390209035

Neff, K.D., & Germer, C.K. (2013). A pilot study and randomized controlled trial of the Mindful Self-Compassion Program. *Journal of Clinical Psychology, 69*(1), 28–44. https://doi.org/ 10.1002/jclp.21923

Pepping, C.A., Walters, B., Davis, P.J., & O'Donovan, A. (2016). Why do people practice mindfulness? An investigation into reasons for practicing mindfulness meditation. *Mindfulness, 7*(2), 542–547. https://doi.org/10.1007/s12671-016-0490-3

Pinto-Gouveia, J., Carvalho, S.A., Palmeira, L., Castilho, P., Duarte, C., Ferreira, C., ... & Costa, J. (2017). BEfree: A new psychological program for binge eating that integrates psychoeducation, mindfulness, and compassion. *Clinical Psychology and Psychotherapy, 24*(5), 1090–1098. https://doi.org/10.1002/cpp.2072

Roca, P., Diez, G.G., Castellanos, N., & Vazquez, C. (2019). Does mindfulness change the mind? A novel psychonectome perspective based on Network Analysis. *PLOS ONE, 14*(7). https://doi.org/10.1371/journal.pone.0219793

Rosenberg, M. (1979). *Conceiving the self*. Basic Books.

Rowe, A.C., Shepstone, L., Carnelley, K.B., Cavanagh, K., & Millings, A. (2016). Attachment security and self-compassion priming increase the likelihood that first-time engagers in mindfulness meditation will continue with mindfulness training. *Mindfulness, 7*(3), 642–650. https://doi. org/10.1007/s12671-016-0499-7

Schmidt, R.E., Gay, P., Courvoisier, D., Jermann, F., Ceschi, G., David, M., ... & Van Der Linden,

M. (2009, July). Anatomy of the White Bear Suppression Inventory (WBSI): A review of previous findings and a new approach. *Journal of Personality Assessment, 91*, 323–330. https://doi.org/10.1080/00223890902935738

Schuling, R., Huijbers, M.J., van Ravesteijn, H., Donders, R., Cillessen, L., Kuyken, W., & Speckens, A.E.M. (2020). Recovery from recurrent depression: Randomized controlled trial of the efficacy of mindfulness-based compassionate living compared with treatment-as-usual on depressive symptoms and its consolidation at longer term follow-up. *Journal of Affective Disorders, 273*, 265–273. https://doi.org/10.1016/j.jad.2020.03.182

Tolle, E. (2000). *Le pouvoir du moment présent – Guide d'éveil spirituel*. J'ai Lu.

Van Dam, N.T., Sheppard, S.C., Forsyth, J.P., & Earleywine, M. (2011). Self-compassion is a better predictor than mindfulness of symptom severity and quality of life in mixed anxiety and depression. *Journal of Anxiety Disorders, 25*(1), 123–130. https://doi.org/10.1016/j.janxdis.2010.08.011

Van den Brink, E., & Koster, F. (2015). *Mindfulness-based compassionate living: A new training programme to deepen mindfulness with heartfulness*. Routledge/Taylor & Francis Group.

Van Gordon, W., Shonin, E., Griffiths, M.D., & Singh, N.N. (2015). There is only one mindfulness: Why science and Buddhism need to work together. *Mindfulness, 6*(1), 49–56.

Williams, J.M.G., Crane, C., Barnhofer, T., Brennan, K., Duggan, D.S., Fennell, M.J., ... & Shah, D. (2014). Mindfulness-based cognitive therapy for preventing relapse in recurrent depression: a randomized dismantling trial. *Journal of Consulting and Clinical Psychology, 82*(2), 275–286.

Wood, A.M., Froh, J.J., & Geraghty, A.W.A. (2010, November 1). Gratitude and well-being: A review and theoretical integration. *Clinical Psychology Review, 30*, 890–905. https://doi.org/10.1016/j.cpr.2010.03.005

Woodruff, S.C., Glass, C.R., Arnkoff, D.B., Crowley, K.J., Hindman, R.K., & Hirschhorn, E.W. (2014). Comparing self-compassion, mindfulness, and psychological inflexibility as predictors of psychological health. *Mindfulness, 5*(4), 410–421. https://doi.org/10.1007/s12671-013-0195-9

Yao, S.N., Note, I., Fanget, F., Albuisson, E., Bouvard, M., Jalenques, I., & Cottraux, J. (1999). L'anxiété sociale chez les phobiques sociaux: validation de l'échelle d'anxiété sociale de Liebowitz (version française). L'encéphale, XXV, 429–435.

15

Terapia focada na compaixão em grupos

Derek Griner, Mark E. Beecher, Gary M. Burlingame, David M. Erekson e Kara Cattani

Os capítulos anteriores exploraram principalmente as formas como a TFC pode ser aplicada à terapia individual, com inúmeras condições apresentadas. Neste capítulo, discutimos a aplicação da TFC à psicoterapia de grupo, os benefícios únicos e os desafios associados a isso. Preparamos o terreno descrevendo brevemente o que é a psicoterapia de grupo, falando sobre os aspectos em que ela é semelhante e diferente da psicoterapia individual e comparando sua eficácia com a da psicoterapia individual. Na sequência, falamos sobre os três fatores terapêuticos que afetam a eficácia da psicoterapia de grupo. Então, discutimos a TFC na literatura de grupos e como desenvolvemos e aplicamos um protocolo manualizado da TFC em 12 módulos com base no trabalho do modelo da TFC (p. ex., Gilbert, 2000, 2017) para grupos em funcionamento em um centro de aconselhamento universitário. Concluímos com uma discussão de porquê a TFC é ideal para o contexto da psicoterapia de grupo.

Quando nos referimos à psicoterapia de grupo, definimos isso como pequenos grupos de psicoterapia (cerca de 8 a 12 membros) com um líder, em contraste com grupos psicoeducacionais, de apoio ou sem líder. Em termos gerais, o propósito da terapia de grupo é ajudar os membros individuais do grupo a trabalhar e superar problemas psicológicos e interpessoais, usando suas relações uns com os outros como uma fonte de aprendizado, compartilhamento, apoio compassivo e encorajamento. Embora haja muitas semelhanças entre a psicoterapia individual e de grupo, também há diferenças importantes.

Na psicoterapia individual, o terapeuta foca em uma única interação com um único cliente. A terapia de grupo é mais complexa. Ela requer que o terapeuta preste atenção a muitos indivíduos, à dinâmica entre esses indivíduos, às alianças entre os membros e os líderes, às rupturas que podem ocorrer e aos vários níveis de objetivos e processos, todos os quais estão constantemente mudando. Em suma, um terapeuta de grupo deve focar não só nas interações com a pessoa que está à sua frente, mas também nas interações entre os membros e com o grupo como um todo.

Devido a essas muitas dinâmicas que ocorrem concomitantemente, o trabalho em grupo oferece benefícios significativos e únicos que não estão disponíveis na psicoterapia individual. Por exemplo, o grupo fornece um espaço para os membros interagirem com outros em tempo real. O grupo também permite que os membros recebam *feedback* dos seus pares, em vez dos terapeutas, e potencialmente tenham experiências emocionais corretivas com vários outros.

Em grupo, os membros podem experienciar que suas dificuldades são mais relacionáveis do que achavam e sentir menos isolamento e vergonha nessas dificuldades. O grupo proporciona aos membros um "laboratório", em que eles podem experimentar novas habilidades interpessoais e formas de ser. Por exemplo, uma pessoa que geralmente é hesitante em compartilhar suas ideias, por medo de "parecer dominadora" ou "dizer alguma coisa idiota", pode praticar falando assertivamente no grupo. Ela pode perguntar como seus comentários impactam os outros, criando a oportunidade de receber *feedback* e se sentindo mais conectada com os membros do grupo.

Pesquisadores encontraram de maneira repetida que as psicoterapias individual e de grupo são igualmente eficazes (Burlingame et al., 2016). Embora os mecanismos que contribuem para a mudança na psicoterapia individual ainda sejam discutidos, pesquisas sugerem que fatores comuns (p. ex., aliança terapêutica, expectativas do cliente, empatia do terapeuta, estilo de apego do cliente) podem justificar melhor a mudança na psicoterapia individual do que uma técnica ou abordagem terapêutica específica (p. ex., Lambert & Barley, 2001; Norcross & Wampold, 2011). Igualmente, certos fatores (p. ex., empatia, aliança, coesão, clima no grupo) contribuem para a eficácia da psicoterapia de grupo (Burlingame, McClendon, & Alonso, 2011; Fenton, Cecero, Nich, Frankforter, & Carroll, 2001). Johnson e colegas (2005) dividiram esses fatores nos seguintes construtos: vínculo positivo, trabalho positivo e relações negativas. Seu trabalho levou à criação do questionário de grupo (QG), que avalia o nível desses construtos no grupo (Burlingame et al., 2017).

Simplificando, vínculo positivo é a coesão no grupo, ou em que medida os membros do grupo se conectam com os outros membros, o(s) líder(es) e o grupo como um todo. Trabalho positivo é o senso percebido do grupo trabalhando junto, voltado para objetivos comuns, ou a percepção de um membro de que ele está atingindo seus propósitos ao vir para o grupo. Relação negativa inclui rupturas na aliança e medos, bloqueios e resistências que podem perturbar a coesão do grupo ou atrapalhar o progresso de um indivíduo ou grupo (Johnson et al., 2005). Antes de abordarmos as inúmeras formas pelas quais a TFC naturalmente se presta para melhorar o vínculo positivo e o trabalho positivo, simultaneamente reduzindo as relações negativas, apresentamos uma breve revisão de como a TFC tem sido discutida na literatura de grupo.

Examinando grupos de TFC na literatura mais ampla do tratamento de grupo

Um dos desafios que notamos na literatura existente sobre grupos de TFC (Jensen, Cattani & Burlingame, 2020) é a variabilidade nos tipos de intervenções terapêuticas em grupo que foram examinadas empiricamente. Para trazer maior clareza a esse desafio, reproduzimos uma taxonomia que foi usada para organizar os tipos principais de tratamentos em grupo na literatura clínica e empírica sobre tratamento de grupo (Barlow, 2013; Burlingame & Strauss, 2021, respectivamente). A Figura 15.1 descreve os tratamentos de grupo mais comuns, incluindo grupos sem líderes (12 passos, de apoio), grupos psicoeducacionais coordenados por um líder e grupos de psicoterapia coordenados por um líder. Os grupos psicoeducacionais podem ser veículos para disseminação de informação e construção de habilidades que podem ser construídos em torno de um modelo de orientação teórica específica (p. ex., TCC). Esses grupos podem ser focados em populações clínicas ou não clínicas, mas, em ambos os casos, os líderes dos grupos são aconselhados a focar no

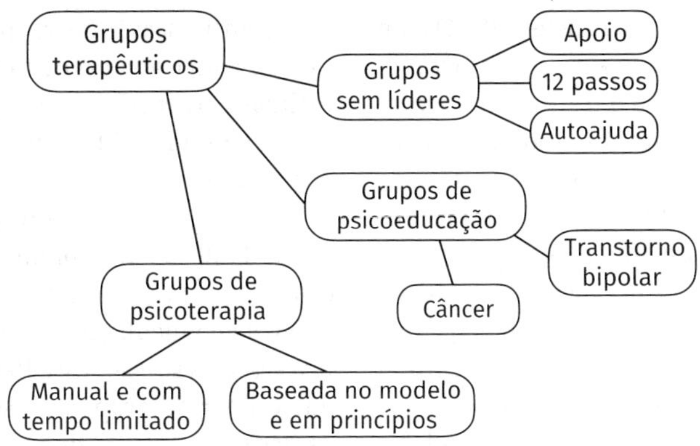

FIGURA 15.1 Taxonomia dos tratamentos de grupo.

ensino e na mentoria, em vez de no "processamento" das relações do cliente e/ou na exploração dos problemas do cliente no contexto das suas narrativas de vida (Brown, 2018). Em contrapartida, os grupos de psicoterapia adotam plenamente o processamento terapêutico. Esse processamento é guiado por uma orientação teórica específica e muitas vezes está focado em populações clínicas específicas — tipicamente um transtorno psiquiátrico específico.

Na literatura de grupos, a pesquisa da psicoterapia de grupo é dividida em dois tipos — baseada no manual ou baseada no modelo. Grupos guiados por um manual têm protocolo específico que detalha o número de sessões de grupo, os objetivos de cada sessão e as intervenções destinadas a atingir esses objetivos da sessão. Os grupos de psicoterapia mais estruturados na literatura são os que tendem a constituir a maior parte das diretrizes práticas baseadas em evidências (Burlingame & Strauss, 2021). Por sua vez, grupos guiados por um modelo são fluídos no número de sessões e são guiados por intervenções baseadas em princípios. Esses princípios orientadores provêm da literatura da competência dos grupos (Barlow, 2013) e da literatura de orientação dinâmica e teórica dos grupos (Burlingame & Strauss, 2021), acrescentando maior flexibilidade à habilidade de um líder para adequar o trabalho de uma sessão ao *status* dos membros individuais e do grupo como um todo.

A aplicação dessa taxonomia aos grupos de TFC revela o uso de três tipos principais de grupos — grupos psicoeducacionais, baseados no modelo e baseados no manual — que foram desenvolvidos e empiricamente testados. Até o momento, a maioria dos grupos psicoeducacionais está focada no TMC que foi aplicado a populações clínicas e não clínicas, focando indivíduos com altos níveis de vergonha e autocriticismo (Gilbert, 2000; Gilbert & Iron, 2005). Como discutido nos Capítulos 2 e 3, o TMC inicia com psicoeducação sobre a mente evoluída e o seu viés de negatividade embutido, que pode levar à vergonha e à ruminação com autocriticismo. Outros tópicos psicoeducacionais incluem os sistemas de regulação emocional (três ciclos), sentir-se seguro, mentalização, *selves* múltiplos/críticos e troca de vergonha para culpa. Práticas baseadas no corpo (ritmo respiratório calmante, *mindfulness*, etc.) e imagem mental guiada são introduzidas de maneira contínua para ativar o sistema parassimpático e ensinar aos membros como usar o corpo para apoiar a mente. Os primeiros exemplos de psicoeducação do TMC incluem o grupo de TCC focada na compaixão de Bates (2005) para ansiedade e o estudo-piloto de Gilbert e Procter (2006) com seis clientes severamente estressados (transtorno do humor crônico e transtorno da personalidade), em um programa de tratamento-dia de TCC, que concluíram 12 sessões de duas horas de TMC. Um exemplo mais recente é o estudo piloto de Matos e colegas (2017) que envolveu uma intervenção de TMC de duas semanas com uma população não clínica; essa intervenção começou com um grupo de duas horas, em que foram introduzidos os tópicos psicoeducacionais mencionados e fornecido um manual por escrito, apoiando essa psicoeducação, além de arquivos de áudio de práticas de TMC para apoiar a prática independente. Esse último estudo beira uma intervenção sem líder — autoajuda —, descrita na Figura 15.1.

Os tratamentos de grupo baseados no modelo também são evidentes na literatura da TFC e são tipicamente aplicados a populações clínicas. Por exemplo, Laithwaite et al. (2009) desenvolveram um grupo de 10 sessões, focando na recuperação da psicose em pacientes internados em um hospital de segurança máxima, integrando um plano de recuperação de psicose tradicional com componentes da TFC. Braehler et al. (2013) desenvolveram um grupo de TFC com 16 sessões para clientes no espectro da esquizofrenia, em que se organizava o conteúdo conforme o estágio de desenvolvimento do grupo, reconhecendo explicitamente a importância dos processos grupais. Na primeira fase do desenvolvimento, é dada atenção ao estabelecimento do grupo como uma base segura, e a psicoeducação em três ciclos é associada ao clima do grupo. De fato, o grupo como um todo é usado para construir uma motivação compassiva compartilhada em grupo, essencialmente aterrando a compaixão no trabalho do grupo. A motivação compassiva do grupo se torna um veículo para praticar habilidades compassivas e desenvolver um plano de prevenção de recaída para sintomas psicóticos. Por fim, Lucre e Corten (2013) desenvolveram um grupo de TFC com 16 sessões para indivíduos diagnosticados com transtornos da personalidade que incluíam psicoeducação e práticas de TMC. Assim como Braehler, Lucre e Corten adotam o grupo como um veículo para os membros explorarem bloqueios e resistências às práticas do TMC. O tema comum nesses três protocolos de grupo é o uso dos princípios de TMC e TFC sem vinculação a uma estrutura específica sessão a sessão. Essa flexibilidade permite que o líder do grupo seja sensível ao estágio de desenvolvimento do grupo e aos membros individuais.

Também há na literatura muitos protocolos de grupo de TFC baseados no manual com tempo limitado; entretanto, há uma variabilidade considerável no número de sessões e tópicos abrangidos em cada um. Heriot-Maitland e colegas (2014) desenvolveram um protocolo de grupo com quatro sessões de 90 minutos, usando formato rotativo de afiliação ao grupo para pacientes agudos internados. As quatro sessões focam em psicoeducação, *mindfulness*, compaixão e imagem mental. Naismith, Ripoll e Pardo (2020) desenvolveram um protocolo de cinco sessões para mulheres sobreviventes de violência provocada por parceiro íntimo, com o conteúdo das sessões enfatizando proteção, culpa/vergonha, ritmo respiratório calmante e o cultivo da assertividade compassiva. Clapton et al. (2018) testaram um protocolo de TFC de seis sessões para adultos com deficiências intelectuais, com o conteúdo das sessões parcialmente se sobrepondo ao protocolo de Heriot-Maitland e colegas (2014). Gale et al. (2014) desenvolveram um protocolo integrado de TCC e TFC com 20 sessões para indivíduos que sofrem de transtornos alimentares.

Há vantagens notáveis entre os três tipos de grupos de TFC. Primeiro, com raras exceções, os achados de pesquisa corroboram a melhoria nos resultados específicos da compaixão e nos resultados de transtornos direcionados. Isso sugere que a TFC pode produzir ganhos no tratamento quando os três tipos de tratamentos de grupo são empregados. Em segundo lugar, os protocolos mostram uma sensibilidade a desafios únicos das populações clínicas, enfatizando componentes centrais da TFC. Por exemplo, com grupos de violência do parceiro íntimo, é dada maior atenção ao uso do grupo para desenvolver um *self* seguro e protetor, juntamente com o treino e a prática de assertividade compassiva. Em alguns casos, transtornos que são tipicamente mais difíceis de se tratar (esquizofrenia, personalidade e alimentares) têm protocolos com mais sessões e maior flexibilidade para acomodar os bloqueios e as resistências esperadas. Por fim, em alguns casos (Braehler et al., 2013; Lucre et al., 2013), conhecidas propriedades terapêuticas do tratamento em grupo (desenvolvimento do grupo, clima/identidade do grupo, etc.) são incorporadas ao protocolo. Essa integração interfere em propriedades bem estabelecidas e empiricamente apoiadas do tratamento de grupo descrito na próxima seção.

Historicamente, há limitações notáveis na literatura existente para grupos de TFC. A mais séria pode ser a ausência de uma uniformidade quanto ao que os "grupos de TFC" estão entregando. Embora alguns estudos envolvam o desenvolvedor da TFC, Paul Gilbert, outros simplesmente fazem referência ao seu trabalho quando desenvolvem seu próprio protocolo da TFC. Dito de outra forma, simplesmente não sabemos como comparar o conteúdo (o que) ou a dose (o quanto) dos tópicos psicoeducacionais abrangidos, nem o conteúdo ou a dose das práticas baseadas no corpo e da imagem mental guiada na literatura existente da TFC. Além disso, temos pouca ou nenhuma informação sobre em que medida os clientes entendem a psicoeducação da TFC apresentada e com que frequência eles se engajam na aplicação e na prática fora do grupo. Estudos recentes do tratamento de grupo com TFC começaram a abordar essas limitações (p. ex., Jensen, Cattani, & Burlingame, 2020).

Por que a TFC pode ser significativamente efetiva no tratamento de grupo

Hoje, há evidências empíricas convincentes de que tratamentos de grupo funcionam tão bem quanto os individuais (Burlingame et al., 2016) para clientes que sofrem dos transtornos mentais de ansiedade e humor mais comuns e outros mais sérios (Burlingame & Strauss, 2021). As duas fontes mais relevantes que explicam a melhora do cliente são a existência de um *protocolo grupal claro* e a compreensão e o manejo da *dinâmica do grupo*, com ênfase sobretudo na *relação terapêutica* experienciada pelos membros (Burlingame et al., 2011).

Para desenvolver um protocolo claro para grupos de TFC e abordar as limitações mencionadas anteriormente na literatura existente sobre grupos de TFC, uma equipe internacional de pesquisadores trabalhou com Paul Gilbert para produzir um manual em 12 módulos que capturasse os princípios psicoeducacionais mais relevantes, as práticas corporais e as imagens mentais guiadas da TFC. Jensen e colegas (2020) então conduziram um ensaio aberto para determinar se esse manual produziu um nível comparável de melhora como o encontrado em pesquisas passadas sobre TFC (Kirby et al., 2017). Jensen et al. também trabalharam para identificar revisões de protocolos potenciais baseadas nas contribuições dos clínicos. O nível de melhora em 80 clientes tratados em oito grupos de psicoterapia se equiparou aos níveis de melhora da literatura passada (Jensen et al., 2020), e a equipe de Gilbert usou o *feedback* dos terapeutas para modificar o protocolo.

Vemos a criação de um protocolo da TFC para grupos como passo fundamental à frente por duas razões: (1) satisfaz o critério característico para um tratamento de grupo apoiado empiricamente e (2) foi desenvolvido com Paul Gilbert, o fundador da TFC. Desenvolvemos nosso protocolo (Cattani et al., 2022) especificamente para estudantes que procuram terapia em um centro de aconselhamento universitário. Na Figura 15.2, trazemos uma representação gráfica dos temas centrais desse manual e, a seguir, discutimos mais detalhadamente os conteúdos do nosso manual adaptado.

Nosso protocolo para as populações do centro de aconselhamento universitário incorpora a importância da dinâmica do grupo e a relação terapêutica experienciada pelos membros (Cattani et al., 2021). Como Braehler et al. (2013) e Lucre et al. (2013) observaram, um grupo com bom funcionamento e com membros engajados pode apoiar o trabalho fundamental da TFC de criar um ambiente seguro e de proteção. De fato, desenvolvimentos recentes na literatura geral sobre tratamento de grupo demonstram o poder dos ambientes grupais como agentes de cura para aqueles que sofrem de transtornos do apego (Burlingame & Strauss, 2021). Em grupos de TFC, os indivíduos podem começar a se identificar uns com os outros com interesse compassivo, explorando a compaixão pelos outros, o impacto de receber compaixão dos outros, bem como a autocompaixão (Kirby, Day, & Sagar, 2019). Os terapeutas que conduzem grupos de TFC prestam especial atenção aos medos, bloqueios e resistências, visando a melhorar

FIGURA 15.2 Representação gráfica do protocolo de TFC de 12 módulos.
Fonte: Gilbert, Kirby & Petrocchi (no prelo).

o vínculo positivo. Operacionalmente, o grau em que um membro experiencia o grupo de TFC como um ambiente seguro e de proteção pode ser avaliado pela subescala do vínculo positivo do QG, já mencionado.

Um segundo elemento essencial da relação terapêutica em grupo é o grau em que o trabalho do grupo corresponde às expectativas de um cliente. Nosso protocolo é concebido para tratar indivíduos que estão experienciando altos níveis de vergonha, autocriticismo e um senso de desconexão dos outros. De fato, há robusto apoio empírico da literatura geral sobre o tratamento de grupo que corrobora a importância de selecionar membros cujas queixas apresentadas coincidam com os objetivos e os resultados principais de um protocolo para grupo. A seleção cuidadosa dos membros e a coincidência dos objetivos foram associados a reduções no abandono e a melhores resultados (Burlingame et al., 2011). A TFC é transdiagnóstica, com foco na redução da vergonha e do autocriticismo; portanto, é importante que os membros do grupo entendam esse foco como objetivo mutuamente combinado desde o início do grupo. Operacionalmente, o grau em que um membro experiencia o grupo como trabalhando em questões que são essenciais para ele pode ser avaliado pela subescala de trabalho positivo do QG já mencionado.

Por fim, o conflito em um grupo de psicoterapia está inserido na maioria dos modelos de desenvolvimento de grupo (McClendon & Burlingame, 2010). Um líder de grupo competente deve esperar por isso e, em um protocolo para grupo de TFC, esses conflitos podem ocorrer devido aos medos, bloqueios e resistências (FBRs, do inglês *fears, blocks and resistances*) esperados no modelo. Novamente, na TFC, é essencial que os terapeutas prestem muita atenção aos FBRs. Embora algum conflito possa ser evidente na sessão, os membros silenciosos podem estar silenciosamente abrigando conflito, dúvida ou ressentimento. A subescala de relação negativa do QG é concebida para dar "voz" aos membros que podem estar experienciando rupturas na aliança, na distância do grupo ou em falhas empáticas dos líderes ou outros membros no grupo. De fato, picos na subescala de relação negativa podem operacionalizar os FBRs previstos por Gilbert.

Apresentamos uma palavra final sobre a combinação entre a TFC e o formato do grupo. É um fato apoiado empiricamente que os tratamentos de grupo são especialmente poderosos no tratamento de sintomas com etiologia interpessoal subjacente. Entretanto, o pressuposto operacional por trás desse apoio empírico é que um líder de grupo é bem treinado em teoria de grupo, dinâmica e intervenções no grupo como um todo. De fato, a Associação Americana de Psicologia recentemente reconheceu o tratamento de grupo como uma especialidade e, ao fazê-lo, sublinhou a importância desse conhecimento como competência central necessária para realizar com *expertise* o tratamento de grupo (Barlow, 2013). Assim sendo, não é suficiente simplesmente ter um protocolo para grupo de TFC. É preciso ter treinamento em TFC e competência para terapia de grupo para gerenciar com sucesso esse formato com muitas pessoas. Caso contrário, esse tratamento interpessoal pode criar danos que podem exacerbar a própria razão pela qual o cliente foi encaminhado para um grupo de TFC inicialmente.

Aplicando TFC ao tratamento em grupo

Os elementos da relação terapêutica que contribuem para resultados positivos da terapia de grupo já descritos — isto é, um ambiente seguro (vínculo positivo), objetivos de trabalho compartilhados (trabalho positivo) e atenção ao conflito (relação negativa) — são especialmente bem atendidos no enquadramento da TFC. Ao se prepararem para liderar um grupo de TFC, os terapeutas não devem apenas ser terapeutas de grupo competentes e familiarizados com o protocolo de grupo mas também devem a) ter um conhecimento sólido dos fundamentos científicos da teoria da TFC e b) se engajar em sua própria prática pessoal de compaixão atenta. Isso permite que o terapeuta insira teoria e prática no processo grupal, demonstrando como dar e receber compaixão, ligando as experiências dos clientes ao modelo terapêutico, conectando os clientes entre si em suas experiências compartilhadas e encorajando os clientes a se engajarem no aqui e agora intra e interpessoal. Com a orientação de um líder de grupo que seja bem fundamentado na teoria e na prática da TFC, nosso protocolo dessa terapia é concebido para abordar a criação de um ambiente seguro, ter objetivos de trabalho compartilhados e prestar atenção ao conflito.

Primeiro, uma das tarefas iniciais mais importantes em nosso protocolo de grupo da TFC é estabelecer normas no grupo para criar um ambiente seguro. Os líderes da TFC são encorajados a cocriar e discutir as regras básicas com os membros do grupo no início do curso da terapia e continuar a promover essas normas durante todo o curso do grupo. As normas relacionadas à criação de segurança muitas vezes incluem, mas não estão limitadas a: a) ter discussões sobre confidencialidade e não discutir as experiências dos outros fora do grupo; b) oferecer espaço para compartilhar experiências mas também não exigindo compartilhamento; c) estar aberto às experiências dos outros, mesmo que sejam diferentes das suas próprias; d) falar por si mesmo ("declarações na primeira pessoa"); e e) enfatizar o respeito e o apoio entre os membros. À medida que o líder do grupo e os membros continuam a promover essas normas, eles podem desenvolver um forte sentimento de que são capazes de se engajar de modo aberto na terapia sem medo de ser emocionalmente prejudicados.

Em segundo lugar, objetivos de trabalho claros e compartilhados são criados no início e reforçados ao longo do nosso protocolo. O protocolo do grupo funciona como o objetivo inicial compartilhado, à medida que os clientes concordam em trabalhar em uma estrutura da TFC conforme apresentada pelo líder do grupo. Além disso, a norma de prática pessoal fora da terapia é discutida e encorajada, já que o grupo está focado no estabelecimento de novos padrões no cérebro (um objetivo que requer repetição e prática). A prática fora do grupo é, portanto, integral. Por fim, quando cada sessão inicia, os membros do grupo se engajam em um exercício de aterramento, em que eles focam com atenção plena nas motivações compartilhadas para se ajudarem, ajudarem os outros e estarem abertos à solicitude dos outros. Cada um desses elementos convida a focar nas motivações e nos objetivos compartilhados durante o curso da terapia.

Em terceiro lugar, cada sessão inclui um tempo previsto para abordar, normalizar e ver a sabedoria nos FBRs à terapia e prestar atenção a conflitos potenciais que podem surgir. Como dor e medo podem estar associados a abordagens compassivas, esses conflitos frequentemente são um foco significativo da terapia. O líder do grupo encoraja os membros do grupo a discutirem FBRs quando eles surgem durante o curso do tratamento e a trabalharem juntos para encontrar formas de superá-los. Encorajamos fortemente os líderes dos grupos a priorizar o processo terapêutico do grupo, mais do que cobrir o material psicoeducacional do manual, pois clientes que estão experienciando conflito provavelmente terão dificuldade para se engajar de maneira efetiva em material psicoeducacional ou em exercícios experienciais.

Visão geral dos 12 módulos

O manual que desenvolvemos (Cattani et al., 2022) define uma estrutura clara, em que lançamos luz sobre os princípios básicos da TFC ao longo de 12 módulos distintos. Nossos grupos se reúnem semanalmente por duas horas. Cada módulo contém materiais psicoeducacionais e múltiplas atividades experienciais que visam a esclarecer os princípios básicos da TFC. Após a primeira sessão, cada grupo começa com um exercício respiratório e de aterramento focado no vago para ajudar os membros a se engajar atentamente em seu sistema tranquilizante e termina com uma meditação de ritmo respiratório calmante. Nosso manual requer que os terapeutas priorizem o processo sobre o conteúdo. Como tal, dependendo da composição do grupo e de inúmeros outros fatores, alguns módulos podem levar mais tempo do que outros para serem concluídos. A seguir, apresentamos uma breve visão geral dos princípios básicos da TFC abordados em cada módulo.

Módulo 1: Os líderes estabelecem regras, normas, confidencialidade e segurança. Os membros são encorajados a fornecer *feedback* uns aos outros no espírito do apoio compassivo. Juntos, o grupo discute o que é compaixão e o que não é, e os líderes dão a definição da TFC de compaixão como *sensibilidade ao sofrimento e ao estresse em si e nos outros, com um compromisso de tentar aliviá-los e preveni-los*. Os líderes discutem os fluxos da compaixão, o nosso cérebro complicado, a teoria evolucionista e as formas pelas quais nosso cérebro pode ficar aprisionado em ciclos não úteis. Os líderes engajam os membros em exercícios que os ajudam a reconhecer que há muitos elementos que moldaram quem eles são, os quais eles não necessariamente escolheram, incluindo seu cérebro, seu corpo e suas experiências de vida. Isso ajuda os membros a se dar conta de que muito da dor experienciada na vida provém dessas fontes não escolhidas, o que conduz ao mantra "Não é sua culpa, mas é sua responsabilidade". Isso ajuda a impedir que os clientes se identifiquem demais com suas dificuldades ou rotulem suas experiências e a si como ruins, fracos ou inúteis.

Módulo 2: Durante a psicoeducação e uma série de atividades experienciais, os líderes apresentam aos membros as três funções evoluídas da emoção (i.e., ameaça, *drive* e tranquilização) e como a compaixão está relacionada a cada um desses sistemas.

Módulo 3: Os líderes introduzem os conceitos de intencionalidade e *mindfulness* e ajudam os membros a praticar essas habilidades em grupo. Os clientes aprendem a sintonizar com os processos da sua mente e trocar para a compaixão intencional. Os líderes enfatizam o impacto que a postura corporal, o tom de voz interno e a rotulação da emoção podem ter nas experiências internas e ajudam os clientes a prosseguir rotulando as emoções de formas mais úteis.

Módulo 4: Dada a importância da teoria do apego na TFC (Gilbert, 2016; veja também os Capítulos 2 e 3), neste módulo, o grupo explora como a compaixão pode fornecer uma base segura validante e encorajadora. Além disso, o grupo explora as diferenças entre sentir-se seguro e sentir-se ameaçado em um ambiente. Os líderes ajudam os clientes a trabalhar para se sentirem seguros o suficiente para abordarem a vida a partir de uma base aberta, relaxada e exploradora (segura no ambiente), em vez de a partir de uma base de vigilância constante (ameaçada no ambiente). Os líderes ajudam os membros a reconhecer que eles podem se voltar internamente para seu próprio cuidado e sua motivação compassivos (em vez de motivação defensiva) para criar uma base segura interna. Para ajudar os clientes a começarem a experienciar os estados mentais de segurança em seus ambientes, os líderes os guiam por meio de exercícios de imagem mental de "lugar seguro" e "outro compassivo ideal". Os líderes enfatizam e exploram a importância e as dificuldades associadas a se sentir seguro e estar aberto para receber compaixão dos outros.

Módulo 5: Os líderes apresentam aos membros a natureza e o conceito de usar a si como fonte de compaixão — um *self* compassivo. Esse *self* compassivo procura ser útil para si e para os outros. Os membros aprendem a cultivar o *self* compassivo e seus estados fisiológicos e mentais de compaixão e praticam a ativação do seu *self* compassivo no grupo.

Módulo 6: Este módulo foca nos múltiplos *selves* e estados emocionais. O grupo explora as formas pelas quais muitas situações prejudiciais e ameaçadoras podem gerar experiências de raiva, ansiedade e tristeza, algumas vezes, simultaneamente. Os líderes de grupo ajudam os clientes a começarem a diferenciar e distinguir entre esses múltiplos *selves* e estados emocionais e ajudam a promover a abordagem dessas partes do *self* a partir de uma atitude compassiva. Os líderes ajudam os membros a abordar o propósito funcional das várias partes do *self* e os ajudam a praticar o uso do seu *self* compassivo como mediador entre essas partes.

Módulo 7: Os líderes ajudam os membros a entender que as funções de automonitoramento ajudam a prevenir perigo e a melhorar o desempenho. No entanto, o automonitoramento crítico resulta em uma lacuna de decepção quando o foco é rotineiramente nas diferenças entre nosso *self* "ideal" e o *self* real. Os membros aprendem que o autocriticismo focado unicamente na autocorreção em geral não causa problemas, mas que, quando o criticismo está associado a emoções de ameaça e autorrotulação global (p. ex., *você é idiota; você sempre estraga tudo*), a depressão e a ansiedade emergem. Os líderes ajudam os membros a reconhecer que, por trás do criticismo, usualmente se encontra um medo de rejeição ou de ser machucado. Os líderes ajudam os membros a explorarem e entenderem seu processo do *self* crítico mais plenamente pelos olhos do seu *self* compassivo. Os membros exploram de modo mais profundo a compaixão como alternativa ao autocriticismo.

Módulo 8: Ao definir e explorar as experiências de vergonha dos membros do grupo, os líderes ajudam os membros a distinguir entre vergonha e culpa. Os membros aprendem que a vergonha sobretudo evoluiu do sistema motivacional competitivo que orienta a atenção para a postura social relativa e a *bondade* ou *maldade* do *self*. A culpa, por sua vez, evoluiu do sistema motivacional de cuidado e está muito focada em um senso de tristeza e remorso. O grupo pratica o engajamento com compaixão para mudar da vergonha para a culpa.

Módulo 9: Por meio de inúmeras atividades experienciais (p. ex., escrita de carta compassiva para si, escrita de carta compassiva para outros, praticar interações compassivas uns com os outros, etc.), os membros do grupo se engajam no aprofundamento ativo da compaixão por si e pelos outros.

Módulo 10: Os líderes apresentam aos membros o conceito de assertividade compassiva e os ajudam a reconhecer que a compaixão não é submissa; eles, então, ajudam os membros a aplicar assertividade compassiva no conflito interpessoal.

Módulo 11: Os membros do grupo exploram melhor o fluxo da compaixão pelos outros, sobretudo aqueles por quem é difícil ter compaixão. Os líderes do grupo ajudam os membros a aprofundar a empatia pelos outros e explorar o conceito de perdão.

Módulo 12: Neste módulo final, os membros do grupo revisam estratégias para se engajar independentemente em compaixão e visualizar o que seu futuro compassivo envolve. O grupo examina os prováveis facilitadores e inibidores da vida compassiva. Os líderes do grupo reforçam que a compaixão é uma forma de viver que ajuda com experiências de sofrimento e nunca teve como objetivo "livrar-se" completamente do sofrimento. Os membros refletem sobre a experiência do seu grupo e formulam votos compassivos uns aos outros.

Vinheta clínica

O foco da nossa vinheta é mostrar o poder que as interações grupais podem ter para reforçar os princípios da TFC. Também destacamos como os líderes podem abordar os FBRs para aumentar o vínculo e o trabalho positivos e reduzir as relações negativas. O grupo de oito membros aqui apresentado acontece em um centro de aconselhamento universitário, se reúne semanalmente por duas horas e está limitado a 16 semanas, devido ao sistema de semestres da universidade. Todos os dados de identificação nesta vinheta foram alterados para assegurar a confidencialidade. Também admitimos que há inúmeras formas pelas quais um terapeuta pode responder às interações que descrevemos a seguir.

Enquanto conversavam sobre os múltiplos *selves* durante a sétima sessão, o foco do grupo mudou para a importância que as experiências passadas e os ambientes individuais desempenhavam no desenvolvimento dos *selves* atuais dos membros. Os membros do grupo falaram sobre como não escolheram o ambiente em que foram criados e como imaginam que suas vidas seriam diferentes se tivessem sido criados por outra família. Rachel, uma mulher branca heterossexual de 19 anos, expôs para o grupo o quanto a ideia de "Não é sua culpa, mas é sua responsabilidade" tinha sido difícil de acreditar. Ela expressou que se sentia ansiosa sobre compartilhar isso agora porque essa foi uma ideia que foi apresentada na primeira sessão e ela não queria ser "a única no grupo que não entendeu".

Os líderes do grupo questionaram de que parte dela essa mensagem veio. Rachel reconheceu que isso provavelmente veio do seu *self* crítico. Ela então revelou que, enquanto crescia, seu pai regularmente a repreendia e lhe dizia que ninguém jamais a amaria porque ela era "egoísta, burra e feia". Segundo Rachel, sua mãe a culpava pela raiva do marido e repetidamente pedia que a filha não o "provocasse". Rachel soluçava enquanto contava essa história. Quando os outros no grupo tentavam confortá-la, ela repetidamente dizia: "Tudo bem. Lamento por ter demorado tanto. Estou bem. Estou bem".

Os líderes do grupo pediram que cada membro se adaptasse a um padrão de ritmo respiratório calmante para acessar melhor seu *self* compassivo. Eles então perguntaram aos membros do grupo como a revelação de Rachel os impactava. Luís, um estudante universitário *gay*, latino, de 24 anos, imediatamente expressou profunda tristeza sobre o que Rachel compartilhou. Ele disse que, embora não pudesse compreender inteiramente sua experiência, seu *self* compassivo queria se aproximar, abraçá-la e dizer que ela era adequada do jeito que era. Luís também descreveu como ele se identificava com ser crítico consigo. Ele compartilhou que muitas vezes se sentia um estranho, mesmo em sua própria família, devido a um forte viés cultural que favorecia a heteronormatividade. "As pessoas nunca perderam tempo para me conhecer. Eu queria muito ser aceito, mas geralmente tinha que esconder que era *gay*".

Os líderes aproveitaram essa oportunidade para perguntar ao grupo se mais alguém se identificava com as dificuldades com autocriticismo que Rachel e Luís haviam compartilhado. Todos os outros membros do grupo expressaram que sim e deram exemplos das suas próprias vidas. Os líderes do grupo chamaram a atenção para a universalidade dessa experiência e expressaram: "Todos nós nos encontramos aqui com esses cérebros complicados, que não são nossa culpa. Como é ver outros se identificarem com sua experiência, Rachel e Luís?".

Rachel falou o quanto era diferente ouvir outros da sua idade, que "não eram terapeutas", sendo tão compassivos e compreensivos com a sua situação. Ela expressou surpresa sobre como se sentir conectada com os outros a impactava. Ela também mencionou o quanto se sentia frustrada por conseguir acessar facilmente uma compaixão genuína por Luís e os outros no grupo e, no entanto, ter tanta dificuldade em demonstrar a mesma compaixão por si. Luís expressou sentimentos semelhantes.

Leilani, uma mulher heterossexual polinésia de 20 anos, apontou ludicamente a rapidez com que Rachel se repreendia por não ser autocompassiva. "Rachel, eu gostaria que seu *self* crítico pudesse dar um tempo ou ver você do jeito que eu vejo". Vários membros do grupo expressaram gratidão por Rachel ter compartilhado sua história. Eles expressaram que a coragem dela ao fazer isso os ajudou a reconhecer melhor suas próprias vozes críticas e a cultivar melhor seus *selves* compassivos. Como grupo, os membros expressaram que se sentiam mais conectados uns com os outros.

Os líderes do grupo enfatizaram o processo que estava ocorrendo no grupo e refletiram sobre o progresso que cada membro havia feito ao se mostrar vulnerável e se conectar uns com os outros (vínculo positivo). Eles também mencionaram o progresso que cada membro estava fazendo em relação ao desenvolvimento do seu *self* compassivo ideal (trabalho positivo). Nas semanas seguintes, os membros continuaram se engajando no grupo com a intenção de trabalhar para serem úteis para si, apoiar os outros na sua jornada e estar abertos à ajuda dos outros.

Obviamente, há inúmeras formas pelas quais os terapeutas poderiam ter interagido com os membros desse grupo em específico. Esperamos ter destacado algumas das qualidades únicas da psicoterapia de grupo para ajudar os clientes a entenderem e aplicarem os princípios da TFC. O grupo permite experiências interpessoais na vida real que aprofundam os princípios da TFC no aqui e agora. À medida que os membros do grupo se engajam no seu *self* compassivo ideal em um contexto grupal, eles são capazes de se conectar uns com os outros e consigo mesmos de formas reais e autênticas, pois a compaixão lhes permite ver a si e aos outros como eles verdadeiramente são.

Grupos de TFC iniciais e no acompanhamento

Os 12 módulos descritos representam um primeiro curso da terapia, em que os clientes são apresentados aos princípios básicos da TFC. Em nosso centro, nos referimos a esse grupo como TFC-1. Muitos membros do grupo estão interessados em continuar a cultivar sua mente compassiva após esse grupo e, dessa forma, desenvolvemos o que chamamos de TFC-2 como um segundo curso da terapia. Esse é um grupo continuado orientado para processos e focado na TFC, do qual os membros podem participar depois de terem concluído o TFC-1.

Esses grupos de TFC-2 iniciam com um exercício de aterramento de ritmo respiratório calmante, e o restante do tempo é deixado em aberto para o processo grupal. Os membros do grupo usam o grupo para aplicar melhor as abordagens focadas na compaixão, para especificar as dificuldades que estão experienciando e para trabalhar os medos, bloqueios e resistências que os impedem de aplicar essas abordagens. Eles também praticam experiencialmente, em um ambiente seguro, oferecendo compaixão pelos outros, recebendo compaixão dos outros e oferecendo compaixão por si mesmos. Como todos os membros do grupo têm embasamento teórico comum, esses grupos podem ajudar a alavancar e estender os princípios e as práticas aprendidas no curso inicial da terapia.

Grupos de TFC com tema específico

Embora o protocolo para grupo de TFC já descrito adote uma abordagem transdiagnóstica focada em indivíduos que experienciam autocriticismo e vergonha, atualmente estamos explorando adaptações desse protocolo para uma variedade de grupos com temas específicos. A seguir, apresentamos três exemplos da nossa prática clínica.

Primeiro, criamos grupos de TFC específicos para ansiedade. Esses grupos criam as bases para entender a ansiedade, enfatizando os ciclos cognitivo-emocionais experienciados no "cérebro complicado", bem como um sistema de ameaça hiperdesenvolvido. A prática diária de exercícios de ritmo respiratório calmante é central para o tratamento e ajuda os clientes a diminuírem a excitação fisiológica e atingirem o melhor equilíbrio entre seus sistemas de ameaça, *drive* e tranquilização. À medida que o tratamento prossegue, os clientes são encorajados a desenvolver um senso de segurança em grupo por meio da imagem mental experiencial e assumindo riscos interpessoais por meio do compartilhamento vulnerável e pedindo e recebendo *feedback* dos membros do grupo. Enquanto desenvolvem um senso de segurança interna e exploram múltiplos *selves*, o grupo foca particularmente no "*self* ansioso" e em como interagir com essa parte do *self* com compaixão. Os membros do grupo exploram abordagens compassivas da ansiedade, o que pode incluir uma consciência atenta da experiência, um reconhecimento da função e da motivação da ansiedade e uma motivação para aliviá-la. Os membros do grupo trabalham em conjunto para explorar abordagens compassivas para aliviar a ansiedade, incluindo abordar os medos, em vez de evitá-los, e permitir espaço para a ansiedade, em vez de se sentir crítico ou se engajar em metapreocupação. Durante o tratamento, os membros do grupo oferecem apoio e solidariedade em seus esforços para abordar suas ansiedades com compaixão.

Em segundo lugar, aplicamos nosso manual da TFC a grupos formados por indivíduos que se identificam como minorias sexuais. Pesquisas meta-analíticas mostram que indivíduos que se identificam como minorias sexuais (LGBTQ+) experienciam uma prevalência mais alta de problemas de saúde mental quando comparados com seus correspondentes heterossexuais (Meyer, 2003). Isso não causa surpresa, já que muitos desses indivíduos tiveram que lidar com mensagens da cultura dominante de que a orientação de minorias sexuais ou as formas de gênero são "anormais, sujas e aversivas" (McDermott, Roen, & Scourfield, 2008, p. 1). Indivíduos da comunidade LGBTQ+ muitas vezes internalizam mensagens homofóbicas, o que resulta em sentimentos aumentados de autocriticismo e vergonha (Petrocchi, Matos, Carvalho, & Baiocco, 2016). Evidentemente, uma vez que os indivíduos aprenderam a ver a si nesses termos tão negativos, ao se engajarem em uma postura compassiva, é provável que inicialmente se sintam estranhos, alheios ou mesmo inúteis.

Em nossos grupos, a estrutura da TFC que empregamos oferece aos indivíduos da comunidade LGBTQ+ a oportunidade e as ferramentas para: a) abordar e entender seu *self* crítico e a vergonha associada; b) cultivar a compreensão e a compaixão em relação a si; e c) aumentar sua habilidade para se acalmar quando enfrentam dificuldades na vida. Talvez o aspecto mais importante desses grupos seja o senso de universalidade, pois os membros podem se relacionar uns com os outros e ouvir histórias semelhantes às suas. A experiência de não estar sozinho oferece aos membros do grupo um senso de comunidade que muitos relatam terem procurado sua vida inteira. Além disso, o contexto grupal permite que os indivíduos pratiquem receber compaixão dos outros, uma experiência que a maioria dos membros do grupo relata ser "novo e pouco familiar". Usando práticas e princípios da TFC, os membros desse grupo são capazes de se conectar com os outros e consigo de formas significativas e apoiadoras.

Em terceiro lugar, atualmente, estamos aplicando esse manual a um grupo de transtornos alimentares. Os clientes em nosso centro que participam desses grupos tendem a ter intensos FBRs relacionados a qualquer foco no seu corpo físico e à exploração do seu afeto. Como resultado, descobrimos ser necessário reduzir significativamente o ritmo da apresentação dos 12 módulos ilustrados na Figura 15.2 e focar no processo intra e interpessoal que ocorre no grupo. Apesar disso, com a prática, os clientes nesses grupos tiveram sucesso na redução da vergonha e no aumento da sua habilidade de se engajar nos três fluxos da compaixão.

Conclusão

A psicoterapia de grupo é um modo de tratamento que demonstrou ser tão eficaz quanto a terapia individual. Embora os psicoterapeutas de grupo precisem participar de inúmeras dinâmicas de grupo, aqueles que são qualificados para fazer isso podem proporcionar aos membros do grupo a oportunidade de interagir com muitos outros em tempo real. Os grupos estruturados com propósito claro tendem a ser os mais eficazes. Acreditamos que o formato de grupo é especialmente adequado para a TFC. Os elementos específicos da TFC (descritos nos 12 módulos do nosso protocolo) podem ser melhorados em um formato de grupo. Por exemplo, os membros em um grupo de TFC provavelmente experienciarão redução na vergonha à medida que cresce seu senso de humanidade compartilhada. Esse ambiente curativo no grupo permite que seus membros pratiquem ativamente, no momento presente, ter compaixão pelos outros e receber compaixão dos outros. Esses dois fluxos compassivos podem ser usados como modelo para fortalecer a autocompaixão. A partir dessa atitude autocompassiva, o indivíduo é mais capaz de praticar assertividade compassiva e estabelecer uma estabilidade e uma proteção interna, o que, por fim, fortalece seu compromisso e seu vínculo com o grupo. Em suma, o grupo de TFC ativa mecanismos de mudança intra e interpessoais, o que é uma fórmula para o tratamento de grupo efetivo.

Referências

Barlow, S.H. (2013). *Specialty competencies in group psychology*. Oxford University Press. https://doi.org/10.1093/med:psych/9780195388558.001.0001

Bates, T. (2005). The expression of compassion in group cognitive therapy. In *Compassion* (pp. 381–398). Routledge.

Braehler, C., Gumley, A., Harper, J., Wallace, S., Norrie, J., & Gilbert, P. (2013). Exploring change processes in compassion focused therapy in psychosis: Results of a feasibility randomized controlled trial. *British Journal of Clinical Psychology, 52*(2), 199–214.

Brown, N. (2018). *Psychoeducational Groups: Process and Practice* (4th ed.). Routledge.

Burlingame, G.M., & Strauss, B. (2021). Efficacy of small group treatments. In M. Barkham, L. Castonguay, & W. Lutz (Eds.). Bergin & Garfield's *Handbook of psychotherapy and behavior change* (7th ed.). Wiley & Sons.

Burlingame, G.M., Gleave, R.L., Beecher, M.E., Griner, D., Hansen, K.S.W., & Jensen, J. (2017). *Administration and scoring manual for the Group Questionnaire-GQ.* OQ Measures L.L.C.

Burlingame, G.M., McClendon, D.T., & Alonso, J. (2011). Cohesion in group therapy. *Psychotherapy, 48*(1), 34.

Burlingame, G.M., Seebeck, J.D., Janis, R.A., Whitcomb, K.E., Barkowski, S., Rosendahl, J., & Strauss, B. (2016). Outcome differences between individual and group formats when identical and nonidentical treatments, clients, and doses are compared: a 25-year meta-analytic perspective. *Psychotherapy, 53*(4), 446–461.

Cattani, K., Griner, D., Erekson, D.M., Burlingame, G.M., Beecher, M.E., & Allred, C. (2022). Compassion focused group therapy for college counseling centers. Routledge.

Clapton, N.E., Williams, J., Griffith, G.M., & Jones, R.S. (2018). 'Finding the person you really are… on the inside': Compassion focused therapy for adults with intellectual disabilities. *Journal of Intellectual Disabilities, 22*(2), 135–153.

Fenton, L.R., Cecero, J.J., Nich, C., Frankforter, T.L., & Carroll, K.M. (2001). Perspective is everything: The predictive validity of six working alliance instruments. *The Journal of Psychotherapy Practice and Research, 10*(4), 262–268.

Fox, J., Cattani, K., & Burlingame, G.M. (2021). Compassion focused therapy in a university counseling and psychological services center: A feasibility trial of a new standardized group manual. *Psychotherapy Research, 31*(4), 419–431.

Gale, C., Gilbert, P., Read, N., & Goss, K. (2014). An evaluation of the impact of introducing compassion focused therapy to a standard treatment programme for people with eating disorders. *Clinical Psychology & Psychotherapy, 21*(1), 1–12.

Gilbert, P. (2000). Social mentalities. In P. Gilbert & K. Bailey (Eds.). *Genes on the couch: Explorations in evolutionary psychotherapy* (pp. 118–150). Brenner-Routledge.

Gilbert, P. (2016). *Human nature and suffering*. Routledge.

Gilbert, P., & Iron, C. (2005). Focused therapies and compassionate mind training for shame and self-attacking. In P. Gilbert (Ed.). *Compassion: Conceptualizations, research and use in psychotherapy* (pp. 263–325). Brenner-Routledge.

Gilbert, P., & Procter, S. (2006). Compassionate mind training for people with high shame and self-criticism: Overview and pilot study of a group therapy approach. *Clinical Psychology & Psychotherapy: An International Journal of Theory & Practice, 13*(6), 353–379.

Gilbert, P. (Ed.). (2017). *Compassion: Concepts, research and applications*. Taylor & Francis.

Heriot-Maitland, C., Vidal, J.B., Ball, S., & Irons, C. (2014). A compassionate-focused therapy group approach for acute inpatients: Feasibility, initial pilot outcome data, and recommendations. *British Journal of Clinical Psychology, 53*(1), 78–94.

Johnson, J.E., Burlingame, G.M., Olsen, J.A., Davies, D.R., & Gleave, R.L. (2005). Group climate, cohesion, alliance, and empathy in group psychotherapy: Multilevel structural equation models. *Journal of Counseling Psychology, 52*(3), 310.

Kirby, J.N., Day, J., & Sagar, V. (2019). The 'flow' of compassion: A meta-analysis of the fears of compassion scales and psychological functioning. *Clinical Psychology Review, 70*, 26–39.

Kirby, J.N., Tellegen, C.L., & Steindl, S.R. (2017). A meta-analysis of compassion-based interventions: Current state of knowledge and future directions. *Behavior Therapy, 48*(6), 778–792.

Laithwaite, H., O'Hanlon, M., Collins, P., Doyle, P., Abraham, L., Porter, S., & Gumley, A. (2009). Recovery after psychosis (RAP): A compassion focused programme for individuals residing in high security settings. *Behavioural and Cognitive Psychotherapy, 37*(5), 511–526.

Lambert, M.J., & Barley, D.E. (2001). Research summary on the therapeutic relationship and psychotherapy outcome. *Psychotherapy: Theory, Research, Practice, Training, 38*(4), 357–361.

Lucre, K.M., & Corten, N. (2013). An exploration of group compassion-focused therapy for personality disorder. *Psychology and Psychotherapy: Theory, Research and Practice, 86*(4), 387–400.

Matos, M., Duarte, C., Duarte, J., Pinto-Gouveia, J., Petrocchi, N., Basran, J., & Gilbert, P. (2017). Psychological and physiological effects of compassionate mind training: A pilot randomised controlled study. *Mindfulness, 8*(6), 1699–1712.

McClendon, D.T., & Burlingame, G.M. (2010). Group climate: Construct in search of clarity. In R.K. Conye (Ed.). *The Oxford handbook of group counseling* (pp. 164–181). Oxford University Press.

McDermott, E., Roen, K., & Scourfield, J. (2008). Avoiding shame: Young LGBT people, homophobia and self-destructive behaviours. *Culture, Health & Sexuality, 10*(8), 815–829.

Meyer, I. (2003). Prejudice, social stress, and mental health in lesbian, gay, and bisexual populations: Conceptual issues and research evidence. *Psychological Bulletin, 129*(5), 674–697.

Naismith, I., Ripoll, K., & Pardo, V.M. (2020). Group compassion-based therapy for female survivors of intimate-partner violence and gender-based violence: A pilot study. *Journal of Family Violence, 36* (2), 175–182.

Norcross, J.C., & Wampold, B.E. (2011). Evidence-based therapy relationships: Research conclusions and clinical practices. *Psychotherapy, 48*(1), 98–102.

Petrocchi, N., Matos, M., Carvalho, S., & Baiocco, R. (2016). Compassion-focused therapy in the treatment of shame-based difficulties in gender and sexual minorities. In M. Skinta & A. Curtin (Eds.). *Mindfulness and acceptance for gender and sexual minorities* (1st ed.). (pp. 69–86). New Harbinger.

16

Terapia focada na compaixão em grupos para pessoas que podem atrair diagnóstico de transtorno da personalidade

Kate Lucre

> As experiências básicas do trauma psicológico são fragilização e desconexão dos outros. Portanto, a recuperação está baseada no empoderamento do sobrevivente e na criação de novas conexões (Herman, 2002, p. 98).

Atualmente, há evidências consideráveis de que a qualidade das relações no começo da vida tem impacto fundamental na maturação posterior de uma gama de sistemas fisiológicos (para revisões, veja Cozolino, 2014; Music, 2019), incluindo a epigenética (Cowan et al., 2016; Lippard & Nemeroff, 2020). Quando as crianças não têm uma base segura e um porto seguro, sua capacidade de amadurecer habilidades interpessoais úteis, regular as emoções e ter autoidentidade positiva é comprometida, assim como a habilidade de ver os outros como fonte de apoio emocional e social; desse modo, criam-se rupturas em seus sistemas de apego e suas relações interpessoais gerais (Music, 2017, 2019; Schore, 2015). Esses antecedentes tornam os indivíduos especialmente vulneráveis a formas severas de autocriticismo, vergonha, problemas com desconexão social e exclusão (Sloman & Taylor, 2016; Liotti & Gilbert, 2011). Usando achados sobre apego e a teoria da mentalidade social, Gilbert (2017) descreve como as crianças que não amadurecem no contexto de ambientes de cuidado automaticamente trocam para uma mentalidade social diferente e veem o mundo como um lugar potencialmente prejudicial e ameaçador, requerendo, então, estratégias de enfrentamento altamente focadas na ameaça, sobretudo a submissão de luta-fuga. Além disso, muitas vezes elas se tornam focadas em questões de poder e *ranking* social. Na idade adulta, elas têm dificuldade para confiar nos outros/ou em si, o que estabelece e mantém ciclos de conflito interpessoal, isolamento e desconexão (Herman, 2002; Music, 2017, 2019).

Com frequência, elas se apresentam aos serviços de saúde mental e outros serviços institucionais com dificuldades emocionais e interpessoais complexas e necessidades multidimensionais que podem atrair o diagnóstico inútil de transtorno da personalidade. Frequentemente, existe uma história complexa e um padrão de dificuldades relacionais de relações abusivas e abusadoras que podem replicar a dinâmica do trauma precoce. Elas também podem aparecer na terapia, resultando em grande desgaste nos atendimentos (Lucre & Clapton, 2020; McMurran et al., 2010). Essas dificuldades podem ser complicadas pela prevalência de abuso de substância, dificuldades do humor, automutilação, comportamento infrator, dependência de medicações psiquiátricas e privação social (Tomoko et al., 2014).

Tais manifestações comportamentais podem ser entendidas de maneira mais proveitosa como "adaptações complexas à adversidade inicial", com funções importantes de regular o estresse (Brune, 2016, p. 61). Dada a natureza muitas vezes perigosa e imprevisível do ambiente inicial, essas "adaptações" eram funcionais na época. No entanto, na ausência de nova aprendizagem, essas estratégias permanecem fixas e parecem "disfuncionais" em um ambiente aparentemente menos hostil, dando origem, então, a estigma e julgamento (Brune, 2016; Molina et al., 2009).

Esses pacientes muitas vezes tiveram contato extenso e frequentemente problemático com os serviços. Devido a experiências passadas, eles podem ter dificuldade para se engajar, são desconfiados e resistentes à ideia de se engajar em compaixão como forma de lidar com suas dificuldades (Gilbert, 2011, 2017; Lucre & Corten, 2013). Na verdade, medos e resistências à compaixão que envolvem confiança, compartilhamento, *insights* empáticos e dar e aceitar a ajuda dos outros são extremamente comuns nos primeiros estágios do trabalho psicoterápico. Contudo, recentemente, tem surgido um número considerável de trabalhos voltados a desenvolver intervenções que podem abordar diretamente algumas dessas questões que interferem na capacidade de se engajar no trabalho psicoterápico (Gilbert, 2011; Lawrence & Lee, 2013; Lucre & Corten, 2013; Lucre & Clapton, 2020). Especialmente importante é ajudar os pacientes a ter algum senso de segurança e proteção (Gilbert, 2017, 2019; Lucre & Corten, 2013; Van der Kolk, 2015).

Terapia focada na compaixão em grupo — uma abordagem em cinco fases

Há boas evidências de que psicoterapias baseadas em grupos são tão boas quanto as individuais e podem até ser melhores para facilitar a mudança por meio da relação interpessoal (veja o Capítulo 15). Como Gilbert (2003, p. 2) afirma, "Um formato de grupo é ideal para adotar a TFC, em parte porque foca no desenvolvimento de experiências afiliativas e em desenvergonhar". Lucre e Corten (2013) elaboraram um programa em grupo de 16 semanas de TFC para pessoas diagnosticadas com transtorno da personalidade, o qual demonstrou ganhos que foram mantidos no acompanhamento ao longo de um ano. Foi dado tempo para se estabelecerem a *segurança*, reduzindo a necessidade de vigilância para ameaça, e a *proteção*, como ao experienciar os outros como úteis no grupo. O foco desse grupo era primariamente o treino da mente compassiva (TMC) (Gilbert & Procter, 2006). O *feedback* do grupo, associado à exploração da literatura, guiou o desenvolvimento de um programa rotativo mais longo, para oferecer maiores oportunidades para o aterramento, a criação de uma base segura e um porto seguro e a facilitação do contexto para a terapia de grupo focada no trauma (Arlo, 2019; Leiderman, 2020). Assim, essa abordagem procurou oferecer oportunidade terapêutica para aqueles cuja capacidade de se engajar significativa, empática e compassivamente consigo e com os outros foi comprometida por rupturas em seus sistemas de apego.

A TFC envolve o cultivo explícito dos sistemas motivacionais compassivos para dar e receber cuidado. Essencialmente, a TFC é uma terapia de troca de motivação, pois a motivação que apresentamos organiza todos os outros processos, incluindo atenção, pensamento, comportamento e reatividade fisiológica aos eventos. A construção e a experiência da compaixão procuram criar as condições para experienciar uma base segura e um porto seguro, centrais para o processo de mudança terapêutica para esses pacientes (Holmes & Slade, 2017). Fundamentalmente, há um convite para se considerar os medos, bloqueios e resistências (FBRs, do inglês *fears, blocks and resistances*) à compaixão como indicativos de sabedoria interna, uma vez que, quando os pacientes começam a se engajar em compaixão, as memórias de apego são ativadas, e isso pode resultar em luto traumático ou raiva não processada.

A terapia focada na compaixão em grupo (TFCG) integra um formato de psicoterapia em grupo guiada por processos com componentes mais estruturados, para promover senso de segurança e proteção social, uma base segura e um porto seguro entre os membros do grupo (Arlo, 2019; Kalleklev & Karterud, 2018; Yalom, 1995). Esse modelo consiste na TFC (Gilbert, 2017; Lucre & Corten, 2013), com elementos da teoria e da prática analítica de grupo (Dalal, 1998), adotada, em parte, por meio de métodos de ação (Tomasulo, 1998). As tarefas diádicas e em pequenos grupos, com atenção cuidadosa ao desenvolvimento da capacidade dos membros do grupo para tolerar o espaço e os processos compartilhados do grupo (Gilbert, 2017; 2019; Bateman & Fonagy, 2016), visam a promover conexões afiliativas e experiências compartilhadas entre os membros do grupo. Esse é um programa aberto e lento, com cinco fases integradas. Ele foi desenvolvido como um modelo para reconstruir algumas das funções de apego, como "relação segura" como uma base segura e um porto seguro. Essas funções oferecem engajamento empático, conectividade, validação, construção de confiança e elaboração de emoções não processadas e memórias traumáticas. Os pacientes começam a experienciar compaixão pelos outros, receber compaixão dos outros e desenvolver compaixão por si.

Fase 1: avaliação e formulação

A importante tarefa de construir a aliança terapêutica e preparar o processo psicoterápico inicia pela avaliação (Bateman & Fonagy, 2016). Na verdade, é aí que surgem as taxas mais altas de atrito (Hansen, Lambert & Forman, 2002). Portanto, a avaliação requer inúmeras sessões, espaçadas para permitir tempo para que uma aliança terapêutica seja estabelecida e para que sejam desenvolvidas confiança e alguma compreensão inicial compartilhada (DeSaeger et al., 2014; Gilbert, 2003). Nesse primeiro encontro estendido (e durante todo o processo terapêutico), um processo explícito de experiências pessoais de desenvergonhar, com atenção à linguagem, ao ritmo e ao tom de voz, é empreendido para iniciar um processo de exploração com curiosidade aberta (Gilbert, 2003, 2017; Kamphuis & Finn, 2018). Procuramos desenvolver uma intervenção para pacientes cujas dificuldades já foram descritas e que são frequentemente excluídos dos serviços de psicoterapia. Um processo inicial de formulação colaborativa começa nesse estágio, mas ele serve como modelo para se voltar ao longo do processo psicoterápico, para possibilitar que sejam feitos ajustes quando necessário (Bateman & Fonagy, 2016; Gilbert, 2017). A essência é ajudar o paciente a se familiarizar com a base evolucionista da TFC (veja Gilbert, 2019). Isso ajuda as pessoas a darem sentido a algumas das suas dificuldades emocionais. Um exemplo é quando uma das motivações principais na vida é a autoproteção; nesse caso, é provável que ambientes hostis ativem emoções baseadas na ameaça e tornem a confiança muito difícil. Por meio da formulação, as respostas problemáticas são validadas como reações compreensíveis a ambientes tóxicos.

Fase 2: grupo de apoio para a lista de espera

Outro nível de contenção e apoio é oferecido por meio de um encontro mensal acolhedor de uma hora de duração para aqueles que estão esperando para começar um programa em grupo. Esse encontro é oferecido sem uma expectativa de participação, assim, o lugar de uma pessoa no programa em grupo não será perdido se ela não participar do encontro.

A facilitação conjunta com um terapeuta sênior e profissional com experiência vivida (LEP), que foi formado pelo programa, é concebida para estabelecer o grupo como espaço informativo, e não um espaço terapêutico. Os participantes são convidados a levantar dúvidas sobre os aspectos práticos e emocionais do programa e considerar o que será necessário para facilitar seu engajamento. Assim sendo, é importante que o terapeuta empregue um estilo de conversação leve, para modular a intensidade da intervenção.

Fase 3: grupo de preparação e engajamento — cultivando as condições para proteção

Psicoeducação: Durante as 12 semanas do Grupo de Preparo e Engajamento, três módulos são introduzidos para iniciar os primeiros dois componentes: a psicoeducação e o TMC. O componente da psicoeducação abrange inúmeros aspectos diferentes relacionados à natureza dos grupos, usando exemplos guiados para demonstrar como os membros têm sabedoria intuitiva sobre a realidade do sofrimento e a natureza da compaixão.

O próximo aspecto da psicoeducação é sobre como e por que a evolução criou uma mente humana tão complicada, tão facilmente envolvida em estados emocionais dolorosos, com o risco de ser prejudicial para si e para os outros. O grupo reflete sobre o tema de que todos nós temos cérebros que foram construídos para nós, mas não por nós, e um senso de identidade que foi criado conforme nossas circunstâncias sociais. A chave para isso é a ideia de que muitos dos nossos motivos, nossos desejos, nossos medos e nossas emoções são produtos desses processos e, portanto, não são nossa culpa. Isso é muito desenvergonhador e constrói no grupo a base de uma humanidade compartilhada: todos estamos nessa mesma situação (Gilbert, 2003). Entretanto, para desenvolvermos uma mente mais tranquila, para evitarmos ser prejudiciais a nós e aos outros e seguirmos na direção do bem-estar, podemos aprender como nossa mente funciona e como assumir a responsabilidade e tentar mudar.

Embora todos tenhamos motivações e emoções básicas, também temos um novo tipo de cérebro, se comparado com outros animais. Temos formas diferentes de raciocinar, obter *insight* e, com uma consciência atenta única do *self*, apoiar a *intencionalidade do conhecimento*. Nossa nova mente nos permite fazer coisas científicas, mas também podemos criar ciclos de *feedback* negativo. Os membros recebem oportunidades de explorar isso. É importante ajudá-los a reconhecer que a forma como pensam e o que pensam os afeta de maneira fisiológica.

> *Antes eu achava que eu era um idiota, que havia alguma coisa errada comigo, mas ele (o ensinamento sobre o antigo cérebro e o novo cérebro) me livrou disso e do sentimento de impotência (AC).*

As sessões nos "triângulos" apresentados na Figura 16.1 representam as sessões em que novos participantes se juntam ao programa. Essas sessões têm estrutura específica concebida para apresentar os novos participantes e explicar como os grupos serão desenvolvidos. Um componente essencial dessa sessão de ingresso é o "acordo de um espaço seguro", um contrato comportamental colaborativo baseado em grupo que todos concordam em cumprir. Isso é retomado a cada vez que novos membros ingressam, assegurando-se, desse modo, que os princípios de manutenção da proteção no grupo estejam sempre na mente de todos. "*São as pessoas que você respeita e confia, e todas as demais coisas, e porque as regras básicas são as regras básicas que estabelecemos, e toda essa confiança e história compartilhada ainda estão presentes*" (JA).

O grupo tem formato aberto, em que os participantes ingressam em momentos específicos, em pares, em um ciclo rotativo e contínuo de 12 semanas (veja a Fig. 16.1). O programa rotativo tem muitas funções importantes: o gerenciamento das listas de espera, a produtividade e, talvez a mais importante, a exposição à experiência de mudança associada ao movimento durante o programa. Existe um acordo, já que alguns membros do grupo têm seus módulos em ordem diferente. Entretanto, os principais elementos da psicoeducação e do TMC são revisitados durante o programa para garantir que o modelo básico esteja integrado.

Um benefício adicional do programa rotativo é permitir que os novos membros do grupo sejam apoiados pelos membros "seniores" existentes para começarem a entender o processo e o conteúdo dos grupos, desse modo,

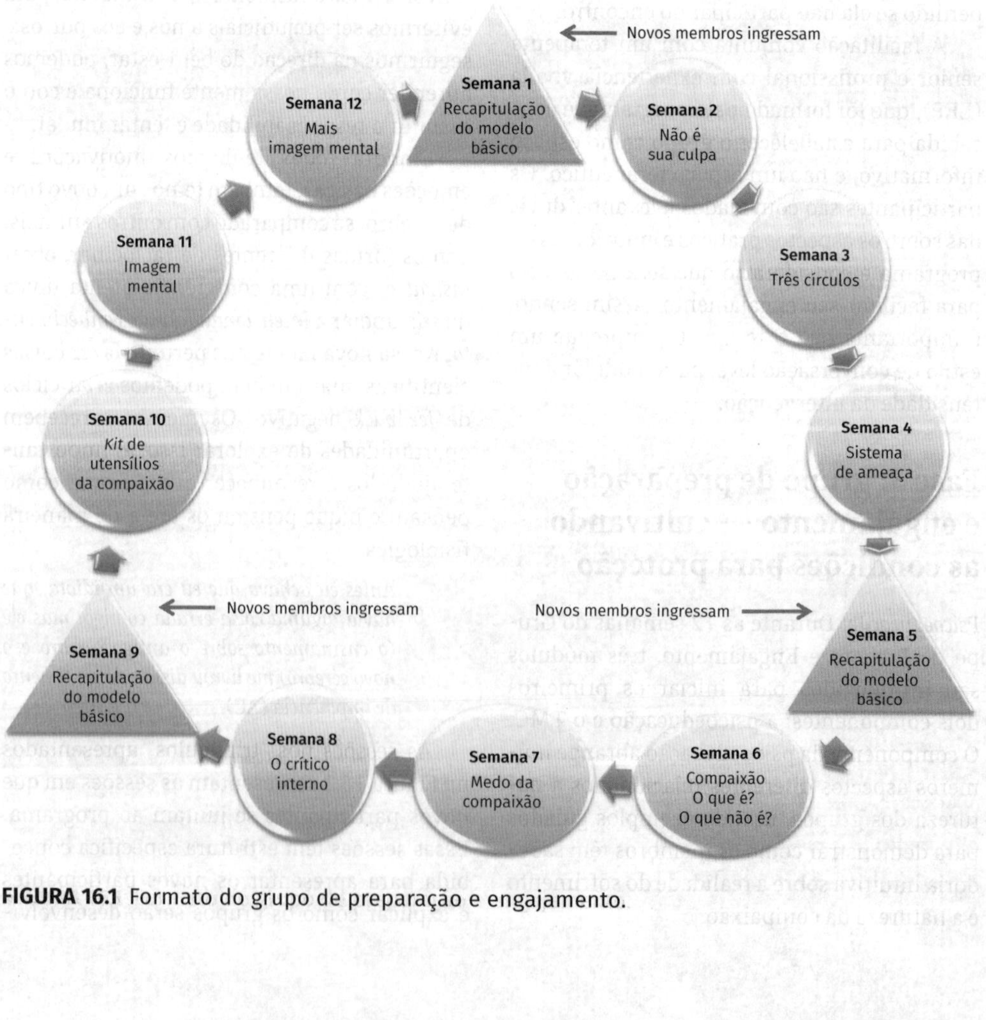

FIGURA 16.1 Formato do grupo de preparação e engajamento.

encorajando o senso de coesão do grupo (Haigh, 2013).

> *então ter esse programa rotativo é um grande benefício, em vez de termos começado todos no mesmo dia... uma sala cheia de pessoas assustadas e silenciosas não teria sido um grande benefício, mas quando alguns já estão ali há meses e estão prontos para avançar... ver pessoas em diferentes estágios do desenvolvimento, de certa forma, me deu esperança (TS).*

Ao explicar o modelo básico aos novos membros, os seniores do grupo podem ensaiar e explorar seu próprio aprendizado e refletir sobre a sua jornada nos fluxos da compaixão, ao mesmo tempo sendo empoderados pela oportunidade de praticar compaixão pelos outros. Essa estrutura, esse conteúdo e esse processo do grupo foram planejados para desenvolver explícita e implicitamente a capacidade dos membros do grupo de experienciar a compaixão dos outros, oferecer compaixão aos outros e começar a prática de dar compaixão a si de forma gradual.

Usando o corpo para apoiar a mente: Depois que os membros entenderam o valor e o objetivo dos exercícios respiratórios e como usamos o corpo para apoiar a mente, cada grupo começa com um ritmo respiratório calmante (RRC) guiado. Isso visa a acalmar o grupo na sessão e criar um ponto de partida consistente e previsível e, por conseguinte, uma base segura para o grupo (Arlo, 2019; Lucre & Corten, 2013). Durante essa prática, é colocada ênfase em uma consciência postural aumentada, com costas retas e ligeiramente côncavas, postura ereta aterrada, expressão facial alegre e um tom de voz interno amistoso e caloroso. Isso pode facilitar a ativação do nervo vago, que está associado a um aumento no senso de proteção e engajamento social afiliativo (Flores & Porges, 2017; Porges, 2011).

Alguns membros podem achar essas práticas difíceis, sobretudo se, no passado, a proteção e a consciência corporal estavam associadas a estímulos de ameaça. Os membros do grupo são convidados a fazerem uso de objetos, como seixos, pequenos cubos, botões e almofadas, disponíveis na sala do grupo como foco sensorial e como presente do grupo (Gilbert & Proctor, 2006; Lucre & Corten, 2013; Lucre & Clapton, 2020). Um membro sugeriu o seguinte:

> *Eu digo que o relaxamento na verdade não é trazer você para o momento, mas é a respiração... Ela ajuda você a relaxar e se recompor... Então, o grupo compartilha o que foi realmente importante (JA).*

O *feedback* de cada membro do grupo após cada prática respiratória é importante para garantir que qualquer mal-entendido e resistência possam ser explorados, compreendidos e resolvidos com a resolução colaborativa de problemas.

Habilidades sociais: O componente de aquisição de habilidades sociais do grupo consiste explicitamente em estimular e equilibrar os três fluxos da compaixão. Esse processo de escuta e indagação facilita a mentalização e o reconhecimento da importância e da experiência reparadora da curiosidade e da conexão com os outros (Arlo, 2019; Lucre & Corten, 2013). Em vez de esperar por contribuições, cada membro é individualmente convidado a apresentar uma curta verificação focada na emoção sobre sua semana, antes de passar para outro membro do grupo. Com o tempo, os membros do grupo são encorajados a assumirem a responsabilidade pelo controle do tempo e pela verificação e a apoiarem uns aos outros. O gerenciamento do limite de tempo em torno do *feedback* e da verificação é um desafio constante, pois esse aspecto do programa pode tomar muito tempo. Assim sendo, é necessário que os terapeutas exemplifiquem uma resposta compassiva firme para assegurar que haja tempo para abordar os materiais específicos do módulo.

O desenvolvimento dos módulos foi baseado no trabalho agora substancial publicado sobre a TFC como intervenção modular de curta duração (Leaviss & Uttley, 2015; Kirby et al., 2017; Fox, Cattani, & Burlingame, 2020). Nossa experiência ao desenvolver a preparação e o engajamento na Fase 2 demonstrou que a redução do conteúdo em favor de um ritmo mais lento possibilitou que os membros do grupo se envolvessem emocionalmente com o material e as suas próprias respostas.

Conexões pessoais: Após a introdução e a discussão das ideias principais que são tecidas em torno do material da verificação, os membros do grupo são encorajados a usarem meios criativos para explorar as conexões pessoais e as associações com as ideias apresentadas. Essas atividades podem assumir a forma de atividades e jogos baseados no movimento (Arlo, 2019), ou envolver o uso de materiais artísticos para externalizar um aspecto do *self* e permitir distanciamento emocional e perspectiva alternativa (Lucre & Corten, 2013).

> *todos nós estávamos com dificuldade com o crítico interno... então eles disseram: deem uma forma física a ele... eu peguei massa de modelar e fiz um pequeno* gremlin*... isso foi muito útil, pois eu podia colocar meu crítico interno ali sobre a mesa e simplesmente me separar dele por um segundo...e não se tratava de esmagá-lo ou coisa parecida... com o tempo eu conseguia então explicá-lo... meu monstro está sendo muito incômodo hoje... e com o tempo ele deixou de ser aquela voz que ficava gritando na minha cabeça... (AK).*

Essa fase do programa serve para normalizar os sintomas de estresse emocional em uma compreensão da neurobiologia humana e do processamento emocional focado na ameaça (Lucre & Corten, 2013; Gilbert, 2017). O exemplo citado ilustra o primeiro estágio no processo de diferenciação dos diferentes aspectos do *self*. Esse trabalho é desenvolvido na Fase 4 com maior exploração e trazendo compaixão para os múltiplos aspectos do *self*. O desenvolvimento de habilidades de compaixão e sabedoria está ligado a objetos multissensoriais que chamamos de "*kit* de utensílios compassivos". Isso ajuda na ancoragem e na reunião dos vários elementos do processo de TMC, ajudando os membros a fazer uma ponte até a mente compassiva (Lucre & Clapton, 2020). Os membros são convidados a se reunir, compartilhar com os outros no grupo e utilizar a estimulação explícita dos sistemas *drive* e calmante. Objetos também são dados pelos terapeutas para apoiar o trabalho psicoterápico; em tais casos, esses objetos também podem se tornar objetos transicionais (Arthern & Madill, 1999; Lucre & Clapton, 2020).

> *É um* kit *de utensílios eficaz que você pode usar para fazer o exercício respiratório... para mim, eram pedrinhas... Um quadro... Um aroma... Isso acalma e faz você se lembrar do grupo (AC).*

Esse conceito foca no desenvolvimento de uma motivação ou identidade compassiva, em vez de apenas alívio sintomático, envolvendo o uso de *kits* de utensílios, *kits* de primeiros socorros e caixas de autotranquilização, que são comuns em contextos de saúde mental e terapêuticos (Linehan, 2014).

Estabelecendo a prática pessoal: Durante todo o programa, a prática pessoal entre as sessões é encorajada e apoiada. Às vezes, ela se dá por meio de "desafios" baseados em jogos que os membros do grupo são convidados a estabelecer uns para os outros. Sua intenção é apoiar o desenvolvimento da prática independente, em vez de responder a uma instrução baseada no grupo. Com o tempo, o grupo também atua como uma base segura para que os participantes corajosamente realizem esse trabalho (Gilbert, 2006; Porges & Flores, 2017).

A simpatia e a empatia compartilhadas entre os membros do grupo se tornam um veículo para a autocompaixão: *"Aquilo foi uma resposta natural de compaixão, simpatia, empatia e o desejo de meio que me aproximar... Então caiu a ficha de que estava na hora de fazer isso por minha conta"* (AJ). À medida que os membros desenvolvem seu *insight* sobre o que é uma mente compassiva, como ela pode atuar como uma base segura e um porto seguro internos, como ela usa práticas baseadas no corpo, no raciocínio e na empatia, com uma motivação genuína de ser útil, e não prejudicial, isso se torna a lente para lidar com as rupturas precoces do apego, do trauma e da ausência de cuidados.

Fase 4: terapia focada na compaixão para trauma

O movimento de entrada no grupo de terapia focada na compaixão para trauma (TFC-T) representa uma graduação na fase exploratória mais intensiva do programa, além de uma oportunidade de se reconectar com os membros do grupo que já avançaram previamente. A estrutura, no entanto, permanece a mesma, com o objetivo de criar um ambiente de familiaridade e uma base segura para os membros começarem a fazer explorações relacionais.

Uma das práticas terapêuticas é chamada de múltiplos *selves*. Aqui, os membros são ajudados a entender que comumente experienciamos inúmeras emoções de ameaça diferentes ao mesmo tempo. Logo, a TFCG explora os *big three* da raiva, ansiedade e tristeza associados ao trauma. O trabalho com múltiplos *selves* emocionais é, portanto, fundamental para o programa de TFCG e entrelaçado em cada aspecto da TFC-T. A TFC-T se baseia nos elementos-chave dos métodos de ação, em que os participantes são convidados, se quiserem, a trabalhar com as memórias traumáticas em ação. Algumas vezes, os membros são convidados a usar objetos para representar pessoas e lugares (Tomasulo, 1998). Esse processo de simbolização e engajamento em seus estados mentais compassivos possibilita que os membros do grupo obtenham distância emocional de uma memória ou experiência particular. A memória é então transformada compassivamente (p. ex., o final é modificado), oferecendo, assim, uma oportunidade para uma reatribuição ou uma nova compreensão da experiência. *"Essa é a primeira vez que fiquei incomodado sem ficar com raiva, e parte disso foi porque me senti seguro" (AJ).*

Exemplo de caso de transformação compassiva

Saran é um membro do grupo que está na Fase 4 do programa. Ela havia escolhido usar o grupo para trabalhar em uma memória de abuso precoce que havia ocorrido na casa da sua família. O objetivo desta parte do trabalho era uma transformação compassiva da sua relação com a memória. Primeiro, foi criado um "palco" na sala, arrastando-se as cadeiras em um semicírculo, com um espaço na frente para que o trabalho acontecesse. Essa separação permitiu algum distanciamento emocional, e, se necessário, Saran poderia retornar ao seu lugar no grupo, deixando o palco e as memórias ali encontradas.

Saran foi convidada a usar objetos da sala para representar as diferentes pessoas que estavam presentes durante o abuso. Essa cena foi claramente demarcada com o uso de lenços, assegurando que a cena fosse contida. Saran explicou suas escolhas dos objetos para representar os diferentes personagens e os colocou dentro dos limites demarcados pelos lenços. Durante esse tempo, o terapeuta se manteve próximo e refletiu as ações de Saran para proporcionar uma experiência de proteção afiliativa.

Depois que a cena foi montada, Saran foi convidada a usar um objeto para representar a si. Ela escolheu uma pedra que tinha sido um presente do grupo e, como tal, estava impregnada com a crença do grupo nela. O ritmo e o tom do processo foram desacelerados nesse ponto para permitir algum espaço para Saran observar a cena e se acalmar com a conexão emocional. Saran notou, nesse ponto, que seu *self* jovem nessa cena era muito mais novo do que ela se lembrava, e isso se conectou com uma sabedoria e uma percepção compassiva de que ela não poderia ter impedido esse abuso. Ela foi convidada a focar no ritmo calmante da respiração para ajudar a se aterrar e trazer seu *self* compassivo para essa cena. Algum tempo foi dedicado à prática de imagem mental guiada em pé para ajudar Saran a se conectar e incorporar as qualidades de força, sabedoria e coragem.

O terapeuta, então, convidou Saran a ficar de costas para a cena e considerar do que essa Saran muito jovem precisava, e sua resposta foi ser resgatada da cena por seu *self* compassivo adulto. Foi solicitado que um voluntário ocupasse o lugar do *self* criança de Saran, segurando o objeto que a havia representado na cena, e que outro ocupasse o lugar do *self* compassivo de Saran.

Saran foi convidada a gentilmente dirigir seus companheiros de grupo que foram voluntários, para garantir que as posturas corporais, as palavras, o significado emocional e as ações estivessem adequadas para ela. Ela saiu da cena para permitir que fosse reencenada pelos membros voluntários do grupo com o final compassivamente transformado. Depois que ficou estabelecido que Saran estava satisfeita com a cena, foi dado um tempo para garantir que os membros do grupo que haviam ocupado os lugares de Saran na cena "saíssem do papel" e não permanecessem com nada do material do trauma trabalhado na cena. Saran foi guiada para fazer os objetos "saírem do papel representado" e guardar os apetrechos que foram usados.

O grupo retornou ao círculo para refletir sobre as respostas pessoais à experiência. Essa foi uma oportunidade para validação e reforço da coragem e da conexão para todos os membros do grupo. Os membros do grupo referiram terem sido profundamente afetados pela experiência e sentido um forte senso de conexão com sua própria experiência inicial de abuso e intrusão. Foi reservado um tempo para que isso fosse discutido e explorado, com comprometimento dos outros de usar o grupo de forma semelhante.

Nos estágios finais de uma encenação como essa, os membros do grupo são convidados a se reunir para um período de reflexão. Esse componente explícito de encerramento do grupo é uma oportunidade de processar alguns dos sentimentos emergentes (Tomasulo, 1998), reforçar os exemplos de comportamentos compassivos de dar e receber compaixão e ser autocompassivo e fortalecer um senso de conexão afiliativa entre os membros do grupo, enfatizando suas experiências compartilhadas (Yalom). Se a excitação emocional foi especialmente alta, pode haver ocasiões em que essa fase de encerramento vai exigir intervenções mais ativas. Nesse contexto, o modelo oferece a oportunidade de atividades espontâneas focadas no lúdico (Tomasulo, 1998). Esses "jogos" são contextualizados de acordo com as necessidades do grupo para deixar para trás sentimentos difíceis não resolvidos, aumentar a energia emocional ou reduzir a tensão na sala.

A facilitação da diferenciação, da integração e da transformação: Outro princípio básico da Fase 4 é facilitar a diferenciação, a integração e a transformação. A *diferenciação* relaciona-se à habilidade de distinguir múltiplas texturas de emoções e motivos que podem aparecer na mente ao mesmo tempo. Um exemplo é quando os indivíduos são guiados e apoiados para identificar um tipo específico de estado emocional ou aspecto do *self* e então assumem o papel dessa parte para se transformar nela e encená-la (Kipper, 1986).

O processo de *integração* envolve o participante explicitamente convidar uma perspectiva do *self* compassivo e trocar para esse sistema motivacional, conforme praticado durante o trabalho na terapia e como autoprática entre as sessões. O propósito da prática é possibilitar que, com o tempo, os participantes integrem a experiência de calidez, sabedoria, coragem, compromisso e compreensão do *self* compassivo. A diferenciação repetida das partes do *self* (p. ex., diferentes emoções e desejos) também serve para possibilitar um processo de integração e aceitação dos múltiplos aspectos do indivíduo (Bell et al., 2020; veja também o Capítulo 17). Ocorre uma transformação no contexto da mudança na experiência que os participantes têm da relação com o *self*. Com frequência, os diálogos críticos internos são suavizados pela experiência. As memórias traumáticas recorrentes são transformadas; as memórias penosas servem como um lembrete da força interna do indivíduo (Bell et al., 2020; Lee, 2012).

"Assumindo o papel". Outra intervenção terapêutica que pode ser muito útil para auxiliar a diferenciação, a posterior integração e a transformação é denominada "assumir o papel". Essa técnica é derivada e adaptada do conceito de Jacob Moreno da teoria do papel (Blatner, 1991). Ela foi concebida como um meio de explorar, expandir e fortalecer os aspectos mais funcionais do *self* por meio de um processo explícito intencional (Blatner, 1991).

Na TFCG, essa intervenção terapêutica foi adaptada para múltiplos usos potenciais, como para conduzir uma análise funcional de um comportamento específico ou uma tarefa de mentalização para adquirir maior compreensão do outro ou de um aspecto do *self*. Podemos "assumir o papel" de praticamente tudo, incluindo um objeto específico, para aprofundar a conexão emocional com o objeto, explorando seu significado e sua significância. Essa técnica também oferece uma oportunidade de explorar criativamente o fluxo da compaixão pelo *self* por meio da imagem mental, gentilmente expondo o membro às mentalidades de dar e receber cuidado.

Exemplo de caso de assumir um papel

Jon era membro de um programa de TFCG e foi convidado a trazer objetos de casa que tivessem grande significado e pudessem fazer parte do seu *kit* de utensílios compassivos. Jon relutou em se engajar nesse aspecto do grupo e disse que não tinha nada que o ajudasse a se sentir calmo e corajoso.

Nesse contexto, ele havia compartilhado com o grupo que, quando era criança, havia uma abundância de brinquedos na casa toda, mas eles eram mantidos nas suas caixas, e ele não tinha permissão para brincar com eles. Ele descreve um sentimento de terror associado à ideia de brincar e resistia a exercícios que envolviam atividade lúdica, como o uso de materiais de arte e jogos focados na compaixão.

Muito inesperadamente, Jon chegou ao grupo com uma sacola que, segundo ele, continha alguma coisa que "*poderia servir como um objeto compassivo*". Com muita hesitação, compartilhou um elefante muito colorido que foi presente de uma professora no começo da sua vida escolar. Ele havia guardado o elefante em uma caixa em um armário que ele raramente olhava. Enquanto o objeto era passado entre os membros do grupo, ele disse sentir muito medo e ficar ansioso com a ideia de o elefante ser danificado.

Jon concordou em assumir o papel do elefante, o qual chamou de "Bruce", mas somente com o acordo de que poderia interromper o exercício se fosse demais para ele. Ele foi convidado a segurar o elefante e ficar em pé; então, quando se sentou, assumiu o papel de Bruce. Após uma introdução inicial, foi perguntado há quanto tempo ele estava na vida de Jon e sobre os tipos de situações em que Jon poderia pensar nele. Ele (como Bruce) descreveu com lágrimas nos olhos que Jon frequentemente pensava nele quando ficava sozinho e aflito. Bruce fazia Jon se lembrar de que a professora que havia dado o presente se importava muito com ele e reconhecia suas capacidades e habilidades. Quando questionado, Bruce (por meio de Jon) disse que se sentia muito confortável com Jon e também que tinha uma motivação de ajudá-lo a ver as coisas que ele tem dificuldade de manter na mente, que as pessoas se importam com ele e que ele é forte (como Bruce). No final do processo, Bruce foi convidado a deixar uma mensagem para Jon: "*Você é mais forte do que imagina e precisa me tirar da caixa, porque eu sou um elefante e posso me lembrar disso por você*". Ele se levantou para sair do papel e se sentou novamente, para voltar a ser Jon.

A sessão seguinte de compartilhamento possibilitou que Jon se tranquilizasse com as coisas que ele havia aprendido ao ser Bruce. Ele resolveu tirá-lo da caixa e colocá-lo ao lado da sua cama, para que pudesse ser lembrado com mais frequência. Este exercício permitiu que Jon se conectasse com o significado inconsciente associado ao elefante e percebesse as relações com sua infância que ele estava repetindo ao negar a si mesmo o acesso às oportunidades para se acalmar.

Esse exemplo demonstra como a incorporação do papel pode ser usada para apoiar os membros do grupo a terem acesso e experienciarem as qualidades do *self* compassivo. Jon foi então apoiado para continuar com essa prática entre as sessões, seguindo o conselho de Bruce e mantendo-o sempre à vista. Após o exercício de assumir o papel, Jon foi convidado a indicar "*o que Bruce diria sobre como é difícil compartilhar seus sentimentos em grupo hoje?*" e também a oferecer uma perspectiva compassiva quando passou para a TFC-T mais explícita. Com o tempo, esse exercício apoia a integração e a aceitação das mensagens do outro compassivo.

Depois que a técnica foi estabelecida no trabalho terapêutico, assumir o papel do aspecto do *self* temeroso, bloqueado, resistente ou desdenhoso pode ser um método não cognitivo leve e lúdico para trabalhar com FBRs. Durante a entrevista, o aspecto bloqueado do *self* é convidado a dizer do que ele precisa, sem definitivamente ser atacado ou criticado. Isso frequentemente pode dar origem a uma forma útil de prosseguir e recrutar o *self* compassivo para oferecer dar trégua ao bloqueio, que invariavelmente está expressando exaustão com a tarefa incansável de bloquear e resistir! Na verdade, uma das intervenções terapêuticas centrais dentro da TFCG é ajudar os membros a reconhecer como eles podem ficar presos a mentalidades sociais específicas, como uma mentalidade competitiva, e como trocar para uma mentalidade focada no cuidado e cooperativa (Gilbert, 2017). Assumir o papel é, portanto, um meio útil de praticar e desenvolver a capacidade para a troca emocional.

Administrando os términos

> *Suponho que isso não seja lamentar, na verdade, é muito positivo, mas ainda assim eu me sinto incomodado por ter desperdiçado a maior parte da minha vida sendo a pessoa que eu fui quando, na verdade, estou começando a gostar de quem sou... isso faz muita diferença (JA).*

Administrar os términos no contexto da terapia de grupo tem sido uma fonte de muito foco na pesquisa e em comentários clínicos (Bernard et al., 2008; Burlingame et al., 2016; Yalom, 2005). A fase final para a TFCG tem protocolo específico desenvolvido para facilitar a consolidação do trabalho de TMC, a integração da experiência afiliativa do grupo, a consolidação da TFC-T e a despedida e permitir um processo de luto. A data de término é planejada desde o início e claramente informada ao grupo. O formato rotativo do programa significa que os membros do grupo o deixam em momentos diferentes e, portanto, cada membro é convidado a fazer escolhas sobre seu processo de encerramento. A experiência tradicional dos rituais de encerramento no programa de TFCG é planejada para habituar os membros do grupo à realidade do término e, assim se espera, também demonstrar tolerância ao processo.

Com o tempo, surgiu um ritual no grupo em que o membro que está saindo escolhe um bolo ou doce, que então é preparado pelo terapeuta do grupo. O objetivo é proporcionar uma experiência reparadora de marcar os eventos significativos, já que muitos participantes tiveram a experiência de aniversários e ocasiões especiais sendo ignorados ou marcados por traumas.

Segue-se um exercício de troca de presentes, em que os membros do grupo que estão saindo escrevem uma mensagem para o grupo, que é registrada em um livro disponível para todos lerem. Os remanescentes oferecem cartões ao membro do grupo que está saindo, e ele é convidado a ler cada um, ou eles são lidos pelo grupo. Isso é importante porque proporciona experiências de pertencimento e de ter feito parte de alguma coisa e ser reconhecido. Como tal, isso pode fazer parte da base segura interna.

Fase 5: seguindo em frente

Após a conclusão do programa, todos os membros do grupo são convidados a participar de um grupo mensal de uma hora que reflete o processo e o formato do grupo de apoio da lista de espera, cofacilitado por um profissional com experiência vivida. Esse grupo é também rotativo, e os membros são convidados a participar pelo período de um ano, depois do qual terão alta.

A facilitação retoma um estilo conversacional lúdico e amistoso para apoiar os membros do grupo na separação dos terapeutas e focando no apoio uns aos outros. *"Falamos sobre verificação e outras coisas que, você sabe, fortalecem o que estamos passando, mas, como eu disse, a autocompaixão é um trabalho contínuo, então podemos ajudar uns aos outros" (HM).*

Nesse processo, os membros do grupo também são convidados a se reconectar com a base segura e, a partir dela, com o senso de pertencimento.

Trabalhando com problemas comuns no grupo

Boa parte da TFCG é trabalhar com os FBRs relacionados à compaixão, sobretudo para pessoas provenientes de contextos difíceis. Embora o programa seja concebido para desenvolver um porto seguro e uma base segura, o foco afiliativo e de progressão lenta do grupo, associado a uma estrutura clara, pode ativar respostas adversas. Isso pode estar ligado à capacidade limitada dos membros de tolerar a experiência de calidez e cuidado dos outros. Para alguns, a experiência de bondade ou mesmo interesse indica proximidade emocional, e isso pode ser sinal de perigo iminente.

A ativação do sistema de apego, no contexto de validação da experiência, compreensão e compaixão dos outros, pode estimular uma poderosa resposta de raiva, luto, terror ou desligamento focada na ameaça (Liotti, 2012; Gilbert, 2017). Isso pode ocorrer no contexto de receber compaixão de outros membros do grupo e/ou do terapeuta, ou de fato em qualquer contexto em que houve ativação de condições semelhantes ao trauma inicial: "medo paradoxal da tão desejada proximidade emocional e dos sentimentos compassivos" (Liotti, 2012, p. 119).

Abordar isso implícita e explicitamente possibilita que os membros do grupo percebam quando esses medos estão emergindo. O trabalho é baseado na exposição a partir da experiência de cuidar e receber cuidados por meio do ritmo lento, do tom e do conteúdo focado na compaixão da intervenção.

> *Compaixão era um conceito estranho... me apavorava... mas sentir compaixão por todos, entendendo que isso **era** compaixão por todos e que eles estavam sentindo compaixão por mim... sem nenhum outro motivo... foi muito, muito estranho... eu estava com um grupo a quem estava pedindo ajuda, e eles estavam pedindo ajuda, e estávamos ajudando uns aos outros... pedir ajuda no começo foi difícil (JA).*

Igualmente, os elementos estruturados do grupo que são planejados para oferecer contenção também podem representar desafios significativos para muitos, em particular, para aqueles cujas estratégias de sobrevivência se manifestam como aparente desprezo ou descaso pelo grupo. Alguns exemplos disso podem ser problemas consistentes de controle do tempo e dificuldades com o "revezamento" e com a alteração da disposição das cadeiras. Eles podem ser entendidos e formulados no contexto de medos compreensíveis associados ao senso de conexão e pertencimento ao grupo, além da ativação do sistema de apego, que inevitavelmente acompanha essa experiência. Um membro do grupo que insistia em movimentar sua cadeira a cada semana, para que ela não ficasse alinhada com as outras, mencionou que essa necessidade de mover a cadeira diminuiu à medida que as semanas foram passando e que ele se sentia mais capaz de tolerar o senso de pertencimento ao grupo e estar aberto à compaixão dos outros e pelos outros no grupo. Esse exemplo demonstra como a consistência de ritmo lento do programa de grupo possibilita que os membros criem novas relações de cuidado afiliativas com os pares e os terapeutas (Flores & Porges, 2017; Millar-Bottome et al., 2019).

À medida que aumenta a intensidade da intervenção do grupo, muitas vezes há mais conflito entre seus membros, e podem surgir dificuldades na transferência com os terapeutas, sobretudo na transição entre as fases do programa. Muito já foi escrito sobre a importância de entender as "atuações" e encontrar formas de trabalhar com o material que está emergindo na sala, bem como prestar atenção às ligações com relações passadas que podem não estar resolvidas (Arlo, 2019; Bateman & Fonagy, 2016; Leiderman, 2020): "conflitos familiares iniciais são revividos, mas eles são revividos corretivamente" (Yalom, 2005, p. 86).

O papel do terapeuta

Ao administrar o processo geral do grupo e, em especial, a dinâmica difícil do grupo, a postura e o estilo do terapeuta são primordiais para servir como modelo para a evocação de uma mente compassiva. Um terapeuta responsivo e empaticamente em sintonia pode apoiar que os membros do grupo se tornem mais capazes de dar/receber *feedback* e atuar como agentes de mudança uns para os outros, em uma atmosfera de segurança e respeito mútuo (Burlingame et al., 2016).

Foram ditas coisas que me fizeram perceber que eles estavam prestando atenção... isso significa muito se você tem autoimagem negativa... quando alguém presta atenção, e dois ou três meses mais tarde essa pessoa se lembra de alguma coisa que você disse... isso tem muito valor (HD).

O papel do terapeuta de grupo é, portanto, semelhante ao de um maestro (Dalal, 1998): reger, em vez de ensinar a orquestra a tocar, e, quando eles estão tocando, dar um passo atrás e permitir que o processo se desenvolva. Também é importante que os terapeutas vejam e acolham os conflitos como oportunidades para os membros do grupo experienciarem processos de ruptura-reparo e reafiliação que muitas vezes estiveram completamente ausentes das suas relações iniciais de apego (Yalom, 2005; Flores & Porges, 2017). Muito da estrutura e do processo da TFCG é voltado para a criação de proteção suficiente na sala para permitir que discordâncias, desafios à autoridade e protestos por se sentir tratado injustamente/malcompreendido (Flores & Porges, 2017) ocorram e sejam trabalhados compassivamente. Essa proteção na sessão (i.e., segurança do apego) está associada a níveis mais altos de solução das rupturas (Miller-Bottome et al., 2019).

Também central para a facilitação bem-sucedida dos processos e das tarefas terapêuticos é a habilidade do terapeuta de ser lúdico e, assim, promover a *ludicidade* nos membros do grupo (Gilbert, 2006; Marks-Tarlow, 2012). O lúdico é essencial para a aprendizagem e o crescimento humano, sendo um exercício neural que engaja sistemas de engajamento social evoluídos (Porges, 2011), que nos permite explorar, experimentar, aprender e experienciar cooperativamente uma conexão prazerosa com os outros (Durand & Schank, 2015), mas, sobretudo, isso só pode ocorrer quando sentimos um senso de proteção (Gilbert, 2017).

Era uma brincadeira amigável entre todos... coisa de irmão e irmã... fazia as pessoas se

> *sentirem confortáveis e relacionarem com coisas que haviam acontecido... as ajudou a saber que elas estavam em um ambiente seguro, sabe? (HM).*

Também é importante que os terapeutas se engajem na sua própria autoprática em compaixão, que reflete o processo do TMC (Kolts et al., 2016). Isso possibilita que os terapeutas aprendam sobre compaixão de dentro para fora, em vez de em uma base puramente teórica. Além disso, também apoia o trabalho dos terapeutas de atenção às suas próprias respostas no trabalho terapêutico (Kolts et al., 2016).

Conclusão

> *Você acha que é forte porque está mantendo todas as barreiras erguidas, então você passa por isso [terapia] e se dá conta do quanto você é forte porque conseguiu derrubar todas elas e fazer o que precisa fazer... sim, é preciso força para derrubar as barreiras (PM).*

Este capítulo apresentou um panorama geral seletivo das cinco fases do programa da TFCG e os principais componentes desse modelo. O programa da TFCG procura criar as condições para os membros do grupo experienciarem fluxos interacionais de compartilhamento e cuidado que estão associados a processos psicofisiológicos importantes, que fundamentam o bem-estar. Os membros do grupo podem procurar "proximidade emocional" com os outros ao compartilhar experiências do grupo como um porto seguro e uma base segura. Isso cria o contexto para o desenvolvimento de *insights* sobre a natureza da compaixão e o cultivo dessas capacidades por meio do TMC. Além disso, os membros gradualmente aprendem a entrar em sintonia, explorar e ativar seus estados motivacionais compassivos, o que pode fazê-los sair de outros motivos de ameaça ou autofoco. A capacidade estimulada de receber e dar compaixão é usada para aproveitar e ajudar a restabelecer os sistemas de apego e interpessoal dos membros e trazer uma nova perspectiva compassiva para as memórias iniciais de trauma baseadas na vergonha.

Referências

Arlo, C. (2019). Integrated Group Psychotherapy Program [IGPP] for multi-diagnosed patients. *International Journal of Group Psychotherapy, 69*(2), 149–171.

Arthern, J., & Madill, A. (1999). How do transitional objects work? The therapist's view. *British Journal of Medical Psychology, 72*(1), 1–21. https://doi.org/10.1348/000711299159754

Bateman, A., & Fonagy, P. (2016). *Mentalization-based treatment for personality disorders: A practical guide.* Oxford University Press.

Bell, T., Montague, J., Elander, J., & Gilbert, P. (2020). 'A definite feel-it moment': Embodiment, externalisation and emotion during chair-work in compassion-focused therapy. *Counselling and Psychotherapy Research, 20*(1), 143–153.

Bernard, H., Burlingame, G., Flores, P., Greene, L., Joyce, A., Kobos, J. C., Leszcz, M., MacNair-Semands, R. R., Piper, W. E., McEneaney, A. M. S., & Feirman, D. (2008). Clinical practice guidelines for group psychotherapy. *International Journal of Group Psychotherapy, 58*(4), 455–542. https://doi.org/10.1521/ijgp.2008.58.4.455

Blatner, A. (1991). Role dynamics: A comprehensive theory of psychology. *Journal of Group Psychotherapy, Psychodrama & Sociometry, 44*(1), 33–40.

Burlingame, G.M., Seebeck, J.D., Janis, R.A., Whitcomb, K.E., Barkowski, S., Rosendahl, J., & Strauss, B. (2016). Outcome differences between individual and group formats when identical and nonidentical treatments, patients, and doses are compared: a 25-year meta-analytic perspective. *Psychotherapy, 53*(4), 446–461.

Cowan, C.S.M., Callaghan, B.L., Kan, J.M., & Richardson, R. (2016). The lasting impact of early-life adversity on individuals and their descendants: Potential mechanisms and hope for intervention. *Genes, Brain and Behavior, 15*(1), 155–168.

Cozolino, L. (2014). *The neuroscience of human relationships: Attachment and the developing social brain* (2nd ed.). (Norton Series on Interpersonal Neurobiology). W.W. Norton.

Dalal, F. (1998). *Taking the group seriously: Towards a post-Foulkesian group analytic theory.* Jessica Kingsley Publishers.

De Saeger, H., Kamphuis, J.H., Finn, S. E., Smith, J.D., Verheul, R., van Busschbach, J.J., Feenstra, D.J., & Horn, E.K. (2014). Therapeutic assessment promotes treatment readiness but does not affect symptom change in patients with personality disorders: Findings from a randomized clinical trial. *Psychological Assessment, 26*(2), 474–483. https://doi.org/10.1037/a0035667

Durand, S., & Schank, J. C. (2015). The evolution of social play by learning to cooperate. *Adaptive Behavior, 23*(6), 340–353. https://doi.org/10.1177/1059712315608243

Flores, P.J., & Porges, S.W. (2017). Group psychotherapy as a neural exercise: Bridging polyvagal theory and attachment theory. *International Journal of Group Psychotherapy, 67*(2), 202–222.

Fox, J., Cattani, K., & Burlingame, G.M. (2020). Compassion focused therapy in a university counseling and psychological services center: A feasibility trial of a new standardized group manual. *Psychotherapy Research, 31*(4), 419–431. https://doi.org/10.1080/10503307.2020.1783708

Gilbert, P. (2003). CFT in groups (unpublished manuscript).

Gilbert, P. (2011). Shame in psychotherapy and the role of compassion focused therapy. In *Shame in the therapy hour* (pp. 325–354). American Psychological Association. https://doi.org/10.1037/ 12326-014

Gilbert, P. (2017). *Compassion: Concepts, research and applications*. Taylor & Francis.

Gilbert, P. (2019). Psychotherapy for the 21st century: An integrative, evolutionary, contextual, biopsychosocial approach. *Psychology and Psychotherapy: Theory, Research and Practice, 92*(2), 164–189. https://doi.org/10.1111/papt.12226

Gilbert, P., & Procter, S. (2006). Compassionate mind training for people with high shame and self-criticism: Overview and pilot study of a group therapy approach. *Clinical Psychology & Psychotherapy, 13*(6), 353–379. https://doi.org/10.1002/cpp.507

Haigh, R. (2013). The quintessence of a therapeutic environment. *Therapeutic Communities: The International Journal of Therapeutic Communities, 34*(1), 6–15. https://doi.org/10.1108/ 09641861311330464

Hansen, N. B., Lambert, M. J., & Forman, E. M. (2002). The psychotherapy dose-response effect and its implications for treatment delivery services. *Clinical Psychology: Science and Practice, 9*(3), 329–343. https://doi.org/10.1093/clipsy.9.3.329

Herman, J. L. (2002). Peace on earth begins at home: Reflections from the women's liberation movement. In *Breaking the cycles of hatred: Memory, law, and repair* (pp. 188–199). Princeton University Press.

Holmes, J., & Slade, A. (2017). *Attachment in therapeutic practice*. SAGE.

Kalleklev, J., & Karterud, S. (2018). A comparative study of a mentalization-based versus a psychodynamic group therapy session. *Group Analysis, 51*(1), 44–60.

Kamphuis, J.H., & Finn, S.E. (2018). Therapeutic assessment in personality disorders: Toward the restoration of epistemic trust. *Journal of Personality Assessment, 101*(6), 662–674. https://doi. org/10.1080/00223891.2018.1476360

Kipper, D. A. (1986). *Psychotherapy through clinical role playing*. Brunner/Mazel.

Kirby, J.N., Tellegen, C.L., & Steindl, S.R. (2017). A meta-analysis of compassion-based interventions: Current state of knowledge and future directions. *Behavior Therapy, 48*(6), 778–792. https://doi.org/10.1016/j.beth.2017.06.003

Kolts, R.L., Bell, T., Bennett-Levy, J., & Irons, C. (2018). *Experiencing compassion-focused therapy from the inside out: A self-practice/self-reflection workbook for therapists*. Guilford Publications.

Lawrence, V.A., & Lee, D. (2014). An exploration of people's experiences of compassion-focused therapy for trauma, using interpretative phenomenological analysis. *Clinical Psychology & Psychotherapy, 21*(6), 495–507. https://doi.org/10.1002/cpp.1854

Leaviss, J., & Uttley, L. (2015). Psychotherapeutic benefits of compassion-focused therapy: An early systematic review. *Psychological Medicine, 45*(5), 927–945. https://doi.org/10.1017/ S0033291714002141

Lee, D., & James, S. (2012). The compassionate mind approach to recovering from trauma: Using compassion focused therapy. Hachette UK.

Leiderman, L.M. (2020). Psychodynamic group therapy with Hispanic migrants: Interpersonal, relational constructs in treating complex trauma, dissociation, and enactments. *International Journal of Group Psychotherapy, 70*(2), 162–182. https://doi.org/10.1080/00207284.2019.1686704

Linehan, M. (2014). *DBT? Skills training manual*. Guilford Publications.

Liotti, G. (2012). Disorganized attachment and the therapeutic relationship with people in shattered states. In J. Yellin & K. White (Eds.). *Shattered states: Disorganised attachment and its repair* (pp. 127–156). Karnac Books.

Liotti, G., & Gilbert, P. (2011). Mentalizing, motivation, and social mentalities: Theoretical considerations and implications for psychotherapy. *Psychology and Psychotherapy: Theory, Research and Practice, 84*(1), 9–25.

Lippard, E.T., & Nemeroff, C.B. (2020). The devastating clinical consequences of child abuse and neglect: Increased disease vulnerability and poor treatment response in mood disorders. *American Journal of Psychiatry, 177*(1), 20–36.

Lucre, K., & Clapton, N. (2020). The Compassionate Kitbag: A creative and integrative approach to compassion-focused therapy. *Psychology and Psychotherapy: Theory, Research and Practice, 94*(S2), e12291. https://doi.org/10.1111/papt.12291

Lucre, K.M., & Corten, N. (2013). An exploration of group compassion-focused therapy for personality disorder. *Psychology and Psychotherapy: Theory, Research and Practice, 86*(4), 387–400.

Marks-Tarlow, T. (2012). The play of psychotherapy. *American Journal of Play, 4*(3), 352–377.

McMurran, M., Huband, N., & Overton, E. (2010). Non-completion of personality disorder treatments: A systematic review of correlates, consequences, and interventions. *Clinical Psychology Review, 30*(3), 277–287. https://doi.org/10.1016/j.cpr.2009.12.002

Miller-Bottome, M., Talia, A., Eubanks, C.F., Safran, J.D., & Muran, J.C. (2019). Secure in-session attachment predicts rupture resolution: Negotiating a secure base. *Psychoanalytic Psychology, 36*(2), 132–138. https://doi.org/10.1037/pap0000232

Molina, J.D., López-Muñoz, F., Stein, D.J., Martín-Vázquez, M.J., Alamo, C., Lerma-Carrillo, I., Andrade-Rosa, C., Sánchez-López, M.V., & de la Calle-Real, M. (2009). Borderline personality disorder: A review and reformulation from evolutionary theory. *Medical Hypotheses, 73*(3), 382–386.

Music, G. (2017). *Nurturing natures: Attachment and children's emotional social cultural and brain development* (2nd ed.). Routledge.

Music, G. (2019). *Nurturing children: From trauma to growth using attachment theory, psychoanalysis and neurobiology*. Routledge.

Porges, S.W. (2011). *The polyvagal theory: Neurophysiological foundations of emotions, attachment, communication, and self-regulation* (Norton Series on Interpersonal Neurobiology). W.W. Norton.

Schore, A.N. (2015). *Affect regulation and the origin of the self: The neurobiology of emotional development*. Routledge.

Sloman, L., & Taylor, P. (2016). Impact of child maltreatment on attachment and social rank systems: Introducing an integrated theory. *Trauma, Violence, & Abuse, 17*(2), 172–185.

Tomasulo, D.J. (1998). *Action methods in group psychotherapy*. Braun-Brumfield.

Tomko, R.L., Trull, T.J., Wood, P.K., & Sher, K.J. (2014). Characteristics of borderline personality disorder in a community sample: Comorbidity, treatment utilization, and general functioning. *Journal of Personality Disorders, 28*(5), 734–750. https://doi.org/10.1521/pedi_2012_26_093

Van der Kolk, B.A. (2015). *The body keeps the score: Brain, mind, and body in the healing of trauma*. Penguin Books.

Yalom, I.D. (1995). *The theory and practice of group psychotherapy*. Basic Books.

Yalom, I.D. (2005). With Leszcz, M. *The theory and practice of group psychotherapy*. Basic Books.

SEÇÃO III

APLICAÇÕES ESPECÍFICAS

17

Trabalho com cadeiras na terapia focada na compaixão

Tobyn Bell

O trabalho com cadeiras refere-se a um grupo de métodos experienciais baseados na ação que foca em cadeiras, no seu posicionamento e no movimento do cliente entre elas, para vários fins terapêuticos. A abordagem tem longa e rica história na psicoterapia, com suas origens no psicodrama (Moreno, 2014) e seu desenvolvimento na Gestalt-terapia (Perls, 1969), em processos experienciais e na terapia focada na emoção (TFE) (Greenberg, Rice, & Elliot, 1993). A abordagem agora está integrada a várias modalidades psicoterápicas para uma variedade de problemas psicológicos, com sua eficácia demonstrada tanto como ingrediente da psicoterapia quanto intervenção independente (Paivio, Jarry, Chagigiorgis, Hall, & Ralston, 2010; Shahar et al., 2012).

As intervenções do trabalho com cadeiras foram tipicamente classificadas como métodos da "cadeira vazia" ou "das duas cadeiras" (Kellogg, 2015). As abordagens da cadeira vazia muitas vezes envolvem um cliente dialogando com "outro" lembrado ou imaginado em uma cadeira desocupada. A abordagem é associada à resolução de "assuntos inacabados", como luto problemático ou conflito emocional (Tobin, 1976). Nas intervenções com duas cadeiras, os clientes se movimentam entre as que tipicamente representam diferentes perspectivas ou aspectos do *self* (p. ex., a parte que quer continuar usando substâncias e a parte que não quer). Uma terceira forma de trabalho com cadeiras envolve "dramatizações" (Pugh, 2017), durante as quais o cliente e o terapeuta trocam de lugar e invertem os papéis para ensaiar o novo comportamento. Além dessas distinções tradicionais, Kellogg (2015) sugere uma taxonomia revisada dos diálogos "externo" e "interno" para refletir o foco intra ou interpessoal da aplicação da técnica. Na prática clínica, a intervenção do trabalho com uma única cadeira pode envolver tanto focos internos quanto externos, requerendo movimento fluído entre os métodos para capturar a complexidade da relação e os conflitos interno e externo.

Embora o trabalho com cadeiras seja aplicado em vários contextos, a serviço de vários objetivos conceituais, os princípios da abordagem são relativamente unificados. Pugh (2019a) sugere que "multiplicidade do *self*", "personificação e corporificação" e "diálogo" são princípios transteóricos comuns que guiam a aplicação do método. A concepção do *self* como multiplicidade de partes, subpersonalidades ou modos é comum em psicoterapia e no discurso científico mais amplo (Gilbert, 2000; Rowan, 2010). O trabalho com cadeiras diferencia essas partes do *self* em cadeiras separadas, destacando o potencial para os clientes darem *um passo atrás*, literal e psicologicamente, afastando-se de aspectos de si que são dominantes ou estressantes e, ao mesmo tempo, dando oportunidade para *dar um passo à frente* e construir novas autorrepresentações. As partes do *self* podem ser animadas: personificadas em uma cadeira desocupada (i.e., recebem qualidades e atributos "como uma pessoa") ou corporificadas e encenadas quando o cliente assume a cadeira. Esses processos evocativos permitem novas formas de expressão e interação. Um aspecto personificado do *self* pode ser observado como um "outro" e engajado em uma "nova maneira social-relacional" (Pugh, 2019a, p. 24), ou corporificado de forma que o cliente "se torne" essa parte e possa agir e falar a partir dessa posição submersa. Por fim, o objetivo do trabalho com cadeiras é criar um diálogo entre essas partes do *self* e, nessa troca de informações, resolver, transformar e reorganizar os padrões da experiência (Kellogg, 2015).

Trabalho com cadeiras na terapia focada na compaixão: uma combinação de teoria e forma

O trabalho com cadeiras na TFC foca unicamente na "cadeira compassiva e no desenvolvimento dos sentimentos, da tolerância, dos *insights* e das forças dessa parte do *self*" (Gilbert, 2010, p. 167). Os conceitos do "*self*" e da "mente" compassivos são usados na TFC como uma estrutura para consolidar, corporificar e encenar as habilidades, os atributos e a motivação da compaixão. Eles são intencionalmente cultivados por meio do "treino da mente compassiva" (TMC), que inclui exercícios de imagem mental, método-ação e focados no corpo (Gilbert, 2010). Esses exercícios estimulam os sistemas fisiológicos associados à prestação de cuidado dos mamíferos que promovem a variabilidade da frequência cardíaca, as experiências de proteção interpessoal e uma capacidade aumentada para estados mentais propícios à compaixão (como a habilidade de ser empático e reflexivo) (Porges, 2011; Kirby, Doty, Petrocchi, & Gilbert, 2017). A prática da criação desses padrões internos de compaixão e segurança cria as condições biopsicossociais ideais para abordar e gerenciar os conflitos externo e interno e o estresse, com o *self* compassivo atuando como base segura e porto seguro internos a partir dos quais se pode explorar, retornar e se reengajar em experiências e reações relacionadas à ameaça (Heriot-Maitland, McCarthy-Jones, Longden, & Gilbert, 2019). O trabalho com cadeiras da TFC tipicamente foca na aplicação do *self* e do estado mental compassivos a processos e autorrepresentações internos focados na ameaça: diferenciar, tolerar, integrar e, por fim, transformar experiências internas não desejadas e perturbadoras via relação afiliativa baseada no cuidado (Gilbert, 2019).

O formato, os princípios e as habilidades do processo do trabalho com cadeiras são complementares à aplicação da compaixão e aos principais objetivos e à teoria da TFC. A TFC e o trabalho com cadeiras compartilham uma ênfase na multiplicidade do *self*, com Gilbert (2000, 2010) enfatizando como a "multimente" humana é formada por várias motivações, emoções e competências cognitivas originadas em diferentes estágios da evolução. Em termos da multiplicidade do *self*, a TFC também está enraizada no conceito de "mentalidades sociais", que se referem a como os motivos socialmente mediados organizam a mente de formas muito diferentes para formar papéis relacionais e interações específicas (Gilbert, 1989, 2017). O trabalho com cadeiras oferece à TFC um meio concreto de diferenciação e exploração desses padrões conflitantes da mente, situando-os e encenando-os em cadeiras diferentes. Um exemplo disso é o exercício dos "múltiplos *selves*", em que uma reação global à ameaça é subdividida em emoções específicas, em cadeiras separadas, para aumentar a percepção da sua presença, da sua função e das suas interações. Embora a diferenciação seja uma tarefa de muitas psicoterapias (p. ex., distinguir entre o *self* e o outro, e entre múltiplos processos internos), a TFC foca na construção de uma capacidade do cliente de entender as complexidades da mente evoluída e aumentar competências reflexivas e relacionais como a mentalização (Luyten, Campbell, Allison, & Fonagy, 2020). Pesquisas recentes sobre o trabalho com cadeiras na TFC (Bell, Montague, Elander, & Gilbert, 2020) sugerem que os clientes valorizam o conceito de multiplicidade do *self* como uma estrutura explanatória útil para entender experiências que eles acham conflitantes ou ilógicas, ao mesmo tempo também enfatizando o potencial para acessar ou cultivar "versões" alternativas de si.

O trabalho com cadeiras também oferece à TFC um meio experiencial único de explorar e mudar a natureza das relações internas. Uma intervenção importante no trabalho com cadeiras na TFC envolve a encenação do autocriticismo para demonstrar a presença e o impacto do "conflito social" interno e a forma como as mentalidades sociais competitivas baseadas no *rank* podem moldar nossa relação com o *self* (veja a Tab. 17.2) (Gilbert, 2000; Gilbert & Irons, 2005). O trabalho com cadeiras permite que os clientes assumam papéis dominantes e subordinados no diálogo autocrítico, atuando tanto como o crítico quanto como o criticado, movimentando-se entre as cadeiras. Assim, o processo do trabalho com cadeiras facilita a troca da orientação motivacional do autofoco competitivo para a compaixão, por meio da troca correspondente das cadeiras. Desse modo, pode ser encenado um novo diálogo interno, em que o cliente pode experienciar o papel e o benefício da compaixão quando relacionados com aspectos do *self* capturados no processamento baseado na ameaça. No trabalho com cadeiras na TFC, a diferenciação das partes do *self* em cadeiras definidas, o movimento do cliente entre elas e a externalização do diálogo interno permitem o mapeamento das complexas relações internas de forma acessível e memorável para os clientes, e que destaque a função integrativa do *self* e da mente compassivos (Bell et al., 2020).

A personificação das partes do *self* durante o trabalho com cadeiras (p. ex., como o "*self* crítico" ou "ansioso") também possibilita relacionar os aspectos de si "como se" o indivíduo fosse outra pessoa ou outro ser. Essa experiência do *self* como "outro" permite que os clientes comparem suas relações interna e externa, ao mesmo tempo também transferindo comportamentos e competências interpessoais para seu mundo interpessoal. Usando o trabalho com cadeiras, os clientes relatam maior habilidade de mentalizar e gerar autocompaixão quando focam em si de forma externa, como se recrutassem o cuidado que poderiam prontamente oferecer a outros necessitados (Bell, Montague, Elander, & Gilbert, 2019). Igualmente, durante o exercício com o *self* crítico, os clientes muitas vezes expressam choque quando escutam a hostilidade do seu autocriticismo sendo expressa na direção de um "outro". Isso é particularmente significativo para a TFC, pois a terapia foca no cultivo e no desbloqueio dos fluxos da compaixão em múltiplas direções: do *self* para o outro, do outro para o *self* e do *self* para o *self*. Um único exercício de trabalho com cadeiras na TFC pode envolver a prática de vários fluxos, com os clientes dando e recebendo sua própria compaixão ao trocar de cadeiras. Os medos, bloqueios e resistências (FBRs, do inglês *fears, blocks and resistances*) à compaixão com frequência são abordados no trabalho com cadeiras pela troca do fluxo ("então, em vez de começar por você, vamos imaginar alguém com quem você se importa sentado nesta cadeira, tendo o mesmo problema"). Mesmo quando focado na geração de autocompaixão, o trabalho com cadeiras na TFC envolve treinamento processual e treinamento de habilidades práticas (p. ex., tom de voz ao falar em voz alta), que podem ser aplicados proveitosamente no cuidado dos outros.

A corporificação também é um princípio fundamental, tanto na TFC quanto no trabalho com cadeiras. A cadeira proporciona uma estrutura física e uma posição a partir da qual os clientes são encorajados a habitar partes do *self* ou dos estados da mente por meio de mudanças na postura corporal, no ritmo e no tom de voz, nos gestos e nos movimentos, e na expressão facial. Esse processo oferece uma experiência imersiva e autêntica de cada aspecto do *self*, com os clientes relatando maior habilidade de identificar cada parte por seus marcadores somáticos e cinestésicos, desenvolvendo consciência interoceptiva (Bell et al., 2019). Tal abordagem é congruente com a prática da TFC, já que o *self* compassivo é tipicamente acessado via processos "ascendentes" focados no corpo, como o ritmo respiratório calmante (Gilbert, 2010, 2017). O trabalho com cadeiras na TFC utiliza as relações bidirecionais entre elementos cognitivos e físicos para múltiplos propósitos. Isso inclui moldar o corpo para ampliar a emoção e a conexão afetiva (p. ex., encorajando cerrar os punhos como o "*self* raivoso"), o que, por sua vez, estende o acesso do cliente à mentalidade e à motivação de cada *self* (p. ex., "sensação de tensão nas mãos e nos braços, o que o *self* raivoso quer fazer?"). Igualmente, ao falar dos pensamentos de cada *self*, os clientes podem ser convidados a prestar atenção às suas experiências corporais, à sua postura ou aos seus gestos para chamar a atenção para seu impacto e sua textura afetiva (p. ex., "quando você está pensando sobre o problema desse modo, eu noto seus ombros caídos; o que você está sentindo?"). Esses ciclos repetitivos entre mente, corpo, motivação e emoção podem ser vinculados aos *insights* na TFC relacionados ao processamento do "antigo" e do "novo" cérebro, com o trabalho com cadeiras oferecendo um meio experiencial de entender e trabalhar "ao vivo" com esses padrões (Gilbert, 2000).

Práticas centrais no trabalho com cadeiras na TFC

Há inúmeras "peças definidas" bem estabelecidas do trabalho com cadeiras na TFC, que incluem autocompaixão com duas cadeiras; trabalho com cadeiras para autocriticismo; e "múltiplos *selves*" para abordar emoções baseadas na ameaça.

O exercício de autocompaixão com duas cadeiras, conforme descrito por Gilbert (2010), Kolts (2016) e Gilbert e Basran (2018), envolve o diálogo de um cliente entre seu *self* compassivo e uma versão dele experienciando uma dificuldade na vida, uma vulnerabilidade ou uma emoção de ameaça. O objetivo do exercício é obter prática experiencial na aplicação do *self* compassivo e treinar o cliente para encenar várias habilidades e qualidades compassivas. Uma versão do exercício com duas cadeiras está ampliada na Tabela 17.1, a seguir, para incluir a opção de "receber" autocompaixão e uma antecipação dos FBRs.

O trabalho com cadeiras na TFC também é usado para explorar e abordar o autocriticismo (Tab. 17.2). A abordagem da TFC adapta a técnica da TFE de "divisão do conflito", que envolve um diálogo entre o "crítico" e o "experienciador" (Greenberg et al., 1993). A intervenção da TFE atravessa os estágios de oposição (p. ex., separando os dois aspectos do *self* em cadeiras opostas), contato (que inclui a articulação de críticas e injunções em uma cadeira e a expressão de sentimentos e necessidades subjacentes do experienciador na outra) e integração (facilitando uma suavização do crítico ou "negociação"). Na TFC, o *self* compassivo é acrescentado em uma terceira cadeira, para interagir com a parte

TABELA 17.1 Exemplo de autocompaixão com duas cadeiras

Exemplo de autocompaixão com duas cadeiras
1. O cliente identifica uma dificuldade na vida atual e é incentivado a esclarecer a reação proeminente baseada na ameaça (p. ex., emoção específica).
2. Duas cadeiras adicionais são colocadas uma de frente para a outra. Em uma cadeira, o cliente é encorajado a incorporar e dar voz à sua experiência baseada na ameaça (o mais integralmente possível).
3. Ao sentar-se na cadeira oposta, o cliente é incentivado a acessar e incorporar seu *self* compassivo. Isso tipicamente inclui ritmo respiratório calmante previamente praticado, mudanças na postura e no tom de voz, clarificação das qualidades compassivas e dos *insights* e aproveitamento do desejo de ser útil e apoiador.
4. Como seu *self* compassivo, o cliente se relaciona com o "*self*" baseado na ameaça na cadeira oposta. Essa interação compassiva pode incluir reconhecimento, validação, compreensão empática, raciocínio compassivo relacionado à reação e ao problema, redirecionamento do foco, encorajamento/apoio e sugestões focadas no cuidado.
5. O cliente retorna à posição baseada na ameaça para receber a compaixão. Os benefícios da compaixão — e também os FBRs — são explorados e expressos.
6. O cliente troca de volta para seu *self* compassivo e aborda os FBRs (p. ex., "sabendo o que você sabe sobre Tobyn, por que faria sentido que ele achasse tão difícil reconhecer esse cuidado? Considerando isso, do que ele precisa? Diga a ele.").
7. Por fim, o cliente retorna à cadeira original de frente para o terapeuta e reflete sobre o processo.

crítica e a criticada, e é esse *self*, apoiado pelo aterramento fisiológico e pela troca motivacional envolvida no acesso ao *self* compassivo, que promove a integração. Pela perspectiva do *self* compassivo, o crítico é entendido como produto do sistema de ameaça-proteção e é explorado por sua função defensiva. Uma das questões-padrão formuladas é: "do que sua parte autocrítica mais tem medo?". As respostas a essa pergunta tipicamente destacam medos de rejeição e criticismo dos outros ou decepção pessoal, proporcionando *insight* do papel do crítico no monitoramento do erro (p. ex., reação a uma perda de segurança no domínio social, ou não satisfazer os próprios ideais).

Como enfatizado por Gilbert (2010), o *self* compassivo não procura ejetar ou acalmar partes conflitantes do *self*, mas "as leva a sério como 'vozes importantes'" (p. 169). Isso diferencia a TFC de abordagens como a terapia do esquema, em que o objetivo é "lutar" contra o modo adulto punitivo (Arntz & Jacob, 2013). Uma razão para a abordagem da TFC é ajudar o cliente a mudar a relação com o *self* focada na ameaça, trocando para um sistema motivacional diferente para lidar com os reveses, as decepções e os medos. Fundamentalmente, uma exceção é feita se a voz e a percepção do *self* crítico são identificadas como a internalização de um outro abusivo ou como uma intrusão de um encontro traumático. A presença de auto-ódio ou autoaversão pode ser um bom indicador para avaliar esse fenômeno (Kolts, 2016). Se identificado, intervenções focadas no trauma ou uma intervenção alternativa de trabalho com cadeiras (veja a seguir) pode ser indicada.

Como os clientes podem ser ambivalentes quanto à redução do autocriticismo, o trabalho com cadeiras pode ser precedido de uma análise verbal da sua função (p. ex., "quais são seus maiores medos sobre deixar de lado o crítico"?). Os clientes tipicamente identificam temas de motivação ou proteção percebida (p. ex., "Preciso do meu criticismo para me motivar; se ele não estivesse ali, eu seria preguiçoso e desistiria"). Os estágios iniciais da

TABELA 17.2 Estágios principais da intervenção do trabalho com cadeiras na TFC para autocriticismo

Estágios principais da intervenção do trabalho com cadeiras na TFC para autocriticismo (se a voz crítica não for a de um outro abusivo)
1. Um incidente recente de autocriticismo é identificado.
2. Duas cadeiras adicionais são colocadas uma de frente para a outra. Em uma cadeira, o cliente incorpora e encena seu "crítico", dirigindo-se à cadeira vazia oposta. O cliente é encorajado a se conectar com o tom de voz, a emoção e a motivação do crítico. Por meio de descoberta guiada, é perguntado ao cliente o que o crítico pensa sobre a parte do *self* que está experienciando a dificuldade, o que ele sente e o que ele quer fazer.
3. O cliente muda de cadeira e responde como aquele que recebe o criticismo (o "*self* criticado"). O cliente é encorajado a explorar a experiência e o impacto de ser criticado.
4. O cliente pode, então, ser solicitado a repetir o processo já citado: retornando à posição do crítico para reagir ao *self* criticado, e então de volta ao *self* criticado para experienciar a segunda onda de criticismo. Diferentemente da TFE, o objetivo não é criar diálogo entre o crítico e o criticado, mas destacar a hostilidade e o impacto do crítico, com o objetivo final de mudar os sistemas motivacionais.
5. O cliente então ocupa uma terceira cadeira e reflete sobre a natureza da interação entre o *self* crítico e o criticado.
6. Nessa terceira cadeira (original), o cliente é apoiado para acessar seu *self* compassivo por meio de técnicas respiratórias e focando na mente compassiva. É importante dar tempo a esse estágio para permitir que o cliente passe da mentalidade de atacante-atacado para uma motivação compassiva.
7. Como o *self* compassivo, o cliente se dirige compassivamente ao *self* criticado: demonstrando empatia, cuidado e apoio em contraste com o ataque do crítico.
8. Como o *self* compassivo, o cliente então se dirige compassivamente ao *self* crítico: reconhecendo os medos que o movem e a sua função defensiva.
9. O exercício é discutido, e são feitas reflexões.

intervenção podem, então, ser estruturados como um "experimento de descoberta" para determinar o impacto e a utilidade do *self* crítico (Bennett-Levy et al., 2004). Quando o conflito interno é encenado, a parte do cliente que "experiencia" (i.e., a parte que contém a vulnerabilidade ou o desapontamento que ativou o criticismo) é tipicamente subordinada, assustada ou derrotada pela raiva autodirigida do crítico (Gilbert & Irons, 2005). Como Whelton e Greenberg (2005) demonstraram, clientes com alto autocriticismo exibem mais autodesprezo e aversão e são menos resilientes em resposta a essas emoções do que aqueles que têm baixo autocriticismo. A partir do *self* compassivo, o cliente pode então refletir sobre como a autocorreção e o apoio compassivos podem ser usados no lugar do crítico, ajudando o cliente a distinguir entre uma resposta hostil e uma baseada no cuidado ao estresse e ao atingimento dos objetivos.

A estrutura dos "múltiplos *selves*" (Gilbert & Choden, 2013) e a prática do trabalho com cadeiras (Kolts, 2016) inicialmente envolvem a diferenciação e a exploração das emoções centrais de ameaça, com um foco em como essas emoções influenciam a mente e o corpo de diferentes maneiras. As emoções são personificadas e corporificadas em cadeiras separadas (como "*self* raivoso", "*self* ansioso" e "*self* triste") em resposta a um evento que cria um grau de conflito emocional, tipicamente uma disputa interpessoal. Os componentes essenciais de cada emoção se tornam reais e são expressos em cada cadeira; isso inclui como o *self* emocional pensa e raciocina, seus impulsos comportamentais e sua motivação, sua experiência somática e as memórias associadas à sua presença. Esse movimento entre as emoções oferece uma "amostra" de cada padrão afetivo, construindo nos clientes a confiança de que suas emoções podem ser toleradas, compreendidas e mudadas.

O estágio seguinte dos exercícios envolve uma reflexão sobre as diferenças, os conflitos e as interações entre as emoções. O intuito dessa reflexão é destacar a multiplicidade e a complexidade do processamento da ameaça, mas também entender o padrão individual de resposta emocional do cliente. Isso pode envolver a identificação de emoções ausentes ou dominantes e as dificuldades que os clientes têm de reconhecê-las e processá-las (p. ex., evitação da tristeza relacionada ao luto). Como Ferster (1973) sugeriu, as emoções podem ser associadas por meio do condicionamento clássico. Os clientes são convidados a identificar memórias associadas a cada *self* emocional para explorar esse condicionamento, incluindo a forma como suas emoções e suas necessidades relacionadas foram recepcionadas por outras pessoas significativas. As reflexões resultantes podem proporcionar aos clientes *insights* úteis sobre a profundidade da sua resposta emocional (p. ex., "quando me senti triste assim, fiquei no meu quarto por horas. Me senti muito perdido").

O estágio final do exercício envolve guiar o cliente para acessar o *self* compassivo em uma cadeira separada, respondendo à mesma situação a partir de mentalidade e motivação compassivas. Essa nova perspectiva tipicamente inclui capacidade de mentalizar ambas as partes e compreensão da dinâmica e das pressões do sistema de ameaça. O *self* compassivo pode ser estimulado a focar em uma emoção de cada vez, oferecendo empatia, cuidado e apoio (visando a gerar aprendizagem para a regulação emocional futura). A personificação de *selves* emocionais em cadeiras opostas ("vendo seu *self* triste ali") é sobretudo útil ao se gerar compaixão e avaliar seu impacto ("e como ele está respondendo?"). O exercício, mais uma vez, ilustra o papel do *self* compassivo como um "capitão do navio" metafórico (Kolts, 2016), assumindo um papel "superior" ao navegar as tempestades da vida enquanto conforta os passageiros emocionais.

O método dos múltiplos *selves* é tipicamente introduzido como um exercício de socialização, mas também pode ser usado para "processar" experiências baseadas na ameaça em relação a eventos históricos ou trauma. Deborah Lee (comunicação pessoal) desenvolveu essa abordagem com o TEPT, encorajando os clientes a acessar e expressar diversas vertentes emocionais de memórias de trauma relacionadas à vergonha. O formato de múltiplos *selves* também é útil quando são abordados o luto, o pesar e o término da relação terapêutica. Dependendo das pressões de tempo e da capacidade do cliente, o exercício pode ser dividido, para focar em uma emoção de cada vez. Detalhes da abordagem da TFC para trabalhar com emoções difíceis podem ser encontrados no capítulo de Irons (Capítulo 18).

Habilidades do processo no trabalho com cadeiras na TFC

O trabalho com cadeiras requer habilidades do processo específicas que são moldadas pelos princípios já descritos (Pugh, 2019a). Dada a natureza ativa do método, as intervenções do terapeuta momento a momento são práticas e fisicamente orientadoras, bem como de natureza relacional.

Alinhado com o objetivo de diferenciação, o trabalho com cadeiras se beneficia de uma ênfase no esclarecimento das "partes" ou das "vozes", assegurando que elas permaneçam distintivas e separadas. Um problema comum no trabalho com cadeiras envolve o cliente trocando as vozes na mesma cadeira, "interrompendo o papel" para falar com o terapeuta ou interrompendo a si (p. ex., por medo da exposição). Embora essas disjunções possam fornecer *insights* terapêuticos proveitosos (veja a discussão dos FBRs), Kellogg (2015) sugere que elas sejam identificadas como a intrusão de "outra voz", que pode ser administrada praticamente de duas formas: 1) a voz original pode ser retomada, ao mesmo tempo que são fornecidas garantias à nova voz de que ela será ouvida; 2) a nova voz pode ter expressão em uma cadeira separada. Outro método para auxiliar a diferenciação é "limpar o paladar" entre os *selves*, usando o humor para trocar o estado e o papel ("obrigado *self* ansioso, você pode ir tomar uma xícara de chá") (Kolts, 2016).

Greenberg (1979) e Kellogg (2015) descrevem várias técnicas de "aprofundamento" para aumentar a intensidade emocional durante o trabalho com cadeiras. Elas incluem o uso de estímulos verbais, para encorajar a repetição ("diga isso de novo"), mudanças no volume ("diga a ela de novo com força") e pedir ao cliente para expressar o que ele está sentindo enquanto está falando ("o que você sente enquanto diz isso para ela? Diga a ela que você se sente assim"). O trabalho com cadeiras está associado à expressão de necessidades emocionais ou necessidades não satisfeitas (Greenberg et al., 1993). No trabalho com cadeiras na TFC, isso pode ser potentemente usado para acessar o luto relacionado a uma história de apego do cliente e experimentar a procura de cuidado dos outros ("diga a ela do que você precisa"). Outras habilidades para amplificação emocional incluem treinar os clientes para serem mais específicos durante o diálogo ("diga a ela exatamente por que você acha que ela é irrelevante") e aumentarem a linguagem na primeira pessoa para promover apropriação e agência ("tente dizer 'Eu quero'...") (Pugh, 2019a).

Para aumentar a corporificação, os clientes são encorajados a assumir a postura do *self* que deve ser encenada ("como o *self* triste se sentaria?") ou estimulados a darem voz à sua expressão não verbal durante o diálogo ("o que essas lágrimas diriam?") (Perls, 1969). Os clientes podem ser convidados a imaginar suas emoções se desenvolvendo em seu corpo, aumentando sua intensidade ("para onde isso iria no corpo?"), explorar seu impacto muscular e visceral e como elas moldam o corpo para ações específicas. Essas intervenções mergulham o cliente nos padrões cognitivo-afetivos de cada *self*, promovendo o aprendizado de como as conexões entre mente e corpo podem ser usadas intencionalmente para acessar e aprofundar estados específicos do *self* (Bell et al., 2019). Isso é especialmente relevante para o uso do *self* compassivo no trabalho com cadeiras, comumente induzido por ritmo respiratório calmante, foco no corpo e visualização (Gilbert, 2010).

Também pode ser usada imagem mental intencionalmente para aumentar a personificação. Isso pode incluir pedir que os clientes imaginem a aparência e as características de uma pessoa ausente em uma cadeira vazia (sua postura, seus gestos, sua vestimenta e sua expressão facial) ou que construam uma representação personificada de uma parte do *self* antes de corporificá-la na cadeira (p. ex., "como é a aparência do seu crítico?") (Greenberg et al., 1993). Dada a "relação especial" entre imagem mental e emoção (Holmes & Matthews, 2005), os clientes podem ser guiados até níveis elevados de simpatia e empatia ao serem aumentadas a especificidade e a natureza relacional da imagem mental: por exemplo, "olhando nos olhos do seu *self* ansioso, como você se sente?". Pesquisas recentes sobre o trabalho com cadeiras na TFC (Bell et al., 2020) sugerem a importância de avaliar a imagem mental espontânea. Por exemplo, durante o exercício do *self* crítico, clientes relataram imagens dos *selves* crítico e criticado como criações simbólicas, muitas vezes arquetípicas (um "homem das cavernas... com um porrete, combatendo todas essas ameaças"), ou como versões alternativas de si mesmos ("uma criança mais jovem"). Enquanto aumentavam a distinção entre as partes e apresentavam novas metáforas para exploração terapêutica, as imagens também destacavam os papéis relacionais específicos criados pelo autocriticismo que estavam ligados a memórias associadas (p. ex., o crítico era visto como uma professora rígida gritando com um aluno). Notadamente, depois de vistas pela perspectiva do *self* compassivo, essas imagens se transformavam espontaneamente (p. ex., o crítico se transformava de criança brigona em criança assustada). A imagem mental, portanto, pode ser um marcador importante, além de facilitador de mudança no trabalho com cadeiras na TFC.

O uso do trabalho com cadeiras é tipificado pelo papel ativo do terapeuta ao oferecer "frases estimulantes": declarações empáticas e emocionalmente evocativas que esclarecem e ampliam as experiências implícitas ou centrais do cliente (Kellogg, 2015). Em vez de fazer perguntas (p. ex., "como você se sente quando o crítico fala com você?"), o terapeuta pode oferecer declarações na primeira pessoa de maneira exploratória (p. ex., "é doloroso para mim quando sou atacado desse jeito"), que devem ser repetidas e elaboradas pelo cliente ("se isso se encaixar, tente dizer..."). Essas declarações em geral são usadas para simplificar e resumir o que foi dito pelo cliente, mantendo-se próximo à experiência vivida, em vez de se engajar em discussão racional (Greenberg et al., 1993). Igualmente, no trabalho com cadeiras na TFC, o terapeuta pode optar por demonstrar uma "voz compassiva", a ser repetida e posteriormente desenvolvida pelo cliente, em vez de treiná-lo com perguntas.

Trabalho com cadeiras no curso do tratamento da TFC

Considerando-se o potencial do trabalho com cadeiras de facilitar e encenar os princípios básicos da TFC, o método pode ser usado no curso do tratamento dessa terapia. Isso inclui a operacionalização da compaixão em estágio inicial da terapia. Os clientes podem ser encorajados a demonstrar como eles abordariam e apoiariam uma pessoa com quem se importam, imaginando-a em uma cadeira vazia durante uma situação de dificuldade. Os vários atributos e qualidades da compaixão (Gilbert, 2020) podem então ser observados, enfatizados ou encorajados de forma experiencial e guiada, em vez de didática. Esse método é útil para construir a confiança nos clientes de que a compaixão já é alguma coisa que eles intuem, valorizam e praticam em contextos e relações específicos.

O trabalho com cadeiras também pode ser usado mais cedo no tratamento com TFC para explorar a ambivalência quanto ao cultivo da compaixão. Há vários métodos de trabalho com cadeiras que adotam e adaptam técnicas da entrevista motivacional para estimular e reforçar a motivação e resolver a indecisão (Pugh & Salter, 2018). Essas abordagens são especialmente adequadas para a base motivacional da TFC e a importância dada ao trabalho com medos, bloqueios e resistências. Uma versão da TFC da técnica de "decisão-equilíbrio" envolve que o cliente inicialmente se movimente entre as cadeiras, personificando e expressando partes de si que *querem* e *não querem* desenvolver compaixão. Os clientes são encorajados a expressar seu raciocínio da forma mais plena e inequívoca possível para cada um dos lados, elaborando as implicações de cada argumento. Os clientes também são apoiados para usar a linguagem existencial associada a assumir a responsabilidade; isso pode ser estimulado pela escolha, por parte do terapeuta, da linguagem e das frases estimulantes — por exemplo, "Não vou escolher desenvolver compaixão porque...". Uma terceira cadeira pode então ser usada para refletir sobre as duas posições, com o potencial de integrar as polaridades aparentes (p. ex., "seria útil desenvolver compaixão *e* isso faz com que eu me sinta muito desconfortável"). Essa técnica também fornece acesso direto e experiencial aos FBRs do cliente à compaixão de uma forma que respeita e espera a presença desses elementos.

O trabalho com cadeiras também pode ser usado para aumentar e ampliar exercícios mentais compassivos, sobretudo para clientes que acham a prática de imagem mental problemática. Um exemplo é o uso do trabalho com cadeiras para explorar memórias de receber compaixão. Enquanto isso usualmente é realizado via focalização com imagem mental, a memória pode ser reencenada por meio do trabalho com cadeiras, com o cliente movimentando as cadeiras para corporificar e experienciar a si mesmo e ao outro lembrado. Um processo similar pode ser usado para desenvolver e aplicar o outro compassivo ou o cuidador perfeito (Lee, 2005). Os clientes podem ser encorajados a usar uma cadeira vazia como uma estrutura sobre a qual "construir" uma impressão do outro compassivo antes de trocar de cadeira para ocupar a criação e adotar sua perspectiva. Enquanto corporificam o outro compassivo, os clientes podem então ser treinados para interagir consigo mesmos na cadeira original (agora vazia) antes de mudar de lugar para receber seu próprio cuidado. Os dois exemplos demonstram como o trabalho com cadeiras pode acrescentar elementos de encenação ao treino tradicional da mente compassiva, ao mesmo tempo oferecendo meios criativos de exploração e utilização dos múltiplos fluxos da compaixão dentro de um único exercício. A partir da experiência clínica, usar o trabalho com cadeiras para corporificar "outros" lembrados ou imaginados permite que os clientes evitem seus bloqueios habituais à autocompaixão ou possam criar um diálogo entre o *self* como "doador" e "receptor", para clarificar como esses bloqueios podem ser entendidos e resolvidos.

A dramatização histórica é uma técnica de trabalho com cadeiras que pode ser usada para processar memórias perturbadoras e abordar atribuições internas de ações parentais (Arntz & Weertman, 1999). Esse método pode ser integrado à TFC para abordar imagens introjetadas de criticismo e abuso, quando diferenciadas da forma de autocriticismo visada (Tab. 17.2). Uma versão desse trabalho com cadeiras envolve que os clientes identifiquem a fonte de uma "voz" abusiva para reencenar e reescrever a memória relacionada. Isso começa com o cliente reencenando um aspecto da memória como seu *self* mais jovem, expressando sua experiência e seus medos do outro abusivo em uma cadeira vazia. O cliente então muda para a posição de observador, juntamente com o terapeuta, para refletir sobre a natureza da interação, antes de ser convidado a intervir como seu *self* compassivo adulto (com o terapeuta e o cliente colocando suas cadeiras diretamente entre o outro abusivo e o *self* mais jovem). O outro abusivo é assertivamente abordado pelo terapeuta e pelo cliente (alicerçado em uma motivação de cuidado para proteger o *self* mais jovem); os limites são definidos, e as atribuições prejudiciais são externalizadas da criança para o outro abusivo. A cadeira contendo o outro abusivo pode então ser removida para permitir a expressão de conforto cuidadoso com o *self* mais jovem (na cadeira vazia remanescente). Devido à presença de material traumático e ao potencial para respostas subordinadas no cliente, o terapeuta deve ser mais ativo e direto ao falar com o outro abusivo, demonstrando a coragem e a força da compaixão no tom e no volume de voz, bem como no conteúdo.

Ações compassivas, como assertividade compassiva, também podem ser praticadas como forma de ensaio comportamental, usando o trabalho com cadeiras. Na terapia comportamental, o trabalho com cadeiras é usado há muito tempo para dramatização, modelo e treino de novos comportamentos (McFall & Twentyman, 1973). O cliente e o terapeuta podem se revezar para encenar comportamentos assertivos compassivos em cenários gradualmente desafiadores. Métodos "contrastados" e "exagerados" (McNeilage & Adams, 1979) também podem ser adotados nesse ensaio para possibilitar que os clientes encenem reações dominantes e subordinadas baseadas no *rank*, visando a contrastar e ajustar suas respostas assertivas. Uma abordagem semelhante pode ser usada dentro de uma estrutura de prevenção de recaída, em que os clientes ensaiam como acessar e aplicar seu *self* compassivo em resposta a estressores potenciais na vida (tanto internos quanto externos) que são verbalizados e criados pelo seu terapeuta na cadeira oposta.

Muitos dos exercícios tradicionais de trabalho com cadeiras, como o método da cadeira vazia para processar "assuntos inacabados" (Greenberg et al., 1993), podem ser adaptados para incluir o *self* compassivo. No contexto da intervenção da cadeira vazia, o *self* compassivo pode ser introduzido, em uma cadeira adicional, para validar e encorajar a expressão emocional do cliente e, se apropriado, mentalizar e empatizar com ambas as partes. Um processo similar pode ser usado para conflitos interpessoais com um parceiro, em que o cliente "mostra" (em vez de relatar verbalmente) um embate problemático, trocando de cadeiras para encenar o *self* e o outro, com a opção de ficar em pé atrás da cada cadeira para expressar o que deixou de ser dito (um exemplo de "autodublagem", baseado em técnicas básicas de psicodrama; Kipper & Ritchie, 2003). Mais uma vez, o *self* compassivo pode ser introduzido em uma terceira cadeira para refletir sobre a interação e interagir com ambas as partes com compaixão.

Novas formas de trabalho com cadeiras na TFC foram aplicadas para diferentes grupos de clientes e formatos de aplicação. Isso inclui a integração de abordagens de diálogo entre as vozes, para audição de vozes na psicose (Capítulo 24). O trabalho com cadeiras também faz parte do trabalho em grupo na TFC, como o uso de técnicas de psicodrama de Kate Lucre (comunicação pessoal) para pessoas com transtornos da personalidade; sua abordagem incorpora o uso dos pares como "auxiliares", representando partes do *self*, apoiando a encenação de um membro individual. As novas adaptações do trabalho com cadeiras na TFC para grupos incluem uma modificação da intervenção do *self* autocrítico (Bell, 2014). Em um contexto de grupo, é solicitado que os clientes escrevam anonimamente exemplos do seu autocriticismo, mencionando o tom emocional em que ele é expresso. Então o facilitador do grupo lê o criticismo para uma cadeira vazia nos tons identificados. Repetindo o processo, os clientes devem imaginar o impacto do seu criticismo em um "receptor" imaginado e, a partir do *self* compassivo, identificar os medos que movem o criticismo.

Trabalhando com os medos, bloqueios e resistências

Uma parte essencial da abordagem da TFC é seu foco nos FBRs à compaixão. Em vez de adotar uma abordagem focada no problema para os bloqueios durante o trabalho com cadeiras da TFC, pode ser útil fazer perguntas que apoiem um senso de coerência no cliente (Kolts, 2015); por exemplo: "Considerando o que sabemos sobre você, e sobre ser humano, por que faz sentido que esta experiência esteja presente?". Integrando técnicas adaptadas do método do diálogo entre as vozes (Stone & Winkleman, 1988), podem ser feitas perguntas ao cliente enquanto ele estiver corporificando e falando como o "bloqueio" à compaixão em uma cadeira separada (Bell, 2019). Por exemplo, depois de identificar que um cliente minimiza suas dificuldades quando está recebendo compaixão, ele pode ser convidado a nomear, personificar e, então, incorporar esse aspecto de si mesmo em uma cadeira adicional (falando na primeira pessoa). Como o "minimizador", o cliente pode então ser entrevistado pelo terapeuta para explorar o papel do bloqueio, a sua história, os ativadores e os marcadores da sua presença (p. ex.: "'Minimizador', quando você começou a ajudar Tobyn pela primeira vez?"). A voz é tratada com respeito, com o reconhecimento das suas origens adaptativas; por exemplo: "Posso entender que Tobyn realmente tenha precisado de você quando não havia ninguém ali para ouvi-lo". O cliente pode então trocar de cadeira, acessar o *self* compassivo e interagir com o bloqueio (agora na cadeira vazia) com compreensão, cuidado e a oferta de satisfazer aspectos da função principal do bloqueio (p. ex., proteção).

Fatores do terapeuta no trabalho com cadeiras na TFC

Pesquisas em curso sobre os fatores relacionais subjacentes ao trabalho com cadeiras na TFC têm explorado a experiência do cliente e do terapeuta (Bell, 2018). Os clientes identificaram e avaliaram uma variedade de papéis para os terapeutas durante o processo do trabalho com cadeiras. Eles incluem o terapeuta como um modelo de compaixão, uma fonte de objetividade (e um ponto de referência externo para reflexão) e uma figura de autoridade no manejo da tarefa e do processo. Foi dada importância à provisão do terapeuta de tranquilização interpessoal e infrarregulação do afeto, bem como sua capacidade de treinar, facilitar e tolerar altos níveis de expressão emocional. A importância dada a essa variedade de papéis e atributos destaca a exigência de os clientes e terapeutas se moverem com fluidez entre diferentes mentalidades sociais e competências (incluindo a necessidade de o terapeuta exercer um grau de autoridade profissional sobre o processo).

Apesar dos benefícios dos elementos interpessoais do método, os clientes também relataram medos de incomodar ou assustar seu terapeuta com a força do seu autocriticismo. Esses medos ecoaram os dos terapeutas ao conduzirem o exercício: "*Posso ter ficado um pouco assustado de deixar o crítico ser liberado*" (Bell, 2018). Houve uma sobreposição semelhante entre as experiências de vergonha e exposição dos clientes durante a prática e o desconforto dos terapeutas ao despertar essas experiências em seus clientes. Embora os clientes tenham achado "extrema" a intensidade emocional do trabalho com cadeiras com o *self* crítico, posteriormente eles julgaram essa intensidade necessária e "terapêutica" no esclarecimento do impacto do autocriticismo e da compaixão, ao mesmo tempo também enfatizando sua capacidade de tolerar emoção intensa (Bell et al., 2019). Esses achados sugerem algum benefício na autoprática, por parte dos terapeutas, de exercícios fundamentais da TFC para construírem a tolerância ao seu próprio estresse (veja o Capítulo 12). A autoprática pode ser estendida ao uso do trabalho com cadeiras na TFC na supervisão: explorando os múltiplos *selves* dos terapeutas referentes a clientes específicos, ou desenvolvendo seu próprio supervisor compassivo interno (Bell, Dixon, & Kolts, 2016). Igualmente, os clínicos podem se beneficiar da "troca de lugares" com seus clientes durante a dramatização no trabalho com cadeiras para experienciar a relação terapêutica ou a intervenção a partir da cadeira do cliente, construindo empatia e *insight* (Pugh, 2019b). Fundamentalmente, uma experiência em primeira mão do trabalho com cadeiras é talvez a única forma de capturar a riqueza, a criatividade e a estranheza inerentes a esse método terapêutico.

Conclusão

O trabalho com cadeiras na TFC é a combinação ideal de teoria e método. O trabalho com cadeiras, e o método do psicodrama do qual se origina, foram historicamente valorizados como meio de personificar, incorporar e encenar os múltiplos papéis, partes ou vozes do cliente. A TFC é única no uso do trabalho com cadeiras para acessar e construir o *self* compassivo em uma cadeira adicional, usando esse *self* para entender, integrar e, por fim, transformar os padrões de experiências baseados na ameaça. Na TFC, os principais recursos e processos do trabalho com cadeiras são usados para promover o relacionamento compassivo com os aspectos do *self*. Isso inclui a externalização e a personificação de "*selves*" baseados na ameaça em diferentes cadeiras, para aplicar as habilidades sociais-relacionais e as competências do cliente ao seu mundo interno. A natureza dialógica inerente do trabalho com cadeiras também permite uma exploração concreta das mentalidades sociais: demonstrando o impacto do conflito interno baseado no *rank* e, ao mesmo tempo, enfatizando o poder e o potencial de trocar para uma relação com o *self* baseada no cuidado. Tanto o trabalho com cadeiras quanto a TFC enfatizam a importância da conexão emocional, o papel do corpo ao acessar e expressar estados psicológicos/motivacionais e o benefício da aprendizagem experiencial.

Este capítulo descreveu as principais "peças definidas" do trabalho com cadeiras na TFC, mas também destacou formas pelas quais o trabalho com cadeiras pode ser usado criativamente para intensificar o TMC baseado na imagem mental, acrescentando procedimentos de corporificação e encenação (como a reencenação de memórias de dar e receber compaixão). Também foi sugerido que o trabalho com cadeiras pode apoiar e facilitar vários estágios do tratamento na TFC, desde o trabalho motivacional com cadeiras para construir engajamento na terapia até a integração de métodos de diálogos das vozes para expressar FBRs à compaixão. Embora sejam necessárias mais pesquisas para clarificar a eficácia do trabalho com cadeiras na TFC, estudos preliminares sugerem que a abordagem oferece benefícios e *insights* únicos para os clientes na sua experiência e na aplicação da compaixão. Considerando esse poder e o potencial criativo, os praticantes da TFC são aconselhados a trazer cadeiras adicionais a cada uma das suas sessões.

Referências

Arntz, A., & Jacob, G. (2013). *Schema therapy in practice: An introductory guide to the schema mode approach.* Wiley-Blackwell.

Arntz, A., & Weertman, A. (1999). Treatment of childhood memories: Theory and practice. *Behaviour Research and Therapy, 37*, 715–740.

Bell, T. (2014, November 28). *Compassion-focused therapy group work in primary care: Tensions and successes in delivering CFT groups in a time-limited service.* Paper presented at the 3rd International Conference of Compassion Focused Therapy, Birmingham, UK.

Bell, T. (2018, June 15). *The therapeutic relationship in compassion-focused therapy chair work.* Paper presented at the Therapeutic Relationship Conference, Derby, UK.

Bell, T. (2019, February 27). *Compassion-focused therapy chair work.* Workshop, Manchester, UK.

Bell, T., Dixon, A., & Kolts, R. (2016). Developing a compassionate internal supervisor: Compassion focused therapy for trainee therapists. *Journal of Clinical Psychology and Psychotherapy, 24*, 632–648.

Bell, T., Montague, J., Elander, J., & Gilbert, P. (2019). 'A definite feel-it moment': Embodiment, externalisation and emotion during chair-work in compassion-focused therapy. *Counselling & Psychotherapy Research, 20*, 143–153.

Bell, T., Montague, J., Elander, J., & Gilbert, P. (2020). 'Suddenly you are King Solomon': Multiplicity, transformation and integration in compassion-focused therapy chair work.' *Journal of Psychotherapy Integration.* (Advance online).

Bennett-Levy, J., Westbrook, D., Fennell, M., Cooper, M., Rouf, K., & Hackmann, A. (2004). Behavioural experiments: Historical and conceptual underpinnings. In J. Bennett-Levy, G. Butler, M. Fennell, A. Hackman, M. Mueller, & D. Westbrook (Eds.). *Oxford guide to behavioural experiments in cognitive therapy* (pp. 1–20) (Cognitive Behaviour Therapy: Science and Practice Series). Oxford University Press.

Ferster, C. (1973). A functional analysis of depression. *American Psychologist, 28*, 857–870.

Gilbert, P. (1989). *Human nature and suffering.* Lawrence Erlbaum Associates.

Gilbert, P. (2000). Social mentalities: Internal 'social' conflicts and the role of inner warmth and compassion in cognitive therapy. In P. Gilbert & K. Bailey (Eds.). *Genes on the couch: Explorations in evolutionary psychology* (pp. 118–150). Brunner-Routledge.

Gilbert, P. (2010). *Compassion focused therapy.* Routledge.

Gilbert, P. (2017). Compassion as a social mentality: An evolutionary approach. In P. Gilbert (Ed.). *Compassion: Concepts, research and applications* (pp. 31–68). Routledge

Gilbert, P. (2019). Explorations into the nature and function of compassion. *Current Opinion in Psychology, 28*, 108–114.

Gilbert, P., & Basran, J. (2018). Imagining one's compassionate self and coping with life difficulties. *EC Psychology and Psychiatry, 7*, 12, 971–978.

Gilbert, P., & Choden (2013). *Mindful compassion*. Constable & Robinson.

Gilbert, P., & Irons, C. (2005). Focused therapies and compassionate mind training for shame and self-attacking. In P. Gilbert (Ed.). *Compassion: Conceptualisations, research and use in psychotherapy* (pp. 263–325). Routledge

Greenberg, L. (1979). Resolving splits: Use of the two-chair technique. *Psychotherapy: Theory, Research and Practice, 20*, 190–201.

Greenberg, L., Rice, L., & Elliott, R. (1993). *Facilitating emotional change: The moment-by-moment process*. Guilford.

Heriot-Maitland, C., McCarthy-Jones, S., Longden, E., & Gilbert, P. (2019). Compassion focused approaches to working with distressing voices. *Frontiers in Psychology, 10*, 152.

Holmes, E., & Mathews, A. (2005). Mental imagery and emotion: A special relationship? *Emotion, 5*, 489–497.

Kellogg, S. (2015). *Transformational chair work: Using psychotherapeutic dialogues in clinical practice*. Rowan and Littlefield.

Kipper, D., & Ritchie, T. (2003). The effectiveness of psychodramatic techniques: A meta-analysis. *Group Dynamics: Theory, Research, and Practice, 7*, 13–25.

Kirby, J., Doty, J., Petrocchi, N., & Gilbert, P. (2017). The current and future role of heart rate variability for assessing and training compassion. *Frontiers in Public Health, 5*, 1–6.

Kolts, R. (2015, October 19). *CFT made simple: Understanding and Integrating the Layers of Compassion-Focused Therapy*. Workshop, Derby, UK.

Kolts, R. (2016). *CFT made simple: A clinician's guide to practicing compassion focused therapy*. New Harbinger.

Lee, D. (2005). The perfect nurturer: A model to develop compassionate mind within the context of cognitive therapy. In P. Gilbert (Ed.). *Compassion: Conceptualisations, research and use in psychotherapy* (pp. 236–251). Routledge.

Luyten, P., Campbell, C., Allison, E., & Fonagy, P. (2020). The mentalizing approach to psychopathology: State of the art and future directions. *Annual Review of Clinical Psychology, 16*, 297–325.

McFall, R., & Twentyman, C. (1973). Four experiments on the contribution of rehearsal, modelling, and coaching to assertion training. *Journal of Abnormal Psychology, 3*, 199–281.

McNeilage, L., & Adams, K. (1979). The method of contrasted role-plays: An insight-orientated model for role-playing in assertiveness training groups. *Psychotherapy: Theory, Research and Practice, 16*, 158–170.

Moreno, J. (2014). *Impromptu man: J.L. Moreno and the origins of psychodrama, encounter culture, and the social network*. Bellevue Literary.

Paivio, S., Jarry, J., Chagigiorgis, H., Hall, I., & Ralston, M. (2010). Efficacy of two versions of emotion-focused therapy for resolving child abuse trauma. *Psychotherapy Research, 20*, 353–366.

Perls, F. (1969). *Gestalt therapy verbatim*. Real People Press.

Porges, S. (2011). *The polyvagal theory: Neurophysiological foundations of emotions, attachment, communication, and self-regulation* (The Norton Series on Interpersonal Neurobiology). W.W. Norton.

Pugh, M. (2017). Chair work in cognitive behavioural therapy: A narrative review. *Cognitive Therapy Research, 41*, 16–30.

Pugh, M. (2019a). *Cognitive behavioural chair work: Distinctive features*. Routledge.

Pugh, M. (2019b). Working with maladaptive therapist modes: An action experiential approach to supervision. *Schema Therapy Bulletin, 3*, 10–14.

Pugh, M., & Salter, C. (2018). Motivational chair work: An experiential approach to resolving ambivalence. *European Journal of Counselling Theory, Research and Practice, 2*, 1–15.

Rowan, J. (2010). *Personification: Using the dialogical self in psychotherapy and counselling*. Routledge.

Shahar, B., Carlin, E., Engle, D., Hegde, J., Szepsenwol, O., & Arkowitz, H. (2012). A pilot investigation of emotion-focused two-chair dialogue intervention for self-criticism. *Clinical Psychology and Psychotherapy, 19*, 496–507.

Stone, H., & Winkleman, S. (1988). *Embracing our selves: The voice dialogue manual*. Nataraj.

Tobin, S. (1976). Saying goodbye in Gestalt Therapy. In C. Hatcher & P. Himelstein (Eds.), *The hand-book of Gestalt Therapy* (pp. 371–383). Aronson.

Whelton, W., & Greenberg, L. (2005). Emotion in self-criticism. *Personality and Individual Differences, 38*, 7, 1583–1595.

18

Terapia focada na compaixão para dificuldades na regulação emocional

Chris Irons

Como Gilbert descreveu no Capítulo 2, a TFC adota uma abordagem biopsicossocial embasada pela evolução para entender as emoções e, em especial, como elas operam a serviço e na orientação de motivos básicos (p. ex., proteção contra ameaças, aquisição de recursos, descanso e conexão). Considerando-se que as emoções se situam na essência dessa abordagem, o trabalho com dificuldades na regulação emocional — e a tentativa de promover a regulação emocional útil com a ajuda do *self* compassivo — é um foco central para a TFC.

O que é regulação emocional?

Como a maioria dos conceitos, há muitas visões diferentes sobre isso, mas "regulação emocional" é um termo relativamente recente que se refere à nossa habilidade (ou inabilidade, com a desregulação emocional) de notar, monitorar, entender e modificar nossas emoções, visando a cumprir nossos objetivos ou seguir nossas motivações. Nesse sentido, a regulação emocional tem um papel central, tanto no processo como na finalidade da TFC, e também no que promove a mudança durante e após a TFC.

Um dos pioneiros da teoria e da pesquisa da regulação emocional é James Gross, que sugeriu que regulação emocional é um processo em que um indivíduo influencia (Gross, 2015):

- o tipo de emoções que ele tem;
- quando ele tem uma emoção;
- como ele experiencia uma emoção;
- como ele expressa ou usa uma emoção.

A regulação emocional pode envolver uma ação tomada para influenciar ou mudar as emoções — independentemente de elas serem úteis e adaptativas ou menos úteis e desadaptativas.

Problemas na regulação emocional

Embora a literatura de pesquisa tenha encontrado que algumas pessoas são capazes de regular suas emoções de formas consistentemente úteis, outras têm dificuldade. De fato, algumas delas têm inabilidade consistente para regular as emoções, ou usam estratégias que, em última análise, causam a elas e/ou a outras pessoas mais estresse e sofrimento. Isso é conhecido como dificuldades na regulação emocional, ou *desregulação emocional*. Embora não haja estratégias para regular emoções que são "ruins", pesquisas identificaram que certos tipos de estratégias (p. ex., supressão da emoção, evitação e ruminação) estão significativamente associadas a níveis mais elevados de estresse e sintomatologia de saúde mental (p. ex., Aldao, Nolen-Hoeksema, & Schweizer, 2010), sobretudo quando são usadas de maneira repetitiva. Pesquisadores encontraram que as dificuldades de regulação emocional são comuns em dificuldades de saúde mental, com os grupos clínicos pontuando mais alto em dificuldades de regulação emocional do que grupos não clínicos (p. ex., Garnefski et al., 2002).

Estratégias úteis de regulação emocional

Assim como fundamentalmente não há estratégias de regulação emocional não saudáveis, também não há aquelas que são intrinsecamente boas ou saudáveis, pois muito disso depende do contexto e de como elas estão sendo usadas (p. ex., práticas de *mindfulness* e autocompaixão podem ser usadas a serviço da evitação não saudável). Entretanto, pesquisadores viram que há tendência a haver uma variedade de estratégias de regulação emocional que estão associadas a resultados positivos e à melhora na saúde mental. Elas incluem coisas como a habilidade de nomear as emoções, a habilidade de tolerar e entender as emoções, a aceitação e a validação dos nossos sentimentos e várias formas de reavaliação cognitiva (Gross, 2015).

Treino da mente compassiva e regulação emocional: companheiros felizes

Poderia ser argumentado apropriadamente que todas as terapias trabalham para tentar melhorar a regulação emocional — de maneiras mais ou menos explícitas. No entanto, há muitos pontos de convergência entre a TFC e as ideias de regulação emocional em específico. O treino da mente compassiva (TMC; Capítulo 2) procura utilizar várias práticas mentais e corporais baseadas em evidências que estão associadas ao cultivo de níveis mais altos de compaixão por si e pelos outros. Há indícios crescentes de como a compaixão (Di Bello et al., 2020; Kirby et al., 2017) está associada a uma gama de sistemas psicológicos importantes, incluindo o nervo vago. Igualmente, existem muitos estudos destacando o papel do nervo vago na regulação emocional saudável. Por exemplo, em uma revisão de 135 estudos, Balzarotti et al. (2017) encontraram que aumentos no controle faseado vagal cardíaco estavam associados a esforços para regular a emoção e a recuperação do estresse.

Há ainda outras sobreposições. Por exemplo, práticas de TMC se mostraram associadas à maior segurança no apego (Irons & Heriot-Maitland, submetido), e o apego seguro demonstrou estar associado ao tônus vagal mais alto; por sua vez, isso está associado à recuperação mais efetiva da ativação experimental de raiva (Diamond & Hicks, 2005).

É evidente que a TFC está interessada em cultivar diferentes fluxos de compaixão, e níveis mais altos de compaixão por si e pelos outros mostraram estar associados a estratégias de regulação emocional mais saudáveis. Igualmente, a TFC está interessada na vergonha e no autocriticismo, e, embora muitos estudos tenham apresentado uma redução na vergonha e no autocriticismo pós-TFC, ambos estão associados a estratégias de regulação emocional tipicamente "não úteis", como supressão emocional, evitação e ruminação (Cheung et al., 2004; Carvalho et al., 2015).

Modelo de regulação emocional

Há muitos modelos de regulação emocional (MREs). Um modelo que desenvolvi para *The Compassionate Mind Approach to Difficult Emo-*

tions (Irons, 2019) tentou integrar algumas das maravilhosas ideias e pesquisas a um modelo claro e simples de seguir (Fig. 18.1). Esse modelo foi influenciado por algumas das ideias principais na literatura da regulação emocional (p. ex., Gross, 2015) e pode ser usado por terapeutas e clientes para identificar áreas de dificuldades relativas e pontos fortes quando se trata de regular emoções e, com base nisso, concentrar as intervenções em áreas para mudança durante a terapia.

O modelo descreve cinco aspectos do processo de regulação emocional com os quais qualquer pessoa pode ter dificuldades. Ele não pretende abranger todos os aspectos da regulação emocional, apenas alguns dos principais, nos quais podemos focar em uma estrutura da TFC. Eles estão indicados no centro do diagrama, com flechas ascendentes e descendentes para representá-los como um fluxo dinâmico, em vez de passos ou processos lineares.

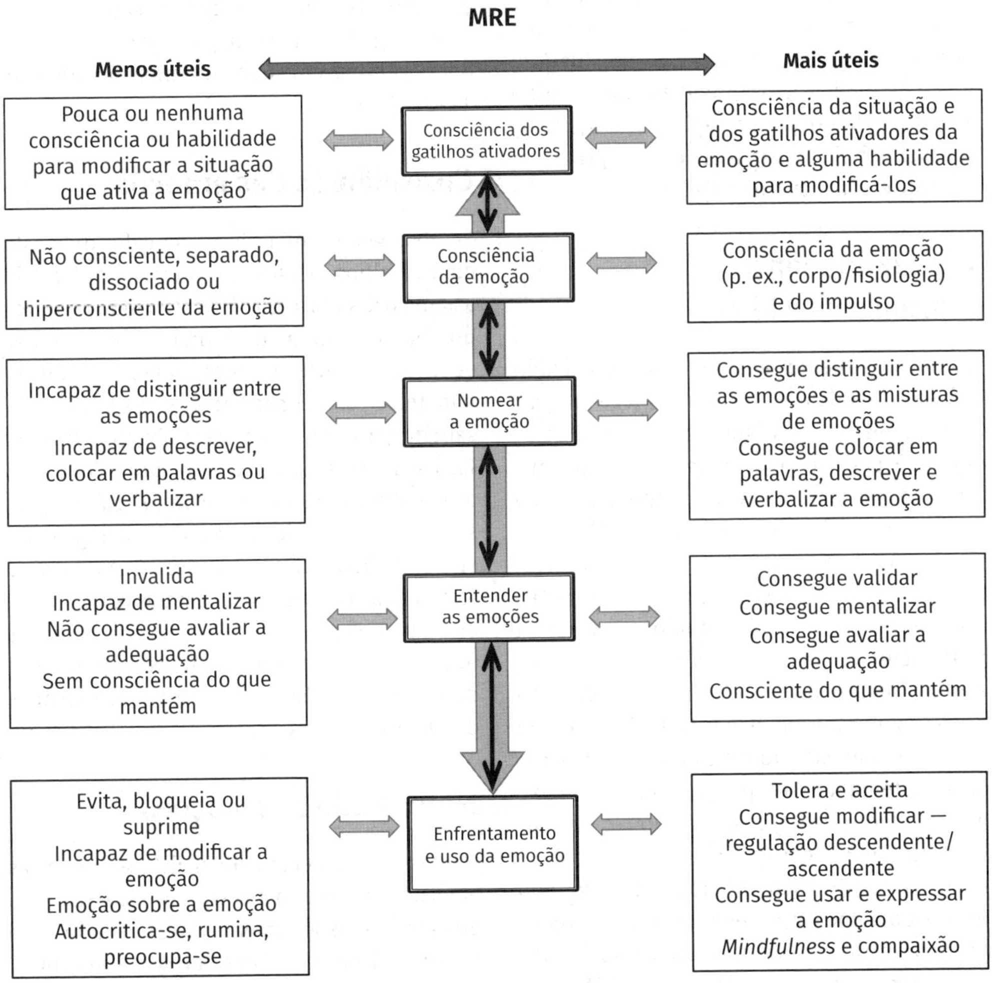

FIGURA 18.1 Modelo de regulação emocional.
Fonte: Irons (2019), com permissão da Little, Brown.

No lado esquerdo do modelo, estão as dificuldades com a regulação emocional que são típicas de cada etapa e que muitas vezes são processos nucleares em que muitos terapeutas vão trabalhar durante a terapia. No lado direito estão as estratégias mais úteis de regulação emocional, que frequentemente são focadas e fortalecidas durante a terapia.

Usando uma cópia impressa como orientação para o cliente, o terapeuta pode empregar esse modelo como um guia para avaliar os problemas (e as habilidades) de regulação emocional, fornecendo psicoeducação sobre como e por que a pessoa pode ter dificuldade para regular suas emoções (p. ex., história inicial de modelagem/aprendizagem social) e considerando no que a terapia pode focar e os tipos de habilidades que podem ser proveitosamente ensinados e praticados.

Treino da mente compassiva e MRE

A ajuda aos clientes a se deslocar para o lado direito do modelo — e aprender a se engajar e utilizar estratégias úteis de regulação emocional — pode ser dada após ou concomitantemente aos exercícios de treino da mente compassiva (TMC; veja o Capítulo 2), como respiração tranquilizante, *self* compassivo, etc., que estão associados ao tônus vagal (Di Bello et al., 2020). Por exemplo, ter acesso a uma mente compassiva ajuda a apoiar o desenvolvimento de habilidades para regulação emocional, e muitas das estratégias no lado direito do modelo são melhoradas pelo acesso ao sistema nervoso parassimpático/vago e às qualidades do *self* compassivo (p. ex., sabedoria, força e compromisso). Às vezes, as práticas de TMC são as habilidades do lado direito do modelo e são ensinadas diretamente como estratégias de regulação emocional.

Veremos isso para cada passo do MRE.

Consciência dos ativadores de emoções

Este primeiro passo do modelo está relacionado à habilidade de um indivíduo de estar consciente dos ativadores — sejam eles determinadas situações ou formas de pensar — que podem ter provocado — ou podem no futuro provocar — emoções difíceis. Infelizmente, algumas pessoas são cegas para o quanto as circunstâncias atuais ou futuras podem estar estimulando o sistema de ameaça e/ou emoções difíceis e, por conseguinte, são incapazes de se engajar em estratégias que podem ajudar. Examinaremos isso em mais detalhes na Tabela 18.1.

Consciência das emoções

Se você pegou uma xícara de café, mas está com os olhos fechados, é provável que ainda assim você saiba o que é, percebendo aspectos do objeto, como a sua forma. No entanto, se você nunca viu ou segurou uma xícara antes, não teria essa consciência e, portanto, não saberia para que serve esse objeto estranho. Isso se assemelha um pouco com a forma ou as características das emoções. Algumas pessoas — às vezes, devido à sua modelagem social — acham difícil perceber e reconhecer a forma das suas emoções. Sem essa consciência, é menos provável que elas sejam capazes de se engajar em formas sábias e apoiadoras de manejá-las. Examinaremos isso em mais detalhes na Tabela 18.2.

Nomeando as emoções

Muitas pessoas acham difícil distinguir entre as emoções ou mesmo colocar em palavras suas emoções e seus sentimentos antes de tudo. Esse tipo de dificuldade foi descrito como *alexitimia*, uma palavra grega que significa “sem palavras

TABELA 18.1 Consciência dos gatilhos ativadores

Menos úteis	Objetivo terapêutico	Possíveis intervenções para uso
1. Os indivíduos podem não ter consciência de que está para acontecer — ou está acontecendo atualmente — uma situação que pode estar associada a um evento emocional difícil. Isso algumas vezes é chamado de *cegueira situacional*.	Ajudar os clientes a se tornarem mais conscientes de situações atuais/futuras que podem ter o potencial de estimular seu sistema de ameaça e ativadores comuns de emoções difíceis.	Aprender com o passado — procurar nas experiências vividas quais tipos de situações foram associadas a emoções difíceis ou estratégias não úteis de regulação emocional no passado. Com isso em mente, o reconhecimento do passado pode ser um guia para a maior consciência de situações futuras que podem ser ativadoras de emoções difíceis. Consciência aumentada dos ativadores no momento presente, por meio de treino de *mindfulness* e atenção. Isso pode incluir ensinar o cliente a se tornar mais atento à sua mente e ao seu corpo (p. ex., *mindfulness* dos pensamentos/varredura corporal, etc.) e a perceber como ciclos na mente podem ser ativadores comuns de emoções estressantes.
2. Podem achar difícil modificar situações atuais ou futuras que ativam emoções difíceis.	Ajudar os clientes a aprender a modificar e mudar situações que podem ser ativadoras de emoções difíceis.	As intervenções aqui envolvem o uso do *self* compassivo como parte aterrada e sábia do *self* para modificar situações difíceis. Isso pode incluir perguntas guiadas (Irons, 2019): • O que seu *self* compassivo entende sobre como e por que essa situação é um ativador para emoções estressantes? (p. ex., essas situações estão ligadas a decepções, a se sentir ameaçado ou a ser bloqueado de um objetivo?) • Afastando-se da situação, existem maneiras de pensar ou se comportar que mudariam alguns dos aspectos que estão desencadeando emoções angustiantes ou seu relacionamento com elas? Quais seriam elas? • Como seu *self* compassivo, que qualidades e habilidades você precisaria para dar sentido a essas modificações? • Há mais alguma coisa que poderia ajudá-lo com isso? Por exemplo, há alguém com quem você poderia falar que o ajudaria a refletir sobre as coisas e fazer as mudanças que você precisa fazer? • O que o *self* compassivo sabe sobre o que ajudou em situações ativadoras similares anteriores? • O que seu *self* compassivo faria se fosse um bom amigo que estivesse lutando com o mesmo tipo de dificuldade?

(Continua)

TABELA 18.1 Consciência dos gatilhos ativadores *(Continuação)*

Menos úteis	Objetivo terapêutico	Possíveis intervenções para uso
3. Pode ter dificuldade para selecionar ou escolher situações que são úteis — por exemplo, são incapazes de dizer "não" para passar um tempo com conhecidos que são críticos, autofocados ou não empáticos. Também podem achar difícil entender como fazer contato com situações ligadas a emoções positivas.	Ajudar os clientes a selecionar situações que são mais prováveis de ativar os sistemas de *drive* e tranquilização e protegê-los do contato *desnecessário* (ou minimizá-lo) com o sistema de ameaça.	Ajudar os clientes a usar seu *self* compassivo para apoiar a sabedoria, a consciência e o planejamento, guiados por várias perguntas (Irons, 2019): • Que situações você tem pela frente, nas próximas semanas, que podem ativar emoções do seu sistema de ameaça, de *drive* ou calmante? • Se você olhar em seu diário, consegue identificar dificuldades potenciais que podem surgir nas duas próximas semanas? • Se houver situações futuras que possam ativar emoções do sistema de ameaça, há alguma coisa que você pode fazer para limitar o impacto delas, ou se manter afastado delas de uma forma sábia e não evitativa? • Se houver uma falta de situações que estejam associadas a emoções do sistema de *drive* ou calmante, o que você pode fazer para aumentá-las? Que situações seriam essas? Em que situações você poderia se engajar que lhe dariam uma sensação das emoções do sistema de *drive* (p. ex., excitação, alegria) ou calmante (p. ex., calma, contentamento)?

TABELA 18.2 Consciência das emoções

Menos úteis	Objetivo terapêutico	Possíveis intervenções para uso
1. Os clientes podem não ter consciência, estar desligados ou dissociados das emoções — isso pode levar a dificuldades para notar as emoções quando elas surgem, ou a uma falta de consciência de como elas surgem ou chegam a um "padrão" específico em nosso corpo (p. ex., fisicamente, ou impulsos/urgências).	Ajudar a construir a consciência dos clientes sobre a emoção (p. ex., corpo/fisiologia) e sobre os impulsos ligados à emoção (p. ex., desejo de fugir da ansiedade; gritar ou atacar com raiva).	Há inúmeras intervenções que são úteis aqui: 1. Ajudar os clientes a desenvolver maior consciência do padrão ou das características de cada emoção. Isso inclui como uma emoção específica afeta *a fisiologia, a atenção, o pensamento, o comportamento, a imagem mental e a motivação.* Os clínicos podem começar ajudando os clientes a reconhecer quais aspectos de uma emoção eles podem perceber e quais aspectos eles têm dificuldade em lidar. Várias perguntas podem ajudar com isso (de Irons, 2019): • É fácil notar essa emoção após ativada? • Onde a emoção aparece em seu corpo? • Para que ela crescesse e ficasse mais forte, para quais partes do seu corpo ela iria?

(Continua)

TABELA 18.2 Consciência das emoções *(Continuação)*

Menos úteis	Objetivo terapêutico	Possíveis intervenções para uso
		• Como é a sensação da emoção no seu corpo (p. ex., agradável ou desagradável, leve, pesada, etc.)? • Qual é o impulso em seu corpo na presença dessa emoção? • O que acontece ao seu pensamento na presença dessa emoção? Que pensamentos passam pela sua mente? • A que você presta atenção quando sente essa emoção? 2. Praticar *mindfulness* e, especialmente, *mindfulness* baseado no corpo e na emoção pode ser útil. Isso pode envolver ajudar os clientes a terem mais consciência das emoções quando elas surgem no corpo, incluindo as características já descritas.
2. Alguns clientes podem estar hiperconscientes da emoção — por isso, podem se tornar completamente preocupados ou fundidos com a emoção e não ser capazes de "enxergar o todo". Por exemplo, hipervigilância para sintomas de saúde física, com medo de ter uma doença (p. ex., câncer ou ataque cardíaco).	Ajudar os clientes a construir sua habilidade de "aumentar o *zoom*" e se tornar consciente de outra coisa além da emoção/preocupação.	Consciência atenta, conceito de atenção como holofote ou câmera que pode ser mudada e direcionada conscientemente. Prática de atenção focada e consciência aberta. Trabalho sobre aceitação da experiência sem precisar se agarrar a ela — fortalecer a observação de si mesmo.

para as emoções". Essa condição engloba dificuldades para identificar, descrever, entender e expressar emoções e tem sido associada a dificuldades na regulação emocional. Pesquisas mostraram que cerca de 5% das mulheres podem experienciar esses tipos de dificuldades, e aproximadamente 9% dos homens (Kokkonen et al., 2001), e que as taxas de alexitimia são muito altas em diversos problemas de saúde mental (Leweke et al., 2012). Pessoas com alexitimia com frequência descrevem suas emoções em termos gerais — como se sentir "horrível" ou "mal". Elas podem ter dificuldade para usar palavras mais descritivas para nomear seus sentimentos. Assim, por exemplo, não conseguem nomear "eu me sinto ansioso e triste" como a razão para estarem se sentindo mal. Às vezes, a descrição é feita em um nível físico, como "meu estômago está tenso", mas sem fazer a conexão de que isso ocorre porque estão se sentindo ansiosos. Examinaremos isso em mais detalhes na Tabela 18.3.

TABELA 18.3 Nomeando as emoções

Menos úteis	Objetivo terapêutico	Possíveis intervenções para uso
1. Os clientes podem ter dificuldade para descrever ou colocar as emoções em palavras — por exemplo, responder com "não sei" quando perguntados sobre o que estão sentindo, ou dando descrições em pinceladas gerais (p. ex., "me sinto um lixo" ou "muito mal").	Ajudar os clientes a aprender como descrever e expressar verbalmente sentimentos e emoções.	1. Nomear o momento presente Isso envolve reflexões simples sobre o aqui e agora: • No momento, como você descreveria o que está sentindo? • No momento, não estou sentindo... Os clientes podem programar lembretes no seu telefone — ou por outros métodos — para fazer isso a cada hora, deliberadamente ativando e percebendo os sentimentos que estão experienciando. 2. Exame diário das emoções Aqui os clientes são encorajados a, no final do dia, fazer uma retrospectiva e considerar algumas das coisas diferentes que aconteceram com eles (p. ex., ir a uma reunião, o percurso até o trabalho, encontrar-se com um amigo para comer). Ao lado desses eventos, pede-se que os clientes recordem e anotem as emoções que experienciaram durante essa situação. 3. Nomear memórias emocionais Aqui os clientes são guiados a voltar no tempo, encontrar uma memória de uma situação emocionalmente estimulante e, usando imagem mental/memória, começar a descrever os sentimentos e as emoções (e o padrão mais amplo da emoção) que surgem com a memória.
2. Os clientes podem achar difícil distinguir entre diferentes emoções.	Ajudar a melhorar a habilidade de distinguir entre as emoções (p. ex., raiva e ansiedade) e as misturas de emoções (p. ex., a diferença entre "tipos" de raiva, como aborrecimento, irritação, frustração).	1. Aqui é solicitado que os clientes identifiquem situações, pessoas ou memórias sobre as quais eles têm sentimentos ou emoções mistas. Com isso em mente, eles podem trabalhar e nomear: • os diferentes tipos de sentimentos associados; • a emoção que é experienciada mais intensamente nessa situação; • as emoções que não são experienciadas; • as emoções que menos gostariam de experienciar. 2. *Mindfulness* pode ser útil aqui como forma de perceber diferenças sutis na sensação sentida das emoções — se é assim que elas surgem no corpo, ou como elas surgem com pensamentos ou intenções ligeiramente diferentes.

Entendendo as emoções

Embora algumas pessoas consigam perceber e nomear suas emoções, elas têm dificuldade para entender por que as estão experienciando. Muitas pessoas invalidam o que estão sentindo, ou têm dificuldade em enxergar a realidade de uma situação e considerar as circunstâncias que podem ter levado a uma emoção, mesmo que a emoção experimentada ou expressa não seja útil. A Tabela 18.4 destaca mais detalhadamente como isso se revela nas apresentações dos clientes e o que pode ajudar nas sessões.

Usando e lidando com as emoções

Há muitas formas pelas quais podemos tentar lidar com nossas emoções, e os pesquisadores descobriram que, embora algumas estratégias — como aceitação e autocompaixão — possam ser bem úteis, outras — como supressão, evitação e ruminação — podem dificultar o manejo das nossas emoções de forma útil e saudável. Examinaremos isso em mais detalhes na Tabela 18.5.

TABELA 18.4 Entendendo as emoções

Menos úteis	Objetivo terapêutico	Possíveis intervenções para uso
1. Aqui os clientes tendem a invalidar suas emoções, dizendo a si mesmos que o que estão experienciando está errado ou que não há razões para que eles se sintam assim.	Ajudar os clientes a se conectar com a realidade dos seus sentimentos, incluindo as circunstâncias que levaram a isso. Apoiar as pessoas sobre como entender e reconhecer porque elas estão sentindo o que estão sentindo, independentemente de a emoção ter sido útil ou não.	1. Usar o *self* compassivo para ajudar com a validação. Ao nos colocarmos no lugar de uma parte de nós que é sábia, forte e cuidadosa, podemos então: • validar porque inicialmente podemos ter invalidado nossas emoções (p. ex., reconhecer isso como hábito ou alguma coisa que nos disseram); • nomear a emoção sentida e trocar para a posição de "Posso entender por que eu estava sentindo raiva, pois meu chefe foi..."; • preservar a função evoluída das emoções – a ideia de que elas estão ali para nos proteger; • lembrar de que não escolhemos ter emoções; • considerar o que diríamos a um amigo se ele estivesse lutando com uma emoção difícil e ficasse se invalidando; • focar na intenção de seguir em frente – tentar ser apoiador e cuidadoso com o que estamos experienciando. 2. Usar uma memória de uma situação em que o cliente foi validado por outra pessoa, ou usar a imagem do seu outro compassivo para oferecer sabedoria e validação sobre seus sentimentos.

(Continua)

TABELA 18.4 Entendendo as emoções *(Continuação)*

Menos úteis	Objetivo terapêutico	Possíveis intervenções para uso
2. Os clientes podem ter dificuldade para olhar para suas emoções, seus sentimentos e suas ações e entendê-los no contexto dos seus motivos, das suas necessidades, dos seus pensamentos, etc.	Ajudar os clientes a reconhecer que, embora as "causas" das emoções sejam complexas, é importante estar consciente e aprender a olhar para dentro, para nossas experiências, e trazer sabedoria e compreensão de por que estávamos sentindo o que estávamos sentindo.	3. Podemos usar o *self* compassivo para facilitar a mentalização, principalmente porque essa parte do *self* está ligada à sabedoria e à reflexão. Isso pode se ligar a várias questões: • Perceber o padrão (p. ex., pensamento, comportamento, atenção) associado à emoção. • Refletir sobre que motivo estava ligado a essa emoção (p. ex., proteger a si e ao outro; tentar evitar alguma coisa desagradável; querer ou perseguir alguma coisa; estar bloqueado para obter alguma coisa importante). • Dados esses *insights*, como pode fazer sentido que você tenha sentido a emoção que sentiu? Juntamente com essas perguntas, é importante ajudar os clientes a se manterem apegados a duas ideias importantes em torno de "não é sua culpa": I. Não escolhemos ter as emoções que temos — elas foram designadas para nós, e não por nós. II. Nossa modelagem social na vida — sobre a qual tivemos pouco controle — influenciou nossas reações emocionais.
3. Podem ter dificuldade para avaliar a adequação das emoções.	Ajudar os clientes a aprenderem a avaliar suas emoções — aprenderem a ver sua adequação.	Pode ser útil aqui considerar a ideia de "sabedoria das emoções" — a ideia de que, embora possam trazer dor para nossa vida, elas evoluíram com importantes funções de sobrevivência. Mas, como pode ser desagradável experienciá-las, podemos nos afastar, bloquear ou ignorar o que elas estão tentando nos dizer sobre alguma coisa. O conceito de emoções como um tipo de radar de relevância é importante aqui. A partir daqui, podemos então ajudar os clientes a acessar seu *self* compassivo para refletir sobre uma experiência emocional recente, usando as seguintes perguntas como um guia: • Como essa emoção poderia estar tentando ajudá-lo, considerando-se a situação em que ela surgiu? • Se a emoção pudesse falar, o que ela estaria tentando lhe dizer sobre o que acabou de acontecer?

(Continua)

TABELA 18.4 Entendendo as emoções *(Continuação)*

Menos úteis	Objetivo terapêutico	Possíveis intervenções para uso
		• O que ela está pedindo que você aborde, ou sugerindo que poderia ser feito (p. ex., desafiar uma injustiça; reconectar-se depois de uma perda)? Junto a essas questões, pode ser útil apresentar aos clientes uma lista das funções evoluídas das emoções e usar isso como um guia psicoeducacional (veja a Tab. 18.1).
4. Dificuldade para saber o que mantém as emoções ou as faz prosseguir.	Ajudar os clientes a obterem maior consciência dos processos que mantêm as emoções e a encontrarem formas úteis de minimizá-las/reduzi-las.	Pode ser útil aqui dividir entre mantenedores *internos* (p. ex., preocupação, ruminação, autocriticismo, evitação experiencial) e *externos* (p. ex., outros críticos, mídias sociais, trabalho estressante) de emoções difíceis. Para os mantenedores internos, é útil se engajar em várias intervenções (p. ex., *mindfulness*, práticas de autocompaixão, etc.). Para mantenedores externos, pode-se estabelecer tarefas práticas (p. ex., o compromisso de mudar o uso das mídias sociais) ou desenvolver maior assertividade para trazer mudança para uma carga de trabalho exagerada ou um gerente arrogante.

TABELA 18.5 Usando e lidando com as emoções

Menos úteis	Mais úteis	Possíveis intervenções para uso
1. Para muitos clientes, as emoções podem ser devastadoras e assustadoras. Como para qualquer experiência desagradável, as pessoas podem ter aprendido estratégias para tentar mitigar sentimentos dolorosos de várias maneiras (p. ex., supressão, distração, uso de substâncias, etc.), mesmo que acabem contribuindo para mais estresse.	É útil aqui aprender a usar a mente compassiva para aceitar e tolerar emoções difíceis e desagradáveis, em vez de se engajar nelas a partir do sistema de ameaça.	Há inúmeras intervenções úteis aqui: • *Mindfulness* da emoção e dos sentimentos — percebendo quando eles surgem e diminuem e aprendendo a se manter em uma posição de observação, em vez de ser atraído para reações do sistema de ameaça (p. ex., evitação, autocriticismo) sobre eles. • Praticar a estabilidade do corpo e da mente (p. ex., trabalho de postura corporal, ritmo respiratório calmante) e então trazer à mente uma emoção difícil (p. ex., por meio da memória de uma experiência estressante recente). • Estabelecer intenção compassiva de tolerar as emoções. Isso pode assumir várias formas, desde o uso de imagem mental de como o *self* compassivo gerenciaria uma situação associada a uma experiência difícil, até a corporificação real do *self* compassivo um pouco antes ou

(Continua)

TABELA 18.5 Usando e lidando com as emoções *(Continuação)*

Menos úteis	Mais úteis	Possíveis intervenções para uso
		mesmo durante uma experiência emocional difícil. • Aceitação compassiva — trazer a sabedoria e as habilidades de mentalização do *self* compassivo para apoiar a aceitação das emoções.
2. Como um botão de volume quebrado para aumentar ou abaixar o volume, algumas pessoas têm dificuldade para modificar a intensidade ou a duração das suas emoções. Em linguagem simples, os clientes podem: a. experienciar "demais" uma emoção, o que acham difícil de infrarregular (p. ex., ansiedade demais, que os impede de falar com alguém que acham atraente); b. experienciar "muito pouco" ou de forma pouco frequente uma emoção, o que eles acham difícil regular para cima, de uma forma que seja útil para a situação em que se encontram (p. ex., ter raiva quando é tratado mal por um colega de trabalho).	Ensinar habilidades de regulação ascendente e descendente das emoções.	As estratégias variam aqui, dependendo do foco: <u>Redução da intensidade das emoções</u> Técnicas de aterramento e estabilização emocional, incluindo: • postura; • foco no aqui e agora; • uso de objetos seguros e aromas; • ritmo respiratório tranquilizante; • escrita expressiva; • engajamento na estabilidade do *self* compassivo. <u>Aumento da intensidade das emoções</u> Aumento do volume das emoções, com o uso de uma variedade de técnicas e práticas, como: • uso da escrita expressiva para elaborar aspectos da experiência emocional; • uso de imagem mental como veículo para experimentar experiências emocionais e expressões mais abrangentes; • dramatização na sessão.

(Continua)

TABELA 18.5 Usando e lidando com as emoções *(Continuação)*

Menos úteis	Mais úteis	Possíveis intervenções para uso
3. Emoção sobre a emoção — até onde sabemos, nenhum outro animal consegue experienciar emoções sobre suas emoções. Infelizmente, para muitos de nós, podemos ficar presos a ciclos não úteis que exacerbam ainda mais o estresse emocional. Por exemplo, os clientes podem se sentir: • com raiva por estarem tristes; • ansiosos por estarem com raiva; • envergonhados por estarem ansiosos.	Ensinar habilidades relacionadas a perceber e aceitar emoções, e começar a usar e expressar emoções de formas úteis.	Muitas das habilidades já discutidas ajudam nesse caso, mas uma prática principal aqui é a dos múltiplos *selves*. A experiência inicial de ajudar os clientes a experienciarem cada *self* emocional — e permanecerem conectados a "ele", em vez de mudarem para outra emoção sobre ele. Usar a ideia de múltiplos *selves* para explorar a relação entre as emoções (p. ex., raiva pela ansiedade) e desenvolver compreensão sobre por que essa relação se desenvolveu. Trocar para o *self* compassivo como parte do *self* que se relaciona com as emoções.
4. Ruminar, preocupar-se ou se criticar por emoções que são estressantes. Aqui os clientes podem trazer habilidades do novo cérebro (veja o Capítulo 2) — como autocriticismo, ruminação e preocupação — para suas emoções. Isso pode incluir culpar a si mesmos e ruminar sobre por que estão tendo dificuldade com um sentimento difícil, ou se preocupando se podem experienciar uma emoção em algum momento no futuro (p. ex., ter um ataque de pânico quando falar em público).	Apoiar as pessoas em como elas podem usar a atenção plena e a autocompaixão em relação às suas próprias emoções e lutas — cultivar um relacionamento diferente de *self* para *self*.	Há várias práticas que ajudam nesse caso, como as listadas a seguir: • *Mindfulness* dos pensamentos — aprender a recuar, afastando-se do autocriticismo, da ruminação e da preocupação. • Identificar o quanto eles são frequentes e quando tendem a acontecer (p. ex., usando um caderno ou diário). • Verificar a função — o que está por trás disso? O que você temeria se não pudesse mais criticar a si mesmo/se preocupar/ruminar? • Validar e trazer compaixão para os medos que estão por trás disso — a preocupação que emergiria se a pessoa não pudesse mais se engajar na estratégia.

Colocando a mente compassiva a serviço das emoções: múltiplos *selves*

Em vez de um *self* como um "todo" estável e coerente, a mente está repleta de múltiplas motivações e emoções. Portanto, embora possamos ser bondosos e atenciosos, também podemos ter prazer com o sofrimento de outros (p. ex., nossos inimigos ou rivais). Podemos nos sentir assustados se um membro da família desenvolve uma doença que pode levar à sua morte, mas também felizes e aliviados quando uma pessoa amada morre, sendo libertada do sofrimento da demência.

Podemos amar profundamente nossos parceiros e filhos, mas também sentir raiva deles. O fato de sermos formados por múltiplos é algo com que tanto a ciência moderna (p. ex., Carter, 2008) quanto a sabedoria contemplativa concordam, mas muitas vezes são esses tipos de "múltiplos" emocionais que podem levar a problemas de regulação emocional e, posteriormente, a estresse psicológico.

Um exercício eficaz comumente usado na TFC para trabalhar essas dificuldades é conhecido como *múltiplos selves* (Gilbert, 2010). Esse exercício facilita a regulação das emoções úteis por meio de vários passos do MRE:

- Aumentar a consciência de situações que ativam as emoções (Passo 1).
- Tornar-se mais consciente das suas emoções quando elas surgem no corpo (Passo 2).
- Nomear e colocar as emoções em palavras (Passo 3).
- Entender e validar as emoções (Passo 4).
- Lidar com, usar e expressar emoções (Passo 5).

Na terapia (ou mesmo na autorreflexão/autoprática como terapeuta; Kolts, Bell, Bennett-Levy, & Irons, 2018), esse exercício pode ser feito com o cliente permanecendo em sua cadeira usual, ou com o uso de múltiplas cadeiras (veja o Capítulo 17), e pode ser feito "em voz alta" ou por escrito. O movimento de um cliente entre as diferentes cadeiras pode apoiar o processo de diferenciação, possibilitando às diferentes partes do *self* — por exemplo, *self* raivoso ou *self* ansioso — a localização espacial e física para "ser" e corporificar. O processo de corporificação é um aspecto essencial dessa prática e evolui de um exercício mais cognitivo para um exercício corporal e experiencial.

Escolhendo uma situação a ser trabalhada

Múltiplos *selves* podem ser construídos a partir de uma situação genérica não diretamente relacionada com as questões ou dificuldades presentes da pessoa (p. ex., uma discussão) ou alguma coisa que aconteceu recentemente com a qual ela teve dificuldade. A situação pode ser interpessoal (p. ex., um amigo não retornando uma ligação) ou alguma coisa intrapessoal (p. ex., uma condição de saúde). Algumas vezes, pode ser eficaz explorar uma memória de trauma pelas lentes das múltiplas partes (veja o Capítulo 25 deste volume) ou focar em uma situação do futuro próximo que o cliente e/ou terapeuta reconhece que poderá ser difícil, em parte porque vários *selves* (p. ex., raiva) podem estar hiper ou infrarregulados.

A escolha de uma situação pode ser baseada em uma emoção que o cliente relata ter dificuldade em experimentar ou expressar, ou uma que o terapeuta percebe que parece representar uma dificuldade para o cliente. Entretanto, pode ser que, se houver dificuldades constantes e persistentes com uma emoção infra ou hiper-regulada, múltiplos *selves* possam ser construídos em torno de uma situação geral que pode não ser proeminente na vida do cliente atualmente, mas é útil explorar o conceito de multiplicidade do *self* (p. ex., uma discussão que ele teve com alguém de quem gosta, ou um revés na vida).

Quais *selves* emocionais escolher?

Classicamente, no trabalho com MS, nos voltamos para emoções do sistema de ameaça como "*selves*" a partir dos quais nos engajamos na situação. Muitas vezes, isso assume a forma dos *big three*, raiva, ansiedade e tristeza, especialmente considerando-se que essas emoções frequentemente se encontram na base das principais dificuldades que levam os clientes a procurar ajuda e desempenham papéis importantes em muitos problemas de saúde mental. No entanto, é possível que outras emoções sejam examinadas em vez disso — por exemplo, inveja, ciúme, vergonha e culpa, ou emoções positivas, como excitação ou serenidade.

"Entrando" em um *self*

Uma vez que uma situação tenha sido selecionada, é importante que o terapeuta ajude o cliente a praticar a conexão com esse *self* emocional. Embora isso possa inicialmente parecer estranho e alheio, aprender que uma emoção pode ser engajada e corporificada (e tolerada sem se sobrecarregar) é, por si só, uma poderosa experiência e prática de regulação emocional. Induções úteis aqui podem ser pedir que o cliente reserve um curto espaço de tempo para se imaginar se conectando com um *self* emocional específico sobre a situação — isso pode incluir a adoção da postura corporal, da expressão facial ou mesmo do tom de voz da emoção. Se a situação for histórica, o cliente pode ser guiado para se conectar com uma parte dele que se sentia daquela maneira na época (p. ex., raiva) ou imaginar que aquela parte foi ativada (p. ex., raiva).

Guiando cada *self* emocional

Após o cliente estar conectado com um *self* emocional, não há maneira específica ou determinada de abordar a entrevista ou guiar as reflexões. Em vez disso, é importante que o terapeuta tenha um perfil dos domínios que as emoções influenciam (p. ex., fisiológico, pensamento, ação, etc.) e use isso como um foco de exploração. A Tabela 18.6 esboça algumas das perguntas-padrão como um ponto de partida, com as reações comuns com as quais os *selves* básicos podem responder.

"Saindo" de um *self*

Assim como aprender a entrar em um *self* é importante, também é importante que os clientes aprendam como se desengajar e sair de um *self* emocional. Esse é especificamente o caso quando emergem outros processos que mantêm uma emoção particular ativada. Por exemplo, se o cliente se conectou com o *self* raivoso, ele pode permanecer conectado com isso, em vez de mudar para o *self* ansioso, em parte porque a pessoa com quem ele discutiu não se desculpou. Assim, algumas vezes, se a emoção não experienciou o que ela precisa para ter um bom desfecho ou se acalmar, isso pode mantê-la ativada quando estamos interessados em ajudar o cliente a experienciar outro *self* emocional.

Com isso em mente, é importante que terapeuta e cliente prestem atenção a esse processo de sair de um *self* para entrar em outro. Pode ser útil aqui usar o movimento para facilitar isso — peça que a pessoa se levante e ande pela sala, talvez alongando um pouco o corpo e dando um tempo para se conectar com uma postura e um ritmo respiratório aterrados. Também pode ser útil checar com a pessoa como ela está se sentindo — e se ela acha que conseguiu sair do "*self*" anterior. Após estar claro que esse é o caso, podemos reiniciar o processo (visto anteriormente) de pedir que a pessoa se sente em uma cadeira (a mesma ou uma diferente) e comece a encontrar seu caminho até outro *self* emocional.

TABELA 18.6 Perguntas e respostas comuns durante o exercício dos múltiplos *selves*

	Self raivoso	*Self* ansioso	*Self* triste
Que pensamentos essa parte tem sobre a discussão? Se ela pudesse falar, o que quereria dizer sobre a discussão ou a pessoa com quem você estava discutindo?	Foco no outro estando errado: "Ele estragou tudo, é culpa dele". "Ele não entende". Pode incluir praguejar e xingar (p. ex., estúpido, idiota, etc.).	Foco na preocupação sobre o que isso pode significar para o relacionamento ou aspecto da vida em geral: "Talvez isso tenha ido longe demais desta vez". "Ele não vai mais querer ser meu amigo". "O erro dele vai causar muitos problemas para os negócios".	Foco no potencial de perda e desconexão em um relacionamento, ou de outra coisa importante: "As coisas são diferentes agora, já não somos tão próximos como antes". "Perdi um bom amigo/colega".
Onde em seu corpo esse *self* aparece?	Peito, ombros, braços, cabeça.	Estômago, peito.	Coração, peito, olhos, garganta.
Se essa emoção se desenvolvesse e ficasse mais forte, para onde ela se mudaria no corpo?	Uma sensação tensa se movendo até os membros (p. ex., para os braços e a palma das mãos) ou subindo até a cabeça (várias expressões idiomáticas correspondem a isso: "perdeu a cabeça" e "saindo vapor dos seus ouvidos").	Tensão mais forte no estômago, movimento para a periferia (muitas vezes com uma sensação de tremor nos membros).	Frequentemente uma sensação ficando mais densa ou pesada em torno do coração ou do peito.
Que memórias estão associadas a esse sentimento?	Experiências de raiva expressa pelos outros ou para os outros. Memórias de injustiça ou maus-tratos do *self* ou de outros.	Memórias de ser maltratado, repreendido ou punido. Também pode estar associado a memórias de estar separado da figura de apego (p. ex., em um supermercado) ou sem controle.	Recordações de separação, perda ou falta de sintonia. Também pode estar associado a memórias de revezes ou fracassos.
Se não houvesse restrições, o que essa parte de você desejaria fazer, considerando a situação e o que aconteceu?	Isso frequentemente envolve energia — gritar, atacar, atirar coisas e confrontar fisicamente, ou então ir embora (mas muitas vezes de forma específica, p. ex., batendo a porta).	Pedir desculpas à outra pessoa (com a esperança de que isso desative a sua raiva) ou escapar, desaparecer ou fugir da situação.	Muitas vezes, isso envolve algum tipo de pedido de socorro (p. ex., lágrimas ou choro) e, potencialmente, o envolvimento em ações que facilitam a proximidade e a reconexão. Às vezes, a tristeza quer ficar sozinha.

(Continua)

TABELA 18.6 Perguntas e respostas comuns durante o exercício dos múltiplos *selves* (*Continuação*)

	Self raivoso	*Self* ansioso	*Self* triste
O que esse *self* precisaria para se tranquilizar? O que ele veria como bom desfecho dessa situação?	A raiva geralmente precisa de um pedido de desculpas da outra pessoa, e que ela assuma a responsabilidade pelo que aconteceu.	A parte ansiosa de nós deseja que as coisas voltem a ser o que eram, que a discussão passe e que as coisas voltem a ficar "bem".	Frequentemente, a tristeza precisa de um senso de reconexão e sinais da outra pessoa de que a relação é sólida e segura.

Relação entre os *selves*

Depois que o cliente teve a oportunidade de explorar diferentes *selves* emocionais, podemos convidá-lo a refletir sobre a relação que eles têm entre si. Esse é um passo crucial do processo, ajudando a mudar da diferenciação para a integração e a compreensão matizada. Por exemplo, quando as pessoas consideram como sua parte raivosa pensa, sente e quer reagir à sua parte ansiosa, é comum que os clientes se conectem com um senso de hostilidade, desprezo e fraqueza da parte raivosa de si mesmos em relação à parte ansiosa. Embora isso seja compreensível, acontece que, se a parte raivosa for o *self* emocional mais dominante (por exemplo, aquela que é ativada mais rapidamente/mais frequentemente em situações do sistema de ameaça), é provável que a nossa parte ansiosa não seja capaz de expressar suas preocupações e considerações sobre a situação. Igualmente, outras emoções podem ser bloqueadas (p. ex., tristeza).

Portanto, reservar um tempo para explorar como os diferentes *selves* pensam, sentem e querem responder uns aos outros pode ser esclarecedor. Embora isso possa ser feito com o cliente permanecendo na mesma cadeira, aqui pode ser mais eficaz movimentar-se entre diferentes cadeiras e facilitar uma discussão mais ativa (e, algumas vezes, até mesmo uma conversa) entre esses diferentes aspectos do *self*.

Usando o *self* compassivo para facilitar a regulação e a integração emocional

Depois que facilitamos o processo de diferenciação já descrito, podemos então usar a sabedoria, a força e o compromisso do *self* compassivo para integrar e transformar. Pedindo que o cliente reserve um momento para corporificar e se conectar com seu *self* compassivo, podemos então usar esse "*self*" para olhar para os outros *selves* que foram explorados. O foco aqui é usar o *self* compassivo para validar, empatizar e mentalizar sobre outro *self* (p. ex., raiva ou tristeza), mas também considerar o que ele (o *self* compassivo) pode fazer para apoiar e ajudar que o *self* seja ouvido ou processado de uma forma que seja útil. É importante aqui que os clientes tenham acesso a um *self* compassivo e tenham passado algum tempo cultivando habilidades do TMC, pois elas vão facilitar diretamente o processo de engajamento, tolerância e mentalização das emoções do outro (frequentemente baseadas no sistema de ameaça).

É útil aqui que os clientes acessem sua própria sabedoria como o *self* compassivo para se relacionar com cada *self*, mas o terapeuta também pode servir como um guia, apoiando o *self* compassivo com sugestões, estímulos e perguntas que podem ajudar esse processo. Fundamental aqui, no entanto, é um senso de "Considerando-se a sabedoria do seu *self* compassivo, o que ele quer dizer ou fazer para ajudar o *self* raivoso/ansioso/triste?". Passar por esse processo com cada *self* emocional permite que o *self* compassivo considere o que é necessário para essas diferentes partes e também navegue formas de validar e apoiar esses *selves*, ao mesmo tempo também vendo uma perspectiva mais abrangente.

Também é útil, de modo mais geral, engajar o *self* compassivo para examinar a situação em si (não apenas em relação aos outros *selves* individuais). Esse processo de sair da ameaça e entrar na mente compassiva para refletir sobre uma situação difícil provou levar a maior senso de enfrentamento e também a maior empatia e compreensão da dificuldade (Gilbert & Basran, 2018).

Resumo

Na essência da TFC, está um foco na compreensão, no trabalho e no cultivo da emoção. O MRE descrito neste capítulo é uma forma de os clínicos aprofundarem como eles entendem e trabalham com emoções difíceis — e, mais em geral, com problemas de regulação emocional — com seus clientes. O MRE pode ser usado junto com a abordagem-padrão da TFC e pode tanto complementar o TMC como facilitar que as práticas do TMC sejam usadas para "fazer o trabalho". Ele fornece um método claro para o terapeuta e o cliente explorarem as dificuldades emocionais, além de medidas para lidar com elas.

Referências

Aldao, A., Nolen-Hoeksema, S., & Schweizer, S. (2010). Emotion-regulation strategies across psychopathology: A meta-analytic review. *Clinical Psychology Review, 30*(2), 217–237.

Balzarotti, S., Biassoni, F., Colombo, B., & Ciceri, M.R. (2017). Cardiac vagal control as a marker of emotion regulation in healthy adults: A review. *Biological Psychology, 130*, 54–66.

Carter, R. (2008). *Multiplicity: The new science of personality*. Little Brown.

Carvalho, S., Dinis, A., Pinto-Gouveia, J., & Estanqueiro, C. (2015). Memories of shame experiences with others and depression symptoms: The mediating role of experiential avoidance. *Clinical Psychology & Psychotherapy, 22*(1), 32–44.

Cheung, M.P., Gilbert, P., & Irons, C. (2004). An exploration of shame, social rank and rumination in relation to depression. *Personality and Individual Differences, 36*(5), 1143–1153.

Diamond, L.M., & Hicks, A.M. (2005). Attachment style, current relationship security, and negative emotions: The mediating role of physiological regulation. *Journal of Social and Personal Relationships, 22*(4), 499–518.

Di Bello, M., Carnevali, L., Petrocchi, N., Thayer, J. F., Gilbert, P., & Ottaviani, C. (2020). The compassionate vagus: A meta-analysis on the connection between compassion and heart rate variability. *Neuroscience & Biobehavioral Reviews, 116*, 21–30.

Garnefski, N., Van Den Kommer, T., Kraaij, V., Teerds, J., Legerstee, J., & Onstein, E. (2002). The relationship between cognitive emotion regulation strategies and emotional problems: comparison between a clinical and a non-clinical sample. *European Journal of Personality, 16*(5), 403–420.

Gilbert, P. (2010). *The compassionate mind: A new approach to life's challenges*. New Harbinger.

Gilbert, P., & Basran, J. (2018). Imagining one's compassionate self and coping with life difficulties. *EC Psychology and Psychiatry, 7*(12), 971–978.

Gross, J.J. (2015). Emotion regulation: Current status and future prospects. *Psychological Inquiry, 26*(1), 1–26.

Irons, C. (2019). *The compassionate mind approach to difficult emotions: Using compassion focused therapy*. Robinson.

Kirby, J.N., Doty, J.R., Petrocchi, N., & Gilbert, P. (2017). The current and future role of heart rate variability for assessing and training compassion. *Frontiers in Public Health, 5*, 40.

Kokkonen, P., Karvonen, J. T., Veijola, J., Läksy, K., Jokelainen, J., Järvelin, M.R., & Joukamaa, M. (2001). Prevalence and sociodemographic correlates of alexithymia in a population sample of young adults. *Comprehensive Psychiatry, 42*(6), 471–476.

Kolts, R.L., Bell, T., Bennett-Levy, J., & Irons, C. (2018). Experiencing compassion-focused therapy from the inside out: A self-practice/self-reflection workbook for therapists. Guilford Publications.

Leweke, F., Leichsenring, F., Kruse, J., & Hermes, S. (2012). Is alexithymia associated with specific mental disorders? *Psychopathology, 45*(1), 22–28.

19

Terapia focada na compaixão para o tratamento da ansiedade

Dennis Tirch

Orientando-nos para uma compreensão da TFC sobre a ansiedade

Embora a ansiedade seja muitas vezes discutida em termos de "transtornos", é útil começar reconhecendo que ansiedade e medo são emoções humanas naturais e potencialmente úteis. A relação de uma pessoa com a ansiedade, como ela responde à ansiedade, pode influenciar mais seus problemas do que simplesmente ter experiências emocionais humanas. Na TFC, trabalhamos para cultivar a compaixão, de modo que possamos nos voltar melhor para nossa própria ansiedade e enfrentá-la com coragem e sabedoria. Assim sendo, a postura terapêutica empática e sintonizada que adotamos na TFC envolve um reconhecimento do nosso sofrimento compartilhado e da ubiquidade dos problemas de ansiedade. Como Pema Chödrön elegantemente afirma em *The places that scare you* (2018), "Compaixão não é uma relação entre o curador e o ferido. É uma relação entre iguais" (p. 58). O tratamento da ansiedade usando TFC envolve que terapeuta e cliente se voltem para a ansiedade, compartilhem uma compreensão profunda da natureza e das funções evolutivas da ansiedade e desenvolvam uma orientação não envergonhante ou desenvergonhante para ela.

O escopo do problema

Estatísticas internacionais de saúde pública sobre ansiedade revelam o escopo do problema que compartilhamos. Revisões de pesquisas globais estimam que cerca de 10% das pessoas no mundo todo terão um diagnóstico de transtorno de ansiedade em algum momento de suas vidas (Remes et al., 2016), e, nos Estados Unidos, esse número está mais próximo de um terço (Bandelow & Michaelis, 2015). Além disso, nos Estados Unidos, os adolescentes entrevistados relatam atualmente os mesmos níveis de ansiedade que os pacientes psiquiátricos hospitalares relataram na década de 1950 (Leahy, 2005). Transtornos de ansiedade são os problemas psicológicos mais comumente relatados e tratados (www.who.int/en/news-room/fact-sheets/detail/mental-disorders), e as buscas na internet sobre ansiedade cresceram de forma meteórica em 150% nos últimos oito anos (Wilson, 2019). Esses são apenas números sobre as pessoas que relatam esses problemas, e não há como dizer quantas pessoas estão lutando com problemas de ansiedade, mas não procuram ajuda.

Os clientes podem encontrar ativadores para ansiedade em qualquer lugar à sua volta na cultura capitalista saturada de informações, competitiva e autofocada (Curran & Hill, 2019). Por exemplo, uma pessoa comum em nossa sociedade, por meio dos seus dispositivos eletrônicos e das mídias, provavelmente está sujeita a mais imagens de violência, ameaça e competição indutoras de estresse em *uma semana* do que *gerações* dos nossos ancestrais jamais testemunharam em toda a sua vida. Cada imagem estimula poderosamente circuitos de ameaça em nosso cérebro e também nossa disseminada ênfase cultural na competitividade e na agressão. A evolução não desenhou nosso sistema nervoso para esse estado de coisas. A polarização na política global, as guerras constantes, a crise das mudanças climáticas, a pandemia e a desigualdade econômica são todos problemas em nível epidêmico hoje, e eles potencializam motivos competitivos evoluídos e emoções baseadas na detecção de ameaça até níveis problemáticos (Gilbert, 2020). Tragicamente, essas causas e condições intensamente estressantes são prováveis contribuintes para a escalada dos níveis globais de suicídio e doença mental durante os últimos 20 anos (www.cdc.gov/nchs/fastats/mental-health.htm). Embora a tecnologia tenha melhorado nossa vida em muitos aspectos, muitas pessoas no mundo todo sentem como se estivessem vivendo vidas movidas pela ansiedade.

A TFC adota uma abordagem analítica funcional das dificuldades, reconhecendo que a ansiedade evoluiu como parte de um sistema de defesa contra ameaças e tem muitas diferentes formas e funções "protetivas". Embora as ansiedades possam, algumas vezes, nos guiar para novos *insights* e proteção genuína, as pessoas procuram ajuda para ansiedade sobretudo porque ela interfere na vida que elas querem viver. Uma abordagem analítica funcional significa que vemos como a ansiedade está tentando nos proteger. Por exemplo, no caso do transtorno do pânico, pode ser um ataque cardíaco. No caso da ansiedade social, pode ser rejeição social. A terapia, então, é direcionada para os componentes funcionais, por exemplo, trabalhando com o medo de rejeição social e como isso está ligado, talvez, a experiências no começo da vida. As pessoas podem ter ansiedades sobre uma grande variedade de domínios da vida, como emoções e fantasias (Leahy, Tirch, & Napolitano, 2011), e ansiedades existenciais gerais, como em relação ao futuro, à morte ou à perda de pessoas amadas, ou a ficar sozinho (Yalom, 1980). Outras pessoas podem chegar sem uma história de diagnóstico de transtorno de ansiedade segundo o DSM-5, mas, ainda assim, se preocupam o tempo todo sobre como as coisas vão dar terrivelmente errado. Para alguns, os sintomas de ansiedade e o impacto do estresse podem estar "escondidos". Muitas pessoas mascaram suas dificuldades crônicas com a ansiedade e o medo por meio da automedicação com álcool e outras drogas. Isso pode ser tão sutil quanto tomar uns drinques depois do trabalho para "aliviar a tensão", ou pode resultar em tragédia. O abuso de opioides nos Estados Unidos atingiu um nível catastrófico; mais de 50 mil pessoas vão morrer por *overdose* este ano (www.cdc.gov/mmwr/volumes/67/wr/mm675152e1.htm). Sabemos que muito do seu sofrimento está relacionado a problemas com ansiedade.

Em culturas competitivas, em que ansiedade e medo podem ser vistos como uma fraqueza, e onde podemos sentir vergonha e autocensura simplesmente por sentirmos nossos sentimentos, alguns de nós escondemos nossa ansiedade, isolando-nos das pessoas e usando outras formas de evitação. Isso nos entrincheira na ansiedade, pois nossa voz autocrítica interna e a vergonha por nos sentirmos ansiosos podem nos levar a nos sentir ainda menos seguros. Considerando-se tudo isso, pode ser difícil para nossos clientes encontrarem uma forma de se sentirem protegidos, calmos e emocionalmente prontos para enfrentarem sua vida.

Psicoeducação experiencial

Na TFC, parte do nosso processo envolve compartilhar os fatos básicos da ciência da emoção e da evolução. Isso pode ser descrito como "psicoeducação", mas isso é apenas parte da história. Como mencionado repetidamente neste livro, o cultivo da compaixão, e todos os benefícios da saúde mental que se originam com a compaixão, envolvem a estimulação e o desenvolvimento da psicofisiologia e de comportamentos que emergem de laços de apego calorosos, afiliativos e seguros. Parte do que acontece na TFC é o estabelecimento de espaço relacional seguro, em que o cliente pode experienciar a exposição gradual a uma relação calorosa e apoiadora. Essa relação terapêutica fornece uma plataforma para que o cliente experimente aquilo que a teoria do apego descreve como uma "base segura" e um "porto seguro", um contexto de proteção emocional que o cliente pode internalizar (veja os capítulos de Gilbert neste livro para informações mais detalhadas sobre esses processos). Quando você e seu cliente exploram os fatos de como nosso sistema humano evoluído de detecção de ameaça é configurado para sofrer, e como nossas mentalidades sociais de cuidado podem nos proporcionar um caminho para regular a excitação autônoma e a ansiedade excessivas, vocês também estão repetidamente criando uma díade de apego emocional curativo, com o que Greenberg descreve como uma função de regulação emocional inerente (2002) emergindo na relação.

Imagine que você está ensinando uma criança muito pequena a pintar com aquarela. Enquanto pacientemente a ajuda a lidar com as gotas do líquido colorido escorrendo pelo papel, você está, é claro, lhe ensinando uma habilidade. No entanto, você também está ensinando como é ficar calmo e centrado na presença de um outro apoiador e cuidador. Ela está internalizando simbolicamente uma presença estável, protetora e acolhedora. Da mesma forma, discutir os componentes "psicoeducacionais" da TFC é um ato profundamente experiencial e compassivo.

Mindfulness, consciência da mente e compaixão

Na TFC, compaixão envolve intencionalidade de ser sensível ao sofrimento e tentar aliviá-lo e preveni-lo. Central para isso são as qualidades da *coragem e sabedoria*, que são propriedades emergentes da nossa mente compassiva. Por exemplo, um bombeiro não precisa ter uma mente "calma", mas uma mente corajosa e sábia. O cultivo de coragem e sabedoria é central para a abordagem da TFC da ansiedade. A TFC integra uma gama de intervenções baseadas em evidências que variam desde programas de exposição, pensamento compassivo, *mindfulness* e treino da consciência da mente. *Mindfulness* se tornou uma intervenção terapêutica muito importante em inúmeras e diferentes terapias (Germer, Siegel, & Fulton, 2013) e na TFC, que apoia o cultivo da compaixão (Gilbert & Choden, 2013). Há evidências crescentes da importância do cultivo de *mindfulness* para condições de ansiedade (Hofmann et al., 2010). Há inúmeros e diferentes modelos e dimensões de *mindfulness*. Por exemplo, Baer, Smith e Lykins (2008) sugerem cinco dimensões: não reatividade à experiência interna; observar/perceber; agir com consciência; descrever; e não julgamento da experiência. Guiar os clientes por essas diferentes habilidades e ensinar a prestar atenção de forma flexível e focada ao momento presente, com consciência aberta da natureza do ser, pode proporcionar o espaço de trabalho e a mudança de perspectiva necessários para responder à ansiedade de formas novas e úteis, em vez de ficar preso a padrões de respostas habituais quando ansioso.

A TFC compartilha o uso do treino em *mindfulness* com várias inovações em psicoterapia no início do século XXI. Na TFC, o *mindfulness* é ensinado de uma forma que engaja um estado profundo de concentração aterrada, mais semelhante ao treino *shamatha* tibetano, em contraste com o treino em *mindfulness* secular contemporâneo. Por exemplo, práticas preliminares da TFC que envolvem o *mindfulness* da respiração e do corpo incorporam a respiração rítmica coerente e o engajamento do sistema nervoso parassimpático intencional, além do treino de aceitação e observação consciente. Na TFC, como na maioria dos sistemas de treino mental budistas tradicionais, o treino da atenção baseado em *mindfulness* não é perseguido como meio em si, mas fornece os fundamentos para o treino da compaixão e o cultivo de formas mais adaptativas e saudáveis de se relacionar com a ansiedade e outras emoções potencialmente destrutivas (Tirch, 2010).

Outros autores neste livro detalham como o *mindfulness* funciona na TFC e em pesquisas relacionadas. A TFC também ajuda os clientes a desenvolverem "consciência da mente" e uma compreensão mais profunda da natureza evoluída da mente e de como ela contém emoções mais complexas e concomitantes, fazendo dela o que é chamado de "um cérebro complicado" na TFC (Gilbert, 2020; Gilbert neste livro). No caso da ansiedade, somos preparados para o estilo de pensamento "melhor prevenir do que remediar" e para achar muito fácil ter excesso de atenção à ameaça e processar excessivamente a ameaça. Isso muitas vezes é chamado de "viés de negatividade" na psicologia cognitiva. Além disso, os clientes aprendem que algumas das nossas ansiedades estão enraizadas em predisposições evoluídas. A consciência da mente envolve a habilidade de empregar atenção consciente aos "produtos do nosso cérebro complicado" e à nossa sabedoria em desenvolvimento, enquanto aprendemos sobre como nossa mente e nosso corpo funcionam. Ao desenvolverem consciência da mente, os clientes na TFC são mais capazes de desenvolver uma atenção não acusadora à excitação da ansiedade e, ao mesmo tempo, aprendem a trocar para um foco compassivo, para se engajar em seu sofrimento de forma significativa. Apreender experiencialmente o que é necessário para cultivar compaixão por meio do cultivo da consciência da mente é uma função central da "psicoeducação" em que nos engajamos a partir da TFC. Desse modo, criamos um contexto que é despatologizante, desenvergonhante e apropriado ao desenvolvimento de coragem compassiva e regulação da ansiedade. O material psicoeducacional neste capítulo oferece formas de nos orientarmos como um substrato para uma prática relacional e experiencial em que nós e nossos clientes nos engajamos juntos, desenvolvendo consciência atenta e *insights* cada vez mais significativos sobre a natureza da mente. Essa forma de reconhecer quem somos, e como funcionamos, tem potencial libertador quando enfrentamos ansiedade e outras emoções desafiadoras.

Supressão da ansiedade *versus* cultivo da coragem compassiva

Enquanto tratava a ansiedade usando psicoterapia baseada em evidências por mais de 20 anos, conheci muitas pessoas que começam sua terapia perguntando como elas podem se livrar da sua ansiedade. Peço-lhes que imaginem como seria se pudéssemos conceder esse desejo, dizendo:

> Vamos imaginar o que aconteceria se você não tivesse habilidade para notar o perigo? Você se sentiria seguro atravessando a rua, ou pegando o metrô para ir para casa? Como você se sentiria como pai ou mãe se não conseguisse perceber que seu filho poderia estar em perigo?

Não parece que isso funcionaria assim tão bem, e, de qualquer forma, é praticamente impossível para nós removermos ou suprimirmos nossas emoções. Muitos modelos de transtornos de ansiedade sugerem que a evitação experiencial impulsiona a escalada da ansiedade até níveis clinicamente problemáticos (Hayes et al., 1996). Embora isso seja o que os clientes frequentemente esperam que a medicação faça, a maioria dos clínicos sabe que aquilo a que resistimos persiste, e tentativas de evitar ansiedade ou suprimir diretamente sua intensidade ou sua frequência mantêm ou pioram a ansiedade a longo prazo. Assim sendo, o terapeuta guia os clientes para reconhecerem que tentar se livrar de alguma coisa significa que eles estarão constantemente monitorando a sua presença ou ausência, em vez de focarem no desenvolvimento de *insights* e habilidades úteis que apoiam a tolerância. Isso é importante porque, quando as pessoas aprendem o ritmo respiratório calmante (RRC), elas podem facilmente presumir que essa técnica vai acalmar a ansiedade e mandá-la *embora*. Na verdade, o RRC é uma forma de aterramento no corpo para facilitar e desenvolver uma orientação mais balanceada para trabalhar com a ansiedade. Logo, as terapias de TFC envolvem o cultivo de competências para compaixão que possibilitam que as pessoas desenvolvam uma base suficientemente segura para seguir na direção da ansiedade, tolerá-la e gradualmente transformá-la. A coragem da consciência compassiva envolve nossa habilidade para perceber o possível perigo com sensibilidade ainda *maior*, sentindo nosso corpo se preparando para entrar em ação, mas, ao mesmo tempo, sendo capaz de se sentir centrado, preparado e aterrado diante do medo. Como Nelson Mandela disse: "a verdadeira coragem não é a ausência de medo, mas nossa habilidade de enfrentarmos nossos medos e fazer o que é necessário, mesmo quando estamos nos sentindo muito ameaçados". Pesquisas sobre a ausência de medo entre pessoas que rotineiramente enfrentam de forma voluntária um perigo real nos dizem como nosso cérebro tem capacidade de ativar o tipo de coragem que permite que um bombeiro entre em um prédio em chamas, quando mobilizado por um senso de significado, propósito e cuidado para salvar alguém que está preso no interior do prédio (Rachman, 2010). Nossa coragem compassiva inata é essa qualidade que permite que uma mãe refugiada proteja seu filho em uma jornada de centenas de milhas, enfrentando circunstâncias inacreditavelmente perigosas, fugindo da guerra ou da violência. Uma coragem semelhante foi necessária para o Dalai Lama e seus companheiros fugirem da China a pé até a Índia, atravessando os Himalaias. Quando treinamos a mente em coragem compassiva para trabalhar com a ansiedade, não estamos simplesmente reestruturando cognitivamente avaliações de ameaça, aprendendo a aceitar nossos sentimentos ou usando o instrumento bruto da exposição para dessensibilizar nossas respostas. Cultivar coragem compassiva significa trabalhar com a ansiedade por meio do crescimento pessoal e despertar algumas das maiores forças pessoais que um ser humano pode conhecer em si mesmo.

Descoberta guiada. Parte da terapia usa *descoberta guiada*, possibilitando que os clientes descubram seus próprios *insights* compassivos da sabedoria e da coragem. Por exemplo, lembro de trabalhar com uma cliente que era fóbica de germes, e uma parte da sua terapia comportamental envolveu enfrentar seus medos diretamente. Em uma sessão de exposição e prevenção de resposta, nos sentamos em meu consultório, remexendo uma lata de lixo com nossas mãos nuas. Como você pode imaginar, ela ficou ansiosa ao ponto de tremer quando tocava o lixo "cheio de germes" dentro da lata, mas ela acessou um tipo de coragem no momento que lhe permitiu romper os limites que o medo costuma lhe impor. Parte do que a ajudou a acessar a sua motivação e a sua habilidade para enfrentar o que temia foi sua compaixão e seu amor pela sua família. Ela sabia que evitar situações devido ao medo causado pela ansiedade de contaminação fazia com que ela levasse uma vida menor e a impedia de se envolver com seus filhos adultos ou viajar. Usamos a imagem mental de cuidado e compaixão e a construção da imagem de um *self* compassivo para ajudá-la a se preparar para seu trabalho de exposição e enfrentar seus pensamentos intrusivos e sua ansiedade. Apesar da sua crença de que "Simplesmente não consigo fazer exposição" em anos de terapia prévia, ela encontrou sua coragem na compaixão e enfrentou seu medo.

Rachman (2010) observou que muitas pessoas iniciam a psicoterapia considerando-se impotentes em relação aos seus medos, mas, com muita frequência, descobrem alguma forma de destemor ao longo da relação terapêutica e deliberadamente enfrentam essas coisas que mais as amedrontavam. Pesquisas sobre terapia comportamental e neurobiologia do apego em adultos nos dizem que sua coragem é o mesmo tipo de bravura que se origina do cuidado em relações emocionalmente em sintonia (Schore, 2001; Siegel & Bryson, 2020). Essa coragem é um potencial existente dentro do seu cliente que é cultivado.

HISTÓRIA DE SARA

Sara era uma policial que serviu por muitos anos em uma das áreas de mais alta criminalidade na cidade de Nova Iorque. Antes de trabalhar na polícia, ela havia prestado serviço no exército americano no Afeganistão. Tendo vivido uma situação real de guerra e enfrentado crimes violentos, Sara passou por muita coisa e se orgulhava da sua atitude resistente e sem "baboseiras". Sara chegou a mim para tratamento de transtorno de estresse pós-traumático (TEPT), e presumi que trataríamos de traumas relacionados a combates ou crimes. No entanto, eu estava errado. Como muitas pessoas que sofrem de TEPT, as dificuldades de Sara tinham mais a ver com trauma crônico em relações abusivas do que com algum evento específico.

Sara foi criada por uma família que suportou muitas gerações de trauma e pobreza. Ela cresceu cercada de privações econômicas, escolas de baixo desempenho e risco de crimes violentos. Seus pais foram física e emocionalmente abusivos com ela durante toda a sua infância. Quando adolescente, foi repetidamente abusada sexualmente por um membro da família que a ameaçava para que ficasse em silêncio. Durante o ensino médio, experienciou assédio e agressão sexual por amigos e namorados. Ainda, testemunhou violência indescritivelmente traumática no Afeganistão e também "em serviço", quando policial.

Todas as suas relações iniciais de cuidado foram emocional ou fisicamente inseguras. De maneira compreensível, isso fez com que se sentisse cronicamente sob ameaça e com medo de relações emocionalmente próximas em sua vida adulta. O que é mais importante, Sara não sucumbiu sob o peso de toda essa experiência. Sua carreira militar e na polícia foi notável por apoiar as pessoas comuns que precisavam da sua ajuda.

Embora Sara fosse claramente muito corajosa e comprometida com o trabalho, qualquer discussão sobre os possíveis benefícios da compaixão a deixavam visivelmente ansiosa e cética. Em uma das primeiras sessões, ela me desafiou sobre a compaixão e me perguntou se a prática de *mindfulness* e compaixão não era "suave" demais, muito "irracional" ou "simplesmente baboseira". Ela me disse: "Talvez a compaixão possa ajudar algumas pessoas, mas não é para mim. Não tem a ver comigo. Parece fraco. Ser suave e gentil não leva você a lugar nenhum, a não ser se machucar ou ser morto, pelo que posso ver".

Ouvi e tentei imaginar como isso deve ser para ela. Após tanto trauma e traição nas relações próximas, era importante que ela estivesse ao menos começando a abordar as emoções de cuidado. Respondi: "Obrigado por ser verdadeira comigo sobre isso, Sara. Faz sentido que falar sobre compaixão, sobretudo compaixão por si mesma, seja novo e até mesmo assustador. Significaria muito para mim saber mais sobre como isso é para você. Se puder, ajude-me aqui, por favor".

"OK. Bom, já vi pessoas fazerem coisas ruins. Muitas delas tinham traumas, assim como eu. Conheci pessoas que foram feridas e que feriram pessoas. A vida não é segura. Você disse que as pessoas são 'atraídas' por se sentirem ameaçadas, mas muitos de nós não temos escolha, vivemos sob ameaça o tempo todo. Isso não me faz querer ser 'boa' ou 'cordial e acolhedora'. Talvez isso seja perigoso". Sara estava firme em sua resolução de que compaixão era uma fragilidade.

Respondi: "Sara, você se importa muito com as pessoas, e é importante você ter sido suficientemente corajosa para ter essa discussão. Não posso imaginar o sofrimento que você teve que enfrentar em seu trabalho e na sua vida. Obviamente, a ideia de baixar sua guarda parece perigoso, e suavidade pode parecer fraqueza. Há muita sabedoria em seu medo de compaixão".

Com uma expressão ligeiramente mais suave, Sara disse: "Já passei por algumas coisas terríveis. Convivi com a violência praticamente toda a minha vida, e talvez eu tenha feito coisas das quais não me orgulho, também. Não posso me dar ao luxo de ser fraca".

Respondi: "Há muita coisa na vida que a feriu, que você jamais teria escolhido e que simplesmente não foi sua culpa. Nossa prática de compaixão começa aqui. Praticar compaixão, até compaixão por si mesma, não é sobre ser suave e boa, mas sobre algo mais forte. Compaixão significa ser sensível à presença de sofrimento em nós ou nos outros, combinado com um compromisso de tomar uma atitude para aliviar ou prevenir esse sofrimento. Quando pensamos em você como militar ou oficial de polícia, como protetora, sei que você estava disposta a enfrentar o perigo para ajudar outras pessoas. Isso *é* compaixão. Podemos fazer um pequeno exercício juntos para examinar isso melhor?".

Sara se acomodou na sua cadeira, preparando-se para a prática de *mindfulness*, e disse: "Tudo bem. O que você diz está fazendo um pouco de sentido, mas eu aprendo melhor fazendo".

Começamos fazendo juntos uma prática de respiração atenta de um minuto, permitindo que a respiração encontrasse um rimo lento e constante.

Então perguntei a Sara: "Você consegue imaginar alguém a quem ama completamente e incondicionalmente, alguém que você protegeria e cuidaria sem qualquer hesitação?".

Sua resposta foi rápida: "Sim! Minha sobrinha é tudo para mim. Ela tem 12 anos e não há nada que eu não faria por ela. Posso vê-la sorrindo para mim agora". O simples fato de imaginar sua sobrinha colocou um sorriso no rosto de Sara.

"Ela deve ser incrível. Fique com esses sentimentos do quanto você a ama por um momento. Agora, vamos imaginar uma situação assustadora por um momento. Parece que houve um incêndio e sua sobrinha precisa da sua ajuda. Ela ainda está bem, mas está presa em um prédio em chamas. Você sabe exatamente onde ela está e como chegar até ela, mas os bombeiros estão lhe dizendo que é muito perigoso entrar no prédio. Eles parecem não acreditar que ela está lá dentro. Eles estão tentando impedir você de salvá-la. Como você se sente e o que está preparada para fazer?", perguntei.

Pude ver que essa breve descrição imaginária mudou alguma coisa para Sara. Sua postura ereta parecia uma base de prontidão calma para ação. Uma lágrima surgiu no canto do seu olho levemente fechado, mas seu sorriso ainda estava ali. "Doutor, não há ninguém, nem nada, nem um incêndio ou bombeiro que possa me impedir de ajudá-la. Eu a amo, e vou atrás dela, e iria até o inferno para cuidar dela".

Sara abriu os olhos e acenou com a cabeça reconhecendo. Naquele momento, ela parecia muito forte, muito confiante, mas calma e cuidadosa. Ela me disse: "Tudo bem, entendi. Essa é a compaixão que estamos procurando. Essa é a questão. Isso é compaixão *feroz*". Em um momento de contato com sua própria compaixão, ela reconheceu as grandes reservas de coragem e compromisso que estavam disponíveis para ela — e que já estavam com ela o tempo todo. Foi muito marcante estar na presença de Sara quando ela teve contato com a parte ferozmente compassiva de si mesma, pois ficou muito claro que sua preocupação com os outros havia motivado e despertado sua coragem. Com o tempo, Sara aprendeu a sentir autocompaixão e também compaixão pelos outros, e isso se tornou uma parte do seu viver destemidamente, passando por seu medo e sua evitação de relações íntimas e construindo uma vida melhor.

Nosso sistema evolutivo de detecção de ameaça e a TFC

Parte do desenvolvimento da consciência mental e de assumir uma perspectiva corajosa e sábia em relação à ansiedade envolve entender como opera nosso sistema de detecção de ameaça, como ele contribui para problemas com ansiedade e como a compaixão pode ajudar seus clientes a superarem seus problemas baseados na ansiedade. Uma descrição abrangente do modelo da TFC das funções primárias da emoção humana e de nossas mentalidades sociais evoluídas pode ser encontrada ao longo deste livro. Em vez de recapitularmos esse modelo inteiro, focaremos atenção nos aspectos da psicofisiologia afetiva evolucionária humana, que está diretamente relacionada com o tratamento dos nossos pacientes com problemas de ansiedade, usando a TFC.

Iniciamos reconhecendo que nossos cérebros foram desenhados pela evolução durante milhões de anos de adaptação a ambientes que frequentemente eram perigosos e em constante mudança (Gilbert, 2020). Esse processo de "*design*" resultou em custos e falhas substanciais que estão incorporados à forma como nossos cérebros e corpos funcionam hoje. Alguns dos circuitos cerebrais e respostas comportamentais do nosso sistema de detecção de ameaça são muito antigos e muito semelhantes àqueles encontrados em animais que surgiram centenas de milhões de anos antes de nós, humanos, entrarmos em cena (LeDoux, 2014; Gilbert, 2010). Se seus clientes leram sobre ansiedade, ou mesmo fizeram algumas pesquisas na internet, provavelmente ouviram falar do seu sistema de "luta, fuga ou paralização" no cérebro e com que força ele pode capturar sua atenção a qualquer momento. Isso significa que nosso cérebro é muito complicado na forma como funciona hoje em dia e que ele pode ser capturado por medos e raiva primordiais pré-humanos.

Nosso cérebro evoluiu para focar imediata e plenamente em possíveis ameaças, pois isso era necessário para a sobrevivência. Tudo isso não tem nada a ver conosco como indivíduos. É simplesmente o que os cérebros fazem, e é com isso que temos que lidar quando tentamos vencer a dominância que nosso sistema de ameaça tem sobre nossa vida. Como resultado dessa herança evolucionária, *nascemos com um sistema de detecção de ameaça do tipo "antes prevenir do que remediar" sempre ativo, 24 horas por dia, sete dias por semana.* Esse sistema poderoso envolve nossos órgãos dos sentidos, o sistema nervoso autônomo, regiões cerebrais como amígdala, córtex cingulado anterior, habênula, sistema límbico geral e uma rede intrincada de ativação neural que se espalha pelo corpo inteiro.

Sobretudo, quando o sistema de detecção de ameaça é ativado, ele passa por cima de todas as nossas outras experiências para limitar nossa atenção e nossas ações disponíveis para lidar com uma possível ameaça. A seleção natural determinou decisivamente que, quando uma coisa viva se defronta com um perigo que ameaça a vida, como um grande predador, nada é mais importante do que responder à ameaça e permanecer vivo. Como dizem os psicólogos evolucionistas: "Você pode pular o almoço algumas vezes, mas só pode ser o almoço uma vez". No passado, seres de qualquer espécie que não eram capazes de embarcar nesse programa simplesmente não progrediam, tampouco seu legado genético. Assim sendo, há uma antiga necessidade (de centenas de milhões de anos) de ser governado pelo medo a qualquer momento. Nossas reações programadas e automáticas ao medo formam uma grande parte de nós — e vieram para ficar. A ameaça sempre sobrepujará a emoção positiva, como no caso de estar relaxado e repentinamente ouvir uma explosão ou um cheiro de fumaça. Parte da TFC envolve ajudar os clientes a entenderem isso.

Como a compaixão regula as respostas a ameaças

Há duas formas pelas quais regulamos a ameaça. Uma é nos afastando dela, e isso é regulado pelo sistema de ameaça. A outra é procurar ajuda, e isso é regulado pelo sistema de segurança social. Esse último é especialmente importante para o desenvolvimento da coragem para ir na direção da ameaça, em vez de fugir dela, e aprender como manejá-la (veja Gilbert,

2020, para revisões). Quando tratamos problemas de ansiedade, enfatizamos que, embora muitas pessoas possam equiparar compaixão com fraqueza ou suavidade, compaixão é exatamente o oposto de fraqueza. Compaixão é força. A compaixão representa nossa habilidade de nos voltarmos para a dificuldade e o sofrimento e tomarmos uma atitude para fazer algo a respeito. Pesquisas sugerem que maiores níveis de conexão social e compaixão aumentam nossa saúde física, acelerando a recuperação de doenças, reduzindo inflamações e, até mesmo, aumentando a longevidade (Lim, Holt-Lunstad, & Badcock, 2020). Pesquisas encontraram que níveis mais elevados de autocompaixão e sentir-se seguramente apegado emocionalmente a outros estão envolvidos em melhor saúde mental, maior flexibilidade psicológica e regulação emocional mais efetiva (Brown & Brown, 2015, 2017; Marshall & Brockman, 2016; Duarte & Pinto-Gouveia, 2017).

Na TFC, os clientes aprendem que, quando experienciam cuidado, contentamento e/ou um fluxo de compaixão, seu sistema emocional de segurança social (Gilbert, 2020) é ativado por meio do seu cérebro, do seu sistema nervoso e do seu corpo. Sobretudo, a ativação dos sistemas de proteção social ou "calmantes" não é perseguida como um objetivo em si, mas é uma consequência natural da nossa ativação das nossas mentalidades sociais de dar e receber cuidado por meio do cultivo da compaixão, conforme descrito anteriormente neste livro. Um terapeuta da TFC não está meramente tentando modificar determinado evento, ativando uma experiência afetiva de fuga para tranquilização. Estamos ajudando nossos clientes a aprender como ativar uma motivação compassiva incorporada, a qual estimulará e manterá a ativação do sistema de proteção e as competências da mente compassiva, todos os quais inerentemente trabalham para a regulação descendente de emoções excessivas e repertórios comportamentais baseados na ameaça.

Assim como nosso sistema de detecção de ameaça evoluiu de uma forma para você se proteger por meio de ação defensiva, seu sistema de proteção e contentamento evoluiu para que se sinta protegido por meio de laços de apego de cuidado, bondade e apoio. Em um nível biológico, nosso sistema de proteção envolve como o sistema nervoso central (cérebro e coluna vertebral) regula o sistema nervoso autônomo (músculos, órgãos e glândulas). Em nível comportamental, o sistema de tranquilização regula nossa resposta a ameaças e à excitação ansiosa e nos oferece a oportunidade de nos engajarmos em repertórios de "descanso e conexão" e "cuidar e criar laços" (veja o Capítulo 10). Além disso, existe uma conexão entre sentir-se seguro e ser capaz de explorar. Quando nos sentimos emocional e socialmente seguros, descobrimos coragem e podemos aprender a enfrentar riscos e perigo. Ludicidade, coragem, compromisso, amor, bondade e sensibilidade podem decorrer da compaixão. Todas essas coisas podem emergir quando nos sentimos emocionalmente seguros (Gilbert, 2016, 2020; Porges, 2007, 2017).

Quando somos bebês, crianças e adolescentes, nosso sistema de proteção e tranquilização é estimulado por nossos pais e nossos cuidadores (Music, 2017). Com o tempo, aprendemos a internalizar essa experiência e a nos acalmarmos e nos estabilizarmos quando nos sentimos ameaçados. Também temos nosso sistema de proteção ativado por relações de cuidado ao longo das nossas vidas. Esse é um dos motivos pelos quais é importante desenvolvermos nossa capacidade de autocompaixão, nossa habilidade para receber compaixão e nossa habilidade para experienciar e agir com compaixão pelos outros. Todos esses "fluxos" da compaixão podem nos ajudar a regular emoções baseadas na ameaça e viver nossa vida com maior liberdade e empoderamento (Gilbert, 2020).

Visamos a ajudar nossos clientes a desenvolver a consciência mental e a compreensão de que o cultivo da compaixão desenvolve nossa habilidade para domar nosso sistema de ameaça e desperta nossa coragem.

Os clientes podem proceder de muitas maneiras para desenvolver essa capacidade, mas com frequência discutimos um processo em três passos de engajamento da coragem para compaixão, envolvendo:

1. praticar *mindfulness* e concentração para ter contato com o momento presente com sensibilidade, perceber o que está acontecendo e ter o espaço para escolher respostas adaptativas;
2. incorporar a motivação da compaixão, o que nos permite ser movidos pela angústia e pelas nossas necessidades e as dos outros, e abre o movimento para o desenvolvimento da sabedoria para lidar com as ansiedades e abrir os fluxos de compaixão;
3. ativar o nosso sistema de proteção e tranquilização, que ativa mudanças reais e importantes dentro de nós. Repetidamente, no entanto, a TFC enfatiza a importância de não tranquilizar, mas aterrar o corpo usando o sistema parassimpático, para possibilitar nos engajarmos, em vez de evitarmos ou nos fecharmos em torno das ansiedades.

A ativação e a corporificação da motivação da compaixão envolvem vários padrões de respostas psicofisiológicas complexas que estão além do escopo deste capítulo (veja o Capítulo 10). Explorando alguns dos elementos essenciais de como nosso sistema de segurança social e motivação da compaixão funcionam para regular a detecção e as respostas a ameaças, podemos reconhecer que, quando nosso sistema de segurança social está engajado, nosso cérebro e nossos sistemas corporais envolvidos no circuito de detecção de ameaça, como a amígdala e as glândulas adrenais, são infrarregulados, tranquilizados e acalmados (Kim, Cunnington, & Kirby, 2020). A ativação do nosso sistema de proteção envolve partes do nosso cérebro que estão envolvidas em pensamentos de ordem superior, planejamento e resposta balanceada, especificamente no córtex pré-frontal, trabalhando para regular nossas reações e nos dando respostas mais flexíveis, mais focadas e ainda mais corajosas para emoções baseadas na ameaça (Armstrong et al., 2020; LeDoux & Brown, 2017). Quando nos sentimos estabilizados, devido à ativação da motivação compassiva e do sistema de proteção social, podemos experienciar maior engajamento do nosso sistema nervoso simpático, desacelerar e regular nossa excitação ansiosa global, permitindo nos sentir centrados e preparados (Porges, 2007, 2017; Stellar et al., 2017).

O neurocientista afetivo Dan Siegel sugere que, quando nos sentimos emocionalmente seguros, experienciamos maior "integração neural" (Siegel, 2007), e esse é um processo fundamental na TFC (Gilbert, 2020). Essa integração dos nossos pensamentos, das nossas emoções, da nossa atenção e das nossas sensações corporais nos possibilita termos respostas pessoalmente significativas e abordarmos as decisões, os relacionamentos e os pensamentos com maior sabedoria e perspectiva. Quando nossa ansiedade é ativada, uma experiência de calidez, cuidado e compaixão ajuda a nos sentirmos estabilizados, emocionalmente seguros e prontos para enfrentar coisas difíceis, tão efetivamente quanto possível, e isso é expresso por meio da integração e da sincronização neural e biológica. Todos esses processos biológicos e comportamentais fazem a sua parte para criar um estado de maior equilíbrio, empoderamento e flexibilidade que experienciamos quando estamos agindo a partir de um lugar de compaixão. De certo modo, o presente da evolução para você é a coragem poderosa, o potencial para vencer a ansiedade e uma nova estabilidade que emerge do seu senso de conexão cuidadosa com os outros e compaixão por si mesmo, e isso é refletido e expresso na forma como nosso cérebro regula os estados corporais de excitação.

Terapia focada na compaixão e exposição

Após nossos clientes aprenderem as práticas fundamentais de TMC e TFC de respiração, *mindfulness* e imagem mental, incluindo a prática de colocar o *self* compassivo em contato com o *self* ansioso, eles podem se beneficiar da integração da imagem mental focada na compaixão com a exposição e a prevenção de resposta (ERP). A ERP é uma técnica central entre muitos outros métodos da TFC que foram adaptados para o tratamento da ansiedade. Para aqueles interessados em aplicar a ERP de uma forma consistente na TFC, pode ser feito *download* das práticas de imagem mental, exposição e respiração descritas em www.mindfulcompassion.com. As transcrições das práticas de TFC para abordar a ansiedade, extraídas deste livro, também podem ser encontradas ali. Para aqueles que procuram introdução mais longa, mais abrangente e mais acessível sobre o uso da TFC para o tratamento da ansiedade, terapeutas e clientes podem trabalhar com o programa elaborado em *The Compassionate Mind Approach to Overcoming Anxiety* (Tirch, 2012).

Durante a exposição e a prevenção de resposta focadas na compaixão (EPR-FC), nossos clientes ensaiarão como permanecer na presença de experiências que provocam ansiedade, sem evitar sua ansiedade. Em vez de evitação, dissociação ou supressão da experiência, eles praticam evocar e corporificar uma versão atentamente consciente e compassiva de si mesmos, o que lhes permite maior coragem e estabilidade emocional quando se deparam com seus sentimentos e impulsos baseados na ameaça. É importante mencionar que isso não significa a adoção de tentativas de pensamento positivo em geral. A EPR-FC estimula uma encenação do nosso motivo evoluído para compaixão, com os elementos psicofisiológicos concomitantes de integração neural e estabilização que se originam dessa forma de ser (Porges, 2007). Em essência, quando nos integramos à TFC e à ERP, estamos treinando nossos clientes para preparar e corporificar essas qualidades de ser que evoluíram especificamente para ajudar os humanos a se engajarem nas ameaças. Em outras palavras, entre o cliente e o terapeuta, há uma construção de base segura e porto seguro (veja Gilbert, neste livro).

A EPR-FC envolve os seguintes passos:

- construir hierarquias dos estímulos temidos e evitados;
- identificar e listar seus comportamentos de evitação e de segurança baseada no controle;
- considerar os fatores que motivam o cliente a se engajar em EPR-FC;
- preparar estratégia de imagem mental e ERP compassivas;
- engajar-se em EPR-FC;
- desenvolver experimentos de prática pessoal e comportamental pessoal;
- revisar constantemente o progresso na EPR-FC, identificando obstáculos e reorientando a busca do objetivo do cliente por meio da EPR-FC.

A EPR-FC também ajuda as pessoas a trabalhar experiências prévias que podem tê-las sensibilizado para a ansiedade. Por exemplo, uma pessoa com ansiedade de pânico e medo de ter um ataque cardíaco foi sensibilizada pela morte súbita do seu pai no jardim enquanto brincavam. Parte da terapia envolveu luto. Outro cliente com ansiedade social vinha de uma família muito crítica e hostil, e trabalhar alguns desses traumas foi importante. Assim sendo, a TFC utiliza a teoria do condicionamento emocional e ajuda os clientes a entender como seus sistemas de ansiedade podem ter sido sensibilizados e, quando apropriado, a trabalhar nessas ameaças iniciais e memórias não intencionais.

A sessão de EPR-FC

Como a ERP tradicional, a EPR-FC pode envolver inúmeras formas de estímulos e contextos que podem evocar uma resposta do sistema de ameaça/ansiedade, de modo que o cliente possa aprender novos modos de atribuição de significado e respostas envolvendo coragem compassiva, estimulação do aterramento e estabilização das redes neurais e dos padrões de resposta mais orientados para a abordagem e adaptativos. Estes incluem exposição ao vivo, imagem mental, narrativas e sessões baseadas na realidade virtual. Por exemplo, ao conduzir EPR-FC para fobias, agorafobia e algumas formas de TOC, é usada exposição ao vivo. O terapeuta e o cliente vão criar uma hierarquia de estímulos temidos e/ou evitados e continuarão a literalmente se aproximar dessas coisas, depois preparando sua mente e seu corpo para o engajamento por meio de técnicas de TMC. Por exemplo, uma pessoa com TOC baseado em contaminação anda por uma rua da cidade recolhendo lixo com as mãos nuas, ou esfrega suas mãos em uma lata de lixo, depois de primeiro refletir sobre seu compromisso compassivo e se visualizar como o *self* compassivo, enfrentando esses desafios com sucesso. Após o período de EPR-FC, o cliente mais uma vez retorna a essa imagem mental, muitas vezes testemunhando seu *self* compassivo encorajando e apoiando o *self* ansioso depois que o cliente enfrentou um novo medo (para mais sobre o trabalho com múltiplos *selves*, veja o Capítulo 18).

A arquitetura das sessões de EPR-FC inclui:

1. engajar-se na centralização da respiração de ritmo tranquilizante;
2. praticar imagem mental do *self* compassivo e imaginar o *self* compassivo de forma apoiadora, enfrentando situações que provocam ansiedade;
3. engajar-se no estímulo temido por um período prescrito;
4. completar a prática com um retorno à imagem mental do *self* compassivo, validando e reforçando o esforço do cliente e o trabalho em EPR-FC.

Esses passos são seguidos, com pequenas adaptações, em toda a variedade de formas de EPR-FC.

Até o momento, a exposição interoceptiva para ataques de pânico, a exposição imaginária ao conteúdo de pensamentos obsessivos intrusivos no TOC e a revivência imaginária ou exposição narrativa para TEPT foram adaptadas com a adição de métodos de EPR-FC, resultando em respostas positivas dos clientes. A exposição narrativa para memórias de trauma relacional foi particularmente compatível com métodos de EPR-FC no The Center for CFT, em Nova Iorque. Esse processo envolve sessões de 60 a 75 minutos, em que o cliente inicia uma sessão sendo guiado pelo terapeuta na prática de imagem mental do *self* compassivo ou outra imagem compassiva. Depois de uma verificação e reflexão, incluindo consentimento ativo, o cliente relata ao terapeuta suas memórias — muitas vezes, traumas crônicos relativos a abuso emocional, físico ou sexual. O terapeuta se empenha para ser uma presença validante e emocionalmente apoiadora, incorporando compaixão e empatia ativa por meio desse processo. É importante que o terapeuta esteja consciente e sensível a uma possível dissociação ou evitação, gentilmente se envolvendo com o cliente com curiosidade e não julgamento, enquanto o cliente relata sua narrativa. Nos últimos 15 minutos da sessão, o cliente mais uma vez se engaja em imagem mental compassiva e revisa esse processo com o terapeuta. A sessão inteira é gravada em áudio e é transcrita pelo cliente ou pelo terapeuta. Nas duas ou três sessões subsequentes, o terapeuta e o cliente revisam e reescrevem essa narrativa a partir de uma perspectiva compassiva. Esse método deve muito à exposição narrativa encontrada na TCC para trauma, conforme concebida por Ehlers e Clarke (2000), mas a abordagem da EPR-FC não está baseada em um modelo de processamento da informação como esse protocolo anterior. Ao contrário, o cliente está aprendendo a ativar e corporificar sua mentalidade social compassiva quando faz contato com esse material cronicamente provocador de ansiedade e evitado.

EPR-FC embasada no modelo da TFC da análise funcional evolucionista

Uma variedade de explicações teóricas para a eficácia da ERP foi proposta durante as décadas de desenvolvimento da TCC, tentando explicar os robustos tamanhos do efeito e a eficácia consistente da ERP na prática clínica. Métodos iniciais de dessensibilização sistemática sugeriram que o contracondicionamento podia associar uma resposta de relaxamento a uma resposta de medo, levando a uma forma de extinção (Wolpe, 1958). Posteriores fundamentações da ERP no século XX sugeriram que a exposição repetida não requeria dessensibilização, mas mera exposição "esgotaria a estrutura do medo" (Foa, Huppert, & Cahill, 2006), levando à habituação. Em um desenvolvimento relativamente recente, o modelo de "aprendizagem inibitória" de Craske e colegas (2008) sugeriu que, em vez de o prévio condicionamento do medo ser extinguido, ou a resposta baseada no medo ser habituada, a nova aprendizagem de respostas que expandem o repertório na presença de estímulos que provocam ameaça vem para dominar a experiência do cliente, e essas novas respostas inibem padrões prévios. Craske e colegas observam uma variedade de adaptações e variações ao contexto e ao estilo dos exercícios de exposição que visam a potencializar a exposição. A terapia do reprocessamento cognitivo sugere que formas de exercícios de exposição e cognitivos podem criar mudanças significativas em avaliações e cognições em torno de traumas e respostas a trauma (Resick et al., 2012). A ERP na ACT visa a atuar aumentando a flexibilidade psicológica, ajudando os clientes a desliteralizar ou "desarmar" suas respostas a cognições que estimulam a ameaça e a superar padrões estereotipados de evitação (Twohig et al., 2015).

A explicação da TFC é um pouco diferente e se baseia no fato de que o processamento de ameaças opera por meio de *dois sistemas muito diferentes* (Gilbert, 2020; veja também o Capítulo 3). Um deles é o próprio sistema de ameaça envolvendo a amígdala, o hipotálamo, o eixo hipotálamo-pituitária-adrenal e o sistema nervoso simpático, já o outro é estimulado via nervo vago mielinizado e circuitos de ocitocina. Uma mãe ativa esses circuitos quando está tranquilizando e acalmando seu filho e estimulando suas habilidades para se engajar com a ameaça (Porges, 2017). A TFC há tempos defende que não podemos entender a regulação da ameaça e sua recuperação se focarmos em um único sistema, sendo esses os altos e baixos do sistema de ameaça. Também precisamos entender os reguladores do sistema de ameaça que evoluíram primeiramente por meio do apego e do cuidado social.

O modelo de mudança envolvido na EPR-FC é mais sincrético e multidisciplinar c está situado em um modelo da análise funcional evolucionista das emoções humanas. A exposição a estímulos que provocam ansiedade, com engajamento intencional e voluntário, e a estimulação e a ativação contíguas de redes neurocomportamentais, envolvendo coragem compassiva e uma base emocional segura para exploração e expansão do repertório, nos permitem maior flexibilidade comportamental e uma oportunidade de ensaiar, dominar e internalizar novas formas de ser e responder. Estas podem nos permitir vencer as limitações que a ansiedade impõe a nossas vidas e nos ajudam a viver a partir de um lugar maior de sabedoria, força e cuidado compassivos. Em uma pesquisa conceitualmente apoiadora do desenvolvimento da EPR-FC, Hornstein e colegas (2018) demonstraram experimentalmente que o uso de imagens que evocavam emoções de proteção social, como figuras sociais socialmente apoiadoras, leva à intensificação da extinção do medo e, portanto, do potencial para retorno reduzido do medo. Esses achados sugerem que a imagem mental de apoio social tecida na exposição pode intensificar a extinção do medo e melhorar os resultados do tratamento por meio da estimulação e da melhoria das redes neurocomportamentais que funcionam para estabelecer proteção social e aterramento.

Considerando-se que as maiores limitações da ERP podem ser as altas taxas de abandono e desregulação emocional que podem acompanhar a ERP tradicional (Twohig et al., 2015; Najavits, 2007), a EPR-FC pode oferecer benefícios específicos. Embora ainda precise ser comprovado pela pesquisa empírica, nossa experiência sugere a observação da validade de que trabalhar por meio de ERP com uma ênfase na compaixão, no aterramento e na estabilização pode criar uma forma mais tolerável e acessível de ERP, levando a taxas mais baixas de abandono e a uma abordagem mais integrada da regulação emocional pelo processo de exposição. Por fim, a EPR-FC está intencionalmente alavancando as redes psicofisiológicas que foram desenhadas pela evolução para ajudar os humanos a enfrentarem e trabalharem com a ansiedade, crucialmente envolvendo a evolução do sistema de apego e a forma como isso opera por meio dos circuitos de ocitocina-vagal (Porges, 2017).

Atualmente, a EPR-FC está sendo pesquisada por uma equipe colaborativa na clínica de serviços psicológicos da Kean University, em Union, Nova Jersey, e pela equipe sênior do The Center for CFT, em Nova Iorque.

Conclusão

As dificuldades com ansiedade são disseminadas e gradualmente associadas de maneira parcial a mudanças em estilos sociais de relacionamento e incertezas quanto ao futuro. A TFC sugere que a habilidade de se engajar e transformar nossas ansiedades está ligada às relações sociais. A evolução do sistema de apego estabeleceu uma gama de sistemas psicológicos em que a mãe podia proporcionar uma base segura e um porto seguro para seu bebê que facilitavam a habilidade do bebê para explorar o mundo e enfrentar os riscos e as ansiedades. O sistema fisiológico envolvido é chamado de sistema de proteção social e utiliza os mecanismos evoluídos para a relação social de cuidado. Estes podem ser recrutados para o manejo da ansiedade. Portanto, a TFC integra muitas intervenções estabelecidas baseadas na exposição, mas sugere que trabalhar apenas com o sistema de ameaça é insuficiente, e que a terapia também se beneficiará do conhecimento e do trabalho com reguladores naturais da ansiedade ligados ao sistema social de proteção que são incorporados ao cérebro e recrutam sistemas evoluídos no contexto do apego.

Referências

Armstrong, B.F. III, Nitschke, J.P., Bilash, U., & Zuroff, D.C. (2020). An affect in its own right: Investigating the relationship of social safeness with positive and negative affect. *Personality and Individual Differences, 168*, 109670.

Baer, R.A., Smith, G.T., Lykins, E., Button, D., Krietemeyer, J., Sauer, S., ... & Williams, J.M.G. (2008). Construct validity of the five facet mindfulness questionnaire in meditating and nonmeditating samples. *Assessment, 15*(3), 329–342.

Bandelow, B., & Michaelis, S. (2015). Epidemiology of anxiety disorders in the 21st century. *Dialogues in Clinical Neuroscience, 17*(3), 327–335.

Brown, S.L., & Brown, R.M. (2015). Connecting prosocial behavior to improved physical health: Contributions from the neurobiology of parenting. *Neuroscience and Biobehavioral Reviews, 55*, 1–17.

Brown, S.L., & Brown, R.M. (2017). Compassionate neurobiology and health. In Seppälä, E.M., Simon-Thomas, E., Brown, S.L., Worline, M.C., Cameron, L., & Doty, J. R. (Eds.). *The Oxford handbook of compassion science* (pp. 159–172). Oxford University Press.

Chödrön, P. (2018). *The places that scare you: A guide to fearlessness in difficult times*. Shambhala.

Craske, M.G., Kircanski, K., Zelikowsky M., Mystkowski, J., Chowdhury, N., Baker, A. (2008). Optimizing inhibitory learning during exposure therapy. *Behavior Research and Therapy, 46*(1), 5–27.

Curran, T., & Hill, A.P. (2019). Perfectionism is increasing over time: A meta-analysis of birth cohort differences from 1989 to 2016. *Psychological Bulletin, 145*(4), 410–429.

Duarte, J., & Pinto-Gouveia, J. (2017). Mindfulness, self-compassion and psychological inflexibility mediate the effects of a mindfulness-based intervention in a sample of oncology nurses. *Journal of Contextual Behavioral Science, 6*(2), 125–133.

Ehlers, A., & Clark D.M. A cognitive model of post-traumatic stress disorder. (2000). *Behaviour Research Therapy, 38*(4), 319–345.

Foa, E.B., Huppert, J.D., & Cahill, S.P. (2006). *Emotional processing theory: An update.* In B.O. Rothbaum (Ed.). *Pathological anxiety: Emotional processing in etiology and treatment* (pp. 3- 24). The Guilford Press.

Germer, C.K., Siegel, R.D. & Fulton, P.R. (2013). *Mindfulness and psychotherapy* . The Guilford Press.

Gilbert, P. (2010). *Compassion focused therapy: Distinctive features.* Routledge.

Gilbert, P., & Choden. (2013). *Mindful compassion: How the science of compassion can help you understand your emotions, live in the present, and connect deeply with others.* New Harbinger.

Gilbert, P. (1989/2016). *Human nature and suffering.* Taylor and Francis.

Gilbert, P. (2020). Compassion: From its evolution to a psychotherapy. *Frontiers in Psychology 11*, 3123.
Greenberg, L. (2002). *Emotion-focused therapy: Coaching clients to work through their feelings.* American Psychological Association.

Hayes, S.C., Wilson, K.G., Gifford, E.V., Follette, V.M., & Strosahl, K. (1996). Experimental avoidance and behavioral disorders: a functional dimensional approach to diagnosis and treatment. *Journal of Consulting and Clinical Psychology, 64*(6), 1152–1168. https://doi.org/https://doi.org/10.1037/0022-006X.64.6.1152

Hofmann, S.G., Sawyer, A.T., Witt, A.A., & Oh, D. (2010). The effect of mindfulness-based therapy on anxiety and depression: A meta-analytic review. *Journal of Consulting and Clinical Psychology, 78*(2), 169–183.

Hornstein, E.A., Haltom, K.E.B., Shirole, K., & Eisenberger, N.I. (2018). A unique safety signal: Social-Support figures enhance rather than protect from fear extinction. *Clinical Psychological Science, 6*(3), 407–415.

Kim, J.J., Cunnington, R., & Kirby, J.N. (2020). The neurophysiological basis of compassion: An fMRI meta-analysis of compassion and its related neural processes. *Neuroscience & Biobehavioral Reviews, 108*, 112–123.

Leahy, Robert L. (2005). *The worry cure: Seven steps to stop worry from stopping you* (1st ed.). Harmony Books.

Leahy, R.L., Tirch, D., & Napolitano, L.A. (2011). *Emotion regulation in psychotherapy: A practitioner's guide.* Guilford Press.

LeDoux, J.E. (2014). Coming to terms with fear. *Proceedings of the National Academy of Sciences, 111*(8), 2871–2878.

LeDoux, J.E., & Brown, R. (2017). A higher-order theory of emotional consciousness. *Proceedings of the National Academy of Sciences, 114*(10), E2016–E2025.

Lim, M.H., Holt-Lunstad, J., & Badcock, J.C. (2020). Loneliness: Contemporary insights into causes, correlates, and consequences. *Social Psychiatry and Psychiatric Epidemiology*, **55**, 789–791.

Marshall, E.-J., & Brockman, R. (2016). The relationships between psychological flexibility, self-compassion, and emotional well-being. *Journal of Cognitive Psychotherapy, 30*, 60–72. https://doi.org/10.1891/0889-8391.30.1.60

Music, G. (2017). *Nurturing natures: Attachment and children's emotional social cultural and brain development* (2nd ed.). Routledge.

Najavits, L.M. (2007). *Psychosocial treatments for post-traumatic stress disorder.* In P.E. Nathan & J.M. Gorman (Eds.). *A guide to treatments that work* (pp. 513–530). Oxford University Press.

Porges, S.W. (2007). The polyvagal perspective. *Biological Psychology, 74*(2), 116–143.

Porges, S.W. (2017). Vagal pathways: Portals to compassion. In E.M. Seppälä, E. Simon-Thomas, S.L. Brown, & M.C. Worline, *The Oxford handbook of compassion science* (pp. 189–204). Oxford University Press.

Rachman, S.J. (2010). *Courage: A psychological perspective.* In C.L.S. Pury & S.J. Lopez (Eds.). *The psychology of courage: Modern research on an ancient virtue* (pp. 91–107). American Psychological Association.

Remes, O., Brayne, C., van der Linde, R., & Lafortune, L. (2016). A systematic review of reviews on the prevalence of anxiety disorders in adult populations. *Brain and Behavior, 6*(7), e00497. https://doi.org/10.1002/brb3.497

Resick, P.A., Williams, L.F., Suvak, M.K., Monson, C.M., & Gradus, J.L. (2012). Long-term outcomes of cognitive-behavioral treatments for posttraumatic stress disorder among female rape survivors. *Journal of Consulting and Clinical Psychology, 80*(2), 201–210.

Schore, A.N. (2001). Effects of a secure attachment relationship on right brain development, affect regulation, and infant mental health. *Infant Mental Health Journal, 22*(1–2), 7–66.

Siegel, D., & Bryson, T. (2020). *The power of showing up*. Ballantine Books.

Siegel, D.J. (2007). Mindfulness training and neural integration: Differentiation of distinct streams of awareness and the cultivation of well-being. *Social Cognitive and Affective Neuroscience, 2*(4), 259–263.

Stellar, J.E., Gordon, A.M., Piff, P.K., Cordaro, D., Anderson, C.L., Bai, Y., Maruskin, L.A., & Keltner, D. (2017). Self-transcendent emotions and their social functions: Compassion, gratitude, and awe bind us to others through prosociality. *Emotion Review, 9*(3), 200–207.

Tirch, D. (2010). Mindfulness as a context for the cultivation of compassion. *International Journal of Cognitive Therapy, 3*, 113–123.

Tirch, D. (2012). *The compassionate-mind guide to overcoming anxiety: Using compassion-focused therapy to calm worry, panic, and fear*. Constable and Robinson.

Twohig, M.P., Abramowitz, J.S., Bluett, E.J., Fabricant, L.E., Jacoby, R.J., Morrison, K.L., ... & Smith, B.M. (2015). Exposure therapy for OCD from an acceptance and commitment therapy (ACT) framework. *Journal of Obsessive-Compulsive and Related Disorders, 6*, 167–173.

Wilson, D.S. (2019). *This view of life*. Pantheon.

Wolpe, J. (1958). *Psychotherapy by reciprocal inhibition*. Stanford University Press.

Yalom, I.D. (1980). *Existential psychotherapy.* Basic Books.

20

A verdadeira força

Usando a terapia focada na compaixão no tratamento da raiva problemática

Russell L. Kolts

Considerando a raiva por uma perspectiva da TFC

Quando falo com pessoas fora dos círculos psicológicos, frequentemente me perguntam: "A raiva é boa ou ruim?". A raiva não é nem boa nem ruim, mas pode ser muito complicada e, quando não controlada, pode levar a comportamento prejudicial. A raiva é uma resposta evoluída à ameaça que ajudou a garantir a sobrevivência e a reprodução dos nossos ancestrais. Como a ansiedade, ela pode se manifestar em muitos contextos. Podemos ter raiva *frustrada* quando o caminho para um objetivo/desejo é bloqueado, raiva *invejosa* enraizada na comparação social, "*raiva justificada*" diante de injustiça ou raiva *vingativa* quando achamos que fomos enganados. As intervenções terapêuticas podem variar para esses diferentes tipos de raiva. Por exemplo, para raiva frustrada, podemos explorar a melhor forma de trabalhar com o obstáculo, mas com vingança, pode ser mais sobre o perdão. Ambas podem estar ligadas a sentimentos subjacentes de vulnerabilidade ou dor. A raiva pode ser intensa e impulsiva ou envolver ruminação latente e planejamento. A TFC sempre guia os clientes para entenderem a *função* das emoções (veja o Capítulo 18).

A raiva rapidamente focaliza nossa atenção, nosso pensamento e nossa imagem mental em ameaças percebidas com concomitante excitação fisiológica e sensação de urgência de agir. Ela altera a forma como nosso cérebro funciona, mudando do pensamento racional para a ação urgente — o que prejudica nossa habilidade de pensar flexível e reflexivamente, potencialmente nos levando a não perceber sinais sociais sutis ou considerar informações vitais. De igual modo, a motivação e os impulsos comportamentais que movem a raiva podem parecer fortalecedores, mas, quando traduzidos em comportamento, podem causar problemas reais em nossos relacionamentos.

Entendendo problemas relacionados à raiva

Ao explorarmos por que algumas pessoas lutam com problemas relacionados à raiva, podemos considerar como as pessoas que lutam contra a raiva diferem daquelas que não o fazem. Considerando-se a literatura empírica sobre raiva e a observação clínica direta, podemos ver que aqueles que lutam contra a raiva se distinguem por uma série de fatores:

- Temperamentos e respostas neurofisiológicas — a facilidade com que experienciam raiva ou irritabilidade (Calkins, 1994; Denson et al., 2014).
- Padrões de apego — em que medida se sentem confortáveis e seguros na conexão com os outros, são capazes de aproveitar a conexão para ajudar a regular as emoções e são interessados, capazes de observar e dedicados às experiências dos outros; e como é a sua sensibilidade a sinais de estresse e afastamento nos outros (Mikulincer & Shaver, 2007).
- A habilidade de se engajar em observação atenta — perceber a sua experiência e a dos outros quando ela surge no momento presente (Hill & Updegraff, 2012).
- Habilidade de regular as emoções e se autotranquilizar — em que medida são motivados e capazes de observar e modular suas emoções e suas respostas comportamentais relacionadas.

Todos experienciam raiva em maior ou menor grau. As diferenças estão em como essas experiências se desenrolam, o que está relacionado a muitos fatores — alguns dos quais o indivíduo pode controlar, outros não.

Por que TFC para raiva?

Dado que existem vários tratamentos para raiva apoiados empiricamente (Lee & DiGiuseppe, 2017), por que precisamos de TFC para a raiva? Eu diria que é porque muitas pessoas que se beneficiariam de trabalhar com sua raiva simplesmente não o fazem. Embora provavelmente haja muitos obstáculos que impedem as pessoas de assumir a responsabilidade de trabalhar com sua raiva, considero que dois obstáculos que as impedem de fazer isso são a vergonha e a necessidade de evitar humilhação/sentir-se poderosas. Assumir a responsabilidade pela nossa raiva muitas vezes significa enfrentar a vergonha ativada pela observação de que nosso comportamento raivoso causou dor terrível em pessoas com quem nos importamos profundamente, além de potencialmente causar muitos outros problemas em nossas vidas. Além disso — sobretudo para pessoas que não se sentem muito poderosas em outras áreas das suas vidas ou que aprenderam a associar a vulnerabilidade à humilhação —, pode ser difícil abrir mão de sentimentos de poder, força e domínio que podem acompanhar a raiva. *Se quisermos ajudar as pessoas a assumirem a responsabilidade de trabalhar com sua raiva, temos que ajudá-las a vencer sua vergonha, temos que ajudá-las a experienciar suas emoções sem que se sintam humilhadas por tê-las e temos que lhes dar novas formas adaptativas de sentir e ser poderosas.* Como a TFC foi especificamente desenvolvida para ajudar as pessoas a trabalhar com a vergonha e as emoções difíceis (Gilbert, 2010) e oferece um caminho claro para uma forma poderosa de ser no mundo, baseada em valores (o *self* compassivo), ela parece uma solução perfeita para ajudar as pessoas a superar esses obstáculos.

Uma abordagem focada em processos para a aplicação da TFC

O guia *CFT Made Simple* (Kolts, 2016) organizou a TFC como envolvendo processos e práticas multicamadas que trabalham em conjunto para apoiar e reforçar umas às outras. A primeira camada é a relação terapêutica, que oferece ao cliente um modelo de compaixão, com uma experiência de proteção relacional. A segunda camada envolve a descoberta guiada de desenvergonhar percepções compassivas sobre a natureza de nossas mentes evoluídas e como nossas emoções e nosso comportamento podem ser moldados tanto pela herança da evolução quanto pelas experiências de vida. A terceira camada, a consciência compassiva, envolve ajudar os clientes a trazer uma consciência aberta e não julgadora para a sua experiência. A camada final é o treino da mente compassiva (TMC), em que os clientes são guiados no desenvolvimento de um repertório de competências compassivas, incluídas no cultivo de uma versão compassiva do self — *o self compassivo*.

Aqui, eu gostaria de apresentar mais um método de organizar o que fazemos em TFC, mas focando mais nas dimensões funcionais da terapia baseada em processos. Se as camadas já discutidas eram o "*o quê*" da TFC, aqui vamos discutir o "*como*". Essa organização baseada em processos pode ser abreviada pelo acrônimo SMST: Apoio (*Support*), Modelo (*Model*), Formato (*Shape*) e Treino (*Train*). Aqui, exploraremos essas dimensões especificamente em relação à raiva, mas elas podem ser empregadas em uma variedade de aplicações da TFC.

***Apoiando* o surgimento da compaixão.** Embora estados da mente de ameaça possam inibir a compaixão, experiências de proteção relacional podem promover a compaixão, a empatia, a criatividade e o comportamento pró-social (Mikulincer & Shaver, 2005; Mikulincer et al., 2001). Além disso, muitos clientes — particularmente clientes raivosos — podem ter falsas concepções básicas do que é compaixão e, talvez pela falta de experiências de receber respostas compassivas dos cuidadores e de ver a compaixão efetivamente demonstrada como modelo em seus contextos sociais, podem ter pouca ideia de como é a aparência e a sensação da compaixão.

Como tal, a TFC prepara o terreno para a compaixão. Há várias formas pelas quais o terapeuta de TFC pode *apoiar* o surgimento da compaixão em seus clientes:

- promovendo a proteção relacional por meio da relação terapêutica;
- suavizando a vergonha externa por meio da calidez e da consideração positiva, da autenticidade e da empatia terapêutica;
- suavizando a vergonha interna por meio da descoberta guiada do entendimento da TFC de que "não é sua culpa" (peças psicoeducacionais como o modelo dos três sistemas, explorações do cérebro antigo/cérebro novo, exploração da aprendizagem e modelagem social de padrões de raiva desadaptativos). Isso é especialmente importante na medida em que essa exploração pode ser profundamente validante para os clientes — ajudando-os a entender *por que* eles lutam com a raiva, *como faz sentido* que eles tenham dificuldades exatamente com isso, e que isso não é sua culpa;
- aumentando a sensibilidade não julgadora ao sofrimento, à dificuldade e à dor via TMC (gosto da expressão "curiosidade gentil" ao capturar isso);
- explorando uma definição operacional de compaixão como envolvendo a força e a coragem para enfrentar as dificuldades e trabalhar com elas.

***Demonstrando* a compaixão.** Bennett-Levy (2019) destaca que pode ser útil para os terapeutas ter a experiência de praticar e refletir sobre as abordagens de tratamento que eles usam com os clientes. Embora o trabalho de autoprática/autorreflexão possa servir para auxiliar os terapeutas a aprenderem as nuances das várias abordagens de terapia, ele pode desempenhar papel duplo na TFC, auxiliando os terapeutas a demonstrarem as habilidades da compaixão que eles estão trabalhando, para ajudar os clientes a cultivá-las (Kolts, Bell, Bennett-Levy, & Irons, 2018). Sobretudo ao trabalhar com clientes raivosos que podem ser voláteis e confrontadores na terapia, o terapeuta tem oportunidades de demonstrar em primeira mão como é a compaixão, não *falando sobre ela*, mas a incorporando durante o processo da terapia. O objetivo é que, quando começarmos a ajudar os clientes a praticar as várias competências compassivas (empatia, mentalização, cuidado-compromisso, tolerância ao estresse, abordagem e exploração do sofrimento e da dificuldade, etc.), elas pareçam muito familiares, pois eles terão visto o terapeuta demonstrá-las inteiramente. Quando perguntamos aos homens em nossos grupos de prisioneiros True Strength (TFC para Raiva) que aspectos da terapia foram mais poderosos para eles, eles disseram, sem hesitação: *a compaixão que você nos mostrou*. Para clientes que se sentem profundamente envergonhados pela sua raiva, *podemos ajudá-los a suavizar a vergonha, validando sua experiência e tratando-os com uma compaixão* que reconhece que eles estão lutando contra resposta à ameaça que está fora de controle, em vez de rejeitá-los, criticá-los ou evitá-los. Para clientes que podem ser céticos ou apegados à raiva como forma de se sentir poderosos e afirmar dominância, *podemos demonstrar a força e a coragem da compaixão* pela forma como respondemos quando as coisas ficam difíceis e como gentilmente os guiamos a explorar, em vez de evitar áreas difíceis em suas vidas. Desenvolver e refinar gradualmente nossa habilidade de incorporar e demonstrar compaixão na terapia é o trabalho de toda uma vida que pode assumir uma miríade de formas:

- Demonstrando compromisso cuidadoso por meio da expressão de afeto e preocupação apropriados e responsivos durante a terapia.
- Respondendo às revelações do cliente de experiências dolorosas ou difíceis com curiosidade bondosa, gentilmente encorajando a exploração, em vez da evitação: *"Isso parece muito doloroso. Você poderia falar um pouco mais sobre isso?"*.
- Usando de maneira apropriada a assertividade em resposta aos desafios, à hostilidade ou aos insultos do cliente. *Estou comprometido em ajudá-lo, e algumas vezes surgirão na terapia coisas que são frustrantes. Porém, se quisermos trabalhar juntos, vamos ter que nos tratar respeitosamente e descobrir como trabalhar juntos para enfrentar as situações difíceis. Parece que você está se sentindo frustrado comigo neste momento. Você poderia me contar mais sobre isso?*
- Estimulando a consciência atenta, convidando o cliente a voltar sua consciência para seu interior, repetidamente, e fazendo isso nós mesmos: *"O que você está notando em seu corpo neste momento?"*, *"Que sentimentos estavam surgindo em você enquanto falávamos sobre isso?"*, *"Parece que alguma coisa acabou de acontecer aqui para você — o que você está experienciando neste momento?"*, *"Estou notando que estou me sentindo ________ neste momento"*.
- Expressando empatia apropriadamente durante as sessões, tanto demonstrando-a em relação ao cliente quanto demonstrando o processo de exploração empática por meio do uso de perguntas mentalizantes: *"O que você acha que ela poderia estar sentindo naquela situação? Como faz sentido que ela tenha respondido daquela forma?"*.
- Usando expressões oportunas de simpatia: *"Isso parece terrivelmente doloroso. Lamento que você tenha passado por isso"*.
- Demonstrando tolerância ao estresse e interrompendo a sensação de urgência da raiva: *"As coisas estão ficando muito esquentadas quando falamos sobre isso. Quero continuar explorando isso, mas acho que seria útil darmos um tempo para um alongamento e desacelerarmos nossa respiração, para equilibrarmos nossas emoções antes de seguirmos adiante"*.

Há muitos outros exemplos, e muitos deles serão coisas que você já faz como terapeuta. O ponto é que podemos ajudar a ensinar compaixão sendo *intencionais* ao demonstrá-la, reconhecendo essa demonstração como forma valiosa de ensinar os clientes em tempo real como é a compaixão.

***Moldando* formas compassivas de ser.** Clientes que tiveram dificuldades constantes com raiva muitas vezes desenvolvem formas de se engajar no mundo que estão ligadas à hostilidade, persistentemente ancoradas em motivos defensivos baseados na ameaça. Nosso objetivo na TFC é ajudá-los a mudar essas formas habituais de responder para um motivo básico evoluído muito diferente: a prestação de cuidado. Precisamos ter em mente que nossos clientes não podem simplesmente *decidir* ser diferentes, pois suas respostas refletem a arquitetura neural subjacente que foi moldada por anos de experiência. Ao ajudá-los a cultivar compaixão, estamos literalmente ajudando-os a trazer a bordo diferentes sistemas neurológicos por meio do ensaio, da modelagem e do fortalecimento de formas compassivas de ser e dos padrões subjacentes de conectividade neural que os apoiam.

Ao ajudarmos os clientes a desenvolver esses novos padrões, podemos incorporar a modelagem, que ajuda a construir novas competências por meio do reforço de sucessivas aproximações de novos comportamentos compassivos (incluindo comportamentos observáveis, além de pensamentos, reflexões, interpretações e reações emocionais). Em vez de focarmos unicamente em comportamentos raivosos que queremos extinguir, estamos atentos ao novo comportamento que queremos ver, e quando ele surgir, o reforçamos. A terapia é o laboratório perfeito para moldar a compaixão. A compaixão começa com ser sensível ao sofrimento e às dificuldades — percebendo, observando, refletindo sobre e sendo tocado por isso. Já que sofrimento e dificuldades fazem aparições frequentes na sala de terapia, há muitos ensaios de aprendizagem potencial com os quais trabalhar. Queremos considerar as respostas compassivas que queremos moldar em nossos clientes, estar vigilantes ao seu aparecimento e estabelecer contextos na terapia prováveis de evocar essas respostas. Então, quando elas aparecerem, queremos reforçá-las. Esse é o ritmo de modelagem da compaixão na terapia: *evocar* e *reforçar*. Isso também pode ajudar a esclarecer e refinar a compreensão dos nossos clientes do que é compaixão. Vamos considerar como isso pode se revelar na interação terapêutica:

André (A): Estou tão incomodado comigo hoje!

Terapeuta (T): Conte-me um pouco mais sobre isso.

A: Ontem à noite levantei a voz com a minha filha e a fiz chorar. Nós temos aquele aplicativo de telefone que faz atualizações constantes das notas dela, e ontem recebi uma notificação de que sua nota em matemática caiu de A para C. Bem, fiquei muito incomodado e levantei a voz com ela e fiz um sermão. Me senti muito mal com isso.

T: Hummm. Sei que você realmente estava tentando não explodir com ela. Como ela reagiu?

A: Foi terrível — ela se encolheu na cadeira e começou a chorar. A pior parte foi que aquilo nem foi culpa dela. Sua professora havia colocado um zero para uma tarefa que estava atrasada, mas ela tinha dado mais um dia para realizá-la. No dia seguinte, ela colocou a nota, e Sophie voltou a ficar com conceito A.

T: Isso deve ter sido terrível.

A: Foi mesmo. Fico imaginando-a ali, chorando, com seu pai a atacando, não lhe dando nem a chance de explicar. Isso parte meu coração.

T: Você consegue ver o quanto a situação foi dura para ela, e isso machuca. Posso perceber o amor que você tem por Sophie enquanto você fala sobre isso.

A: Sim, eu a amo muito. É por isso que estou aqui — quero ser um pai melhor para ela. Estou sempre estragando tudo.

T: Como se desenvolveu a situação?

A: Bem, quando eu a vi chorando, aquilo meio que cortou a minha raiva. Então me acalmei, respirei algumas vezes e conversamos a respeito, e me desculpei por ter gritado. Foi quando ela me falou sobre a tarefa. Me senti muito mal. Acabamos conversando sobre o que aconteceu, e então fomos fazer um lanche juntos. As coisas acabaram bem, mas eu gostaria de ter lhe dado a chance de explicar desde o início. Prometi que no futuro eu checaria com ela quando aparecessem notas ruins no aplicativo. Não posso continuar fazendo essa besteira.

T: André, você se lembra de quando falamos sobre a compaixão, como ser sensível ao sofrimento e querer ajudar quando nos deparamos com ela? Bem, *você fez isso*. Você viu Sophie chorando e percebeu, mesmo estando com raiva, e perceber isso fez com que você mudasse da sua raiva para o cuidado com ela. Você lhe ensinou o que fazer quando cometemos um erro — pedir desculpas e elaborar um plano para lidar melhor com as coisas no futuro. Isso é diferente de como você fazia as coisas no passado?

A: Sim, no passado eu teria ficado enfurecido e provavelmente nunca teria ouvido sua explicação. Acho que isso é uma melhora. Mas é difícil me sentir bem a respeito.

T: [se inclinando] Mas *é* uma melhora. Parece que é muito difícil lembrar que você a fez chorar, mesmo que tenha respondido diferente do que já fez no passado — essa é a dor da compaixão. Não é fácil se defrontar com essa dor, particularmente quando é uma dor que nós causamos. Essa é a *coragem* da compaixão. E como é perceber que, diante dessa dor, você fez alguma coisa diferente — que você foi capaz de notar o que estava acontecendo e encontrou uma forma de responder que ajudaria a reverter as coisas?

A: [acena com a cabeça] Foi muito melhor do que fiz no passado. Só quero perceber isso mais cedo da próxima vez.

T: Que tal continuarmos trabalhando nisso, então?

Na vinheta, vemos vários exemplos do terapeuta trabalhando para reforçar as expressões de compaixão e os esforços de André para trabalhar com sua raiva. O terapeuta inicia reconhecendo os esforços de André para evitar "explodir" com sua filha. O terapeuta então evoca a sensibilidade em André, sendo modelo para validação e refletindo a própria linguagem de André ("Isso deve ser terrível"), estimulando-o a compartilhar sua resposta emocional à dor da sua filha, o que o terapeuta então reforça ("Posso perceber o amor..."). Quando André descreve a situação, torna-se evidente que ele havia se engajado em uma resposta compassiva ao sofrimento da sua filha (tardia — mas, novamente, estamos moldando aproximações sucessivas do comportamento-alvo), que o terapeuta enfatiza para clarificar sua crescente compreensão da compaixão, reforçando esse comportamento por meio da descrição em termos que o caracterizam realisticamente como compaixão — sensibilidade ao sofrimento dela e esforços para abordar a dor que ele causou. O terapeuta então convida André a reforçar a si mesmo por meio do reconhecimento dos seus esforços ("Isso é diferente de como você fazia as coisas no passado?"). Essa habilidade de André de perceber e se sentir bem sobre suas respostas compassivas é outro comportamento que vale moldar (aprender a perceber e reforçar seus *próprios* esforços de engajamento em compaixão), que o terapeuta então reforça ("Esta *é* uma melhora"). O terapeuta então compassivamente reafirma o reconhecimento de André da sua própria dor, de forma que enfatiza o aspecto corajoso da compaixão — e novamente o convida a reforçar a si mesmo, percebendo a diferença entre isso e o que ele havia feito no passado.

Ao considerar a vinheta, você pode notar que os esforços do terapeuta para reforçar André talvez pareçam um pouco diferentes do que alguns considerariam ser um "reforço", com o terapeuta usando declarações empáticas, afirmações e declarações/perguntas reflexivas, em vez de elogios. Nesse sentido, a vinheta se baseia nos ensinamentos da psicoterapia analítica funcional (FAP) (p. ex., Tsai et al., 2008). A FAP é uma terapia comportamental com raízes na modelagem do comportamento interpessoal do cliente por meio de aspectos intencionais específicos da interação terapêutica. Uma observação enfatizada na FAP é que muitas das maneiras tradicionais pelas quais os terapeutas tentam reforçar o comportamento do cliente — como elogios — são *forçadas*; elas parecem artificiais e não refletem a forma como a interação humana funciona no mundo real (e, como tal, são menos efetivas). Além do mais, a FAP observa que as formas mais poderosas de reforçar os comportamentos dos clientes são por meio das interações humanas naturais. Desse modo, vistas de fora, as interações terapêuticas que são efetivas no reforço dos comportamentos do cliente provavelmente não vão parecer "comportamentais" — elas apenas se parecem com conversas humanas sensíveis. A diferença é que o terapeuta é *intencional* no uso da interação para seletivamente reforçar aproximações das competências que ele está tentando ajudar o cliente a desenvolver.

***Treinando* compaixão.** Outra forma de facilitarmos o cultivo da compaixão do cliente envolve o TMC (Gilbert, 2010; Gilbert & Proctor, 2006), o treino intencional das várias competências envolvidas no trabalho compassivo com o sofrimento. Esse aspecto é apresentado por último porque os três aspectos anteriores ajudam a preparar o cliente para o benefício com as práticas da TFC, suavizando a vergonha, desmontando obstáculos potenciais e ajudando o cliente a preparar sua mente e sua motivação para que ele possa se engajar nas práticas do TMC de uma forma comprometida e sustentada. Este capítulo não descreve a maioria das práticas do TMC, pois elas são abordadas extensivamente em outro lugar (p. ex., Gilbert, 2010; Kolts, 2016; e neste livro), visando a destacar algumas práticas que parecem especialmente úteis para indivíduos que lutam contra a raiva.

Práticas de distanciamento e tranquilização. Muitos indivíduos que lutam com a raiva têm dificuldade para se acalmar quando seus sistemas de ameaça são ativados. Pode ser quase impossível para alguém que é capturado pela raiva simplesmente trocar para uma estrutura compassiva da mente. Quando a raiva se torna muito intensa, frequentemente o primeiro passo mais eficaz é criar distância entre o *self* e o foco da raiva — talvez utilizando parte da energia da raiva para fazer alguma coisa ativa, como dar uma caminhada ou fazer alguns exercícios. Depois que a imediatez da raiva foi um pouco suavizada, práticas como ritmo respiratório tranquilizante e imagem mental de um lugar seguro/calmante ajudam a proporcionar aos clientes uma transição para mudar o ímpeto da raiva, ajudando a equilibrar suas emoções e criando espaço para se conectar com a motivação compassiva para trabalhar com sua raiva, possibilitando uma forma de fazer a transição da raiva para a compaixão. O ritmo respiratório tranquilizante envolve desacelerar a respiração e acomodar a atenção na experiência de desaceleração no corpo e na mente, ao passo que a imagem mental de um lugar seguro (alguns clientes raivosos podem preferir o "espaço calmante") usa a imagem mental para se conectar com um "lugar" mental que ajuda o cliente a se conectar com sentimentos de proteção e serenidade. Protocolos detalhados para essas práticas podem ser encontrados em vários recursos diferentes sobre TFC (p. ex., Gilbert, 2010; Kolts, 2011), com Kolts (2016) oferecendo exemplos detalhados de diálogos que mostram como introduzir as práticas com os clientes.

Também vale a pena dedicar algum tempo com os clientes para identificar experiências e situações em suas vidas que os ajudam a se sentir calmos, seguros, contentes e felizes. Clientes que têm dificuldades com a raiva podem existir em um mundo de "hostilidade adormecida", uma vez que as experiências de vida que costumavam tranquilizá-los podem ter desaparecido. Como os clientes são os especialistas da sua própria experiência, pode ser útil colaborar com eles para explorar e desenvolver um repertório de atividades que os ajudem a se sentir calmos não apenas ao trabalharem com a raiva, mas para tecer essas experiências em suas vidas cotidianas. Quando isso acontece, o nível de ameaça em repouso em sua vida pode suavizar, tornando mais fácil que surjam formas compassivas de ser e se consolidar, e reduzindo a probabilidade de os clientes serem dominados pela raiva quando os estressores surgem. Os clientes identificaram que passar um tempo na natureza, ler, ouvir músicas tranquilas, fazer exercício, tomar banhos quentes e fazer uma pausa para tomar uma xícara de café ou chá quente é muito útil nesse sentido — mas é importante trabalhar de maneira colaborativa com os clientes para descobrir o que é útil para *eles*.

A prática do self *compassivo*. Na TFC, falamos sobre diferentes "versões" funcionais do *self*, correspondentes às formas como diferentes motivações e emoções evoluídas podem organizar vigorosamente a nossa experiência — os padrões de atenção, pensamento e raciocínio, a imagem mental, a emoção sentida, a motivação e o comportamento. Muitos clientes terão passado muito tempo habitando a versão raivosa do *self* e podem achar que esse *self* raivoso é a totalidade de quem eles são. A TFC não é sobre se livrar do *self* raivoso (ou do *self* triste, do *self* ansioso, etc.). Isso não só seria indesejável, mas também é impossível, já que esses "*selves*" são reflexos das capacidades evolutivas que foram moldadas nos humanos ao longo de centenas de milhares de anos. O que podemos fazer, no entanto, é praticar a conexão com motivos básicos que refletem os valores que queremos manifestar em nossas vidas. O *self* compassivo, operando a partir de motivos básicos de cuidado que todos nós temos, atua como uma estrutura organizadora para as habilidades compassivas (e a corporificação delas) que vamos treinar.

Como ocorre com as práticas mencionadas, a prática do *self* compassivo é detalhada em inúmeras referências da TFC (p. ex., Gilbert, 2010; Kolts, 2016). Em essência, a prática estimula o cliente a imaginar várias qualidades que uma versão compassiva de si mesmo teria (p. ex., coragem, sabedoria, compromisso com cuidado/bondade) e usa uma abordagem baseada na ação, em que o cliente *imagina como seria* ser esse *self* compassivo. O cliente imagina como ele se sentiria em seu corpo, a que ele prestaria atenção, sobre o que pensaria, com o que se importaria, o que estaria motivado a fazer e como estaria motivado a se comportar. A ideia é fazer o cliente corporificar ao máximo possível os aspectos do *self* compassivo nas muitas situações diferentes possíveis (Matos, Duarte, Duarte, Gilbert, & Pinto-Gouveia, 2017). Ao trabalhar com clientes raivosos, o objetivo final é que eles sejam capazes de acessar o *self* compassivo quando se defrontarem com ativadores de raiva, mas pode ser útil praticar a conexão com esse *self* nas circunstâncias mais variáveis possíveis: no mercado; quando se conectar com a motivação compassiva ao acordar pela manhã (como Paul Gilbert diz, "compaixão debaixo do edredom"); no trabalho; e ao interagir com os outros. Quanto mais o cliente considerar como essa versão do *self* sábia, corajosa, bondosa, comprometida e compassiva iria experienciar, responder e interagir com o mundo à sua volta — e então se engajar nesta ação compassiva —, mais essas formas de pensar, sentir e se comportar ficarão arraigadas em suas formas habituais de ser no mundo (refletindo o fortalecimento da arquitetura neural subjacente que sustenta essas formas de ser).

Trabalho compassivo com ativadores da raiva. Quando os clientes se familiarizam com a prática do *self* compassivo, isso pode se tornar ponto de referência para trabalhar com situações difíceis na vida, como seus ativadores típicos de raiva. A maioria dos protocolos para tratamento da raiva empiricamente apoiados envolvem ajudar os clientes a se familiarizar com situações e experiências que ativam sua raiva e os padrões de pensamentos, urgências e comportamentos que surgem desses ativadores, ajudando-os a elaborar planos para formas mais adaptativas de responder (Kassinove & Tafrate, 2019). Ao aplicar a TFC à raiva, a abordagem é similar; no entanto, todo esse trabalho se desenvolve a partir da perspectiva do *self* compassivo. Habitando essa versão sábia, corajosa, bondosa e compassiva do *self*, o cliente explora como ele iria experienciar, entender e responder a esses ativadores. Com o que esse *self* compassivo se preocuparia nessa situação? O que importaria para ele? Como ele agiria? Como ele iria se relacionar com outras pessoas e querer que outras pessoas o experienciassem? Como ele iria se relacionar com outros aspectos do *self* — como *selves* raivosos, tristes ou ansiosos? A ideia é que, enquanto o *self* raivoso tende a ser hostil, defensivo, reativo e talvez motivado para afirmar dominância, o *self* compassivo é motivado para ajudar — focado na compreensão, ajudando o *self* e os outros a se sentirem seguros e trabalhando com situações difíceis de forma eficaz, que não prejudique os outros ou a si mesmo (Kolts, 2011).

Trabalho compassivo com cadeiras. De forma crescente, inúmeras modalidades de terapia contam com o trabalho com cadeiras para trazer um senso de imediatez experiencial para ajudar os clientes a trabalharem com emoções difíceis (p. ex., Pugh, 2019), e os terapeutas da TFC usam o trabalho com cadeiras de inúmeras formas (Gilbert, 2010; Kolts, 2016; veja também o Capítulo 17). O trabalho com cadeiras pode ajudar os clientes a se conectarem com a compaixão, direcionando-a para outra pessoa com quem se importam (ou para uma versão sofrida mais jovem do *self*). Pode ser útil ajudar clientes que têm dificuldade com a vergonha a trabalhar compassivamente com o auto-ódio e o autocriticismo, por meio da promoção de diálogos entre o *self* compassivo e o *self* crítico, às vezes também envolvendo versões vulneráveis criticadas do *self*. Quanto ao trabalho com a raiva, os diálogos podem ser promovidos entre as versões compassiva e raivosa do *self*, para ajudar a explorar os medos subjacentes e os motivos por trás da raiva do cliente — e ajudá-los a se relacionar com esses desafios por meio da compaixão, em vez da condenação ou da evitação.

Como muitos clientes podem usar a raiva para evitar experienciar emoções de sentimentos vulneráveis como medo, ansiedade ou tristeza, a prática dos múltiplos *selves* pode ser particularmente útil para clientes raivosos. Nesse exercício, quatro cadeiras são preparadas para o *self* raivoso, o *self* ansioso, o *self* triste e o *self* compassivo, e o cliente é guiado para habitar, experienciar e falar a partir de perspectivas dessas versões diferentes do *self*. Desse modo, os clientes se tornam intimamente familiarizados com os padrões de experiência muitas vezes evitados e a motivação associada a essas diferentes emoções e são estimulados a compassivamente entender e se engajar nessas diferentes versões do *self*. Eles podem até ser estimulados a explorar formas como esses diferentes *selves* podem interagir ("Como o *self* raivoso se sente sobre o *self* ansioso?"), o que pode lançar luz sobre a dinâmica emocional subjacente à sua raiva e ao seu autocriticismo. Desse modo, em vez de usar a raiva para evitar experienciar essas outras versões do *self* mais vulneráveis, o cliente pode aprender a se relacionar compassivamente com seu medo, sua tristeza e sua vulnerabilidade, criando espaço para essas experiências na sua vida e potencialmente reduzindo a probabilidade de os sentimentos de vulnerabilidade atuarem como um ativador da raiva no futuro. Os terapeutas precisam abordar esse trabalho cuidadosamente, pois ele pode atuar como um exercício de exposição para clientes que passaram suas vidas trabalhando muito arduamente para não se sentirem vulneráveis, tristes ou ansiosos. É por isso que nossos clientes precisam da coragem e da força do *self* compassivo — uma versão do *self* que é suficientemente forte para ver as versões vulneráveis do *self* como sofredoras, e não como fracas, e é motivado para ajudar a cuidar delas.

Tratando a raiva com TFC: o protocolo da verdadeira força

Este livro descreve inúmeros e diferentes manuais e protocolos para trabalhar com diferentes dificuldades psicológicas. A ordem dos materiais pode variar, mas eles contêm temas comuns. Aqui, concluirei apresentando um exemplo de como uma abordagem da TFC para raiva pode ser incluída. Esta descrição provém do protocolo True Strength, uma abordagem de 12 sessões, aplicando TFC à raiva em um protocolo de terapia de grupo (Kolts, 2010), que foi corroborada por um estudo preliminar conduzido com veteranos de combate, em que os participantes do grupo apresentaram melhoras significativas nas medidas de raiva, sintomas do transtorno de estresse pós-traumático e compaixão (Grodin, Clark, Kolts, & Lovejoy, 2019). Há muitas formas pelas quais a TFC pode ser aplicada no tratamento da raiva; este pretende ser apenas um exemplo de como o tratamento pode ser organizado:

Sessão 1: Introdução e visão geral; introdução ao *mindfulness*; respiração atenta

Sessão 2: Modelo dos três sistemas funcionais das emoções; verificação atenta

Sessão 3: Compaixão: definição e exploração da compaixão *versus* mente baseada na ameaça; prática do *self* compassivo

Sessão 4: Cérebro antigo/cérebro novo; explorando a resistência; ritmo respiratório tranquilizante

Sessão 5: Modelagem social da raiva; como a raiva organiza a mente; formulário de monitoramento da raiva (identificação de ativadores e padrões habituais de resposta e exploração de respostas compassivas)

Sessão 6: Identificação de ativadores; exploração de outras emoções; exercício dos múltiplos *selves*

Sessão 7: Motivação e valores; aprofundando as qualidades do *self* compassivo; trazendo compaixão para a raiva

Sessão 8: Usando a compaixão para trabalhar com ativadores da raiva I: reconhecendo os ativadores, reduzindo a excitação, evitando comportamento motivado pela raiva (tolerância ao estresse); imagem mental de um lugar seguro

Sessão 9: Usando a compaixão para trabalhar com ativadores da raiva II: tolerância ao estresse, mentalização, pensamento compassivo

Sessão 10: Usando a compaixão para trabalhar com ativadores da raiva III: gerando respostas compassivas — solução compassiva de problemas; autocorreção compassiva *versus* autoataque vergonhoso

Sessão 11: Comportamento compassivo: habilidades de comunicação compassiva (expressando emoções, fazendo declarações na primeira pessoa, expressando discordância, desculpando-se)

Sessão 12: Estendendo compaixão aos outros: empatia, perdão, crescimento positivo e ajuda aos outros; meditação de bondade amorosa

Ao considerarmos a descrição apresentada, vemos que as cinco primeiras sessões são empregadas introduzindo a compreensão básica da TFC da raiva, ajudando os participantes a entenderem sua raiva como uma resposta evoluída à ameaça que foi moldada pela experiência e explorando como ela se desenvolve em suas vidas. Essas sessões estão focadas no desenvergonhamento da experiência de raiva do cliente e no papel que ela desempenha na sua vida. À medida que o grupo progride, as sessões se tornam mais aplicadas, com as sessões 6 a 10 estando focadas na identificação e no trabalho compassivo com a raiva e as situações que a ativam. As duas sessões finais visam a ajudá-los a desenvolver a vida compassiva e a estender compaixão e bondade amorosa aos outros.

Conclusão

Este capítulo descreve conceituação e abordagem para o tratamento da raiva problemática segundo a perspectiva da TFC. Minha expectativa é de que você consiga entender como a TFC representa uma boa adequação para o tratamento da raiva, sobretudo em seu potencial para ajudar os clientes a vencerem os obstáculos que os impedem de assumir responsabilidade pelas suas dificuldades relacionadas à raiva e se comprometerem a trabalhar com elas de formas adaptativas. Espero que você consiga imaginar como a TFC pode ser combinada com abordagens empiricamente apoiadas existentes para o tratamento de problemas relacionados à raiva. Para concluir, é importante reconhecer que a abordagem da TFC para o tratamento da raiva não é apenas sobre ajudar os clientes a superar padrões problemáticos de comportamento motivado pela raiva, mas também construir vidas melhores — vidas com significado, propósito e realização, ao mesmo tempo, gradualmente incorporando coragem, bondade e sabedoria na forma do *self* compassivo.

Referências

Bennett-Levy, J. (2019). Why therapists should walk the talk: The theoretical and empirical case for personal practice in therapist training and professional development. *Journal of Behavior Therapy and Experimental Psychiatry, 62*, 133–145.

Calkins, S.D. (1994). Origins and outcomes of individual differences in emotion regulation.*Monographs of the Society for Research in Child Development, 59* (2–3), 53–72.

Denson, T.F., Dobson-Stone, C., Ronay, R., von Hippel, W., & Schira, M.M. (2014). A functional polymorphism of the MAOA gene is associated with neural responses to induced anger control. *Journal of Cognitive Neuroscience, 26*, 1418–1427. http://dx.doi.org/10.1162/jocn_a_00592

Gilbert, P. (2010). *Compassion focused therapy.* Routledge.

Gilbert, P, & Proctor, S. (2006). Compassionate mind training for people with high shame and self-criticism: overview and pilot study of a group therapy approach. *Clinical Psychology and Psychotherapy, 13*, 353–379.

Grodin, J., Clark, J.L., Kolts, R.L., & Lovejoy, T.I. (2019). Compassion focused therapy for anger: A pilot study of a group intervention for veterans with PTSD. *Journal of Contextual Behavioral Science, 13*, 27–33. https://doi.org/10.1016/j.jcbs.2019.06.004

Hill, C.L.M., & Updegraff, J.A. (2012). Mindfulness and its relationship to emotion regulation. *Emotion, 12*, 81–90.

Kassinove, H., & Tafrate, R.C. (2019). *The practitioner's guide to anger management: Customizable interventions, treatments, and tools for clients with problem anger*. Impact Publishers.

Kolts, R.L. (2010). True strength: A compassion-focused therapy approach for working with anger. Unpublished treatment manual.

Kolts, R.L. (2011). *The compassionate mind approach to managing your anger: Using compassion-focused therapy*. Constable-Robinson.

Kolts, R.L. (2016). *CFT made simple*. New Harbinger.

Kolts, R., Bell, T., Bennett-Levy, J., & Irons, C. (2018). *Experiencing compassion-focused therapy from the inside out: A self-practice/self-reflection workbook for therapists*. Guilford Press.

Lee, A.H., & DiGiuseppe, R. (2017). Anger and aggression treatments: a review of meta-analyses. *Current Opinion in Psychology, 19*, 65–74.

Matos, M., Duarte, J., Duarte, C., Gilbert, P., & Pinto-Gouveia, J.A. (2017). How one experiences and embodies compassionate mind training influences its effectiveness. *Mindfulness, 9*, 1224–1235.

Mikulincer, M., & Shaver, P.R. (2005). Attachment security, compassion, and altruism. *Current Directions in Psychological Science, 14*, 34–38.

Mikulincer, M., & Shaver, P.R. (2007). *Attachment in adulthood: Structure, dynamics, and change*. Guilford Press.

Mikulincer, M., Gillath, O., Halevy, V., Avihou, N., Avidan, S., & Eshkoli, N. (2001). Attachment theory and reactions to others' needs: Evidence that activation of the sense of attachment security promotes empathic responses. *Journal of Personality and Social Psychology, 81*, 1205–1224.

Pugh, M. (2019). *Cognitive behavioural chairwork: Distinctive features*. Routledge.

Tsai, M., Kohlenberg, R.J., Kanter, J., Kohlenberg, B., Follette, W., & Callaghan, G. (2008). *A guide to functional analytic psychotherapy: Awareness, courage, love, and behaviorism*. Springer.

21

Terapia focada na compaixão em contextos forenses

Diana Ribeiro da Silva e Daniel Rijo

Este capítulo inicia apresentando a conceituação de comportamento antissocial e traços psicopáticos segundo o enquadramento da TFC. Essa terapia conceitua os padrões de comportamento antissocial e traços psicopáticos como estratégias baseadas na evolução para lidar com cenários hostis durante a criação — ou seja, ambientes de criação marcados por experiências traumáticas (p. ex., imprevisibilidade, ameaça, abuso) e/ou pela ausência de sinais afiliativos (p. ex., falta de calidez e experiências de proteção). Se o cérebro humano é evolutivamente concebido para sobreviver e prosperar em ambientes adversos, quando os indivíduos são criados em cenários hostis — como ocorre com a maioria dos indivíduos de contextos forenses —, seu cérebro também é ajustado para tais ambientes. Esses indivíduos tendem, portanto, a ser focados em objetivos de curto prazo, apresentando um sistema de ameaça hiperdesenvolvido e hipervigilante e um sistema de tranquilização subresponsivo, além de disfunções emocionais centrais. Essas disfunções emocionais compreendem, entre outros aspectos, altos níveis de problemas de regulação de vergonha e emoções — isto é, uma tendência a barrar a experiência de vergonha e outras emoções desagradáveis e/ou atacar os outros em potenciais situações vergonhosas/ameaçadoras.

Posteriormente, é apresentada uma breve descrição de como a TFC se aplica a contextos forenses, incluindo uma discussão sobre as principais questões terapêuticas. Como em outras intervenções baseadas na TFC, os indivíduos de contextos forenses são guiados para descobrir que seu funcionamento não é sua culpa, pois eles são apenas uma versão de si mesmos, moldada por influências evolutivas, genéticas, epigenéticas e ambientais que eles não escolheram. Entretanto, um objetivo específico quando usamos TFC em contextos forenses é guiar os indivíduos para incorporarem a noção de que também é sua responsabilidade viver de uma forma que eles possam ser úteis, e não prejudiciais para si mesmos e os outros. Para encorajar essa responsabilidade, é essencial adaptar o TMC às características específicas dessa população — ou seja, o treino em práticas específicas que são concebidas para: lidar com a ativação do sistema de ameaça; desenvolver o sistema tranquilizante; equilibrar os sistemas de regulação das emoções; vencer os medos, bloqueios e resistências (FBRs, do inglês *fears, blocks and resistances)* à compaixão; e promover o desenvolvimento dos diferentes fluxos de compaixão — receber compaixão dos outros e dar compaixão aos outros e a si.

Por fim, este capítulo apresenta uma intervenção terapêutica individual baseada na

TFC, o programa PSYCHOPATHY.COMP, que foi especificamente adaptado para reduzir o comportamento antissocial e os traços psicopáticos por meio do desenvolvimento de motivação compassiva. Também são apresentados estudos dos resultados do tratamento usando esse programa para tratar jovens infratores.

Introdução

Este capítulo inicia com a conceituação de comportamento antissocial e traços psicopáticos segundo o enquadramento da TFC. Após isso, oferecemos uma breve descrição de como a TFC se aplica a contextos forenses, incluindo uma discussão sobre as principais questões terapêuticas e intervenções centrais na TFC. Por fim, apresentamos uma intervenção terapêutica individual baseada na TFC, o programa PSYCHOPATY.COMP, especificamente adaptado para reduzir comportamento antissocial e traços psicopáticos por meio do desenvolvimento de motivação compassiva.

Conceituando comportamento antissocial segundo um enquadramento da TFC

Está bem estabelecido na literatura que tanto adultos quanto jovens detentos em contextos forenses apresentam altas taxas de prevalência de transtornos psicopatológicos. Trata-se sobretudo do transtorno da personalidade antissocial (TPA) em adultos e do transtorno de conduta (TC) em jovens (Abram et al., 2015; APA, 2013; Bonta & Andrews, 2016; Brazão, da Motta, Rijo, & Pinto-Gouveia, 2015; Rijo et al., 2016; Yu, Geddes, & Fazel, 2012). O TPA e/ou o TC são amplamente conhecidos como preditores significativos de comportamento violento e fatores de risco para recidiva criminal quando associados a altos níveis de traços psicopáticos — ou seja, uma constelação de traços desviantes interpessoais (grandioso-manipulativo), afetivos (insensível, não envolvido) e comportamentais (impulsivo-irresponsável) (Cook & Michie, 2001; Ribeiro da Silva, Rijo, & Salekin, 2020; Ribeiro da Silva, Salekin, & Rijo, 2019). Esses achados apontam para a necessidade de desenvolver e entregar programas de intervenção específicos para detentos em contextos forenses, potencialmente reduzindo o sofrimento e os custos que o comportamento antissocial e os traços psicopáticos resultam para esses indivíduos e a sociedade em geral (Brazão et al., 2015; Ribeiro da Silva et al., 2019; Rijo et al., 2016).

Embora as TCCs tradicionais tenham sido consideradas eficazes na redução do comportamento antissocial e da reincidência criminal entre infratores adultos e jovens, sabe-se menos sobre a eficácia de novas psicoterapias na reabilitação desses indivíduos (Bonta & Andrews, 2016; Ribeiro da Silva, Rijo, & Salekin, 2015). Nessas novas psicoterapias, a TFC, uma abordagem biopsicossocial embasada pela evolução, rapidamente despertou interesse em clínicos e pesquisadores que trabalham em contextos forenses (Gilbert, 2017; Kolts & Gilbert, 2018; Ribeiro da Silva et al., 2015). A TFC tem recebido crescente apoio empírico no tratamento de vários transtornos, alguns deles anteriormente considerados difíceis de tratar, como a psicose (p. ex., Kirby, Tellegen, & Steindl, 2017; veja também o Capítulo 24). Além disso, em vez de focar em processos cognitivos, a TFC focou em ajudar as pessoas a trocar os sistemas motivacionais — e, sobretudo, trocar para estados de motivos mentais focados no cuidado e na compaixão, os quais parecem estar associados a efeitos e mudanças fundamentais no córtex frontal e no sistema nervoso autônomo (Petrocchi & Cheli, 2019; Seppälä et al., 2017; Singer & Engert, 2019; veja também o Capítulo 10). Considerando-se que o comportamento antissocial está claramente associado a um sistema motivacional diferente, o foco na promoção de uma motivação compassiva nos indivíduos parecia ser um antídoto natural e um objetivo terapêutico fundamental na reabilitação dos infratores (Gilbert, 2017; Ribeiro da Silva et al., 2015).

Segundo a TFC, os humanos têm um conjunto de motivações básicas inatas para sobreviver, prosperar e formar laços afiliativos/ de apego, reguladas pelos sistemas de ameaça, *drive* e de tranquilização, respectivamente (Gilbert, 2019b; Kumsta, 2019; veja também os Capítulos 2 e 3). Problemas de saúde mental podem emergir quando existe um desequilíbrio entre os motivos básicos e os sistemas de regulação emocional, particularmente quando os indivíduos se tornam muito sensíveis à ameaça, facilmente ativando respostas de luta-fuga (Gilbert, 2019b). Centrais para a ativação do sistema de ameaça são a vergonha e os problemas com a regulação da vergonha (veja Gilbert, 2019a para uma discussão detalhada sobre vergonha), os quais muitas vezes são questões centrais em problemas de saúde mental tanto internalizantes quanto externalizantes (Paulo, Vagos, Ribeiro da Silva, & Rijo, 2019).

A TFC conceitua padrões de comportamento antissocial e traços psicopáticos como estratégias com raiz evolucionária para lidar com cenários de criação hostis — ou seja, ambientes de criação marcados por experiências traumáticas (p. ex., imprevisibilidade, abuso infantil) e/ou pela ausência de sinais afiliativos (p. ex., falta de experiências de calidez e proteção; veja também Del Giudice, 2016; e Capítulo 16). Nesses ambientes, os indivíduos não conseguem desenvolver estratégias, mentalidades ou competências fisiológicas para se voltar para os outros, confiar nos outros e desenvolver relações de cooperação (Cowan, Callaghan, Kan, & Richardson, 2016; Ribeiro da Silva et al., 2020). Em vez disso, eles aprendem a se tonar epigeneticamente orientados para sobreviver em um mundo que é percebido como perigoso, onde ninguém é confiável e onde você é o predador ou a presa (Cozolino, 2017; Del Giudice, 2016; Gilbert, 2017; Music, 2019; Ribeiro da Silva et al., 2015).

Consequentemente, indivíduos detidos em contextos forenses têm a tendência a ter: 1) um sistema sensível à ameaça hiperdesenvolvido, que é muito vigilante a ameaças e emoções facilmente ativadas que tendem a ser intensas, em vez de reguladas; 2) um sistema de *drive* autofocado em objetivos e necessidades a curto prazo (os indivíduos tendem a ser impulsivos, e os objetivos a longo prazo são percebidos como menos relevantes); 3) um sistema afiliativo-calmante subdesenvolvido, pois os indivíduos não podem recorrer a outros para apoio/tranquilização; e 4) disfunções emocionais centrais (Ribeiro da Silva et al., 2015). Essas disfunções emocionais podem abranger, entre outros, altos níveis de vergonha e problemas de regulação emocional; isto é, esses indivíduos tendem a reprimir a experiência de vergonha e outras emoções desagradáveis (p. ex., medo, tristeza) e/ou manipular e atacar os outros em situações potencialmente vergonhosas/ameaçadoras (Garofalo & Neumann, 2018; Paulo et al., 2019; Ribeiro da Silva, Vagos, & Rijo, 2019, 2021).

A TFC também enfatiza a natureza contextual do comportamento prejudicial humano, que está refletida na história humana, mostrando, em uma escala ampla (p. ex., guerras, atrocidades, jogos de gladiadores, escravidão), que os humanos podem ser extraordinariamente cruéis e insensíveis (Black, 2016; Gilbert, 2018). Em outras palavras, é importante reconhecer que todos os humanos têm um lado obscuro sério, e as populações forenses não são diferentes da nossa humanidade compartilhada. Desse modo, os terapeutas devem se proteger contra a ingenuidade psicológica de que existem boas e más pessoas. A chave para o terapeuta é tentar entender como esses indivíduos estão agindo a partir do lado obscuro da mente, em vez dos domínios mais cooperativos, de cuidado e compartilhamento do comportamento humano.

As pesquisas disponíveis sobre o entendimento do comportamento antissocial segundo perspectiva evolucionista oferecem base empírica para a hipótese de que intervenções baseadas na TFC podem ser especialmente eficazes para a reabilitação de infratores (Gilbert, 2017; Kolts & Gilbert, 2018; Ribeiro da Silva et al., 2015). Consequentemente, tem havido um investimento crescente no desenvolvimento e na testagem da eficácia de intervenções baseadas na TFC para indivíduos detidos em contextos forenses (Ribeiro da Silva et al., 2015, 2017, 2019, 2020, 2021). A construção de uma motivação compassiva nesses indivíduos pode funcionar como porto seguro e base segura, possibilitando que eles façam reparações em suas experiências internas/externas passadas e enfrentem novas experiências na vida com compaixão (Gilbert, 2017; Ribeiro da Silva et al., 2021).

TFC em contextos forenses: questões terapêuticas

Embora a TFC pareça ser uma abordagem terapêutica adequada para ser aplicada em contextos forenses, há uma série de questões que precisam ser consideradas pelos terapeutas. Algumas delas estão detalhadas a seguir e estão relacionadas com: (1) as preocupações potenciais que podem surgir nos tomadores de decisão, políticos e técnicos do sistema de justiça acerca da integração de uma intervenção baseada na TFC em contextos forenses; (2) o clima institucional e social das prisões e das instalações de detenção juvenil e a bem conhecida resistência terapêutica dos indivíduos com comportamento antissocial; (3) as especificidades da formulação de caso; e, por fim, (4) os ajustes necessários dos conteúdos psicoeducacionais (Auty & Liebling, 2020; Bonta & Andrews, 2016; Gilbert, 2017; Kolts & Gilbert, 2018; Ribeiro da Silva et al., 2021; Stinson & Clark, 2017).

Primeiramente, é relevante enfatizar que políticos, tomadores de decisão e/ou técnicos que trabalham em organizações judiciais podem levantar algumas preocupações com a integração de intervenções baseadas na TFC na reabilitação de infratores (Ribeiro da Silva et al., 2020, 2021). Algumas dessas preocupações podem estar relacionadas à falsa concepção de que intervenções baseadas na TFC e/ou na compaixão podem potencialmente aumentar a habilidade dos indivíduos de mascarar e/ou atingir com sucesso seus objetivos antissociais (Ribeiro da Silva, Rijo, Castilho, & Gilbert, 2019). Outras preocupações podem estar relacionadas à ideia errônea (embora persistente) de que estratégias punitivas são as estratégias mais eficientes para a reabilitação de infratores, o que coloca uma abordagem baseada na TFC no outro extremo desse espectro (Bonta & Andrews, 2016; Gilbert, 2017). De uma forma ou de outra, é essencial abordar as falsas concepções sobre a reabilitação de infratores e explicar qualquer dúvida que possa surgir referente à TFC e à compaixão, fundamentando as informações com as crescentes evidências sobre a eficácia de intervenções baseadas na TFC em diferentes contextos, incluindo os forenses (Bonta & Andrews, 2016; Gilbert, 2017; Kirby et al., 2017; Ribeiro da Silva et al., 2019, 2020, 2021). Também seria importante explicar a natureza e os mecanismos pelos quais uma mudança motivacional para um sistema de motivações compassivas poderia ser importante, sobretudo considerando-se o interesse crescente no impacto fisiológico das psicoterapias (Cozolino, 2017) e do treino da mente (Singer & Engert, 2019).

Em segundo lugar, é importante destacar que, independentemente das características das instalações ou da qualidade da equipe que trabalha nesses locais, o clima institucional e social de contextos forenses em geral é sentido pelos infratores como um ambiente estranho e ameaçador, sobretudo durante os primeiros meses de detenção (Auty & Liebling, 2020). Além do mais, está bem estabelecido que tanto infratores adultos quanto jovens, em especial aqueles com traços psicopáticos, estão entre os indivíduos mais resistentes à mudança (Ribeiro da Silva et al., 2020; Stinson & Clark, 2017). Essas questões podem tornar mais difícil estabelecer uma relação terapêutica segura e promover engajamento terapêutico, o que, consequentemente, pode dificultar uma mudança comportamental efetiva e consistente (Stinson & Clark, 2017). Assim, os terapeutas devem ser atentos e hábeis para superar essas barreiras potenciais, diminuindo a ativação do sistema de ameaça e promovendo um equilíbrio entre os três sistemas de regulação emocional por meio da compaixão (Gilbert, 2017, 2019b; Kolts & Gilbert, 2018; Ribeiro da Silva et al., 2019). Para fazer isso, os terapeutas precisarão monitorar continuamente o estágio motivacional dos infratores e agir de acordo, usando estratégias de entrevista motivacional alinhadas com uma abordagem da TFC (Steindl, Kirby, & Tellegan, 2018; Stinson & Clark, 2017). Além do mais, os terapeutas precisam investir genuinamente em tentar criar um espaço terapêutico seguro e uma base segura o mais cedo possível no começo da intervenção (Auty & Liebling, 2020; Ribeiro da Silva et al., 2019; Stinson & Clark, 2017; veja também o Capítulo 13). Portanto, é importante, sobretudo nos primeiros estágios das intervenções, validar a experiência emocional dos indivíduos, enfatizando que todos os humanos compartilham as mesmas emoções básicas, motivações e necessidades, além das mesmas respostas instintivas e universais a ameaças sociais e físicas (Gilbert, 2017, 2019b; Kolts & Gilbert, 2018; Ribeiro da Silva et al., 2015). Assumir perspectiva não julgadora e desenvergonhante também pode reforçar essa noção e a relação terapêutica propriamente dita, em especial se os terapeutas se permitirem se engajar em um certo nível de autoexposição (Gilbert, 2017, 2019b; Ribeiro da Silva et al., 2019).

Em terceiro lugar, é relevante enfatizar algumas questões específicas relacionadas à formulação de caso quando é realizada uma intervenção baseada na TFC para indivíduos em contextos forenses. A formulação de caso na TFC é semelhante aos processos de formulação tradicionais, abrangendo uma série de estágios interconectados (Gilbert, 2016): origem e influências históricas — isto é, primeiras experiências de apego e eventos na vida, que ativam memórias de se sentir (des)protegido e (não) cuidado e/ou facilmente ameaçado; principais ameaças — isto é, principais ameaças externas e internas em torno de temas arquetípicos e inatos de abandono rejeição, vergonha, abuso e/ou dano; estratégias de segurança — isto é, formas internalizantes e/ou externalizantes de lidar com ameaças externas e/ou internas; e consequências não intencionais — isto é, esforços dos indivíduos para lidar com suas principais ameaças muitas vezes levam a consequências não intencionais, o que usualmente piora essas mesmas ameaças. Em contextos forenses, é especialmente relevante discutir a formulação do caso com os indivíduos, adaptando a linguagem e atualizando as informações dentro das sessões sempre que for conveniente (Ribeiro da Silva et al., 2017). A inclusão dos indivíduos em sua formulação de caso através das lentes da compaixão é uma estratégia adequada que usualmente revela várias forças: reforça a relação terapêutica, reduz a emergência das principais ameaças e estratégias de segurança relacionadas e enfatiza o controle do indivíduo e a responsabilidade pela mudança (Gilbert, 2016, 2017; Ribeiro da Silva et al., 2017).

Por fim, é fundamental destacar algumas especificidades quando recorremos a conteúdos psicoeducacionais com infratores. Exercícios/tarefas experienciais (p. ex., trabalho com cadeiras, imagem mental, dramatizações, simulações dinâmicas) são preferíveis a quaisquer tipos de atividades de raciocínio ou escolares (p. ex., com papel e lápis), pois essas últimas em geral são contraprodutivas e podem contribuir para enfraquecer a aliança terapêutica, aumentar as resistências aos esforços de tratamento e aumentar as taxas de abandono (Brazão et al., 2015; Ribeiro da Silva et al., 2017; Stinson & Clark, 2017). Desse modo, ao apresentar conteúdos psicoeducacionais, os terapeutas devem usar exercícios/tarefas experimentais, convidando os indivíduos a prestarem especial atenção às mudanças que podem ocorrer tanto em seu corpo quanto em sua mente (Ribeiro da Silva et al., 2019, 2020). Então, por meio da descoberta guiada, os indivíduos precisarão ser encorajados a expressar suas reações corporais, emocionais e cognitivas, aumentando a consciência corporal e mental e as chances de aplicar esse conhecimento a situações da vida real (Ribeiro da Silva et al., 2021).

Em suma, quando aplicarem uma intervenção baseada na TFC em contextos forenses, os terapeutas precisarão ser hábeis não só nos conteúdos teóricos da TFC mas também na adaptação desses conteúdos e dessas metodologias às características da população-alvo, incorporando seu *self* compassivo durante todo o processo terapêutico e prestando especial atenção às suas próprias micro-habilidades terapêuticas (Gilbert, 2017; Kolts & Gilbert, 2018; Ribeiro da Silva et al., 2019).

Principais intervenções da TFC para indivíduos detidos em contextos forenses

Quando trabalham em contextos forenses, os terapeutas também precisam considerar algumas especificidades das principais intervenções sobre como: (1) construir e fazer uma ponte com o *self* compassivo dos indivíduos, (2) abordar seus FBRs à compaixão e (3) prevenir a recaída.

Desenvolvendo o *self* compassivo

Desenvolver o *self* compassivo — para viver como um *self que procura ser útil, e não prejudicial* — de indivíduos detentos em contextos forenses é essencial em intervenções de TFC e um objetivo terapêutico fundamental (Gilbert, 2017; Ribeiro da Silva et al., 2019, 2020, 2021). No entanto, essa não é uma tarefa fácil, considerando-se as características da população-alvo, além do seu ambiente de criação e do seu contexto de vida hostis (Bonta & Andrews, 2016; Ribeiro da Silva et al., 2015, 2019, 2021). Crucial aqui é ajudar os indivíduos a entender o que é compaixão e o que não é. Assim sendo, o terapeuta deve guiar os indivíduos até a definição de compaixão com exemplos (veja os Capítulos 1, 2 e 7). Exemplos de coragem são importantes, como o que motivaria bombeiros a arriscar suas vidas para salvar outra pessoa e que qualidades eles precisariam ter. Os terapeutas devem evitar conceitos de bondade ou amor e focar na coragem e na sabedoria. A TFC ajuda as pessoas a verem que na essência da compaixão está a coragem e que precisamos de coragem não só fisicamente, mas também para nosso bem-estar psicológico e mental. Em suma, compaixão é sobre desenvolver coragem e sabedoria para uma ação sábia e um comportamento útil, tanto para nós quanto para os outros.

Como já mencionado, a maioria dos indivíduos detidos em contextos forenses não foi capaz de processar seu próprio trauma ou sua dor emocional, o que, por sua vez, normalmente os leva a uma falta de habilidade para serem compassivos: para a dor que causaram em outros; para a dor dos outros; para receber compaixão dos outros quando eles mesmos estão sofrendo; e para serem autocompassivos com o próprio sofrimento (Gilbert, 2017; Ribeiro da Silva et al., 2019). Portanto, os terapeutas precisam incorporar seu *self* compassivo desde o início do processo terapêutico, o qual funcionará tanto como modelo quanto como âncora para os infratores construírem e fazerem uma ponte com seu próprio *self* compassivo (Gilbert, 2017, 2019b; Kolts & Gilbert, 2018; Ribeiro da Silva et al., 2019, 2020, 2021).

Para o desenvolvimento do *self* compassivo dos infratores, também é crucial seguir o princípio de "não é sua culpa..., mas é sua responsabilidade" durante o processo terapêutico de mudança (Ribeiro da Silva et al., 2017). Primeiro, os terapeutas precisam começar enfatizando a noção de que "não é sua culpa"; ou seja, nosso funcionamento não é nossa culpa, pois somos apenas uma versão de nós que foi moldada por vários fatores que não escolhemos e não pudemos controlar (Gilbert, 2017. 2019b). O terapeuta usa várias descobertas guiadas para ajudar o cliente a entender que temos genes, cérebro e fatores contextuais que não projetamos ou escolhemos. Por exemplo, não escolhemos ter um cérebro capaz de ansiedade, raiva, cobiça, fome, cansaço; ser homem ou mulher; ter ou não ter uma certa condição médica; nascer em uma família específica. Portanto, somos uma consciência que nos encontra experienciando as produções da sua loteria evolutiva, genética e contextual. Posteriormente, os terapeutas precisam seguir até a noção de "mas é sua responsabilidade"; ou seja, independentemente de nossas experiências passadas e atuais, somos responsáveis por nossas ações e podemos aprender a guiar nossas respostas automáticas, em vez de sermos guiados por elas (Gilbert, 2010, 2017, 2019b). Desse modo, é essencial termos mais consciência da "nossa programação" para não agirmos simplesmente de forma prejudicial ou sermos uma marionete em suas mãos. Em outras palavras, é importante aprender como conduzir nossa mente, em vez de deixá-la no automático. Há muitas coisas na vida pelas quais não somos responsáveis, mas, se não fizermos alguma coisa a respeito, todos vamos sofrer. Por exemplo, poderíamos dizer que, se você está dirigindo e repentinamente é atingido por intensa nevasca, isso não é sua culpa, mas, se você não reduzir a velocidade, não prestar muita atenção à sua condução nem dirigir com cuidado, poderá se acidentar e morrer. Podemos assumir responsabilidade por nós sem nos envergonharmos ou nos culparmos. Essa distinção é crucial porque boa parte da resistência tem a ver com um senso de vergonha não processado e bloqueado. Isso é chamado de *insight* sábio (Gilbert, 2018).

Em suma, embora nosso funcionamento não seja nossa culpa, somos responsáveis por viver de forma que pode ser útil e não prejudicial para nós e para os outros (Cowan et al., 2016; Gilbert, 2017, 2019b; Kolts & Gilbert, 2018; Ribeiro da Silva et al., 2019, 2020, 2021; Seppälä et al., 2017). Para encorajar essa responsabilidade e a emergência do *self* compassivo, também é essencial gradualmente mergulhar os indivíduos no TMC, adaptando-o às características específicas da população forense — isto é, usando práticas de TMC mais experienciais e menos formais e/ou demoradas (Gilbert, 2017; Ribeiro da Silva et al., 2021).

Lidando com medos, bloqueios e resistências à compaixão

Em relação a FBRs à compaixão, eles são comuns e altamente proeminentes em indivíduos detentos em contextos forenses, sobretudo devido aos seus ambientes hostis de criação e às suas experiências ameaçadoras na vida (Gilbert, 2017; Ribeiro da Silva et al., 2015). Um dos entraves mais comuns está relacionado com o processo de mudança e com a emergência de emoções difíceis de experiências passadas ou presentes, como tristeza, ansiedade/medo, culpa, remorso e/ou vergonha (Gilbert, 2017; Kolts & Gilbert, 2018; Ribeiro da Silva et al., 2019). A emergência dessas emoções em geral sentida de maneira muito intensa pelos indivíduos, já que a maioria deles está sentindo e processando essas emoções pela primeira vez na vida, o que pode levá-los a achar que estão piores do que no começo da terapia, argumentando, por exemplo, que a compaixão não é para eles, pois pode deixá-los fracos e/ou vulneráveis aos ataques dos outros; ou que as outras pessoas não merecem compaixão, já que ninguém jamais foi compassivo com eles; ou que ninguém é confiável, já que ninguém nunca foi confiável com eles, nem mesmo seus pais (Gilbert, 2017; Ribeiro da Silva et al., 2019). Para lidar com essas barreiras, os terapeutas precisam usar seu próprio *self* compassivo para validar e conter o processo de mudança, enfatizando a coragem, a força e a sabedoria dos indivíduos para lidarem com suas emoções intensas de forma diferente

— ou seja, não as evitando nem atacando os outros, apenas sentindo, processando, contendo e guiando essas emoções, em vez de serem guiados por elas (Kolts & Gilbert, 2018; Ribeiro da Silva et al., 2019, 2020, 2021).

Como já foi dito, o uso de tarefas experienciais no trabalho com indivíduos detidos em contextos forenses é preferível a qualquer tipo de atividades de raciocínio ou semelhantes a tarefas escolares, e a solução dos medos, dos bloqueios e das resistências à compaixão não é uma exceção (Brazão et al., 2015; Ribeiro da Silva et al., 2020b; Stinson & Clark, 2017). A exposição gradual dos indivíduos à raiva e à vergonha e, posteriormente, a atitudes compassivas pode ajudar a resolver essas barreiras (Ribeiro da Silva et al., 2019). Por meio de combinação de tarefas experimentais (p. ex., dramatização de uma situação da vida real) e descoberta guiada, os infratores reconhecem mais facilmente e incorporam as competências e os atributos da compaixão, entendendo de maneira que a compaixão é provavelmente um dos nossos sistemas motivacionais mais corajosos e sábios, pois nos convida a nos voltarmos para o sofrimento, e não nos afastarmos dele (Ribeiro da Silva et al., 2019, 2021).

Prevenção de recaída

O objetivo final de um programa de intervenção empregado em contextos forenses é prevenir a recaída, reduzindo a reincidência criminal dos infratores e todos os custos individuais e sociais envolvidos (Bonta & Andrews, 2016). Em uma intervenção baseada na TFC, a prevenção de recaída é promovida ajudando-se os indivíduos a incorporarem seu *self* compassivo durante a vida (Gilbert, 2017; Kolts & Gilbert, 2018; Ribeiro da Silva et al., 2021). Para isso, todos os entraves e reveses que usualmente aparecem durante o processo terapêutico são enfrentados como oportunidades de preparar os indivíduos para lidarem compassivamente com as dificuldades inerentes à vida (Ribeiro da Silva et al., 2017). Nessas situações, os terapeutas podem enfatizar o fato de que momentos difíceis, revezes, perdas e frustrações sempre vão fazer parte de nossa vida, e não é esperado que as pessoas estejam sempre nas suas melhores condições e ajam sempre da melhor forma possível; ou seja, independentemente das nossas experiências passadas ou atuais, ninguém é perfeito (Ribeiro da Silva et al., 2019). Todos nós já enfrentamos e enfrentaremos momentos difíceis; todos nós já cometemos e cometeremos erros. O fundamental é aceitarmos nossas falhas e as falhas dos outros como parte da natureza humana, lidando com elas com responsabilidade e compaixão, enfrentando as consequências e fazendo reparações para os outros e/ou, principalmente, para nós (Ribeiro da Silva et al., 2019).

Em suma, ao aplicar uma intervenção baseada na TFC em contextos forenses, além de todas as intervenções centrais da TFC, o terapeuta precisa ser altamente compassivo em relação ao sofrimento dos infratores, que frequentemente está escondido por trás de suas estratégias de segurança de evitar experiências emocionais difíceis e tentar manipular ou atacar os outros, incluindo o terapeuta (Ribeiro da Silva et al., 2019, 2021). Desde o trabalho de Carl Rogers (1961), está bem estabelecido que nada é mais transformador que a sintonia de uma relação terapêutica segura, altamente sensível ao sofrimento e altamente focada em tentar aliviar ou prevenir esse mesmo sofrimento. Desse modo, o enquadramento da TFC aliado ao *self* compassivo do terapeuta são vitais para mover os indivíduos de uma motivação/um estilo de vida antissocial para um compassivo (Gilbert, 2017; Kolts & Gilbert, 2018; Ribeiro da Silva et al., 2019).

O programa PSYCHOPATHY.COMP

Até onde sabemos, o PSYCHOPATHY.COMP é o primeiro programa de intervenção baseada na TFC concebido para a reabilitação de indivíduos em contextos forenses. Mais especificamente, esse programa foi planejado para reduzir comportamento antissocial e traços psicopáticos por meio do desenvolvimento de uma motivação compassiva entre jovens infratores (Ribeiro da Silva et al., 2017). Trata-se de um programa individual, estruturado e manualizado de 20 sessões de 60 minutos, que ocorre semanalmente e deve ser aplicado por terapeutas de TFC qualificados. A estrutura do programa segue uma estratégia de mudança progressiva que ocorre em quatro módulos sucessivos (veja a Tab. 21.1): (1) os fundamentos da nossa mente; (2) nossa mente segundo a TFC; (3) TMC; e (4) recuperação, prevenção de recaída e finalização. Como característica comum de todas as sessões terapêuticas, os terapeutas estão focados no desenvolvimento de uma relação terapêutica segura, monitorando o estágio motivacional dos jovens (agindo em conformidade com o uso de estratégias de entrevista motivacional apoiadas por uma estrutura da TFC; Steindl et al., 2018) e estimulando o TMC (Ribeiro da Silva et al., 2017).

O módulo 1 visa a oferecer *insights* sobre as raízes evolutivas das emoções básicas, das motivações e das necessidades humanas, incluindo as respostas instintivas e universais às ameaças sociais e físicas (Gilbert, 2019b). Assumindo uma perspectiva não patologizante, não julgadora e desenvergonhante, os jovens infratores são encorajados a entender que mesmo que não possamos mudar os acontecimentos, as emoções e os pensamentos, podemos mudar a forma como interagimos com eles e fazemos uso deles (Ribeiro da Silva et al., 2019). O TMC é introduzido no módulo 1 como plataforma essencial para iniciar o processo de construção da mente e da consciência compassivas dos participantes (Gilbert, 2019b; Ribeiro da Silva et al., 2020b).

O módulo 2 traz consciência aos jovens infratores sobre o funcionamento da mente humana segundo o enquadramento da TFC e dá continuidade ao TMC (Gilbert, 2019b; Ribeiro da Silva et al., 2017). Os terapeutas compassivamente permitem que os jovens infratores descubram que, embora sejamos "apenas uma versão de nós mesmos" (isto é, provavelmente seríamos diferentes se os fatores genéticos ou as experiências de criação tivessem sido diferentes), nossa herança evolutiva, genética e contextual não leva ao determinismo, pois todos nós podemos tomar ações conscientes à medida que aumentamos nossa consciência sobre nosso próprio funcionamento (Ribeiro da Silva et al., 2019; veja também o Capítulo 2). Para encorajar tais ações conscientes, além da importância do TMC, os jovens infratores são orientados a entender os conceitos de sistemas de regulação emocional, vergonha e estratégias de segurança (Gilbert, 2019b; Ribeiro da Silva et al., 2015).

Embora o TMC tenha começado no módulo 1 e continuado no 2, o módulo 3 está explicitamente focado nele (Ribeiro da Silva et al., 2017, 2019; veja também o Capítulo 3). Usando exercícios experimentais, os jovens infratores são gradualmente expostos ao ativador do sistema de ameaça (sobretudo a exposição à raiva e à vergonha) para permitir que entendam suas consequências (tanto na mente quanto no corpo), para diferenciar e integrar seus múltiplos *selves* (i.e., o *self* ansioso, o *self* raivoso, o *self* triste, etc.), e procurar e testar estratégias compassivas para suportar e manejar de formas saudáveis seu próprio estresse (Ribeiro da Silva et al., 2017; 2019).

Por fim, o módulo 4 visa revisitar as motivações para recuperação e prevenção de recaída sob as lentes da compaixão (Ribeiro da Silva et al., 2017). Os jovens infratores são encorajados a entender de maneira genuína que, embora o sofrimento sempre vá fazer parte da nossa vida, essa jornada terapêutica os apresentou a várias estratégias compassivas de regulação emocional que agora estão disponíveis quando temos que lidar com o sofrimento (Ribeiro da Silva et al., 2017, 2019). Ao fazer isso, os terapeutas devem sempre enfatizar o controle e as escolhas pessoais do jovem, bem como sua responsabilidade com a mudança

TABELA 21.1 Visão geral do programa PSYCHOPATHY.COMP

Módulo	Sessão	Tema principal	Principais mensagens das sessões
1. Os fundamentos da nossa mente	1	Apresentações	Os humanos têm muitas coisas em comum. A maioria das coisas que nos acontecem não são escolhidas por nós.
	2	Nossos ingredientes básicos	Todos nós temos as mesmas reações instintivas às ameaças.
2. Nossa mente segundo a TFC	3	Cérebro antigo/ Cérebro novo = cérebro complicado	Os humanos têm um cérebro complicado.
	4	Múltiplas versões	Somos apenas uma versão de nós mesmos.
	5	Responsabilidade e liberdade	Não somos prisioneiros das nossas experiências passadas evolutivas, genéticas e ambientais.
	6	Sistemas de regulação emocional	É importante ter conhecimento de que todos nós temos três sistemas de regulação emocional.
	7	Sistemas de regulação emocional (cont.)	Uma boa maneira de atingir estabilidade é equilibrar o funcionamento dos nossos sistemas de regulação emocional.
	8	Resultados do sistema de ameaça	Todos somos sensíveis à vergonha.
	9	Estratégias de enfrentamento	Qual é a melhor estratégia para lidar com a vergonha?
	10	Motivações e recuperação	Conhecer nossas motivações nos ajuda a seguir um caminho de recuperação.
3. TMC	11	Compaixão: o que é e o que não é	Independentemente das circunstâncias, sempre podemos escolher a compaixão.
	12	Múltiplos *selves*	Todos nós abrangemos uma multiplicidade de *selves*; diferenciar e integrar essa multiplicidade é o segredo.
	13	Medos de compaixão	Todos nós temos FBRs à compaixão que devemos enfrentar e vencer.
	14	Fluxos da compaixão	Todos os fluxos da compaixão são importantes, embora eles possam encontrar entraves.

(Continua)

TABELA 21.1 Visão geral do programa PSYCHOPATHY.COMP (*Continuação*)

Módulo	Sessão	Tema principal	Principais mensagens das sessões
	15	Autocompaixão	A autocompaixão é a única ferramenta que temos disponível 24 horas por dia, sete dias por semana.
	16	Fluxos da compaixão revisados	A compaixão sempre nos dá uma saída.
	17	Lugar seguro	Podemos ir para o nosso lugar seguro e encontrar nosso *self* compassivo sempre que precisarmos.
	18	Carta compassiva	A compaixão é poderosa e pode ter impacto em nossas vidas.
4. Recuperação, prevenção de recaída e finalização	19	Revisitando a motivação e a recuperação: o papel da compaixão	Embora não seja nossa culpa, agora temos as ferramentas para sermos responsáveis pelas nossas escolhas.
	20	O que mudou? Uma visão geral	A vida sempre será agridoce; aprender a suportar e enfrentar momentos difíceis compassivamente é o desafio.

Fonte: Adaptada de Silva, Rijo, Castilho & Gilbert (2019). Publicação *on-line* prévia: https://doi.org/10.1177/1534650119849491.

(Ribeiro da Silva et al., 2017, 2021; Steindl et al., 2018; Stinson & Clark, 2017).

Todas as sessões apresentam estrutura predefinida, começando com o terapeuta conduzindo um exercício básico antes do início da sessão, que visa a trazer o *self* compassivo do terapeuta para as sessões (Ribeiro da Silva et al., 2017). As sessões são divididas em três partes. A parte 1 começa com um exercício de aterramento e foco (p. ex., ritmo respiratório tranquilizante e intenção compassiva engajada; Gilbert, 2010), visando a ajudar os jovens a se tranquilizar e focar antes de iniciar a sessão propriamente dita. Isso é seguido por visão geral e reflexão sobre a última sessão e por um momento voltado a explorar os *insights* e/ou eventos que ocorreram durante a semana (Ribeiro da Silva et al., 2019). A parte 2 começa com um exercício experiencial, que é seguido pelo desenvolvimento do tema da sessão, quando então os jovens são guiados até um nível mais profundo de compreensão (Ribeiro da Silva et al., 2017). Por fim, a parte 3 começa com um resumo da sessão, e, na sequência, os jovens são convidados a fazer uma prática de TMC (Ribeiro da Silva et al., 2019). No final, é dado aos pacientes um "cartão mágico" que exibe uma palavra-chave, uma citação ou uma imagem que resume o tema da sessão (Ribeiro da Silva et al., 2017).

Estudos da eficácia

Resultados preliminares sobre a eficácia do programa PSYCHOPATHY.COMP sugeriram que ele pode ser eficaz na redução de comportamento disruptivo e traços psicopáticos e na promoção do engajamento terapêutico entre jovens infratores (Ribeiro da Silva et al., 2019, 2020, 2021). Um primeiro estudo, com *design* de caso clínico, demonstrou que o programa PSYCHOPATY.COMP foi efetivo na redução de traços psicopáticos e comportamento disruptivo em um detento juvenil com TC com altos níveis de traços psicopáticos e um risco muito alto de reincidência criminal (Ribeiro da Silva et al., 2020). Um segundo estudo, com um *design* de ensaio controlado e avaliações na linha básica/pós-tratamento, ofereceu evidências empíricas da eficácia do programa na redução dos traços psicopáticos em uma amostra de jovens infratores do sexo masculino; tamanhos do efeito médio a grande foram encontrados entre os grupos de tratamento e controle (Ribeiro da Silva et al., 2021). Os dados finais desse estudo de ensaio controlado (com amostra maior de jovens infratores do sexo masculino e avaliações de linha básica, pós-tratamento e *follow-up*) corroboraram os achados preliminares; foram encontrados tamanhos do efeito médio a grande entre os grupos de tratamento e controle nos traços psicopáticos ao longo do tempo (Ribeiro da Silva et al., 2021). Achados desses estudos também mostraram resultados muito bons referentes ao estabelecimento de uma relação terapêutica segura e de engajamento terapêutico (Ribeiro da Silva et al., 2020, 2021).

Os achados de pesquisa encorajadores sugerem que o programa PSYCHOPATY.COMP pode se adequar às necessidades de intervenção de jovens infratores (Ribeiro da Silva et al., 2019, 2020, 2021). Assim, a construção de uma motivação compassiva em jovens infratores parece ser um objetivo terapêutico fundamental e uma estratégia terapêutica acurada, o que pode oferecer a esses jovens um porto seguro e uma base segura que lhes permita: (1) processar suas memórias e emoções desagradáveis de uma forma compassiva; (2) construir coragem, força e sabedoria para começarem a se tornar mais autoconscientes, no controle e responsáveis por seus estados emocionais e suas respostas comportamentais; e (3) encontrar e testar estratégias alternativas compassivas para tolerar e lidar de formas saudáveis com seu próprio sofrimento e/ou o sofrimento dos outros (Ribeiro da Silva et al., 2019, 2020, 2021). No entanto, precisamos ter em mente que esses estudos foram baseados em medidas de autorrelato apenas, o que justifica a cautela na interpretação dos achados. Outros estudos referentes à eficácia do programa PSYCHOPATHY.COMP ainda estão em andamento e vão incluir a avaliação de variáveis relacionadas à compaixão (p. ex. medos da compaixão) e indicadores psicofisiológicos da eficácia do tratamento (p. ex., variabilidade da frequência cardíaca). Tanto os estudos publicados quanto os em andamento podem contribuir para lançar luz sobre a eficácia do programa PSYCHOPATHY.COMP entre jovens infratores em contextos forenses, o que é fundamental antes do seu uso como parte das políticas de reabilitação dos sistemas de justiça juvenil (Bonta & Andrews, 2016; Ribeiro da Silva et al., 2021).

Conclusão

As intervenções baseadas na TFC estão ganhando crescente atenção dos clínicos e pesquisadores que trabalham em contextos forenses (Ribeiro da Silva et al., 2015). Nesses esforços, há agora algumas evidências que mostram que intervenções baseadas na TFC, como o programa PSYCHOPATHY.COMP, são capazes de reduzir o comportamento disruptivo e os traços psicopáticos e promover engajamento terapêutico por meio do desenvolvimento de motivação compassiva nos infratores (Ribeiro da Silva et al., 2019, 2020, 2021). De fato, a promoção de uma motivação compassiva em infratores, tanto para si quanto para os outros, parece crucial para ativar estratégias afiliativas latentes nesses indivíduos e, consequentemente, estimular sua reabilitação (Gilbert, 2017; Ribeiro da Silva et al., 2020, 2021). Esses achados apoiam o investimento no desenvolvimento e no teste da eficácia de intervenções baseadas na TFC para a reabilitação de jovens e adultos infratores em contextos forenses, potencialmente reduzindo o sofrimento e os custos que o TEPT, o TC e os traços psicopáticos têm para os infratores, os sistemas de justiça e a sociedade em geral (Ribeiro da Silva et al., 2021).

Referências

Abram, K.M., Zwecker, N.A., Welty, L.J., Hershfield, J.A., Dulcan, M.K., & Teplin, L.A. (2015). Comorbidity and continuity of psychiatric disorders in youth after detention: A prospective longitudinal study. *JAMA Psychiatry, 72*, 84–93.

American Psychiatric Association. (2013). *Diagnostic and statistical manual of mental disorders* (5th ed.). Author.

Auty, K.M., & Liebling, A. (2020). Exploring the relationship between prison social climate and reoffending. *Justice Quarterly, 37*, 358–381.

Black, W. (2016). *Psychopathic cultures and toxic empires*. Frontline Noir.

Bonta, J., & Andrews, D.A. (2016). *The psychology of criminal conduct* (6th ed.). Routledge.

Brazão, N., da Motta, C., Rijo, D., & Pinto-Gouveia, J. (2015). The prevalence of personality disorders in Portuguese male prison inmates: Implications for the penitentiary treatment. *Análise Psicológica, 3*, 279–290.

Cooke, D.J., & Michie, C. (2001). Refining the construct of psychopathy: Towards a hierarchical model. *Psychological Assessment, 13*, 171–188.

Cowan, C.S.M., Callaghan, B.L., Kan, J.M., & Richardson, R. (2016). The lasting impact of early-life adversity on individuals and their descendants: Potential mechanisms and hope for intervention. *Genes, Brain and Behaviour, 15*, 155–168.

Cozolino, L. (2017). *The neuroscience of psychotherapy: Healing the social brain* (3rd ed.) (Norton Series on Interpersonal Neurobiology). W.W. Norton.

Del Giudice, M. (2016). The life history model of psychopathology explains the structure of psychiatric disorders and the emergence of the p factor: A simulation study. *Clinical Psychological Science, 4*, 299–311.

Garofalo, C., & Neumann, C. S. (2018). Psychopathy and emotion regulation: Taking stock and moving forward. In M. DeLisi (Ed.). *Routledge international handbook of psychopathy and crime* (pp. 58–79). Routledge.

Gilbert, P. (2010). *Compassion focused therapy* (The CBT Distinctive Features Series). Routledge.

Gilbert, P. (2016). A biopsychosocial and evolutionary approach to formulation. In N. Tarrier (Ed.). *Case formulation in cognitive behaviour therapy: The treatment of challenging cases* (pp. 50–89). Wiley.

Gilbert, P. (2017). Exploring compassion focused therapy in forensic settings: An evolutionary and social-contextual approach. In J. Davies & C. Nagi (Eds.). *Individual psychological therapies in forensic settings: Research and practice* (pp. 66–80). Routledge.

Gilbert, P. (2018). *Living like crazy*. Yory Annwyn House.

Gilbert, P. (2019a). Distinguishing shame, humiliation and guilt: An evolutionary functional analysis and compassion focused interventions. In C.-H. Mayer and E. Vanderheiden (Eds.). *The bright side of shame* (pp. 413–432). Springer.

Gilbert, P. (2019b). Explorations into the nature and function of compassion. *Current Opinion in Psychology, 28*, 108–114.

Kirby, J.N., Tellegen, C.L., & Steindl, S.R. (2017). A meta-analysis of compassion-based interventions: Current state of knowledge and future directions. *Behaviour Therapy, 48*, 778–792.

Kolts, R., & Gilbert, P. (2018). Understanding and using compassion focused therapy in forensic settings. In A.R. Beech, A.J. Carter, R.E. Mann, & P. Rotshtein (Eds.). *The Wiley Blackwell hand-book of forensic neuroscience* (pp. 725–754). John Wiley & Sons.

Kumsta, R. (2019). The role of epigenetics for understanding mental health difficulties and its implications for psychotherapy research. *Psychology and Psychotherapy: Theory, Research and Practice, 92*, 190–207.

Music, G (2019) *Nurturing children from trauma to growth using attachment theory psychoanalysis and neurobiology*. Routledge.

Paulo, M., Vagos, P., Ribeiro Da Silva, D., & Rijo, D. (2020). The role of shame and shame coping strategies on internalizing/externalizing symptoms: Differences across gender in adolescents. *European Journal of Developmental Psychology, 17*(4), 578–597. https://doi.org/10.1080/ 17405629.2019.1682991

Petrocchi, N., & Cheli, S. (2019). The social brain and heart rate variability: Implications for psychotherapy. *Psychology and Psychotherapy*, Special issue: Building an Integrative Science for Psychotherapy for the 21st-Century, 92, 208–223.

Ribeiro da Silva, D., Castilho, P., Miguel, R., Paulo, M., Gilbert, P., & Rijo, D., (2017). The PSYCHOPATHY. COMP program: An individual compassion-based psychotherapeutic intervention for young offenders with psychopathic traits. Unpublished intervention manual.

Ribeiro da Silva, D., Rijo, D., & Salekin, R.T. (2015). The evolutionary roots of psychopathy. *Aggression and Violent Behavior, 21*, 85–96.

Ribeiro da Silva, D., Rijo, D., & Salekin, R.T. (2020). Psychopathic traits in children and youth: The state-of-the-art after 30 years of research. *Aggression and Violent Behaviour, 55*, 101454.

Ribeiro da Silva, D., Rijo, D., Brazão, N., Paulo, M., Miguel, M., Gilbert, P., & Salekin, R. T. (2021). The efficacy of the PSYCHOPATHY.COMP program in reducing psychopathic traits: A controlled trial with male detained youth. *Journal of Consulting and Clinical Psychology, 89*(6), 499–513. https://doi.org/10.1037/ccp0000659

Ribeiro da Silva, D., Rijo, D., Castilho, P., & Gilbert, P. (2019). The efficacy of a compassion-focused therapy-based intervention in reducing psychopathic traits and disruptive behavior: A clinical case study with a juvenile detainee. *Clinical Case Studies, 18*(5), 323–343.

Ribeiro da Silva, D., Rijo, D., Salekin, R., Paulo, M., Miguel, R., & Gilbert, P. (2020). Clinical change in psychopathic traits after the PSYCHOPATHY.COMP program: Preliminary findings of a controlled trial with male detained youth. *Journal of Experimental Criminology, 17*, 397–421. https://doi.org/10.1007/s11292-020-09418-x

Ribeiro da Silva, D., Salekin, R.T., & Rijo, D. (2019). Psychopathic severity profiles: A latent profile analysis in youth samples with implications for the diagnosis of conduct disorder. *Journal of Criminal Justice, 60*, 74–83.

Ribeiro da Silva, D., Vagos, P., & Rijo, D. (2019). An evolutionary model to conceptualize psychopathic traits across community and forensic male youth. *International Journal of Offender Therapy and Comparative Criminology, 63*, 574–596.

Ribeiro da Silva, D., Vagos, P., & Rijo, D. (2021). Conceptualizing psychopathic traits from an evolutionary-based perspective: An empirical study in a community sample of boys and girls. *Current Psychology, 40*, 3931–3943. https://doi.org/10.1007/s12144-019-00353-3

Rijo, D., Brazão, N., Barroso, R., Ribeiro da Silva, D., Vagos, P., Vieira, A., Lavado, A., & Macedo, A.M (2016). Mental health problems in male young offenders in custodial versus community based-programs: Implications for juvenile justice interventions. *Child and Adolescence Psychiatry and Mental Health, 10*(40), 1–12.

Rogers, C.R. (1961). *On becoming a person: A therapist's view of psychotherapy.* Houghton Mifflin Harcourt.

Seppälä, E.M., Simon-Thomas, E., Brown, S.L., Worline, M.C., Cameron, C.D., & Doty, J.R. (Eds.). (2017). *The Oxford handbook of compassion science.* Oxford University Press.

Singer, T., & Engert, V. (2019). It matters what you practice: Differential training effects on subjective experience, behavior, brain and body in the ReSource Project. *Current Opinion in Psychology, 28*, 151–158.

Steindl, S.R., Kirby, J.N., & Tellegan, C. (2018). Motivational interviewing in compassion-based interventions: Theory and practical applications. *Clinical Psychologist, 22*, 265–279.

Stinson, J.D., & Clark, M.D. (2017). *Motivational interviewing with offenders: Engagement, rehabilitation, and reentry.* Guilford Publications.

Yu, R., Geddes, J.R., & Fazel, S. (2012). Personality disorders, violence and antisocial behavior: A systematic review and meta-regression analyses. *Journal of Personality Disorders, 26*, 775–792.

22

Os papéis da vergonha, do autocriticismo e da terapia focada na compaixão nos transtornos alimentares

Ken Goss e Allison Kelly

Os transtornos alimentares são prevalentes nas culturas ocidentais. Eles estão relacionados a dificuldades significativas com a saúde física, o funcionamento psicossocial e o bem-estar (de la Rie et al., 2005; Fairburn & Harrison, 2003; Hudson et al., 2007). A TCC é considerada o tratamento de escolha para pessoas com transtornos alimentares (Fairburn, 2008; National Institute for Clinical Excellence, 2017), mas só beneficia 50% dos pacientes e é menos eficaz para pacientes com baixo peso (Fairburn et al., 2009; Wilson, 1999). Sugerimos que a TFC (veja os Capítulos 2 e 3 deste livro) pode melhorar os tratamentos para pessoas com transtornos alimentares, ao abordar a vergonha, o autocriticismo e as mentalidades sociais competitivas por meio da ativação do sistema motivacional compassivo de prestação de cuidado.

A TFC foca na vergonha e no autocriticismo, que contribuem para o desenvolvimento, a manutenção e a recaída de transtornos alimentares (Goss & Allan, 2014). De fato, os níveis de vergonha são mais altos em populações com transtorno alimentar do que em outros grupos clínicos (Cook, 1994; Frank, 1991; Masheb et al., 1999). Altos níveis de vergonha e autocriticismo estão associados a sintomas mais severos de transtornos alimentares (Goss, 2007; Sanftner & Crowther, 1998; Troop et al., 2008). Pessoas com esse tipo de transtorno relatam uma forma de autocriticismo mais autopersecutória do que de automelhoria (Barrow, 2007). Vergonha e autocriticismo estão associados a resultados mais fracos no tratamento de transtorno alimentar (Kelly et al., 2014; Swan & Andrews, 2003), e a vergonha permanece problemática mesmo quando os sintomas do transtorno alimentar são abordados (Gee & Troop, 2003). Embora a compaixão tenha sido considerada um antídoto para a vergonha (Gilbert & Irons, 2005; Capítulos 4 e 5 deste livro), pessoas com um transtorno alimentar muitas vezes acham a autocompaixão difícil (Barrow, 2007) e têm medo de receber compaixão dos outros e de si mesmas (Kelly, Katan, Sosa-Hernandez, Nightingale, & Geller, 2021; Kelly, Vimalakanthan, & Carter, 2014; Capítulo 6 deste livro). Medos intensos de autocompaixão estão associados à patologia alimentar mais severa e resistente ao tratamento (Kelly et al., 2013; Geller et al., 2019).

O modelo de três funções da regulação do afeto e dos transtornos alimentares

O modelo da TFC identifica três sistemas de regulação do afeto específicos (ameaça, *drive* e tranquilização), cada um servindo a uma função adaptativa evolutiva para os humanos. Pode haver impactos negativos significativos em nosso bem-estar físico, psicológico e social se tivermos dificuldades em acessar e/ou regular esses sistemas (Gilbert, 2009).

Goss e Allan (2010, 2012) usaram esse "modelo de três funções" para propor que comportamentos alimentares perturbados servem para regular o afeto, sobretudo afetos negativos, como o medo e a vergonha associados ao sistema de ameaça. Eles também levantaram a hipótese de que o sistema de *drive* pode ser ativado para regular o sistema de ameaça por meio do desenvolvimento do orgulho nos comportamentos alimentares perturbados, ou peso e forma. Nossos clientes muitas vezes observam que precisam restringir a alimentação e/ou perder peso para sentirem orgulho e/ou reduzir ou fugir de sentimentos baseados na ameaça. Isso pode resultar em um ciclo de sintomas de manutenção de vergonha-orgulho, em que os clientes experienciam orgulho quando perdem peso e/ou estão engajados em comportamentos para controle do peso e se sentem mais ameaçados quando acham que estão ganhando peso e/ou não estão engajados em comportamentos para controle do peso. Apoiando essa teoria, Ma e Kelly (2020) identificaram que, em mulheres com anorexia nervosa (AN), a vergonha era mais baixa, e o orgulho mais alto imediatamente após episódios de exercícios, mas a vergonha aumentava e o orgulho diminuía com o passar do tempo depois do exercício. Isso ajuda a entender a natureza compulsiva do exercício e de outros comportamentos para controle do peso, quando esforços mais intensos (p. ex., restrição mais severa, abuso de laxativo, vômito) se tornam necessários para obter impulso para o sistema de *drive* e reduzir a ameaça.

Também observamos que as pessoas comem para se punir por seu fracasso em manter seus sentimentos positivos e/ou para se motivar a fazer restrições mais severas. Goss e Allan (2009) defendem que é comum que o sistema de tranquilização e seus reguladores fisiológicos, como o nervo vago, sejam subdesenvolvidos ou difíceis de acessar para pessoas com transtorno alimentar. Goss (2011) defendeu que nossas primeiras experiências de conforto estão associadas à proximidade física, à proteção e ao calor. Os clientes mencionam que têm compulsão em parte para experienciar prazer e fugir de estados emocionais negativos baseados na ameaça. No entanto, fazer isso pode exacerbar os medos de ganhar peso, consequentemente perpetuando sentimentos negativos e desencadeando um ciclo de purgação e restrição, seguido por mais compulsão.

Teoria da mentalidade social e transtornos alimentares

Gilbert (2009) defendeu que os humanos evoluíram sistemas motivacionais que os orientam para competir entre si e para cuidar uns dos outros (veja os Capítulos 2 e 3 deste livro). A mentalidade competitiva social ajuda os indivíduos a navegar pelas hierarquias sociais e obter o número máximo de recursos, simultaneamente evitando dano físico ou morte, e dano social ou rejeição. Muitas pessoas com um transtorno alimentar relatam abordar as relações sociais a partir de uma mentalidade social competitiva. Elas tendem a ser altamente focadas em como os outros as veem e em seu *rank* social; elas têm alto nível de empenho para evitar inferioridade e se engajar em alto grau de comparação social (Bellew et al., 2006; Duarte et al., 2016; Gouveia-Pinto et al., 2014; Troop et al., 2013). A mentalidade de cuidado social evoluiu para promover o cuidado da prole, orientando a atenção parental para o bem-estar e a segurança do seu bebê. Esse é um sistema recíproco, em que o bebê envia sinais para evocar cuidado, que são então respondidos por um cuidador. Indivíduos com transtornos alimentares relatam respostas mais inconsistentes ao estresse dos cuidadores (Troisi et al., 2005; Ward et al., 2000), e, com o tempo, a comida, em vez das relações sociais, se torna o principal regulador da emoção e da segurança (Goss & Gilbert, 2002). Esse também pode ser o caso para pessoas que estão clinicamente acima do peso (J. Gilbert et al., 2014).

Terapia focada na compaixão para pessoas com transtornos alimentares

Há quatro abordagens para trabalhar com pessoas com um transtorno alimentar usando a TFC. A primeira abordagem (TFC-TA e TFC-TA2) usa a TFC para desenvolver as capacidades compassivas de uma pessoa e explicitamente usa essas capacidades para focar na mudança dos comportamentos alimentares como uma parte central do tratamento. A segunda abordagem usa a TFC como um adjuvante para o tratamento usual (TAU) do transtorno alimentar. A terceira abordagem usa a TFC para desenvolver capacidades calmantes e compassivas sem especificamente focar em crenças e comportamentos do transtorno alimentar. Essas abordagens tendem a ser guiadas pelo clínico e muitas são aplicadas em grupos. A quarta abordagem é o desenvolvimento de materiais e programas de autoajuda. Estudos internacionais estão investigando a eficácia dessas diferentes abordagens. A seguir, descrevemos alguns exemplos de cada abordagem.

TFC guiada pelo clínico para pessoas com transtorno alimentar

A TFC como terapia integrada

Uma das primeiras tentativas de integrar a TFC ao TAU para transtornos alimentares foi relatada por Goss e Allan (2010, 2012). Elementos da TFC foram acrescentados a um programa em grupo de TCC de 20 semanas, envolvendo o planejamento das refeições e a pesagem terapêutica para pessoas com AN, bulimia nervosa (BN) e transtornos alimentares não especificados (TANEs), mas não para o transtorno da compulsão alimentar periódica (TCAP). Esse tratamento integrado apresentou resultados promissores, sobretudo para clientes com BN, dos quais 70% foram considerados recuperados ao final do tratamento; no entanto, apenas 30% dos pacientes com AN e outros transtornos alimentares restritivos cumpriram os critérios de recuperação (Gale et al., 2014). Esse programa foi adaptado para pacientes com baixo peso para incluir uma fase inicial mais intensiva e o dobro do número de sessões em grupo. Os primeiros dados indicaram que os pacientes acharam o programa aceitável, com baixas taxas de abandono, e apresentaram decréscimos significativos nos sintomas de transtorno alimentar.

Uma nova versão do programa (TFC-TA2) foi desenvolvida recentemente, com muito mais foco na construção de motivos e competências compassivos, e está baseada na crescente consciência da importância fisiológica e psicológica do desenvolvimento de uma mente compassiva (veja o Capítulo 10 deste livro). A TFC-TA2 mantém importantes intervenções baseadas em evidências (p. ex., planejamento das refeições, trabalho de exposição), mas estas estão contextualizadas no cultivo de motivação compassiva e competências compassivas. O desenvolvimento de motivos e competências compassivos facilita o engajamento em intervenções comportamentais e ajuda a abordar os medos, bloqueios e resistências (FBRs, do inglês *fears, blocks and resistances*) à mudança. Os resultados iniciais indicam melhora significativa nos resultados do tratamento comparados à TFC-TA, em especial para pacientes com um transtorno alimentar restritivo, para sintomas de transtorno alimentar, vergonha, autocompaixão e medos de compaixão (Goss & Allan, 2020).

A TFC-TA e a TFC-TA2 foram concebidas para serem empregadas em um formato de grupo para pacientes ambulatoriais. No entanto, atualmente, foram adaptadas para a terapia individual e adotadas por outros serviços internacionalmente, sendo usadas em contextos de internação e adaptadas para crianças e adolescentes (Mullen et al., 2020; Steindl & Buchanan, 2016; Vrabel et al., 2019; Williams et al., 2017).

TFC como terapia adjuvante

Com base na TFC (Gilbert, 2005, 2010) e na TFC-TA (Goss & Allan, 2010, 2012), Kelly e Leybman (2012) desenvolveram um manual preliminar para usar com um grupo de participantes em um centro de apoio comunitário para indivíduos com transtornos alimentares. Eles avaliaram o impacto de acrescentar essa TFC baseada no grupo ao TAU em um contexto de tratamento ambulatorial para transtornos alimentares de TCC, abrangendo TCC individual e terapia comportamental dialética (DBT) semanal ou quinzenal. Durante um programa de 12 semanas, os pacientes designados aleatoriamente para TFC mais TAU experienciaram maiores decréscimos nos sintomas de transtorno alimentar, vergonha e medos de compaixão, além de um aumento na autocompaixão, comparados com aqueles em TAU (Kelly et al., 2017).

TFC sem componente de tratamento direto do transtorno alimentar

Kelly usou o esboço de Gilbert do manual de terapia de grupo da TFC transdiagnóstica para trabalhar com pessoas com transtornos alimentares leves a moderados. O grupo foca diretamente na vergonha, no autocriticismo e na compaixão e trabalha no transtorno alimentar indiretamente por meio desses focos. Para serem elegíveis para o grupo, os clientes precisavam ter passado por tratamento prévio para seu transtorno alimentar, para assegurar uma compreensão cognitivo-comportamental dos seus sintomas e dos comportamentos que os mantêm ou aliviam. Eles também precisavam estar medicamente estáveis e ter acesso a um terapeuta adicional paralelamente ao grupo. Esse grupo atualmente está sendo avaliado.

TFC como autoajuda para pessoas com transtornos alimentares

Kelly e Carter (2015) desenvolveram uma intervenção de três semanas de autoajuda com TFC para pessoas com TCAP e a compararam com uma intervenção de autoajuda baseada na TCC e uma condição de controle. A intervenção baseada na TFC pediu que os participantes respondessem à urgência da compulsão gerando uma imagem compassiva de si ou de outra pessoa compassiva e tentassem conversar consigo pelo ponto de vista dessa imagem.

Os participantes nas intervenções de autoajuda com TFC e TCC experienciaram maiores reduções na compulsão alimentar durante as três semanas do que aqueles no grupo-controle. As pessoas no grupo da TFC relataram maior redução nos sintomas psicológicos dos transtornos alimentares (p. ex., preocupações com o peso e a forma) e maior aumento na autocompaixão, comparadas com as condições verificadas na TCC e no grupo-controle. A TFC pode, portanto, ser mais eficaz do que a TCC ao focar nos fatores de vulnerabilidade psicológica que contribuem para a manutenção dos transtornos alimentares.

Kelly e Waring (2018) examinaram o impacto de uma intervenção de autoajuda focada na compaixão para indivíduos com AN que ainda não haviam procurado tratamento. Quarenta mulheres com AN foram designadas aleatoriamente para duas semanas de escrita diária de uma carta autocompassiva ou para uma lista de espera (grupo-controle). As participantes na intervenção de compaixão apresentaram alta adesão e experienciaram maior redução na vergonha e nos medos de compaixão e maior aumento na autocompaixão e na motivação autônoma para tratamento de transtornos alimentares do que as participantes do grupo-controle. Não houve efeito da condição sobre a patologia alimentar. A autoajuda inspirada na TFC pode, portanto, ajudar indivíduos com AN a experienciarem mudanças psicologicamente benéficas que podem, de maneira indireta, facilitar a procura de tratamento.

Pontos principais para uso da TFC com pessoas com um transtorno alimentar

Como para todas as terapias para transtornos alimentares, os clínicos precisarão avaliar o risco psicológico e biológico dos clientes (veja Fox & Goss, 2012) e ter treinamento e supervisão no trabalho com essa população. Além disso, os terapeutas precisarão estar familiarizados com os processos da relação terapêutica envolvidos no desenvolvimento de uma base segura (veja os Capítulos 2 e 6 deste livro). A TFC também requer bom conhecimento operacional das distinções entre motivações, emoções, competências e comportamentos, sobre como introduzir conceitos sobre o funcionamento complexo do nosso cérebro e por que é desafiador regular sua atividade e sobre a natureza da compaixão (Gilbert, 2010). Esses conhecimentos alimentam a formulação e o plano de tratamento (veja os Capítulos 2 e 3 deste livro). Ter um fluxo estruturado para terapia ou autoajuda — não necessariamente um fluxo linear — pode ajudar as pessoas a entender seu transtorno alimentar, desenvolver e manter uma motivação compassiva para recuperação, desenvolver e usar capacidades compassivas e abordar os desafios que a recuperação traz.

A TFC-TA e a TFC-TA2 têm vários princípios-chave e focos específicos para intervenção que são compartilhados com os clientes:

1. Comer alimentos suficientes regularmente é necessário, mas não o suficiente para a recuperação.
2. Desenvolver uma hierarquia de danos com o cliente é útil para esclarecer a ordem do trabalho. Ele normalmente começa com a ingestão regular e suficiente de alimentos, trabalhando primeiro os comportamentos que prejudicam a saúde (p. ex., abuso de laxativo, vômito, compulsão alimentar).
3. Uma alimentação regular planejada ajuda a tornar a alimentação mais previsível e permite uma mudança com abordagem gradual da quantidade e da variedade de alimentos consumidos.
4. A alimentação planejada e o manejo das calorias/porções podem ser necessários por pelo menos três a seis meses antes de ser possível restaurar o sistema de fome-saciedade do cliente e o comer intuitivo.
5. A alimentação consciente no início da recuperação é contraproducente, pois os clientes inicialmente experienciam pensamentos e sentimentos do transtorno alimentar mais intrusivos de aversão/ansiedade com a alimentação. Isso pode reduzir a adesão à mudança alimentar e levar ao abandono do tratamento. A te-

rapia envolve uma mudança gradual da alimentação planejada e despreocupada (p. ex., comer prestando atenção a outras coisas, ou trabalhar ativamente na redução de sentimentos de aversão, etc.) para a alimentação consciente. A alimentação consciente pode, por fim, ajudar os clientes a tomarem consciência dos sinais de fome e saciedade e ajudá-los a focar nas experiências sensoriais da alimentação e desfrutá-las.
6. O trabalho com a imagem corporal foca inicialmente no desenvolvimento de uma motivação compassiva para cuidar do corpo, sobretudo à medida que ele muda ao longo da terapia, e, por fim, se volta para aprender a viver compassivamente no seu ponto de ajuste.
7. A terapia precisa abordar os desafios sociais da recuperação (p. ex., comentários dos outros sobre o corpo, viver em uma cultura de dieta).

É importante ajudar os clientes (e clínicos) a aceitar que a terapia não é perfeita, e que lapsos e mal-entendidos terapêuticos são normais. Essas são oportunidades de aprender e crescer. É importante sempre estar alerta aos impactos do autocriticismo e validar e encorajar a autocorreção compassiva, tanto no cliente quanto no clínico.

O fluxo da TFC para pessoas com transtornos alimentares

1. Psicoeducação
2. Formulação
3. Desenvolvimento e uso das capacidades tranquilizantes e de aterramento
4. Melhora e uso do sistema de motivação compassiva
5. Desenvolvimento de focos alternativos para *drive* e orgulho
6. Melhora das conexões sociais e manejo da mentalidade competitiva

Depois do fluxo 6, os clínicos podem trabalhar diretamente nos comportamentos de transtorno alimentar e nos desafios da recuperação ou permitir que o cliente trabalhe neles em um tratamento adjuvante, ou quando a TFC terminar.

Psicoeducação

A psicoeducação é a chave para engajar clientes com um transtorno alimentar. Além de ajudar os clientes a entenderem seu cérebro complicado (Gilbert, 2009, 2010, Capítulo 6 deste livro), também é importante ajudá-los a entender o processo humano comum envolvido na alimentação e os efeitos colaterais da interrupção da ingestão regular de alimentos (dos quais todos os humanos necessitam).

Nesse estágio, introduzimos vários conceitos evolucionistas.

a. Todos os humanos associam tranquilização afiliativa com comida desde pelo menos o nascimento, quando os bebês são alimentados no seio ou com mamadeira enquanto são contidos e acalmados. Os bebês não se desenvolvem e se nutrem se não recebem contato social positivo quando se alimentam.
b. Alguns alimentos (p. ex., carboidratos) afetam a produção de substâncias químicas que podem ativar um estado calmante (p. ex., triptofano).
c. Durante a vida, os comportamentos alimentares podem assumir muitas funções diferentes que têm impactos positivos e negativos e podem levar a conflitos dentro e/ou entre as pessoas.
d. Temos muitos rituais em torno de refeições compartilhadas com os outros. Essas memórias de conexão e coesão social são associadas a alimentos, sabores ou texturas específicas, fazendo da comida uma fonte importante de conforto, sobretudo quando nos sentimos sozinhos ou socialmente desconectados.

e. O corpo humano evoluiu para se reproduzir e funcionar em uma ampla porcentagem de gordura corporal, e isso nos ajudou a procriar com sucesso (mesmo em épocas de escassez de alimentos). Se as culturas criticam determinadas formas corporais, as pessoas tentarão mudar seu tamanho biologicamente saudável para evitar a estigmatização e a discriminação, ou a vergonha interna e o autocriticismo.
f. Nosso corpo trabalhará arduamente para nos manter em uma variação específica de gordura corporal — nosso "ponto de ajuste" (Harris, 1990) —, e isso nos levará a comer se estivermos abaixo dessa variação, dificultará a perda de peso sem déficits calóricos extremos, tornará quase impossível a manutenção da perda de peso e minará de maneira significativa nosso bem-estar físico e psicológico. Algumas vezes, os efeitos colaterais de estar abaixo do ponto de ajuste podem ajudar as pessoas a gerenciar o sofrimento (p. ex., dissociação, entorpecimento emocional e preocupação com a comida, desviando de outros pensamentos e sentimentos mais dolorosos).
g. Os humanos têm baixa tolerância à fome, mas têm um sistema lento e relativamente duvidoso para saber quando estamos satisfeitos. Isso nos deixa propensos a comer em excesso e ganhar peso quando o alimento é abundante, e nossa indústria alimentícia produz alimentos com alto teor calórico e fáceis de comer a um custo relativamente baixo.
h. Os humanos também podem ignorar seus sistemas de fome e saciedade, por exemplo, com comida reconfortante. Isso pode levá-los a ultrapassar seu ponto de ajuste biologicamente saudável e pode ter consequências significativas para a saúde.
i. Flutuações no peso são normais durante a recuperação, e é necessário tempo e coragem para os clientes atingirem seu "ponto de ajuste".
j. A terapia não pode ajudar os clientes a atingir seu peso e sua forma "ideal", mas pode ajudá-los a aprender a viver mais compassivamente com seu corpo no seu ponto de ajuste e encontrar outras formas de administrar as tragédias e os desafios da vida.

Também é útil discutir com os clientes como a indústria alimentícia gasta milhões de reais para tentar nos fazer comer mais, já as indústrias da dieta, *fitness* e da moda gastam milhões de reais nos encorajando a comer menos para atingir ideais de magreza e músculos. Essas duas pressões sociais conflitantes produzem muita tensão e podem levar à vergonha e ao autocriticismo por comer em excesso e/ou não perder peso/não ter o corpo mais tonificado.

Os clientes podem achar essas ideias muito desafiadoras, pois geralmente elas são contraculturais. O principal objetivo da psicoeducação é introduzir os conceitos de "não é sua culpa" e "humanidade compartilhada" da TFC e tecê-los nas fases de formulação e contratação da terapia.

Formulação

Em nosso trabalho clínico, descobrimos ser útil usar o modelo das três funções da regulação do afeto para explicar a manutenção de muitos comportamentos de transtorno alimentar e podemos apontar a importância de construir capacidades de compaixão para ajudar a equilibrar os três sistemas.

Muitas vezes, iniciamos pedindo que os clientes desenhem o tamanho relativo dos seus três círculos (veja o Capítulo 2 deste livro). Também pode ser útil explorar o conteúdo de cada círculo com os clientes. Eles frequentemente notam como seu sistema de ameaça está associado a temas de tamanho, forma e peso. Descobrimos que a parte de aversão do sistema de ameaça é com frequência muito ativa e dirigida para o corpo, para comportamentos alimentares e para comidas específicas, e essa aversão muitas vezes impede as pessoas de comer, mesmo quando com fome. Também notamos que o sistema de *drive* está estreitamente focado na obtenção de um senso de realização com a perda de peso ou atividades dirigidas para o controle do peso/da forma. É raro que nossos clientes acessem rotineiramente seu sistema de tranquilização como forma de regular a ameaça ou acessar um estado positivo de contentamento e/ou sentimento afiliativo. Muitos clientes relatarão o uso de comida como uma das únicas formas de introduzir sentimentos e memórias positivas. Logo, um dos objetivos da terapia é ampliar o leque de atividades que estimularão recompensas positivas e também oferecer um senso de proteção e contentamento. Depois de termos explorado o tamanho e o conteúdo dos seus círculos, os clientes podem achar útil explorar as relações entre seus três círculos e pensar sobre o que precisaria mudar para que eles não usassem comportamentos alimentares para manejar a ameaça e ter acesso a estados emocionais prazerosos.

A formulação também pode ajudar os clientes a explorar se eles estão motivados sobretudo por uma mentalidade competitiva ou compassiva e se têm flexibilidade para se movimentar entre essas mentalidades, se necessário. A formulação de "mentalidade" pode ajudar os clientes a entender que não é culpa deles que estejam orientados dessa forma competitiva em relação ao mundo, pois há muitas razões para essa orientação que estão fora do seu controle (p. ex., dinâmica do ambiente no começo da infância, experiências sociais na escola, etc.). É importante desenvergonhar essa orientação e ajudar os clientes a reconhecer que todos os humanos são programados com essa motivação, dadas as suas vantagens e suas funções evolutivas. Então exploramos o impacto de uma mentalidade competitiva hiperativa/desregulada, já que ela tende a impossibilitar que os indivíduos sejam capazes de se relacionar consigo e com os outros de forma compassiva e pode comprometer a saúde mental e física.

Conceituamos a busca da magreza como forma de competir para existir positivamente na mente dos outros ligada aos valores sociais atribuídos à magreza e à aparência física. Como o controle da alimentação e do peso é valorizado na sociedade, o empenho para ter um resultado de sucesso nesses esforços pode refletir uma forma de tentar garantir posição superior e/ou prevenir decréscimos na posição social. Essa orientação motivacional competitiva também pode operar de maneira interna na mente de um indivíduo. Os indivíduos podem avaliar seu desempenho em relação aos padrões que estabelecem para o *self*. Para pessoas com transtorno alimentar, o sucesso ou fracasso no controle da alimentação e do peso pode desencadear uma experiência de estar em posição inferior em relação aos outros, ou sentimentos de vergonha, ou em uma posição acima/de superioridade, que pode estar associada a orgulho. A ciclagem entre esses dois estados é comum.

Na TFC, podemos ajudar os indivíduos com transtornos alimentares a entender as funções evolutivas dos sistemas motivacionais competitivo e de prestação/recebimento de cuidado, para que os indivíduos possam entender melhor, por meio da compaixão, por que eles estão operando da forma como operam. Isso permite promover a maior consciência de qual "sistema" está atuando em um determinado momento e ajudar as pessoas a escolherem e acessarem o sistema que será mais útil para elas em determinada situação.

Central para a TFC é ajudar os clientes a identificar o senso de desconexão (algumas vezes suprimido), a falta de pertencimento e os sentimentos profundos de solidão que a acompanham. Se os clientes não desenvolvem senso de conectividade, sentindo-se cuidados e sentindo que podem dar uma contribuição, eles permanecerão travados em um senso emocional de isolamento e vulnerabilidade, precisando do seu transtorno alimentar como forma de regular essa dor emocional.

Descobrimos que a maioria dos nossos clientes gosta do modelo da TFC e quer usá-lo para entender melhor sua mente. Se esse for o caso, podemos nos voltar para uma formulação histórica, para explorarmos a história de desenvolvimento pessoal dos clientes. Isso pode ser usado para explorar as formulações históricas do desenvolvimento, as consequências intencionais e não intencionais das suas estratégias de segurança e os ciclos de *feedback* resultantes (Goss & Allan, 2009). Isso nos ajuda a explorar gentilmente os principais papéis que os comportamentos alimentares (além de outras estratégias) tiveram ao protegê-los da ameaça ou ativar seu sistema de *drive* ou de tranquilização. Podemos então explorar se eles ainda precisam do seu transtorno alimentar, ou se ele se tornou um hábito arraigado muito depois que a ameaça passou. Outras formas de ajudar os clientes a obter *insight* das suas ameaças internas e externas e das suas estratégias de segurança podem ser encontradas em Gilbert, Capítulos 4, 5 e 9 deste livro.

O trabalho de formulação muitas vezes pode ajudar os clientes a desenvolverem compaixão por si mesmos, em geral expressa por meio do luto e da raiva autoprotetiva. Os clínicos precisam estar preparados para isso e ser capazes de conter esses estados emocionais. Esse processo também pode levar a mais autoataque ou a um desejo de vingança, o que precisará ser trabalhado na terapia.

Desenvolvendo e usando capacidades calmantes e de aterramento

Descobrimos que pode ser útil ajudar os clientes a se engajar em TFC se pudermos ajudá-los a encontrar formas de acessar e desenvolver seu sistema tranquilizante, usando práticas da TFC para melhorar o funcionamento parassimpático no começo do tratamento. Existe a possibilidade de que eles só se engajem em exercícios calmantes como uma forma de Valium psicológico ou os utilizem como um método de dissociação. Assim sendo, é importante discutir esses riscos e explorar como o sistema de tranquilização é usado na TFC — ou seja, ajudar a estabilizar ou aterrar a mente e o corpo antes de fazer coisas que requerem sabedoria e coragem. Nossos clientes se identificam sobretudo com exemplos de como os mergulhadores acionam seu sistema de tranquilização antes de fazerem um salto difícil e perigoso de um trampolim alto, ou como um bombeiro se aterra quando entra em uma casa em chamas para salvar alguém. O que é necessário para tomar uma ação compassiva é uma mente aterrada, habilidosa e determinada. O sistema de tranquilização nos ajuda a criar e acessar esse tipo de mente. Isso não é sobre atingir um estado de serenidade transcendente, acalmar o medo ou se tornar destemido. Esse é um aspecto central do treino da compaixão.

A principal adaptação que fizemos à sequência dos exercícios calmantes usados na TFC é incluir exercícios para ativação da serenidade sensorial (veja Goss, 2011). Fizemos isso porque muitos dos nossos clientes acham difícil recordar ou reconhecer um estado de serenidade quando introduzimos exercícios respiratórios ou de imagem mental. Pedimos que eles encontrem alguma coisa que ative um senso de aterramento e de desaceleração e estejam mais presentes no momento por meio de um sistema sensorial (visão, tato, audição ou olfato). Eles acham isso mais tangível, menos ameaçador, e muitas vezes conseguem identificar exemplos de coisas que usaram no passado ou poderiam usar no futuro. Com frequência eles relatam que somente discutir experiências sensoriais calmantes já provoca uma experiência calmante/estabilizante e geralmente estão dispostos a explorar como podem ativar esse sistema entre as sessões. Depois de terem encontrado ativadores sensoriais calmantes confiáveis (p. ex., aromas, coisas que eles seguram ou tocam), estes podem ser usados como memórias ou estímulos físicos para acalmar e aterrar durante a terapia.

Então prosseguimos com o ritmo respiratório calmante (RRC) e a imagem mental calmante (Gilbert, 2010). Isso lhes permite uma escolha de formas de ativar seu sistema de tranquilização dentro e fora da sala de terapia. Incluímos práticas respiratórias deliberadas, pois há boas evidências de que os padrões respiratórios estimulam o nervo vago e melhoram o funcionamento parassimpático (veja o Capítulo 10 deste livro), e isso está sempre acessível para os clientes. Em um estudo inicial de Gilbert e Procter (2006), os próprios clientes escolheram segurar bolas de tênis enquanto praticavam RRC. Adaptamos esse exercício para ajudar os clientes a desenvolver habilidades de atenção consciente usando um objeto da sua escolha. Isso pode ser muito útil se eles acharem difícil prestar atenção à respiração, se ficarem preocupados com focar em seu corpo (principalmente sua barriga) enquanto respiram, ou se a ativação do sistema de tranquilização também ativar experiências baseadas na ameaça, o que é comum em pessoas que experienciaram trauma.

É importante trabalhar com os FBRs à tranquilização nesse estágio. Descobrimos que dar aos clientes tempo para praticar na sessão, e validar e trabalhar esses elementos, agrega mais ao tratamento. Também é importante destinar algum tempo para preparar práticas a serem usadas fora da sessão, para que o cliente possa se sentir confiante ao usar os exercícios, antes de começar a usá-los sempre que precisar.

Aprimorando e usando o sistema de motivação compassiva

Os clientes podem achar relativamente fácil acessar sua mente compassiva, sobretudo em relação aos outros, quando eles estão em um estado mais calmo. Entretanto, muitos clientes têm dificuldade com isso, e os clínicos precisarão ajudá-los a desenvolver sua mente compassiva de forma estruturada (Gilbert, 2010).

Iniciamos com o desenvolvimento de uma compreensão compartilhada da compaixão, usando a definição da TFC e o trabalho com falsas concepções potenciais para desfazer crenças (p. ex., compaixão significando ser bondoso, gentil, fraco ou permitir que os outros nos tratem mal). Vimos que a exploração socrática e dar exemplos pode ser muito útil. Formas adicionais de introduzir uma compreensão da compaixão usando descoberta guiada são apresentadas em Gilbert, Capítulos 5, 7, 8 e 9 deste livro.

Compartilhamos o modelo de compaixão da TFC (engajando no sofrimento e tentando aliviá-lo/preveni-lo) e exploramos como a compaixão frequentemente requer uma grande dose de coragem, sabedoria e compromisso. Como em outras populações clínicas, pessoas com transtornos alimentares podem rapidamente expressar FBRs, quase sempre quando consideram a construção da compaixão por si mesmos, mas também quando consideram receber compaixão dos outros e, em alguns casos, dar compaixão aos outros. Em vez de vê-los como "barreiras" à compaixão, é útil vê-los como convites para a compaixão. Exploramos a sabedoria por trás dos bloqueios à compaixão examinando de onde vieram, a que funções serviam e do que têm medo. O trabalho com cadeiras e a descoberta guiada dos múltiplos *selves* podem ajudar os clientes a sentir compaixão pelos bloqueios, em vez de vê-los como alguma coisa "errada" neles e atacá-los (Capítulos 6, 9 e 17 deste livro; Gilbert, 2010; Irons & Beaumont, 2017). Podemos então explorar formas de trabalhar para permitir que a compaixão seja útil para eles e os outros.

Há várias maneiras pelas quais podemos ajudar os clientes a terem uma noção de como é receber compaixão e se relacionar consigo e com os outros com compaixão. Essas formas incluem:

- memórias de receber compaixão dos outros;
- memórias de ser compassivo com os outros; e
- memórias de cuidar de si.

Isso precisa ser gerenciado sensivelmente, pois muitas vezes as pessoas não têm ou estão bloqueadas em relação a essas memórias. Pode ser útil ajudar as pessoas a perceber e refletir sobre exemplos de compaixão à medida que ocorrem, dentro ou fora da sala de terapia. Também pode ser útil desenvolver imagem mental compassiva com pessoas com dificuldades de recordar compaixão. Descobrimos que os exercícios de imagem mental denominados "Companheiro compassivo" e "Eu na minha melhor condição" funcionam bem com esse grupo de clientes (Goss, 2011).

Todos esses exercícios têm o potencial para ativar experiências emocionais dolorosas, incluindo sentimentos de vazio, vulnerabilidade, desmerecimento e luto. Os clientes podem querer desativar esses sentimentos por meio da evitação ou da dissociação. É importante que os clínicos antecipem essas reações e usem a psicoeducação e a formulação pessoal do cliente para conter, desenvergonhar e permitir ao cliente espaço para trabalhá-las em um ritmo que consigam administrar. O trabalho de luto é também muito importante na TFC, em parte porque a TFC funciona no sistema de cuidado, segurança social e conectividade social, com as fraturas e as perdas dentro dele.

Vimos que o trabalho em grupo pode ser especialmente útil, pois dá aos clientes a oportunidade de praticar a expressão de compaixão pelos outros e receber compaixão em um espaço seguro, e os FBRs podem ser trabalhados à medida que surgirem. Muitos clientes percebem que são muito bons em gerar compaixão e sabedoria para os outros, mas não tão bons em ouvir seu próprio *self* compassivo ou em deixar que a compaixão dos outros os afete. O trabalho para suavizar e abordar esses medos via exposição no grupo pode se tornar central e frequentemente provoca mudanças internas significativas na aceitação da compaixão. Esses temas também podem ser explorados na terapia individual, em que aprender a receber compaixão, validação e elogio de um clínico pode ser uma forma importante para os clientes desenvolverem modelos operacionais internos dos outros como cuidadores e do *self* como merecedor de compaixão. Também pode ser útil praticar compaixão deliberadamente fora da sessão, por exemplo, engajando-se em pequenos atos de compaixão ou voluntariando-se e trabalhando para ajudar os outros e focando em experiências compassivas positivas dos outros.

Usamos dramatização e encenação do método para explorar novas versões do *self* compassivo se os clientes tiverem dificuldade com o trabalho com a memória ou a imagem mental. No entanto, algumas pessoas com transtornos alimentares sentem que estão representando um papel ou usando uma máscara na vida de forma geral (p. ex., agindo como se estivessem bem, quando nos bastidores se sentem uma bagunça). Para muitos, um pouco de "encenação" pode ser necessário para ter uma noção do papel, mas idealmente queremos que os clientes explorem uma sabedoria interna em si mesmos, e queremos dizer que estamos desenterrando uma parte genuína deles que já está ali, em vez de trazer outra *persona* fictícia para seu repertório de identidades. Assim, exploramos, praticamos e experimentamos versões do *self* compassivo para construir as competências psicológicas e fisiológicas que permitem nos tornarmos a versão do *self* que escolhemos.

Desenvolvendo focos alternativos para *drive* e orgulho

Juntamente com a necessidade de abordar o senso mais profundo de solidão e desconexão que as pessoas com transtornos alimentares podem experienciar, também pode ser importante ajudar os clientes a explorar e se engajar em atividades prazerosas. Com frequência, os clientes relatam que suas experiências, incluindo os efeitos colaterais das suas estratégias de segurança para transtornos alimentares, significam que sua vida se tornou um pouco "preto e branco" e fechada à sua volta. Muitos reconhecerão que têm poucos prazeres, como sair com amigos, fazer compras, assistir a filmes emocionantes, praticar esportes e ter relações sexuais. Mesmo que eles façam essas coisas, as preocupações com comida, comer, tamanho e forma, e as emoções baseadas na ameaça afastam o prazer dessas atividades. Isso pode estar ligado à baixa concentração ou à ansiedade social. Muitos clientes são alexitímicos (Nowakowski et al., 2013) e/ou podem ter medo de emoções positivas, incluindo ser feliz (P. Gilbert et al., 2014).

Essas questões são algumas vezes negligenciadas na pressa de abordar a mudança dos sintomas. No entanto, se os clientes não tiverem formas de gerar sentimentos positivos por meio do engajamento em atividades gratificantes, eles continuarão a depender das conquistas por meio de comportamentos relacionados ao peso, ou, se estas forem subtraídas, vão cair em estados depressivos/derrotistas. Trabalhamos no desenvolvimento de um senso de orgulho pelas realizações e prazer em atividades não relacionadas a comportamentos alimentares no começo da terapia. Também tentamos desenvolver sentimentos positivos pelo *self* compassivo, dedicando um tempo refletindo, validando e encorajando situações em que o cliente trouxe compaixão para suas dificuldades. Não tentamos impedir ou criticar o orgulho em comportamentos do transtorno alimentar; em vez disso, tentamos ajudar o cliente a explorar novas formas de acessar esse sistema que tenham menos desvantagens do que as estratégias de segurança ligadas à alimentação ou ao controle do tamanho/da forma. À medida que a terapia progride, começa a surgir orgulho em resposta a não se engajar em comportamentos de transtorno alimentar. Os clínicos precisam estar atentos, pois isso pode desencadear uma espiral de vergonha e autocriticismo se o cliente recair. Preferimos ajudá-los a aplicar compaixão aos deslizes e a desenvolver um senso de realização pela coragem e pelo compromisso com a mudança e a disposição para aprender com os deslizes.

Muitos clientes fazem muitas coisas que os outros veem como conquistas, mas seu medo de fracasso e a incansável procura por um sucesso cada vez maior no sistema de *drive* podem entorpecer os sentimentos positivos. Vimos que é útil ajudar os clientes a desacelerar e ter mais consciência dos sentimentos positivos (não importando se são pequenos ou fugazes). Se tivermos um grupo, pode ser muito eficaz refletir sobre como é ouvir sobre as realizações dos membros do grupo. Vimos que uma dessensibilização gradual às mensagens positivas dos outros (seja do grupo ou do clínico) pode ser muito validante e dá permissão para os clientes construírem uma relação mais positiva com seu sistema de *drive*.

Aprimorando as conexões sociais e gerenciando a mentalidade competitiva

Precisamos estar sempre conscientes de que os clientes podem ter experienciado ou observado comportamentos abusivos de outros. Esses temas frequentemente surgem na fase de formulação da terapia. Se for assim, eles podem precisar ser abordados como parte da terapia antes que os clientes se sintam preparados para se arriscarem a desenvolver relações positivas com os outros.

O trabalho em grupo pode ser uma boa maneira de os clientes construírem conexões sociais em uma base segura e um porto seguro. Muitos dos nossos clientes são muito temerosos em relação a isso inicialmente. Isso precisa ser gerenciado de modo cuidadoso. Vimos que é útil ter regras de grupo claras e normas desenvolvidas junto com o grupo, que se concentram em como este pode trabalhar em segurança juntos, com uma agenda compartilhada que explicitamente considera papel do grupo encontrar maneiras de ajudar de forma compassiva cada um a lidar com seu transtorno alimentar.

Se os clínicos estiverem trabalhando individualmente, esse tema precisa ser explorado de maneira mais explícita com o cliente e pode fazer parte da agenda terapêutica. Pode ser útil examinar suas redes sociais existentes para ver se há bloqueios psicológicos em relação ao seu uso. Entretanto, muitos dos nossos clientes têm redes sociais muito limitadas, e suas relações tendem a ser mais críticas. Nesse caso, ajudamos os clientes a explorar formas de se engajar em novas redes sociais. Essas formas estão idealmente ligadas aos seus interesses existentes, ou àqueles que eles gostariam de explorar, mas que a vergonha, a autocrítica e os pensamentos e comportamentos de transtorno alimentar bloquearam.

Também pode ser útil trabalhar com comparação social. Descobrimos que nossos clientes muitas vezes se sentem aliviados e desenvergonhados quando introduzimos esse tema e exploramos porque ele se apresenta para todos os humanos. Ao deliberadamente ativarem o sistema motivacional de cuidado, os clientes podem aprender a se relacionar com os outros a partir de um lugar de confiança e desejo de se conectar, em vez de a partir de um lugar de insegurança e necessidade constante de avaliar a própria posição relativa. Isso pode permitir que os clientes experienciem relações cooperativas significativas, sejam menos julgadores de si mesmos e dos outros e reduzam a pressão sentida de "transmitir determinada impressão" (p. ex., quanto à aparência física, ao peso ou à *persona* social).

Recrutando a mente compassiva para ajudar com a mudança do comportamento alimentar

Após o cliente desenvolver habilidades para acessar seu *self* compassivo, os clínicos podem usá-lo para ajudar o cliente a desenvolver motivação para trabalhar e fazer mudanças nos comportamentos e nos pensamentos ligados à alimentação. Muitas vezes, os clientes abordarão a recuperação ou o comportamento de mudança a partir da mesma orientação crítica competitiva com que abordam outros aspectos da vida. Por exemplo, vimos clientes que experienciaram sucesso no tratamento, mas recaída no pós-tratamento, pois sua motivação foi provar a si e aos seus clínicos que eles eram capazes de ter sucesso na recuperação, em vez de uma motivação para cuidar de si e compassivamente aceitar e trabalhar com os deslizes. Portanto, é importante focar no desenvolvimento de uma motivação compassiva para a recuperação e de respostas à recaída.

Conclusão

Houve crescimento recente no desenvolvimento da abordagem da TFC voltada para ajudar pessoas com transtorno alimentar. Este capítulo discutiu uma justificativa para a TFC e sugestões de como ela pode ser usada com esses clientes.

Há evidências crescentes de que a TFC pode ser uma forma eficiente de ajudar os clientes a mudar comportamentos alimentares perturbados, gerenciar pensamentos de transtorno alimentar, abordar estados de excitação emocional negativa associados à alimentação e ao corpo, abordar a vergonha, o autocriticismo e a comparação social, movimentar-se a partir de uma mentalidade competitiva e desenvolver uma relação mais compassiva consigo e com os outros.

Há um número crescente de estudos internacionais explorando como trazer os processos da compaixão para a psicoterapia para pessoas com transtornos alimentares. Intervenções de compaixão pré-terapia parecem ser úteis no desenvolvimento de motivações compassivas para recuperação. Acrescentar TFC ao tratamento usual também pode aprimorar os resultados do tratamento e impactar os fatores associados ao risco de recaída. A TFC-TA e a TFC-TA2 podem ser usadas em contextos ambulatoriais ou de internação e oferecem tratamento promissor para pessoas encaminhadas para serviços de transtorno alimentar.

Referências

Barrow, A. (2007). *Shame, self-criticism and self-compassion in eating disorders.* [Unpublished doctoral dissertation]. University of Leicester.

Bellew, R., Gilbert, P., Mills, A., McEwan, K., & Gale, C. (2006). Eating attitudes and striving to avoid inferiority. *Eating Disorders, 14*(4), 313–322. https://doi.org/10.1080/10640260600796242

Cook, D.R. (1994). *Internalised Shame Scale professional manual.* Channel Press.

de la Rie, S.M., Noordenbos, G., & van Furth, E.F. (2005). Quality of life and eating disorders. *Quality of Life Research, 14*(6), 1511–1521. https://doi.org/10.1007/s11136-005-0585-0

Duarte, C., Ferreira, C., & Pinto-Gouveia, J. (2016). At the core of eating disorders: Overvaluation, social rank, self-criticism and shame in anorexia, bulimia and binge eating disorder. *Comprehensive Psychiatry, 66*, 123–131. https://doi.org/10.1016/j.comppsych.2016.01.003

Fairburn, C.G. (2008). *Cognitive behavior therapy and eating disorders.* Guilford Press.

Fairburn, C.G., Cooper, Z., Doll, H.A., O'Connor, M.E., Bohn, K., Hawker, D.M., Wales, J.A., & Palmer, R.L. (2009). Transdiagnostic cognitive-behavioral therapy for patients with eating disorders: A two-site trial with 60-week follow-up. *The American Journal of Psychiatry, 166*(3), 311–319. https://doi.org/10.1176/appi.ajp.2008.08040608

Fairburn, C.G., & Harrison, P.J. (2003). Eating disorders. *Lancet, 361*, 407–416.

Fox, R.E., & Goss, K. (Eds.). (2012). *Eating and its disorders.* Wiley.

Frank, E.S. (1991). Shame and guilt in eating disorders. *American Journal of Orthopsychiatry, 61*, 303–306.

Gale, C., Gilbert, P., Read, N., & Goss, K. (2014). An evaluation of the impact of introducing compassion focused therapy to a standard treatment programme for people with eating disorders. *Clinical Psychology and Psychotherapy, 21*(1), 1–12. https://doi.org/10.1002/cpp.1806

Gee, A., & Troop, N.A. (2003). Shame, depressive symptoms and eating, weight and shape concerns in a non-clinical sample. *Eating and Weight Disorders – Studies on Anorexia, Bulimia and Obesity, 8*(1), 72–75. https://doi.org/10.1007/BF03324992

Geller, J., Iyar, M.M., Kelly, A.C., & Srikameswaran, S. (2019). Barriers to self-compassion in the eating disorders: The factor structure of the fear of self-compassion scale. *Eating Behaviors, 35*, 101334. https://doi.org/10.1016/j.eatbeh.2019.101334

Gilbert, J., Stubbs, R.J., Gale, G., Gilbert, P., Dunk, L., & Thomson, L. (2014). A qualitative study of the understanding and use of 'compassion focused coping strategies' in people who suffer from serious weight difficulties. *Journal of Compassionate Health Care, 1*, 1–10.

Gilbert, P. (2009). *The compassionate mind.* Constable and Robinson.

Gilbert, P. (2010). *Compassion focused therapy: Distinctive features.* Routledge.

Gilbert, P. (Ed.). (2005). *Compassion: Conceptualisations, research and use in psychotherapy.* Routledge.

Gilbert, P., & Irons, C. (2005). Focused therapies and compassionate mind training for shame and self-attacking. In P. Gilbert (Ed.). *Compassion: Conceptualisations, research and use in psychotherapy* (pp. 263–325). Routledge.

Gilbert, P., McEwan, K., Catarino, F., Baião, R., & Palmeira, L. (2014). Fears of happiness and compassion in relationship with depression, alexithymia, and attachment security in a depressed sample. *British Journal of Clinical Psychology, 53*(2), 228–244. https://doi.org/10.1111/bjc.12037

Gilbert, P., & Procter, S. (2006). Compassionate mind training for people with high shame and self-criticism: A pilot study of a group therapy approach. *Clinical Psychology and Psychotherapy, 13*, 353–379.

Goss, K. (2007). *Shame, social rank, self-directed hostility, self-esteem, and eating disorders* [Unpublished doctoral dissertation]. University of Leicester.

Goss, K. (2011). *The compassionate mind approach to beating overeating: Using compassion focused therapy.* Robinson.

Goss, K., & Allan, S. (2009). Shame, pride & eating disorders. *Clinical Psychology and Psychotherapy, 16*(4), 303–316. https://doi.org/10.1002/cpp.627

Goss, K., & Allan, S. (2010). Compassion focused therapy for eating disorders. *International Journal of Cognitive Therapy, 3*(2), 141–158. https://doi.org/10.1521/ijct.2010.3.2.141

Goss, K., & Allan, S. (2012). An introduction to compassion-focused therapy for eating disorders. In J.R.E. Fox & K. Goss (Eds.). *Eating and its disorders* (pp. 303–315). Wiley-Blackwell.

Goss, K., & Allan, S. (2014). The development and application of compassion-focused therapy for eating disorders (CFT-E). *British Journal of Clinical Psychology, 53*(1), 62–77. https://doi.org/10.1111/bjc.12039

Goss, K., & Allan, S. (2020). An evaluation of an updated Compassion Focused Therapy programme for adults with an eating disorder (CFT-E2). In prep.

Goss, K., & Gilbert, P. (2002). Eating disorders shame and pride: A cognitive behavioural function analysis. In P. Gilbert & J. Miles (Eds.). *Body shame: Conceptualizations research and treatment* (pp. 219–255). Routledge.

Gouveia-Pinto, J., Ferreira, C., & Duarte, C. (2014). Thinness in the pursuit for social safeness: An integrative model of social rank mentality to explain eating psychopathology. *Clinical Psychology and Psychotherapy, 21*(12), 154–165. doi.10.1002/cpp.1820

Harris, R.B. (1990). Role of set-point theory in regulation of body weight. *The FASEB Journal, 4*(15), 3310–3318.

Hudson J.I., Hiripi E., Pope, H.G. Jr., & Kessler, R.C. (2007). The prevalence and correlates of eating disorders in the National Comorbidity Survey Replication. *Biological Psychiatry, 61*, 348–358.

Irons, C., & Beaumont, E. (2017). *The compassionate mind workbook: A step-by-step guide to developing your compassionate self*. Robinson.

Kelly, A.C., & Carter, J.C. (2015). Self-compassion training for binge eating disorder: A pilot randomized controlled trial. *Psychology and Psychotherapy, 88*(3):285–303. https://doi.org/10.1111/papt.12044

Kelly, A.C., Carter, J.C., & Borairi, S. (2014). Are improvements in shame and self-compassion early in eating disorders treatment associated with better patient outcomes? *International Journal of Eating Disorders, 47*(1), 54–64. https://doi.org/10.1002/eat.22196

Kelly, A.C., Carter, J.C., Zuroff, D.C., & Borairi, S. (2013). Self-compassion and fear of self-compassion interact to predict response to eating disorders treatment: A preliminary investigation. *Psychotherapy Research, 23*(3), 252–264. https://doi.org/10.1080/10503307.2012.717310

Kelly, A.C., & Leybman, M.J. (2012). Calming your eating disorder voice with compassion. Unpublished manual.

Kelly, A.C., Katan, A., Sosa Hernandez, L., Nightingale, B., & Geller, J. (2021). Why would I want to be more self-compassionate? A qualitative study of the pros and cons to cultivating self-compassion in individuals with anorexia nervosa. *British Journal of Clinical Psychology, 60(1), 99–115*. https://doi.org/10.1111/bjc.12275

Kelly, A.C., Vimalakanthan, K., & Carter, J.C. (2014). Understanding the roles of self-esteem, self-compassion, and fear of self-compassion in eating disorder pathology: An examination of female students and eating disorder patients. *Eating Behaviors, 15*(3), 388–391. https://doi.org/10.1016/j.eatbeh.2014.04.008

Kelly, A.C., & Waring, V. (2018). A feasibility study of a 2-week self-compassionate letter-writing intervention for nontreatment seeking individuals with typical and atypical anorexia nervosa. *International Journal of Eating Disorders, 51*(8), 1005–1009. https://doi.org/10.1002/eat.22930

Kelly, A.C., Wisniewski, L., Martin-Wagar, C., & Hoffman, E. (2017). Group-based compassion-focused therapy as an adjunct to outpatient treatment for eating disorders: A pilot randomized controlled trial. *Clinical Psychology and Psychotherapy, 24*(2), 475–487. https://doi.org/10.1002/ cpp.2018

Ma, R., & Kelly, A.C. (2020). The fragility of perceived social rank following exercise in anorexia nervosa: An ecological momentary assessment study of shame and pride. *Eating and Weight Disorders – Studies on Anorexia, Bulimia and Obesity, 25*(6), 1601–1607.

Masheb, R.M., Grilo, C.M., & Brondolo, E. (1999). Shame and its psychopathologic correlates in two women's health problems: Binge eating disorder and vulvodynia. *Journal of Eating and Weight Disorder, 4*, 817–193.

Mullen, G., Dowling, C., Doyle, J., & O'Reilly, G. (2020). Experiences of compassion focused therapy in eating disorder recovery: A qualitative model. *Counselling & Psychotherapy Research, 20*, 2, 248–262. https://doi.org/10.1002/capr.12283

National Institute for Clinical Excellence. (2017). *CG69 Recognition and Treatment – May 2017*.

Nowakowski, M.E., McFarlane, T., & Cassin, S. (2013). Alexithymia and eating disorders: A critical review of the literature. *Journal of Eating Disorders, 21*,1, 2050–2974. https://doi.org/10.1186/2050-2974-1-21

Sanftner, J.L., & Crowther, J.H. (1998). Variability in self-esteem, moods, shame, and guilt in women who binge. *International Journal of Eating Disorders, 23*(4), 391–397. https://doi.org/10.1002/ (SICI)1098-108X(199805)23:4<391::AID-EAT6>3.0.CO;2-D

Steindl, S.R., & Buchanan, K. (2016). Radiance: Self-compassion for eating and weight concerns. Unpublished manuscript.

Swan, S., & Andrews, B. (2003). The relationship between shame, eating disorders and disclosure in treatment. *British Journal of Clinical Psychology, 42*(4), 367–378. https://doi.org/10.1348/ 014466503322528919

Troisi, A., Massaroni, P., & Cuzzolaro, M. (2005). Early separation anxiety and adult attachment style in women with eating disorders. *British Journal of Clinical Psychology, 44*(1), 89–97.

Troop, N.A., Allan, S., Serpell, L., & Treasure, J.L. (2008). Shame in women with a history of eating disorders. *European Eating Disorders Review: The Professional Journal of the Eating Disorders Association, 16*(6), 480–488.

Troop, N.A., Andrews, L., Hiskey, S., & Treasure, L.J. (2013). Social rank and symptom change in eating disorders: A 6-month longitudinal study. *Clinical Psychology and Psychotherapy, 21*(2), 115–122. https://doi.org/10.1002/cpp.1830

Vrabel, K.R., Wampold, B., Quintana, D.S., Goss, K., Waller, G., & Hoffart, A. (2019). The Modum-ED trial protocol: Comparing compassion-focused therapy and cognitive-behavioral therapy in treatment of eating disorders with and without childhood trauma: Protocol of a randomized trial. *Frontiers of Psychology, 18*(10), 1638. https://doi.org/10.3389/ fpsyg.2019.01638

Ward, A., Ramsay, R., & Treasure, J. (2000). Attachment research in eating disorders. *British Journal of Medical Psychology, 73*(1), 35–51.

Williams, M.O., Tsivos, Z., Brown, S., Whitelock, N.S., & Sampson, M. (2017). Compassion-focused therapy for bulimia nervosa and bulimic presentations: A preliminary case series. *Behaviour Change, 34*(3), 199–207.

Wilson, G. T. (1999). Cognitive behavior therapy for eating disorders: Progress and problems. *Behaviour Research and Therapy, 37,* S79–S95. https://doi.org/10.1016/S0005-7967(99)00051-0

23

Terapia focada na compaixão

Uma compreensão evolucionista e biopsicossocial da depressão e seu manejo

Gregoris Simos

Os estados de depressão são conhecidos por sua heterogeneidade em termos de causa e apresentação. Há cerca de 50 anos, em um famoso documento de posicionamento, Akiskal e McKinney (1973) chamaram a depressão de um caminho final comum que pode ser atingido a partir de muitas origens: vulnerabilidade genética, desvantagem social e orientações psicológicas como o estilo cognitivo. Mais recentemente, foram acrescentados dieta e estilos de vida sedentários. A depressão pode variar nas dimensões de leve a severa e de aguda a crônica. Alguns indivíduos têm recuperações completas, outros terão recuperações parciais. Como observado em Gilbert, Capítulo 1 (deste livro), embora as psicoterapias tenham tido algum progresso, elas não são tão boas quanto gostaríamos.

Uma categoria de depressão foi denominada *depressão maior*. É importante ter consciência disso, não porque ela existe na forma rarefeita, mas porque proporciona oportunidades para identificação dos sintomas, desenvolvimento do tratamento e pesquisa epidemiológica. Quando vista como síndrome identificável, a depressão maior é uma condição comum no mundo todo. Segundo a Organização Mundial da Saúde (OMS, 2017), estima-se que mais de 300 milhões de pessoas sofrem dessa condição — atualmente, o equivalente a 4,4% da população mundial. Depressão é um dos principais preditores de automutilação e suicídio, e a OMS salienta que suicídio é a segunda causa principal de morte entre indivíduos de 15 a 29 anos.

Embora as categorias diagnósticas devam ser tratadas livre e dimensionalmente, é importante identificar sintomas comuns no estado cerebral.

Segundo a Associação Americana de Psiquiatria (2013), os critérios diagnósticos para um episódio depressivo maior são os seguintes:

A. Cinco (ou mais) dos sintomas a seguir foram apresentados durante o mesmo período de duas semanas e representam uma mudança no funcionamento prévio: pelo menos um dos sintomas é (1) humor deprimido ou (2) perda de interesse ou prazer.
   Nota: Não incluir sintomas que são claramente atribuídos a outra condição médica.

1. Humor deprimido na maior parte do dia, quase todos os dias, conforme indicado por relato subjetivo (p. ex., se sente triste, vazio e sem esperança) ou observação feita por outros (p. ex., parece choroso). (Nota: Em crianças e adolescentes, pode ser humor irritável.)
2. Interesse ou prazer acentuadamente diminuído em todas, ou quase todas, as atividades na maior parte do dia, quase todos os dias (conforme indicado por relato subjetivo ou observação).
3. Perda de peso significativa quando não em dieta ou ganho de peso (p. ex., alteração de mais de 5% do peso corporal em um mês), ou redução ou aumento no apetite quase todos os dias. (Nota: Em crianças, considerar a falha em ter o ganho de peso esperado.)
4. Insônia ou hipersonia quase todos os dias.
5. Agitação ou retardo psicomotor quase todos os dias (observável por outros, não meramente sentimentos subjetivos de agitação ou de estar desacelerado).
6. Fadiga ou perda de energia quase todos os dias.
7. Sentimentos de desvalor ou culpa excessiva ou inapropriada (que pode ser delirante) quase todos os dias (não meramente autocensura ou culpa por estar doente).
8. Habilidade diminuída de pensar ou se concentrar, ou indecisão, quase todos os dias (seja por relato subjetivo ou conforme observado por outros).
9. Pensamentos recorrentes de morte (não apenas medo de morrer); ideação suicida recorrente sem um plano específico; tentativa de suicídio ou plano específico para cometer suicídio.

B. Os sintomas causam sofrimento clinicamente significativo ou prejuízo social, ocupacional ou em outras áreas de funcionamento importantes.

C. O episódio não é atribuído aos efeitos fisiológicos de uma substância ou a outra condição médica.

Outra forma de descrever a depressão é ao longo de várias dimensões ou domínios de sintomas — motivação, emoção, pensamento, imagens, comportamentos, relações sociais, fisiologia e estados cerebrais (Sociedade Britânica de Psicologia, 2020). Tenha em mente que qualquer um deles pode ser considerado dimensionalmente. Além disso, esses sintomas são considerados centrais para uma família de condições que inclui transtorno afetivo bipolar, transtorno afetivo sazonal e dificuldades de ciclotimia e distimia, que são variações crônicas do humor mais ligadas à personalidade. A depressão muitas vezes é comórbida com muitas outras condições, como transtornos alimentares, abuso de substância e transtorno de estresse pós-traumático. Algumas vezes, é a depressão que bloqueia esses transtornos, tornando-os difíceis de tratar.

Pacientes deprimidos podem perder a motivação para coisas que antes estariam motivados a fazer. As razões para isso, no entanto, variam desde falta de energia e sensação de fadiga até ansiedade sobre a realização de certas funções. Por exemplo, os clientes ainda podem "querer" ter uma vida sexual ou social satisfatória, ser pais ativos ou voltar ao emprego, mas têm pouca sensação de prazer com essas atividades, acham que é muito esforço, são muito ansiosos ou sentem que são um fracasso e inadequados nessas funções. Como terapeutas, então, é importante distinguirmos entre "querer" e funcionar quando desenvolvemos programas comportamentais focados na TFC. De fato, querer desesperadamente que as coisas sejam diferentes, mas não ser capaz de ver como fazer isso acontecer pode contribuir para a depressão. Na verdade, as pessoas podem ficar deprimidas porque estão deprimidas, e uma das causas de suicídio em pessoas com transtorno bipolar é que elas começam a entrar em um ciclo e sentem que não conseguem enfrentá-lo, tornando-se severamente deprimidas repetidamente. Portanto, a motivação é um processo complexo, mas crucial na depressão.

Em relação às emoções, sobretudo aos três tipos de emoção (veja o Capítulo 2 deste livro), a depressão é notada pela redução nos dois domínios positivos da emoção, como a habilidade de experienciar a procura de emoções ligadas a realizações, excitação e prazer e as habilidades para experienciar um senso de proteção, contentamento e conectividade social. Além disso, emoções de ameaça de raiva são ativadas (algumas pessoas deprimidas se tornam muito irritáveis, e algumas podem ter ataques de raiva). Muitas formas diferentes de ansiedade podem ser elevadas, por exemplo, aumento na ansiedade por saúde ou ansiedade social. A tristeza pode ser elevada, mas, em algumas pessoas deprimidas, ela é suprimida sob um manto de anedonia. A habilidade de experienciar tristeza pode ser um passo à frente, pois é o começo da saída do entorpecimento emocional e o início do processamento de estados de solidão e desconexão que têm assombrado a pessoa deprimida. Logo, as habilidades de estar triste, lamentar e chorar podem, na verdade, ser sinais de melhora, e não piora da depressão.

No que se refere às competências cognitivas, a depressão afeta a atenção, a concentração, a memória, os estilos de raciocínio e a ruminação. Há uma mudança focada na ameaça do viés para memórias e pensamento negativos sobre o *self*, o mundo e o futuro. As imagens internas de uma pessoa deprimida são sombrias e refletem seu senso de obscuridade, desesperança e aprisionamento. Em nível comportamental, as pessoas deprimidas reduzem o leque dos seus comportamentos habituais que requerem esforço e evitam ver pessoas ou fazer atividades possivelmente gratificantes. As relações sociais podem se deteriorar como causa e consequência, com as dificuldades algumas vezes marcadas por conflitos e afastamento. Sabe-se agora que ocorrem múltiplas mudanças nos estados cerebrais associados a estados depressivos. Além disso, também ocorrem múltiplas mudanças no sistema nervoso autônomo, e há crescentes evidências de que dietas que são "inflamatórias" e podem afetar o sistema imune estão ligadas a crescentes taxas de depressão (Koopman & El Aidy, 2017). De fato, o terapeuta precisa ficar mais atento a essas fontes físicas de depressão. Dificuldades de sono são particularmente importantes e podem levar a uma espiral de fadiga e depressão. Pouco sono pode ser um alvo para intervenção.

Teorias sobre a natureza da depressão

A maioria dos clínicos reconhece que estatísticas epidemiológicas baseadas nessas síndromes estritamente definidas, como depressão maior, representam a ponta do *iceberg*, porque muitos outros milhões sofrem de síndromes depressivas subclínicas e podem achar a vida difícil e infeliz. Em termos de terapias psicológicas e farmacológicas que focam os indivíduos, permanecem questões-chave sobre em que medida as causas e a prevenção precisam ser enfrentadas em níveis sociais, já que elas são impulsionadores comuns de depressão.

Há uma crescente incidência e prevalência de depressões ligadas à pobreza, ao desemprego, ao conflito social e à guerra, a eventos na vida como a morte de uma pessoa amada, a rompimentos de relacionamentos, à doença física e a problemas causados por uso de álcool e drogas. Os *lockdowns* associados à covid-19 aumentaram significativamente a incidência de depressão. Também devemos notar que a crescente incidência de depressão é acompanhada de crescentes taxas de solidão e um senso de desconexão, o que também tem impactos fisiológicos importantes. Houve aumento na expectativa do perfeccionismo que devemos ser capazes de alcançar, na comparação social negativa e no autocriticismo, que foram, em parte, motivados pelo neoliberalismo. Basicamente, estamos vivendo em culturas mais competitivas socialmente e mais narcisistas do que 20 anos atrás (Curran & Hill, 2019).

A TFC é uma abordagem biopsicossocial embasada pela evolução e, desse modo, procura explorar alguns dos mecanismos evolutivos que podem estar subjacentes à depressão e como eles são ativados e regulados durante o curso da vida de uma pessoa. Como mencionado em Gilbert, Capítulo 2 deste livro, três modelos são proeminentes na TFC: o modelo do controle e desamparo aprendido, os modelos de apego e perda relacional e o modelo do *rank* social, da derrota e da armadilha. A TFC é particularmente interessada em todos eles, mas também em como eles estão interconectados. Por exemplo, perder *status*, ser envergonhado e socialmente desvalorizado, pode resultar em desconexão social e também em um senso de desamparo. Kopala-Sibley e Zuroff (2020) recentemente revisaram quatro modelos do *self* e da depressão e examinaram pesquisas sobre as bases neurobiológicas do *self* e da depressão. Um desses modelos foi a explicação evolucionista e biopsicossocial de Gilbert (Gilbert, 2000, 2006; Gilbert & Allan, 1998) das origens da depressão, derivada do trabalho de Price e Sloman (p. ex., Price & Sloman, 1987; Price, Sloman, Gardner, Gilbert, & Rohde, 1994). Esse modelo vinculou processos como vergonha, comportamento submisso e autocriticismo a um *rank* baixo e involuntário (como no baixo controle social) e à depressão. Os autores concluem que evidências iniciais sugerem um papel potencial para o circuito neural envolvido na regulação emocional, no processamento dos erros, no processamento das recompensas, na memória e no processamento de informações autorrelevantes. A autoestima, bem como o autocriticismo, desempenham um papel significativo na ativação desses circuitos e processos.

Gilbert (Gilbert, 1992a, 2000, 2006; Gilbert & Allan, 1998) elaborou uma explicação evolucionista e biopsicossocial das origens da depressão, além dos fatores de risco para a depressão, como vergonha, baixo *rank* social e autocriticismo. O modelo evolucionista e biopsicossocial reconhece o impulso evoluído dos indivíduos de buscar *status* e *rank* social, o que, para alguns indivíduos, atua como uma conexão para se sentir conectado e valorizado. Ocorre vergonha internalizada quando há identificação com a mente do outro envergonhante, resultando em autodesvalorização e, portanto, risco para depressão. Segundo o modelo, a depressão representa uma ativação da estratégia de derrota voluntária (IDS), uma estratégia que evoluiu para evitar que indivíduos derrotados se engajassem em disputas potencialmente perigosas com rivais superiores (Gilbert, 2000; Sloman, 2000).

As perspectivas evolucionistas sugerem que os mecanismos evolutivos que facilitam a elevação do humor e a redução do humor têm funções evolutivas. Por exemplo, há muitos contextos em que os animais precisam reduzir sua atividade, parar de explorar, perder a confiança e estar vigilantes à ameaça. O regulador dessas defesas parece similar nos humanos e nos animais, estando ligado à perda do controle sobre importantes ameaças e fracassos. Estes incluem perda do apoio e da conectividade social e derrotas sociais importantes na vida, algumas vezes associadas à ameaça de outros dominantes, como em casos de *bullying*, assédio e abuso. Isso não quer dizer que as depressões maiores são "adaptativas" — apenas que alguns dos mecanismos que as motivam evoluíram nesses contextos de perda do controle. Um dos problemas para os humanos é que criamos ambientes sociais que nos aprisionam em situações tóxicas. Por exemplo, nenhum primata precisa aprender a conviver com o *bullying* ou o abuso de outros, ir regularmente para um trabalho de que não gosta, ou se preocupar com a hipoteca, a reputação social e muito mais. Além disso, temos um novo conjunto de competências cerebrais que podem lançar a mente em ciclos complexos que constantemente reestimulam essas defesas. Por exemplo, pensar constantemente em si mesmo como um fracasso, ou no futuro como sem esperança, ou ser altamente autocrítico e auto-ofensivo estimulará defesas concebidas para lidar com ataques e derrotas. Formas severas de autocriticismo podem ser vistas como "fazer *bullying* consigo mesmo", levando à depressão. Portanto, embora possamos identificar a função adaptativa evoluída de algumas defesas, tanto nossos ambientes sociais humanos como nosso novo cérebro podem conduzir essas defesas a estados cerebrais não adaptativos altamente desregulados. Portanto, as depressões modernas e sua prevalência não devem ser vistas como adaptativas ou úteis — muito pelo contrário. É por isso que o terapeuta comportamental vai passar muito tempo tentando mudar o comportamento, o que inclui ajudar outras pessoas a escaparem de relacionamentos tóxicos. E é por isso que a terapia cognitiva e o *mindfulness* focam em tentar romper esses ciclos e, portanto, desativar ou, pelo menos, parar de ativar essas defesas evoluídas subjacentes. A compaixão muda as pessoas de mentalidades sociais focadas na ameaça altamente competitivas (que podem focar a atenção na vulnerabilidade, na inferioridade e nas perdas sociais da pessoa) para formas de ser autoapoiadoras, tranquilizadoras e abertas a receber ajuda dos outros.

O segredo, então, é ver que esses mecanismos adaptativos evoluíram com o mundo moderno e podem estar subjacentes à depressão, mas, com o contexto humano tendo mudado significativamente, há mais desencadeantes para uma resposta depressiva desadaptativa (p. ex., relações abusivas). De fato, os humanos podem se autossubordinar, engajando-se em pensamentos autocríticos (Gilbert, 2006). Para os humanos, a necessidade de ter sucesso em arenas sociais pode ser especialmente pertinente, pois percepções de *rank* inferior podem ter impacto em encontrar um parceiro, ter uma carreira de sucesso e formar amizades (Gilbert, 1997), e, portanto, as necessidades de ser aceito, se sentir atraente e ser valorizado pelos outros são a "competição por recursos" da atualidade. Fatores psicológicos como vergonha externa (percepção de se sentir inferior na mente dos outros), autocriticismo, esforço para evitar inferioridade e ruminação por se sentir inferior estão associados à percepção de *rank* social inferior (Cheung, Gilbert, & Irons, 2004; Gilbert, Broomhead, Irons, McEwan, Bellew et al., 2007; Gilbert et al., 2020), algo que implica que o pensamento interno pode ser um fator crucial na ativação e na manutenção da desregulação dessas estratégias defensivas (Gilbert, 2001).

A teoria do *rank* social (TRS) é uma teoria evolucionista que procura explicar a relação entre *rank* social e saúde mental, o que, diferentemente de outras teorias evolucionistas, explica a inferioridade e a submissão que é típica da depressão (Gilbert, 2006). A TRS propõe que baixo humor e comportamento submisso são respostas involuntárias a situações competitivas de derrota (i.e., na competição por recursos, como comida ou parceiros, com outros dominantes), e essas respostas são um meio de inibir uma "reação agressiva", comunicando um *status* "sem ameaça" e facilitando a aceitação da situação (Price, Sloman, Gardner, Gilbert, & Rohde, 1994). Isso está refletido na submissão, no afastamento e no autocriticismo indicativos de estados de depressão (Gilbert, 2001).

Essa reação submissa adaptativa provoca resposta de estresse no indivíduo subordinado, com elevações no hormônio do estresse cortisol quando o eixo hipotálamo-pituitária-adrenal é ativado (Abbott, Keverne, Bercovitch, Shively, Mendoza et al., 2003). Essa resposta de estresse pode ser modulada pelo ambiente social, sobretudo exacerbada com o isolamento dos outros (Ruis, de Groot, Brake, Ekkel, van de Burgwal et al., 2001; Ruis, Brake, Buwalda, De Boer, Meerlo et al., 1999) ou reduzida com o aumento do apoio social (Abbott et al., 2003).

Algumas vezes, a depressão pode ser ativada em situações de subordinação imposta e aprisionamento. Estar em um casamento infeliz, em um emprego terrível ou viver em um lugar que odeia, mas do qual não pode sair pode facilmente fazer o indivíduo se sentir aprisionado ou sem saída. Esse tipo de armadilha percebida atua como um estressor crônico e contínuo. Um cônjuge excessivamente crítico e abusivo, um supervisor de trabalho rígido ou que deprecia e/ou uma situação ou condição de vida intolerável pode resultar em sentimentos de aprisionamento na depressão. Querer fugir ou escapar, enquanto, ao mesmo tempo, a motivação e os recursos disponíveis são limitados ou completamente ausentes, ou não ter para onde ir, faz disso uma armadilha inescapável. Às vezes, na verdade, fugir pode ser útil, ou ter mais controle e adquirir assertividade adequada pode reduzir esse sentimento de estar preso em uma armadilha. Às vezes, o indivíduo pode permanecer porque está se sentindo culpado por sair ou se afastar dos outros.

Infelizmente, tais situações mantêm o sistema de luta-fuga de autoproteção da ameaça constantemente ativo. Quanto mais alguém se sente encurralado e tenta resistir/escapar dessa situação, maior a probabilidade de ficar em estado de estresse constante, intenso e de longa duração, e mais estressado e deprimido ele se torna. Consequentemente, as emoções positivas e os sistemas diminuem de maneira gradual, e, às vezes, a ideação suicida parece uma solução viável para os sentimentos de aprisionamento.

Deve ser observado que a depressão severa é mais profunda do que o baixo humor e o comportamento submisso e, portanto, não é adaptativa. É quando a situação não é aceita ou mudada, ou é inescapável, que a patologia grave pode se desenvolver (Nesse, 2000). Nesse caso, as funções defensivas adaptativas se tornam, então, desadaptativas, particularmente quando as defesas são despertadas, bloqueadas ou ineficazes (Gilbert, 2001). Igualmente, a raiva presa (isto é, supressão da resposta de luta) também foi associada à depressão, com evidências de que a supressão de sentimentos de raiva é comum e frequentemente precede a depressão (Gilbert, Allan, Brough, Melley, Miles et al., 2002) e a automutilação (Clarke, McEwan, Ness, Waters, Basran et al, 2016).

Os efeitos da derrota social — especialmente quando a situação de derrota persiste, não há meios de escapar, o animal se sente aprisionado (armadilha) e a resposta de estresse pode se tornar crônica — são conhecidos como fuga detida (isto é, o instinto de fuga do sistema nervoso autônomo é suprimido; Dixon, Fisch, Huber & Walser, 1989). Esses conceitos, particularmente de derrota e armadilha, foram estendidos aos humanos para ajudar a entender o desenvolvimento de transtornos do humor como a depressão, além do comportamento suicida (O'Connor, Ferguson, Green, O'Carroll, & O'Connor, 2016a; Taylor, Gooding, Wood, & Tarrier, 2011). Griffiths, Wood e Tai (2018) descobriram que derrota e armadilha são preditores da depressão.

Algumas evidências apoiam a ideia de que a depressão representa uma ativação da IDS. Em um estudo de análise de contingências com duração de 20 dias, Zuroff, Fournier e Moskwowitz (2007) examinaram o humor, os comportamentos e as percepções que os participantes tinham do comportamento de outros. Eles identificaram que, entre os participantes mais deprimidos, a dominância do parceiro estava fortemente relacionada à inferioridade percebida, e tanto esta quanto a dominância do parceiro prediziam um comportamento mais submisso. Rappaport, Moskowitz e D'Antono (2014), em um estudo semelhante, encontraram que sintomas elevados de depressão na linha básica estavam associados ao aumento nos comportamentos submissos nas três semanas seguintes.

A vergonha é uma emoção autoconsciente caracterizada pela presença de autoconsciência, autorrepresentações e autoavaliações globais negativas (Tracy & Robins, 2004; Candea & Szentagotai-Tatar, 2018). A vergonha é considerada uma emoção negativa particularmente intensa e frequentemente incapacitante e está ligada a sentimentos de inferioridade, desvalorização e impotência (Allan & Gilbert, 1997; Gilbert, 1992b). Embora sentimentos ocasionais de vergonha possam ser funcionais, pois servem a objetivos sociais (Muris & Meesters, 2014), a propensão a experienciar vergonha parece desempenhar um papel importante em várias formas de psicopatologia, incluindo depressão (Andrews, Qian, & Valentine, 2002; Gilbert, Pehl, & Allan, 1994; Kim, Thibodeau, & Jorgensen, 2011) e ansiedade (Fergus, Valentiner, McGrath, & Jencius, 2010; Gilbert & Miles, 2000).

Essa vergonha dos outros pode refletir perda no *rank* ou no *status* social. Sloman, Gilbert e Hasey (2003) defenderam que existe relação entre vergonha/*rank* social, pois ameaças ao *rank* social atuam como sinais para infrarregular o afeto positivo e aumentar o afeto negativo. Essa resposta motiva o desengajamento de objetivos inatingíveis ou batalhas potencialmente trabalhosas para preservar o *rank*. Assim, defende-se que a depressão representa uma ativação da IDS, que se postula ter evoluído para evitar que indivíduos derrotados se engajem em disputas potencialmente perigosas ou mesmo fatais com rivais superiores (Gilbert, 2000; Sloman, 2000). Se essas estratégias não tiverem sucesso, as ameaças ao autovalor e ao *rank* por fim resultarão em suprarregulação mais longa e duradoura do afeto positivo, juntamente com redução dos comportamentos exploratórios e de aquisição de recursos. Essas ameaças dão origem ao humor caracterizado por alto afeto negativo e baixo afeto positivo, resultando em comportamentos (p. ex., isolamento social, perda de interesse) tipicamente vistos na depressão (Kopala-Sibley & Zuroff, 2010; Sloman et al., 2003).

Um dos fatores que influenciam a autoculpa pode ser o *rank* relativo percebido da pessoa. Aquelas pessoas que se sentem inferiores ou impotentes têm maior probabilidade de se autoculpar e evitam contra-atacar um outro potencialmente poderoso (Gilbert, 1992b). Autoculpa por criticismos e menosprezo estão associados a julgamentos negativos do próprio *rank* relativo no contexto de comparações sociais negativas.

Experiências de criticismo, menosprezo, *rank* social percebido e estilos de culpa desempenham um papel importante na vergonha. Experiências de vergonha usualmente estão associadas a percepções de ser criticado, desvalorizado e desaprovado pelos outros por ações ou atributos do *self* que os outros acham indesejáveis ou não atrativos (Gilbert, 1998; Tangney, 1996). A vergonha parece estar associada a autopercepções de comparação social desfavorável (p. ex., inferior e menos atrativo do que os outros; Goss, Gilbert, & Allan, 1994) e comportamentos subordinados e submissos (Gilbert, 1989; Gilbert & McGuire, 1998). Criticismo e menosprezo podem levar a sentimentos de vergonha, especialmente se a pessoa criticada acredita que o criticismo é válido e indica que um aspecto indesejável/não atrativo do *self* foi observado pelos outros (Gilbert, 1998).

Sentir-se estressado e perturbado com o criticismo está associado à depressão, à culpa, à vergonha, à comparação social desfavorável e ao medo de avaliação negativa. Sentir raiva do criticismo parece estar associado à depressão, à vergonha e ao medo de avaliação negativa. Culpa e comparação social estão significativamente associadas à raiva do criticismo. A autoculpa está associada à depressão e à raiva e está altamente correlacionada com o medo de avaliação negativa e a vergonha. Uma propensão a se sentir ansioso/estressado — e, em menor grau, sentir-se com raiva/irritado — por criticismo/menosprezo está associada à depressão elevada e a escores de vergonha. A raiva do criticismo está relacionada à autoculpa (Gilbert & Miles, 2000). Aqueles que se veem em um *rank* relativamente baixo se culpam mais pelo criticismo e por serem socialmente menosprezados, ao passo que aqueles que se veem em um *rank* relativamente alto culpam os outros pelo criticismo e pelo menosprezo.

A armadilha pode se manifestar no desejo de escapar dos nossos pensamentos, das nossas memórias ou das preocupações internas, já que, dessa forma, podemos estimular o modo de fuga fisiológico no mundo interno (Gilbert & Allan, 1998).

Em uma revisão sistemática e uma posterior metanálise, os conceitos de *rank* social de derrota e armadilha foram consistentemente ligados a sintomas depressivos em amostras clínicas e não clínicas (Taylor et al., 2011; Siddaway, Taylor, Wood, & Schultz, 2015). De fato, boa parte do foco da literatura da TRS foi colocado na derrota e na armadilha, com o processo de fazer julgamentos do *rank* social — isto é, a ação de se comparar com os outros e a resultante percepção do *rank* — sendo amplamente negligenciado. Sobretudo, julgamentos do *rank* social são o mecanismo pelo qual os indivíduos avaliam sua posição dentro de um grupo social — sendo provavelmente um aspecto-chave da TRS (Gilbert, Price, & Allan, 1995).

De forma compatível com a teoria do *rank* social (Price & Sloman, 1987), Wetherall, Robb e O'Connor (2019), em sua revisão, demonstraram que perceber a si mesmo como tendo baixo *rank* comparado com os outros está consistentemente associado a sintomas depressivos mais intensos. Eles também forneceram evidências mais limitadas de que o baixo *rank* percebido está associado à ideação suicida e à automutilação. É importante enfatizar que esse baixo *rank* é tipicamente involuntário e indesejado e, portanto, representa um déficit do poder social e falta de controle (Gilbert, 2006).

Análises de mediação formal destacaram mecanismos potenciais para explicar a relação entre *rank* social e sintomas depressivos e incluíram ansiedade social, ruminação, processos interpessoais e desregulação emocional (Wetherall et al., 2019). Houve evidências consistentes de que os principais construtos da derrota e da armadilha podem ser importantes. Isso apoia a TRS, além do modelo integrado motivacional-volitivo (O'Connor, 2011), que propõe que a derrota e a armadilha são essenciais para se entender a emergência de ideações suicidas, e as percepções de um *rank* inferior podem aumentar sentimentos de derrota, por sua vez, conduzindo à armadilha e a ideações suicidas (O'Connor & Kirtley, 2018).

A percepção de *rank* social inferior parece ser um mecanismo mediador importante na relação entre fatores socioeconômicos e sintomas depressivos. O sentimento de um *rank* ou uma posição social inferior, em comparação com os outros, pode ser o mecanismo social por meio do qual certas circunstâncias na vida são traduzidas em resultados negativos, como os sintomas depressivos. Também há evidências de que uma queda percebida no *rank* social estava relacionada a sintomas depressivos mais intensos; assim, a percepção de ter perdido *status* pode consequentemente se somar a uma sensação de fracasso ou derrota (Wetheral et al., 2019). Os autores concluem que pode haver relação bidirecional ou recíproca entre percepções do *rank* social e sintomas depressivos. É possível que a internalização de sintomas depressivos perpetue o aspecto de fuga detida da situação de derrota social, desse modo, aumentando os sentimentos de aprisionamento e inevitabilidade (Dixon, 1998).

Na visão de Gilbert (1992a), o *rank* social percebido é influenciado pela dominância social, bem como pela percepção de ser apreciado pelos outros e pela inclusão em grupos sociais. Gilbert e colegas (Gilbert, Clarke, Hempel, Miles, & Irons, 2004) também diferenciaram duas formas de autocriticismo que podem se originar de experiências desenvolvimentais únicas. Gilbert et al. (2004) sugerem que as formas e funções do autoataque podem ser adaptadas de competências evoluídas para a regulação de relações externas.

Os pais podem ameaçar seus filhos ou puni-los por "não serem suficientemente bons". As crianças que internalizam essa mensagem podem se atacar ou se autocriticar em uma tentativa de alterar o próprio comportamento para angariar amor e admiração dos outros. Gilbert et al. (2004) chamaram isso de autocriticismo da *inadequação*. No entanto, no caso de um progenitor que rejeita um filho abertamente, apesar da tentativa do filho de obter o amor e a afeição dos pais, a criança pode internalizar a crença de que existe algo fundamentalmente errado com ela. Gilbert et al. (2004) chamaram isso de autocriticismo do *auto-ódio*. Evidências mostraram que a rejeição explícita dos pais pode levar ao autocriticismo (p. ex., Mendelson, Robins, & Johnson, 2002; Kopala-Sibley & Zuroff, 2014) e, especificamente, ao autocriticismo do auto-ódio (Irons, Gilbert, Baldwin, Baccus, & Palmer, 2006).

Ao menos um estudo forneceu apoio adicional para os aspectos do desenvolvimento da proposta de Gilbert. Kopala-Sibley, Mongrain e Zuroff (2013) descobriram que, acima de tudo, os efeitos do cuidado e do controle parental e da vitimização explícita por parte dos pares (p. ex., apanhar, ser xingado) estavam associados a níveis elevados de autocriticismo do auto-ódio, ao passo que a vitimização relacional (p. ex., ser excluído, ser alvo de boatos) predizia especificamente níveis mais altos de autocriticismo de inadequação.

Pesquisas encontraram uma relação entre as perdas de *rank* social ou de autoestima e a sintomatologia depressiva (p. ex., Allan & Gilbert, 1997). Além disso, pacientes deprimidos em geral se sentem inferiores, se comportam de forma submissa, não são exploratórios e se sentem derrotados e aprisionados (Allan & Gilbert, 1997; Gilbert, 2000; Gilbert & Allan, 1998). Episódios depressivos também são frequentemente desencadeados por derrotas, importantes perdas sociais e humilhações — ou seja, perdas no *rank* (Brown, Harris, & Hepworth, 1995).

Há evidências contínuas de que o medo da autocompaixão e o medo da compaixão pelos outros e dos outros estão associados à depressão e a variáveis relacionadas. As associações mais fortes dessas três formas de compaixão foram aquelas entre medos da autocompaixão e medos de receber compaixão e os fatores de saúde mental de vergonha, autocriticismo e depressão. Medos da autocompaixão e medos de receber compaixão tendem a ter o maior impacto na saúde mental (Kirby, Day, & Sagar, 2019). Embora a autobondade e o *mindfulness* se correlacionem negativamente com o medo da compaixão pelos outros e o medo de receber compaixão dos outros, o autojulgamento e o autocriticismo podem predizer o medo de receber compaixão dos outros (Nomikou, Nisyraiou, & Simos, 2018).

Por uma perspectiva da TFC, qualquer medo que emergiu para a compaixão e a conexão afiliativa provavelmente foi uma reação adaptativa a uma forma de ameaça no ambiente passado ou atual do indivíduo (p. ex., trauma, abuso, negligência). Infelizmente, quando se trata da prática clínica, pode haver uma tendência dos clínicos que trabalham com pacientes com medo da compaixão a, então, evitar por completo a compaixão como parte do curso da terapia (Gilbert, 2010; Steindl, Kirby, & Tellegen, 2018). No entanto, apesar de os pacientes terem medo da compaixão, esta provavelmente será o principal alvo terapêutico que precisa ser abordado.

Gilbert (2010) também propôs que a compaixão dos outros e a autocompaixão podem ativar sentimentos de luto, resultantes de necessidade de afeição e cuidado de outros significativos que estiveram ausentes no passado. Assim, é importante examinar como os diferentes tipos de medos da compaixão podem influenciar os resultados do tratamento. Por exemplo, o medo de ser sobrecarregado por receber compaixão, comparado a um medo de obrigação da culpa, seria um importante processo diferencial do medo a ser explorado (Kirby et al., 2019).

TFC e depressão

A TFC foi desenvolvida como um antídoto para a vergonha e o autocriticismo (Gilbert, 2014; Gilbert & Procter, 2006; Kelly, Zuroff, Foa, & Gilbert, 2010), tirando as pessoas da mentalidade social competitiva e promovendo a mentalidade social de cuidado, com suas infraestruturas fisiológicas (Gilbert, 2020a). Atualmente, há evidências consideráveis de que a TFC é eficaz para muitas dificuldades de saúde mental, incluindo depressão (veja o Capítulo 27 deste livro). A TFC demonstrou eficácia na redução dos sintomas de depressão (Gilbert & Procter, 2006; Gilbert, 2009), desse modo, enfatizando a importância da vergonha na depressão. Shapira e Mongrain (2010) identificaram que exercícios de autocompaixão e otimismo melhoravam os sintomas de depressão, e que esse benefício era particularmente pronunciado para os participantes mais altamente autocríticos. Além disso, uma metanálise de 14 estudos encontrou um grande tamanho de efeito na relação entre a baixa autocompaixão e a depressão (MacBeth & Gumley, 2012).

A TFC para depressão usa inúmeras práticas empregadas em muitas outras terapias (Gilbert, 2010; Gilbert, 2013; Gilbert, 2020b). Desse modo, ela utiliza a relação terapêutica, a colaboração, a descoberta guiada, o significado pessoal, os diálogos socráticos, as cadeias de inferência (ascendente/catástrofe/medo maior/ameaça), a análise funcional, a análise em cadeia, a consciência da maturação, a formulação compartilhada, a mudança por meio da prática, os experimentos comportamentais, a exposição, o desenvolvimento de tolerância emocional, o *mindfulness*, a imagem mental guiada, a escrita expressiva, a reestruturação, a geração de pensamentos alternativos, a prática independente fora da sessão e algumas outras técnicas. O que a TFC acrescenta é assegurar que essas intervenções sejam experienciadas no contexto de uma contribuição colaborativa, pois isso cria os estados fisiológicos que tornam essas intervenções mais efetivas. Por exemplo, a geração de pensamentos alternativos com motivação compassiva e tom de afabilidade, preocupação e desejo genuíno de ser útil tem impacto diferente do que apenas se basear na lógica, no raciocínio ou em evidências (Gilbert, 2020).

Central nesses processos é que a TFC trabalha com sistemas motivacionais básicos, sobretudo com a forma como as pessoas criam capacidades internas para se sentirem apoiadas e, consequentemente, capazes de ativar o "processamento de proteção" e desenvolver relações mutuamente apoiadoras, pró-sociais e de cuidado. As práticas e as intervenções típicas incluem práticas respiratórias que estimulam o nervo vago, uma gama de diferentes visualizações e meditações e a exploração do raciocínio compassivo e do comportamento compassivo, sendo algumas guiadas pela compreensão das bases fisiológicas da compaixão cuidadosa. De uma forma mais estruturada, a TFC pode ser dividida em: fase 1, que se concentra em torno da criação das condições apropriadas (como relação terapêutica, base segura, formulação) e da psicoeducação (cérebro complicado, modelo dos três sistemas, o que é/não é compaixão); fase 2, que envolve treino da mente compassiva/treino corporal, *mindfulness* e *self* e imagem compassivos; e fase 3, que usa a mente compassiva para abordar as dificuldades, a relação consigo e com os outros, as emoções e memórias complexas e os problemas presentes (Irons, comunicação pessoal).

Em relação a pessoas que sofrem de depressão, é importante que elas comecem a entender como criar um senso interno de uma base segura e um porto seguro que combata (entre outras coisas) a vergonha e o autocriticismo, em que elas podem se converter quando estressadas e utilizar como fonte de encorajamento e orientação. Isso está relacionado ao que chamamos de *self* e mente compassivos e imagem compassiva (Gilbert, 2020). A TFC foca em quatro domínios principais: motivos, emoções, competências e comportamentos.

A psicoeducação desempenha um papel inicial significativo no tratamento da depressão. Como os motivos são essenciais para a organização da nossa mente, precisamos explorar as ligações dos motivos, das emoções, do pensamento e do comportamento.

As pessoas deprimidas se sentem muito responsáveis pelo que sentem e pensam e pela forma como se comportam, e é um grande alívio para elas quando aprendem que "não é sua culpa". Aprender que a evolução nos moldou, que nossos motivos, nossas emoções e nossas competências são produtos da evolução, designados para funcionar de determinadas maneiras, e que as circunstâncias sociais da nossa vida têm implicações importantes para o tipo de mente que temos, o tipo de pessoa que nos tornamos, os valores que endossamos e a vida que vivemos alivia parte da atitude de autoacusação e autoculpa.

Três tarefas na vida fornecem a base para os motivos: evitar danos, lesão e perda; adquirir recursos que promovam a sobrevivência e a reprodução; e descansar e fazer a digestão quando não estamos preocupados com os dois motivos anteriores (Gilbert, 2017). A depressão parece estar associada à alta ativação da ameaça, ao *drive* muito baixo e à proteção de baixa a moderada. Nesses casos, vamos querer ajudar os clientes a aumentar os sentimentos de proteção para contrabalançar a ativação da ameaça, mas também colocar em ação o sistema de *drive* (Kolts, 2016).

Os motivos também estão ligados às necessidades. Quando as necessidades, sobretudo as sociais, não são adequadamente atendidas, e nos sentimos excluídos, rejeitados, não amados, não queridos, marginalizados ou subordinados, as necessidades não atendidas se tornam fonte de sofrimento e posterior psicopatologia, incluindo depressão (Gilbert, 2019). A ativação na terapia de um sistema motivado pela compaixão e focado no cuidado pode organizar nossa mente de forma que facilite lidar com nosso sofrimento.

As emoções servem aos motivos, e sua resposta depende de estarmos tendo sucesso, fracassando ou sendo ameaçados. A ativação dos sistemas de ameaça-defesa tem as respostas mais potentes: raiva/fúria, medo/ansiedade e tristeza (algo que Gilbert, 2020, conceitua como mini-*selves* ou múltiplos *selves*). É importante lembrar que o tratamento da depressão pode, algumas vezes, abordar também a raiva e a ansiedade que a acompanham. Compreender e explorar a multiplicidade de emoções ajuda as pessoas deprimidas a mudar para um estado mental compassivo e a trabalhar compassivamente com cada emoção de maneira individual. Os clientes aprendem a ter suas emoções e suas reações sem se envergonhar ou se culpar, usando técnicas de trabalho com cadeiras e outras práticas de regulação emocional.

O aumento das emoções positivas resulta da aplicação de intervenções comportamentais e técnicas de *mindfulness*. A ativação comportamental para depressão foca no aumento intencional e deliberado de comportamentos potencialmente recompensáveis, algo que resulta em aumentos no senso de domínio e prazer (Dimidjian, Hollon, Dobson, Schmaling, Kohlenberg et al., 2006).

Os medos, bloqueios e resistências (FBRs, do inglês *fears, blocks and resistances*) na TFC podem ser o resultado de um histórico difícil e podem tornar muito complicado dar e receber compaixão (Gilbert, 2020; Kolts, Bell, Bennett-Levy, & Irons, 2018). Algumas crianças e adultos aprenderam a se afastar dos outros, e não se aproximar deles, quando aflitas; elas resistem a se abrir para os outros e precisam se isolar para se sentirem seguras (Gilbert, 2010). Para alguns clientes, os sentimentos de compaixão estão ligados a crenças de que a compaixão é uma indulgência e é fraqueza. Alguns dos nossos clientes deprimidos podem ter aprendido, por meio de trauma, abuso, história de apego difícil ou outras experiências negativas, que se preocupar com os outros ou permitir que os outros se preocupem com eles é perigoso. Tais atitudes e sentimentos vão suavizar à medida que os clientes começarem a entender como e por que eles se sentem inseguros nos relacionamentos, ou então por meio da terapia de exposição ou reconsolidação da memória (Kolts, 2016).

Lidar com o autocriticismo com pacientes deprimidos é uma tarefa desafiadora. O autocriticismo está relacionado a muitos outros transtornos psicológicos, como ansiedade, transtornos alimentares, trauma e psicose, e pode ser um marcador de traços e um fator de manutenção. Estilos de pensamento autocrítico podem se originar de comparação social, personalização, autoacusação e autorrotulação/condenação. O autocriticismo pode ter diferentes formas: autoataque (frustração), autocriticismo (melhorar/corrigir) e auto-ódio/aversão (magoar ou destruir). O autocriticismo tem múltiplas origens — abuso, negligência, *bullying*, relações competitivas, tentar ganhar aprovação — e usualmente está ligado a se sentir "socialmente desprotegido".

Em relação ao manejo do autocriticismo, uma intervenção fundamental na terapia é mudar essa relação interna de autocrítica e estimuladora de ameaça para uma autocompassiva e calmante (veja o Capítulo 5 deste livro).

Conclusão

Os estados depressivos são altamente heterogêneos, com múltiplas causas. Mesmo que tomemos um critério muito rigoroso, como depressão maior, as evidências são de que ela é disseminada e crescente. Embora as fontes comuns de depressão se mantenham, incluindo disfunções no apego inicial, relações de conflito e abuso, pobreza e falta de apoio social, muito do aumento em sua ocorrência se deve a mudanças culturais e de estilo de vida na conectividade social (Snell, 2017), na competitividade (Curran & Hill, 2019) e na dieta (Bullmore, 2018). A essência de uma abordagem da TFC é que as motivações (mentalidades sociais) regulam múltiplas funções, e que, quando os indivíduos estão presos na competitividade focada na ameaça e a um senso de isolamento e desconexão social, eles estão em risco de estimular toda uma gama de estados psicofisiológicos que os conduzirá a estados de depressão. Ajudar os clientes a entender a ligação com a mentalidade social em que eles estão capturados e como trocar para mentalidades sociais focadas no cuidado e na cooperação consigo e com os outros, pois elas reorganizam boa parte da mente e dos sistemas fisiológicos, é a característica central da terapia.

Referências

Abbott, D.H., Keverne, E.B., Bercovitch, F.B., Shively, C.A., Mendoza, S.P., Saltzman, W., Snowdon, C.T., Ziegler, T.E., Banjevic, M., Garland Jr., T., & Sapolsky, R.M., 2003. Are subordinates always stressed? A comparative analysis of rank differences in cortisol levels among primates. *Hormones and Behavior,* 43, 67–82.

Akiskal, H.S., & McKinney, W.T. (1973). Depressive disorders: toward a unified hypothesis: clinical, experimental, genetic, biochemical, and neurophysiological data are integrated. *Science, 182*(4107), 20–29.

Allan, S., & Gilbert, P. (1997). Submissive behaviour and psychopathology. *British Journal of Clinical Psychology, 36*(4), 467–488.

American Psychiatric Association. (2013). *Diagnostic and statistical manual of mental disorders – fifth edition (DSM-5).* American Psychiatric Association

Andrews, B., Qian, M., & Valentine, J. D. (2002). Predicting depressive symptoms with a new measure of shame: The Experience of Shame Scale. *British Journal of Clinical Psychology, 41*(1), 29–42.

The British Psychological Society (2020). *Understanding depression: Why adults experience depression and what can help.* The British Psychological Society.

Brown, G.W., Harris, T. O., & Hepworth, C. (1995). Loss, humiliation and entrapment among women developing depression: A patient and non-patient comparison. *Psychological Medicine, 25*(1), 7–21.

Bullmore, E. (2018). *The inflamed mind: A radical new approach to depression.* Short Books.

Candea, D.M., & Szentagotai-Tatar, A. (2018). The impact of self-compassion on shame-proneness in social anxiety. *Mindfulness, 9*(6), 1816–1824.

Cheung, M.S.P., Gilbert, P., & Irons, C., 2004. An exploration of shame, social rank and rumination in relation to depression. *Personality and Individual Differences, 36*, 1143–1153.

Clarke, M., McEwan, K., Ness, J., Waters, K., Basran, J., & Gilbert, P. (2016). A descriptive study of feelings of arrested escape (entrapment) and arrested anger in people presenting to an emergency department following an episode of self-harm. *Frontiers in Psychiatry, 7*, 155.

Curran, T., & Hill, A. P. (2019). Perfectionism is increasing over time: A meta-analysis of birth cohort differences from 1989 to 2016. *Psychological Bulletin, 145*(4), 410–429.

Dimidjian, S., Hollon, S.D., Dobson, K.S., Schmaling, K.B., Kohlenberg, R.J., Addis, M.E., ... & Atkins, D.C. (2006). Randomized trial of behavioral activation, cognitive therapy, and anti-depressant medication in the acute treatment of adults with major depression. *Journal of Consulting and Clinical Psychology, 74*(4), 658–670.

Dixon, A.K. (1998). Ethological strategies for defense in animals and humans: Their role in some psychiatric disorders. *British Journal of Medical Psychology, 71*, 417–445.

Dixon, A.K., Fisch, H.U., Huber, C., & Walser, A. (1989). Ethological studies in animals and man, their use in psychiatry. *Pharmacopsychiatry, 22*(S 1), 44–50.

Fergus, T.A., Valentiner, D.P., McGrath, P.B., & Jencius, S. (2010). Shame-and guilt-proneness: Relationships with anxiety disorder symptoms in a clinical sample. *Journal of Anxiety Disorders, 24*(8), 811–815.

Gilbert, P. (1989/2016). *Human nature and suffering*. Routledge.

Gilbert, P. (1992a). *Depression: The evolution of powerlessness*. Lawrence Erlbaum Associates.

Gilbert, P. (1992b). Defense, safe(ty) and biosocial goals in relation to the agonic and hedonic social modes. *World Futures, 35*, 31–70. https://doi.org/10.1080/02604027.1992.9972316

Gilbert, P. (1997). The evolution of social attractiveness and its role in shame, humiliation, guilt and therapy. *British Journal of Medical Psychology, 70*(2), 113–147.

Gilbert, P. (1998). *What is shame? Some core issues and controversies*. In P. Gilbert & B. Andrews (Eds.). *Shame: Interpersonal behavior, psychopathology, and culture* (pp. 3–38) (Series in Affective Science). Oxford University Press.

Gilbert, P. (2000). Social mentalities: Internal 'social' conflicts and the role of inner warmth and compassion in cognitive therapy. In P. Gilbert & K.G. Bailey (Eds.). *Genes on the couch: Explorations in evolutionary psychotherapy* (pp. 118–150). Psychology Press.

Gilbert, P. (2001). Evolution and social anxiety: The role of attraction, social competition, and social hierarchies. *Psychiatric Clinics, 24*(4), 723–751.

Gilbert, P. (2006). Evolution and depression: Issues and implications. *Psychological Medicine, 36*(3), 287.

Gilbert, P. (2009). Developing a compassion focused approach in cognitive behavioural therapy. In *Cognitive behaviour therapy: A guide to the practicing clinician* (Vol. 2; Ed. G. Simos). Routledge.

Gilbert, P. (2010). *Compassion focused therapy* (The CBT Distinctive Features Series). Routledge.

Gilbert, P. (2013). *The complete guide to overcoming depression* (eBook bundle). Hachette UK.

Gilbert, P. (2014). The origins and nature of compassion focused therapy. *British Journal of Clinical Psychology, 53*, 6–41. https://doi.org/10.1111/bjc.12043

Gilbert, P. (2017). Compassion as a social mentality: An evolutionary approach. In P. Gilbert (Ed.). *Compassion: Concepts, research and applications* (pp. 31–68). Routledge.

Gilbert, P. (2019). Psychotherapy for the 21st century: An integrative, evolutionary, contextual, biopsychosocial approach. *Psychology and Psychotherapy, 92*, 164–189. https://doi.org/10.1111/ papt.12226

Gilbert, P. (2020a). The evolution of prosocial behavior: from caring to compassion. In L. Workman, W. Reader, & J. H. Barkow (Eds.). *Cambridge handbook of evolutionary perspectives on human behavior* (pp. 419–435). Cambridge University Press, 419–435.

Gilbert, P. (2020b). Compassion: From its evolution to a psychotherapy. *Frontiers in Psychology, 11*, 3123.

Gilbert, P., & Allan, S. (1998). The role of defeat and entrapment (arrested flight) in depression: An exploration of an evolutionary view. *Psychological Medicine, 28*(3), 585–598.

Gilbert, P., & McGuire, M. T. (1998). *Shame, status, and social roles: Psychobiology and evolution*. In P. Gilbert & B. Andrews (Eds.). *Shame: Interpersonal behavior, psychopathology, and culture* (pp. 99–125) (Series in Affective Science). Oxford University Press.

Gilbert, P., & Miles, J.N. (2000). Sensitivity to social put-down: It's relationship to perceptions of social rank, shame, social anxiety, depression, anger and self-other blame. *Personality and Individual Differences, 29*(4), 757–774. https://doi.org/10.1016/s0191-8869(99)00230-5

Gilbert, P., & Procter, S. (2006). Compassionate mind training for people with high shame and self-criticism: a pilot study of a group therapy approach. *Clinical Psychology & Psychotherapy, 13*, 353–379. https://doi.org/10.1002/cpp.507

Gilbert, P., Allan, S., Brough, S., Melley, S., & Miles, J.N.V. (2002). Relationship of anhedonia and anxiety to social rank, defeat, and entrapment. *Journal of Affective Disorders, 71*, 141–151.

Gilbert, P., Broomhead, C., Irons, C., McEwan, K., Bellew, R., Mills, A. et al. (2007). Development of a striving to avoid inferiority scale. *British Journal of Social Psychology, 46*, 633–648. https:// doi.org/10.1348/014466606X157789

Gilbert, P., Clarke, M., Hempel, S., Miles, J. N. V., & Irons, C. (2004) Criticizing and reassuring one-self: An exploration of forms style and reasons in female students, *British Journal of Clinical Psychology, 43*: 31–50.

Gilbert, P., Pehl, J., & Allan, S. (1994). The phenomenology of shame and guilt: An empirical investigation. *British Journal of Medical Psychology, 67*(1), 23–36.

Gilbert, P., Price, J.S., & Allan S. (1995). Social comparison, social attractiveness and evolution: How might they be related? *New Ideas in Psychology, 13*, 149–165.

Goss, K., Gilbert, P., & Allan, S. (1994). An exploration of shame measures – I: 'The Other As Shamer' scale. *Personality and Individual Differences, 17*(5), 713–717.

Griffiths, A. W., Wood, A. M., & Tai, S. (2018). The prospective role of defeat and entrapment in caregiver burden and depression amongst formal caregivers. *Personality and Individual Differences, 120*, 24–31.

Irons, C., Gilbert, P., Baldwin, M. W., Baccus, J. R., & Palmer, M. (2006). Parental recall, attachment relating and self-attacking/self-reassurance: Their relationship with depression. *British Journal of Clinical Psychology, 45*(3), 297–308.

Kelly, A. C., Zuroff, D. C., Foa, C. L., & Gilbert, P. (2010). Who benefits from training in self-compassionate self-regulation? A study of smoking reduction. *Journal of social and Clinical Psychology, 29*(7), 727–755.

Kim, S., Thibodeau, R., & Jorgensen, R.S. (2011). Shame, guilt, and depressive symptoms: A meta-analytic review. *Psychological Bulletin, 137*(1), 68.

Kirby, J. N., Day, J., & Sagar, V. (2019). The 'flow' of compassion: A meta-analysis of the fears of compassion scales and psychological functioning. *Clinical Psychology Review, 70*, 26–39.

Kolts, R.L. (2016). *CFT made simple: A clinician's guide to practicing compassion-focused therapy*. New Harbinger.

Kolts, R.L., Bell, T., Bennett-Levy, J., & Irons, C. (2018). *Experiencing compassion-focused therapy from the inside out: A self-practice/self-reflection workbook for therapists*. Guilford Publications.

Koopman, M., & El Aidy, S. (2017). Depressed gut? The microbiota-diet-inflammation trialogue in depression. *Current Opinion in Psychiatry, 30*(5), 369–377.

Kopala-Sibley, D.C., & Zuroff, D.C. (2010). Proximal predictors of depressive symptomatology: Perceived losses in self-worth and interpersonal domains and introjective and anaclitic mood states. *Cognitive Behaviour Therapy, 39*(4), 270–282.

Kopala-Sibley, D.C., & Zuroff, D.C. (2014). The developmental origins of personality factors from the self-definitional and relatedness domains: A review of theory and research. *Review of General Psychology, 18*(3), 137–155.

Kopala-Sibley, D.C., & Zuroff, D.C. (2020). The self and depression: Four psychological theories and their potential neural correlates. *Journal of Personality, 88*(1), 14–30.

Kopala-Sibley, D.C., Mongrain, M., & Zuroff, D.C. (2013). A lifespan perspective on dependency and self-criticism: Age-related differences from 18 to 59. *Journal of Adult Development, 20*(3), 126–141.

MacBeth, A., & Gumley, A. (2012). Exploring compassion: A meta-analysis of the association between self-compassion and psychopathology. *Clinical Psychology Review, 32*(6), 545–552.

Mendelson, T., Robins, C.J., & Johnson, C.S. (2002). Relations of sociotropy and autonomy to developmental experiences among psychiatric patients. *Cognitive Therapy and Research, 26*(2), 189–198.

Muris, P., & Meesters, C. (2014). Small or big in the eyes of the other: On the developmental psychopathology of self-conscious emotions as shame, guilt, and pride. *Clinical Child and Family Psychology Review, 17*(1), 19–40.

Nesse, R.M., 2000. Is depression an adaptation? *Archives of General Psychiatry, 57*, 14–20.

Nomikou, M., Nisyraiou, A., & Simos, G. (2018). Self-compassion and fear of compassion for and from others. Presentation in Symposium on Self-Compassion and Its Relationship with Empathy, Emotion Regulation and Fear of Compassion for and from Others. 48th Annual Congress of the European Association for Behavioural and Cognitive Therapies (EABCT 2018), September 5–8, 2018, Sofia, Bulgaria.

O'Connor, D.B., Ferguson, E., Green, J.A., O'Carroll, R.E., & O'Connor, R.C. (2016a). Cortisol levels and suicidal behavior: a meta-analysis. *Psychoneuroendocrinology, 63*, 370–379.

O'Connor, R.C. (2011). The integrated motivational-volitional model of suicidal behavior. *Crisis: Journal of Crisis Intervention and Suicide Prevention, 32*, 295–298.

O'Connor, R.C., & Kirtley, O.J., 2018. The integrated motivational-volitional model of suicidal behaviour. *Philosophical Transactions of the Royal Society B, 373*, 20170268.

Price, J., Sloman, L., Gardner, R., Gilbert, P., & Rohde, P. (1994). The social competition hypothesis of depression. *British Journal of Psychiatry, 164*, 309–315.

Price, J.S., & Sloman, L. (1987). Depression as yielding behavior: An animal model based on Schjelderup-Ebbe's pecking order. *Ethology and Sociobiology, 8*, 85–98.

Rappaport, L.M., Moskowitz, D.S., & D'Antono, B. (2014). Naturalistic interpersonal behavior patterns differentiate depression and anxiety symptoms in the community. *Journal of Counseling Psychology, 61*(2), 253.

Ruis, M.A., de Groot, J., Te Brake, J.H., Ekkel, E.D., van de Burgwal, J.A., Erkens, J.H., ... & Koolhaas, J.M. (2001). Behavioural and physiological consequences of acute social defeat in growing gilts: effects of the social environment. *Applied Animal Behaviour Science, 70*(3), 201–225.

Ruis, M.A.W., Te Brake, J.H.A., Buwalda, B.D.S.F., De Boer, S.F., Meerlo, P., Korte, S.M., ... & Koolhaas, J.M. (1999). Housing familiar male wildtype rats together reduces the long-term adverse behavioural and physiological effects of social defeat. *Psychoneuroendocrinology, 24*(3), 285–300.

Shapira, L.B., & Mongrain, M. (2010). The benefits of self-compassion and optimism exercises for individuals vulnerable to depression. *The Journal of Positive Psychology, 5*(5), 377–389.

Siddaway, A.P., Taylor, P.J., Wood, A.M., & Schulz, J., 2015. A meta-analysis of perceptions of defeat and entrapment in depression, anxiety problems, post-traumatic stress disorder, and suicidality. *Journal of Affective Disorders, 184*, 149–159.

Sloman, L. (2000). How the involuntary defeat strategy relates to depression. In L.S.P Sloman & P. Gilbert (Eds.). *Subordination and defeat: An evolutionary approach to mood disorders*. Lawrence Erlbaum Associates.

Sloman, L., Gilbert, P., & Hasey, G. (2003). Evolved mechanisms in depression: The role and interaction of attachment and social rank in depression. *Journal of Affective Disorders, 74*(2), 107–121.

Snell, K.D.M. (2017). The rise of living alone and loneliness in history. *Social History, 42*(1), 2–28.

Steindl, S.R., Kirby, J.N., & Tellegan, C. (2018). Motivational interviewing in compassion-based interventions: Theory and practical applications. *Clinical Psychologist, 22*(3), 265–279.

Tangney, J.P. (1996). Conceptual and methodological issues in the assessment of shame and guilt. *Behaviour Research and Therapy, 34*(9), 741–754.

Taylor, P.J., Gooding, P., Wood, A.M., & Tarrier, N. (2011). The role of defeat and entrapment in depression, anxiety, and suicide. *Psychological Bulletin*, 137, 391–420.

Tracy, J.L., & Robins, R.W. (2004). Putting the self into self-conscious emotions: A theoretical model. *Psychological Inquiry, 15*(2), 103–125.

Wetherall, K., Robb, K.A., & O'Connor, R.C. (2019). Social rank theory of depression: A systematic review of self-perceptions of social rank and their relationship with depressive symptoms and suicide risk. *Journal of Affective Disorders, 246*, 300–319.

WHO (2017). Depression and Other Common Mental Disorders: Global Health Estimates World Health Organisation. https://apps.who.int/iris/bitstream/handle/10665/254610/WHO-MSD-MER-2017.2-eng.pdf

Zuroff, D.C., Fournier, M.A., & Moskowitz, D.S. (2007). Depression, perceived inferiority, and interpersonal behavior: Evidence for the involuntary defeat strategy. *Journal of Social and Clinical Psychology, 26*(7), 751–778.

24

Terapia focada na compaixão para audição de vozes e delírios na psicose

Charles Heriot-Maitland

Mentalidades sociais e psicose

A TFC é uma abordagem biopsicossocial embasada pela evolução voltada para as dificuldades de saúde mental, com um foco especial na teoria da mentalidade social (veja o Capítulo 2 deste livro). A TFC descreve como diferentes sistemas motivacionais e mentalidades sociais evoluíram para servir a funções sociais, criando diferentes papéis sociais para organizar as relações humanas, e como essas mentalidades sociais também organizam nossa relação de *self* para *self*. O conceito de mentalidades sociais é muito relevante para a psicose porque as mentalidades sociais *coevoluem*, significando que uma única mente tem as capacidades para enviar um certo tipo de sinal e responder a esse tipo de sinal. Em muitas experiências psicóticas, como a angústia de ouvir vozes, claramente os sinais que estão sendo gerados (que criam medo) são internos e, portanto, cruciais para entender que a psicose está dando sentido a como/por que esses sinais estão sendo gerados e respondidos internamente de uma maneira defensiva.

A mentalidade social especialmente problemática para pessoas com psicose é o sistema competitivo e de *rank* social, em que os indivíduos estão muito atentos à dinâmica de poder, como em interações entre dominante-dominado. A TFC destaca o fato de que, em muitas espécies, os indivíduos dominantes podem atacar os subordinados e até mesmo matá-los, e há evidências de que o medo de "outros dominantes" é proeminente na psicose (Birchwood, Meaden, Trower, Gilbert, & Plaistow, 2000; Gilbert et al., 2001). Experiências psicóticas de medo envolvem interações entre dominante-dominado que podem ter sido internalizadas devido a trauma ou experiências prévias de ser prejudicado por outros poderosos. A TFC procura trocar a mentalidade social de dominante-dominado para a de cuidador-cuidado, em que os indivíduos são capazes de gerar uma sensibilidade ao seu sofrimento, atuar sobre isso de uma forma cuidadosa e responder à experiência de autocuidado. As mentalidades de dar e receber cuidado estão associadas a diferentes estados biopsicossociais. Elas dão origem a processos identificados na teoria do apego, como a criação de uma base segura (que facilita a exploração e o encorajamento frente ao desafio) e um porto seguro (que facilita a regulação das emoções diante de altos níveis de estresse) (Cassidy & Shaver, 2016). Tanto o *rank* social como temas de apego foram recentemente explorados na literatura da TFC especificamente aplicada à psicose (mentalidade social: Heriot-Maitland, McCarthy-Jones, Longden, & Gilbert, 2019; apego: Heriot-Maitland & Kennedy, 2019).

Organizar-se motivacionalmente para a compaixão apoia a proteção e a conexão social, além de inúmeros processos fisiológicos importantes para o bem-estar (Mascaro, Rilling, Tenzin Negi, & Raison, 2013; Pace et al., 2009; Weng et al., 2013; Capítulo 10 deste livro). Ao ajudar os indivíduos a trocarem as mentalidades sociais, a TFC para psicose visa a facilitar seu engajamento compassivo com as vozes e os delírios, além das memórias, dos medos e de outras emoções que podem estar motivando-os.

Principais questões terapêuticas na aplicação da TFC na psicose

Contexto histórico do entendimento e do tratamento da psicose

Um dos principais desafios terapêuticos da aplicação da TFC à psicose é o contexto histórico, social e de serviço de como a psicose é entendida e tratada. Tradicionalmente, o principal objetivo do tratamento tem sido reduzir ou eliminar experiências psicóticas como vozes e delírios, por exemplo, com drogas antipsicóticas (Lehman et al., 2004). Isso tem moldado nossas visões culturais mais abrangentes desses fenômenos, levando famílias, amigos e sociedades a considerarem essas experiências como sintomas ruins, errados ou indesejáveis de um cérebro distorcido. Isso resulta em estigmatização das pessoas que têm essas experiências (Yang et al., 2015) e mantém a sociedade em uma posição de ignorância sobre sua natureza e seu significado, medo da sua imprevisibilidade e incerteza de como abordá-las. Como esses estados existem na estrutura conceitual do transtorno na sociedade, eles são vistos como incompreensíveis e, portanto, é melhor que sejam deixados para os profissionais lidarem. Para a pessoa diagnosticada com psicose, isso não só provoca isolamento e vergonha (Link, Yang, Phelan, & Collins, 2004), mas frequentemente a leva a uma batalha interna com suas experiências, por exemplo, tentando lutar contra elas, controlá-las ou suprimi-las. A relação compassiva requer uma compreensão das vozes e dos delírios que segue contra a maré das atitudes culturalmente arraigadas, bem como um afastamento das narrativas tradicionais da "anormalidade do cérebro", voltando-se para narrativas sobre essas experiências como: i) respostas compreensíveis a experiências de vida difíceis; e ii) "estratégias" funcionais, em vez de "sintomas".

Psicoeducação na TFC para psicose

A psicoeducação-padrão da TFC sobre "cérebros complicados", "ciclos", "três ciclos" e "múltiplos *selves*" (veja os Capítulos 2 e 7 deste livro) é útil para fornecer o contexto desenvergonhante para a TFC; entretanto, para pessoas com psicose, pode ser útil estender essas compreensões de formas específicas. Talvez mais do que outros grupos clínicos, as pessoas com diagnósticos relacionados à psicose (como esquizofrenia) frequentemente experienciam seu cérebro como "danificado" ou "defeituoso", condizente com as mensagens recebidas da sociedade e dos serviços. Isso tudo torna ainda mais importante estender os entendimentos desenvergonhantes dos "cérebros complicados" até o âmbito das próprias experiências psicóticas. O princípio básico é que nosso cérebro foi construído por nossos genes e coreografado por nossas experiências sociais. Além disso, o cérebro está repleto de vieses incorporados que não são nossa culpa (Gilbert, 1998; Nesse, 2019). Esse reconhecimento de que a maneira como nosso corpo e nosso cérebro funcionam pode ser problemática sem que seja nossa culpa lança as bases para uma observação mais atenta do que está acontecendo dentro de nós. O Quadro 24.1 ilustra duas das principais mensagens psicoeducacionais que estendem a ideia do "cérebro complicado" para as pessoas com psicose.

Os outros tópicos psicoeducacionais que são essenciais na TFC para psicose estão em torno da "dissociação" e do "*continuum* do modelo da psicose". Em relação à dissociação, é importante que as pessoas aprendam que dissociação é uma resposta adaptativa normal a situações altamente estressantes, em que partes da nossa mente e da nossa experiência podem ser "dissociadas", e que isso é útil ao lidarmos com adversidades no momento (Dell & O'Neil, 2009). Um exemplo é que a dissociação mantém nossa mente protegida de ser sobrecarregada por informações estressantes. A dissociação pode ser uma resposta automática de autoproteção, especialmente em contextos em que luta ou fuga não é possível, ou quando as pessoas estão em estados severos de conflito — por exemplo, experienciando raiva intensa, mas também ansiedade intensa sobre a raiva. A psicoeducação sobre dissociação pode ser facilmente ligada à psicoeducação sobre os "múltiplos *selves*", já que, com ambos, estamos ajudando os clientes a entenderem como nosso cérebro tem uma tendência incorporada de criar "agrupamentos" ou padrões de informação, memórias, motivos e respostas. Esses agrupamentos podem ser pensados como "partes" ou "*selves*" diferentes.

Em relação ao "*continuum* do modelo da psicose", é importante compartilhar com os clientes as evidências consideráveis que agora existem de que ouvir vozes e delírios existe em

QUADRO 24.1 Extensões da psicoeducação sobre o "cérebro complicado"

Reorganizar e crescer, e não "consertar" o cérebro.

A mente/o cérebro está constantemente criando padrões em resposta a diferentes contextos e ambientes. Os padrões que existiam antes (p. ex., paranoide, focado na ameaça, focado no *rank* social) eram propícios e desenvolvidos para o contexto de lidar com ameaça e perigo severo — muitas vezes, algum tipo de ameaça ou trauma interpessoal (p. ex., abuso sexual, *bullying*, discriminação). O cérebro não estava danificado — estava fazendo um trabalho (funcional) sob condições difíceis. Portanto, não há nada a ser consertado; é mais uma questão de tentar criar novos padrões e transformar os padrões que nossa mente cria. Observe que os "padrões" cerebrais referidos anteriormente não são pessoalmente criados (na medida em que não controlamos ou escolhemos a sua criação); eles são mentalidades baseadas na evolução — mais como "algoritmos". São os algoritmos que estão essencialmente comandando o espetáculo, mas o que podemos ajudar nossos clientes a fazer é nos tornarmos mais atentamente observadores e capazes de reconhecer o que está fluindo pela mente, para que tenhamos a chance de guiar a mente mais para a direção que queremos que ela siga.

Há um viés de ameaça natural no cérebro. (Ele está fazendo seu trabalho. Não é nossa culpa).

O cérebro é evoluído sobretudo para a nossa sobrevivência e para as tarefas de reprodução. O sistema de ameaça é essencial para a nossa sobrevivência, portanto, é importante que o sistema de ameaça tenha evoluído para ser um sistema muito dominante e se sobrepor aos outros sistemas e padrões no cérebro. O sistema de ameaça não funciona para a nossa felicidade — ele apenas funciona para estar constantemente em alerta para ameaças de danos e lesão, para que possa rapidamente tomar uma atitude defensiva. Ele opera segundo o princípio de: "Antes prevenir do que remediar". Esse é o seu trabalho. Ele é naturalmente enviesado para prestar atenção, avaliar e reagir de forma exagerada aos perigos potenciais. Às vezes, ele se assemelha a um detector de fumaça hipersensível (Nesse, 2019), e nosso alarme de fumaça pode disparar com facilidade quando não há realmente um incêndio e talvez apenas tenhamos queimado a torrada.

Fonte: Trechos adaptados de Heriot-Maitland (2018).

um *continuum* em toda a população, não apenas entre aqueles diagnosticados com transtornos psicóticos (Linscott & van Os, 2013). Isso pode ajudar a *desenvergonhar*, envolvendo o senso de isolamento e diferença, e pode apoiar os principais processos da TFC, como o desenvolvimento da curiosidade compassiva e da sabedoria sobre a natureza do próprio sofrimento e estresse.

Formulação focada no trauma na TFC para psicose

A psicoeducação embasada pela evolução estabelece as bases para uma formulação da TFC que considera a *função* específica da experiência psicótica de uma pessoa no contexto do trauma e da ameaça interpessoal. Quando alguém experienciou hostilidade ou ameaça de outro(s) poderoso(s), como no trauma interpessoal (abuso, *bullying*, etc.), seus sistemas de *rank* social serão sintonizados com a ameaça e, em alguns casos, com a memória de danos por outros poderosos e podem ser facilmente reativados. Essencialmente, a teoria da mentalidade social defende que o que é reencenado não é apenas a memória "do outro", mas a cena toda — a experiência do outro como ameaçador *e* o *self* como subordinado e ameaçado com ativação fisiológica. A reativação relacionada ao trauma e a sintonia dos padrões de *rank* social dominante-subordinado podem criar uma vulnerabilidade a diferentes tipos de experiência de ouvir vozes e delírios. Em alguns casos, a experiência psicótica pode ser uma expressão direta da ameaça social de dano e, em outros casos, pode ter uma função protetiva contra as experiências e emoções baseadas na ameaça. É possível que algumas das ameaças percebidas e dos adversários imaginados que fazem parte das experiências psicóticas (vozes, delírios ou ambos) possam ajudar a manter as respostas à ameaça *orientadas* e *mobilizadas*, juntamente com estratégias protetivas como dissociação, submissão e afastamento. Esse estado de coisas psicológico pode, em última análise, servir como uma função protetiva da ameaça ao ajudar a i) evitar sentimentos estressantes como desamparo e impotência (ameaças internas) e ii) limitar o risco de danos futuros pelos outros (ameaças externas). Faremos agora considerações sobre ouvir vozes e sobre delírios, seguidas por algumas sugestões práticas (Quadro 24.2) de como as formulações da TFC podem considerar a *função* dessas experiências.

1) Tipos de audição de vozes e possíveis funções

As experiências de ouvir vozes são extremamente variadas. As assim chamadas vozes malévolas podem fazer ameaças ou envergonhar e ridicularizar ("você cheira mal", "ninguém gosta de você", "você é um pedófilo", "se os outros descobrirem sobre você, vão prendê-lo"). Algumas dão ordens ou comandos, até mesmo "se mate". Menos comuns são as vozes benevolentes, que oferecem orientação e conforto. Algumas vozes falam e conversam diretamente com os ouvidores de vozes, algumas fazem comentários sobre eles na terceira pessoa, e outras falam entre elas, talvez a uma "distância" do ouvinte. Os fenômenos de ouvir vozes ocorrem em um contínuo em toda a população (Linscott & van Os, 2013); no entanto, as evidências sugerem que uma característica importante das vozes que estão associadas à angústia e às populações clínicas (psicóticas) é o conteúdo e o tom malévolo — ou seja, quando as vozes são ameaçadoras, assustadoras, críticas ou abusivas (Laroi et al., 2019). A teoria do *rank* social foca no aspecto relacional de ouvir vozes e considera essas relações negativas (baseadas na ameaça) entre a voz e o ouvinte como estando ligadas à ativação de mentalidades de *rank* social. Evidências quanto ao papel dos mecanismos de *rank* social na audição de vozes foram encontradas em inúmeros estudos (Birchwood et al., 2004; Birchwood et al., 2000; Gilbert et al., 2001).

Em termos do *rank* social, a relação com a audição de vozes envolve uma ativação simultânea de papéis sociais de alto *rank* (hostil-dominante) e baixo *rank* (ameaçado-subordinado) (Heriot-Maitland et al., 2019). O ouvidor de vozes experiencia a si mesmo em um papel subordinado às suas vozes hostis e também aos seus próprios diálogos de autoataque (Gilbert et al, 2001). Experiências de ser atacado e machucado por um outro poderoso, e ter que assumir uma posição subordinada temerosa, podem refletir subordinação temerosa e defesas submissas que o indivíduo experienciou em outras relações, especialmente em que foi uma vítima de trauma. Se assim for, ouvir vozes hostis pode ser funcional, a partir da sua ativação de estratégias protetivas evoluídas (p. ex., submissão e desligamento) para prevenir maior dano interpessoal (ameaças externas). Ouvir vozes intrusivas também pode ser funcional ao criar dissociação de emoções assustadoras (ameaças internas). Por exemplo, as vozes são muito eficientes em atrair a atenção ("olhe para mim, olhe para mim") e mantêm o sistema de ameaça orientado e mobilizado em uma direção específica (voltado para a voz). Veja o Quadro 24.2 para exemplos práticos.

2) *Tipos de crenças nos delírios e possíveis funções*

Delírios persecutórios e paranoides são o tipo mais comum de delírio, cuja característica definidora é a percepção de ameaça em situações objetivamente não ameaçadoras. É evidente que uma mente e um cérebro estimulados por experiências históricas de *rank* social serão mais sensibilizados para esses tipos de percepções e mais prováveis de empregar estratégias protetivas de ameaça (luta, fuga ou derrota, subordinação). É importante notar que esse não é um processo patológico, e sim ele é adaptativo e esperado da aprendizagem sobre sobrevivência no ambiente. É compreensível, nos interesses da sobrevivência e da segurança, o motivo pelo qual alguém que experienciou adversidade e ameaça de outros poderosos deve estar atento e pronto para a possibilidade de que isso aconteça novamente. Outra coisa a ser observada é que, em qualquer confronto agressivo, o subordinado precisa suprimir sua agressão para evitar a escalada dos danos. Logo, os terapeutas da TFC consideram estes aspectos duplos: tanto o medo do dominante *quanto* a supressão da raiva/agressão em relação àqueles que foram (ou seriam) prejudiciais. Compaixão não é sobre acalmá-los, mas sobre encontrar a coragem para lidar com a própria raiva interna para com aqueles que foram prejudiciais. Os delírios paranoides podem ser de *rank* superior ou inferior, no sentido de que alguns indivíduos temem autoridades poderosas, ao passo que outros têm medo de gangues e alianças de subordinados (Gilbert, Boxall, Cheung, & Irons, 2005). Como nos conta a história, quando líderes em posições de poder são paranoides sobre serem depostos pelos subordinados, eles podem responder de formas muito danosas — por exemplo, Stalin (Green, 2016). Estudos da paranoia mostraram que tais crenças estão significativamente associadas a experiências de vitimização e eventos estressantes na vida (Johns et al., 2004), autocriticismo e memórias de vergonha (Carvalho, Sousa, da Motta, & Cabral, 2019; Pinto-Gouveia, Matos, Castilho, & Xavier, 2014), bem como a comportamento submisso, emoções negativas e enfrentamento evitativo (Freeman et al., 2005). A teoria do *rank* social, que enraíza esses padrões no nosso circuito neural integrado evoluído, nos ajuda a entender como eles podem se tornar mais arraigados, resistentes à mudança e, frequentemente, para pessoas diagnosticadas com psicose, o sistema-padrão para processar o mundo.

Outros tipos comuns de delírio incluem delírios de ser controlado (crenças de que seus pensamentos, sentimentos ou comportamentos estão sendo controlados externamente) e delírios de referência (crenças de que eventos no ambiente têm significado pessoal). Outros delírios são de *rank* superior e dominante, como delírios de grandeza (crenças sobre o próprio poder ou importância). Para delírios de grandeza, comuns em transtornos do humor e formas de mania, inúmeros autores defenderam a explicação de um "delírio como defesa" (Bentall, Kinderman, & Kaney, 1994; Neale, 1988), que sugere que crenças sobre o próprio poder e importância podem estar funcionando de uma forma protetiva para se defender contra baixa autoestima e emoção negativa. Também é possível que esse seja o efeito de estar demasiadamente posicionado em uma forma de experienciar o mundo social por um "sistema de *ranking*". Por exemplo, se outras motivações sociais como cuidado, afiliação e cooperação não estiverem bem desenvolvidas, acessíveis ou integradas, então não há literalmente nenhum outro lugar para os indivíduos processarem a informação social além da dinâmica do poder. Nesse sentido, só existe o processo de subir *ranks* ou descer *ranks*, nada mais. Em parte, é por isso que cultivar diferentes sistemas motivacionais, sobretudo aqueles ligados a interações de cuidado, é tão fundamental.

De forma similar a como a mente se dissocia para manejar emoções intensas, muitos tipos de delírio podem desempenhar uma função semelhante por meio da construção de realidades alternativas. Por esse motivo, sentimentos de impotência podem ser tão insuportáveis, e tão contrários às necessidades básicas de segurança e sobrevivência, que a mente cria uma nova estrutura de referência para ajudar a manejar a emoção intensa ou o afastamento extremo e o desligamento que os estados de derrota podem ativar, desse modo, permitindo que a pessoa continue a funcionar no mundo. Os delírios de grandeza fornecem talvez o exemplo ilustrativo mais exagerado de como uma crença pode estar funcionando para evitar emoções difíceis ou estados de impotência e vulnerabilidade (a troca de impotente para poderoso). Entretanto, muitos outros tipos de delírio podem servir a função similar, embora de formas mais sutis. Em alguns casos, o processo de atribuição de significado *por si só* pode proporcionar uma função protetiva contra estados impotentes/vulneráveis — por exemplo, como as pessoas atribuem significado a satisfazer uma necessidade psicológica básica de orientação e controle (Westermann, Gantenbein, Caspar, & Cavelti, 2018). No contexto de desamparo relacionado a trauma e sentimentos e memórias intensas, a obtenção de orientação e controle pode ser uma prioridade mais importante do que chegar a uma explicação *acurada*. Há evidências bem estabelecidas de um viés para "conclusões apressadas" na psicose (Colbert, Peters, & Garety, 2010; Garety, Kuipers, Fowler, Freeman, & Bebbington, 2001), e uma interpretação para isso pode ser que atribuir significado rapidamente é uma estratégia para restabelecer a orientação, a direção e o controle, regular-se emocionalmente e oferecer uma escolha imediata de respostas defensivas. Formulações de como esses processos protetivos podem estar operando nos delírios são apresentadas no Quadro 24.2, com exemplos práticos.

TFC para intervenções em psicose

Compaixão como veículo para regulação, exposição e resolução da ameaça

As intervenções da TFC cultivam mentalidades sociais compassivas em relação ao próprio indivíduo e suas experiências. Parte disso consiste em, em vez de se afastar, se voltar para o medo, o estresse e o sofrimento, entender sua natureza e suas origens e compassivamente abordá-los. É por isso que as intervenções da TFC para psicose são construídas a partir de uma psicoeducação e uma formulação da psicose informadas pela evolução, o que cria

QUADRO 24.2 Formulando a) audição de vozes e b) delírios

a) Ouvir vozes

Perguntas:

- Qual é a emoção, a memória ou a parte que está sendo "evitada"?
- Do que a voz pode estar protegendo, dissociando, distraindo a pessoa?

Diagrama da formulação:

Experiências iniciais	**Principais medos/ameaças carregados ao longo do tempo**	**Estratégias de segurança**
Ameaças interpessoais (p. ex., abuso, bullying*)*	**Ameaças externas** *Danos causados pelos outros*	Ouvir vozes para estabelecer respostas submissas, fuga e afastamento dos outros
	Ameaças internas *Sentimentos fora de controle* *Desamparo/impotência* *Pensamentos de autoataque* *Raiva (que pode ter piorado a situação)*	Ouvir vozes para orientar a mente e evitar sentimentos difíceis
	Raiva (que pode ter piorado a situação)	Vozes para "conter" a raiva/fúria reprimida e rejeitada

b) Delírios

Perguntas:

- Com o que esta crença está ajudando a pessoa, ou com o que ela estava ajudando no passado (na época em que foi formada)?
- Se ela não tivesse esta crença, o que lhe restaria? Qual é o medo?

Diagrama da formulação:

Experiências iniciais	**Principais medos/ameaças carregados ao longo do tempo**	**Estratégias de segurança**
Ameaças interpessoais (p. ex., abuso, bullying*)*	**Ameaças externas** *Danos causados pelos outros*	Delírios para estabelecer respostas submissas/afastar-se dos outros
	Ameaças internas *Sentimentos fora de controle* *Desamparo/impotência*	Delírios para orientar a mente e evitar sentimentos difíceis

uma estrutura para a investigação compassiva da natureza, do significado e da função das experiências da pessoa. Esses são processos fundamentais que distinguem a TFC de algumas outras intervenções para psicose — que tradicionalmente não se engajam no significado e na função evoluídos — e explicam por que a psicoeducação e a formulação se apresentaram predominantemente neste capítulo até agora. Nas formulações apresentadas (Quadro 24.2), ouvir vozes e acreditar em delírios são descritos como *estratégias* funcionais para proteger contra emoções e ameaças estressantes, sobretudo (mas não somente) no contexto de trauma. Como tal, a TFC para psicose envolve muitas intervenções focadas no trauma que engajam e utilizam estados mentais compassivos para criar uma base segura para a exposição às emoções temidas/evitadas. Isso possibilita que a pessoa desenvolva os *insights*, a coragem, as habilidades e as sabedorias para trabalhar compassivamente com essas emoções, essas memórias e esses autodiálogos internos. Por exemplo, isso pode envolver:

- Desenvolver habilidades de aterramento e regulação emocional para se sentir suficientemente seguro para começar a explorar as emoções de ameaça e respostas que se originaram em experiências de *bullying*/traumáticas/de rejeição/negligentes e que geraram estratégias de segurança como dissociação ou pensamento delirante.
- Identificar para o que essas emoções, memórias e autodiálogos estão abrindo a consciência e como elas são sentidas no corpo.
- Desenvolver as sabedorias para entender e empatizar com as emoções temidas (p. ex., raiva, terror ou anseio por proximidade e proteção) no seu contexto histórico.
- Reconhecer que o indivíduo não escolheu intencionalmente experienciar o mundo como experienciou ou experiencia, em especial a sabedoria de que "não é minha culpa" que eu esteja experienciando esses estados.
- Desenvolver a coragem para acessar, ativar e processar emoções e memórias de medo com um estado de mente compassivo que ativa os principais sistemas fisiológicos, como o nervo vago e os circuitos neurais (veja o Capítulo 10).

Pesquisadores e clínicos da TFC procuraram entender os processos biopsicossociais que facilitam um senso se segurança, proteção, aterramento e encorajamento de uma mente compassiva que prepara e apoia as pessoas para a exposição à ameaça. Atualmente, há pesquisas consideráveis explorando as mudanças no sistema nervoso autônomo, no sistema imune e em vários circuitos neurais que fornecem a base fisiológica para a compaixão e suas propriedades terapêuticas (Carter, Bartal, & Porges, 2017). É importante reconhecer que, embora acalmar e aterrar sejam ações importantes, os indivíduos podem se engajar na ameaça sem necessariamente ter uma mente calma. Como apontado por Gilbert (2018), um bombeiro que entra em uma casa em chamas pode estar em um estado muito ansioso, mas precisa de uma mente focada com a intenção de resgatar as pessoas. Quando nos engajamos em memórias ou emoções de trauma, desenvolvemos a força e a sabedoria para não necessariamente termos uma mente calma, mas uma mente focada e aterrada que nos possibilitará tolerar e permanecer com experiências assustadoras e dolorosas. É por isso que a TFC ajuda a construir a coragem e a crença dos clientes em si mesmos. Isso também é facilitado pela utilização dos conceitos desenvolvidos na teoria do apego em torno das funções do comportamento de cuidado que fornecem um porto seguro (para acalmar o estresse) e uma base segura (a partir da qual explorar) (Cassidy & Shaver, 2016).

Na TFC, as condições biopsicossociais são operacionalizadas como o "*self* compassivo"

(Quadro 24.3) (veja também o Capítulo 8) — a orientação básica do que é "ser útil e não prejudicial a si mesmo e aos outros". Construir *self* e mente compassivos, com seus padrões fisiológicos, envolve várias práticas baseadas no corpo, como ritmo respiratório calmante, expressões faciais, tons de voz e práticas mentais com imagem mental e memórias compassivas. Técnicas comportamentais, de atuação do método e de dramatização também são usadas para ajudar na prática de "entrar" no *self* compassivo e incorporá-lo. Para pessoas com psicose, o *self* compassivo se torna o veículo por meio do qual elas podem começar a desenvolver uma curiosidade empática em relação à função das suas vozes e dos seus delírios. Ele também fornece o contexto em que as emoções e as memórias do trauma podem ser ativadas com segurança e resolvidas por meio da exposição e do processamento.

Mapeando partes emocionais, vozes e partes com crenças delirantes

Agora é reconhecido que o cérebro humano tem muitos sistemas psicológicos e fisiológicos que evoluíram para estar altamente sintonizados com as relações sociais, e a TFC observa que os diferentes sistemas de operação e algoritmos do cérebro podem às vezes estar em conflito. A TFC utiliza nossa inclinação natural para processar o mundo *relacionalmente*, com intervenções que estabelecem relações com partes da nossa experiência que são conflitantes ou causam problemas.

QUADRO 24.3 Construindo o "*self* compassivo"

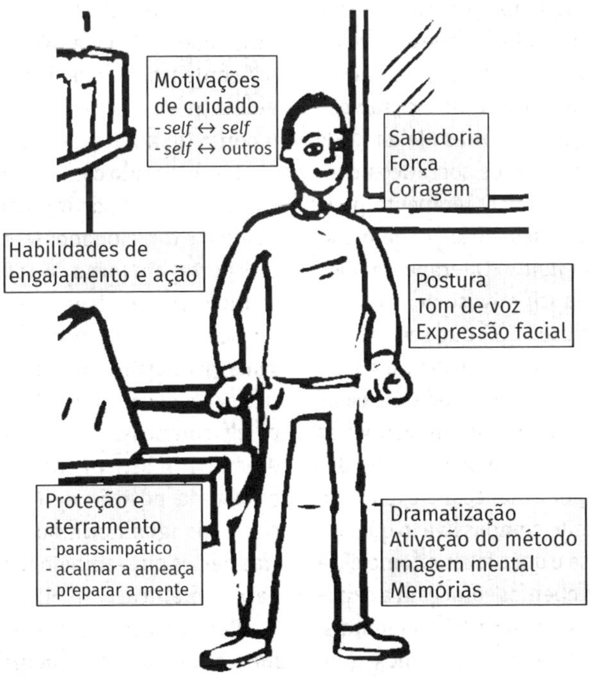

Fonte: Imagem adaptada do vídeo *on-line* Compassion for voices: a tale of courage and hope, do Cultural Institute at King's College London (2015). *Link* para o vídeo nas referências.

Para pessoas com psicose, as partes podem ser as próprias vozes ou as partes que estão fortemente mantendo uma crença delirante. Importante, no entanto, é que elas também podem ser as partes emocionais que foram dissociadas/evitadas — isto é, partes que estão sendo *protegidas* pelas vozes e pelos delírios. Como o público em geral ainda conceitua o *self* como um todo unitário integrado, em vez de um conjunto de motivos, concepções e algoritmos mistos, o conceito de "partes" ou padrões internos é usualmente novo e não familiar para os clientes. Assim sendo, a TFC usa perguntas socráticas para ajudar o cliente a começar a distinguir essas "partes" (sejam elas motivações, emoções ou crenças) por meio da descoberta guiada. Há formas específicas de ajudar os clientes a diferenciar e se relacionar com as diferentes partes, denominadas práticas dos "múltiplos *selves*" (veja os capítulos 9 e 20 deste livro).

O terapeuta pode começar pedindo que o cliente simplesmente foque por um momento em uma emoção — digamos, a parte dele que sente raiva — e então explore o que seu *self* ou estado mental raivoso pode estar pensando e quer fazer, como é a sensação desse *self* raivoso no corpo e que tipo de memórias ele tem. Ele pode ter os mesmos diálogos socráticos com o *self* ansioso e o *self* triste. O terapeuta pode então explorar como essas partes podem trabalhar e se relacionar *juntas*. O terapeuta pode perguntar: "O que seu *self* raivoso pensa sobre seu *self* triste ou ansioso?", "O que seu *self* ansioso pensa sobre seu *self* raivoso?", e assim por diante. Essa descoberta guiada é essencial para ajudar os clientes a diferenciarem as funções. Quando o cliente começa a entender esses processos, ele pode começar a explorar a natureza de uma mente compassiva: o que um *self* compassivo pensa e quer fazer e como ele é sentido no corpo. Os clientes começam a experienciar esses contrastes nos estados mentais, abrindo-se para a ideia de que somos uma coleção de sistemas, em vez de uma unidade. O cliente pode então começar a explorar como seu *self* compassivo se relacionaria com essas outras partes — por exemplo, "como o *self* compassivo apoiaria e ajudaria o *self* raivoso?". Note que o foco é na compreensão, no apoio e em ser empático com esses outros aspectos da mente, em vez de lutar contra ou se livrar deles. Durante todo o processo, o terapeuta está empregando a descoberta guiada e fazendo uso habilidoso de perguntas socráticas, em vez de oferecer instruções. De modo gradual, os clientes começam a nomeá-los em si mesmos e começam a notar, "oh, esta é minha parte raivosa soando na minha mente" ou "este é meu *self* ansioso tendo preocupações".

O Quadro 24.4 ilustra como um mapa visual pode ser usado para representar diferentes relações com diferentes partes. No Quadro 24.4a, o *self* ansioso é grande e próximo, ao passo que o *self* triste é pequeno e distante. Nesse exemplo, a ansiedade está muito presente na vida do cliente, e a tristeza é mais difícil de acessar. No Quadro 24.4b, a "voz hostil" é representada pela proteção de uma "parte traumatizada" e por sentimentos de desamparo. No Quadro 24.4c, introduzimos o *self* compassivo, que é inicialmente desenvolvido e treinado em paralelo com as partes, até o ponto (quando ele estiver treinado e pronto) em que é trazido centralmente (Quadro 24.4d) como o lugar a partir do qual o trabalho terapêutico é direcionado. A reorganização de outras partes em torno do *self* compassivo em um semicírculo representa como o *self* compassivo é capaz de trazer para mais perto, e tornar mais acessíveis, as emoções difíceis, como tristeza e desamparo. É importante notar que o *self* compassivo não baniu a "voz hostil" do mapa, mas, em vez disso, trouxe essa voz para uma posição de contribuição/colaboração mais igualitária, juntamente com as outras partes que também têm informações úteis para comunicar.

Para delírios, o mapa seria muito semelhante, exceto que o nome dado a essas partes refletiria a crença que essa parte sustenta — por exemplo, "o *self* paranoide" ou "a parte

QUADRO 24.4 Mapeando as relações entre as partes

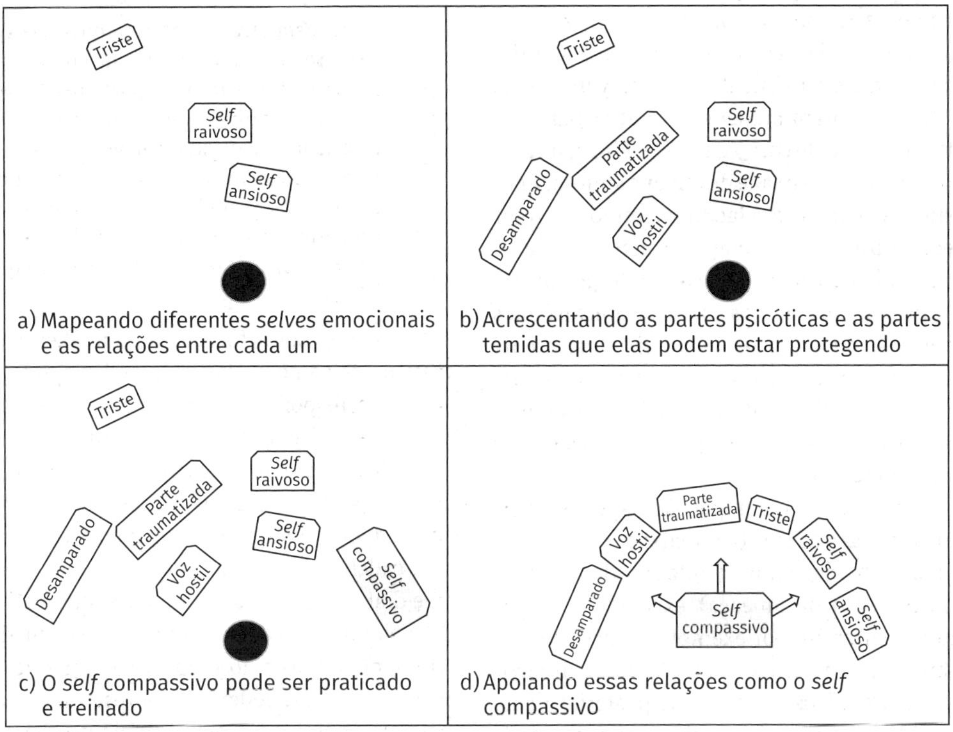

a) Mapeando diferentes *selves* emocionais e as relações entre cada um

b) Acrescentando as partes psicóticas e as partes temidas que elas podem estar protegendo

c) O *self* compassivo pode ser praticado e treinado

d) Apoiando essas relações como o *self* compassivo

que tem fortemente a crença X". A ideia de estar em relação com essas partes pode (por si só) ter valor terapêutico, já que o cliente pode começar a se sentir menos identificado com essas crenças e definido por elas.

O mapa também pode ser uma ferramenta útil para o cliente começar a fazer o perfil das várias partes — por exemplo, começando a aprender mais sobre as motivações, as características e os medos específicos de cada parte. O cliente pode perguntar: com o que essa parte/voz está preocupada? A parte/voz está tentando ajudar de alguma forma? Em relação às vozes, uma ferramenta excelente para ajudar a fazer o perfil é a entrevista de Maastricht para ouvidores de vozes (Romme & Escher, 2000). Ela foca no desenvolvimento e no entendimento de i) quem/o que as vozes representam e ii) que problemas as vozes representam. Em um estudo de cem ouvidores de vozes, Corstens e Longden (2013) relataram que "quem/o que as vozes representam" estava aparente em 78% dos casos, e "que problemas as vozes representam" estava aparente em 94%. Esses exercícios em torno do mapeamento, do perfil e da indagação contribuem para o desenvolvimento de uma postura diferente em relação às vozes — de uma postura de proteção contra a ameaça para uma de curiosidade empática. Na TFC para psicose, isso marca o início da mudança da postura motivacional para a compaixão.

Engajamento compassivo e a relação com as partes

As intervenções da TFC se desenvolvem na prática trazendo motivações compassivas para o mundo relacional do cliente (*self*-outro, outro-*self*, *self*-*self* e *self*-vozes, delírios e partes). Conforme descrito visualmente no Quadro 24.4d, o *self* compassivo e os estados da mente se tornam os processos a partir dos quais essas relações são organizadas e abordadas. Fundamentalmente, as intervenções da TFC incorporam um elemento de *treinamento* (treino da mente compassiva — TMC), que reconhece a necessidade de ativar e sintonizar os padrões neurais para facilitar a remodelagem/reorganização do cérebro por meio da neuroplasticidade. Isso é especialmente pertinente na psicose, em que os padrões preexistentes (delírios, ouvir vozes, etc.) são fortemente moldados pela ameaça e pelo trauma e com frequência estão muito arraigados. O treino de padrões compassivos exige tempo, esforço e comprometimento.

É importante notar que não é apenas o treino de novos padrões (compaixão) que é desafiador; também é importante sair dos padrões (de proteção da ameaça) existentes. Os padrões delirantes, por exemplo, se desenvolveram em parte porque eram altamente funcionais e protetivos, mesmo que posteriormente na vida causem sérios problemas que contribuem para o sofrimento. Por exemplo, uma criança pequena que se submete ao seu cuidador primário hostil pode ser funcional, mas um adulto que se submete a cada conflito e se sente prejudicado não seria. Aprender assertividade quando adulto seria útil. Ensinar uma criança de quatro anos a ser assertiva com um pai alcoolizado agressivo não seria. Portanto, as intervenções de TFC avançam de maneira cuidadosa e estão prontas para se engajar compassivamente no que está *por trás* da atenção e da defesa focadas na ameaça — isto é, o que vem à superfície depois que um padrão delirante não é mais ativado. É por isso que a formulação e os mapas são úteis, pois isso pode preparar o cliente e o terapeuta para se depararem com o que está *por trás* da experiência psicótica quando ele começa a mudar na direção da compaixão. Na TFC para audição de vozes, uma das metáforas de Gilbert — o Mágico de Oz — é usada para ilustrar isso em relação às vozes. O terapeuta convida o cliente a considerar sua voz como o mágico e pergunta:

> O que está atrás da cortina das suas vozes? Se olharmos atrás da cortina da nossa voz, existe uma parte que talvez seja mais vulnerável? Uma parte que está sendo protegida pela voz? Ou talvez a voz esteja mascarando alguma coisa que não quer ser vista? Ou que ainda não está pronta para ser vista? (trecho do *CFT for psychosis manual* (Heriot-Maitland, 2018).

O Quadro 24.5 fornece alguns exemplos práticos de como o "*self* compassivo" pode se engajar e responder às vozes e aos delírios, com especial atenção ao que está *por trás* deles.

As técnicas específicas usadas na TFC para psicose para praticar a relação compassiva descrita no Quadro 24.5 incluem: trabalho com cadeiras, escrita de carta, imagem mental e diálogo com a voz (Stone & Stone, 2011). O trabalho com cadeiras pode prosseguir diretamente a partir do mapa visual, já que as partes mapeadas podem ser representadas por cadeiras organizadas pela sala. O uso de cadeiras e dramatização (troca entre as cadeiras) ajuda a trazer "o corpo" para as relações, possibilitando que as pessoas se conectem com os sistemas emocional e motivacional subjacentes a cada papel. Desse modo, por exemplo, com o diálogo com a voz, o ouvidor de vozes pode ser convidado a se sentar em uma cadeira que representa a voz, havendo outra cadeira para representar o *self* compassivo. Ao fazer esse trabalho relacional com as vozes, os ouvidores podem ter a tentação de tentar controlar ou suprimir suas vozes, desligá-las ou gritar de volta com elas (isto é, tentar obter poder ou controle sobre as vozes). O problema com isso, segundo uma perspectiva da TFC, é que a mentalidade do *rank* social ainda está ativada — há apenas uma inversão de papéis na relação do *rank* social, já que uma parte ainda está engajada em um conflito de poder baseado na ameaça com outra parte. Um dos principais objetivos da TFC para ouvidores de vozes, por-

QUADRO 24.5 Engajamento compassivo e ação com a) vozes e b) delírios

a) Compaixão pelas vozes:

Função da audição de vozes	Resposta do "*self* compassivo" à voz e ao que está por trás da voz
Ouvir vozes para estabelecer respostas submissas/afastar-se dos outros	**Engajamento:** *"Sei que você está tentando ajudar. Obrigado por me lembrar que eu fico assustado, você está certa".* **Ação:** *"Quero começar a superar meus medos agora. Estou pronto".**
Ouvir vozes para orientar a mente e evitar sentimentos difíceis	**Engajamento:** *"É compreensível que você esteja chamando minha atenção e mantendo meu sistema de ameaça ativado. Ele não se sentiria seguro com emoções e memórias que fazem com que eu me sinta vulnerável".* **Ação:** *"Agora que estou praticando proteção e aterramento, estou encontrando coragem para explorar sentimentos difíceis, como tristeza, que não pareciam seguros antes".*
Vozes para "conter" a raiva/fúria rejeitada	**Engajamento:** *"É compreensível por que você está contendo minha raiva para mim. Ficar com raiva no passado não funcionou e poderia ter deixado a situação pior".* **Ação:** *"Estou tentando me reconectar com meu self raivoso na terapia e estou aprendendo a dizer 'não' e a ser assertivo sem ser agressivo".*

b) Compaixão pelas partes que têm delírios:

Função de acreditar no delírio	Resposta do *self* compassivo à parte que tem o delírio e ao que está por trás dessa parte
Delírios para estabelecer respostas submissas/afastar-se dos outros	**Engajamento:** *"É compreensível que você tenha mantido essa crença que me mantém alerta à ameaça. Houve muito perigo real de pessoas no passado".* **Ação:** *"Quero começar a encontrar coragem para confiar mais nas pessoas e definir limites assertivos com elas".*
Delírios para orientar a mente e evitar sentimentos difíceis	**Engajamento:** *"Obrigado por conter essa crença tão forte para mim enquanto eu precisava de ajuda por me sentir inseguro/perdido/sem controle no mundo".* **Ação:** *"Estou aprendendo novas formas de cuidar desses sentimentos e dessas memórias. Eles não são minha culpa".*

*Citação retirada do vídeo *on-line Compassion for voices: a tale of courage and hope* (Cultural Institute at King's College London, 2015). *Link* para o vídeo nas referências.

tanto, seria ajudá-los a notar, e abandonar, as mentalidades de *rank* social intencionalmente treinando e, ao mesmo tempo, trocando para mentalidades compassivas. A TFC não encoraja diálogos se eles simplesmente se tornam conflituosos e se as diferentes partes começam a tentar se justificar ou suprimir umas às outras. A TFC é sobre ajudar o cliente a desenvolver um estado mental integrador, e é por isso que a TFC usualmente começa com "múltiplos *selves*", em que há mais clareza sobre a diferenciação das funções. Quando o *self* compassivo se torna apoiador das intenções do *self* raivoso ou do *self* ansioso (os quais, como a voz, muitas vezes têm a ver com autoproteção), os conflitos internos se tornam menos apropriados e podem simplesmente começar a se dissolver.

A imagem mental é outra técnica usada para trazer a relação compassiva para experiências psicóticas e emoções difíceis. Isso pode envolver a criação de personagens imaginários para representar partes ou vozes, focando em características como expressão facial, tom, tamanho, proximidade, etc. Técnicas similares estão sendo empregadas na Terapia de Avatar para vozes estressantes (Ward et al., 2020), exceto que, em Avatar, as imagens são geradas digitalmente. Estudos recentes testaram o uso de imagem mental compassiva em intervenções para paranoia usando técnicas de realidade virtual (Brown, Waite, Rovira, Nickless, & Freeman, 2020) e práticas breves de imagem mental focada na compaixão (Ascone, Sundag, Schlier, & Lincoln, 2017). Com técnicas de imagem mental e visualização na TFC, com o tempo, o cliente tem a oportunidade de modificar certas características — por exemplo, quando a imagem de uma voz recebe compaixão, pode haver mudanças visuais de cor, postura, volume, tom, etc. O cliente pode experimentar diferentes adaptações a essas características, vendo se isso pode criar mudanças em termos dos sistemas motivacionais e da relação.

Na escrita de carta compassiva, o cliente normalmente escreve como o *self* compassivo para uma voz específica ou crença delirante, trazendo compreensão empática e sábia de como ela se desenvolveu, reconhecendo sua função protetiva. Para muitas pessoas com psicose, pode ser útil estender isso para a escrita para partes mais jovens (infância) que experienciaram trauma, ou, de fato, escrever cartas a abusadores, para ajudar a se conectar com a raiva que pode ter sido associada na época do abuso. O foco dessas intervenções — ou seja, para onde dirigir o *self* compassivo — será identificado por meio do mapeamento colaborativo, da formulação e do planejamento com o cliente. Como em qualquer intervenção focada no trauma, é importante, na TFC para psicose, envolver-se em todo trabalho de exposição de forma gradual, e ter preparados os recursos necessários para retornar ao aterramento e à proteção. Um exemplo que surgiu recentemente na literatura é o uso de um *kit* de utensílios compassivos (Lucre & Clapton, 2020), que pode conter inúmeros recursos multissensoriais para aterrar uma pessoa de volta ao seu *self* compassivo.

Desafios do terapeuta

O trabalho com pessoas com psicose pode ser muito desafiador, pois algumas das formas pelas quais os indivíduos chegam a conclusões não seguem princípios racionais óbvios. Às vezes, isso pode ser confuso ou assustador para o terapeuta, e este deve estar muito familiarizado com a fenomenologia da psicose antes de se engajar na terapia. Além disso, o terapeuta deve ter supervisão atenta e apoio, bem como avaliações de risco e estratégias clínicas a postos para casos de deterioração ou descompensação do cliente (incluindo, potencialmente, internações de emergência). Como mencionado nas seções introdutórias, os terapeutas também têm o grande desafio de evitar narrativas patologizantes, ao mesmo tempo que trabalham como parte de uma equipe multidisciplinar que usa linguagem diagnóstica e medicações antipsicóticas, também reconhecendo que alguns clientes obterão benefícios significativos com seu diagnóstico e sua medicação.

Conclusões

A TFC aplicada a pessoas com experiências psicóticas estressantes é um novo desenvolvimento promissor, apoiado pela teoria (Heriot-Maitland et al., 2019), bem como por dados iniciais de avaliações-piloto (Braehler et al., 2013; Heriot-Maitland, 209; Mayhew & Gilbert, 2008). Um dos principais obstáculos à aplicação da TFC em grupos de psicose, que pode não ser encontrado em outros grupos clínicos, é que as experiências psicóticas são pesadamente medicalizadas como manifestações de "doenças"/anormalidades. Isso torna desafiador desenvolver motivos compassivos em relação a essas partes da experiência do indivíduo que são indesejadas, amplamente mal interpretadas e muitas vezes demonizadas pela sociedade. Este capítulo teve como objetivo abordar esse desafio específico, guiando o leitor por meio das formulações da TFC sobre os delírios e as vozes, com base na sua função (protetiva), o que prepara o caminho para compreensões e relações mais compassivas. As intervenções da TFC apresentadas neste capítulo mostram como a compaixão é operacionalizada, praticada e aplicada na psicose. Nessas intervenções guiadas pela formulação, o *self* compassivo se torna o veículo por meio do qual as tarefas terapêuticas (p. ex., exposição ao trauma, processamento e resolução de conflito) são abordadas e por meio do qual ocorre a mudança terapêutica.

Referências

Ascone, L., Sundag, J., Schlier, B., & Lincoln, T.M. (2017). Feasibility and effects of a brief compassion-focused imagery intervention in psychotic patients with paranoid ideation: A randomized experimental pilot study. *Clinical Psychology & Psychotherapy, 24*(2), 348–358. https://doi.org/ 10.1002/ cpp.2003

Bentall, R.P., Kinderman, P., & Kaney, S. (1994). The self, attributional processes and abnormal beliefs: Towards a model of persecutory delusions. *Behaviour Research and Therapy, 32*(3), 331–341. https:// doi.org/10.1016/0005-7967(94)90131-7

Birchwood, M., Gilbert, P., Gilbert, J., Trower, P., Meaden, A., Hay, J., ... Miles, J. N. (2004). Interpersonal and role-related schema influence the relationship with the dominant 'voice' in schizophrenia: A comparison of three models. *Psychological Medicine, 34*(8), 1571–1580. https://doi.org/10.1017/ s0033291704002636

Birchwood, M., Meaden, A., Trower, P., Gilbert, P., & Plaistow, J. (2000). The power and omnipotence of voices: subordination and entrapment by voices and significant others. *Psychological Medicine, 30*(2), 337–344. https://doi.org/10.1017/ s0033291799001828

Braehler, C., Gumley, A., Harper, J., Wallace, S., Norrie, J., & Gilbert, P. (2013). Exploring change processes in compassion focused therapy in psychosis: results of a feasibility randomized controlled trial. *British Journal of Clinical Psychology, 52*(2), 199–214. https://doi.org/10.1111/ bjc.12009

Brown, P., Waite, F., Rovira, A., Nickless, A., & Freeman, D. (2020). Virtual reality clinical-experimental tests of compassion treatment techniques to reduce paranoia. *Scientific Reports, 10*(1), 8547. https// doi.org/10.1038/s41598-020-64957-7

Carter, C. S., Bartal, I. B.-A., & Porges, E. C. (2017). The roots of compassion: An evolutionary and neurobiological perspective. In E. Seppala, E. Simon-Thomas, S.L. Brown, M.C. Worline, C.D. Cameron, & J.R. Doty (Eds.). *The Oxford handbook of compassion science* (pp. 173–187). Oxford University Press.

Carvalho, C.B., Sousa, M., da Motta, C., & Cabral, J.M. (2019). The role of shame, self-criticism and early emotional memories in adolescents' paranoid ideation. *Journal of Child and Family Studies, 28*(5), 1337–1345.

Cassidy, J., & Shaver, P. (2016). *Handbook of attachment: Theory, research, and clinical applications*. Guilford Press.

Colbert, S.M., Peters, E., & Garety, P. (2010). Jumping to conclusions and perceptions in early psychosis: relationship with delusional beliefs. *Cognitive Neuropsychiatry, 15*(4), 422–440. https://doi. org/10.1080/13546800903495684

Corstens, D., & Longden, E. (2013). The origins of voices: Links between life history and voice hearing in a survey of 100 cases. *Psychosis, 5*(3), 270–285.

Cultural Institute at King's College London. (2015). *Compassion for voices: A tale of courage and hope* [online video]. YouTube. www.youtube.com/watch?v=VRqI4lxuXAw

Dell, P. F., & O'Neil, J. A. (2009). *Dissociation and the dissociative disorders: DSM-V and beyond*. Routledge.

Freeman, D., Garety, P.A., Bebbington, P.E., Smith, B., Rollinson, R., Fowler, D., ... Dunn, G. (2005). Psychological investigation of the structure of paranoia in a non-clinical population. *British Journal of Psychiatry, 186*(5), 427–435. https://doi.org/10.1192/bjp.186.5.427

Garety, P.A., Kuipers, E., Fowler, D., Freeman, D., & Bebbington, P.E. (2001). A cognitive model of the positive symptoms of psychosis. *Psychological Medicine, 31*(2), 189–195. https://doi.org/ 10.1017/s0033291701003312

Gilbert, P. (1998). Evolutionary psychopathology: Why isn't the mind designed better than it is? *British Journal of Medical Psychology, 71*(4), 353–373.

Gilbert, P. (2018). Explorations into the nature and function of compassion. *Current Opinion in Psychoogyl, 28*, 108–114. https://doi.org/10.1016/j.copsyc.2018.12.002

Gilbert, P., Birchwood, M., Gilbert, J., Trower, P., Hay, J., Murray, B., ... Miles, J.N. (2001). An exploration of evolved mental mechanisms for dominant and subordinate behaviour in relation to auditory hallucinations in schizophrenia and critical thoughts in depression. *Psychological Medicine, 31*(6), 1117–1127. https://doi.org/10.1017/s0033291701004093

Gilbert, P., Boxall, M., Cheung, M., & Irons, C. (2005). The relation of paranoid ideation and social anxiety in a mixed clinical population. *Clinical Psychology & Psychotherapy, 12*(2), 124–133. https://doi.org/10.1002/cpp.438

Green, V. (2016). *The madness of kings*: The History Press.

Heriot-Maitland, C. (2018). *CFT for psychosis – manual*. http://compassionforvoices.com/ CFTpManual/

Heriot-Maitland, C. (2019). *Social influences on dissociative processes in psychosis*. [Unpublished PhD dissertation]. King's College London.

Heriot-Maitland, C., & Kennedy, A. (2019). Attachment themes in compassion-focused therapy (CFT) for psychosis. In K. Berry, S. Bucci, & A. Danquah (Eds.). *Attachment and psychosis* (pp. 178–191). Routledge.

Heriot-Maitland, C., McCarthy-Jones, S., Longden, E., & Gilbert, P. (2019). Compassion focused approaches to working with distressing voices. *Frontiers in Psychology, 10*, 152. https://doi.org/10.3389/fpsyg.2019.00152

Johns, L.C., Cannon, M., Singleton, N., Murray, R. M., Farrell, M., Brugha, T., ... Meltzer, H. (2004). Prevalence and correlates of self-reported psychotic symptoms in the British population. *British Journal of Psychiatry, 185*, 298–305. https://doi.org/10.1192/bjp.185.4.298

Laroi, F., Thomas, N., Aleman, A., Fernyhough, C., Wilkinson, S., Deamer, F., & McCarthy-Jones, S. (2019). The ice in voices: Understanding negative content in auditory-verbal hallucinations. *Clinical Psychology Review, 67*, 1–10. https://doi.org/10.1016/j.cpr.2018.11.001

Lehman, A.F., Lieberman, J.A., Dixon, L.B., McGlashan, T.H., Miller, A.L., Perkins, D.O., ... Altshuler, K. (2004). Practice guideline for the treatment of partients with schizophrenia. *American Journal of Psychiatry, 161*(2 SUPPL.), i–iv + 1–56.

Link, B.G., Yang, L.H., Phelan, J.C., & Collins, P.Y. (2004). Measuring mental illness stigma. *Schizophrenia Bulletin, 30*(3), 511–541. https://doi.org/10.1093/oxfordjournals.schbul.a007098

Linscott, R.J., & van Os, J. (2013). An updated and conservative systematic review and meta-analysis of epidemiological evidence on psychotic experiences in children and adults: On the pathway from proneness to persistence to dimensional expression across mental disorders. *Psychological Medicine, 43*(6), 1133–1149. https://doi.org/10.1017/S0033291712001626

Lucre, K., & Clapton, N. (2020). The Compassionate Kitbag: A creative and integrative approach to compassion-focused therapy. *Psychology and Psychotherapy, 94*(S2), 497–516. https://doi.org/ 10.1111/papt.12291

Mascaro, J.S., Rilling, J.K., Tenzin Negi, L., & Raison, C.L. (2013). Compassion meditation enhances empathic accuracy and related neural activity. *Social Cognitive and Affective Neuroscience, 8*(1), 48–55. https://doi.org/10.1093/scan/nss095

Mayhew, S.L., & Gilbert, P. (2008). Compassionate mind training with people who hear malevolent voices: A case series report. *Clinical Psychology & Psychotherapy, 15*(2), 113–138. https://doi.org/10.1002/cpp.566

Neale, J. M. (1988). Defensive functions of manic episodes. In T. Oltmanns & B. Maher (Eds.). *Delusional beliefs*. John Wiley & Sons.

Nesse, R.M. (2019). *Good reasons for bad feelings: Insights from the frontier of evolutionary psychiatry*. Penguin.

Pace, T.W., Negi, L.T., Adame, D.D., Cole, S.P., Sivilli, T.I., Brown, T.D., ... Raison, C.L. (2009). Effect of compassion meditation on neuroendocrine, innate immune and behavioral responses to psychosocial stress. *Psychoneuroendocrinology, 34*(1), 87–98. https://doi.org/10.1016/ j.psyneuen.2008.08.011

Pinto-Gouveia, J., Matos, M., Castilho, P., & Xavier, A. (2014). Differences between depression and paranoia: The role of emotional memories, shame and subordination. *Clinical Psychology & Psychotherapy, 21*(1), 49–61. https://doi.org/10.1002/cpp.1818

Romme, M., & Escher, S. (2000). *Making sense of voices: A guide for mental health professionals working with voice-hearers*. (Includes interview supplement). Mind Publications.

Stone, H., & Stone, S. (2011). *Embracing ourselves: The voice dialogue manual*: New World Library.

Ward, T., Rus-Calafell, M., Ramadhan, Z., Soumelidou, O., Fornells-Ambrojo, M., Garety, P., & Craig, T.K.J. (2020). AVATAR therapy for distressing voices: A Comprehensive account of therapeutic targets. *Schizophrenia Bulletin, 46*(5), 1038–1044. https://doi.org/10.1093/schbul/sbaa061

Weng, H.Y., Fox, A.S., Shackman, A.J., Stodola, D.E., Caldwell, J.Z., Olson, M.C., ... Davidson, R.J. (2013). Compassion training alters altruism and neural responses to suffering. *Psychological Science, 24*(7), 1171–1180. https://doi.org/10.1177/0956797612469537

Westermann, S., Gantenbein, V., Caspar, F., & Cavelti, M. (2018). Maintaining delusional beliefs to satisfy and protect psychological needs. *Zeitschrift für Psychologie, 226*(3), 197–203. https://doi.org/10.1027/2151-2604/a000337

Yang, L.H., Link, B.G., Ben-David, S., Gill, K.E., Girgis, R.R., Brucato, G., ... Corcoran, C.M. (2015). Stigma related to labels and symptoms in individuals at clinical high-risk for psychosis. *Schizophrenia Research, 168*(1-2), 9–15. https://doi.org/10.1016/j.schres.2015.08.004

25

Usando terapia focada na compaixão para trabalhar com transtorno de estresse pós-traumático complexo

Deborah Lee

Há muitas formas pelas quais os humanos podem ser traumatizados. Elas incluem testemunhar eventos assustadores, como violência contra pessoas com quem nos importamos, além de coisas que aconteceram conosco, como acidentes de carro ou tratamentos difíceis e dolorosos contra o câncer, e até coisas que fizeram contra nós, como violência, abuso ou estupro. Alguns traumas serão experienciados como ameaças de morte, mas nem todos. Também podemos experienciar o que é chamado de trauma moral ou baseado na culpa, que pode emergir de atos que cometemos em certos estados da mente (como na guerra ou quando sob a influência de substâncias ou psicose). Por exemplo, pessoas que prejudicaram outras ou a si mesmas durante um surto psicótico podem ficar altamente traumatizadas por esses eventos quando se recuperam. Veteranos podem cometer atos moralmente repreensíveis no contexto de guerra e têm dificuldade para entender seus comportamentos posteriormente. O que marca esses eventos como transtorno de estresse pós-traumático (TEPT) são os sintomas característicos da reexperiência de memórias fragmentadas do trauma na forma de *flashbacks*, intrusões e pesadelos. Essas memórias são descontextualizadas e reexperienciadas como se estivessem acontecendo de novo. Elas estão associadas à hiperexcitação, à hipervigilância, a problemas de memória e concentração e a esforços extremos para evitar desencadeantes/lembretes dos eventos. Também há alterações associadas nos estados de humor e no senso de identidade (*DSM*-5, 2013). O TEPT baseado no medo (Lee, Scragg, & Turner, 2001), que é predominantemente caracterizado por ameaça à vida, pode ser relativamente simples de tratar, no sentido de que as terapias pela fala baseadas na exposição são altamente eficazes (NICE, 2018).

A maioria das terapias pela fala para TEPT se baseiam no pressuposto implícito de que os clientes podem avaliar diferentes perspectivas e estados emocionais para mudar o significado das experiências traumáticas e aprimorar o processamento contextualizado da memória (Ehlers & Clark, 2000; Lee, 2009, 2015). Isso pode não ser suficiente quando trabalhamos com clientes que experienciam estados de vergonha generalizada associados a trauma interpessoal, quando nossos clientes podem ter dificuldade para ter acesso a estados emocionais mais úteis de proteção e perspectivas não acusadoras sobre suas experiências traumáticas. O transtorno de estresse pós-traumático complexo (TEPT-C, definido pela Classificação Internacional de Doenças — CID-11; OMS, 2018) está associado a trauma baseado na vergonha e à repetida violência interpessoal frequentemente experienciada na infância, envolvendo figuras de apego importantes. Essas experiências criam uma ruptura nas necessidades biossociais fundamentais para uma base segura e um porto seguro e, por conseguinte, afetam a habilidade de se sentir conectado, seguro, afiliativo e cuidado por outros humanos (veja o Capítulo 3 deste livro). Atualmente, há evidências sugestivas de que experiências iniciais traumáticas têm impactos importantes na maturação de uma gama de sistemas neurofisiológicos (Lippard & Nemeroff, 2020): o sistema nervoso autônomo, sobretudo, mas não apenas o nervo vago (Porges, 2007), e perfis epigenéticos (Cowan et al., 2016). A consequência psicológica dessas capacidades psicofisiológicas subdesenvolvidas parece estar associada à profunda vergonha/autoaversão, à fraca regulação emocional e ao fraco funcionamento intra/interpessoal, que são todos sintomas de TEPT-C.

Atualmente, é uma prática estabelecida oferecer tratamentos baseados em fases para aqueles que têm TEPT-C, para construir recursos, segurança e estabilidade antes de dar atenção às histórias de trauma (Herman, 1992; Cloitre et al., 2012; Karatzias et al., 2017). Há muitos anos, temos sugerido abordagens em fases usando a TFC (Gilbert, 2000, 2009, 2020), pois ela provou focar as capacidades psicofisiológicas subdesenvolvidas já descritas (McLean, Steindl, & Bambling, 2017; Lee, 2005; Lawrence & Lee, 2013), e atualmente há evidências emergentes que corroboram isso (Naismith, Ripoll, & Pardo, 2020; McClean et al., comunicação pessoal; Ashfield, Chan, & Lee, 2020; Au et al., 2017; Lawrence & Lee, 2014).

Este capítulo vai apresentar o programa de tratamento faseado focado na compaixão pata TEPT-C, desenvolvido no Berkshire Traumatic Stress Service, e depois explorar alguns temas-chave relevantes para o trabalho com esse grupo de clientes (veja a Fig. 25.1 e Lee & James, 2013, para detalhes mais abrangentes dessa abordagem).

Trabalhar com compaixão em um contexto grupal é incrivelmente poderoso, e oferecemos um programa de 12 semanas baseado no grupo, chamado de Grupo de Resiliência Compassiva (GRC), seguido por terapia individual do trauma focada na compaixão (16-20 sessões). A Figura 25.2 descreve os conteúdos do GRC, que incluem psicoeducação e exercícios de autocompaixão. Nem todos os nossos clientes podem se engajar em grupos, e nem todos temos a oportunidade de coordenar grupos em nosso contexto clínico. Se esse for o

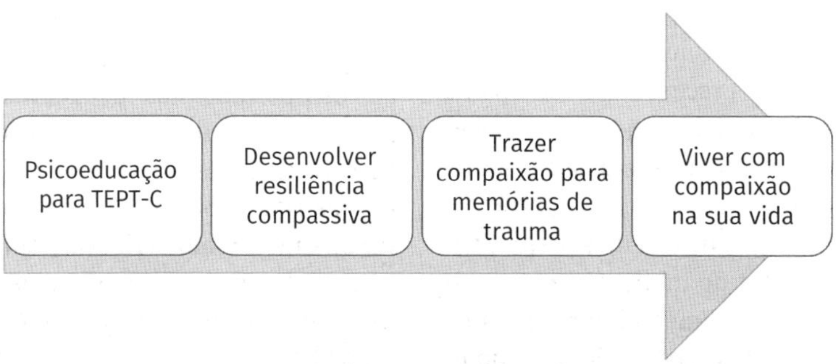

FIGURA 25.1 Estágios da TFC para o programa de trauma.

FIGURA 25.2 Módulos da TFC para o programa de trauma.

caso, você ainda pode usar o conteúdo do grupo e seguir o mesmo faseamento da terapia, só que aplicado na terapia individual. Para se engajar nessas aplicações para TEPT-C, é essencial que os terapeutas estejam familiarizados e habilitados com todos os processos básicos da TFC descritos em capítulos anteriores deste livro (sobretudo, os Capítulos 2 a 9).

TEPT-C segundo perspectiva focada na compaixão

A teoria da mentalidade social (veja o Capítulo 2 deste livro) sugere que os motivos sociais humanos básicos evoluíram sistemas de orientação bidirecional. Desse modo, por exemplo, o cuidado não poderia evoluir sem que paralelamente evoluíssem a recepção de cuidado e a resposta ao cuidado. A sexualidade não poderia evoluir sem que cada gênero seja sensível e responsivo aos sinais do outro. Em outras palavras, nascemos com sistemas preparados para perceber sinais de motivação e responder a eles. Isso é fundamental para entender as primeiras experiências de vida, quando os bebês são orientados a perceberem sinais que serão úteis para eles e que vão cuidar deles e protegê-los (Bowlby, 1969). Quando esses sinais estão presentes, eles afetam a maturação de uma gama de sistemas fisiológicos, incluindo a regulação do sistema de ameaça. Em contrapartida, quando sinais de cuidado não estão disponíveis (negligência), quando as crianças não são protegidas da ameaça ou quando os cuidadores que deveriam proporcionar uma base segura/um porto seguro são, na verdade, as próprias fontes de ameaça, isso causa distúrbios graves no desenvolvimento de uma base segura psicofisiológica internalizada, além de um aumento na sensibilidade à ameaça e uma desestabilização nos sistemas de regulação emocional (veja o Capítulo 3 deste livro e 2020; Liotti, 2004, 2011; Music, 2019). Além disso, a criança é forçada a adotar comportamentos defensivos associados à ameaça de outros poderosos, que incluem desligar emoções, se submeter, se esconder e se afastar dos outros. Por exemplo, imagine se, quando éramos crianças, em vez de sermos acalmados e aprendermos habilidades de regulação emocional quando estávamos chateados/precisando de conforto, nossos cuidadores tivessem sido abusivos, gritassem, batessem ou nos ignorassem. Isso faria com que nos sentíssemos ameaçados/inseguros, e, em vez de nos sentirmos seguros e conectados, sentiríamos um misto de vergonha, raiva e ansiedade, sem habilidade para regularmos nossos sentimentos de uma forma útil. Sem a ajuda dos nossos cuidadores primários para nos ensinar calma e nos fazer sentir segurança e conexão, inadvertidamente encontramos outras formas de fazer a dor passar, por exemplo, nos desligando, agindo mal ou nos machucando. A exposição continuada a trauma cria padrões traumáticos (estímulo-resposta) que se tornam modelos de afeto recíproco que afetam as formas como funcionamos em nossas relações e nossos mundos sociais (Music, 2019). Quando consideramos que a maioria dos nossos clientes com TEPT-C foram levados a se sentir envergonhados, humilhados, rebaixados, não cuidados pelos outros, podemos ver como, em sua mente, os papéis recíprocos de dominante-submisso não apenas são comuns (o abusador internalizado ou o envergonhador-envergonhado), mas também afetam profundamente o funcionamento intra/interpessoal e o pertencimento ao grupo social. Precisamos então considerar que o impacto de estados intensos de excitação pela ameaça como um dos sintomas característicos do TEPT-C é a repetida reexperiência do material traumático original por meio de *flashbacks*, que são considerados memórias fragmentadas e descontextualizadas baseadas na amígdala. Os *flashbacks* são experienciados em todas as modalidades sensoriais, portanto, nossos clientes têm memórias baseadas no corpo viscerais, auditivas, visuais, olfativas, gustativas, táteis, vestibulares e de propriocepção ligadas a experiências de trauma (Van der Kolk, 2015). Devido à natureza descontextualizada das memórias, os *flashbacks* são experienciados como se os eventos traumáticos estivessem acontecendo novamente. Portanto, é comum que os clientes achem que estão perdendo a cabeça, pois podem sentir as sensações em seu corpo, ouvir coisas e sentir o cheiro de coisas que pertencem a experiências passadas, todas as quais podem reforçar uma sensação poderosa de vergonha e autoaversão. Uma consequência do processamento da informação comprometido é um senso de identidade incoerente, desorganizado e descontextualizado e fracas habilidades de regulação emocional.

A teoria da representação dual nos ajuda a entender memórias de trauma descontextualizadas, já que propõe que respostas de estresse intenso comprometem o funcionamento do hipocampo e o tornam menos capaz de processar experiências emocionais intensas baseadas na ameaça associadas ao trauma (Brewin, Joseph, & Dalgleish, 1996). Isso frequentemente está associado a uma janela de tolerância reduzida, em que padrões de hiper/hipoexcitação (veja a cascata de defesas, Schauer & Elbert, 2010) são observados em crianças com trauma extenso na infância (Odgen et al., 2006; Siegal, 1999). Memórias de trauma fragmentadas são altamente estressantes, e sem as habilidades de regulação emocional necessárias, nossos clientes desenvolvem mais estratégias não úteis para regular as respostas emocionais aos seus mundos interno e externo. Portanto, vemos padrões de comportamentos traumatizados emergindo e sendo negativamente reforçados porque eles temporariamente nos fazem sentir "seguros" contra danos, mas eles vêm acompanhados de um custo não intencional, especialmente se são consistentemente repetidos. Por exemplo, alguém que foi levado a se sentir cuidado e especial como parte do abuso na infância pode experienciar a necessidade de cuidado como sexualizada na vida posterior. Consequentemente, ele pode procurar sexo com outras pessoas quando se sente sozinho/ameaçado ou precisando de conexão, pois confunde sexo com receber cuidado. A sua necessidade de se sentir conectado/cuidado pode não ser satisfeita, e isso pode confirmar crenças de que ele só será desejado se estiver sexualmente disponível. Isso, por sua vez, pode causar sentimentos de solidão e autoaversão. Assim, podemos ver como respostas condicionadas reengajam o comportamento de busca de segurança (nesse caso, mais proximidade sexual), e esses comportamentos podem então se tornar mais envergonhantes e servem meramente para alimentar mais estratégias de segurança inúteis para aliviar a vergonha.

O exemplo de caso de Peter

Para ajudar a esclarecer alguns desses processos em uma experiência vivida, usamos a história de Peter. Esse não é seu nome real, e os detalhes do caso foram alterados para evitar identificação e para demonstrar temas comuns nas experiências de nossos clientes.

Peter é um homem de 29 anos que foi encaminhado à nossa clínica porque tinha TEPT complexo resultante de trauma na infância e dificuldades em sua vida adulta. Peter achava que era um caso perdido e que não era possível ajudá-lo. Peter foi criado em uma família de seis filhos, sendo o quarto filho homem. Sua infância foi muito desafiadora, pois seu pai era alcoolista e propenso a explosões violentas. Ele frequentemente "diminuía" e ameaçava bater em Peter e seus irmãos, sobretudo quando eles eram barulhentos ou desrespeitosos; ele se lembrava de ter apanhado muito do seu pai "uma ou duas vezes", mas testemunhou seus irmãos mais velhos apanhando repetidamente. Peter muitas vezes testemunhava seu pai bater em sua mãe e se sentia impotente para protegê-la. Sua mãe trabalhava longas horas fazendo trabalhos de limpeza para tentar dar conta das despesas. Seu pai não trabalhava e passava a maior parte do seu tempo no bar local. Peter descreveu sua mãe como tímida e constantemente tentando apaziguar seu pai. Ele não se lembrava de ter tido uma relação real com sua mãe que fosse além do fato de ela cozinhar e lavar suas roupas. Peter disse que sentia como se ela estivesse "ausente e embrenhada em seu próprio mundo" e não interessada nele. Peter se sentia invisível para ela. Peter admitiu que ficava aterrorizado com seu pai e tremia de ansiedade, paralisava e não conseguia falar quando ouvia a voz dele, o que parecia deixar seu pai com ainda mais raiva. Peter se detestava por ser "fraco, patético" e incapaz de se proteger ou proteger sua mãe da violência do seu pai. Peter recordava muito pouco dos seus primeiros anos, mas lembrava de uma professora bondosa que prestava atenção nele e perguntava se ele estava bem. Na escola, ele era quieto e não falava muito por medo de reprimenda. Ele tinha alguns amigos, mas, novamente, era "o quieto" do grupo, "sem opiniões ou preferências". No entanto, ele trabalhou duro e acabou se tornando eletricista. Seus anos de adolescência foram confusos para ele, pois, quando tinha 13 anos, fez amizade com um homem mais velho que abusou dele. Peter disse que esse homem era gentil com ele, lhe comprava cigarros/comida e lhe dava dinheiro para álcool em retribuição aos seus favores sexuais. Ele achou difícil falar a respeito, pois estava atormentado com sentimentos de vergonha e autoaversão, o que era piorado pelo fato de que esse homem continuou a abusar de Peter até seus 20 anos. Peter conheceu sua namorada logo depois. Ele teve dificuldade nesse relacionamento, pois, na verdade, não "sentia nada", evitava intimidade sexual, e sua namorada se queixava de que ele era "ausente" e não interessado nela. Em contrapartida, ele ficava aterrorizado que ela pudesse descobrir seu passado, questionasse sua sexualidade, ficasse revoltada e o deixasse. Ele sofria de frequentes flashbacks do abuso, que faziam com que se sentisse envergonhado e ansioso, o que então desencadeava intensa autoaversão, e ele sacudia a cabeça para que "as imagens saíssem da sua cabeça". Quando sua namorada tentava engajá-lo em conversas sobre seu relacionamento ou quando ficava zangada com ele, ele se desligava e não conseguia falar. Ela ficava ainda mais contrariada com ele e ameaçava deixá-lo. Ele então raivosamente se autoatacava, resmungando: "fraco, patético, inútil". Ele mencionou que também respondia assim em contextos sociais no trabalho e estava convencido de que seus colegas achavam que ele era "um derrotado esquisito". Com frequência, ele bebia demais para fugir da sua mente e dos seus sentimentos, o que se somava à sua autoaversão, pois temia ficar parecido com seu pai.

A jornada terapêutica

Usando uma formulação da TFC para entender Peter

A infância de Peter foi emocional e fisicamente insegura. Seus pais não foram capazes de lhe prover um lar seguro e protegido onde crescer, e, em vez disso, ele cresceu em um mundo emocional ofuscado por ameaça, insegurança, falta de proteção e negligência. Possivelmente, o desenvolvimento e a expressão epigenética do cérebro de Peter foram influenciados pela intensificação dos estados de ameaça fisiológica e pela falta de proteção que ele repetidamente experienciava na sua infância. Nesse estado, padrões fisiológicos mais úteis de proteção recíproca e um senso de identidade coerente tiveram dificuldade para se formar, pois suas principais relações de apego estavam condicionadas à sensibilidade à ameaça e à busca de segurança; ele apresentava muitos dos sinais característicos de um estilo de apego desorganizado (Liotti, 2004, 2011). Ele exibia sinais de respostas de desligamento autônomo à ameaça (característicos da repetida exposição a trauma na infância) em seus comportamentos de paralização e ausência (Schauer & Elbert, 2010). Suas ameaças internas eram manifestadas em *flashbacks* descontextualizados que levavam a uma perpétua percepção de ameaça atual; sua extrema autoaversão ativava estados de vergonha generalizados e ainda mais *flashbacks*, os quais eram perpetuados por comportamentos de busca de segurança, como desligamento, raiva silenciosa e outras formas de evitação. Possivelmente, sua janela de tolerância reduzida observada em seus estados de hiper/hipoexcitação (Odgen et al., 2006) levou a dificuldades na regulação das emoções e a uma falta de autocompaixão, o que significava que ele tinha dificuldades para desenvolver uma narrativa do trauma plenamente contextualizada e não envergonhante. Em vez disso, ele experienciava a si mesmo por meio de *flashbacks* fragmentados, autoaversão, solidão e um profundo senso de desconectividade, o que lhe causava dificuldades significativas nas relações e no funcionamento interpessoal.

Peter achou útil entender esse padrão de defesa em cascata e, em especial, por que ele oscilava de hiperexcitação para hipoexcitação e por que sua janela de tolerância era reduzida. Ele foi capaz de associar sua resposta de desligamento ao comportamento aprendido em resposta à agressão de seu pai, quando reagir teria sido uma escolha perigosa para um menino pequeno, e correr para uma base segura não era uma opção, pois ela não existia. Ter essa orientação compassiva com seu padrão de defesa da ameaça e fazer uma apreciação das respostas primitivas condicionadas o ajudou a parar de se culpar pelo seu comportamento e o comportamento posterior na sua adolescência. Ele também começou a entender o quanto ficou vulnerável ao fazer amizade com um pedófilo, pois estava sozinho, perdido e achava que esse homem era seu amigo.

As próximas seções destacam os processos principais conforme sua aplicação ao nosso trabalho clínico com clientes traumatizados que têm dificuldades como Peter. Em essência, usamos os mesmos processos centrais da TFC, mas também trabalhamos diretamente com memórias fragmentadas do trauma para facilitar uma narrativa contextualizada e compassiva dos eventos. A Tabela 25.1 resume as principais fases, objetivos terapêuticos e métodos usados em cada fase.

1 O processo de diferenciação

Clientes com TEPT-C têm tendência a apresentar estados de autoaversão arraigada e vergonha generalizada. Isso pode parecer impenetrável às vezes durante a terapia, devido à sua natureza arrebatadora associada a uma ausência de proteção internalizada. Os clientes podem ter acesso limitado, ou nenhum, a estados da mente de prestação de cuidado que permitiriam a diferenciação mais útil dos

TABELA 25.1 Descrição dos cinco principais processos, habilidades e métodos na TFC para TEPT-C

Fases da TFC do método para TEPT-C	Processo	Habilidades	Métodos
1. Diferenciação	Desenvolver capacidades conscientes e o observador sábio do cérebro complicado	*Insight*, consciência, metapercepção e entendimento Engajamento no sofrimento — seis atributos	Psicoeducação do trauma Formulação da TFC Função/história do autocriticismo Atenção consciente, *mindfulness* Ritmo respiratório calmante
2. Tolerância e novos contextos emocionais	Aprender a sentir proteção e regular a ameaça por meio do sistema de compaixão	Sentir-se seguro na relação terapêutica — base segura, porto seguro Estimular novos contextos emocionais	Formar relação terapêutica de proteção, segura Corporificação dos métodos/consciência corporal Atenção consciente/SRB Imagem mental compassiva Engajamento compassivo
3. Integração e *mindsets*	Desenvolver capacidades para assumir perspectivas diferentes e compassivas sobre questões/problemas e trauma na vida	Relação com o *self* Relação com os outros Manejo de emoções complexas Mentalização Solução de problemas e capacidades do lobo frontal Seis habilidades da ação compassiva	Múltiplos *selves* Trabalho com cadeiras Uso de *mindsets* Uso de KUWS Ação compassiva
4. Contextualização e integração de memórias fragmentadas do trauma	Desenvolver perspectivas compassivas sobre experiências de trauma baseadas na vergonha	Acesso a perspectivas compassivas de diferentes estados emocionais Engajamento em capacidades do lobo frontal KUWS	Múltiplos *selves* Desenvolvimento de narrativas do trauma, linha do tempo do trauma Acesso a memórias do trauma via alívio/EMDR Atualização de memórias do trauma baseadas na vergonha
5. Transformação	Desenvolver uma versão compassiva do *self* Funcionamento intra e interpessoal	Autenticidade Corporificação Vida baseada em valores Autenticidade	Visualização Atuação do método Vida tal como ela é Modelo de valores compassivos Experimentos comportamentais Prática comprometida

seus processos internos e dos motivos potenciais dos abusadores. A TFC e a psicoeducação específica para trauma ajudam a criar o cenário, a guiar a descoberta, a iniciar a diferenciação e a promover a sabedoria dos processos internos. Ser capaz de distinguir entre motivos, sentimentos e pensamentos em sua mente e em outra mente se torna cada vez mais importante quando se exploram os motivos potenciais de um abusador. No entanto, alguns dos sistemas fisiológicos necessários para fazer isso podem não estar disponíveis para esses clientes, pois ainda precisam ser cultivados na terapia (Cozolino, 2017).

Engajamento terapêutico

Nossos clientes muitas vezes têm dificuldade para entender por que foram abusados por pessoas que supostamente deveriam amá-los e protegê-los. Quando eles entram em uma relação terapêutica, abre-se uma caixa de Pandora de memórias emocionais, associadas à sua história de apego (Music, 2019). A TFC alerta que qualquer sistema motivacional pode se tornar tóxico. Portanto, quando o sistema de cuidado está cheio de toxicidade e começamos a abri-lo por meio da compaixão, as primeiras coisas que começam a surgir são memórias do trauma e anseios/raiva não processados associados à história de apego traumático. Portanto, é importante *explicar detalhadamente aos clientes* por que eles achariam a compaixão tão difícil no início, mas também a importância de desintoxicar o sistema para promover o bem-estar.

O segredo para o engajamento na TFC é que os clientes nos experienciem como desenvergonhantes, e podemos fazer isso enfatizando a humanidade compartilhada, "não é sua culpa" e o reconhecimento da dor e da confusão em que eles se encontram, mais uma vez mostrando que não é culpa deles e as consequências não intencionais dos cérebros evoluídos complicados, focados na ameaça. Usamos psicoeducação para dar sentido às experiências, dizendo "faz sentido que você sentisse X ou Y" ou "faz sentido que você fizesse X ou Y". Podemos abordar a não intencionalidade, destacando que os clientes não acordam em um determinado dia e decidem se engajar em suas estratégias de segurança por simples diversão. Elas não são escolhidas, mas penosas, condicionadas e automáticas. A partir daí, podemos ser curiosos sobre como isso se aplica ao nosso cliente e desenvolver os primórdios da consciência da mente. Ao desacelerarmos o ritmo das sessões, criamos espaço para expandir o impacto emocional da crescente compreensão. Quando os clientes realmente começam e entender que "não é sua culpa", a dinâmica da relação muda, e podemos começar a nos voltar para as habilidades de alívio do estresse.

Psicoeducação específica sobre trauma

Os Capítulos 2, 3 e 7 deste livro explicam a psicoeducação básica da TFC que discutimos com os clientes em nosso trabalho com o grupo de resiliência compassiva. Além disso, há alguns lampejos de *insights* específicos para o trauma especialmente úteis que ajudam os clientes a desenvolver reestruturações compassivas dos *flashbacks* de vergonha (veja posteriormente neste capítulo). Estes ajudaram Peter a diferenciar motivo e intenção na sua mente e na dos outros. Primeiramente, cada humano tem o direto à vida, à liberdade e à proteção social (o conjunto de princípios morais/normativos protegidos pelo direito internacional). Assim, aqueles que foram prejudicados por outros sofreram violações dos direitos humanos. Peter nunca havia considerado que era contra a lei ser tratado como ele foi. Na verdade, a maioria dos nossos clientes não havia considerado isso, e a exploração curiosa de por que eles se culpam por coisas que são contra a lei é proveitosa. Em segundo lugar, há uma razão evolutiva para o motivo pelo qual as pessoas se autoacusam por terem sido prejudicadas por outros poderosos: se você está em uma posição vulnerável, precisa suprimir sua raiva; caso contrário, será machucado (Gilbert & rons, 2005). A autoculpa é uma estratégia de segurança funcional para evitar o contra-ataque, e é útil destacar esse aspecto evolutivo fundamental da autoculpa (veja Gilbert, 2009) para promover o desenvergonhamento. Em terceiro lugar, prestamos atenção à mentalização (Fonagy & Luyten, 2018), explorando a noção de que foi "outra mente" que teve uma ideia, uma intenção e uma permissão para prejudicá-lo (Finkelhor, 1984). Se essa mente não existisse, nossos clientes não teriam sido prejudicados dessa maneira; eles teriam sido uma versão diferente de si mesmos. Em quarto lugar, a introdução de uma explicação neuroanatômica "desenvergonhante" do prejuízo no hipocampo sob estresse extremo é útil, e a teoria da representação dual oferece isso (Brewin, Joseph, & Dalgleish, 1996). Em quinto lugar, entender a redução da janela de tolerância devido à exposição repetida a abuso na infância permite que nossos clientes comecem a considerar a não intencionalidade da sua mente traumatizada e suas respostas defensivas. Em sexto, podemos continuar a explorar como as repetidas estratégias protetivas para "ficar seguro" se tornam "padrões traumatizados" possivelmente inseridos na codificação genética dos clientes. Simplesmente não é culpa deles que elas continuem repetindo padrões para "ficarem seguros" quando se sentem ameaçados/ativados nas relações. Por fim, também podemos apontar que isso é arquetípico; quando travados em uma relação assustadora com outros poderosos que podem nos ferir, independentemente da idade que temos, nosso cérebro vai identificar ameaças rapidamente e tomar ações defensivas, incluindo submissão, e isso se sobrepõe a outras motivações. Assim, podemos pensar em nosso cérebro como "máquinas de reconhecimento de padrões". Nos sentimos seguros quando reconhecemos padrões familiares nas relações, mesmo que incluam padrões traumáticos, ao passo que padrões de relações não familiares que provocam sentimentos de proteção ou calidez podem ativar uma resposta de ameaça.

Possibilitar essa "metapercepção" de mentes traumatizadas oferece uma experiência desenvergonhante poderosa, que permite que os clientes comecem a tolerar a não intencionalidade das suas escolhas na vida. Podemos ver isso em Peter, que se culpava por "permitir que aquele homem" continuasse a abusá-lo até a idade adulta. Ele tinha dificuldade para se perdoar; "Eu já era adulto e ainda assim não parei, só posso me culpar". O que ajudou a mudar a autoculpa de Peter foi a exploração gentil da automaticidade das escolhas traumatizadas e uma orientação compassiva sobre a mente traumatizada complicada, que não consegue deixar de escolher a segurança. Ele realmente aceitou a ideia de que era um adolescente vulnerável procurando segurança e cuidado dos outros. A psicoeducação sobre outras motivações da mente o ajudou a aceitar que ele não sabia que estava sendo aliciado e não tinha desenvolvido a capacidade de se proteger dos danos. Ele também foi capaz de entender que estava aterrorizado pela raiva, e suas estratégias apaziguadoras para ficar seguro emergiram como uma consequência inevitável da sua infância emocionalmente e fisicamente insegura.

2 O processo de tolerância ao estresse e o desenvolvimento de novos contextos emocionais

Tolerância ao estresse

Uma das principais dificuldades no TEPT-C é a regulação emocional, e os clientes têm muito medo de sentimentos dolorosos, por medo de serem sobrecarregados, de não saberem como encerrá-los e, ainda pior, de ficarem sozinhos com a sua dor. A experiência emocional de solidão, condicionada em memórias de prestação de cuidado, é uma das experiências mais comuns e envergonhantes para nossos clientes — "*ninguém jamais veio, ninguém jamais me resgatou, ninguém fez melhorar*". Estar "sozinho" torna difícil o trabalho com emoções estressantes como raiva/fúria, e essa era uma emoção que Peter temia acessar, caso ficasse parecido com seu pai. Tenha em mente o ciclo entre agir mal e então ficar envergonhado por perder o controle e construir outra camada de vergonha, e que, na raiz dessas dificuldades, está um desespero (temido) de encontrar um senso de segurança e proteção, de ser cuidado, e um senso de pertencimento.

Simpatia é uma habilidade de entrada importante para esse fim, já que explora os sentimentos de tristeza. É importante a criação de um espaço para acolher nossos clientes nessa experiência e explorar suas memórias, em que "lhes disseram para não sentirem pena de si mesmos, que somente eles são responsáveis", em que foram ainda mais punidos por chorar e ficaram sozinhos quando precisavam de conforto. Quando empatizamos com os clientes sobre o quanto eles devem ter ficado solitários, feridos, desejosos e perdidos, isso pode desencadear um lampejo de tristeza ou um processo de luto, mas eles vão se fechar muito rapidamente. Mantenha-se alerta a isso, pois é algo que será importante mais tarde no processo. Os clientes facilmente tendem à autoaversão quando começam a chorar, o que bloqueia experiências de simpatia, e então é necessário um gentil acúmulo de tolerância emocional. Podemos começar a criar isso reduzindo o ritmo nas sessões, usando um tom de voz que transmita calidez e proteção, fazendo uma ponte empática com a validação, a psicoeducação para promover *insight*, e não julgamento, e a prática respiratória para manter a emoção. Peter começou a reconhecer o quanto ele ficou sozinho quando estava assustado/perturbado e como seu pai era zombeteiro quando Peter ficava perturbado e ansioso. A simpatia se tornou a porta de entrada de Peter para o luto e o reconhecimento da perda. No entanto, esse também era seu maior medo, e sua autoaversão também se intensificava quando ele era simpático com seu sofrimento. Assim, exploramos o que ele temia que acontecesse se permitisse que a tristeza entrasse. Ele foi capaz de dizer que teria que sentir a dor da solidão novamente. Tenha em mente também que, para alguns clientes como Peter, chorar é muito perigoso, pois provoca mais dano vindo dos outros. Quando choramos, não podemos enxergar ou respirar apropriadamente e perdemos o tônus muscular, o que significa que estamos no auge da nossa vulnerabilidade fisicamente.

A relação terapêutica é muitas vezes a primeira experiência de afiliação/cuidado proveniente de outra pessoa, e isso ajuda nossos clientes a terem a experiência de estar com um outro que cuida quando eles estão sofrendo. Assim, gentilmente encorajamos a tolerância aterrando o corpo, usando práticas de respiração vagal e tendo intenção consciente. Tudo isso ajuda nossos clientes a estarem "presentes", a ter, conter, suportar, validar e acalmar poderosas erupções emocionais de tristeza, raiva e medo. Permitimos que os clientes reconheçam lentamente que a dor se dissipará com o tempo se não lutarmos, reprimirmos ou julgarmos, mas, em vez disso, trouxermos os sistemas de compaixão, incluindo a regulação vagal, por meio da prática da respiração, para a dor. Aqui frequentemente vemos a emergência de outra resposta à bondade dos outros baseada na ameaça. Assim sendo, ficamos atentos aos medos, bloqueios e resistências à compaixão que podem surgir durante essas práticas. Lembre-se de que os clientes só vão começar a se engajar no processo de luto quando tiverem uma noção real de uma base segura conosco.

Sempre alertamos os clientes de que eles estarão trabalhando com a exploração da *raiva/fúria*, o *medo que o abusador* lhes causou e a *tris-*

teza pelos danos/pelas perdas causadas à sua vida. Algumas vezes é a raiva, outras vezes é o luto que é o mais poderoso. Por exemplo, Peter foi capaz de cair em prantos e dizer: "Eu só queria um pai que me amasse, eu só queria um pai que me protegesse, eu não queria você, por que eu tive que ter você? Por que você não pode ser um pai amoroso e cuidador?". Isso foi tão importante quanto Peter expressar sua raiva pelo seu pai e seu perpetrador, pois tanto raiva quanto tristeza fazem parte do luto. Às vezes, ser capaz de se engajar nessas emoções intensas pode ser útil antes do trabalho com cadeiras, mas frequentemente é o uso do exercício dos múltiplos *selves* (descrito na próxima seção) que facilita o acesso a esses estados emocionais bloqueados.

Usamos habilidades de compaixão de engajamento e ação para promover padrões compassivos com os substratos fisiológicos associados, a atividade neuronal e o córtex frontal melhorado. Desenvolvemos *mindsets* focados na compaixão para aliviar o sofrimento por meio da ação sábia e começamos engajando a fisiologia do *mindset* usando respiração e imagem mental do fluxo compassivo antes de convidar nossos clientes a expandirem seu raciocínio com a ajuda do KUWS. Este é um acrônimo para conhecimento (do termo em inglês *knowledge* — toda a psicoeducação focada no trauma), compreensão (do termo em inglês *understanding* — com base na sua formulação do caso e na compreensão empática da sua história), sabedoria (do termo em inglês *wisdom* — com base na sua consciência intuitiva de prestação de cuidado e nos passos para acabar com o estresse) e força (do termo em inglês *strength* — com base na coragem de agir de forma diferente para aliviar seu sofrimento). Nós os ajudamos a consolidar seu KUWS da compaixão pela forma abreviada de *notar* (meu estresse), *acalmar* (minha fisiologia da ameaça), *engajar* (meus sentimentos de compaixão por meio de imagem mental) e *raciocinar* (desenvolver uma lente da compaixão com a ajuda do KUWS).

Medos, bloqueios e resistências

Trabalhar os medos, bloqueios e resistências (FBRs, do inglês *fears, blocks and resistances*) à compaixão *é* o trabalho da TFC, e não podemos acelerar esse processo antes de avançarmos no trabalho da memória do trauma, pois queremos que nossos clientes sejam capazes de acessar estados emocionais da mente e motivações de cuidado mais úteis antes de trabalharmos diretamente com experiências traumáticas. Lembre-se de que estamos operando sistemas de cuidado com memórias condicionadas do trauma associada a eles, e é por isso que é tão importante usar psicoeducação para ajudar nossos clientes a entender sua resistência. Por exemplo, Peter estava convencido de que não merecia compaixão, pois ele se culpava pelo abuso. Aqui, foi útil usar psicoeducação específica para trauma para explorar como as crianças se culpam como estratégia de segurança e como a mente traumatizada faz a escolha de "ficar segura", bem como retornar à definição básica de compaixão e explorar quais das 12 competências da compaixão são mais complicadas do que as outras.

Lembre-se de que sempre tratamos cada resistência como sabedoria e explicamos aos clientes que essa é uma forma de proteção e que precisamos descobrir o que/quem elas estão protegendo. Em outras palavras, procure não ver as resistências como um problema, mas como um enigma na terapia. Tenha em mente que, quando sentimos que não estamos progredindo com os clientes, eles estão com medo de ser machucados, decepcionados de novo, rejeitados, abandonados ou deixados sozinhos, e precisamos ir devagar com a terapia enquanto trabalhamos com a autoaversão poderosa e um medo profundo do luto. É fácil sermos tentados a ir direto para "a parte da ação" do algoritmo da compaixão, o compromisso com o alívio do sofrimento por meio de uma ação sábia. No entanto, a menos que nossos clientes tenham ressonância emocional com "não é sua culpa", eles terão dificuldade para aceitar a tarefa de desenvolver compaixão como uma autoidentidade e uma forma de viver, pois continuarão a se sentir não merecedores. O *insight* da compaixão "não é sua culpa" é um desenvergonhamento profundo da psique por meio da conexão com a humanidade compartilhada e a compreensão da enormidade do que eles suportaram.

Todos os três fluxos da compaixão podem ser bloqueados em nossos clientes, e eles frequentemente têm dificuldade com as relações interpessoais devido às experiências de abuso e às consequentes rupturas na confiança e na proteção. Portanto, a autocompaixão, por si só, em geral não é suficiente porque não aborda a questão da interconectividade, a principal dificuldade para pessoas com TEPT-C.

Novos contextos emocionais e imagem mental compassiva

No trabalho com a memória do trauma, muitas vezes usamos reescritas para atender às necessidades emocionais não atendidas em *flashbacks* e memórias (Arntz, Sofi, & van Breukelen, 2013). Essas técnicas promovem nova sensação sentida nas memórias do trauma e possibilitam que o cliente tenha acesso a estados compassivos mais úteis e promovam memórias contextualizadas (Lee & James, 2013; Lee, 2015). Por exemplo, podemos reescrever um *flashback* para atualizar uma sensação sentida de "ser sobrepujado por uma sensação sentida de empoderamento corporificado". Já escrevemos extensivamente em outro lugar (Lee, 2005; Lee & James, 2013; Lee, 2016) sobre como usar essas técnicas, pois a imagem mental é incrivelmente útil para fornecer atualização multissensorial dos *flashbacks* e dos pesadelos. Temos a tendência a usar três tipos de imagem mental em trauma: i) imagem mental de um lugar seguro (porto seguro); ii) imagem mental de uma base segura (cuidador perfeito ou outro amoroso internalizado); e iii) imagem mental de conectividade (amigos e fluxo compassivos). Todos são importantes e servem a diferentes funções, dependendo da necessidade emocional não atendida. Por exemplo, se estamos trabalhando com *flashbacks* em que os clientes se sentem inseguros, podemos usar a imagem mental de um lugar seguro para promover um senso interno de proteção. Se estamos trabalhando em memórias de abandono, podemos usar a imagem mental de uma base segura, como o cuidador perfeito, para promover sentimentos de cuidado/ser cuidado. Se estamos trabalhando com memórias de trauma em que os clientes se sentem sozinhos, ou precisam de coragem e apoio, podemos usar a imagem mental da conectividade, da humanidade compartilhada e de membros do grupo (se nossos clientes participam de um grupo). A imagem mental do cuidador perfeito também é uma forma útil de vencer os bloqueios na autocompaixão, especialmente em trauma de apego, em que as necessidades de prestação de cuidado não foram atendidas. Essa imagem mental encoraja uma representação internalizada da prestação de cuidado relacional e pode ajudar as pessoas a acessarem sua sabedoria intuitiva mais prontamente. Obviamente, alguns clientes podem não gostar de usar imagem mental fantástica, e tudo bem, pois estamos sempre trabalhando com o espaço e o ritmo que nossos clientes habitam. Dito isso, podemos usar a imagem mental do cuidador perfeito para atentar às necessidades não satisfeitas dos nossos clientes em *flashbacks*; podemos usá-la para habitar a cadeira da compaixão no trabalho com múltiplos *selves* ou quando trabalhamos com o crítico interno (veja a seguir).

3 Desenvolvendo a integração em mentes traumatizadas

O abusador internalizado é uma estratégia de segurança

A abordagem do autocriticismo é uma tarefa central na TFC, e o trabalho com cadeiras é usado com frequência para esse fim. Em

TEPT-C, frequentemente trabalhamos com estados de autoaversão arraigada, com qualidade/função de denegrir e aniquilar. Isso pode estar ligado a memórias/abusadores/perpetradores do trauma, e, portanto, esses estados podem ser especialmente disseminados e mais difíceis de trabalhar do que outras formas de autocriticismo. Desse modo, uma das primeiras e cruciais distinções é ajudar as pessoas a decidirem se seu autocriticismo é *auto*criticismo genuíno ou se é um eco/memória e uma internalização da voz de outra pessoa (muitas vezes do abusador). Em outras palavras, elas experienciam ser atacadas, mas se tornam mais conscientes de que "na realidade, não são elas fazendo o ataque". Na maioria das vezes, nossos clientes sabem exatamente a quem pertence a voz do "crítico", pois em geral ela está ligada às palavras do abusador e inserida em seus *flashbacks*. Portanto, pise com cautela quando explorar essa relação internalizada via trabalho com cadeiras, pois estamos efetivamente "convidando o abusador" a ingressar no espaço terapêutico seguro. O importante aqui é colaborar com o cliente para planejar sua própria exposição gradual. Por exemplo, ele pode primeiro querer escrever uma carta na terapia com você ou usar outra forma menos ativadora de pensar sobre o abusador. Algumas intervenções cognitivas podem ser usadas como uma preparação antes do engajamento mais experiencial, pois elas visam a desmantelar a manutenção inquestionável do crítico interno, explorando as *credenciais do crítico* (veja Harmen, Lee, & Barker, 2010; Lee, 2005; Lee & James, 2013; Lee, 2015, para mais detalhes). No entanto, em essência, esse é um exercício para criar uma metaconsciência e o *insight* de que "isso não é quem eu sou, é quem eu fui levado a acreditar que sou". A psicoeducação sobre o pensamento infantil egocêntrico e a projeção do abusador, para ajudar os clientes a renunciar à responsabilidade e à autoculpa como estratégia de segurança, pode ser usada para explicar por que as crianças pequenas acreditam quando os adultos dizem "você me obrigou a lhe fazer isso, você quer isso, você merece isso". Com base na teoria da mente e na mentalização, podemos gentilmente explorar o "interesse declarado" do abusador internalizado de projetar a culpa nos outros. Esses *insights* cognitivos, associados ao aumento na tolerância emocional, muitas vezes podem facilitar uma troca emocional de estados de autoculpa envergonhada para culpa e responsabilidade corrigidas. Lembre-se de que podem surgir medos e dilemas morais sobre identificar os perpetradores aos familiares ou denunciá-los à polícia.

Usando o trabalho com cadeiras para explorar o abusador internalizado

É exatamente aqui que Peter estava quando exploramos a relação com seu pai e o homem que o abusou no início da adolescência. Seu pai estava morto, mas Peter sabia que o outro homem ainda estava vivo, e ele o via ocasionalmente com outros meninos jovens. Quando exploramos a origem e a função da sua voz crítica internalizada, gentilmente perguntando "Qual seria o medo se você se permitisse aceitar que não foi sua culpa? O que aconteceria?", Peter conseguiu reconhecer que seria "mais fácil" se convencer de que o abuso foi sua culpa do que aceitar a ideia de que ele foi aliciado e abusado, pois isso viria acompanhado do dilema de denunciar seu perpetrador à polícia para proteger outros de crimes similares. Assim, podemos ver como, em tais casos, o autocriticismo e a autoaversão estão ligados à autoculpa. Desse modo, uma exploração gentil sobre qual é realmente o medo de renunciar à autoculpa pode ser incrivelmente útil no trabalho com os medos e a resistência.

O *exercício da cadeira vazia* (veja Lee, 2016, para mais detalhes) pode ajudar os clientes a "externalizar e verbalizar a autoculpa para uma cadeira vazia (que representa o perpetrador ou abusador)". Por favor, seja cuidadoso quando usar esse exercício, pelas razões mencionadas anteriormente e pelo risco de contaminação de um espaço terapêutico seguro. Assim, poderíamos dizer:

> Quando você se culpa pelo abuso, isso significa que não é culpa do perpetrador? Você acha que o perpetrador deveria ser punido ou assumir a responsabilidade pelo que fez a você? Ou você acha que é tudo sua culpa? Então, estou curioso para explorar com você o que aconteceria se nós "contássemos" para a cadeira vazia que você é responsável pelo abuso. O que aconteceria se pedíssemos que sua mente compassiva comentasse sobre isso — o que ela lhe diria, o que ela iria querer que você soubesse? Se engajássemos sua motivação compassiva, o que você diria agora para a cadeira vazia? O que seu *self* compassivo desejaria para você?

Esse exercício foi um momento transformador para Peter e o exercício que mais o ajudou a se conectar com sua tristeza, a qual tinha sido bloqueada pela autoculpa. No entanto, se nossos clientes continuarem a se culpar nesse exercício, voltamos gentilmente ao trabalho sobre os medos e as resistências relacionados à autocompaixão.

O engajamento no trabalho experiencial com cadeiras é intenso e emocionalmente ativador, já que desejamos facilitar uma mudança emocional na sensação sentida (p. ex., ajudando nossos clientes a mudar de estados de impotência para empoderados, usando a compaixão corporificada). Portanto, tenha em mente o estágio da terapia para assegurar que os clientes tenham um grau de confiança em sua capacidade de acessar a autocompaixão e a compaixão dos outros (pois podemos precisar intervir e ter uma palavra compassiva com os abusadores internalizados para apoiar nossos clientes durante o exercício).

Múltiplos *selves*

O uso do trabalho com cadeiras para facilitar a integração emocional é uma técnica central na TFC, e você encontrará discussões mais detalhadas dessa técnica em capítulos anteriores deste livro. Muitas vezes, falamos sobre emoções/processos bloqueados na TFC, e o trabalho com cadeiras dos múltiplos *selves* pode ser muito útil na regulação das emoções dominantes. Por exemplo, é comum que nossos clientes apresentem vergonha generalizada e nenhuma capacidade para outras emoções. Igualmente, alguns clientes podem apresentar raiva esmagadora, mas são incapazes de acessar ansiedade e tristeza. Podemos usar o trabalho com cadeiras para facilitar a regulação compassiva de emoções dominantes como vergonha e dar voz a emoções ausentes como raiva. Também podemos usá-lo para regular respostas emocionais a eventos traumáticos (como estupro) ou a pessoas na vida do nosso cliente que tiveram uma influência importante no seu bem-estar (principais influenciadores emocionais, como perpetradores de abuso). Devemos estar sempre atentos para haver um sistema compassivo em bom funcionamento em nossos clientes, pois invariavelmente essa intervenção ativa uma resposta bloqueada de luto pela perda. Também devemos ter em mente que as origens das emoções bloqueadas muitas vezes estão incluídas nos *flashbacks* e, portanto, você pode precisar usar uma técnica de memória do trauma, como dessensibilização e reprocessamento por meio dos movimentos oculares (EMDR, do inglês *eye movement desensitization and reprocessing*, Shapeiro, 2001) ou reescrita para facilitar o processamento (Whalley & Lee, 2019).

Um dos grandes medos de Peter era sua raiva inexplorada. Ele havia passado muitos anos se sentindo impotente e sem voz, mas ficava igualmente aterrorizado com a possibilidade de ficar parecido com seu pai, que considerava um monstro. O trabalho dos múltiplos *selves* e com cadeiras realmente ajudou Peter a se conectar, expressar e regular as profundezas da sua raiva com sua mente compassiva. Também foi importante que Peter entendesse que ele podia ser ouvido, tolerado e contido para que conseguisse expressar toda a extensão da sua raiva e então regulá-la com um *self* sábio, tranquilizador e compassivo.

4 Contextualizando e integrando memórias fragmentadas do trauma

O objetivo terapêutico nesta fase é contextualizar os *flashbacks* dos nossos clientes e ajudá-los a transformar sua narrativa traumatizada em uma narrativa coerente, contextualizada e compassiva do *self*. Tenha em mente a importância de uma base segura interna e um porto seguro desenvolvidos como requisitos necessários para se engajar e trabalhar com experiências de trauma doloroso nas sessões.

Trazendo a mente compassiva para histórias de trauma

O processo de integração continua à medida que ajudamos nossos clientes a criar um relato compassivo da sua história de vida. Ele é essencialmente um mapeamento das experiências de trauma, contextualizando, por meio da atualização do significado das experiências de trauma de vergonha e autoculpa para compaixão e cuidado pelo bem-estar, e desenvolvendo um relato autobiográfico coerente das experiências dos nossos clientes. Há diferentes formas de abordar a estrutura da narrativa, e usamos uma versão adaptada da linha da vida descrita na terapia de exposição narrativa (Schauer, Neuner, & Elbert, 2012). Pode ser útil ter em mente que precisamos reestruturar de maneira compassiva e/ou atualizar os principais eventos traumáticos, os principais influenciadores emocionais e as experiências de trauma que podem precisar de trabalho específico com a memória do trauma para atualizar o significado (porque elas são memórias fragmentadas manifestas como *flashbacks* sensoriais, pesadelos ou pensamentos intrusivos). Quando começamos a narração, iniciamos cada sessão engajando a mente compassiva do nosso cliente, usando respiração consciente, imagem mental do fluxo compassivo e um lembrete do nosso compromisso profundo de sermos úteis, e não prejudiciais. Então encorajamos os clientes a contar sua história usando o questionamento socrático curioso e compassivo para promover a elaboração. Assim, por exemplo, podemos perguntar: Quem estava na sua vida? Como essa pessoa fez você se sentir? Como você entende isso agora, considerando o que exploramos na terapia? O que sua mente compassiva diz sobre isso e o que ela quer que você saiba? Qual seria a maneira mais útil e sábia de pensar sobre o que aconteceria se você se permitisse acreditar na sua mente compassiva? Em vários pontos durante a narração, podemos precisar desviar para um trabalho com cadeiras ou trabalho com a memória do trauma para trazer sentimentos focados na compaixão para memórias arraigadas do trauma baseadas na vergonha, relações complicadas ou respostas emocionais dominantes, para que possamos desenvolver um relato totalmente contextualizado e autobiográfico da sua história de vida (Lee, 2015; Whalley & Lee, 2019). Lembre-se de que os *flashbacks* se manifestam em todas as modalidades sensoriais e que pode ser necessário trabalho criativo para atualizar as memórias contidas no corpo, *flashbacks* olfativos e *flashbacks* baseados na imagem mental (Holmes, Grey, & Young, 2005).

Depois que nossos clientes narraram sua história e integraram seus *flashbacks*/pesadelos, tendemos a ver queda nos sintomas do trauma e aumento nos sentimentos de tristeza. Esse é um processo natural e que foi perturbado por muitos anos, e esse estágio da intervenção terapêutica envolve permitir e facilitar o luto (por favor, veja Lee & James,

2013, para uma discussão mais detalhada sobre a atualização das memórias do trauma).

Quando passamos a narrar a história do trauma de Peter, fizemos isso de forma sistemática. Primeiro, identificamos as principais pessoas e influenciadores emocionais na sua infância/vida adulta e depois mapeamos as fases importantes de abuso e incidências do trauma. Por exemplo, identificamos alguns dos principais *flashbacks* da raiva do seu pai e no período de abuso entre as idades de 13 e 20 anos. Em cada sessão, narramos outra seção da sua história, primeiro nos engajando em sua mente compassiva e, então, por meio de descoberta guiada, desenvolvendo uma versão compassiva do que aconteceu com ele. Escolhemos pessoas específicas, como sua mãe, seu pai ou o pedófilo, para gerar uma perspectiva compassiva diferente sobre o papel que essas pessoas tiveram na sua vida. Usamos o trabalho com cadeiras para expandir e integrar uma gama de respostas emocionais, sobretudo emoções travadas, como vergonha e entorpecimento. Usamos a imagem mental do cuidador perfeito para atender às suas necessidades emocionais de cuidado na infância, reescrevendo os principais eventos na infância, e usamos a mim, como terapeuta, para reescrever as principais incidências de abuso na sua adolescência e o engajamento na cena de abuso. Durante essas cenas, reescrevemos sua necessidade não atendida de proteção e cuidado, dizendo ao seu abusador que o que ele estava fazendo era errado, contra a lei, para deixá-lo em paz, e então o imaginamos sendo cuidado pela sua imagem de cuidador perfeito que o fazia se sentir seguro. Quando trabalhamos com suas memórias do trauma, fomos sensíveis à sua resposta habitual de desligamento e usamos técnicas de ativação do parassimpático para mantê-lo na sua janela de tolerância, para que pudesse "recalibrar" sua resposta sensório-motora aos desencadeantes da resposta ao trauma. No final, havíamos criado uma narrativa compassiva integrada dessa história de trauma que foi contextualizada no passado e agora lhe oferecia uma oportunidade de descobrir como ele queria conviver com a versão compassiva de si como seu guia.

5 Transformação

Corporificando a versão compassiva de nós mesmos

A fase final do nosso trabalho inclui a transformação, possibilitando que nossos clientes corporifiquem uma versão compassiva e integrada do *self*. Você pode achar que essa fase da terapia é frequentemente reduzida, pois a maioria dos clientes relata que se sentiram muito melhor depois que narraram a história do seu trauma. No entanto, se possível, é conveniente dedicar tempo e atenção a essa fase. Nossos clientes estão começando a descobrir uma versão de si que quer viver sem trauma e sem medo. Desse modo, pode ser útil mapear um plano para manter a compaixão viva na sua mente e no seu corpo (um modelo da TFC). Ele pode conter, por exemplo, lembretes de:

> Quando eu viver sem medo...
> Este é quem eu sou...
> É assim que eu me trato...
> É assim que eu gosto que os outros me tratem...
> Isto é o que eu faço quando estou tendo dificuldades...
> É assim que eu gosto de resolver problemas...
> É assim que eu resolvo dificuldades nas relações na minha vida...

É importante encorajar nossos clientes a desenvolver rotinas e disciplina (os princípios de "usar ou perder"), e as discussões em torno da prática comprometida e contínua são essenciais para a recuperação sustentada e para melhorar o estabelecimento das conexões neurais associadas à nova aprendizagem e às novas formas de se comportar com um padrão compassivo. Também podemos ajudar nossos clientes a reunir um *kit* de ferramentas dos hábitos da compaixão para melhorar suas práticas, como escrita de uma carta compassiva, prática respiratória, uso de KUWS da compaixão quando eles estão com dificuldades, mantras diários, *mindfulness* e prática de gratidão. Igualmente, alguns colegas usam a prática do *kit* de utensílios da compaixão (Lucre & Clapton, 2020) para aprimorar a transformação e o ganho terapêutico sustentado.

Processos de mudança

Há algumas questões importantes no processo de mudança que são especialmente relevantes para o trabalho com trauma; por favor, tenha-as em mente se você quiser trabalhar dessa forma com seus clientes. Primeiro, quando nossos clientes chegam à terapia, mesmo quando ela é faseada, eles geralmente estão se engajando pela primeira vez e muitas vezes estão sofrendo. Assim, necessariamente, eles estão reduzindo comportamentos evitativos, e, portanto, temos tendência a ver aumento nos sintomas do trauma, como *flashbacks* e pesadelos. Com frequência, os clientes relatarão que se sentem muito piores, e os terapeutas podem começar a se sentir preocupados de que possam estar causando mais mal do que bem. Essa é uma reação normal e esperada se entendemos o papel da evitação na manutenção do TEPT-C. Portanto, encorajamento e habilidades de ensino para manejar sintomas estressantes, como *flashbacks* e hiper/hipoexcitação, antes de trabalhar diretamente com experiências de traumas, são necessários e úteis.

Outro processo importante é a reação psicológica a "não é sua culpa". Em vez de ser um ponto de liberação da autoculpa/vergonha, nossos clientes podem começar a ter percepções sobre de quem realmente é a culpa. Isso pode dar origem a dilemas morais sobre denunciar à polícia os perpetradores, sobretudo membros da família. Isso também pode vir acompanhado de uma noção devastadora da vida que eles poderiam ter levado e da extensão da sua perda. Para algumas pessoas, isso pode literalmente ser demais para suportar, e, em alguns casos, podemos ver uma escalada de risco com ideação/tentativa de suicídio e outros comportamentos autoagressivos. Portanto, é essencial termos muito cuidado com esse *insight* emergente e tomar todas as precauções apropriadas para manter nossos clientes a salvo de danos e manejar o risco.

As relações com o abusador internalizado e as autocríticas podem intensificar seus ataques quando iniciamos o processo da vergonha, o que, novamente, pode levar a mais comportamentos de risco e estratégias protetivas. Isso pode ser muito desalentador para clientes que começam a achar que estão piorando, e não melhorando. Portanto, nos primeiros estágios, uma relação terapêutica segura e compassiva é essencial, assim como a educação cuidadosa sobre o que esperar na terapia.

Por fim, às vezes, pode ser difícil tanto para o cliente quanto para o terapeuta compreender o lado obscuro da mente humana, com sua capacidade de se engajar em atos de crueldade humana. Embora essas motivações de crueldade possam não estar inteiramente na percepção consciente (e em algum ponto no *continuum* do que é visto, não visto e desconhecido), o legado emocional e psicológico é profundo. Histórias de trauma podem, às vezes, parecer inacreditáveis, e é importante nos lembrarmos de que, se quisermos trabalhar com pessoas que foram traumatizadas pela crueldade de outras, precisamos trazer para a relação terapêutica um compromisso autêntico e profundo de ajudar, acreditar no inacreditável e manter nossa própria autoprática focada na compaixão. Precisamos cuidar de nós quando trabalhamos com clientes que são traumatizados. O risco de traumatização vicária é real, e a sobreidentificação com o sofrimento pode levar à fadiga por empatia emocional, ao *burnout* potencial e à perda da esperança na humanidade (Ricard, 2013). Nossa autoprática compassiva não só manterá nossa esperança na mudança, mas também melhorará nosso bem-estar emocional em nossa vida particular e profissional.

Referências

DSM 5. American Psychiatric Association (2013). *Diagnostic and statistical manual of mental disorders – fifth edition*. American Psychiatric Association.

Arntz, A., Sofi, D., & van Breukelen, G. (2013). Imagery rescripting as treatment for complicated PTSD in Refugees: A multiple baseline case series study. *Behaviour Research and Therapy, 51*, 274–283.

Ashfield E., Chan, C., & Lee, D.A. (2020). Building 'a compassionate armour': The journey to develop strength and self-compassion in a group treatment for complex PTSD. *Psychology and Psychotherapy, 94*(5), 286–303. https://doi.org/10.1111/papt.12275

Au, T., Sauer, S., King, M.K., & Litz, B. (2017). Compassion-based therapy for trauma related shame and posttraumatic stress: Initial Evaluation using a multiple baseline design. *Behavior Therapy, 48*, 207–221.

Bowlby, J. (1969). *Attachment and Loss* (Vol. 1). Hogarth Press.

Brewin, C.R., Dalgleish, T., & Joseph, S. (1996). A dual representation theory of posttraumatic stress disorder. *Psychological Review, 103*, 670–686.

Cloitre, M., Courtis, C.A., Charuvasta, A., Carapezza, R., Stolbach, B.C., & Green, B.L. 0122). Treatment of complex PTSD: Results of the ISTSS expert clinician survey on best practices. *Journal of Traumatic Stress, 24*(6), 615–627.

Cowan, C.S.M., Callaghan, B.L., Kan, J.M., & Richardson, R. (2016). The lasting impact of early-life adversity on individuals and their descendants: potential mechanisms and hope for intervention. *Genes, Brain and Behavior, 15*(1), 155–168.

Cozolino, L. (2017). *The neuroscience of psychotherapy: Healing the social brain* (2nd ed.). (Norton Series on Interpersonal Neurobiology). W.W. Norton.

Ehlers, A., & Clark, D.M. (2000). A cognitive model of posttraumatic stress disorder. *Behaviour Research and Therapy, 38*, 319–345.

Finkelhor, D. (1984. *Sexually victimized children*. Free Press.

Fonagy, P., & Luyten, P. (2018). *Attachment, mentalizing and the self*. In W.J. Livesley & R. Larstone (Eds.). *Handbook of personality disorders: Theory, research and treatment* (pp. 123–140). Guilford Press.

Gilbert, P. (2000a). Social mentalities: Internal 'social' conflicts and the role of inner warmth and compassion in cognitive therapy. In P. Gilbert & K.G. Bailey (Eds.). *Genes on the couch: Explorations in evolutionary psychotherapy* (pp. 118–150). Psychology Press.

Gilbert, P. (2009). *The compassionate mind: A new approach to the challenge of life*. Constable & Robinson.

Gilbert, P. (2020). Compassion: From its evolution to a psychotherapy. *Frontiers in Psychology, 11*, 3123.

Gilbert, P., & Irons, C. (2005). Focused therapies and compassionate mind training for shame and self-attacking. In P. Gilbert (Ed.). *Compassion: Conceptualisations, research and use in psychotherapy* (pp. 263–325). Routledge.

Harmen, R., Lee, D.A., & Barker, C. (2010). The role of self-attack and self-soothing in the maintenance of shame-based PTSD. *Clinical Psychology and Psychotherapy, 17*(1), 13–24.

Herman, J. (1992). *Trauma and Recover*. Basic Books/ Hachette Book Group.

Holmes, E., Grey, N., Young, & Kerry, A.D. (2005). Intrusive images and 'hotspots' of trauma memories in posttraumatic stress disorder: An explanatory investigation of emotions and cognitive themes. *Journal of Behaviour Therapy and Experimental Psychiatry, 36*, 3–17.

Karatzias, T., Cloitre, M., Maercker, A., Kazauskas, E., Shevlin, M., & Hyland P. (2017). PTSD and complex PTSD: ICD-11 updates on concept and measurement in the UK, USA, Germany and Lithuania. *European Journal of Psychotraumatology, 8*, 1418103.

Lawrence, V., & Lee, D.A. (2014). An exploration of people's experiences of compassion focused therapy for trauma, using interpretative phenomenological analysis. *Clinical Psychology and Psychotherapy, 21*(6), 495–507.

Lee, D.A. (2005). *The perfect nurturer: A model for the development of compassionate processes within the context of cognitive therapy*. In P. Gilbert (Ed.). *Compassion: Conceptualisations, research and use in psychotherapy* (pp. 326–352). Routledge.

Lee, D.A. (2009). Compassion focused cognitive therapy for shame-based trauma memories and flashbacks in PTSD. In N. Grey (Ed.). *A casebook of cognitive therapy for traumatic stress reactions* (chapter 15). Brunner-Routledge.

Lee, D.A. (2015). Case conceptualisation in complex PTSD: Integrating theory with practice. In N. Tarrier & J. Johnson (Eds.). *Case formulation in cognitive behaviour therapy: The treatment of challenging and complex cases* (2nd ed.) (pp. 143–165). Routledge.

Lee, D.A., & James, S. (2013). *The compassionate-mind guide to recovering from trauma and PTSD: Using compassion-focused therapy to overcome flashbacks, shame, guilt, and fear*. New Harbinger.

Lee, D.A., Scragg, P., & Turner, S.W. (2001). The role of shame and guilt in traumatic events: A clinical model of shame based and guilt-based PTSD. *British Journal of Medical Psychology, 74*, 451–466.

Liotti, G. (2004). Trauma, dissociation, and disorganized attachment: Three strands of a single braid. *Psychotherapy: Theory, Research, Practice, Training, 41*(4), 472–486.

Liotti, G. (2011). Attachment disorganization and the controlling strategies: An illustration of the contributions of attachment theory to developmental psychopathology and to psychotherapy integration. *Journal of Psychotherapy Integration, 21*(3), 232–252.

Lippard, E.T., & Nemeroff, C.B. (2020). The devastating clinical consequences of child abuse and neglect: Increased disease vulnerability and poor treatment response in mood disorders. *American Journal of Psychiatry, 177*(1), 20–36.

Lucre, K.M., & Clapton, N.E. (2020). The Compassionate Kitbag: A creative and integrative approach to compassion-focused therapy. *Psychology and Psychotherapy, Theory, Research and Practice, 94*(2), 497–516. https://doi.org/10.1111/papc.12291

McLean, L. (2020). (personal communication). *Compassion focused group therapy for adult survivors of childhood sexual abuse: A mixed methods preliminary study* [Unpublished PhD dissertation], University of Queensland.

McLean, L., Steindl, R., & Bambling, M. (2017). Compassion-focused therapy as an intervention for adult survivors of sexual abuse. *Journal of Child Sexual Abuse, 27*(2), 161–175.

Music, G. (2019). *Nurturing children: From trauma to growth using attachment theory, psychoanalysis and neurobiology*. Routledge.

Naismith, I., Ripoll, K., & Pardo, V.M. (2020). Group compassion-based therapy of intimate-partner violence and gender-based violence. *Journal of Family Violence, 1*(6), 175–182.

National Collaborating Centre for Mental Health. (2005). *Post-traumatic stress disorder: The management of PTSD in adults and children in primary and secondary care*. Gaskell and the British Psychological Society.

NICE (National Institute for Health and Care Excellence) (2018). *Post-traumatic stress disorder* (NICE guideline 116). www.nice.org.uk/guidance/ng116

Odgen, P., Pain, C., & Fisher, J. (2006). A sensorimotor approach to the treatment of trauma and dissociation. *Psychiatric Clinics of North America, 29*, 263–279.

Porges, S.W. (2007). The polyvagal perspective. *Biological Psychology, 74*(20), 116–143.

Ricard, M. (2013). *Empathy fatigue*. [Video] YouTube. www. MatthieuRicard.org

Schauer, M., & Elbert, T., (2010). Dissociation following traumatic stress: Etiology and treatment. *Journal of Psychology, 218*(2),109–127.

Schauer, M., Neuner, F., & Elbert, T. (2012). *Narrative exposure therapy (NET): A short-term intervention for traumatic stress disorders* (2nd ed.). Hogrefe & Huber.

Shapiro, F. (2001). *Eye movement desensitisation and reprocessing: Basic principles, protocols, and procedures* (2nd ed.). Guilford.

Siegal, D. (1999). *The developing mind*. The Guilford Press.

Van der Kolk, B.A. (2015). *The body keeps the score: Brain, mind, and body in the healing of trauma*. Penguin Books.

Whalley, M., & Lee, D.A. (2019). *Using compassionate resource installation in EMDR for shame-based memories*. (online: Psychology Tools)

World Health Organisation. (2018). *The ICD-11 classification of mental and behavioural disorders: Diagnostic criteria for research*. World Health Organisation.

26

Uma abordagem da terapia focada na compaixão para apoiar pais e filhos

James N. Kirby

A forma como criamos nossos filhos é importante. Essa compreensão nem sempre foi assim, infelizmente. De maneira histórica, os humanos intencionalmente têm usado crianças como escravas, para tráfico de drogas e em conflitos armados (World Health Organization [WHO], 2014). Essas tragédias continuam até hoje, com mais de dois milhões de crianças utilizadas como crianças-soldado na guerra ativa (muitas delas usadas como escravas sexuais; WHO, 2014); ainda, milhões de crianças são utilizadas na força de trabalho como trabalhadores infantis (WHO, 2014), e os níveis de mortalidade infantil estão aumentando em países ocidentais "desenvolvidos" (Marmot, Allen, Boyce, Goldblatt, & Morrison, 2020). Em menor escala, há milhões de crianças no mundo todo crescendo em lares em que são expostas a experiências adversas na infância, como abuso (p. ex., físico, emocional, sexual), negligência (p. ex., física, emocional) ou disfunção na família (p. ex., violência contra a mãe, uso de substância), todas as quais aumentam as chances de problemas de saúde mental e física (Felitti et al., 1998; Lippard, & Nemeroff, 2020; Music, 2017).

Paralelamente a essas tragédias, temos cientistas conduzindo pesquisas rigorosas nos campos da psicologia desenvolvimental e da família, da epigenética e da neurociência, demonstrando que a forma como as crianças são criadas, e os ambientes em que elas são criadas, têm impactos significativos no seu desenvolvimento cerebral, na sua fisiologia, nas suas competências social e emocional e nos seus comportamentos (Cowan, Callaghan, Kan, & Richardson, 2016; Moffit et al., 2011). Os pesquisadores consideram consistentemente que aquelas crianças criadas em ambientes acolhedores e responsivos crescem substancialmente melhor do que as criadas em ambientes frios, críticos e estéreis (Kirby, 2016; Music, 2017; Navraez, 2016). No entanto, há crianças criadas em famílias em que punições físicas como bater ainda são usadas com frequência (Prinz et al., 2009), apesar de isso afetar negativamente o apego entre pais e filhos e ser ineficaz para mudar o comportamento da criança a longo prazo (D'Souza, Russell, Wood, Signal, & Elder, 2016; Klevens & Whitaker, 2007; Prinz, Sanders, Shapiro, Whitaker, & Lutzker, 2009).

Durante os últimos 40 a 50 anos, pesquisadores de parentalidade e família têm focado no desenvolvimento de programas de parentalidade positiva como vias essenciais para ajudar a proteger as crianças (Sanders & Kirby, 2014). Esses programas fazem isso orientando os pais sobre consciência, conhecimento e parentalidade positiva para promover relações e comportamentos positivos nas crianças. Esses programas de parentalidade foram imensamente eficazes para melhorar as práticas parentais (Sanders et al., 2014). Por exemplo, no maior ensaio controlado randomizado de uma abordagem de saúde pública de parentalidade, o programa Parentalidade Positiva Triplo P foi implementado em condados dos Estados Unidos (Prinz et al., 2009) e, em um período de três anos, as taxas de maus-tratos na infância, de crianças colocadas para fora de casa e de lesões por maus-tratos na infância reduziram significativamente em todos os condados que receberam o Triplo P comparados com os condados que não receberam o programa de parentalidade. Entretanto, apesar dos benefícios positivos que podem ser derivados dos programas de parentalidade, a aceitação da participação nesses programas é limitada (Sanders & Kirby, 2014).

Há muitos milhões de crianças que estão sofrendo, não porque escolhem crescer em ambientes familiares hostis, mas porque cultural e socialmente tendemos a envergonhar os pais (Kirby, Sampson, Day, Hayes, & Gilbert, 2019). Um relato recente de 2.200 pais americanos verificou que 90% das mães e 85% dos pais se sentiam julgados por estranhos e outros pais, com 50% relatando sentirem-se julgados quase o tempo todo (Zero to Three, 2016). Em contextos sociais avaliativos em que ocorre julgamento negativo, a vergonha é uma experiência comum para os pais (Scarnier, Schmader, & Lickel, 2009). Ela pode focar um cuidador primário que não se sente competente em seu papel parental, sendo percebido como fraco para lidar com o comportamento do seu filho, ou estar relacionada a comportamentos disruptivos nos quais a criança é considerada "má" (Kirby et al., 2019). Quando os pais se sentem envergonhados nesses contextos sociais, isso comumente pode levar a duas respostas diferentes: 1) evitação de contextos em que as pessoas podem ver um cuidador primário (comportamentos submissos e de segurança) ou 2) parentalidade psicológica mais controladora, o que pode resultar em raiva, ameaças e gritos parentais com os filhos (comportamento dominante e agressivo; Kirby, Grzazek, & Gilbert, 2019). Isso é importante porque, mesmo quando os pais não são abertamente abusivos ou negligentes e, de fato, podem estar altamente motivados a serem bons pais, a vergonha e a ameaça de vergonha podem introduzir distorções na relação pais-filhos com impactos a longo prazo (Fonagy & Target, 1997; Gilbert & Andrews, 1998; Holmes & Slade, 2018). Além disso, como esses efeitos são sutis, crianças que crescem com pais que carregam muita vergonha podem não ter consciência do grau em que seu desenvolvimento está sendo influenciado pela vergonha parental e podem ser altamente vulneráveis à vergonha mais tarde na vida (Fonagy & Target, 1997; Gilbert & Andrews, 1998; Holmes & Slade, 2018). Desse modo, a vergonha não é vista como uma forma útil de motivar os pais a se engajar em programas parentais para se tornarem pais melhores para seus filhos (Kirby, Sampson, Day, Hayes & Gilbert, 2019). Uma abordagem alternativa, que provavelmente será mais útil, é uma abordagem focada na compaixão para a parentalidade e o apoio familiar.

Para assumirmos uma abordagem compassiva para apoiar pais e filhos, é necessário um sistema de intervenção multinível, e a terapia focada na compaixão representa um tremendo potencial na operação, tanto em nível de intervenção em saúde pública quanto em nível individual. Este capítulo discutirá vários fatores essenciais relacionados à criação de ambientes que ajudem a promover abordagem compassiva para apoiar pais e filhos, e discutirá o que já está acontecendo em relação à aplicação de abordagens da TFC para ajudar as famílias.

O que significa ser humano: teoria da mentalidade social

Os humanos são mamíferos, e, como tal, nos desenvolvemos melhor quando recebemos parentalidade acolhedora, previsível e responsiva do nosso prestador de cuidado. Essa é a base de um apego seguro, a provisão de uma base segura, que promove a exploração e a confiança, e de um porto seguro, que promove a tranquilização e a calma (Bowlby, 1969; Music, 2017). Além disso, ser contido, mantido aquecido e tocado, receber falas gentis (prosódia) e expressões faciais de acolhimento e cuidado tem múltiplos impactos fisiológicos no bebê em maturação (Hofer, 1994; Winberg, 2005). Em outras palavras, o prestador de cuidado (cuidador primário) e o recebedor de cuidado (bebê) entram em danças interacionais de dinâmica complexa, recíproca, momento a momento, em que cuidador primário e bebê estão em sintonia. Esse é um exemplo de quando a mentalidade social de cuidado está funcionando bem. Em contrapartida, se o cuidador não tem expressão ou calidez emocional em relação ao seu filho quando tenta confortá-lo e acalmá-lo, essa dança ou sintonia não é ativada; lamentavelmente, essa é uma experiência comum para mães deprimidas e seus filhos (Hummer, Kiel, & Zviblyte, 2016). Essa falta de sintonia entre cuidador primário e filho pode ter efeitos prejudiciais no desenvolvimento cognitivo e da linguagem, na regulação emocional e na competência social da criança (Sociedade Canadense de Pediatria, 2004).

Nas comunidades primitivas de caçadores-coletores, em que a criação dos filhos era compartilhada (Hrdy, 2009; Narvaez, 2016), nos casos em que os pais estivessem com dificuldade, ou se houvesse parentalidade disfuncional, o cuidador primário e o filho teriam outros prestadores de cuidado a quem recorrer, muitas vezes a avó (Kirby, 2015). Isso com frequência é referido como *alo*parentalidade, um fenômeno em que o cuidado dos filhos é prestado por outros indivíduos que não os pais — em geral, mas não somente parentes próximos (Hrdy, 2009; Lee, 2018). Assim, nas sociedades primitivas dos caçadores-coletores, os parentes e outros membros do grupo estavam quase sempre presentes para auxiliar na criação dos filhos. As crianças podiam circular livremente e podiam procurar contato, conforto e ludicidade à sua escolha; esse ainda é o caso nos grupos de caçadores-coletores atualmente (Eibl-Eibesfeldt, 2017). Nos estilos de vida modernos atuais, a aloparentalidade não é tão facilmente acessível, com muitos fatores levando à redução na sua acessibilidade, incluindo o aumento do número de pessoas que vivem sozinhas e de famílias com dois provedores, o aumento da idade de aposentadoria e a questão da mobilidade do trabalho, quando os pais moram em cidades diferentes dos seus próprios pais e parentes. Nesses contextos mais isolados, quando os filhos estão *apresentando problemas*, uma estratégia comum para os pais é mandá-los para seu quarto, onde ficam sozinhos. A criança é então impedida de procurar conforto com outro membro da família — por exemplo, uma tia ou uma avó. Isso pode levar a condições emocionais classicamente aprendidas pelas crianças, em que o medo (meter-se em apuros) é condicionado por um senso de solidão (sozinhas no seu quarto). Isso pode criar problemas para toda a vida relacionados a como a criança — e, posteriormente, o adulto — passa a ver a si como potencialmente repudiada e isolada. Uma alternativa é permitir que as crianças aprendam habilidades apropriadas de busca de proximidade e procurem refúgios seguros com os outros, para que possam experienciar e aprender como os comportamentos afiliativos dos outros podem regular seu estresse.

A teoria da mentalidade social foi descrita em outro lugar (Gilbert, 2017, 2020, Capítulo 2 deste livro) e em outros capítulos deste livro, mas, essencialmente, é um modelo evolucionista que sugere que a forma como a cognição, o afeto e os comportamentos são moldados será determinada pelos papéis sociais contextuais em que o indivíduo está se engajando (Gilbert, 2020). Pesquisadores identificaram que quando as ações do prestador de cuidado (genitor) para o recebedor de cuidado (filho) são encenadas de forma cuidadosa, isso ajuda não só a construir apego e laços entre os dois mas também a promover a metilação do vago da criança e a fortalecer o sistema parassimpático da criança (veja o Capítulo 10 deste livro). O funcionamento do sistema nervoso autônomo (SNA) de um bebê é influenciado de maneira significativa, e externamente regulado, pelos pais (Suurland, van der Heijden, Huijbregts, van Goozen, & Swaab, 2018). Os bebês não têm a capacidade de se autorregular da mesma forma que os adultos, embora, assustadoramente, 24% dos pais achem que bebês de 1 ano de idade podem se autorregular, e 42% dos pais achem que bebês de 2 anos são capazes de regular suas experiências emocionais (Zero to Three, 2016). Isso é imensamente problemático, pois significa que muitas crianças são deixadas chorando sozinhas. Além do mais, isso mostra quão mal nos conhecemos e entendemos o que significa ser um ser humano. Nosso corpo é projetado para ser regulado pelos outros; essa é uma característica crucial do *design*. De fato, um estudo recente encontrou que, se os pais são desdenhosos, minimizam ou expressam estresse em relação à expressão emocional do seu filho, isso aumenta de modo significativo a probabilidade de as crianças desenvolverem patologias internalizantes (Seddon, Abdel-Baki, Feige, & Thomassin, 2020). Em contrapartida, os pais que praticam validação e encorajamento da expressão emocional na infância, ajudando a treinar os filhos por meio da experiência emocional e ajudando-os a regular suas emoções utilizando estratégias úteis, levam os filhos a desenvolver maior competência, enfrentamento social e regulação das emoções no futuro (Ramakrishnan et al., 2019).

É bem conhecido que temos muitas motivações sociais, incluindo motivações competitivas, cooperativas, sexuais, de cuidado e compassivas. Esses sistemas emocionais levam a diferentes relações de papéis com os outros e conosco. Gilbert sugere que cada mentalidade social tem seu próprio detector de características e que os ambientes podem moldar como esses detectores de características são calibrados. Por exemplo, em ambientes hostis, os "detectores de ameaça" tendem a ser sensibilizados, ao passo que, em ambientes de cuidado seguros, os detectores de oportunidades para afiliação (jogo, curiosidade, confiança) são sensibilizados. Além disso, se estamos em relações de papel competitivas ou compassivas com outros ou conosco, isso organiza uma gama de processos psicológicos e fisiológicos que visam a auxiliar na encenação desse motivo. Dado que os pais percebem julgamento negativo constante por parte dos outros referente a como eles estão desempenhando sua parentalidade (Zero to Three, 2016), o que é uma ameaça ao seu *status* social e à sua aceitabilidade, isso pode ativar mentalidades sociais competitivas quando eles se engajam na dança interacional com seu filho. Em outras palavras, os pais estão consciente e inconscientemente monitorando e julgando seu comportamento segundo possíveis públicos (tanto vistos quanto fantasiados). Desse modo, em uma situação de conflito, por exemplo, em vez de serem sensíveis ao estresse ou às necessidades do seu filho e responderem de forma a acalmar e regular apropriadamente o filho, o genitor, devido ao senso de ameaça à autoidentidade, pode gritar ou ameaçar o filho. De fato, pesquisas conduzidas por Kirby, Grzazek e Gilbert (2019) encontraram que a motivação do genitor predizia significativamente o estilo parental. Em nosso estudo, duas motivações foram examinadas: 1) motivos competitivos (i.e., preocupações com avaliação social negativa, fazer coisas erradas e ser rejeitado) e 2) motivos compassivos (i.e., desejos de ser útil). Exploramos como elas prediziam a parentalidade com controle psicológico (i.e., controle dos pensamentos e da autoexpressão do filho) ou a parentalidade facilitadora (i.e., acolhedora e responsiva). O estudo incluiu 151 mães. Constatamos que a motivação da genitora explicava entre 26% e 40% da variância no estilo parental para além dos problemas comportamentais do filho, da saúde mental parental e da confiança parental. Esse achado é extremamente importante, pois a maioria das pesquisas sobre parentalidade indica que esse é o nível de comportamento infantil que é mais preditivo do estilo parental (Sanders & Mazzuchelli, 2019), ao passo que nossa pesquisa, a primeira a fazer isso, indica que a troca de orientação motivacional pode ser um caminho fundamental para melhorar o estilo parental. A TFC está baseada na teoria da mentalidade social e, em especial, em como mudar as pessoas de uma motivação competitiva focada no *self* e na ameaça para uma motivação de cuidado. Logo, a TFC oferece esperança para ajudar os pais a se engajar em troca motivacional, possibilitando que tanto cuidador primário quanto filho se engajem na interação de prestação de cuidado/recebimento de cuidado que possibilita que ambos prosperem.

Uma abordagem da TFC para a parentalidade

A abordagem da TFC para a parentalidade considera as influências contextuais mais abrangentes que moldarão a qualidade da interação pais-filhos e do ambiente familiar. Como tal, é importante reconhecer que, nas culturas e sociedades ocidentais, os pais se defrontam com muitas dificuldades concomitantes e conflitos de papel. São exemplos o aumento do custo de vida, exigindo famílias com dois provedores, os crescentes custos financeiros das creches e a licença mínima concedida aos pais no nascimento dos seus bebês. Para se ter uma abordagem focada na compaixão para a parentalidade, diferentes intervenções serão necessárias para diferentes "níveis" de sofrimento que estão sendo direcionados. A compaixão é definida como "ter sensibilidade ao sofrimento em si e nos outros, com um compromisso de tentar aliviá-lo e preveni-lo" (Gilbert, 2014, p. 19). Em termos de algoritmos, isso simplesmente significa que, diante de sinal de estresse ou necessidade, ativa-se a resposta contextualmente apropriada para reduzir esse estresse e abordar essa necessidade. Desse modo, serão necessários diferentes tipos de intervenções; no entanto, se essa intervenção estiver intencionalmente tentando aliviar e prevenir sofrimento, então ela seria considerada compassiva.

Por uma perspectiva da TFC, isso pode ser obtido por meios tradicionais, como a aplicação da TFC e do TMC diretamente ao indivíduo. Entretanto, outro exemplo poderia ser a criação de uma política governamental que possibilite maior licença parental, tanto para as mães quanto para os pais. Considerando que sabemos o quão fundamentais são os primeiros três anos de vida de uma criança (Cowan et al., 2016), e o impacto positivo único que mães e pais têm no desenvolvimento do filho (Rolle, Gullotta, Trombetta, Curti, Gerino, Brustia, & Caldarera, 2019), essa seria considerada uma abordagem compassiva de apoio parental para uma comunidade. Outro exemplo seria garantir que os pais tivessem acesso a programas de vacinação para imunizar seus filhos contra doenças, além de ajudar a proteger a comunidade de doenças. Um exemplo final poderia ser livros gratuitos de psicoeducação sobre parentalidade e guias no YouTube oferecendo psicoeducação sobre os desafios impostos pelo nosso cérebro evoluído e como ele é "complicado". Eles poderiam ser compartilhados de forma lúdica com as crianças. Esses seriam exemplos de *intervenções universais*, voltadas para a população para ajudar os pais, as famílias e as crianças a se desenvolver. De fato, na Austrália, o estado de Queensland deu aos pais acesso ao programa de parentalidade Triple-P, baseado em evidências totalmente gratuito, de modo que eles possam obter ajuda adequada e o apoio que precisam para criar filhos felizes e socialmente competentes.

Além disso, uma abordagem de saúde pública da parentalidade focada na compaixão também tem a capacidade de desestigmatizar e normalizar o acesso ao suporte parental. Uma das barreiras mais pesadas é o estigma associado ao engajamento em programas de parentalidade baseados em evidências (EBPPs) (Prinz & Sanders, 2007). Uma preocupação real expressa por muitos pais é a vergonha que eles experienciam caso se inscrevam em um EBPP, como a crença de que outros pais e pessoas pensarão: "Eles devem ser pais ruins se estão participando de um programa de parentalidade". Essa narrativa é um problema e só serve para aumentar o sofrimento que pais e filhos já podem estar experienciando. É aí que a abordagem de saúde pública da parentalidade, uma abordagem compassiva normalizante, se torna muito poderosa. O valor de uma abordagem na população é que ela pode beneficiar a todos, evita a estigmatização, bem como pode atrair amplo apoio dos cidadãos (Moffitt et al., 2011).

Outros níveis seriam *intervenções focadas*, ou seja, as que visam a ajudar pessoas em risco, com fatores de vulnerabilidade identificáveis — por exemplo, pais com altos níveis de autocriticismo. Isso é crucialmente importante quando se trata do domínio da parentalidade, pois não existe essa coisa de "parentalidade transtornada". Ou seja, não existe transtorno no *DSM-5* para parentalidade problemática. Entretanto, há muitos pais que se sentem julgados, estressados e experienciam conflito parental com seu parceiro (Sanders et al., 2014). Desse modo, deve-se ajudar os pais com questões específicas. Por exemplo, como encorajar as crianças em momentos de preocupação ou dúvida, ou na transição para a escola, ou como administrar a autocrítica — esses são exemplos em que o apoio parental compassivo pode ser útil. Não se trata de transtornos sendo tratados; o objetivo das intervenções focadas é oferecer aos pais apoio focado na compaixão para tornar as interações pais-filhos mais positivas e prevenir que se desenvolvam padrões não úteis.

Por fim, há intervenções em nível de *tratamento*. Elas visam a ajudar aqueles com transtornos clínicos, como pais deprimidos ou, por exemplo, pais de crianças com deficiência. Nesse nível de intervenção, a TFC poderia ser aplicada como terapia com final aberto para auxiliar os pais com seus desafios únicos da parentalidade. Isso envolveria a avaliação das dificuldades, junto com as formulações de caso específicas para as dificuldades da parentalidade e os desafios apresentados, e a própria relação terapêutica poderia oferecer oportunidades de criar um ambiente seguro compassivo para os pais explorarem seus medos e suas preocupações, bem como para receberem validação, tranquilização e encorajamento na sua jornada parental. Outra abordagem que poderia ser mais útil, mas que ainda deve ser testada, é oferecer aos pais uma abordagem de tratamento faseada. Na fase 1, os pais recebem TFC; então, na fase 2, os pais fazem a transição para um programa de parentalidade baseado em evidências para apoiar o desenvolvimento de habilidades parentais. Tal abordagem provavelmente será benéfica, pois ela desenvergonha os pais, fornece psicoeducação sobre a natureza da mente e desenvolve uma mente compassiva para ajudar com as dificuldades. Assim, quando os pais fazem a transição para a fase 2, eles são capazes de começar a usar as novas habilidades parentais com uma mentalidade compassiva que será encorajadora e apoiadora, oposta ao *self* crítico e julgador, quando as coisas não saem como planejado.

A TFC pode ser aplicada em todos os níveis, permitindo, desse modo, uma abordagem de saúde pública da parentalidade. A Figura 26.1 fornece uma ilustração de como pode ser uma abordagem de saúde pública da parentalidade, com programas de TFC individual sendo aplicados a indivíduos com transtorno clínico, que muitas vezes requerem nível maior de intensidade na intervenção (p. ex., número de

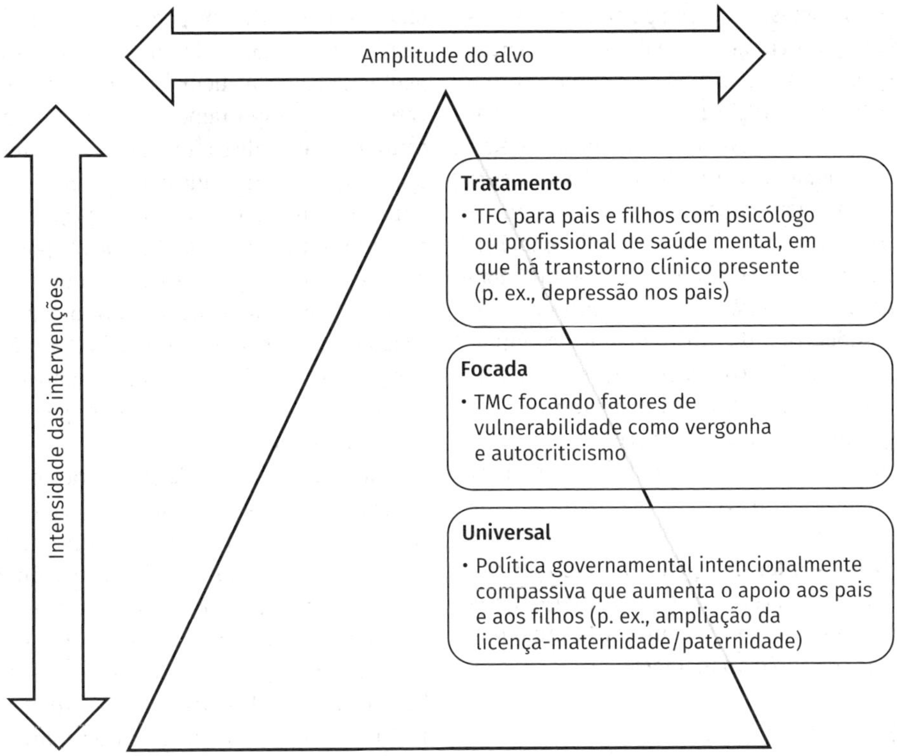

FIGURA 26.1 Abordagem de saúde pública para apoio da parentalidade focado na compaixão.

sessões, consultar um psicólogo). No entanto, intervenções preventivas no nível focado e no universal também podem ser implementadas para ajudar pais e filhos em um nível muito mais amplo.

Quando são considerados os diferentes níveis de intervenção, diferentes ferramentas de medida também devem ser consideradas. Se a TFC estivesse funcionando com sucesso para os pais em nível universal, quais seriam as medidas úteis para determinar isso? Por exemplo, poderia ser licença médica parental reduzida, ou talvez taxas de prevalência reduzidas de depressão parental. No caso do Programa de Parentalidade Positiva Triplo-P, os índices populacionais eram as taxas de maus-tratos comprovados em crianças, crianças colocadas para fora de casa e lesões por maus-tratos infantis (Prinz et al., 2009). Em sua maior parte, a TFC é focada no tratamento individual, pois ela foi desenvolvida no contexto terapêutico clínico. Entretanto, a aplicação da TFC/TMC a um contexto de parentalidade oferece uma oportunidade de expandir a área em que consideramos que a TFC pode ter impacto e considerar sistemas inteiros. De fato, está sendo feito um trabalho de aplicação do TMC aos sistemas escolares e às organizações. Um exemplo recente foi a aplicação de um serviço focado na compaixão como parte dos serviços sociais nacionais no Reino Unido. Um trabalho recente, que ainda está em andamento, aplicou um modelo de compaixão da TFC a um serviço conhecido como SafeCORE (Heriot-Maitland, Agrawal, & Srivastava, 2020). SafeCORE é uma estrutura de prática de cuidado social, em que as equipes trabalham intensivamente com famílias locais com dificuldades, todas com filhos encaminhados a serviços sociais após incidentes de abuso doméstico, mas não satisfazendo os critérios para cuidados legais. A intervenção dura seis meses e envolve um processo em três estágios. Estágio 1 (1-3 semanas): engajando-se e descobrindo a compaixão. Estágio 2 (4-24 semanas): atingindo objetivos com uma mente compassiva. Estágio 3 (semanas 25 e 26): sustentabilidade e consolidação. Inicialmente, a equipe é treinada na abordagem focada na compaixão e, então, continua a receber supervisão de um treinador na implementação da TFC com as crianças e as famílias. Essa abordagem é altamente inovadora e oferece um modelo que outras equipes podem adotar para ajudar a integrar a TFC como parte da aplicação do serviço. Ter abordagem de saúde pública para a TFC oferece inúmeros benefícios, alguns dos quais incluem ajudar a orientar a pesquisa, informar as intervenções necessárias e atingir o máximo de famílias que precisam de apoio e assistência.

Aplicando TFC à parentalidade: aspectos básicos

Quando aplicamos a TFC a populações parentais, a população-alvo informará como a intervenção é aplicada. Por exemplo, o que é oferecido aos pais de crianças com doenças crônicas pode ser diferente daquilo que é oferecido a pais de adolescentes, quando frequentemente há muita vergonha social. Assim, é importante ser guiado pela ciência. Ou seja, o que as pesquisas sugerem como mais útil quando adequamos a TFC a essa população? Além disso, é importante ser guiado pela avaliação clínica inicial das preocupações parentais. Ao aplicarmos uma abordagem da TFC à parentalidade, há duas possibilidades no domínio da intervenção. Primeiro, poderia ser aplicada a TFC com final aberto, em que o terapeuta se engaja em uma avaliação minuciosa do(s) problema(s) presente(s), e são desenvolvidas formulações do caso em colaboração com os pais. Podem ser necessárias muitas sessões para se obter uma avaliação completa, e inúmeras sessões podem ser necessárias quando são trabalhadas outras tarefas terapêuticas, como a identificação de fontes de vergonha e comportamentos de segurança e a condução de análises funcionais do autocriticismo parental. Sabendo que a parentalidade é uma questão sensível para muitos e, frequentemente, fonte de vergonha social, por meio da terapia, o terapeuta está criando um porto seguro/uma base segura para o genitor se engajar abertamente no processo terapêutico e experienciar validação e encorajamento do terapeuta referente aos seus esforços e à sua prática parental.

Uma segunda abordagem para aplicação da TFC à parentalidade seria faseada, o que envolveria, na fase 1, o TMC (veja os Capítulos 2 e 7 deste livro). Ele envolve psicoeducação sobre a natureza do nosso *cérebro complicado* e a facilidade com que podemos ficar estressados e agir de formas não úteis — isso não é intencional. Sobretudo, uma abordagem da TFC não só forneceria informação sobre a natureza de um cérebro adulto complicado mas também forneceria informação sobre a natureza do "cérebro infantil complicado". É fornecida psicoeducação sobre marcos importantes no desenvolvimento, oferecendo-se psicoeducação básica sobre o desenvolvimento do cérebro (p. ex., desenvolvimento da teoria da mente, autocontrole, compartilhamento, regulação emocional). Considerando-se que as crianças podem variar no desenvolvimento desses marcos, são apresentadas as variações, e os pesquisadores e profissionais devem adaptar essas informações à população-alvo (p. ex., criança com doença crônica, criança com desenvolvimento típico, criança com autismo). Os pais também são orientados sobre a natureza das necessidades do filho e como afeto físico, formas de brincar e engajamentos socialmente positivos têm impactos nas fisiologias do desenvolvimento da criança (p. ex., metilação do nervo vago). A fase 2 focaria, então, no treino de habilidades dos pais, o que pode ser necessário para ajudar os pais em seu importante papel de criar seus filhos em um ambiente positivo, acolhedor, responsivo e compassivo. Há muitos programas parentais baseados em evidências que podem ser usados com abordagem informada pela TFC — e, de fato, nosso trabalho fez isso com o Triplo-P (Hoang, Kirby, Sanders, & Haslam, 2020; Kirby & Tellegen, 2020).

Quando consideramos formulações para os pais usando uma abordagem da TFC, uma formulação baseada na vergonha pode se revelar útil para ajudar os pais a compreenderem as dificuldades atuais e também para dar opções em termos de pontos-alvo de intervenção. A Figura 26.2 é um exemplo de formulação baseada na vergonha para uma dificuldade atual de um cuidador primário em seu papel — um cuidador altamente crítico da sua parentalidade, com medo de ser julgado como mau cuidador. Ligar a parentalidade à experiência passada de como ele experienciou seus próprios pais, conectar possíveis experiências passadas de vergonha e entender os principais medos externos e internos e os comportamentos de segurança pode ajudar a validar as dificuldades que o cuidador está tendo.

Para auxiliar no desenvolvimento dessa formulação, podemos pedir que os pais completem medidas como a Escala de Eventos no Início da Vida (Gilbert, Cheung, Grandfield, Campey, & Irons, 2003), a Escala dos Medos da Compaixão (Gilbert et al., 2010), a Escala das Formas de Autocriticismo e Autotranquilização (Gilbert et al., 2004) e a Escala dos Outros como Envergonhadores (Richter, Gilbert, & McEwan, 2009). Assim, além das habilidades parentais específicas, os pais também podem aprender a desenvolver compaixão por si mesmos, para compensar a vergonha e o autocriticismo que eles experienciam, aprendendo como focar na respiração vagal, como estar atentos e como notar quando estão ficando estressados. Os pais também são orientados sobre como aterrar no corpo e desacelerar quando se sentem sobrecarregados, e então como trocar para motivação compassiva usando imagem mental, como o *self* compassivo ou outro compassivo ideal. Desse modo, os pais começam a pensar em como deliberadamente desenvolver comportamentos compassivos e lúdicos com seu filho. Os pais podem começar a pensar em como lidar com comportamento disruptivo ou frustrante sem se engajarem em autocriticismo, mas trocando para autossuporte compassivo. Ajudar os clientes a entenderem a natureza da vergonha e como a compaixão pode ajudar, bem como fornecer validação e apoio ao reconhecer o quanto a parentalidade pode ser difícil em determinados momentos, é uma parte importante da abordagem centrada na compaixão para a parentalidade (Kirby, Sampson, Day, Hayes, & Gilbert, 2019).

Novas evidências que apoiam a abordagem da parentalidade focada na compaixão

Há evidências emergentes que apoiam a abordagem focada na compaixão como útil tanto para os pais quanto para seus filhos (Kirby, 2017). Por exemplo, Kirby, Grzazek e Gilbert (2019) concluíram um estudo experimental em que 198 mães foram aleatoriamente designadas para uma condição de compaixão, uma condição de autoimagem ou uma condição controle (Kirby et al., 2019). O objetivo era determinar se um pequeno incentivo poderia afetar o comportamento parental, com uma possibilidade de que tal abordagem fosse uma intervenção de nível universal. Nesse estudo, as mães seriam apresentadas a cenários estressantes com os filhos — por exemplo, um ataque de birra em uma loja — e deveriam imaginar que eram elas naquela situação e interagir com instruções da autoimagem (i.e., *tentamos fazer com que nossos filhos façam as coisas do nosso jeito porque sabemos que é o melhor para eles*) ou instruções compassivas (i.e., *todos nós enfrentamos desafios, revezes e decepções. Tente não ser tão dura com você*). Os autores previ-

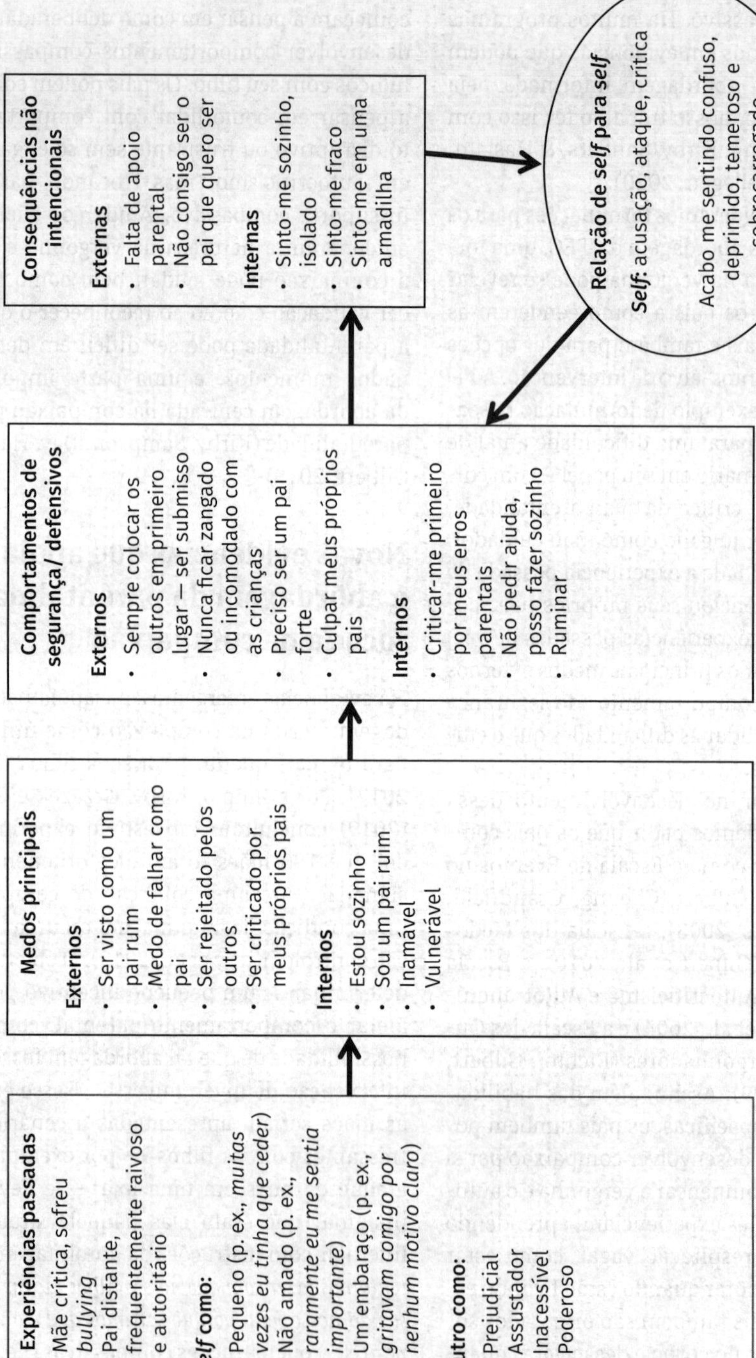

FIGURA 26.2 Exemplo de formulação parental da TFC baseada na vergonha.

ram que o incentivo de objetivos compassivos levaria a reduzir reações emocionais negativas comparadas com a condição de autoimagem; no entanto, não houve diferenças entre as condições. Os autores concluíram que instruções breves não são suficientes para mudar as reações parentais diante de cenários de comportamento difícil dos filhos. De fato, é necessário nível maior de intervenção para os pais.

Outro estudo conduzido por Kirby e Baldwin (2018) examinou o impacto de uma meditação de bondade amorosa (LKM, do inglês *loving-kindness meditation*) de 15 minutos como forma de ajudar a melhorar as reações parentais ao comportamento difícil do filho. Nesse breve estudo de intervenção, Kirby e Baldwin (2018) examinaram o impacto da LKM para pais de crianças de até 12 anos (Kirby & Baldwin, 2018). A LKM envolve a repetição de frases curtas (p. ex., "Que você esteja seguro, que você esteja em paz") dirigidas a si mesmo e aos outros. Uma metanálise verificou que a LKM tem efeitos moderados significativos na compaixão, na autocompaixão e também na redução da depressão (Galante et al., 2014; Hofmann et al., 2018). O estudo de Kirby e Baldwin (2016) incluiu 61 pais que foram randomicamente distribuídos para receber a LKM (por meio de um áudio guiado de 15 minutos) ou um exercício de imagem mental focada (FI). Os autores verificaram que essa intervenção breve foi suficiente para levar a reações emocionais diferentes entre as condições, em que os pais na condição com LKM se sentiram mais calmos e mais compreensivos com seus filhos e menos frustrados e zangados. Além disso, a LKM melhorou o nível de motivação para autocompaixão dos pais, se comparada à condição de FI. Destaca-se que essa intervenção é escalável, com os exercícios de LKM em áudio podendo ser facilmente disseminados de maneira gratuita por meio de dispositivos da *web*, sendo outro exemplo de intervenção em nível universal. Entretanto, tal abordagem pode não ser tão útil para pais com medo da compaixão ou com transtornos clínicos mais complexos — por exemplo, depressão (Kirby, Day, & Sagar, 2019).

Em outra intervenção que adotou abordagem focada, examinamos a viabilidade e a aceitabilidade de uma intervenção breve de autocompaixão para mães de bebês (Mitchell, Whittingham, Steindl, & Kirby, 2018). A transição para a maternidade pode ser desafiadora para muitas mulheres, especialmente quando a experiência da maternidade não corre conforme o esperado, o que pode levar as mães a se sentirem culpadas, envergonhadas ou estressadas (Haslam et al., 2015). Por exemplo, as mães podem experienciar um parto difícil e traumático (Soet et al., 2003) e podem ter dificuldade de apego durante a amamentação (Hall et al., 2014). O objetivo desse estudo foi apoiar mães que experienciam essa transição para a maternidade. Desenvolvemos recursos breves *on-line*, que foram informados pela TFC, e incluímos dois vídeos sobre meditação da autocompaixão, além de uma folha com dicas. Ao todo, 262 mães foram recrutadas para a intervenção, e os resultados foram examinados antes e depois, pois não havia comparação com controle, o que é uma limitação do estudo. No entanto, foi identificado que a intervenção foi capaz de melhorar significativamente a autocompaixão, reduzir os sintomas pós-traumáticos e melhorar a experiência subjetiva da amamentação e a satisfação com a alimentação do bebê. Entretanto, a intervenção não conseguiu mudar o nível da vergonha experienciada. De fato, a vergonha é uma experiência integrada e multifacetada, e provavelmente seria necessária uma intervenção mais longa para ajudar as mães com a experiência da vergonha.

Em outra intervenção de TFC, Kelman, Evare, Barrera, Munoz e Gilbert (2018) focaram em mulheres que estavam grávidas e próximas à transição para a maternidade. A transição para a maternidade pode ser extremamente estressante para as mulheres; assim, intervenções que visam a ajudar nessa transição podem ser benéficas. A intervenção foi um breve programa de TMC baseado na internet, e o programa foi comparado com um programa de terapia cognitivo-comportamental *on-line*. O ensaio clínico randomizado (ECR) incluiu 123 mulheres que foram randomizadas para TMC ou TCC. Os programas envolviam um curso didático de 45 minutos que apresentava o material às participantes. Os materiais, que incluíam áudios de meditações, foram enviados às participantes por um período de duas semanas. A condição de TMC incluía conteúdo sobre 1) o fluxo da vida, 2) os ciclos do cérebro antigo e do cérebro novo, 3) os três círculos e 4) o cultivo do *self* compassivo. Os resultados demonstraram que o TMC e a TCC foram igualmente eficazes na melhora do afeto, da autotranquilização e do autocriticismo e na redução do autocriticismo. Entretanto, o TMC apresentou superioridade na redução da depressão e dos sintomas de ansiedade.

Em um ECR, examinamos o impacto do TMC em pais que se identificaram como sendo autocríticos. Nesse estudo, 103 pais foram randomizados para a condição com TMC ou controle. A condição com TMC incluiu um breve seminário de duas horas, baseado em Matos et al. (2017). O programa incluía um livro de exercícios que abrangia psicoeducação sobre o cérebro complicado, algumas informações para pais e filhos sobre o desenvolvimento do cérebro e transcrições das meditações. Sete exercícios são conduzidos no seminário: 1) postura corporal, 2) expressão facial e tom de voz, 3) ritmo respiratório calmante, 4) *mindfulness*, 5) *self* compassivo, 6) compaixão pelos outros e 7) compaixão por si mesmo. Todos os exercícios em áudio foram disponibilizados para os pais praticarem por um período de duas semanas. A intervenção revelou reduções significativas no criticismo, na vergonha e nos medos da autocompaixão comparados com o grupo-controle. Em termos dos resultados parentais, o programa avaliou o impacto no estilo parental; no entanto, não houve resultados significativos. Isso ocorreu em grande parte porque todos os pais tiveram escores na variação normal. Por fim, em termos de resultados nos filhos pós-intervenção, as crianças eram menos hiperativas, em comparação com a condição controle. Essencialmente, em um *follow-up* de três meses, as crianças apresentaram reduções significativas nas dificuldades emocionais, nos problemas de conduta e nos problemas com os pares. Essa é a primeira intervenção com TMC que documentou resultados positivos significativos para as crianças.

Por fim, recentemente, incluímos um módulo de TFC no EBPP Triplo-P, para ajudar pais vietnamitas que tinham coparentalidade com seus avós (Hoang, Haslam, Sanders, & Kirby, 2020). Pesquisas passadas com ECR examinando o Triplo-P com pais e avós encontraram resultados mistos, com resultados positivos para as crianças, mas nunca melhoras na relação entre pais e avós (Kirby & Sanders, 2014; Leung, Sanders, Fung, & Kirby, 2014). Considerando esses achados mistos, nossa equipe de pesquisa decidiu adotar uma abordagem diferente e incluiu um módulo focado na compaixão para parentalidade para melhorar a relação pais-avós, pois as estratégias de comunicação cognitivo-comportamentais passadas não estavam ajudando. Assim, modificamos o programa Triplo-P em grupo existente, que inclui oito sessões, com duas horas cada, com as quatro primeiras focadas em 1) por que as crianças se comportam assim, 2) estratégias parentais positivas, 3) estratégias para gerenciar comportamento difícil e 4) desenvolvimento de rotinas planejadas de atividades. As quatro sessões seguintes são chamadas telefônicas de 20 a 30 minutos com os pais para auxiliar na implementação das novas rotinas parentais. Então, incluímos duas sessões adicionais focadas na construção de 1) compaixão por si mesmo, 2) compaixão pelos outros quando experienciam conflito e 3) comunicação compassiva. Esses três módulos incluíam as principais técnicas da TFC, como psicoeducação sobre o modelo dos três afetos, ritmo respiratório calmante, escrita de carta compassiva e desenvolvimento da automeditação compassiva. Cem pais foram randomizados na intervenção e comparados com o grupo-controle, e, pela primeira vez, encontramos melhoras significativas na relação pais-avós, com reduções no conflito. Além disso, e possivelmente o mais importante, também foram demonstradas melhoras significativas no comportamento pró-social nas crianças. Tipicamente, os EBPPs medem o sucesso por meio de reduções do comportamento problemático, e não de aumentos no comportamento pró-social. Assim, esse achado é especialmente importante.

O futuro de uma abordagem da TFC da parentalidade

O futuro de uma abordagem da TFC para ajudar pais e filhos é promissor. Pesquisas iniciais estão apresentando resultados positivos para a saúde mental dos pais, mas sobretudo resultados positivos para as crianças. Entretanto, é necessário um trabalho empírico mais rigoroso. Fundamentalmente, são necessários estudos que examinem uma abordagem de tratamento da TFC para pais com transtornos clínicos. Por exemplo, um estudo com *design* de ECR examinando uma TFC faseada, mais um programa tradicional de parentalidade baseado em evidências para pais deprimidos, comparado com um programa tradicional de parentalidade baseado em evidências, isoladamente ou em combinação com TCC, seria um próximo passo importante. Embora a utilidade de ensaios diretos de intervenções psicológicas tenha sido questionada, e eles sejam onerosos, tal estudo poderia esclarecer se a TFC tem impactos que vão além daqueles dos programas de parentalidade tradicionais e das abordagens de TCC — por exemplo, em resultados fisiológicos.

Uma metanálise recente de programas de treinamento para pais, que incluiu 19 estudos controlados randomizados em que as crianças tinham entre zero e 5 anos, demonstrou que os programas não tinham impacto no nível de cortisol dos pais ou dos filhos (Martins et al., 2020). Um ECR recente do programa de Treino da Compaixão na Abordagem Cognitiva (CBCT, do inglês Cognitively-Based Compassion Training), que incluiu 39 pais (de crianças de zero a 5 anos) que receberam 20 horas de intervenção durante oito a 10 semanas, mediu os níveis de cortisol dos pais e filhos. Poehlmann-Tynan e colegas descobriram que o CBCT não teve impacto no nível de cortisol dos pais; entretanto, as crianças no grupo de CBCT reduziram significativamente o cortisol, em comparação com o grupo-controle. Como conciliar essas diferenças? Muitos programas de treinamento (nem todos) de pais são muito focados em habilidades, o que é importante, mas são basicamente sobre "consertar problemas". A possível consequência é que os pais continuam a monitorar o "mau" comportamento com o objetivo de "consertá-lo" com as habilidades dadas por um programa. Isso, é claro, é importante; entretanto, mostra como os programas de parentalidade atuais não estão focados na troca motivacional. Ocorre o oposto, os pais continuam presos a uma mentalidade social competitiva. Desse modo, os programas parentais têm impacto mínimo ou nulo na fisiologia ou nos marcadores de estresse como o cortisol e, possivelmente, a variabilidade da frequência cardíaca (que precisa ser testada). O treino da parentalidade foca fortemente "no que fazer", e não tanto em "como fazer". Ou seja, não há foco significativo em como se engajar em relações afiliativas (p. ex., tom de voz, toque, expressão facial, postura corporal, contato visual), ao passo que programas de compaixão visam a mudar a fisiologia, focam fortemente na relação afiliativa e provaram melhorar a variabilidade da frequência cardíaca e os níveis de cortisol (Kim et al., 202; Kirby, Doty, Petrocchi, & Gilbert, 2017; Kirby, Tellegen, & Steindl, 2017).

Conclusão

A TFC tem uma agenda muito clara, que é ajudar as pessoas a reconhecer, de forma desenvergonhante, que quando elas ficam aprisionadas em um sistema motivacional focado na ameaça que causa estresse a elas e aos outros, isso muitas vezes causa mais consequências inadvertidas e estresse, o que não é culpa delas. Para ser útil e abordar os sistemas motivacionais focados na ameaça, a TFC visa deliberada e intencionalmente a trocar os sistemas motivacionais para um sistema de cuidado e compaixão. A compaixão evoluiu com importantes propriedades pró-sociais e de regulação da ameaça, e pesquisas atualmente estão documentando os impactos positivos que os *insights* e o cultivo da compaixão têm para pais e filhos. Um benefício crucial da TFC é como ela é orientada para desenvergonhar a experiência parental, abordando os medos de falhar e de ser inadequado e o autocriticismo. Uma abordagem da TFC é escalável; ela pode ser aplicada como tratamento, intervenção focada ou intervenção universal. A próxima geração de apoio parental se beneficiaria enormemente com a adoção dos princípios da TFC.

Referências

Bowlby, J. (1969). *Attachment and loss* (Vol. 1: Attachment). Hogarth Press.

Canadian Paediatric Society. (2004). Maternal depression and child development. *Paediatric Child Health, 9*, 575–583.

Cowan, C.S.M., Callaghan, B.L., Kan, J.M., & Richardson, R. (2016). The lasting impact of early-life adversity on individuals and their descendants: Potential mechanisms and hope for intervention. *Genes, Brain and Behavior, 15*(1), 155–168.

D'Souza, A.J., Russell, M., Wood, B., Signal, L., & Elder, D. (2016). Attitudes to physical punishment of children are changing. *Archives of Disease in Childhood, 101*, 690–693. https://doi.org/ 10.1136/archdischild-2015-310119

Eibl-Eibesfeldt, I. (2017). *Human ethology*. Routledge.

Felitti, V.J., Anda, R.F., Nordenberg, D., Williamson, D.F., Spitz, A.M., Edwards, V., ... & Marks, J.S. (1998). Relationship of childhood abuse and household dysfunction to many of the leading causes of death in adults: The Adverse Childhood Experiences (ACE) study. *American Journal of Preventive Medicine, 14*, 245–258.

Fonagy, P., & Target, M. (1997). Attachment and reflective function: Their role in self-organization. *Development and Psychopathology, 9*, 679–700.

Galante, J., Galante, I., Bekkers, M.J., & Gallacher, J. (2014). Effect of kindness-based meditation on health and well-being: A systematic review and meta-analysis. *Journal of Consulting and Clinical Psychology, 82*, 1101–1114. https://doi.org/10.1037/a0037249

Gilbert, P. (2014). The origins and nature of compassion focused therapy. *British Journal of Clinical Psychology, 53*, 6–41. https://doi.org 10.1111/bjc.12043

Gilbert, P. (2017). Compassion as a social mentality: An evolutionary approach. In P. Gilbert (Ed.). *Compassion: Concepts, research and applications* (pp. 31–68). Routledge.

Gilbert, P. (2020). Compassion: From its evolution to a psychotherapy. *Frontiers in Psychology, 11*, 586161. https://doi.org/10.3389/fpsyg.2020.586161

Gilbert, P., & Andrews, B. (1998). *Shame: Interpersonal behavior, psychopathology, and culture*. Oxford University Press.

Gilbert, P., Cheung, M.S.P., Grandfield, T., Campey, F. & Irons, C. (2003). Recall of threat and submissiveness in childhood: Development of a new scale and its relationship with depression, social comparison and shame. *Clinical Psychology and Psychotherapy, 10*, 108–115.

Gilbert, P., Clark, M., Hempel, S., Miles, J.N.V., & Irons, C. (2004). Criticising and reassuring oneself: An exploration of forms, styles and reasons in female students. *British Journal of Clinical Psychology, 43*, 31–50.

Gilbert, P., McEwan, K., Matos, M., & Rivis, A. (2010). Fears of compassion: Development of three self-report measures. *Psychology and Psychotherapy: Theory, Research and Practice, 84*, 239–255. https://doi.org/10.1348/147608310X526511

Hall, H., McLelland, G., Gilmour, C., & Cant, R. (2014) 'It's those first few weeks': Women's views about breastfeeding support in an Australian outer metropolitan region. *Women Birth, 27*, 259–265.

Haslam, D.M., Patrick, P., & Kirby, J.N. (2015). Giving voice to working mothers: A consumer informed study to program design for working mothers.

Journal of Child and Family Studies, 24, 2463–2473. https://doi.org/10.1007/s10826-014-0049-7

Heriot-Maitland, C., Agrawal, B., & Srivastava, A. (2020). CafeCORE: CFT applied to children and families social care. Presented at the Compassionate Mind Foundation conference.

Hoang, A., Sanders, M.R., Haslam, D., & Kirby, J.N. (under review). The effectiveness of Group Triple P with a compassionate mind training module for Vietnamese parents and grandparents.

Hofer, M.A. (1994). Early relationships as regulators of infant physiology and behavior. *Acta paediatrica, 83*, 9–18

Hoffmann, S.G., Grossman, P., & Hinton, D.E. (2011). Loving-kindness and compassion meditation: Potential for psychological intervention. *Clinical Psychology Review, 13*, 1126–1132. https://doi.org/10.1016/j.cpr.2011.07.003

Holmes, J., & Slade, A. (2018). *Attachment in therapeutic practice*. Routledge.

Hrdy, S.B. (2009). *Mothers and others. The evolutionary origins of mutual understanding*. Harvard University Press

Hummel, A.C., Kiel, E.J., & Zvirblyte, S. (2016). Bidirectional effects of positive affect, warmth, and interactions between mothers with and without symptoms of depression and their toddlers. *Journal of Child & Family Studies, 25*, 781–789.

Kelman, A.R., Evare, B.S., Barrera, A.Z., Munoz, R.F., & Gilbert, P. (2018). A proof-of-concept pilot randomized comparative trial of brief Internet-based compassionate mind training and cognitive-behavioral therapy for perinatal and intending to become pregnant women. *Clinical Psychology & Psychotherapy, 25*, 608–619.

Kim, J., Parker, S., Doty, J.R., Cunnington, R., Gilbert, P., & Kirby, J.N. (2020). Neurophysiological and behavioural markers of compassion. *Scientific Reports, 10*, 6789. https://doi.org/10.1038/s41598-020-63846-3

Kirby, J.N. (2015). The potential benefits of parenting programs for grandparents: Recommendations and clinical implications. *Journal of Child and Family Studies, 24*, 3200–3212. https://doi.org/10.1007/s10826-015-123-9

Kirby, J.N. (2016). The role of mindfulness and compassion in enhancing nurturing family environments. *Clinical Psychology: Science & Practice, 23*, 142–157. https://doi.org/10.1111/cpsp.12149

Kirby, J.N. (2017). Compassion interventions: The programs, the evidence, and implications for research and practice. *Psychology and Psychotherapy: Theory, Research and Practice, 90*, 432–455. https://doi.org/10.1111/papt

Kirby, J.N., & Baldwin, S. (2018). A randomized microtrial of a loving-kindness meditation to help parents respond to difficult child behaviour vignettes. *Journal of Child and Family Studies, 27*, 1614–1628. https://doi.org/10.1007/s10826-017-0989-9

Kirby, J.N., & Sanders, M.R. (2014). A randomized controlled trial evaluating a parenting program designed specifically for grandparents. *Behaviour Research and Therapy, 52*(1), 35–44. https://doi.org/10.1016/j.brat.2013.11.002

Kirby, J.N. & Tellegen, C.L. (2020). Parenting, family environments, and mental health and illness. In J. Kirby & P. Gilbert (Eds.). *Making an impact on mental health* (pp. 71–96). Routledge.

Kirby, J.N., Day, J., & Sagar, V. (2019). The 'flow' of compassion: A meta-analysis of the fears of compassion scales and psychological functioning. *Clinical Psychology Review, 70*, 26–39. https://doi.org/10.1016/j.cpr.2019.03.001

Kirby, J.N., Doty, J.R., Petrocchi, N., & Gilbert, P. (2017). The current and future role of heart rate variability for assessing and training compassion. *Frontiers in Public Health, 5*, 40. https://doi.org/10.3389/fpubh.2017.00040.

Kirby, J.N., Grzazek, O., & Gilbert, P. (2019). The role of compassionate and self-image goals in predicting psychological controlling and facilitative parenting styles. *Frontiers in Psychology, 10*, 1041. https://doi.org/10.3389/fpsyg.2019.01041

Kirby, J.N., Sampson, H., Day, J., Hayes, A., & Gilbert, P. (2019). Human evolution and culture in relationship to shame in the parenting role: Implications for psychology and psychotherapy. *Psychology and Psychotherapy: Theory, Research and Practice, 92*, 238–260.

Kirby, J.N., Tellegen, C.L., & Steindl, S.R. (2017). A meta-analysis of compassion-based interventions: Current state of knowledge and future directions. *Behavior Therapy, 48*, 778–792. https://doi.org/10.1016/j.beth.2017.06.003

Klevens, J., & Whitaker, D.J. (2007). Primary prevention of child physical abuse and neglect: Gaps and promising directions. *Child Maltreatment, 12*, 364–377

Lee, R.B. (2018). Hunter-gatherers and human evolution: New light on old debates. *Annual Review of Anthropology, 47*, 513–531. https://doi.org/10.1146/annurev-anthro-102116-041448

Leung, C., Sanders, M., Fung, B., & Kirby, J. (2014). The effectiveness of the Grandparent Triple P program with Chinese families: A randomized controlled trial. *Journal of Family Studies, 20*, 104–117. https://doi.org/10.1080/13229400.2014.11082000

Lippard, E.T., & Nemeroff, C.B. (2020). The devastating clinical consequences of child abuse and neglect: increased disease vulnerability and poor treatment response in mood disorders. *American Journal of Psychiatry, 177*, 20–36.

Marmot, M., Allen, J., Boyce, T., Goldblatt, P., & Morrison, J. (2020) *Health equity in England: The Marmot Review 10 years on*. Institute of Health Equity.

Martins, R.C., Blumenberg, C., Tovo-Rodrigues, L., Gonzalez, A., & Murray, J. (2020). Effects of parenting interventions on child and caregiver cortisol levels: a systematic review and meta-analysis. *BMC Psychiatry, 20*, 370. https://doi.org.10.1186/s12888-020-02777-9

Matos, M., Duarte, C., Duarte, J., Pinto-Gouveia, J., Petrocchi, N., Basran, J., & Gilbert, P. (2017). Psychological and physiological effects of compassionate mind training: A pilot randomized controlled study. *Mindfulness, 8*, 1699–1712. https://doi.org/10.1007/s12671-017-0745-7.

Mitchell, A., Whittingham, K., Steindl, S., & Kirby, J. (2018). Feasibility and acceptability of a brief online self-compassion intervention for mothers of infants. *Archives of Women's Mental Health, 21*(5), 553–561. https://doi.org/10.1007/s00737-018-0829-y

Moffitt, T.E., Arseneault, L., Belsky, D., Dickson, N., Hancox, R.J., Harrington, H., ... & Caspi, A. (2011). A gradient of childhood self-control predicts health, wealth, and public safety. *Proceedings of the National Academy of Sciences, 108*, 2693–2698. https://doi.org/10.1073/pnas.1010076108

Music, G. (2017). *Nurturing natures: Attachment and children's emotional, sociocultural and brain development*. (2nd ed.). Routledge.

Narvaez, N. (2016). Evolution, childrearing and compassionate morality. In P. Gilbert (Ed.). *Compassion: Concepts, research, and applications*. Routledge.

Prinz, R.J., & Sanders, M.R. (2007). Adopting a population-level approach to parenting and family support interventions. *Clinical Psychology Review, 27*, 739–749.

Prinz, R.J., Sanders, M.R., Shapiro, C.J., Whitaker, D.J., & Lutzker, J.R. (2009). Population-based prevention of child maltreatment: The U.S. Triple P system population trial. *Prevention Science, 10*, 1–12. https://doi.org/10.1007/s11121-009-0123-3

Ramakrishnan, J.L., Garside, R.B., Labella, M.H. et al. (2019). Parent socialization of positive and negative emotions: Implications for emotional functioning, life satisfaction, and distress. *Journal of Child & Family Studies, 28*, 3455–3466. https://doi.org/10.1007/s10826-019-01528-z

Richter, A., Gilbert, P., & McEwan, K. (2009). Development of an early memories of warmth and safeness scale and its relationship to psychopathology. *Psychology and Psychotherapy: Theory, Research and Practice, 82*, 171–184

Rollè, L., Gullotta, G., Trombetta, T., Curti, L., Gerino, E., Brustia, P., & Caldarera, A.M. (2019). Father involvement and cognitive development in early and middle childhood: A systematic review. *Frontiers Psychology, 10*, 2405. https://doi.org/10.3389/fpsyg.2019.02405

Sanders, M.R., & Kirby, J.N. (2014). A public-health approach to improving parenting and promoting children's wellbeing. *Child Development Perspectives, 8*, 250–257. https://doi.org/10.1111/cdep.12086.

Sanders, M.R., Kirby, J.N., Tellegen, C.L., & Day, J.J. (2014). The Triple P-Positive Parenting program: A systematic review and meta-analysis. *Clinical Psychology Review, 34*, 337–357. https://doi.org/10.1016/j.cpr.2014.04.003

Sanders, M.R., & Mazzucchelli, T.G. (2018). How parenting influences the lives of children. In M.R. Sanders and T.G. Mazzucchelli (Eds.). *the power of positive parenting: Transforming the lives of children, parents, and communities using the Triple P system* (1st ed.). Oxford University Press.

Scarnier, M., Schmader, T., & Lickel, B. (2009). Parental shame and guilt: Distinguishing emotional responses to a child's wrongdoings. *Personal Relationships, 16*, 205–220. https://doi.org/10.1111/j.1475-6811.2009.01219.x

Seddon, J.A., Abdel-Baki, R., Feige, S., & Thomassin, K. (2020). The cascade effect of parent dysfunction: An emotion socialization transmission framework. *Frontiers in Psychology, 11*, 579519. https://doi.org/10.3389/fpsyg.2020.579519

Soet, J.E., Brack, G.A., & DiIorio, C. (2003) Prevalence and predictors of women's experience of psychological trauma during childbirth. *Birth, 30*, 36–46.

Suurlan, J., van der Heijden, K.B., Huijbregts, S.C.J., van Goozen, S.H.M., & Swaab, H., (2018). Infant parasympathetic and sympathetic activity during baseline, stress and recovery: Interactions with prenatal adversity predict physical aggression in toddlerhood. *Journal of Abnormal Child Psychology, 46*, 755–768.

World Health Organization. (2014). *Child maltreatment* (Fact Sheet No. 150). WHO. www.who.int/ mediacentre/factsheets/fs150/en/

Zero to Three. (2016). *Tuning in national parent survey*. www.zerotothree.org/resources/1425-national-parent-survey-report

27

Visão geral da pesquisa de resultados sobre a terapia focada na compaixão

Uma revisão de escopo

Jaskaran Basran, Joanne Raven e Ptarmigan Plowright

Como atestam muitos e variados capítulos deste livro, nas duas últimas décadas, tem havido crescente interesse e pesquisa sobre o modelo de terapia biopsicossocial informado pela evolução da TFC e do TMC. Segundo o Google Scholar, na época em que este livro foi escrito (janeiro de 2021), o termo "terapia focada na compaixão" foi referido 140 mil vezes em publicações. Esta pesquisa não só focou na exploração dos desenvolvimentos teóricos e dos processos subjacentes à TFC e ao TMC como também explorou as aplicações e o impacto da terapia, do treino e das práticas associadas. Este capítulo se baseia em revisões prévias nessa área, incluindo Beaumont e Hollins Martin (2015), Craig, Hiskey e Spector (2020), Kirby (2017) e Leaviss e Uttley (2015), com uma revisão de escopo mais exploratória, resumindo achados da pesquisa de resultados.

A revisão foi conduzida para dados até o início de janeiro de 2021, e, como queríamos ser o mais inclusivos possível, os principais critérios foram simplesmente incluir todas as pesquisas de resultados com foco primário em intervenções focadas na compaixão conforme descritas por Gilbert (2010) e colegas neste livro. Embora de interesse, para este capítulo específico foram excluídas as intervenções "híbridas", em que a TFC ou o TMC é combinado com outros modelos e terapias. As intervenções com populações clínicas foram o foco, embora mencionemos aplicações não clínicas mais adiante neste capítulo. Foram incluídos estudos utilizando métodos qualitativos e quantitativos, e os artigos precisavam ser publicados em uma revista científica em inglês revisada por pares. Portanto, qualquer estudo em uma língua diferente ou classificado como "literatura cinzenta" foi excluído.

Várias bases de dados foram exploradas, incluindo PsycInfo, Prospero, Cochrane, PubMed, Medline, Web of Science e JSTOR. Os termos de busca usados foram variações de "terapia focada na compaixão" e "treino da mente compassiva". Inicialmente, foram identificados todos os títulos relevantes, e resumos e textos completos foram então selecionados para inclusão potencial. A busca inicial identificou 1.500 trabalhos, mas, após exame mais cuidadoso, eles foram reduzidos a 129. Dado o grande número de estudos identificados, para este capítulo escolhemos apresentar um resumo dos nossos achados. Informações adicionais detalhadas referentes aos estudos podem ser encontradas no *website* da Compassionate Mind Foundation, em www.compassionatemind.co.uk/r/research. Para apresentar esses dados sistematicamente, apresentamos os resumos em duas categorias: clínica e não clínica.

Estudos clínicos

Neste grupo, identificamos 72 estudos que utilizaram intervenções focadas na compaixão. Mais de 1.636 participantes completaram as intervenções de compaixão (o número de participantes nos grupos-controle ou outro tratamento e que desistiram foi excluído, quando possível), e identificamos as 11 subcategorias a seguir, cada uma relacionada a um grupo clínico ou de diagnóstico específico.

Depressão, ansiedade e grupos transdiagnósticos

Neste grupo, identificamos 21 estudos explorando o impacto da TFC na depressão, na ansiedade e em grupos transdiagnósticos (Andersen & Rasmussen, 2017; Asano, 2019; Asano & Shimizu, 2018; Boersma, Håkanson, Salomonsson, & Johansson, 2015; Chou et al., 2020; Cuppage, Baird, Gibson, Booth, & Hevey, 2018. Eslamian, Moradi, & Salehi, 2019; Fox, Cattani, & Burlingame, 2021; Gharraee, Tajrishi, Faran, Bolhari, & Farahani, 2018; Gilbert & Procter, 2006; Heriot-Maitland, Vidal, Ball, & Irons, 2014; Judge, Cleghorn, McEwan, & Gilbert, 2012; Matos, & Steindl, 2020; McManus, Tsivos, Woodward, Fraser, & Hartwell, 2018; Mernagh, Baird, & Guerin, 2020; Noorbala, Borjal, Ahmadian-Attari, & Noorbala, 2013; Petrocchi, Cosentino, Pellegrini, Femia, D'Innocenzo, & Mancin, 2021; Savari, Mohagheghi, & Petrocchi, 2021; Scehid & Singh, 2019; Stefffen, Foxx, Cattani, Alldredge, Austin, & Burlingame, 2020; Stroud, & Griffiths, 2021). Um total de 459 participantes completou as intervenções relacionadas à compaixão, e o número de sessões oferecidas variou de 6 a 16. Os achados entre os estudos sugerem que as intervenções focadas na compaixão foram associadas a decréscimo significativo em uma gama de escores, incluindo os de depressão, ansiedade, comportamento submisso, comparação social, autocriticismo, vergonha, estresse psicológico, medos da compaixão, sintomas de TOC e comportamento de acumulação, e foram associadas a aumento significativo na reatividade da variabilidade da frequência cardíaca (VFC) dos participantes, na autocompaixão, na habilidade de se autotranquilizar e no foco nos sentimentos de calidez e tranquilização. Além disso, Bell, Montague, Elander e Gilbert (2020) exploraram o impacto de um componente da TFC, o trabalho com cadeiras (veja o Capítulo 17 deste livro), com 12 participantes que sofriam de depressão. Os resultados apoiam o uso da abordagem com os participantes, enfatizando como a intervenção lhes possibilitou diferenciar aspectos de si de forma que fosse acessível e útil, e como ela os apoiou para abordar seu autocrítico com compaixão e compreensão mais profunda, incluindo sua função.

Em uma abordagem única utilizando realidade virtual, Falconer et al. (2016) desenvolveram um cenário de oito minutos em que 15 pacientes com transtorno depressivo maior praticaram a adoção da compaixão em um corpo virtual e, então, experienciaram recebê-la de si em outro corpo virtual. Esse cenário da compaixão foi associado a decréscimo significativo na depressão e no autocriticismo, bem como aumento considerável na autocompaixão, e esses resultados foram mantidos em um *follow-up* de quatro semanas.

Saúde física e dor

Neste grupo, identificamos três estudos com 139 participantes explorando o impacto da TFC na dor (Armitage & Malpus, 2019; Parry & Malpus, 2017; Penlington, 2019). Dois dos estudos ofereciam oito sessões, e outro oferecia 11 sessões, e, conjuntamente, os resultados sugerem que a TFC pode ser uma intervenção terapêutica eficaz para ajudar os pacientes a manejar a dor, pois foi associada à redução da interferência da dor, da ansiedade e da depressão e a aumento na aceitação da dor em outros estudos. Além disso, embora Ziemer, Fuhrmann e Hoffman (2015) não tenham encontrado diferença significativa entre as condições escritas de autocompaixão e autoeficácia em seu estudo, os resultados sugerem que mesmo uma intervenção escrita semanal breve de 20 minutos de autocompaixão por três semanas consecutivas estava associada a aumento da autocompaixão. Em um estudo qualitativo, entrevistando quatro participantes, Gooding, Stedmon e Crix (2020) exploraram o impacto de um grupo de TFC de 12 semanas para aqueles com dor persistente. Entre os temas identificados, os participantes relataram que os grupos foram associados à aceitação da dor, à descoberta de novas formas de lidar com a dor, à redução dos sentimentos de isolamento e à melhoria da capacidade de autotranquilização.

Também identificamos dois estudos (Przezdziecki & Sherman, 2016; Sherman et al., 2018) explorando o uso de intervenção escrita baseada na autocompaixão para 254 sobreviventes de câncer de mama com dificuldades na imagem corporal. Os dois estudos apoiam o uso de intervenções da TFC, com os resultados do estudo de Sherman et al. (2018) sugerindo que mesmo uma intervenção escrita breve de autocompaixão baseada na internet foi relacionada ao alívio do estresse associado à imagem corporal e à melhora da aceitação corporal e da autocompaixão, em comparação com a condição de escrita expressiva. Alguns dos resultados também foram mantidos no *follow-up* de um e três meses. Além disso, Haj Sadeghi, Yazdi-Ravandi e Pirnia (2018) exploraram o impacto de 16 sessões de TFC sobre ansiedade e depressão para mulheres com câncer de mama, e os resultados sugerem que a TFC foi associada a redução significativa na depressão e na ansiedade para esse grupo.

Em outro estudo, Ogueji e Okoloba (2020) exploraram o impacto de 10 módulos de TFC na ideação suicida em indivíduos recentemente diagnosticados com HIV/aids na Nigéria. Os achados sugerem que a ideação suicida era significativamente mais baixa no grupo com intervenção, em comparação com o grupo-controle.

Por fim, foram identificados outros dois estudos explorando a autoajuda com TFC para aqueles com afecções cutâneas. Os resultados de um dos estudos sugeriram que a intervenção de autoajuda com TFC teve impacto considerável nos níveis de estresse, autocompaixão, ansiedade e depressão, com os participantes do grupo de intervenção apresentando melhora mais significativa do que aqueles no grupo-controle (Hudson, Thompson, & Emerson, 2019). Os resultados de outro estudo de Krasuska, Millings, Lavda e Thompson (2018) foram mistos, e, considerando que eles tiveram uma amostra pequena de cinco participantes, os autores fizeram a observação de que seus resultados e suas conclusões eram limitados.

Transtornos alimentares

Neste grupo, foram encontrados seis estudos explorando o uso de intervenções focadas na compaixão para transtornos alimentares (Duarte, Pinto-Gouveia, & Stubbs, 2017; Gale, Gilbert, Read, & Goss, 2014; Kelly & Carter, 2015; Kelly, Winieswski, Martin-Wagar, & Hoffman, 2017; Pinto-Gouveia et al., 2019; Williams, Tsivos, Brown, Whitelock, & Sampson, 2017). Um total de 172 participantes completaram as condições de compaixão entre os estudos, e o número de sessões de TFC oferecidas variou de quatro sessões de baixa intensidade a 20 sessões com componentes de treino da compaixão, incluindo psicoeducação, um foco no desenvolvimento do *self* compassivo e exercícios especificamente centrados em torno de comportamentos alimentares. Tomadas em conjunto, as intervenções focadas na compaixão revelaram ter impacto considerável nas variáveis clínicas sob investigação, incluindo redução significativa na patologia alimentar, conforme medido pelo Eating Disorder Examination Questionnaire (EDE-Q) para a maioria dos participantes. Além disso, Kelly e Waring (2018) exploraram o impacto em uma prática de TFC específica, a escrita da carta compassiva, que foi completada diariamente por um período de duas semanas por 20 participantes (número de participantes na condição de escrita da carta compassiva). Embora as mudanças na patologia alimentar e na disposição para obter ajuda com o peso não tenham diferido com essa prática breve, comparada à condição-controle, a intervenção produziu aumentos na autocompaixão e decréscimos na vergonha e nos medos da autocompaixão de maneira mais significativa. Também encontramos o estudo de Mullen, Dowling, Doyle e O'Reilly (2020), que explorou o *feedback* de nove indivíduos que participaram de uma intervenção ambulatorial de TFC com 23 sessões. Após a intervenção, os participantes relataram ter abordagem mais compassiva em seu relacionamento consigo e com os outros, maior autoconfiança e senso de responsabilidade, bem como relacionamentos mais fortes e experiências de abrir mão do controle de seu transtorno alimentar e sentir-se menos sobrecarregados.

Trauma e violência

Neste grupo, encontramos quatro estudos, dois explorando o impacto da TFC para aqueles que sofrem de TEPT (Au, Sauer-Zavala, King, Petrocchi, Barlow, & Litz, 2017; Grodin, Clark, Kolts, & Lovejoy, 2019) e outros dois para aqueles que experienciaram trauma em relação à violência com o parceiro íntimo (Daneshvar, Shafiei, & Basharpoor, 2020; Naismith, Ripoll, & Pardo, 2020). Sessenta e três participantes completaram as condições de compaixão nesses estudos, e foram oferecidas entre cinco e 18 sessões. Para os dois estudos sobre TEPT, os achados sugerem que a TFC foi efetiva no decréscimo da severidade dos sintomas de TEPT, dos sintomas de raiva, dos medos da compaixão e da vergonha. Além disso, para os estudos focando em violência do parceiro íntimo, os resultados dos participantes que usaram a TFC sugerem que houve maior decréscimo na evitação experiencial, nas distorções cognitivas e na ideação suicida, e aumento considerável no nível de significado na vida, em comparação com o grupo-controle.

Em um estudo qualitativo, Ashfield, Chan e Lee (2020) exploraram o impacto de um grupo compassivo de resiliência (baseado na TFC) para 11 mulheres com um diagnóstico de TEPT complexo. Os achados apoiaram o uso do grupo terapêutico, e, curiosamente, o grupo foi capaz de identificar três temas principais associados à mudança e à intervenção. O primeiro foi o grupo, o segundo, o desenvolvimento de compreensão abrangente de si e de suas dificuldades, e o terceiro foi experienciar suas emoções e a compaixão dos outros. Esses processos foram importantes para ajudar os clientes a se engajar em experiências difíceis relacionadas à aceitação e a entender que "não é sua culpa" — uma mensagem fundamental na TFC. Alguns dos resultados descritos foram: autocompaixão aumentada, redução nos sintomas de TEPT e melhoras na autovalorização e na assertividade. Em outro estudo, Lawrence e Lee (2014) exploraram o impacto da TFC em grupo e individual com sete participantes. Eles constataram que os participantes inicialmente acharam difícil renunciar ao seu crítico interno e que a autocompaixão era uma experiência estranha (similar a Pauley e McPherson, 2010). Entretanto, com o tempo, houve uma mudança gradual voltada para experienciar o valor da compaixão, suavizando o autocriticismo. No término das sessões, os participantes acharam a TFC uma experiência positiva que os ajudou a desenvolver uma perspectiva mais positiva da vida.

Psicose e esquizofrenia

Neste grupo, identificamos cinco estudos que exploraram o impacto da TFC com participantes experienciando psicose ou esquizofrenia (Braehler, Gumley, Harper, Wallace, Norrie, & Gilbert, 2013; Cheli, Cavalletti, & Petrocchi, 2020; Kennedy & Ellerby, 2016; Laithwaite, O'Hanlon, Collins, Doyle, Abraham, Porter, & Gumley, 2009; Mayhew & Gilbert, 2008). Ao longo dos estudos, 50 pessoas completaram as intervenções de compaixão, e o número de sessões oferecidas variou de quatro a 20. Tomados em conjunto, os resultados sugerem que as intervenções de compaixão foram associadas a reduções na depressao, na marginalização social percebida, na comparação social, na vergonha, na autoestima, na psicopatologia e na paranoia. Além disso, no estudo de Mayhew e Gilbert (2008), os participantes relataram que suas alucinações auditivas se tornaram menos malévolas, menos persecutórias e mais tranquilizadoras. Igualmente, no estudo de caso de Kennedy e Ellerby (2016), o participante relatou que suas vozes estavam menos punitivas, e ele se beneficiou do desenvolvimento de um *self* compassivo e foi capaz de trabalhar com suas vozes críticas e intimidadoras como resultado da terapia. Ascone, Sundag, Schlier e Lincoln (2017) exploraram o impacto de uma intervenção breve de imagem mental focada na compaixão em pacientes psicóticos com ideação paranoide. Vinte e seis participantes realizaram uma sessão breve de imagem mental focada na compaixão. Embora os resultados sugiram que não houve mudanças significativas no afeto negativo ou na paranoia, houve impacto significativo na autotranquilização e na felicidade. Além disso, a maioria dos participantes também avaliou o exercício positivamente. Considerando-se que a intervenção foi breve, o impacto pode ter sido limitado, sobretudo devido à natureza das dificuldades.

Psicopatia

Ribeiro da Silva e colegas desenvolveram o PSYCHOPATHY.COMP, um programa de 20 sessões baseado na TFC para detentos jovens do sexo masculino com idades entre 14 e 18 anos (Ribeiro da Silva, Rijo, Salekin, Paulo, Miguel, & Gilbert, 2020). O programa foca em ajudar os clientes a desenvolver *insight* sobre a natureza do cérebro complicado, o impacto do condicionamento social, uma abordagem não envergonhante para seu comportamento problemático, o trabalho com dificuldades emocionais subjacentes e o valor de cultivar motivação e comportamentos de compaixão por si e pelos outros. Em comparação com o tratamento usual, não houve diferença significativa entre o grupo com TFC (n = 24) e de controle com TAU (n = 22) na linha básica. Pós-intervenção, houve redução significativa nos traços psicopáticos e no comportamento disruptivo com o programa PSYCHOPATHY.COMP, e os ganhos foram mantidos ou aumentados no *follow-up* aos três meses. O grupo de tratamento como usual (TAU), no entanto, foi associado à manutenção ou ao aumento nos traços psicopáticos. Além disso, esses achados foram apoiados por um estudo de caso clínico com um detento juvenil (Ribeiro da Silva, Rijo, Castilho, & Gilbert, 2019).

Transtorno da personalidade

Neste grupo, identificamos um estudo de Lucre e Corten (2013) que explorou o impacto da terapia de grupo com TFC de 16 semanas para oito participantes com transtorno da personalidade. Os achados sugerem que o grupo com TFC foi associado a redução significativa na vergonha, na depressão, no estresse e nos sintomas de estresse emocional e comparação social e a aumento significativo na habilidade de se autotranquilizar e nas percepções de funcionamento social e bem-estar. Além disso, os participantes relataram considerar o grupo dinâmico e um processo muito significativo.

Embora a TFC não recomende o uso de elementos específicos da TFC, como imagem mental, fora do contexto das práticas terapêuticas e psicoeducacionais focadas no corpo, Naismith, Kerr, Mwale e Feigenbaum (2019) exploraram o impacto de dois exercícios de imagem mental, incluindo recordar uma memória de receber compaixão ou criar uma figura compassiva a partir da sua imaginação. Os participantes foram convidados a praticar a imagem mental focada na compaixão diariamente durante uma semana, e os achados sugerem que a imagem mental gerou tanto experiências positivas quanto negativas para os clientes. O estudo descreve alguns *insights* úteis, incluindo medos, bloqueios e resistências (FBRs, do inglês *fears, blocks and resistances*) observados que podem ser importantes quando desenvolvemos intervenções nessa área.

Abuso de substâncias

Identificamos quatro estudos neste grupo. Agberotimi, Osinowo e Asagba (2017) forneceram 10 sessões de TFC para adultos jovens com transtorno por uso de substâncias. Em comparação com o grupo controle, o grupo com intervenção de TFC foi significativamente associado a menos sintomas de transtorno por uso de substâncias. Em outro estudo, Torbati, Nejat, Toozandehjani, Sumari e Amarghan (2020) forneceram 10 sessões de TFC a homens com uma história de abuso de substâncias. Os resultados sugerem que o grupo de TFC foi associado a decréscimo significativo no nível de cortisol e a aumento na regulação cognitivo-emocional. Além disso, Carlyle et al. (2019) forneceram três sessões para indivíduos em tratamento para transtorno por uso de opioides. Embora eles tenham relatado alta taxa de retenção, o estudo não foi suficientemente potencializado para detectar mudança clínica. No entanto, as análises temáticas dos dados de entrevistas sugeriram resultados positivos, com os participantes relatando que a intervenção foi associada à redução do autocriticismo, ao aumento na habilidade de enfrentar emoções negativas e a uma melhor compreensão de si mesmos. Os participantes também mencionaram que queriam mais sessões, e, considerando-se a brevidade da intervenção, isso pode ter contribuído para a ausência de mudanças detectada.

Outro estudo encontrado nessa área foi o de Dhokia, Elander, Clements e Gilbert (2020), que exploraram o impacto de uma intervenção de 21 dias de autoajuda com TMC para indivíduos com dor crônica e preocupações com o uso de analgésicos. A intervenção compreendia vídeos de psicoeducação com tarefas em áudio e computadorizadas planejadas para substituir os pensamentos autocríticos por pensamentos de autotranquilização. Em comparação com um grupo-controle de relaxamento com música, a intervenção de TMC foi associada a reduções na prescrição do uso de analgésicos, na dependência de analgésicos, no auto-ódio, na urgência negativa e na falta de perseverança, e essas melhoras foram mantidas no *follow-up*.

Lesão cerebral adquirida

Ashworth, Clarke, Jones, Jennings e Longworth (2015) exploraram o impacto da TFC posterior à lesão cerebral adquirida com 12 pacientes que participavam de um programa ambulatorial de reabilitação neuropsicológica. Foram oferecidas aos participantes sessões semanais de TFC individual e um grupo de humor por 18 semanas. Os resultados demonstram que a intervenção com TFC foi associada a decréscimo significativo nos escores de autocriticismo, ansiedade e depressão e a um aumento na habilidade de se tranquilizar. Os participantes relataram que a TFC lhes proporcionou uma nova forma de se relacionarem consigo e com os outros, os ajudou a reavaliar seu senso de valor e forneceu ferramentas para manejar suas dificuldades. Corroboração adicional foi identificada em dois estudos de caso com indivíduos com lesão cerebral adquirida (Ashworth, 2014; Ashworth, Gracey, & Gilbert, 2011), utilizando de 16 a 24 sessões individuais de TFC. Novamente, os resultados demonstram que a TFC foi associada a reduções significativas nos sintomas de depressão e ansiedade, além de vergonha, autocriticismo, estresse psicológico e raiva voltada para si, e ao aumento na autoestima, na conectividade social, no bem-estar e na felicidade. Além disso, um dos participantes refletiu que suas capacidades cognitivas eram "melhores e mais claras quando ele estava em uma mente compassiva *versus* uma mente ameaçada". No entanto, encontramos dois estudos explorando o impacto de práticas breves de imagem mental compassiva para indivíduos com lesão cerebral severa (Campbell, Gallagher, McLeod, O'Neill, & McMillan, 2019; O'Neill & McMillan, 2012), e os achados sugerem que as práticas não estavam associadas a mudanças significativas. Novamente, alertamos contra a descontextualização de algumas das intervenções, pois elas fazem parte de uma terapia mais abrangente; na verdade, os próprios autores mencionam que, dada a natureza complexa dessas condições, pode ser necessária abordagem mais substancial a longo prazo.

Demência

Neste grupo, dois estudos foram identificados. Craig, Hiskey, Royan, Poz e Spector (2018) exploraram o impacto de 10 sessões de TFC com sete participantes que sofriam de demência. O estudo focou na adaptação da TFC, incluindo fornecimento de psicoeducação especificamente relevante para demência, aplicação mais lenta, checagens regulares da compreensão, repetição frequente dos conceitos junto com resumos, práticas abreviadas e a provisão de vários materiais suplementares em uma variedade de formatos para que os indivíduos pudessem praticar em outros contextos, incluindo em casa. Embora os resultados sugiram que houve tendência de melhora clínica não significativa, os escores para depressão diminuíram para todos os participantes, exceto um, os escores de ansiedade diminuíram para todos os participantes, e seus escores para autocompaixão aumentaram após a intervenção. Além disso, vários participantes e seus cuidadores descreveram aumento na autocompaixão em resposta ao declínio cognitivo. Em um estudo adicional, Collins, Gilligan e Poz (2018) exploraram o impacto de seis sessões semanais com pessoas com demência e seus parceiros. O estudo incluiu 64 participantes em 32 díades de paciente-parceiro. Tanto para os parceiros quanto para os praticantes com demência, a terapia foi associada a melhora significativa na depressão e na ansiedade, além de aumento nos escores de qualidade de vida para os participantes com demência.

Transtornos do desenvolvimento intelectual (TDI)

Neste grupo, foram encontrados três estudos envolvendo 10 participantes, com as intervenções variando entre seis e 13 sessões (Clapton, Williams, Griffith, & Jones, 2018; Cooper & Frearson, 2017; Goad & Parker, 2020). Embora os resultados referentes à medida dos efeitos quantitativos tenham sido mistos, com pouca mudança no bem-estar psicológico medido pelo CORE-LD, alguns resultados sugerem que houve reduções significativas no autocriticismo e na comparação social associadas à intervenção. Além disso, achados qualitativos de um estudo sugerem que os participantes entenderam o conteúdo e o processo do grupo e experienciaram a intervenção como útil e agradável.

Intervenções não clínicas

Enquanto o foco deste livro é nas aplicações clínicas, queríamos mencionar e descrever brevemente algumas das aplicações não clínicas do modelo. Cinquenta e sete estudos foram identificados e, globalmente, eles fornecem apoio para a aplicação nas seguintes áreas:

- **Intervenções com amostras comunitárias ou de estudantes focando em várias áreas, incluindo depressão, ansiedade social, autocriticismo, pensamentos paranoides, adaptações culturais (para povos indígenas na Austrália), banhos de floresta, redução do tabagismo e bem-estar** (Arimitsu, 2016; Bennett-Levy et al., 2020; Irons & Heriot-Maitland, 2020; Gilbert & Basran, 2018; Kelly, Zuroff, Foa, & Gilbert, 2010; Halamová, Kanovský, Kanovský, Pačutová, & Kupeli, 2020; Kelly, Zuroff, & Shapira, 2009; Krieger, Reber, von Glutz, Urech, Moser, Schulz, & Berger, 2019; Lincoln, Hohenhaus, & Hartmann, 2013; Matos, Duarte, Duarte, Gilbert, & Pinto-Gouveia, 2018; Matos, Duarte, Duarte, Pinto-Gouveia, Petrocchi, Basran, & Gilbert, 2017; Matos, Duarte, Duarte, Pinto-Gouveia, & Gilbert, 2017; McEwan et al., 2021; McEwan, Elander, & Gilbert, 2018; Rose, McIntyre, Rimes, 2018; Shapira & Mongrain, 2010; Shavandi & Veshki, 2021; Sommers-Spijkerman, Elfrink, Drossaert, Schreurs, & Bohlmeijer, 2020; Sommers-Spijkerman, Trompetter, Schreurs, & Bohlmeijer, 2018; Stevenson, Mattiske, & Nixon, 2019).
- **Treinamento e práticas para terapeutas e profissionais da saúde** (Beaumont, Bell, McAndrew, & Fairhurst, 2021; Beaumont, Irons, Rayner, & Dagnall, 2016; Beaumont, Rayner, Durkin, & Bowling, 2017; Bell, Dixon, & Kolts, 2017; Gale, Schroder, & Gilbert, 2017; McEwan, Minou, Moore, & Gilbert, 2020; McVicar, Pettit, Schroder, & Gilbert, 2017; McEwan, Minou, Moore, & Gilbert, 2020; McVicar, Pettit, Knight-Davidson, & Shaw-Flach, 2020).
- **Treinamento para mulheres no período perinatal e mulheres que pretendem ficar grávidas** (Kelman, Evare, Barrera, Muñoz, & Gilbert, 2018).
- **Treinamento para pais** (Bratt, Rusner, & Svensson, 2020; Bratt, Svensson, & Rusner, 2019; Khoshvaght, Naderi, Safarzadeh, & Alizadeh, 2021; Lennard, Mitchell, & Whittingham, 2021; Mitchell, Whittingham, Steindl, & Kirby, 2018; Navab, Dehghani, & Salehi, 2019).
- **Treinamento para crianças e adolescentes** (Ahmadi, Hamid, & Marashi, 2018; Bratt, Gralberg, Svensson, & Rusner, 2020; Lander, 2019).
- **Intervenções focadas no peso e no corpo** (Carter, Gilbert, & Kirby, 2020; D'Silva & Kamble, 2014; Duarte et al., 2019; Forbes, Moffitt, Van Bokkel, & Donovan, 2020; Kelly, Katan, Sosa Hernandez, Nightingale, & Geller, 2021).
- **Treinamento para professores** (Maratos et al., 2019, 2020).
- **Uso breve das práticas ou da imagem mental** (Maratos et al., 2019, 2020; Duarte, McEwan, Barnes, Gilbert, & Maratos, 2015; Falconer, Slater, Rovira, King, Gilbert, Antley, & Brewin, 2014; Gilbert, Baldwin, Irons, Baccus, & Palmer, 2006; Gilbert, & Irons, 2004; Kim, Parker, Doty, Cunnington, Gilbert, & Kirby, 2020; Leboeuf, McEwan, Rusinek, Andreotti, & Antoine, 2021; Petrocchi, Ottaviani, & Couyoumdjian, 2017; Maratos & Sheffield, 2020; McEwan, & Gilbert, 2016; Rockliff, Gilbert, McEwan, Lightman, & Glover, 2008; Rockliff, Karl, McEwan, Gilbert, Matos, & Gilbert, 2011; Steffen, Bartlett, Channell, Jackman, Cressman, Bills, & Pescatello, 2021).

Conclusão

Este capítulo revisou os estudos de resultados sobre o impacto da TFC e do TMC em uma variedade de contextos. Identificamos um total de 129 estudos em áreas clínicas e não clínicas. Foram identificados 72 estudos nas áreas clínicas. Sessenta e sete estudos forneceram dados utilizando medidas quantitativas de resultados, e desses, todos apresentaram mudança em algumas das medidas de resultados usadas. Dos estudos analisados, 66% demonstraram mudança significativa em alguns dos escores de variáveis dos resultados. Muitos estudos não conseguiram demonstrar mudança significativa, pois eram de caso único ou estudos de viabilidade com pequeno número de participantes. Achados de estudos qualitativos também apoiam o uso da TFC e da terapia individual e em grupo, além de algumas intervenções breves que apresentam resultados promissores para um amplo leque de grupos clínicos. Também há pesquisas crescentes apoiando a eficácia de intervenções de compaixão em grupos não clínicos. Embora essa lista esteja longe de ser exaustiva, e a base de pesquisa seja mais rica e mais diversa do que poderíamos abranger aqui, a partir dos estudos que exploramos, os achados sugerem que a TFC e o TMC são intervenções eficazes para um leque de dificuldades de saúde mental (complexas). Isso está em conformidade com revisões prévias (Beaumont & Hollins Martin, 2015; Craig, Hiskey, & Spector, 2020; Kirby, 2017; Leaviss & Uttley, 2015). Também chamamos atenção para o número significativo (e crescente) observado de estudos considerados literatura cinzenta e intervenções híbridas e um número em expansão de estudos em diferentes países e línguas. Estes não foram incluídos na revisão final, mas oferecem apoio adicional para a TFC e o TMC. Assim, esta revisão, e outras publicadas anteriormente, indicam que agora existe uma base de evidências suficiente para promover a TFC e o TMC e buscar financiamento para pesquisa, a fim de desenvolver ainda mais a base de evidências por meio de ensaios clínicos randomizados (ECRs) controlados e verificados quanto à fidelidade. Como a própria TFC se considera uma terapia focada em processos, as pesquisas agora precisam estar mais focadas em processos específicos que a terapia afirma que pode abordar.

Referências

Agberotimi, S., Osinowo, H., & Asagba, R. (2017). Efficacy of compassion-focused therapy in a sample of youth with substance use disorder in Ogbomoso, Nigeria. *African Journal of Drug and Alcohol Studies, 16*(2), 107–116.

Ahmadi, E., Hamid, N., & Marashi, S. (2018). The effectiveness of compassion focused group therapy on sociotropy, sensitivity to rejection & angry in girls sensitive to rejection in Ahvaz. *Journal of Research in Medical and Dental Science, 6*(3), 180–188.

Andersen, B., & Rasmussen, P.H. (2017). Transdiagnostic group therapy for people with self-critic and low self-esteem, based on compassion focused therapy principles. *Journal of Compassionate Health Care, 4*(1), 1–11.

Arimitsu, K. (2016). The effects of a program to enhance self-compassion in Japanese individuals: A randomized controlled pilot study. *The Journal of Positive Psychology,* 11(6), 559–571.

Arimitsu, K., & Hofmann, S.G. (2017). Effects of compassionate thinking on negative emotions. *Cognition and Emotion, 31*(1), 160–167.

Armitage, L., & Malpus, Z. (2019). Guest editorial – compassion focused therapy (CFT) for 'strivers' in pain. *Pain and Rehabilitation-the Journal of Physiotherapy Pain Association, 2019*(47), 6–11.

Asano, K. (2019). Emotion processing and the role of compassion in psychotherapy from the perspective of multiple selves and the compassionate self. *Case Reports in Psychiatry,* 7214752. https://doi.org/10.1155/2019/7214752

Asano, K., & Shimizu, E. (2018). A case report of compassion focused therapy (CFT) for a Japanese patient with recurrent depressive disorder: the importance of layered processes in CFT. *Case Reports in Psychiatry,* 4165434. https://doi.org/10.1155/2018/4165434

Ascone, L., Sundag, J., Schlier, B., & Lincoln, T. (2017). Feasibility and effects of a brief compassion-focused imagery intervention in psychotic patients with paranoid ideation: A randomized experimental pilot study. *Clinical Psychology & Psychotherapy, 24*(2), 348–358.

Ashfield, E., Chan, C., & Lee, D. (2020). Building 'a compassionate armour': The journey to develop strength and self-compassion in a group treatment for complex post-traumatic stress disorder. *Psychology and Psychotherapy: Theory, Research and Practice,* 12275. https://doi.org/10.1111/papt.12275

Ashworth, F. (2014). Soothing the injured brain with a compassionate mind: Building the case for compassion focused therapy following acquired brain injury. *Neuro-Disability and Psychotherapy, 2*(1–2), 41–79.

Ashworth, F., Clarke, A., Jones, L., Jennings, C., & Longworth, C. (2015). An exploration of compassion focused therapy following acquired brain injury. *Psychology and Psychotherapy: Theory, Research and Practice, 88*(2), 143–162.

Ashworth, F., Gracey, F., & Gilbert, P. (2011). Compassion focused therapy after traumatic brain injury: Theoretical foundations and a case illustration. *Brain Impairment, 12*(2), 128–139.

Au, T.M., Sauer-Zavala, S., King, M., Petrocchi, N., Barlow, D., & Litz, B.T. (2017). Compassion-based therapy for trauma-related shame and posttraumatic stress: Initial evaluation using a multiple baseline design. *Behavior Therapy, 48*(2), 207–221.

Beaumont, E., & Hollins Martin, C. J. (2015). A narrative review exploring the effectiveness of compassion-focused therapy. *Counselling Psychology Review, 30*(1), 21–32.

Beaumont, E., Bell, T., McAndrew, S., & Fairhurst, H. (2021). The impact of compassionate mind training on qualified health professionals undertaking a compassion-focused therapy module. *Counselling and Psychotherapy Research,* 1–13.

Beaumont, E., Irons, C., Rayner, G., & Dagnall, N. (2016). Does compassion-focused therapy training for health care educators and providers increase self-compassion and reduce self-persecution and self-criticism? *Journal of Continuing Education in the Health Professions, 36*(1), 4–10.

Beaumont, E., Rayner, G., Durkin, M., & Bowling, G. (2017). The effects of compassionate mind training on student psychotherapists. *The Journal of Mental Health Training, Education and Practice, 12*(5), 300–312.

Bell, T., Dixon A., & Kolts R. (2017). Developing a compassionate internal supervisor: Compassion-focused therapy for trainee therapists. *Clinical Psychology & Psychotherapy, 24*(3), 632–648.

Bell, T., Montague, J., Elander, J., & Gilbert, P. (2020). 'Suddenly you are King Solomon': Multiplicity, transformation and integration in compassion-focused therapy chairwork. *Journal of Psychotherapy Integration,* 1–20.

Bennett-Levy, J., Roxburgh, N., Hibner, L., Bala, S., Edwards, S., Lucre, K., Cohen, G., O'Connor, D., Keogh, S., & Gilbert, P. (2020). Arts-Based Compassion Skills Training (ABCST): Channelling compassion focused therapy through visual arts for Australia's Indigenous Peoples. *Frontiers in Psychology, 11,* 568561.

Boersma, K., Håkanson, A., Salomonsson, E., & Johansson, I. (2015). Compassion focused therapy to counteract shame, self-criticism and isolation. A replicated single case experimental study for individuals with social anxiety. *Journal of Contemporary Psychotherapy, 45*(2), 89–98.

Braehler, C., Gumley, A., Harper, J., Wallace, S., Norrie, J., & Gilbert, P. (2013). Exploring change processes in compassion focused therapy in psychosis: Results of a feasibility randomized controlled trial. *British Journal of Clinical Psychology, 52*(2), 199–214.

Bratt, A., Gralberg, I.M., Svensson, I., & Rusner, M. (2020). Gaining the courage to see and accept oneself: Group-based compassion-focussed therapy as experienced by adolescent girls. *Clinical Child Psychology and Psychiatry, 4,* 909–921.

Bratt, A.S., Rusner, M., & Svensson, I. (2020). An exploration of group-based compassion-focused therapy for adolescents and their parents. *Scandinavian Journal of Child and Adolescent Psychiatry and Psychology, 8,* 38–47.

Bratt, A.S., Svensson, I., & Rusner, M. (2019). Finding confidence and inner trust as a parent: Experiences of group-based compassion-focused therapy for the parents of adolescents with mental health problems. *International Journal of Qualitative Studies on Health and Well-Being, 14*(1), 1684166.

Campbell, I.N., Gallagher, M., McLeod, H.J., O'Neill, B., & McMillan, T.M. (2019). Brief compassion focused imagery for treatment of severe head injury. *Neuropsychological rehabilitation, 29*(6), 917–927.

Carlyle, M., Rockliff, H., Edwards, R., Ene, C., Karl, A., Marsh, B., … & Morgan, C.J. (2019). Investigating the feasibility of brief compassion focused therapy in individuals in treatment for opioid use disorder. *Substance Abuse: Research and Treatment, 13,* 1178221819836726.

Carter, A., Gilbert, P., & Kirby, J.N. (2020). Compassion focused therapy for body weight shame: A mixed methods pilot trial. *Clinical Psychology & Psychotherapy,* 1–16.

Cheli, S., Cavalletti, V., & Petrocchi, N. (2020). An online compassion-focused crisis intervention during COVID-19 lockdown: A case series on patients at high risk for psychosis. *Psychosis, 12(4),* 359-362

Chou, C.Y., Tsoh, J.Y., Shumway, M., Smith, L.C., Chan, J., Delucchi, K., ... & Mathews, C.A. (2020). Treating hoarding disorder with compassion-focused therapy: A pilot study examining treatment feasibility, acceptability, and exploring treatment effects. *British Journal of Clinical Psychology, 59*(1), 1–21.

Clapton, N.E., Williams, J., Griffith, G.M., & Jones, R.S. (2018). 'Finding the person you really are... on the inside': Compassion focused therapy for adults with intellectual disabilities. *Journal of Intellectual Disabilities, 22*(2), 135–153.

Collins, R.N., Gilligan, L.J., & Poz, R. (2018). The evaluation of a compassion-focused therapy group for couples experiencing a dementia diagnosis. *Clinical gerontologist, 41*(5), 474–486.

Cooper, R., & Frearson, J. (2017). Adapting compassion focused therapy for an adult with a learning disability – a case study. *British Journal of Learning Disabilities, 45*(2), 142–150.

Craig, C., Hiskey, S., & Spector, A. (2020). Compassion focused therapy: A systematic review of its effectiveness and acceptability in clinical populations. *Expert Review of Neurotherapeutics, 20*(4), 385–400.

Craig, C., Hiskey, S., Royan, L., Poz, R., & Spector, A. (2018). Compassion focused therapy for people with dementia: A feasibility study. *International Journal of Geriatric Psychiatry, 33*(12), 1727–1735.

Cuppage, J., Baird, K., Gibson, J., Booth, R., & Hevey, D. (2018). Compassion focused therapy: Exploring the effectiveness with a transdiagnostic group and potential processes of change. *British Journal of Clinical Psychology, 57*(2), 240–254.

Daneshvar, S., Shafiei, M., & Basharpoor, S. (2020). Group-based compassion-focused therapy on experiential avoidance, meaning-in-life, and sense of coherence in female survivors of intimate partner violence with PTSD: A randomized controlled trial. *Journal of Interpersonal Violence,* 1–22. https://doi.org/10.1177/0886260520958660

Dhokia, M., Elander, J., Clements, K., & Gilbert, P. (2020). A randomized-controlled pilot trial of an online compassionate mind training intervention to help people with chronic pain avoid analgesic misuse. *Psychology of Addictive Behaviors, 34*(7), 726–733.

D'Silva, C.H., & Kamble, S.V. (2014). Compassion-focused therapy-based intervention for treating body dysphoria amongst college students in Goa. *Indian Journal of Health & Wellbeing,* 5(1), 79–82.

Duarte, C., Gilbert, P., Stalker, C., Catarino, F., Basran, J., Scott, S., ... & Stubbs, R.J. (2019). Effect of adding a compassion-focused intervention on emotion, eating and weight outcomes in a commercial weight management programme. *Journal of Health Psychology, 26*(10), 1700–1715. https://doi.org/10.1177/1359105319890019.

Duarte, C., Pinto-Gouveia, J., & Stubbs, R.J. (2017). Compassionate attention and regulation of eating behaviour: A pilot study of a brief low-intensity intervention for binge eating. *Clinical Psychology & Psychotherapy, 24*(6), 1437–1447.

Duarte, J., McEwan, K., Barnes, C., Gilbert, P., & Maratos, F.A. (2015). Do therapeutic imagery practices affect physiological and emotional indicators of threat in high self-critics? *Psychology and Psychotherapy: Theory, Research and Practice, 88*(3), 270–284.

Eslamian, A., Moradi, A., & Salehi, A. (2019). Effectiveness of compassion focused group therapy on sleep quality, rumination and resilience of women in Isfahan city suffering from depression in summer 2018. *International Journal of Medical Investigation, 8*(4), 41–50.

Falconer, C.J., Rovira, A., King, J.A., Gilbert, P., Antley, A., Fearon, P., ... & Brewin, C.R. (2016). Embodying self-compassion within virtual reality and its effects on patients with depression. *BJPsych Open, 2*(1), 74–80.

Falconer, C.J., Slater, M., Rovira, A., King, J.A., Gilbert, P., Antley, A., & Brewin, C. R. (2014). Embodying compassion: a virtual reality paradigm for overcoming excessive self-criticism. *PLOS ONE, 9*(11), e111933.

Forbes, Y.N., Moffitt, R.L., Van Bokkel, M., & Donovan, C.L. (2020). Unburdening the weight of stigma: Findings from a compassion-focused group program for women with overweight and obesity. *Journal of Cognitive Psychotherapy, 34*(4), 336–357.

Fox, J., Cattani, K., & Burlingame, G.M. (2021). Compassion focused therapy in a university counseling and psychological services center: A feasibility trial of a new standardized group manual. *Psychotherapy Research, 31* (4), 419-431.

Gale, C., Gilbert, P., Read, N., & Goss, K. (2014). An evaluation of the impact of introducing compassion focused therapy to a standard treatment programme for people with eating disorders. *Clinical Psychology & Psychotherapy, 21*(1), 1–12.

Gale, C., Schröder, T., & Gilbert, P. (2017). 'Do you practice what you preach?' A qualitative exploration of therapists' personal practice of compassion focused therapy. *Clinical Psychology & Psychotherapy, 24*(1), 171–185.

Gharraee, B., Tajrishi, K.Z., Farani, A.R., Bolhari, J., & Farahani, H. (2018). A randomized controlled trial of compassion focused therapy for social anxiety disorder. *Iranian Journal of Psychiatry and Behavioral Sciences, 12*(4), e80945.

Gilbert, P. (2010). *Compassion focused therapy* (The CBT Distinctive Features Series). Routledge.

Gilbert, P., & Irons, C. (2004). A pilot exploration of the use of compassionate images in a group of self-critical people. *Memory, 12*(4), 507–516.

Gilbert, P., & Basran, J. (2018). Imagining one's compassionate self and coping with life difficulties. *EC Psychology and Psychiatry, 7*(12), 971–978.

Gilbert, P., & Procter, S. (2006). Compassionate mind training for people with high shame and self-criticism: Overview and pilot study of a group therapy approach. *Clinical Psychology & Psychotherapy: An International Journal of Theory & Practice, 13*(6), 353–379.

Gilbert, P., Baldwin, M., Irons, C., Baccus, J., & Palmer, M. (2006). Self-criticism and self-warmth: An imagery study exploring their relation to depression. *Journal of Cognitive Psychotherapy: An International Quarterly, 20*, 183–200.

Goad, E.J., & Parker, K. (2020). Compassion-focused therapy groups for people with intellectual disabilities: An extended pilot study. *Journal of Intellectual Disabilities*, 1–19. https://doi.org/10.1177/1744629520925953

Gooding, H., Stedmon, J., & Crix, D. (2020). 'All these things don't take the pain away but they do help you to accept it': Making the case for compassion-focused therapy in the management of persistent pain. *British Journal of Pain, 14*(1), 31–41.

Grodin, J., Clark, J.L., Kolts, R., & Lovejoy, T.I. (2019). Compassion focused therapy for anger: A pilot study of a group intervention for veterans with PTSD. *Journal of Contextual Behavioral Science, 13*, 27–33.

Haj Sadeghi, Z., Yazdi-Ravandi, S., & Pirnia, B. (2018). Compassion-focused therapy on levels of anxiety and depression among women with breast cancer: A randomized pilot trial. *International Journal of Cancer Management, 11*(11), e67019.

Halamová, J., Kanovský, M., Pačutová, A., & Kupeli, N. (2020). Randomised controlled trial of an online version of compassion mind training in a nonclinical sample. *Europe's Journal of Psychology, 16*(2), 262–279.

Heriot-Maitland, C., Vidal, J.B., Ball, S., & Irons, C. (2014). A compassionate-focused therapy group approach for acute inpatients: Feasibility, initial pilot outcome data, and recommendations. *British Journal of Clinical Psychology, 53*(1), 78–94.

Hudson, M.P., Thompson, A.R., & Emerson, L.M. (2019). Compassion-focused self-help for psychological distress associated with skin conditions: A randomized feasibility trial. *Journal Psychology & Health, 35*(9), 1095–1114.

Irons, C., & Heriot-Maitland, C. (2020). Compassionate mind training: An 8-week group for the general public. *Psychology and psychotherapy, 94*(3), 443–463.

Judge, L., Cleghorn, A., McEwan, K., & Gilbert, P. (2012). An exploration of group-based compassion focused therapy for a heterogeneous range of clients presenting to a community mental health team. *International Journal of Cognitive Therapy, 5*(4), 420–429.

Kelly, A., Katan, A., Sosa Hernandez, L., Nightingale, B., & Geller, J. (2021). Why would I want to be more self-compassionate? A qualitative study of the pros and cons to cultivating self-compassion in individuals with anorexia nervosa. *British Journal of Clinical Psychology, 60(1)*, 99–115.

Kelly, A.C., & Carter, J.C. (2015). Self-compassion training for binge eating disorder: A pilot randomized controlled trial. *Psychology and Psychotherapy, 88*(3), 285–303.

Kelly, A.C., & Waring, S.V. (2018). A feasibility study of a 2-week self-compassionate letter-writing intervention for nontreatment seeking individuals with typical and atypical anorexia nervosa. *International Journal of Eating Disorders, 51*(8), 1005–1009.

Kelly, A.C., Wisniewski, L., Martin-Wagar, C., & Hoffman, E. (2017). Group-based compassion-focused therapy as an adjunct to outpatient treatment for eating disorders: A pilot randomized controlled trial. *Clinical Psychology & Psychotherapy, 24*(2), 475–487.

Kelly, A.C., Zuroff, D.C., & Shapira, L.B. (2009). Soothing oneself and resisting self-attacks: The treatment of two intrapersonal deficits in depression vulnerability. *Cognitive Therapy and Research, 33*(3), 301.

Kelly, A.C., Zuroff, D.C., Foa, C.L., & Gilbert, P. (2010). Who benefits from training in self-compassionate self-regulation? A study of smoking reduction. *Journal of Social and Clinical Psychology, 29*(7), 727–755.

Kelman, A.R., Evare, B.S., Barrera, A.Z., Muñoz, R.F., & Gilbert, P. (2018). A proof-of-concept pilot randomized comparative trial of brief Internet-based compassionate mind training and cognitive-behavioral therapy for perinatal and intending to become pregnant women. *Clinical Psychology & Psychotherapy, 25*(4), 608–619.

Kennedy, A., & Ellerby, M. (2016). A compassion-focused approach to working with someone diagnosed with schizophrenia. *Journal of Clinical Psychology, 72*(2), 123–131.

Khoshvaght, N., Naderi, F., Safarzadeh, S., & Alizadeh, M. (2021). Comparison of the effects of metacognitive therapy and compassion-focused therapy on anxiety in the mothers of children with cerebral palsy. *Women's Health Bulletin, 8*(1), 1–9.

Kim, J.J., Parker, S.L., Doty, J.R., Cunnington, R., Gilbert, P., & Kirby, J.N. (2020). Neurophysiological and behavioural markers of compassion. *Scientific Reports, 10*(1), 1–9.

Kirby, J.N. (2017). Compassion interventions: The programmes, the evidence, and implications for research and practice. *Psychology and Psychotherapy: Theory, Research and Practice, 90*(3), 432–455.

Krasuska, M., Millings, A., Lavda, A.C., & Thompson, A.R. (2018). Compassion-focused self-help for skin conditions in individuals with insecure attachment: a pilot evaluation of acceptability and potential effectiveness. *British Journal of Dermatology, 178*(2), 122–e123.

Krieger, T., Reber, F., von Glutz, B., Urech, A., Moser, C.T., Schulz, A., & Berger, T. (2019). An internet-based compassion-focused intervention for increased self-criticism: A randomized controlled trial. *Behavior Therapy, 50*(2), 430–445.

Laithwaite, H., O'Hanlon, M., Collins, P., Doyle, P., Abraham, L., Porter, S., & Gumley, A. (2009). Recovery after psychosis (RAP): A compassion focused programme for individuals residing in high security settings. *Behavioural and Cognitive Psychotherapy, 37*(5), 511–526

Lander, A. (2019). Developing self-compassion as a resource for coping with hardship: exploring the potential of compassion focused therapy. *Child and Adolescent Social Work Journal, 36*(6), 655–668.

Lawrence, V.A., & Lee, D. (2014). An exploration of people's experiences of compassion-focused therapy for trauma, using interpretative phenomenological analysis. *Clinical Psychology & Psychotherapy, 21*(6), 495–507.

Leaviss, J., & Uttley, L. (2015). Psychotherapeutic benefits of compassion-focused therapy: An early systematic review. *Psychological Medicine, 45*(5), 927–945.

Leboeuf, I., McEwan, K., Rusinek, S., Andreotti, E. & Antoine, P. (2021). Can compassion-focused imagery be used as an attention bias modification treatment? *Current Psychology*, 1–12. https:// doi.org/10.1007/s12144-020-01241-x

Lennard, G.R., Mitchell, A.E., & Whittingham, K. (2021). Randomized controlled trial of a brief online self-compassion intervention for mothers of infants: Effects on mental health outcomes. *Journal of Clinical Psychology, 77*(3), 473–487.

Lincoln, T.M., Hohenhaus, F., & Hartmann, M. (2013). Can paranoid thoughts be reduced by targeting negative emotions and self-esteem? An experimental investigation of a brief compassion-focused intervention. *Cognitive Therapy and Research, 2*, 390–402.

Lucre, K.M., & Corten, N. (2013). An exploration of group compassion-focused therapy for personality disorder. *Psychology and Psychotherapy: Theory, Research and Practice, 86*(4), 387–400.

Maratos, F.A., & Sheffield, D. (2020). Brief compassion-focused imagery dampens physiological pain responses. *Mindfulness, 11*(12), 2730–2740.

Maratos, F.A., Matos, M., Alberquerque, I., Wood, W., Palmeira, L., Cunha, M., Lima, M., & Gilbert, P. (2020). 'Exploring the international utility of progressing compassionate mind training in school settings: A comparison of implementation effectiveness of the same curricula in the UK and Portugal. *The Psychology of Education Review, 44*(2), 73–82.

Maratos, F.A., Montague, J., Ashra, H., Welford, M., Wood, W., Barnes, C., ... & Gilbert, P. (2019). Evaluation of a compassionate mind training intervention with school teachers and support staff. *Mindfulness, 10*(11), 2245–2258.

Matos, M., & Steindl, S.R. (2020). 'You are already all you need to be': A case illustration of compassion-focused therapy for shame and perfectionism. *Journal of Clinical Psychology, 76*(11), 2079–2096.

Matos, M., Duarte, C., Duarte, J., Pinto-Gouveia, J., Petrocchi, N., Basran, J., & Gilbert, P. (2017). Psychological and physiological effects of compassionate mind training: A pilot randomised controlled study. *Mindfulness, 8*(6), 1699–1712.

Matos, M., Duarte, J., Duarte, C., Gilbert, P., & Pinto-Gouveia, J. (2018). How one experiences and embodies compassionate mind training influences its effectiveness. *Mindfulness, 9*(4), 1224–1235.

Matos, M., Duarte, J., Duarte, C., Pinto-Gouveia, J., & Gilbert, P. (2017). Cultivating the compassionate self against depression: An exploration of processes of change. *European Psychiatry, 41*(S1), S356–S356.

Mayhew, S.L., & Gilbert, P. (2008). Compassionate mind training with people who hear malevolent voices: A case series report. *Clinical Psychology & Psychotherapy: An International Journal of Theory & Practice, 15*(2), 113–138.

McEwan, K., & Gilbert, P. (2016). A pilot feasibility study exploring the practising of compassionate imagery exercises in a non-clinical population.

Psychology and Psychotherapy: Theory, Research and Practice, 89(2), 239–243.

McEwan, K., Elander, J., & Gilbert, P. (2018). Evaluation of a web-based self-compassion intervention to reduce student assessment anxiety. *Interdisciplinary Education and Psychology, 2*(1), 1–24.

McEwan, K., Giles, D., Clarke, F.J., Kotera, Y., Evans, G., Terebenina, O., ... & Weil, D. (2021). A pragmatic controlled trial of forest bathing compared with compassionate mind training in the UK: Impacts on self-reported wellbeing and heart rate variability. *Sustainability, 13*(3), 1380.

McEwan, K., Minou, L., Moore, H., & Gilbert, P. (2020). Engaging with distress: Training in the compassionate approach. *Journal of Psychiatric and Mental Health Nursing, 27*(6), 718–727.

McManus, J., Tsivos, Z., Woodward, S., Fraser, J., & Hartwell, R. (2018). Compassion focused therapy groups: Evidence from routine clinical practice. *Behaviour Change, 35*(3), 167–173.

McVicar, A., Pettit, A., Knight-Davidson, P., & Shaw-Flach, A. (2020). Promotion of professional quality of life through reducing fears of compassion and compassion fatigue: Application of the compassionate mind model to specialist community public health nurses (health visiting) training. *Journal of Clinical Nursing, 30*(1-2), 101–112.

Mernagh, M., Baird, K., & Guerin, S. (2020). Subjective changes in mind-body attunement associated with transdiagnostic group-based compassion-focused therapy. *Mindfulness, 11*, 2016–2026.

Mitchell, A.E., Whittingham, K., Steindl, S., & Kirby, J. (2018). Feasibility and acceptability of a brief online self-compassion intervention for mothers of infants. *Archives of Women's Mental Health, 21*(5), 553–561.

Mullen, G., Dowling, C., Doyle, J., & O'Reilly, G. (2020). Experiences of compassion focused therapy in eating disorder recovery: A qualitative model. *Counselling and Psychotherapy Research, 20*(2), 248–262.

Naismith, I., Kerr, S., Mwale, A., & Feigenbaum, J. (2019). A thematic analysis of compassion-focused imagery for people with personality disorder: inhibitors, facilitators and clinical recommendations. *Clinical Psychologist, 23*(3), 213–224.

Naismith, I., Ripoll, K., & Pardo, V.M. (2020). Group compassion-based therapy for female survivors of intimate-partner violence and gender-based violence: A pilot study. *Journal of Family Violence, 36*(2), 175–182.

Navab, M., Dehghani, A., & Salehi, M. (2019). Effect of compassion-focused group therapy on psychological symptoms in mothers of attention-deficit hyperactivity disorder children: A pilot study. *Counselling and Psychotherapy Research, 19*(2), 149–157.

Noorbala, F., Borjali, A., Ahmadian-Attari, M.M., & Noorbala, A.A. (2013). Effectiveness of compassionate mind training on depression, anxiety, and self-criticism in a group of Iranian depressed patients. *Iranian Journal of Psychiatry, 8*(3), 113.

Ogueji, A.I., & Okoloba, M.M. (2020). Compassion-focused therapy (CFT) as an intervention against suicidal ideation in newly diagnosed people living with Hiv/Aids (Plwha) attending a Nigerian maternity teaching hospital. *Global Psychiatry, 3*(1), 104–112.

O'Neill, M., & McMillan, T.M. (2012). Can deficits in empathy after head injury be improved by compassionate imagery? *Neuropsychological Rehabilitation, 22*(6), 836–851.

Parry, S.L., & Malpus, Z. (2017). Reconnecting the mind and body: A pilot study of developing compassion for persistent pain. *Patient Experience Journal, 4*(1), 145–153.

Pauley, G., & McPherson, S. (2010). The experience and meaning of compassion and self-compassion for individuals with depression or anxiety. *Psychology and Psychotherapy: Theory, Research and Practice,* 83(2), 129–143.

Penlington, C. (2019). Exploring a compassion-focused intervention for persistent pain in a group setting. *British Journal of Pain, 13*(1), 59–66.

Petrocchi, N., Cosentino, T., Pellegrini, V., Femia, G., D'innocenzo, A., & Mancini, F. (2021). Compassion focused group therapy for treatment-resistant OCD: initial evaluation using a multiple baseline design. *Frontiers in Psychology, 11*, 3812.

Petrocchi, N., Ottaviani, C., & Couyoumdjian, A. (2017). Compassion at the mirror: Exposure to a mirror increases the efficacy of a self-compassion manipulation in enhancing soothing positive affect and heart rate variability. *The Journal of Positive Psychology, 12*(6), 525–536.

Pinto-Gouveia, J., Carvalho, S.A., Palmeira, L., Castilho, P., Duarte, C., Ferreira, C., ... & Costa, J. (2019). Incorporating psychoeducation, mindfulness and self-compassion in a new programme for binge eating (BEfree): Exploring processes of change. *Journal of Health Psychology, 24*(4), 466–479.

Przezdziecki, A., & Sherman, K.A. (2016). Modifying affective and cognitive responses regarding body image difficulties in breast cancer survivors using a self-compassion-based writing intervention. *Mindfulness, 7*(5), 1142–1155.

Ribeiro da Silva, D., Rijo, D., Castilho, P., & Gilbert, P. (2019). The efficacy of a compassion-focused therapy-based intervention in reducing psychopathic traits and disruptive behavior: A clinical case study with a juvenile detainee. *Clinical Case Studies, 18*(5), 323–343.

Ribeiro da Silva, D., Rijo, D., Salekin, R.T., Paulo, M., Miguel, R., & Gilbert, P. (2020). Clinical change in psychopathic traits after the PSYCHOPATHY. COMP program: Preliminary findings of a controlled trial with male detained youth. *Journal of Experimental Criminology, 17*, 397–421

Rockliff, H., Gilbert, P., McEwan, K., Lightman S., & Glover, D. (2008). A pilot exploration of heart rate variability and salivary cortisol responses to compassion-focused imagery. *Journal of Clinical Neuropsychiatry, 5*, 132–139.

Rockliff, H., Karl, A., McEwan, K., Gilbert, J., Matos, M., & Gilbert, P. (2011). Effects of intranasal oxytocin on 'compassion focused imagery.' *Emotion, 11*(6), 1388.

Rose, A., McIntyre, R., & Rimes, K.A. (2018). Compassion-focused intervention for highly self-critical individuals: Pilot study. *Behavioural and Cognitive Psychotherapy, 46*(5), 583–600.

Savari, Y., Mohagheghi, H., & Petrocchi, N. (2021). A preliminary investigation on the effectiveness of compassionate mind training for students with major depressive disorder: A randomized controlled trial. *Mindfulness,12*, 1–14.

Scheid, D., & Singh, F. (2019). Can compassion focused therapy enhance dual recovery for veterans? *Psychiatric Rehabilitation Journal*, 42(2), 229

Shapira, L.B., & Mongrain, M. (2010). The benefits of self-compassion and optimism exercises for individuals vulnerable to depression. *The Journal of Positive Psychology*, 5(5), 377–389

Shavandi, H., & Veshki, S.K. (2021). Effectiveness of compassion-focused therapy on self-criticism of the women applying for divorce. *Journal of Education and Health Promotion, 10*(1), 1–6.

Sherman, K.A., Przezdziecki, A., Alcorso, J., Kilby, C.J., Elder, E., Boyages, J., ... & Mackie, H. (2018). Reducing body image-related distress in women with breast cancer using a structured online writing exercise: Results from the My Changed Body randomized controlled trial. *Journal of Clinical Oncology, 36*(19), 1930–1940.

Sommers-Spijkerman, M., Elfrink, T., Drossaert, C., Schreurs, K., & Bohlmeijer, E. (2020). Exploring compassionate attributes and skills among individuals participating in compassion-focused therapy for enhancing well-being. *Psychology and Psychotherapy: Theory, Research and Practice, 93*(3), 555–571.

Sommers-Spijkerman, M., Trompetter H., Schreurs K., & Bohlmeijer E. (2018) Compassion-focused therapy as guided self-help for enhancing public mental health: A randomized controlled trial. *Journal of Consulting and Clinical Psychology, 86*(2):101–115.

Steffen, P.R., Bartlett, D., Channell, R.M., Jackman, K., Cressman, M., Bills, J., & Pescatello, M. (2021). Integrating breathing techniques into psychotherapy to improve HRV: Which approach is best? *Frontiers in Psychology, 12*, 191.

Steffen, P.R., Foxx, J., Cattani, K., Alldredge, C., Austin, T., & Burlingame, G.M. (2020). Impact of a 12-week group-based compassion focused therapy intervention on heart rate variability. *Applied Psychophysiology and Biofeedback, 46*, 61–68.

Stevenson, J., Mattiske, J.K., & Nixon, R.D. (2019). The effect of a brief online self-compassion versus cognitive restructuring intervention on trait social anxiety. *Behaviour Research and Therapy, 123*, 103492. https://doi.org/10.1016/j.brat.2019.103492

Stroud, J., & Griffiths, C. (2021). An evaluation of compassion-focused therapy within adult mental health inpatient settings. *Psychology and Psychotherapy: Theory, Research and Practice, 94*(3), 587–602. https://doi.org/10.1111/papt.12334

Torbati, A.G., Nejat, H., Toozandehjani, H, Samari, A.A., & Amarghan H. A. (2020). Effect of compassion-focused therapy (CFT) on blood cortisol and cognitive-emotion regulation in drug abusers. *Jundishapur Journal of Health Sciences, 12*(1), 1–6.

Williams, M., Tsivos, Z., Brown, S., Whitelock, N., & Sampson, M. (2017). Compassion-focused therapy for bulimia nervosa and bulimic presentations: A preliminary case series. *Behaviour Change, 34*(3), 199–207.

Ziemer, K., Fuhrmann, A., & Hoffman, M. (2015). Effectiveness of a positive writing intervention for chronic pain: A randomized trial. *MYOPAIN, 23*(3-4), 143–154.

Índice

Nota: os números de página em *itálico* se referem a figuras, e aqueles em **negrito** se referem a tabelas. As siglas "TFCG", "TFC" e "FBRs" são usadas para "terapia focada na compaixão em grupo", "terapia focada na compaixão" e "medos, bloqueios e resistências", respectivamente.